U0582235

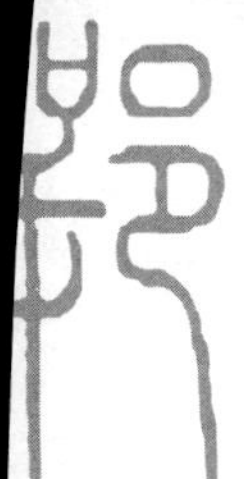

岳珂◎编

熊曦　李兰　宋学佳　尹晓峰　周杰◎译注

鄂国金佗

稡编续编译注

【一】

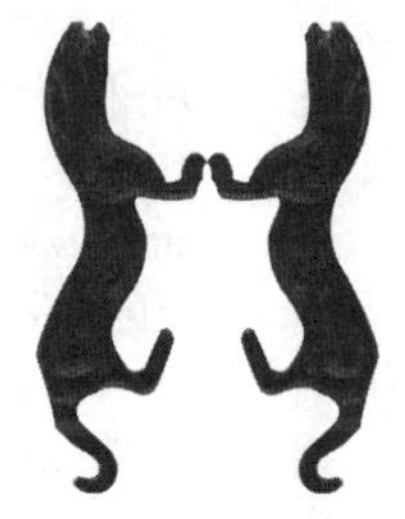

郑州大学出版社

图书在版编目（CIP）数据

鄂国金佗稡编续编译注：共四册 / (南宋) 岳珂编；熊曦等译注. — 郑州：郑州大学出版社, 2022.7
ISBN 978-7-5645-8535-8

Ⅰ. ①鄂… Ⅱ. ①岳… ②熊… Ⅲ. ①岳飞（1103-1142）-生平事迹 Ⅳ. ①K825.2

中国版本图书馆CIP数据核字(2022)第018497号

鄂国金佗稡编续编译注：共四册

E GUO JINTUO ZUIBIAN XUBIAN YIZHU

策划编辑	部　毅	封面设计	李爱雪
责任编辑	部　毅	版式设计	孙美琦
责任校对	和晓晓	责任监制	凌　青　李瑞卿

出版发行	郑州大学出版社		
地　　址	郑州市大学路40号（450052）		
出 版 人	孙保营		
网　　址	http://www.zzup.cn		
经　　销	全国新华书店		
发行电话	0371-66966070		
印　　刷	中煤（北京）印务有限公司		
开　　本	880 mm×1280 mm　1/32		
总 印 张	46.5	总字数	1208千字
版　　次	2022年7月第1版	印　次	2022年7月第1次印刷

书　　号	ISBN 978-7-5645-8535-8
总 定 价	298.00元（全四册）

译注序一

积个人治史近五十年的经历，大凡人们对待、研究和评价历史人物，有两条原则是不可能被颠覆的：一是听其言，观其行，不仅要看某人如何说，更要看他如何做。因为很多统治和剥削阶级人物肯定有谎话和浮词，言不由衷，言行不一；二是必须经受负面事迹的揭发，证明是否清白，瑕疵有多少。就伟大的民族英雄岳飞而言，在身后二十年间，是被当逆臣对待的。他完全经受住了负面的诋毁，其英名却永远镌刻在伟大而多灾多难的中华民族的心坎里。“对照如今的各种丑恶现象，像岳飞那样一个为山河一统的崇高事业而献身，仅就不爱钱，不贪色，不是官迷和严以待子这四条，就足以成为震烁千古的伟人”①。反之，如宋高宗和秦桧，尽管曾被肉麻地赞颂为“过于尧、禹”的“受命中兴、全功至德、圣神武文、昭仁宪孝皇帝”，“道冠伊（尹）、皋（陶），功逾周（公）、召（公）”的“圣相”。然而当年铺天盖地的吹牛拍马文字，转瞬间便成“满地黄花堆积”“如今有谁堪摘”。两人最终不过是中华民族长久记忆中的两撮秽粪而已。毁誉兴于一时，是非定于千载。

《鄂国金佗稡编》和《鄂国金佗续编》由岳飞之孙岳珂编撰，是今存主要的岳飞史料。古籍的原文自然是文言文，而无标点。我个人对此两书做了校注工作，虽然出版时加了标点，但必

① 《面对精神抉择的心灵之河》（刘红撰文）；《丝毫编》，河北大学出版社，2009 年，第 662 页。

须保留原来的文言文和繁体字，不利于普及。

本书的几位作者都不是大学历史专业出身，而是宋史的业余爱好者。他们的生活条件不错，也并无追名逐利之念，只是出于满腔的爱国主义热忱，出于对伟大爱国民族英雄的崇敬之心，甘愿放弃轻松的生活，挤出大量的业余时间和精力，不惮烦劳，将《鄂国金佗稡编》及其续编作白话简体字的译注，以便于普及关于岳飞的历史知识。即使像我那样，白话译注也未必能做得好。对于缺乏史学专业训练者，此项工作的难度和工作量更可想而知。然而他们却以坚韧不拔的毅力，持之以恒，精诚所至，金石为开，居然做成了。他们对全书体例的设计也相当周全，包括了正文、白话注译、宋、今地名对照表和高频词汇解释，使本书具备了普及的功能。我与五位先生未曾会面，但当收到熊曦先生的来函，不由为之感动和敬佩。他们要我写序，当然是义不容辞的，谨以此序向他们表示自己真挚的敬意。

王曾瑜

2017年11月6日

译注序二：爱国正气　震古烁今

2018年农历二月十五日，是伟大的爱国民族英雄岳飞诞辰915周年。

众所周知，岳飞短暂的一生，主要生活在山河破碎、中土浩劫、国难当头、国耻深重的年月。正如爱国士人林季仲所说："能洗是耻，犹有余耻，能雪是冤，犹有余冤。"[①]岳飞背刺"尽忠报国"[②]，痛愤于"中原〔板〕荡，金贼长驱，如入无人之境；将帅无能，不及长城之壮"[③]，而"誓心天地"，"唾手燕云"[④]，"直到黄龙府"[⑤]。他与绝大多数文官武将不同，一直在深入思考至难之由、至耻之因，留下了千古传诵的名言："文

① ［宋］徐梦莘：《三朝北盟会编》卷一八九，上海古籍出版社，2008年，第1365页。

② ［元］脱脱等：《宋史》卷三八〇《何铸传》，中华书局，1977年，第11708页。此后页下注皆为此版本。

③ ［宋］赵彦卫撰，傅根清点校：《云麓漫钞》卷一，中华书局，1996年，第12页。

④ ［宋］岳珂撰，王曾瑜校注：《鄂国金佗稡编校注》卷一〇《谢讲和赦表》，中华书局，2018年，第918页。此后页下注皆为此版本。

⑤ 《鄂国金佗续编校注》卷一四《忠愍谥议》，第1454页。

臣不爱钱，武臣不惜命，天下当太平。”[①]不仅在当世，就是在九百年后的今天，仍有极强烈的教育和针砭意义。

岳飞饮恨而终，大概不会想到自己身后会成为家喻户晓的历史伟人，受到世世代代中国人敬仰的民族英雄，激励和教育中国人的爱国主义典范。正如著名历史学家王曾瑜先生所说：“历史伟人之所以成为伟人，在于他光明磊落的立身行事足以经受住反面的揭发，在于他崇高的高尚情操足以感召世人，他的丰功伟绩足以使人敬仰。”[②]岳飞光明磊落的立身行事，在南宋贪腐盛行的官场中，像一股清流，涤荡着污垢；岳飞崇高的爱国情操，似一把火炬，给中国古代专制主义的黑暗官场带来了光亮。岳飞如清流一样的立身行事方式和火炬般的爱国主义热情，永远不会过时。所以，今天我们仍然需要重温岳飞的爱国主义事迹，学习岳飞尽忠报国的爱国主义精神，激励我们以饱满的精神、昂扬的斗志踏上中华民族的进步和发展，祖国的富强、文明、民主、统一的新征程。

一、“钱不私藏”[③]，“虽赐金已俸，散予莫啬”[④]

军政腐败是中国古代专制社会的常态，宋代亦不例外。南宋初，武将大都继承了北宋武将贪财黩货和兼并土地的“光荣传

---

① [宋]黎靖德纂，王星贤注:《朱子语类》卷一一二《论官》，中华书局，1986年，第2737页;《鄂国金佗稡编校注》卷九《遗事》，第744页;《鄂国金佗续编校注》卷二八《吴拯编鄂王事》，第1607页; [宋]周密:《齐东野语》卷一三《秦会之收诸将兵柄》,《全宋笔记》第7编，大象出版社，2016年，第10册，第215页都有类似记载。

② 王曾瑜:《尽忠报国——岳飞新传第二版自序》，中国书籍出版社，2016年，第1页。

③ 《鄂国金佗稡编校注》卷九《遗事》，第836页。

④ 《鄂国金佗续编校注》卷一四《武穆谥议》，第1459页。

统”，并发扬光大。刘光世“在诸将中最先进”，“律身不严，驭军无法，不肯为国任事”[①]，虐待士兵，克扣军粮，至有‘健儿不如乞儿’之民谣[②]，却在“发家致富”方面有天赋，“以八千人为回易”，“以陶朱公自比”[③]。刘光世为满足自己的贪婪，不仅“巧取”，还豪夺。绍兴五年（1135）正月，宋高宗同意淮西宣抚使刘光世“以所置淮东田于淮西对换”。刘光世“所置淮东田”，源于其驻守淮东时“所遣幹当使臣等惟择利便膏腴者取之”，多达三万宋亩，“致民间多失旧业”，怨声载道[④]。川、陕诸将亦是掠夺成风，“剑外诸州之田，绍兴以来，久为诸大将吴（玠、璘）、郭（浩）、田（晟）、杨（政）及势家豪民所擅”[⑤]。

与刘光世和川、陕诸将相较，三次为岳飞上级、位居所谓“中兴四将”之首[⑥]的张俊，贪财黩货和兼并土地更是疯狂。张俊选军中之“少壮长大者，自臀而下文刺至足，谓之‘花腿’”，“营第宅、房廊，作酒肆名太平楼，般运花石，皆役军兵”。军中有民谣曰：‘张家寨里没来由，使它花腿抬石头。二圣犹自救不得，行在盖起太平楼。”[⑦]当时南宋军中称“张太尉

① 《宋史》卷三六九《刘光世传》，第11485页。

② 《三朝北盟会编》卷一五四，第1112页。

③ [宋]李心传撰，胡坤点校《建炎以来系年要录》卷一一〇，绍兴七年四月壬子，中华书局，2013年，第2065页。

④ 《建炎以来系年要录》卷八四，绍兴五年正月癸酉，第1602页。

⑤ [宋]李心传撰，徐规点校：《建炎以来朝野杂记》乙集卷十六《关外经量》，中华书局，2006年，第795页。

⑥ 《宋史》卷三六九《张俊传》，第11475页。

⑦ [宋]庄绰：《鸡肋编》卷下，中华书局，1983年，第92页。此后页下注皆为此版本。

铁頠，世谓无廉耻，不畏人者为铁頠也"[①]。疯狂地敛财，张俊"家多银，每以千两铸一球，目为没奈何"[②]。张俊"性贪吝，喜置田产，故江浙两淮间岁入租米仅百万石（李心传《建炎以来系年要录》卷一三五记载为六十万石[③]）。及死，诸子进黄金九万两"[④]。同为"中兴名将"的韩世忠，亦"蒙赐到田土，并私家所置良田，岁数万贯"[⑤]。即便是"家无产业"的刘锜，宋高宗"仍赐湖南路官田百顷"[⑥]。

与张俊、刘光世、韩世忠同为"中兴名将"的岳飞，则"乐施踈财，不殖资产，不计生事有无。所得锡赉，率以激犒将士，兵食不给，则资粮于私廪。九江有宅一区，聚家族之北来者，有田数顷，尽以赡守家者"[⑦]。

在一个贪炽盛行的社会中，贪官们想方设法将公财、民财化为私有，化为已有。今人称公私不分，是个贬义词，而对岳飞的立身行事而言，却有另一种截然相反的含义。岳飞固然"一钱不私藏"[⑧]，而在"兵食不给"时，他依凭自己的相当丰厚的收入，以私财补贴军需，有一次：

---

① 《鸡肋编》卷下，第 92 页。

② [宋]洪迈撰，何卓点校：《夷坚志支戊》卷四《张拱之银》，中华书局，1981 年，第 1084 页。

③ 绍兴十年四月乙丑，第 2517 页。

④ [宋]徐自明撰，王瑞来校补：《宋宰辅编年录校补》卷一六，高宗绍兴十二年十一月癸巳，中华书局，1986 年，第 1081 页。

⑤ 文津阁《四库全书》本《建炎以来系年要录》卷一四七，绍兴十二年十二月己卯。此后页下注皆为此版本。

⑥ 《建炎以来系年要录》卷一六八，绍兴二十五年五月壬申，第 3195 页。

⑦ 《鄂国金佗稡编校注》卷九《遗事》，第 834 页。

⑧ 《鄂国金佗稡编校注》卷九《遗事》，第 836 页。

公命宅库，除宣赐金器存留外，余物尽出货，以付军匠，造弓二千张。先父（黄纵）曰："此军器，当破官钱。"公曰："几个札子乞得，某速欲用，故自为之。"[①]

岳飞被害后，秦桧派人抄家，虽"极力搜刮，家无余赀"[②]，也存有价值九千贯的数量可观的布、绢、米、麦等物资，而宋人称"家无剩财"[③]，为什么？《枫窗小牍》卷下记载：

岳少保既死狱，籍其家，仅金、玉、犀带数条，及锁铠、兜鍪、南蛮铜弩、镔刀、弓、剑、鞍辔，布、绢三千余匹，粟、麦五千余斛，钱十余万，书籍数千卷而已。视同时诸将，如某某辈，莫不宝玩满堂寝，田园占畿县，享乐寿考，妻、儿满前，祸福顿悬[④]。

三千余匹布、绢，五千余石米、麦，当然不是为囤积居奇，无非是准备随时补贴军用。故宋孝宗时的《武穆谥议》感慨说：

呜乎！为将而顾望畏避，保安富贵，养寇以自丰者多矣。公独不然，平居洁廉，不殖货产，虽赐金己俸，散予莫啬，则不知有其家[⑤]。

---

① 《鄂国金佗续编校注》，第 1716 页。

② 《鄂国金佗稡编校注》卷九《遗事》，第 834 页。

③ [元] 陶宗仪：《说郛三种》卷二九《朝野遗记》，上海古籍出版社，1988 年，第 513 页。

④ [宋] 袁褧：《枫窗小牍》卷下，上海师范大学古籍整理研究所编，《全宋笔记》第 4 编，大象出版社，2016 年，第 5 册，第 232 页。

⑤ 《鄂国金佗续编校注》卷一四《武穆谥议》，第 1459 页。

二、"旁无姬妾"[①]

中国古代王朝都有一个普遍规律，即国难当头之时，大部分官员不是共赴国难，鞠躬尽瘁，而是文恬武嬉，追逐私利。南宋小朝廷[②]也是如此。在皇帝赵构带头"尚禽色之乐"[③]的"榜样示范"下，"士大夫多是死于欲"[④]，武将们也多纵情声色。刘光世"宴居以声色自奉"[⑤]，"沉酣酒色，不恤国事"[⑥]，绍兴五年（1135）二月，请求宋高宗将他的姬妾许氏、宁氏、吴氏并封为孺人（孺人，宋朝规定官员正妻能得到的外命妇封号），"中兴后诸大将封妾自此始"[⑦]。吴玠"晚节嗜色，多蓄子女，饵金石，以故得咯血疾而死"[⑧]。韩世忠大约梁氏死后，家中无管束，"每诸将招之饮，必使妻女奉觞为寿，世忠留连酣醉而后归"，甚至污辱部将呼延通妻，最后竟迫使猛将呼延通自杀[⑨]。

岳飞"无不以取中原，灭逆虏为念"[⑩]，故热衷于抗战杀敌，淡薄于声色享受，与刘光世等人的"贪财好色，无与为比"[⑪]形成鲜明的对比。在日常生活中，岳飞"奉身俭薄"，

---

① 《鄂国金佗稡编校注》卷九《遗事》，第 818 页。

② 邓广铭：《邓广铭全集·陈龙川传》，河北教育出版社，2005 年，第 2 卷，第 555 页。

③ 《三朝北盟会编》卷一五九，第 1152 页。

④ 《朱子语类》卷八九《昏》，第 2273 页。

⑤ 《三朝北盟会编》卷二一二引《林泉野记》，第 1527 页。

⑥ 《建炎以来系年要录》卷一〇九，绍兴七年二月庚申，第 2048 页。

⑦ 《建炎以来系年要录》卷八五，绍兴五年二月辛丑，第 1629 页。

⑧ 《建炎以来系年要录》卷一二九，绍兴九年六月己巳，第 2427 页。

⑨ 《建炎以来系年要录》卷一三八，绍兴十年十二月，第 2606 页；《三朝北盟会编》卷二〇六，绍兴十一年十二月。

⑩ 《鄂国金佗稡编校注》卷九《遗事》，第 818 页。

⑪ 《朱子语类》卷一三一《中兴至今人物上》，第 3141 页。

“不求华巧”，“旁无姬妾”[①]，与妻子李娃恩爱相始终。吴玠得知岳飞“旁无姬妾”的情况后，给他送来“国色”“名姝”。岳飞说：“某家上下所衣绸布耳，所食齑面耳。女娘子若能如此同甘苦，乃可留，不然，不敢留。”立于屏风后的女子“吃然而笑”，岳飞就将未见一面的“名姝”“国色”退回了[②]。有部属劝岳飞说：“相公方图关陕，何不留此以结好。”岳飞则回答：“国耻未雪，圣上宵旰不宁，岂大将宴安取乐时耶！”[③]吴玠得知此事后，也益加敬佩岳飞[④]。

唐宋时的军妓、营妓十分普遍。唐朝高适诗说，“战士军前半死生，美人帐下犹歌舞”[⑤]。陆游诗中也述及四川军中歌舞：“四十从戎驻南郑，酣宴军中夜连日。打球筑场一千步，阅马列厩三万疋。华灯纵博声满楼，宝钗艳舞光照席。琵琶弦急冰雹乱，羯鼓手匀风雨疾。”朱熹给宋孝宗上奏说，“陛下竭生灵之膏血，以奉军旅之费”，“而为军士者顾乃未尝得一温饱。甚者采薪织屦，掇拾粪壤，以度朝夕。其又甚者至使妻女盛涂泽，倚市门，以求食也”[⑥]。反映军士被迫使妻女卖淫以维生。《鄂国金佗续编》卷二七载岳飞拒绝纳妾，其事出于吴玠属官“惊讶”军中饮食宴会之“冷落”，其实就是反映岳家军中没有姬妾侑

---

① 《鄂国金佗稡编校注》卷九《遗事》，第 818 页。

② 《鄂国金佗续编校注》卷二一，章颖编鄂王传；卷二七，黄元振编岳飞事迹，第 1635 页、1718 页。

③ 《鄂国金佗稡编校注》卷九《遗事》，第 818 页。

④ 《鄂国金佗续编校注》卷二七，黄元振编岳飞事迹，第 818 页。

⑤ ［清］彭定求等编：《全唐诗》卷二一三高适《燕歌行》，中华书局，1979 年，第 2217 页。

⑥ ［宋］朱熹：《晦庵先生文集》卷一一《戊申封事》，四川大学古籍整理研究所编：《宋集珍本丛刊》，线装书局，2004 年，第 56 册，第 707 页。

酒，营妓歌舞之类。岳家军中杜绝营妓侑酒和卖淫之正气，实与唐宋时普遍的军风，形成强烈的反差。

三、“三十功名尘与土”，视高官如敝履

刘光世“建炎初结内侍康履以自固”，“又早解兵柄，与时浮沈，不为秦桧所忌，故能窃宠荣以终其身”[①]。绍兴十一年（1141），张俊为了独掌军权，迎合宋高宗的乞降政策，“知朝廷欲罢兵，首请纳所统兵”[②]，成为宋高宗、秦桧杀害岳飞的帮凶。张俊为“保全富贵，取媚人主”[③]，故宋高宗“于诸将中眷俊特厚”[④]。张俊、刘光世拥兵自重、养敌玩寇、怯争避战，目的是保存其军实力，以为捞取荣华富贵之资本。张、刘如此，大多数武将概莫能外。田师中原为张俊部属统制。田师中之妻，“乃俊之子妇也。俊子亡，遂以其妇再适师中。师中极谄佞，呼俊为阿爹，不啻如亲父子。故每战必有奇功，而天下之人皆不信其果战也”[⑤]。后来张俊举荐田师中“代掌岳飞军”[⑥]。田师中与杨存中并称张俊的“小男”“大男”[⑦]，为“久握兵柄”[⑧]，“专务结托内侍，以为内助，故能久其权”[⑨]。

岳飞自背刺“尽忠报国”时始，就将自己的后半生献于“从

① 《宋史》卷三六九《刘光世传》，第11485页。
② 《宋史》卷三六九《张俊传》，第11475页。
③ 《宋史》卷三六九，第11494页。
④ 《宋史》卷三六九《张俊传》，第11476页。
⑤ 《三朝北盟会编》卷二〇六，第1483页。
⑥ 《建炎以来系年要录》卷一四四，绍兴十二年三月丁未，第2718页。
⑦ 《建炎以来系年要录》卷一四七，绍兴十二年十一月癸巳，第2780页。
⑧ 《晦庵先生文集》卷九六，陈俊卿行状，第59册，第386页。
⑨ 《三朝北盟会编》卷二〇八引《林泉野记》，第1500页。

头收拾旧山河”[①]的伟业，所以他并不贪恋权位，屡次恳请解除兵权。绍兴四年（1134）第一次北伐成功后，岳飞就上奏请求解除军权，为的是侍奉老母：

臣近者奉命收复襄汉，去家远涉六月余日。臣老母姚氏年几七十，侵染疾病，连月未安。近复腿脚注痛，起止艰难，别无兼侍，以奉汤药。人子之心，实难安处。伏望圣慈察臣悃愊，无他规避，暂乞许臣在假，以全侍奉之养。将本军人马，权暂令统制官王贵、张宪主管。候臣老母稍安，依旧管干职事，恭听驱策，结草衔环，誓图报效[②]。

绍兴五年（1135）六月，岳飞平定杨么叛军后，因为中暑和“两目赤昏，饭食不进”，“四肢堕废”，“加之老母别无兼侍，病既在身，母且垂白”，他觉得自己“职掌兵戎，系国利害”，“若贪冒荣宠，昧于进退”，而耽误“恢复故疆”的大计，实是问心有愧，故再三地上奏，恳请解除军务[③]。此后岳飞又屡次恳请解除兵权。

绍兴八年（1138）四月，宋高宗正在酝酿对金和议，岳飞给枢密副使王庶写信说：“今岁若不举兵，当纳节请闲！”[④]节度使作为宋朝武将最荣耀的头衔，有一套十分威风的仪仗叫

① ［明］天顺二年（1458）《满江红》词碑，汤阴：岳飞纪念馆藏。

② 《鄂国金佗稡编校注》卷一三《乞侍亲疾札子》，第970页、971页。

③ 《鄂国金佗稡编校注》卷一三《乞宫祠札子》《乞宫祠第二札子》《乞宫祠第三札子》，第977–980页。

④ 《三朝北盟会编》卷一八三，第1326页。

"旌节"[①]。所谓"纳节"，就是向朝廷主动上缴节度使的"旌节"仪仗，请求撤销武胜、定国军两镇节度使的虚衔，王庶受到感动，"称其壮节"[②]。这难道是一个贪恋兵权者之所为？正如《满江红》词所说："三十功名尘与土。"他志在抗金，而将功名富贵视同尘土一般。

岳飞"行纪岁月，无不以取中原，灭逆虏为念"，"每拜官，辞避之语亦然"[③]。绍兴七年（1137）《辞太尉第二札子》中，岳飞将自己这种抗金信念与不贪恋权位、不负初心的态度表露无遗：

伏念臣顷自天下兵兴时，实有志于奋张皇威，削平僭乱，以为北虏不灭，臣死不瞑，初不敢萌觊觎高爵厚禄之念。既而误蒙陛下使令，付以兵柄责任以来，荏苒积年，腥膻叛逆之族，尚据中土，而臣之官职岁迁月转，岂不有负初心。兼臣见今官职不为不崇，岂容一向叨窃，不自愧耻。伏望圣慈特赐哀矜，察臣愚衷，收还大命，庶令臣得勉力事功，以酬素抱，以报厚恩，不犯盈满颠隮之戒。所有告命，臣未敢祗受，见寄纳平江府军资库。取进止[④]。

绍兴九年（1139）正月，宋高宗因乞和成功，对武将一律加官进爵，如将岳飞由正二品太尉进秩从一品开府仪同三司。其他武将，包括韩世忠，也接受正一品的少师官衔。唯独岳飞，却

---

① 王曾瑜：《辽宋金之节度使》；王曾瑜：《点滴编》，河北大学出版社，2010年，第174页、175页；又见《鄂国金佗稡编校注》卷六《鄂王行实编年》，第301页、302页。

② 《三朝北盟会编》卷一八三，第1326页。

③ 《鄂国金佗稡编校注》卷九《遗事》，第816页。

④ 《鄂国金佗稡编校注》卷一四《辞开府札子》，第991页。

因升官从一品，而尤感羞辱和愧耻。他上奏强调说，自己“每怀尸素之忧，未效毫分之报”，“至于将士三军亦皆有腼面目”，“得所当得，固以为荣；受所非受，反足为辱”[1]。宋高宗强迫岳飞接受新命，他对很多人垂涎的从一品的高官，内心根本毫无所动，一直拒绝，其上奏中仍沿用“太尉”的官衔[2]。据《鄂国金佗稡编》卷一五《辞男云特转恩命第三札子》，直到当年九月、十月岳飞赴临安朝见时，仍“以辞免开府恩命，重蒙玉音戒谕丁宁，又不敢固违天意，跼蹐拜命，已切悚惶”。他在当年，另有《乞解军务札子》辞职奏：

臣叨冒已逾十载，而所施设，未效寸长，不惟旷职之可羞，况乃微躯之负病。盖自从事军旅，疲耗清神，旧患目昏，新加脚弱，虽不辞于黾勉，恐有误于使令，愿乞身稍遂于退休，庶养痾渐获于平愈。比者修盟漠北，割地河南，既不复于用兵，且无嫌于避事[3]。

“而所施设，未效寸长，不惟旷职之可羞”，无非反映他抗金之志不得伸的苦闷，以“旷职”，即不能恢复故土为“可羞”，而不愿素餐尸禄。一个视兵权如命的官迷，能对兵权如此超脱否？

在绍兴十年（1140）北伐前岳飞专给庐山东林寺高僧慧海写诗，表达自己将来的生活态度和希望归老之处：

---

① 《鄂国金佗稡编校注》卷一四《辞开府札子》《辞开府第三札子》，第995页、908页。

② 《鄂国金佗续编校注》卷九《照会免去祗谒陵寝省札》，第1263页。

③ 《鄂国金佗稡编校注》卷一五《乞解军务札子》，第909页。

溢浦庐山几度秋，长江万折向东流。
男儿立志扶王室，圣主专师灭虏酋。
功业要刊燕石上，归休终伴赤松游。
丁宁寄语东林老，莲社从今着力修[①]。

岳飞本拟功成身退，将来归老于庐山东林寺，所谓“莲社”是引用东晋名僧慧远在庐山东林寺结白莲社的典故。官迷的理想和愿望，就是官位和权力，天大，地大，不如自己头上一顶乌纱帽大。这难道是一个官迷之所思所为？

岳飞更不是某些人所臆测的军阀和官迷。《鄂国金佗稡编》卷九《遗事》说，“权虽专，莫敢擅辄。初，襄汉平，诸郡雕瘵，州县官率瓜时不上，诏先臣得自专辟置、臧否之权”，“迨其稍还旧观，即上章乞还辟置之权。上降诏，援卫青不与招贤事称之，且曰：‘自非思虑之审，谦谨之至，何以及此。’其远权势盖如是”。岳飞本来按宋廷的命令，可以自己委任荆湖北路和京西南路的官员，他后来上奏，请求归还“辟差”之权，“所有今后差官，欲乞径自朝廷差注施行”[②]。宋高宗也为此专门发布奖谕诏[③]。难道一个官迷和军阀，能够向朝廷主动交出两路官员的“辟差”之权？南宋袁甫写诗记录说：

儿时曾住练江头，长老频频说岳侯。

---

① 《鄂国金佗稡编校注》卷一九《寄浮图慧海》，第 980 页。

② 《鄂国金佗稡编校注》卷一二《乞免便宜辟置札子》，第 951 页。

③ 《鄂国金佗续编校注》卷四《先以湖北京西路累经残破州县官无人愿就许令自知通以下辟差今来已复河南故地其两路并是腹心所有州县差官乞自朝廷差注得旨依奏仍赐奖谕诏》，第 1300 页。

手握天戈能决胜，心轻人爵衹寻幽[①]。

“心轻人爵只寻幽”，当然是南宋百姓对岳飞的客观而公允的评价。

四、“遇诸子尤严”[②]

岳飞“遇诸子尤严，平居不得近酒。为学之暇，使操畚锸，治农圃，曰稼穑艰难，不可不知也”[③]。岳飞严以律己的同时，严以律子，然后以此“服众”和“率人”[④]。

岳飞长子岳云幼年参军，跟随岳飞在枪林箭雨中出入，在战场上成长，岳飞待其尤严。岳云“尝以重铠习注坡，马踬而踣”，岳飞“以其不素习，怒曰：‘前驱大敌，亦如此耶？’遽命斩之，诸将叩头祈免，犹杖之百，乃释之”[⑤]。岳云能征善战，军中有“赢官人”之美誉[⑥]。在宋朝军政腐败的风气下，将帅为自己的亲属“寄名虚奏”[⑦]，即冒领战功，是十分普遍的现象。岳云屡立战功，岳飞却经常扣押不报[⑧]。

岳云的差遣是书写机宜文字，照理只需为父亲抄录密奏等，即算克尽己责，完全不需要上战阵。然而在战斗时，岳飞却执意

① ［宋］袁甫：《蒙斋集》卷二〇《岳忠武祠》（其二），（台北）：商务印书馆，影印文渊阁《四库全书》本，1986年，第1175册，第565页。
② 《鄂国金佗稡编校注》卷九《遗事》，第877页。
③ 《鄂国金佗稡编校注》卷九《遗事》，第877页。
④ 《鄂国金佗稡编校注》卷九《遗事》，卷一五《辞男云特转恩命第四札子》，第876页、1004页。
⑤ 《鄂国金佗稡编校注》卷九《遗事》，第835页。
⑥ 《鄂国金佗续编校注》卷二二，刘光祖编襄阳石刻事迹，第1662页。
⑦ 《鄂国金佗续编校注》卷二七，黄元振编岳飞事迹，第1719页。
⑧ 《鄂国金佗续编校注》卷二一，章颖编鄂王传，第1640页。

命他冲锋在前，当敢死队长[①]，舍身和拼杀在枪林箭雨之中。岳飞身为一军统帅，最紧要的问题自然是指挥，虽然经常"亲冒矢石"[②]，但不可能处处带头冲锋陷阵；更有意安排岳云在战斗最危难、最紧切处，带头血战。郾城大战，岳飞遣岳云"领背嵬、游弈马军直贯敌阵，谓之曰：'必胜而后返，如不用命，吾先斩汝矣！'"[③]颍昌大战，岳家军与金军恶战、苦战，"人为血人，马为血马"[④]，甚至宿将王贵也一度怯战，岳云以坚决敢战，制止王贵的动摇。他"大战无虑十数合，出入虏阵，甲裳为赤，体被百余创"[⑤]。此战打得何其英勇、悲壮而惨烈，而岳云又对大捷做出了重大贡献。但岳飞却在战后仍然扣押儿子奋身死战夺得的战功。据《紫微集》卷一六岳云升任左武大夫、忠州防御使的制词说：

成功行封，犹有遗者，何以为劳臣之劝哉！具官某，大帅之子，能以勇闻。比从偏师，亲与敌角，刈旗斩将，厥功为多。显赏未行，殊非国典[⑥]。

足见岳云最后一次因绍兴十年（1140）战功而升官受奖，仍然不是岳飞上报战功的结果。岳飞对于儿子当之无愧的官封，犹然一如既往，上奏力辞：

---

① 《鄂国金佗稡编校注》卷八《鄂王行实编年》，第583页、603页。

② 《鄂国金佗稡编校注》卷九《遗事》，第880页。

③ 《鄂国金佗稡编校注》卷八《鄂王行实编年》，第583页。

④ 《鄂国金佗续编校注》卷二七，黄元振编岳飞事迹，第1716页。

⑤ 《鄂国金佗稡编校注》卷九《诸子遗事》，第887页。

⑥ [宋]张嵲：《紫微集》卷十六《岳云为与番人接战大获胜捷除左武大夫遥郡防御使制》，（台北）：商务印书馆，影印文渊阁《四库全书》本，1986年，第1131册，第477页。

父之教子，岂可责以近功。臣昨恭依睿算，与虏贼决战于陈、颍之间，云随行迎敌，虽有薄效，殊未曾立到大功。遽超横列，仍领郡防，赏典过优，义不遑处[①]。

如此的高风亮节，感动千古世人的同时，也应该令煞费心机、刻意安排亲属抢权夺利的贪官们汗颜不止。

无论古今，仅仅就不贪财、不好色、视高官如敝履、严以待子四条，岳飞就足以成为名垂千古的历史伟人，心口如一、表里如一的伟大爱国主义者。

弘扬中华爱国主义，为祖国生存和发展所需，永远不会过时。岳飞不贪财、不好色、不迷恋权位、严以待子四条，正是其爱国正气的重要组成部分，更是今天中华祖国进步和发展之所急需。

史泠歌

2020年10月25日

① 《鄂国金佗稡编校注》卷一五《辞男云特转恩命札子》，第1008页。

前　言

《鄂国金佗稡编》二十八卷和《鄂国金佗续编》三十卷，是现存最重要、最详尽的记录岳飞事迹的史籍，由岳飞孙岳珂所编。岳飞在宋宁宗时追封鄂王，故名“鄂国”。“金佗”是嘉兴府城内的一处坊名，岳珂曾在金佗坊中居住；“稡”与“萃”字相通，岳珂在序言中说：“稡五编为一，名之曰《金佗》。”

自岳飞父子遭受迫害以身殉国，直到获得宋廷平反的二十年间，在非常严酷的政治环境下，大量有关岳飞的文字资料佚失或被销毁了。秦桧大兴文字狱，禁绝私史，还委派儿子秦熺主编《高宗日历》，恣意篡改官史。岳飞的冤案被宋孝宗平反之后，他的第三子岳霖尽力搜罗到了部分残存的资料，包括八十多件存于左藏南库“架阁”的宋高宗亲笔御札。他还“考于闻见，访于遗卒”，请国子博士顾杞整理出了岳飞传记的草稿。岳霖去世后，其子岳珂又继承了父亲的遗志，“自十二、三，甫终丧制，即理旧编”，后来“束发游京师，出入故相京镗门，始得大访遗轶之文，博观建炎、绍兴以来纪述之事”，搜罗寻访，笔之于册，对顾杞草稿进行完善和加工，在宋宁宗嘉泰三年（1203）“刊修了毕”，第二年，向宋廷“缴进”了高宗皇帝御札手诏七十六轴，岳飞《行实编年》六卷、《吁天辨诬》五卷、《通叙》一卷和《家集》十卷，这就是今存《金佗稡编》前二十五卷的内容。宋宁宗嘉定十年（1218），岳珂将上述文字，另加《天定录》三卷，在嘉兴府刻版印刷，取名《鄂国金佗稡编》。到宋理宗绍定元年（1228），岳珂又将有关祖父的其他军政文件和他人追忆、记述岳飞生平或事迹的文章，汇编为《鄂国金佗续编》，在镇江府刻版印刷。《稡编中》中的《天定录》和续编中的《天定别录》搜罗了宋廷为岳飞平反、定谥、追封、改谥等文件。《续编》中收录的军政文件如《丝纶传信录》则搜罗了一批宋廷给岳飞的制诏和省札，反映出在岳飞生前宋廷对他的战功军纪等所做过的极高评价，某些省札的内容也可以纠正《行实编年》中的记述错误。端平元年（1234），岳珂将这两部书合在一起，第三次在江南西路刻印，“凡六百二十二版”。以上大部分内容辑自王曾瑜先生1989年出版的《鄂国金佗稡编续编校注》前言。

尊宋史学家王曾瑜教授曾经呕心沥血地对岳珂所编的《鄂国金佗稡编》和《鄂国金佗续编》进行过精细的点校、注释、以及相关史实的考证工作，形成了他在岳飞史研究领域代表性的鸿篇巨作《鄂国金佗稡编续编校注》（1989年由中华书局出版，1999年重印，2018年再版）。《金佗稡编续编》一书是研究岳飞的最重要的史料之一，同时对于研究南宋前期的政治、经济、军事和文化，甚至研究金史，也都或多或少提供了有价值的记载。王曾瑜教授对史料的参阅之广泛、对史实的辨析之深刻，我辈是远不能望其项背的；并且在这个领域，前辈专家们也曾做过巨大的努力和贡献，在专业历史的领域可谓已做到登峰造极。但《金佗》一书作为一部古籍，其全文白话译文的长期缺失，依然令一些普通的历史爱好者知难而退；尤其是文献中大量涉及宋朝时期独有的政治、军事、经济术语及历史典故，使得有一定古文功底的读者也不易通读全集，对于这部珍贵史料的流传和传播实在是一件憾事。自2011年末起，岳乐廷先生发起并组建了白话文译注工作组，怀抱着传播珍贵的一手史料，弘扬爱国精神的初心，成员共五人，全程参与了金佗全集白话文注释和译文的工作，借此机会向他发端此译注本编写的初衷表达敬意。这部金佗的白话译注本全篇包括了古文原文、白话文注释和白话文译文，并在正文前附有高频词汇解释和宋今地名对照二表。

此白话译注本的诞生，可谓是站在了巨人的肩膀之上，是完全以王曾瑜教授所著《金佗稡编续编校注》中标点过的古文原文为底本来撰写的①。笔者联系到了王教授，承蒙他对后辈历史爱好者的爱护和鼓励，获得了先生对拙作使用他点校后的古文原文作为译文基础的授权。在翻译为白话文的过程中，作者们也大量查考典籍和优质的治史著作，力图对宋朝时期独有的政治、军事、经济术语呈现出精准的解释，并将古文典故转化为今人容易理解的语言，力求客观呈现原书风貌的同时，保持了较为通畅易懂的阅读性。金佗一书中大量使用的骈文体，行文优雅，用典深刻，于今人纵是难于阅读天书，而其流淌在笔意之间的情绪却依然令人震撼。笔者想要努力复原这些原作文字真实的意图及审美，惜于对古文写作较少的历练，恐怕难免留有遗憾。

另外，本书的八个卷目曾得到位于岳飞故里的汤阴县文化馆副研究馆员王波清先生的审稿和指正，在此想向他致以诚挚深厚的谢意。

最后，鉴于译者自身的水平有限，以及历史语境存在某些模糊性，译文中出现错误在所难免，恳请读者批评和方家赐教。

熊曦

2021年7月14日

① 据王曾瑜教授在他所著的《鄂国金佗稡编续编校注》前言中的说明，他采纳的原文是以元朝的至正本做底本，用明朝的嘉靖本和傅增湘校补浙本而成的傅本进行参校，在某些场合也参照浙本。（据王曾瑜《金佗稡编续编校注》，1989年，第9页）。该书于2018年再版时，《四库全书》本《金佗稡编》亦被用到校补出若干错字和缺字。

高频词汇解释

以下注释的词汇因在全书中有较高的出现频率，故而统一解释于前。出现次数较少的术语则在各卷文中另外注释。

1. 先臣：古代臣于君前称自己已死的祖先、父亲为“先臣”。
2. 行在：也称行在所。指天子所在的地方。或专指天子巡行所到之地。绍兴十年（1140）的南宋行在是临安（今杭州）。
3. 资善堂：宋代皇帝子孙读书处。大中祥符八年（1015），仁宗为太子时建立。南宋初，宰相赵鼎奉命在宫门内建造书院，绍兴五年（1135）完成，即作为资善堂。（据郑天挺、谭其骧《中国历史大辞典》，上海辞书出版社，2010年，第2546–2547页。）
4. 枢密院：宋朝枢密院与中书号称二府，掌兵符、武官选拔除授、兵防边备及军师屯戍之政令。（据龚延明《宋代官制辞典》，中华书局，1997年，第102页。）
5. 都督府：作为统兵机构之都督府，南宋绍兴二年（1132）四月二十七日始置。继而于绍兴五年、隆兴元年（1163）、咸淳十年（1274）等用兵之际，均曾开都督府，事已即罢。如江淮荆浙都督府、诸路军事都督府、江淮都督府等。都督府以宰相专主用兵之权，实分兵权为二，侵枢密院之职。（据《宋代官制辞典》，第439页。）
6. 学士院：官司名。为皇帝秘书处，专掌大官任命书（制诰）的起草，以及国书、赦书、德音、大号令等撰述之事。（据

《宋代官制辞典》，第41页。）

7. 入内内侍省：为内庭宦官官署。职掌皇帝、后妃居所的饮食、寝居等一切日常生活的侍奉、执役事务。此外，还包括内殿引对群臣，执行百官名物的审计、颁赐，发金字递，收接边奏，勾当宫中内诸司，沟通宫中（内庭）与省中（朝廷）的联系，及任中使差遣于外督察众务（包括监军），等等。（据《宋代官制辞典》，第46页。）
8. 路：宋代实行路、州府军监、县三级地方行政管理制度。南宋版图缩小，建炎初减为十九路。绍兴后，全国分为十六路，嘉定间利州路分东、西二路，共为十七路。南宋之路，为帅府路，即以路之所在州的知州带安抚使总管一路，与北宋时转运使路不同。（据《宋代官制辞典》，第23页。）
9. 军：宋代路之下的地方一级行政管理单位，为州或府、军、监。军与州、府平级，而实际地位次于州、府，高于监。地势冲要，户口少而不成州者，则设军。军一级长吏称"军使"或"知军"，如云安军使，知光华军事。副贰为通判某军事，小军则不置。（据《宋代官制辞典》，第24页。）
10. 宸翰：皇帝亲笔手诏、御札之类。
11. 御札：皇帝签发、用以布告或下达紧要命令之文书，其体严于诏书。（据《宋代官制辞典》，第619页。）
12. 丝纶：皇帝制诏及三省同奉圣旨所发省札之类的泛称。
13. 成命：凡经中书奏拟、门下省审覆，然后付于尚书省施行之诏令，统谓"成命"。
14. 指挥：一是命令的泛称，包括尚未形成行下文书的命令和已降圣旨；二是上行下命令体的正式文书，如《金佗稡编》卷十四《赐谥指挥》《张宪复官指挥》；三是军事编制单位，宋兵制，通常以五百人为一指挥。
15. 敕：上行下文书之一。北宋前期，经由中书门下的命令；

元丰改制后，由中书省取旨、门下省审驳、尚书省施行的命令，称“敕”。凡敕，须宰相押字。（据《宋代官制辞典》，第621页。）

16. 省札：文书名。北宋神宗熙宁五年五月三日新定尚书省行下文书体称“省札”。其后通行于南宋。尚书省札，所用纸必须是由拳山所造纸，经尚书省书押后，下在京百司、路监司、州府军监等去处。（据《宋代官制辞典》，第621页。）
17. 告命/官告：又称官诰、告身。官告院依《官告条制》制造的除授、封爵、赠官、加勋法物（证书、凭证）。（据《宋代官制辞典》，第627页。）
18. 申状：文书名。用于下级对上级的文书。
19. 小贴子：粘贴于申状之后的便条，书写补充说明，近似今人于书信末尾所附“又及”之补白。（据《宋代官制辞典》，第625页。）
20. 关报：通报上、下司或平级官司照会公事的移文，备有司参照，发文之司所发关报，不必经主司或上司审读、封驳。
21. 关：文书名。同一长官而分别置局治事的官司，及本司内并列诸案，若有事须相互关照，则用“关”。（据《宋代官制辞典》，第624页。）
22. 牒：文书名。用于平级官司之文书，无临敬之意。然邻县通于邻州，虽不同级，用“牒上”，也不用申状。（据《宋代官制辞典》，第624页。）
23. 贴黄：臣僚上奏文体。凡臣僚奏状、表、札子之类，均用白纸书写。如上奏者意犹未尽，于正文之后粘贴一黄纸，撰述所上文字之主题，引人醒目，称“贴黄”。（据《宋代官制辞典》，第627页。）
24. 边报：文书名。军事文书，凡官方、军方所派间谍探听到的地方军情动息，及其他来源的有关边区军情，按日期排列

（远地不必逐日）经由驿递传送到枢密院，紧急军情需差专人送边报。边报规定实封（密封）传送到枢密院、尚书省。（据《宋代官制辞典》，第623页。）

25. 榜：文书名。公开张贴的手写或雕印的文告，系传播政令的媒介，也是推行政令的工具，具有行政约束效力。（据《宋代官制辞典》，第625页。）

26. 取进止：文书用语。文武官员上殿札子末尾有“取进止”三字，其意为“当否，听取决”，近于今日公文中之“当否，请示”。源于唐代典故，日轮清望官员于禁中，以待召对，故有“进止”之辞，即“进、退”于殿内之谓。（据《宋代官制辞典》，第627页。）

27. 三省同奉圣旨：谓中书省、门下省、尚书省一同得旨。（据《宋代官制辞典》，第620页。）

28. 三省枢密院同奉圣旨：谓三省与枢密院一同得旨。（据《宋代官制辞典》，第620页。）

29. 奉圣旨：凡中书省、门下省、尚书省、枢密院或都督府各自单独得旨者，径称“奉圣旨”。（据《宋代官制辞典》，第620页。）

30. 申闻：谓以文状呈达上官。

31. 钧慈：对帝王或长官的敬称。谓其仁厚慈爱。

32. 契勘：宋元公文书用语，犹言查，按查。

33. 勘会：①文书名。三省（主要是尚书省）下六部、诸路文字。《建炎以来系年要录》卷一八〇壬寅：“尚书省勘会：张浚已服阙。”《石林燕语》卷四：“尚书省文字，下六司诸路，例皆言‘勘会’。”（据《宋代官制辞典》，第621页。）②查究、调查。

34. 伏念：伏，敬词；念，念及，想到。旧时致书于尊者多用之。

35. 不备：不详尽。书信结尾套语。语本汉杨修《答临淄侯笺》："反答造次，不能宣备。"宋魏泰《东轩笔录》卷十五："近世书问自尊与卑，即曰'不具。'自卑上尊，即曰'不备'。朋友交驰，即曰'不宣'。"
36. 除："除授"省称。授官、授职、授差遣等，皆可称除授。
37. 辞免：请求辞官免职。
38. 朝辞：朝仪之一种。指现任官召赴阙上殿毕，规定于次日行朝辞回任礼，听候指挥。（据《宋代官制辞典》，第618页。）
39. 食邑：为加封名号，西汉封国以户计，汉武帝以后诸侯唯得衣食租税，则食所封境内民户之租税，此为后世加封食邑之滥觞。三国魏黄初三年，爵号自关内侯以下"皆不食租"，此则食邑虚封之始。宋代，食邑至一千户以上封侯爵，满万户封国公。食邑系虚衔，是一种仅与进爵有联系的虚衔。（据《宋代官制辞典》，第605页。）
40. 食实封：加封名号，源于隋朝"真食若干户"。宋代沿唐中期之制，加食邑与食实封并存。食实封每户给钱二十五文，至南宋理宗朝时废罢，成为虚封。（据《宋代官制辞典》，第605页。）
41. 宫观：祠禄官的别称。祠禄官为内祠（在京宫观）、外祠（在外诸州府宫观岳庙）差遣之总名。祠禄官虽居家中，但未致仕；虽无职事，但优享廪禄。祠禄官有类差之别，如内祠优于外祠。（据《宋代官制辞典》，第609页、610页）。
42. 选人：崇宁二年前称"幕职、州县官"，为从八品至从九品的初级文官，与低级文官"京官"（正八品至从九品）品级大体相当，但地位悬殊。在文阶官三十七阶中，"选人七阶"排在最低的第三十阶从九品京官承务郎之后。
43. 改官：选人升改为京官，也称"改官"，从此以后才能得到继续升迁和重用的机会，否则只能老死于州的属官和县官任上。（据《宋代官制辞典》，第646页。）

44.差遣：指实任职事官。这是相对于官、职的说法。据《文献通考·职官》之《官制总序》："至于官人授受之别，则有官、有职、有差遣。官以寓禄秩，叙位著，职以待文学之选，而差遣以治内外之事。"

45. 致仕：官吏退休之制，称"致仕"。真宗咸平五年五月一日，始定年七十岁以上求退者，许致仕。因病及历任有贪赃犯罪者听随时求退。致仕分陈乞致仕与特令致仕两种，待遇不同。按年自陈致仕的官吏（按：吏不是全部，仅在京百司勒留官），享有转一官、领半俸（有军功者领全俸），及依格为亲属陈乞恩泽（如与一子官、封赠父母致仕官等），熙宁四年（1071）后带职官许带职名致仕。年及七十而不愿退休者，用行政命令强迫退休，称"特令致仕"；凡特令致仕，不得享受奏子与官的恩例。（据《宋代官制辞典》，第669页。）

46. 起复：宋代官员有三年守父母丧（丁忧）之制，在守丧期内，须解官持丧服。丧期满复职称"服阙"，如丧期未满，朝廷特许或特诏复职者，称"起复"。"起复"任事之后，该官员官衔前系"起复"二字。（据《宋代官制辞典》，第652页。）

47. 太尉：武阶名。政和二年（1112）九月将原三公官中的太尉废除，改太尉为武阶之首。政和二年十月将太尉定为正二品，在执政官之下、节度使之上。（据《宋代官制辞典》，第593页。）宋代太尉一词又往往作为对武将的尊称。

48. 枢密使、枢密副使：都是职事官名。枢密史为枢密院长官，佐皇帝，执兵政，凡有边防军旅之常务，与中书（元丰改制后三省）分班禀奏。宋前期其官品视本官阶。南宋初复置后为从一品。枢密副使为枢密使之副佐，协理枢密院事。枢密副使官品未见记载，但从知院事、同知院事之“秩与副使同”推断，南宋枢密副使为正二品。（据《宋代官制辞典》，第103页、104页。）

49. 节度使：正任武阶名、加官名。“节度”之名，始于东汉，寓节制出征部曲之意。宋初削藩镇之权，节度使不必赴镇，仅为武官之秩，属正任最高一阶。北宋元丰改制后为正三品，南宋绍兴后为从二品。（据《宋代官制辞典》，第577页。）宋承唐制，将一些要冲大郡作为节度使的“节镇”。但节度使只是武将及宗室、勋戚、某些文臣的虚衔，一般“不必赴镇”。节镇和武将的军事辖区无须一致。例如清远军设在广南西路的融州（治融水，今广西融水苗族自治县），而岳飞本人从未去过此地。（据王曾瑜《岳飞新传》河北人民出版社，2001年，第七章第五节。）

50. 节度使、承宣使、观察使、防御使、团练使、刺史：宋初沿唐制，节度使、观察使、防御使、团练使、刺史等，为实官，赴州任职。太祖、太宗收藩镇之权，代以文臣京朝官知州、府事，节度使、观察使、防御使、团练使、刺史，遂成为武臣遥领不赴任之迁转贵阶，或亲王、宗室所带衔。其所系州名，须与州格相应。即如岳州团练使，岳州之格为团练州；宜州刺史，宜州应为军事州。（据《宋代官制辞典》，第23页。）节度使、节度观察留后（政和后改称承宣使）系某节度州军额名，如定武军节度使（定州），自观察使至刺史，则止系所除授之州名，如安州观察使（安州为观察州）、和州防御使（和州为防御州）。（据《宋代官制辞典》，第32页。）

51. 正任官：节度使、观察使（称“两使”）、节度观察留后（政和后改称承宣使）、防御使、团练使、刺史为正任官。正任官不列入常调磨勘，原以待边境立功者，殊不易得，素有"贵品"之称。宗室、大臣、贵官等，特旨得之。正任官与遥郡官相对，俸禄丰厚。除授正任官时，节度使、节度使观察留后系某节度州军额名，如定武军节度使（定州），彰化军节度观察留后（泾州）、奉国军承宣使（明州）。自观察使至刺史，则止系所除授之州名，如安州观察使（安州为观察州）和州防御使（和州为防御州）、贺州团练使（贺州为团连州）、忠州刺史（忠州为军事州）。（据《宋代官制辞典》，第32页。）

52. 遥郡官：节度使观察留后（政和七年后改名承宣使）、观察使、防御使、团练使、刺史五阶兼领诸司使或横行使（政和二年后改为大夫、郎）者，总称"遥郡官"，与正任官一样，无职事，仅表官阶而已。遥郡位虽次于正任官，但不失"美官"之称。遥郡官特旨方许升正任。"落阶官"即落去所带诸司使及横行阶。如"中卫大夫、武安军承宣使、神武副军都统制岳飞落阶官，为镇南军承宣使、江西沿江制置使"。此处岳飞"落阶官"即指在承宣使带中卫大夫阶上（遥郡承宣使）落去中卫大夫，升为正任承宣使。

53. 宣抚使：军职名。南宋时多为前线划区防守大军主帅，措置军事，节制将帅，督视军旅，辟置僚属，统兵作战，为朝廷捍御边防重责所寄。其品位视所带官职而定，高自三公、三少官、枢密使、副使、参知政事，低至节度使、御史中丞、殿阁学士，即自一品官至三品官，均有任宣抚使者。制置使、招讨使、安抚使、转运使、镇抚使等诸使均位在宣抚使之下。（据《宋代官制辞典》，第464页、465页。）

54. 招讨使：军职名。职掌招抚、征讨寇盗事。军中急速事，不及上报，特许便宜行事。南宋抗金战争中，或遥领某路招讨使，以壮北伐声威。品位视所带官职。序位在宣抚使之下、制置使之上。（据《宋代官制辞典》，第457页。）

55. 制置使：军职名。南宋制置使多统兵制置军事。为所限定地区（某路、州、府等）节制兵马军事长官，掌经画边防军旅及从事征讨、捍御军事。南宋初，权责颇重，所在辖区安抚使、监司官、州军官并听其节制。建炎末，限于节制军事，用兵听依便宜指挥；其他刑狱、财赋及差官权州县职事不得干预。品位视所带本官职。在统军诸使中，制置使位次于宣抚使、招讨使，高于安抚使、招抚使、镇抚使等。（据《宋代官制辞典》，第453页。）

56. 安抚使：差遣名、兼职名。南宋初，帅府路安抚使，总一路兵政，许便宜行事；遇朝廷调发军马，则负责措置办集，以授副总管，率管内州郡副钤辖，副兵马都监，总兵出征。南宋绍兴后，每路设安抚使（帅司）之制虽存，但军政事归属都统制司，民政、刑政归转运、提刑等有司，安抚使特虚名而已。（据《宋代官制辞典》，第500页。）

57. 转运使：差遣名。职掌为总一路利权以归上，兼纠察官吏以临郡。经度本路租税、军储，供邦国之用、郡县之费；分巡所部，检察储积，审核账册，刺举官吏藏否，荐举贤能，条陈民瘼，兴利除害，劝课农业，并许直达。朝官以上、选历任知州有政绩、晓钱谷文臣充任。（据《宋代官制辞典》，第482页。）

58. 使臣：是宋朝八品和九品的十等武阶官总称，可分为大使臣和小使臣。（据王曾瑜《宋朝军制初探（增订本）》，中华书局，2011年，第198页。）宋军使臣未必皆为统兵官。南宋初，大批军士因战功升使臣，故战士遂形成使臣、效用和军兵三等。（据王曾瑜《金佗稡编续编校注》，中华书局，1999年，第936页。）

59. 汉儿：金时，原辽统治区汉人称“汉儿”，原宋统治区汉人称“南人”。

60. 千户、万户、孛堇等：金的正规军实行猛安、谋克等六级编制。六级编制的数字以五、十、五十、百、千和万为单位，其统兵官为五夫长、十夫长、五十夫长（蒲辇勃极烈）、百夫长（谋克勃极烈）、千夫长（猛安勃极烈）和万夫长（忒母勃极烈）。"勃极烈"意为统兵官。千户是千夫长的别称，万户是万夫长的别称。"孛堇"是勃极烈的别称。（据王曾瑜《金朝军制》，河北大学出版社，1996年，第81页。）

61. 奇功：宋代评判、奖励军人军功的一种赏格。《宋会要辑稿》兵一八，"（绍兴五年）二月十一日，诏：荆湖南、北、襄阳府路制置使岳飞下统制官徐庆、牛皋人马，庐州以来与番贼斗敌胜捷，奇功各与转五官，第一等各与转三官资，第二等各与转两官资，第三等各与转一官资，并与正名目上收使"。由此可知，"奇功"与"第一等""第二等""第三等"都是赏格。

62. 两河：宋称河北、河东地区为两河。大致包括今河北省、山西省的区域。

63. 河东：古地区名。黄河流经山西、陕西两省，自北而南的一段之东部，指今山西省。秦汉时置河东郡、唐初置河东道，开元间又置河东节度使，宋置河东路。

高频地名解释

（按汉语拼音排序）

安州：即德安府，治安陆，今湖北省安陆市。

白塔：位于蔡州和鄂州之间。

北京：即大名府治元城、大名，今河北省大名县东。

北炭村：在今江苏省泰州市境内。

汴梁/汴都：河南省开封市。

亳州：治谯县：安徽省亳州市。

蔡城：即蔡州：治汝阳，今河南省汝南县。

曹州：治济阴，今山东省菏泽市南。

茶陵县：今湖南省茶陵县。

常州：治武进、晋陵，今江苏省常州市。

巢县：在今安徽省巢湖市。

郴州：治郴县：今湖南省郴州市。

辰州：在今湖南省怀化市沅陵县。

陈州：即淮宁府，治宛丘，今河南省淮阳县。

承州：治高邮，江苏省高邮市。

池州：治贵池，今安徽省池州市贵池区。

滁州：治清流，今安徽省滁州市。

楚州：治山阳，今江苏省淮安市。

纯州：治华容军，原名岳州：治岳阳军，岳飞被害后改名纯州：岳阳军改为华容军。州治在今湖南省岳阳市。

磁州：治滏阳，今河北省磁县。

大标木：在今河南省唐河县北部。

大名府：治元城、大名，今河北省大名县东。宋习惯称为北京。

道州：治营道，今湖南省道县。

德安府：即安州，治安陆，湖北省安陆市。

邓州：治穰县，今河南省邓州市。

鼎州：治武陵县，今湖南省常德市。

东京：治开封，今河南省开封市。

东明县：在今河南省兰考县北。

东平府：治须城，今山东省东平县。

鄂州：治江夏，今湖北省武汉市武昌。

二广：广南东路和广南西路的总称。

房州：治房陵，今湖北省房县。

汾州：治西河，今山西省汾阳市。

封州：治封川，今广东省封开县。

福昌县：位于今河南省洛宁县东北方向。

复州：治景陵，今湖北省天门市。

拱州：治襄邑，今河南省睢县。

固石洞：位于今江西省雩都县东北。

关陕：指陕西省地区，陕西省古名关中，故称。

官桥：在今河南省新乡市。

光州：治定城，今河南省潢川县。

广德军：治广德，今安徽省广德县。

广济县：今湖北省武穴市。

广州：治南海、番禺，今广东省广州市。

桂岭县：今广西贺州市八步区桂岭镇。

桂阳监：治平阳，今湖南省桂阳县。

桂州：治临桂，今广西自治区桂林市。

虢州：治虢略，今河南省灵宝市。

果州：今四川省南充市。

海州：治朐山，在今江苏省连云港市西。

汉阳军：治汉阳，今湖北省武汉市汉阳。

濠州：治钟离，今安徽省凤阳县。

何家寨：位于被伪齐所占领的唐州北部。

和州：治历阳，今安徽省和县。

河朔：泛指黄河以北的地区，大体包括今山西省、河北和山东部分地区。

河阳：孟州的别称，治河阳，今河南省孟州市。

贺州：治临贺，今广西自治区贺州市八步区东南。

洪州：治南昌、新建，今江西省南昌市。

侯兆川：位于今共城县西北。

湖湘：大约今湖南省洞庭湖和湘江一带。

湖州：治乌程、归安，今浙江省湖州市。

滑州：治白马，今河南省滑县。

怀州：治河内，今河南省沁阳市。

淮宁府：治宛丘，今河南省淮阳县。

淮阳军：治下邳，今江苏省邳州市。

黄州：治黄冈，今湖北省黄州市。

徽州：治歙县：今安徽省歙县。

吉州：治庐陵，今江西省吉安市。

济源县：今河南省济源市。

建昌：即建昌军，治南城，今江西省南城县。

建康：即建康府，治江宁、上元，今江苏省南京市。

建州：治建安、瓯宁，今福建省建瓯市。

江阴军：治江阴，今江苏省江阴市。

江州：治德化，今江西省九江市。

绛州：治正平，今山西省新绛县。

金陵：今江苏省南京市。

金州：治西城，今陕西省安康市。

京口：镇江的古称。

荆门：即荆门军，治长林，今湖北省荆门县。

荆南府：即荆南，治江陵，今湖北省荆州市。

均州：治武当，今湖北省十堰市郧阳区。

筠州：治高安，今江西省高安市。

浚州：治黎阳，今河南省浚县西北。

开德府：治濮阳，今河南省濮阳市。

李固渡：位于今河北省魏县东北。

澧州：治澧阳，今湖南省澧县。

溧阳：今属江苏省常州市溧阳县。

连州：治桂阳，今广东省连州市。

临安：即临安府，治钱塘、仁和，今浙江省杭州市。

临颍：今河南省临颍县。

六合：今江苏省六合县。

龙女庙：位于今河南省卫辉市汲县西。

龙阳：今湖南省汉寿县。

楼子庄：今江西省奉新县境内。

庐州：治合肥，今安徽省合肥市。

潞州：治上党，今山西省长治市。

栾川县：今河南省栾川县。

马家渡：今属安徽省马鞍山市。

孟州：治河阳，今河南省孟州市。

南安军：治南城，今江西省南城县。

南霸塘：位于今江苏省泰州市境内。

南城军：治孟津，今河南省偃师市北。

南京：治宋城，今河南省商丘市睢阳区。

南康军：治星子，今江西省星子县。

南徐：镇江的别称，今江苏省镇江市。

南薰门：开封城南三门中的中门。

宁国：即宁国府，治宣城县：今安徽省宣城市。后升为宣州。

牛蹄：位于蔡州和鄂州之间。

牛头山：位于今南京城南约十七公里处。

盘城：今属江苏省南京市。

平江府：治吴县、长洲，今江苏省苏州市。

萍乡：今江西省萍乡市。

蕲阳：镇名，隶属蕲州蕲春县。

蕲州：治蕲春，今湖北省蕲春县。

虔州：治赣县：今江西省赣州市。

沁水县：今山西省沁水县。

清水亭：今南京城南约十七公里处。

庆阳府：治安化，今甘肃省庆阳市。

全州：治清湘，今广西自治区全州县。

汝州：治梁县，今河南省汝州市。

瑞昌县：今江西省瑞昌市。

瑞金县：今江西省瑞金市。

山阳：楚州的别称，治山阳县，今江苏省淮安市。

陕府：今河南省三门峡市陕州区。

陕右：陕西省的别称，古人以西为右，故称陕西省为陕右。

陕州：治陕县，今河南省三门峡市西。

商州：治上洛，今陕西省商州市。

邵原、西阳：均属今河南省王屋县。

生米渡：在今江西省新建县。

寿春：治下蔡，今安徽省凤台县。

寿州：治下蔡，今安徽省凤台县。1116年后升为寿春府。

舒州：治怀安，今安徽省潜山县。

顺昌府，治汝阴，今安徽省阜阳市。

汜水关：今河南省荥阳市汜水镇。

泗州：治盱眙县，今江苏省盱眙。

随州：治随县：今湖北省随州市。

太平场：在今广西自治区贺县境内。

泰兴县：县治柴墟镇，在今江苏省泰州市境内。

泰州：治海陵，今江苏省泰州市。

潭州：治长沙，今湖南省长沙市。

汤阴县：今河南省安阳市汤阴县。

唐州：治泌阳，今河南省唐河县。

天长军：治天长，今安徽省天长市。

通州：治静海，今江苏省南通市。

同州：治冯翊，今陕西省大荔县。

潼关：今陕西省潼关。

宛亭县：位于今山东省菏泽市西南。

王屋：今河南省王屋县。

维扬：扬州的别称，治江都，今江苏省扬州市。

卫州：治汲县：今河南省卫辉市。

武宁：今江西省九江市下辖县。

婺州：治金华，今浙江省金华市。

西京：又称河南省府，治河南省、洛阳，今河南省洛阳市。

隰州：治隰川，今山西省隰县。

宪州：治静乐，今山西省静乐县。

相州：治安阳，今河南省安阳市。

襄阳：即襄阳府，治襄阳，今湖北省襄阳市。

项城：宋代县名，今河南省周口市。

小商桥：位于临颍县南。

新乡县：今河南省新乡市。

新野：今河南省南阳市下辖县。

信阳军：治信阳，今河南省信阳市。

宿州：治符离，今安徽省宿州市。

秀州：治嘉兴，今浙江省嘉兴市。

许州：又称颍昌府，治长社，今河南省许昌市。

郾城县：今河南省漯河市郾城区。

燕山府：治析津，今北京市。

燕云：五代时期流传至宋的地名，燕指幽州：云指云州：宋时泛指华北地区。

扬州：治江都，今江苏省扬州市。

洋州：治洋州：今陕西省洋县。

翼城县：今山西省翼城县。

伊阳县：伪齐顺州州治，今河南省汝阳县。

沂州：治临沂，今山东省临沂市。

宜兴：今江苏省宜兴市。

鄞县：今浙江省宁波市所辖。

郢州：治长寿，今湖北省钟祥市。

颍昌府：治长社，今河南省许昌市。

颍顺军：今河南省禹州市。

永安军：原为宋朝河南省府永安县：今河南省巩义市南。

永嘉：今浙江省温州市。

永宁：今河南省洛宁县。

永州：治零陵，今湖南省永州市。

榆次县：今山西省榆次县。

沅州：治卢阳，今湖南省芷江县。

袁州：治宜春，今江西省宜春市。

岳州：治巴陵，今湖南省岳阳市。

泽州：治晋城，今山西省晋城市。

章贡：今赣州市章贡区。

长安：即京兆府，治长安、万年，今陕西省西安市。

长葛：今河南省长葛市。

长芦：今属江苏省南京市。

长水：位于今河南省洛宁县西南。

招信：位于今江苏省盱眙县东北。

昭州：治平乐，今广西自治区平乐县。

赵州：治平棘，今石家庄市赵县。

镇江府：治镇江，今江苏省镇江市。

镇汝军：大约位于今河南省鲁山县。

郑州：治管城，今河南省郑州市。

钟山：在今南京市城东。

朱仙镇：距开封府城西南四十五宋里。

竹芦渡：今河南省荥阳市汜水镇西北。

槜李：今浙江省嘉兴市。

胙城县：位于今河南省延津县东北。

注：以上地名解释大部分引用自王曾瑜《岳飞新传》，中国书籍出版社，2016年。

目次

鄂国金佗稡编目录

卷第三

卷第四

卷第五

卷第六

卷第七

卷第八

卷第九

卷第十

卷第十一

卷第十二

卷第十三

卷第十五

卷第十六

卷第十七

卷第十八

卷第十九

卷第二十五

卷第二十六

卷第二十七

卷第二十八

鄂国金佗续编目录

卷第三

卷第五

卷第六

卷第七

卷第八

卷第九

卷第十三

卷第三十

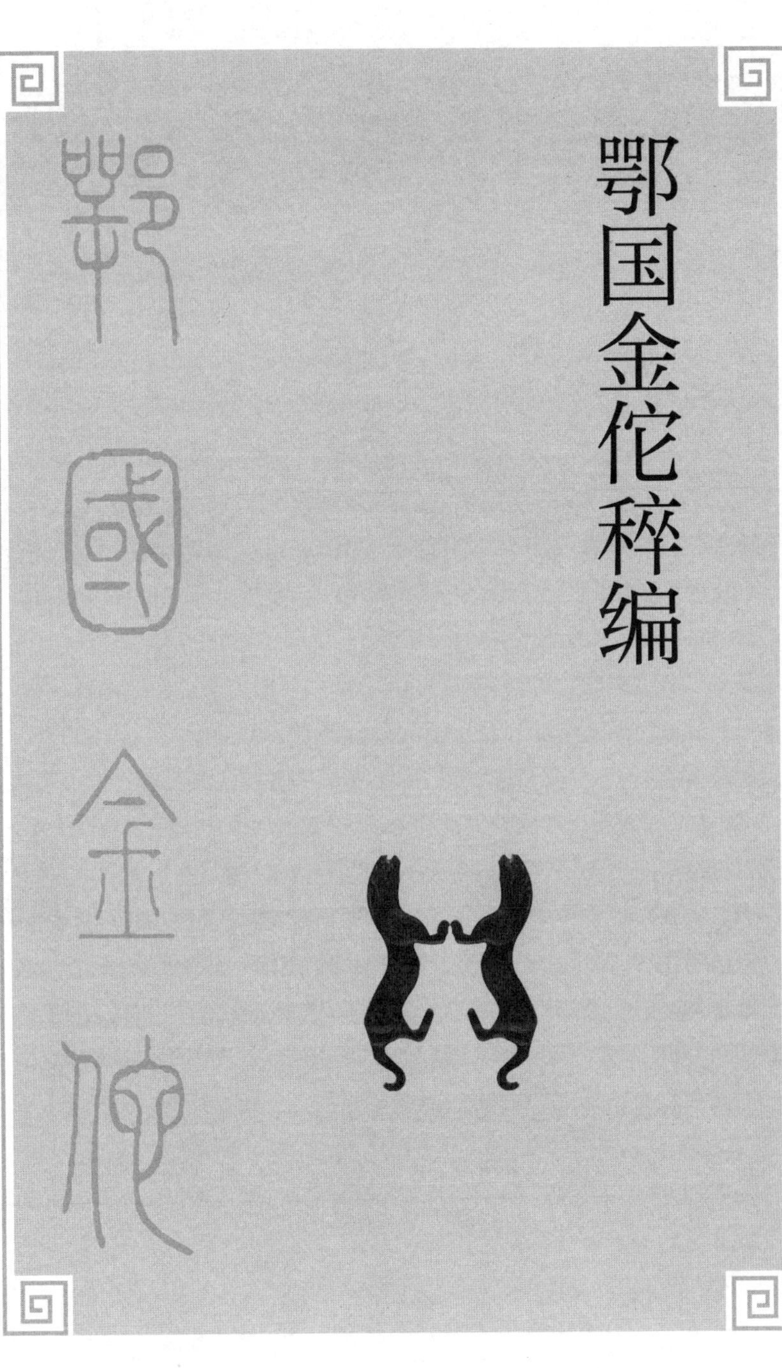
鄂国金佗稡编
鄂國金佗

鄂国金佗稡编序

孙奉议郎、权发遣嘉兴军府、兼管内劝农事岳珂编进

古者传书有公私之异，五十九篇，上世[①]之书也。则更写竹简，悉上送官，藏名山而副京师。盖非金鐀石室[②]之故文，不得以并录。一家之记载，若可以备史阙矣，掘笔废纸，仅得不泯。而著书遗札，虽关国大议，如封禅者，亦必竢诏求而后彻闻。书之不可苟传如此。开阳刻经[③]，亶存六艺，亲藩请史，弗畀权谋，著之旧章，唯见可考。越自铭碣起汉，著录盛唐，而后世之潜德幽光，或者托植楹之遗以诒久。集録固多见矣，文词之富，著作之工，亦惟与桮棬之泽，俱传于家。岂非疏戚缅殊，观览随变。

孝子慈孙之用心，固不得以责涂人之如己。而徇时弃置，视物重轻于蜡车[④]覆瓿[⑤]，亦出于理之或至者欤？嗟虖！事病于违时，谊信于同欲。断壶[⑥]而致千金之用，人固未必逆信，酸咸土炭，顾嗜者或均取焉，盍亦观诸理而已。世固有问百年之血食，而推其余烈；考前人之逸事，以上之史官。况当规恢大有为之秋，鱼腹[⑦]之图，縠城[⑧]之略，岂无一二可俎豆于斯世。摭其所当行，稽其所可验，而勿视之刍狗[⑨]之已陈，则虽公天下之传，可也。

珂试守檇李之明年，始刻家世吁天之书于郡塾，即汉制佩章[⑩]之义，稡五编为一，名之曰《金佗》。惟先王勋在王家，名在国史，遗迹之存者，文昌章公固尝传而上之朝，既碑之襄阳，又梓之江夏。当世名公钜卿拊膺兴怀，盛心激烈，尚欲作九原而

起之也。其忍以遗孤之不肖，遂即人而废其言乎！故刻传不疑，而豫比于罔罗放失之助，厉世开功名者或将有考焉耳。不然，写琬琰[11]，积缣缃[12]，犹珂之私书也，而何敢辱郡故府之藏。

嘉定著雍摄提格岁橘涂初吉[13]，珂谨序。

【注释】

①上世：指上古时代，见《商君书·开塞》："上世亲亲而爱私，中世上贤而说仁，下世贵贵而尊官。"

②金鐀石室：又作"石室金匮"。《史记·太史公自序》："紬史记石室金匮之书。"司马贞索隐："石室、金匮皆国家藏书之处。"

③开阳刻经："开阳"或为"开成"之误。唐开成二年（837），依宰相兼国子祭酒郑覃所奏，刻石经立于长安城内务本坊国子监大学。共一百十四石，计有《周易》《尚书》《毛诗》《周礼》《仪礼》《礼记》《左传》《公羊传》《谷梁传》《孝经》《论语》《尔雅》等十二部经书。另附《五经文字》《九经字样》两书，计六十五万余字。用以校正经书，防止传抄错误。唐天祐元年（904），佑国军节度使韩建改筑长安城，石经委弃于野。五代后梁时，刘鄩守长安，将其移置城内。宋元祐五年（1090），据漕运使吕大忠倡议，遂将全部石经移置府学之北。

④蜡车："蜡以覆车"的典故，《后汉书》一百二十卷，其中本纪十卷，列传八十卷，为南朝宋范晔撰；八志三十卷，为晋司马彪撰。本来志的部分范晔也计划写，"欲遍作诸志，《前汉》所有者悉令备"，但后来范晔因参与刘义康谋反，事发被诛，未能完成。《后汉书》卷一〇《皇后纪》末曰："其职僚品秩，事在《百官志》。"章怀注曰："沈约《谢俨传》曰：'范晔所撰《十志》，一皆托俨，搜撰垂毕，遇晔败，悉蜡以覆车。

宋文帝令丹阳尹徐湛之就俨寻求，已不复得，一代以为恨，其《志》今阙’”。“覆车”，谓失败。“蜡以覆车”大致可理解为因失败等不得已的原因被封存无闻甚至湮没无迹。

⑤覆瓿：喻著作毫无价值或不被人重视。汉代扬雄以为经莫大于易，故作太玄，欲求文章成名于后世。刘歆观之，告诉扬雄，天下学者尚不能通晓易经，又如何能了解太玄，恐怕后人要拿来盖酱瓿。典出《汉书·扬雄传下》。

⑥断壶：壶，通“瓠”，瓠瓜，葫芦类植物，中空，能浮在水面。比喻东西虽然轻微，用得到的时候便十分珍贵。典出《鹖冠子·学问》：“中河失船，一壶千金。贵贱无常，时物使然。”

⑦鱼腹：《史记·陈涉世家》中记录了陈涉、吴广伪托鬼神的旨意在鱼腹中藏字以树立威信的故事。“乃丹书帛曰‘陈胜王’，置人所罾鱼腹中。卒买鱼烹食，得鱼腹中书，固以怪之矣。”

⑧穀城：《史记·留侯世家》记载了张良遇圯上老人（后世谓之黄石公）授书的故事。圯上老人“出一编书，曰：‘读此则为王者师矣。后十年兴。十三年孺子见我济北，穀城山下黄石即我矣。’”

⑨刍狗：古时用草编结成的狗形，供祭祀用，用完即丢弃。后比喻轻贱无用之物。

⑩佩章：指古代官员佩带的印章。

⑪琬琰：比喻君子的德性。《南史·刘勔传》：“文史该富，琬琰为心，辞章博赡，玄黄成采。”

⑫缣缃：供书写用的细绢。多借指书册。

⑬雍摄提格岁橘涂初吉：皆美称也。雍摄提格岁指戊寅年；橘涂指农历十二月；初吉日指农历每月初一到初七或初八的时段。

【译文】

古代流传书籍有公和私的差别，这五十九篇，就属于因孝亲而作的私家著述。又更行刊印，悉数上呈送入有司，原版藏于名山，而以副本送入京师。虽然不是国家藏书库中的旧文，不能一起被收录；而此一家之记载，若能够备补史家的遗缺也好，就算是把笔写秃，消耗纸张，也仅得不至于泯灭。世间那些著作遗札，即便是有关国家大事的，比如封禅等，也必须要等到朝廷下诏索求，才能完全被世间了解。所以说书籍之不易流传大致如此。开阳刻经，仅仅存留了《易》《书》《诗》《礼》《乐》《春秋》六经。当时询问藩服，请谒史官，不屈服于权谋，所著皆有出处，可以考据得到旧文。后世所汲取的潜德幽光，有些来自汉代的碑刻，有些来自盛唐的著录，甚至得之于屋舍门楹上代代相传的文字。集录的著作也很多，文辞之丰富，著作之工整，也可与家中的杯盏一起，传于后世。这样，无论亲疏远近，人们在时易事变之后皆能观览先代的思想。

我这点孝子慈孙的用心，固然不能苛求路人也和自己一样。然而人们曲全时局、权衡利弊之下对某事某物做出的无视或者丢弃之举，难道也是出于至理吗？嗟乎！事情不顺是因为与时局不合，义信相守是因为同心同欲。残缺的葫芦有时也会有价值千金的效用，人们未必都信，也未必都不信，正如酸咸土炭，爱好之人均而取之，也是出于观览诸理的愿望。世间固然有享百年血食（祭祀）之家，推崇其祖先的余烈；也有（普通的人家）考察其先人的轶事，上呈给史官参考。况且当此规划恢张大有可为之际，不论是如同天意的鱼腹丹书，还是神迹一般的穀城之略，岂无一二事迹可以奉祀于今日的。选择当施行的，考察可验证的，无视那些没用的陈述，则将这些事迹流传于天下，也是可以的。

岳珂（我）在檇李（地名，在今浙江嘉兴西南）代理某官职的第二年，才将为家世而作的《吁天辨诬》之书刻于郡塾，且袭用汉代佩章制度的含义，汇集五篇为一，命名为《金佗》。先王（岳飞）勋在王家，名在国史，其事迹的存留本已由文豪章颖公写成了传记上呈朝廷，既在襄阳刻碑，又于江夏（鄂州州治，今湖北武汉市武昌）雕印。当世的名公钜卿都拊膺兴怀，盛心激烈，尚欲唤醒九泉之下的祖先。而作为遗孤，我岂忍作不肖状，因已有他人的著录就废弃自己的撰述呢！因而毫不犹豫地撰写刻印了先祖父的传记，有助于补足其他传记虽网罗搜访也有可能发生的缺失，后世几代开创功名者或可有所参考。再不然，就当作涤荡心灵，积累著述作为珂的私书，不敢有辱州郡府库之馆藏。

嘉定戊寅年（1218）十二月初吉，珂谨序。

卷第一

高宗皇帝宸翰卷上

绍兴四年

春三月，先臣奏请先复襄、邓六郡，以图中原。会方议通虏好，重于深入，乃赐御札，命先臣毋出李横所守界。

敕岳飞，矧卿忠义之心，通于神明，故兵不犯令，民不厌兵，可无愧于古人矣。今朝廷从卿所请，已降画一，令卿收复襄阳数郡。惟是服者舍之，拒者伐之，追犇之际，慎无出李横所守旧界，却致引惹，有悮大计。虽立奇功，必加尔罚，务在遵禀号令而已。收复之后，安辑百姓，随宜措画，使可守御。不致班师之后，复又疏虞，始可回军，依旧屯驻。朕当重寘赏典，以旌尔功。故兹笔喻，无慢我言。十四日。

御押[①]

【注释】

①押：宋时签名符号，“御押”特指皇帝专用，后皆不注解。

【译文】

春三月，先祖父奏请先收复襄阳、邓州等六个州郡，以此作为恢复中原的根据地。恰好当时与虏人议和通好，难以深入进攻敌人腹地，于是高宗皇帝赐下御札，命令先祖父不要越出李横所守的旧界。

敕岳飞：卿的忠义之心通达于神灵，故而士卒听从号令，百姓拥护军队，可以无愧于古代先贤。如今朝廷听从卿的奏请，已经逐一下达了命令，命令卿收复襄阳等几个州郡。顺从朝廷的放过，抗拒的讨伐，追击敌人之时，切记谨慎，不要越过李横原先所守的边界，招致麻烦，有误大计。（那样）即便卿立下奇功，朕也必然予以惩罚，务必要遵从号令。收复之后，要安抚百姓，使其和睦。军务视情况措置谋划，使（其）可抵御敌人的进攻，不要导致班师之后，再发生疏忽变故，这样才可以回师，按照原来的地方屯兵驻扎。朕必当重重奖赏，表彰你的功绩。因此给你这封亲笔诏书，不要轻慢朕的命令。十四日。

御押

刘光世请措置荆、襄，诏不许，第令整兵，以为先臣援，复赐御札。

敕岳飞，朕具省出师奏，以卿智勇，必遂克敌，更在竭力致身[①]，早见平定。近刘光世乞行措置荆、襄，朕已命卿，岂易前制。但令光世严整步骑，以为卿援，缓急动息，可行关报也。亦当令卿将佐等知，庶可益壮军心，鼓勇士气，所向无前，孰能御哉！廿一日。

御押

【注释】

①竭力致身：竭力，意为竭尽全力。致身：《论语·学而》载：“事父母能竭其力，事君能致其身，与朋友交言而有信。”

文中“竭力致身”即竭尽全力地完成君主的命令。

【译文】

刘光世请求措置荆襄地区，高宗皇帝下诏令不允许，只是命他整顿士卒，作为先祖父的援军，又给先祖父赐下来御札。

敕岳飞：朕详细地知悉了出师奏折，凭卿的智慧勇略，必会成功战胜敌人，要更加竭力尽命，早日平定外患。近日刘光世请求前去措置荆、襄防线，朕已然委命于卿，岂会更改从前的任命？仅命光世严肃整顿步兵与骑兵，作为卿的援军，军情的缓急动静，可以发关报给他。也应当让卿的僚属部将知晓缘由，或许可以增壮军心，鼓舞士气，使军队所向无前，这样还有何人可以抵御！二十一日。

御押

夏五月，进兵襄阳，克之。捷闻，廷议犹患其难守，赐御札问方略。

敕岳飞，朕具闻卿已到襄阳，李成望风而退。朕虽有慰于心，而深恐难善其后。此贼不战而归，其理有二：一以卿纪律素严，士皆效死，故军声远振，其锋不可当；一乃包藏祸心，俟卿班师，彼稍就绪，复来扰劫，前功遂废。卿当用心筹画全尽之策来上。若多留将兵，唯俟朝廷千里馈粮，徒成自困，终莫能守，适足以为朕忧。不知李成在彼如何措置粮食，修治壁垒，万无刘豫肯为运粮之理。今既渡江[①]，屯泊何所？及金国、伪齐事势强弱，卿可厚以金币，密遣间探，的确具闻。盖国计之所在也，故兹笔喻，深宜体悉。

御押

【注释】

①江：特指长江。

【译文】

夏季五月，先祖父进兵襄阳，攻克下来。捷报奏闻朝廷，朝中言论还在忧虑难以防守，高宗皇帝赐下御札询问防御方略。

敕岳飞：朕知道卿已攻下襄阳，李成望风而逃。朕虽然心中安慰，却深深忧虑难以善后。此贼不战而回，理由有二：一是卿军纪素来严明，士卒都愿效以死命，故而军威远振，锋锐不可抵挡；（另）一（理由）是李成包藏祸心，待卿班师之后，他稍稍准备妥当，又来扰掠，于是前功尽弃。卿要用心筹划一个万全之策奏来。如果多留兵马驻守，单等朝廷千里运粮，徒然造成自己受困（的局面），最终不能守住，这恰恰是朕十分忧虑的。不知道李成在彼方如何料理粮食、修筑壁垒，万没有刘豫肯为（其）运粮的道理。如今已经渡过长江，大军驻扎停泊在哪里？又不知金国、伪齐的局势和实力强弱，卿可以多多给予金银钱币，秘密派遣细作，探查详尽真实的情报，向朕奏来。这是国家大事的关键，故而给你这封亲笔诏书，你应该仔细体会。

御押

李成益兵请战，又大败。复赐御札问方略，及谕先臣为诱敌之计。

具省卿奏，李成益兵而来，我师大获胜捷，乃卿无轻敌之心，有勇战之气之所致也。因以见贼志之小小耳！朕甚慰焉。此月九日，尝降亲笔，令卿条画守御全尽之策。若少留将兵，恐复为贼有；若师徒众多，则馈饷疲劳，乃自困之道也。卿必有以处焉。及密遣间探，要知金虏、伪齐事势强弱，点集次第，想以必达。卿宜筹画良策来上，庶几不废前功也。将来议定，卿若班师，将今留人马亦权暂少留，作守城之大计，其余设伏，而卿亦少留近境。要当致彼贼师再来，并力掩击剿除。而后虽真实少留人马，彼亦不敢有所侵犯也。卿更筹之，朕不遥制。

付岳飞。御押

【译文】

李成增兵来犯，再次被先祖父打得大败。高宗皇帝又赐下御札询问防御方略，并授先祖父诱敌之计。

详细了解了卿的奏报，李成增兵来犯，我军大获全胜，是卿没有轻敌骄矜之心，而有勇敢善战的气概才能取得的功绩。由此也可窥见贼人的志气不过是这么一点点罢了！朕甚是欣慰。本月九日，朕曾下达亲笔诏令，命卿谋划万无一失的防守之策。若是留下一小部分兵将，恐怕又被敌人夺去；若是留下重兵防守，则军粮的补给势必（使我军）因运粮而疲劳，这是使自己处于困境的方法。卿想必已经有了决断。至于派遣密探，务要探明金虏、伪齐的政治局势和实力强弱、点集兵马的详细情形，想来已经得到情报了。卿应该谋划良策奏来，但愿不要前功尽弃。将来计议已定，卿若是班师回军，便把现下留在襄阳的人马中暂且稍稍留下一部分，作为守城的主力，其余的人马作为伏兵，并且卿也暂且留在襄阳附近。要引诱敌军再次前来进攻，合力掩击剿杀。这样以后，即使真的只留下小部分人马，敌人也不敢再来侵犯了。卿可加以补充筹划，朕远在中央，不会遥制。

付岳飞。御押

冬十一月，虏、伪合兵，大举入寇，边报急。赐御札，趣先臣提兵东下。

近来淮上探报紧急，朕甚忧之，已降指挥，督卿全军东下。卿夙有忧国爱君之心，可即日引道，兼程前来。朕非卿到，终不安心，卿宜悉之。

付岳飞。御押

【译文】

冬季十一月，金虏、伪齐合兵一处，声势浩大地前来侵犯，边报十分紧急。（高宗皇帝）赐下御札，催促先祖父领兵东下。

近来淮上探得的军情十分紧急，朕甚是忧虑，已经降下指挥。督促卿全军东下，卿素来便有忧国爱君的忠心，诏命下达之日便可即刻上路，兼程赶来。若非卿亲自领兵到来，朕的心中终是不安，你应该了解朕的意思。

付岳飞。御押

十二月，提军趋合肥，赐御札抚问。

卿义勇之气，震怒无前，长驱济江，威声远畅。宜奋扬于我武，务深得于敌情。既见可乘之机，即为捣虚之计。眷兹忠略，岂俟训言，深念勤劳，往加抚问。

付岳飞。御押

【译文】

十二月，先祖父率兵奔赴合肥，（高宗皇帝）赐下御札安抚慰问。

卿忠义勇悍的气概，如雷霆震怒般一往无前，率军远途疾行渡江，威名远播。应（趁此时机）扬我兵威，务必尽可能详细地探察敌情。既有可乘之机，就要谋划直捣其防守薄弱之处的计策。卿忠义可嘉，胆略过人，岂会等待朕的训导之言才行动呢，深念卿勤勉辛劳，下达诏书以示慰问。

付岳飞。御押

绍兴五年

夏四月，奉诏平湖寇杨么，至长沙，赐御札。

近得奏，知卿已至潭州，时方盛暑，将士良劳。朕以湖湘之寇，逋诛[①]累年，故特委卿，为且招且捕之计，欲使恩威并济，绥靖一方。闻卿到彼，措画得宜，朕甚嘉之。然今去防秋[②]不远，若此寇既平，则可以专意捍敌。更宜多算，决致成功，此朕所望于卿者。其他曲折，张浚既至军前，可就议也。二十三日。

付岳飞。御押

【注释】

①逋诛：逃避诛罚。

②防秋：金兵畏暑热，常常在秋冬南下骚扰，故此每到秋季，宋军便屯驻重兵防守。

【译文】

夏季四月，先祖父奉诏剿除洞庭湖寇杨么，到长沙时，高宗皇帝赐下御札。

近来得到奏报，知道卿已到达潭州，时值盛暑时节，将士们很是辛劳。因为湖湘之地的匪寇，连年流窜各方，逃避诛罚。故而（朕）特委命于卿，实行且招且捕的计策，想用恩威并济之策，使得一方平定安宁。听说卿到了那里，安排谋划得合宜，朕十分赞赏。然而如今距防秋之期不远，若湖湘之地的匪寇已经平定，便可一心一意地抵御金兵了。卿更应多方谋算，一定要取得成功，这是朕对卿的厚望。其他的详细情况，张浚已经到了前线，卿可以就地与他商议。二十三日。

付岳飞。御押

六月，大破杨么等寇，湖湘悉平，赐御札褒宠。

比得张浚奏，知湖湘之寇悉已肃清，纾朕顾忧，良用欣惬。非卿威名冠世，忠略济时，先声所临，人自信服，则何以平积年啸聚之党，于旬朝指顾之间[①]。不烦诛夷，坐获嘉靖，使朕恩威兼畅，厥功茂焉！腹心之患既除，进取之图[②]可议。缅思规画，嘉叹不忘。然恐招抚之初，人怀反侧，更宜绥辑，以安众情。措置得宜，彼自驯扰[③]。浚必已与卿计之熟矣，或有陈请，可具奏来。

付岳飞。御押

【注释】

①指顾之间：形容时间短暂。

②进取之图：指北上讨伐金兵、恢复中原的意图。

③驯扰：驯服、驯顺。

【译文】

六月，先祖父大破杨么等湖寇，湖湘之地都已平定，高宗皇帝赐下御札以示褒奖荣宠。

已经得到张浚的奏折，知道湖湘之地的匪患都已经肃清，解除了朕的顾虑忧患，朕十分畅怀欣慰。若非卿威名冠世，忠义胆略闻名于当时，声威预先传扬到湖湘，人们本身便已经信服，怎能在区区十几天里平定多年啸聚山林的匪徒呢？不辞烦劳诛灭盗贼，平定匪患，使朕的恩威通畅于天下，那是多么卓著的功勋啊！心腹之患已经除去，恢复中原的北伐计划便可以商议筹谋了。遥想规划，赞叹不能忘怀。然而恐怕刚刚招抚的湖寇，人心反复无常，需要再加以安抚，使其顺从，安定民心。安排料理得当，他们自然就安顺有序了。张浚必定已经与卿计议妥当了，有其他的请求，可以写奏折递来。

付岳飞。御押

湖湘平，还屯武昌，赐御札戒先臣豫备。

敕岳飞，武昌控制上流，淮甸[1]只隔一水，可多方措置，遣得力人间探，无使寇攘窥伺。即今动息如何？莫谓未有警报，而缓图之，事不素定，难以应猝。卿其用心体国，万一有警，当极力捍御，乘势扫戮，无少疏虞，即卿之功。日具的实动息奏来。十四日。

付岳飞。御押

【注释】

①淮甸：淮河流域，宋朝时淮河流域分为淮东、淮西两个地区，称为“两淮”。

【译文】

湖湘之地的叛乱被平定，先祖父回到武昌屯驻大军，高宗皇帝赐下御札劝诫先祖父预先有所准备。

敕岳飞：武昌控扼长江上游，与两淮战区只有一水相隔，可以从多个方面安排料理，派遣得力的人做间谍，不要让敌寇侵犯和暗中察看，有所图谋。现今敌人的情况怎么样？不要以为没有警报传来，就可以缓缓筹谋，事情若不在平时就筹谋议定，难以应付猝然的变故。卿要用心体念国家，万一有边警，应该极力捍卫国土、抵御敌人，乘机扫灭剿杀，没有细微的疏漏，就是卿的功绩。每日上奏，将详尽的情况奏与朕来。十四日。

付岳飞。御押

绍兴六年

春，诏宰臣[①]张浚出视师，赐御札。

朕以寡昧之资，履艰难之运，虽夙宵自励，冀恢复于丕基，而奸宄未销，尚凭陵于方夏。殆欲亲蒙矢石，身属櫜鞬[②]，报两宫迁越[③]之仇，拯百姓流离之苦。坐薪尝胆，疾首痛心，十年[④]于兹，终食屡叹。今委宰辅督护戎昭，而卿以柱石之资，总貔虎之众，居怀愤激，期于荡平。然念王者之师本于伐叛，天下之将专以靖民，俾号令之申严，慰云霓之徯望。毋窥近效，有害成功，必使部伍无哗，田闾不扰，副我抚绥之意，共成戡定之功。舍爵策勋，朕不敢忽。故兹亲笔，卿宜悉之。

付岳飞。御押

【注释】

①宰臣：《宋史·舆服志》载“同中书门下平章事为宰臣”。宰相的别称。（据《宋代官制辞典》，第77页。）

②櫜鞬：櫜，收藏盔甲弓矢的器具；鞬，马上的盛弓器。两者均代指军队。

③两宫迁越：迁越，谓月初范围而变化，即迁离。此处指靖康之变中徽、钦二帝被掳事件。靖康二年（1126），徽、钦二帝被金人掳去，先是迁居燕京（今北京），后押赴金上京，最后囚于五国城。

④十年：自靖康元年（1126）至绍兴六年（1136），整整十年。

【译文】

春季，高宗皇帝下诏命令宰相张浚到前线视察军队，赐下御札。

朕以寡陋愚昧的资质，承担艰难困厄的国运，虽然日夜自勉，希冀恢复中原基业终能成功，然而作乱之人尚未消灭，还在侵扰我华夏。朕定要亲身冒着箭雨滚石，亲自张弓挽箭，以报二圣被掳去北方的仇恨，拯救百姓流离失所的苦难。朕卧薪尝胆，痛心疾首，十年来每念及此事，食不甘味，屡屡叹恨不已。如今将督护军旅的大事委任于宰辅，而卿以国家柱石之资，掌管貔貅猛虎般的雄师，向来怀着一腔激奋之气，期望荡平敌寇。然而帝王的军队本用于讨伐叛逆，天下的武将是专门保护百姓的，（一定要）使号令伸张严明，来安慰百姓迫切的悬望之心。不要贪图眼前的利益，妨害恢复大业的成功，一定要使部下安心，不要哗变，田间的土地不受骚扰，与朕的安抚之意相符相称，共同成就平定天下的大功。记功封爵之事，朕不敢轻慢疏忽。故而亲笔下诏，你应该了解朕的意思。

付岳飞。御押

张浚既出视师，复赐御札申谕眷倚之意。

朕以父兄蒙尘，中原陷没，痛心尝胆，不敢遑宁。已命相臣往专经画，正赖尔等深体此怀，各奋精忠，勉图报效。倘有机会，无或后时。所冀二圣还归，故疆恢复，用副朕平日眷待责成之意。

付岳飞。御押

【译文】

张浚已经出发视察军队，高宗皇帝又赐下御札，申明晓谕对先祖父的眷顾倚重之意。

朕因为父兄蒙尘，中原陷落于金人之手，十分痛心，励精图治，不敢懈怠享乐。已经命令宰臣前往，专门经营筹划，正依赖卿等深切体念朕的这番心意，各自振作精忠之心，勉励谋划，报效朝廷。倘若有机会，不要堕后，放过时机。朕所希冀的是迎回二圣，收复故土，望卿不要辜负朕平日里的眷顾与委付。

付岳飞。御押

二月，督府[①]议进屯以图中原，先臣遂移镇襄阳。赐御札，令勉谕将佐。

朕惟国之用武，必据形胜，以为地利。今西南之重，实占上游。既已委卿移屯要害，深图战守之计。卿宜以朕此意，敦喻将佐，抚劳士卒，勉思忠义，勠力一心，协赞事几，庶克攸济。有功必报，朕不汝忘。

赐岳飞并本军将佐等。御押

【注释】

①督府：官司名，为都督府的简称。都督府作为统兵机构，任命宰相专主用兵之权，实分兵权为二，分原属于枢密院的职能。南宋绍兴二年始设此机构，事已即罢。如川陕荆襄都督府、诸路军事都督府等。南宋绍兴五年二月十二日设置诸路军事都督府，二月二十一日将川陕荆襄都督府并入诸路军事都督府，绍兴七年九月一日罢。这封诏书写于绍兴六年二月，故诏书中的督府实指诸路军事都督府。

【译文】

二月，都督府商议将屯兵之所向北推进，以此谋取中原地区，先祖父于是移兵镇守襄阳。高宗皇帝赐下来御札，令先祖父勉励并晓谕手下的将领。

朕以为国家用兵，必然要占据形胜之地，掌握地理优势。如今西南之所以战略地位非常重要，实际上是因为占据了上游。既然已经委任卿移兵屯守兵家要地，就是为了进一步谋虑作战和防守的计略。卿要根据朕的这个意思，敦促晓谕手下将领，安抚慰问士卒，勤勉王事，怀忠义之心，齐心合力，协理克敌计谋，但愿能够成功。有功一定要呈报上来，朕不会忘记（奖励）你们。

赐给岳飞和本部的将领等人。御押

三月，丁母周国夫人姚氏忧[①]。赐御札，趣先臣起复[②]。

比阅军中奏，知卿奄遭内艰[③]，倚注之深，良用震怛。然人臣大义，国耳忘家，移孝为忠，斯为两得。已降制命，趣卿起复，卿宜体几事之重，略常礼之烦，无用抗辞，即祗旧服[④]。乘吏士锐气，念家国世雠，建立殊勋，以遂扬名显亲之美，斯孝之至也。故兹亲笔，谅悉至怀。

付岳飞。御押

【注释】

①丁忧：遭逢父母丧事。旧制，父母死后，子女要守丧，三年内不做官，不婚娶，不赴宴，不应考。

②起复：宋代官员有三年守父母丧（丁忧）之制，在守丧期内，须解官持丧服。丧期满复职称“服阙”，如丧期未满，朝廷特许或特诏复职者，称“起复”。“起复”任事之后，该官员官衔前系“起复”二字。（据《宋代官制辞典》，第652页。）

③内艰：专指母丧。

④旧服：从前的法则制度。《书·盘庚上》：“盘庚敩于民，由乃在位，以常旧服正法度。”

【译文】

三月，先祖父为母亲周国夫人姚氏丁忧。高宗皇帝赐下御札，催促先祖父起复。

刚刚看过军中来的奏报，知道卿不幸忽然遭受母丧，朕深切地依赖器重你，因此十分震动惊惧。然而为人臣子者，当以大义为先，忧虑国事而不念自家，将一片孝心化作忠义，如此方为两全。朕已经降下敕命，催促卿起复，卿应当体念军机的重要，省略常礼的烦琐，勿要再上奏推辞，即刻遵从旧例起复。凭恃官兵的锐气，常想家国世仇，建立卓越的功勋，达成名扬天下使父母显荣的美事，这才是极致的孝道啊。故而亲笔晓谕，你一定可以体念朕的意思。

付岳飞。御押

秋，先臣将按边，朝廷患给饷者不时至，赐御札，命按举功罪，以置赏罚。

朕将遣大兵，控临边境，军须调度，不可愆时。应守[①]、令[②]、监司[③]措置饷运，不扰而办者，卿可具名上来，当议褒擢。其或不虔，致误国事，亦即按劾以闻，邦有常刑，朕不敢贷。

付岳飞。御押

【注释】

①守：知某府军府事的别称，为一府长州官，领本府户口、税赋、钱谷、狱讼等事；凡法令条制，一一奉行；岁时劝课，扬善惩奸，兵民之政，皆总掌之。

②令：县令的别名，总治一县民政，凡户口、赋役、钱谷、赈济、给纳、与平决狱讼诸事总掌之。

③监司：“路监司”的别名和简称。路监司，是宋代“路”一级地方机构安抚司、转运司（包括江浙荆淮发运使）、提刑司、提举常平司的总称。

【译文】

秋季，先祖父将要巡视边塞，朝廷忧虑派供给粮饷的人不能按时抵达，赐下御札，命先祖父上报有功和有罪的人，朝廷好进行赏罚。

朕将派遣大军，前去控扼边境防区，军需的调度派发，不能耽误。已命州府、县、路的长官安排料理粮饷的运送，备办得有条不紊的人，卿可以将名字一一奏来，朕要议定褒奖拔擢（的办法）。若是有人不诚心备办，以至于耽误了国事，也即刻上报弹劾让朕知道，国家有固定的法规，朕不敢违法宽恕他们。

付岳飞。御押

九月，还至武昌，伪齐兵犯淮西，有诏提军东下。时先臣目疾甚，张浚以闻，诏遣僧中印、皇甫知常驰至军，疗视。赐御札劳问，且趣其师。

近张浚奏，知卿病目，已差医官为卿医治。然戎务至繁，边报甚急，累降诏旨，促卿提兵东下。卿宜体朕至怀，善自调摄，其他细务委之僚佐，而军中大计须卿决之。如兵之在远者，自当日下抽还，赴此期会。想卿不以微疾，遂忘国事。朕将亲临江浒矣，卿併悉之。

付岳飞。御押

【译文】

九月，先祖父回到武昌，伪齐兵侵犯淮西，有诏书命先祖父率兵东下。当时先祖父目疾严重，张浚上奏朝廷，高宗皇帝诏命僧人中印、医官皇甫知常疾驰到军中，为先祖父治疗。并且赐下御札慰问，同时催促先祖父出师。

近来得到张浚奏报，知道卿患了目疾，已经差派医官（前往）为卿诊治。然而边报甚是紧急频繁，朕屡次降下诏旨，催促卿率兵东下支援淮西。卿应该体念朕至诚的心意，善自珍重，好生调养，其他的细小琐事可以委任于幕僚与下属，但军中大的方向性决策必须由卿亲自决断。譬如屯在远处的军队，自是应当即日抽调回来，赶赴已定的日期会师。想来卿不会因为些微疾病，以至于忘记国事。朕将要亲临长江沿岸，卿一并需要知道。

付岳飞。御押

淮西寇已遁，赐御札，止先臣东援之师，且劳问目疾。

比屡诏卿提兵东下，今淮西贼遁，未有他警，已谕张浚从长措置，卿之大军未须遽发也。如闻卿果已目疾为苦，不至妨军务否？近差医者疾驰，往卿所看视，卿宜省思虑，慎药饵，安静调养。至于求闲之请，非朕所知，虽累请无益也。故兹亲笔，以示眷怀。

付岳飞。御押

【译文】

淮西的敌寇已经逃遁，高宗皇帝赐下御札，止住先祖父向东支援的军队，同时慰问先祖父的目疾。

近来屡次下诏命卿率兵东下，如今淮西的敌寇已然逃遁，没有其他的警报，朕已经晓谕张浚从长部署计议，卿的大军不必急速行进了。如同朕所听闻，卿确实遭受目疾的痛楚折磨，是否到了妨碍军务的地步？近来差遣医官疾驰到你军中诊治照看，卿应当减少思虑，慎重对待食物汤药，安心静养。至于你退闲的请求，不是朕所能理解的，即使屡次请求，朕也不会准许。给你这封亲笔诏书，以示朕的眷顾之意。

付岳飞。御押

前诏未拜，先臣已力疾提军至九江。奏至，玉音宣谕辅臣，以先臣有尊朝廷之义。复赐御札嘉奖，且命为乘机进取之计。

闻卿目疾小愈，即提兵东下，委身徇国，竭节事君，于卿见之，良用嘉叹。今淮西既定，别无他警，卿更不须进发。其或襄、邓、陈、蔡有机可乘，即依张浚已行事理，从长措置，亦卿平日之志也。故兹亲诏，卿宜知悉。

付岳飞。御押

【译文】

前一封诏书还没有到达，先祖父就已经带病率军抵达九江了。奏折送进朝廷，高宗皇帝当廷对宰辅之臣宣读，以示先祖父有尊重朝廷的大义。又赐下御札嘉奖，并且命先祖父制定乘机北进的计策。

听闻卿目疾略微见好，便即刻率军东下，将身家性命委付与国家，竭尽臣节侍奉君主，这种美好品德在卿的身上清晰可见，因此朕十分嘉赏赞叹。如今淮西已然安全无忧，亦没有别的警报，卿便不需要再进兵了。假使襄阳、邓州、陈州、蔡州这几个地方有北进的可乘之机，便即刻依照张浚已经施行的事项从长计议，这也是卿素日的志向。给你这封亲笔诏书，应该了解朕的意思。

付岳飞。御押

冬，先臣奉诏，遂出师襄汉，赐御札。

览奏，知卿出师汉上，规模素定，必不徒行。方冬远涉，将士良苦，卿更勤加抚劳，用副朕意。

付岳飞。御押

【译文】

冬季，先祖父尊奉诏书，于是出兵襄汉，高宗皇帝赐下御札。

览阅卿的奏折，知道卿已经出兵汉上，计划是往常商议已定的，必不会白白行动。正赶上隆冬率军长途跋涉，将士们很是辛苦，卿更要勤加慰问安抚，与朕的意思相称。

付岳飞。御押

师至襄汉，赐御札抚问，且谕以勉力远图之意。

卿志存忧国，义专报君，式总兵戎，再临襄汉。顾霜露之冒犯，想徒御之勤劳。深副简知，自宜神相。朕当食而叹，中夜以思，非我忠臣，莫雪大耻。所祈勉力，用究远图。卿目疾迩来更好安否？故兹亲谕，想宜悉之。

付岳飞。御押

【译文】

大军抵达襄汉，高宗皇帝赐下御札慰问，并且晓谕上意，要先祖父努力谋划北伐之事。

卿怀着忧国忧民的志向，以一腔忠义报答君主，总领兵事戎机，再次率军到襄汉。朕思及风霜雨露的侵袭，遥想领兵作战的辛劳。卿深符朕的简拔知遇，自应有神灵襄助。朕对食而叹，深夜以思，若非是朕的忠臣，必不能雪洗二圣被掳的奇耻大辱。祈盼卿用心努力，谋划向北推进的行动。卿的目疾近来是否痊愈？给你这封亲笔诏书，想来应该了解朕的意思。

付岳飞。御押

初，先臣下商、虢，至长水，得粮凡十七万，俘获甚众。会淮西有警，遂还。至是复与伪齐战于何家寨，于白塔，于牛蹄，皆大捷。赐御札奖谕，且申述前功。

卿学深筹略，动中事机，加兵宛、叶[①]之间，夺险松栢之塞[②]。仍俘甲马，就食糗粮，登闻三捷[③]之功，实冠万人之勇。朕方申严漕輓[④]，督责计臣，俾远赴师期，庶士无饥色。卿其胜敌益戒，用心愈刚，毋少狃于前劳，用克当于大敌。但使先声后实，我武既扬；将见左枝右捂，敌人自病。朕所望者，卿其勉旃！

付岳飞。御押

【注释】

①宛、叶：宛叶古道，即古代由南阳通往叶县的道路。宛，今南阳；叶，今叶县。

②松栢之塞：指春秋时，秦国与赵国交界处植以松柏为界，故名。多形容兵家要冲地势险峻、易守难攻。《荀子·强国》："其在赵者，剡然有苓而据松柏之塞，负西海而固常山是地偏天下也。"

③三捷：语出《诗经·小雅·采薇》："岂敢定居，一日三捷。"三，言多次。捷，当训"接"，言一月之内多次军事接触；一说捷，打胜仗。

④漕輓：漕，利用水道转运粮食；輓，挽的异体字，拉，牵引。此处指用车运送谷物（军粮）。

【译文】

初时，先祖父攻下商州、虢州，又攻到长水，获得粮食十七万石，俘获敌人很多。恰逢淮西有警报传来，于是回师。到此时又与伪齐军在何家寨、白塔、牛蹄大战，都获得大捷。高宗皇帝赐下来御札，并且申述前面的功绩。

卿颇具才干谋略，军事行动非常符合时机的需要，在宛、叶之间用兵，夺取险要的边防要塞。一再俘获敌兵和战马，就地取粮吃用，取得了（何家寨、白塔、牛蹄）三次大捷，委实勇冠万人。朕已经申斥约束了运粮的官员，督促责问了掌管财政的大臣，让他们根据出师日期早早预备，好使出征的士卒不受饥饿之苦。卿越是战胜了敌人便越要加强戒备，越要坚定决心，勿要满足已有的功劳，务必要战胜强大的敌人。只要声威在前，武力在后，我国的军威必然大大传扬；不久便将见到敌人左支右绌、徒成自困的窘境。（这就是）朕所期盼的情况，卿要努力！

付岳飞。御押

十二月，大雪苦寒，遣赐器物，传宣抚问，兼赐御札。

战鞍、绣鞍各一对，龙涎香一千饼，龙茶一合，灵宝丹一合，铁简一对赐卿，至可领也。

付岳飞。御押

【译文】

十二月，大雪纷飞，天气苦寒，高宗皇帝遣人赐下来器物，宣谕抚问，并赐下御札。

（赐给卿）战鞍、绣鞍各一对，龙涎香一千饼，龙凤团茶一盒，灵宝丹一盒，铁简一对，到了就可以领受。

付岳飞。御押

降枪样至军中，赐御札。

卿军中见用长枪，似未尽善。此物须是銛利劲决，即用之借助人力。今降枪样去，可依此制造，尽改旧样不用。十五日。

付岳飞。御押

【译文】

高宗皇帝降下枪样的图纸到军中，并赐下御札。

卿军中现在所用的长枪，似乎未能尽善尽美。这个东西须锋利尖锐，用时方能借力。现在降下枪样的图纸到你军中，可以依此制造，将旧的枪样全部改掉，不再使用。十五日。

付岳飞。御押

绍兴七年

春，既下诏招陷伪官吏，乃赐先臣御札，令以德音[①]檄谕。

朕惟中原官吏皆吾旧臣，迫于虏威，中致睽绝，岂弃君而从伪，实全时以保民。罪由朕躬，每深自咎。倘能怀忠体国，率众来归，当议因其官爵，更加褒宠，罪无大小，悉与宽除。天日所临，朕言必信。故兹亲笔，所宜悉之。

付岳飞。御押

卿可作恭被亲笔手诏，移檄中原州县官吏。

【注释】

①德音：用以指帝王的诏书。至唐宋，诏敕之外，别有德音一体，用于施惠宽恤之事，犹言恩诏。

【译文】

春季，高宗皇帝已经下诏招降陷在伪齐的原大宋官吏，于是赐下御札给先祖父，命他把诏书传檄晓谕到伪齐。

朕以为中原的官吏皆是朕之旧臣，因迫于虏人的威势，中途导致与朝廷分离断绝，岂是抛弃君王而顺从伪齐，实际是为了保护百姓才顺从时势的。罪过是由朕引起，常在心中深深地怪罪自己。倘若陷在伪齐的我朝旧臣能心怀忠义体念国家，率领民众、军队归宋，朕会让他们因袭从前的官爵，更要加重褒奖，他们的罪过无论大小，朕都会宽恕。青天白日在上，朕必定言而有信。给你这封亲笔诏书，想来应该了解朕的意思。

付岳飞。御押

卿可以广加印发朕的亲笔诏书，移文传檄到中原各州县，使旧时的大宋官吏都知晓此事。

复赐御札，命先臣招谕伪齐亲党。

刘豫亲党有能察时顺理，以众来归，自王爵以下，皆所不吝，罪无大小，一切宽贷。卿可多遣信实之人，宣谕朕意。

付岳飞。御押

【译文】

高宗皇帝又赐下来御札，命令先祖父招降晓谕伪齐的刘豫亲近党羽。

刘豫的亲近党羽若有能察觉时势顺应天命，率领军民来归宋的，自王爵以下的职位官爵，朕都不会吝惜，无论他们从前的罪过大小，一切都可以宽恕。卿可以多派遣诚实守诺的人，到伪齐去宣谕朕的旨意。

付岳飞。御押

三月，先臣扈跸至建康，召至寝阁，玉音[①]宣谕曰："中兴之事，朕一以委卿。"先臣顿首[②]奉诏。时刘光世罢兵，未知所付。圣意属先臣，议既定，赐御札，令付王德[③]等。

朕惟兵家之事，势合则雄。卿等久各宣劳，朕所眷倚。今委岳飞尽护卿等，盖将雪国家之耻，拯海内之穷。天意昭然，时不可失，所宜同心协力，勉赴功名，行赏答勋，当从优厚。听飞号令，如朕亲行，傥违斯言，邦有常宪。

付王德等。御押

【注释】

①玉音：敬辞，尊称宋高宗的言辞。

②顿首：磕头，叩头下拜。

③王德：淮西军的重要将领。

【译文】

三月，先祖父扈从高宗皇帝到建康，被召到高宗陛下的寝阁，陛下宣谕道："国家中兴的大事，朕就委付与卿了。"先祖父叩拜遵奉圣旨。当时刘光世被罢免了淮西军的兵权，还不知道将淮西军委付给何人管理。圣意要将淮西军拨归先祖父隶属，计议已定，赐下来御札，命令交给王德等淮西军的将领。

朕以为用兵一事，各方势力合在一起就会兵力雄壮。卿等长久以来各自为国效命，都是朕所眷顾倚重的臣子。如今委任岳飞统领卿等，是要洗雪国家的耻辱，拯救天下的困境。天意如此清楚明白，时机不可轻易放过，宜该同心协力，努力获取功名，将来论功行赏，朕当优先厚待。卿等要听从岳飞的号令，如朕亲临，倘若违背朕的话，国家有固定的法律。

付王德等。御押

先臣既奉诏，复抗疏论恢复大计。时秦桧力主和议，闻先臣将合师北讨，惧其成功，谋夺所领光世军，从中沮挠，前议遂寝。乃赐御札。

览奏备悉，俟卿出师有日，别降处分。淮西合军，颇有曲折。前所降王德等亲笔，须得朝廷指挥，许卿节制淮西之兵，方可给付。仍具知禀奏来。

付岳飞。御押

【译文】

先祖父遵奉圣旨后，又直言上书论述恢复中原的大计。当时秦桧力主和议，听闻先祖父将要合淮西军向北征讨，惧怕他成功，谋夺先祖父所统领的原刘光世军队，从中阻挠合军之事，前番的决定于是作罢。高宗皇帝遂赐下御札。

朕览阅奏折，已详细知晓，等待卿出师之日，另有指示降下。与淮西军合兵一事，内中大有周折。前番给王德等人降下的亲笔诏书，须得到朝廷的正式命令，准许卿节制淮西军后，方才可以交付王德等人。卿再将详细的消息写奏状来。

付岳飞。御押

先臣至督府，与张浚论刘光世军，力言张俊、吕祉、王德皆不可付，恐士心不服，或以致变。浚疑其有自营得军意。先臣乃即上章，乞解兵柄。赐御札慰谕，且封还奏劄。

奏劄复还卿，国事至重，要当子细商量，期于有济。可速起发见张浚，仍具奏来。

付岳飞。御押

【译文】

先祖父到都督府，与张浚讨论刘光世军的归属，坚持说张俊、吕祉、王德都不可以委任，恐怕军士们心中不服，有可能导致兵变。张浚怀疑先祖父有为自己谋求更多军力的意图，先祖父于是立即上奏，乞求解除自己的兵权。高宗皇帝赐下御札安慰，并且封还先祖父求去的奏折。

将奏折再还给卿，国事至为重要，应当仔细商量，期望能有所成。卿可速速动身去见张浚，再写奏折来。

付岳飞。御押

先臣复上奏恳免，乞持余服。赐御札，封还元奏。

再览来奏，欲持余服，良用愕然。卿忠勇冠世，志在国家，朕方倚卿以恢复之事。近者探报，贼计狂狡，将窥我两淮，正赖日夕措置，有以待之。卿乃欲求闲自便，岂所望哉！张浚已过淮西视师，卿可亟往，商议军事，勿复再有陈请。今封还元奏。故兹亲笔，宜体至怀。

付岳飞。御押

【译文】

先祖父再次上奏恳请免除自己的兵权，乞求为母亲守满剩下的孝期。高宗皇帝赐下御札，封还先祖父的原奏。

再次阅览了卿写来的奏章，卿想要为母亲守满剩下的孝期，朕很是惊愕。卿忠义勇敢冠绝于世，志在为国效力，朕这才将恢复中原的大业倚重于卿。近来探子报来消息，金贼骄狂狡猾，将要窥视两淮，正要依赖卿每日筹谋规划，预先防备。卿竟然想要求闲，自己方便，这岂是朕所期望的？张浚已经到淮西去视察军队了，卿可速速前往，商议军国大事，勿要再有求闲的陈请。如今封还卿的原奏。给你这封亲笔诏书，应当体念朕的心意。

付岳飞。御押

先臣恳免不止，诏遣中使[①]，宣旨张浚所议军事。赐御札，再还元奏。

比降亲笔，喻朕至意。再览卿奏，以浑瑊[②]自期，正朕所望于卿者，良深嘉叹。国家多事之际，卿为大臣，所当同恤。见遣中使，宣卿赴张浚处详议军事。《传》曰："将相和，则士豫附。"卿其勿事形迹，以济功勋。今再封还来奏，勿复有请。

付岳飞。御押

【注释】

①中使：宫中派出的使者。多指宦官。

②浑瑊：唐代名将，铁勒族浑部皋兰州（今宁夏青铜峡南）人，精通骑马射箭、武功过人，当时人们常将他与金日磾相提并论。他早年先后为郭子仪、李光弼、仆固怀恩的部将，参加平定安史之乱；唐德宗时参加泾原之变，浑瑊大破数万叛军，收复咸阳；此后又参加过数次平乱，位至将相。他平生谨慎谦虚，从未有骄矜之色，故此深受唐德宗信任，得以保持功名终身。

【译文】

先祖父不住恳求免除兵权，高宗皇帝下诏派遣内使，向先祖父宣读去张浚处商议军国大事的旨意。赐下御札，又封还了先祖父的原奏。

之前降下亲笔诏书，喻示朕的诚意。再次览阅卿的奏章，卿以浑瑊作为对自己的期冀，这也正是朕对你的期望，朕心中十分嘉赏赞叹。国家正处于多事之秋，卿身为大臣，应当忧朕所忧。现在朕从宫中派出内使，宣卿到张浚处详细商议军国大事。《左传》有载：“将相和睦，那么贤士就会乐于归附。”卿做事勿要太过固执，表现在外，这样才能成就功勋。如今封还卿写来的奏章，勿要再有陈请。

付岳飞。御押

先臣议事毕，奉诏还屯。复上奏，以为“贼豫逋诛”，盗据中土，岁月滋久，“污染渐深”，宜及时攻取，以除心腹之患，乞不假济师，止以本军进取。赐御札褒谕。

览卿来奏，备见忠诚，深用嘉叹。恢复之事，朕未尝一日敢忘于心，正赖卿等乘机料敌，力图大功。如卿一军士马精锐，纪律修明，鼓而用之，可保全胜，卿其勉之，副朕注意。

付岳飞。御押

【译文】

先祖父商议大事结束后，奉诏命回驻地。再次上奏，认为“逆贼刘豫不被诛灭”，窃取天命，占据中原，年月一久，“（中原故民）受他荼毒的程度渐渐加深”，应该早早攻下来，除去这个心腹大患。乞请不借助援军，只用本部人马攻打。高宗皇帝赐下御札褒奖。

已阅卿写来的奏章，备见忠义之心，朕非常嘉赏赞叹。恢复中原一事，朕一天未曾敢在心里忘记，正要依赖卿等把握时机料敌制胜，努力实现恢复故土的大功。像卿的兵马都是精锐，纪律严明，鼓励并且任用这些勇士，可以保证大获全胜，卿要努力，与朕对你的关注相称相符。

付岳飞。御押

秋七月，张俊、杨沂中之旨至淮西，郦琼等果大噪不服，遂杀吕祉，以全军叛降伪齐。赐御札，谕先臣招捕。

国家以疆埸多虞，已及防秋，比降指挥，除张俊为淮西宣抚使，杨沂中为制置使。而庐州统制官郦琼意谓朝廷欲分其兵马，遂怀反侧，不能自安，于八日胁众叛去。朕已降诏开谕招抚，兼遣大兵，如无归意，即行掩捕。卿宜知悉。比览裁减官吏奏状，知卿体国爱民之意，深契朕心，嘉叹无已。

付岳飞。御押

【译文】

秋季七月，张俊、杨沂中奉旨到淮西，郦琼等果然群议纷纷，心中不服，于是杀掉吕祉，带着本部的所有兵马叛国，投降于伪齐。高宗赐下御札，谕示先祖父招捕。

国家因为疆埸多战事，且快到了秋防的日子，之前降下命令，委任张俊为淮西宣抚使，杨沂中为淮西制置使。然而庐州统制官郦琼心中以为朝廷想要分割他的兵马，于是起了反意，心中惶惶不安，在八日挟持了手下人马叛走。朕已经发下诏书开解谕示于他，同时派遣大军，如果郦琼没有归意，即刻掩杀追捕。卿应当知道。已经看过卿要求裁减官吏的奏章，知道卿一片体念国家爱惜百姓的忠心，与朕的心意深深契合，嘉赏赞叹不已。

付岳飞。御押

卷第二

高宗皇帝宸翰卷中

绍兴七年

先臣前奏，乞以本军进讨刘豫，既奉诏，方整兵北乡，复上奏，请建都上游，以瞰中原，以示圣意之所乡。会淮西军变，因赐御札报谕，令竢机会。

览卿来奏，备见爱君忠义之诚。朕怀国家之大耻，竭尽民力，以养兵训戎，恢复之事，未尝一日少忘于心。但以近者张浚谋之不臧，淮西兵叛，事既异前，未遑亟举。而议者谓朕当不常厥居，使敌人莫测，建康、临安，以时往来，固不害恢复之图也。唯俟机会，以决大策。地远，不得与卿面言，卿其益励壮猷，副朕责成之意。

付岳飞。御押

【译文】

先祖父的前一封奏议，乞请以本部军马进兵，讨伐刘豫，奉了圣旨以后，方才整顿兵马向北出兵。又再次上奏，请求高宗皇帝在长江上游建都，俯瞰中原，以示圣意所向。恰逢淮西军变，因此高宗皇帝赐下御札谕示，令先祖父再等待机会。

看了卿写来的奏状，充分显现了爱君忠义的赤诚之心。朕怀有这样大的国家耻辱，穷竭民力来供养军队训练士卒。恢复中原的大业，未曾有一天敢稍稍不放在心上。但是因为最近张浚谋划不善，淮西军哗变，形势已经跟从前不同了，不要慌乱地急着行动。而朝堂上有一种观点认为朕不应总在一处停留，要使敌人莫测虚实，建康、临安，不时往来，这样便不会妨碍恢复中原的大业。只有等待机会，再来决定大计。朕与卿所处的两地距离遥远，不能够与卿对面详谈，卿要更加磨砺精兵、壮大志向，与朕赋予你的重任相符。

付岳飞。御押

先臣奉诏，不复出师，第行边备守。朝廷犹以上流为虑，赐御札，令先臣饬备。

卿盛秋之际，提兵按边，风霜已寒，征驭良苦。如是别有事宜，可密奏来。朝廷以淮西军叛之后，每加过虑。长江上流一带，缓急之际，全藉卿军照管。可更戒饬所留军马，训练整齐，常若寇至。蕲阳、江州两处水军，亦宜遣发，以防意外。如卿体国，岂待多言。

付岳飞。御押

【译文】

先祖父遵奉诏书，不再出兵，但仍然巡视边疆准备防御敌人。朝廷特别重视长江上游的防御，赐下御札，命先祖父整饬边备。

卿在深秋之际，提兵巡视边疆，风霜已经寒冷，征途十分辛苦。如果有别的事情，可以密奏给朕。朝廷因为淮西兵叛变后，每每十分忧虑。长江上游一带，不论军情缓急，全依赖卿的军队照看。尤其要告诫、整饬留下的兵马，训练得整齐有素，平日里也要像敌人来袭一样戒备森严。蕲阳、江州两处的水军，也应派兵把守，以防备意外。像卿这样体念国家，怎会待朕多说呢。

付岳飞。御押

先臣奉诏，以舟师屯九江，为淮、浙声援。既至，赐御札抚问，且遣驲使燕劳，宣谕圣意。

比降旨，令卿领兵应援淮、浙，庶几王室尊安，中外宁谧。闻卿即日就道，已屯九江，悯劳跋履之勤，良用嘉叹。今遣江谘赐卿茶、药、酒、果，及燕犒将士，仍令谕朕委曲[①]之意。卿其悉之。

付岳飞。御押

【注释】

①委曲：殷勤周至。

【译文】

先祖父遵奉诏书，将水军屯泊在九江，为淮、浙声援。抵达后，高宗皇帝赐下御札慰问，并且派遣使者前去设宴慰劳，宣谕圣意。

已经降下旨意，命卿带兵援助淮、浙，但愿能够使王室尊荣安乐，天下安定平静。听闻卿接到诏书的当日便上路了，已经屯兵在九江，朕怜悯卿频频辛劳跋涉，非常嘉赏。如今派遣江谘代朕赐给卿茶、药、酒、果，一并设宴慰劳众将士，并且令他传达朕殷勤周至的心情。卿宜该知道。

付岳飞。御押

绍兴八年

秋，奉诏入觐。时虏人方议通好，先臣因赐对，力言："夷狄不可信，和好不可恃，相臣谋国不臧，恐贻后世讥议。"及还屯，饬备益严。已而卒许虏和，赐御札报谕，因其戒谨之意，复寓圣训。

朕昨与卿等面议金国讲和事，今金人已差张通古、萧哲前来议和。朕以梓宫未还，母、兄、宗族在远，夙夜痛心，不免屈意商量。然皆卿等戮力练兵，国威稍振，是致敌人革心如此。卿等之功，朕岂可忘。若境土来复，自今尤当谨饬边备，切宜体朕此意，益加训练兵马，常作不虞之戒，以图永久安固。付此亲札，想宜悉之。

付岳飞。御押

【译文】

秋季，（先祖父）奉旨入朝，觐见高宗皇帝。当时正与虏人议和通好，先祖父趁着被准许当廷奏对的机会，坚持劝说："不能相信蛮夷的话，更不能凭恃着议和通好就想要天下太平，宰相对国家的政策谋划不当，恐怕会贻笑后世，被人们讥笑议论。"等回到驻地，更加严格地整饬边备。不久以后，朝廷最终允诺同虏人议和，高宗皇帝赐下御札告诉这一决定，再次训谕要求加强戒备，谨慎对敌。

朕从前与卿等当面商议过与金国讲和的事，如今金人已经派遣张通古、萧哲前来议和。朕因为父皇的棺椁不能回国，母后、兄长、宗族都在遥远的苦寒之地，日夜心痛，因此不免委屈自己的意愿与金人商量。这都是卿等人协力训练士卒，国威比从前稍稍振奋，才导致敌人改变原本错误的想法。卿等人的功勋，朕岂能忘记。若是失去的疆域真收回来，从今日起更应该谨慎地整饬边防战备，一定要体念朕的这番意思，更加努力地训练兵马，常常警惕戒备不好的情况出现，以此求得社稷永远安稳坚固。给你这封亲笔诏书，你应该了解朕的意思。

付岳飞。御押

朝廷得金人书，归我河南地，赐御札报谕，归功先臣。

今月二十七日，已得大金国书，朕在谅阴[①]中，难行吉礼[②]，止是宰执代受。书中无一须索，止是割还河南诸路州城。此皆卿等扶危持颠之效，功有所归，朕其可忘。尚期饬备，以保全勋。故兹亲札，各宜体悉。

付岳飞。御押

【注释】

①谅阴：居丧时住的房子，特指皇帝居丧。

②吉礼：古五礼之一，指祭祀之礼。此处指按照金方规定的礼节，宋高宗要对金国使臣行跪拜的大礼。

【译文】

朝廷得到金人的国书，归还我们河南一地，高宗皇帝赐下御札传达给先祖父知道，将功劳归于先祖父。

这个月的二十七日，已经收到大金的国书，朕正在居丧，不行跪拜大礼，只是由宰执代朕完成仪式。国书里没有一丝勒索，只是割还咱们的河南各路州城。这都是卿等扶持国家于危难才取得的效果，功勋有所归就，朕岂能忘记。仍然期望卿整饬边防战备，以完恢复故土的全功。给你这封亲笔诏书，卿等应该了解朕的意思。

付岳飞。御押

绍兴九年

朝廷以虏好方密，赐先臣御札，令毋得过界招纳。

朕委任卿严饬边备。唯是过界招纳，得少失多，已累行约束，丁宁详尽。今后虽有三省[1]、密院[2]文字[3]，亦须缴奏，不得遣发。付此亲札，想宜体悉。

付岳飞。御押

【注释】

①三省：中书省、门下省、尚书省总名。宋前期，三省无实权，政归中书门下（中书）；元丰新制，分中书省之权归三省，成为中央最高政务机构，中书省承旨、造令，门下省审议、覆奏，尚书省颁降、施行。（据《宋代官制辞典》，第156页。）

②密院：即枢密院。官署名。宋朝枢密院与与中书省号称“二府”，掌管兵符、武官选拔除授、兵防边备及军师屯戍之政令。（据《宋代官制辞典》，第102页。）

③文字：文书、公文。

【译文】

朝廷因为正与虏人密切通好，赐下御札给先祖父，令他勿要越过边界，招引接纳原我朝旧臣。

朕委任卿严格整饬边防战备。唯有这越过边界，招引接纳原我朝旧臣一事得不偿失，朕已经屡次进行约束，详尽地嘱咐过。今后即使有三省、枢密院的文书令你招纳旧臣，也应驳回，不可转发下级施行。给你这封亲笔诏书，你应当了解朕的意思。

付岳飞。御押

绍兴十年

朝廷得谍报，虏人果有意叛盟，赐御札，令饬备。

昨因虏使至，虑传播不审，妄谓朝廷专意议和，是用累降旨，严饬边备。近据诸路探报，虏人举措，似欲侵犯。卿智谋精审，不在多训，更须曲尽关防，为不可胜之计，斯乃万全。朕比因伤冷作疾，凡十日不视朝，今则安和无事。虑贻卿远忧，故兹亲诏，想宜知悉。

付岳飞。御押

【译文】

朝廷收到细作报来的消息，虏人果真有意背叛盟约，高宗皇帝于是赐下御札，令先祖父整饬边防战备。

前几天由于虏人使臣到来，朕生怕消息传播得不实，被人胡乱传说朝廷一意求和，因此屡次降下旨意，要严格整饬边防战备。近来根据各路探子报来的消息得知，虏人的举动，似乎要侵犯我国。卿的智慧谋略向来严密周详，无须朕多次训诫，你更要竭力防守边关，制定不被敌人战胜的策略，这才是万无一失的准备。朕前几日因为受寒生病，共十日不曾上朝，如今已经安好无事。考虑到让卿在远方担忧了，故而给你这封亲笔诏书，（朕）认为你应该了解实际情况。

付岳飞。御押

夏五月，虏人大举入寇，先臣闻警，即奏乞面陈机密。会已诏与诸大帅进兵，赐御札不许，趣先臣乘机破敌，仍问至计。

览卿来奏，欲赴行在奏事，深所嘉叹，况以戎事之重，极欲与卿相见。但虏酋在近，事机可乘，已委卿发骑兵至陈、许、光、蔡，出奇制变，因以应援刘锜，及遣舟师至江州屯泊。候卿出军在近，轻骑一来，庶不废事。卿忧国康时，谋深虑远，必有投机不可淹缓之策，可亲书密封，急置来上，朕所虚伫也。遣此亲札，想宜体悉。

付岳飞。御押

【译文】

夏季五月，虏人大举入侵，先祖父收到警报，即刻上奏乞请当面陈说机密要事。恰逢高宗皇帝已经颁下诏令，命各位大帅一起进兵，于是赐下御札不准，催促先祖父乘此机会大破敌军，并且询问最好的办法。

览阅卿写来的奏折，上面要求想要前来行在奏请事宜，朕深深地嘉赏，况且以兵戎之事的重大，朕也极想与卿相见。但是虏人的首领就在附近，是个可乘之机，已经委任卿派发骑兵到陈、许、光、蔡四个地方了，出其不意，应对变故，趁势援助刘锜，并且派遣水师到江州屯驻。等待卿出兵到附近的时候，可以轻装简从独自前来，也不至于耽误战事。卿忧虑国事，匡扶天下，智谋深邃，思虑广远，一定是有了利用时机而不能延缓的策略，可以亲笔上密奏，赶紧送来，朕翘首企盼。给你这封亲笔诏书，你应该了解朕的意思。

付岳飞。御押

时河南尽陷，复诏趣先臣与诸大帅进兵。赐御札，令乘机措置招纳。

金人过河，侵犯东京，复来占据已割旧疆。卿素蕴忠义，想深愤激。凡对境事宜，可以乘机取胜，结约招纳等事，可悉从便措置。若事体稍重，合禀议者，即具奏来。付卿亲札，想宜体悉。

付岳飞。御押

【译文】

当时河南全部沦陷，再次下诏，催促先祖父与诸位大帅出兵。高宗皇帝赐下御札，令先祖父乘机筹谋安排招引收纳旧臣。

金人已经渡过黄河，侵占了东京汴梁，又来占据已经割还的旧土。卿素来心怀忠义，想必深深地愤怒激切。凡是敌人的事情，譬如乘机取胜、缔结盟约、招引接纳等事项，都可以由卿就便处置。若是事情略重大一些，应该上奏商议的，立刻写奏章来。给你这封亲笔诏书，你应该了解朕的意思。

付岳飞。御押

刘锜据顺昌以抗虏，先臣奉诏，即遣张宪、姚政赴敌。未至，复赐御札，命应援关陕、河北，以图京师。

金贼背约，兀术见据东京。刘锜在顺昌，虽屡有捷奏，然孤军不易支吾。已委卿发骑兵策应，计已遣行。续报撒离喝犯同州，郭浩会合诸路，扼其奔卫。卿之一军，与两处形势相接，况卿忠义谋略，志慕古人，若出锐师邀击其中，左可图复京师，右谋援关陕，外与河北相应，此乃中兴大计。卿必已有所处，唯是机会不可不乘。付此亲札，想宜体悉。

付岳飞。御押

【译文】

刘锜据顺昌府抗击敌人，先祖父遵奉诏书，即刻派遣张宪、姚政赶赴前线。张宪、姚政尚未到达，高宗皇帝又赐下御札，命先祖父接应援助关陕、河北，以此图取京师汴梁。

金贼背弃盟约，兀术现在占据东京汴梁。刘锜在顺昌抗击敌人，虽然屡屡有捷报传来，然而孤军不易支撑。朕已委任卿派出骑兵策应，想来已经出发了。又有消息传来，撒离喝兵犯同州，郭浩会合各路人马，扼守住他奔袭进攻的要地。卿的一支兵马，与这两处的地形都互相连接，况且卿一腔忠义，谋划策略，志慕古人，若是派出精锐之师在其间拦截，向左可以图取京师汴梁，向右可以策应关陕，向外则与河北互相呼应，这是中兴大宋的根本战略。卿必然已经有处置的方略了，唯有这个机会不可以不乘机把握。给你这封亲笔诏书，你应该了解朕的意思。

付岳飞。御押

先臣既遣张宪、姚政至顺昌、光、蔡，援刘锜，具以奏闻。未至，六月复赐御札，趣遣兵。

刘锜在顺昌府，捍御金贼，虽屡杀获，其贼势源源未已。卿依已降诏旨，多差精锐人马，火急前去救援，无致贼势猖狂，少落奸便，不得顷刻住滞。六月六日巳时。

付岳飞。御押

【译文】

先祖父已经派遣张宪、姚政到顺昌、光州、蔡州三地，接应援助刘锜，都一一写了奏章上达天听。尚未抵达，六月又赐下御札，催促先祖父派遣兵马。

刘锜在顺昌府，抵御金人，虽然屡屡有斩杀敌人、缴获辎重的消息传来，但是金贼兵力却源源不断。卿依照已经降下的旨意，多多地派遣精锐人马，火速前去救援，不要导致贼人的兵势越来越猖獗，也不要中了敌人的奸计，更不要有顷刻的耽搁。六月六日巳时。

付岳飞。御押

先臣之奏未至，复赐御札，趣遣兵。

已降指挥，委卿遣发军马，往光、蔡以来，策应刘锜，以分贼势。缘锜首与虏人相角，稍有𧈭屼，即于国体士气，所系非轻。卿当体国，悉力措置，无致少失机会。付卿亲札，想宜体悉。

付岳飞。御押

【译文】

先祖父的奏章还未到朝廷，高宗皇帝又赐下御札，催促先祖父发兵。

已经降下命令，委任卿派遣兵马，到光州、蔡州去，策应援助刘锜，来分弱金贼的兵力。因为刘锜首次与虏人交兵角力，稍有折损伤败，便有损国家的体面和将士的士气，干系重大。卿宜当体念国家，竭尽全力筹谋，不要错过半点机会。给你这封亲笔诏书，你应当了解朕的意思。

付岳飞。御押

先臣遣张宪、姚政之奏既至，因复请诣行在所，面陈机密。赐御札不许，令併力破贼。

览卿奏，已差发张宪、姚政军马至顺昌、光、蔡，深中机会。卿乞赴行在所奏事，甚欲与卿相见。缘张俊亲率大兵在淮上，已降指挥，委卿统兵併力破贼。卿可疾速起发，乘此盛夏，我兵得利之时，择利进取，候到光、蔡，措置有绪，轻骑前来奏事，副朕虚伫也。付此亲札，想宜体悉。

付岳飞。御押

【译文】

先祖父派遣张宪、姚政出兵的奏状已经到了朝廷，因而再次请求到行在去，当面陈述机密大事。高宗皇帝赐下御札，不准许，命先祖父合力击破金贼。

览阅了卿写来的奏状，知道已经派遣张宪、姚政的兵马到顺昌、光州、蔡州去，十分恰当地抓住了时机。卿乞请到行在来奏请事宜，朕很是想同卿见面。只因张俊亲自率领大军屯驻淮上，朕已经降下命令，委任卿统帅兵马与张俊合力破贼。卿宜当急速出兵，乘着如今正是盛暑时节，对我军有利，选个有利于我们的时机向北推进，等到了光、蔡，将军务筹谋安排得有条不紊后，卿可轻装简从一骑前来奏请事宜，以慰朕的期盼之心。给你这封亲笔诏书，你应当了解朕的意思。

付岳飞。御押

诏以先臣屡请觐，虑妨乘机，驿遣[①]李若虚诣军前议事。赐御札，令先臣审处[②]机会，且谕以委任之意。

金人再犯东京，贼方在境，难以召卿远来面议。今遣李若虚前去，就卿商量。凡今日可以乘机御敌之事，卿可一一筹画措置，先入急递[③]奏来。据事势，莫须重兵持守，轻兵择利。其施设之方，则委任卿，朕不可以遥度也。盛夏我兵所宜，至秋则彼必猖獗，机会之间，尤宜审处。遣亲札，指不多及。

付岳飞。御押

【注释】

①驿遣：通过驿站遣发。此处指朝廷派遣官员。

②审处：对事情进行审查并加以处理。

③急递：古时的快速驿递，用于传送紧急文书，亦称“急脚递”。《梦溪笔谈·官政一》：“驿传旧有三等，分别曰步递、马递、急脚递。其中急脚递最为火速，日行四百里，唯军兴则用之。熙宁中，又有金字牌急脚递，如古之羽檄也。”有时也指传递紧急文书的人。

【译文】

因为先祖父屡次请求觐见，皇帝降诏，考虑到会妨碍把握时机出兵，朝廷派遣李若虚到大军前线商议大事。高宗皇帝赐下御札，命先祖父把握机会处置，并且谕示对先祖父的委任重用之意。

金人再次侵犯东京汴梁，贼人正在边境，难以千里迢迢地召卿回来当面商议。如今派遣李若虚到前线去，与卿商量大事。凡是当下可以抓住机会抵御敌人的事情，卿都可以一一筹谋安排，但要先通过“急递”向朝廷奏禀。（根据当前的军事局面）莫过于屯驻重兵扼守险要之处，派遣轻便的骑兵把握有利时机进攻。这件事情具体的行动方案，就委任给卿了，朕不应该远远地指挥。盛夏时节正适宜我们出兵，到了秋高草肥的时候就该敌人猖獗了，其间的时机，尤该仔细考量把握。朕发下亲笔诏书，意思不能面面俱到。

付岳飞。御押

朝廷以顺昌为忧，复赐御札，趣已遣之兵，仍令济师。

累降诏旨，令发精锐人马，应援刘锜。今顺昌与贼相对日久，虽屡杀获，恐人力疲困不便。卿可促其已发军马，或更益其数，星夜前去协助刘锜，不可少缓，有失机会。卿体朕此意，仍具起发到彼月日奏来。六月十二日。

付岳飞。御押

【译文】

朝廷忧虑顺昌的战事，高宗皇帝又赐下御札，催促已经派出的援兵，仍旧令他们增援。

屡次降下诏书，命卿派遣精锐人马，接应支援刘锜。如今顺昌与金贼相持不下，已经很长时间了，虽然常有斩杀捕获，朕只恐怕士卒疲敝困顿，疏于防守。卿可以敦促已经派去的兵马，或者再增兵支援，星夜急行，前去协助刘锜作战，千万不能稍稍延缓，迟误了战机。卿体念朕的这番意思，再将派兵到达顺昌的日期上奏到朕这里来。六月十二日。

付岳飞。御押

初，先臣召对罢，诣资善堂[1]，见孝宗皇帝英明雄伟，退而叹曰："中兴基本，其在是乎！"时储极虚位，天下寒心，权臣媢忌人言，在廷莫敢倡议。先臣独念圣眷优渥，不敢爱身，思欲尽言以报。至是虏再叛盟，先臣洒泣厉众，即日北讨。将行，数请面陈，冀以感动上听。会诏趣进兵，不许，乃密为亲书奏上之，大略以为"今欲恢复，必先正国本，以安人心。然后不常厥居，以示不忘复雠之志"。奏至，宸衷感悟，赐御札褒嘉。会刘锜战退三路都统、龙虎等军，因谕先臣以捣虚断后之策。

览卿亲书奏，深用嘉叹，非忱诚忠谠，则言不及此。卿识虑精深，为一时智谋之将，非他人比。兹者河南复陷，日夕怆然。比遣兵渡淮，正欲密备变故，果致俶扰。刘锜战退三路都统、龙虎等军，以捷来上。顾小敌之坚，深轸北顾之念。卿可附近乘此机会，见可而进，或掎角捣虚，或断后取援，攻守之策，不可稽留。兵难遥度，卿可从宜措置，务在取胜，用称引望。已进卿秩，并有处分，想已达矣。建不世之勋，垂名竹帛，得志之秋，宜决策于此。他处未曾谕旨，今首以诏卿，蔽自朕意，想宜体悉。十一日。

御押

【注释】

①资善堂：宋代皇帝子孙读书处。大中祥符八年（1105），仁宗为太子时建立。南宋初，宰相赵鼎奉命在宫门内建造书院，绍兴五年（1135）完成，即作为资善堂。（据郑天挺、谭其骧《中国历史大辞典》，上海辞书出版社，2010年，第2546页。）

【译文】

当初，先祖父被召入朝廷，奏对结束后到了资善堂，看见孝宗皇帝英明雄伟，告退后赞叹说："中兴的根本，大概就在这里啊！"当时皇太子尚未确立，天下有识之士都因此而忧虑，然而当时的权臣嫉妒有见识的言论，朝堂之上便没有人敢提起这个话题。唯独先祖父，顾念到高宗皇帝对自己荣宠优待，不敢爱惜一己之身，想要言无不尽以报答高宗皇帝的知遇之恩。这时金虏再次背叛盟约，先祖父激励众将士，洒下眼泪，即日发兵北伐。将要出发时，曾屡次请求面圣陈说，希望以此打动高宗皇帝。恰逢诏书下来催促进兵，不允许先祖父面圣，于是先祖父亲自写了密奏上书高宗皇帝，大概意思是"如今要恢复中原，必定要先确立太子，来安定人心。然后不再常常留守后方，以示不会忘记洗雪国恨家仇的志向"。奏章到了高宗皇帝那里，高宗皇帝由衷感叹，赐下御札褒奖嘉赏。恰逢刘锜打退三路都统、龙虎大王等金军，因此高宗皇帝晓谕先祖父，思谋乘虚进击断绝敌人退路的良策。

览阅卿写来的亲笔奏状，朕深表嘉赏赞叹，若非热忱忠正的臣子，一定不会言及于此。卿见识深远谋略精密，是当世智勇双全的将才，并非其他人可以比得过。现在河南又沦陷在敌人手里，朕日夜悲怆不已。已经派遣兵马渡过淮河，正要秘密筹备，应对变故，果真敌人前来骚扰。刘锜战退了三路都统和龙虎大王等敌人的军队，献上捷报。顾念到这样的小股敌军都十分顽强，朕越发地思念故土。卿可以就着驻军附近的便利，把握这个机会，见到可以进兵，或者分兵牵制敌人、趁敌人防守薄弱出击，或者绕到敌后断其归路，增援正面，或攻或守，都不能迁延耽误。军机大事，难以遥遥指挥，卿可以便宜从事，要务在于取得胜利，行事要符合朝廷对你的厚望。已经升了卿的官职品级，并且有命令下去，想来已经到了卿那里。建立不世殊勋，名垂青史，将来达成夙愿，宜该在当下制定策略。别的地方还未曾得到朕的旨意，今日首先把旨意下达给卿，言语简洁，是朕意思的概括，你应该了解。

御押

先臣得顺昌府陈规所申，复亲提兵进援。奏至，赐御札褒嘉，仍谕以进取之计。

览卿六月二十二日奏，得顺昌府陈规所申，见亲提兵前去措置。可见卿忠义许国之诚，嘉叹不已。今虏兵虽退，若不乘时措置，恐他时愈见费力。已令张俊措置亳州，韩世忠措置宿州、淮阳军，卿可乘机进取陈、蔡，就闰六月终，一切了毕。候措置就绪，卿可轻骑一来相见也。

付岳飞。御押

【译文】

先祖父得到顺昌府守臣陈规的申报，又亲自率兵进击接应。奏章到达朝廷，高宗皇帝赐下御札褒奖，仍然谕示出兵的策略。

览阅了卿六月二十二日的奏状，得到顺昌府陈规的请求，现下已亲自率军前去料理了。由此可见卿尽忠报国的诚意，朕嘉赏赞叹不已。如今虽然虏兵已经退去，但若不趁此时机筹谋，恐怕他日会越发费力。朕已经命张俊料理亳州的军务，韩世忠料理宿州、淮阳军的军务，卿可以趁此机会进兵出击陈、蔡两地，到闰六月底，要将一切事情了结。等到卿料理妥当，可轻装简从前来相见。

付岳飞。御押

刘锜既又战退兀术等军，复赐御札，趣先臣进兵，乘机决胜。

刘锜在顺昌屡捷，兀术亲统精骑到城下，官军鏖击，狼狈遁去。今张俊提大军在淮西，韩世忠轻骑取宿，卿可依累降处分，驰骑兵兼程至光、蔡、陈、许间，须七月以前乘机决胜，冀有大功，为国家长利。若稍后时，弓劲马肥，非我军之便。卿天资忠智，志慕古人，不在多训。十九日三更。

付岳飞。御押

【译文】

刘锜再次战退兀术等人的军队，高宗皇帝又赐下御札，催促先祖父出兵，趁机取胜。

刘锜在顺昌屡次打了胜仗，兀术亲自统率精锐骑兵逼近城下，官军鏖战出击，兀术狼狈败退。如今张俊亲率大军镇守淮西，韩世忠以行动迅速的轻骑兵攻下宿州，卿可以依照累次降下的命令，驱驰骑兵兼程赶到光、蔡、陈、许一带，必须要在七月以前抓住机会取胜，希望能建立大功，为国家争取长远利益。若是稍稍延缓，到秋高马肥时节，形势就对我军不利了。卿天资忠诚且有才智，志向仰慕古时贤人，不用朕多加教诲。十九日三更时分。

付岳飞。御押

提兵至蔡州，赐御札抚劳，仍谕圣意。

览卿奏，提兵已至蔡州，暑行劳勚，益见忠诚许国，嘉叹无已。朕意初欲擒取孽酋，庶几群丑自溃，两国生民有息肩之期。然贼情敌势，必已在卿目中，迟速进退，卿当审处所宜。廿八日。

付岳飞。御押

【译文】

先祖父率大军到了蔡州，高宗皇帝赐下御札慰问辛劳，并且谕示圣意。

看了卿的奏状，知道已经率军到达蔡州，盛暑行军，颇为劳苦，越发可见卿一心忠义奉献给国家，朕非常嘉赏赞叹。朕最初的意思想要擒得敌人首领，或许可以使依附他们的跳梁小丑不战而溃，两国的生灵百姓也能得到休养生息。然而敌人的情形来势汹汹，卿必是一目了然，出击或是防守，发兵迟早，卿宜当详加考量，挑选合适的时机。二十八日。

付岳飞。御押

闰六月，张宪复颍昌府，先臣亲帅大军去蔡而北。赐御札嘉奖，仍谕以委寄之意。

览卿奏，克复颍昌，已离蔡州，向北措置。大帅身先士卒，忠义许国，深所嘉叹。然须过为计虑，虏怀虿毒，恐至高秋马肥，不测豕突，当使许、蔡遗民前期保聚。大军进退之宜，轻重缓急，尽以委卿，朕不从中御也。初三日。

付岳飞。御押

【译文】

闰六月，张宪收复了颍昌府，先祖父亲自率领大军离开蔡州，向北征讨。高宗皇帝赐下御札嘉奖，并且谕示委任倚重之意。

看了卿的奏状，知道克复了颍昌，已经离开蔡州，向北进兵。卿身为三军之帅，身先士卒，以一腔忠义报效国家，朕深深叹赏欣慰。然而需要凡事多思虑一些，虏人心思如蛇蝎一般狠毒，恐怕到秋高马肥时节，会突然袭击，奔突窜扰，应当让许、蔡两地的故旧遗民提前做好准备，聚众守卫。大军的进攻撤退，军情轻重缓急，全部委任给卿，朕不从中管束。初三日。

付岳飞。御押

举兵过蔡，所乡破竹，军声大振。又遣杨成复郑州，张宪复陈州。捷闻，赐御札奖谕，且遣中使宣劳，仍谕圣训。

览卿奏，知已遣兵下郑州，自许、陈、蔡一带，形势皆为我有。又大军去贼寨止百余里，想卿忠义许国之心，必期殄灭残虏，嘉叹无已。然贼计素挟狙诈，虽其奸谋不能出卿所料，更在明斥堠[①]，谨间谍，乘机择利，必保万全。兵事难以隃度，迟速进退，朕专付之卿也。已差中使劳卿一军，未到间，卿有所欲，前期奏来。入覲无早晚，但军事可以委之僚属，即便就途。遣此亲札，想宜体悉。

付岳飞。御押

【注释】

①斥堠：同“斥候”，侦查，候望。

【译文】

先祖父亲自率领大军经过蔡州北讨，一路所向披靡，势如破竹，军威大振。又派遣杨成收复了郑州，张宪收复了陈州。捷报传到朝廷，高宗皇帝赐下御札嘉奖，并且派遣使臣宣谕抚问行军辛劳，并且谕示圣意。

看了卿的奏状，知道已经派遣军队攻下郑州，从许、陈、蔡一带起，军事形势都由咱们掌控了。又知道卿的大军离金贼的大营只有一百多里，想来以卿的忠义报国，必定会消灭残余的虏贼，朕叹赏不已。然而金贼的心思素来狡猾奸诈，虽然他们的奸谋不能出乎卿的意料之外，但还是要明确地侦查，小心间谍，趁机把握机会，选择有利时机出兵，一定要保证万无一失。用兵之事难以遥遥指挥，进攻撤退的时间迟早，朕全权托付给卿了。已经派遣使者犒劳卿的军队，尚未抵达，卿有什么想要的，提前写奏状来。入朝觐见的时间不分早晚，只要军务到了可以托付给僚属的时候，即刻便可登程。给你这封亲笔诏书，你应该了解朕的意思。

付岳飞。御押

先臣因奏捷，归功诸将。会遣中使，诏赐王贵等袍、带各一，以褒其功。赐御札，命先臣给付。

朕尝闻卿奏，称王贵、张宪、徐庆数立战效，深可倚办。方今正赖将佐竭力奋死，助卿报国，以济事功，理宜先有以旌赏之。其王贵等各赐撚金线战袍一领，金束带一条，至可给付也。十二日。

付岳飞。御押

【译文】

先祖父于是上奏捷报，将功劳归为诸将奋勇争先。恰逢高宗皇帝派遣了使者，下诏赏赐王贵等人战袍、束带各一，用以表彰他们的功绩。赐下御札，命先祖父给付。

朕曾经听卿上奏，说王贵、张宪、徐庆数次立下显著战功，可以倚重他们办大事。如今正要依赖将佐们尽心竭力、奋勇效死，帮助卿报效国家，以完成收复大业的功勋，理应先表彰奖赏他们。赐给王贵等每人捻金线战袍一件、金束带一条，到达之日即可给付。十一日。

付岳飞。御押

先臣进兵郾城，赐御札抚问，仍令措置屯守蔡、颍。

得卿奏，提兵在道，暑行劳勚，朕念之不忘。狂虏尚在近境，今已入秋，预当严备，以防豕突。蔡、颍旧隶京西，今专付卿措置，当分兵将屯守防捍，并谋绝其粮道，使虏有腹背之顾。在卿方略，随宜处画。朕久欲与卿相见，事毕，轻骑一来为佳。余候面议。遣此亲札，想宜体悉。

付飞。御押

【译文】

先祖父出兵郾城，高宗皇帝赐下御札慰问，并且命他安排屯守蔡州、颍昌府。

得到卿的奏状，正在行军途中，盛暑行军，十分劳苦，朕感念不会忘记。骄狂的虏人还在边境附近，现在已经入秋了，该预先严格整饬军备，以防敌人突然滋扰。蔡州、颍昌府旧时隶属京西路，现在朕全权托付给卿料理，应当分兵屯守在这两处，抵御敌人，并且要思谋如何断绝敌人运粮的路线，使虏人有腹背受敌的顾虑。具体方法策略在于卿，看情况处置。朕早就想与卿相见，等事情了结，卿最好轻装简从前来。其余的事情见面时再商议。给你这封亲笔诏书，你应当了解朕的意思。

付飞。御押

兀术与伪龙虎大王等会于东京，议以为诸帅皆易与，独先臣孤军深入，且有河北忠义响应之援，其锋不可当，欲诱致其师，併力一战。于是朝廷得谍报，大以先臣一军为虑，亟赐御札，令俟隙并举。

近据诸处探报及降虏面奏，皆云兀术与龙虎议定，欲诱致王师，相近汴都，併力一战。卿切须占稳自固，同为进止。虏或时遣轻骑来相诱引，但挫其锋，勿贪小利，堕其诡计。俟有可乘之隙，约定期日，合力并举，以保万全。二十七日。

付岳飞。御押

【译文】

兀术和伪政权的龙虎大王等人在东京汴梁会师，会同商议时皆认为我朝诸位大帅都好对付，唯独先祖父率孤军深入，并且有河北的忠义军响应，互为援助，士气高昂，锋锐不可抵挡，想要将先祖父的军队诱至腹地，然后并力消灭。这时朝廷得到谍报，十分忧虑先祖父的军队，高宗皇帝急速赐下御札，命先祖父等待机会与各位大帅一起出兵。

近来根据各处探得的消息和投降的虏人当面奏报，都说兀术和龙虎大王商议决定，想要将我军诱至到旧京汴梁附近，并力一战消灭。卿定要稳扎稳打，坚固后方，与其他大帅一同出兵一同撤退。虏人若是不时派遣轻骑兵前来引诱骚扰，只要挫掉他们的锐气就好，不要贪图眼前的小利，中了敌人的诡计。等到有隙可乘时，与各位大帅约定日期，合力一举出兵，以保万无一失。二十七日。

付岳飞。御押

秋七月，师在颍昌，先臣以轻兵屯于郾城。张应、韩清复西京，赵俊复赵州，孟邦杰复南城军，梁兴、董荣复绛州垣曲县，遂复王屋，李宝、孙彦战于曹州，于宛亭县，于渤海庙，皆大捷，中原震响。兀术併兵于东京，复以伪龙虎、盖天大王及昭武大将军韩常之兵寇郾城。先臣帅戏下①迎击，大破之。兀术复收兵求战，又大败，杀其大酋阿里朵孛堇。赐御札嘉奖。

览卿七月五日及八日两奏，闻虏併兵东京，及贼酋率众侵犯，已获胜捷。卿以忠义之气，独当强敌，志在殄灭贼众，朕心深所倾属。已遣杨沂中悉军起发，自宿、亳前去牵制，闻刘锜亦已进至项城。卿当审料事机，择利进退，全军为上，不妨图贼，又不堕彼奸计也。遣此亲札，谅深体悉。

付岳飞。御押

【注释】

①戏下：谓在主帅的旌麾之下。引申为部下。戏，通“麾”。

【译文】

秋季七月，大军在颍昌府，先祖父带领轻兵驻扎在郾城。张应、韩清收复了西京洛阳；赵俊收复了赵州；孟邦杰收复南城军；梁兴、董荣收复绛州的垣曲县，接着又收复了王屋山；李宝、孙彦在曹州大战，在宛亭县、渤海庙都取得了大捷，中原大地为之震动。兀术在东京汴梁整合军队，又派遣伪龙虎大王、盖天大王和昭武大将军韩常的军队侵犯郾城。先祖父亲自率领部下前去迎击，大破敌军。兀术又收缩兵力，全力求战，又被先祖父杀得大败，杀掉了他的大将阿里朵孛堇。高宗皇帝赐下御札嘉奖。

览阅了卿七月五日和八日写来的奏章，听说金虏在东京合军，并且金贼大将率大军前来侵犯，卿已获得了胜利。卿凭着一腔忠义之气，独自抵挡住强大的敌人，志在消灭金贼大军，朕深深地倾心属意。已经派遣了杨沂中全军出发，从宿州、亳州前去牵制敌军，听说刘锜也已经率兵到了项城。卿要仔细审察时机，选择有利的时候进军和撤退，以保全大军为上策，既不妨碍杀贼，又不要堕入敌人的奸计才好。给你这封亲笔诏书，你应该能深刻了解朕的意思。

付岳飞。御押

郾城屡胜，兀术敛兵退却。捷继至，复赐御札褒谕，申述前功。

览卿奏，八日之战，虏以精骑冲坚，自谓奇计。卿遣背嵬、游奕迎破贼锋，戕其酋领，实为隽功。然大敌在近，卿以一军，独与决战，忠义所奋，神明助之，再三嘉叹，不忘于怀。比已遣杨沂中全军自宿、泗前去，韩世忠亦出兵东向。卿料敌素无遗策，进退缓急之间，可随机审处，仍与刘锜相约同之。屡以喻卿，不从中御，军前凡有所须，一一奏来。七月廿二日。

付岳飞。御押

【译文】

郾城大破敌军，兀术收缩兵力撤退。捷报相继传到朝廷，高宗皇帝又赐下御札褒奖宣谕，追述前面的功绩。

看了卿写来的奏状，八日一战，金虏用精锐骑兵冲击我军阵地，自以为是出其不意的计策。卿派遣背嵬军、游奕军迎上前去，大挫敌锋，杀掉他们的头领，实在是大功一件。这样强大的敌人就在边境附近，卿率领一支孤军，独自与贼决战，奋起忠义之心，有如神明相助，朕再三叹赏，心中不忘。前些日子已经派遣杨沂中全军从宿州、泗州出兵，韩世忠也向东出兵作战了。卿料敌素来算无遗策，进兵撤退的时机缓急，可以根据情形处置，并且要与刘锜互相约定一同行动。屡次谕示给卿，朕不从中管束，凡是军前有所需要，只管一一写奏折送来。七月二十二日。

付岳飞。御押

兀术兵十二万退屯临颍，小校杨再兴以三百骑至小商桥，与虏遇，大破其师。兀术愤其败，遂攻颍昌。先臣命臣云以背嵬援王贵，战于颍昌城西。虏众大败，杀兀术之子婿、统军、上将军夏金吾等，凡六人，俘馘①万计，得其雪护阑马及金印七钮以献。兀术仅以身免②，副统军粘汗重创，舆至东京而死，中原大震。先臣乘胜进兵朱仙镇，兀术收溃兵对垒而陈。先臣亟奏，乞乘机破灭渠魁，以复故壤。赐御札报谕，仍寓嘉叹之意。

览卿奏，兀术见聚兵对垒，卿欲乘时破灭渠魁。备见忠义之气，通于神明，却敌兴邦，唯卿是赖。已令张俊自淮西，韩世忠自京东，择利并进。若虏势穷蹙，便当乘机殄灭，如奸谋诡计尚有包藏，谅卿亦能料敌，有以应之。杨珪自虏中逃归，有所见事宜，今录本付卿，亦欲一知也。遣此亲札，想宜体悉。

付岳飞。御押

【注释】

①馘（guó）：古代战争中割取敌人的左耳以计数献功。

②仅以身免：仅，才能够；身，自身；免，避免。指没有被杀或只身逃出了险境。

【译文】

兀术率领十二万大军撤退到临颍驻扎，小校杨再兴率三百骑兵到小商桥，遭遇金虏，大破金人的军队。兀术对这次战败十分愤怒，于是攻打颍昌。先祖父命先伯父岳云率领背嵬军支援王贵，在颍昌城西与金贼交战。金军大败，我军斩杀了兀术的女婿、统军、上将军夏金吾等，一共六人，俘获和斩杀敌人以万计数，得到金人的雪护阑马和金印七钮献给朝廷。兀术也只是勉强没有被杀，副统军粘汗被我军重伤，乘坐马车撤退，一到东京汴梁就死了，中原地区的人民大受震动。先祖父乘胜追击，出兵朱仙镇，兀术收集溃散的败军，在对面相持，摆开阵势。先祖父急速上奏，乞请乘机剿灭敌人的首领，收复故土。高宗皇帝赐下御札传达圣谕，并且表示嘉赏之意。

看了卿的奏状，兀术现今聚集兵马与卿对阵，卿想要趁此时机破灭酋首。足以看出卿一腔忠义，贯通于神明，退敌兴邦，唯有依赖卿了。朕已经下令，命张俊从淮西、韩世忠从京东路出兵，可选取有利时机一齐进兵。若果真敌人的气数已尽，到了穷途末路的地步，就要乘机剿灭，但假如敌人尚有实力玩弄奸谋诡计，与我一战，想来卿也能算无遗策，有办法对付他们。杨珪从虏人之中逃回来，有些事情亲眼所见，现在抄录下来给你，想让你也一并知道。给你这封亲笔诏书，应该了解朕的意思。

付岳飞。御押

卷第三

高宗皇帝宸翰卷下

绍兴十年

伪昭武大将军韩常既失夏金吾[①]，畏罪不敢还，以兵五万屯长葛，密遣使，愿以其众降。先臣遣贾兴报，许之。兀术复聚兵十万，拒先臣于朱仙镇[②]。先臣按兵不动，第遣将以背嵬五百奋击，大破之，兀术奔东京。时大军去京才四十五里，方议受降，且进取，两河[③]响应，指期成功。秦桧主和议，惧得罪于虏，亟请班师。先臣抗疏，以为"虏人巢穴尽聚东京，屡战屡奔，锐气沮丧。得间探报，兀术已尽弃辎重，疾走渡河。况今豪杰乡风，士卒用命，天时人事，强弱已见，时不再来，机难轻失。臣日夜料之熟矣，惟陛下图之。"奏至，宸衷感悟，赐御札，令少驻近便得地利处，报诸帅同为进止。

得卿十八日奏，言措置班师，机会诚为可惜。卿忠义许国，言词激切，朕心不忘。卿且少驻近便得地利处，报杨沂中、刘锜同共相度，如有机会可乘，约期并进。如且休止，以观敌衅，亦须声援相及。杨沂中已于今月二十五日起发，卿可照知。遣此亲札，谅宜体悉。

付岳飞。御押

【注释】

①夏金吾：夏姓的金吾卫上将军，为金国正三品武官。（据《鄂国金佗稡编续编校注》，第550页。）

②朱仙镇：位于今河南省开封市西南。相传为朱亥故里，故名。

③两河：宋称河北、河东地区为两河。大致包括今河北省、山西省的区域。

【译文】

伪昭武大将军韩常既在颍昌大战中折损了姓夏的金吾卫上将军，畏罪不敢回去，率兵五万屯驻在长葛县，秘密派遣使者联络先祖父，愿意以所部归降。先祖父派遣贾兴归报朝廷，得到许可。兀术又聚集兵马十万人于朱仙镇抵挡。先祖父按兵不动，只是派遣将领率五百背嵬军奋击，大破敌军，兀术逃奔旧都东京汴梁。当时我大军距离东京（开封）只有四十五里，朝廷开始讨论受降的具体事宜，并准备同时进取东京，两河义士必然也将纷纷响应，成功指日可待。秦桧力主和议，深怕得罪虏人，紧急要求班师。先祖父向皇帝上书直言："金人倾巢出动，全数聚集于东京，但屡战屡败，锐气已经被沮遏而丧失。又得间谍探报，兀术军已经尽弃辎重，疾速渡过黄河（是要撤退）了。况其如今北方豪杰纷纷归附支持，我军士气高昂、人人效命，天时人事，强弱已见。时不再来，机不可失。臣日夜忖度思虑，对形势走向已了若指掌，就等陛下您决断进取了。"高宗皇帝接到先祖父的奏札，有所感悟，赐下御札，命令他率军暂且于近便且占据地利的地方驻扎，并命其他诸帅同为进退。

看了卿十八日的奏札，说如果此时部署班师，将失去成功的机会，诚为可惜。卿以忠义之心许国，言辞激烈直率，朕不会忘记。卿请暂且于近便且占据地利的地方驻军，我将传令杨沂中、刘锜两军与你共同配合，若有机会可乘，你们可约定日期一起出兵。如要暂时休兵以察看敌人的破绽，等待时机，亦须确保声援相及。杨沂中已于本月二十五日出发，照会卿得知。发出这封亲笔诏书，想来你应该了解朕的意思。

付岳飞。御押

前诏未至，诸大帅各已退师。秦桧复请休兵观衅[①]，亟趣先臣退。一日而奉金牌[②]者十有二，先臣奉诏，还自朱仙镇，将朝于行在所。会韩世忠在淮阳，杨沂中往徐州，朝廷虑虏军袭其后，复赐御札，令驻京西牵制。

比闻卿已趣装入觐，甚慰朕虚伫欲见之意。但以卿昨在京西，与虏接战，遂遣诸军掎角并进。今韩世忠在淮阳城下，杨沂中已往徐州，卿当且留京西，伺贼意向，为牵制之势。俟诸处同为进止，大计无虑，然后相见未晚也。遣此亲札，谅深体悉。

付岳飞。御押

【注释】

①观衅：伺隙而有所图。《左传·宣公十二年》：“会闻用师，观衅而动。”

②金牌：又名金字牌，是宋代用于递送御前文字速度最快的急递。《宋会要辑稿》描述其“牌长尺余，朱漆，刻以金书：‘御前文字，不得入铺’，尤速于急递”。据《梦溪笔谈》卷一一“以木牌朱漆黄金字，光明眩目，过如飞电，望之者无不避路，日行五百余里。有军前机速处分，则自御前发下，三省、枢密院莫得与也”。

【译文】

前一封诏书尚未抵达先祖父处，诸大帅已各自退兵。秦桧又向皇帝请求休兵观察，急急地催促先祖父退兵。先祖父一日之间收到以金字牌疾速递送的班师诏十二道，于是奉诏自朱仙镇班师，然后去行在所朝见。当时恰逢韩世忠驻扎在淮阳，杨沂中正在去往徐州，朝廷担心虏军追袭韩、杨两军的后部，又再赐御札，令先祖父驻扎在京西，以为牵制。

已得知卿已速整行装，准备入朝觐见，令朕虚心期待、与卿相见之心甚得安慰。但因卿前日在京西北路（按：岳飞作战的朱仙镇等属京西北路）与虏人接战，朝廷派遣其他诸军与你互为犄角，出兵并进。现韩世忠在淮阳城下，杨沂中已往徐州，卿可暂时驻留京西，侦候敌人动向以为牵制之势。与诸军一同进退，待诸军一起妥善撤回，再与朕相见未晚。发出这封亲笔诏书，想来你应该深深了解朕的意思。

付岳飞。御押

先臣还至庐州，始奉牵制之诏，而韩世忠已还军于楚州。赐御札报谕，令疾驰入觐。

昨以韩世忠出军淮阳，委卿留京西，为牵制之势。今闻卿已至庐州，世忠却已归楚。卿当疾驰入觐，以副朕伫见之切，军事足得面议。遣此亲札，谅深体悉。

付岳飞。御押

【译文】

先祖父回到庐州才收到牵制之诏，而韩世忠的大军已回到楚州。又赐下御札晓谕先祖父，令他疾驰入觐。

昨天因韩世忠出军淮阳，委托卿暂留京西，牵制敌军。现在听闻卿已到了庐州，韩世忠也已回到楚州。卿当疾驰入朝，以慰朕久立等待与卿相见的迫切心情，军事方面值得详细面议。发出这封亲笔诏书，想来你应该深深了解朕的意思。

付岳飞。御押

绍兴十一年

春正月，谍报兀术、韩常将入寇。先臣闻警，即上疏，乞会诸帅兵破敌，愿以身为先驱。既遣奏，整兵以俟命。未至，十五日乙卯，兀术、韩常与伪龙虎大王先驱渡淮，二十五日乙丑，驻庐州界。报至，赐御札，令先臣以兵至江州。

据探报，虏人自寿春府遣兵渡淮，已在庐州界上，张俊、刘锜等见合力措置掩杀。卿可星夜前来江州，乘机照应，出其前后，使贼复背受敌，不能枝梧。投机之会，正在今日，以卿忠勇，志吞此贼，当即就道[①]。付此亲札，卿宜体悉。

付飞。御押

【注释】

①就道：上路；动身。《后汉书·皇甫规传》：“明诏不以臣愚驽，使军就道。”

【译文】

春正月，谍报称兀术、韩常将要入侵。先祖父得知这个警讯立刻上疏，请求会合诸大帅的兵马一同破敌，且愿意亲自为前锋。奏札发出后就整饬军队等待命令。朝廷命令未至，十五日乙卯日，兀术、韩常与伪龙虎大王部队的前锋已渡过淮河，二十五日乙丑日，就进驻庐州界内。先祖父奏札到达朝廷后，朝廷赐下御札，命令先祖父提兵去江州防守。

据探报，虏人自寿春府（即寿州）派遣军队渡过淮河，已到了庐州界上，张俊、刘锜等军正合力行动，掩杀敌人。卿可连夜前去江州，寻找时机照应友军，在敌人前后出现，使虏贼腹背受敌不能支撑。兵机投契，正在于今日，以卿的忠勇，有志吞灭此贼，接到此命就立即动身。给你这封亲笔诏书，你应该了解朕的意思。

付飞。御押

二月四日癸酉，先臣在鄂，未奉前诏，念虏既举国入寇，巢穴必虚，若长驱京、洛，虏必奔命，可以坐制其弊。既遣奏，又欲亟遏虏师，是日再抗疏曰："今虏在淮西，臣若捣虚，势必得利。万一以为寇方在近，未暇远图，即乞且亲至蕲、黄相度，以议攻却。且虏知荆、鄂宿师必自九江进援，今若出此，贵得不拘，使敌罔测。"未至，赐御札，趣出兵。

比以金贼侵犯淮西，已在庐州，张俊、杨沂中、刘锜见并力与贼相拒。已亲札喻卿，乘此机会，提兵合击，必成大功，副卿素志。卿可星夜倍道来江州，或从蕲、黄绕出其后，腹背击贼。机会在此，朝夕须报，再遣亲札，想宜体悉。

付飞。御押

【译文】

二月四日癸酉日，先祖父在鄂州，还未收到前一封诏命，考虑到虏人既然举国入侵，老巢必定空虚，这时若提兵迅速挺进至（敌后的）东京（开封）、洛阳，虏人必定回奔救急，如此则可以坐制其弊。先祖父虽然已发出了奏札，又欲尽快出兵遏制敌军，当日再次上疏说："现在虏人正在淮南西路，臣若直捣其空虚的巢穴，必定得利。万一陛下认为敌寇近在眼前，来不及远图，那就请允许我亲自提兵到蕲州、黄州观察事机，再决定是进攻还是防御。而且虏人通常认为我常驻在荆湖南路、鄂州的大军必定从九江进援，我军若不拘常法，（出其不意地）从蕲州、黄州出现，一定能够迷惑敌人，让他们搞不清楚状况。"这道奏疏还未到达朝廷，高宗皇帝已赐御札，催促先祖父出兵。

先前因金贼侵犯（我）淮南西路，敌军已至庐州，张俊、杨沂中、刘锜正并力御敌。此前已发出亲笔诏书晓谕卿，乘此机会，提兵合击，必成大功，这正符合卿一向怀有的志愿。卿可连夜率军倍道兼程前来江州，或从蕲州、黄州绕出到敌人后方，（与张俊等）腹背夹击敌人。千万不要错失这个机会，行动情况须朝夕奏报朝廷，再次发出亲笔诏书，想来你应该了解朕的意思。

付飞。御押

前诏未至，虏已迫和州。七日丙子，复赐御札，趣出兵。

虏犯淮西，与张俊和州相拒。已遣亲札，趣卿倍道前来，合力击贼，早夜以俟。卿忠智冠世，今日之举，社稷所系，贵在神速，少缓恐失机会也。再遣手札，卿当深悉。七日。

付岳飞。御押

【译文】

前面那封诏书还未到达先祖父处，虏军已逼近和州。七日丙子日，高宗皇帝又赐下御札，催促先祖父出兵。

虏人侵犯淮南西路，与张俊相持于和州。先前已发出亲笔诏书催促卿倍道兼程前来合力夹击，朕朝夕等待着卿出兵的消息。卿的忠心智略冠盖当世，今日的举措维系着社稷的安危。兵贵神速，若稍有迟缓，恐怕就会失去大好机会。再次发出亲笔诏书，卿应深刻体念朕的意思。七日。

付岳飞。御押

九日戊寅，先臣始奉出兵江州之诏，下令以十一日庚辰就道，且以奏闻。未至，十日己卯，诏遣中使张去为至先臣军，赐御札，趣出兵。

虏寇聚于淮西，张俊、杨沂中、刘锜已于和州巢县下寨，与贼相拒。韩世忠出兵濠上。卿宜倍道，共乘机会。前所发亲札，卿得之，必已就道。今遣张去为往喻朕意，卿更须兼程，无诒后时之悔。谅卿忠智出于天性，不俟多训也。

付岳飞。御押

【译文】

九日戊寅日，先祖父才收到命令他出兵江州的诏书，下令十一日庚辰日出发，并上奏知会朝廷。先祖父之奏还未到达朝廷，十日己卯日，诏命遣宫中使者（宦官）张去为到先祖父军中，赐下御札敦促出兵。

虏寇正聚集在淮南西路，张俊、杨沂中、刘锜已在和州巢县扎下营寨，防御敌人。韩世忠出兵向濠州进发。卿应该加速行军，与诸军合力，乘此机会剿灭敌军。此前所发亲笔诏书，卿收悉后必然已经出发。今派遣张去为前去卿处告知朕的旨意，卿更须兼程赶路，以免将来后悔。知道卿忠心智略皆出于天性，不需要等朕多次教训。

付岳飞。御押

先臣时以寒嗽在告，庚辰，力疾发鄂渚。会所乞合诸帅兵破敌之奏始至，赐御札褒嘉。

昨得卿奏，欲合诸帅兵破敌，备见忠谊许国之意，嘉叹不已。今虏犯淮西，张俊、杨沂中、刘锜已并力与贼相拒。卿若乘此机会，亟提兵会合，必成大功。以朕所见，若卿兵自蕲、黄绕出其后，腹背击贼，似为良策。卿更审度，兵贵神速，不可失机会也。再遣亲札，想宜体悉。

付飞。御押

【译文】

先祖父那时因受了风寒，苦于咳嗽，在家休假。庚辰日（十一日），就勉强支撑着病体从鄂州出发。正值先前请求会合诸帅军兵共同破敌的奏札刚刚抵达朝廷，高宗皇帝于是赐下御札褒奖嘉许。

昨天看了卿的奏状，欲与诸帅合兵共同破敌，完全能看出卿忠义报国之意，朕赞赏感叹不已。现在虏人侵犯淮南西路，张俊、杨沂中、刘锜已并力抵御。卿若乘此机会，迅疾提兵与之会合，必能成就大功。以朕所见，如果卿的军队从蕲州、黄州绕出到敌后，与（张俊等军）腹背夹击，似是良策。卿可再审察估量，但兵贵神速，不可失去机会。再次发出亲笔诏书，卿应该知道朕的意思。

付飞。御押

朝廷得归正人[①]所报，十五日甲申，复赐御札，趣出兵。

比屡遣手札，并面谕属官，仍遣中使趣卿提兵前来，共破虏贼。谅卿忠愤许国之心，必当力践所言，以摅素志。今据归正人备说，金贼桀黠头首皆在淮西。朕度破敌成功，非卿不可。若一举奏功，庶朕去年宥密[②]之诏，不为虚言。况朕素以社稷之计，倚重于卿，今机会在此，晓夕以伫出师之报。再遣此札，卿宜体悉。十五日。

付飞。御押

【注释】

①归正人：宋代称沦于外邦而返回本朝者为归正人。《朱子语类》卷一一一："归正人元是中原人，后陷于番而复归中原，盖自邪而转于正也。"

②宥密：一为深密、机密意；又或指代枢密院，因其掌管军事机密，故称。传世的宋高宗付岳飞御札中未见绍兴十年有关于枢密院话题的诏书，故文中"宥密之诏"，其意不可考。按"机密"意翻译。

【译文】

朝廷从返回本朝的归正人处得到了报告，十五日甲申日，又赐下御札，督促出兵。

先前屡次遣发朕的亲笔诏书，又面谕属官，再派遣禁中使者敦促卿提兵前来，共同破敌。料想以卿忠愤许国之心，必然努力践行以前的豪言，实现素来的志向。今据回朝的归正人详述，金贼中凶悍狡黠的头领全部都聚集在淮南西路。朕估量若要破敌成功，非卿不可。若是一举成功，朕去年与卿密诏中所讨论的事宜，应不是虚言。何况朕素来以规恢社稷的大业倚重于卿，现在机会就在眼前，朕日夜伫立等待卿出师的奏报。再次发出亲笔诏书，卿宜该知道朕的意思。

付飞。御押

先臣始沓奉前诏，乃益疾驰以行。十七日丙戌，先臣癸酉之奏始至。时朝廷亦欲亟遏虏师，赐御札报谕，令姑缓京、洛之策。

屡发手诏，及毛敦书、张去为继往喻旨，朝夕需卿出师之报。览二月四日奏，备悉卿意，然事有轻重，今江、浙驻跸，贼马近在淮西，势所当先。兼韩世忠、张俊、杨沂中、刘锜、李显忠等皆已与贼对垒，卿须亲提劲兵，星夜前来蕲、黄，径趋寿春，出其贼后，合力剿除凶渠，则天下定矣。想卿闻此，即便就道。再遣亲札，宜深体悉。

付岳飞。御押

【译文】

前述的诏书纷至沓来，先祖父收到后更是催军疾驰，加快行程。十七日丙戌日，先祖父癸酉日（二月四日）所发的奏札才到达朝廷。那时朝廷也想要尽快遏止敌军的进攻，于是赐下御札晓谕先祖父，命他暂缓长驱东京、洛阳的进攻策略。

屡次向卿发出手诏，并派出毛敦书、张去为相继前去传达朕的旨意，朝夕期盼卿出师的消息。阅览了卿二月四日的奏章，已完全明白卿的意思，然而事有轻重缓急，现在朕就驻跸于江、浙一带，而虏贼的兵马近在淮南西路，确保江、浙的安全势必应当优先筹虑。况且韩世忠、张俊、杨沂中、刘锜、李显忠都已（在淮南西路）与敌军对垒，卿务必亲提劲兵连夜前来蕲、黄二州，直奔寿春，出军于敌人身后，合力剿除贼首，天下将从此安定。料想卿闻此讯息，立即就会动身。再次发出亲笔诏书，卿应该深深体念朕的意思。

付岳飞。御押

是日，既诏令缓京、洛之策，而先臣乞出蕲、黄之奏始至，复赐御札嘉奖。

得卿奏，欲躬亲前去蕲、黄州，相度形势利害，贵得不拘于九江。以卿天资忠义，乃心王室，谅惟蚤夜筹画，必思有以济国家之急。若得卿出蕲、黄，径捣寿春，与韩世忠、张俊相应，大事何患不济。中兴基业，在此一举，览奏不胜嘉叹。再遣亲札，卿宜体悉。十七日未时[①]。

付岳飞。御押

【注释】

①未时：下午1点至3点。

【译文】

当日，既已诏令先祖父暂缓出兵东京、洛阳的计策，而先祖父请求出兵到蕲、黄州的奏札才到达朝廷，高宗皇帝又赐下御札嘉奖。

看了卿的奏章，打算亲自前往蕲、黄州，考察地理和军事上的形势利害，不拘于从九江出兵的常理，正是此策的可贵之处。以卿天资忠义，尽心于王室，料想卿一定昼夜筹划，必有良策可以济救国家的危急。若得卿由蕲、黄州出兵，直捣寿春，与韩世忠、张俊相呼应，何患大事不成。中兴基业，在此一举，阅览卿的奏议，不禁嘉许赞叹。再次发出亲笔诏书，卿应该体念知悉朕的意思。十七日未时。

付岳飞。御押

十九日戊子[1]，先臣出师之奏始至，赐御札嘉叹，且申述先臣初奏会兵破敌之意。

得卿九日奏，已择定十一日起发，往蕲、黄、舒州界。闻卿见苦寒嗽，乃能勉为朕行，国尔忘身，谁如卿者！览奏再三，嘉叹无斁。以卿素志殄虏，常苦诸军难合。今兀术与诸头领尽在庐州，接连南侵。张俊、杨沂中、刘锜等共力攻破其营，退却百里之外。韩世忠已至濠上，出锐师要其归路。刘光世悉其兵力，委李显忠、吴锡、张琦等夺回老小、孳畜。若得卿出自舒州，与韩世忠、张俊等相应，可望如卿素志。惟贵神速，恐彼已为遁计，一失机会，徒有后时之悔。江西漕臣至江州，与王良存[2]应副钱粮，已如所请，委赵伯牛[3]，以伯牛旧尝守官湖外，与卿一军相谙妥也。春深，寒暄不常，卿宜慎疾，以济国事。付此亲札，卿须体悉。十九日二更。

付岳飞。御押

【注释】

①戊子：夜里11点至凌晨1点。

②王良存：岳飞属官。绍兴十一年时为京西南路转运副使，负责应付岳飞军的钱粮等后勤。

③赵伯牛：江西转运副使。据《石林奏议》卷一四《奏遵禀分定逐路漕臣应副张俊等军马钱粮草料状》，宋廷命江南西路漕臣赵伯牛和京西南路转运副使王良存专门负责岳飞军队钱粮供

给。其中赵伯牛负责调发粮草，王良存负责军前支遣。

【译文】

十九日戊子，先祖父禀告出师的奏札才到达行在，高宗皇帝赐下御札嘉许赞叹，并且又申述了先祖父一开始就在奏札中提到的合兵破敌之意。

得到卿九日的奏札，说已择定十一日出发去蕲、黄、舒州界。听闻卿正苦患寒嗽，却能为朕勉力出师，为国忘身，谁能如卿！朕再三地阅览来奏，赞叹不已。卿素来有志于消灭虏贼，常苦于诸军不相配合。现在兀术与金军的大小头领都在庐州，接连向南侵进。张俊、杨沂中、刘锜等共力攻破了敌人的营垒，使他们退却到百里之外。韩世忠已至濠州界内，打算派出精锐之师堵截其归路。刘光世倾尽兵力，委托李显忠、吴锡、张琦等将夺回家属和牲畜。若得卿由舒州出军，与韩世忠、张俊等呼应，可望殄灭虏贼，实现你素来的志向。但需行动迅速，恐敌人已开始计划逃遁，一旦失去机会，追悔莫及。江西漕臣到江州，与（你军）王良存协作应付卿一军的钱粮草料，已如卿所请，江西这边委派了赵伯牛，因赵伯牛曾在湖北任职，与卿一军熟悉，必是安妥。春意已浓，冷暖无常。卿要小心照顾患病的身体，以济国事。将此亲笔诏书付与卿，卿定要体念朕心。十九日二更。

付岳飞。御押

先臣出师蕲、黄，亲以背嵬先驱，疾驰入庐州。兀术惩颍昌之败，闻军至，举营宵遁。韩常亦以长葛乞降之旧，先退兵渡淮。三月一日庚子，报至，赐御札谕先臣，令平荡寿春。

闻虏人已过寿春，卿可与张俊会合，率杨沂中、刘锜并往克复。得之，则尽行平荡，使贼不得停迹，以除后患，则卿此来不为徒行也。有所措置，开具奏来。一日。

付飞。御押

【译文】

先祖父出师蕲、黄州后，亲率背嵬军为前锋，疾驰进入庐州。兀术鉴于在颍昌败给先祖父的教训，听闻先祖父的大军开到，举营连夜遁去。韩常也因去年曾在长葛向先祖父请求归降，退兵渡淮水而去。三月一日庚子，先祖父的奏报抵达朝廷，高宗皇帝赐下御札晓谕先祖父，令先祖父扫荡平定寿春。

听闻虏人已越过寿春，卿可与张俊会合，率领杨沂中、刘锜一起前往克复。若攻下寿春，则尽行扫荡平定，勿留一贼残存，以除后患，则卿此行便不是徒劳。卿若再有所部署，一一开具奏来。一日。

付飞。御押

朝廷得韩世忠奏，复赐御札，趣先臣会合平荡。

韩世忠奏，已亲提兵自濠往寿春府，卿可约与相见，从长措置。虏人若未全退，或已退复来接战，即当乘其既败，痛与剿戮，使知惩畏；若已退不复来，即寿春、顺昌皆可平荡静尽，免其后来之害。以卿体国之意，必协心共济，不致二三也。遣此亲札，谅宜深悉。

付飞。御押

【译文】

朝廷收到韩世忠的奏札，又赐先祖父御札，敦促先祖父（与韩世忠）会合，平荡（寿春府）。

据韩世忠奏，他已亲自提兵从濠州开往寿春府，卿可与之约期相见，从长部署。虏人若未完全退走，或已退走又来接战，则应当乘其已败的颓势，痛杀剿灭，使他们知惩戒而畏惧；若已退走不复回来，则寿春、顺昌皆可扫荡净尽，以免后患。以卿体念国家的胸怀，必定协心共济，不至于二三其意，反复不定。发出此亲笔诏书，卿应该深深体念朕的意思。

付飞。御押

先臣军在庐州，兀术、韩常已遁。得张俊报，虏已渡淮尽绝，乃还军舒州，具以奏闻，且候进止。会兀术闻先臣退师，用郦琼计，复窥濠州。先臣闻警，以四日癸卯夜发舒州进援。朝廷得警奏，十一日庚戌赐御札，趣出兵。

兀术再窥濠州，韩世忠、张俊、杨沂中、刘锜皆已提军到淮上。以卿忠智许国，闻之必即日引道。切须径赴庐州，审度事势，以图寿春。庐通水运，而诸路漕臣皆萃于彼，卿军至，粮草不乏，又因以屏蔽江上，军国两济，计无出此。已行下诸漕，为卿一军办粮草，不管阙乏。付此亲札，卿须体悉。十一日未时。

付飞。御押

【译文】

先祖父的大军在庐州，兀术、韩常已退遁。先祖父得张俊咨文，虏人已全数渡过淮水退走，于是还军舒州，写奏札知会朝廷，听候进退的指挥。兀术听说先祖父退师，采纳了郦琼的计策，回兵窥伺濠州。先祖父得到警讯，四日癸卯连夜从舒州出发，进援濠州。朝廷得到濠州的警奏，十一日庚戌赐先祖父御札，催促先祖父出兵（援救）。

兀术再次窥伺濠州，韩世忠、张俊、杨沂中、刘锜皆已提兵到了淮河附近。卿忠智兼备，以身许国，闻迅必然立即起程。卿务必径赴庐州，审度事势后，图谋攻下寿春。庐州通水运，各路漕臣聚集在那里，卿军去那里，不会缺乏粮草。又因庐州屏蔽长江，卿去庐州，于军于国都是最好的安排。已行文下达诸转运使，不管粮草是否有所缺乏，确保为卿一军置办妥当。将此亲笔诏书付与卿，卿须体念朕的意思。十一日未时（下午一到三点）。

付飞。御押

先臣已先诏出师援濠，朝廷犹未知。庚戌之夕，先臣还舒之奏始至，乃赐御札，嘉奖先臣恭谨之节，而趣令夹击，以定大功。

得卿奏，知卿属官自张俊处归报，虏已渡淮，卿只在舒州听候朝廷指挥。此以见卿小心恭慎，不敢专辄进退，深为得体，朕所嘉叹。据报，兀术用郦琼计，复来窥伺濠州。韩世忠已与张俊、杨沂中会于濠上，刘锜在庐州、柘皋一带屯军。卿可星夜提精兵，裹粮起发，前来庐州就粮，直趋寿春，与韩世忠等夹击，可望擒杀兀术，以定大功。此一机会，不可失也。庐州通水运，有诸路漕臣在彼运粮。急遣亲札，卿切体悉。十日①二更。

付飞。御押

【注释】

①十日：岳珂叙述此诏发出时为庚戌日，即十一日。故“十日”可能是刊误。

【译文】

先祖父其实已先于诏命出师进援濠州，朝廷还不知道。庚戌日（十一日）晚，先祖父还军舒州的奏章才到达行在，圣上赐先祖父御札，嘉奖先祖父恭敬谨慎的礼仪法度，并敦促命令先祖父出兵夹击，建立大功。

得到卿的奏报，得知卿的属官从张俊处归报，虏人已渡淮水而退，卿只在舒州等候朝廷进一步的指挥。这可见卿对朝廷小心恭慎，不敢专擅进退，深为得体，朕十分嘉许赞叹。据报，兀术采纳郦琼的计谋，又来窥伺濠州。韩世忠已与张俊、杨沂中会兵于濠上，刘锜则屯兵在庐州、柘皋一带。卿可连夜提精兵、携干粮出发，前来庐州补给粮秣，然后直趋寿春，与韩世忠等夹击，可望擒杀兀术，建立大功。机不可失。庐州通水运，有诸路漕臣在那里运粮。匆匆发出此亲笔诏书，卿一定要体念朕的意思。十日二更。

付飞。御押

先臣自舒州疾驰，以十二日辛亥至定远县。兀术先以八日丁未破濠州，张俊以全军驻于黄莲镇，去濠六十里，不能救。杨沂中趋濠城，覆于虏，王德救之而免。兀术方据濠，闻先臣将至，复遁，夜逾淮，不能军。时朝廷方得先臣发舒州之奏，乃赐御札嘉奖，且谕以“适中机会”之意。

得卿奏，卿闻命，即往庐州。遵陆勤劳，转饷艰阻，卿不复顾问，必遄其行。非一意许国，谁肯如此。据探报，兀术复窥濠州，韩世忠八日乘捷至城下，张俊、杨沂中、刘锜先两日尽统所部，前去会合。更得卿一军同力，此贼不足平也。中兴勋业，在此一举，卿之此行，适中机会。览奏再三，嘉叹不已，遣此奖谕，卿宜悉之。

付飞。御押

【译文】

先祖父自舒州疾驰，十二日辛亥日到达（濠州的）定远县。兀术先已在八日丁未日攻破濠州，张俊以全军驻扎于距离濠州六十里的黄莲镇，不能救援。杨沂中虽行军至濠州城下，却中了埋伏而溃败，幸得王德援救才得以逃脱。兀术才占据了濠州，听闻先祖父军将要到来，再次逃遁，连夜渡过了淮河，部伍凌乱，不能成军。当时朝廷刚刚得到先祖父由舒州进援的奏札，赐下御札嘉奖，并且晓谕先祖父此举"适中机会"。

得到卿的奏报，卿获得命令后即前往庐州。辗转于陆路十分辛劳，运送军粮多艰难险阻，卿不复顾虑询问，必是快速进军。若非一心许国，谁肯如此！据探子回报，兀术又窥伺濠州，韩世忠已于初八乘胜追至城下，张俊、杨沂中、刘锜先两日已尽统所部前去会合。此时若更得卿一军的协力相助，还怕不能平定此贼吗？中兴勋业，在此一举。卿之此行，正契合了机会。览阅奏札再三，嘉许赞叹不已。发出此奖谕诏书，卿应该知道朕的意思。

付飞。御押

先臣得张俊报，韩世忠先以四日癸卯，自招信、泗州还楚，而俊亦以十四日癸丑还军滁州。先臣既独以孤军驻定远，而虏已悉遁，乃复还军，且具以奏闻。未至，朝廷以未知世忠还楚，十七日丙辰复赐御札，令先臣出濠、寿牵制。

累得卿奏，往来庐、舒间，想极劳勚。一行将士日夜暴露之苦，道路登涉之勤，朕心念之不忘。比以韩世忠尚在濠州，与贼相拒，独力恐难支梧，累奏告急。卿智略有余，可为朕筹度，择利提师，一出濠、寿间，牵制贼势，以援世忠。想卿忠义体国，必以宗社大计为念，无分彼此。刘锜一军，已专令间道先行，张俊、杨沂中亦遣兵前去，并欲卿知。十七日。

付飞。御押

【译文】

先祖父得张俊报知，韩世忠已先于四日癸卯日自招信、泗州还军楚州，而张俊也于十四日癸丑日还军滁州。先祖父既然是以孤军单独驻扎于定远，而虏人已悉数遁去，于是又回军了，并且具呈奏札知会朝廷。奏札还未送达行在，朝廷因为不知道韩世忠已还军楚州，十七日丙辰又赐下御札，命令先祖父出军濠州、寿春，牵制敌军。

屡次读到卿的奏章，卿一军往来于庐州、舒州之间，想必极为劳苦。一行将士日夜曝露风霜之苦，登山涉水之劳，朕心念之不忘。先前因韩世忠尚在濠州与虏贼相抗，以其一军之力恐难支持，屡次奏报告急。卿智略有余，可为朕筹措审度，选择有利时机，出师于濠州、寿春，牵制虏人的军队，以援助世忠。料想卿忠义报国，必定以国家大计为念，出兵救应，不分彼此。朕已专令刘锜一军走小路先行，张俊、杨沂中也遣兵前去，一并让卿知晓。十七日。

付飞。御押

臣珂跋

臣仰惟高宗皇帝天锡神武，绍开中兴，南征北伐，景命重集。而先臣飞奋自畎亩，首蒙异知，外抗强胡，内平剧盗，力复京西之境土，智夺中原之僭伪。至于旌麾所指，两河响应，谒视陵寝，恢拓版图，无非简在上心，中禀成算。故云章奎画，辉映日月，藏之臣家，亶为盛典。

中经权臣之祸，归之有司。属当更化，首还诸孤于岭表。且以轸念先臣不忘之德意，属于孝宗皇帝，追御极之初，尽伸前枉。臣父霖拔自流离之余，躐登清贯，尝因摄贰匠监[①]，抗章有请，遂获赐还。若群阴宿雺，将旦澄霁，粲然复睹青天，万象呈露，焜眩心目。臣父是用龛奉朝夕，屡欲刊之琬琰，以诏亡穷，以侈荣遇，以章先帝委寄待遇之隆，而汇次未终，赍恨没地。

臣生衔陨霜[②]之哀，重佩易箦之训，追述先志，纂辑次第，端拜摹刻，凡为诏札七十有六。若淮西始终十有五札，复以甲子系日，盖辨明疑似，不敢不详。其他轶在人家，散之族鄗者，臣不能究悉，誓毕此生搜访，以补其遗。庶几帝王弥纶之（以下缺字五十格）[③]无有执之而流涕如德舆□□□□□忘其狂且僭，而志于下方□□□□□岁次癸亥冬十有一月乙□□□□□监镇江府户部大军仓臣岳珂恭书。

□□□□之诬岁月未久，俾官所载□□□□□是以甲子（以下缺字二十五格）而且系以事始，诚恐不如□□□□□以洗谤书，诏来祀。今（以下缺字七格）家石刻上（以下缺字十一格）散诸士大夫间，特其标轴□□□□□纾卷。故读辨诬者，每病于□□□□□之难，录本鋟木，以就简易□□□□□披咸在，昭然可稽，抑子孙（以下缺字八格）论是是非非之理。

【注释】

①摄贰匠监：岳霖在将作少监任上时曾上奏请求归还高宗给岳飞的御笔手诏（据《鄂国金佗续编》卷第十三《给还御札手诏省札》）。将作少监为将作监副贰，佐大监领本监公事（据《文献通考·职官》《将作监》）。

②陨霜：指未到霜时而严霜下。占象者谓是臣下专权妄行诛罚之征兆。

③从此句开始，原文缺漏文字较多，恕不细译。

【译文】

臣仰思高宗皇帝天赐神武之姿，继承祖宗基业，开创中兴局面，南征北伐，天命寄托于一身。先祖父（岳）飞奋发自田野之间，知遇于高宗皇帝，对外抵抗强虏，对内平定悍匪，以勇武克复了京西路的境土，以智略挫折了僭立于中原的伪齐。旌旗所指之初，河北、河东纷纷响应。谒视皇陵（的托付），恢复版图（的机遇），全都是出于圣上简拔、钦定的计划，因此才有这些高宗皇帝的御札珍藏在臣的家中，宸章翰墨，辉映日月，诚为盛典。

臣家经历权臣之祸以后，这些翰墨宸章都被没收充官。适逢圣上决定改革，先是将流放于广西的先祖父遗孤放还，又因痛念先祖父，嘱托孝宗皇帝待他即位之初，就为先祖父平反，如此恩德，臣家永世不忘。臣的父亲岳霖在颠沛流离之后得到赦免提拔，在将作少监任上时曾上书请求，获赐归还了这些诏书。这便如同长久笼罩在阴云暗雾之后，晨光将至、天色清朗的时候，头顶的青天和世间的万象又都清晰地呈现出来，光明眩目，照亮心田。臣的父亲因而朝夕敬奉，并想要将之铭刻于碑石之上，以昭告后世、光耀君恩，以彰显先帝对先祖父托付之重、待遇之隆。可惜尚未汇编整理完毕，就抱恨而逝。

臣生来就承受家中六月飞雪、冤狱未洗的哀痛，又秉承臣父的临终遗言，故而继循先志，将高宗皇帝的这些诏札一一编次，再三致敬之后才组织工匠摹刻，共计七十六封。譬如关于先祖父援救淮西的事就有御札十五封，我又特别加注了甲子纪日，因为要辨明疑点，不敢不详细录呈。其他尚有散轶在族人、乡党之家的，臣不能完全知晓，发誓要终身求访，将之补全。（从此以下缺字太多，译略）

卷第四

经进鄂王行实编年卷之一

本贯相州汤阴县永和乡孝悌里。

曾祖成，故赠太师、魏国公。妣杨氏，故赠庆国夫人。

祖立，故赠太师、唐国公。妣许氏，故赠越国夫人。

父和，故赠太师、隋国公。妣姚氏，故封魏国夫人，赠周国夫人。

【译文】

原籍相州汤阴县永和乡孝悌里。

飞曾祖岳成，已故，赠太师、魏国公。妻杨氏，已故，赠庆国夫人。

飞祖父岳立，已故，赠太师、唐国公。妻许氏，已故，赠越国夫人。

飞父亲岳和，已故，赠太师、隋国公。妻姚氏，已故，封魏国夫人，追赠周国夫人。

崇宁二年，癸未岁。

先臣和遗事。初岁遗事。

二月十五日，先臣生，名飞，字鹏举。按邓名世《古今姓氏书辨证》及《姓源类谱》曰：“唐尧时，有四岳者，佐尧理天下，因官以命氏，实岳姓所自始。”其后支胄莫考，凡数千载，皆韬迹不耀。望虽出山阳郡，先臣实家于汤阴，亦莫知其所以徙。

【译文】

曾祖父岳和流传下来的事迹。岁初遗事。

（农历）二月十五日，先祖父（岳飞）诞生，取名为飞，字鹏举。按照邓名世《古今姓氏书辨证》及《姓源类谱》的说法：“尧帝时，有官职四岳，辅佐尧治理天下，故而后代以官职称谓姓氏，实乃岳姓的起源。”其后如何分支繁衍无从考证，数千年以来，均没有出过显赫荣耀的人物。其郡望虽出自山阳郡（西汉，郡治昌邑，今山东菏泽市巨野县东南），先祖父家实际位于汤阴，也不知道他们迁徙的原因。

自先臣成而下，皆以力田为业。及先臣和时，有瘠田数百亩，仅足赢食。河北屡歉，饥者多。先臣和常日以脱粟数升，杂蔬为糜，与家人旦暮食，取半饱；尽以其余呼道路之饥者，均而饲之。家人有不堪者，先臣和谓之曰：“彼饥者亦人尔，而能一、二日不食。吾与若日再食，而犹欲求饱耶？吾欲裁吾之仅有，济人之绝无耳。”人有侵其地以耕者，割而予之，无争意。有贷其财而弗偿者，折券弃之，无愠色。虽甚窭乏，未尝悔，乡人重敬之。

【译文】

自天祖岳成始，皆以田耕为业。到曾祖父岳和时，家有瘠田数百亩，刚好能够糊口。河北路屡年歉收，饥民很多。曾祖父岳和常常将数升仅脱去谷皮的粗米与蔬菜混在一起做粥，与家人早晚食用，仅取半饱；而以剩余的部分招呼路边的饥民，让他们分食。家人中有不能忍受的，曾祖父岳和对他们说："那些饥民也是人，却能一二日不食。我与你等一日二餐，还欲求饱足吗？我愿从我们仅有的饭食中，节约出来接济他们不至于饿死。"邻人有侵占先祖父家地来耕种的，先祖父就割让给他们，不与其争执。有向他借贷却不偿还的，就将借据毁弃，并无怨怒之色。自己虽然十分贫乏，也从不后悔，乡人都很敬重他。

先臣方在孕，有老父过门，闻姚氏之声，曰："所生男也，他日当以功名显世，位至公孤。"父因忽不见。及生先臣之夕，有大禽若鹄，自东南来，飞鸣于寝室之上。先臣和异之，因名焉。未弥月，黄河决内黄西，水暴至。姚氏仓皇襁抱，坐巨瓮中，冲涛而下，乘流灭没，俄及岸，得免。

【译文】

那时先祖父岳飞尚在母腹中孕育，有一老者路过家门，听到了姚氏的声音，说："日后生下的男孩，他日必凭功名显耀于世，位至国公或三孤。"老者说完就不见了。到了先祖父出生的那天傍晚，一只貌似天鹅的大鸟，自东南飞来，鸣于寝室之上。曾祖父岳和觉得这很不寻常，于是给先祖父取名岳飞。还未满月，黄河决口于内黄之西，河水暴涨。姚氏匆忙抱着襁褓中的婴儿，坐进一只巨瓮中，冲涛而下，随波逐流，一会儿被冲到了对岸，幸免于难。

先臣少负气节，沉厚寡言，性刚直，意所欲言，不避祸福。天资敏悟强记，书传无所不读，尤好《左氏春秋》及《孙吴兵法》，或达旦不寐。家贫，不常得烛，昼拾枯薪以自给。然于书不泥章句，一见得要领，辄弃之。为言语文字，初不经意，人取而诵之，则辨是非，析义理，若精思而得者。

【译文】

先祖父少年时就很有志气和节操，沉稳淳厚，少言寡语，性情刚直，说话直率，不避祸福。他天生聪敏有悟性，记忆力强，能找到的书籍传记无所不读，尤其喜爱《左氏春秋》和《孙武兵法》，竟至于通宵不睡。家里贫穷，不能常常使用蜡烛，他就白天捡拾枯枝，晚上点燃照明。但他读书不拘泥于章句，一得其要领，就不再拘谨在原词原句上。所作的文章，一开始并未引人注意，别人拿去阅读，则发现文中明辨是非，剖析义理，像是经过精心思考后才写成的。

生而有神力，未冠，能引弓三百斤，腰弩八石[①]。尝学射于乡豪周同。一日，同集众射，自眩其能，连中的者三矢，指以示先臣，曰："如此而后可以言射矣。"先臣谢曰："请试之。"引弓一发，破其筈[②]，再发又中。同大惊，遂以其所爱弓二赠先臣。后先臣益自练习，能左右射，随发辄中。及为将，亦以教士卒，由是军中皆善左右射，屡以是破贼锋。

【注释】

①斤、石：一宋斤约合一市斤二两，一宋石约合一百一十市斤。

②筈：箭尾。

【译文】

天生有神力，不到二十岁，就能拉开三百斤的弓，用腰部开弩八石。他曾向乡里的名人周同学习射箭。一天，周同集合众人一起射箭，周同首先炫技，连中三矢，指给先祖父看说："得做到这样才能谈论射箭。"先祖父谢过他说："请让我试一试。"引弓一发，射出去的箭穿破了先前的箭尾，再射，又中。周同惊讶非常，于是将自己钟爱的两把弓赠予先祖父。后来先祖父自己更加发奋练习，以至于能够左右开弓，随发即中。成为将领后，又将射技教给士卒，从此他军中的士兵都擅长左右射，以此屡屡击溃敌人的前锋进攻。

同与先臣别，未几而死。先臣往吊其墓，悲恸不已。每朔望则鬻一衣，设卮酒鼎肉于同冢上，奠之而泣。引所遗弓，发三矢，又泣，然后酹酒瘗肉于冢之侧，徘徊凄怆，移时乃还。衣就尽，先臣和觉而索之，默不言，挞之亦不怨。后伺其出而窃从，往视之，尽见其所为，乃问之曰："尔所从射者多矣，独奠泣于周同墓，何也？"曰："飞向者学射于周君，而特与飞厚，不数日，尽其道以归。念其死，无以报，聊于朔望致礼耳。"又问其故，曰："射三矢者，识是艺之所由精也；酹酒瘗肉者，周君所享，飞不忍食也。"先臣和始甚义之，抚其背曰："使汝异日得为时用，其徇国死义之臣乎！先臣应之曰："惟大人许飞以遗体报国家，何事不敢为！"先臣和乃叹曰："有子如此，吾无忧矣！"

【译文】

周同与先祖父分别后，不久就去世了。先祖父去他墓前凭吊，悲伤痛哭不已。每个月的初一、十五，他都会卖掉自己的一件衣服，换了钱买酒和肉设于周同坟前，祭奠哀泣。拉开周同所赠之弓，射三箭，又哭，然后将酒洒于坟前，将肉埋在墓侧，悲伤凄怆，徘徊多时才回去。衣服卖完之后，曾祖父岳和有所察觉向他索要，他一言不语，被打也不埋怨。岳和待他出去时悄悄跟随，想看看是怎么回事，才将事情全部了解清楚，于是问他："你跟着学射的人不少，为何独独奠泣于周同墓前？"先祖父回答道："飞曾向周君学习射箭，周君待我特别深厚，相识不过数日，就将他的毕生绝学尽授予飞。如今他死了，我无以回报，便只能在初一、十五致礼于他墓前。”又问（在墓前射箭的）缘故，先祖父答道：“射三箭的意思，是要记住自己的技艺是由周君而精进的；奠酒祭肉，为周君所享，飞不忍食用。”曾祖父岳和这才明白他是重义之人，轻抚着他的后背说：“假如你将来得到国家的重用，能成为一个为国家献身、恪守大义的忠臣吗？”先祖父回答道：“只要大人允许飞以此身报国，又有何事不敢为！”曾祖父岳和感叹道：“有子如此，我再无可忧虑的了！”

宣和四年，壬寅岁，年二十。

从敢战。擒陶俊、贾进。先臣和卒。

真定府路安抚使刘韐募敢战士备胡[①]，先臣首应募。韐一见，大奇之，使为小队长。

【注释】

①备胡：防备辽军乘胜侵轶。

【译文】

从军为敢战士。擒获陶俊、贾进。曾祖父岳和去世。

真定府路安抚使刘韐招募敢战士，防备辽军进犯。先祖父第一次应募，刘韐一见，大为惊奇，当即任命先祖父为小队长。

相州巨贼陶俊、贾进攻剽县镇，杀略吏民，官军屡战，失利。先臣请以百骑灭之，韐与步、骑二百。先臣预遣三十人易衣为商，入贼境，贼掠之以归，置于部伍。先臣乃夜伏百人于山下，自领数十骑逼贼垒。贼易其兵少，出战。俊箕踞[①]坐马上，谩骂交锋。先臣阳北，贼乘胜追逐。伏兵起击，所遣三十人自贼中擒俊、进于马上。贼众乱，莫知所为，遂俘获其众，余党尽散。

【注释】

①箕踞：两脚张开，两膝微曲地坐着，形状像箕。这是一种轻慢傲视对方的姿态。

【译文】

相州巨贼陶俊、贾进进攻、掠夺县镇，杀害抢劫吏民，官军屡屡讨伐，都以失利告终。先祖父请求率一百骑兵前去消灭，刘韐便派给他二百名步骑。先祖父先是派出三十人改换衣装，假装成商人进入贼人控制的区域，佯装被贼人俘回，安置在贼军的部伍之中。某夜，先祖父以百人埋伏于山下，自己率领数十骑紧逼贼军的老巢。贼人轻视他们兵少，出战。陶俊箕踞坐马上，一边谩骂一边指挥军队与先祖父交锋。先祖父假装败走，贼军乘胜追逐。这时先祖父预先安排伏兵暴起进击，之前佯装被俘的三十人在乱军中擒获了陶俊、贾进缚在马上。贼军大乱，不知所措，大部分都被俘虏，余党尽皆逃散。

知相州王靖奏其功，补承信郎。命未下，得先臣和讣，跣奔还汤阴，执丧尽礼，毁瘠[1]若不胜。会朝廷罢敢战士，前命竟不下，先臣亦弃不复问。

【注释】

①毁瘠：因居丧过哀而极度瘦弱。

【译文】

相州知州王靖奏报了先祖父的功劳，补承信郎。任命还未下来，得知曾祖父岳和去世，先祖父赤足奔回汤阴，奉行丧礼，因悲伤过度而极度瘦弱，连衣服都撑不起来。恰逢朝廷裁撤敢战士，此前补承信郎的任命最终也没有下达，先祖父也弃而不问。

宣和六年，甲辰岁，年二十二。

杀张超。从平定军。

春三月，贼首张超率众数百，围魏王韩琦故墅。先臣适在墅告籴，怒曰："贼敢犯吾保耶！"起而视之，超方恃勇直前，先臣乘垣，引弓一发，贯吭而踣。贼众奔溃，墅赖以全。

是岁，投平定军[①]，为效用士[②]，稍擢为偏校。

【注释】

①平定军：这里的军为行政管理单位。宋代路之下的地方一级行政管理单位为州或府、军、监。军与州、府平级，而实际地位次于州、府，高于监。地势冲要，户口少而不成州者，则设军（据《宋代官制辞典》，第24页）。平定军，治平定，今山西平定县。

②效用士：原先谓效力用命之意，大约在宋仁宗时期，"效用"演变为军中职名。南宋的效用兵一般指上等军士。据王曾瑜《宋朝军制初探（增订本）》，2011年，第148页、153页。）

【译文】

杀张超。应募于平定军。

春，三月，贼首张超率数百人包围魏王韩琦的旧宅。先祖父当时正在韩家的田庄请求买粮，怒道："贼人竟敢侵犯我保卫的地方！"出去查看，见张超正恃勇直前，先祖父登上矮墙，引弓一发，张超被射中咽喉，倒地身亡。贼众溃逃，韩家的田庄得以保全。

这一年，先祖父在平定军应募，成为一名效用士，不久提升为（低级军官）偏校。

靖康元年，丙午岁，年二十四。

榆次觇虏。于大元帅府。招吉倩。补承信郎。战侍御林。转寄理保义郎[①]。战滑州河上。转秉义郎。隶宗泽。

夏六月，路分季团练（失其名）知其勇，以百余骑檄往寿阳、榆次县觇贼，谓之"硬探"。猝遇虏众，骑士畏却，先臣单骑突虏阵，出入数四，杀其骑将数人。虏众披靡，不敢逼。至夜，以虏服潜入其营。遇击刁斗者，谬为胡语答之，遂周行营栅，尽得其要领以归。补进义副尉。会夜渡，亡其告身，先臣又弃不复问，间行归相州。

【注释】

①转寄理保义郎：转：升迁文武官阶、内外职事官，皆可用转，然用之于武官阶升迁偏多。岳飞本应升正九品成忠郎，因岳飞的曾祖父名岳成，按古代的惯例，必须避名讳，改为"寄理保义郎"。正九品的保义郎比成忠郎低一官，但加上"寄理"一衔，便与成忠郎同阶。（参考王曾瑜《岳飞新传》第二章第五节。）

【译文】

在榆次侦察金人的情况。此时隶属于（康王）的大元帅府。招降吉倩。补承信郎。战斗于侍御林。转寄理保义郎。战于滑州黄河上。升迁为秉义郎。隶属于宗泽。

夏，六月，路分都监姓季的团练使（已失其名）得知先祖父勇敢，命他率百余骑前往寿阳、榆次县侦察敌情，即所谓“硬探”。他们猝然与一支金军相遇，骑士畏怯而退，先祖父独以单骑突入虏阵迎战，出入数次，杀死了对方的几名骑将。敌众溃逃，不敢再上前。到了晚上，先祖父换上金人的装束潜入金营。他遇到击刁斗的人，就说些女真话对付，于是走遍了营寨，尽得其虚实而归。因功升为进义副尉。但后来在一次夜渡时，不慎丢失了任命的凭证告身，先祖父又按下不问，悄悄走小路回到了相州。

冬，高宗皇帝以天下兵马大元帅开府河朔，至相州，先臣因刘浩得见。命招群贼吉倩等，与以百骑。先臣受命出，日薄莫，顿所部宿食，自领四骑径入贼营。群贼骇愕，先臣呼倩等慰谕之，曰：“胡虏犯顺，汝曹不辅义以立功名，反于草间苟活。今我以大元帅命，招纳汝曹，此转祸为福之秋也。”倩等素知先臣名，且感其至诚，置酒延之，先臣亦豪饮不疑。酒酣，倩谓先臣曰：“倩等既搔动州县，今既受招，恐未免诛戮。”先臣开谕再三，众已听命，忽一贼起，搏先臣。先臣批其颊，应手仆地，拔剑向之。倩等罗拜请免，相率解甲受降，凡三百八十人。

【译文】

冬季，高宗皇帝在河北开设元帅府，自任天下兵马大元帅，到了相州，先祖父因隶属刘浩得到召见。刘浩命先祖父去招降群贼吉倩等，派给他一百名骑兵。先祖父领命而出，日近黄昏，便让部伍扎营吃饭，自己领着四个骑士径直入了贼营。群贼惊骇错愕，先祖父叫出吉倩，安慰告诫他，说："金人作乱，你等不仅不匡扶正义、建立功名，反而落草为寇地苟活着。今日我受命于大元帅来招纳尔等，这是转祸为福的良机啊。"吉倩等人素来知道先祖父的名声，且被他的真诚打动，排下酒席招待他，先祖父也毫不怀疑地与他们豪饮。喝到尽兴半酣之时，吉倩对先祖父说："倩等既已骚扰惊动了州县，如今接受招降，恐怕今后不免遭到杀戮。"先祖父再三开谕他，众人已然听命，这时一贼人忽然暴起，杀向先祖父，先祖父劈手击打中其脸颊，贼人应手向前倒下，先祖父拔出佩剑与他们对峙。吉倩等团绕下拜，请求赦免，纷纷解甲受降，共招降了三百八十人。

由是受知于大元帅，补承信郎，分铁骑三百，使先臣往李固渡当虏军。战于侍御林，败之，杀其枭将。转成忠郎，以曾大父讳，寄理保义郎。

【译文】

先祖父由此得到大元帅府的重用，升承信郎，分给他铁骑三百，命他前往李固渡抵挡金军。作战于侍御林，打败了敌军，并杀死了敌军的一名猛将。升成忠郎，因要避讳曾祖父的名讳（成），改为"寄理保义郎"。

未几，以檄[①]从刘浩解东京围，与虏相持于滑州南。先臣乘浩马，从百骑，习兵河上，河冻冰合，虏忽至，先臣麾其下曰："虏虽众，未知吾虚实，及其未定，击之可以得志。"乃独驰迎敌，有枭将舞刀而前，先臣以刀承之，刃入寸余，复拔刀击之，斩其首，尸仆冰上。骑兵乘之，虏众大败，斩首千级，得马数百匹，以功迁秉义郎。大元帅次北京，以先臣军隶留守宗泽。

【注释】

①檄：古代官府用以征召或声讨的文书。

【译文】

不久，因有征召文书的晓谕，先祖父追随刘浩去解东京（开封）之围，与金人相持于滑州之南。（某日）先祖父骑乘着刘浩的马匹，率领百名骑兵，在黄河上练习，河水结冰冻合，金人忽至，先祖父指挥下属说："金人虽多，但不知道我们的虚实，趁他们阵形未定时出击一定可以获胜。"于是单骑向前，迎战敌人。敌军一名猛将舞着大刀前来，先祖父以刀迎击，刀刃嵌入敌刃一寸有余，拔出刀来再击，将其斩首，敌尸仆倒在冰面上。先祖父的骑兵乘势发动进攻，金军大败，此战斩敌首千级，俘获战马数百匹，先祖父因功升秉义郎。大元帅去往北京（大名府），将先祖父一军隶属于宗泽。

靖康二年（是年改元建炎），丁未岁，年二十五。

战开德。转修武郎。战曹州。转武翼郎。宗泽授阵图。从大元帅移南京。上书夺官。诣张所。借修武郎、閤门祇候、中军统领。论两河、燕云利害。借武经郎。从王彦。战新乡，败王索。战侯兆川。战太行山，擒拓跋耶乌，杀黑风大王。归宗泽。充留守司统制。隶杜充。

春正月，战于开德，以两矢殪金人执旗者二人，纵骑突击，败之，夺甲、马、弓、刀以献。转修武郎。

【译文】

战斗于开德府。升修武郎。战于曹州。升武翼郎。宗泽授先祖父阵图。跟随大元帅去往南京（应天府）。因上书言事被削夺官职。投奔张所。借补修武郎、閤门祗候、中军统领。议论两河、燕云地区的军事利害。借补武经郎。跟随王彦。战于新乡，打败王索。战于侯兆川。战于太行山，擒获拓跋耶乌，杀死黑风大王。隶属宗泽。任留守司统制。隶属杜充。

春，正月，战斗于开德府，以两箭射死两名执旗的金人，纵骑突击，打败敌人，夺得甲、马、弓、刀献捷。升修武郎。

二月，战于曹州，先臣被发，挥四刃铁简，直犯虏阵。士皆贾勇，无不一当百，大破之，追奔数十里。转武翼郎。

【译文】

二月，作战于曹州，先祖父披头散发，挥舞四刃铁简，直贯虏阵。士兵们都鼓勇向前，无不以一当百，大破敌军，追奔数十里。升任武翼郎。

泽大奇先臣，谓之曰："尔勇智材艺，虽古良将不能过。然好野战，非古法，今为偏裨尚可，他日为大将，此非万全计也。"因授以阵图[①]。先臣一见，即置之。后复以问先臣，先臣曰："留守所赐阵图，飞熟观之，乃定局耳。古今异宜，夷险异地，岂可按一定之图。兵家之要，在于出奇，不可测识，始能取胜。若平原旷野，猝与虏遇，何暇整阵哉！况飞今日以裨将听命麾下，掌兵不多，使阵一定，虏人得窥虚实，铁骑四蹂，无遗类矣。"泽曰："如尔所言，阵法不足用耶？"先臣曰："阵而后战，兵之常法，然势有不可拘者，且运用之妙，存于一心。留守第思之。"泽默然，良久，曰：

“尔言是也。”

【注释】

①阵图：作战时摆列军阵的图。又名阵法图。

【译文】

宗泽对先祖父大为赏识，对他说：“你有勇气、智慧、才能、技艺，即使是古代的良将也比不过你。但你爱好野战，此并非古法，如今你做副将尚可，今后若是成为大将，这就不是万全之计了。”因而授予先祖父阵法图。先祖父看了一下就放在旁边。后来宗泽又问先祖父阵图的事，先祖父说：“留守所赐的阵图，飞已经熟读了，乃是固定不变的阵法排列。古代和今天的作战形势不同，作战所处的地形夷险情况也可能不同，岂能都按照固定的阵法排列指挥作战？兵家的要义在于出奇，令敌人不可测识我方的意图，才有机会取胜。若在平原旷野之处，猝然遭遇金人，哪有充裕的时间整理阵形呢！况且现在我以副将的身份听命于留守麾下，执掌的兵员并不多，若使用固定的阵形，容易让虏人窥察到我方的虚实，他们纵骑四下攻击，我方就要全军覆没了。”宗泽说：“照你所说，阵法不能满足作战的需要？”先祖父答道：“先排好阵形再作战，这是常规的做法，然而当形势发生了变化，便不可拘泥于常法，运用兵法的关窍，存在于为将者的心中。还请留守再思之。”宗泽默然，过了良久，说：“你说得有道理。”

大元帅移南京，复令先臣以所部从。五月，大元帅即皇帝位，改元建炎。先臣上书数千言，大概谓：“陛下已登大宝，黎元有归，社稷有主，已足以伐虏人之谋；而勤王御营之师日集，兵势渐盛。彼方谓吾素弱，未必能敌，正宜乘其怠而击之。而李纲[①]、黄潜善、汪伯彦辈不能承陛下之意，恢复故疆，迎还二圣，奉车驾日益南，又令长安、维扬、襄阳准备巡幸。有苟安之渐，无远大之略，恐不足以系中原之望，虽使将帅之臣戮力于外，终亡成功。为今日之计，莫若请车驾还京，罢三州巡幸之诏，乘二圣蒙尘未久，虏穴未固之际，亲帅六军，迤逦北渡。则天威所临，将帅一心，士卒作气，中原之地指期可复。”书奏，大忤用事之臣，以为小臣越职，非所宜言，夺官归田里。

【注释】

①李纲：力主抗金，与黄潜善、汪伯彦等人不仅不同，而且有尖锐分歧。岳飞时为小军官，因不知朝廷内幕，故一并指责。

【译文】

大元帅移居南京（应天府），又令先祖父以所部跟从。五月，大元帅（在应天府）即皇帝位，改年号建炎。先祖父上了一封数千字的奏书，大意谓：“陛下已经登上皇帝大位，百姓有所归依，国家有了主人，足以具备讨伐虏人的资本，并且御营的勤王之军日益聚集，兵势日益强盛。敌人以为我国素来羸弱，未必敌得过他们，而我方正应趁敌人懈怠麻痹之时攻击他们。然而李纲、黄潜善、汪伯彦等辈不能顺应陛下的心意恢复故土，迎还二圣，反而侍奉着陛下的车驾日益南行，又命长安、扬州、襄阳三地准备陛下的巡幸。只有苟且偷安的趋势，没有远大志向与谋略，恐怕有负中原父老的期望，即使有将帅在前方拼死作战，终究也不能成功。为今之计，莫过于请陛下车驾回驻汴京，收回巡幸三地的命令，乘着二圣蒙尘不久，敌人巢穴还不牢固的时机，亲自率领六军，逐渐向北渡过黄河。天子威仪所到之处，将帅必齐心协力，士卒一鼓作气，中原故土指日便可收复。”奏书呈上之后，得罪了（黄潜善、汪伯彦等）当权的大臣，以小臣越职，非所宜言的罪名，罢去先祖父的官职，让他归还故里。

秋八月，诣河北招抚使张所，所一见，待以国士，借补[①]修武郎、閤门祇候，差充中军统领。所尝从容问之曰："闻汝从宗留守，勇冠军，汝自料能敌人几何？"先臣曰："勇不足恃也，用兵在先定谋。谋者，胜负之机也，故为将之道，不患其无勇，而患其无谋。今之用兵者皆曰：'吾力足以冠三军。'然未战无一定之画，已战无可成之功。是以'上兵伐谋，次兵伐交'。栾枝曳柴以败荆[②]，莫敖采樵以致绞[③]，皆用此也。"所本儒者，闻先臣语矍然，起曰："公殆非行伍中人也！"因命先臣坐，促席与论时事。先臣慷慨流涕曰："今日之事，惟有灭贼虏，迎二圣，复旧疆，以报君父耳！"所曰："主上以我招抚河北，我惟职是思，而莫得其要，公尝计之否？"先臣曰："昔有人言：'河北视天下犹珠玑，天下视河北犹四肢。'言人之一身，珠玑可无，而四肢不可暂失也。本朝之都汴，非有秦关百二之险也。平川旷野，长河千里，首尾绵亘，不相应援，独恃河北以为固。苟以精甲健马，冯据要冲，深沟高垒，峙列重镇，使敌入吾境，一城之后，复困一城，一城受围，诸城或挠或救，卒不可犯。如此则虏人不敢窥河南，而京师根本之地固矣。大率河南之有河北，犹燕云之有金坡诸关。河北不归，则河南未可守；诸关不获，则燕云未可有。间尝思及童宣抚取燕云事，每发一笑。何则？国家用兵争境土，有其尺寸之地，则得其尺寸之用。因粮以养其兵，因民以实其地，因其练习之人，以为向导，然后择其要害而守之。今童宣抚不务以兵胜，而以贿求。虏人既得重贿，阳诺其请，收其粮食，徙其人民与其素习之士，席卷而东，付之以空虚无用之州。国家以为燕云真我有矣，则竭天下之财力以实之。不知要害之地，实彼所据，彼俟吾安养之后，一呼而入，复陷腥膻。故取燕云而不志诸关，是以虚名受实祸，以中国资夷狄也。河南、河北，正亦类此。今朝廷命河北之使而以招抚名，越河以往，半为胡虏之区，将何以为招抚之地。为招抚职事计，直有尽取河北之地，以为京师援耳。不然，天下之四肢绝，根本危矣。异时丑虏既得河北，又侵河南，险要既失，莫可保守，骎骎[④]未已，幸江幸淮，皆未可知也。招抚诚能许国以忠，禀命天子，提兵压境，使飞以偏师从麾下，所向惟招抚命耳，一死乌足道哉！”所大喜，借补武经郎。

【注释】

①借补：帅府主将自行辟置的官属、未及申禀朝廷者，带“借补”二字，以与真命除授之官相区别。（据《宋代官制辞典》，第638页。）

②栾枝曳柴以败荆：疑兵取胜的故事，语出《左传·僖公二十八年》：“栾枝使舆曳柴而伪遁，楚师驰之。原轸、郤溱以中军公族横击之。狐毛、狐偃以上军夹攻子西，楚左师溃。楚师败绩。子玉收其卒而止，故不败。”

③莫敖采樵以致绞：骄兵必败的故事。语出《左传·桓公十三年》：“莫敖使徇于师曰：‘谏者有刑。’及鄢，乱次以济。遂无次，且不设备。及罗，罗与卢戎两军之。大败之。莫敖缢于荒谷，群帅囚于冶父以听刑。”

④骎骎：迅疾的样子。

【译文】

秋季，八月，先祖父投奔河北招讨使张所，张所初次见他，便以国士之礼相待。自主授官予先祖父，为借补修武郎、閤门祇候，充中军统领。有一次张所不慌不忙地问先祖父：“听说你曾跟随宗留守，勇冠三军，你估计自己能同时抵挡多少敌人？”先祖父回答说：“勇猛不足以凭恃，用兵应当先制定谋略。谋略，是决定战争胜负的关键。所以为将之道，不怕无勇，唯怕无谋。如今带兵的人都说‘我的力量足以勇冠三军’。然而，战前若不能预先谋划，战时便不能期待成功。所以‘用兵的最高境界是以谋略制胜，其次则是以外交制胜’，所谓‘栾枝曳柴以败荆，莫敖采樵以致绞’，这些成功的战例都是出自事先的谋划。”张所本是儒将，听先祖父话语，惊惧地站起说：“您绝不是行伍中的人呀！”又请先祖父坐下，促膝谈论时事。先祖父激动流涕说：“今日的知遇之恩，只有剿灭贼虏，迎还二圣，收复河山，来报答君王了！”张所说：“皇上让我招抚河北，我想尽职尽责，却不知怎么做，您能为我谋划吗？”先祖父说：“古人说，‘河北视天下犹珠玑，天下视河北犹四肢’。是说人可以失去珠宝，但是不可失去四肢，哪怕暂时都是不行的。本朝定都于汴梁（开封），不像秦国拥有险要的关中，以二万人即可抵挡百万之师。汴都以北都是平川旷野，黄河千里，首尾绵延，不相应援，惟独依恃河北以为要塞。如果布置精兵良马，占据要地，建筑深沟高垒，使重镇耸立于前线，使敌人入侵我境时，不得不一一攻城，我方一城受围，其他城镇或阻止或解救，敌军便终不能入犯。假使这样，敌人就不敢窥视黄河之南的区域，那么京城就能固守根本了。大致河北之于河南的重要性，犹如金坡等关口之于燕云之地。黄河之北的地区若不能收复，则黄河以南也守不住。诸关不保，则燕云之地失陷。有时我想到童宣抚收取燕云的事，每每发笑。为何？国家用兵争夺境土，一旦拥有尺寸土地，就要让其有尺寸之用。因粮养兵，以民守地，凭借训练有素的人作为向导，然后选择要害之地坚守。童宣抚不务以兵取胜，却想凭贿赂换取。金人得到了重金，表面上答应了他的请求，却收走了那里的粮食，迁走百姓与那些训练有素的士兵，将空虚无用之地归还我方。我们（国家）以为燕云之地真正归属于我们了，就竭尽天下的财力去填充那里。不明白要害之地其实还占据在敌人手中，他们等着我们养好这块地方之后，又一呼而入，那块地方就又陷入敌手。所以取燕云之地，而不取诸关，这是以虚名而遭受实祸，以中原资助外敌啊！河南、河北的关系也是如此。现在朝廷命您招抚河北，黄河以北的地区大半为金兵所占有，还有什么可招抚的地方呢。我为招抚的职事计虑，认为应该不断向外推进，尽取河北之地，才能为京城（汴梁）应援。不然，天下的四肢断绝，天下的根本就危险了。那时金兵既占有河北，又要侵犯河南，险要既已失去，河南便难以守护，若金人急攻不已，到那时是巡幸淮水还是长江，全然不可知了。招抚果真以忠报国，受命于天子，提兵压境，让我在您的帐下带领一支偏师，我唯招抚命是从，万死不辞！”张所听后大喜，授予先祖父借补武经郎。

命先臣从都统王彦渡河，至卫州新乡县。虏势盛，彦军石门山下。先臣约彦出战，不进。先臣疑彦有他志，抗声谓之曰：“二帝蒙尘，贼据河朔，臣子当开道以迎乘舆。今不速战，而更观望，岂真欲附贼耶！”彦默然，强与置酒，幕下有姓刘者，数于掌上画“斩”字，示彦，彦不应。先臣怒，起，独引所部鏖战，夺虏纛而舞之，诸军鼓噪争奋，遂拔新乡，擒千户阿里孛。又与万户王索战，败之。明日，将战侯兆川，先臣预戒士卒曰：“吾已两捷，彼必併力来。吾属虽寡，当为必胜计，不用命者斩！”及战，士卒多重伤，先臣亦被十余创，与军中士皆死战，卒破之，获士马不可胜计。夜屯石门山下，或传虏骑复至，一军皆惊，唯先臣坚卧不动，虏卒不来。粮尽累日，杀所乘马以飨士。间走彦壁乞粮，彦不许，乃引所部益北击虏。又战于太行山，获马数十匹，擒拓跋耶乌。居数日，复与虏遇，先臣单骑持丈八铁枪，刺杀虏帅黑风大王，走其众三万，虏军破胆。

【译文】

先祖父受命跟从都统王彦渡黄河，到了卫州的新乡县。金虏声势浩大，王彦就驻军在石门山下。先祖父邀约王彦一起出战，王彦不肯进兵。先祖父怀疑他有异志，大声对他说："钦、徽二帝还蒙尘在外，贼人占据了河北，我们做臣子的应当努力开道迎还圣驾。今日若不速战，却作壁上观，难道真打算归附于贼人吗！"王彦默然，一味给先祖父劝酒，王彦的幕僚中有一个姓刘的人，几次在手掌中画"斩"字给王彦看，王彦没有反应。先祖父发怒而起，独自带领所部人马出去鏖战，夺得金人的大旗挥舞，诸军见后鼓勇争先，于是攻克了新乡，擒获千户阿里孛。又与万户王索作战，打败了对方。第二天，将要在侯兆川作战，先祖父预先告诫士兵们："我们已两次获胜，对方必然全力以赴。我们人虽少，只应想着战胜，不用命战斗者斩！"开战以后，士卒多负重伤，先祖父身上也有十余处创伤，与他军中的军士一同死战，终于获胜，擒获对方士卒、马匹不可胜计。夜晚屯军于石门山下，有人传声说金人骑兵又至，一军皆震惊，唯有先祖父坚卧原地不动，金军士兵（怕有埋伏）遂不敢前来。先祖父的部伍断粮多日，先祖父将他所乘的马匹杀了给士卒饱腹。先祖父潜行去到王彦的营垒，请他支援粮食，王彦不答应，先祖父于是带领所部向北行进去击杀金虏。后来又在太行山作战，获马数十匹，擒获了拓跋耶乌。又过了几天，再次遭逢金军，先祖父单人匹马，持丈八铁枪，杀死了金帅黑风大王，驱散敌军三万，金军吓破了胆。

先臣自知为彦所疑，乃自为一军，归宗泽，泽命为留守司统制。未几，泽死，杜充代之。

【译文】

先祖父自知已为王彦所怀疑，于是自成一军，去投靠宗泽，宗泽任命他为留守司统制。不久，宗泽去世，杜充替代他做了（东京）留守。

建炎二年，戊申岁，年二十六。

战胙城县。战黑龙潭。战官桥，擒李千户。从闾勍保护陵寝①。战汜水关。战竹芦渡。转武功郎。

春正月，合巩宣赞（失其名）军，与金人战于胙城县，大败之。又战于黑龙潭、龙女庙侧官桥，皆大捷。擒女真李千户、渤海、汉儿②军等，送留守司。

【注释】

①保护陵寝：随同宗泽助手主管侍卫步军司公事闾勍，于建炎二年七月十五日进驻西京河南府，负责保护那里的北宋皇陵。

②汉儿：金时，原辽统治区汉人称“汉儿”，原宋统治区汉人称“南人”。

【译文】

作战于胙城县。作战于黑龙潭。作战于官桥，擒获李千户。跟随闾勍保护皇陵。作战于汜水关。作战于竹芦渡。升为武功郎。

春季，正月，与巩宣赞合军，与金人在胙城县战斗，大败金人。又作战于黑龙潭、龙女庙侧的官桥，都获得大捷。擒获女真人李千户、渤海人和汉儿军等，押送去了留守司。

秋七月，从闾勍保护陵寝。八月初三日，与金人大战于汜水关。虏有骑将往来驰突，先臣跃马左射，应弦而毙。虏众乱，官军奋击，大破之。又檄先臣留军竹芦渡，与虏相持。粮垂尽，先臣密选精锐三百，伏前山下，令人各以薪属交缚两束，四端爇[①]火，夜半皆举。虏疑援兵至，惊溃。先臣追袭，大破之，以奇功转武功郎。

【注释】

①爇：烧。

【译文】

秋季七月，跟随闾勍保护皇陵。八月初三，与金人大战于汜水关。虏人中有一名骑将往来疾奔猛冲，先祖父跃马左射，骑将应弦倒毙。虏军大乱，官军乘势奋击，大破敌军。又征召先祖父留军于竹芦渡，与虏人相持。先祖父军粮将尽时，秘密挑选了三百名精锐，埋伏在前山下，令他们各以柴薪之类两两交缚，于四端点火，半夜举起。虏人怀疑是先祖父的援兵到了，惊慌奔溃。先祖父率军追袭，大破敌军，先祖父以奇功转武功郎。

建炎三年，己酉岁，年二十七。

大战京师，破王善等五十万。转武经大夫。擒杜叔五、孙海。转武略大夫，借英州刺史。解陈州围，擒孙胜、孙清。转武德大夫，授真刺史。说杜充勿弃京师。战铁路步。战盘城。擒冯进。谏杜充。战马家渡。战钟山。战广德，擒王权等。战溧阳，擒渤海太师李撒八。

【译文】

大战京师（开封），破王善等五十万军。升为武经大夫。擒获杜叔五、孙海。升武略大夫，借补为英州刺史。解除陈州之围，擒获孙胜、孙清。升武德大夫，真命除授为刺史。劝说杜充不要放弃京师。作战于铁路步。作战于盘城。擒获冯进。向杜充进谏。作战于马家渡。作战于钟山。作战于广德，擒获王权等。作战于溧阳，擒获渤海人太师李撒八。

正月，贼首王善、曹成、张用、董彦政、孔彦舟率众五十万，薄南薰门外，鼓声震地。充拊先臣曰："京师存亡，在此举也！"时先臣所部才八百人，众皆惧不敌，先臣谓曰："贼虽多，不整也，吾为诸君破之！"左挟弓矢，右运铁矛，领数骑横冲其军，贼军果乱。后骑皆死战，自午及申，贼众大败。转武经大夫。杜叔五、孙海等围东明县，先臣与战，擒之。转武略大夫，借英州刺史。

【译文】

春季正月，贼首王善、曹成、张用、董彦政、孔彦舟率众五十万，逼近京师（开封）南薰门外，鼓声震天动地。杜充安抚先祖父说："京师存亡，在此一举！"那时先祖父所部才八百人，众人都惧怕不敌，先祖父对他们说："贼人虽多，队伍并不整齐，我来为诸君破之！"他左挟弓矢，右运铁矛，领着数骑横冲对方的队伍，贼军果然乱了队形。紧随其后的人马都拼命死战，战斗自午时（上午11时正至下午1时正）持续到申时（下午3时正至下午5时正），贼众大败。先祖父升为武经大夫。杜叔

五、孙海等包围东明县，先祖父与他们作战，擒获了他们。升为武略大夫，借补英州刺史。

二月，王善围陈州，恣兵出掠。充檄先臣，从都统制陈淬合击之。先臣先命偏将岳亨，以游骑绝其剽掠之路，获其饷卒、牛、驴。善兵不敢复出，势益沮。二十一日，战于清河，大败之，擒其将孙胜、孙清等以归，所降将卒甚众。转武德大夫，授真刺史。

【译文】

二月，王善围攻陈州，放纵属下士兵四处劫掠。杜充征召先祖父，跟随都统制陈淬合击王善。先祖父命偏将岳亨，以游骑拦截他们的劫掠之路，俘获他们运粮的兵卒、牛、驴。王善的士兵不敢再出来，气势越发低沉。二十一日，与王善战于清河，大败之，擒获其将领孙胜、孙清等，投降的将卒甚多。先祖父升为武德大夫，真命除授刺史。

夏四月，又檄从淬合击善众。六月二十日，先臣次崔桥镇西，又遇善军迎敌，败之。单骑与岳亨深入，执馘，乃还。

【译文】

夏季四月，又接受征召跟随陈淬合击王善大军。六月二十日，先祖父到了崔桥镇西，又遇到王善军，迎战，打败贼军。先祖父单枪匹马与岳亨深入，割敌耳乃还。

杜充弃京师，之建康。先臣说之曰：“中原之地尺寸不可弃，况社稷、宗庙在京师，陵寝在河南，尤非他地比。留守以重兵硕望，且不守此，他人奈何？今留守一举足，此地皆非我有矣。他日欲复取之，非捐数十万之众，不可得也。留守盍重图之。”充不听，遂从之建康。

【译文】

杜充放弃京师（今开封），打算前往建康府（今江苏南京）。先祖父劝说他：“中原的土地一寸都不可放弃，况且社稷、宗庙在京师，皇家陵寝在河南，尤非其他地方可比。留守您持重兵，得众望，您都不守此地，他人就更没有指望了。留守如今若抬足离去，这个地区就不再是我们国家的了。他日若欲取回，不牺牲十万之众怕是不行的。留守何不三思？”杜充不听，先祖父只得跟他去了建康。

师次铁路步，与贼首张用战，败之。至六合，檄讨李成，破之于盘城，成又退保滁州。充命王瓔讨之，瓔提兵瓦梁路，徘徊不进。其辎重在长芦，成遣轻骑五百袭夺之，不获。掠寺僧、百姓百余人，劫取宪臣裴濞犒军银、绢。先臣方渡宣化镇，闻之，急进兵掩击。贼兵尽殪，得其枭将冯进，还所掠人于长芦。成奔江西，瓔竟不至滁而返。

【译文】

大军到了铁路步这个地方，与贼首张用战斗，获胜。到了六合，有命令讨伐李成，在盘城打败了他，李成又退保滁州。杜充命王瓔去讨伐，王瓔领兵到了瓦梁路就徘徊不前了。王瓔的补给器械都留在了长芦（今属江苏省南京市），李成派遣五百轻骑偷袭，没有得手。掠走了寺僧、百姓百余人，劫走提点刑狱裴濞送来犒军的银和绢。先祖父才渡江抵达宣化镇，听闻此事，立即进兵掩击。贼兵尽被剿灭，活捉猛将冯进，被贼兵掠走的僧人百姓也放回了长芦。李成逃奔江西，王瓔竟然没到滁州就折返了。

冬十一月，金人大举兵，与李成共寇乌江县。充闭门不出，诸将屡请，不答。先臣叩寝阁，谏之曰："勍虏大敌，近在淮南，睥睨长江，包藏不浅。卧薪之势，莫甚于此时，而相公乃终日宴居，不省兵事。万一敌人窥吾之怠，而举兵乘之，相公既不躬其事，能保诸将之用命乎？诸将既不用命，金陵失守，相公能复高枕于此乎？虽飞以孤军效命，亦无补于国家矣！"因流涕被面，固请出视师。充漫应曰："来日当至江浒。"竟不出。

【译文】

冬季十一月，金兵大举进犯，与李成共犯乌江县。杜充闭门不战，诸将多次请求，杜充都不答应。先祖父叩其寝阁之门，劝谏说："大敌已逼近淮南，正觊觎长江，包藏不浅。若说卧薪尝胆、为国复仇，没有比此时更恰当的时机了，而您却终日闲居，不问军务。万一敌人察知我军的漏洞，举兵乘虚而进，您都不亲自过问，能保证诸将拼命御敌吗？诸将既然不用力作战，金陵失守，您还能高枕无忧吗？就算我孤军奋战，也无补于国家啊！"于是流涕满面，坚持请求杜充出外视察军队。杜充随便答道："明天我一定到江边看看。"到底没出门。

十八日，虏由马家渡渡江，充始遣先臣等十七人，领兵二万，从都统制陈淬与虏敌。战方酣，大将王𤫉以数万众先遁，诸将皆溃去。独先臣力战，会暮，后援不至，辎重悉为溃将引还，士卒乏食，乃全军夜屯钟山。迟明，复出战，斩首以数千百计。

【译文】

十八日，金虏由马家渡渡过了长江，杜充才派先祖父等十七人，领兵二万，跟随都统制陈淬与虏人交战。战斗正激烈时，大将王瓔带领着数万人先自逃走了，诸将于是纷纷溃退。只有先祖父力战不止，直到日暮，后援不至，物资器械又都被诸将带走了，士卒乏粮少食，于是全军夜屯钟山。等到天快亮时，再次出战，杀死敌军数千百计。

诸将恟恟欲叛，戚方首亡为盗，先臣麾下亦有从之者。先臣洒血厉众曰："我辈荷国厚恩，当以忠义报国，立功名，书竹帛，死且不朽。若降而为虏，溃而为盗，偷生苟活，身死名灭，岂计之得耶！建康，江左形胜之地，使胡虏盗据，何以立国！今日之事，有死无二，辄出此门者斩！"音容慷慨，士为感泣，不敢有异志。又招余将曰："凡不为红头巾者，随我！"于是傅庆、刘经以军从。

【译文】

诸将纷乱嘈杂，想要叛逃，一个叫戚方的人首先逃走，落草为寇，先祖父属下也有人要跟去。先祖父洒血激励众人："我辈都深受国家厚恩，应当以忠义报国，建立功业，留名青史，死且不朽。若投降成为虏人，溃逃沦为盗贼，偷生苟活，身死名灭，岂是你们当初的设想！建康，是江东的地理要害，一旦为金虏盗据，何以立国！今日之事，有死无二，敢出此门者斩！"他音容慷慨，士兵们为之感动落泪，不敢有叛国的想法。先祖父又招来其他将领说："凡不想叛国为盗的，跟着我！"于是傅庆、刘经带着自己的部伍跟随了他。

充竟以金陵府库与其家渡江，降虏。余兵皆西北人，素慕先臣恩信，有密白先臣，愿请为主帅而俱叛北者，先臣阳许之。有顷，其部曲首领各以行伍之籍来。先臣按籍呼之曰："以尔等之众且强，为朝廷立奇功，取中原，身受上赏，乃还故乡，岂非荣耶！必能湔涤旧念，乃可相附，其或不听，宁先杀我，我决不能从汝曹叛！"众皆幡然，懽呼曰："惟统制命！"遂尽纳之。

【译文】

杜充竟然裹了金陵府库的财物，带着家人北渡长江，投降了金人。余下的士兵都是西北人，素来仰慕先祖父恩信，有人秘密告白先祖父，愿意奉他为主帅，一起叛逃降金，先祖父假装答应。过一会，这些部伍的首领各自带来了兵籍。先祖父查验兵籍，大声说道："你们人数众多，能力强大，若能为朝廷建立奇功，夺回中原，身受上赏，衣锦还乡，岂不光荣！我想你们必能抛弃原先的想法，我才能与你们相互扶持，如若不听，宁可先杀了我，我决不能跟随你们叛国！"众人幡然醒悟，欢呼道："唯听命于统制！"先祖父于是将他们纳入自己的部伍。

兀术趋临安府，先臣领所部邀击之，至广德境中，六战皆捷，斩首一千二百一十六级，擒女真、汉儿王权等二十四人。俘诸路剃头签军[①]首领四十八人，察其可用者，结以恩信，遣还虏中。令夜斫营，烧毁七梢、九梢炮车，及随军辎重、器仗。乘其乱，纵兵交击，大败之，俘杀甚众。

【注释】

①签军：金朝初年伐宋时，已征集原辽朝统治区的大批"汉儿"当兵；"签军"则是指被调发的居住在中原的"南人"，汉人签军在金军中地位最为低贱，充当苦力。

【译文】

兀术向临安府快速移动，先祖父率部截击，在广德境内，六战皆捷，斩首一千二百一十六级，擒获女真、汉儿王权等二十四人。俘获各路剃头签军首领四十八人，考察其能力可用者，以恩信结纳，秘密遣返回金军中。让他们趁夜偷袭敌人营垒，烧毁七梢、九梢炮车，及随军物资、器械。乘敌军混乱之际，纵兵交击，大败敌军，俘获杀死甚众。

驻于广德之钟村，是时粮食罄匮，先臣资粮于敌[①]，且发家赀以助之，与士卒最下者同食。将士常有饥色，独畏先臣纪律，不敢扰民，市井鬻贩如常时。虏之签军涉其地者，皆相谓曰："岳爷爷军也！"争来降附，前后计万余人。

【注释】

①资粮于敌：意思是从敌人那里获取补给。同"因粮于敌"，出自《孙子兵法·作战第二》："善用兵者，役不再籍，粮不三载，取用于国，因粮于敌，故军食可足也。"

【译文】

驻军在广德钟村，那时粮食几近断绝，先祖父一面打野战获取补给，一面散家财以助众人，与士兵中级别最低的人一同进餐。将士们虽然面有饥色，唯独畏惧先祖父制定的纪律，不敢扰民，因此市井生意一如往常。金军中的签军有经过的，都相互传颂："这是岳爷爷的军队啊！"争相前来降附，前后有万余人。

虏侵溧阳县。先臣遣刘经将千人，夜半驰至县，击之。杀获五百余人，生擒女真、汉儿军，伪同知溧阳县事、渤海太师李撒八等，一十二人，及千户留哥。

【译文】

金兵入侵溧阳县。先祖父派遣刘经带领千人，夜半前去袭击县城。杀死、俘获敌军五百余人，生擒女真、汉儿军，伪同知溧阳县事、渤海太师李撒八等一十二人，及千户留哥。

卷第五

经进鄂王行实编年卷之二

建炎四年，庚戌岁，年二十八。

破群贼。战常州，擒少主孛堇、李渭。复建康府。献俘行在，赐袍、枪、铠、带、鞍、马。平戚方。转武功大夫、昌州防御使，除通、泰州镇抚使。战承州，擒高太保、阿主里孛堇等。赐金注椀、盏。战北炭村。战柴墟镇。战南霸塘。

春正月，金人攻常州，守臣周杞遣属官赵九龄来迎，先臣欣然从之。且欲据城坚守，扼虏人归路，以立奇功。会城陷，未及行。

【译文】

先祖父破群贼。作战常州，擒少主孛堇、李渭。收复建康府。献俘于行在，圣上赐袍、枪、铠、带、鞍、马。先祖父平定戚方。升迁为武功大夫、昌州防御使，授予通、泰州镇抚使。作战承州，擒敌将高太保、阿主里孛堇等人。圣上赏赐先祖父金注椀、盏。作战北炭村。作战柴墟镇。作战南霸塘。

春正月，金人攻打常州，常州守臣周杞派遣属官赵九龄前去请先祖父抵御金人，先祖父欣然同意。而且要坚守城池，扼制住虏人返回之路，以便立下奇功。但此时常州城已经被金人攻陷，先祖父还未来得及成行。

郭吉在宜兴，扰掠吏民。令、佐闻先臣威名，同奉书以迎，且谓邑之粮糗，可给万军十岁。先臣得书，遂赴宜兴。甫及境，吉已载百余舟，逃入湖矣。先臣即遣部将王贵、傅庆将二千人追之，大破其众，驱其人、船、辎重以还。时又有群盗马皋、林聚等精锐数千，先臣遣辩士说之，尽降其众。有号张威武者不从，先臣单骑入其营，手擒出，斩之，收其军。

【译文】

郭吉在宜兴，骚扰并抢掠当地的官吏与百姓。县令和僚佐听闻先祖父的威名，奉上文书相请，且言城中有粮食，可以供给上万军士吃十年。先祖父得到书信后，就去了宜兴。刚入宜兴境内，郭吉已率百余艘船只，逃入湖中。先祖父立即派遣部将王贵、傅庆两人率二千名军士前去追击，结果大破敌众，俘获其人、船只，以及辎重物品。此时又有群盗马皋、林聚等精锐部队数千人，先祖父派遣辩士前去游说，招降了他们。只有张威武不服，先祖父单人独骑闯入敌营，亲手擒获，斩杀，并收编其军队。

常之官吏、士民弃其产业趋宜兴者万余家。邑人德之，各图其像，与老稚晨夕瞻仰，如奉定省，曰："父母之生我也易，公之保我也难。"又相帅即周将军庙，辟一堂祠之，邑令钱谌为之记。

【译文】

在常州的官吏、士民上万余家纷纷舍弃自己的产业与家园来到宜兴。城内的百姓感念先祖父的恩德，都绘制其画像悬挂于家中，不论老幼皆晨昏瞻仰，如奉定省，言："父母之生我也易，公之保我也难。”城中的百姓相继来到周将军庙，另辟出一间祠堂供奉先祖父，知县钱谌特写生祠叙以记之。

夏四月，金人再犯常州。先臣邀击，四战皆捷，拥溺河死者不可数计，擒女真万户少主孛堇、汉儿李渭等十一人。复尾袭之于镇江之东，战屡胜。

【译文】

夏四月，金人再次进犯常州。先祖父出兵截击，四战四捷，掩杀落入河中的敌兵不计其数，并且活捉了女真人的万夫长少主孛堇、汉儿李渭等十一人。又一直尾随追击金人到镇江府的东部，皆屡战屡胜。

诏令就复建康，乃亲将而往。二十五日，战于清水亭，金人大败，僵尸十五余里，斩耳带金、银环者一百七十五级，擒女真、渤海、汉儿军四十五人，获其马甲一百九十三副，弓、箭、刀、旗、金、鼓三千五百一十七事。

【译文】

先祖父接到诏令去建康，于是亲自率领将士前往。二十五日，作战于清水亭，金人大败，横尸十五余里，斩耳戴金、银环的女真人首级一百七十五个，擒女真人、渤海人、汉儿军四十五人，缴获马甲一百九十三副，弓、箭、刀、旗、金、鼓等器械三千五百一十七件。

五月，兀术复趋建康。先臣设伏于牛头山上，待之夜，令百人衣黑衣，混虏中，扰其营。虏人惊，自相攻击。徐觉有异，益逻卒于营外伺望。先臣复潜令壮士衔枚于其侧，伺其往来，尽擒之。初十日，兀术次于龙湾，要索城中金、银、缣帛、骡、马及北方人。先臣以骑卒三百、步卒二千人，自牛头山驰下，至南门新城设寨。遂战，大破兀术。凡其所要获负而登舟者，尽以戈殪其人于水，物填委于岸者山积。斩秃发垂环者三千余级，僵尸十余里，降其卒千余人，万户、千户二十余人，得马三百匹，铠、仗、旗、鼓以数万计，牛、驴、辎重甚众。兀术遂奔淮西。先臣乃入城，抚定居民，俾各安业，虏无一骑留者。

【译文】

五月，兀术又赴建康。先祖父设计埋伏于牛头山上，等待夜幕降临时，命令百余人身着黑色衣服，混迹于虏人之中，扰乱他的大营。虏人大惊，开始自相攻击。良久才发现情况异常，于是增加巡逻的士兵在营外窥探张望。先祖父又暗中派遣士卒口中衔枚隐藏在附近，等他们到来，尽数擒获。初十，兀术移驻于龙湾，搜刮索取城中的金、银、缣帛、骡、马以及北方人。先祖父亲自率领骑兵三百人、步兵二千人，自牛头山上飞驰而下，在南门的新城设下营寨。与之再战，大败兀术。凡是有抢获财物要登舟的金人，都用戈刺杀于水中，物品纵横委弃聚积在岸上，堆积如山。斩首头上无蓄发耳朵上带着耳环者三千余人，浮尸十余里地，收降的士卒有千余人，万户、千户二十余人，捕获到的马匹三百匹，铠甲、仗、旗、鼓数以万计，牛、驴、辎重也甚多。兀术只得逃往淮西。先祖父进驻建康城，安抚居民，使百姓们安居乐业，虏人没有一人一骑能存留下来的。

六月，献俘行在所，上询所俘，得二圣[①]音问，感恸久之。先臣奏曰："建康为国家形势要害之地，宜选兵固守。比张俊欲使臣守鄱阳，备虏人之扰江东、西者。臣以为贼若渡江，必先二浙，江东、西地僻，亦恐重兵断其归路，非所向也。臣乞益兵守淮，拱护腹心。”上嘉纳之，赐铁铠五十副、金带、鞍、马、镀金枪、百花袍，褒嘉数四。

【注释】

①二圣：即宋徽宗、宋钦宗。

【译文】

六月，先祖父亲自押解掳获的战俘到行在，圣上亲自询问战俘情况，得到二圣的消息，感怀伤恸了许久。先祖父上奏言：“建康为国家形势要冲之地，应当挑选精兵坚守。本来张俊想让臣驻守鄱阳，以防备虏人侵扰江东、江西。臣以为贼人如若渡江，必定先攻打两浙，江东、江西地处偏僻，贼人唯恐重兵截断其归路，所以那里不会是敌人进攻的方向。臣乞请增加兵力守卫淮地，拱卫中央。”圣上对先祖父的看法表示赞许并予以采纳，赏赐先祖父铁铠五十副、金带、鞍、马、镀金枪、百花袍等，褒赏嘉奖数次。

初，叛将戚方掠扈成军老稚以归。成责之，方阳谢，约成盟，还所掠。成不悟而往，方伏壮士杀之，并屠其家。成死，其部曲相率归于先臣。广德守臣亦奉书，以方之难来告。会有诏，命先臣讨之。先臣以三千人行，寨于苦岭。方时发兵断官桥以自固，先臣射矢桥柱，方得矢，大惊，遂遁。先臣命傅庆等追之，不获。俄益兵来，先臣自领千人出，凡十数合，皆胜，方复遁。先臣穷追不已，方生路垂绝，知必为先臣所诛，会张俊来会师，方乃间道降俊。

【译文】

当初，叛将戚方掠夺扈成的军队老幼归于己有。扈成前去责问，戚方假意道歉，并与扈成约定，要归还其所掠夺之物。扈成并没有觉查其假意而前往，戚方令伏兵将扈成杀死，并且杀害了他的全家。扈成死后，他的部下先后投奔先祖父。镇守广德的地方官寄了书信来，告诉先祖父戚方在广德作恶。恰逢此时诏书也到了，命令先祖父讨伐戚方，先祖父率领三千人直下广德，安营扎寨于苦岭。戚方此时正命令士兵拆断官桥用于阻拦先祖父，以为这样便可以自固坚守，先祖父将箭射到桥柱上，戚方看到这支箭后大惊，急忙逃遁。先祖父命令部将傅庆等人追击，但未能擒获戚方。不久戚方又增兵进行反扑，先祖父亲统千人出战，十数个回合下来，先祖父皆胜，戚方复又逃遁。先祖父穷追不舍，戚方知道自己走投无路，必会为先祖父所诛杀，此时正逢张俊的大军赶到此地与先祖父会师，戚方于是走小路到张俊处投降。

俊为先臣置酒，令方出拜，方号泣请命，俊力为恳免。先臣谓俊曰："招讨有命，飞固当禀从。然飞与方同在建康，方遽叛去，固尝遣人以逆顺喻之，不听。屠掠生灵，骚动郡县，又诱杀扈成而屠其家，且拒命不降，比诸凶为甚，此安可贳。"俊再三请，先臣呼方，谓之曰："招讨既赦汝一死，宜思有以报国家。"方再拜谢，立于左。当广德之战也，先臣身先士卒，方以手弩射先臣，中鞍。先臣纳矢于箙[①]，曰："他日擒此贼，必令折之以就戮。"至是取矢畀方，方寸折惟谨。先臣与俊皆大笑，方流汗股慄，不敢仰视。于是胡虏、盗贼之在近境者，或杀或降。

【注释】

①箙：用竹、木或兽皮做成的盛箭的器具。

【译文】

张俊设宴款待先祖父，命令戚方出来拜见，戚方大哭请求饶命，张俊极力为其恳求勉罪。先祖父对张俊言："招讨有命令，飞固然要听从的。然而飞与戚方同在建康时，戚方突然叛逃而去，我曾特意遣人告诉他逆顺的道理，他又不听从。且涂炭生灵，骚扰附近的郡县，诱杀扈成，并杀其全家，且抗拒命令坚决不投降，比之其他人更为凶狠，这样的人怎可赦免？"张俊再三劝解，先祖父唤来戚方，对他说："招讨既然赦你一死，你应该思忖以图报效国家。"戚方再次拜谢，立在一旁。在广德之战中，先祖父身先士卒，戚方曾以手弩射杀先祖父，结果只射中了马鞍。先祖父将箭放入箭箙，说："他日擒到此贼，必定要他亲自折断此箭再受戮。"这次先祖父将箭取出还给戚方，戚方恭谨地将箭寸寸折断。先祖父与张俊皆大笑一场，戚方吓得汗流浃背，两腿颤抖，不敢抬头。如此，在附近或是境内的胡虏和盗贼，或是被杀或是被招降。

时有删定官邵纬者，上书庙堂，言先臣"骁武沈毅，而恂恂如诸生。顷起义河北，尝以数十骑乘险据要，却胡虏万人之军。又尝于京城南薰门外，以八、九百人破王善、张用五十万之众，威震夷夏。而身与下卒同食，民间秋毫无扰。且虑金人留军江南，牵制官军，大为东南之患；则奋不顾身，克复建康，为国家夺取形势咽喉之地，使逆虏扫地而去，无一骑留者。江、浙平定，其谁之力？"历数功效，无虑数千言。庙堂以其书奏，上于是有意超擢。

【译文】

此时有删定官邵纬，上书朝廷，言及先祖父："骁武沉毅，却举止恭谨如儒生。不久前仗义起兵于河北，曾以数十骑人马乘据要冲，抵御胡虏万人之众。又曾于京城南薰门外，仅以八九百人破王善、张用五十万人之众，威名远震于华夏四夷。平日与士卒吃同样的食物，对百姓更是秋毫无犯从不骚扰。金人留军驻守江南，牵制官军，为东南之大患，岳飞不顾个人安危，收复建康，为国家夺取地形最为重要的咽喉要冲，使得逆虏仓惶而逃，没有留下一兵一骑。江、浙平定了，这是谁的功劳呢？”历历细数先祖父的功劳，大抵有几千字。朝廷因为收到他写的奏折，于是圣上有意越级提升先祖父。

秋七月，宰臣范宗尹奏事，因言：“张俊自浙西来，盛称岳飞可用。”上曰：“飞乃杜充爱将。充于事君，失臣子之节；而能用飞，有知人之明，犹可喜也。”迁武功大夫、昌州防御使、通、泰州镇抚使、兼知泰州。

【译文】

秋七月，宰相范宗尹上奏言事，于是说：“张俊自浙西来，盛赞岳飞是可用之才。”圣上言：“岳飞乃是杜充的爱将。杜充在事君方面，有失臣子的礼节；但能起用岳飞，则有知人善任的明察，是犹为可喜的。”升迁先祖父为武功大夫、昌州防御使、通、泰州镇抚使、兼知泰州。

先臣以公牍申省，辞通、泰之命，愿以母、妻并二子为质，乞淮南东路①一重难任使。招集兵马，掩杀金贼，收复本路州郡。乘伺机会，迆逦渐进，使山东、河北、河东②、京畿等路次第而复。庶几得快平生之志，尽臣子之节。报闻③。

【注释】

①淮南东路：宋代实行路、州府军监、县三级地方行政管理

制度。南宋版图缩小，建炎初减为十九路。绍兴后，全国分为十六路。淮南东路首府治扬州。大致包括今天的江苏省中部，安徽省的中东部。

②河东：古代地区名。黄河流经陕西、山西两省，自北而南的一段之东部，指今山西省。秦汉时置河东郡，唐初时置河东道，开元间又置河东节度使，宋时置河东路。

③报闻：封建时代，天子批答臣下奏章时，书一“闻”字，谓之报闻。意谓所奏之事已知。作名词时，泛指天子批答。

【译文】

先祖父写公牍申尚书省，要辞去通州、泰州镇抚使之命，愿意以母亲、妻子及两个儿子为人质，请求到淮南东路择一重要艰险之地任职，以便招集兵马，掩杀金贼，收复本路的州郡。等待时机，逐步推进，渐次收复山东、河北、河东、京畿等路的故地。从而使自己平生之志得以施展，以尽臣子报圣上之节。圣上闻知。

八月，金人攻楚州急。签书枢密院赵鼎遣张俊援之，命先臣隶俊节制。俊辞曰：“虏之兵不可当也。赵立孤垒，危在旦夕。若以兵委之，譬徒手搏虎，并亡无益。”鼎再三辨，俊亦再三辞。鼎奏上曰：“若俊惮行，臣愿与之偕。”俊复力辞。乃诏先臣率兵腹背掩击，令刘光世遣兵，而以先臣改隶光世节制。上数令人促光世亲率兵渡江，光世将行，幕下或止之，遂已。上闻之，乃顾鼎曰：“移文不足以尽意，卿可作书与光世，详言之。”鼎遂移书光世，又不行。

【译文】

八月，金人攻打楚州，楚州告急。签书枢密院赵鼎派张俊前去增援，命先祖父隶属张俊节制。张俊推辞说：“虏人的兵将锐不可当。赵立孤垒，危在旦夕。就算拼着折损全部兵力，如同徒手搏虎一样，大家一起送死，无一点益处。”赵鼎再三辨析义理，张俊亦再三推辞。赵鼎最后上奏圣上言：“若张俊畏惧此行，我愿意与他同往。”张俊又力辞。圣上只得下诏令先祖父率兵前后夹击，命令刘光世派兵，而命先祖父改为受刘光世节制。圣上数次令人督促刘光世亲自率兵渡江，刘光世正要启行，有幕僚上前阻止他，便又作罢。圣上闻听，又对赵鼎言：“之前的公文没有尽意表述，你可再写信与光世，对他详加说明。”赵鼎再次手书公文与刘光世，刘光世仍没有行动。

是时，朝廷虽已诏先臣，而先臣方自行在归宜兴，尽提所部赴镇，元未之知也。十九日，先臣发宜兴。二十三日，军至江阴，俟舟未济。先臣闻警，轻骑而先，二十六日入泰州。未视篆，籍郡中敢死士及部押使臣、效用，责其从军愿否状。尽收其马，置之教场，集射于其中，中的多者，得自择一马。讫射，得百人，以赐甲五十副并作院甲五十副予之，分为四队，常置左右。

【译文】

那时，虽然朝廷已经下诏给先祖父，而先祖父还在从行在回宜兴的路上，率领所属部队赴镇，并不知道朝廷已下达诏书。十九日，先祖父从宜兴出发。二十三日，大军到达江阴，等候船只过河。先祖父听到紧急情况，自领轻骑先行渡江，二十六日进入泰州。未及查看官印治所，先祖父就先点检泰州兵籍中的敢死士、使臣、效用，督责他们填写从军愿否状。然后把他们所有的马匹集中到教场，比赛射技，优胜者可以自择一匹战马。射箭完毕，先祖父精选了一百名优胜者，赐予铠甲五十副并院甲五十副，分为四队，让他们作为自己的亲兵，常置左右，以示对本地军队的信任。

九月初二日，入治所。初三日，复出屯。初九日，军既毕济，即日引兵屯三（光宗皇帝嫌讳），为楚声援。二十日，遂抵承州。转战弥月，三战皆大捷。杀其大酋高太保，擒女真、契丹、渤海、汉儿军等，又俘阿主里孛堇及里真、阿主黑、白打里、蒲速里酋长七十余人，送行在。上赐札曰："卿节义忠勇，无愧古人。所至不扰，民不知有兵也；所向必克，寇始畏其威也。朕甚嘉焉。今方国步艰难，非卿等数辈，朕孰与图复中土耶！赐卿金注椀一副、盏十双，聊以示永怀也。"

【译文】

九月初二，先祖父进入官署。初三，复又出来进入兵营。初九，大军都已渡江完毕，即日起率军队屯驻在三墩，为楚州声援。二十日，抵达承州。转战一个月，三战皆大获全胜。杀其大酋长高太保，擒女真、契丹、渤海、汉儿军等，又俘获阿主里孛堇及里真、阿主黑、白打里、蒲速里酋长七十余人，押送到行在。圣上赐下御札言："卿节义忠勇，无愧古人。所到之处，兵不扰民；所向之处攻无不克，使敌人畏惧其威名。朕非常赞赏。现在国运艰难，如果不是卿等几人，朕倚仗谁去收复中原故土呢？特赏赐卿金注椀一副、盏十双，姑且表达朕对卿的思念。"

金人既陷承、楚，诏光世措置保守通、泰。时先臣在承州，泰州盗起，王昭寇城东，张荣寇城北。于是先臣得还守通、泰之命，乃旋师。自北炭村至柴墟，屡战，皆大捷，死者相枕藉。谍报金人并兵二十万，将取通、泰，俄已破张荣茭城。光世复违诏，不遣援兵，先臣以闻。

【译文】

金人已然攻陷了承州、楚州，诏刘光世部署保护守卫通州、泰州。此时先祖父在承州，泰州出现盗寇，盗寇王昭的军队出没于城东，盗寇张荣的军队出没于城北。于是先祖父接到了退守通州和泰州的指令，所以指挥军队撤退。军队在回师的途中，自北炭村至柴墟镇，屡次与金兵接战，皆是大捷，金兵伤亡甚众，尸横道路。有刺探报金人合并兵力二十万，要攻取通州、泰州两地，很快就攻破了张荣用茭草与泥土堆砌的城池。刘光世再次违抗诏令，不派援军，先祖父得到消息。

冬十一月，有旨："泰州可战即战，可守即守；如其不可，且于近便沙洲保护百姓，伺便掩击。"先臣顾虏势盛，泰无可恃之险，初三日，全军保柴墟，战于南霸塘。金人大败，拥入河流者不可胜计。相持累日，而泰州为镇抚使分地，不从朝廷应副，粮饷乏绝，刲虏尸以继廪。初五日，乃下令渡百姓于阴沙[①]。先臣以精骑二百殿，金人望之，不敢逼，遂屯江阴。

【注释】

①阴沙：据王曾瑜《岳飞和南宋前期政治与军事研究》2002年，《三朝北盟会编》卷一四三，《建炎以来系年要录》卷三九和《宋史》卷二六载，岳飞"弃城"，"率众渡江，屯江阴军沙上"。"阴沙"疑为"江阴沙上"之误。

【译文】

冬十一月，有圣旨："泰州能战则战，能守则守；如果不能，且于附近便利的江岸沙洲保护百姓，等待时机再去掩击。”先祖父考虑虏人兵势强盛，泰州没有可以依恃的险要，初三日，率军退保柴墟镇，在南霸塘与金人展开激战。金人大败，落入河中毙命的敌人不计其数。这样相持数日，泰州是镇抚使的分地，不在朝廷供给钱粮的范围，先祖父军中粮食断绝，只能割敌尸充饥。初五日，先祖父下令带领百姓渡江到江阴沙上。他自带二百名精骑断后，金人望其项后，却不敢逼近，先祖父于是屯兵于江阴。

时巨贼李成，自号李天王，乘金人残乱之余，据江、淮十余州，连兵三十万，有席卷东南之意，遣其将马进犯洪州。十二月，上命张俊为江、淮招讨使。

【译文】

那时有巨贼李成，自号李天王，乘金人残杀混乱之时，占据江、淮十余个州县，集结兵力三十万，大有席卷东南之势，派遣其将官马进侵犯洪州。十二月，圣上命张俊为江、淮招讨使。

绍兴元年，辛亥岁，年二十九。

讨李成。战生米渡。战筠州城东。战朱家山，斩赵万等。战楼子庄。杀马进、孙建，降其众。降张用及一丈青。充神武副军统制。转亲卫大夫、建州观察使。擒饶青、姚达。升神武副军都统制。

【译文】

讨伐李成。作战生米渡。作战筠州城东。作战朱家山时，斩杀敌将赵万等人。作战楼子庄。杀敌将马进、孙建，招降其军队。收降张用及一丈青。任神武副军统制。升亲卫大夫、建州观察使。擒饶青、姚达。升迁至神武副军都统制。

春正月，俊入辞，盛言李成之众，上曰："成兵虽众，不足畏。"因谕俊，以为"今日诸将独汝无功"。俊遽曰："臣何为无功？"上笑曰："如韩世忠擒苗傅、刘正彦，卿殆不如也。"俊恐悚，承命而退。退而畏缩，自度必不可胜，思诸将惟先臣为谋勇，乃请以先臣军同讨贼，诏许之。

【译文】

春正月，张俊入朝向圣上辞行，极力申说李成兵众势盛，圣上言："李成的兵虽然多，但不足以畏惧。"并且告谕张俊，认为"现任的诸大将中唯独你没有功劳"。张俊惶恐地问："臣为何没有功劳呢？"圣上笑答："如韩世忠有擒苗傅、刘正彦之功，卿尚不如他。"张俊惶恐惊悚，领命而退。退下后仍然畏缩，自己思忖必然胜不了李成，思量在诸将中只有先祖父有勇有谋，故请先祖父率军共同讨贼，圣上下诏应允。

二月，先臣至鄱阳，与俊合兵。三月初三日，次洪州。贼连营西山，王师不得渡，诸将莫当其锋。俊大惧，召先臣问曰："俊与李成前后数战，皆失利，君其为我计之。"先臣对曰："甚易也，贼贪而不虑后，若以骑兵三千，自上流生米渡出其不意，破之必矣。飞虽不才，愿为先锋以行。"俊大喜，从之。

【译文】

二月，先祖父至鄱阳，与张俊合兵一处。三月初三，军队到达洪州。贼人在西山扎下连营，官军不得渡江，也没有哪个大将敢当先锋的。张俊十分恐惧，召来先祖父问道："我与李成前后数次作战，皆失败，君可为我出一计谋。"先祖父回答说："其实很容易，贼人贪功冒进而不考虑后顾之忧，如果以骑兵三千人，自上流生米渡出其不意攻击，必然能打败贼军。我虽不才，但愿意为先锋。"张俊听后大喜，依从先祖父之计而行。

初九日，先臣身披重铠，先诸军跃马以济，众皆骇视，须臾，以次毕渡，观者以为神。乃潜出进军之右，先臣首突贼阵，所部从之，贼大败，降其卒五万。先臣追之二十五里，及河，渡土桥，才数十骑而桥坏，后骑莫能进。进引军五千，回攻先臣，先臣以一矢殪其先锋之将，麾骑突前，进军望风皆曳兵，又大败。俊呼壕寨吏治桥，后骑亦至，进遂走筠州。

【译文】

初九，先祖父身披重铠，率先跃马涉水而渡，众人皆骇然，少时，大军依次过河，观看的人以为是神人。军队首先潜行至马进军队的右翼，先祖父第一个突击贼阵，所率军队紧跟其后，贼人大败，投降的士兵有五万人。先祖父追击二十五里，到了河边，渡过一土桥，才过了数十骑，桥便崩坍了，致使后边的骑兵不能前进。马进领军五千人，乘机回攻先祖父，先祖父以一箭射死敌人的先锋之将，指挥骑兵突前奋战，马进的军队望风而逃，又大败。张俊急派人修复好土桥，后面的骑兵赶了过来，马进只能逃回筠州。

先臣以军屯筠城东。十一日，贼复引兵出城布列，横亘十五里。先臣以红罗为帜，刺白"岳"字于上。平明，领所择马军二百人，建旗鼓而前。贼易其少，搏之，伏发，大败走。先臣使人呼曰："不从贼者，即坐，卸衣甲，当不汝杀！"贼应声坐者八万人，死者无数。择所获枪刀、衣甲、器仗之坚全者，束之，令降卒负挈随军；其敝者置于筠之州帑，分隶降军。三日乃毕。

【译文】

先祖父的军队屯兵于筠州城东。十一日，贼人又集结兵力出城排兵布列，绵延十五里。先祖父以红罗作旗帜，上面刺上白色的"岳"字。天明时分，先祖父率领挑选出来的二百名马军前去诱敌，树立旗帜击鼓前行。贼军见先祖父兵少，不以为意，上前搏击，不料遭到先祖父事先部署的伏兵袭击，大败而归。先祖父命人喊话说："不跟从贼人者，立即坐到地上，脱卸衣甲，则可不杀你们！"贼众应声而坐者有八万余人，死者不可计数。所缴获枪刀、衣甲、器仗完好无损的，捆扎起来，令投降的士兵随军背负而行，器械中衣甲有破损的就放置到筠州府库，再把降兵分派到各军中，用了三天才整理完毕。

进以余卒奔李成所，成时在南康之建昌。先臣夤夜引兵，衔枚至朱家山，偃兵伏帜，于茂林待之。进至，伏兵一鼓出林，贼众大败，杀获步兵五千人，斩其将赵万等。进引十余骑先走，仅以身免。

【译文】

马进率领残兵败将投奔李成处，李成此时在南康的建昌。先祖父连夜带领兵士，衔枚急行至朱家山，偃旗收帜，埋伏于茂密的林子之中等待，马进残兵一至，伏兵齐发，一鼓作气，贼人大败，杀获贼人步兵五千人，斩首敌将赵万等人。马进只剩下十余骑，仓皇亡命。

成怒，自引兵十余万来。先臣遇之于楼子庄，引军合战，大破成军，降其卒二万余人，获马二千匹。追之，由武宁至江州，道中杀及降凡三万人。

【译文】

李成大怒，亲自领兵十余万人前来。与先祖父在楼子庄相遇，先祖父率领军队与之会战，大破李成军队，招降其士卒二万余人，获得战马二千匹。继续追赶，由武宁追至江州，途中又杀敌及招降者有三万人。

成自独木渡趋蕲州。先臣以马军追之，渡步军于张家渡，以夹击之，杀马进、孙建及酋领甚众。成军昼夜骇走，不得休息，饥困死者十四、五。至蕲州，又降其卒万五千人，马二千余匹，所弃器仗、衣甲、金帛无数。成走降伪齐，江、淮以平。

【译文】

李成由独木渡到蕲州。先祖父以马军追击，步军在张家渡济度，共同夹击李成，杀死马进、孙建及贼首众多人。李成的军队不分昼夜仓皇逃走，因不得休息，饥饿疲惫而死者十之四五。先祖父到蕲州又招降其卒一万五千人，缴获战马二千余匹，贼人所丢弃的器仗、衣甲、金帛不可计数。李成逃走投奔伪齐，江、淮得以平定。

相州人张用勇力绝群，号张莽荡。其妻勇在用右，带甲上马，敌千人，自号一丈青。以兵五万寇江西，俊召先臣，语曰："非公无可遣者。"问用兵几何？先臣曰："以飞自行，此贼可徒手擒。"俊固以步兵三千益之。先臣至金牛，顿兵，遣一卒持书谕之曰："吾与汝同里人，忠以告汝，南薰门、铁路步之战，皆汝所悉也。今吾自将在此，汝欲战则出战，不欲战则降。降则国家录用，各受宠荣；不降则身陨锋镝，或系累归朝廷，虽悔不可及矣。"用与其妻得书，拜使者曰："果吾父也，敢不降[①]！"遂俱解甲，先臣受之以归。俊谓诸僚佐曰："岳观察之勇略，吾与汝曹俱不及也。"继又招降马进余党之溃者数万，先臣汰其老弱，得精兵万余人以归俊。俊奏功，先臣第一。

【注释】

①果吾父也，敢不降：《旧唐书·郭子仪传》中记载回纥将领见到郭子仪时"皆舍兵下马齐拜曰：'果吾父也。'"然后归降。此处同《旧唐书》所载皆表示敬服。

【译文】

相州人氏张用勇武超群，绰号叫张莽荡。其妻勇锐亦不在张用之下，她披甲上马，可以力敌千人，自号一丈青。拥兵五万流窜于江西境内，张俊召先祖父，说："除公之外，无可遣他人。"问需要多少人马，先祖父言："我自去即可，此贼可以徒手擒获。"张俊坚持拨给先祖父三千步兵。先祖父率兵至金牛，驻兵，派遣一人持书信带给张用，信中说："我与你是同乡，所以诚心地告诉你，南薰门之战、铁路步之战，都是你所熟悉的。今天我亲自带兵在此，你若想战则战，若不想战则投降。投降则朝廷录用，皆受恩宠荣耀；如果不降则会陨命于刀锋之下，或者被捆绑着送到朝廷，到那时即使后悔也来不及了。"张用与妻子得到书信，拜谢使者说："真是我（值得敬重）的父辈啊，我们怎敢不降！"于是各自解甲归附，先祖父接受了他们的归降。张俊对幕僚将佐说："岳观察使的勇锐与谋略，我和你们皆不如他。”继而又招降马进的溃散余党数万人，先祖父淘汰其老弱残兵，挑选精兵万余人归于张俊。张俊向朝廷奏功，先祖父功居第一。

秋七月，充神武副军统制，命权留洪州，弹压盗贼。

【译文】

秋七月，先祖父任神武副军统制，朝廷命他暂留洪州，弹压盗贼。

冬十月，授亲卫大夫、建州观察使。建寇范汝为陷邵武军。江西安抚大使李回檄先臣，分兵三千保建昌军，二千保抚州，以洪州邻抚州，建昌邻邵武也。先臣使以“岳”字帜植城门，且榜[①]于境曰：“贼入此者死！”游骑抄掠者望见，皆相戒以勿犯。村氓樵苏犹故，民不知有盗。

【注释】

①榜：文书名。公开张贴的手写或雕印的文告，系传播政令的媒介，也是推行政令的工具，具有行政约束效力。（据《宋代官制辞典》，第625页。）

【译文】

冬十月，授予先祖父亲卫大夫，建州观察使。建州贼寇范汝为攻陷邵武军。江西安抚大使李回以檄书要求先祖父分兵三千保卫建昌军，二千保抚州，因为洪州与抚州比邻，建昌比邻邵武。先祖父命人以“岳”字旗帜安插在城门上，且在境内张榜言：“贼寇入此者死！”贼寇巡逻抄掠的骑兵望见，皆互相告诫不可违犯。村民樵苏一如平时，百姓不知有盗贼。

十一月，姚达、饶青以万余人逼建昌。先臣使王万、徐庆将建昌之军讨之，擒青、达于四望山。

【译文】

十一月，姚达、饶青以一万余人直逼建昌。先祖父派遣王万、徐庆带领建昌本地的军队去讨伐，擒拿饶青、姚达于四望山。

十二月，升神武副军都统制。

【译文】

十二月，先祖父升为神武副军都统制。

绍兴二年，壬子岁，年三十。

赐甲。讨曹成。破太平场寨。战北藏岭、上梧关。战蓬岭，擒张全。分兵降寇。擒郝政。擒杨再兴。转中卫大夫、武安军承宣使。降郝通，逐马友。平刘忠余党。平李通。

【译文】

赐先祖父铠甲。讨伐曹成。攻破太平场寨。作战北藏岭、上梧关。作战蓬岭时擒获张全。分兵降寇。擒郝政。擒获杨再兴。升为中卫大夫、武安军承宣使。降伏郝通，驱逐马友。平定刘忠余党。平定李通。

春正月，诏以先臣治军整肃，勇于战斗，赐衣甲一千副。

【译文】

春正月，下诏因先祖父治军严律整肃，勇于作战，赐衣甲一千副。

曹成拥众十余万，由江西历湖湘，执安抚使向子諲，据道、贺州。二月，命先臣以本职权知潭州、兼荆湖东路安抚、都总管，且以韩京、吴锡军及广东、西洞丁、刀弩手、将兵、土军、弓手、民兵等，会先臣以捕成。又付金字牌[①]并黄旗十副，招降群盗。

【注释】

①金字牌：《梦溪笔谈》卷一一："驿传旧有三等，曰步递、马递、急脚递。急脚递最遽，日行四百里，唯军兴则用之。熙宁中，又有金字牌急脚递，如古之羽檄也。以木牌朱漆黄金字，光明眩目，过如飞电，望之者无不避路，日行五百余里。有军机速处分，则自御前发下，三省、枢密院莫得与也。"

【译文】

曹成拥兵十余万，由江西历经湖湘，俘虏了湖东安抚使向子諲，占据了道州、贺州。二月，命先祖父以本职代理潭州知州、兼荆湖东路安抚使、都总管，并且要求韩京、吴锡军及广东、西的洞丁、刀弩手、将兵、土军、弓手、民兵等，与先祖父合兵捉拿曹成。又付予先祖父金字牌并黄旗十副，用于招降群盗使用。

十七日，先臣发洪州。成闻先臣被命，谓其属曰："岳家军来矣，吾属能为必胜计耶？"乃预令其军分路逃去。十九日，成引兵趋全、永，犯广西。独留其中军，乘先臣未至，纵兵四掠，焚劫百姓。三十日，先臣至茶陵，先遣兵趋郴及桂阳路，伺成动息。

【译文】

十七日，先祖父从洪州出兵。曹成听到任命先祖父讨伐他，对自己的属下说："岳家军来了，你们能想出必胜的计策吗？"于是就先下令分兵两路逃走。十九日，曹成引兵到全州、永州，进犯广西。单独留下中军，趁先祖父尚未到，纵使兵士四处抢掠，焚烧抢劫百姓财物。三十日，先祖父到茶陵，先派遣士兵到郴州及桂阳路，观察曹成的动向，等待时机。

上又令察其受招与否，为之进退。先臣数以上意谕之，成不听。乃上奏云："内寇不除，何以攘外；近郊多垒，何以服远。比年群盗竞作，朝廷务广德意，多命招安；故盗亦玩威不畏，力强则肆暴，力屈则就招。苟不略加剿除，蜂起之众未可遽殄。"上许之。

【译文】

圣上又令先祖父详查曹成是否愿意接受招降，再考虑是否出兵剿伐。先祖父数次把圣上的旨意告谕曹成，曹成仍然不听劝告。于是先祖父上奏说："内部的贼寇如果不除去，怎能平息外部的骚乱；近处的贼人还在筑垒，凭借什么让远处的敌人顺服。往年群盗猖獗，朝廷往往广施恩德，大多命令招安；故而盗贼们轻视朝廷的威严，不存畏惧之心，他们力量强大时就肆意暴虐，力量削弱时就投降接受招安。若不稍稍加以剿除，等到他们蜂拥而起时，仓促间就难以剿灭了。"圣上听后应允了先祖父的提议。

夏闰四月，入贺州境。成置寨太平场，先臣未至贼屯数十里，按兵立栅。会得成谍，缚而坐之帐下。有间，先臣出帐，召军吏调兵食，吏请曰："粮且罄矣，奈何？"先臣曰："促之耳，不然，姑返茶陵以就饷。"已而顾见成谍，捽耳顿足而入，乃逸之。谍至成军，尽以告成。成大喜，期明日追先臣军。是夜，先臣命士蓐食①，夜半悉甲趋绕岭。初五日未明，已破太平场寨，尽歼其守隘之兵，而焚毁之，成大惊。

【注释】

①蓐食：早晨未起身，在床席上进餐。谓早餐时间很早。《左传·文公七年》："训卒，利兵，秣马，蓐食，潜师夜起。"

【译文】

夏闰四月，先祖父率兵进入贺州境内。曹成军在太平场扎寨，先祖父军队还没有到达贼军就屯兵数十里，设立营栅严阵以待。恰好捉到了曹成的间谍，捆绑着让他跪在先祖父帐下。有一会，先祖父出营帐，召来军吏调拨军粮，军吏请示说："军粮目前已经尽竭，怎么办？"先祖父说："催促运粮的人快些，不然的话，就只能返回茶陵补给粮食了。"旋即又回头看了一眼曹成派来的间谍，揪耳顿足地假装十分懊悔自己说漏了嘴，然后故意放走了探子。敌探逃到曹成的军中，把所听到的一切都报告给曹成。曹成听后大喜，盘算着明日先祖父退军时如何追击。当夜，先祖父命令士兵提前吃了早饭，半夜时全军急奔绕岭。初五日天还未亮，先祖父已经大破太平场寨，歼灭了把守关隘的士兵，焚毁了太平场的敌寨，曹成大惊。

明日，进兵，距贺城二十里。成募愿战贼兵三万，夜半据山之险，迎捍官军。先臣麾兵掩击，贼众大溃，追至城东江岸，成奔桂岭路。上复赐诏，令不以远近追捕。又以暑月暴露之苦，令学士院降敕书抚谕。

【译文】

第二日，进兵，距贺州城二十里。曹成招募愿意参战的贼兵三万，夜半凭据山势之险要，迎击官军。先祖父率兵掩击，众贼大败，追至城东江岸，曹成逃奔桂岭路。圣上又赐诏书，命令不论远近皆要追捕。此时正值炎热的盛夏在外露营非常辛苦，圣上令学士院下敕书安抚晓谕。

先臣进兵趋桂岭。其地有北藏岭、上梧关、蓬岭，号为三隘。成先引兵据北藏岭、上梧关，以待先臣。成自喜以为得地利，后来者莫能夺。先臣至，成以都统领王渊迎战。先臣麾兵疾驰，不阵而鼓，渊军大溃。复歼其守隘之卒，夺二隘而据之，成急遁去。十三日，成复选锐将，自北藏岭夹击官军。先臣以兵迎之，成败，斩一万五千余级，获其弓、箭、刀、枪等无数。成又自桂岭置寨至北藏岭，绵亘六十余里，所据皆山险、河涧，道路隘狭，人马不得并行。成自守蓬岭，严备特甚。是时，贼众十余万，皆河北、河东、陕右之散卒，骁勇健斗；先臣所部才八千人，而骑兵最少，视成军十不及其一。十五日，先臣进兵蓬岭，分布岭下。日及未，一鼓登之，成军四溃，所杀及掩拥入河者不知其数。成自投岭下，得骏马而逃。先臣举其寨尽有之，凡枪、刀、金、鼓、旗帜无遗者。夺其被虏人民数万人，归之田里。擒其将张全。

【译文】

先祖父进兵奔赴桂岭。其地有北藏岭、上梧关、蓬岭，号称为三隘。曹成先引兵占据北藏岭、上梧关两地，等待先祖父到来。曹成暗自窃喜以为占有地利的优势，易守难攻。先祖父到后，曹成派都统领王渊首先迎战。先祖父挥军疾驰，并不列阵，只鼓舞士兵冲杀，王渊所率的贼军大败。先祖父又乘胜歼灭把守关隘的匪兵，夺取了北藏岭和上梧关，曹成仓皇逃跑。十三日，曹成再选勇锐将士，在北藏岭夹击官军。先祖父率军迎击，曹成又败，斩杀其军一万五千余人，剿获敌人留下的弓、箭、刀、枪等战利品不可计数。曹成又在桂岭安营扎寨一直到北藏岭，绵延六十余里，所占据的都是山险、河涧、道路狭窄的要冲，人马不能并行。曹成亲自守住蓬岭，严加整备。此时，贼众有十余万，皆是来自河北、河东、陕右的散卒，骁勇健壮能征惯战。而先祖父所率只有八千余人，而且骑兵很少，不及曹成军队的十分之一。十五日，先祖父进兵蓬岭，人马分布在岭下。不到下午未时（下午1时正至下午3时正），一鼓作气冲上山峰，曹成军队四下溃散，被杀死以及掩拥入河中的人不计其数。曹成滚到岭下，抢到一匹马后落荒而逃。先祖父缴获寨中所有的枪、刀、金、鼓、旗帜无一遗漏。释放被曹成掳掠的民众上万人，让他们回归田里。擒获敌将张全。

成窜连州，先臣召张宪、王贵、徐庆，谓之曰："曹成败走，余党尽散，追而杀之，则良民胁从，深可悯痛；然纵其所往，则大兵既旋，复聚为盗。吾今遣若等三路招降，若复抵拒，诛其酋而抚其众。谨毋妄杀，以累主上保民之仁。"于是宪自贺、连，庆自邵、道，贵自郴、桂阳招之，降者二万，与先臣会于连州。先臣用其酋领，而给其食，降民大喜。乃益进兵追成，成惧甚，走宣抚司降。

【译文】

曹成逃窜至连州，先祖父召见张宪、王贵、徐庆，对他们说："曹成败走，其余党羽尽已逃散，追捕到以后若尽杀之，那些被胁从为盗的良善百姓，实在是令人怜悯同情；若放纵他们散去，官军退兵后，他们又会啸聚山林，重新为盗。我今派你等分三路前去招降，他们若还是抗拒，可以诛其首领而安抚其他从众。谨记不要妄杀无辜，不要连累圣上保护百姓的仁心。"于是张宪自贺州、连州，徐庆自邵阳、道州，王贵自郴州、桂阳，前去招降。投降的有两万人，最后与先祖父会合于连州。先祖父任用这些降卒的首领，并且分发给他们粮食，投降的民众大喜。先祖父继续进兵追击曹成，曹成非常畏惧，跑到（韩世忠的）宣抚司接受了招安。

有郝政者，率众走沅州，首被白布，自称为成报仇，谓之"白头巾"，已而为张宪所擒。其将杨再兴走，跃入涧中，宪欲杀之，再兴曰："愿执我见岳公。"遂受缚。先臣见再兴，奇其貌，命解其缚，曰："吾不杀汝，汝当以忠义报国！"再兴拜谢。后卒死国事，为名将。岭表悉平。时以盛夏行烟瘴之地，登山涉险，冲冒炎暑，贼兵以疾，死者相继，而官军无一人疫疠者，惟死敌之兵才一、二人，论者以为先臣忠义所致。

【译文】

（曹成残部中）有一个叫郝政的人，率领贼众逃到沅州，头上蒙白布，自称要为曹成报仇，号称"白头巾"，不久后被张宪擒获。其部将杨再兴逃走，跳入涧中，张宪欲杀他，再兴说："我愿束手就绑拜见岳公。"于是接受捆束。先祖父看见再兴，觉得他相貌与众不同，遂命人解开捆绑的绳子，说：“我不杀你，你日后当以忠义之心报效国家！”再兴拜谢。后来杨再兴果然死于为国宣力的疆场上，成为一代名将。当时岭外俱已平定，正值盛夏用兵行师于烟瘴之地，登山涉险，冒着炎炎暑热，贼兵染疾而死的相继不断，而先祖父率领的官军却无一人患上瘟疫，只有在交战中死于敌兵之手的一二人，后来谈论的人都认为是先祖父的忠义行为（感动上天）所致。

六月十一日，授中卫大夫、武安军承宣使，依前神武副军都统制。制辞有“许国忠诚，驭众训整，同士卒之甘苦，致纪律以严明”之语。初有旨，命先臣平曹成日，赴行在。寻以江州系控扼要地，合屯重兵，令先臣将带本部并韩京、吴锡军屯于江州。

【译文】

六月十一日，升先祖父为中卫大夫、武安军承宣使，依然为神武军都统制。制词上有“许国惟以忠诚，驭众亦能训整，与士卒同甘共苦，以致军队纪律严明”之语。一开始曾有旨，命令先祖父平定曹成之后，即赴行在。不久又重申扼守要冲之地江州的重要性，宜应屯集重兵，命令先祖父率领本部人马以及韩京、吴锡的军队驻扎江州。

比入江西界，准本路安抚大使李回牒，令招杀马友下郝通贼马。先臣遂至筠州，降之，除拣放外，得精兵一万八千人。因奏所得兵可以防江，其韩京、吴锡军更不须起发，乃以京、锡拨隶荆湖、广南宣抚司。时马友复犯筠州城西，防隘之兵望风溃散，守臣已徒步出境，及闻先臣军来，友遽逃去。

【译文】

等到进入江西地界，依照本路安抚大使李回的牒文，命令招降剿灭马友手下郝通的匪军。先祖父遂又赶到筠州，敌人投降，淘汰老弱残兵，得到精兵一万八千余人。故而上奏朝廷称得到的兵马可以担当长江防务，韩京、吴锡的军队不须起发，仍旧让韩京、吴锡的军队隶属荆湖、广南宣抚司。此时马友再次进犯筠州城西，防守关隘的士兵听说后四处溃散，筠州的地方官也已徒步离开筠州，及至听说先祖父率军而来时，马友遂仓促逃跑。

军至江州。刘忠之余党四千余人寇蕲之广济县，又李通已受招安，在司公山，不肯出，令先臣掩捕，悉平之。于是李回奏，乞以舒、蕲、光、黄接连汉阳、武昌一带盗贼，并委先臣招捕。

【译文】

军队到了江州。刘忠的余党四千余人由蕲州到了广济县，李通接受招安，在司公山不肯出来，令先祖父乘其不备去逮捕他们，结果全部平定了。于是李回上奏，请求舒、蕲、光、黄以及接连汉阳、武昌一带的盗贼，一并委派先祖父前去招捕。

十二月，亡将李宗亮诱张式，以所部兵叛。

【译文】

十二月，逃亡之将李宗亮引诱张式，率所部兵士叛乱。

绍兴三年，癸丑岁，年三十一。

平李宗亮。赐金蕉酒器。讨虔寇。擒彭友等。平固石洞。入虔州，斩十大王等。擒高聚。擒张成。召赴行在。赐袍、带、鞍、马、弓、箭等，赐宸翰“精忠”旗。除江西沿江制置使。改江西制置使兼舒、蕲州。改神武后军统制。

【译文】

平定叛将李宗亮。圣上赐金蕉酒器。讨伐虔州贼寇。擒获彭友等盗贼。平定固石洞。进入虔州，斩首十大王等贼盗。擒高聚。擒张成。应召前往行在。圣上赐先祖父袍、带、鞍、马、弓、箭等，亲笔书写“精忠”二字，并绣成战旗赐予先祖父。授先祖父江西沿江制置使。后又改换任命为江西制置使兼舒州、蕲州。改升为神武后军统制。

春正月，宗亮、式夜至筠州，焚毁居民，杀劫甚众。先臣遣徐庆、傅选军捕灭之。

【译文】

春正月，叛将李宗亮、张式趁夜到筠州城，焚毁民居，杀戮、打劫民众，非常猖獗。先祖父派遣徐庆、傅选的军队前去消灭他们。

二月，上遣郑庄赍赐先臣金蕉酒器，如赐韩世忠礼，召赴行在。江西宣谕刘大中奏：“臣到洪州，采访物论，皆谓岳飞提兵素有纪律，人情恃以为安。今岳飞将带军兵前赴行在，窃恐民不安业，盗贼无所镇压，复至猖獗。”乃不果行。又赐李回亲札，令择本路盗贼炽盛处，专委先臣。

【译文】

二月，圣上派遣郑庄赐先祖父金蕉酒器，等同于赐韩世忠时所行之礼遇，召令先祖父赴行在。江西宣谕刘大中上奏："臣到洪州时，探问访听的舆论，都说岳飞的部队军律整肃，百姓得以安居乐业。如今若令岳飞带兵赴行在，深恐当地民众不能安居乐业，盗贼无人镇压，复又猖獗而起。"后来先祖父果然没有去成。圣上又赐李回亲笔书信，令其择选境内盗贼猖獗之地，专以委派先祖父前去镇压。

是时虔、吉二州之境，盗贼群起。吉州则彭友、李动天为之魁，及以次首领号为十大王。虔州则陈颙、罗闲十等，各自为首，连兵十数万，置寨五百余所。表里相援，捍拒官军，分路侵寇循、梅、广、惠、英、韶、南雄、南安、建昌、汀、潮、邵武诸郡，纵横来往，凶焰方赫。

【译文】

此时在虔、吉二州境内，盗贼群起。吉州则是以彭友、李动天为首，以及其下的首领号称为十大王。虔州则以陈颙、罗闲十等贼，各自为首，联合兵力达十数万，设置营寨五百余所。相互援助，抵抗官军，不时地分路侵犯于循、梅、广、惠、英、韶、南雄、南安、建昌、汀、潮、邵武诸郡，数年间纵横往来，气焰十分嚣张。

于是李回奏吉寇彭友等为乱，乞专委先臣。广东宣谕明橐亦奏："虔贼为二广患。采之南方物论，皆言岳飞所部最为整肃，所过不扰。若朝廷矜悯远人，特遣岳飞军来，则不惟可除群盗；而既招复叛，如刘桦辈，亦可置之队伍，绳以纪律，使之为用。"又知梧州文彦明奏虔州盐寇入广东劫掠，乞委先臣讨捕。刘大中亦连奏，以先臣为请。上始专以虔、吉寇付先臣。

【译文】

于是李回上奏吉州有贼寇彭友等人违法作乱，请求朝廷委派先祖父前去平叛。广东宣谕使明橐也上奏说：“虔州的贼寇是两广的祸患。搜集到南方人的舆论，都说岳飞所率的部队军律最为整肃，所过之处从不扰民。若是朝廷怜悯这些边远之地的子民，就请派遣岳飞所率的军队来，不仅可以消除群盗之乱，而且可以招降复又反叛者，诸如刘㭽之辈，也可以把他们安置于队伍之中，加以纪律约束，使之为己所用。”又有梧州知州文彦明上奏虔州盐寇进入广东劫掠，请求朝廷委派先祖父前去讨伐逮捕。刘大中也是连连上奏，请先祖父前去平叛。圣上特将虔、吉州平寇之事委付先祖父。

夏四月，先臣至虔州，闻彭友等立栅于固石洞，储蓄甚富。先臣遣吏伺其实，乃已离固石洞，悉其兵至雩都，俟官军。且宣言曰：“人言岳承宣智勇为天下第一，我今破之。岳承宣且败，他人若我何？”吏回报，先臣笑，遣辩士二人造之，开谕祸福，说之以降。贼曰：“为我语岳承宣，吾宁败不肯降，毋以虚声恐我也。”遂与战，友等方跃马驰突，示其骁勇，先臣麾军击之，擒友等于马上。余酋散走，贼众横尸满山谷，获衣甲、器械无数，夺其被虏老弱二万余人，纵归田里。

【译文】

夏四月，先祖父到虔州，闻听彭友等人在固石洞竖立营寨，储备甚足。先祖父派人窥探其虚实，彭友已离开固石洞，了解到其兵已到雩都，等待官军的到来。且扬言道："人言岳承宣智勇双全为天下第一，我今天就要打败他。岳承宣如果败了，还有谁人能奈我何？"使臣回来报告先祖父，先祖父笑了，特遣两个能言善辩的人前去劝降，以祸福利弊开导告谕他们，劝解他们归降。贼人说："把我的话带与岳承宣，我宁可打败了也不愿接受招安，不要虚张声势地恐吓我。"于是与先祖父开战，彭友等人跃马驰奔，以显示其骁勇，先祖父麾军痛击，彭友在马上即被捉拿住。其余的小头领四处逃散，贼众被杀得横尸山野，缴获贼众衣甲、器械无以计数，并将彭友掳掠的二万多老弱放归田里。

余酋复退保固石洞。洞之山特高，四环皆水，登山仅止一径，势甚险阻。先臣顿兵瑞金县，领千余骑至固石洞。复遣辩士说之曰："汝诚阻险，能保不败耶？败而后降，吾不汝贳矣！降即亟降，毋自速辜。"贼众不听，曰："苟能破山寨，吾党虽死，尚何憾！"先臣乃列马军于山下，皆重铠持满。黎明，遣死士三百，疾驰登山，贼众大乱。山下鸣鼓呼噪，贼莫测多寡，弃山而下，见山下皆为列骑所围，于是疾呼丐命，仓卒投堕而死者甚众。先臣乃令军中毋杀一人。贼众悉下山投降，或曰："说之不我听，何以贷为！请尽戮之。"先臣蹙然良久，曰："此辈虽凶顽，然本愚民耳，杀之何益！且主上既赦其人矣，不然，何以成主上之美。"命籍其金、帛之藏，尽入备边、激赏库[①]，择降民之勇锐者隶诸军，余悉纵之田里。下令使各安业耕种，逃民尽还。遣徐庆等将兵，授以方略，捕诸郡贼，以次败降。是役也，擒贼大小首领五百余人，一无遗类。

【注释】

①激赏库：宋代官署名。置于绍兴年间，专供边防将士军需

物资之用，后兼管供应朝廷和官吏所需用的物资。本隶御营司，建炎四年御营司废，改隶枢密院。

【译文】

其余的小首领又退保固石洞。此洞在高山之巅，四面环水，只有一条小径能登到山上，地势险要。先祖父驻军于瑞金县，带领千余骑兵前往固石洞。又派遣辩士前去游说："你们虽处于地势险要之地，但凭借于此就能保你们不败吗？若败了之后再降，我就不能再赦免你们！降即速降，不可再给自己增加罪过。"众贼不听，说："你若能攻破山寨，我们虽死无憾！"于是先祖父率军列队于山下，皆身穿重铠，持弓满箭。黎明时分，先祖父派遣三百名死士，疾速登山进行强攻，贼众大乱。山下鼓声隆隆大声喧嚷，贼人不知先祖父有多少人马，于是弃山而下，见山下都已被骑兵所围困，于是大声求饶，仓促间从山上堕落而亡的贼人甚多。先祖父命令军士一人都不许杀。贼众知道后都下山投降，且言："告诫我们的时候我们没有听命，现在凭什么请求赦免呢，尽请处决我们吧。"先祖父皱眉良久，说："此辈虽凶暴愚顽，然而本是愚民，杀了有什么益处！况且圣上既已赦免其人，否则何以成全圣上宽仁的美德。"先祖父命人登记了他们收藏的金、帛，尽数收入备边、激赏库，将降民中的勇悍之辈分隶各军，其余众人放归田里。下令让各处民众安居乐业耕种田地，原本逃离本乡的百姓也都尽数回来。先祖父又派遣徐庆等带领军兵，授以方针谋略，逮捕其他诸郡的盗贼，依次将他们打败收降。这次战役，擒获贼人的大小首领五百余人，没有一个漏网的。

初，庙堂以隆祐震惊[①]之故，有密旨，令屠虔城。先臣既平诸寇，乃驻军三十里外，上疏请诛首恶，而赦胁从，不许。连请不已，上乃为之曲宥，就诏先臣裁决。六月，先臣始入城论囚，即诸酋罪之尤者数人，各置之法，余悉称诏贳之。市不易肆，虔人欢声如雷。至今父老家家绘而祀之，遇讳日，则裒金饭僧于梵舍，以为常。虽更权臣之祸，亦不变。

【注释】

①隆祐震惊：指建炎四年，隆祐皇太后在江西避乱时受到虔州乡兵叛乱惊吓的事件。

【译文】

开始时，朝廷因建炎四年隆祐太后在江西避乱时受到虔州乡兵叛乱惊吓之故，下密旨令先祖父在虔州屠城。先祖父此时已平定诸寇，驻军在虔州城外三十里，先祖父奏请圣上只诛杀首恶，而赦免胁从者，圣上不许。先祖父又连连上奏，最后圣上才曲意宽容令先祖父自行裁决。六月，先祖父方才入城处置囚犯，只将诸寇首中罪愆最深重的几个人，各依法处置，其余的从众则以圣上的名义给予赦免。虔州的集市平静如常，当地居民欢声如雷。至今那里的父老仍然家家户户悬挂先祖父的画像，奉若神明，每到先祖父祭日，都要聚资到寺庙斋僧，为先祖父祈福，成为习以为常之事。即便是后来先祖父遭权臣构陷所害，这个习俗也不曾改变。

时又有刘忠之将高聚犯袁州。先臣遣王贵击之，擒高聚及其徒二百余人，降其众三千，杀其伪统制方（失其名）。

【译文】

此时又有刘忠的余部高聚侵犯袁州。先祖父派遣王贵出击，擒获高聚及其兵卒二百余人，收降其从众之人三千，并杀其伪统制方某（其名已失）。

张成亦以三万人犯袁州，陷萍乡，复遣王贵击之。成败走，王贵夺其寨，焚之，杀死甚众，俘五百余人。明日，复战，遂擒成，而降其众。

【译文】

张成也以三万人进犯袁州，攻陷萍乡，先祖父再次派遣王贵出击。张成败走，王贵夺下其营寨，放火焚烧，杀死众多贼人，俘获五百余人。第二日，复又大战，擒获张成，降伏其从众。

秋七月，召赴行在。赵鼎奏："虔州民习凶顽，累年为患。岳飞虽已破荡巢穴，恐大兵起行之后，复尔啸聚，请留五千人屯虔州。"又以密院之请，分三千人屯广州，一万人屯江州。

【译文】

秋季七月，朝廷下召令先祖父赴行在。赵鼎上奏："虔州民风凶悍顽劣，长年为祸作乱。岳飞虽已攻破荡涤其巢穴，但恐大军离开之后，群盗们复又啸聚于林，请留下五千人驻守虔州。"然后又以枢密院下达命令，抽出先祖父部下三千人戍守广州，一万人驻防江州。

九月，至行在，上预使人谕先臣，令系金带上殿。十三日，入见，上慰抚再三，先臣顿首谢而退，卒不言其功。上以其长者，益重敬之，赐衣甲、马铠、弓箭各一副，捻金线战袍、金带、手刀、银缠枪、战马、海马皮鞍各一。赐宸翰于旗上，曰"精忠岳飞"令先师行之次建之。又赐先伯父云弓箭一副，及战袍、银缠枪各一。犒劳官兵甚厚。

【译文】

九月，先祖父到行在，圣上事先令人告谕先祖父，令他系上金带上殿。十三日，上朝入见，圣上再三抚慰先祖父，先祖父叩首称谢而退，始终没有谈论自己的功绩。圣上因见其比自己年长，越发敬重，赐先祖父衣甲、马铠、弓箭各一副，捻金线战袍、金带、手刀、银缠枪、战马、海马皮鞍各一。并亲笔书写“精忠岳飞”四字，绣成一面战旗，令先祖父在行师扎营时作为大纛使用，又赐予先伯父岳云弓箭一副，以及战袍、银缠枪各一。对官兵的犒劳也十分丰厚。

十五日，特旨落阶官，授镇南军承宣使，依前神武副军都统制，江南西路[①]沿江制置使，制辞有“千里行师，见秋毫之无犯；百城按堵，闻夜吠之不惊”之语。又赐诏曰：“卿殄寇之功，驭军之略，表见于时，为后来名将。江、湖之间，尤所欣赖，儿童识其姓字，草木闻其威声。”

【注释】

①江南西路：宋代实行路、州府军监、县三级地方行政管理制度。南宋版图缩小，建炎之初减为十九路。绍兴年之后，全国分为十六路。江南西路面积包括今江西省绝大部分地区。

【译文】

十五日，特下旨落去原来的中卫大夫官阶，升先祖父镇南军承宣使，依前所授神武副军都统制不变，江南西路沿江制置使，在制词中有“千里行师，所到之处秋毫无犯；百姓安居乐业，即便是夜里听到犬吠之声也丝毫不会惊惧”之语。又赐诏书说："卿消灭贼寇之功绩，驾驭军队之谋略，显著于当世，亦将是扬名于后世的名将。转战江、湖之间，深受当地百姓的欢迎与信赖，就连儿童也知道卿的名姓，名声远震连一草一木也知道其威名。

十八日，有旨谕先臣，其目有三：

一、令先臣于江州、兴国、南康一带驻扎。江西诸屯军马许遇缓急抽差。

一、江上有军期急速，与制置会议不及，许一面随宜措置。

一、舒、蕲两州增隶先臣节制。

二十日，赐银二千两，犒所部将士。二十一日，改除江南西路制置使。二十四日，除江南西路、舒、蕲州制置使。二十七日，以李山军马隶先臣。二十九日，改差神武后军统制，依前制置使。冬十一月，令王瓊、折彦质遣吴全、吴锡两军，并听先臣节制。十二月，以李横、牛皋隶先臣。

【译文】

十八日，朝廷下旨告谕先祖父，条目有三：

令先祖父于江州、兴国、南康一带驻扎。如遇紧急情况可以抽调差遣江西境内的所有驻军。

江上如有紧急的军情，来不及与沿江诸制置使商议，允许先祖父自行便宜行事。

舒州、蕲州两州的兵马隶属于先祖父节制。

二十日，赐银二千两，犒赏所部将士。二十一日，改升迁先祖父为江南西路制置使。二十四日，改升迁为江南西路、舒、蕲州制置使。二十七日，将李山的军马隶属先祖父。二十九日，改任神武后军统制，制置使的任命依前不变。冬十一月，令王瓊、折彦质派吴全、吴锡两军，一并听先祖父节制。十二月，又命李横、牛皋隶属先祖父。

是时，伪齐使李成合北虏兵五十万，大举南寇，攻陷襄阳府及唐、邓、随、郢州、信阳军[①]，故镇抚、刺史，如李横、李道、翟琮、董先、牛皋等俱失守。伪齐于每郡俱置伪将。又有湖寇杨么与伪齐交结，欲分车船五十艘，攻岳、鄂、汉阳、蕲、黄，顺流而下。李成以兵三万益杨幺舟师，自提兵十七万，由江西陆行趋两浙，与么会合。

【注释】

①军：此处的“军”指行政区域。宋代实行路、州府军监、县三级地方行政管理制度。军与州、府平级，而实际地位次于州、府，高于监。地势冲要，户口少而不成州者，则设军。

【译文】

此时，伪齐命李成会合北方的虏兵五十万，大举南侵，攻陷襄阳府及唐州、邓州、随州、郢州、信阳军，故镇抚使、刺史，如李横、李道、翟琮、董先、牛皋等俱失守。伪齐每占领一处郡县都安置伪将镇守。此时又有湖寇杨么与伪齐勾结，欲从水路派遣五十艘车船，攻打岳州、鄂州、汉阳、蕲州、黄州，然后出洞庭湖顺流而下。李成又派兵三万增援杨么的水军，亲自领兵十七万，由江西陆路向两浙进发，与杨么会合。

朝廷患之，始命于江南北岸水陆战备处，常为待敌计。又命于兴国、大冶通洪州之路，措置堤备，多遣间探，日具事宜以闻。又命防拓鄂、黄等州及汉阳军，又于下流鄂、岳备贼营之潜渡为寇者（据绍兴四年四月四日权知岳州刘愿申事宜状）。一日，先臣与幕中人语，论及二寇，或问将何先？先臣曰："先襄汉，襄汉既复，李成丧师而逃，杨幺失援矣。第申严下流之兵以备之，然后鼓行。"

【译文】

朝廷以此为大祸患，于是命令驻守在江南北岸的水陆军队处于长期戒备状态，作为御敌的方略。又命令在兴国、大冶通往洪州的道路上，措置防备，多派间探，每日将侦察到的情况向上报告。命令鄂、黄等州及汉阳军做好防御，又命驻守在下游的鄂、岳州军队防备贼人潜渡而来（据绍兴四年四月四日权知岳州刘愿申事宜状）。一日，先祖父与幕僚商量讨伐之事，论及二寇，有人问应先收复襄汉还是先扫平洞庭湖的湖寇。先祖父说："先收复襄汉，襄汉若收复了，李成会大败而逃，杨幺由此失去了援助。严令长江下游的守军加强防备，然后击鼓行军，向襄汉进发。"

卷第六

经进鄂王行实编年卷之三

绍兴四年，甲寅岁，年三十二。

兼荆南、鄂、岳州。复郢州，斩京超、刘楫。复随州，斩王嵩。战襄江。复襄阳府。战新野市。起营田[①]。败刘合孛堇，降杨得胜。复邓州，擒高仲。赐银合茶、药。复唐州。复信阳军。屯鄂州。除清远军节度使。战庐州。

【注释】

①营田：中国古代，用百姓耕垦官府荒田，谓之营田；用军人耕垦官府荒田，谓之屯田。但在事实上，营田和屯田很难严格区分。岳飞大力兴办营田，为恢复农业生产招徕归业的农民，向他们借贷种子和耕牛，并规定免税三年，未归业前的官、私债负一律免除。

【译文】

任命先祖父兼荆南、鄂、岳州制置使。收复郢州，斩京超、刘楫。收复随州，斩王嵩。作战襄江。收复襄阳府。作战新野市。开始营田之举。大败刘合孛堇，收降杨得胜。收复邓州，擒高仲。圣上赐银合茶、药。收复唐州。复信阳军。先祖父屯兵鄂州。授清远军节度使。作战庐州。

春三月，除兼荆南、鄂、岳州制置使。先臣乃奏，乞复襄阳六郡，以为今欲规恢，不可不争此土，宜及时攻取，以除心膂之病。

【译文】

春季三月，任命先祖父兼荆南、鄂、岳州制置使。先祖父上奏，请求朝廷允许他收复襄阳六郡，他认为要收复中原，不可不争取到这片区域，应该及时攻取，以除心腹之患。

上以谕辅臣，赵鼎奏曰："知上流利害，无如飞者。"于是即以亲札报之曰："今从卿所请，已降画一①，令卿收复襄阳六郡。惟是服者舍之，拒者伐之，追奔之际，（孝宗皇帝嫌讳）无出李横旧界。"画一之目：以湖北帅司②统制官颜孝恭、崔邦弼两军，并荆南镇抚使司军马，并隶节制；及诸州既复，并许随宜措置，差官防守，如城壁不堪守御，则移治③山寨，或用土豪，或用旧将牛皐等主之。

【注释】

①画一：逐一，一一条例。

②帅司：南宋时，大郡（路治）知州带安抚使成为定制，"掌一路兵民之政"，被称为"帅司"。（据《宋代官制辞典》，第478页。）

③移治：调换治所，改变管辖区。

【译文】

圣上将此事告诉了宰臣，赵鼎上奏说："对上流利害的了解，谁也不能和岳飞相比。"于是亲自写信告诉先祖父说："今日答应卿家所请，已逐一降下条例，令卿收复襄阳六郡。如果是认输投降者即可赦免，遇到抵抗不从命者才能讨伐，追奔敌人的时候，不得超出李横所守的旧界。”条例诸项包括：以湖北安抚司统制官颜孝恭、崔邦弼两军，并荆南镇抚使司军马，一并归先祖父节制；诸州克复后，先祖父可以随宜措置，差官防守，如果城池不堪守御则可将治所调换至山寨，或用当地首领，或任用牛皋等旧将负责。

夏四月，令神武右军、中军各选堪披带马百匹，遣使臣、兵级[①]部[②]付先臣。二十五日，上以金束带三赐先臣将佐。

【注释】

①兵级：宋代对兵丁和级节的合称。

②部：宋代的一种军队编制，部并无固定的兵力编额，部的统兵官即成为部将。

【译文】

夏四月，命令神武右军、中军各选出可堪披挂的战马百匹，编成部队，派使臣、兵级交付给先祖父。二十五日，圣上以金束带三条赐予先祖父军中的将佐。

五月，除黄、复州、汉阳军、德安府制置使。提兵至郢州。伪将京超骁勇武悍，号万人敌，杂蕃[①]、汉万余人，军势大张。先臣渡江，至中流，顾幕属曰：“飞不擒贼帅，复旧境，不涉此江！”初五日，抵城下，先臣跃马环城，以策指东北敌楼，顾谓众曰：“可贺我也！”超乘城拒敌，先臣使张宪就问之，曰：“尔曹本受圣朝厚恩，何得叛从刘豫？”超谋主刘楫出，应之曰：“今日各事其主，毋多言也！”先臣怒甚，时军正告粮乏，先臣问：“粮所余几何？”曰：“可再饭。"先臣曰："可矣，吾以翌日巳时破贼！"黎明，鼓众薄城，一麾并进，众皆累肩而升。超迫于乱兵，投崖而死。杀虏卒七千人，积尸与天王楼俱高。刘楫就缚至前，先臣责以大义，南乡斩之。遂复郢州。

【注释】

①蕃，通番，古代对边境少数民族的称呼。

【译文】

五月，升迁先祖父为入黄州、复州、汉阳军、德安府制置使。先祖父提兵至郢州。伪将京超勇悍，号称万人敌，带领番、汉兵一万余人来，声势浩大。先祖父渡江至江心，对军中幕僚慷慨发誓说："飞不擒贼帅，复旧境，不涉此江！"初五，先祖父来到城下跃马环城一周，用马鞭指着东北敌楼，对众人说："可贺我也！"京超以城为拒，先祖父让张宪问他，说："尔等受国家厚恩，为何反叛跟从刘豫？"京超的谋士（伪齐长寿知县）刘楫出来，应答说："今日各事其主，不要多言！"先祖父大怒，这时军中的粮食正显匮乏，先祖父问："余粮还有多少？"回答说："还可以再吃一次饭。"先祖父说："可以，我会在翌日巳时破贼！"黎明，击鼓激励众人逼近城墙，一麾并进，众将士累肩而上攻下城池。京超迫于乱兵，投崖而死。此次杀虏卒七千人，所积的尸体与天王楼一样高。刘楫被捆到先祖父面前，先祖父对他责以大义，将他面南斩首。郢州得以收复。

于是，遣张宪、徐庆复随州。伪将王嵩闻宪、庆至，不战而遁，退保随城，未下。先臣遣牛皋裹三日粮往，粮未尽而城已拔。执嵩，斩之，得士卒五千人，遂复随州。

【译文】

于是，先祖父派遣张宪、徐庆收复随州。伪将王嵩听说张宪、徐庆到来，不战而逃，退保随州城，张宪、徐庆攻城不下。先祖父派牛皋带了三日军粮前往，粮未用尽城已被攻破。王嵩被捉，斩首，收得士卒五千人，随州得以收复。

先臣领军趋襄阳。李成闻先臣至，引军出城四十里迎战，左临襄江。王贵、牛皋等欲即赴贼，先臣笑谓贵等曰："且止，此贼屡败吾手，吾意其更事颇多，必差练习，今其踈暗如故。夫步卒之利在阻险，骑兵之利在平旷；成乃左列骑兵于江岸，右列步卒于平地，虽言有众十万，何能为！"于是举鞭指贵曰："尔以长枪步卒，由成之右击骑兵。"指皋曰："尔以骑兵，由成之左击步卒。"遂合战，马应枪而毙，后骑皆不能支，退拥入江，人马俱坠，激水高丈余。步卒之偾死者无数。成军夜遁，复襄阳府，驻军城中。

【译文】

先祖父率军急赴襄阳。李成听说先祖父来了，引军出城四十里迎战，左临襄江。王贵、牛皋等人即刻就要攻打，先祖父笑着对王贵等人说："且慢，此贼屡次败在我的手下，吾想他历事多了，必会多加练习，今天看来他的措置依然疏暗如故。步卒利于在阻险的地势中作战，骑兵利于在平旷之地作战；李成左列骑兵于江岸，将右列步卒于平原地带，虽言有众十万，能成什么事！"于是举鞭对王贵说："你以长枪步军，从右面攻击李成的骑兵。"又对牛皋说："你率骑兵，从左侧攻击李成的步军。"两军于是合战到一起，李成的战马皆中枪而倒毙，后队的骑兵不能支撑而后退，被拥入长江，人马俱淹于水中，激起的水花高有丈余。李成的步兵被冲击倒毙的不计其数。李成率军连夜逃走，收复襄阳府，先祖父驻军城中。

伪齐益李成兵，屯襄江北新野市，号三十万，欲复求战。先臣先遣王万提兵驻清水河，以饵之，先臣继往。六月五日，贼悉其众，冲突官军，万与先臣兵夹击，败之。六日，复战，又败之，使万追击，横尸二十余里。

【译文】

伪齐给李成增兵，屯驻在襄江北面的新野市，号称三十万大军，又要与先祖父开战。先祖父先派王万驻兵在清水河，作为饵兵诱敌深入，先祖父率军随继赶到。六月五日，贼人以全军冲击官军，王万与先祖父共同夹攻，李成大败。六日，李成再次反扑作战，又被打败，先祖父派王万追击，敌人横尸二十余里。

上赐札曰："李成益兵而来，我师大获胜捷，乃卿无轻敌之心，有勇战之气之所致也。因以见贼志之小小耳！朕甚慰焉。尝降亲札，令卿条具守御全尽之策。若少留将兵，恐复为贼有；若师徒众多，则馈饷疲劳，乃自困之道。卿必有以处焉。"

【译文】

圣上赐札说："李成增兵而来，我师大获全胜，是因为卿家没有轻敌之心，勇锐作战所致。可见贼人之志如此短浅！朕心甚是欣慰。降下亲札，令卿逐条开列守御完备的方略。如果少留军队，恐怕贼人会再来占有；如果留下过多的军队，则会造成粮饷供给疲劳，乃是自困之道。想卿家必有方法处置。"

先臣奏曰："臣窃观金贼、刘豫皆有可取之理。金贼累年之间，贪婪横逆，无所不至，今所爱惟金帛、子女，志已骄惰。刘豫僭臣贼子，虽以俭约结民，而人心终不忘宋德。攻讨之谋，正不宜缓。苟岁月迁延，使得修治城壁，添兵聚粮，而后取之，必倍费力。陛下渊谋远略，非臣所知，以臣自料，如及此时，以精兵二十万直捣中原，恢复故疆，民心效顺，诚易为力。此则国家长久之策也，在陛下睿断耳。

若姑以目前论之，襄阳、随、郢地皆膏腴，民力不支，若行营田之法，其利为厚。即今将已七月，未能耕垦，来春即可措画。陛下欲驻大兵于鄂州，则襄阳、随、郢量留军马，又于安、复、汉阳亦量驻兵。兵势相援，漕运相继，荆门、荆南声援亦已相接，江、淮、荆湖皆可奠安。六州之屯，宜且以正兵六万，为固守之计。就拨江西、湖南粮斛，朝廷支降券钱[①]，为一年支遣。候营田就绪，军储既成，则朝廷无馈饷之忧，进攻退守，皆兼利也。惟是葺治之初，未免艰难，必仰朝廷微有以资之。基本既立，后之利源无有穷已。又此地秋夏则江水涨隔，外可以御寇，内足以运粮；至冬后春初，江水浅涩，吾资粮已备，可以坐待矣。于今所先，在乎速备粮食，斟量屯守之兵，可善其后。

臣今只候粮食稍足，即过江北，虽番、伪贼势众多，臣誓当竭力剿戮，不敢少负陛下。"时方重深入之举，而王瓒以大兵讨杨幺，六万之兵亦未及抽摘。然营田之议自是兴矣。

【注释】

①券钱：又称口券。《宋史》卷一九四《兵志》载："凡军士边外，率分口券，或折月粮，或从别给。"是一种军士出戍时计口发放，领取钱粮之类补助的凭证。

【译文】

先祖父上奏说："臣观察金贼、刘豫皆有可以攻取的理由。金贼多年以来，贪婪横暴，无恶不作，现在他们只热爱金帛、女色，志气已经骄惰。刘豫僭越臣子之道，虽然表面上是以俭约的形象结纳民心，但是在百姓的心中终不能忘掉我宋朝的恩德。攻讨之谋正在于不得迟缓。若岁月迁延，任他们修葺城壁，添加兵力，屯聚粮食，然后我们再去攻取，必然会倍加费力。陛下渊谋远略，非是臣所能知道的，臣自料，此时如以精兵二十万直捣中原，则可恢复故疆，民心归顺，容易奏效。此正是国家长治久安的策略，凭陛下睿断。

若以目前情况论处，襄阳、随州、郢州皆有肥沃的土地，但民力不支，若是实行营田之法，利益甚为丰厚。现在已是七月了，不能耕垦，明年开春即可筹划。陛下若想在鄂州屯驻大军，则襄阳、随州、郢州适量留些军马，也要在安、复、汉阳留些驻兵。这样兵势相接，漕运可以相继，荆门、荆南声援也已经相接，江、淮、荆湖一带皆可以安定。屯于六州的兵力应以正兵六万人，为安定稳固之计。就拨江西、湖南的粮食，朝廷支降券钱，做一年的开支。等到营田就绪，军队储备已成，则朝廷再无供给粮食的忧虑了，无论是进攻还是退守，皆可有利。只是在整治之初，未免艰难，须要仰仗朝廷略微给予资助。基础打好了，以后的利益就会源源不断而来。另外此地秋夏之季江水涨隔，外可以御寇，内可以储粮；到了冬后春初时节，江水浅涩，我们积蓄的粮食准备充足，便可以坐以待敌。故当务之急，应是赶紧储备粮食，斟酌屯守士兵的数量，可以妥善其后之事。

臣现在只等粮食稍有足备，即可过去江北，虽然番、伪贼人多势众，臣誓当竭力剿伐，不敢有负陛下的重托。"那时朝廷正考虑深入之举，而王瓔又以重兵讨伐杨么，（先祖父提到的）六万兵力未来得及抽摘。但关于营田的讨论自那时就兴起了。

秋七月，遂进兵邓州。闻李成与金贼刘合孛堇、陕西番、伪贼兵会聚于州西北，置寨三十余所，以拒官军。先臣遣王贵等由光化路，张宪等由横林路，会合掩击。贵、宪至邓城外三十里，遇贼兵数万迎战，王万、董先各以兵出奇突击，贼众大溃。降执番官杨德胜等二百余人，得兵仗、甲、马以万计，刘合孛堇仅以身免。贼将高仲以余卒走，退保邓城，闭门坚守。十七日，先臣引兵攻城，将士皆不顾矢石，蚁附而上，一鼓拔之，生擒高仲，遂复邓州。

【译文】

七月，进兵邓州。听闻李成与金贼刘合孛堇、陕西番、伪贼兵会兵于州西北，置营寨三十余所，用以抗拒官军。先祖父派王贵等由光化路，张宪等由横林路，会合掩击。王贵、张宪到了邓州城外三十里，遇敌兵数万人迎战，王万、董先各自率兵出奇突击，贼众大溃。收降捉拿了番官杨德胜等二百余人，得兵器、甲、马数以万计，刘合孛堇只身逃脱。贼将高仲带着剩余的兵卒退保邓州城，闭门坚守。十七日，先祖父率兵攻城，将士皆不顾矢石，蚁附而上，一鼓作气，攻下城池，生擒高仲，克复邓州。

上闻之喜，谓胡松年曰："朕虽素闻岳飞行军极有纪律，未知能破敌如此。"松年对曰："惟其有纪律，所以能破贼。"及捷奏至后殿，进呈，上曰："岳飞筹略，颇如人意。"令学士院降诏奖谕，仍遣中使传宣抚问，赐银合茶、药，并问劳将佐，犒赏有差。

【译文】

圣上闻听大喜，对胡松年说："朕素闻岳飞行军极有纪律，未知能破敌如此。"松年说："惟其有纪律，所以能破贼。"及至捷报传至后殿，进呈，圣上说："岳飞的谋略，颇如人意。"命令学士院下诏奖谕，从宫中派遣使者抚问，赐银合茶、药，并慰问将佐，按照功劳各有犒赏。

二十三日，复唐州。寻又复信阳军。擒伪知、通凡五十人，襄汉悉平。川、陕贡赋、纲马道路，至是始通行无阻焉。

【译文】

二十三日，克复唐州。又收复信阳军。擒住伪唐州知州、通判等五十人，襄汉都平定了。川、陕一带的贡物、赋税、马匹的转运的道路自此可以通畅无阻。

襄汉既平，先臣辞制置使，乞"委任重臣，经画荆、襄"。上赐诏不许。赵鼎奏："湖北鄂、岳，最为沿江上流控扼要害之所，乞令飞鄂、岳州屯驻。不惟淮西藉其声援，可保无虞，而湖南、二广、江、浙亦获安妥。"上乃以襄阳、随、郢、唐、邓、信阳并作襄阳府路，隶之先臣，寻移屯鄂州。

【译文】

襄汉已然平复了，先祖父辞制置使，请求朝廷"委派德高望重之臣，经营筹划荆、襄之地"。圣上赐诏不许。赵鼎上奏："湖北鄂州、岳州，尤其是沿江上流控扼的要害之处，乞请圣上命岳飞在鄂州、岳州屯驻。不仅可以在声势上支持淮西，可保无虞，而且湖南、二广、江、浙也可安妥。"圣上于是将襄阳、随州、郢州、唐州、邓州、信阳并作襄阳府路，隶属于先祖父管辖，先祖父不久后移屯于鄂州。

二十五日，除清远军节度使、湖北路、荆、襄、潭州制置使，依前神武后军统制，特封武昌县开国子、食邑五百户、食实封二百户。制词略云，“身先百战之锋，气盖万夫之敌。机权果达，谋成而动则有功；威信著明，师行而耕者不变”。“振王旅如飞之怒，月三捷以奏功；率宁人有指之疆，日百里而辟土。慰我后云霓之望，拯斯民涂炭之中。”辞意甚宠，又赐金束带一。

【译文】

二十五日，先祖父被授予清远军节度使，湖北路、荆、襄、潭州制置使，依前神武后军统制，特封武昌县开国子、食邑五百户、食实封二百户。制词上这样说：“身先百战之锋，气盖万夫之敌。机权果达，谋成而动则有功；威信著明，师行而耕者不变。”“振王旅如飞之怒，月三捷以奏功；率宁人有指之疆，日百里而辟土。慰我后云霓之望，拯斯民涂炭之中。”言辞上的意思甚是宠信，又赐先祖父金束带一条。

九月，兀术、刘豫称兵七十余万，（林贵报：山东二万，兀术二部不计数。赵进报：刘豫起发十万。陈香、于经等报：宿迁县两次见一万四千。张斌报：三太子与兀术所领共十万五千。密院所奏：谍报三万，又报马安抚二千，郭观察七千，三大王口四十万。积而计之，共当七十余万，并据堂札[①]指挥。）聚粮入寇，谍报警急。二十一日，令备军马、舟船，于冲要控扼之地分布防托，时具谍探动息及备御次第闻奏。二十五日，令照应荆、襄，控扼武昌一带，仍措置杨幺。二十七日，令体探的实，严切堤备。二十九日，令凡控扼处，分遣官兵，严密把截。如有警急，则鼓率将士，极力捍御掩杀，毋令透漏。冬十月五日，令疾速措置，更遣谍探，日一具奏。

【注释】

①堂札：犹堂帖。宋沈括《梦溪笔谈·故事一》：“曾见唐人堂帖，宰相签押，格如今之堂札子也。”后亦以泛称下行公文。

【译文】

九月，兀术、刘豫举兵七十余万，（林贵报：山东二万，兀术二部不计数。赵进报：刘豫起发十万。陈香、于经等报：宿迁县两次见一万四千。张斌报：三太子与兀术所领共十万五千。枢密院所奏：谍报三万，又报马安抚使二千，郭观察使七千，三大王口四十万。累计，共有七十余万，都依据自堂帖指挥。）屯聚粮食入侵，谍报警急。二十一日，朝廷命令准备军马、舟船，于要冲之地分布，防御抵拒，并要时时将谍探获得的虏人动息和我方防御准备的情况报告给圣上。二十五日，命令先祖父照应荆、襄，控制武昌一带，仍要部署讨捕杨么。二十七日，命令先祖父侦察虏人实情，严加防备。二十九日，命令凡是控扼处，要分遣官兵，严密把守堵截。如有危急情况，要鼓励将士极力抵御掩杀，毋令敌人透漏入境。冬十月五日，命令疾速措置，继续派遣谍探，每日都要呈文详奏。

虏入侵淮，急围庐州。上赐札曰：“近来淮上探报紧急，朕甚忧之，已降指挥，督卿全军东下。卿夙有忧国爱君之心，可即日引道，兼程前来。朕非卿到，终不安心，卿宜悉之。”先臣奉诏，出师池州，先遣牛皋渡江。

【译文】

虏人侵犯淮南西路，瞬间就围困了庐州。圣上赐札说：“近来得到淮上的探报，十分紧急，朕非常担忧，已降指挥，督促卿全军东下。卿夙有忧国爱君之心，可即日开道，兼程前来。朕非卿家到，终不能安心，卿宜该知道朕的意思。”先祖父奉诏，出师池州，先行派遣牛皋渡江。

十二月，自提其军趋庐州，与皋会。上遣李庭干赐先臣香、药，且赐札抚问。时伪齐已驱甲骑五千被城，皋以所从骑，遥谓虏众曰：“牛皋在此，尔辈胡为见犯！”虏众已愕然相视。及展“岳”字帜与“精忠”旗示之，虏众不战而溃。先臣谓皋曰：“必追之，去而复来，无益也。”皋追击三十余里，虏众相践及杀死者相半，杀其都统之副，及伪千户长五人，百户长数十人，擒番、伪兵八十余人，得马八十余匹，旗鼓、兵仗无数。军声大振，庐州遂平。

【译文】

十二月，先祖父亲自率兵赶赴庐州，与牛皋会合。圣上派李庭干前来赏赐先祖父香、药，并赐札进行抚问。此时伪齐已驱甲骑五千人压城，牛皋率领从骑，远远地就对虏人说：“牛皋在此，尔辈何为见犯！”虏人皆愕然相视。等到展开“岳”字旗与“精忠”旗示人，虏众皆不战而溃。先祖父对牛皋说：“一定要追击，他们去必复来，这样不好。”牛皋追击了三十余里，虏众相互践踏以及被杀死者过半，战斗中杀其副都统，及伪千户长五人、百户长数十人，擒番、伪兵八十余人，得马八十余匹，旗鼓、兵器不计其数。军声大振，庐州平复。

绍兴五年，乙卯岁，年三十三。

入觐。赐银、绢等。除镇宁、崇信军节度使，充湖北、荆、襄、潭州制置使。除荆湖南、北、襄阳府路制置使，升都统制。大破杨么。降黄佐、杨钦。擒陈贵等。斩杨么、钟仪。擒黄诚、刘衡。赐银合茶、药。加检校少保。除湖南、北、襄阳府路招讨使。赐银合茶、药。

春二月，先臣入觐。上赐银、绢二千匹、两，承信郎恩命一，母封国夫人，孺人封号二，冠帔三，眷礼甚厚。赐诸将金束带，及牛皐以下二十九人，并立功官兵五百四十六人各转资、受赏有差。授镇宁、崇信军节度使，依前神武后军统制，充荆湖北路、荆、襄、潭州制置使，加食邑五百户、食实封二百户，进封武昌郡开国侯。制词有曰："阅礼乐而厉廉隅[①]，德逊有君子之操；援桴鼓[②]而先士卒，忠蹇匪王臣之躬。"又曰："于疆于理[③]，威行襄汉之山川；如飞如翰，名动江淮之草木。"又曰："万骑鼓行，震天声于不测；千里转战，夺勇气于方张。力捍孤城，系俘群丑。"又以明堂恩加食邑五百户、食实封二百户。

【注释】

①廉隅：指朝堂。

②桴鼓：指战鼓。

③疆、理：疆域。

【译文】

先祖父入朝觐见。圣上赐银、绢等。授镇宁、崇信军节度使，充湖北、荆、襄、潭州制置使。授荆湖南、湖北、襄阳府路制置使，升为都统制。大破杨么。招降黄佐、杨钦。擒陈贵等。斩杨么、钟仪。擒黄诚、刘衡。圣上赐银合茶、药。加官检校少保。授湖南、湖北、襄阳府路招讨使。圣上赐银合茶、药。

春二月，先祖父入朝觐见。圣上赐银二千两、绢二千匹，亲属授承信郎的恩命一道，其母封为国夫人，给家中女眷的孺人封号二道，冠帔三道，赏赐礼遇甚为丰厚。赐诸将金束带，包括牛皋以下二十九人，五百六十四名官兵升迁官阶、按功劳受赏。授先祖父镇宁、崇信军节度使，依前神武后军统制，充荆湖北路、荆、襄、潭州制置使，加食邑五百户、食实封二百户，进封武昌郡开国侯。制词有曰："谦逊守节，熟知礼乐有君子之操守；尽忠国事，执兵上阵能身先士卒。"又曰："统军抚民，威震襄汉；行军迅捷，名动江淮。"又曰："王师出征，威震山海，千里行军，势气高涨。守城御敌，斩获无数。"又以明堂恩加食邑五百户，食实封二百户。

十二日，除荆湖南、北、襄阳府路制置使、神武后军都统制，招捕杨么。杨么者，鼎州钟相之余党。楚人谓幼为"么"，故称么云。

【译文】

十二日，授先祖父荆湖南、北、襄阳府路制置使、神武后军都统制，招捕杨么。杨么，是鼎州钟相的余党。楚地的人称幼为"么"，故称么。

自建炎末，相败死，么率其余部居湖湘间，其徒有杨钦、刘衡、周伦、黄佐、黄诚、夏诚、高老虎等。数年间，聚兵至数万，立相之子仪，谓之"钟太子"，与么俱僭称王，官属名号、车服仪卫，并拟王者居，有三衙大军，所居之室称曰"内"，文书行移[①]，不奉正朔。蹂践鼎、澧，窥觎上流。程昌禹以车船拒之，尽为所获。水军吴全、崔增一战不返，兵力益强。根据龙阳、武陵、沅江、湘阴、安乡、华容诸县，水陆千里，操舫出没。东犯岳阳，至临湘县；西犯江陵之石首，至枝江县；北犯江陵，至荆门；南犯潭州，至巴溪，为患不一。官军陆袭则入湖，水攻则登岸。大将王瓔出师两年，屡战不効，贼气愈骄。

【注释】

①行移：文书泛称。

【译文】

自建炎年末，钟相败死，杨么率领余部居住在湖湘间，其从众有杨钦、刘衡、周伦、黄佐、黄诚、夏诚、高老虎等。数年间，聚兵有数万人，立钟相之子钟子仪，称之为“钟太子”，与杨么僭越称王，官属名号、车服仪卫，都仿照国君的礼仪自居，设有三衙大军，所居住的地方称“内”，文书行移，不奉正朔。蹂躏鼎州、澧州一带，窥视觊覦上流。程昌禹以车船抵御，反尽为杨么俘获。水军将领吴全、崔增战败不返，贼人兵力日渐强盛。盘踞龙阳、武陵、沅江、湘阴、安乡、华容诸县，水陆千里，操舟出没。向东侵犯岳阳，至临湘县；向西侵犯江陵的石首，至枝江县；向北侵犯江陵，至荆门；向南侵犯潭州，至巴溪，不止在一处为患。官军从陆路攻击，贼人就入湖躲藏，官军从水路攻击，贼人就登岸避开。大将王瓔出师两年，屡屡作战皆不成功，贼人的气焰愈来愈骄纵。

一时将帅皆谓不可以岁月成功。为宵旰[①]忧，又甚于边寇。时先臣所部皆西北人，不习水战。先臣独曰：“兵亦何常，惟用之如何耳。今国势如此，而心腹之忧未除，岂臣子辞难时耶！”

【注释】

①宵旰：源自“宵衣旰食”，指天不亮就穿衣起身，天黑了才吃饭。形容工作非常勤勉，多用以称颂帝王勤于政事。也可以借指帝王。

【译文】

一时间将帅都认为即使成年累月的围剿，成功的希望也相当渺茫。圣上为之忧虑，又甚于边患。当时先祖父的部伍皆是西北人，不习水战。先祖父却说：“用兵哪里有常法，只看如何用之。如今国势如此，国家心腹之忧未除，岂是臣子推辞为难的时候！”

三月，奉诏，自池进兵于潭。遇天久雨，泥淖没膝，士徒艰涉。先臣躬自涂足，沾渍衣体，以示劝，皆奋跃忘劳。所过肃然，民不知军旅之往来。上闻之，曰：“岳飞移军潭州，经过无毫发搔扰，村民私遗士卒酒食，即时还价，所至欢悦。”赐诏奖谕，有曰：“连万骑之众，而桴鼓不惊；涉千里之涂，而樵苏无犯。至发行赍之泉货，用酬迎道之壶浆。所至得其欢心，斯以宽予忧顾。”

【译文】

三月，先祖父奉诏进兵，自池州进兵至潭州。天遇久雨，泥淖没膝，士卒徒步行走艰难。先祖父便也下马步行，衣服身体沾满泥浆，激励部卒，士卒们皆奋跃忘劳。所过之处井然有素，百姓竟不知有军队路过。圣上听闻，说：“岳飞移军潭州，所过之处秋毫无犯，百姓私自送给士卒酒食，士卒当即付钱，所至之处皆欢悦。”故圣上特颁诏奖谕说：“连万骑之众，而桴鼓不惊；涉千里之途，而樵苏无犯。至发行赍之泉货，用酬迎道之壶浆。

所至得其欢心，斯以宽予忧顾。”

将至潭，先遣使持檄，至贼中招之。先是，鼎州太守程昌禹遣刘醇，荆湖南、北宣抚使孟庾遣朱实，湖、广宣抚使李纲遣朱询，荆南镇抚使解潜遣史安，湖南及诸军遣晁遇十七人，邵州太守和璟亦累遣人招安，皆为贼所杀。至是所遣之使叩头伏地，曰：“节使遣某，犹以肉喂饥虎也。宁受节使剑，不忍受逆贼辱。”先臣叱之起，曰：“吾遣汝，汝决不死。”使者起，受命以行。至其境，望见贼巢，即厉声呼曰：“岳节使遣我来！”诸寨开门延之，使者以檄授贼，贼捧檄钦诵，或问：“岳节使安否？”虽叛服之志未齐，然皆不敢萌异意。

【译文】

快到潭州时，先派遣使者持檄文，到贼营中招降。此前，鼎州太守程昌禹曾遣刘醇，荆湖南、北路宣抚使孟庾遣朱实，湖、广宣抚使李纲遣朱询，荆南镇抚使解潜遣史安，湖南及诸军遣晁遇十七人，邵州太守和璟亦多次遣人招安，都被贼人所杀。以至于后来被派去招安的人叩头请辞，说：“节使遣某，就如同以肉喂饥虎也。宁受节使剑，不忍受逆贼辱。”先祖父呵斥其起来，说：“我派你去，你绝不会死。”使者起来，受命前去，入了贼境，望见贼巢，即厉声高呼说：“岳节使遣我来！”贼人打开诸寨门相请，使者将檄文交给贼人，贼人皆捧檄文恭敬地诵读，还有人问：“岳节使安否？”虽然是叛是服的心思尚不统一，但众贼皆不敢心存异意。

于是，么之部将黄佐谓其属曰：“吾闻岳节使号令如山，不可玩也。若与之敌，我曹万无生全理，不若速往就降。岳节使，诚人也，必善遇我。”率其所部，诣潭城降。皆再拜，先臣释其罪，慰劳之。即日闻于朝，擢佐武义大夫、閤门宣赞舍人，赏予特厚。佐出，复单骑按其部，抚问甚至。

【译文】

于是，杨么的部将黄佐对他的部属说：“听说岳节使号令如山，我们不可轻慢。若与他为敌，我们万万没有生还的理由，不如速去投降。岳节使，是诚信之人，必会善待我们。”遂率所部，到潭州城投降。皆是再三而拜，先祖父宽恕其罪，安抚慰劳。即日报告朝廷，擢升黄佐为武义大夫、閤门宣赞舍人，奖赏非常丰厚。黄佐出来，又单骑回去考察其部属，抚问备至。

明日，召佐，使坐，命具酒与饮。酒酣，抚佐背，谓曰：“子真丈夫，知逆顺祸福者无如子。子姿力雄鸷，不在时辈下，果能为朝廷立功名，一封侯岂足道哉！吾欲遣子复至湖中，视有便利可乘者，擒之；可以言语劝者，招之。子能卒任吾事否？”佐感激至泣，再拜谢先臣，曰：“佐受节使厚恩，虽以死报，佐不辞，惟节使命！”乃遣佐归湖中。又有战士三百余人来降，先臣皆委曲慰劳，命其首领以官，优给银绢。纵之，听其所往，有复入湖者，亦弗问。居数日，又有二千余人来降，先臣待之如初。

时张浚以都督军事至潭州。参政席益与浚备语先臣所为，谓浚曰：“岳侯得无有他意，故玩此寇。益欲预以奏闻，如何？”浚笑曰：“岳侯，忠孝人也，足下何独不知？用兵有深机，胡可易测！”益惭而止。

【译文】

次日，先祖父召黄佐，让他坐下，一起饮酒。饮至尽兴时，先祖父抚着黄佐的后背，说："您真是大丈夫，知晓逆顺祸福。况且您姿力雄鸷，不在他人之下，如果能为朝廷建立功名，封侯都不足为道！我现在想要请您再回到湖寨中，看有可乘之机的，就擒住；可用言语相劝的，就招降。您能为我做这件事吗？"黄佐感动流泣，再三拜谢先祖父说："黄佐深受岳节使厚恩，愿以死相报，黄佐愿意唯节使之命是从。"于是派黄佐回去。又有战士三百余人前来投降，先祖父皆殷勤慰劳，给其首领授官，并且厚赐银绢。放他们回去，听其所往，有又回到湖寨中的，亦不相问。过了数日，又有二千余人来降，先祖父依旧待之如前。

此时张浚以都督军事的身份到潭州。参政席益对张浚详细说起先祖父的所为，对张浚说："岳侯是否有他意，故而消极抗敌，席益欲上奏朝廷，可否？"张浚笑说："岳侯是忠孝的人，足下难道不知吗？用兵亦有深机，怎能妄作猜测！"席益惭愧而止言。

夏四月，黄佐袭周伦寨，击之，伦大败走，杀死及掩入湖者甚众。擒其统制陈贵等九人，夺衣甲、器仗无数，寨栅、粮、船焚毁无遗者。佐遣人驰报先臣，先臣即上佐功。转武经大夫，仍抚劳所遣将士，第功以闻。

【译文】

夏四月，黄佐袭击周伦的营寨，周伦大败逃走，被杀的以及被掩入湖而死的人甚多。擒获其统制陈贵等九人，夺衣甲、器仗无数，焚毁其寨栅、粮、船无一遗留。黄佐遣人飞报先祖父，先祖父立即向朝廷上报黄佐之功。朝廷升黄佐为武经大夫，先祖父仍抚慰所遣将士，评定他们的功劳等次，上报朝廷。

统制任士安慢王𤩽令，不战。先臣鞭士安一百，使饵贼，曰："三日不平贼，斩之！"士安乃扬言："岳太尉[①]兵二十万至矣！"及所见，止士安等军耳。贼乃并兵永安寨，攻之。先臣遣兵设伏，士安等战垂困，伏兵乃起，四合击之，贼众败走，获战马、器甲无数。又追袭过苟陂山，所杀获不可胜计。士安复移军，与牛皋屯龙阳旧县之南，逼近贼巢。贼出攻之，官军迎击，贼又败走。

【注释】

①太尉：武阶名。政和二年九月将原三公官中的太尉废除，改太尉为武阶之首。政和二年十月将太尉定为正二品，在执政官之下、节度使之上。（据《宋代官制辞典》，第593页。）但当时岳飞尚未授官太尉。宋代太尉一词又往往作为对武将的尊称。

【译文】

统制任士安不听王躞的军令，没有出战。岳飞对任士安处以一百鞭的责罚，令他前去诱贼，并说："如三日不平定贼人，就将你斩首！"士安对外声言说："岳太尉兵二十万至矣！"直到看到任士安的军队，贼人才知道只有士安一军。贼人并兵在永安寨，攻击任士安军。先祖父事先于此遣兵设伏，士安等人战到危困之际，先祖父的伏兵四起，并兵合击，贼众败走，缴获战马、器甲无数。又乘胜追袭过苟陂山，杀获不可计数。士安又移军，与牛皋屯兵在龙阳旧县之南，逼近贼巢。贼人出来攻打，官军进行迎击，贼人又败走。

上赐札谕之曰："朕以湖湘之寇，逋诛累年，故特委卿，为且招且捕之计，欲使恩威并济，绥靖一方。闻卿措画得宜，朕甚嘉之。"

【译文】

圣上赐札晓谕："朕因湖湘之寇，逃避诛罚多年，故特委派卿前去，采用且招且捕之计，以使恩威并济，使其一方安定。听闻卿家措画得宜，朕心中甚是嘉许。"

五月，有旨召张浚还。浚得诏，谓先臣曰："浚将还矣，节使经营湖寇，已有定画否？"先臣袖出小图，以示浚曰："有定画矣。"浚按图熟视，移时，谓先臣曰："浚视此寇，阻险穷绝，殆未有可投之隙。朝廷方召浚归，议防秋[①]。盍且罢兵，规画上流，俟来岁徐议之。"先臣曰："何待来年，都督第能为飞少留，不八日，可破贼。都督还朝，在旬日后耳。"浚正色曰："君何言之易耶？王四厢[②]两年尚不能成功，乃欲以八日破贼，君何言之易耶！"先臣曰："王四厢以王师攻水寇，则难；飞以水寇攻水寇，则易。"浚曰："何谓以水寇攻水寇？"先臣曰："湖寇之巢，艰险莫测，舟师水战，我短彼长，入其巢而无乡导，以所短而犯所长，此成功所以难也。若因敌人之将，用敌人之兵，夺其手足之助，离其腹心之援，使桀黠孤立，而后以王师乘之，覆亡犹反手耳。飞请除来往三程，以八日之内，俘诸囚于都督之庭。"浚亦未信，乃奏曰："臣只候六月上旬，若见得水贼未下，即召飞前来潭州，分屯潭、鼎人马，规画上流军事讫，赴行在。"先臣遂如鼎州。

【注释】

①防秋：古代西北各游牧部落，往往趁秋高马肥时南侵。届时边军特加警卫，调兵防守，称为"防秋"。这里指为防备金、伪齐军在秋天南侵而进行的防守部署。

②王四厢：这里指代王𤫉。《建炎以来系年要录》卷七九：

“捧日、天武四厢都指挥使、庆元军承宣使、神武前军统制、充荆南府、潭、鼎、澧、鄂、岳等州制置使瓆降授龙、神卫四厢都指挥使。”据《宋史》卷一九四《兵志》，捧日、天武、龙卫和神卫为北宋禁兵最高等“上四军”，但南宋时，上四军的编制仅存空名，四厢都指挥使亦是虚衔。

【译文】

五月，朝廷下诏让张浚回朝，张浚得到诏书后，对先祖父说：“我将要回朝，节使怎样讨伐湖寇，心中可有谋划？”先祖父从袖中拿出小图，展开给张浚看说：“已经有定画了。”张浚按图细看，过了一会儿，对先祖父说：“我看讨伐此寇，艰险穷绝，一时似无可乘之隙。现在朝廷下诏让我回去，商议防秋之事。何不先且罢兵，规划上游的军事，等到来年再慢慢商议除寇之事。”先祖父说：“哪里需要等到来年，请都督但能为岳飞停留几日，不出八日，便可破贼。都督还朝，应当在旬日之后。”张浚正色说：“您为什么说得这么容易！王四厢花了两年时间尚不能成功，想用八日破贼，说得太容易了吧！”先祖父说：“王四厢以王师攻水寇，则难；岳飞利用水寇攻水寇，则容易。”张浚说：“什么是以水寇攻水寇？”先祖父说：“湖寇的巢穴，艰险莫测，如果采用水战，是我们的短处、他们的长处，进入敌人的巢穴没有向导，又以自己的短处去攻打对方的长处，想要成功是非常难的。如果用敌人之将，用敌人的兵，夺其手足相助，离间腹心之援，使之孤立，然后王师再乘机剿伐，消灭他们则易如反掌。我请求除去来往三日行程，在八日之内，俘获敌人诸首领于都督庭前。”张浚仍不敢相信，于是上奏说：“臣在这里只等候至六月上旬，若见水贼还没有被消灭，立即招岳飞来潭州，分屯潭州、鼎州人马，规划上游军事毕，即赴行在。”先祖父于是去了鼎州（督战杨么）。

六月二日，杨钦受黄佐之招，率三千余人，乘船四百余艘，诣先臣降。先臣喜，私谓左右曰："黄佐可任也。杨钦，骁悍之尤者，钦今乃降，贼之腹心溃矣。"钦自束缚，至庭。先臣命解其缚，以所赐金束带、战袍予之，即日闻奏，授武义大夫。又命具酒，使王贵主之，礼遇甚厚，及所部犒赏有差。钦感激不自胜，所部皆喜跃，恨降晚。先臣乃复遣钦归湖中，诸将皆力谏，先臣不答。越两日，钦尽说全琮、刘诜等降。未降者尚数万，先臣诡骂曰："贼不尽降，何来也！"杖之，复令入湖。是夜，以舟师掩其营，併俘钦等，其余党杀获略尽。

【译文】

六月二日，杨钦受黄佐招降，率三千余人，乘船四百余艘，前来投降先祖父。先祖父大喜，私下对左右说："黄佐可以任用。杨钦乃骁勇强悍之人，杨钦已经降，贼人的内部也已经溃散了。"杨钦自缚而来至庭前。先祖父命人给他松绑，还将圣上赏赐的金束带、战袍转赠给他，即日上报，授予武义大夫的武官阶。又命备酒，让王贵来主持，礼遇甚厚，按功犒赏其属下。杨钦不胜感激，所率部属也都欢欣踊跃，只恨自己投降太晚。先祖父又派杨钦回到湖中，诸将皆劝谏，先祖父不作答。两日后，杨钦全力说服全琮、刘诜等人来降。但未投降者尚有数万人，先祖父假装发怒，责成说："贼人不全部投降，就不用再来了！"以杖罚之，又令他入湖。这夜，以舟师掩击其营，俘获杨钦等人，其余党杀获将尽。

惟杨么负固不服，方浮游湖上，夸逞神速，其舟有所谓望三州、和州载、五楼、九楼、大德山、小德山、大海鳅头、小海鳅头，以数百计。舟以轮激水，疾駃如羽，左右前后俱置撞竿，官舟犯之，辄破。又官舟浅小，而贼舟高大，贼矢石自上而下，而官军仰面攻之，见其舟而不见其人。

【译文】

只有杨么冥顽不灵，坐船在湖上游荡，夸耀自己的战船神速，他的船有所谓望三州、和州载、五楼、九楼、大德山、小德山、大海鳅头、小海鳅头，数以百计。船靠轮子激水前进，行驶速度快如箭羽，船的前后左右皆设有撞竿，官船接近后，可用撞竿击碎。又因官舟浅而小，而贼船高而大，贼人用矢石自上而下投掷，官军仰面进攻，只能见其舟而不能见其人。

先臣取君山之木，多为巨筏，塞湖中诸港。又以腐烂草木，自上流浮而下。择视水浅之地，遣口伐者二千人挑之，且行且詈。贼闻詈，不胜愤，争挥瓦石，追而投之。俄而草木坌积舟轮下，胶滞不行。先臣亟遣军攻之，贼奔港中，为筏所拒。官军乘筏，张牛革以拒矢石，群举巨木撞贼舟，舟为之碎。杨么举钟仪投于水，继乃自仆。牛皋投水，擒么至先臣前，斩首，函送都督行府。伪统制陈韬等亦劫钟仪之舟，获金交床、金鞍、龙凤簟以献，率所部降。先臣亟领黄佐、杨钦等军入贼营，余酋大惊，曰："是何神也！"夏诚、刘衡俱就擒。黄诚大惧，不知所为，亟与周伦等首领三百人俱降。

【译文】

先祖父命人砍伐君山上的树木，制成许多巨筏，塞入湖中诸港汊。又用腐木烂草，自上流飘流而下。择水浅之地，遣二千名善于骂阵的士兵前去挑衅，且行且骂。贼人听到骂阵，不胜气愤，挥起瓦石追打。不一会儿就造成草木聚积在舟轮下，舟轮受阻不能前行。先祖父急忙令兵士进攻，贼人奔逃至港中，又为筏子所拦。官军乘筏，张开牛革以挡住贼人的矢石，众人举起巨木，把贼船撞碎。杨么把钟仪投入水中，继而自己也跳入水。牛皋看到后也跳入水中，将杨么擒至先祖父面前，杨么被斩下首级，装在匣子里送往都督行府。伪统制陈瑫等人亦劫获钟仪的大船，缴获金交床、金鞍、龙凤簟等物献给朝廷，并率所部前来投降。先祖父速带黄佐、杨钦的军队进入贼营，其余首领皆大惊，说："是何方神人！"夏诚、刘衡俱束手就擒。黄诚大惧，不知所为，急忙与周伦等首领三百余人投降。

牛皋请曰："此寇逋诛，罪不容数，劳民动众，亦且累年。若不略行剿杀，牛皋不知何以示军威？"先臣曰："彼皆田里匹夫耳，先惑于钟相妖巫之术，故相聚以为奸；其后乃沮于程吏部欲尽诛雪耻之意，故恐惧而不降。日往月来，养成元恶，其实但欲求全性命而已。今杨么已被显诛，钟仪且死，其余皆国家赤子，苟徒杀之，非主上好生之意也。"连声呼，谓官军曰："勿杀！勿杀！"牛皋敬服其言而退。

【译文】

牛皋请示说："这些贼寇逃窜经年不能消灭，罪孽深重，劳民动众，亦已多年。如果不略加剿杀，牛皋不知何以示我军威。"先祖父说："他们都是田野匹夫，开始时是受钟相妖巫之术所蒙蔽，所以相聚为奸；后来又受程吏部要尽诛雪耻的意志所恐吓，故而不敢投降。日往月来，养成首恶，其实只是为了苟且偷生而已。今日主凶杨么已被斩首示众，钟仪也死，其余众人皆是国家赤子，徒然杀之，违背了圣上好生之意。"连声对官军大呼："勿杀！勿杀！"牛皋敬服先祖父之言而退下。

先臣亲行诸寨，慰抚之。命少壮强有力者籍为军，老弱不堪役者各给米粮，令归田。有自请归业者二万七千余户，先臣皆给据而遣之。又命悉贼寨之物，尽散之诸军，而纵火焚寨，凡焚三十余所。揭榜于青草、洞庭湖上，不数日，行旅之往来，居民之耕种，顿若无事之时然。湖湘悉平。是役也，获贼舟凡千余，鄂渚水军之盛，遂为沿江之冠。

【译文】

先祖父亲自到诸营寨，慰问安抚。把少壮有力的兵士编入军队，老弱不堪为役者给以米粮，令其归田务农。有自愿归复正业者二万七千余户，皆发给公据遣散。又命凡是贼寨之物，尽散给诸军，而后焚其营寨，有三十余所。揭榜于青草、洞庭湖上，不过数日，行旅往来其间，居民耕种稼穑，就像从来没有发生过征战一样。湖湘已然平定。此役共缴获贼舟千余艘，鄂州水军之强盛，从那时起成为沿江之冠。

自其与浚言，至贼平，果八日。浚叹曰："岳侯殆神算也！"即日上之朝。上遣内侍一员，至先臣军前，传宣抚问，仍赐银合茶、药，及抚劳将士。赐诏褒谕，有曰："湖湘阻深，奸凶啸聚，曩[①]命往伐，用非其人，轻敌寡谋，伤威损重，遂令孽寇，久稽灵诛。卿勇略冠军，忠义绝俗，肃将王命，隃集长沙。威棱[②]所加，已闻声而震叠；恩信既著，宜传檄而屈降。消时内侮之虞，宣予不杀之武。"又赐札曰："非卿威名冠世，忠义济时，先声所临，人自信服，则何以平积年啸聚之党，于旬朝指顾之间。不烦诛夷，坐获嘉靖，使朕恩威兼畅，厥功茂焉！"

【注释】

①曩：以往，从前。

②威棱：威力，威势。

【译文】

自从先祖父与张浚说八日可以平寇，至平寇，果然是八日。张浚赞叹说："岳侯近于神算也！"即日上报朝廷。圣上遣内侍一名，来至先祖父军中传宣抚问，又赐银合茶、药，及抚劳将士。并赐诏褒奖，有曰："湖湘阻深，奸凶啸聚，曩命往伐，用非其人，轻敌寡谋，伤威损重，遂令孽寇，久稽灵诛。卿勇略冠军，忠义绝俗，肃将王命，隃集长沙。威棱所加，已闻声而震叠；恩信既著，宜传檄而屈降。消时内侮之虞，宣予不杀之武。"又赐亲札说："非卿威名冠世，忠义济时，先声所临，人自信服，则何以平积年啸聚之党，于旬朝指顾之间。不烦诛夷，坐获嘉靖，使朕恩威兼畅，厥功茂焉！"

初，有唐生居鼎州，尝与程昌禹论湖寇之险，曰："他人寨栅，犹或可入，如杨么寨，则虽虎豹不可入也。"昌禹曰："然则奈何？"唐生作俚语应之曰："除是飞，便会入去。"昌禹大笑曰："世间岂有生肉翅人可使耶！"顾谓僚属曰："兹事当且止也。"又夏诚、刘衡等尝自诧曰："吾城池楼橹如此，欲犯我，除是飞来。"至是始验。时有卢奎者，作《鼎澧闻见录》，述其事，其末曰："半月之间，谈笑以平群贼，使有船者不能远去，有寨者不能坚守，几于不战屈人。"纪其实也。

【译文】

当初，有一位姓唐的书生居住在鼎州，曾与程昌禹谈论湖寇的险阻，说："他人寨栅，有的或许可入，但是像杨么寨这样的，即便是虎豹也不可进入。"昌禹说："可有办法？"唐生用民间俚语回答说："除非是飞进去。"昌禹听后大笑说："世间岂有生肉翅人可用呢！"对周围的下属说："这事只能到此为止了。"又有夏诚、刘衡等人自夸其寨栅牢固，说："我城池楼橹如此强盛，人欲犯我，须是飞来。"后来果然应验了。当时有个叫卢奎的人，作《鼎澧闻见录》，叙述其事，结尾说："半月之间，谈笑以平群贼，使有船者不能远去，有寨者不能坚守，几于不战屈人。"以纪录其实。

有旨，兼蕲、黄州制置使，以目疾乞解军事，上不许。既而疾稍瘳，先臣不复请，强起视事。又有旨，令先臣军以三十将为额。八月二十二日，有旨，令先臣于襄阳府路、复州、汉阳军乡村民社置山城水寨处，疾速措置备御事务，具已施行状闻奏。

【译文】

朝廷有旨，令先祖父兼任蕲、黄州制置使，先祖父以患目疾乞请解除军职，圣上不允。先祖父待目疾稍有起色，不再请求解除军职，勉强起来视事。又有旨意，令先祖父军队编制扩充至三十将为限额。八月二十二日，有旨，下诏令先祖父在襄阳府路、复州、汉阳军的乡村民社设置山城水寨，疾速部署防备和守御事务，并将已施行的情况上奏朝廷。

秋九月，加检校少保、食邑五百户、食实封二百户，进封开国公。制词有曰："得好生于朕志，新旧染于吾民。支党内携，争掀狡窟；渠魁[①]面缚，自至和门[②]。服矢弢弓，尽散潢池[③]之啸聚；带牛佩犊，悉归田里之流逋。清湖湘累岁荡泊之菑[④]，增秦蜀千里贯通之势。"还军鄂州，益自奋厉，日率将士，阅习师徒，军容甚整。张浚按视，还朝以闻。冬十月，上赐诏褒谕。十二月，除荆湖南、北、襄阳府路招讨使。十五日，遣赐腊药。二十一日，遣使传宣抚问，赐银合茶、药。

【注释】

①渠魁：大头目；首领。

②和门：军营之门。

③潢池：《汉书·循吏传·龚遂》载，“海濒遐远，不沾圣化，其民困于饥寒而吏不恤，故使陛下赤子盗弄陛下之兵于潢池中耳”。后因以“潢池弄兵”谓造反，叛乱。

④菑：初耕的田地。

【译文】

秋九月，加先祖父检校少保，食邑五百户，食实封二百户，进封开国公。制词有曰：“能深切体会朕好生恶杀之心，导民向善，惠及百姓。寇盗党羽争相归顺，协助官军攻破贼穴。匪首走头无路，自缚请降。啸聚山林之辈全都自动解散，流亡在外之民得以重新回乡耕种。肃清了湖湘地区连年的动荡之忧，贯通了秦蜀地区与朝廷的联系道路。”先祖父回军鄂州，越发地激励军队，率将士操练，军容整肃。张浚前来视察，回朝时向朝廷报告所见所闻。冬十月，圣上赐诏褒谕先祖父。十二月，授先祖父荆湖南、北、襄阳府路招讨使。十五日，圣上赐腊药。二十一日，圣上遣使传宣抚问，赐银合茶、药。

卷第七

经进鄂王行实编年卷之四

绍兴六年，丙辰岁，年三十四。

梁兴来。兼营田使。入觐。赐金器。移屯襄阳。易武胜、定国军节度使，除宣抚副使。周国夫人姚氏薨，起复[①]。攻虢州寄治卢氏县。复商州。复长水县。战业阳，斩孙都统，擒满在。战孙洪涧。焚蔡州。援淮西。战何家寨，擒薛亨、郭德等。战白塔。战牛蹄。赐银合茶、药。赐鞍、简、香、茶。

【注释】

①起复：宋代官员有三年守父母丧（丁忧）之制，在守丧期内，须解官持丧服。丧期满复职称"服阕"，如丧期未满，朝廷特许或特诏复职者，称"起复"。"起复"任事之后，该官员官衔前系"起复"二字。（据《宋代官制辞典》，第652页。）

【译文】

梁兴来归。朝廷任命先祖父兼任营田使。入朝觐见。赐先祖父金器。移兵屯驻襄阳。改授武胜、定国军节度使，授宣抚副使。周国夫人姚氏薨，先祖父起复。攻占虢州州治卢氏县。克复商州。克复长水县。作战业阳，斩杀（伪齐顺州安抚司）孙都统，擒（后军统制）满在。作战于孙洪涧。焚蔡州。增援淮西。作战何家寨，擒薛亨、郭德等。作战白塔。作战牛蹄。赐先祖父银合茶、药。以及赐鞍、简、香、茶。

春正月，太行山忠义保社梁兴等百余人，夺河径渡，至先臣军前。先臣以闻，上曰："果尔，当优与官，以劝来者。若此等人来归，方见敌情。"遂诏先臣接纳。

【译文】

春正月，太行山忠义保社梁兴等百余人，夺取了黄河的渡口，径直渡河投奔先祖父军中。先祖父把这件事上报了朝廷，圣上言："若是这样，应当赐予梁兴优厚的官职，以此来规劝、鼓励今后投奔的人。这样的人来归附，方可知道敌人的情形。"于是下诏令先祖父接贤纳士。

二月，兼营田使。以都督行府议事，至平江府，自陈去行在所不远，愿一见天颜。九日，得旨引见。面奏："襄阳、唐、邓、随、郢、金、房、均州、信阳军旧隶京西南路，乞改正如旧制。"又奏："襄阳自收复后，未置监司[①]，州县无以按察。"上皆纳之，以李若虚为京西南路提举兼转运、提刑公事。又令湖北、襄阳府路如有阙官，自知、通以下，许先臣自择强明清干者任之，及得荐举改官，升擢差遣，其有蠹政害民、赃污不法者，得自对移[②]放罢。十九日，陛辞，上赐酒器金二百两，士卒犒赏有差。

【注释】

①监司：为路监司的简称。为宋代路一级地方机构安抚司、转运司、提刑司、提举常平司等的总名。（据《宋代官制辞典》，第478页。）

②对移：因不称职或避嫌，而令两处官员对调，称"对

移”。（据《宋代官制辞典》，第653页。）

【译文】

二月，朝廷任命先祖父兼任营田使。因要到都督行府议事，至平江府，先祖父自陈平江府距离行在所不远，愿意去觐见圣上。九日，得旨获引导入见。先祖父面奏：“襄阳、唐州、邓州、随州、郢州、金州、房州、均州、信阳军旧时隶属京西南路，请求圣上改如旧制。”又上奏：“自从襄阳收复后，尚未置监司，致使州县无人巡视察看。”先祖父的建议都得到了圣上的采纳，圣上任命李若虚为京西南路提举兼转运、提刑公事。又下令湖北、襄阳府路如果有官位空缺，自知州、通判以下的官员，允许先祖父自行裁夺任用精明强干又清廉的人员，也可以举荐改官，升擢差遣，其中若有祸国害民、贪赃枉法的官员，先祖父可自行对其采取对移或罢官的处置。十九日，先祖父上殿辞别圣上，圣上赐酒器、金二百两，士卒按等级皆有所犒赏。

都督张浚至江上，会诸大帅，浚于座中独称先臣可倚以大事。乃命韩世忠屯承、楚，以图淮阳。刘光世屯庐州，以招北军，张俊屯盱眙，杨沂中为俊后翼。特命先臣屯襄阳，以窥中原，谓先臣曰：“此事，君之素志也，惟君勉之！”先臣奉命，遂移屯京西。

【译文】

都督张浚沿江巡视，会见诸路大帅，张浚在聚会中唯独称先祖父是可以倚重而成大事之人。乃命韩世忠屯兵扼守承州、楚州，以图取淮阳。刘光世屯兵驻守庐州以便招募北方投奔来的军队，张俊屯兵驻守盱眙，杨沂中作为张俊的后翼。张浚特意命先祖父屯兵驻守襄阳，以便谋划克复中原之策，并对先祖父说：

“锐意收复中原故土，乃君素来之志愿，君要勉力图之！”先祖父奉命，于是调防屯驻京西。

三月，易武胜、定国两镇之节[①]，除宣抚副使，置司襄阳，加食邑五百户、食实封二百户。制词有曰：“洛都甫迩，王气犹在于伊尘；陵寝具存，庙貌[②]未移于钟虡。”所以寓责望之意深矣。先臣以宣抚重名，自非廊庙近臣及勋伐高世者不可委授，上章力辞。上赐诏曰：“汉高帝一日得韩信，斋戒筑坛，拜为大将，授数万之众。虽举军尽惊，而高帝不以为过，与待绛、灌、樊、郦辈计级受赏者，盖有间矣。岂非用人杰之才，固自有体耶？卿智勇兼资，忠义尤笃，计无遗策，动必有成，勋伐之盛，焜耀一时，岂止与淮阴侯初遇高帝比哉！”

【注释】

①易武胜、定国两镇之节：宋承唐制，于重要州府内设置节镇。宋时，节度使已成虚衔，不必赴镇。岳飞已于之前的绍兴四年八月任清远军节度使，绍兴二年五月又移镇为镇宁、崇信军节度使，绍兴六年三月改武胜、定国军节度使。当时，兼任两镇、三镇节度使为“希阔之典”，移镇、改任亦为“恩宠”之典。

②庙貌：《诗·周颂·清庙序》郑玄笺，“庙之言貌也，死者精神不可得而见，但以生时之居，立宫室象貌为之耳”。因称庙宇及神像为庙貌。

【译文】

三月，先祖父移镇、改任武胜、定国军节度使，授宣抚副使，置司襄阳，加食邑五百户、食实封二百户。制词中说：“西京洛阳不远，帝气尚在伊水瀍河之间；祖宗陵寝俱在，神魂不曾忘怀社稷王朝。”所寄予先祖父的托付和期许之意十分深远。先祖父认为宣抚之职名位太高，非高居庙堂的近臣或功勋卓著者不能委任，故而上章力辞不受。圣上赐诏曰：“昔日汉高帝得遇韩信，净身洁食筑坛祭祀之后，方拜韩信为大将军，授以数万军士给他统领。此举虽然令全军将士震惊，但高帝并不以为这样做过分，他认为对待韩信，与对待绛侯周勃、灌英、樊哙、郦商这些靠计数敌人首级而受赏的人应该有所区别。人杰之才的任用岂不是自古就有体例吗？卿智勇双全，忠义诚笃，所设谋略皆无失策，每次行动必然成功，功勋卓绝，辉煌一时，岂止是淮阴侯初遇高帝时所能比拟的呢！”

夏四月，上命至武昌调军。丁周国夫人姚氏忧。上遣使抚问，即日降制起复，敕本司官属、将佐，本路监司、守臣躬请视事，赙赠[1]常典外，加赐银、绢千匹、两，襄奉之事，鄂守主之。先臣扶榇至庐山，连表恳辞，乞守终丧之志。上悉封还，亲札慰谕，又累诏促起，乃勉奉命，复屯襄汉。

【注释】

①赙赠：谓赠送丧家以财物。

【译文】

夏四月，圣上命先祖父至武昌调军。恰逢（先祖父的母亲）周国夫人姚氏去世，故先祖父在家中为母丁忧。圣上特派遣使者前来安抚慰问，即日降旨允许先祖父起复，有下诏令本司官属、将佐，本路监司、守臣躬请先祖父出来视事，除赐予治丧财物的常典，另加赐银一千两、绢一千匹，命鄂州知州襄助主持祭奉的事宜。先祖父亲自扶棺至庐山，连连上表恳切请辞，请求完成守丧的心愿。请辞的奏札圣上全部退回，并亲自写札安慰劝谕，又累次下诏催促起复，先祖父才勉强奉命，复屯兵襄汉。

秋七月，上命先臣，凡移文伪境，于宣抚职位中增“河东”[①]二字及“节制河北路”五字。

【注释】

①河东：古代地区名。黄河流经陕西、山西两省，自北而南的一段之东部，指今山西省。秦汉时置河东郡，唐初时置河东道，开元间又置河东节度使，宋时置河东路。

【译文】

秋七月，圣上命先祖父，凡是向伪境发出的文书，先祖父可在自己的职名中，添入宣抚“河东”二字及“节制河北路”五字。

八月，遣王贵、郝政、董先攻虢州寄治卢氏县，下之，歼其守兵，获粮十五万石，降其众数万。上闻之，以语张浚等，浚曰：“飞措画甚大，今已至伊、洛，则太行山一带山寨，必有通谋者。自梁兴之来，飞意甚坚。”十三日，遣杨再兴进兵至西京长水县之业阳，伪顺州安抚张宣赞（失其名）命孙都统（失其名）及其后军统制满在，以兵数千拒官军。再兴出战，斩孙都统，擒满在，杀五百余人，俘将吏百余人，余党奔溃。明日，再战于孙洪涧，破其众二千。复长水县，得粮二万余石，以给百姓、官兵。于是，西京险要之地尽复，又得伪齐所留马万匹，刍粟数十万，中原响应。先臣又遣人至蔡州，焚贼糗粮。上赐诏褒之，有曰，“进貔虎[①]以冯陵[②]”，“戮鲸鲵[③]于顷刻”。又曰：“长驱将入于三川[④]，震响傍惊于五路[⑤]。”

【注释】

①貔虎：比喻勇猛的将士。

②冯陵：进迫，侵犯。

③鲸鲵：比喻凶恶的敌人。

④三川：为秦朝设三川郡的古地，意指此处有河、洛、伊三川。

⑤五路：是指宋朝于陕西沿边设秦凤、泾原、环庆、鄜延和熙河五路。

【译文】

八月，先祖父派遣王贵、郝政、董先攻打虢州的临时州治卢氏县，攻破，歼灭其守军，获得粮食十五万石，收降其众数万人。圣上听闻，与张浚等人谈论，张浚说："岳飞措置甚大，现在已到了伊、洛一带，则太行山一带山寨，必定有人与他协作。自从梁兴来归后，岳飞（联结河朔义军）的意志更加坚定。"十三日，派遣杨再兴进兵到西京长水县的业阳，伪齐顺州的安抚张宣赞（不知其名）命令手下孙都统（不知其名）以及后军的统制满在，率兵数千人抵御官兵。杨再兴出战，斩杀孙都统，擒获满在，杀敌兵五百余人，俘获将吏百余人，余党尽皆溃散逃跑。第二日，杨再兴又作战于孙洪涧，破敌众二千余人。收复长水县，缴得粮食二万余石，供给百姓、官兵。于是，据有险要地势的西京尽皆收复，缴获伪齐所留的马匹上万匹，粮草数十万石，中原义军纷纷响应。先祖父又派人到蔡州，焚烧伪齐的粮仓，圣上知道后下诏褒奖先祖父，有言"进貔虎以冯陵""戮鲸鲵于顷刻"。又言："长驱将入于三川，震响傍惊于五路。"

九月，刘豫遣子麟、侄猊、许清臣、李邺、冯长宁，以叛将李成、孔彦舟、关师古合兵七十万，分道犯淮西。诸将皆大恐，刘光世欲舍庐州，张俊欲弃盱眙，同奏乞召先臣以兵东下，欲令先臣独撄其锋，而己得退保，中外大震。都督张浚闻之，以书戒俊曰："贼豫之兵，以逆犯顺，若不剿除，何以立国，平日亦安用养兵为？今日之事，有进击，无退保！"遂言于上曰："岳飞一动，则襄汉有警，复何所制。"力沮其议。光世竟舍庐州，退保采石。上忧之，乃以亲札付浚曰："不用命者，以军法从事！"俊、光世始听命，还战。上犹虑其不足任，复召先臣。

【译文】

九月，刘豫派遣其子刘麟、侄子刘猊、许清臣、李邺、冯长宁，与叛将李成、孔彦舟、关师古合兵七十万，分路进犯淮西。诸大将皆大恐，刘光世欲舍弃庐州，张俊欲舍弃盱眙，同时上奏请先祖父率兵东下抗击伪齐军队，想要令先祖父独自抵御伪齐军的锋芒，而让自己的军队退却自保，举世皆惊。都督张浚知道后，写书信告诫张俊："贼人刘豫之兵，是以逆犯顺，若不剿除，何以立国，养兵千日所为何来？今日之事，只有前进搏击，不可退却自保！"于是又奏请圣上曰："岳飞的军队一动，襄汉就有危险，又可用谁的军队去制敌？"竭力阻止刘光世的提议。刘光世竟然舍弃庐州，退守到采石矶。圣上忧虑，以御笔交付张浚说："不听从命令的人，按军法处置！"张俊、刘光世方才听命，回去迎战。圣上还是忧虑他们不能胜任，又召先祖父。

初，先臣自收曹成至平杨么，凡六年，皆以盛夏行师，为炎瘴所侵，遂成目疾。重以母丧，哭泣太过，及是疾逾甚。所居用重帘蔽明，不胜楚痛，然闻诏，即日启行。上闻之，遣医官皇甫知常及僧中印，以驲骑相继至军疗治。会麟败，先臣至江州，不违元诏。冬十一月十九日，奏至，上语赵鼎，喜其尊朝廷，诵司马光《通鉴》名分之说以称之，赐札曰："闻卿目疾小愈，即提兵东下，委身徇国，竭节事君，于卿见之，良用嘉叹。今淮西贼遁，未有他警，已谕张浚从长措置，卿更不须进发。其或襄、邓、陈、蔡有机可乘，既依张浚已行事理，从长措置，亦卿平日之志也。"先臣奉诏，遂还军。

【译文】

当初，先祖父从剿伐曹成至平定杨么，六年间，皆在盛夏用兵，受湿热致病的瘴气所侵，落下了眼疾。又因母亲去世时经常过度哭泣，使得目疾愈发严重。他所居住的房子白天窗户要挂上厚重的帘帐遮蔽光线，眼睛还是不胜痛楚，然而闻听圣上下诏，还是即日启行。圣上听说后，派遣医官皇甫知常以及僧人中印两人，乘驿马相继到军中为先祖父治疗眼疾。适逢此时刘麟战败，先祖父也抵达了江州，没有违背圣上最初的诏令。十一月十九日，圣上收到先祖父的奏札，对赵鼎说，先祖父以朝廷为尊实，令圣上心喜，并诵读司马光《资治通鉴》中的名分之说来称赞先祖父，赐予先祖父御札曰："听说卿目疾略好，就立即提兵东下，从你的身上看到了委身徇国，竭节事君的精神，实在让人赞叹。现在淮西的敌人已经逃跑，没有其他的危险了，已经告谕张浚要从长计议谋划，卿不须继续进兵。若襄阳、邓州、陈州、蔡州有可乘之机，就依张浚已做的安排，从长计议，这也是卿家平日的志愿。"先祖父奉诏，回师鄂州。

时伪齐于唐州北何家寨置镇汝军，屯兵聚粮，为窥唐计。先臣遣王贵、董先等攻毁之，有伪五大王刘复[①]拥兵出城迎敌。初十日，贵等遇之于大标木，依山而阵，众几十倍，一战俱北，横尸蔽野。直抵镇汝军，焚其营而有其粮。伪都统薛亨以众十万，掠唐、邓来援。贵、先严兵待之，既战，阳北，命冯赛以奇兵绕出其后。亨果来追，先回兵夹击，贼大败，生擒薛亨及伪河南府中军统制郭德等，凡七人，杀获万计，俘献行在所。五大王以匹马逃。

【注释】

①五大王刘复：指刘豫之弟刘复。

【译文】

此时伪齐在唐州北何家寨置镇汝军，屯兵聚粮，窥伺唐州。先祖父派遣王贵、董先等攻击，有伪齐军的五大王刘复领兵出城迎战。初十，王贵等人与刘复相遇于大标木，依山列阵，敌人的兵力是王贵的几十倍，但却不堪一击，一战下来被杀得尸横遍野。官军直抵镇汝军，焚烧其营，得其粮食。伪齐都统薛亨率兵十万，劫掠了唐州、邓州，率兵来援。王贵、董先严阵以待，打仗时假装败走，命令冯赛出奇兵绕到伪齐军后方进行包抄。薛亨果然来追击，此时董先回兵夹击，使伪齐军大败，生擒薛亨以及伪河南府中军统制郭德等七人，杀获敌人数以万计，献俘行在所。五大王骑马逃走。

先臣即奏云，已至蔡境，欲遂图蔡，以规取中原。上恐伪齐有重兵继援，未可与战，不许。然贵等已至蔡城，闭拒未下，先臣使人返之。贵等回至白塔，李成率刘复、李序、商元、孔彦舟、王爪角、王大节、贾关索等并兵来，绝贵归路。贵以马军迎击，贼兵尽败，追杀五里余。还至牛蹄，贼复益兵追及之，有数千骑，方渡涧，为董先所击，尽拥入涧中，积尸填谷。得马二千余匹及衣甲、器仗等，降骑兵三千余人。贼兵之继来者，望见官军，皆引遁。

【译文】

先祖父即刻上奏说，已经进入蔡州境内，想要先攻取蔡州，以此来谋求收复中原。圣上恐伪齐有重兵来增援，官军不能敌，不许与之作战。然而此时王贵等已至蔡州城，蔡州守将坚守不出，先祖父派人告诉王贵退兵。王贵等人撤军至白塔，李成率刘复、李序、商元、孔彦舟、王爪角、王大节、贾关索等合兵前来阻截王贵的退路。王贵以马军迎击，大败贼兵，追杀出五里有余。当军队退还至一个叫牛蹄的地方时，贼人又增兵追来，约有数千骑，刚渡过山涧，就被董先所率的军队迎击，很多贼人掉入山涧，尸体遍布谷底。此战缴获马二千余匹，以及衣甲、器仗等物，降服骑兵三千余人。贼兵后来又有追来的，但看见官军皆又逃跑。

上闻捷，大悦，赐札奖谕曰："卿学深筹略，动中事机，加兵宛、叶[①]之间，夺险松栢之塞[②]。仍俘甲马，就食糗粮，登闻三捷[③]之功，实冠万人之勇。"盖申述商、虢等战效也。又遣内侍传宣抚问，赐银合茶、药。

【注释】

①宛、叶：宛叶古道，即古代由南阳通往叶县的道路。宛，今南阳。叶，今叶县。

②松柏之塞：指春秋时，秦国与赵国交界处植以松柏为界，故名。多形容兵家要塞的地势险峻、易守难攻。《荀子·强国》："其在赵者，剡然有苓而据松柏之塞，负西海而固常山是地徧天下也。"王先谦集解："松柏之塞，盖赵树松柏与秦为界。"

③三捷：语出《诗经·小雅·采薇》，"岂敢定居，一日三捷"。三，言多次。捷，当训"接"，言一月之内多次军事接

触；一说捷，打胜仗。

【译文】

圣上听到捷报，心中大悦，赐札子嘉奖先祖父曰：“卿擅长于谋略，行动契合时机，用兵于宛、叶之间，夺取边境要地，俘获敌人及马匹，以敌人粮食为供给，捷报频传，勇锐无匹。”正是申述了先祖父在商州、虢州等地的战绩。又派遣内侍传宣抚问先祖父，并赐先祖父银合茶、药。

十二月，大雪苦寒，上以先臣方按边暴露，手诏抚劳，有曰：“非我忠臣，莫雪大耻。”又遣赐马鞍四、铁简二、香、茶、药等，传宣抚问，召赴行在所。

【译文】

十二月，圣上知道先祖父在风雪严寒中巡查边界，写亲笔诏书慰劳安抚，曰：“非我忠臣，莫雪大耻。”又遣人赐马鞍四副、铁简二副、香、茶、药等，传宣抚问，召先祖父赴行在所。

绍兴七年，丁巳岁，年三十五。

入觐。论马。扈从至建康。除太尉[①]，升宣抚使，升营田大使。论恢复大计。论刘光世军。解兵柄。复军。乞以本军讨刘豫。论建都。乞进屯淮甸。计废刘豫。赐燕及茶、药等。

【注释】

①太尉：武阶名。政和二年九月将原三公官中的太尉废除，改太尉为武阶之首。政和二年十月将太尉定为正二品，在执政官

之下、节度使之上。（据《宋代官制辞典》，第593页。）

【译文】

先祖父入朝觐见圣上。在宫中论马。护卫圣上至建康。朝廷授予先祖父太尉，升为宣抚使，营田大使。谈论恢复中原大计。谈论刘光世的军队。辞去军职。后又复回。请求以本部军队讨伐刘豫。讨论建都之事。请求进兵屯驻于淮甸。设计废除刘豫。圣上赐宴，及茶、药等。

春正月，入见，上从容与谈用兵之要，因问先臣曰："卿在军中得良马否？"先臣曰："骥不称其力，称其德也。臣有二马，故常奇之。日瞰刍豆至数斗，饮泉一斛，然非精洁，则宁饿死不受。介胄而驰，其初若不甚疾，比行百余里，始振鬣长鸣，奋迅示骏，自午至酉，犹可二百里。褫鞍甲而不息不汗，若无事然。此其为马，受大而不苟取，力裕而不求逞，致远之材也。值复襄阳，平杨么，不幸相继以死。今所乘者不然，日所受不过数升，而秣不择粟，饮不择泉。揽辔未安，踊跃疾驱，甫百里，力竭汗喘，殆欲毙然。此其为马，寡取易盈，好逞易穷，驽钝之材也。"上称善久之，曰："卿今议论极进。"

【译文】

春正月，先祖父入朝觐见圣上，圣上悠闲地与他谈论用兵的要领，问先祖父言："卿家在军中可有良马？"先祖父说："良骥不但要有马力，亦要有马德。臣有二马，很是奇骥。日啖刍豆达数斗，饮泉一斛，然而泉秣不精洁，便宁可忍饥挨饿也不饮不食。臣披挂甲胄跨马驰骋，最初似不甚疾速，而行至百里外，便振鬣长鸣，奋迅直前。自午时至酉时，犹可飞驰二百里。待脱卸鞍甲时，则不见喘息又无汗渍，若无其事。这样的马，受大而不苟取，力裕而不求逞，乃是致远之材。可惜这两匹马在复襄阳、平杨么之时，不幸相继死亡。如今我所乘之马则不然，每日所吃不过数升，也不选择精洁的饲料和泉水。没有安上笼头和缰绳便踊跃疾驰，不过行进百里地就出汗喘息，无力前行，似欲倒毙。像这样的马，寡取易盈，好逞易穷，便是驽钝之材。”圣上听完连连夸赞，言“卿家如今议论颇有长进”。

二月，除起复太尉，加食邑五百户、食实封二百户。制词有“积获齐山，俘累载道”，“令行塞外”，“响震关中”等语，赏商、虢等功也。继除宣抚使、兼营田大使。

【译文】

二月，升先祖父起复太尉，加食邑五百户、食实封二百户。制词中有“积获齐山，俘累载道”“令行塞外”“响震关中”等赞誉之语，奖赏先祖父在商州、虢州作战时的功绩。继而授先祖父宣抚使、兼营田大使。

三月，扈从至建康。十四日，以刘光世所统王德、郦琼等兵五万二千三百一十二人、马三千一十九匹隶先臣。且诏王德等曰：“听飞号令，如朕亲行。”

【译文】

三月，先祖父随从护卫圣上至建康，十四日，将刘光世原先所统将领王德、郦琼等军队共五万二千三百一十二人、马匹三千零一十九匹隶属先祖父。并且诏告王德等人曰：“听飞号令，如朕亲行。”

先臣乃数见上，论恢复之略，以为刘豫者，金人之屏蔽，必先去之，然后可图。因慷慨手疏言：“臣伏自国家变故以来，起于白屋，从陛下于戎伍，实有致身报国、复仇雪耻之心，幸凭社稷威灵，前后粗立薄效。陛下录臣微劳，擢自布衣，曾未十年，官至太尉，品秩比三公，恩数视二府，又增重使名，宣抚诸路。臣一介贱微，宠荣超躐，有逾涯分；今者又蒙益臣军马，使济恢图。臣实何人，误蒙神圣之知如此，敢不昼度夜思，以图报称。

臣窃揣敌情，所以立刘豫于河南，而付之齐、秦之地，盖欲荼毒中原，以中国而攻中国。粘罕因得休兵养马，观衅乘隙，包藏不浅。臣谓不以此时禀陛下睿算妙略，以伐其谋，使刘豫父子隔绝，五路叛将还归，两河故地渐复，则金人之诡计日生，浸益难图。

然臣愚欲望陛下假臣日月，勿拘其淹速，使敌莫测臣之举措。万一得便可入，则提兵直趋京、洛，据河阳、陕府、潼关，以号召五路之叛将。叛将既还，王师前进，彼必弃汴都，而走河北，京畿、陕右可以尽复。至于京东诸郡，陛下付之韩世忠、张俊，亦可便下。臣然后分兵浚、滑，经略两河，如此则刘豫父子断必成擒。大辽有可立之形，金人有破灭之理，为陛下社稷长久无穷之计，实在此举。

假令汝、颍、陈、蔡坚壁清野，商于、虢略分屯要害，进或无粮可因，攻或难于馈运，臣须敛兵，退保上流。贼必追袭而南，臣俟其来，当率诸将或挫其锐，或待其疲。贼利速战，不得所欲，势必复还。臣当设伏，邀其归路，小入则小胜，大入则大胜，然后徐图再举。设若贼见上流进兵，并力来侵淮上，或分兵攻犯四川，臣即长驱，捣其巢穴。贼困于奔命，势穷力殚，纵今年未终平殄，来岁必得所欲。陛下还归旧京，或进都襄阳、关中，唯陛下所择也。

臣闻兴师十万，日费千金，邦内骚动七十万家，此岂细事。然古者命将出师，民不再役，粮不再籍，盖虑周而用足也。今臣部曲远在上流，去朝廷数千里，平时每有粮食不足之忧。是以去秋臣兵深入陕、洛，而在寨卒伍有饥饿而死者，臣故亟还，前功不遂。致使贼地陷伪，忠义之人旋被屠杀，皆臣之罪。今日唯赖陛下戒敕有司，广为储备，俾臣得一意静虑，不以兵食乱其方寸，则谋定计审，必能济此大事。

异时迎还太上皇帝、宁德皇后梓宫，奉邀天眷，以归故国，使宗庙再安，万姓同欢，陛下高枕万年，无北顾之忧，臣之志愿毕矣。然后乞身归田里，此臣夙夜所自许者。”

【译文】

先祖父数次面见圣上，讨论恢复中原的方略，认为刘豫所占据的地区是金国的屏蔽，必先剪除刘豫，才能有所进图。先祖父慷慨手疏言：“臣自国家发生变故以来，起自平民，跟从陛下于戎伍间，一心想以身许国，复仇雪耻，幸凭社稷威灵，前后稍立寸功。陛下记得臣的微劳，将臣擢自布衣，不到十年间，便官至太尉，品秩堪比三公，恩数视同二府，且又增重使名，宣抚诸路。臣以一介卑微，宠荣超越他人，越过了臣所能承受的本分；今日又给臣增添兵马，让臣收复中原。臣何其幸运，误蒙圣上这样的知遇，怎敢不日夜思忖，以图报陛下之恩。

“臣揣测敌情，金人之所以立刘豫于河南，并把山东、陕西之地交给他，是想以中国攻中国，而粘罕因而获得休兵养马的时间，窥伺我们的可乘之机，包藏祸心不浅。臣想若不趁这个时候禀受陛下的睿算妙略，使刘豫父子隔绝，五路叛将投归我朝，逐步收复两河故地，等到金人诡计日渐生效，中原便愈发难以收复。

“臣望陛下给臣时间，不要规定时日，让敌人无法预测臣的举动。一旦得到机会就可以乘虚而入，提兵直趋京、洛，占据河阳、陕府、潼关，以号召五路之叛将。这些叛将既投归本朝，王师继续前进，敌人必弃汴都，逃向河北，则京畿、陕右可以尽复。至于京东诸郡，陛下交给韩世忠、张俊，亦可收复。臣然后分兵浚、滑，经略两河，如此则刘豫父子一定被擒。大辽有可立之形，金人有破灭之理，江山社稷长久稳固之计，就在此举。

“假如敌人在汝、颍、陈、蔡坚壁清野，在商于、虢略分屯要害，我方前进可能没有粮食，攻伐又困于漕运，臣便须收兵，退保上流的安全。贼人必会向南追击，臣等他们来到，就率领诸将挫其锋锐，或是等他们消耗疲惫。贼人喜欢速战，若无利可图，必然会再回去。臣那时便当设伏，阻其归路，贼人小入则小胜，大入则大胜，其后徐图再举。假设敌人见我从上流进兵，就并力侵犯淮上，或分兵攻犯四川，臣即长驱直入，捣其巢穴。贼困于奔命，势穷力尽，纵使今年不能将贼人平定歼灭殆尽，明年必能达成所想。到那时陛下是还归旧京，还是北进定都于襄阳、关中，都任凭陛下选择。

“臣闻兴师十万，日费千金，国境之内有七十万户百姓会受到扰动，这岂是小事。然而自古命将出师，百姓不需要劳役两次，粮食也不需要多次征集，考虑周全，军用充足。现在臣的军队远在上流，距离朝廷数千里，平日就常有粮食不足之忧。去年秋天臣率军深入陕、洛，留在后方的士兵却有饿死的，所以臣不得不匆忙回军，导致前功不遂，陕、洛之地再次陷入伪齐的掌握，忠义之士旋即被杀，此皆臣之罪。今日唯赖陛下戒敕有司，广为储备，使得臣能一心一意谋划进取，不会因军粮不足而乱了方寸，待臣确定正确的方略，必能成就北伐大业。

“他日迎还太上皇帝、宁德皇后梓宫，奉邀天眷，以归故国，使宗庙再安，万姓同欢，陛下高枕万年，无北顾之忧，臣的志愿也算完成了。而后臣乞身回归田里，这是臣夙日所自许的愿望。”

疏奏，上以亲札答之曰："有臣如此，顾复何忧。进止之机，朕不中制。"复召至寝閤，命之曰："中兴之事，朕一以委卿。"又赐亲札曰，"前议已决"，"进止之机，委卿自专，先发制人，正在今日，不可失也"。先臣复奏，申述前志，赐札报曰："览卿近奏，毅然以恢复为请，岂天实启之，将以辅成朕志，行遂中兴耶！"又令节制光州。

【译文】

先祖父上奏后，圣上以亲笔札子回复曰："有这样的臣子，朕还有什么可忧虑的呢？用兵的进止之机，付与卿判断，朕不从中制约。"复又将先祖父召至寝閤，命令道："中兴之事，朕一以委卿。"又赐亲笔札子说，"前面所议之事已然决策"，"进兵之事，委付卿家自行措置，今日之事宜先发制人，切不可贻误战机。"先祖父复又上奏，申述前志，圣上又赐札回答说："看卿家近日所奏，请求恢复中原之心更加坚定，这岂不是上天的启示，将要以你辅佐朕达成志愿，完成中兴大业！"又令先祖父节制光州。

方率厉将士，将合师大举，进图中原；会秦桧主和议，忌其成功，沮之，其议遂寝，王德、郦琼之兵亦不复畀之矣。

【译文】

先祖父方激励完将士，要与诸路大军会合大举出兵，以便进取中原收复失地；恰逢秦桧主张和议，他忌惮先祖父出兵克复中原，从中阻挠，进兵的计划随之搁置，王德、郦琼的军队也未能付予先祖父接收。

夏，奉诏诣都督府，与张浚议军事。时王德、郦琼之兵犹未有所付，浚意属吕祉，乃谓先臣曰：“王德之为将，淮西军之所服也。浚欲以为都统制，而命吕祉以都督府参谋领之，如何？”先臣曰：“淮西一军多叛亡盗贼，变乱反掌间耳。王德与郦琼故等夷，素不相下，一旦握之在上，则必争。吕尚书虽通才，然书生不习军旅，不足以服其众。飞谓必择诸大将之可任者付之，然后可定，不然，此曹未可测也。”浚曰：“张宣抚如何？”先臣曰：“张宣抚宿将，飞之旧帅也。然其为人暴而寡谋，且郦琼之素所不服，或未能安反侧。”浚又曰：“然则杨沂中耳。”先臣曰：“沂中之视德等尔，岂能御此军哉。”浚艴然曰：“浚固知非太尉不可也！”先臣曰：“都督以正问，飞不敢不尽其愚，然岂以得兵为计耶！”即日上章，乞解兵柄。步归庐山，庐于周国夫人姚氏墓侧。

【译文】

夏日，先祖父奉诏到都督府与张浚计议军事。此时还没有把王德、郦琼的军队交付先祖父，张浚属意将军队交于吕祉，就问先祖父：“王德为将，淮西军的军士都能服从他。浚欲让王德为都统制，而命都督府参谋军事吕祉督领，如何？”先祖父说：“淮西一军多是由以前叛逃的盗贼组成，判乱很可能就发生在反掌之间。王德与郦琼原是平级，一直都互不谦让，一旦擢王德在郦琼之上，势必有所纷争。吕尚书虽是通才，然而书生不熟悉军旅，不足以服其众。我认为必须从诸大将中择取可任之人，将这支军队交付与他，方可安定，否则这些人的动向不可预测。”张浚说：“张宣抚如何？”先祖父说：“张宣抚乃宿将，是飞之旧帅，然而其人暴而寡谋，郦琼一直不服他，恐怕不能安抚其不安之心。”张浚又说：“那交予杨沂中呢。”先祖父说：“杨沂中与王德原是平交，岂能统此军。”张浚生气地说：“我就知此事非岳太尉你不可！”先祖父说：“都督以正事问飞，飞不敢不尽其愚衷，又岂是为了自己要兵！”先祖父即日上奏章，请求解除兵权，步归庐山，在母亲周国夫人姚氏墓侧筑庐守墓。

浚怒，以兵部侍郎张宗元为湖北、京西宣抚判官，监其军。宗元日阅部伍，乃心服先臣之能。上时连诏促先臣还军，先臣力辞。诏属吏造庐，以死请，不得已，乃趋朝。既见，犹请待罪，上知其故，优诏答之，俾复其位，而还宗元。宗元归，复于上曰：“将帅辑和，军旅精锐。上则禀承朝廷命令，人怀忠孝；下则训习武技，众和而勇，此皆宣抚岳飞训养之所致。”上大悦，赐褒诏曰：“想鉅鹿李齐之贤，未尝忘也；闻细柳亚夫之令，称善久之。”

【译文】

张浚大怒，命兵部侍郎张宗元为湖北、京西宣抚判官，监督先祖父的军队。张宗元日日检阅先祖父的部伍，折服于先祖父的才能。这时圣上连连下诏敦促先祖父还军，先祖父再三力辞。圣上于是下诏派遣先祖父的僚属造访他居住的茅庐，以死相请他回军，先祖父不得已乃回朝。见到圣上后，请求治罪，圣上知其原委，下诏安慰先祖父，复其职位，召回张宗元。张宗元回来面见圣上，说：“军中将帅辑和，军旅精锐。上则禀承朝廷命令，人怀忠孝之心；下则训练有素，士气昂扬，骁勇善战，这都是宣抚岳飞平日教导有方所致。”圣上大悦，赐褒奖诏曰：“想钜鹿李齐之贤，未尝忘也；闻细柳亚夫之令，称善久之。”

先臣遂上疏曰：“逆豫逋诛，尚穴中土，陵寝乏祀，皇图偏安，陛下六飞时巡，越在海际。天下之愚夫愚妇莫不疾首痛心，咸愿伸锄奋梃，以致死于敌。而陛下审重[①]此举，累年于兹，虽尝分命将臣，鼎峙江、汉，仅令自守以待敌，不敢远攻而求胜。是以天下忠愤之气，日以沮丧；中原来苏之望，日以衰息。岁月益久，污染渐深，趋向一背，不复可以转移。此其利害，诚为易见。

臣待罪阃外[②]，不能宣国威灵，克殄小丑，致神州隔于王化，虏、伪穴于宫阙，死有余罪，敢逃司败[③]之诛！陛下比者寝閤之命，圣断已坚；咸谓恢复之功，指日可冀。何至今日，尚未决策北向。臣愿因此时，上禀陛下睿算，不烦济师，只以本军进讨，庶少塞瘝官[④]之责，以成陛下寤寐中兴之志。顺天之道，因人之情，以曲直为壮老[⑤]，以逆顺为强弱，万全之效，兹焉可必。惟陛下力断而行之！"

【注释】

①审重：慎重；审慎持重。

②阃外：指京城或朝廷以外，亦指外任将吏驻守管辖的地域，与朝中、朝廷相对。

③司败：泛指司法机关。

④瘝官：旷废官职。

⑤以曲直为壮老：语出《左传·僖公二十八年》，"师直为壮，曲为老"。师，军队；直，理由正当；壮，壮盛，有力量。出兵有正当理由，军队就气壮，有战斗力。

【译文】

先祖父于是上奏："逆贼刘豫逃避诛罚日久，尚自盘踞于中原，先帝的陵寝不能得到祭祀，疆域仅能偏安一隅，陛下不时出巡，以致漂泊海上。天下的小民百姓对此无不痛心疾首，伸锄奋梃，无不愿竭尽全力与敌人决一死战。但是陛下对于此项举措十分审慎持重，多年以来，虽然曾任命将帅守臣在长江、汉水间与敌人鼎立对峙，却命令我方将领坚守不出，只待敌人来攻，却不敢主动进攻以求取胜利。因此天下忠义之士的激愤之气，日渐衰落；中原人民迎回明君、苏息安定的期望，日益衰息。随着岁月的流逝，逆贼刘豫对中原遗民的坏影响越来越深，民心渐渐背离朝廷，便不能再改变回来了。其间的利害关系，实在是显而易见的。

“臣在此边境驻地请罪，为不能够宣扬国威，不能消灭像刘豫这样的跳梁小丑，以至于神州大地隔绝在朝廷的教化之外，金虏、伪齐占据了故都的宫阙，臣死有余辜，怎敢逃避司法的制裁！陛下从前在寝閤中对臣委以重任，意志坚决；君臣都坚信恢复故土的功业，指日可待。为何到了今日，犹自不能决定北向进军。臣愿趁此时机，禀承圣上的英明睿断，不劳烦朝廷增援军队，只率领本部兵马前去征讨，如此或许可以稍稍弥补臣旷废官职的罪责，完成陛下日夜盼望中兴国家的志向。此举顺应天道，合乎民心，正义之师必胜，僭逆之徒必败，万全之效，必然可以达到。惟愿陛下一力决断并且推行！”

疏奏，御札报曰：“览卿来奏，备见忠诚，深用嘉叹。恢复之事，朕未尝一日敢忘于心，正赖卿等乘机料敌，力图大功。如卿一军士马精锐，纪律修明，鼓而用之，可保全胜，卿其勉之，副朕注意。”

【译文】

上奏，御札回复曰：“观卿的奏札，备见忠诚，深为嘉许赞叹。恢复中原之事，朕一天都不敢忘怀，正是依赖卿等乘机料敌，力图大功。如卿一军兵马精锐，军律整肃，一鼓作气，可保全胜，卿应勉力，以回报朕对卿的关怀属望。”

先臣奉诏将行，乃复奏，以为“钱塘僻在海隅，非用武之地。臣愿陛下建都上游，用汉光武故事，亲帅六军，往来督战。庶将士知圣意之所向，人人用命。臣当仗国威灵，鼓行北向。”未报，而郦琼叛。

【译文】

先祖父奉诏将要启程时，又上奏，认为：“钱塘处在临海一隅，非是用武之地。臣乞愿陛下建都上游，效仿汉光武帝刘秀，亲率六军，往来督战。让众多将士知道圣上收复失地的志向，故而可使人人听命。臣自当倚仗国家的威灵，振奋军队势气一路向北克复中原。”圣上对此奏还没有回复，（却传来）郦琼叛变（的消息）。

初，先臣既还军，张浚竟用吕祉为宣抚判官，王德为都统制，护其军。琼果大噪不服，讼德于浚。浚惧，乃更以张俊为宣抚使，杨沂中为制置使，吕祉为安抚使，而召德以本军还，为都督府都统制。琼益不服，拥兵诣祉，执而斩之，尽其众七万走伪齐。报至，中外大震，浚始悔不用先臣言。

【译文】

当初先祖父离军期间，张浚竟然任命吕祉为宣抚判官，王德为都统制，管护一军。郦琼果然喧哗不服，还（伙同众将）到张浚处联名上告王德。张浚惊惧，于是更换张俊为（淮西）宣抚使，杨沂中为（淮西）制置使，吕祉为安抚使，召王德率本军回（建康），为都督府都统制。郦琼更加不服，拥兵到吕祉处将其杀死，裹挟淮西军的七万余人投奔伪齐。淮西兵变的消息传至朝廷，震惊中外，张浚这才后悔没有听先祖父所言。

于是，上诏报先臣，以兵叛之后，事既异前，迁都之举，宜俟机会。先臣复上奏云："叛将负国，臣窃愤之，愿进屯淮甸，伺番、伪机便奋击，期于破灭。"降诏奖谕，而不之许。先臣奉诏，以舟师驻于江州，为淮、浙声援。得报，虏已废伪齐。

【译文】

于是，圣上下诏回复先祖父，兵变之后，国家的情况与前有所不同，迁都之举，还是要等待适宜的时机再行定夺。先祖父又上奏说："叛将负国，臣感到非常愤慨，愿意率军进屯淮甸，等待合适的时机，给番、伪齐奋力一击，将其消灭。"圣上下诏奖谕，但未允许先祖父的提议。先祖父奉诏，以水军驻守于江州，为淮、浙的军事声援。得到报告，虏人已废黜伪齐政权。

先是，六年，先臣在襄汉，豫兵连衄，其爪牙心腹之将或擒或叛，屡不自振，然依金人之势，尚稽灵诛。先臣知粘罕主豫，而兀术常不快于粘罕，可以间而动。是年十月，谍报兀术欲与豫分兵自清河来，上令先臣激厉将士以备。俄兀术遣谍者，至先臣军，为逻卒所获，缚至前，吏请斩之。先臣愕视曰："汝非张斌耶？本吾军中人也。"引至私室，责之曰："吾乡者遣汝以蜡书至齐，约诱致四太子，而共杀之。汝往，不复来。吾继遣人问，齐帝已许我，今年冬以会合寇江为名，致四太子于清河矣。然汝所持书竟不至，何背我耶？"谍冀缓死，即诡服。乃作蜡书，言与伪齐同谋诛兀术事，曰："八月交锋，我穷力相击，彼已不疑，江上之约其遂矣。事济，宋与齐为兄弟国。"因谓谍者曰："汝罪万死，吾今贷汝，复遣至齐，问举兵期，宜以死报。"封股纳书，厚币丁宁，戒勿泄，谍唯唯，拜谢而出。复召之还，益以币，重谕之，乃遣，至于再三。谍径抵兀术所，出书示之。兀术大惊，驰白其主，于是清河之警不复闻。豫以故得罪，遂见废夺。

【译文】

之前，绍兴六年，先祖父驻守襄汉，连连挫败刘豫，刘豫的心腹之将或是被擒或是叛逃，屡屡不能振起，仅仅依靠金人的势力，尚未被诛讨。先祖父知道粘罕属意刘豫，而兀术与粘罕素来不和，可以用离间之计伺机成事。这年十月，谍报兀术想要与刘豫分兵自清河而夹击大宋，圣上命令先祖父激励将士准备作战。不久兀术所派遣的谍探被先祖父手下的巡逻士兵抓获，绑至先祖父面前，胥吏请先祖父将其斩首。先祖父惊愕地看着谍探说："你不是张斌吗？本是我军中之人。"于是把他引至私室，责备他说："我从前派你携蜡书到大齐，与刘豫相约将四太子引诱过来，一起杀掉他。结果你一走就没有了音讯，我又继续遣人去问，齐帝已答应我，今年冬天以合军侵犯长江为名目，约四太子到清河杀之。可是你拿了蜡书一走了之，为何要背叛我呢？"谍报寄希望于先祖父能宽恕他的死罪，立即假装降伏。先祖父又作蜡书，说要与伪齐共同谋划诛杀兀术之事，说："八月交锋时，我竭尽全力出击齐军，使兀术不生疑惑，江上之约方能成功。事成之后，宋与齐就像兄弟国一样相互交往。"又对谍探说："你虽罪该万死，但今天先绕你一命，再遣你入齐，问清楚一同举兵的日期，你定要以死相报。"于是让人在其大腿上划开一条口子，将蜡书缝入其中，赠送给他许多银子并再三叮咛，千万不能泄漏机密，谍探唯命是从，拜谢而出。先祖父又把他叫回来，又多加了赠予他的银两，并严肃郑重地再次告诫后才放走他，如此反复了三次。谍探走后径直来到兀术所在处，把蜡书给兀术看。兀术大惊，派人疾驰回报金主，于是清河的危机就此化解。刘豫因此得罪了金人，之后便被金人废黜。

先臣于是上奏，谓宜乘废立之际，捣其不备，长驱以取中原，不报。上又遣江咨至江州，就赐茶、药、酒、果，及锡燕宣劳，且赐御札嘉奖。

【译文】

先祖父于是上奏，言此时正宜利用废立交叠之际，趁金人不备，长驱直入克复中原，圣上没有回应。圣上又派遣江咨至江州，赐予先祖父茶、药、酒、果，并赐宴、降旨慰劳，且赐御札嘉奖。

绍兴八年，戊午岁，年三十六。

还军鄂州，备金人。入觐。论和议非计。

春二月，还军鄂州。复累请于朝，秦桧难之，令条具曲折，先臣历述利害以闻，不报。

【译文】

还军鄂州，以防备金人入侵。入朝觐见圣上。论述与金人和议并非长久之计。

春二月，还军鄂州。多次向朝廷请求进军，秦桧故意为难，令先祖父条例详细计划，先祖父历述利害关系，没有得到批复。

五月，谍报金人驻兵京师、顺昌、淮阳、陈、蔡、徐、宿等郡，期以秋冬大举南寇。又分三路兵，声言欲迎敌岳太尉。朝廷第令堤备，命先臣明远斥堠[①]，习水战，练阅军实，为待敌计，不发兵深入。先臣亦日夜训阅，更迭调军屯襄汉，备守而已。

【注释】

①斥堠：同“斥候”，侦察，候望。

【译文】

五月，谍报称金人在京师（译按：指北宋故都开封）、顺昌、淮阳、陈州、蔡州、徐州、宿州等郡驻兵，等待秋冬季节大举南侵。且兵分三路，声称要迎击岳太尉。朝廷连连下令，要先祖父提前防备，命令先祖父加强侦察，练习水战，训练检阅军队，以做待敌之计，先不要发兵深入。先祖父得到命令后亦日夜操练、检阅军队，更迭调集军队屯驻襄汉要冲，做好防守准备。

秋，召赴行在。金人遣使议和，将归我河南地。先臣入对[①]，上谕之，先臣曰：“夷狄不可信，和好不可恃，相臣谋国不臧[②]，恐贻后世讥议。”上默然，宰相秦桧闻而衔之。

【注释】

①入对：臣下进入皇宫回答皇帝提出的问题或质问。

②谋国不臧：谋国，为国家利益谋划；不臧，善，好。《诗经·邶风·雄稚》：“百尔君子，不知德行？不忮不求，何用不臧！”

【译文】

秋，召命先祖父到行在。金人遣使臣前来议和，愿意归还我河南之地。先祖父入对，圣上告诉了先祖父，先祖父答：“夷狄不可相信，和好不可凭恃，宰相为国谋划不利，恐怕会贻笑于后世。”圣上默然，宰相秦桧听到后衔恨在心。

已而金使至，和议决，上复亲札，归功于先臣“戮力练兵”，“扶颠持危”之效。先臣不乐、谓幕中人曰：“犬羊[1]安得有盟信耶！”

【注释】

①犬羊：旧时对外敌的蔑称。

【译文】

不久金国使臣至，和议已定，圣上亲自写札子安抚先祖父，将功劳归于先祖父“勠力练兵”“扶颠持危”之效。先祖父心中不满，对幕僚们说：“犬羊怎会有盟信呢！”

绍兴九年，己未岁，年三十七。

讲和。授开府仪同三司。论虏情。

春正月，以复河南，赦天下。先臣表谢，寓和议未便之意，有曰：“娄钦献言于汉帝，魏绛发策于晋公，皆盟墨未乾，顾口血犹在，俄驱南牧之马，旋兴北伐之师。盖夷虏不情，而犬羊无信，莫守金石之约，难充溪壑之求。图暂安而解倒垂，犹之可也；顾长虑而尊中国，岂其然乎！”末曰：“臣幸遇明时，获观盛事。身居将阃[1]，功无补于涓埃；口诵诏书，面有惭于军旅。尚作聪明而过虑，徒怀犹豫以致疑：谓无事而请和者谋，恐卑辞而益币者进。愿定谋于全胜，期收地于两河。唾手燕云，终欲复仇而报国；誓心天地，当令稽首以称藩！”

【注释】

①将阃：指在京城外担负军事重任的将帅。

【译文】

朝廷与金议和。授先祖父开府仪同三司。议论虏情。

春季正月，因收回河南，圣上大赦天下。先祖父上谢表，暗寓和议不妥之意，言道："窃以为娄敬向汉高祖献言与匈奴和亲，魏绛向晋悼公提出和戎的策略，北方夷狄都是还未等到结盟的墨迹变干，口含的牲血仍在，就驱使兵马南侵，使中国不得不很快出师北伐。夷虏无情寡义，犹如犬羊没有信用，再坚定的誓约也不会遵守，溪谷般巨大的贪欲难以满足。若是为解除一时之困境，求得暂时的平安，和戎之策尚还可取；长远的谋划是要让四夷以中国为尊，和则必不可也！"先祖父最后说："臣幸逢圣明的时代，得以观看到这样的盛事。我虽然是身负重任的将帅，功劳却微不足道；口中诵读着有关讲和的诏书，却无颜再面对将士。又自作聪明，过度焦虑，徒怀犹豫，心存怀疑：所谓自身无事，却要求讲和的人必有图谋，言辞谦卑、礼物丰厚的人一定还会有进一步的行动。臣愿为陛下谋划全胜的方略，期待收复两河的失地。唾手收回燕云，希望复仇而报国；对天地发誓，要让敌国屈膝下拜，成为我国的藩属！"

十一日，授开府仪同三司，加食邑五百户、食实封三百户。时三大帅皆以和议成，进秩一等。先臣独力辞，且于贴黄陈情曰："臣待罪二府，理有当言，不敢缄默。夫虏情奸诈，臣于面对[①]，已尝奏陈。窃惟今日之事，可危而不可安，可忧而不可贺。可以训兵饬士，谨备不虞；不可以行赏论功，取笑夷狄。事关国政，不容不陈，初非立异于众人，实欲尽忠于王室。欲望速行追寝，示四夷以不可测之意。万一臣冒昧而受，将来虏寇叛盟，似伤朝廷之体。"上三诏犹不受，复温言奖激，至以"郤縠[②]守学"，"祭遵克己"为称，不得已，乃拜。

【注释】

①面对：谓当廷奏对。

②郤縠：《左传·僖公二十七年》：“（晋文公）作三军，谋元帅。赵衰曰：‘郤縠可。臣亟闻其言矣，説《礼》《乐》而敦《诗》《书》……君其试之！’乃使郤縠将中军，郤溱佐之。”后世诗文常用“郤縠”代指儒将。

【译文】

十一日，授予先祖父开府仪同三司，加食邑五百户，食实封三百户。此时三大帅皆因和议成功，官禄进升一等。唯独先祖父力辞不受，而且在贴黄中陈述道：“臣执持二府，理当有言，不敢缄默不语。金人的狡猾奸诈，臣曾于奏对时有所陈述。窃以为今日之事，可危而不可安，可忧而不可贺。可以整饬武备，谨防不虞；却不可以论功行赏，取笑于外敌。事关国政，不容我不尽心陈述，非欲特立独行异于常人，只想尽忠于王室而已。希望圣上速速罢去和议，向四方夷狄示以不可测之意。万一臣冒昧领受了现在的封赏，将来虏人背叛盟约之时，可能有伤于朝廷的体面。”圣上三次下诏，先祖父都不肯接受，圣上又温言褒奖激励，以至于用“郤縠守学”“祭遵克己”两个典故比喻先祖父，先祖父不得已乃敬受。

先臣益率士卒，训兵严备，以虞旦夕之警，分遣质信材辩者，往伺虏情。上方遣齐安郡王士㒟等谒诸陵，先臣自请以轻骑从士㒟洒扫，其实欲观敌人之衅，以诛其谋，且上奏言：“虏人以和款我者十余年矣，不悟其奸，受祸至此。今复无事请和，此殆必有肘腋之虞，未能攻犯边境。又刘豫初废，藩篱空虚，故诡为此耳。名以地归我，然实寄之也。”秦桧知其旨，即奏新复故地之初，正赖大将抚存军旅，赐诏褒谕而止之。又敕先臣军：凡新界军、民，毋得接纳，其自北而来者，皆送还之。所遣渡河之士，悉令收隶，毋得往来。

【译文】

先祖父益发率领士卒，训练兵士严加防备，以防范于旦夕之间，又分派可信善辩之人，来往窥伺虏情。圣上派遣齐安郡王赵士㒟等人拜谒先皇诸陵，先祖父自请亲率轻骑跟随士㒟前去祭扫，其实是为了观察敌情，以便日后破解其谋，并上奏言："虏人借和议之名拖延我朝十余年，没有识破其奸诈，所以会受祸至此。现在金人又无故请求和议，说明他们内部或近旁发生了变乱，因而未能侵犯我方边境。又恰逢刘豫初废，边界空虚，因此故意求和。名义上将土地归还我朝，实际上只是暂时寄存。"秦桧知其主旨，立即上奏说刚刚收复了故地，正应依赖大将安抚军旅，于是圣上赐诏褒谕并阻止先祖父前行。又告诫先祖父的军队：凡是来自新界的军、民，不得接纳；有从北方来归者，悉数遣返。之前派遣渡河联络的人士，全部召回，不得再与北方往来。

卷第八

经进鄂王行实编年卷之五

绍兴十年，庚申岁，年三十八。

金人叛盟。援刘锜。议建储。加少保、河南府、陕西、河东、河北路招讨使。改河南、北诸路招讨使。分遣诸将。复西京、曹、陈、郑、赵州、颍昌府、永安、南城军等。复垣曲、沁水、翼城县等。战曹州宛亭县、渤海庙、中牟县、京西、黄河上、西京河南府、临颍县、砌原、曲阳、永安军等。杀鹘旋郎君[①]、王太保、阿波那千户、李孛堇、万户、千户等，擒刘来孙等。驻郾城，大破兀术，败拐子马。战五里店，斩阿李朶孛堇。赐金合茶、药。赐金千两、银五万两、钱十万缗[②]。赐钱二十万缗。战小商桥，斩撒八孛堇及千户等。大战颍昌府城西，斩夏金吾[③]及千户等，擒王松寿、张来孙、千户阿黎不、田瓘等。赐钱二十万缗。驻朱仙镇，以背嵬破兀术。兀术奔京师。辑诸陵。兀术奔京师。班师。乞致仕。入觐。

【注释】

①郎君：为汉文意译。据《三朝北盟会编》卷三，卷二三一，“其宗室皆谓之郎君”，皇帝则称“郎主”。

②缗：量词。古代通常以一千文为一缗。

③夏金吾：夏姓的金吾卫上将军，为金国正三品武官。（据

《鄂国金佗稡编续编校注》，第550页。）

【译文】

金人背叛盟约。先祖父增援刘锜。建议立储。加少保、河南府、陕西、河东、河北路招讨使。改任河南、北诸路招讨使。分别派遣诸将，克复西京、曹州、陈州、郑州、赵州、颍昌府、永安军、南城军等地。收复垣曲、沁水、翼城县等地。作战于曹州宛亭县、渤海庙、中牟县、京西、黄河上、西京河南府、临颍县、砌原、曲阳、永安军等。杀金将鹘旋郎君、王太保、阿波那千户、李孛堇、万户、千户等，擒刘来孙等。驻军郾城，大破兀术，打败金军拐子马。作战五里店，斩杀阿李朵孛堇。圣上赐先祖父金合茶、药。并赐金千两、银五万两、钱十万缗。又赐钱二十万缗。作战小商桥，斩撒八孛堇及千户等。大战颍昌府城西，斩夏金吾及千户等，擒王松寿、张来孙、千户阿黎不、田瓘等人。圣上赐钱二十万缗。先祖父驻军于朱仙镇，以背嵬军破兀术。兀术逃奔京师。先祖父派人修葺诸皇陵。兀术放弃京师。先祖父率军班师。上疏圣上希望能让自己退隐。入朝觐见圣上。

夏，金人果叛盟，犯拱、亳诸州。上大感先臣言，以为忠。五月下诏，命先臣竭忠力，图大计，颁奇功不次之赏，崇战士捐躯之典，开谕两河忠义之人，结约招纳。赐御札曰：“金人过河，侵犯东京，复来占据已割旧疆。卿素蕴忠义，想深愤激。凡对境事宜，可以乘机取胜，结约招纳等事，可悉从便措置。若事体稍重，合禀议者，即具奏来。”

【译文】

夏天时，金人果然背叛盟约，进犯拱、亳诸州。圣上大感先祖父所言有先见之明，赞誉先祖父忠诚。五月下诏，命先祖父竭尽全力，以图大计，须赐奇功破格之重赏，推崇战士捐躯之典仪，开谕两河忠义之士，结纳邀请他们一起对抗金人。并赐御札曰："金人过河，侵犯东京（开封），复来占据已割去的旧疆。卿素来忠义，想来定是义愤填膺。凡是关于对方国家的事宜，若可以伺机取胜或结约招纳的，卿可优先处理。若事体较为重大，可与参议者一起上奏朝廷定夺。"

时先臣亦以得警报，奏乞诣行在所陈机密。会刘锜据顺昌抗虏，告急于朝，上亟命先臣驰援。先臣奉诏，即遣张宪、姚政赴顺昌，复奏请觐。上遣李若虚至军，赐札曰："金人再犯东京，贼方在境，难以召卿还来面议。今遣李若虚前去，就卿商量。"又曰："施设之方，则委任卿，朕不可以遥度也。"

【译文】

此时先祖父亦已得到警讯，上奏乞请亲往行在所陈述军事机密。恰逢刘锜在顺昌府抵拒虏人，并向朝廷告急，圣上紧急命先祖父驰援顺昌。先祖父得到诏书后立即派遣张宪、姚政赶赴顺昌，复又上奏请求觐见。圣上派遣李若虚至先祖父军中，赐札子曰："金人再犯东京，贼人正在边境，故难以召卿回来面议。现在特遣李若虚前去，就近与卿商量。"又曰："如何部署措置，全部委任于卿，朕不应遥控指挥。"

先臣于是乃命王贵、牛皋、董先、杨再兴、孟邦杰、李宝等提兵，自陕以东，西京、汝、郑、颍昌、陈、曹、光、蔡诸郡分布经略。又遣梁兴渡河，会合忠义社，取河东、北州县。调兵之日，命各语其家人，期以河北平，乃相见。又遣官军东援刘锜，西援郭浩，控金、商之要，应川、陕之师。而自以其军长驱，以阚中原。

【译文】

于是先祖父命王贵、牛皋、董先、杨再兴、孟邦杰、李宝等人提兵，自陕西以东，西京、汝州、郑州、颍昌、陈州、曹州、光州、蔡州诸郡分别布防疆界。又派遣梁兴渡黄河，会合忠义社（民兵），夺取河东、河北所属的州县。大军出征前，先祖父命将士们纷纷同家眷相约，河北平定之日再团圆相见。先祖父又派遣官军向东支援刘锜，向西支援郭浩，扼守金、商要冲之地，策应川、陕之师。亲自率军长驱直入，准备克复中原。

将发，熏衣盥沐，闭斋閤，手书密奏，言储贰事，其略曰："今欲恢复，必先正国本①，以安人心。然后不常厥居，以示不忘复仇之志。"初，八年秋，先臣因召对，议讲和事，得诣资善堂，见孝宗皇帝英明雄伟，退而叹喜曰："中兴基本，其在是乎！"家人问其所以喜，先臣曰："获见圣子，社稷得人矣！"其乞诣行在也，盖欲面陈大计。及李若虚来，先臣亦以机会不可失，不复敢乞觐，乃上疏言之。上得奏，叹其忠，御札报曰："非忱诚忠说，则言不及此。"

【注释】

①国本：古代特指确定皇位继承人，建立太子为国本。

【译文】

出发之前，先祖父沐浴熏衣，关闭了斋閤，亲手书写密奏，说了立储之事，大略是说："今欲恢复中原，必先确立储君，以安定人心。然后圣上应常常巡视，在世人面前展示不忘失志复国的志向。"当初，于绍兴八年秋天，先祖父被圣上召对讨论议和之事，到过资善堂，见到日后的孝宗皇帝，先祖父见其英明雄伟，出来后欣喜地说："中兴的希望，就在他的身上了！"家人问他为什么这么高兴，先祖父说："获准拜见了皇子，社稷中兴有可依靠的人了！"先祖父此次请求到行在，就是要向圣上面陈立储大计。待到李若虚来，先祖父亦认为机不可失，不复敢请求觐见，仍上奏章言事。圣上得奏，感叹先祖父忠笃，在御札中回复道："非是忱诚忠谠之人，则言不及此。"

六月，授少保、兼河南府路、陕西、河东、河北路招讨使。制词有曰："气吞强虏，壮自比于票姚；志清中原，誓有同于祖逖。"又曰："举素定之成谋，摅久怀之宿愤。"嘉先臣之志在战不在和也。先臣益以无功，辞不受。上诏谕之曰："卿陈义甚高，朕所嘉叹。第惟同时并拜二、三大帅，皆以次受命，卿欲终辞，异乎蘧伯玉之用心[①]也。"先臣乃不敢辞，寻改河南、北诸路招讨使。

【注释】

①蘧伯玉之用心：蘧伯玉是春秋卫国人。孔子曾称赞他："君子哉，蘧伯玉！邦有道，则仕；邦无道，则可卷而怀之。"

【译文】

六月，朝廷授先祖父少保、兼河南府路、陕西、河东、河北路招讨使。在制词中赞誉先祖父说："气吞强虏，壮志自比于汉代的骠骑将军霍去病；志清中原，立誓有同于东晋的名将祖逖。"又言："举素定之成谋，摅久怀之宿愤。"圣上嘉誉先祖父之志向在于作战而不在于乞和。先祖父越发称自己无功，力辞不受。圣上下诏告谕先祖父曰："卿家所陈述之义甚为高远，为朕所嘉叹。但因同时拜授二三位大帅，其他人均接受任命，卿最终还要推辞，难道是要超过卫国的先贤蘧伯玉。”先祖父不敢再请辞了，改迁河南、河北诸路招讨使。

未几，所遣诸将及会合之士皆响应，相继奏功。李宝捷于曹州，又捷于宛亭县荆堽，杀其千户三人并大将鹘旋郎君，又捷于渤海庙。闰六月，张宪败虏于颍昌府，二十日，复颍昌府。先臣亲帅大军去蔡而北。上以先臣身先士卒，忠义许国，赐札奖谕。张宪遂进兵陈州，二十四日，破其三千余骑，翟将军益兵以来，复败之，获其将王太保，复陈州。韩常及镇国大王、邪也孛堇再以六千骑寇颍昌，二十五日，董先、姚政败之。是日，王贵之将杨成破贼帅漫独化五千余人于郑州，复郑州。二十九日，刘政复劫之于中牟县，获马三百五十余匹，驴、骡百头，漫独化不知存亡。秋七月一日，张应、韩清复西京，破其众数千。牛皐、傅选捷于京西，又捷于黄河上。孟邦杰复永安军。初二日，其将杨遇复南城军。又与刘政捷于西京，伪守李成、王胜等以兵十余万走，弃洛阳，归怀、孟。

【译文】

不久，先祖父所派诸将及相约会合之士皆起来响应，相继报奏战功。李宝先在曹州获捷，后又在宛亭县荆堽大捷，杀敌方千户三人及大将鹘旋郎君，又在渤海庙大捷。闰六月，张宪在颍昌府打败虏人，二十日，克复了颍昌府。先祖父亲自率领大军向北到了蔡州。圣上赞先祖父身先士卒，忠义许国，赐札子奖谕。张宪又进军到陈州，二十四日，破虏人三千余骑，敌方的翟将军增兵而来，又被打败，抓获其手下将领王太保，克复了陈州。韩常及镇国大王、邪也孛堇再以六千骑犯颍昌，二十五日，被董先、姚政打败。同日，王贵手下的将领杨成在郑州破贼帅漫独化所率的五千余人，克复郑州。二十九日，刘政又在中牟县劫杀漫独化，并捕获马匹三百五十余匹，驴、骡百头，漫独化不知存亡。秋，七月一日，张应、韩清克复西京，破敌数千人。牛皋、傅选在京西大捷，又在黄河上获得胜利。孟邦杰收复永安军。初二日，其手下将领杨遇收复南城军。又与刘政胜捷于西京，敌伪守将李成、王胜等人率军十余万人弃城逃走，放弃洛阳，回到怀州、孟州。

时大军在颍昌，诸将分路出战，先臣自以轻骑驻于郾城县，方日进未已。兀术大惧，会龙虎大王于东京，议以为诸帅皆易与，独先臣孤军深入，将勇而兵精，且有河北忠义响应之援，其锋不可当，欲诱致其师，併力一战。朝廷闻之，大以先臣一军为虑，赐札报先臣，俾“占稳自固”。先臣曰：“虏之技穷矣，使诚如谍言，亦不足畏也。”乃日出一军挑虏，且骂之。

【译文】

此时大军在颍昌，诸将分路出战，先祖父自率轻骑驻扎在郾城县，每天都在收复失地。兀术大为惊惧，与龙虎大王会聚东京，计议其他诸帅皆容易对付，唯独先祖父率军孤军深入，将领骁勇兵士精锐，而且有河北忠义军的响应支援，其锋芒锐不可当，欲引诱其出师，全力一战。朝廷知道后，很为先祖父所率一军担忧，赐札子告知先祖父，首先要保证自身稳定安固。先祖父说：“虏人的伎俩已尽，就算真如谍报所言，也不足以畏惧。”于是每日派出一军挑战虏人，且加以骂阵。

兀术怒其败，初八日，果合龙虎大王、盖天大王及伪昭武大将军韩常之兵，逼郾城。先臣遣臣云领背嵬、游奕马军，直贯虏阵，谓之曰：“必胜而后返，如不用命，吾先斩汝矣！”鏖战数十合，贼尸布野，得马数百匹。杨再兴以单骑入其军，擒兀术不获，手杀数百人而还。初，兀术有劲军，皆重铠，贯以韦索，凡三人为联，号“拐子马”，又号“铁浮图”，堵墙而进，官军不能当，所至屡胜。是战也，以万五千骑来。诸将惧，先臣笑曰：“易尔！”乃命步人以麻扎刀入阵，勿仰视，第斫马足。拐子马既相联合，一马偾，二马皆不能行，坐而待毙，官军奋击，僵尸如丘。兀术大恸曰：“自海上起兵，皆以此胜，今已矣！”拐子马由是遂废。

【译文】

兀术怒其部属屡战屡败，初八这天，会合龙虎大王、盖天大王及伪昭武大将军韩常的军队，直逼郾城。先祖父派遣先伯父岳云率领背嵬、游奕马军，直入虏人的阵列，对他说：“必胜而后返，如不用命，吾先斩汝矣！”先伯父与敌人鏖战数十回合，敌军大败，尸体遍布四野，缴获战马数百匹。杨再兴单人独骑冲入敌军，欲活捉兀术不果，杀金军将士近百名而还。一开始，兀术派遣劲旅，皆身着重铠，用皮索相连，每三匹马为一联，号“拐子马”，又号“铁浮图”，像一堵墙一样前进，进行正面冲击，官军抵挡不了，所到之处屡战屡胜。这次战斗，敌人以一万五千骑兵来战。诸将皆露出恐惧之色，先祖父笑说：“这容易！”于是先祖父命步兵手持麻扎刀入阵，叫他们不要仰视，专劈马足。拐子马既相联合，一马倒地，另外两匹马就无法前进，只能坐以待毙，官军奋击，敌人尸横遍野，堆积如丘。兀术大恸说：“自海上起兵，皆以此胜，今已矣！”拐子马由此俱废。

兀术复益兵，至郾城北五里店。初十日，背嵬部将王刚以五十骑出觇虏，遇之，奋身先入，斩其将阿李朵孛堇，贼大骇。先臣时出踏战地，望见黄尘蔽天，众欲少却，先臣曰："不可，汝等封侯取赏之机，正在此举，岂可后时！"自以四十骑驰出，都训练霍坚者扣马谏曰："相公①为国重臣，安危所系，奈何轻敌！"先臣鞭坚手，麾之曰："非尔所知！"乃突战贼阵前，左右驰射，士气增倍，无不一当百，呼声动地，一鼓败之。

【注释】

①相公：旧时对宰相的敬称；也泛称官吏。

【译文】

兀术又增加兵力，至郾城北五里店。初十这天，背嵬部将王刚率五十骑骑兵出来侦察敌情。与敌人相遇，王刚奋身冲入敌阵，斩杀敌将阿李朵孛堇，贼人大惊。此时先祖父出来勘察战地，只见黄土蔽天，征尘滚滚，众人欲退却，先祖父说："不可，你等封侯领赏之机就在此时，岂可等到他时！"于是亲自率领四十骑飞驰而出，都训练霍坚出来拦住先祖父的马谏言说："相公身为国家重臣，所系安危重大，怎能亲临敌阵。"先祖父用马鞭抽了一下霍坚的手，挥着马鞭说："非尔所知！"于是跃马驰突于敌阵之前，左右开弓，箭无虚发，将士们看到主帅亲自出马，士气顿时倍增，无不以一当百。呼声震天动地，一鼓作气将敌人打败。

捷闻，上赐札曰："览卿奏，八日之战，虏以精骑冲坚，自谓奇计。卿遣背嵬、游奕迎破贼锋，戕其酋领，实为隽功。然大敌在近，卿以一军，独与决战，忠义所奋，神明助之，再三嘉叹，不忘于怀。"时上又遣内侍李世良诣先臣军，传宣抚问，赐金合茶、药，金千两，银五万两，钱十万缗。寻又赐钱二十万缗，半以赏复郑州兵，半以予宣抚司非时支使。

【译文】

圣上得到捷报，赐札曰："览卿奏报，八日之战，虏人以精锐骑兵冲坚，自认为是奇计。卿家派遣背嵬、游奕军迎敌破贼锋锐，杀其酋领，实为突出的功勋。然大敌在近，卿仅以一军，独与敌人决战，忠义甚笃，连神明都予相助，再三嘉许赞叹，朕不忘怀。"当时圣上又遣内侍李世良前往先祖父军中，传宣抚问，并赐金合茶、药，金千两、银五万两、钱十万缗。随后又赐钱二十万缗，一半用以犒赏收复郑州的军士，另一半给宣抚司随时支用。

兀术又率其众併力复来，顿兵十二万于临颍县。十三日，杨再兴以三百骑至小商桥，与贼遇。再兴骤与之战，杀虏二千余人，并万户撒八孛堇、千户、百人长、毛毛可[①]百余人，再兴死之。张宪继至，破其溃兵八千，兀术夜遁。

【注释】

①毛毛可：谋克之歧译，即百人长。

【译文】

兀术又率众合力再来，在临颍县驻兵十二万。十三日，杨再兴率领三百骑来至小商桥，与贼人相遇。杨再兴很快与之激战，杀虏二千余人，还斩杀万户撒八孛堇、千户、百人长、毛毛可百余人，最后杨再兴（与三百将士全部）阵亡。张宪赶到后，又打败敌人溃兵八千余人，兀术趁夜逃走。

郾城方再捷，先臣谓臣云曰："贼犯郾城，屡失利，必回锋以攻颍昌，汝宜速以背嵬援王贵。"既而兀术果以兵十万、骑三万来。于是，贵将游奕，云将背嵬，战于城西。虏阵自舞阳桥以南，横亘十余里，金鼓振天，城堞为摇。臣云令诸军勿牵马执俘，视梆而发，以骑兵八百，挺前决战，步军张左右翼继进。自辰至午，战方酣，董先、胡清继之。虏大败，死者五千余人，杀其统军、上将军夏金吾（失其名），并千户五人，擒渤海、汉儿王松寿，女真、汉儿都提点、千户张来孙，千户阿黎不，左班祇候承制田瓘以下七十八人，小番二千余人，获马三千余匹及雪护兰马一匹，金印七枚以献。兀术狼狈遁去，副统军粘汗孛堇重创，舆至京师而死。

【译文】

郾城刚刚再次大捷，先祖父对先伯父岳云说："贼人在郾城屡次失利，必会回锋攻打颍昌，你当速率背嵬军增援王贵。"不久兀术果然率步兵十万，骑兵三万人来袭。于是，王贵率游奕军、岳云率背嵬军在郾城城西与虏人作战。虏人列阵自舞阳桥以南，横亘延绵十余里，金鼓振天，其声之大震得城墙似乎都为之动摇。先伯父岳云令诸军不要先顾着抢敌人的战马和捉捕其俘虏，要按梆声的指令行事，然后自率骑兵八百人，冲向前方与敌人决战，步军也展开左右翼随后前进。自辰时至午时（上午7时正至下午1时正），战事十分激烈，董先、胡清也加入了战斗。虏人大败，死者有五千余人，杀其统军、上将军夏金吾（失其名），并千户五人，擒渤海、汉儿王松寿，女真、汉儿都提点、千户张来孙，千户阿黎不，左班祇候承制田瓘以下七十八人，小番二千余人，获马三千余匹及雪护兰马一匹，缴获金印七枚献给朝廷。兀术狼狈逃走，副统军粘汗孛堇身受重创，乘车到京师就死了。

十八日，张宪之将徐庆、李山等复捷于临颍之东北，破其众六千，获马百匹，追奔十五里。

【译文】

十八日，张宪手下的将领徐庆、李山等人又一次大捷于临颍的东北，击败敌人六千余人，缴获战马百匹，追奔敌人十五里。

先臣上郾城诸捷，上大喜，赐诏称述其事，曰："自羯胡入寇，今十五年，我师临阵，何啻百战。曾未闻远以孤军，当兹巨孽，抗犬羊并集之众，于平原旷野之中，如今日之用命者也。"复诏赐钱二十万缗以犒军。

【译文】

先祖父向朝廷奏报了郾城诸路大捷，圣上大喜，赐诏称赞述说其功，曰："自羯胡入侵中原，至今已有十五年，我们的军队临阵对敌，何止百战。从未听闻孤军作战到这么远的地方，于平原旷野中，抵挡如此凶顽的敌人，像今日这般用性命去搏杀的将士们。"复又下诏赐钱二十万缗用以犒赏军士。

是月，梁兴会太行忠义及两河豪杰赵云、李进、董荣、牛显、张峪等，破贼于绛州垣曲县。虏入城，复拔之，擒其千户刘来孙等一十四人，获马百余匹及器甲等。又捷于沁水县，复之，斩贼将阿波那千户、李孛堇，死者无数。又追至于孟州王屋县之邵原，汉儿军张太保、成太保等以所部六十余人降。又追至东阳，贼弃营而去，追杀三十人，获其所遗马八匹，衣、甲、刀、枪、旗帜无数。又至济源县之曲阳，破高太尉之兵五千余骑，尸布十里，获器械、枪、刀、旗、鼓甚众，擒者八十余人。高太尉引怀、孟、卫等州之兵万余人再战，又破之，贼死者十之八，擒者百余人，得马、驴、骡二百余头。高太尉以余卒逃。又败之于翼城县，复翼城县。又会乔握坚等复赵州。李兴捷于河南府，又捷于永安军。中原大震。

【译文】

是月，梁兴会合太行忠义军及两河豪杰赵云、李进、董荣、牛显、张峪等人，在绛州垣曲县打败敌人。虏人已进入城池，又被我军拔除，并擒得其千户刘来孙等十四人，缴获战马百余匹以及器甲等。又在沁水县大捷，收复了沁水县，斩贼将阿波那千户、李孛堇，死者不计其数。又追到孟州王屋县的邵原，汉儿军的张太保、成太保等人率部六十余人投诚。又追到东阳，贼人弃营而逃，追杀三十人，获其所遗战马八匹，衣、甲、刀、枪旗帜无数。又来到济源县的曲阳，攻破高太尉的五千余骑，尸横遍布有十里，缴获器械、枪、刀、旗、鼓甚多，擒获八十余人。高太尉复带领怀、孟、卫等州的兵士万余人反扑，又被打败，贼人伤亡十之有八，擒获百余人，缴得马、驴、骡二百余头。高太尉带领余下的士卒逃走。在翼城县又被打败，翼城县被收复。适逢乔握坚等人收复赵州。李兴在河南府大捷，又捷于永安军。中原为之大震。

先臣上奏，以谓“赵俊、乔握坚、梁兴、董荣等过河之后，河北人心往往自乱，愿归朝廷。臣契勘金贼近累败衄，虏酋四太子等皆令老小渡河，惟是贼众尚徘徊于京城南壁，近却遣八千人过河北。此正是陛下中兴之机，金贼必亡之日。苟不乘时，必贻后患。”桧沮之，第报杨沂中、刘锜新除，而不言所遣。

【译文】

先祖父上奏，说："赵俊、乔握坚、梁兴、董荣等人渡过黄河之后，河北人心往往自乱，愿意归附于朝廷。臣探查金贼近期多次被我军挫败，虏人的酋领四太子等人皆令老小渡河，只是贼众尚且徘徊在京城的南面，最近却派遣八千人过到河北。此时正是陛下中兴的机会，也是金贼必然灭亡之日。如果不把握好这个时机，必然留有后患。"秦桧进行阻止，报杨沂中、刘锜新近授官，但不言派遣之事。

先臣独以其军进至朱仙镇，距京师才四十五里。兀术复聚兵，且悉京师兵十万来敌，对垒而陈。先臣按兵不动，遣骁将以背嵬骑五百奋击，大破之。兀术奔还京师。

【译文】

先祖父独自率部进军到朱仙镇，距京师汴梁仅四十五里。兀术复又聚兵，将聚集在京师十万敌兵倾巢出动，两军对垒而列。先祖父按兵不动，派遣骁勇的战将率背嵬军五百人奋勇作战，大破敌军。兀术军溃逃返回京师。

先臣遂令李兴檄陵台令朱正甫行视诸陵，辑永安、永昌、永熙等陵神台，枳、橘、栢株之废伐者，补而全之。

先是，先臣自绍兴五年遣义士梁兴，败金人于太行，杀其伪马五太师及万户耿光禄，破平阳府神山县。遣张横败金人于宪州，擒岚、宪两州同知及岢岚军军事判官。遣高岫、魏浩等破怀州万善镇。又密遣梁兴等宣布朝廷德意，招结两河忠义豪杰之人，相与掎角破贼。又遣边俊、李喜等渡河抚谕，申固其约。河东山寨韦诠等皆敛兵固堡，以待王师。乌陵思谋，虏之黠酋也，亦不能制其下，但谕百姓曰："毋轻动，俟岳家军来，当迎降。”

【译文】

先祖父遂下令李兴用公文告知陵台令朱正甫巡视诸皇陵，朱正甫巡视到永安、永昌、永熙等几座陵时，发现陵台周围的枳、橘、柏树有许多被伐的，于是命人全部补种上了。

先前，先祖父自绍兴五年派遣义士梁兴在太行山打败金人，杀其伪马五太师以及万户耿光禄，破了平阳府神山县。派遣张横在宪州打败金人，擒岚州、宪州两州同知以及岢岚军军事判官。派遣高岫、魏浩等攻破怀州万善镇。又秘密派遣梁兴等人宣布朝廷的德意，结纳两河地区的忠义豪杰之人，约定夹击破贼。又派遣边俊、李喜等渡河进行安抚告谕，重申巩固其约定。河东山寨的韦诠等人皆聚集兵士巩固堡垒，等待王师的到来。乌陵思谋是虏人中一位非常聪明狡猾的酋领，亦不能制止辖下的百姓，但告谕百姓说：“不可轻举妄动，等到岳家军来时当去迎候投降。”

或率其部伍，举兵来归。李通之众五百余人，胡清之众一千一百八人，李宝之众八千，李兴之众二千，怀、卫州张恩等九人，相继而至。白马山寨首领孙淇等，伪统制王镇、统领崔庆、将官李觏、秉义郎李清及崔虎、刘永寿、孟皋、华旺等，皆全率所部至麾下。以至虏酋之腹心禁卫，如龙虎大王下忔查千户高勇之属及张仔、杨进等，亦密受先臣旗、榜，率其众自北方来降。韩常又以颍昌之败，失夏金吾，金吾，兀术子婿也，畏罪不敢还，屯于长葛，密遣使，愿以其众五万降。先臣遣贾兴报，许之。

【译文】

有些人率其部伍，举兵来降。李通率部五百余人，胡清率一千一百零八人，李宝率众八千人，李兴率所部二千余人，怀、卫州张恩等九人也相继而至。白马山寨首领孙淇等人，伪统制王镇、统领崔庆、将官李觐、秉义郎李清及崔虎、刘永寿、孟皋、华旺等人，皆率所部投奔先祖父麾下。以至连虏酋的心腹禁卫，如龙虎大王之下的忔查千户高勇的下属及张仔、杨进等人，亦是秘密接受先祖父的旗、榜，率其部从北方过来投诚。韩常因在颍昌之战中大败，其部将夏金吾战死，金吾，是兀术的女婿，所以韩常畏罪不敢回去，屯兵于长葛，秘密派遣使者，愿率五万人来投降。先祖父派贾兴上报，表示允许。

是时，虏酋动息及其山川险隘，先臣尽得其实。自磁、相、开德、泽、潞、晋、绛、汾、隰，豪杰期日兴兵，众所揭旗，皆以“岳”为号，闻风响应。及是朱仙镇之捷，先臣欲乘胜深入。两河忠义百万，闻先臣不日渡河，奔命如恐不及，各齐兵仗、粮食，团结以徯先臣。父老百姓争挽车牵牛，载糗粮，以馈义军。顶盆焚香，迎拜而候之者，充满道路。虏所置守、令熟视，莫敢谁何，自燕以南，号令不复行。兀术以败，故复签军，以抗先臣，河北诸郡无一人从者，乃自叹曰：“自我起北方以来，未有如今日之挫衄！”先臣亦喜，语其下曰：“这回杀番人，直到黄龙府，当与诸君痛饮！”

【译文】

此时，虏酋的动息以及山川险隘情况，先祖父尽得详实。来自磁、相、开德、泽、潞、晋、绛、汾、隰的众豪杰期盼着兴兵的日子，揭旗而起，约定皆以“岳”字为号，闻风响应。及至朱仙镇大捷，先祖父欲乘胜深入。河北、河东的百万忠义之士，听说先祖父不日将渡过黄河，奔走相告还唯恐不及，各自备齐兵器、粮食，团结起来等待先祖父的到来。父老百姓争先恐后地挽着车、牵着牛，载着粮食，用于馈赠义军。顶盆焚香，恭迎拜候先祖父的人们充塞了道路。虏人所驻守的地方，皆令义军前去侦察，虏人也不敢怎么样，自燕山以南，金人的号令不能再推行。兀术败后，又欲在北方的汉人中征集兵力，以便抵拒先祖父，但河北诸路无一人愿意服从，故兀术自叹说："我自北方起兵以来，从来没有遇到过像今天这样的挫败！"先祖父亦是非常高兴，对其部下说："这回杀了番人，直打到黄龙府，再与诸君痛饮！"

时方画受降之策，指日渡河。秦桧私于金人，力主和议，欲画淮以北弃之。闻先臣将成功，大惧，遂力请于上，下诏班师。先臣上疏曰："虏人巢穴尽聚东京，屡战屡奔，锐气沮丧。得间探报，虏欲弃其辎重，疾走渡河。况今豪杰向风，士卒用命，天时人事，强弱已见，时不再来，机难轻失。臣日夜料之熟矣，惟陛下图之。"疏累千百言。上亦锐意恢复，欲观成效，以御札报之曰："得卿十八日奏，言措置班师，机会诚为可惜。卿忠义许国，言词激切，朕心不忘。卿且少驻近便得地利处，报杨沂中、刘錡同共相度，如有机会可乘，即约期并进。"桧闻之，益惧，知先臣之志锐不可返，乃先诏韩世忠、张俊、杨沂中、刘錡各以本军归，而后言于上，以先臣孤军不可留，乞姑令班师。一日而奉金书字牌者十有二，先臣不胜愤，嗟惋至泣，东向再拜曰："臣十年之力，废于一旦！非臣不称职，权臣秦桧实误陛下也。"诸军既先退，先臣孤军深在敌境，惧兀术知之，断其归路，乃声言将翌日举兵渡河。兀术疑京城之民应先臣，夜弃而出，北遁百里。先臣始班师。

【译文】

此时先祖父刚计划了如何受降，渡河指日可待。秦桧与金人暗中勾结，力主议和，欲把淮河以北划给金人。听到先祖父将要大功告成，心中大为恐惧，遂尽力请示圣上，下诏让先祖父班师。先祖父知道后上奏章说：“虏人巢穴都聚集在东京，且屡战屡败，锐气贻尽。已得到探报，虏人欲放弃辎重，急速渡河。况且现在众豪杰皆愿归依，士卒用命不计生死抵抗敌人，天时人事，强弱已现，时不再来，机不可失。臣日夜忖度收复失地的计策已经非常周密了，望陛下考虑。”上疏奏章千百言，圣上也迫切地想收复故土，期待先祖父能够成功，于是以御札回复曰：“得到卿家十八日的奏报，说到措置班师，机会非常可惜。卿家忠义许国，言辞激切，朕心里不会忘记。卿且暂驻在附近地形有利之处，通知杨沂中、刘锜共同商议，如有可乘之机，即可相约并进剿灭敌人。”秦桧听到后越发恐惧，他知道先祖父之志锐不可返，就先下诏令韩世忠、张俊、杨沂中、刘锜各率本部人马回军，而后对圣上说，先祖父孤军不可久留，请先令其班师。先祖父在一日之内竟接到十二道金字牌令其班师，先祖父不胜愤慨，叹息流泪，向东再三叩拜说：“臣十年之力，废于一旦！非是臣不称职，而是权臣秦桧在耽误陛下啊。”其他诸路大军既已先行撤退，先祖父孤军深入敌境，如果兀术知道后，必阻断其归路，于是先祖父虚张声势说第二天将举兵渡河。兀术怀疑京城百姓响应先祖父的号令，夜里弃城而出，向北逃走百余里。先祖父方才班师。

父老人民大失望，遮先臣马首，恸哭而诉曰：“我等顶香盆，运粮草，以迎官军，虏人悉知之。今日相公去此，某等不遗噍类矣！”先臣亦立马悲咽，命左右取诏书以示，曰：“朝廷有诏，吾不得擅留！”劳苦再四而遣之，哭声震野。及至蔡，有进士数百辈及僧道、父老、百姓坌集于庭，进士一人相帅叩头曰：“某等沦陷腥膻，将逾一纪。伏闻宣相[①]整军北来，志在恢复，某等跂望车马之音，以日为岁。今先声所至，故疆渐复，丑虏兽奔，民方室家胥庆，以谓幸脱左衽[②]。忽闻宣相班师，诚所未谕，宣相纵不以中原赤子为心，其亦忍弃垂成之功耶？”先臣谢之曰：“今日之事，岂予所欲哉！”命出诏书置几上，进士等相帅历堦视之，皆大哭，相顾曰：“然则将奈何？”先臣不得已，乃曰：“吾今为汝图矣。”乃以汉上六郡之闲田处之，且留军五日，待其徙从而迁者，道路不绝，今襄汉间多是焉。

【注释】

①宣相：宣相是宣抚相公之简称。

②左衽：衣襟向左。指我国古代某些少数民族的服装。《论语．宪问》：“微管仲，吾其被发左衽矣。”后以“左衽”指少数民族。

【译文】

当地的父老乡亲大失所望，拦住先祖父的马头，恸哭着诉说：“我等顶着香盆，运送粮草迎接官军的到来，连虏人都尽数知道。今日相公回去，我等还有活路吗！”先祖父也是立马悲咽，命人取出朝廷的诏书以示众人，说：“朝廷有诏书，我不能擅自停留！”先祖父再三安慰百姓方才遣散他们，哭声震动四野。行至蔡州，有进士数百人及僧道、父老、百姓积聚在庭前，有一位进士向先祖父叩头说：“我们沦陷于金人之下已将近十二年。听说宣相率军北来，志在恢复中原故土，我等翘首企望南来的车马，度日如年。宣相声威所至之处，故疆渐渐收复，虏人像野兽一样四散溃逃，百姓家家户户相互庆贺，以为有幸摆脱虏人的管制。忽然听到宣相要班师，实在是想不通，宣相纵然不考虑中原赤子的心情，难道能忍心舍弃垂成之功吗？”先祖父感激地说："今日之事，岂是我能够裁夺的。"于是命人取出诏书放置于桌上，进士等人都一一来到阶前看视，均为之痛哭，相互说："这将如何是好？"先祖父不得已，于是说："我今天为你们出个主意。"就以汉上六郡的闲田安置他们，遂决定留军五日，以掩护当地百姓迁移，道路上愿意追随先祖父的百姓络绎不绝，至今居住在襄汉间的多是当时迁移的百姓。

方兀术夜弃京师，将遂渡河，有太学生叩马谏曰："太子毋走，京城可守也，岳少保兵且退矣。"兀术曰："岳少保以五百骑破吾精兵十万，京师中外日夜望其来，何谓可守？"生曰："不然，自古未有权臣在内，而大将能立功于外者。以愚观之，岳少保祸且不免，况欲成功乎！"生盖阴知桧与兀术事，故以为言。兀术亦悟其说，乃卒留居，翌日，果闻班师。议者谓使先臣得乘是机也以往，北虏虽强，不足平也；故土虽失，不足复也。一篑亏成，万古遗恨。

【译文】

兀术趁夜逃走欲弃京师，正要渡河时，有太学生叩马谏言说："太子不要走，京城可以守住。岳少保就要退兵了。"兀术说："岳少保以五百骑就能破我的精兵十万，京师内外的人都日夜盼望着他到来，你怎么认为可以守得住京师呢？"书生说："不然，自古以来有权臣立于朝堂之上，大将在外怎能立下大功呢？以我的愚见，岳少保免不了会有灾祸的，这样他还能成功吗！"书生暗中知道秦桧与兀术勾结之事，所以有此言语。兀术悟出其中的道理，于是就留下了，翌日，果然传来了先祖父班师的消息。当时那些评论时事的人说如果让岳飞得到机会继续挥军北上，虏人虽然强盛，但不难平定。故土虽失，但不难收复。功亏一篑，万古遗恨。

先臣既还，虏人得伺其实，无所忌惮，兵势渐振，向之已复州县，又稍稍侵寇。先臣抑郁不自得，自知为桧所忌，终不得行其所志。用兵动众，恢拓土宇，今日得之，明日弃之，养寇残民，无补国事，乃上章，力请解兵柄，致仕。上赐诏，谓其“方资长算，助予远图，未有息戈之期，而有告老之请”，不许。奉诏自庐入觐，上问之，先臣第再拜谢。

【译文】

先祖父已率军撤退了，虏人窥伺到虚实，有恃无恐起来，兵势渐渐强振，把先祖父已收复的州县，又逐渐地侵占了。先祖父非常抑郁不能自己，自知为秦桧所忌惮，始终不能伸张其志向。用兵动众，收复故土，结果无非是今日收复一地，明日又放弃一地，养敌残民，无补于国事，于是先祖父上奏章，力请解除兵柄，请求退隐。圣上赐诏，说“要做长远打算，以助我深远之谋略，未到干戈平息之日，卿不能有告老还乡之请”，故不允。先祖父只能奉诏自庐山入觐，圣上向先祖父垂询国事，（先祖父不再做答）只是再三地向圣上拜谢。

虏人大扰河南，分兵趋川、陕，上命先臣应之，以王贵行。八月，以赵秉渊知淮宁府，虏犯淮宁，为秉渊所败。又悉其众围秉渊，先臣复命李山、史贵解其围。虏再攻颍昌，上命津发人民，于新复州军据险保聚。韩世忠捷于千秋湖，命以蔡州军牵制。九月，虏犯宿、亳，命控扼九江。又付空名告身，自正任承宣使以下，凡四百八十一道，以激战功。冬十月，川、陕告急，复请益兵，以董先行。又命广设间谍，诱契丹诸国之不附兀术者。十一月，命益光州兵，援田邦直。虏聚粮顺昌，将寇唐、邓，入比阳、舞阳、伊阳诸县，命捍御堤备。是冬，梁兴在河北，不肯还，取怀、卫二州，大破兀术之军，断山东、河北金、帛、马纲[①]之路，金人大扰。

【注释】

①纲：唐、宋时指成批运输的大宗货物，每批以若干车或船为一组，分若干组，一组称一纲。

【译文】

虏人大肆侵扰河南，分兵进军川、陕，圣上命先祖父前去应对，先祖父命王贵先行。八月，命赵秉渊知淮宁府，虏人进犯淮宁，被秉渊打败。虏人又倾其所有围攻赵秉渊，先祖父于是又命李山、史贵前去解围。虏人又攻打颍昌，圣上命令用船渡送百姓，安排他们到新收复的州、军凭借险要聚守。韩世忠在千秋湖大捷，圣上命令以驻扎在蔡州的军队牵制敌人。九月，虏人进犯宿州、亳州，圣上又命令先祖父扼守九江。并给了先祖父未填姓名的补官文凭，自正任承宣使以下的官员，共有四百八十一道空名文凭，可由先祖父自行任命，意在激励将士们杀敌立功。冬十月，川、陕告急请求增兵，先祖父命董先前去。又命广设间谍，诱使契丹等国不愿附和兀术所派的人。十一月，命增兵光州，以援田邦直。虏人聚集粮食于顺昌，准备侵犯唐州、邓州，进入比阳、舞阳、汝阳等县。朝廷命令防御堤备。这年冬天，梁兴在河北不肯回来，拿下怀、卫二州，大破兀术之军，切断山东、河北运送金、帛、马纲的道路，金人大受其扰。

绍兴十一年，辛酉岁，年三十九。

援淮西。召赴行在。除枢密副使。赐金带、鱼袋、银、绢、鞍马等。带本职按阅御前军。还兵柄。还两镇[①]节，充万寿观使，奉朝请[2]。证张宪事，殁。

春正月，谍报虏分路渡淮。先臣得警报，即上疏，请合诸帅之兵破敌，未报。十五日，兀术、韩常果以重兵陷寿春府。二十日，韩常与伪龙虎大王先驱渡淮。二十五日，驻庐州界。边报至行在，上赐御札曰："虏人已在庐州界上，卿可星夜前来江州，乘机照应，出其贼后。"诏未至，先臣窃念虏既举国来寇，巢穴必虚，若长驱京、洛，虏必奔命，可以坐制其弊。二月四日，既遣奏，复恐上急于退虏，又上奏曰："今虏在淮西，臣若捣虚，势必得利。万一以为寇方在近，未暇远图，欲乞亲至蕲、黄，相度形势利害，以议攻却。且虏知荆、鄂宿师必自九江进援，今若出此，贵得不拘，使敌罔测。"至是上得乞会兵奏，大喜。及得捣虚奏，果令缓行。是日又得出蕲、黄之请，益喜，手札报谕，以为"中兴基业，在此一举"。

【注释】

①两镇：同时除授两镇节度使的简称。宋初削藩镇之权，节度使不必赴镇，仅为武官之秩，属正任最高一阶（据《宋代官制辞典》，第577页。）《宋史·职官志》："中兴，诸州升改节镇，凡十有二。是时，诸将勋名有兼顾两镇、三镇者，实为希阔之典。"岳飞历任清远军节度使，镇宁、崇信军节度使，武胜、定国军节度使，后两者都属于两镇。

②奉朝请：赴朝立班之谓。古代诸侯春季朝见天子叫朝，秋季朝见为请。因称定期参加朝会为奉朝请。

【译文】

援淮西。朝廷下召让先祖父到行在。授予先祖父枢密副使之职。赐金带、鱼袋、银、绢、鞍马等。先祖父以枢密副使的身份巡视御前军队。退还兵权。辞去两镇节度使，充任万寿观使，仍赴朝立班。为证张宪受诬而死。

春正月，谍报报告虏人分兵渡淮。先祖父得到警报，立即上疏朝廷，请求会合诸大帅共同破敌，没有收到回复。十五日，兀术、韩常果然以重兵攻陷寿春府。二十日，韩常与龙虎大王先行渡淮。二十五日，驻兵庐州界。边报到行在，圣上赐先祖父御札说："虏人已到庐州界上，卿可星夜赶赴江州，看准时机，攻击敌人后方。"诏书还未到先祖父处，先祖父思忖虏人既是以举国兵力来袭，其后方巢穴必然空虚，此时若是长驱京、洛，虏人必会疲于奔命而首尾难顾，这样可以坐制其弊。二月四日，发出了奏章，又恐圣上急于退敌，于是又上奏说："今虏人在淮西，臣若直捣其后方空虚，势必可得利。若圣上认为敌寇迫在近前，无暇征讨远方，想请求朝廷允许自己亲自到蕲、黄州一带查看形势利害，以便讨论如何进攻、如何退敌。况且虏人知道荆、鄂驻师必然从九江进援，今若出此，贵在不拘于常形，使敌人难以揣测。"此时圣上才收到了先祖父请求会兵破敌的奏章，大喜。后又收到先祖父欲直捣京、洛之奏，果然命令先祖父缓行。是日又收到出兵蕲、黄的奏请，更加欣喜，手札回复告谕先祖父说："中兴基业，在此一举。"

初九日，先臣始奉初诏，时方苦寒嗽，力疾戒行，以十一日引道。先臣犹谓大军行缓，亲以背嵬先驱。十九日，上闻先臣力疾出师，赐札曰："闻卿见苦寒嗽，乃能勉为朕行，国尔忘身，谁如卿者！"师至庐州，兀术闻先臣之师将至，与韩常等俱惩颍昌之败，望风遽遁。遂还兵于舒，以俟命。上赐札，以先臣"小心恭（孝宗皇帝嫌讳），不敢专辄进退""为得体"。兀术用郦琼计，复窥濠州。三月初四日，先臣不俟诏，麾兵救之，次定远县。兀术先以初八日破濠州，张俊以全军八万驻于黄连镇，去濠六十里，不能救。杨沂中趋城，遇伏，仅以身免，殿前之兵歼焉。虏方据濠自雄，闻先臣至，又遁，夜逾淮，不能军。

【译文】

初九日，先祖父才收到圣上的第一封诏书，此时先祖父虽苦于受寒咳嗽，仍是撑着病体，于十一日率军出征。先祖父深恐大军行动缓慢，亲自率背嵬军先行。十九日，圣上知道先祖父抱病出师，赐札说："闻听卿家正苦于寒嗽，但仍能勉力为朕出行，为国忘身，有谁能像卿这样呢！"先祖父率军到达庐州，兀术听说先祖父的军队即将到达，他与韩常等人皆怕再蹈颍昌之败的旧辙，所以望风而逃。先祖父只能再回兵舒州待命。圣上赐札赞叹先祖父"小心恭谨，不擅自调度军队"，"为得体"。兀术采用郦琼之计，再一次图谋濠州。三月初四这天，先祖父不等下达诏书，就麾兵前去救援，赶到了定远县。兀术先是在初八这天攻下濠州，张俊率全军八万余人驻扎在黄连镇，距离濠州只有六十里，而不去救。杨沂中在去往濠州的路上遇到金军的埋伏，几乎是只身逃脱，跟随他的殿前军几乎全部被歼灭。虏人才占据了濠州，自以为雄壮，听到先祖父来，又赶快逃跑了，趁夜渡淮，溃不成军。

夏四月，遣兵捕郴贼骆科。又遣兵援光州。自朱仙镇之机一失，虏势浸横，暂却遽进，不可复图，堤防攻讨，皆无预于恢复之计。柘皋之战，第能拒敌人之锋而已。中原之事，未可议也。十年冬，司农少卿高颖慷慨自陈，欲"裨赞岳飞十年连结河朔之谋"，措置两河、京东忠义军马，为攻取计。梁兴不肯南还，复怀、卫二州，绝山东、河北金、帛、马纲之路，然竟亦无所就，虏人之强自若。

【译文】

夏四月，派兵捉捕郴州的叛乱者骆科。又派兵增援光州。自从在朱仙镇失去进攻的最佳时机后，虏人乘势侵占横行，不论是暂时的抵抗还是迅速的进攻，都不可求，防守攻讨，皆无补于恢复的大计。柘皋之战，也只是能够抵御敌人兵锋而已。恢复中原之事，遥不可议。绍兴十年的冬日，司农少卿高颖慷慨陈述，欲"辅助岳飞筹划了十年的连结河朔之谋"，措置两河、山东地区的忠义军马，辅佐攻取中原的战略。梁兴不肯向南撤退，收复怀、卫二州，断绝了山东、河北金、帛、马纲之路，然而终究成不了大气候，虏人仍强大自若。

既而秦桧竟欲就和议，患诸将不同己，用范同策，召三大将论功行赏。先臣至行在，二十四日，授枢密副使，加食邑七百户、食实封三百户，特旨位在参知政事[①]上，赐金带、鱼袋、银、绢等，视宰臣初除礼。先臣奏请还兵。二十七日，罢宣抚司，诸军皆冠以"御前"字。

【注释】

①参知政事：职事官名。品位下宰相一等。为副宰相之职，与宰相同升都堂议政事。（据《宋代官制辞典》，第82页。）

【译文】

随后秦桧终欲促成和议，又担心诸大将与自己的意见不和，就采用范同的计策，召三大将到行在论功行赏。先祖父到了行在，二十四日，授予先祖父枢密副使，加食邑七百户、食实封三百户，特别诏令先祖父序位在参知政事之上，赐金带、鱼袋、银、绢等，与宰相初次授任的礼仪相同。先祖父奏请解除兵柄。二十七日，罢各宣抚司，诸军名称前皆冠"御前"二字（意为拨属御前使唤）。

五月十一日，诏韩世忠留院供职，俊与先臣并以本职按阅军马，措置战守。同以枢密行府为名，抚定韩世忠军于楚州。

【译文】

五月十一日，下诏命韩世忠留枢密院供职，张俊与先祖父一起以本职职务巡视军队，措置战斗防守事宜。都以枢密行府的名义到楚州安抚韩世忠的军队。

先是，先臣少俊等十余岁，事俊甚勤。绍兴改元，有李成之役，俊既叨先臣之功，得逭其责，甚德先臣，且服其忠略，屡称荐于上。其后二、三年间，荡湖、广、江西之剧寇，复襄阳六郡之故疆，不淹时而大功立。时论许予，置诸将右。上亦自谓得人杰，行赏不计其等，擢之不次之位，俊颇不平。四年，虏犯淮西，乃俊分地也，怯敌不肯行。宰臣赵鼎责而遣之，至平江府，又辞以坠马伤臂。鼎怒，命一急足[①]领之出关，且奏请诛俊，以警不用命者，既又以无功还。先臣渡江，一战大捷，解庐州围。上奇其功，畀以镇宁、崇信两镇之节，俊益耻之。及先臣位二府[②]，正专征，天下称三大帅，与俊体敌，俊忿疾，见于辞色。先臣益屈己下之，数以卑辞致书于俊，俊皆不答。杨么平，先臣又致书，献俊楼船一，兵械毕备。俊受船，复不答书。先臣事之愈恭，俊横逆自若。至七年，恢复之请大合上意，札书面命，皆以中兴之事专畀先臣。又所赐褒词每有表异之语，如曰，“非我忠臣，莫雪大耻”；“卿为一时智谋之将，非他人比”；“朕非卿到，终不安心”；甚者谓“听飞号令，如朕亲行”。俊见之，常憾其轧己，有意倾之。

【注释】

①急足：指急行送信的人。《金佗续编》卷二〇作“遣一卒随之，视其必行”。

②二府：宋代称中书省和枢密院为“两府”。《宋史·职官志二》：“宋初，循唐五代之制，置枢密院，与中书对持文武二柄，号为‘二府’。”

【译文】

当初，先祖父比张俊等人小十余岁，对待张俊的态度甚是恭敬。绍兴元年与李成作战，张俊叨冒了先祖父的功劳，得以逃避自己的责任，因而甚是感激先祖父，并且佩服他的忠勇和谋略，屡次向圣上推荐。其后二三年间，先祖父荡平湖、广、江西一带的强寇，收复襄阳六郡故疆，总是能在很短的时间内立下大功。当时的舆论对先祖父多有赞许，认为其才干在诸大将之上。圣上也自言得到了杰出的人才，对先祖父行赏不计其等级，不依寻常次序地超擢，让张俊颇感不平。绍兴四年，虏人进犯淮西，此处乃是张俊的分属管辖之地，他却怯敌不肯前行抵抗。因而受到宰相赵鼎责备督促，才勉强到了平江府，又以坠马伤臂为由推托。赵鼎大怒，命一急足带他出关，并且奏请圣上杀张俊以警示作战不用命的人，张俊最后还是无功而还。先祖父渡江，一战大捷，解除庐州之围。圣上非常惊讶，认为这是不世之功，授先祖父镇宁、崇信两镇之节度使，张俊越发感到羞耻。及至后来先祖父位列二府，负责国防，天下人称三大帅，与张俊所受的礼制相当，张俊愈发嫉恨，在平日说话、神色上都表现出来。先祖父对张俊越发地恭谦，多次以谦卑的口吻致书于张俊，张俊都不予答复。平定杨么后，先祖父又致书与张俊，并献了一艘楼船给他，楼船上兵械等物皆已配备齐全。张俊接受了楼船，又不作书信答复先祖父。先祖父对张俊愈加恭敬，张俊对先祖父却越发横行嚣张。到绍兴七年，先祖父恢复中原的请命大合圣上的心意，圣上或赐札子，或耳提面命，将中兴之事全部委付给先祖父。且赐给先祖父的褒词中常有与众不同的旌表之语，如“非我忠臣，莫雪大耻”“卿为一时智谋之将，非他人比”“朕非卿到，终不安心”；甚至还说“听飞号令，如朕亲行”。张俊见后，常常怨恨先祖父胜过自己，故有意排斥先祖父。

是岁淮西之役，先臣闻命即行。途中得俊咨目，甚言前途粮乏，不可行师。先臣不复问，鼓行而进，故赐札曰：“卿闻命，即往庐州。遵陆勤劳，转饷艰阻，卿不复顾问，必遄其行。非一意许国，谁肯如此。”俊闻之，疑先臣漏其书之言于上。归则倡言于朝，谓先臣逗遛不进，以乏饷为辞。或劝先臣与俊廷辨，先臣曰：“吾所无愧者，此心耳，何必辨。”

及是视世忠军，俊知世忠尝以谋劫虏使，败和议，忤桧，承桧风旨，欲分其背嵬，谓先臣曰：“上留世忠，而使吾曹分其军，朝廷意可知也。”先臣曰：“不然，国家所赖以图恢复者，唯自家三、四辈。万一主上复令韩太保典军，吾侪将何颜以见之？”俊大不乐。比至楚州，乘城行视，俊顾先臣曰：“当修城以为守备计。”先臣曰：“吾曹所当戮力，以图克复，岂可为退保计耶！”俊艴然变色，迁怒于二候兵，以微罪斩之。韩世忠军吏耿著与总领胡纺言：“二枢密来楚州，必分世忠之军。”且曰：“本要无事，却是生事。”纺上之朝，桧捕著下大理，择酷吏治狱，将以扇摇诬世忠。先臣叹曰：“吾与世忠同王事，而使之以不辜被罪，吾为负世忠！”乃驰书告以桧意。世忠大惧，亟奏乞见，投地自明，上惊，谕之曰：“安有是！”明日，宰执奏事，上以诘桧，且促具著狱。于是，著止坐妄言，追官，杖脊，黥流吉阳军，而分军之事不复究矣。

【译文】

这一年发生了淮西之战，先祖父接到命令即刻前往。途中得到张俊的建议，极力说前方缺粮，不可前进。先祖父不再问，鼓励将士继续前行，故圣上赐札曰："卿一接到命令，立刻前往庐州。沿途道路辛苦，粮饷转运艰难，卿家却丝毫没有顾忌，仍是疾速前行。如不是一心以身许国，谁能做到如此呢？"张俊听说，怀疑先祖父把他在咨目中阻止先祖父前行的内容泄漏给了圣上。回到朝中后就散布流言蜚语，说先祖父逗留不进，以缺乏粮饷为由不肯前行。有人劝先祖父与张俊进行廷辨，先祖父说："我胸襟坦荡，问心无愧，何须辨解。"

这次先祖父与张俊共同视察韩世忠的军队，张俊知道世忠曾谋划劫掠虏人使臣，以破坏和议，因此得罪了秦桧，张俊秉承秦桧的意旨，打算拆分韩世忠的背嵬军，于是对先祖父说："圣上留世忠在行在，而让我和你瓜分他的军队，朝廷的意思是很明确的。"先祖父说："不可。国家所赖以恢复中原的，唯我辈三四人。万一主上复令韩太保掌管军队，我们将有何颜面见他呢？"张俊听后很不高兴。等到了楚州视军，两人登上城墙巡视，张俊看着先祖父说："应当修葺城池，以便实施守御的战略。"先祖父说："我们当勠力杀敌，以图克复中原，岂能以退保为主要战略呢！"张俊艴然不悦，迁怒于两个候兵，以微末的小罪斩了他们。韩世忠军中有一名军吏叫耿著，对总领胡纺说："两位枢密来楚州视察，必是来瓜分世忠的军队。"还说："本要无事，却是生事。"胡纺上告到朝廷，耿著被秦桧逮捕到大理寺，择酷吏对其严刑逼供，想要煽动他诬告韩世忠。先祖父叹说："我与世忠共同辅佐君王，而他却被无辜定罪，我怎能有负世忠！"于是写好书信派人疾驰，告诉韩世忠秦桧的意图。世忠大为惊惧，急忙请求觐见圣上，仆倒在地为自己辨护，圣上大惊，告谕他："怎会有这样的事！"第二天，宰执奏事，圣上质问秦桧耿著之事，并催促尽早结案。于是，耿著只坐妄言之罪，追官、杖脊，刺面流配到吉阳军，而瓜分韩世忠军队的事也不再有人追究。

俊于是大憾先臣。及归，倡言于朝，谓先臣议弃山阳，专欲保江，且密以先臣报世忠事告桧。桧闻之，益怒，使谏臣罗汝楫弹其事。

【译文】

张俊于是对先祖父心存大恨。及至归来，在朝中散布谣言，说先祖父欲放弃山阳（楚州的别称），而只想保住长江防线，而且把先祖父密报韩世忠之事报告给秦桧。秦桧听后愈发恼怒，指使谏臣罗汝辑弹劾先祖父。

初，桧不欲宗强，先臣乃建资善之请。桧挤赵鼎而黜之，先臣独对众叹惜，与桧意俱不合，已深恶之。及桧私金虏，主和议，先臣慷慨屡上平戎之策，以恢复为己任。入觐论和议，则斥‘相臣谋国不臧’；表谢新复河南赦，则有“唾手燕云”等语，旨意大异。上赐以手书诸葛亮、曹操、羊祜三事，先臣恭书其后，鄙曹操之为人“酷虐变诈”，且曰：“若夫鞭挞四夷，尊中国，安宗社，辅明天子，以享万世无疆之休[①]，臣窃有区区之志，不知得伸欤否也？”至虏人渝盟，上札付桧奏于先臣，先臣读之，见“德无常师，主善为师”之说，恶其言饰奸罔上，则又恚骂曰：“君臣大伦，比之天性，大臣秉国政，忍面谩其主耶！”桧自是既憾先臣之非己，又惧其终梗和议，忤金人意，谓先臣不死，己必及祸，遂有必杀先臣之念，日夜求所以诬陷之者。先臣亦自知不为桧、俊所容，屡请解兵避之，不许。

【注释】

①无疆之休：出自《书·太甲中》，“俾嗣王克终厥德，实万世无疆之休”。意指无限美好，无穷福禄。

【译文】

开始，秦桧不想看到宗室强盛，先祖父却建议早日立储。秦桧排挤赵鼎并罢黜了他，唯独先祖父知道后对众人叹惜，与秦桧的主张皆不合，已深恶秦桧为人。后来秦桧私通金国虏人，主张和议。先祖父慷慨陈词，屡次上奏阐述平戎的策略，以收复故土为己任。在入觐讨论和议时，则斥责秦桧“相臣为国家谋划不利”；在上谢表贺新收复河南时，则有“唾手燕云”等言语，与秦桧之意相悖。圣上赐手书言诸葛亮、曹操、羊祜的三事，先祖父恭敬地在后面作跋，鄙视曹操的为人，称其“酷虐变诈”，并且说：“若夫鞭挞四夷，尊中国，安宗社，辅明天子，以享万世无疆之休，臣窃有区区之志，不知得伸欤否也？”而后，虏人违背盟约，圣上将秦桧的奏章给先祖父看，先祖父读后，见有“德无常师，主善为师”之语，厌恶其言语奸诈罔上，又愤怒地斥责说：“君臣大伦，比之天性，大臣主持朝政，怎能忍心当面欺蒙主上呢！”秦桧从那时起既怨恨先祖父不附和自己，又害怕他阻挠和议，忤逆金人的意思，故认为先祖父若不死，灾祸必然会殃及自己，所以有了必杀先祖父的想法，日夜寻找能够诬陷先祖父的人。先祖父亦知道自己不为秦桧、张俊所容，屡次请求解除兵权避开他们，但圣上都不允许。

始，桧议和，诸将皆以为不便，桧知张俊贪，可以利动，乃许以罢诸将兵，专以付俊，俾赞其议。俊果利其言，背同列，而自归于桧，桧深感之。至是得俊语，复投其所甚欲，乃日召俊，与谋共危先臣。以万俟卨在湖北，尝与先臣有怨，故风卨弹之。卨尤喜附桧，愿效鹰犬，章再上，不报。又风罗汝楫章六上，又不报。会先臣亦累抗章，请罢枢柄，上惜其去，以诏慰之曰："曾居位之日几何，而丐闲之章踵至，无亦过矣，为之怃然。"先臣力辞，八月，还两镇节，充万寿观使，奉朝请，恩礼如旧。制词有"奋身许国，彯赵士之曼缨[①]；励志图功，抚臧宫之鸣剑[②]。"表先臣之志始终不替也。

【注释】

①曼缨：结冠的粗带子。曼，通"缦"。语出《庄子·说剑》："然吾王所见剑士，皆蓬头突鬓垂冠，曼胡之缨，短后之衣，瞋目而语难，王乃说之。"

②鸣剑：语出《后汉书·臧宫传论》，"臧宫、马武之徒，抚鸣剑而抵掌，志驰于伊吾之北矣"。

【译文】

开始，秦桧要与金人议和，诸将都不顺从他，秦桧知道张俊贪婪，是可以被利益所动摇的人，于是许诺他罢了诸将兵权后，将原隶属诸将的军队都委付给他，让他附和和议的主张。张俊果然为秦桧所鼓吹，背叛同辈中人，与秦桧沆瀣一气，秦桧便很感激他。如今又得了张俊诬蔑先祖父的言语，更是投了秦桧所好，秦桧于是日日召见张俊，与他共同谋划陷害先祖父。万俟卨以前在湖北任职时，与先祖父有积怨，秦桧就暗示他弹劾先祖父。万俟卨尤喜依附于秦桧，愿当他的鹰犬爪牙，两次上章弹劾先祖父，圣上都没有回复。秦桧又要罗汝楫先后六次上章弹劾先祖父，圣上又不回复。恰好先祖父也多次上奏请求免去枢密副使之职，圣上惋惜，下诏安慰他曰："曾居位之日几何，而丐闲之章踵至，无亦过矣，为之怃然。"先祖父还是力辞，八月，辞去两镇节度使，充万寿观使的闲职，定期参加朝会，恩礼如旧。给先祖父的制词中有曰："奋身许国，彰赵士之曼缨；励志图功，抚臧宫之鸣剑。"表彰先祖父的志向始终不曾动摇。

于是桧、俊之忿未已，密诱先臣之部曲，以能告先臣事者，宠以优赏，卒无应命。又遣人伺其下与先臣有微怨者，辄引致之，使附其党，否者胁之以祸。闻王贵尝以颍昌怯战之故，为臣云所折责。比其凯旋，先臣犹怒不止，欲斩之，以诸将恳请，获免。又因民居火，贵帐下卒盗取民芦筏，以蔽其家，先臣偶见之，即斩以徇，杖贵一百。桧、俊意贵必憾先臣父子，使人诱之。贵不欲，曰："相公为大将，宁免以赏罚用人，苟以为怨，将不胜其怨矣！"桧、俊不能屈，乃求得贵家私事以劫之，贵惧而从。

【译文】

于是，秦桧、张俊更加仇恨不已，秘密地引诱先祖父的部下，若有人能告发先祖父，就给予优厚的赏赐，终无一人听命。于是他们又派人暗中寻找与先祖父有微怨的部下，让他们相互引荐罗致，变成秦桧、张俊的党羽，如遇不从者便以祸事相威胁。秦桧听说王贵在颍昌大战时因为怯战，曾被先伯父岳云所斥责。及至凯旋之后，先祖父怒犹不止，要斩了他，诸将再三为其求情，王贵才被免罪。又有一次民居起火，王贵帐下的士卒盗取了居民的芦筏，用来遮蔽自家的屋顶，先祖父偶然知道后，立即将士卒处斩，并且责打了王贵一百军棍。秦桧、张俊认为王贵必然对先祖父父子怀恨在心，让人去引诱他上钩。王贵却不愿意这样做，说："相公身为大将，赏罚用人是很正常的事情，如果这也值得记恨，那将记不胜记了！"秦桧、张俊见不能让王贵屈从自己，于是就查出了王贵家里的隐私来要挟他，王贵最后还是因惧怕他们而屈从了。

时又得王俊者，尝以从战无功，岁久不迁，颇怨先臣。且位副张宪，屡以奸贪为宪所裁，与宪有隙。俊本一黠卒，始在东平府，告其徒呼千等罪，得为都头。自是以告讦为利，不问是否。自出身以来，无非以告讦得者，军中号曰“王雕儿”，雕儿者，击搏无义之称也。桧、俊使人谕之，辄从。

【译文】

此时又得到一个叫王俊的人，平日里寸功未立，很长时间也得不到升迁的机会，对先祖父颇有怨言。且他是张宪的副手，多次因为奸贪之事被张宪制裁，所以对张宪心存怨恨。王俊本是一个狡猾的士卒，开始在东平府的时候，就因告发其徒呼千等人，而得到都头的职位。从此便以告发他人而得功利，也从不问对错。自他出身以来，无不是以揭发攻击他人隐私、过错而得官的，军中便称他为“王雕儿”，雕儿者，就是对不择手段图谋进取者的称呼。秦桧、张俊派人告谕他，王雕立即归附顺从他们。

于是桧、俊相与谋，以为张宪、贵、俊等皆先臣之部将，使其徒自相攻发，而因及其父子，庶主上不疑。张俊乃自为文状付王俊，妄言张宪谋还先臣兵，使告之王贵，乃使贵执宪，以归于己。是时，俊附桧党，桧方专国，擅权威，动人主，风旨所向，无敢违忤。是非黑白，在桧呼吸间，自非守道不屈之士，未有不折而从之者，故贵等唯其所使。宪未至，张俊预为狱待之。属吏王应求请于俊，以为密院无推勘法，恐坏乱祖宗之制。俊不从，亲行鞫炼，使宪自诬，谓得臣云手书，命宪营还兵计。宪被血无全肤，竟不伏。俊手自具狱，以狱之成告于桧。

【译文】

于是秦桧、张俊相互谋划，认为张宪、王贵、王俊等人皆是先祖父的部将，要使他们相互揭发，再牵扯到先祖父父子，如此圣上就不会生疑。于是张俊写了个文状交给王俊，妄言张宪谋划为先祖父夺回兵权，叫王俊去向王贵告发，再让王贵逮捕张宪，交给张俊处理。那时张俊已成为秦桧的党羽，秦桧专权国政，擅驭权术，蛊惑圣上，他的意旨所向，没有人敢于违忤。是非颠倒黑白全在秦桧的股掌之间，如果不是能够坚守道德和立场的人，不免会折节屈从于秦桧，所以王贵等人能被他驱使。张宪还没有到，张俊已为他预备好牢狱等着他。属吏王应求请示张俊，认为枢密院没有审问犯人的权力，这样做恐怕违背了祖宗定下的制度。张俊不听，亲自审讯，想让张宪自诬，说得到先伯父岳云的手书，命张宪策划先祖父重新掌兵之计。张宪被打得体无完肤，终究没有屈服。张俊又亲自写了审结报告，送呈秦桧。

十月，械宪至行在，下之棘寺[①]。十三日，桧奏，乞召先臣父子证张宪事，上曰："刑所以止乱，若妄有追证，动摇人心。"不许。桧不复请，十三日矫诏召先臣入，臣云亦逮至（据《三朝北盟集》先臣飞传）。前一夕，有以桧谋语先臣，使自辨，先臣曰："使天有目，必不使忠臣陷不义；万一不幸，亦何所逃！"明日，使者至，笑曰："皇天后土，可表飞心耳！"

【注释】

①棘寺：大理寺的别称。古代听讼于棘木之下，大理寺为掌刑狱的官署，故称。

【译文】

十月，将张宪带着枷杻、镣铐带到行在，下大理寺关押。十三日，秦桧上奏，请圣上下诏召先祖父父子证实张宪之事，圣上曰："刑罚是用来制止作乱的，若是妄意审讯对证，会动摇人心的。"遂不允许。秦桧也不再请示，十三日假托诏令召先祖父入大理寺，先伯父岳云亦已经被捕而至（据《三朝北盟集》先祖父飞传）。前一晚，有人曾把秦桧的阴谋告诉先祖父，希望先祖父能够自辩，先祖父说："苍天有眼，必不会陷忠臣于不义，万一发生不幸，又可向哪里逃呢！"第二天，使者来了，先祖父笑道："皇天后土，可表飞心耳！"

初命何铸典狱，铸明其无辜，改命万俟卨。卨不知所问，第哗言先臣父子与宪有异谋。又诬先臣使于鹏、孙革致书于宪、贵，令之虚申探报，以动朝廷；臣云以书与宪、贵，令之擘画措置。而其书皆无之，乃妄称宪、贵已焚其书，无可证者。自十三日以后，坐系两月，无一问及先臣。卨等皆忧，惧无辞以竟其狱。或告卨曰："淮西之事，使如台评，则固可罪也。"卨喜，遽以白桧，十二月十八日，始札下寺，命以此诘先臣。卨先令簿录先臣家，取当时御札，束之左藏南库[①]，欲以灭迹。逼孙革等使证先臣逗留，而往来月日甚明，竟不能紊，乃命大理评事元龟年杂定之，以傅会其狱。

【注释】

①左藏南库：古代国库之一，以其在左方，故称左藏。宋代初诸州贡赋均输左藏。南宋又设左藏南库。

【译文】

开始时命令何铸主持审讯，何铸查明先祖父是被冤枉的（向秦桧力辩先祖父无辜），秦桧便改命万俟卨为（制勘院）主审官。万俟卨却不加审问，就断言先祖父父子与张宪有阴谋。又诬陷先祖父让幕僚于鹏、孙革写书信给张宪、王贵，叫他们假造探报让朝廷震动；诬陷先伯父岳云给张宪、王贵写信，命令他们筹划措置兵变。所谓书信其实根本就没有，便胡乱称张宪、王贵已将书信焚毁，无证可查。自十月十三日始，先祖父坐牢两个月，没有找出一项可以问罪于先祖父的罪名。万俟卨等人都很忧虑，担心没有供词可以结案。有人告诉万俟卨：“援淮西的事，假如能做成台谏官所弹劾的那样，就可以定他的罪了。”万俟卨听后大喜，匆忙将这个消息报告给秦桧。十二月十八日，将公文下到大理寺，命令以此查办先祖父。万俟卨先下令抄了先祖父家，把圣上赐给先祖父的御札全部抄走，捆好了放在左藏南库中，打算加以灭迹。又逼迫先祖父的幕僚孙革等人证明先祖父在援淮西的过程中逗留不进，然而先祖父援淮西的行程、时间都甚是明了，丝毫不乱，于是万俟卨又命大理寺评事元龟年将先祖父援淮西的行军日期打乱重编，这样拼凑伪造了一份行军记录，来附会他们设定的冤狱。

会岁暮，竟不成，桧一日自都堂出，径入小阁，危坐终日。已而食柑，以爪画其皮几尽。良久，手书小纸，令老吏付狱中，遂报先臣死矣，盖十二月二十九日也，年三十有九。其具狱[①]但称以众证结案，而先臣竟无服辞云。宪与臣云俱坐死，原幕属、宾客于鹏等坐者六人。独参谋薛弼，尝有德于卨为宪湖北时，桧在永嘉日，又尝从桧游，且恭奴事，得其欢心。及在幕中，知桧恶先臣，动息辄报，得不坐。迁先臣家族于岭南，与张宪并籍没赀产。桧使亲党王会搜括，家无儋[②]石之储，器用惟存尚方所赐，之外无有也。

【注释】

①具狱：据以定罪的全部案卷。

②儋：古同“担”。

【译文】

此时到了年关，先祖父的罪名还是没有成立，一日秦桧从都堂出来，径直来到小阁，终日端坐在那里。然后吃着柑橘，用指甲划着橘皮，几乎将橘皮划破。良久，在小纸上亲自手书，令老吏将纸条送到狱中，不久就收到先祖父已死的报告，这一天是十二月二十九日，先祖父死时年仅三十九岁。定罪的案宗只称以众人的证词结案，还有先祖父终未服罪之语。张宪与先伯父岳云都被判了死罪，同时遇难，先祖父原来的幕属、宾客于鹏等六人具各获罪。唯独参谋薛弼，由于曾因万俟卨在湖北为提点刑狱官时有德于他，秦桧在永嘉时，他又时常与秦桧游历，而且他为人甚是圆滑世故对秦桧亦是恭敬有加，所以得其欢心。后来成为先祖父的幕僚，他知道秦桧憎恨先祖父，先祖父的一举一动他都向秦桧报告，故这次没有获罪。朝廷将先祖父的家属流放到岭南，与张宪一样没收了家产。秦桧让党羽王会负责搜刮，先祖父家里竟无担石之储，只有一些御赐的器物，除此之外再无贵重物品了。

初，先臣之狱，桧以忌怨成隙，待先臣以必死。何铸既明先臣无辜，失桧意，迁铸执政[①]，而俾使虏，实夺其位。卨自请任其责，乃擢之为中丞，专主锻炼。狱之未成也，大理丞李若朴、何彦猷以为无罪，固与卨争。卨即日弹若朴，谓其党庇先臣，与彦猷俱罢。大理卿薛仁辅亦言其冤状，卒以罪去。知宗[②]士㒟请以百口保先臣，卨劾之，窜死于建州。布衣刘允升上疏讼其冤，下棘寺以死。

【注释】

①执政：即执政官的简称。执政官为职官总名。参知政事等副相（包括元丰新制门下侍郎、中书侍郎、尚书左丞、尚书右丞），以及枢密院长贰，即枢密使、知枢密院事、枢密副使、同知枢密院事、签书枢密院事、同签书枢密院事，总称执政官。（据《宋代官制辞典》，第82页。）

②知宗：知宗为知大宗正事之简称，赵士㒟任官应简称"判宗"，同判大宗正事，《行实编年》稍误。

【译文】

初时，先祖父之狱，秦桧忌恨成隙，欲治先祖父死罪。何铸查明先祖父是无辜的，据理力争，有违秦桧的意愿，所以秦桧将何铸升为执政（据《宋史》为签书枢密院事），让他出使金国，其实是为了夺下其御史中丞的职位。万俟卨自愿请命审理先祖父一案，因此被秦桧擢升为御史中丞，专门主持给先祖父罗织罪名，陷人于罪。在此案审理未成时，大理丞李若朴、何彦猷认为先祖父无罪，所以与万俟卨据理力争。万俟卨即日便弹劾李若朴，说他结党庇护先祖父，故与何彦猷一同被罢官。大理卿薛仁辅也认为先祖父冤屈，也被寻罪罢了官。同判大宗正事赵士㒟愿以自家百余口性命为先祖父作担保，后来被万俟卨弹劾，流放到建州死于谪地。布衣刘允升因上书为先祖父鸣冤，被关进了大理寺，惨遭杀害。

王俊以告诬，自左武大夫、果州防御使[①]超转正任观察使[②]。姚政、庞荣、傅选等以傅会，迁转有差。后王俊离军，桧犹不忘之，授以副总管。

【注释】

①左武大夫、果州防御使：为遥郡官，品位视所带阶官。官阶为左武大夫时，为从六品。按常调，遥郡防御使应转遥郡观察使。

②观察使：正任武阶名。元丰官制改革后为正五品。所以说王俊是“超转”。

【译文】

王俊因这次诬告有功，自左武大夫、果州防御使破格提升为正任观察使。姚政、庞荣、傅选等人因附会王俊诬告皆得以升官。后来王俊离开军队，秦桧犹对其不忘，授以浙东路马、步副都总管之职。

从者赏，违者刑，苟知避祸，无不箝结奉承。时董先亦逮至，桧恐其有异辞，引先面谕，且甘言抚劳之，曰：“毋恐，第证一句语言，今日便出。”先唯唯。桧使大程官二人，护先至狱中。先对吏，果即伏，遂释之，不逾半刻（据赵甡之《中兴遗史》）。

【译文】

顺从秦桧党羽的人得到奖赏，而立场与他们相悖的人都加以刑罚，懂得苟延避祸的人，无不闭口不言，唯有奉承。当时董先亦被逮来，秦桧唯恐他替先祖父说话，便提前对董先进行面谕，而且好言抚慰，说：“不要害怕，只需要提供一句佐证之言，今日便可放出。”董先唯唯应答。秦桧派两名大程官，护送董先到大理寺中。董先对吏即伏，不过半刻便释放了。（据赵甡之《中兴遗史》）。

唯枢密使韩世忠不平，狱成，诣桧诘其实，桧曰：“飞子云与张宪书不明，其事体莫须有。”世忠曰：“相公言‘莫须有’，何以服天下！”因力争，桧竟不纳。

【译文】

唯有枢密使韩世忠对先祖父之冤感到不平，先祖父被定罪后，韩世忠找秦桧质问，秦桧说：“飞子云与张宪书不明，其事体莫须有。”韩世忠说：“相公言‘莫须有’何以服天下！”韩世忠据理力争，秦桧竟不采纳。

先臣死，洪皓时在虏中，驰蜡书还奏，以为虏所大畏服，不敢以名呼者唯先臣，号之为岳爷爷。诸酋闻其死，皆酌酒相贺曰：“和议自此坚矣！”他日，皓还朝，论及先臣死，不觉为恸。上亦素爱先臣之忠，闻皓奏，益痛悔焉。死之日，天下知与不知，皆为流涕，下至三尺童子，亦怨秦桧云。

【译文】

先祖父死时，洪皓因出使金国时被扣留在金地，他把上奏的内容制成蜡书让人送回朝廷，言虏人对先祖父大为畏服，不敢直呼先祖父的名讳，而称呼岳爷爷。虏人的首领们听到先祖父的死讯，皆相互酌酒祝贺说：“和议自此坚矣！”后来，洪皓回朝，谈及先祖父的死，不觉为之痛哭。圣上也是素来喜爱先祖父之忠笃，听到洪皓的上奏，更加悲痛追悔。先祖父死之日，天下人知道与不知道的，皆为之痛哭流涕，就连三尺高的童子，都怨恨秦桧。

查龠尝谓人曰：“虏自叛河南之盟，岳飞深入不已，桧私于金人，劝上班师。金人谓桧曰：‘尔朝夕以和请，而岳飞方为河北图，且杀吾婿，不可以不报。必杀岳飞，而后和可成也。’”桧于是杀先臣以为信。

【译文】

查籥曾对人说：“自从虏人背叛了河南之盟，岳飞深入北方，秦桧与金人有私，劝圣上下旨班师。金人对秦桧说：‘你们朝夕请求和议，但岳飞却图谋深入河北，而且杀了我的女婿，此仇不可不报。必须先杀了岳飞，而后和议才能成功。’”于是秦桧杀先祖父以此为信约。

沈尚书介谓先臣霖曰，先臣之忤张俊也以廉，忤秦桧也以忠。俊方厚赀，而先臣独清；桧方私虏，而先臣独力战，此所以不免也。时以为名言。

【译文】

沈尚书对先父岳霖说，先祖父岳飞触犯了张俊是因为他廉洁，触犯了秦桧是因为他忠于国家。张俊贪财好利，先祖父却洁身自好；秦桧私通虏人，而先祖父独力主战，故不能免于受害。这话在当时被当作了名言。

卷第九

经进鄂王行实编年卷之六

遗事

先臣天性至孝，自北境纷扰，母命以从戎报国，辄不忍。屡趣之，不得已，乃留妻养母，独从高宗皇帝渡河。河北陷，沦失盗区，音问绝隔。先臣日夕求访，数年不获。俄有自母所来者，谓之曰："而母寄余言：'为我语五郎，勉事圣天子，无以老媪为念也。'"乃窃遣人迎之，阻于寇攘，往返者十有八，然后归。先臣欣拜且泣，谢不孝。自归，有痼疾。先臣虽身服王事，军旅应酬无虚刻，尝以昏莫窃暇至亲所，尝药进饵。衣服器用，视燥湿寒煖之节。语欬、行履未尝有声。遇出师，必严饬家人谨侍养，微有不至，詈罚自妻始。及母薨，水浆不入口者三日，每恸如初，毁瘠几灭性[①]。自与臣云跣足扶榇归葬，不避涂潦蒸暑。诸将佐有愿代其役者，先臣谢之，路人无不涕泣。既葬，庐于墓，朝夕号恸。又刻木为像，行温凊定省之礼如生时。连表哀诉，愿终三年丧。上三诏不起，敕监司、守臣请之，又不起。责其官属以重宪，使之以死请，乃勉强奉诏，终制[②]不忍弃衰绖。

【注释】

①毁瘠几灭性：毁瘠，因居丧过哀而极度瘦弱；灭性，谓因丧亲过哀而毁灭生命。

②终制：父母去世服满三年之丧。

【译文】

先祖父天性至孝，自金人从北方入侵扰掠以来，先曾祖母命他从戎报国，先祖父不忍离开其母亲，在多次劝说下不得已才去从军，走时留下妻子照顾先曾祖母，独从高宗皇帝渡过黄河。河北沦陷，故乡盗贼横行，使得先祖父与家中的音讯隔绝。他日夜访求家人的下落，却数年得不到音讯。偶然有自先曾祖母那里过来的人过来传话，说："你母亲让我传话：'为我语五郎，勉事圣天子，无以老媪为念也。'"于是先祖父派人去迎回先曾祖母，但由于有敌寇扰掠，故而往返十八次，才将她接来。先祖父见到先曾祖母叩拜后喜极而泣，自责不孝。先曾祖母身体有病，自从被接回来后，积久难治，先祖父虽因忙于王事，军务繁冗，军旅应酬没有空闲，常在天晚以后抽空到先曾祖母处，为她亲自尝药，侍奉她喝下。关注先曾祖母使用的衣服器具，视燥湿寒暖天气变化而增减。家里人说话、咳嗽、行走都不能弄出声响，怕影响先曾祖母休息。每次出征前，必严令家人勤谨地侍养先曾祖母，稍有照顾不周的地方，就会从妻子开始责罚。先曾祖母逝世时，三天之中先祖父连水浆也不喝一口，每次都是恸哭如始，弄得几乎要毁瘠灭性。他亲自与长子岳云跣足徒步抬着先曾祖母的灵柩，归葬庐山，不避道路泥泞积水，天气盛暑闷热。诸将中有愿为代劳者，先祖父都谢绝了，路上的行人无不为之流泪。先曾祖母下葬后，先祖父居庐守丧，朝夕痛哭。又用木头为先曾祖母刻像，晨昏定省亦如先曾祖母生前一样。先祖父连连上表向圣上哀诉，愿为先曾祖母守丧三年。圣上三次下诏让先祖父起复，后又命监司、守臣前去相请，先祖父都不愿起复。后来圣上威胁要重罚这些官员，责成他们以死相请，先祖父才勉强奉诏，但三年丧满之前都不忍脱下丧服。

自二圣北狩，夷狄猾夏，先臣每怀誓不与虏俱生之志。刺绣为袍，有“誓作中兴臣，必殄金贼主”之文。其后援笔为謌诗，经行纪岁月，无不以取中原，灭逆虏为念。手攘群盗，如李成、曹成、马友、彭友，虔、吉、湖湘之寇，皆同时诸将所不能为之功。然大营驿等题，则每曰，此蜂蚁之群也，岂足为功，北逾沙漠，蹀血虏庭，尽屠夷种，复二圣，取故疆，使主上奠枕，则吾所志。至翠岩寺诗，又有“山林啸聚何劳取，沙漠群凶定破机”之句。每拜官，辞避之语亦然。于检校少保则曰：“未能攘却夷狄，扫除僭窃。”宣抚副使则曰：“顾土宇恢复之迹，未见尺寸。”太尉则曰：“腥羶叛逆之族，尚据中土，而臣官职岁迁月转，实负初心。”少保则曰，“羯胡败盟”，“未见殄灭”，岂可“以身为谋，贪冒爵禄”。又曰，俟臣“功绩有成”，“将拜手稽首，祗承休命”。其志可知矣。

【译文】

自二圣北狩以来，夷狄侵犯华夏大地，先祖父始终心怀驱除胡虏的志向。在袍子上刺绣，有“誓作中兴臣，必殄金贼主”之文。其后挥笔作诗词歌赋，记录自己的行军岁月，无不以取中原，灭逆虏为念。铲除群盗，诸如李成、曹成、马友、彭友，平定虔、吉、湖湘之寇，皆是同时期的其他大将所不能为的功绩。然而他在大营驿壁上作题记时，则每次都说，这些众寇皆是蜂蚁之辈，不足为功，而北逾沙漠，蹀血虏庭，尽屠夷种，迎回二圣，收取故疆，使主上安枕无忧，这才是其平生的志向。至翠岩寺又题诗表明，有“山林啸聚何劳取，沙漠群凶定破机”之句。每次拜官，他所作的辞避之语都是这样的。被授予检校少保时则说：“未能攘却夷狄，扫除僭窃。”在任命宣抚副使时则说：“顾土宇恢复之迹，未见尺寸。”任命为太尉时则说：“腥羶叛逆之族，尚据中土，而臣官职岁迁月转，实负初心。”被任命为少保时则说：“羯胡败盟”“未见殄灭”，岂可“以身为谋，贪冒爵禄”。又言，等到臣“功绩有成”“将拜手稽首，祇承休命”。其志向可知矣。

小心事上，畏威咫尺，闻大驾所幸，未尝背其方而坐。上尝称其尊朝廷，及赐诏，屡有“小心恭慎，不敢专辄”之褒。如绍兴六年御刘麟，至江州，十一年御兀术，舒州俟命之类是也。视国事犹其家常，以国步多艰，主上春秋鼎盛，而皇嗣未育，圣统未续，对家人私泣，闻者或相与窃迂笑之。十年北征，首抗建储之议，援古今，陈利害，虽犯权臣之忌而不顾，天下闻而壮之。

【译文】

先祖父用心辅佐圣上，咫尺间敬畏天威，闻听圣上所到之处，不敢背对圣上所在方向而坐。圣上曾称赞先祖父尊重朝廷，在所赐的诏书中，屡有“小心恭慎，不敢专辄”的褒奖之语。例如绍兴六年抵御刘麟，至江州，绍兴十一年抵御兀术，在舒州等待命令便是例子。视国家之事犹如家中之事，多言国步艰难，主上春秋鼎盛，而皇嗣未育，圣统还未得到延续，对着家人私下饮泣，听到的人都偷笑先祖父过于迂腐。十年北征，首先上奏提出建储之议，引古喻今，陈说利害，即使知道犯了权臣之忌也不顾虑，故而得到天下人的赞许。

奉身俭薄，不二蔬，居家惟御布素，服食器用，取足而已，不求华巧。旁无姬妾，蜀帅吴玠素服先臣善用兵，欲以子女交欢。尝得名姝，有国色，饰以金珠宝玉，资奁钜万，遣使遗先臣。次汉阳，使者先以书至，先臣读之，甚不乐，即日报书，厚遣使者，而归其女。诸将或请曰：“相公方图关陕，何不留此以结好。”先臣曰：“吴少师于飞厚矣。然国耻未雪，圣上宵旰不宁，岂大将宴安取乐时耶！”左右莫敢言，玠见女归，益敬服，以为不可及。少时饮酒，至数斗不乱，上尝面戒曰：“卿异时到河朔，方可饮酒。”自是绝口不复饮，诸将佐有欲劝者，辄怒之。见妻御缯帛，则曰：“吾闻后宫妃嫔在北方，尚多窭乏。汝既与吾同忧乐，则不宜衣此。”命易以布素。家人有捣练[1]者，闻先臣归，即遽止。

【注释】

①捣练：捣洗煮过的熟绢。

【译文】

先祖父生活非常简朴，吃饭时只有一个肉菜，居家只用布素，衣服食物使用的器物，只要有得用即可，不求华丽精致。无姬妾侍奉，蜀帅吴玠素来佩服先祖父擅于用兵，想要结交先祖父，欲赠他女子。后来得一名姝，国色天香，吴玠为她配饰了金珠宝玉和丰厚的嫁妆，派使者送给先祖父。到汉阳时，使者先以书信告之，先祖父看信后，甚为不乐，当天就回复了书信，又好好招待了使者，却将此女一并退回。诸将中有人劝说：“相公正打算部署关陕，何不留此女与蜀帅结好。”先祖父说：“吴少师厚待岳飞。但国耻未雪，圣上宵旰不宁，岂是大将安逸取乐之时！”左右诸将没人再敢说话，吴玠见名姝送回，对先祖父愈加佩服，认为自己是不能及先祖父的。先祖父少时饮酒，喝数斗不醉，圣上曾当面戒谕他：“卿他日到了河北，方可饮酒。”自那之后先祖父绝口不再饮酒。众将要是再劝，他就立即动怒了。见到妻子穿绸衣，则说：“我听说后宫妃嫔（流落）在北方，衣服尚且破旧。你既与吾同忧乐，则不宜穿它。”命妻子换上布衣。

家人有人捣练熟绢，听说先祖父回来，吓得赶紧止住。

朝廷命先臣与韩世忠、张俊分地任责，虏畏先臣威名，独不敢窥荆、襄，常出淮西侵寇。先臣守己地之外，又屡为应援。十一年，虏入寿春，逾淮而来。先臣初得警，即上奏乞出师。继又念虏既入寇，巢穴必虚，乞出京、洛，以制其弊。复恐上急于退虏，是日复奏，乞出蕲、黄相度，先议攻却，皆未有诏也。至援濠州，亦不待诏而行。其切于谋国如此。

临戎誓众，言及国家之祸，仰天横泗，气塞莫能语，士卒感怆，皆欷歔而听命。奋不顾身，临敌必先士卒，摧精击锐，不破不止。或人问："天下何时太平？"先臣曰："文官不爱钱，武官不惜命，则太平矣。"与将校语，必勉忠孝节义，士皆愿效死力。

【译文】

朝廷命先祖父与韩世忠、张俊划分区域，分担守卫的责任，虏人畏惧先祖父的威名，独独不敢窥伺先祖父扼守的荆、襄一带，却常到淮西进行侵略。先祖父守护自己所属分地之外，又屡次前去应援。绍兴十一年，虏人侵入寿春，渡淮而来。先祖父一得到报警，立即上奏朝廷请求出师。继而又感到虏人既已入侵，其巢穴必然空虚，乞请出兵京、洛，以制虏人的弊端。后来又怕圣上急于退虏，是日又上奏，乞请出兵蕲州、黄州，先计议攻却，到此时朝廷都还未下诏给他。后来增援濠州，亦是不等下诏就去增援。他为国谋划之心是这样的激切。

每次出兵誓师，说到国家遭遇的祸乱，常常激动得仰天横泗，气塞而不能语，士卒亦跟着感动悲伤，皆唏嘘而听命。先祖父作战时常奋不顾身，身先士卒，摧毁敌人的精锐军队，不破敌就不停止。有人曾问："天下何时太平？"先祖父说："文官不爱钱，武官不惜命，则太平矣。”与将校说话时，必定勉励他们要忠孝节义，将士们皆愿意以死效命。

每征讨出师，朝闻命，夕就道，祁寒大暑，不惮劳苦，虽疾亦不问。桀虏勍敌，众人所避，先臣独行。如隆冬按边，而上有“非我忠臣，莫雪大耻”之谕；盛夏出师，而上有“暑行劳勚，朕念之不忘”之语；不顾目疾，东下赴援，而上有“委身徇国，竭节事君”之叹；自力寒嗽，疾驰先驱，而上有“国尔忘身，谁如卿者”之褒者，不一也。于事尤不避繁琐，当复襄汉、平杨么之时，诸将碌碌不足恃，朝廷忧顾之责，萃于先臣。州郡之所告急，密谍之所探闻，朝徹宸旒，暮驰幕府。一日之间，既命图襄汉，又命图杨么，交至沓集，先臣随事酬应，未尝惮烦。所部兵二万余人，守御者半，攻讨者半，东西调役，略无乏事。

平居忧国，知无不为，诸大将率以兵为乐，坐縻廪庾，漫不加卹。先臣独常有忧色，每调军食，必蹙頞，谓将士曰：“东南民力耗弊极矣！国家恃民以立国，使尔曹徒耗之，大功未成，何以报国？”及京西、湖北之地始平，即募民营田。凡流逋失业及归正百姓，给以耕牛、粮种，辍大军之储万石，贷其口食，俾安集田里，一意耕耨。分委官吏，责成大功。又为屯田之法，使戎伍攻战之暇，俱尽力南亩，无一人游间者。其疆理沟洫之制，皆有条绪，然失其传，不可复考。行之二、三年，流民尽归，田野日辟，委积充溢，每岁馈运之数，顿省其半。上尝手书曹操、诸葛亮、羊祜三事赐之。守臣武赳等以营田功迁。荆湖之民至今赖其利焉。

【译文】

每遇到征讨出师，总是早上刚刚接到命令，晚上就立即出兵，严冬酷暑，不辞辛劳，即使是有疾病也不顾。虏人凶暴强悍，众人都视为畏途，唯有先祖父独行。如严冬时节，先祖父去边境巡视，圣上有“非我忠臣，莫雪大耻”的奖谕；盛夏出师，圣上有“暑行劳勚，朕念之不忘”的话语；先祖父不顾目疾，东下驰援，而圣上有“委身徇国，竭节事君”之慨叹；先祖父身患寒嗽，却疾驰先驱，而圣上有“国尔忘身，谁如卿者”之褒赞。这样的事不一而足。先祖父做事不怕繁冗，当年在收复襄汉，平复杨么时，诸将平庸无能，不能依靠，朝廷很是有所担忧，将希望都寄托在先祖父一人身上。州郡告急的内容，密谍探闻的消息，早晨刚刚从金銮殿中撤下，日落时已由快马送到先祖父的幕府。一日之间，既命平复襄汉，又命征讨杨么，纷至沓来，先祖父有条不紊地应对，未尝有一点畏难或厌烦的情绪。所率的军队二万余人，一半留作守御，另一半用于攻伐，调集赋税和徭役以支持后勤，一点儿也没有耽误国事。

先祖父平日就忧国忧民，知无不为，其他诸大将以率兵为游戏，坐享朝廷供给的粮食与俸禄，从不体恤国运艰辛。唯独先祖父常常面带忧色，每次调集军粮，总是眉头皱拢，对将士说：“东南民力耗弊极矣！国家恃民以立国，使尔曹徒耗之，大功未成，何以报国？”后来京西、湖北之地得以收复，即刻招募民众营田，凡是流亡失业及改邪归正的百姓，均给以耕牛、粮种，从供应大军的粮食中分出数万石，先行贷给他们作为口粮，使他们安心从事农业，一心一意地耕种。并分别委派官吏，责成以大功。又制定屯田之法，使军队在不打仗的间隙，俱尽其力耕种田地，无一人可以悠游。其疆理沟洫的制度，皆有条绪，然而后来失去记载，不能再次考据了。这样推行了二三年，使流民尽归，田野里没有荒废的土地，囤积的粮食充溢粮仓，原本依赖漕运解决的军饷粮秣，顿时每年可以省去一半。圣上曾亲笔书写曹操、诸葛亮、羊祜三人当年屯田的事迹用以褒奖先祖父。守臣武赳等人还因营田有功得以升迁。荆湖一带的居民至今赖享其利。

诸大将多养尊自肆，崇饰体貌。先臣独以宣抚司官属有冗员，蠹国害民，乞行裁减。其体国率如此。

【译文】

许多大将多是养尊处优，任意放纵，体统排场都崇尚华丽。唯独先祖父认为宣抚司官属冗繁，易祸国央民，请求裁减。其体谅国家之心如此。

上尝亟称其忠，见于诏札，则曰："卿志存忧国，义专报君。"又曰："卿忠义之心，通于神明。"又曰："忠义出于天资，忱恂著于臣节。"见于制词，则曰："秉谊忠纯。"又曰："精忠许国。"其类不可殚纪。

【译文】

圣上非常赞赏先祖父之忠，在诏札中就可以看到，曰："卿志存忧国，义专报君。"又曰："卿忠义之心，通于神明。"又曰："忠义出于天资，忱恂著于臣节。"见于在制词中，则曰："秉谊忠纯。"又曰："精忠许国。"这类赞许之言多得不可胜记。

乐施踈财，不殖资产，不计生事有无。所得锡赉，率以激犒将士，兵食不给，则资粮于私廪。九江有宅一区，聚家族之北来者，有田数顷，尽以赡守家者。张俊贪，占田遍天下，而家积钜万，尝谓其形迹己，故憾之。卒之日，虽王会极力搜刮，家无余赀。秦桧犹疑之，谓所藏不止是，兴大狱数年，尽捕家吏，逮治有死者，而卒不得锱铢云。上知其屡空，欲择第于行都，欲以出师日，自任其家事，先臣辞曰：“北虏未灭，臣何以家为！”起复制词亦有“厉票姚辞第之志”之语。

【译文】

先祖父乐施疏才，个人不置资产，不算计自家人的生计得失。把所得到的赏赐全部分给将士们，用来激励犒赏他们。在粮食供给不及时的时候，就把自家粮仓中的粮食拿出来供给军队。先祖父在九江有一小片宅邸，是用来聚集家族中从北方逃来的宗亲们，有田地数顷，尽数用来赡养守家者。张俊贪财，占有的田地遍布天下，家藏巨富，曾说先祖父是故意避开嫌疑，于是心藏怨恨。先祖父死后，负责抄家的官员王会极力搜刮，却发现先祖父家里根本没有多余的钱财。秦桧还不信，说所藏的不止是这些，于是数年间大兴牢狱，捕尽家吏，有的被逮后治死，仍不能得到一点锱铢。圣上知道先祖父无财，要在行在建府邸送给他，准备在他出师的时候，亲自安置他的家人。先祖父知道后请辞说：“北虏未灭，臣何以家为！”在起复的制词中亦有“厉票姚辞第之志”之语。

御军之术，其大端有六。曰重搜选：贵精不贵多，背嵬所向，一皆当百。上初以韩京、吴锡二军付先臣，皆不习战斗，且多老弱。先臣择其可用者，不满千人，余皆罢归，数月遂为精卒。上喜，赐报曰：“可见措置有方，忠诚体国。”二曰谨训习：止兵休舍，辄课其艺，暇日尤详，至过门不入，视无事时如有事时。如注坡、跳壕等艺，皆被重铠，精熟安习，人望之以为神。三曰公赏罚：待千万人如待一人。张宪之部卒郭进有功于莫邪关，顿解金束带及所用银器赏之，又补秉义郎。臣云尝以重铠习注坡，马踬而踣，先臣以其不素习，怒曰："前驱大敌，亦如此耶？"遽命斩之，诸将叩头祈免，犹杖之百，乃释之。余如傅庆以夸功诛，辛太以违命免，任士安以慢令受杖，过无大小，必惩必戒。张俊尝请问用兵之术，答曰："仁、信、智、勇、严，五者不可阙一。"请问"严"，曰："有功者重赏，无功者峻罚。"四曰明号令：授兵指画，约束明简，使人易从，违者必罚。五曰严纪律：行师用众，秋毫不犯，有践民稼，伤农功，市物售直不如民欲之类，其死不贷。卒有取民麻一缕，以束刍者，诘其所自得，立斩之。六曰同甘苦：待人以恩，常与士卒最下者同食。樽酒脔肉，必均及其下，酒少不能遍，则益之以水，人受一啜。出师野次，士卒露宿，虽馆舍甚备，不独入。诏词有所谓"绝少分甘，与人同欲"，又云"甘苦同于士卒"，"虽万众而犹一心"者指此。诸将远戍，则使妻至其家，问劳其妻妾，遗之金帛，申殷勤之欢，人感其诚，各勉君子以忠报。其有死事者，哭之尽哀，辍食数日。育其孤，或以子婚其女。士卒有疾，辄亲造抚视，问所欲，至手为调药。朝廷每有颁犒，多者数十万缗，少者数万缗，付之有司分给，一钱不私藏。尝命其将支犒：带甲人五缗，轻骑人三缗，不带甲者二缗。将裁其数，匿金归己，杖而杀之。有是六者，用能恩威兼济，人人畏爱，重犯法。部众十数万，本四方亡命、乐纵、嗜杀之徒，皆奉令承教，无敢违戾。夜宿民户外，民开门纳之，莫敢先入。晨起去，草苇无乱者。所过民不知有兵，市井粥贩如平时。湖口人项氏家粥薪自给，有卒市薪，项爱其不扰，欲自损其直二钱以售之，卒曰："吾可以二钱易吾首领耶？"竟不敢从，尽偿其直而去。虽甚饥寒，不变节，每相与自诧曰："冻杀不拆屋，饿杀不打虏，是我军中人也。"民见他将兵，遁亡灭影，闻为岳家军过，则相帅共观，举手加额，感慕至泣。

【译文】

统军之术，大至有六方面。一曰重视选拔：兵贵精而不贵多，背嵬所向，皆可以一当百。圣上最初以韩京、吴锡两军付先祖父统领，但他们的兵皆不习作战，且多是老弱。先祖父只择其可用者，不满千人，其余皆予罢归，调教数月后遂为精兵。圣上大喜，赐报说："可见措置有方，忠诚体国。"二曰严格习训：在不出征时，要常考查其技艺，空闲时要更加周详地考查，以至于过门不入，视无事时如有事时。如注坡、跳壕等技艺，皆要身披重铠，练到精熟，观望的人望之以为是神。三曰公平赏罚：待千万人如待一人。张宪的部卒郭进在攻打莫邪关时立功，先祖父立刻解金束带及所用的银器赏他，又为他补官秉义郎。先伯父岳云曾在披重铠练习注坡时，因马绊倒而摔到地上，先祖父认为是他平日训练少的缘故，怒曰："前驱大敌，亦如此耶？"命将其斩首，诸将叩头请求赦免其罪，仍是给予一百杖的惩罚，才放过了他。其余的如傅庆夸功被诛，辛太以违命被免，任士安以轻慢命令被杖责，过失无论大小，必会予以惩戒。张俊曾请教先祖父用兵之术，先祖父答曰："仁、信、智、勇、严，五者不可缺一。"又问何为"严"，先祖父曰："有功者重赏，无功者峻罚。"四曰明确号令：指挥将士、约束军队，命令要明确简单，使人易懂易从，违者必罚。五曰纪律严明：行师用兵，秋毫无犯，有践踏农民庄稼的，妨碍农作的，买卖不公的，都要处死。曾有一名士卒用草束换取了百姓的一缕麻，质问出是他一方面的行为后，立即就被处斩了。六曰同甘共苦：待人以恩，常与军中品级最低的士卒吃同样的食物。喝酒吃肉，必须平均分给下面的将士，酒少不够喝，就要往酒中加水，让每人都能喝到一口。出师在野外驻扎，若士卒露宿于外边，虽然为先祖父准备好了馆舍，他也不会入宿。诏词中说"绝少分甘，与人同欲"，又说"甘苦同于士卒""虽万众而犹一心"就是指此事。诸将在外戍守，则让妻子到他们家中去，慰问他们的家属，赠予金帛，殷勤备至，将士的家属们感受到其中的真诚，各自勉励丈夫以忠诚回报。若有将士牺牲，则痛哭流涕，数日不食。并抚育遗孤，或是让自己的儿子与其女儿婚配。士卒有病，则亲自探看抚问，问他们有没有需要的，并亲手为他们调药。朝廷每有犒赏，多则数十万缗，少则数万缗，都交由专门主管此事的官员下发，一钱都不会私藏。他曾命将领这样支付犒钱，带甲人五缗，轻骑人三缗，不带甲者二缗。这名将领却裁减了数目，私吞为己有，先祖父知道后将其杖毙。具备这六项，用人恩威兼济，众人对先祖父敬佩爱戴，不敢犯法。先祖父的部众十数万，本来都是四方亡命、乐纵、嗜杀之徒，皆能听候命令，没人敢于违纪。夜宿在百姓的门外，百姓开门请他们进去，却没有人敢进入的。早晨离去时，百姓的草苇丝毫不乱。所过之处民不知有兵，市井商贩一如平日。湖口的一位姓项的人家卖薪自给，有士卒要买木柴，项氏爱其兵不扰民，自愿便宜二文钱卖给士卒，士卒说："我怎能用二文钱来买我的人头呢？"竟然不敢相从，给项氏足够的钱而去。将士们就算是饥寒交迫，仍不变节，每次自夸说："冻杀不拆屋，饿杀不打虏，才是我军中人。"百姓见到其他大将的兵士，立刻跑得无影无踪，但听到岳家军来，则相约观看，举手加额，感动仰慕乃至流泪。

御众得其死力，杨再兴殁于虏，焚其尸，得矢镞二升，盖不偾不止也。在合肥日，遣骑驰奏，至扬子江，风暴禁渡，典者力止之，骑曰："宁为水溺死，不敢违相公令！"自整小舟绝江，望者以为神。

【译文】

先祖父所率的军士都能以死报国，杨再兴在与虏人作战中英勇捐躯，在焚化他的尸体时，得到的箭镞有二升重，盖因他坚持杀敌不止，直到身体仆倒。在合肥作战的时候，先祖父派人骑马飞驰急奏，到扬子江时，遇到风暴天气禁止渡江，撑船的人极力阻止，这位军士说："宁为水溺死，不敢违相公令！"于是自操小舟过江，观望的人以为是神人。

凡即戎，皆至寡敌至众。如南薰门王善之战，以八百人破五十万；桂岭曹成之战，以八千人破十万，不可殚举。而最后以背嵬骑五百，大破兀术十万之众。兀术号善用兵，亦大惧，亟奔京师。其兵之精盖如此。

用兵无奇正，临机制胜，尝自言："为将无谋，不足以搏匹夫。"故主于用谋。如绍兴二年逸谍以破曹成，六年伪书以废刘豫之类，不可概举。故制词尝"有虑而后会之机"，"谋成而动则有功"，"有冠三军之勇，而计然后战"等语。

【译文】

凡是出战，皆是以少对多。如在南薰门与王善作战，以八百人破敌五十万；在桂岭与曹成作战，以八千人破敌十万。这样的战例不胜枚举。而最后以背嵬骑兵五百，大破兀术十万之众。兀术号称善于用兵，亦是大为恐惧，逃奔京师。可见先祖父所率的兵精锐如此。

先祖父用兵时无论奇兵还是正兵，都是临机制胜，曾自言："为将无谋，不足以搏匹夫。"故他作战注重用谋。例如绍兴二年故意放走间谍大破曹成，绍兴六年伪造书信，用计废除刘豫等等，不可一一概举。所以制词曾有"有虑而后会之机""谋成而动则有功""有冠三军之勇，而计然后战"等语。

临事定，猝遇敌，不为摇动，敌以为“撼山易，撼岳家军难”。攻郢州城，建旗偃盖而坐，忽一炮石堕其前，左右惊避，先臣独不移足。野次不设壕堑，路不设伏，而贼自不敢犯。兵虽常胜，无骄色，先计后战，务出万全。自结发从军，大小数百战，未尝败北以此。

【译文】

遇到突发事情，仓促间与敌人相遇，先祖父不为动摇，连敌人都认为“撼山易，撼岳家军难”。先祖父率军攻打郢州时，在大旗下安坐，忽然一块炮石坠落在他前面，左右之人皆惊慌逃避，唯独先祖父不移开。在野外作战即便不设壕堑，路上不设伏，贼人也都不敢来侵犯。先祖父的军队虽然经常获胜，但却无骄傲之色，他总是先计划周全之后才作战。自从束发从军，大小数百战，未尝有败北的时候。

凡出兵，必以广上德为先，歼其渠魁，而释其余党，不妄戮一人。裨将寇成尝杀降，即劾其罪。是以信义著敌人不疑，恩结于人心，虽虏人、签军，皆有亲爱愿附之意。如建炎三年在常州，绍兴十年龙虎大王下忔查千户高勇等之来，皆千里来奔。故制词有“得仁人无敌之勇”，“宣予不杀之武”，“广好生于朕志”等语。

【译文】

凡是出兵作战前，必会先宣扬圣上的贤德，作战时歼灭其贼首，而释放其余党，不妄杀一人。裨将寇成曾杀投降的人，先祖父立刻向他问罪。先祖父以信义著称使敌人不疑，恩情结于人心，虽是虏人、签军，皆有愿意投靠归附之意。例如建炎三年在常州，绍兴十年龙虎大王军中的忔查千户高勇等人，他们都是从千里之外过来投奔的。在朝廷的制词中有“得仁人无敌之勇”“宣予不杀之武”“广好生于朕志”等语。

用人有方，举劾各得其当。如以马羽守蔡，苏坚守西京，赵秉渊守淮宁，皆有干城牧众之功。知兴国军徐璋、汉阳军呼延虎以不职，即日奏罢之。

【译文】

先祖父用人有方，举荐、劾治各得其当。如用马羽守蔡州，苏坚守西京，赵秉渊守淮宁，都有捍卫国土、治理百姓的功劳。知兴国军徐璋、汉阳军呼延虎不称职，先祖父即日奏请朝廷罢免他们。

权虽专，莫敢擅辄。初，襄汉平，诸郡雕瘵，州县官率瓜时[①]不上，诏先臣得自专辟置、臧否之权。先臣诠择人物，以能安集百姓为先。张旦守襄阳，兼四州安抚使，牛皋为副使，李尚义通判襄阳府事，李道为四州都统制，周识摄郢，孙翚摄随，舒继明摄信阳，高青摄唐，单藻贰之，张应摄邓，党尚友贰之，郡幕则孙革、蒋廷俊、邵俅、訾谐等，多由小吏识拔。人乐于赴功，期月之间，咸以最[②]闻。迨其稍还旧观，即上章乞还辟置之权。上降诏，援卫青不与招贤事[③]称之，且曰：“自非思虑之审，谦谨之至，何以及此。”其远权势盖如是。

诸大将多贪功，先臣每被赏，辄以无功辞，甚至六、七辞，不肯妄受。上尝赐诏曰：“卿每拜官，必力恳避，诚知怀冲逊之实，非但为礼文之虚也。”复襄汉时，宰臣朱胜非使人谕之，以饮至日建节旄。先臣愕然，曰：“丞相待我何薄耶！”乃谢使者曰：“为飞善辞丞相，岳飞可以义责，不可以利驱。襄阳之役，君事也，使讫事不授节，将坐视不为乎？拔一城而予一爵者，所以待众人，而非所以待国士也。”及建节，力辞，不得已乃受。刘光世之兵，上初以畀先臣。秦桧知其有大举北征意，沮之，寝其命，略无愠色。及复军，首乞不假济师，以本军进讨，以除心腹患。郦琼叛，又乞进屯淮甸，上赐诏奖之。兵隶李回日，授神武副军都统制，已乃闻为甥婿高泽民伪为之请，而得之。先臣惊惕，即日自陈，乞正泽民罔上之诛，力辞不受。又数见回，白其事。回乃奏云：“岳飞一军自从讨贼，服勤职事，忠勇之名闻于江右，纪律之严信于疲甿。留屯洪州，声势甚远，江、湖群寇，率皆逃避。近迁神武副军都统制，士论皆谓称职。及得其外甥婿私书，乃知此除曾经枢密院陈乞，飞小心惶惧，累与臣言，实非本心所敢侥望。”上即报回曰：“岳飞勇于战斗，驭众有方，昨除神武副军都统制，出自朕意，非因陈乞，可令安职。”又力辞，回再三谕之，乃止。后幕属刘康年亦为之请，母封国夫人，次子雷授文资。先臣得其实，鞭康年五百，系之，上章待罪，乞反恩汗。

【注释】

①瓜时：瓜一年一熟，故又以“瓜时”代年。

②最：古代考核政绩或军功时划分的等级，以上等为最。跟“殿”相对。

③卫青不与招贤事：《史记·卫将军骠骑列传》记载卫青说过的话：“彼亲附士大夫，招贤绌不肖者，人主之柄也。人臣奉法遵职而已，何与招士！”

【译文】

先祖父虽然大权在握，但却不专擅。襄汉六郡刚收回的时候，诸郡凋敝，民生疾苦，州县官已多年空缺，圣上下诏给予先祖父自行征召、任命、罢免官员的权力。先祖父选择人才，以有能力让百姓安抚辑睦的人为先。命张旦守襄阳兼四州安抚使，牛皋为副使，李尚义通判襄阳府事，李道为四州都统制，周识权知郢州，孙翚权知随州，舒继明权知信阳军，高青权知唐州，单藻为副，张应权知邓州，党尚友为副，州府幕职官则为孙革、蒋廷俊、邵俅、訾谐等，他们多是由小吏中识拔。这些人都乐于前去建功立业，月余之后，考核他们的政绩都获上等。等到一切稍稍呈现旧日规模时，先祖父立即上章乞请归还辟置之权。圣上降诏，以汉代卫青从不招士的典故来褒奖先祖父，且说："自非思虑之审，谦谨之至，何以及此。"先祖父不贪恋权势便是如此。

当时许多大将都很贪功，先祖父每次被赏，多称自己无功而推辞，甚至推辞六七次，不肯接受。圣上在赐给先祖父的诏书中说："卿每拜官，必力恳避，诚知怀冲逊之实，非但为礼文之虚也。"收复襄汉时，宰相朱胜非派人告谕先祖父，奏凯庆功之日就授节度使。先祖父愕然，说："丞相待我何薄也！"然后对使者说："请为我辞谢宰相，岳飞可以用大义来责成，不可以用利益驱使。襄阳之战，乃为事君之事，难道朝廷不给我建节，我就坐视不管吗？攻下一城而给予一爵，这是待常人之礼，非是待国士之礼也。"以至于后来朝廷为先祖父建节时，先祖父仍是力辞，最后不得已才接受。刘光世的军队，圣上初时要把此军交给先祖父。秦桧得知先祖父有大举北征之意，所以出来阻止，让圣上收回了成命，先祖父对此并无愠色。先祖父回到军队中，请求不依靠其他的军队，仅以本军进攻讨伐，为朝廷除去心腹之患。郦琼叛乱，先祖父又请求进兵屯驻淮甸，圣上赐诏嘉奖。先祖父隶属李回时，被授予了神武副军都统制，不久听说这是甥婿高泽民为他奏请的。先祖父惊惕，立即上书自陈，请求治高泽民欺君之罪，力辞不受该职。后又见李回数次，说明其事，李回向朝廷上奏说："岳飞一军自从讨贼，勤劳于职事，忠勇之名闻于江西，纪律之严信于黎民。留屯洪州，声势甚远，江、湖群寇，率皆逃避。近来升迁神武副军都统制，士论皆谓称职。及得其外甥婿私书，才知此任命曾经其甥婿向枢密院陈乞，飞小心惶惧，多次与臣言，实非本心所敢奢望。"圣上立即回复李回曰："岳飞勇于战斗，驭众有方，任命为神武副军都统制，出自朕意，非因他人陈乞，可令他安心任职。"先祖父知道后又力辞，李回再三告谕他，他才接受。后来又有幕属刘康年为他请奏，封先祖父的母亲为国夫人，次子岳雷授文资。先祖父得到消息后，罚康年五百鞭后关押起来，上奏章待罪，乞请收回恩赐的成命。

功成不居，尽推与同列及其下。始受襄汉之命，朝廷令刘光世遣军马五千人为牵制。六郡尽复，光世之军始至。及论赏，乃奏乞先赏光世功。李宝结约山东豪杰数千人，屡请以曹州率众来之。先臣以黄金五百两遣之，俾壮士四人偕行。宝果领众五千，趋楚、泗以归，为韩世忠奏留之。宝截发恸哭，愿还先臣戏下。世忠以书来谂，先臣答曰："是皆为国家报虏，何分彼此。"世忠叹服。每辞官，必云："某所之战，皆将士竭力，在臣何功。"辞少保之章曰："臣方同士卒之甘苦，明将佐以恩威，冀成尺寸之功，仰报君父之德。岂可身被厚宠，恝然不以当锋刃、冒矢石者为心。"上将士之功，丝毫必录，行赏于朝，惟恐不厚。或功优赏薄，不避再三之请，为之开陈。然不当得，则一级不妄予。部将有正任廉车[①]者数人，率积于此。转饷之臣，于军须无阙者，皆上之朝。如曾纡、薛弼、刘延年、程千秋、徐与可、张运之属，皆以劳迁，或得职名。何子端、陈进等虽小吏，亦以功进二阶。下及游说有助，如进士萧清臣、赵涧、陶著等，皆命之以官。尤严死事之典，朝没暮上，如舒继明、扈从举及张汉之、吴立等，皆搜访而得，不遗一人。

【注释】

①廉车：指观察使、廉访使、按察使等赴任时所乘的车子。亦用以代称上述官员。

【译文】

先祖父从不居功自傲，常把功劳推给其他一起协同作战的军队及部下们。刚接受收复襄汉的命令时，朝廷下诏书令刘光世以五千人牵制敌人。六郡已然收复时，光世的军队才赶到，先祖父仍然奏请朝廷先赏赐光世之功。李宝结纳了山东豪杰数千人，屡次向先祖父请求率同曹州众人共同归附，岳飞以五百两黄金赠予他，并派四位壮士同行。李宝带领五千人自楚州、泗水归来，韩世忠奏请朝廷希望能将李宝留在他的麾下。李宝截发恸哭，表示愿意跟从在先祖父的麾下。世忠写书信给先祖父，先祖父回信说："皆是为国宣力，何分彼此。"世忠叹服。先祖父每次辞官时，必说："我所赢得的战斗，皆将士竭力，臣有何功。"在辞少保的奏章上说："臣方同士卒之甘苦，明将佐以恩威，冀成尺寸之功，仰报君父之德。岂可身被厚宠，漠然不以当锋刃、冒矢石者为心。"在为将士们上报军功时，一丝一毫的功劳都要上报，分配朝廷的赏赐，唯恐不厚。若遇到功劳大而赏赐薄时，则为其再三上言陈请。但若有不当得的，则一级也不妄加。部将中有几名正任观察使，都是累积战功升上来的。即便是负责运送军粮的官员，只要做到满足军需，先祖父都会为他们上奏请功。如曾纡、薛弼、刘延年、程千秋、徐与可、张运这类人，都因有这样的功劳而得到升迁，或是得到职名。何子端、陈进等虽是小吏，亦因有功而晋升二阶。甚至是帮助游说的那些人，如进士萧清臣、赵涧、陶著等，皆被任命以官职。对于战死者，尤重礼仪，早上逝世的，傍晚就上报到朝廷，如舒继明、扈从举以及张汉之、吴立等人，都要搜访而得，把他们的功绩上奏朝廷，绝不会遗漏一人。

臣云从战，数立奇功，乃常匿之，所迁擢皆朝廷举察，上所特命。襄汉功第一，不上逾年，铨曹[1]辨之，始迁武翼郎。平杨么亦第一，又不上。张浚廉得其实，曰："岳侯避宠荣一至此，廉则廉矣，然未得为公也。"乃奏云："湖湘之役，岳云实为奇功，以云乃飞子，不曾保明，乞与特推异数。"先臣犹辞不受。尝以特旨迁三资，先臣辞曰："士卒冒犯矢石"，"斩将陷阵，立奇功者，臣始列上事状，得沾一级"，"男云无故遽躐崇资"，是"不能与士卒一律"，将何以服众。又言："非所以示将士大公至正之道。"累表不受。上嘉其志，特俞其请。带遥刺，则曰，"始就义方，尚存乳臭，虽屡经于行阵，曾未见于事功。比者""骤进官联，必令志气怠惰"。"伏望""追还成命，庶使粗知官爵之难，勉力学业，他日或能备效驱策"。又曰："使云不知名器之重，或就骄溢，上则负陛下之恩，下则取缙绅之谤，并臣之罪，亦复难逃。"又云，"正己而后可以正物，自治而后可以治人"，若使臣男"受无功之赏，则是臣已不能正己而自治，何以率人乎"？至十年颍昌之战，功先诸将，而辞忠州防御，则曰，"君之驭臣，固不吝于厚赏；父之教子，岂可责以近功"。男"云随行迎敌，虽有薄效"，殊非"大功"，乞收成命。带御器械[2]则又力辞，获免而止。上尝赐诏称之曰："卿力抗封章，推先将士"，"盖不特固执谦避，耻同汉将之争功，而使其自立勋劳，复见西平之有子[3]"。

【注释】

①铨曹：主管选拔官员的部门。

②带御器械：军职名、带职名。职掌：1）在京带御器械有宿卫职责，不统兵（《通考·职官》12《带御器械》、《周文忠公全集》卷一五〇《奉诏录·奉御笔批依》）；2）为外任军中差遣所带“职名”（《续资治通鉴长编》卷一八〇），“盖假禁近之名，为军旅之重”（《宋史·职官志》六《带御器械》）。据《宋代官制辞典》，第421页。此处指前者。

③西平之有子：唐朝名将李晟被封为西平郡王，李晟共有十五个儿子，其中出名的有李愿、李宪、李愬、李听。

【译文】

先伯父岳云跟随先祖父作战，虽然常立奇功，但先祖父却常常隐匿不报。岳云的迁擢多是经朝廷举察，圣上特别命令的。收复襄汉时，岳云功居第一，过了一年其功都没有上报，主管部门调查后获得实情，才将他升迁为武翼郎。平杨么时，岳云又是功居第一，又没有上报，张浚访查到了实情后，说：“岳侯避宠荣竟到了这样的地步，廉则廉矣，然而这样做未免不公。”于是张浚上奏朝廷：“湖湘之役，岳云实为奇功，以云乃飞子，不曾保明，请允许我以特别的流程举荐他。”先祖父还是推辞不受。朝廷曾下特旨为岳云迁三资，岳飞推辞说，“士卒们冒矢石”“斩将陷阵，立下奇功，臣才将事实列明上报，然后才能受赏升一级”，我的儿子岳云却无故越级提拔，在这件事上若不能一视同仁，将来何以服众”。又说：“这不是向将士们示范大公至正之道的做法。”故多次上表不受，圣上嘉奖先祖父之志，准许了他的请求。朝廷任命岳云为遥郡刺史，先祖父力辞说，“（岳云）才刚学到些义理道德，仍是个乳臭未干的孩子。虽屡经阵仗，但未曾建过大功”“突然授予他官职，必会使他志气怠惰”“伏望圣上追回成命，好让他知道官爵来之不易，自己应勉力学业，日后也许可以成为有用之士。”又言：“假使岳云不明白国家名器的分量，或是骄傲自满，上则有负陛下的恩宠，下则让缙绅们指责议论，如果是这样就都是臣的罪过了，亦复难逃其纠。”又说，“正己而后可以正物，自治而后可以治人”，若使我的儿子“受无功之赏，则是臣已不能正己而自治，以后怎样带兵呢”？到了绍兴十年颍昌之战，岳云的功劳虽高于诸将，先祖父还是替他辞去了忠州防御使的晋升，说，“君王管理群臣，固然不吝于厚赏；但父亲教育儿子，岂可责成以近功”。儿子“岳云随行迎敌，虽有薄效”，殊非“大功”，乞请收回成命。岳云被任命为带御器械时，先祖父又不断上章力辞，直到圣上不许他再有陈请才止。圣上曾赐诏称许他曰，“卿坚决上书辞封，把功劳推给将士”“并不是故意地执意要谦逊，不屑于像汉代将军那样争功，而是希望他们自己立功，像唐朝李晟培养儿子成为名将一样培养下属”。

遇诸子尤严，平居不得近酒。为学之暇，使操畚锸，治农圃，曰：“稼穑艰难，不可不知也。”

重节谊，谨施报，死犹不忘。张所以谤谪行至长沙，贼酋刘忠者诱其附己以叛，所骂忠不从，竟遇害。其子宗本尚幼，先臣访求鞠养，教以儒业，饮食起居，使处诸子右。绍兴七年，遇明堂恩，舍其子，而补宗本，奏曰：“臣昨建炎初，因论事，罪废，圣造宽洪，偶幸逃死。于时孤孑一身，狼狈羁旅。因投招抚使张所，所一见，与臣云及两河、燕云利害，适偶契合。臣自白身借补修武郎。”“其后所军次北京，未及渡河，贬谪南方，卒以节死”。“臣念”“张所实先意两河，而身未北渡，已遭横议。今其身名雕丧，后嗣零落，臣窃痛之。使臣不言，臣则有负。欲望矜怜，将臣今岁奏荐恩例，补所男宗本。仍乞依张俊例，于文资内安排”。又陈述所死难之由，乞追复旧职，仍乞优加褒异，以旌其忠。上俞之，复特赐其家银、绢百匹、两，与一资恩泽。

【译文】

先祖父教育自己的孩子尤为严格，要求他们平日不得饮酒。在学习之余，让他们会操持畚锸，学会治农圃，言：“稼穑艰难，不可不知也。”

先祖父注重节义，有恩必报，即使对方故去仍不能忘记当初的恩义。当年张所受谤言而谪行至长沙时，贼首刘忠想诱使他归附于己，背叛朝廷，张所不从，大骂刘忠，竟然被刘忠所害。张所之子宗本当时年龄尚幼，先祖父四处访求找到后抚养他，教以学业，饮食起居，待遇都在自己的几个孩子之上。绍兴七年，遇到朝廷颁明堂之恩，他没有把这个恩例给自己的儿子，而是上报朝廷为宗本补官，上奏说：“臣在建炎初年，因为论事获罪，后来得遇圣恩宽洪，幸免一死。当时孤身一人，狼狈羁旅。因而投奔招抚使张所，张所一见，与臣言及两河、燕云的形势利害，彼此想法非常契合。臣从白身而借补修武郎。”“后来张所率军去北京大名府，未及渡过黄河，就被贬至南方，虽被贼人害死但仍保持气节。”“臣每次念及”“张所生前有意部署两河，未曾北渡，已遭横议。如今他身名雕丧，后嗣零落，臣深感痛心。若臣不言，臣则有负张所在天之灵。乞望圣上怜惜，将臣今年奏荫的恩例，补给张所的儿子宗本。还乞请按照张俊的例子，把宗本安排为文职。”又陈述了张所死难的缘由，乞请追复他旧职，并请优加褒奖，以彰显他的忠心。圣上谕允，复又赐其家属银百两、绢百匹，与一资恩泽。

议论持正，不善阿附人。年少未显，见当路要人，未尝有强颜攀附意，故卒以此贾祸。素无一介之助，致位通显，皆上所亲擢。上尝褒其功，谓左右曰：“用将须择孤寒忠勇，久经艰难，亲冒矢石者。”

先臣得附竹帛之光，以此好礼下士。食客所至常满，一时名人才士皆萃幕府，商论古今，相究诘，切直无所违忤。或语至夜分，乃寝。出则戎服升首座，理军务；入则峨冠褒衣，穷经传。或雅歌投壶，持循礼法，恂恂如书生，口未尝言己功。制词所谓“廉约小心，得祭遵好礼之实”，又云“有公孙谦退不伐之风”，又云“卑以自牧，履冯异不伐[①]之谦”，其类可考。

【注释】

①不伐：不自夸。

【译文】

先祖父议论持正，不阿附于人。年少还未显达时，遇到有权势的人，也未尝有强颜攀附之意，也终因这个性格招致灾祸。先祖父没有人脉帮助，位至显赫，都是圣上亲自提拔。圣上曾称赞其功，对左右曰：“用将须择孤寒忠勇，久经艰难，亲冒矢石者。”

先祖父多受书籍史传的影响，故而礼贤下士。食客常是满满的，当时的名人才士都萃集于先祖父的幕府中，谈论古今，相互考查，切磋纠正，无所顾忌。常谈到夜半，才去就寝。先祖父出则着戎装升首座，治理军务；入则峨冠褒衣，遍览经史。或是雅歌投壶，持循礼法，恂恂如书生，从来不夸耀自己的功劳。圣上制词中曾曰“廉约小心，得祭遵好礼之实”，又云“有公孙谦退不伐之风”，又云“卑以自牧，履冯异不伐之谦”，如这一类的言语，有据可考。

秦国夫人李氏遗事

娶李氏，名娃，字孝娥。奉其姑有礼度，又能筹理军事。先臣出军，则必至诸将家，抚其妻、子，以恩结之，得其欢心。在宜兴日，先臣尝召至行在，部下谋叛，李氏得之，不言。一日，会诸将于门，即坐告之，捕斩叛者，一军肃然。

【译文】

娶李氏，李氏名娃，字孝娥。侍奉婆婆尤遵礼法，又能帮助先祖父筹理军事。先祖父每次出军，她必至诸将家中，抚问出征将士的家属，结以恩德，得其欢心。在宜兴的时候，先祖父被召到行在，有部下谋叛，李氏夫人知道后，也不声张。一天，召集诸将到了门口，宣告众人，然后将谋叛者逮捕斩首，此后一军肃然。

诸子遗事

云，年十二，从张宪战，宪得其力，大捷。号曰“赢官人”，军中皆呼焉。先臣征伐，未尝不与。京西之役，手握两铁锥，重八十斤，先诸军登城，攻下邓州，又攻破随州。颍昌之役，大战无虑十数合，出入虏阵，甲裳为赤，体被百余创。然每战捷，先臣独不上，故其功多不闻。历任先臣机幕、带御器械、提举醴泉观，官至左武大夫、忠州防御使。死之日，年二十三，赠安远军承宣使。

雷，故任忠训郎、阁门祗候，赠武略郎。

霖，故任朝请大夫、敷文阁待制致仕，赠太中大夫，自有传。

震，故任朝奉大夫、提举江南东路常平茶盐公事。

霆，故名霭，孝宗皇帝改赐今名，任修武郎、閤门祗候。

【译文】

岳云，年方十二岁，跟随张宪作战，战役中张宪得他所助，故而大捷。号为“赢官人”，军中的将士都这样称呼他。先祖父征伐时，岳云总是跟随。京西之役，他手握两柄铁锥枪，重八十斤，先于诸军登上城墙，攻下邓州，又攻破随州。颍昌之役，与金军大战十数合，出入敌阵，甲裳变为赤色，身受百余创。然而每次大捷后，先祖父唯独不为他报功，所以他的功绩多不为人所知。岳云历任先祖父的机宜幕僚、带御器械、提举醴泉观。官至左武大夫、忠州防御使。死之日，年仅二十三岁，后追赠安远军承宣使。

岳雷，曾任忠训郎、閤门祗候，赠武略郎。

岳霖，曾任朝请大夫、敷文阁待制致仕，赠太中大夫，另有传记。

岳震，曾任朝奉大夫、提举江南东路常平茶盐公事。

岳霆，故名为霭，孝宗皇帝改赐今名，任修武郎、閤门祗候。

昭雪庙谥

绍兴二十五年，秦桧薨于位，子熺勒令致仕。高宗皇帝厉精万几，首欲复先臣官，而时宰万俟卨尝主先臣狱，力陈以为虏方顾和，一旦録故将，疑天下心，不可。及绍兴之末，虏益猖獗，朝廷始追咎和议。太学生程宏图上书，其略曰：“今日之事，国家所以应之者，先务有四。其一曰下诏书以感南北之士。和议既行之后，为故相秦桧所误，沮天下忠臣义士之气。一旦思得其死力，必有以感动其心而奋起之，故哀痛之诏不可不亟下。然诏不可徒下也，首当正秦桧之罪，复无辜之冤，以舒天下不平之心，而振其敢为之气。且桧所以失吾南北之心者，自赵鼎以不主和议，而窜海外，身灭家亡，则学士大夫忠愤之气沮矣。自岳飞以决定用兵，而诬致大逆，则三军之士忠愤之气沮矣。至如长告讦之风，起罗织之狱，一言及时事，不问是否，例置死所，使天下不知有陛下，而欲人呼己谓之圣臣，则天下匹夫匹妇忠愤之气由此扫地矣。桧所以失吾中原之心者，亦有由矣。士大夫陷没虏中，而家属有在中国者，和亲之日，桧既不能庇其宗族，以结其心，而使之起义以报我，乃反徇虏人之请，而悉还之。方其去时，如赴死所，中原忠义，南望吞声恨，其绝望于我也。今者要当正秦桧之罪，而籍其家财，雪赵鼎、岳飞之罪，而复其官禄。然后下诏，臣将见其欢忻鼓舞，吐愤纾怀，朝读诏书，而暮赴义矣。”上深然其言，下诏谕中原及诸国等人，又诏燕北人，昨被遣归者，盖为权臣所误，追悔无及。又许先臣家自便，尽室生还。窜桧党于荒远，削籍除名，示不复用。初，以岳阳与先臣之姓同，易为纯州，至是复仍旧号。于是上意一孚，志士争奋，汪澈以御史中丞宣谕荆、襄，诸将与合军陈牒，以讼先臣之冤，澈谕之曰：“当以奏知。”诸军哭声如雷，皆呼曰：“为我岳公争气，效一死！”都督张浚、参赞陈俊卿闻此语，皆悲感叹服。

【译文】

绍兴二十五年，秦桧死在任上，高宗皇帝勒令其子秦熺致仕。此后高宗皇帝励精图治，日理万机，首先想要为先祖父复官，而此时是万俟卨为宰相，是当时给先祖父治狱之人，所以力奏：与虏人刚刚和好，一旦为故将平反，易让天下人疑心，故不可为。到了绍兴末年，虏人对我朝愈发猖獗，朝廷才开始追究和议的过失。太学生程宏图上书，大略是说："今日之事，国家可以应对的，先务有四。其一，要下诏书感召南北之士。和议的实行，均系故相秦桧误国，让天下忠臣义士之气为之沮丧。现在若想要他们以死效力，必要让他们心存感动才可奋起，所以下达哀痛之诏不可以有片刻耽搁。但是这诏书也不可以徒下，首先要正秦桧之罪，昭雪无辜者的冤屈，以舒天下人不平之心，从而振作其敢为之气。秦桧之所以失去南北人士之心，从赵鼎因不赞成和议，被放逐于蛮荒之地时开始，其身灭家亡的遭遇，让学士大夫们的忠愤之气为之沮丧。自岳飞因锐意用兵而被诬谋反时开始，则三军将士的忠愤之气为之沮丧。自秦桧鼓励告讦之风开始，其大兴冤狱，罗织罪名，人们一言谈及时事，不问对错，必将其置之于死地，使天下人不知有陛下，而要让人们呼自己为圣臣，则天下平民百姓的忠愤之气从此丧失殆尽了。秦桧之所以失去我中原百姓的民心，也是有缘故的。很多士大夫身陷北地，而家属却留在中原，朝廷与虏人和议之时，秦桧不能庇护其宗族，结其欢心，而使之起义报效国家，反而遵循虏人的要求，把那些官员的家属从南方尽数迁移到虏人那里。那些（在靖康之难时）被掳去的官员，去的时候视死如归，矢志忠于中原，后来只能南望吞声饮恨，对我朝感到绝望。今日就是要先正秦桧之罪，没收他的家财，昭雪赵鼎、岳飞之冤，恢复他们的官禄。然后下诏公告天下，我相信天下将为之欢欣鼓舞，吐愤抒怀，早上读到朝廷诏书，傍晚就可以为国赴义。"圣上深感其言，下诏告谕中原及诸国之人，又下诏给燕北地区的人民，说以前遣返他们，都是为权臣所误，圣上对此追悔莫及。又下诏允许先祖父的家属解除拘禁，可以自由活动，尽室生还。将秦桧一党放逐到边远地区，削籍除名，永不复用。之前，秦桧厌恶岳阳中的"岳"字与先祖父的姓氏相同，将岳州改名为纯州，至此才恢复岳州这个旧名。圣上之意一出，重获天下人的信任，志士们奋勇争先。汪澈以御史中丞身份宣谕荆、襄，诸将与三军将士联名上状，为先祖父鸣冤，汪澈告诉他们："一定会禀报朝廷知道"，诸军听后哭声如雷，皆呼道："为我岳公争气，效一死！"都督张浚、参赞陈俊卿闻后，都为之悲欣不已。

暨孝宗皇帝莅祚云初，首下诏曰："故岳飞起自行伍，不踰数年，位至将相，而能事上以忠，御众有法，屡立功效，不自矜夸，余烈遗风，至今不泯。去冬出戍，鄂渚之众师行不扰，动有纪律，道路之人归功于飞。飞虽坐事以殁，太上皇帝念之不忘。今可仰承圣意，与追复原官，以礼改葬，访求其后，特与录用。"制词有云："事上以忠，至无嫌于辰告；行师有律，几不犯于秋毫。外摧孔炽之强胡，内剪方张之剧盗，名之难掩，众所共闻。会中原方议于櫜弓[①]，而当路力成于投杼[②]，坐急绛侯之系，莫然内史之灰。逮更化之云初，示褒忠之有渐。思其姓氏，既仍节钺于岳阳；念尔子孙，又复孤茕于岭表。欲尽还其宠数，乃下属于眇躬。是用峻升孤棘之班，叠畀斋坛之组。近畿礼葬，少酬魏阙之心；故邑追封，更慰辕门之望。岂独发幽光于既往，庶几鼓义气于方来。"末云："闻李牧之为人，殆将拊髀；阙西平而未录，敢缓旌贤。"其"辰告"之语，盖指先臣建储之义也。臣云复左武大夫、忠州防御使，以礼祔葬[③]。子孙襁褓以上，皆官之，女俟嫁，则官其夫。张宪复龙、神卫四厢都指挥使、阆州观察使，官宪子孙。赐先臣家钱万缗。建庙于鄂州，赐其号曰："忠烈"。诏三省曰："秦桧诬岳飞，举世莫敢言，李若朴为狱官，独白其非罪。"今访问甄録。既而李若朴除郎。何彦猷妻刘氏经都堂具状，乞比类李若朴除郎事理推恩[④]。奉圣旨，何彦猷特赠两官，与一子恩泽。淳熙四年，前太常少卿颜度奏请定谥。太常议以“宗社再安，远迩率服，猛虎在山，黎藿不采”为“折冲御侮”；“定乱安民，秋毫无犯，危身奉上，确然不移”为“布德执义”。请谥曰“武穆”，诏依。

【注释】

①櫜弓：藏弓。意谓战事平息。

②投杼：《战国策·秦策二》：“昔者曾子处费，费人有曾参者，与曾子同名族，杀人。人告曾子之母曰：‘曾参杀人。’曾子之母曰：‘吾子不杀人也。’织自若。有顷，人又曰：‘曾参杀人。’其母尚织自若。顷之，一人又告之曰：‘曾参杀人。’其母惧，投杼踰墙而走。夫以曾子之贤，与母之信，而三人疑之，虽慈母不能信也。”后以“投杼”比代指言众多，动摇了对最亲近者的信心。

③祔葬：合葬。亦谓葬于先茔之旁。

④推恩：帝王对臣属推广封赠，以示恩典。

【译文】

孝宗皇帝登基以后，首先下诏曰：“已故岳飞行伍出身，不过数年，位至将相，而能事上以忠，御众有法，屡立功效，不自矜夸，余烈遗风，至今不泯。去冬出戍，鄂渚之众师行不扰，动有纪律，道路之人将这个功劳归于岳飞。岳飞虽坐事以殁，太上皇帝仍念之不忘，今日仰承圣意，追复岳飞的元官。以礼改葬，访求其后人，特予录用。”制词有曰：“事上以忠，至不避嫌于辰告（时时告诫）；行师有律，所过之处秋毫无犯。外摧嚣张之强胡，内剪方张之剧盗，名之难掩，众所共闻。适逢中原议和停战，他却因不赞成和议导致谤言纷至，受到君王怀疑，重演了汉代周亚夫和秦朝蒙恬冤死的悲剧。及此改革之初，宜示褒忠于世人，思其姓氏，既仍节钺于岳阳；念尔子孙，仍孤独无依于岭外。欲尽还其恩宠，仍是朕的子民。是用峻升孤棘之班，叠畀斋坛之组。可于都城附近礼葬，稍酬朝廷之诚心，所守故邑追封王爵，更慰官兵之寄望。岂独发幽光于既往，庶几鼓义气于方来。”最后曰：“闻李牧之为人，殆将抚髀；阙西平而未录，敢缓旌贤。”其所谓“辰告”之语，是指先祖父关于立储的建议。先伯父岳云复左武大夫、忠州防御使，以礼安葬于先祖父墓旁。子孙中襁褓以上者，皆赐官，女儿出嫁日，则赐其夫为官。张宪复龙、神卫四厢都指挥使、阆州观察使，赐官与张宪子孙。赐先祖父家钱万缗。建庙于鄂州，赐其号为“忠烈”。诏告三省曰：“秦桧诬岳飞，举世莫敢言，李若朴为狱官，独白其非罪。”令寻访其人，甄别录用。既而又将李若朴授为郎官。此时何彦猷已死，其妻刘氏经都堂上状，乞请按照李若朴除授郎官的例子推恩。奉圣旨，何彦猷特赠两官，并与一个儿子恩泽。淳熙四年，前任太常少卿颜度奏请为岳飞定谥。太常认为先祖父使“宗社再安，远迩率服，猛虎在山，黎藿不采”，是为“折冲御侮”；“定乱安民，秋毫无犯，危身奉上，确然不疑”，是为“布德执义”。请立谥号为“武穆”，孝宗皇帝下诏依允。

淳熙五年五月五日，臣霖以知钦州召见，赐对便殿，上宣谕曰：“卿家纪律、用兵之法，张、韩远不及。卿家冤枉，朕悉知之，天下共知其冤。”臣霖对曰：“仰蒙圣察，抚念故家，臣不胜感激。”

【译文】

淳熙五年五月五日，先父岳霖因为知钦州被圣上召见，赐便殿奏对，圣上宣谕：“卿家纪律、用兵之法，张、韩远不及。卿家冤枉，朕悉知之，天下共知其冤。”先父岳霖对言：“仰蒙圣察，抚念故家，臣不胜感激。”

臣生最晚，然寔夙知先世事。自幼侍先臣霖膝下，闻有谈其事之一、二者，辄强记本末，退而识之。故臣霖亦怜其有志，每为臣尽言，不厌谆复。

在潭州时，今国子博士臣顾杞等尝为臣霖搜剔遗载，订考旧闻，葺为成书。会臣霖得疾，不克上。将死，执臣之手曰：“先公之忠未显，冤未白，事实之在人耳目者，日就湮没。幼罹大祸，漂泊缧囚。及仕，而考于闻见，访于遗卒，掇拾参合，必求其当。故姑竢搜摭，而未及上。苟能卒父志，死可以瞑目矣！”臣亲承治命，号恸踊绝。自年十二、三，甫终丧制，既理旧编。

然臣思顷为儿时，侍臣霖游宦四方，帅广州日，道出章贡，见父老帅其子弟来迎，皆涕洟曰：“不图今日复见相公之子。”时臣在侍侧，感泣曰：“先公遗德犹在此。”臣霖亦泣曰：“岂特此地为然，昔将漕湖北，武昌之军士、百姓设香案，具酒牢，哭而迎。有一妪哭尤哀，曰：‘相公今不复来此矣！’家人念之者，呼而遗之食，问其夫何在？妪舍食，哭曰：‘不善为人，为相公所斩矣。’问其子若婿皆然。”当时特以为老妪之哭与章贡父老之情，等为怀旧念恩耳。曾未知匹夫匹妇之心，轻怨易怒，至于杀其夫、子若婿，而犹念之，非有大服其心者，畴克尔。因是微有所觉，窃意旧编所载，容有阙遗，故姑缓之。

逮臣束发游京师，出入故相京镗门，始得大访遗轶之文，博观建炎，绍兴以来记述之事。下及野老所传，故吏所录，一语涉其事，则笔之于册。积日累月，博取而精覈之，因其已成，益其未备，其所据依，皆条列于篇首，而事之大者，则附其所出于下。盖五年而仅成一书，上欲以明君父报功之谊，中欲以洗先臣致毁之疑，下欲以信后世无穷之传，其敢忽诸。谨昧死上。

嘉泰三年冬十有一月乙丑朔，承务郎、新差监镇江府户部大军仓臣岳珂谨上。

【译文】

臣出生最晚，然确是素知先祖父岳飞之事。我自幼侍奉在先父岳霖膝下，听到有人谈到先祖父的事迹，总是强记下事情的本末，而后再仔细了解。所以先父岳霖亦怜我有此志，每次都为臣尽力讲述，不厌其烦地叮咛。

在潭州时，现任国子博士臣顾杞等曾为先父岳霖寻访前代遗留的记载，考据修订旧闻，编辑成书。后来先父岳霖得病，不能整理完成。临终时拉着臣的手说："先公之忠未显，冤屈未能辨白，事实只留在当事人的耳目，天长日久就会被湮没。我幼年时不幸经历大祸，流放岭南，不得自由。做官以后，方能考据调查，走访当日遗卒，收集整理事实，必求妥当。搜寻辨识着，而未及上。你若能完成为父之志，我死可瞑目矣！"臣亲承父亲的临终遗命，顿足痛苦几欲昏厥。那时臣十二三岁，办完父亲的丧事后，立即着手整理旧编。

臣回忆儿时，跟随先父岳霖游宦四方，他任广州帅臣时，经过章贡，见一些父老带领其子弟前来欢迎，涕泪俱下地说："不料今日复见相公之子。"此时臣在侧侍立，感动流泣说："先公遗德犹在此。"先父岳霖亦流泪说："岂止是在此地呢，昔日在湖北主管漕运，武昌的军士、百姓都是设香案、备祭礼，且哭且迎。有一老妪哭得尤其哀伤，说'相公不能再来此地了！'。家人怜惜她，请她过来还给她食物，问她的丈夫在哪里。老妪没有拿食物，哭着说：'不善为人，为相公所斩杀。'又问其子婿，皆是如此。"当时以为老妪痛哭与章贡父老之情，都是因为怀旧念恩。未曾知道平民之心，轻怨易怒，然杀其夫、子婿，而犹能令人怀念，必定是能做到让人大服其心者，才能够如此。因此稍有察觉，想是旧编所载，或还有缺漏之处，姑且缓而行之。

及至臣青少年时游历京师，出入故相京镗之门，方可大访遗轶的文章，博览建炎、绍兴以来记述的事情。甚至是野老所传，故吏所录，只要有一句话涉及先祖父，就记录在册上。日积月累，博取且精核，遵循其已记录的，增补其未记载的，所写内容都有依据，全部条列于篇首，如果是大事，则附其所出于其下。五年而仅成一书，上要彰显明君父报功之谊，中欲洗清先祖父被诬谋反的嫌疑，下欲取信于后世无穷之传，不敢轻视。谨昧死上。

嘉泰三年冬十有一月乙丑朔，承务郎、新差监镇江府户部大军仓臣岳珂谨上。

卷第十

家集序

臣窃惟先臣飞刻意于学，涉猎经史，尤喜《春秋左氏传》与孙、吴之书，不为章句，不事华靡，直欲致之实用。故其将兵，以报君父之仇为的，以达奇正之权为弓，以奋决胜之勇为矢，奠而后发，发无不中。自束发从戎，未尝一败者，其中心之蕴，谋略之所施，往往见于表奏题跋，吟咏之间，随笔敷露。如出师一奏，谢赦一表，天下之士至今传诵，以未见全文为恨。

【译文】

臣私以为先祖父岳飞着意于学习，涉猎经史，尤其喜爱《左传》和孙吴兵法，不分析章节和句读，也不追求文字的华丽，只想要致于实用。故而他管理军队如同射箭一样，以为君父报仇为目标，以奇正相权的用兵之道为弓，以激励决胜的勇气为箭，先瞄准再发射，发无不中。自二十岁时束发从戎，从未一败，他胸中的蕴藉，谋略的施为往往体现在表、奏、题、跋、吟咏之间，随笔披露。比如出师一奏，谢赦一表，天下的士人至今仍在传诵，以未能见到全文为憾。

先父臣霖盖尝搜访旧闻，参稽同异，或得于故吏之所录，或传于遗稿之所存，或备于堂札之文移，或纪于稗官之直笔，掇拾未备，尝以命臣，俾终其志。臣谨汇次，凡三万六千一百七十四言，厘为十卷，缺其卷尾，以俟附益。曰表，曰跋，曰奏议，曰公牍，曰檄，曰律诗，曰词，曰题记，其目有八，而奏议、公牍复皆析而三。

【译文】

先父岳霖曾搜寻旧闻，稽考同异，从故吏的记录、流传的遗稿、来往的公文、野史之实录中整理出先祖父岳飞的遗稿，然未能齐备，故而要我完成他的志愿。臣恭谨地汇编整理出来，共计三万六千一百七十四字，分为十卷，缺其卷尾，以待增补。包括表、跋、奏议、公牍、檄文、律诗、词、题记八个类目，其中奏议、公牍又各分为三卷。

夫题记非文也，所以著其所向之志；戎捷非文也，所以叙其垂成之功。或以参辨诬蔑而存，或以照应事机而录。至于建炎投匦之疏，绍兴建储之议，则以亲书而密封，焚稿而后奏，虽侍膝之子弟，入幕之僚属，且不可见。特因记载，粗得其梗概焉耳。都上游之奏，止班师之疏，捣京、洛之策，出蕲、黄之请，亦谨详其一、二。而散佚不可考者，则盖不能究知其几也。异时苟为溘先犬马，誓将搜访，以补其缺，而备其遗，庶几先臣之志有考于万世云尔。

【译文】

（先祖父的）题记并非文章，而是彰显其一贯的志向；捷报也并非文章，而是叙述其垂成之功。有的因辨驳诬蔑而存，有的为照应军机而录。至于建炎年间的上皇帝书，绍兴年间的建储议，都是他本人亲书密封，焚掉草稿后方才上奏的，即使是朝夕侍奉起居的亲人或幕僚都不得见。我也是根据相关记载，粗略得其梗概而已。请建都上游之奏，止班师之疏，直捣京、洛之策，绕出蕲、黄州之请，清楚的部分也只得其一二。而散佚不可考的篇章，更不知还有多少。若他日未死，誓将再行搜访，修补残缺，可望使先祖父的志向于万世之后犹可考也。

臣窃观高宗皇帝报先臣建储之札，有曰："览卿亲书奏，深用嘉叹，非忱诚忠谠，则言不及此。卿识虑精深，为一时智谋之将，非他人比。"呜呼！方中原云扰，群盗蝟兴，先臣秘计大策，朝奏夕可，反复剀切，皆当帝心，至于嘉叹奖激，未易殚举。此先臣之所以蒙被知遇，而见于题品者如此。苟不能掇拾，以俟来哲，则何以章先帝知人之明，敢援前诏，昧死上之秘府[①]，以备采择。嘉泰三年冬十有一月乙丑朔，承务郎、差监镇江府户部大军仓臣岳珂谨序。

【注释】

①秘府：古代称禁中藏图书秘记之所。《汉书·艺文志》："于是建藏书之策，置写书之官，下及诸子传说，皆充秘府。"

【译文】

臣偷看高宗皇帝回复先祖父的建储札，曰："阅毕卿亲书所奏，十分嘉许赞叹。若非忠诚正直之辈则言不及此。卿识虑精深，乃当代有智谋的良将，非他人可比。"呜呼！当时的中原动荡不安，群盗四起，先祖父秘密地为皇帝谋划大策，早晨上奏傍晚就得到允可，反复规谏，皆称帝心，以至于皇帝常常赞叹嘉奖，（这样的事）不胜枚举。这正是先祖父获蒙知遇，而体现在了圣上品评其奏札的文字之中啊。若不能整理出来，以待后世，则何以彰显先帝知人善用的高明？臣斗胆遵照前诏，冒死呈之于秘府，以备采择。嘉泰三年冬十一月初一朔日，承务郎、差监镇江府户部大军仓臣岳珂谨序。

经进鄂王家集卷之一

表

谢讲和赦表

武胜、定国军节度使、开府仪同三司、湖北、京西路宣抚使、兼营田大使臣岳飞上表言："今月十二日，准都进奏院递到赦书一道，臣已即躬率统制、统领、将佐、官属等望阙宣读讫。观时制变，仰圣哲之宏规；善胜不争，实帝王之妙算。念此艰难之久，姑从和好之宜，睿泽诞敷，舆情胥悦。臣飞诚欢诚抃，顿首顿首。

窃以娄钦[①]献言于汉帝，魏绛发策于晋公，皆盟墨未干，顾口血犹在，俄驱南牧之马，旋兴北伐之师。盖夷虏不情，而犬羊无信，莫守金石之约，难充溪壑之求。图暂安而解倒垂[②]，犹之可也；顾长虑而尊中国，岂其然乎！

恭惟皇帝陛下大德有容，神武不杀[③]，体乾之健[④]，行巽之权，务和众以安民，迺讲信而修睦，已渐还于境土，想喜见于威仪。臣幸遇明时，获观盛事。

身居将阃[⑤]，功无补于涓埃[⑥]；口诵诏书，面有惭于军旅。尚作聪明而过虑，徒怀犹豫而致疑：谓无事而请和者谋，恐卑辞而益币[⑦]者进。臣愿定谋于全胜，期收地于两河[⑧]。唾手燕云，终欲复雠而报国；誓心天地，当令稽颡[⑨]以称藩！臣无任瞻天望圣、激切屏营之至，谨奉表称贺以闻。臣诚欢诚抃，顿首顿首，谨言。”

【注释】

①娄钦：《三朝北盟会编》卷一九二作“娄敬”，宋时避太祖赵匡胤祖父赵敬名讳，故改娄敬为娄钦。（据《鄂国金佗稡编续编校注》，第918页。）

②倒垂：指人头朝下脚朝上地被倒挂，比喻处境极其困苦危急。

③神武不杀：原谓以吉凶祸福威服天下而不用刑杀。《易·系辞上》：“古之聪明睿知，神武而不杀者夫。”后沿用为英明威武之意，多用以称颂帝王将相。

④乾之健：谓天德刚健。语出《易·乾》：“天行健，君子以自强不息。”

⑤将阃：指在京城外担负军事重任的将帅。

⑥涓埃：细流与微尘。比喻微小。

⑦卑辞而益币：指言辞谦恭，礼物丰厚。语出《新唐书·李抱真传》：“抱真喜士，闻世贤者，必欲与之游，虽小善，皆卑辞厚币数千里邀致之。”

⑧两河：宋称河北、河东地区为两河。大致包括今河北省、山西省的区域。

⑨稽颡：古代一种跪拜礼，屈膝下拜，以额触地，表示极度虔诚。

【译文】

武胜、定国军节度使、开府仪同三司、湖北、京西路宣抚使、兼营田大使臣岳飞上表言："本月十二日，进奏院递送到一道赦书，臣立即恭敬地率领统制、统领、将佐、僚属等向宫阙方向宣读完毕。观察时势，临机而应变，是效法圣哲的典范；常打胜仗，却不穷兵黩武，正是帝王神妙的谋划。顾念国家陷入困境已久，姑且同意两国交好的权宜，使恩泽遍布，舆情皆悦。臣岳飞欢欣鼓舞，顿首顿首。

"窃以为娄敬向汉高祖献言与匈奴和亲，魏绛向晋悼公提出和戎的策略，结果北方夷狄都是还未等到结盟的墨迹变干，口含的牲血仍在，就驱使兵马南侵，使中国不得不很快出师北伐。夷虏无情寡义，犹如犬羊没有信用，再坚定的誓约也不会遵守，溪谷般巨大的贪欲难以满足。若是为解除一时之困境，求得暂时的平安，一时的讲和尚可接受；长远来看，要让四方夷狄以中国为尊，和必不可也！

"恭惟皇帝陛下品德高尚，宽宏大量，神明威武，不用刑杀。体悟乾卦的刚健，力行巽卦的权宜，追求万民的和谐与平安，以诚信与邻国亲密和睦，已渐渐收回国境内的土地，彰显我国的威仪，值得庆贺。臣幸运地遇见圣明的时代，得以看到这样的盛事。

"我虽然是身负重任的将帅，功劳却微不足道；口中诵读着有关讲和的诏书，却无颜再面对广大军士。又自作聪明，过度焦虑，徒怀犹豫，心存怀疑：所谓自身无事，却要求讲和的人必有图谋；言辞谦卑、礼物丰厚的人一定还会有进一步的行动。臣愿为陛下谋划全胜的方略，期待收复两河的失地。唾手收回燕云，终要复仇而报国；对天地发誓，要让敌国屈膝下拜，成为我国的藩属！臣不胜瞻天望圣、激切惶恐之至，谨奉表称贺以闻。臣欢欣鼓舞，顿首顿首。谨言。"

跋

御书屯田三事跋

臣闻先正司马光有言："德胜才谓之君子，才胜德谓之小人。"论人者能审于才德之分，则无失人矣。

曹操募百姓，屯田许下，所在积粟。诸葛亮分兵屯田，而百姓安堵。羊祜怀远近，得江、汉之心，亦以垦田获利。若三子者，知重本务农，使兵无艰食，其谋猷术略，皆不在人下，才有足称者。然操酷虐变诈，擥申、商之法术，虽号超世之杰，岂正直中和者所为乎？许劭谓清平之奸贼，乱世之英雄，其德有贬云。亮开诚心，布公道，邦域之内，畏而爱之；祜增修德信，以怀柔初附，则德过于操远矣。观亮素志，欲龙骧虎视，包括四海，以兴汉室，天不假以年，遽有渭南之恨。祜辅晋武，慨然有吞并之心，后平吴，身不及见。二子有意于功名，而志弗克伸，惜哉！

臣庸德薄才，诚不敢妄论古人。伏蒙陛下亲洒宸翰，铺述二三子屯田足食之事，俯以赐臣，臣敢不策驽励钝，仰副圣意万一。夫服田力穑，乃亦有秋，农夫职尔。用屯田以足兵食，诚不为难。臣不揆，愿迟之岁月，敢以奉诏。要使忠信以进德[①]，不为君子之弃，则臣将勉其所不逮焉。若夫鞭挞四夷，尊强中国，扶宗社于再安，辅明天子，以享万世无疆之休[②]，臣窃有区区之志，不知得伸欤否也？绍兴十年正月初一日，武胜、定国军节度使、开府仪同三司、湖北、京西路宣抚使、兼营田大使、武昌郡开国公、食邑四千户、食实封一千七百户臣岳飞谨书。

【注释】

①忠信以进德：语出《易经》，九三曰："君子终日乾乾，夕惕若，厉，无咎。"何谓也？子曰："君子进德修业。忠信，所以进德也；修辞立其诚，所以居业也。"

②无疆之休：出自《尚书·太甲中》："俾嗣王克终厥德，实万世无疆之休。"意指无限美好，无穷幸福。

【译文】

我听说前代的贤臣司马光曾说："德行胜于才华者谓之君子，才华胜过德行者谓之小人。"评论人者如果能详察对方的才与德，就不会用错人了。

曹操招募百姓在许都屯田，积累了大量粮谷。诸葛亮分兵屯田，百姓安居乐业。羊祜绥怀远近，得江、汉的人心，也因垦田而获利。这三位都明白重本务农的道理，所以能使士兵不乏粮食，他们的谋略都在凡人之上，才干值得称道。但曹操残酷诡诈，取法于申不害和商鞅，虽然号为超世之杰，他的作为岂是正直中和的人应该做的呢？许劭评价他是清平时代的奸贼，乱世之际的英雄，其品德是有所欠缺的。诸葛亮则开诚布公，使国境之内的人民对他又敬又爱；羊祜修身立德树立威信，笼络人心使人归附，其品德远远胜过曹操啊。看诸葛亮一贯的志向，怀抱雄才大略，欲要包纳四海，复兴汉室，（可惜）天不假年，屯田渭南后不久就抱憾而逝。羊祜辅佐晋武帝，慨然有吞并敌国的决心，后来平定吴国时，羊祜已死，未及亲见。这二位有心要建立功名，而抱负未能伸展，真是可惜啊！

我德行平庸，才能浅薄，实不敢妄论古人。因蒙陛下亲自书写御札，详细叙述这二三位屯田足食的事迹，并将它赐予我，我怎敢不努力行事，以成就圣意之万一。从事农业劳作，总会有丰收，这是农夫的本职。故而以屯田来满足军粮，实不为难事。臣不自量力，愿陛下假以时日，便可完成陛下的旨意。而以忠信来提升品德，这样的思想不应为君子所弃，我将勉力克服不足之处来实践之。至于鞭挞四夷，尊强中国，扶持宗社使其重新得到安定，辅佐天子以享万世无穷之幸福，微臣这样的志向，不知能否得以实现呢？

绍兴十年正月初一日，武胜、定国军节度使、开府仪同三司、湖北、京西路宣抚使、兼营田大使、武昌郡开国公、食邑四千户、食实封一千七百户臣岳飞谨书。

奏议上

南京上皇帝书略

陛下已登大宝，黎元有归，社稷有主，已足以伐虏人之谋；而勤王御营之师日集，兵势渐盛。彼方谓吾素弱，未必能敌，正宜乘其怠而击之。而李纲、黄潜善、汪伯彦辈不能承陛下之意，恢复故疆，迎还二圣，奉车驾日益南，又令长安、维扬、襄阳准备巡幸。有苟安之渐，无远大之略，恐不足以系中原之望，虽使将帅之臣戮力于外，终亡成功。为今之计，莫若请车驾还京，罢三州巡幸之诏，乘二圣蒙尘未久，虏穴未固之际，亲帅六军，迤逦北渡。则天威所临，将帅一心，士卒作气，中原之地指期可复。

【译文】

陛下已经登上皇帝大位，百姓有所归依，国家有了主人，足以具备讨伐虏人的资本，并且御营的勤王之军日益聚集，兵势日益强盛。敌人以为我国素来羸弱，未必敌得过他们，而我方正应趁敌人懈怠麻痹之时攻击他们。然而李纲、黄潜善、汪伯彦等辈不能顺应陛下的心意恢复故土，迎还二圣，反而侍奉着陛下的车驾日益南行，又命长安、扬州、襄阳三地准备陛下的巡幸。只有苟且偷安的趋势，没有远大志向与谋略，恐怕有负中原父老的期望，即使有将帅在前方拼死作战，终究也不能成功。为今之计，莫过于请陛下车驾回驻汴京，收回巡幸三地的命令，乘着二圣蒙尘不久，敌人巢穴还不牢固的时机，亲自率领六军，逐渐向北渡过黄河。天子威仪所到之处，将帅必齐心协力，士卒一鼓作气，中原故土指日便可收复。

乞催湖州赐米奏

武功大夫、昌州防御使、通、泰州镇抚使、兼知泰州臣岳飞状奏："近奉圣旨，于湖州封桩米[①]内支拨五千硕，应副本军起发。臣与士卒同被如天之赐。昨所差般运人回，据本州知州赵子璘却称本州未曾承准朝廷指挥，不肯应付。即目新任所在，各有金人占据，切虑有失事机。伏望圣慈行下本州，依已降指挥装发，庶几即得前迈，以修疆场之职。谨录奏闻，伏候敕旨。"

【注释】

①封桩米：即封桩库内所存的粮食，封桩库，北宋乾德三年三月，太祖于讲武殿后设置内库，掌管岁终盈余钱物，以备北伐军用和饥荒。（据《宋代官制辞典》，第333页。）

【译文】

武功大夫、昌州防御使、通、泰镇抚使兼知泰州臣岳飞谨奏："近来奉圣旨，在湖州的封桩库内支取五千硕米粮，供应本部军马征调。臣与士卒共同沐浴圣恩，感谢这天大的恩赐。昨日差去搬运粮食的人回报，据本州的知州赵子璘却声称，本州未曾接到朝廷明确的命令，不肯支付。遍观臣新任管辖的范围，都有金人占据，臣深切忧虑，唯恐失去进兵时机。恭敬地盼望陛下仁慈的圣命下发本州，臣才能依照已降指挥装运出发，但愿能立刻行军，完成武将征战疆场的职责。恭谨上书，奏达天听，等候圣上的旨意。”

招曹成不服乞进兵札子

亲卫大夫、建州观察使、神武副军都统制、权知潭州、兼权荆湖东路安抚、都总管臣岳飞札子奏：“臣窃惟内寇不除，何以攘外；近郊多垒，何以服远。比年群盗竞作，朝廷务广德意，多命招安；故盗亦玩威不畏，力强则肆暴，力屈则就招。苟不略加剿除，蜂起之众未可遽殄。臣昨者被奉曹成之命，深以为陛下好生之意如此，为臣子者患不能推广而行之，故先宣布上恩，以期改行。阅日虽久，扞格是闻。臣尝累遣探报，知其贼马已离道州，进趋广西。此寇所为，未肯遽屈，意欲侵犯二广，肆毒生灵。竢其力尽势殚，然后徐为服降之计。臣今进发，自郴州、桂阳监以往，即行措置用兵掩杀，务速除荡，以绥彼民。取进止。”

【译文】

亲卫大夫、建州观察使、神武副军都统制、权知潭州、兼权荆湖东路安抚、都总管臣岳飞札子奏：“臣以为，国内的盗贼不除，凭借什么力量攘平外敌？临近城池的郊外遍是营垒，凭借什么力量威服远方？近年群盗竞相作乱，朝廷为了发扬仁德之意，大多命令招安；故此盗贼也逞恃武力之威并不惧怕，实力增强就肆意为暴，力量减弱就接受招安。若不对其加以剿除，随后的蜂起之众便不能迅速剿灭。臣前些日子接受了招安曹成的命令，深以陛下好生之德如此仁慈，为臣子的唯恐不能发扬光大，故此先宣布了圣上的恩德，以此期望曹成能够改过。曹成听到圣上旨意虽然很久了，却经常与我军发生抵触。臣曾屡次派遣探子察看，知道曹成手下的盗贼已经离开道州，前去骚扰广西。观察这些盗贼的所作所为，是不肯立刻接受招安，反而想要侵犯两广地区，肆意荼毒生灵。等他们到了疲敝不堪，势力将尽之时，臣再徐徐施行降服他们的计策。臣如今进军，从郴州、桂阳监出发，即刻安排率军掩杀，务必要迅速行动、一举歼灭，使彼方的百姓得到安宁。可否？请示。”

措置曹成事宜奏

亲卫大夫、建州观察使、神武副军都统制、权知潭州、兼权荆湖东路安抚、都总管臣岳飞状奏：“四月初二日，准江南西路安抚大使司牒，三月二十三日，准枢密院三月四日札子：‘奉圣旨，令岳飞到袁州，更切斟量贼势。如贼兵众，且于袁州驻札，俟宣抚司人马到，同共进兵。如曹成已受招安，起发赴行在，即与马友会合，同共勦杀刘忠讫，续往潭州。飞素有谋略，毋致稍失机会，却致贼兵破坏二广。’

臣检会绍兴二年二月八日枢密院札子节文：‘曹成贼马占据道、贺州作过。三省、枢密院同奉圣旨，令宣抚司催督高举，星夜前去，应援二广。及令荆湖东路安抚使岳飞统率副总管马友，并本路李宏、吴锡、韩京诸头项军马，火急前去，袭逐掩击。其马友等并听帅臣岳飞节制，各务体国，共力破贼。仍仰广东、西路帅臣起发逐路洞丁、刀弩手、将兵、土军、弓手、民兵，疾速躬亲统率前去逐路界首，与岳飞会合，併力夹击，务要一举万全。’臣已即时关报会合马友、吴锡、韩京等军马，及牒广东、西路安抚使统率本路洞丁、刀弩手等，各前来界首会合照应，夹击勦杀外，臣一行军马已到衡州茶陵县，不住承准郴州、桂阳监等处关报，及臣亦差人体探得曹成发人马，取三月十九日起发，往全、永州，侵犯广西界分，并前军人马往贺州路前去。其曹成中军见在道州，未有的实起发月日，不住放人四向掳掠，杀人放火。似此显见曹成未肯便赴行在，意欲侵犯二广作过。

今准前项江南西路安抚大使李回公牒，备奉前项圣旨指挥，一行官兵已过袁州，地里稍远。兼续于四月初三日，准荆湖东路提刑司关报，曹成贼马已起发，离道州，前去广西。除已差人体探子细外，今已进发往郴州、桂阳监以来驻泊。如曹成不赴行在，及入广西，臣便行措置进兵掩杀。若曹成已入广界，不审令臣一行军马如何施行？伏望圣慈特降睿旨付臣，贵凭遵依施行。谨录奏闻，伏候敕旨。

贴黄：照对臣所统本军官兵一万二千余人，除存留二千人吉州看管老小，并随军辎重、火头占破外，实出战只有七千余人。吴全二千人，除辎重、火头外，实出战一千五百人。韩京三千人，除留看寨、辎重、火头外，堪出战只有一千余人。吴锡约二千余人，堪出战有一千人。张中彦人马见在广东未到。今来共计见有实出战官兵一万余人，所有曹成贼寇仅十万众，臣已竭力措置外，伏望圣慈速令并进后援，庶使臣无反顾之忧，得以有济。伏乞睿照。

【译文】

亲卫大夫、建州观察使、神武副军都统制、权知潭州、兼权荆湖东路安抚、都总管臣岳飞状奏："四月初二日，依照江南西路安抚大使司的牒文，三月二十三日，依照枢密院三月四日的札子：'奉圣旨，令岳飞去袁州，再三仔细地斟酌审度贼人的形势。如果贼兵过多，且驻扎在袁州，等待宣抚司的人马到齐，共同出兵。如果曹成已经接受招安，起程前来行在，就尽快与马友的军队会合，共同剿灭刘忠，结束后继续前往潭州。岳飞素来有智谋胆略，不要稍稍错失时机，导致贼兵破坏两广地区。’

臣查考绍兴二年二月八日枢密院札子的节选文字：‘曹成的贼人兵马占据道州、贺州作乱。三省、枢密院共同得旨，命宣抚司催促高举，星夜率领兵马前去接应支援两广。同时命荆湖东路安抚使岳飞统率副总管马友，和本路李宏、吴锡、韩京诸人及其军马，速速前去，追袭掩击。马友等人都听岳飞管束，各自都要体念国家如今的局面，共同努力歼灭贼人。并要仰仗广东、广西两路的帅臣派出各路洞丁、刀弩手、将兵、土军、弓手、民兵出发，亲自统率，疾速前往各路的边界处，与岳飞大军会合，协力夹击曹成，务必要一举剿灭，万无一失。’臣除了已经即刻发关报会合马友、吴锡、韩京等人的兵马，并且发牒文给广东、广西两路的安抚使统率本路的洞丁、刀弩手等，各自前来边界处会合、互相照应，夹击剿杀以外，臣的一行兵马已经到达衡州茶陵县，不停地接到郴州、桂阳监等处发来的关报，并且臣也差人探到曹成派出人马，决定三月十九日出发，前往全州、永州，准备侵犯广西地界，并且前军人马前往贺州路。曹成的中军现在道州，尚未有确切的出兵日期，却不停放出人马四出劫掠，杀人放火。像这种行为，显而易见是曹成不肯前往行在，想要侵犯两广地区，为祸百姓。

“今依照江南西路安抚大使李回的公牒文书，臣谨遵前面的圣旨，率领一行官兵已经过了袁州，且相距稍远。并且四月初三又收到荆湖东路提刑司发来的关报，曹成的人马已经出发，离开道州前去广西，除了已经差人探听详细情况外，臣如今已经率兵前往郴州、桂阳监，以便驻扎大军。如果曹成不接受招安前往行在，一入广西地界，臣便立即部署，出兵掩杀。若是曹成已经入了广西地界，不知道朝廷命臣的人马怎样行事？伏望圣上降旨给臣，定会遵照旨意施行。恭谨上书，奏达天听，等候朝廷的敕令。”

贴黄：“清点臣所统率的本部人马共一万两千多人，除了留在吉州照看随军家属的两千人，和看管辎重、火头军等在编却不能征战的人外，实际能出战的只有七千多人。吴全共有两千人，除了看管辎重、火头军外，实际能出战的有一千五百人。韩京有三千人，除了留守本部营寨的、看管辎重的、火头军外，能够出战的只有一千余人。吴锡大约有两千多人，能出战的有一千人。张中彦的人马如今还在广东没到。清点现在到了的人马，实际能出战的官兵共有一万多人。曹成麾下聚集的匪寇总数有十万人。臣在竭尽全力安排的同时，恳请圣上速命其他人马同时出兵或者作为后援，希望能让臣没有后顾之忧，事情可以成功，恭候圣意。”

措置虔贼奏

中卫大夫、武安军承宣使、神武副军都统制臣岳飞状奏：“恭奉圣旨，措置虔、吉州界等处盗贼。臣近准江西安抚大使司等处公文，契勘到虔、吉州界见今作过贼首共三百一人。臣已差人前去说谕祸福，诣寨安抚。如有不从招谕头项①，即别行措置外，伏乞睿照。谨录奏闻，伏候敕旨。”

【注释】

①头项：头领、首领。

【译文】

中卫大夫、武安军承宣使、神武副军都统制臣岳飞状奏：“恭奉圣旨，处置虔州、吉州两地的盗贼。臣最近依照江西安抚大使司等处的公文，查到虔州、吉州两地现今作乱的贼人头领共有三百零一人。臣已经差人前去以祸福之理进行晓谕，并到贼人的山寨中招抚。如果有不顺从朝廷招安的匪首，便另行处置，具体如何，恭候圣意。臣恭谨上书，上达天听，伏候敕旨。”

奏审虔州贼首奏

中卫大夫、武安军承宣使、神武副军都统制臣岳飞状奏：“恭奉圣旨，措置虔贼。今已节次生擒杀降到虔州诸县界山寨贼首罗诚等二百余人，见拘管在寨。未审[①]令臣一面处置，唯复[②]申解朝廷，伏望圣慈速赐指挥，以凭遵禀施行。谨录奏闻，伏候敕旨。”

【注释】

①审：知道。

②唯复：还是。用在疑问句，表示选择。

【译文】

中卫大夫、武安军承宣使、神武副军都统制臣岳飞状奏：“恭奉圣旨，处置虔州的盗贼。如今已经逐渐地或生擒，或斩杀，或招降到虔州各县的山寨贼人首领罗诚等两百多人，现下正将他们拘管在营寨中。不知是让臣自行处置呢，还是申报朝廷处置？恭盼圣上尽快赐下命令，臣好遵照施行。恭谨上书，奏达天听，伏候敕旨。”

措置李横等军奏

镇南军承宣使、神武后军统制、江南西路、舒、蕲州制置使臣岳飞状奏：“契勘襄阳府李横、郢州李刺史、翟镇抚、董先、随州李道、牛皋等逐头项军马例各失守，将带到百姓随行，见无所归。臣虽非所职，缘事干国计，不敢隐默。伏望圣慈特降睿旨，令李横、李刺史、翟镇抚、董先人马于汉阳军屯驻，李道、牛皋人马于黄州或依旧蕲州屯驻，且令安集。仍乞令李横等将百姓放令逐便，庶免转沦沟壑之患。候屯驻定，却听朝廷指挥施行。谨录奏闻，伏候敕旨。”

【译文】

镇南军承宣使，神武后军统制，江南西路、舒、蕲州制置使臣岳飞状奏：“查到襄阳府李横、郢州李刺史、翟镇抚、董先、随州李道、牛皋等诸位头领的军马都各自失守防地，将要率领百姓随军南下，如今无处可去。虽然这并非是臣的本职，然而因为事干国家大计，不敢隐藏见解。恭盼圣上特降睿旨，命李横、李刺史、翟镇抚、董先等人的军马在汉阳军屯驻，李道、牛皋的人马在黄州或依照原来的安排在蕲州屯驻，好让他们安定辑睦。臣再请求命李横等人将百姓释放，继续做平民，希望能使他们免于野死沟壑。等屯驻之所定下来，再听候朝廷的命令施行。恭谨上本，奏达天听，恭候敕令旨意。”

奏审李道牛皋军奏

镇南军承宣使、神武后军统制、江南西路、舒、蕲州制置使臣岳飞状奏：“契勘李道、牛皋人马累得申状，乞听臣节制。臣以未准朝旨，不敢拘收，见且令前来江州权行驻札外，伏望特降睿旨，令系属一处节制，庶几军律有归。如蒙付臣拘收使唤，亦乞行下，恭依施行。谨录奏闻，伏候敕旨。”

【译文】

镇南军承宣使，神武后军统制，江南西路、舒、蕲州制置使臣岳飞状奏："查李道、牛皋的人马累次上报申状，乞请听臣的指挥管辖。臣以未得朝廷的批准为由，不敢接管，现今暂且命他们前来江州临时驻札，伏望特降睿旨，令他们都归一处管辖，希望这样能使军纪有所归依。若承蒙交付臣接管，也乞请降下命令，臣恭照施行。恭敬上书，奏达天听，伏候敕旨。"

乞复襄阳札子

镇南军承宣使、神武后军统制、江南西路、舒、蕲州制置使臣岳飞札子奏："臣窃惟善观敌者，当逆知其所始；善制敌者，当先去其所恃。今外有北虏之寇攘，内有杨么之窃发，俱为大患，上轸宸襟。然以臣观之，杨么虽近为心腹之忧，其实外假李成，以为唇齿之援。今日之计，正当进兵襄阳，先取六郡，李成不就絷缚，则亦丧师远逃。于是加兵湖湘，以殄群盗，要不为难。而况襄阳六郡，地为险要，恢复中原，此为基本。臣今已厉兵饬士，惟竢报可，指期北向。伏乞睿断，速赐施行，庶几上流早见平定，中兴之功次第而致，不胜天下之幸。取进止。"

【译文】

镇南军承宣使，神武后军统制，江南西路、舒、蕲州制置使臣岳飞札子上奏："臣窃以为，善于观察敌人的，应当能预料其先机；善于克制敌人的，应当先消灭其凭恃之势。如今外有金虏在北侵扰进犯，内有杨么在南窥伺时机，蓄势待发，都是大的祸患，陛下心中对此深切忧虑。然而依臣的看法，杨么虽是近处的心腹之患，其实却对外倚仗了李成的声势，互为唇齿支援。如今的计策，正宜出兵襄阳，先取得六郡之地，李成即便不被俘获，也会兵败远逃。然后出兵湖湘之地，剿灭群盗，应当不算难事。而且襄阳六郡，地势险要，为兵家所必争，恢复中原故土，此地为根本所在。臣如今已经历兵秣马，整饬军队，只等着朝廷允许，便即刻出兵北向。恳请陛下做出睿智的决断，准许臣速速出兵，希望长江上流早日平定，中兴之功由此渐渐成就，天下苍生不胜庆幸。可否？请示。”

画守襄阳等郡札子

镇南军承宣使、神武后军统制、江南西路、舒、蕲州、兼荆南、鄂、岳、黄、复州、汉阳军、德安府制置使臣岳飞札子奏：“臣六月二十三日酉时，准御前金字牌，伏蒙圣慈特降亲札处分，令臣条具襄阳、随、郢利害。

臣窃观金贼、刘豫皆有可取之理。金贼累年之间，贪婪横逆，无所不至，今所爱惟金帛、子女，志已骄堕。刘豫僭臣贼子，虽以俭约结民，而人心终不忘宋德。攻讨之谋，正不宜缓。苟岁月迁延，使得修治城壁，添兵聚粮，而后取之，必倍费力。陛下渊谋远略，非臣所知，以臣自料，如及此时，以精兵二十万直捣中原，恢复故疆，民心效顺，诚易为力。此则国家长久之策也，在陛下睿断耳。

若姑以目前论之，襄阳、随、郢地皆膏腴，民力不支，苟行营田之法，其利为厚。然即今将已七月，未能耕垦，来年入春，即可措画。陛下欲驻大兵于鄂州，则襄阳、随、郢量留军马，又于安、复、汉阳军亦量驻兵。兵势相援，漕运相继，荆门、荆南声援亦已相接，江、淮、荆湖皆可奠安。六州之屯，宜且以正兵六万，为固守之计。就拨江西、湖南粮斛，朝廷支降券钱，为一年支遣。候营田就绪，军储既成，则朝廷无餽饷之忧，进攻退守，皆兼利也。惟是葺治之初，未免艰难，必仰朝廷微有以资之。基本既立，后之利源无有穷已。又此地夏秋则江水涨隔，外可以御寇，内足以运粮；至冬后春初，江水浅涩，吾资粮已备，可以坐待矣。于今所先，在乎速备粮食，斟量屯守之兵，可善其后。

臣识闇不学，辄具管见，仰报圣问，辞拙事直，伏乞圣慈裁决。干冒天威，臣不胜屏营战栗之至。取进止。”

贴黄：“臣见今只候粮食稍足，即便过江北，虽番、伪贼马势重，臣定竭力勦戮，不敢少负陛下。伏乞特宽宵旰之念，不胜庆幸。”

【译文】

镇南军承宣使，神武后军统制，江南西路、舒、蕲州兼荆南、鄂、岳、黄、复州、汉阳军、德安府制置使臣岳飞札子奏：“臣在六月二十三日酉时，收到御前金字牌，承蒙圣上仁慈，特赐亲笔写御札命令，让臣陈述上奏襄阳、随州、郢州利害。

臣私下以为，金贼、刘豫都有可以攻取的道理。金贼连年以来，贪婪残暴，倒行逆施无所不至，如今所爱的，唯有金帛、女色而已，志向已然骄横堕落。刘豫乃是僭越之贼，虽然以节俭简约之风邀结民心，然而人心终不能忘记大宋的恩德。攻打讨伐的计划，恰恰不应推迟。假若岁月一久，使他们能够修治城池壁垒，增加兵力，积聚粮食，以后再攻打他们，必然加倍费力。陛下谋深计远，并非臣可以了解的，依照臣自己的预料，如果趁着现在这个时机，以精兵二十万直捣中原，恢复故土，民心归顺，实在是容易的事情。这是让国家长治久安的法子，全在于陛下睿智的决断。

若姑且以目前的形势来看，襄阳、随州、郢州皆为膏腴肥美之地，民力虽不能支持用兵，如果实行营田的法子，这些地方都会得到丰厚的利益。然而现在将近七月，不能耕种开垦，来年入春，便可立即安排营田。陛下计划在鄂州驻扎重兵，那么襄阳、随州、郢州要适量留下兵马驻扎，还要在安州、复州、汉阳也适量驻军。这样各地驻军的势力互相支援连结，漕运畅通，与荆门、荆南的呼应支援亦已经连接，长江、淮河流域、荆湖之地都可以安定。六个州的屯驻，应以六万正兵分别驻扎，作为固守之计。就地拨发江西、湖南的粮食，朝廷支给券钱，作为大军一年的开销。等营田准备就绪，大军的储备筹划妥当，朝廷就不会有支拨粮饷的忧虑了，进可攻、退可守，两利都能兼得。唯有治理修整初期，未免会艰难些，一定要仰仗朝廷仅有的储蓄来支持。营田的根本一旦建立，往后的利源便无穷无尽。再则，荆襄此地夏秋江水上涨，可以隔断金人的进攻，对外可以抵御敌寇，对内足以运送粮饷；到了冬后春初之时，江水虽浅涩，然而臣的物资粮食已经储备好，可以坐待敌人前来入彀了。如今应该先做的，在于赶快储备粮食，斟酌适量屯守的军队，使将来没有后顾之忧。

臣见识昏昧，没有学问，就写一些浅薄微小的见解，恭敬地回答陛下垂询，文辞拙劣，见事粗直，乞请陛下裁决。干冒天威，臣不胜惶恐之至。可否？请示。”

贴黄：“臣现今只等粮食稍稍充足些，便即刻渡江向北，即使金贼、伪齐人多势众，臣也必定竭尽全力剿灭，不敢稍稍有负陛下。恳请陛下放宽心，臣庆幸之至。”

条具荆襄相度移治及差官奏

镇南军承宣使、神武后军统制、江南西路、舒、蕲州、兼荆南、鄂、岳、黄、复州、汉阳军、德安府制置使臣岳飞状奏：“臣于六月二十八日，准御前金字牌递到枢密院六月十六日札子，备奉圣旨，令臣条具收复襄阳、随、郢三郡防守，相度移治山寨等事。今条具画一，开具下项：

一、臣收复到襄阳、随、郢三州，即时逐急权行差官，葺治州事。实以此三州止有空城，公吏、军民自缘久罹兵火，或被驱虏，或遭杀戮，甚为荒残，全藉有心力官抚绥葺治，招诱人户。所有襄阳府，已差武功大夫、本军干办官张旦借[①]左武大夫、权唐、邓、郢州、襄阳府安抚使、兼知襄阳军府事，亲卫大夫、安州观察使牛皋权唐、邓、郢州、襄阳府安抚副使，武义大夫、荣州团练使李道充唐、邓、郢州、襄阳府四州都统制，承信郎、本军准备差遣孙革借右承务郎、权签书襄阳府判官厅公事讫，今来葺治渐成次第。

一、郢州已差承节郎、本军准备差遣周识借右承奉郎、权知郢州，右迪功郎、本军准备差遣李旦借承奉郎、权本州通判讫。

一、随州已差右将仕郎、本军准备差遣孙翚借承奉郎、权知随州，下州文学蒋庭俊借右修职郎、权本州节度推官讫。近访闻逐州官葺治渐成次第。

一、臣所奏差官等事理，更合取自指挥。如蒙俞允，乞降差札施行。

一、臣蒙朝廷支拨粮三十三万硕，水脚钱一十七万贯，委沈昭远等催督应副。今来臣自至襄阳已及月余，止有粮五千七百余硕至军前。伏望特降睿旨施行。

右画一开具在前，谨录奏闻，伏候敕旨。”

【注释】

①借：借补，补帅府主将自行辟置的官署、未及申禀朝廷者，带“借补”二字，以与真命除授之官相区别。因辟差无铨司官印，故又称“版授官”。（据《宋代官制辞典》，第638页。）

【译文】

镇南军承宣使，神武后军统制，江南西路、舒、蕲州兼荆南、鄂、岳、黄、复州、汉阳军、德安府制置使臣岳飞状奏：

"臣在六月二十八根据御前金字牌和枢密院六月二十六日的札子，遵循圣旨，命臣具体陈述收复襄阳、随州、郢州三个州郡的防守，省视、估量迁移调换治所等事宜。现逐一开列陈述如下：

"一、臣收复了襄阳、随州、郢州三个州郡，立刻紧急代行官员的任命，整顿各州事宜。实在是因为这个三个州都是只剩下三座空城了，官吏、军民因为长时间遭受兵火战乱，或是被俘虏，或是遭到杀戮，城内甚是荒凉残败，全赖于有心有能力的官员安抚整顿，招徕百姓居住。襄阳府所有空缺的官员，已经差遣武功大夫、本军干办官张旦借补左武大夫，代理唐州、邓州、郢州、襄阳府安抚使，兼知襄阳军府事，亲卫大夫、安州观察使牛皋代理唐州、邓州、郢州、襄阳府安抚副使，武义大夫、荣州团练使李道充任唐州、邓州、郢州、襄阳府四个州的都统制，承信郎、本军准备差遣孙革借补右承务郎，代理签书襄阳府判官厅公事。现在渐渐整顿得有些规模了。

"一、郢州已经让承节郎、本军准备差遣周识借补右承奉郎，代理郢州知州，右迪功郎、本军准备差遣李旦借补承奉郎、代理本州通判。

"一、随州已经派右将仕郎、本军准备差遣孙翬借补承奉郎、代理随州知州，下州文学蒋庭俊借补右修职郎，代理本州节度推官。近来访察得知各州官员整顿得渐渐有些条理了。

"一、臣所上奏的差官等事，还应得到朝廷的允准。若承蒙陛下允许，乞请降下札子施行。

"一、臣承蒙朝廷支拨粮食三十三万硕，水脚钱十七万贯，委任沈昭远等催促监督拨发。现在臣到襄阳已经一月有余，只有粮食五千七百余硕到达军前。伏望特降睿旨施行。

事项逐一开具如上，恭谨抄录，奏达天听，伏候敕旨。"

岳珂◎编

熊曦　李兰　宋学佳　尹晓峰　周杰◎译注

鄂国金佗稡编续编译注

【二】

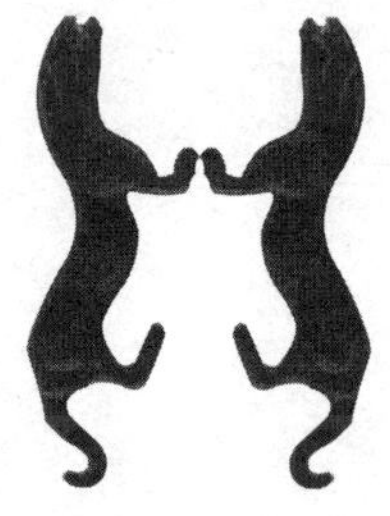

郑州大学出版社

卷第十一

经进鄂王家集卷之二

奏议上

乞赴行在奏禀边防奏

镇南军承宣使、神武后军统制、江南西路、舒、蕲州、兼荆南、鄂、岳、黄、复州、汉阳军、德安府制置使臣岳飞状奏："准枢密院札子，令臣依已降指挥，前去鄂州歇泊，听候朝廷指挥。臣除已恭依外，所有臣先条具陈乞事理，未奉指挥施行。契勘臣先奉圣训，收复襄阳府等处六州军，除已措置收复随、郢、襄阳、唐、邓了当，只有信阳军，已调发军马前去收复，尅日可下。臣今有边防子细①利害，欲量带人从，赴行朝②奏禀。伏望圣慈特降睿旨，依臣所乞施行。谨录奏闻，伏候敕旨。"

【注释】

①子细：详情、底细。

②行朝：即行在，即皇帝与朝廷机构暂时停留驻扎的地方，与都城相区别。

【译文】

镇南军承宣使，神武后军统制，江南西路、舒、蕲州兼荆南、鄂、岳、黄、复州、汉阳军、德安府制置使臣岳飞状奏："根据枢密院的札子，命臣依照已经降下的命令，前去鄂州屯驻军队，听候朝廷的命令。臣除了已经恭谨奉命行事外，所有臣在先前公文中陈请的事情，并未收到指挥施行与否。按查，臣先前奉陛下训示，收复襄阳府等六个州、军，除了已经收复的随州、郢州、襄阳府、唐州、邓州，只剩下信阳军，已经调派兵马前去收复，不日便可攻克。臣现今有关于边防的要紧详情，想带着一些随从，前去行在禀奏。诚盼陛下特降睿旨，准许臣的请求。臣恭谨上奏，伏候敕旨。"

乞先推刘光世军犄角赏奏

镇南军承宣使、神武后军统制、江南西路、舒、蕲州、兼荆南、鄂、岳、黄、复州、汉阳军、德安府制置使臣岳飞状奏："臣先奉圣训，收复襄阳府等处六郡，总率军马，节次见阵，掩杀番、伪贼马，收复州军了当。续蒙朝廷令刘光世遣差军马五千人，以为牵制。臣于七月二十三日收复信阳军六郡了毕，光世遣郦琼军马于二十六日到襄阳府臣军前。虽其至不及期，然臣之军士知有后援，所以能成薄效。卒使不沾寸赏，恐咈人情。伏望圣慈将刘光世所差官兵，特降睿旨，先次推赏。谨录奏闻，伏候敕旨。"

【译文】

镇南军承宣使，神武后军统制，江南西路、舒、蕲州兼荆南、鄂、岳、黄、复州、汉阳军、德安府制置使臣岳飞状奏："臣先前遵奉圣旨，收复襄阳府等六个州郡，臣统率人马，逐次打了几仗，掩击追杀番人、伪齐的贼兵，已经收复州、军完毕。后来又承蒙朝廷命令刘光世派遣五千兵马支援，以此牵制敌人。

臣在七月二十三日收复信阳军等六郡完毕，光世派遣的郦琼兵马在二十六日抵达襄阳府臣的军前。虽然没有在交战日期以前到达，但是臣的队伍因为知道有援兵，所以才能取得小小的胜利。假使最终郦琼的兵马没有获得半分奖赏，恐怕不近人情。诚盼陛下对于刘光世派来的官兵，特降睿旨，首先推功论赏。臣恭谨上奏，伏候敕旨。”

收复唐邓信阳差官奏

镇南军承宣使、神武后军统制、江南西路、舒、蕲州、兼荆南、鄂、岳、黄、复州，汉阳军、德安府制置使臣岳飞状奏：“契勘近恭奉圣训，收复随、郢等州军了当，先差过知、通等葺治事务。除已开具随、郢州、襄阳府知、通职次姓名奏闻外，今契勘唐、邓州、信阳军知、通、签判职次姓名下项，其余官臣行下[①]逐处安抚司取会[②]，别具奏闻次，今开具下项：

一、唐州二员：修武郎、权知州事高青，借通直郎、权通判单藻。

一、邓州三员：武翼郎、阁门宣赞舍人、权知州事张应，右承直郎借宣教郎、权通判党尚友，忠训郎借秉义郎、权签判邵俅。

一、信阳军二员：承节郎借成忠郎、阁门祗候、权知军事舒继明，承信郎、权签判訾谐。

右画一开具在前，谨录奏闻，伏候敕旨。”

【注释】

①行下：行文下达。

②取会：古代公文用语。犹核实，勘对。

【译文】

镇南军承宣使，神武后军统制，江南西路、舒、蕲州兼荆南、鄂、岳、黄、复州、汉阳军、德安府制置使臣岳飞状奏：“按查，臣近来恭奉陛下旨意，收复了随州、郢州等州军完毕，之前已委任了知州、通判等官员整顿政事。除了已经开列的随州、郢州、襄阳府知州、通判等职务的人员姓名上奏朝廷外，如今按查唐州、邓州、信阳军的知州、通判、签判等职务的人员姓名如下，其余官职臣行文下达各处，令安抚司核实，另行上奏朝廷，如今开列以下事项：

一、唐州两名：修武郎高青，代理知州；单藻借补通直郎，代理通判。

一、邓州三名：武翼郎、閤门宣赞舍人张应，代理知州；右承直郎党尚友，借补宣教郎，代理通判；忠训郎邵俅，借补秉义郎，代理签判。

一、信阳军两名：承节郎借补成忠郎，閤门祗侯舒继明，代理军事；承信郎訾谐，代理签判。

事项逐一开具如上，恭谨抄录，奏达天听，伏候敕旨。”

措置杨么水寇事宜奏

九月初二日，御前金字牌递到枢密院札子，枢密院奏：“勘会[①]湖贼黄诚、杨太等恃水险作过日久，先因张浚奏请，乞行招安，特与放罪，许令自首。迁延累月，妄有要索，杀害投下文字使臣，潜遣贼徒，侵犯沿湖州县，终无悛心，理难容贷。王𤫩出师踰年，不能成功，与潭、鼎帅守每事纷争，不务协心戮力，致一方受弊，久未平定。今已改差岳飞充湖北路、荆、襄、潭州制置使。右三省、枢密院同奉圣旨，专委岳飞措置讨捕。令程昌禹自上流进兵，如本州军马数少，于湖南帅司差拨马准、步谅两项官兵赴鼎州，听昌禹节制使唤，事毕遣还。荆南镇抚司并湖南帅司各发兵、船，约期进讨。下流合用军兵，及会合诸头项兵马、舟船，并委飞措置施行。所有岳飞本军合用钱粮，如所部州军应副不足，依旧朝廷给降，及江西路支拨应副。”札送臣疾速施行。

臣伏蒙新除恩命，已具奏辞免。所有措置讨捕黄诚、杨太等贼徒事，切缘臣所管军马，并系西北之人，不习水战，今蒙圣旨驱使，不敢辞免。谨已遵奉指挥外，臣契勘湖贼黄诚、杨太等占据重湖[②]，猖獗累年，战舰、舟船数目浩瀚，又贼众多凭恃水险，出没作过。今来若以湖南帅司马准、步谅两项军马听知鼎州程昌禹节制，以荆南镇抚司并湖南帅司各发兵、船，约期进讨，切虑如此事不专一，临时难以措画，有悞指踪。臣愚欲望圣慈特降睿旨，令湖南帅司除留三千人在潭州弹压外，并荆南镇抚司都共有二千人，乞令臣量留一千人在镇抚司外，将其余军马、舟船，尽数并拨付臣相度分布使唤。兼马准、步谅亦乞令付臣使唤，如鼎州缓急合要军马使用，乞令臣相度分遣，庶几军马归一，斟量调发，勉致悞事。兼契勘王瓔已降指挥，江州驻扎。今来讨捕湖贼，正赖舟船使用，欲乞将王瓔随军舟船，除海船及有余船外，只乞战船并海湖船，权暂尽数借拨付本军，候事毕归还。臣访闻湖南州郡系出产材木去处，欲乞行下本路，一就并钉线工匠，应副添修本军舟船。其合用钱粮，窃详湖北路委是阙乏，无以椿办，伏乞特降指挥，专一令江西路应副外，券钱乞从朝廷宽剩支降，贵不有悞事机。所陈利害，并系急切，伏望圣慈详酌，依臣所乞，前去措画，誓尽犬马之劳，以图报效。谨录奏闻，伏候敕旨。

贴黄：臣契勘湖贼先与伪贼结连，近探得陕府、长安见今点集人马，东京亦已聚兵。今来襄汉诸州并系边面，防秋是时，切虑不测，前来侵犯作过。伏乞添兵屯守，及更抽摘军马，付臣遣发巡边照管，庶免悞事。乞速赐措置施行。

【注释】

①勘会：文书名。三省（主要是尚书省）下六部、诸路文字。《建炎以来系年要录》卷一八〇壬寅："尚书省勘会：张浚已服阕。"《石林燕语》卷四："尚书省文字，下六司诸路，例皆言'勘会'。"（据《宋代官制辞典》，第621页。）

②重湖：洞庭湖的别称。湖南洞庭湖南与青草湖相通，故称。宋张孝祥《念奴娇》词："星沙初下，望重湖远水，长云漠漠。"

【译文】

九月初二日，接到御前金字牌发来的枢密院札子，枢密院奏："勘会：洞庭湖寇黄诚、杨太凭恃水上天险为祸日久，先前因张浚奏请实行招安，特赦他们的罪过，准许他们自首。然而拖延累月，他们对朝廷妄加勒索，杀害前去投书招安的使臣，暗地里派遣贼徒，劫掠沿湖州县，终无悔改之心，天理难容。王𤫉出兵超过一年，不能成功破贼，却常常与潭州、鼎州的守臣产生纷争，不能同心协力合作，以致一方受害，久久不能平定湖寇。今已改命岳飞充任湖北路、荆州、襄阳、潭州制置使，以上为三省、枢密院同奉圣旨，专门委任岳飞负责讨捕（洞庭湖寇）一事。命程昌禹自长江上游进兵，若本州兵马数量过少，便于湖南帅司调拨马准、步谅两支兵马前去鼎州，由程昌禹节制使唤，事情结束后遣回原处。荆南镇抚司和湖南帅司各自派发士兵、船只，约好日期一起攻讨。下游地区应该用到的军兵，等会合了各位头领的兵马、舟船之后，一并委任岳飞安排使用。所有岳飞本部军马应用的钱粮，若是他所管辖的州郡不能支付充足，朝廷依旧支给拨发，还有江西路可以支拨应副。"札子送到臣处，要求迅速实行。

臣承蒙陛下圣恩，新授官职，已经上奏辞免。所有安排讨伐捉拿黄诚、杨太等贼众的事宜，实在是由于臣所掌管的士兵，大多都是西北人，不擅长水战，如今承蒙陛下降旨驱使，不敢辞免。臣除了谨奉陛下之命外，查知湖寇黄诚、杨太等贼人占据洞庭湖，连年猖獗，所拥有的战舰、舟船数目十分庞大浩瀚，并且贼众经常凭借水中的险要之处，（在附近州郡）出没作乱。如今若是命湖南帅司的马准、步谅两处兵马听从鼎州知州程昌禹的节制，让荆南镇抚司和湖南帅司各自派遣兵、船，约好日期进讨，臣深切忧虑这件事情不能做到命令出自同一个地方，若有临时的突发状况，难以料理，有误大事。以臣愚见，希望圣上特降睿旨，令湖南帅司除了留下三千人在潭州弹压以外，荆南镇抚司一共还有两千人，乞请令臣适量留下一千人在镇抚司，将其余兵马、舟船尽数都拨给臣使用，视贼人情况分派。并且，请允许马准、步谅也归臣使用，若是鼎州有军情，缓急之间需要兵马使用，请准臣视情形分派，这样军队的号令归于臣这一处，臣视情形斟酌调派，可以避免导致贻误军机的情况发生。并且，臣查知，王𤫩已然收到命令，在江州驻扎。如今来讨伐湖寇，正需要舟船使用，臣想请求借用王𤫩的随军舟船，除了海船和有余船只以外，臣只请求将战船和海、湖船暂且尽数拨给本军暂用，战事结束之日立即归还。臣访察后听闻湖南的州郡是出产木材的地方，想请求朝廷行文下达本路，一并将钉线工匠派来，添修臣所部军队的船只。这些需要的钱粮，臣知道湖北路实在是匮乏，难以供应，诚盼陛下特降指挥，命江西路统一供应，除此以外，券钱这一部分请求从朝廷的宽剩钱里支给拨发，希望不会耽误军机。臣所陈述的利害得失，都是急需解决的，诚盼圣上详细斟酌，依照臣的请求，筹谋安排，臣立誓竭尽犬马之劳，报效朝廷。恭谨上书，奏知朝廷，伏候敕旨。

贴黄：臣查知，湖寇之前已与伪齐的贼人有所勾结，近日探得敌人在陕府、长安等地正集结军队，在东京汴梁也已经聚集了军队。现在襄汉各州郡都已成为边境防区，这又正是防秋的时候，臣唯是忧虑有所不测，敌人会前来侵犯作乱。请求朝廷增兵戍守，并且要从各军队中抽调人马，交付臣派遣，巡视边境照管防区，希望不致于有误军机。臣请圣上速赐指挥施行。

襄阳差职官奏

清远军节度使、神武后军统制、充湖北路、荆、襄、潭州制置使臣岳飞状奏："据襄阳府路安抚使司契勘，本路州县系居极边，全藉当职官协力措置。数内下项官并系收复之初，蒙制置司并本司逐急差权。自管当事务以来，爱民无扰，治职有方，实堪倚仗。欲望详酌申奏，差补施行。今开具下项：

一、借保义郎、襄阳府兵马监押王昇，借迪功郎、襄阳府观察推官李霖，借迪功郎、襄阳府司理参军周冲翼，忠翊郎、襄阳府司法参军姚禾，成忠郎借忠翊郎、监襄阳府在城酒税李文，承节郎、同监襄阳府在城酒税程安国，全州文学借从政郎、襄阳县知县李俤，进义校尉借承信郎、襄阳县主簿汪介然，借迪功郎、唐州录事参军葛纬。

右开具在前，谨录奏闻，伏候敕旨。"

【译文】

清远军节度使，神武后军统制，充湖北路、荆、襄、潭州制置使臣岳飞状奏："据襄阳府路安抚使司按查，本路州县位于极边之处，全赖实际主管官员协力筹谋（才能安妥）。其中下面开列的官员都是收复襄汉六郡之初，由制置司和本司紧急委任，行代理之责的。他们自从掌管地方事务以来，爱护百姓，不扰民生，治理有方，委实可以倚仗。望朝廷详细斟酌，允准臣的请求，对他们正式予以授职。现已开列出以下各项：

“一、借补保义郎、襄阳府兵马监押王昇；借补迪功郎、襄阳府观察推官李霖；借补迪功郎、襄阳府司理参军周冲翼；忠翊郎、襄阳府司法参军姚禾；原成忠郎借补忠翊郎、监襄阳府在城酒税李文；承节郎、同监襄阳府在城酒税程安国；全州文学借补从政郎、襄阳县知县李俤；进义校尉借补承信郎、襄阳县主簿汪介然；借补迪功郎、唐州录事参军葛纬。

“事项逐一开具如上，恭谨抄录，奏达天听，伏候敕旨。”

荆襄宽恤画一奏

臣伏准绍兴四年九月十五日明堂赦书内一项：“勘会襄阳府、唐、邓、随、郢州、信阳军先因李成侵犯占据，残虏尅剥，一方受弊。近遣偏师收复六郡，差官葺治，屯兵防守。或恐兵火之余，人未归业，仰都督府、制置使司讲究措置，务在宽恤，招集流亡，速令安集，限一月条具闻奏。”今条具到下项：

一、契勘新复州军人户归业，除依已降赦文指挥，放免赋税外，如州县辄敢别有科率[①]及差借夫、马之类，许人户[②]越诉，当职官吏[③]乞赐施行。

一、契勘人户归业之初，委是贫乏，全阙牛具、子种。欲乞量借官钱[④]，应副收买，候将来合纳税日，将所借官钱分四料[⑤]，随税送纳。

一、契勘新复州军，其税赋依敕降指挥，权放三年。所有养赡官兵钱粮，无所从出，若不给降，深恐因循，却致扰民。伏乞朝廷支降钱米，应副收籴，并借贷耕牛、子种、本钱，所贵归业之民得霑实惠。

一、契勘新复州军城壁、楼橹并合修葺，防城器具并合置造。所有合用钱粮，伏乞朝廷特赐支降，贵得应时办集，军民两安，不致疏虞。

一、契勘人户未归业以前，应欠官私债负，不以是何名色，乞并行蠲放。如州县辄敢理索，乞重赐施行。

一、契勘新复州军全藉官员葺治，若不稍加恩数，深恐无以劝谕。今相度欲乞几年为任，与转[6]一官，选人比类施行。任满无遗阙，更与转一官，选人改合入官。应权官权过月日，理为实历月日。

一、契勘新收复州军自合体认朝廷惠养宽恤之意，用心存抚，务令安业。欲乞令逐一开具元管并后来归业人户单甲、姓名，所住乡村，开垦过田土顷亩帐状，申本司审覆，诣实申奏。仍乞以召集多寡分数，立为殿最[7]。

一、契勘所收复州军久经残害，上下凋敝。州县官如能用心召集流亡，劝课农桑，怀柔百姓，宽恤刑禁，从本司保明申奏，乞朝廷优异推恩。若职事不虔，亦乞重赐黜责。

右画一条具在前，谨录奏闻，伏候敕旨。

【注释】

①科率：官府于民间定额征购物资。

②人户：即民户。

③当职官吏：即主管的官员。

④官钱：官府的钱币。

⑤分四料：分为四次交纳朝廷。

⑥转：升迁文武官阶、内外职事官，皆可用转，然而用于武官官阶的升迁较多。（据《宋代官制辞典》，第651页。）

⑦殿最：古代考核政绩或军功，下等称为“殿”，上等称为“最”。这里指考核评比的标准。

【译文】

臣接到绍兴四年九月十五日明堂赦书，其中有一项："勘会：襄阳府、唐州、邓州、随州、郢州、信阳军先前因被李成侵犯并且占据，残暴的虏人聚敛搜刮，使一方受害。近来派偏师收复以上六个州郡，遣官吏整顿治理，驻兵防守。或恐遭受刀兵战火之后，百姓未曾回归本业。仰赖都督府、制置使司讨论安排，务必宽和体恤百姓，招集流亡的人民，尽快使他们聚集到一起并安居下来，限期一个月开具出措施奏来。"

一、查知，新收复州郡百姓各归本业，除依照已经降下的赦书命令、减少并免除赋税以外，若有州县官府敢仗恃胡作非为，另外向民间定额征购物资和征借民夫、马匹之类的行为，允许民户越级上诉，主管官员向朝廷请示执行。

一、查知，百姓回归本业之初，实在是贫乏，极缺耕牛、农具和粮种。臣请求朝廷适量地借出部分官钱给百姓购买上述物事，等将来到了该纳税的日子，命百姓将所借的官钱分为四次，和赋税一起送纳官府。

一、查知，新近收复的州军，赋税按照已经降下的命令，暂且免除三年。但是如此一来，所有养兵需要的钱粮，就没有了来源，若是朝廷不拨发，因循往年旧例，臣深恐导致扰民。恳请朝廷支给钱米、支付籴粜粮食的费用，并将耕牛、种子、本钱借贷给农民，好让回归本业的百姓得到朝廷实实在在的恩惠。

一、查知，新近收复州郡的城墙、楼橹都应该修葺了，守城器械也该置办打造了。所有需要用到的钱粮，恳请朝廷特地拨发款项，好能按时办齐，使军队、百姓双方都安心，不至于有什么疏忽之处。

一、查知，民户未曾回归本业之前，欠下官府和私人的债务，不论是什么名目，臣请朝廷都予以蠲免。若州县敢仗恃索要，请求朝廷从重惩处。

一、查知，新近收复的州郡全赖于官员整顿治理，若不稍稍进行赏赐提拔，臣深恐无以劝勉激励。臣思虑后，想请求以几年为一任，给在任官员转一级官阶，对于选人亦比照这样执行。若是任职期满没有遗漏过失，再给这位官员转一级官阶，若是选人身份，则使他进入京官序列。担任代理官的年限，理该计入正官的官龄（以示恩赏）。

一、查知，新近收复的州郡，应该让其百姓体会到朝廷宽仁抚恤的加恩政策，（主管官员要）用心安抚，一定要让百姓们安居乐业。臣想请求让（主管官员）逐一开列（本州本县）原来管理的和后来回归的本业民户的户籍、姓名，所居住乡村，以及开垦过的农田数量和账目，上报给本司审核，本司将会如实向朝廷陈奏。并且，请求以召集民户的数量多少，作为官员考核政绩的标准之一。

一、查知，臣所收复的州郡久经敌人残害，各郡上下都十分凋敝。州县官员若是能用心召集流亡的百姓，劝课农桑，使百姓归附，放松刑罚禁令的限制，由本司向朝廷申明陈奏，请求朝廷优先进行奖赏。若是不能尽职尽责办事的官员，亦请朝廷重重责罚贬斥。

逐一条列都开具如上，臣恭谨上奏，伏候敕旨。

招杨钦奏

镇宁、崇信军节度使、神武后军都统制、荆湖南、北、襄阳府路制置使臣岳飞状奏："恭奉圣旨，措置荆湖南、北路盗贼。臣遂先分遣军马，扼贼要路，断其粮道，严行禁止博易，使贼乏食。寻遣军分头赍执旗、榜，谕以祸福，说谕招安，溃其腹心，并欲诱致桀黠，以为乡导。今据武义大夫、閤门宣赞舍人黄佐等招安水寨首领杨钦，将带到本寨徒众老小约一万余人、大小舟船八百余只、牛五百余头、马四十余疋，并到军前。臣已优加存抚，及即时支破钱粮养赡，并先次将空名武义大夫告书填，给付杨钦了当，所有以次头领亦见行取会。契勘杨钦系贼之密党，今已服从，正宜乘机掩覆巢穴。臣一面措置进兵外，谨录奏闻，伏候敕旨。”

【译文】

镇宁、崇信军节度使，神武后军都统制，荆湖南、北、襄阳府路制置使臣岳飞状奏：“臣恭奉圣旨，讨捕荆湖南、北路的盗贼。于是先分派兵马，扼住贼人的咽喉要道，截断他们的粮道，严令禁止军民与他们的贸易，使贼人缺乏粮食。不久便派遣兵马分头赍持标有名号的旗子和榜文，向贼人晓谕祸福，劝说他们接受招安，使其从内部溃败，丧失斗志，并打算招来凶悍狡黠的人，作为我军向导。现下据武义大夫、閤门宣赞舍人黄佐等人招安了水寨首领杨钦的情况计算，他将自己水寨中随从老小等约一万余人、大小舟船八百余只、牛五百余头、马四十余匹，一并带到臣的军前。臣已经从优抚恤慰问，并立刻支拨了钱粮供给他们的生活所需，并且先将武义大夫的空名告书填好，给付杨钦，对于所有其他的头领，亦将现在有效地官身告书核实后给付。按查，杨钦是贼人的死党，如今已经归附朝廷，正该趁此时机一举剿除贼人的巢穴。臣一面筹备进兵事宜，一面恭谨上奏，伏候敕旨。”

李通归顺奏

检校少保、镇宁、崇信军节度使、充湖北、襄阳府路招讨使、兼本路营田使臣岳飞状奏：“契勘臣尝以国难未除，虏祸方炽，窃有意于恢复之事。深筹逆计，以为中原之士，性具五常，岂无忠义思报国家，特以身陷虏、伪之郊，未能奋发。于是多遣信实之人密行，宣布朝廷之德意，说谕约结，俾其磨濯一心，以待王师之举，相为应援。今有虢州栾川知县、修武郎李通将带五百余人，首倡归顺，已到邓州。除已差官前去引接、犒劳外，谨录奏闻，伏候敕旨。”

【译文】

检校少保，镇宁、崇信军节度使，充湖北、襄阳府路招讨使，兼本路营田使臣岳飞状奏：“按查，臣曾以国难尚未消除，虏人为祸正炽，有意于恢复中原。深切思虑未来消灭贼虏的计策，认为中原之人，性情深受五伦教化，岂无忠义报国之人，只因深陷金人、伪齐之间，不能奋发图强。于是臣多次秘密派遣可信之人深入敌后，宣布朝廷的德意，说服晓谕他们与我方结盟，磨砺洗涤其心，以待王师大举进攻之时，互相呼应支援。今有虢州栾川县的知县、修武郎李通率领五百余人，首先归顺，已抵邓州。臣除已差派官员前去接引、犒劳外，并上奏朝廷，伏候敕旨。”

乞出师札子

起复太尉、武胜、定国军节度使、湖北、京西路宣抚使、兼营田大使臣岳飞札子奏：“臣自国家变故以来，起于白屋，从陛下于戎伍，实有致身报国、复雠雪耻之心，幸凭社稷威灵，前后粗立薄效。陛下录臣微劳，擢自布衣，曾未十年，官至太尉，品秩比三公，恩数视二府，又增重使名，宣抚诸路。臣一介贱微，宠荣超躐，有逾涯分；今者又蒙益臣军马，使济恢图。臣实何能，误辱神圣之知如此，敢不昼度夜思，以图报称。

臣窃揣敌情，所以立刘豫於河南，而付之齐、秦之地，盖欲荼毒中原，以中国而攻中国。粘罕因得休兵养马，观衅乘隙，包藏不浅。臣谓不以此时禀陛下睿算妙略，以伐其谋，使刘豫父子隔绝，五路叛将还归，两河故地渐复，则金人之诡计日生，浸益难图。

然臣愚欲望陛下假臣日月，勿拘其淹速，使敌莫测臣之举措。万一得便可入，则提兵直趋京、洛，据河阳、陕府、潼关，以号召五路之叛将。叛将既还，王师前进，彼必舍汴都，而走河北，京畿、陕右可以尽复。至於京东诸郡，陛下付之韩世忠、张俊，亦可便下。臣然后分兵濬、滑，经略两河，如此则刘豫父子断必成擒。大辽有可立之形，金人有灭之理，为陛下社稷长久无穷之计，实在此举。

假令汝、颍、陈、蔡坚壁清野，商於、虢略分屯要害，进或无粮可因，攻或难於餽运，臣须敛兵，还保上流。贼必追袭而南，臣俟其来，当率诸将或挫其锐，或待其疲。贼利速战，不得所欲，势必复还。臣当设伏，邀其归路，小入则小胜，大入则大胜，然后徐图再举。设若贼见上流进兵，併力以侵淮上，或分兵犯四川，臣即长驱，捣其巢穴。贼困於奔命，势穷力殚，纵今年未终平殄，来岁必得所欲。陛下还归旧京，或进都襄阳、关中，唯陛下所择也。

臣闻兴师十万，日费千金，内外骚动七十万家，此岂细事。然古者命将出师，民不再役，粮不再籍，盖虑周而用足也。今臣部曲远在上流，去朝廷数千里，平时每有粮食不足之忧。是以去秋臣兵深入陕、洛，而在寨卒伍有饥饿而死者，臣故亟还，前功不遂。致使贼地陷伪，忠义之人旋被屠杀，皆臣之罪。今日唯赖陛下戒敕有司，广为储备，俾臣得一意静虑，不以兵食乱其方寸，则谋定计审，必能济此大事。

异时仰还太上皇帝、宁德皇后梓宫，奉邀天眷，以归故国，使宗庙再安，万姓同欢，陛下高枕万年，无北顾之忧，臣之志愿毕矣。然后乞身归田里，此臣夙夜所自许者。臣不胜拳拳孤忠，昧死一言。取进止。”

【译文】

起复太尉，武胜、定国军节度使，湖北、京西路宣抚使兼营田大使臣岳飞札子奏：“臣自从国家遭受变故以来，虽出身于平民，其实却怀着捐躯报国、雪耻复仇的决心。幸亏凭借着社稷的声威，前后（十余年里）粗立薄效。陛下记着臣微少的功劳，将我由布衣擢升，不到十年就官至太尉，俸秩可比三公，品级堪比二府，又增重名衔，命我宣抚诸路。臣本是微贱之人，受到迅速提拔获得的宠荣已经超过了应得的本分；今来又承蒙给我增加人马，以补益于恢复中原的宏图。臣有何德何能，误辱陛下的恩遇到了如此地步，怎敢不日夜思量，以图报答。

“臣揣摩敌情，（金）之所以立刘豫于河南，并将山东、陕西等地也划属给他，是想要荼毒中原百姓，以中国而攻中国。粘罕因而得以休兵息马，窥伺我方的间隙，包藏祸心非浅。臣若不在此时禀受陛下圣明的决策与方略去挫败敌人的图谋，使刘豫父子声势隔绝，陕西五路的叛将回归朝廷，使河北、河东（按，指山西）的故疆渐渐恢复，则金贼的诡计日益滋生，他时再要谋取更加困难。

“然而臣愚钝，希望陛下给予臣一些时间，不要再以迟速快慢束缚臣的计划，使敌人不能推测我的举措。一旦有机可乘，臣便提兵直趋汴京、洛阳，占据河阳、陕府、潼关，以此号召陕西五路的叛将归附。叛将归附之后，王师向前推进，则刘豫必定舍弃汴都，逃往河北，京畿、陕西就可以全部收复了。至于京东路诸郡，陛下托付给韩世忠、张俊，便可以拿下。然后臣分兵浚州、滑州，筹划图谋河北与河东（译者按，指山西）之间的地区，一定可以擒获刘豫父子。这样则大辽有可立的形迹，金贼有破灭的道理，这是陛下谋求社稷长久无穷的战略，正赖于此举。

“如果汝、颍、陈、蔡等州的敌人坚壁清野，分屯商於、虢略，扼守要害，我军若前进或许无粮可征，强攻或许难于馈运，臣便要收缩兵力，回军防守长江上流。金贼一定会向南追袭，臣待其到来，就率领诸将或挫其锋锐，或在他们疲劳而归时出击。金贼以速战为利，达不到目的势必返回。臣当会设下伏兵，截其归路，敌小入，我必小胜，敌大入，我则大胜，然后徐徐图谋再举。如果金贼见我由上流出兵，并力来侵犯淮河或者分兵攻犯四川，臣则引兵长驱直入，捣其巢穴。敌人奔命困乏，势穷力尽，纵使今年不能殄灭殆尽，来年一定能够实现。陛下还归旧都，或北向定都于襄阳、关中，全由陛下选择。

“臣听古人说兴师十万，日费千金，国内将有七十万户人家受到扰动（译者按，语出《孙子兵法·用间篇》），这岂是小事。所以古人命将出师，民夫不两次征役，军粮不二次征集，要考虑周全而使用度充足。现在臣的部队远在上流，距离朝廷数千里，平时常有粮食不足之忧。臣去年秋天出兵深入陕、洛，而留在营寨的卒伍有因饥饿逃跑的，所以我匆忙返回，前功尽弃。致使已收复的失地重新陷入伪齐政权的管辖之下，当地的忠义之士不久就遭受了屠杀，都是为臣的罪过。今日唯有依赖陛下告诫相关的使司多多储积粮秣，使臣能够一心一意，心无旁骛，不会因为兵食不足乱了方寸，仔细地推究定夺谋略，遵循陛下的计划，必定能够成就恢复大业。

“到时候迎还太上皇帝和宁德皇后的棺椁，邀请天眷回归本国，使国家恢复安定，万姓同欢，陛下从此可以高枕无忧，臣的志愿也就完成了。然后我将请求解甲归田，这也是臣过去一直自许的愿望。臣不胜拳拳孤忠，昧死一言。取进止。”

乞以明堂恩奏张所男宗本奏

起复太尉、武胜、定国军节度使、湖北、京西路宣抚使、兼营田大使臣岳飞状奏："臣窃见张俊例，初除太尉，陈乞奏荐男于文资[①]内安排。臣技能蔑取，勋伐[②]无闻，遭际圣明，承乏[③]将帅。伏念臣昨于建炎初，因上书论事，罪废，偶幸逃死，实出圣造。于时孤孑一身，狼狈羁旅。因诣招抚使张所，所一见，与臣言两河、燕云利害，适偶契合。臣自白身借补修武郎、閤门宣赞舍人，充中军统领，寻又陞统制。其后张所军次北京，蒙朝廷贬责南方，卒以节死。

臣念靖康以来，奋不顾身，为国捍难者，不为无人。而其间误国败事者，固亦不乏，然圣恩宽大，终於一切矜贷。若张所实先意两河，而身未北渡，已遭横议。今其身名凋丧，后嗣零落。使臣不言，臣则有负。欲望矜怜，将臣今岁奏荐恩例，奏补张所男宗本。依张俊例，於文资内安排。谨录奏闻，伏候敕旨。"

【注释】

①文资：即文职。

②勋伐：《史记·高祖功臣侯者年表序》中曾记载，"以德立宗庙定社稷曰勋，明其等曰伐"，即功勋。

③承乏：暂任某职的谦称。

【译文】

起复太尉，武胜、定国军节度使，湖北、京西路宣抚使兼营田大使臣岳飞状奏："臣曾有幸见过张俊的旧例，初授太尉之时，上奏陈请，推荐儿子在文官中安排官职。臣本事低微，未有大功于国家，承蒙陛下青睐，任以将帅之职。犹记建炎初年，臣因越职上书，议论时事，因此获罪，侥幸免于一死，实是陛下仁慈。当时臣孑然孤身，居于异乡，困顿不堪。后投奔招抚使张所，张所初次见臣，便言说两河、燕云两处的利害关系，臣两人观点恰好契合。臣由此从白身获得借补修武郎、閤门宣赞舍人的官职，充任中军统领，不久又升为统制。在此之后张所驻军在北京大名府，后因朝廷下令，张所被贬逐到南方偏远之地，最终死于大义。

“臣以为，自从靖康年间以来，奋不顾身，为国御敌者，不是无人。而其间误国坏事者，固然不少，但是陛下宽厚仁慈，最终都一一怜恤宽恕了。像张所这样，本意是先图谋两河地区，然而未等到北上之日，便已遭非议。如今他身后的名声凋零，后嗣衰落。若臣不说明，便是臣有负于张所的知遇之恩。诚盼陛下怜悯，将臣今年获得的奏荫恩典，补给张所的儿子张宗本。仿从前张俊的例子，在文职中安排职务。恭谨上奏，伏候敕旨。”

卷第十二

经进鄂王家集卷之三

奏议上

乞本军进讨刘豫札子

太尉、武胜、定国军节度使、湖北、京西路宣抚使、兼营田大使臣岳飞札子奏："贼豫逋诛[①]，尚穴中土，陵寝乏祀，皇图偏安，陛下六飞时巡，越在海际。天下之愚夫愚妇莫不疾首痛心，愿得伸锄奋梃，以致死于敌。而陛下审重[②]此举，累年于兹，虽尝分命将臣，鼎峙江、汉，而皆仅令自守以待敌，不敢远攻而求胜。是以天下忠愤之气，日以沮丧；中原来苏之望，日以衰息。岁月益久，污染渐深，趋向一背，不复可以转移。此其利害，诚为易见。

臣待罪阃外[③]，不能宣国威灵，克殄小丑，致神州隔于王化，虏、伪穴于宫阙，死有余罪，敢逃司败[④]之诛！陛下比者寝阁之命，圣断已坚；咸谓恢复之功，指日可冀。何至今日，尚未决策北向。臣愿因此时，上禀成算[⑤]，不烦济师，只以本军进讨，庶少塞瘝官[⑥]之咎，以成陛下寤寐中兴之志。顺天之道，因民之情，以曲直为壮老[⑦]，以逆顺为强弱，万全之效，兹焉可必。惟陛下力断而行之！不胜大愿，区区臣子下情，昧死干冒天威，无任战栗恐惧之至。"

【注释】

①逋诛：逃避诛罚。

②审重：慎重；审慎持重。

③阃外：指京城或朝廷以外，亦指外任将吏驻守管辖的地域，与朝中、朝廷相对。

④司败：泛指司法机关。

⑤成算：已订的计划；打算。

⑥瘝官：旷废官职。

⑦以曲直为壮老：语出《左传·僖公二十八年》，“师直为壮，曲为老”。师，军队；直，理由正当；壮，壮盛，有力量。出兵有正当理由，军队就气壮，有战斗力。

【译文】

太尉，武胜、定国军节度使，湖北、京西路宣抚使兼营田大使臣岳飞札子奏：“逆贼刘豫远逃未诛，尚且盘踞在中原，先帝的陵寝不能得到祭祀，疆域偏安一隅，陛下的车驾常常出巡，甚至漂泊海上。天下的蒙昧小民对此无不痛心疾首，都愿竭尽全力，与敌人决一死战。但是陛下对于此项举措十分审慎持重，多年以来，虽然曾分任将领，在长江、汉水间与敌人鼎立对峙，但都是只命令各将领坚守不出，只待敌人来攻，却不敢主动进攻以求取胜利。因此天下忠义之士的激愤之气，日益衰落下去；百姓等待着官军收复中原，获得苏息的期望日益沮丧。随着岁月的流逝，逆贼刘豫对中原遗民的坏影响越来越深，民心渐渐背离朝廷，便不能再改变回来了。其间的利害关系，实在是显而易见的。

“臣在此边境驻地请罪，为不能够宣扬国威，不能消灭像刘豫这样的跳梁小丑，以至于神州大地隔绝在朝廷的教化之外，金虏、伪齐占据了故都的宫阙。臣死有余辜，怎敢逃避司法的制裁！陛下从前在寝阁中对臣委以重任，意志坚决；君臣都坚信恢复故土的功业，指日可待。为何到了今日，犹自不能决定北向进军。臣愿趁此时机，禀承圣上的英明睿断，不劳烦朝廷增援军队，只率领本部兵马前去征讨，如此或许可以稍稍弥补臣旷废官职的罪责，完成陛下日夜盼望中兴国家的志向。此举顺应天道，合乎民心，正义之师必胜，僭逆之徒必败，万全之效，必然可以达到，唯愿陛下一力决断并且推行！这平生大愿，是我身为人臣的拳拳之心，不避死罪，干冒天威，臣不胜惶恐，战栗之至。当否，请示。”

乞移都奏略

钱塘僻在海隅，非用武之地。臣请陛下建都上游，用汉光武故事，亲勒六军，往来督战。庶将士知圣意之所向，人人用命。臣当仗国威灵，鼓行北向，殄灭北虏，则中兴之功即日可冀。

【译文】

钱塘位于偏僻的海边，并非适合用武之地。臣请求陛下在长江上游建都，效仿东汉时光武帝的旧事，亲自统率六军，往来于各重镇督战。这样将士们知晓圣意所向，人人自当拼死效命。臣亦当倚仗国威，一鼓作气出兵北向，驱除金虏，中兴之功便指日可待了。

乞进屯淮甸札子

太尉、武胜、定国军节度使、湖北、京西路宣抚使、兼营田大使臣岳飞札子奏：“臣伏睹陛下移跸[①]建康，将遂恢图之计。近忽传淮西军马溃叛，郦琼等迫胁军民而去，然事出仓卒，实非士众本心。亦闻半道逃归人数不少，于国计未有所损，不足上轸渊衷[②]。臣度今日事势，彼必未能便有举动。襄阳上流，目即亦无贼马侵犯。唯是淮甸[③]迫近行在[④]，臣愿提全军进屯，万一番、虏窥伺，臣当竭力奋击，期于破灭。仍乞别遣军马，措置襄阳一带。伏乞睿断[⑤]详酌施行。取进止。”

【注释】

①移跸：特指皇帝移驾。

②渊衷：渊深的胸怀，多用来称颂皇帝。

③淮甸：指淮河流域。

④行在：皇帝与朝廷机构暂时停留驻扎的地方，与都城相区别。

⑤睿断：特指皇帝的决定。

【译文】

太尉，武胜、定国军节度使，湖北、京西路宣抚使兼营田大使臣岳飞札子奏：“臣目睹陛下移驾建康的举措，将实现恢复故土的大计。近来忽然听闻淮西军队叛变溃散，郦琼等人裹挟军民投奔伪齐，但事出仓促，实在并非士兵和百姓的本心。臣亦听闻半路逃回来的人不在少数，对于国家大计并未有所损伤，不足以使陛下痛心。臣观察今日事情的态势，敌人必然不会立刻有所举动。襄阳位于上流，目前也没有贼人的兵马前来侵犯。唯有淮西距行在极近，臣愿率领全军前去驻扎，万一番人、虏贼伺机异动，臣便竭尽全力奋起反击，希望能剿灭敌人。并且请求另外派遣兵马，驻守襄阳一带。恭请陛下详细斟酌此事，予以施行。当否，请示。”

奏审已条具曲折未准指挥札子

太尉、武胜、定国军节度使、湖北、京西路宣抚使、兼营田大使臣岳飞札子奏："臣自去冬闻金贼废刘豫，有可乘之机，是以屡贡管见[①]，尘渎[②]天听。三月二十六日，领枢密院札子，奉圣旨，令臣条具曲折[③]以闻。臣喜而不寐，以谓陛下慨然英断，将欲兴王师，举大事，以雪积年之耻。故臣辄忘浅陋，周述利害，仰紊[④]睿明，觊或采纳。今月初七日，臣所差人回，未蒙朝廷处分[⑤]。伏望早降指挥，俯赐俞允[⑥]。取进止。"

【注释】

①管见：管中窥物。比喻所见浅小。多用为自己意见的谦辞。

②尘渎：尘黩，犹玷污。尘，自谦之词。

③曲折：委曲，详细情况。

④仰紊：扰乱，这里是谦辞。

⑤处分：吩咐、嘱咐；处理、处置。

⑥俞允：《尚书·尧典》："帝曰：'俞'。"俞，应诺之词。后即称允诺为"俞允"。多用于君主。

【译文】

太尉，武胜、定国军节度使，湖北、京西路宣抚使兼营田大使臣岳飞札子奏："臣自从去年冬天听说金贼废黜了刘豫，以为我方有可乘之机，因此屡次将臣浅小的见识上奏朝廷，玷污陛下的耳朵。三月二十六日，收到枢密院的札子，枢密院奉圣旨，命臣陈述北伐的详细情况，上奏朝廷。臣欢喜得无法入睡，认为陛下极具慷慨之风，决断英明，将要振兴王师，发起北伐大业，一雪多年来的耻辱。故而臣立刻不顾自己的浅陋，全面陈述其间的利害关系，扰乱陛下英明睿智的决定，期望陛下可能会采纳。本月初七，臣派去的人回来了，未曾收到朝廷的吩咐。伏望陛下早日降下命令，予以允诺。当否，请示。”

乞免便宜辟置札子

太尉、武胜、定国军节度使、湖北、京西路宣抚使、兼营田大使臣岳飞札子奏：“臣契勘湖北、京西路顷以累经□□，残破甚至。一时州县之官，往往无人愿□□，蒙朝廷指挥，许臣自知[①]、通[②]并州县□□□辟差[③]。今来已复河南故地，其两路并是腹心州县，前弊已除，而名器[④]予夺之权，非□□所当久假。所有今后差官，欲乞径自朝廷差注[⑤]施行。取进止。”

【注释】

①知：即知州，全称知某州军州事，军指兵、州指民政，即一州之父母官。

②通：即通判，全称通判某州军州事，宋太祖始置此官，非副知州，亦非属官，寓有“监郡”之意，即事得传达，知州举动为其所制，有监察分权的作用。南宋通判的实际地位下降，主要分掌常平、经总制钱等财赋之属。

③辟差：又称“辟官”“辟奏”“辟举”，即辟官差遣，属于堂差、吏部选之外的一种补充形式，辟差不如奏荐普遍，限制使用。南宋初年因为对金作战，辟差官属范围有所扩大，帅司、监司及残破州县之州郡守，皆被允许辟置干办事务僚属。辟差与奏荐的不同之处在于，荐举必须由朝廷或有司审批，辟差即被辟举人需先出具“愿状”，长吏径自辟置差遣后，呈缴所奏辟官出身以来文字，中书、门下省将所辟官登记姓名备案即可。（据

《宋代官制辞典》，第638页。）

④名器：名号与车服仪制。奴隶社会与封建社会用以别尊卑贵贱的等级。

⑤差注：吏部对地方官吏的选派任命。注，注官，即按资叙授官。

【译文】

太尉，武胜、定国军节度使，湖北、京西路宣抚使兼营田大使臣岳飞札子奏："臣查知，湖北、京西路不久前因为累年遭受（战乱之苦），极其残破。一时间这两路中各州县的官职，往往无人愿意（担任），承蒙朝廷降下命令，准许臣以"辟差"的形式（自行任命）知州、通判（及以下）州县官员。如今已经收复了河南地区的故土，这两路都是位于中心的重要地区，从前的弊端已然清除，而名号、职衔的予夺之权，不该长时间借（由我等执掌）。今后所有的任命官员一事，臣欲请求朝廷，请由吏部直接任命。当否，请示。"

乞祇谒陵寝奏

太尉、武胜、定国军节度使、湖北、京西路宣抚使、兼营田大使臣岳飞状奏："臣伏睹正月十二日降到赦书，交割河南州县，内西京河南府系臣所管地分。自刘豫盗据以来，祖宗陵寝久失严奉，臣不胜臣子区区之情，欲乞量带官兵，躬诣洒扫。谨录奏闻，伏候敕旨。"

【译文】

太尉，武胜、定国军节度使，湖北、京西路宣抚使兼营田大使臣岳飞上奏："臣谨见，正月十二日收到赦书文告，金人交还河南地区的州县，其中西京洛阳与河南府是臣所管辖的地区。自从刘豫占据以来，祖宗陵寝长久得不到供奉，臣不胜身为人臣的拳拳之情，想要稍稍带些官兵，亲自前去洒扫。恭谨上书，伏候敕旨。”

论虏情奏略

北虏自靖康以来，以和款我者十余年矣，不悟其奸，受祸至此。今复无事请和，此殆必有肘腋之虞，未能攻犯边境。又刘豫初废，藩篱空虚，故诡为此耳。名以地归我，然实寄之也。臣请量带轻骑，随二使祗谒陵寝，因以往观敌衅。

【译文】

虏人自从靖康年间以来，以和议的名义欺骗我国已经十多年了，朝廷不能察觉敌人的奸诈，因此遭受祸害到今日的地步。现在又无故请求议和，这定然是敌方变生肘腋，才无暇顾及侵犯我方边境。并且，刘豫的伪齐政权刚刚被废黜，敌人边防空虚，故而以议和为烟幕。名义上把河南故土还给我国，但实际上只是暂时寄存在我方这里。臣请求带领适量的轻骑，跟随二位使臣拜谒祖宗陵寝，趁此机会前去观察敌人的破绽。

奏审谒陵寝行期札子

武胜、定国军节度使、开府仪同三司、湖北、京西路宣抚使兼营田大使臣岳飞札子奏：“契勘今日祗谒陵寝使、同判大宗正事[①]士㒟、兵部侍郎张焘已到鄂州。臣见办集行役[②]，只候得士㒟、张焘关报行期，便同起发。或恐陛下别有使令，愿赐一一训敕。谨具奏知。”

【注释】

①同判大宗正事：全称为同判大宗正司事。大宗正司是统率皇族宗室的权威机构，负责管理皇族教育、政令、训谕，纠察过失等，并裁决宗室中的诉讼、纠纷等事务，同判大宗正事协助判大宗正事总领皇族事务。

②行役：一指因服兵役、劳役或公务而出外跋涉；二是泛指出行、行旅。

【译文】

武胜、定国军节度使，开府仪同三司，湖北、京西路宣抚使兼营田大使臣岳飞札子奏："查知，今日祇谒陵寝使、同判大宗正事赵士㒟、兵部侍郎张焘已经抵达鄂州。臣现在已经办齐出行所需之物，只等候士㒟、张焘发关报照会出发日期，便一同出发。臣或恐陛下有另外的命令，愿聆听陛下一一训示。谨具札子，奏闻陛下。"

乞奏事札子（原稿遗失）

乞张所复官札子（原稿遗失）

李兴、吴琦转官告乞付军前给降奏

武胜、定国军节度使、开府仪同三司、湖北、京西路宣抚使兼营田大使、河南、北诸路招讨使臣岳飞状奏："契勘本司近据统领官梁兴申：'差人探得河南府见被金贼占据。本府有番人七千余人、马五千余匹，食粮军[①]三千余人，知府系叛贼、伪奉国上将军、安武军节度使李成，并差番人同知。其本府管下福昌、永宁、伊阳三县，番贼不曾前去，止有河南府钤辖李兴人兵往来，私掠财物。’及据伊阳县申，亦为上件李兴事理。臣已差秉义郎加借武翼郎、閤门宣赞舍人、本司中军统领军马苏坚权河南府事，令择一县，寄治府事，招收军马，措置事宜，及拘收李兴一行前来军前使唤外，伏望圣慈特降睿智，付臣照会施行。所有李兴、吴琦转[②]官告，乞给降付臣，候再立微效日给付施行，庶得有以激劝。谨录奏闻，伏候敕旨。”

【注释】

①食粮军：即“射粮军”，金初诸路所募兼充杂役的士卒。《金史·兵志》：“诸路所募射粮军，五年一籍，三十以下、十七以上强壮者，皆刺其面，所以充杂役者也。”

②转：升迁文武官阶、内外职事官，皆可用“转”，然而多用于武官官阶的升迁。

【译文】

武胜、定国军节度使，开府仪同三司，湖北、京西路宣抚使兼营田大使，河南、北诸路招讨使臣岳飞状奏：“按查，进来根据统领官梁兴上报：‘派去的细作探知，河南府现在被金贼占据。驻有金虏七千余人、战马五千余匹，充作杂役的食粮军有三千多人，知府乃是本朝叛贼李成，伪官职是奉国上将军、安武军节度使，金贼同时派遣金人共同治理。河南府所管辖的福昌、永宁、伊阳三个县，金贼不曾派兵前去驻扎，只有河南府钤辖李兴的人马往来，私自掠取财物。’伊阳县也上报了关于李兴的如上情况。臣已经派秉义郎、借补武翼郎、閤门宣赞舍人、本司中军统领军马的苏坚代理河南府事，命他自行选择一个县，暂时治理河南府事宜，招收兵马，料理事务，并且接管李兴等人到臣的军前听候使唤，诚盼陛下特降旨意，交付给臣施行。所有李兴、吴琦升官阶的官告，请发给臣，等他们再立下功劳时便予以任命，希望能有所激励劝勉。恭谨上奏，伏候敕旨。”

乞乘机进兵札子

武胜、定国军节度使、开府仪同三司、湖北、京西路宣抚使、兼营田大使、河南、北诸路招讨使臣岳飞札子奏：“臣比得卫州忠义统制赵俊差人赍到申状，自闰六月二十七日起离本州，于今月初四日到臣军前报，比遣兵过河，会合忠义统制乔握坚等，已收复赵州了当。又遣本司统制梁兴、董荣两军过河，河北州县往往自乱，民心皆愿归朝廷，乞遣发大兵，前来措置。臣契勘金贼近累败衄，其虏酋四太子等皆令老小渡河。唯是贼众尚徘徊于京城南壁一带，近却发八千人过河北。此正是陛下中兴之机，乃金贼必亡之日，若不乘势殄灭，恐贻后患。伏望速降指挥，令诸路之兵火急并进，庶几早见成功。取进止。”

【译文】

武胜、定国军节度使，开府仪同三司，湖北、京西路宣抚使兼营田大使，河南、北诸路招讨使臣岳飞札子奏：“臣不久前得到卫州忠义统制赵俊派人持申状前来，自闰六月二十七日起离开卫州，在本月初四抵达臣的军前报到，不久前赵俊派兵渡过黄河，与忠义统制乔握坚等人会合，已经收复赵州。臣又派本司统制梁兴、董荣两队兵马渡过黄河，黄河以北的州县大多自乱阵脚，民心都愿归顺朝廷，乞请朝廷派遣大军，前来筹谋料理。臣查知，金贼进来屡次兵败，他们的酋领四太子等人都命随军家属渡过黄河向北去了。贼众尚且徘徊在汴京南边一带，近来却又派八千人到河北去了。如今正是陛下中兴的时机，亦是金贼必然败亡之日，若是不趁此时机彻底剿灭，恐怕贻为后患。诚盼陛下速降指挥，命各路兵马火速共同出兵，可望早日成功。当否？听取决。”

乞定储嗣奏略（节略）

今欲恢复，必先正国本[①]，以安人心。然后陛下不常厥居，以示不忘复雠之意。

【注释】

①国本：古代特指确定皇位继承人，建立太子为国本。

【译文】

如今欲要实现恢复大业，必须先确立太子人选，以使人心安定。然后陛下不经常居住在江南一隅，以此表示不忘复仇之意。

乞刘锜依旧屯顺昌奏

武胜、定国军节度使、开府仪同三司、湖北、京西路宣抚使、兼营田大使、河南、北诸路招讨使臣岳飞状奏：“准枢密院札子奏：‘勘会已降指挥，顺昌府分拨兵将，严为守备，今来顺昌府见阙守臣。右三省、枢密院同奉圣旨，令岳飞依已降指挥，辟差顺昌府守臣，日下具名闻奏。’札送臣疾速施行。

臣除已恭依前项圣旨指挥施行外，臣契勘近准枢密院札子节文：‘奉圣旨，顺昌府旧属京西，合拨属本路。并要岳飞分拨兵将，严为守备。刘锜候岳飞差到兵马，将所部起发，前去镇江府，听候指挥使唤。’本司契勘所管军马，已分布调发前去陕、虢、西京、陈、蔡、颍昌、汝、郑州一带，并已有差往河东、河北措置事宜。已两次申奏，乞将刘锜一军且令于顺昌府屯驻，庶几缓急可以照应去讫。伏望圣慈特降睿智，依臣已申奏[①]事理施行。谨录奏闻，伏候敕旨。”

【注释】

①申奏：特指向帝王陈述或申请。

【译文】

武胜、定国军节度使，开府仪同三司，湖北、京西路宣抚使兼营田大使，河南、北诸路招讨使臣岳飞状奏：“依照枢密院札子的上奏：‘查得已降指挥，顺昌府分拨兵将，严密防守，如今顺昌府缺乏守御之臣。又三省、枢密院共同得旨，命岳飞依照已经发出的命令，自行任命顺昌府的守御将领，尽快将姓名上奏朝廷。’札子送到臣这里命臣迅速执行。

“臣除了已经恭谨依照前面圣旨上的命令执行外，按查，近来根据枢密院札子的节选文字如下：‘奉圣旨，顺昌府从前属于京西路治下，应该调拨到本路管辖。并要岳飞调拨人马，严密防守。刘锜等待岳飞派遣的兵马抵达后，率本部兵马出发，前去镇江府，听后朝廷命令使唤。’按查，本司所统辖的兵马，已经分派到陕、虢、西京、陈、蔡、颍昌、汝、郑州一带驻守，并且又分派兵马前往河东、河北筹谋事务。臣已经两次向陛下陈请，请求暂且命令刘锜所部兵马在顺昌府屯驻，希望可以照应军情缓急。诚盼陛下特降旨意，依照臣已经陈请的事情施行。恭谨上奏，伏候敕旨。”

乞号令归一奏

武胜、定国军节度使、开府仪同三司、湖北、京西路宣抚使、兼营田大使、河南、北诸路招讨使臣岳飞状奏："契勘武功大夫、果州团练使、知陕州军州事吴琦，本司于今年六月十三日差兼京西、湖北宣抚使、河南、北诸路招讨使司选锋军副统制，后来于闰六月二十六日改差兼撞军统制军马，令团集忠义[①]人兵，与本司差去统制官措置掩杀金贼，收复州县。今据吴琦申：'准川、陕宣抚使司札子，恭依圣旨，便宜黜陟[②]。勘会陕州最系极边，其知州、武功大夫、果州团练使吴琦见纠集忠义军兵，据险保聚，捍敌金贼，理宜增重事权，今差兼管内安抚、统制忠义军马。除已奏闻外，仰准此。除已祗受[③]外，申乞照会。'臣契勘川、陕宣抚使司差吴琦前项职事，委是与本司交互，事不归一。兼虢州亦元属陕西，欲望圣慈特降睿智，将虢州依旧拨隶川、陕宣抚司，其知虢州武赳并元带去军马，却乞发还本司，应副使唤。

及寄理[④]武功大夫、博州刺史、河南府兵马钤辖李兴，本司先次依已得圣旨便宜指挥，差兼本司左军统制。今据李兴申，准朝廷指挥，差知河南府、兼本路安抚使。今来措置事宜之间，照应不一，切恐有误指踪。并蔡州、汝州近准朝廷拨隶京西南路，欲乞将逐州依旧拨隶河南府路，别差帅臣。

并蕲、黄、光州元属淮西，亦乞并拨隶本路，庶几归一，缓急不致悮事。

只乞令臣依旧为朝廷守湖北、京西两路，以备缓急使令。谨录奏闻，伏候敕旨。"

【注释】

①忠义：特指活动在北方太行山和中原地区的忠义军。

②黜陟：指人才的进退，官吏的升降。

③祗受：心怀敬意地接受。

④寄理：谓在外地居官治事，但归原先的部门管辖。

【译文】

武胜、定国军节度使，开府仪同三司，湖北、京西路宣抚使兼营田大使，河南、北诸路招讨使臣岳飞状奏："按查，武功大夫、果州团练使、知陕州军州事吴琦，被本司在今年六月十三日任命为兼京西、湖北宣抚使，河南、北诸路招讨使司选锋军副统制，后来在闰六月二十六日改派为撞军统制军马，命他招集忠义军的人马，与本司派去的统制官安排掩杀金贼和收复州县。现在根据吴琦上报：'根据川、陕宣抚使司的札子：恭依圣旨，准许（吴琦）便宜处理官吏的升降。查知陕州位于极边，陕州知州、武功大夫、果州团练使吴琦现今聚集忠义军的士卒，占据险要之地聚众守卫，抵御金贼，理该扩大其处理事务的权力，今令他兼任治理民事、统制忠义军人马。下官除了已经奏知朝廷外，将恭敬地依照任命行事。除了恭敬接受授权外，请求（招讨使）知悉。'臣按查，川、陕宣抚使司先前任命吴琦的职务，委实与本司相互交错妨碍，处理事情的号令不能归于一处。况且，虢州原就属于陕西，臣欲请陛下特降旨意，将虢州依旧拨归川、陕宣抚司隶属，但虢州知州武赳和他原来带去的兵马，请发还本司，听候本司任命使用。

"另，本司寄理官武功大夫、博州刺史、河南府兵马钤辖李兴，先前已经依照收到的圣旨自行便宜安排，派他兼任本司左军统制。如今据李兴申报，根据朝廷命令，差派他为河南府知府、兼河南府路安抚使。现在本司部署事务时，不能一一配合，臣切虑有误指挥作战。并且蔡州、汝州近来由朝廷拨归京西南路隶属，臣欲请将以上两州依旧拨归河南府路隶属，另派帅臣掌管。

"并且，蕲州、黄州、光州原就隶属淮西，亦请一并拨归淮南西路隶属，或许可以使号令归为一处，若有要紧军情，也不至于有误大事。

"只请朝廷命臣依旧戍守湖北、京西两路，以备有要紧军情时听命号令。恭谨上奏，伏候敕旨。"

乞止班师诏奏略

契勘金虏重兵尽聚东京，屡经败衄，锐气沮丧，内外震骇。闻之谍者，虏欲弃其辎重，疾走渡河。况今豪杰向风，士卒用命，天时人事，强弱已见，功及垂成，时不再来，机难轻失。臣日夜料之熟矣，惟陛下图之。

【译文】

按查，金贼将重兵屯聚在东京汴梁，屡次受挫失败，锐气尽丧，金国内外无不震骇。臣听细作来报，金虏想丢弃辎重粮草，迅速逃归黄河以北。况且如今豪杰义士纷纷归依，士卒拼死效命，天时人和（尽在我方），强弱已现，大功就要实现，时机不会再来，机会不可轻易放掉。臣日夜思虑，已经筹谋完备，只等陛下图取。

赴行在札子

少保、武胜、定国军节度使、湖北、京西路宣抚使、兼营田大使、河南、北诸路招讨使臣岳飞札子奏："臣于七月二十七日取顺昌府、由淮南路，恭依累降御笔处分①，前赴行在奏事。伏乞睿照，取进止。"

【注释】

①御笔处分：指帝王亲笔所书的圣旨。

【译文】

少保，武胜、定国军节度使，开府仪同三司，湖北、京西路宣抚使兼营田大使，河南、北诸路招讨使臣岳飞札子奏："臣将七月二十七日取道顺昌府、经由淮南路，恭依累次降下的陛下亲笔圣旨，前去行在奏事。请陛下了解，当否，请示。"

乞会诸帅兵破敌奏

少保、武胜、定国军节度使、湖北、京西路宣抚使、兼营田大使、河南、北诸路招讨使臣岳飞状奏："近据探报，虏酋将自寿春等处入寇淮西。臣契勘目即上流未有贼马侵犯，欲乞圣慈令臣提军前去，会合诸帅，同共掩击，兵力既合，必成大功。伏望速赐指挥施行。谨录奏闻，伏候敕旨。"

【译文】

少保，武胜、定国军节度使，开府仪同三司，湖北、京西路宣抚使兼营田大使，河南、北诸路招讨使臣岳飞状奏："近来据谍探上报，虏酋将从寿春等处侵犯淮西。臣查知目前上流没有贼人兵马侵犯，欲请陛下命臣提兵前去淮西，与各帅臣会合一处，共同掩杀敌人，兵力合到一处，必然会成就大功。诚盼陛下速速赐下命令，许臣执行。恭谨上奏，伏候敕旨。"

乞检坐张俊等会战去处奏

少保、武胜、定国军节度使、湖北、京西路宣抚使、兼营田大使、河南、北诸路招讨使臣岳飞状奏："臣今月十一日，准御前金字牌①递到亲札一通②，臣即时拜恩跪领讫。伏读圣训，以金贼侵犯淮西，已在庐州，张俊等併力与贼相拒，令臣提兵合击。或来江州，或出蕲、黄，绕出其后。臣敢不仰体睿眷，殚竭愚陋。今日臣已抵黄州，见前去舒、蕲州界，相度形势利害，看贼意向，别行措置。不知张俊等会战在甚日，庶几臣得以照应。谨录奏闻，伏候敕旨。”

【注释】

①御前金字牌：宋代驿传中以最快的速度发送文件的“急脚递”所悬的木牌。因其为朱漆黄金字，且由皇帝直接发出，内侍省直接派人传递，用于传递紧急军事命令，故名。

②一通：表数量。用于文章、文件、书信、电报。

【译文】

少保，武胜、定国军节度使，开府仪同三司，湖北、京西路宣抚使兼营田大使，河南、北诸路招讨使臣岳飞状奏：“臣本月十一日，收到御前金字牌传递来的陛下亲笔御札一通，臣立刻拜谢恩典，跪领完毕。恭读陛下圣训，由于金贼侵犯淮西，已经到了庐州，张俊等人并兵合力抵抗贼人，命臣率兵合击。或是到江州，或是出兵蕲州、黄州，绕到敌人背后。臣怎敢不体念陛下眷顾，殚精竭虑。今日臣已抵达黄州，现在前去舒州、蕲州地界，审度当前形势的利害，观察金贼意欲何为，另行筹划安排。不知张俊等人在什么日期会战，希望臣可以前去支援。恭谨上奏，伏候敕旨。”

乞出京洛奏略

契勘虏既举国来寇，巢穴必虚，若长驱京、洛，虏必奔命，可以坐制其弊。

【译文】

按查，金虏既然倾全国兵力来犯，巢穴必然空虚薄弱，若是我们长驱而进，直捣汴京、洛阳地区，虏贼必然疲于奔命，我们便可坐制其弊了。

乞出蕲黄奏略

今虏犯淮西，臣若捣虚，势必得利。万一以为寇方在近，未暇远图，乞且亲至蕲、黄，相度形势利害，以议攻却。且虏知荆、鄂宿师必自九江进援，今若出此，贵得不拘，使敌罔测。

【译文】

如今金虏侵犯淮西，臣若是趁其后方空虚直捣贼人巢穴，势必能成功。万一（圣上）认为敌寇就在附近，未有余暇攻取远方，臣请暂且前去蕲州、黄州，审度形势的利害，再商议进攻还是退守。况且，金虏知道荆州、鄂州的驻军必然会从九江前来支援，如今若能从蕲州、黄州出兵，贵在灵活不拘，使敌人不能揣测我军行动。

乞发回亲兵札子

少保、枢密副使臣岳飞札子奏："臣契勘诸路军马已拨属御前，今来臣有将带到亲兵等，除量留当直人从，其余尽数欲乞发遣却归本处。所有鄂州及襄阳府等州军有以前发去防隘把截人马，及淮东、西军马，伏望睿慈早赐措置。庶几使缓急贼马侵犯，有所统摄，不致悮事。取进止。"

【译文】

少保、枢密副使臣岳飞札子奏："臣按查，诸路兵马已经拨归御前隶属，现在臣有带到行在的亲兵等人，除了稍留几人当值外，想请求把其余的人尽数发还本处。鄂州和襄阳等州军有从前派去防守关隘、把守截杀敌人的兵马，以及淮东、淮西的兵马，诚盼陛下早日赐下处理方案。或许若军情紧急、贼人兵马侵犯时，能够有所统率，不致误了大事。当否，请示。"

乞般家札子

少保、枢密副使臣岳飞札子奏："臣昨日尝具奏札，干冒圣聪，欲乞先次般妻、男云一房来行在。臣今欲乞尽数般妻家累来行在居住。取进止。"

【译文】

少保、枢密副使臣岳飞札子奏："臣昨日曾写有奏折，甘冒天听，欲要首先让妻子和儿子岳云一房搬来行在。臣今日想请求将家眷尽数搬来行在居住。当否，请示。"

卷第十三

经进鄂王家集卷之四

奏议中

辞镇南军承宣使第三奏

中卫大夫、武安军承宣使、神武副军都统制臣岳飞状奏："臣今月十五日准枢密院札子，奏圣旨，除臣正任承宣使，充江南西路沿江[①]制置使。臣已两具辞免，伏蒙圣慈降诏不允者。荣命下颁，惊魂顿失，辞章上达，帝命不俞。虽臣受之不惭，恐舆情之未协。辄陈恳愊，方切忧惶，复蒙天语之丁宁，告戒备至，愈使臣心之感戴，进退靡安，敢事虚辞，仰违明诏。窃念臣将天威而远讨，致贼巢之一空，妙策奇谋，悉遵圣训，破坚却敌，咸得士心，臣实何能，辄膺殊赏，既惭过量，复付重权，是诚叨冒以踰勋，非谓谦辞而避宠。况九江乃控扼之重地，连武昌为襟带之要冲，用得其人，周瑜所以败曹公于赤壁，御失其策，隋何所以取黥布于湓江，难使非才，滥膺此寄。伏望吝此咽喉之付，以属大臣；俯从蝼蚁之诚，使安愚分。所有上件恩命，乞赐寝罢。干冒天威，死有余罪。谨录奏闻，伏候敕旨。"

【注释】

①江：即长江。

【译文】

中卫大夫、武安军承宣使、神武副军都统制臣岳飞状奏："臣本月十五日根据枢密院札子，奉圣旨，授与臣正任承宣使之官阶，差充为江南西路沿江制置使。臣已两次呈写奏章请辞，而蒙圣慈降诏不允。皇命颁下，臣顿感惊慌失措；辞书上达，圣上却不允准。即便臣毫不惭愧地接受下来，也恐怕舆论因此不谐。遂屡次陈请，恳切忧惧。又蒙天子叮咛，告诫备至，更让臣感激爱戴，进退不安，哪敢用虚伪的言辞违悖英明的诏旨。窃念臣依持天子之威严，远讨贼寇，将贼巢洗荡一空。妙策奇谋，都遵循圣上的训喻；破坚却敌，全是将士的功劳。臣有何能，能屡次荣膺特殊的赏赐。本已对此过分的褒赏感到惭愧，又蒙陛下赋予重权，承受过多，实已超过所立的勋劳，这并非是臣故作谦逊之词而躲避皇帝的荣宠啊。况且九江是控扼南北的重地，连接着武昌，为襟带吴楚的要冲。若用人得当，当如周瑜败曹操建赤壁之功，若决策失误，恐若隋何说黥布叛于九江。勉强任用不合适的人选，只会辜负这重要的托付。望陛下吝惜这咽喉要地的付托，交予其他重臣；俯从我微贱的诚意，使我安心于本分。所有上述恩命，请赐予废止。臣触犯天威，死有余罪。恭谨上奏，伏候敕旨。"

辞男云特除保义郎閤门祗候奏

镇南军承宣使、神武副军都统制、江南西路沿江制置使臣岳飞状奏："臣今月十七日准枢密院札子，奉圣旨，除臣男云保义郎、閤门祗候者。伏念[1]臣寒陋无堪，上感圣恩，备员军事，未有涓埃之力，以报国家。况臣男云俾从戎伍，未立寸效，岂足仰副异眷，实不遑安。伏望特赐寝罢，以安愚分。谨录奏闻，伏候敕旨。"

【注释】

①伏念：伏，敬词；念，念及，想到。旧时致书于尊者多用之。

【译文】

镇南军承宣使、神武副军都统制、江南西路沿江制置使臣岳飞状奏："臣本月十七日根据枢密院札子，奉圣旨授与臣的儿子岳云为保义郎、閤门祇候。恭谨地想到臣出身寒陋不堪，承蒙圣上恩德，滥竽充数于军旅，尚未献出过微小的力量以报效国家。况且犬子岳云从戎之后尚未立功，哪里堪当如此特别的眷宠，臣实在是于心不安。伏望赐予废止这项恩命，使我安心于本分。恭谨上奏，伏候敕旨。"

乞罢制置职事奏

镇南军承宣使、神武后军统制、江南西路、舒、蕲州、兼荆南、鄂、岳、黄、复州、汉阳军、德安府制置使臣岳飞状奏："契勘飞昨蒙圣恩，除臣江南西路、舒、蕲州制置使，臣不敢辞免，伏恐朝廷别有使令，实不自安。方具陈控，继蒙除臣荆南、鄂、岳、黄、复州、汉阳军、德安府制置使，令臣收复襄阳等六郡。臣深体国事之急，愤激于怀，是以承命出征，不暇辞请，今来并已收复了当。窃念臣人微望轻，难任斯职，欲望特降睿旨，委任重臣，经画荆、襄，令臣罢制置使职事，依旧充神武后军统制，庶得少安愚分。谨录奏闻，伏候敕旨。"

【译文】

镇南军承宣使，神武后军统制，江南西路、舒、蕲州兼荆南、鄂、岳、黄、复州、汉阳军、德安府制置使臣岳飞状奏："按查，我前日承蒙圣恩，被授予江南西路、舒、蕲州制置使的职事，臣不敢辞免，唯恐朝廷还有别的使令，而内心实不自安。臣方才上奏陈告，又蒙恩授予荆南、鄂、岳、黄、复州、汉阳军、德安府制置使，命臣收复襄阳等六郡。臣深深体念国事紧急，胸怀愤激，所以受命出征，无暇请辞，如今襄阳六郡都已是收复完毕。臣窃念自己人微望轻，难任此职，望圣上降下旨意，另外委任重臣经营谋划荆、襄地区，免去臣的制置使职事，令臣依旧充任神武后军统制，让臣可以稍稍安于本分。恭谨上奏，伏候敕旨。"

辞建节札子

镇南军承宣使、神武后军统制、江南西路、舒、蕲州、兼荆南、鄂、岳、黄、复州、汉阳军、德安府制置使臣岳飞札子奏："臣伏蒙圣恩，除臣清远军节度使、湖北路、荆、襄、潭州制置使，依前神武后军统制，特封武昌县开国子、食邑五百户。伏念臣赋资凡下，才不逮人，旄节之崇，实匪序迁之比，在于疏逖，尤非宜据。伏望圣慈追寝误恩，以安微分，庶免颠隮之患，实出生成之赐。取进止。"

【译文】

镇南军承宣使，神武后军统制，江南西路、舒、蕲州兼荆南、鄂、岳、黄、复州、汉阳军、德安府制置使臣岳飞札子奏："臣恭蒙圣恩，授与臣清远军节度使、湖北路、荆、襄、潭州制置使，依旧为神武后军统制，特封武昌县开国子、食邑五百户。我的禀赋资质平庸低下，才略不及他人，节度使之位的授予实在是不能与按级次第的升迁相比，而臣身在荒远之地，尤其不宜占据这个位置。望圣上收回这项不适当的恩命，使臣安于本分，可免于招来困顿挫折，这就如同父母生养之恩一般啊。当否，请示。”

乞侍亲疾札子

镇南军承宣使、神武后军统制、江南西路、舒、蕲州、兼荆南、鄂、岳、黄、复州、汉阳军、德安府制置使臣岳飞札子奏：“臣辄具危恳，仰渎睿聪。臣愚戆之迹，奋身单微，初无尺寸之先容，独赖圣明之特眷，虽捐躯致命，曾不足以仰酬恩遇之丝毫，思报之心，宁有穷已。臣近者奉命收复襄汉，去家远涉六月余日。臣老母姚氏年几七十，侵染疾病，连月未安。近复腿脚注痛，起止艰难，别无兼侍，以奉汤药。人子之心，实难安处。伏望圣慈察臣悃愊，无他规避，暂乞许臣在假，以全侍奉之养。将本军人马，权暂令统制官王贵、张宪主管。候臣老母稍安，依旧管干职事，恭听驱策，结草衔环，誓图报效。冒犯雷霆之威，臣无任战惧激切之至。取进止。”

【译文】

镇南军承宣使，神武后军统制，江南西路、舒、蕲州兼荆南、鄂、岳、黄、复州、汉阳军、德安府制置使臣岳飞札子奏：“臣忽然呈上令人不安的恳求，冒渎圣听。微臣愚笨戆直，由寒微的境地奋力投身于军旅，最初并没有任何人的举荐，唯独倚赖圣上的眷顾，就算捐躯殒命，也不足以报答如此恩遇的一丝一毫，思报之心，无有穷尽。臣近来奉命收复襄汉，离家远行六月有余。臣的老母姚氏年近七十，侵染疾病，连月未愈。近来又有腿脚锐痛的症状，起坐艰难。臣没有其他兄弟可以同侍老母，以奉汤药，人子之心，实难安处。希望圣上体察臣的至诚之心，并不为了规避任何事，暂且允许臣告假，以尽孝心侍奉母亲。我将本军人马，权且暂令统制官王贵、张宪主管。待臣的老母稍为安好，臣依旧管干职事，恭听驱策，结草衔环，誓图报效。冒犯了圣上的雷霆之威，臣不胜战惧激切之至。当否，请示。”

辞建节第二札子

镇南军承宣使、神武后军统制、充江南西路、舒、蕲州、兼荆南、鄂、岳、黄、复州、汉阳军、德安府制置使臣岳飞札子奏：“臣契勘先具辞免江南西路、舒、蕲等州制置使，蒙恩降诏不允。续准省札，除臣清远军节度使、湖北路、荆、襄、潭州制置使。臣于今月初二日即具辞免，干犯天聪，至今未蒙施行。伏念臣谫薄之资，无足比数，误辱圣恩，备员军事，虽竭疲驽，殊无补报，空糜饘饩，朝夕靡遑，若更贪恋宠荣，不惟取诮人言，亦于臣之冒滥，实所不安。伏望睿慈洞察，检会臣前所奏，追寝成命[①]，早降指挥，令臣依旧官资充神武后军统制。庶安愚分，未致颠隮，终图报效。亵渎天威，臣无任震汗之至。取进止。”

【注释】

①成命：凡经中书奏拟、门下省审覆，然后付于尚书省施行之诏令，统谓“成命”。

【译文】

镇南军承宣使，神武后军统制，充江南西路、舒、蕲州兼荆南、鄂、岳、黄、复州、汉阳军、德安府制置使臣岳飞札子奏：“臣先前已上奏请辞江南西路、舒、蕲等州制置使的职事，蒙恩降诏，不允许臣辞免。又据省札，授予臣清远军节度使、湖北路、荆、襄、潭州制置使。臣已于本月初二日即时上奏辞免，冒犯了圣聪，至今未获允许。臣自认资质浅薄，不足以（与其他重臣）相提并论。误蒙圣恩充数于军旅，愚钝无能，虽竭尽所能也无有报称，白白消耗军粮，朝夕坐立不安，若更贪恋宠荣，不仅会招致讥讽，也会因为冒滥赏赐于心不安。望圣上洞察（臣的诚心），查考臣前日所奏，收回成命，早日降下旨意，令臣依旧充任神武后军统制。希望如此可令臣稍安本分，不至于招来困顿挫折，最终可以报效朝廷。多次冒渎天威，臣不胜震汗之至。当否，请示。”

缴节度告奏

镇南军承宣使、神武后军统制、充江南西路、舒、蕲州、兼荆南、鄂、岳、黄、复州、汉阳军、德安府制置使臣岳飞状奏：“契勘近蒙降到臣清远军节度使、湖北路、荆、襄、潭州制置使告一轴。臣实有愚悃，已累行具奏，不敢祗受。伏望圣慈速赐追还，以安微分。谨录奏闻，伏候敕旨。”

【译文】

镇南军承宣使，神武后军统制，充江南西路、舒、蕲州兼荆南、鄂、岳、黄、复州、汉阳军、德安府制置使臣岳飞状奏：“按查近日蒙恩收到清远军节度使，湖北路、荆、襄、潭州制置使官诰一轴。臣实有诚意，已累次上奏，不敢祗受这项恩赐。望圣上速赐追还，使臣安心于本分。恭谨上奏，伏候敕旨。”

辞建节第三札子

镇南军承宣使、神武后军统制、充江南西路、舒、蕲州、兼荆南、鄂、岳、黄、复州、汉阳军、德安府制置使臣岳飞札子奏："臣比具辞免清远军节度使，蒙恩降诏不允，遂再沥肝胆之诚，仰渎天听，乞赐追寝成命。今月十五日，伏蒙圣恩，再降诏不允。臣愚陋无堪，才术凡下，区区武弁，不当辄具泛辞控免，惟是旄节之重，实匪所堪，事干国政，不容冒受，惟望早赐追还，以安愚分。取进止。"

【译文】

镇南军承宣使，神武后军统制，充江南西路、舒、蕲州兼荆南、鄂、岳、黄、复州、汉阳军、德安府制置使臣岳飞札子奏："臣先前上奏请辞清远军节度使，蒙恩降诏不允许臣辞免，遂再次以披肝沥胆之忠诚，冒渎圣听，恳求圣上追还成命。本月十五日，再蒙圣恩降诏不允。臣愚钝浅陋不堪，才学平庸低下，区区一介武官，本不应当总是呈上文辞浮泛的告请，只是因为节度使委寄之重，实非微臣所能承受，事干国政，不容冒受，唯望陛下早早赐下追还成命的旨意，以使臣安心于本分。当否，请示。"

辞建节第四札子

镇南军承宣使、神武后军统制、江南西路、舒、蕲州、兼荆南、鄂、岳、黄、复州、汉阳军、德安府制置使臣岳飞札子奏："臣伏准尚书省札子，以臣辞免清远军节度使，特降圣旨不允，不得再有辞免。伏念臣猥以不才，幸蒙委使，敢谓涓埃之效，遽叨旄节之荣，若不屡辞，干渎天听，不惟叨冒宠荣，不皇安处，方今戎马侵扰，而误恩若加于人，深虑名器不重，劝赏不实，何以厌服公议。臣虽三贡丹诚，宸衷未允，敢望圣慈察臣之愚，实非矫饰。所有告命，见在鄂州军资库寄纳，伏乞特赐追还，以安愚分。取进止。"

【译文】

镇南军承宣使，神武后军统制，江南西路、舒、蕲州兼荆南、鄂、岳、黄、复州、汉阳军、德安府制置使臣岳飞札子奏："根据尚书省札子，因臣请求辞去清远军节度使的任命，已特降圣旨不允，并说不得再次上书请辞。念及臣鄙陋不才，侥幸得蒙圣上任使，哪里敢称自己有微末的功劳。忽然承受了节度使的荣宠，若不屡屡请辞，以致冒渎天听，不仅显得贪图宠荣，臣亦不能自安。况且如今虏人侵扰我国，若恩典误加于非人，臣深虑不能彰显朝廷对待名器的郑重，对颁布奖赏有所依据，这样如何使得公议信服。臣虽然已三次诚恳地请辞，未蒙圣上允可，万望陛下体察臣的愚钝，决非矫饰。所有的官诰，现在鄂州军资库寄存，恳请特赐追还，使臣安心于本分。当否，请示。"

劾刘康年伪奏乞恩泽奏

清远军节度使、神武后军统制、充湖北路、荆、襄、潭州制置使臣岳飞状奏："臣近读池州送到朝报[①]，内一项系臣画一陈乞，臣母封国夫人，第二项次男雷乞授文资，第三项乞江州庐山东林禅寺住持僧慧海佛心禅师事。臣伏读，不胜惊骇。盖臣先于鄂州驻扎日，遣本军提举事务、武功大夫刘康年将收复襄汉等赏功文字，前去行在投进。臣以鄂州去行在遥远，恐往复迟缓，又臣本军军器阙少，战马倒死者甚多，遂令刘康年赍空名印纸，因便将带陈乞军器、战马等事。不谓刘康年将前项印纸擅行书填，陈乞臣之私事。

窃念臣冗贱凡才，误蒙陛下擢任，兢兢旦夕，每虞不称。如臣近者蒙恩以收复襄汉六州，宠加旄节，臣凡五具恳辞，不敢祗受，虑或取诮公论，有玷清朝。敢谓康年遽上此请，方当国家多事之际，陛下宵衣旰食，亲御六师，经理戎政。臣虽至愚极陋，岂不知捐身效命，少图补报，况复敢以私门猥琐，希求恩宠。臣若不披露肝胆，力为辨雪，天下其谓臣何！伏望陛下察臣悃愊，实未尝敢萌此意，乞将上件恩数早赐追寝。仍将刘康年妄行书填印纸情罪，明正朝典，所有臣不合令刘康年将带空名印纸事理，见在本军待罪，伏乞同赐黜责施行。谨录奏闻，伏候敕旨。”

【注释】

①朝报：朝廷的公报。刊载诏令、奏章及官吏任免等事。

【译文】

清远军节度使，神武后军统制，充湖北路、荆、襄、潭州制置使臣岳飞状奏：“臣近日阅读池州送到的朝报，内中有一项内容是臣的逐一陈乞，请求封臣母为国夫人，第二项是请求给次男岳雷授予文职，第三项是请求授予江州庐山东林禅寺住持慧海为佛心禅师，臣读后十分惊骇。因臣先前在鄂州驻扎时，曾派遣本军提举事务、武功大夫刘康年携带有关襄汉战役等赏功的报告前去行在呈进。因鄂州离行在路途遥远，臣恐怕刘康年在两地往来，行程迟缓，且臣本军正缺乏军器，战马倒死的也很多，于是令刘康年携带了空白印纸，方便随时陈请军器、战马事宜。不料刘康年竟擅自使用前述空白印纸陈请臣的私事。

“微臣卑微平凡，误蒙陛下提拔任用。日夜小心谨慎，总担心自己的能力作为对不起陛下的托付。譬如臣因收复襄汉六州后，蒙恩被授予了节度使，臣五次上章恳切辞免，不敢接受，就是担心取诮于公论，玷污朝廷的清誉。刘康年忽然呈上这样的请求，正当国家多事之秋，陛下日理万机，亲御六军，治理军政。臣虽然愚陋至极，岂不知奉身图报的道理，又哪里敢拿家门私事来希求恩宠。臣若不以披露肝胆的诚意辩白清楚，天下人会怎样评论我啊！望陛下体察臣的至诚，实在未曾敢萌生这样的想法，请求陛下将上述封赐早日追还，并将刘康年妄自书填印纸的罪情予以公开惩处。所有关于臣不应令刘康年携带空名印纸的事理，臣现在本军待罪，望陛下一同降罪责罚。恭谨上奏，伏候敕旨。”

再乞寝罢刘康年妄乞恩泽札子

清远军节度使、神武后军统制、充湖北路、荆、襄、潭州制置使臣岳飞札子奏：“契勘臣近于正月初一日尝具奏，闻为本军提举一行事务官[①]、武功大夫刘康年妄行书填印纸，乞母封国夫人，次男雷换文资，僧慧海禅师事，乞赐追寝。仍将刘康年妄行书填印纸情罪，明正朝典，所有臣不合令刘康年将带印纸事理，臣见在本军待罪，乞同赐黜责施行去后。今月十七日准尚书省札子：‘正月八日，三省同奉圣旨，岳飞放罪。刘康年罢神武后军提举一行事务，依冲替[②]人例施行，系事理重，仍追夺收复襄汉等赏。飞母封号系是特恩，可依已降指挥，余令改正。’

臣以猥琐之资，曲荷天地广大之恩，终不加罪，保全微臣，臣虽殒身，无以仰报圣德万分之一。重念臣奋迹单微，今来滥厕承流，于法母已是当封淑人。遭际陛下，实为荣幸，岂敢逾分，过有邀求。前三事上感睿照，特赐辨明，皆已施行。独有臣母国夫人号，未蒙改正。窃惟国家封爵，自有彝制，岂可躐等超迁，有紊旧章。若因刘康年妄有陈请，陛下必欲以此封臣之母，不惟臣终不遑安，亦于公论不以为允。伏望圣慈洞察，怜臣勤恳之诚，俯从所欲，将臣母特封国号事，速赐追还，以正名分。取进止。

贴黄：如以为特恩不可复夺，乞将飞旄钺恩数追寝，回授[3]施行，庶机不致滥受。伏乞睿照。”

【注释】

①提举一行事务：此处特指宣抚司提举一行事务。军职名。由有战功、有威望的统制官或亲信兼领，为宣抚使掌管军务的重要助手；可代宣抚使掌领宣抚司军马，并负责一方，指挥各军统制联合作战及申报战况等。（据《宋代官制辞典》，第467页。）

②冲替：宋代公文习用语。谓贬降官职。

③回授：古代官员把所得的封赠呈请改授他人。

【译文】

清远军节度使，神武后军统制，充湖北路、荆、襄、潭州制置使臣岳飞札子奏：“按查臣近来于正月初一日曾上奏，因听闻本军提举一行事务官、武功大夫刘康年妄自书填空白印纸，陈请封臣母为国夫人，次男岳雷换授文职，以及寺僧慧海赐禅师称号三事，请求陛下追还成命。及请将刘康年妄填印纸一事公开惩处，所有关于臣不应令刘康年携带空白印纸的事理，臣现在本军待罪，乞请一同责罚。本月十七日根据尚书省札子：‘正月八日，三省同奉圣旨赦岳飞罪。罢免刘康年提举一行事务的职务，依照贬官人的常例执行，因所系事理重大，追夺刘康年先前因收复襄汉而获得的赏赐。岳飞母国夫人的封号是特恩，可依照已降圣旨执行，其余的命令改正。’

“臣以微末的资质，承蒙天地宽厚之恩，终未获罪，得以保全。臣即便捐躯殒命也无以报答圣德之万一。又念臣出身寒微，如今却混充于清流，按照规定臣母可以封为淑人。臣遭逢陛下的际遇，实在是荣幸，岂敢逾越本分，过度要求。前三事蒙圣上明察，特赐辨明，皆已实施。惟独臣母国夫人的封号，未蒙更正。窃念国家封爵自有一定的常制，岂可越级超升，混乱制度。若因为刘康年妄自陈请，陛下一定要以此封臣母，不仅臣始终不能安处，亦为公论所不允。万望圣上洞察，怜悯臣的诚挚恳切，顺从臣的所想，将臣母特封为国夫人称号的命令迅速追回，以正名分。当否，请示。

"贴黄：如认为特恩不再能追回，请求将先前赐臣的节度使恩数收回并废止，依回授制度执行，则不致于让臣滥受恩赏。伏望明察。"

辞男云雷除閤职札子

清远军节度使、神武后军统制、充湖北路、荆、襄、潭州制置使臣岳飞札子奏："臣今月十一日准尚书省札子，奉圣旨，除臣男云閤门宣赞舍人，雷閤门祗候。伏念臣寒陋之资，遭际圣明，恩纪过厚。比者入觐天光，荐叨异数，顾虽捐躯致命，莫报万分。今者宠眷日来，又及贱息。念臣何功，冒兹优渥，成命初颁，惊悸失措。实惟臣么麽贱微，凌躐已极，而父子侥冒，公议尤所不容。陛下如欲始终保全，愿收还误恩，俾安愚分，庶几不犯贪进之戒，获逭他日之谴。取进止。"

【译文】

清远军节度使，神武后军统制，充湖北路、荆、襄、潭州制置使臣岳飞札子奏："臣本月十一日根据尚书省札子，奉圣旨授犬子岳云为閤门宣赞舍人，岳雷为閤门祗候。念及臣出身卑微浅陋，际遇圣上的赏识，恩情厚重。近年入朝觐见已频频获得过高的礼遇，臣虽捐躯殒身也不能回报圣德之万一。如今宠眷日隆，又及犬子。念臣有何功，可以如此冒领优赏。成命颁布之时，臣顿感惊惶失措。实在是因臣低下微贱，而所获恩赏已超越常规到了极点，若臣父子都如此贪冒，则公议尤所不容。陛下如欲保全微臣于终始，愿请收回误恩，使臣父子安心于本分，可望不犯贪进之戒，免遭后时讥谴。当否，请示。”

乞宫祠札子

镇宁、崇信军节度使、神武后军都统制、荆湖南、北、襄阳府路制置使臣岳飞札子奏：“比具诚恳，冒犯天聪，以荆、襄三路目今盗贼屏息，乞罢制置使职事，以安愚分，未蒙俞允。窃念臣自收复建康，相继六年，正当大暑，讨捕寇攘。虽臣子义当捐躯效命，报称之时，固不应复有披陈。然臣自收捕曹成入广，渐染瘴疠，后来屡中暑毒，每至夏月，疾间发作，两目赤昏，饭食不进。加之老母别无兼侍，病既在身，母且垂白。若臣贪冒宠荣，不知进退，非惟臣所不安，又以臣所统军马不少，方陛下恢复故疆，奉迎二圣，宜选贤能，建图事功；而臣至愚极陋，岂可久滥兵权，以妨豪杰之路。情至迫切，实非缘饰诞妄，上欺天听。欲望圣慈察臣之心，本非避事，除臣一在外宫观差遣。如犬马之年未殒，他日尚可以备员边面，以受驱策。伏乞俞允，早赐降付施行，不胜幸愿。紊渎宸扆，臣无任震汗激切之至。取进止。”

【译文】

镇宁、崇信军节度使，神武后军都统制，荆湖南、北、襄阳府路制置使臣岳飞札子奏：“臣日前诚恳上奏，冒犯圣听，乃因荆湖南、北及襄阳府三路的盗贼现已敛迹消失，请求罢去臣制置使的职事，以使臣安心于本分，而未蒙允可。臣窃念自收复建康以来，相继六年每每于酷热的天气讨捕盗匪。虽然身为臣子义当捐躯效命，报答人君，本不应再有表白。然而臣自收捕曹成而进入广南西路，渐渐浸染瘴疠，后来又屡中暑毒，以至于现在每到夏天，旧疾就不时发作，双眼红肿、视物不清，不思饭食。加之臣无其他兄弟并侍老母，臣有病在身，而臣母垂垂老矣，若臣贪图宠荣，不知进退，不仅让臣于心不安，又因臣所统军马不少，而陛下正当恢复故土、奉迎二圣之时，宜另选贤能，建图功业；而臣愚陋至极，岂能长期虚掌兵权，妨碍豪杰为国家建功的道路。情势紧急，绝不是用夸饰虚妄的言辞欺骗圣上。望陛下体察臣的本心实非为了逃避事务，请授臣一个奉职于在外诸州府的宫观差遣。若得不死，他日还可以充数于边疆的军旅，受陛下驱策。万望允可，早日赐旨执行，不胜幸愿。多次烦扰圣安，臣不胜惊恐之至。当否，请示。”

乞宫祠第二札子

镇宁、崇信军节度使、神武后军都统制、荆湖南、北、襄阳府路制置使臣岳飞札子奏：“臣于六月十八日尝具奏札，冒犯天聪，惟切震惧，朝夕恭俟宸命。今月十九日准尚书省札子，奉圣旨，岳飞已平湖湘，见措置上流事务，责任繁重，所请不允，仍不得再有陈请者。伏念臣起身田野，势援孤单，荷陛下天地父母之恩，曲垂覆育，虽臣捐躯效死，岂足以图报万分之一。臣前所请，固非忍为，亦非所愿，实以臣垂白之亲，别无兼侍，年来多病，颇觉羸瘠，又臣先所染瘴，缘冒暑毒，今亦未瘥。虽平居无事，犹恐不能任责，况今日上流形势，所系至重，若非智谋宏远、勇略过人者，安能分陛下宵旰之忧，仰副委寄。如臣不才，冒滥宠荣，加以抱疾而不知止，终恐有悮使令，上贻陛下忧顾。伏望圣慈察臣愚悃，不敢饰辞，早赐俞允，除臣一在外宫观差遣，苟免颠隮，实出生成之赐。取进止。”

【译文】

镇宁、崇信军节度使，神武后军都统制，荆湖南、北、襄阳府路制置使臣岳飞札子奏：“臣曾于六月十八日上奏，冒犯天听，深深震惊惧怕，朝夕恭候圣上的谕旨。本月十九日根据尚书省札子，奉圣旨：岳飞已平定湖湘贼寇，现治理着长江上流防务，责任既繁且重，所请求的事不予允可，依旧不准再有陈请。臣念起家于田野，没有深厚的背景和关系，承蒙陛下如天地父母般的恩情，俯赐培育，臣就算捐躯效死，岂能图报圣恩的万分之一。臣前日所请，固然不是臣子忍心所为，也非本心所愿，实因臣的老母，没有其他兄弟一起侍奉，近年多病，非常瘦弱。又臣先前感染了瘴疠，因屡经暑毒，至今未愈。平居无事时，臣已忧恐不能胜任重责，何况以今日上流的形势，臣所承担的职事关系重大，若非智谋宏远、勇略过人者，怎能为日理万机的陛下分忧，不辜负陛下的托付呢。如臣这样无才无能、滥竽充数、贪图宠荣之辈，若再加上患病还不知适时而止，终究恐怕有误使令，给陛下留下忧患。诚望圣上体察臣的愚衷，臣决不敢托辞掩饰，请早日赐下允可，授臣一个奉职于在外诸州府的宫观差遣，苟免困顿，这就如同父母的生养之恩一般啊。当否，请示。”

乞宫祠第三札子

镇宁、崇信军节度使、神武后军都统制、荆湖南、北、襄阳府路制置使臣岳飞札子奏：“先具诚恳，冒渎天聪，乞一在外宫观差遣。准尚书省札子，奉圣旨，不允，仍不得再有陈请者。伏念臣起自白丁，误蒙器使，仰荷圣慈委曲异眷，虽父母之爱其子，何以复加；顾臣之事陛下，岂不愿殚竭疲驽，以毕此生，仰图报效。况今防秋[①]是时，讵敢托以他事，觊安闲退。实缘臣老母垂白多病，又臣渐染瘴疾，四肢堕废，两目昏赤，而臣职掌兵戎，系国利害，莫大于此。臣若贪冒荣宠，昧于进退，不哀鸣控告于君父，在臣一身，固不足惜；重念朝廷付以上流，责任不轻，恐致颠隮，有悮委寄。伏望睿照矜其愚悃，别无规避，特降指挥，检会臣前所陈请，早赐俞允，不胜幸甚。取进止。”

【注释】

①防秋：古代西北各游牧部落，往往趁秋高马肥时南侵。届时边军特加警卫，调兵防守，称为“防秋”。这里指为防备金、伪齐军在秋天南侵而进行的防守部署。

【译文】

镇宁、崇信军节度使，神武后军都统制，荆湖南、北、襄阳府路制置使臣岳飞札子奏：“臣先前曾诚恳上奏，冒犯天听，乞请授臣一奉职于在外诸州府的宫观差遣。根据尚书省札子，奉圣旨：不允，且不准再有陈请。念及臣起于白丁，误蒙陛下重用，迁就周全，特别恩宠，就算是父母对子女的宠爱，也不过如此，反思臣之侍奉陛下，岂能不愿竭尽全力以毕此生，以图报效。况且现在正值防秋之时，怎敢托辞于他事，一味希图自身的平安闲退。实在因为臣母年老多病，且臣又渐染瘴疾，以致四肢荒废，两目红肿，视物不清，而臣职掌兵戎，关系着国家的安危利害，莫大于此。臣若贪冒荣宠，不晓进退，不如此哀告于君父之前，臣的一身荣辱固不足惜；而念及朝廷将长江上流托付给臣，责任不轻，担心因臣的原因陷国家于困顿之境，有负圣上的嘱托。诚望圣上体察怜悯臣的本心并不是为了规避任何事，特降旨意，查考臣先前所有的陈请，早日赐予允可，臣不胜幸甚。当否，请示。”

辞检校少保第二札子

镇宁、崇信军节度使、神武后军都统制、荆湖南、北、襄阳府路、蕲、黄州制置使臣岳飞札子奏：“臣比具辞免检校少保恩命事，今月十五日，伏蒙圣恩曲降诏谕，未赐俞允。臣义有未尽，跼蹐靡皇，辄敢再翊丹诚，仰干渊听。伏念臣本无才术，误膺眷渥，未能攘却夷狄，扫除僭窃，以副陛下削平祸乱之（以下原阙）。

【译文】

镇宁、崇信军节度使，神武后军都统制，荆湖南、北、襄阳府路、蕲、黄州制置使臣岳飞札子奏：“臣前日已上章请辞检校少保的恩命，本月十五日，承蒙圣恩降诏不予允可。臣义有未尽，战惧不安，立刻再致赤诚，干犯天听。念及臣本无才学，误蒙陛下的眷顾与恩泽，却尚未能攘却夷狄，扫除伪立的政权，以承当陛下削平祸乱的（以下原文缺）。

辞招讨使札子（阙）

辞招讨使第三札子

镇宁、崇信军节度使、神武后军都统制、荆湖南、北、襄阳府路、蕲、黄州制置使臣岳飞札子奏：“臣比两具辞免招讨使恩命。今月十六日准尚书省札子，奉圣旨，依已降诏旨，不允，不得再有陈请者。伏念臣才术空疏，智识凡下，方恳辞检校少保之恩，岂谓复进招讨之任，荐膺眷渥，抚己惊惶。切惟阃外之重，责任非轻，自匪德望服人，韬略迈众，何以仰副陛下遴选委寄之意，如臣不才，曷足当此。伏望圣慈察臣之衷，实欲少安分守，早赐追还成命，庶协师言。取进止。”

【译文】

镇宁、崇信军节度使，神武后军都统制，荆湖南、北、襄阳府路、蕲、黄州制置使臣岳飞札子奏：“臣先已两次上章请辞招讨使的任命。本月十六日根据尚书省札子，奉圣旨：依照已降圣旨，不予允可，不准再有陈请。伏念臣才学浅薄，见识平庸低下，刚刚才恳辞了检校少保的恩命，岂可再晋级接受招讨使的大任。臣屡次荣膺这样的眷爱恩泽，自省之时不免惊惶。朝廷外任一方大将，关系重大、责任非轻，若德望不能服人，韬略不能超众，何以承当陛下选拔嘱托的期望，如臣之不才，怎足以承担这样的重任。诚望圣上体察臣的愚衷实欲稍安于职分，请早日追回成命，可望调和众人之言。当否，请示。”

卷第十四

经进鄂王家集卷之五

奏议中

辞检校少保第四札子

镇宁、崇信军节度使、神武后军都统制、荆湖南、北、襄阳府路、蕲、黄州制置使臣岳飞札子奏："臣比具辞免除臣检校少保[①]恩命。今月初一日再准尚书省札子，奉圣旨，依已降诏旨，不允，不得再有陈请者。伏念臣已三贡辞章，出于诚悃[②]，冒犯天威，罪不容赦，圣恩广大，一赐温诏，两降札命，扪心揣分[③]，感极涕零。伏念臣草芥固陋，备数戎昭，曾无尺寸之功，仰报天地之德。窃以亚保[④]之位，实预三孤[⑤]之贵，所以赏有功而进豪杰也。如臣何人，辄膺斯宠。是以心不自安，终难冒受，不避谴诛，再伸前恳，非敢徒为辞逊。伏望圣慈矜察愚衷，早还成命，庶令臣少安分守。臣不胜虔祈俟命之至。取进止。"

【注释】

①检校少保：虚衔，一般是用于嘉奖武将，是武臣最高官位之一。检校三公为检校太师、检校太傅、检校太保，检校三少为检校少师、检校少傅、检校少保。文臣累加至检校少师，则为开府仪同三司；武臣累加至检校少师，则为太尉。

②诚悃：真心诚意。

③扪心揣分：抚摸胸口，表示反省。

④亚保：即少保的别称。

⑤三孤：少师、少傅、少保的总名。

【译文】

镇宁、崇信军节度使、神武后军都统制、荆湖南、北、襄阳府路、蕲、黄州制置使臣岳飞札子奏："臣不久前上奏请辞检校少保的恩命。本月初一，再接到尚书省的札子，奉圣旨：依照已经降下的诏旨，不允臣辞免，不得再上奏陈请。念及臣已然三次上奏辞免的奏章，出自真心实意，冒犯天威之处，罪不容赦，圣恩宽大，一次赐下辞情恳切的诏书，两次降下札命，臣扪心自问，反省自身，极为感动，涕泪交加。请陛下念在臣出身草芥，见识浅薄，充数于军旅之中，竟无尺寸功勋可以报答天地造化之德。少保之位，实有三孤之尊贵，窃以为这是用来奖赏有功之士，提拔才俊豪杰的。臣是何等样人，怎敢获此殊荣。因此心中不安，终究难以冒领，不敢躲避谴责诛罚，再次申述原先的恳请，并不是假意的推辞。恳请陛下怜悯体察臣的心愿，早日收回成命，但愿能因此令臣稍稍安心于分内之事。臣当不胜恭谦地祈祷圣命的到来。当否，请示。"

辞宣抚副使札子

检校少保、镇宁、崇信军节度使、湖北、襄阳府路招讨使、兼本路营田使臣岳飞札子奏："臣三月十八日，准御前金字牌[①]递到枢密院札子，枢密院奏，勘会岳飞已降指挥，除湖北、京西南路宣抚副使，奉圣旨，疾速兼程前去鄂州，措置军事者。臣闻命震惊，罔知所措，臣近叨受招讨使，不容牢辞，又蒙圣恩授以前件差遣。切念臣一介寒贱，误膺器使[②]，顾土宇恢复之迹，未见尺寸，而厚恩醲赏，涯分已踰。且以宣抚之重名，实寄专征之大事，自非廊庙近臣、勋伐高世者，岂当冒躐而居。异时付托失人，或误驱策，虽粉臣骨，曷足以谢陛下。兼招讨使权不为不重，若更加以甚高非常之宠，必起负乘斯夺[③]之悔。所有宣抚副使恩命，实难祇受，伏望追寝误恩，庶安愚分。臣无任悚惧恭听宸命之至。取进止。”

【注释】

①御前金字牌：宋代驿传中以最快的速度发送文件的“急脚递”所悬的木牌。因其为朱漆黄金字，且由皇帝直接发出，内侍省直接派人传递，用于传递紧急军事命令。

②器使：重用。

③负乘斯夺：语出《易·系辞上》：“小人而乘君子之器，盗思夺之矣。”后以“负乘斯夺”指才德不称其职会招致祸患。

【译文】

检校少保，镇宁、崇信军节度使，湖北、襄阳府路招讨使兼本路营田使臣岳飞札子奏：“臣三月十八日根据御前金字牌所传递来的枢密院札子（得知），枢密院奏：‘岳飞已被授予湖北、京西南路宣抚副使，奉圣旨，命岳飞疾速兼程前往鄂州，部署军务。’臣闻命极是震惊，不知所措，臣近来才叨受招讨使一职，虽坚决辞谢，却未蒙允可，现在又承蒙圣恩授以前项差遣。恳请陛下顾念臣出身寒贱，侥幸被予以重用；环顾恢复大业，未见有尺寸之地收复，然而朝廷待臣厚恩重赏，已然逾越了限度。况且以宣抚使位高名重，实质上是授以自主征伐的大事，若非朝廷近臣、功勋高于世人的重臣，岂该越级担当此任？万一将来所托非人，或是有误驱策，即使臣粉身碎骨，也不能承担陛下的重托。兼之招讨使的权位也不可谓不重大，若是再加以非常的殊宠，必会发生负乘斯夺之悔。这宣抚副使的恩命，臣实难领受，诚盼陛下收回误施的恩泽，臣方能心安。臣不胜惶恐，恭听陛下圣命。当否，请示。”

辞母亡格外赙赠及应办丧事奏

草土臣[①]岳飞状奏：“臣准御前金字牌递到尚书省札子二道，奉圣旨，岳飞母身亡，已降指挥起复[②]，于格外特赐银、绢一千匹、两，令户部支给。所有葬事，令鄂州协力措置施行。臣上荷圣恩，唯知感泣。契勘臣今般挈家属，扶护母丧，已至江州瑞昌县，择定江州界营葬。臣以月俸之余，粗足办集，所有上件恩数[③]并格外赙赠[④]，伏望圣慈併赐寝罢，庶安愚分。谨录奏闻，伏候敕旨。”

【注释】

①草土臣：官吏在居丧中对君上具衔时的自称。

②起复：宋代官员有三年守父母丧（丁忧）之制，在守丧期内，须解官持丧服。丧期满复职称“服阕”，如丧期未满，朝廷特许或特诏复职者，称“起复”。“起复”任事之后，该官员官衔前系“起复”二字。（据《宋代官制辞典》，第652页。）

③恩数：指朝廷赐予的封号等级。

④赙赠：指赠送给丧家的财物。

【译文】

草土臣岳飞状奏：“臣根据御前金字牌递到的两道尚书

省札子得知，奉圣旨：岳飞母亲身亡，已经降下命令起复，且格外特赐银一千两、绢一千匹，命户部支给。所有丧葬事宜，令鄂州协力安排料理。臣上蒙天恩，唯有感泣。臣如今携带家属，扶母亲灵柩，已经抵达江州瑞昌县，择定于江州地界安葬。臣依靠月俸的余钱，足以办齐丧事所需，所有以上恩赏和格外的赙赠，诚望陛下一并特赐停止，臣方才心安。恭谨上书，伏候敕旨。”

乞终制札子

草土臣岳飞札子奏：“臣今月十二日至江州瑞昌县界，准枢密院奏：‘勘会岳飞丁母忧[①]，已择日降制起复，缘目今人马无人主管，及见措置进兵渡江，不可等待，奉圣旨，先次行下[②]，岳飞特起复，仍日下[③]主管军马，措置边事，不得辞免。’伏念臣孤贱之迹，幼失所怙，鞠育训导，皆自臣母。国家平燕云之初，臣方束发[④]，从事军旅，誓期尽瘁，不知有家。自从陛下渡河以来，而臣母沦陷河朔，凡遣人一十八次，始能般挈，得脱虏祸，惊悸致疾，遂以缠绵。臣以身服戎事，未尝一日获侍亲侧，躬致汤药之奉。今者遭此大难，荼毒哀苦，每加追念，辄欲无生。而陛下恩眷有加，即命起复，在臣么微，固深衔戴。然臣重念为人之子，生不能致菽水之欢[⑤]，死不能终衰绖之制[⑥]，面颜有靦，天地弗容。且以孝移忠，事有本末，若内不克尽事亲之道，外岂复有爱主之忠。臣已般挈扶护前来，欲于江州或南康军界营葬。伏望圣慈矜怜余生，许终服制。取进止。”

【注释】

①丁母忧：指遭逢母亲丧事。

②行下：行文下达。

③日下：即日，当天。

④束发：古代男孩成童时束发为髻，因以代指成童之年，指十五至二十岁之间。

⑤菽水之欢：指哪怕生活清苦，也会尽心尽力地侍奉父母。菽水，指所食唯豆和水，形容生活清苦。语出《礼记·檀弓下》："子路曰：'伤哉！贫也！生无以为养，死无以为礼也。'孔子曰：'啜菽饮水尽其欢，斯之谓孝。'"后常以"菽水"指晚辈对长辈的供养。

⑥衰绖之制：丧服。古人丧服胸前当心处缀有长六寸、广四寸的麻布，名衰，因名此衣为衰；围在头上的散麻绳为首绖，缠在腰间的为腰绖。衰、绖两者是丧服的主要部分。此处意为居丧的礼制。

【译文】

草土臣岳飞札子奏："臣本月十二日抵达江州瑞昌县地界，根据枢密院上奏的公文：'查知岳飞丁母忧，已择日降下制命起复，因目前兵马无人掌管，且现下正筹谋兵渡长江，不可等待。奉圣旨，先行文下达，岳飞特旨起复，即日恢复主管兵马，措置边事，不得辞免。'臣一介孤贱之身，自幼丧父，教诲训导，皆是出自母亲。国家平定燕云之初，臣方在束发之年，投身军旅，誓期鞠躬尽瘁，不知有家。自从跟随陛下南渡黄河以来，而臣的母亲身陷河北，臣共派遣人十八次，方才将臣母寻回，得以逃脱虏祸，然而母亲惊悸过度，导致身患疾病，最终缠绵不愈。臣因为身服戎事，未尝有一日能服侍母亲左右，未尝有一日能亲自侍奉汤药。如今遭逢母亲去世的大难，悲痛哀苦，每每追忆怀念（母亲的音容笑貌），就痛不欲生。陛下恩荣眷顾有加，即刻降命起复，在臣么微之身，臣固然深深感戴。然而臣思之再思，母亲在世时不能奉菽水之欢，死后不能终衰经之制，无颜面对，天地不容。且以孝移忠之论，事情有本末之分，若于内不能克尽事亲之道，于外岂有爱君之忠。臣已扶柩前来，欲在江州或者南康军地界安葬。伏望陛下怜悯臣这残破之躯，许臣终居丧之制。当否，请示。”

辞格外赙赠银绢札子

草土臣岳飞札子奏：“比蒙圣恩，以臣母身亡，特赐银、绢一千匹、两，即具恳免。今月初一日，准御前金字牌递到尚书省札子，奉圣旨，不允。伏念臣遭遇圣眷，过于山岳，感激之心，惟极涕泗。今已安葬了当，种种办集，皆自陛下恩被之所及，所有前项银、绢实难重叠祗拜，伏望特赐寝罢。取进止。”

【译文】

草土臣岳飞札子奏：“前蒙圣恩，因臣母过世，特赐银一千两、绢一千匹，臣当时已上奏辞免过了。本月初一，根据御前金字牌递到的尚书省札子，奉圣旨，不准。臣承蒙圣眷优渥，重于山岳，感激之心，唯有极尽涕泪可表一二。如今已然将臣母安葬停当，种种所需之物都已置办齐全，这皆是出自陛下恩泽所及之处，所有前面赏赐的银、绢实难再次拜领，伏望陛下特赐旨收回。当否，请示。”

乞终制第二札子

草土臣岳飞札子奏：“准枢密院札子，勘会臣母魏国太夫人姚氏身故，已降指挥起复，仍日下主管军马职事，不得辞免，仍具已供职月日闻奏。臣契勘除已具辞免奏闻外，伏望圣慈检会所奏，特许臣终制。取进止。”

【译文】

草土臣岳飞札子奏：“接到枢密院的札子，查知臣母魏国夫人姚氏身故，已经降下起复的命令，立即恢复掌管兵马，不得推辞，并且要写札子将复职的日期上奏朝廷。臣按查，已经上奏请辞，诚盼陛下查考臣之所奏，特许臣服满丧制。当否，请示。”

乞终制第三札子

草土臣岳飞札子奏：“近于四月十二日具奏，辞免起复检校少保、武胜、定国军节度使、湖北、京西路宣抚副使。今月初一日，准御前金字牌递到尚书省札子，奉圣旨，不允，令学士院降诏，仍不得再有陈请。依已降指挥，日下主管军马，措置调发，不管少失机会者。伏念臣叨荷圣恩，实倍伦等①，惟期尽忠，庶图报称②。缘臣老母沦亡③，忧苦号泣，两目遂昏，方寸亦多健忘，自揆余生，岂复尚堪器使。非敢独孝于亲，而于陛下不竭其忠，正谓灾屯④如此，不能任事。况臣一介右列⑤，若学术⑥稍优，谋略可取，亦当勉强措置调发。臣于二者俱乏所长，今既眼目昏眊，又不能身先士卒，贾作锐气。苟不罄沥血诚，披告陛下，则他日必致颠跻⑦，上辜委寄。伏望睿慈俯察孤衷，许臣终制。取进止。”

【注释】

①伦等：同辈、流辈。

②报称：报答。

③沦亡：原意是灭亡、丧亡，此处意为母亲过世。

④灾屯：亦作“灾迍”，灾难、祸患。

⑤右列：指武官，上朝站班时文东武西，武将居于朝班之右。

⑥学术：治国之术；本领、本事。

⑦颠跻：坠落；困顿挫折。

【译文】

草土臣岳飞上奏：“近来臣于四月十二日曾上奏，推辞起复臣为检校少保，武胜、定国军节度使，湖北、京西路宣抚副使（的恩命）。本月初一，接到御前金字牌递来的尚书省札子，奉圣旨，不允臣辞免，命学士院降下诏旨，（命臣）不得再有陈请。依照已经降下的命令，命臣即日恢复主管兵马，措置调发事宜，不得错失良机。臣诚念承蒙圣恩，实在是多于同辈许多，惟有竭尽忠心，或许能报答一二。只因臣老母过世，臣忧苦恸哭，导致双目昏痛，心中亦多健忘，自思余生，岂能再堪重用？臣并非敢独独孝于母亲，而对于陛下却不竭尽忠心，只是偏偏命中如此多灾，不能担任大事。况且臣一介武人，若是治国之术优异一些，谋略可取一些，亦该勉强措置调发兵马之事。（然而）臣对于此二者皆非所长，（且）如今既然双目昏痛，又不能身先士卒作战以鼓舞大军的锐气。若不坦诚直言，如实相告陛下，则他日行事必将有所差池，辜负了陛下的期望。诚盼陛下察明臣之衷怀，许臣完成服丧的礼制。当否，请示。”

目疾乞解军务札子

起复检校少保、武胜、定国军节度使、湖北、京西路宣抚副使、兼营田使臣岳飞状奏：“臣先为目疾昏痛，不能视物，在假服药医治，累奏乞致仕，将宣抚司事务权令参谋官薛弼、参议官李若虚管干[①]。已申奏朝廷，听候指挥去讫[②]，未蒙回降指挥。十月十五日夜，据参谋官薛弼传到御前札子一封，付岳飞，系金字牌降到，内系黄纸。臣遂拆开，认是宸翰，臣即时遥拜跪领，不觉感激涕泪。臣平日切切思报陛下之心，惟冀当此大敌，少展区区。适以病目，转觉昏暗，臣私心不胜痛愤。又于十六日据薛弼申，累准金字牌降到御封枢密院札子，催促全军人马前去江、池州，称已勾抽[③]襄阳等处军马前来，犹恐迟缓，已整龊[④]在寨军马，止候兜请钱粮，俵散[⑤]衣赐[⑥]了当，先次起发。臣比在假，每日连併服药，全未见效。伏望睿慈检会臣累奏事理，速赐施行，庶几不悮国事。取进止。”

【注释】

①管干：犹管勾，即管理、办理。

②去讫：犹完毕、完了。

③勾抽：谓抽调军队。

④整龊：即整饬。

⑤俵散：分给、散给。

⑥衣赐：分发衣料。衣赐，宋代官员俸禄的一部分。凡衣赐，分为春服、冬服两次，给绫、绢、罗、绵，各有等差。（据《宋代官制辞典》，第660页。）

【译文】

起复检校少保，武胜、定国军节度使，湖北、京西路宣抚副使兼营田使臣岳飞状奏："臣先前为目疾所困，双眼昏痛，不能视物，在丧假中服药医治，累次上奏请求致仕，将宣抚司的事务权且命宣抚司参谋官薛弼、参议官李若虚管理。臣已经申奏朝廷，只等朝廷下达命令，（然而）未曾得到回复的命令。十月十五日夜里，臣得到一封参谋官薛弼传到的御前札子，指明‘付岳飞’，由金字牌降下，内由黄纸书写。臣于是拆开，认得是陛下亲笔，臣即刻遥拜跪领，不觉间感激涕零。臣平日思报陛下之心切切，只希望当此大敌之时，能稍稍报答一二。（不想）恰好患上目疾，转而觉得双目昏暗，臣心中不胜痛愤。又于十六日据薛弼申报，屡次接到金字牌降下的御封枢密院札子，催促臣的全军人马前去江州、池州，并称已经抽调襄阳等地的兵马前来，臣唯恐迟缓延误，已经整饬好在寨的兵马，单等分发钱粮、衣料完毕，便先行起程。臣先前在丧假中，每日持续服药，全不见效。伏望陛下查考臣屡次奏请的事项，速赐命令，准许施行，希望不要耽误国事。当否，请示。”

辞太尉札子

起复检校少保、武胜、定国军节度使、湖北、京西路宣抚副使、兼营田使臣岳飞札子奏：“今月二十五日，进奏官①报内降②白麻③一道，除臣起复太尉，依前武胜、定国军节度使、充湖北、京西路宣抚副使、兼营田使，加食邑五百户、食实封二百户。臣闻命震惊，莫知所措。伏念臣本无寸长，误膺器使，且陛下方以太上梓宫④未还，作兴⑤文武，雪耻群狄，高名大爵，正当谨与，以激厉天下，而臣何功，率先滥及。伏望圣慈特垂天鉴，察臣悃愊，元非饰辞，追还大命⑥，庶几微分⑦少安，不陷清议⑧。臣仰冒天威，不胜惶惧陨越⑨之至。取进止。”

【注释】

①进奏官：负责传达往来文书、机密的官员。唐代藩镇在京

置邸，称上都留后院，后改为进奏院。宋沿唐制，各州郡在京设进奏院，置进奏官，传达往来文书、机密等，后改由朝官兼领。南宋时隶属门下省，以给事中主管，掌承转诏旨和政府各部门命令、文件，摘录章奏事由，投递各项文书。

②内降：即中旨，或称“内中批旨”，凡自宫内皇帝、皇后、皇太后批旨或处分，未经中书或三省而直接付有司施行者。（据《宋代官制辞典》，第621页。）

③白麻：文书名，宋代凡是由翰林学士、知制诰（即内制）所拟的诰命，不经中书行出，但授中书宣读，并特用白麻纸书写制词，以别于中书舍人所掌外制用黄纸书写的告敕。白麻纸上所写的字很大，每行四字，规格比中书敕（宰相签押）为高，一般用于任免三公、宰相、大将、立皇后、太子等大制命。（据《宋代官制辞典》，第619页。）

④梓宫：皇上、皇后的棺材。

⑤作兴：指使振兴、奋起。

⑥大命：谓天子之命。

⑦微分：卑微的名分。

⑧清议：对时政的议论，社会舆论。

⑨陨越：封建社会上书皇帝时的套语。谓犯上而表示死罪之意。

【译文】

起复检校少保，武胜、定国军节度使，湖北、京西路宣抚副使兼营田使臣岳飞札子奏：“本月二十五日，进奏官禀报，内降白麻制词一道，授臣起复太尉的荣誉，依旧为武胜、定国军节度使，充任湖北、京西路宣抚副使兼任营田使，加食邑五百户、食实封两百户。臣听闻此任命，十分震惊，不知所措。诚念臣身无尺寸之长，误受陛下重用，况且陛下正因太上皇帝、太上皇后的梓宫未还，正欲使文武百官奋起，一雪受群狄侮辱之耻，盛名高位，正该谨慎封给臣子，以激励天下，而臣有何功，开此滥封之先河。诚盼陛下明鉴，明察臣至诚之心，这原不是文饰之辞，请收回圣命，或许臣卑微之身可以稍稍安定，不必陷于舆论的鞭挞。臣仰冒天威，不胜惶恐，冒死上奏。当否，请示。”

辞太尉第二札子

起复检校少保、武胜、定国军节度使、湖北、京西路宣抚副使、兼营田使臣岳飞札子奏：“臣昨已具奏，乞追寝[①]太尉恩命。于今月二十六日，准右武郎、同知阁门事、兼客省四方馆事、干办御前忠佐军头引见司潘永思赍赐到告命一轴。蝼蚁之诚，未回天听，不免再沥忱悃。伏念臣顷自天下兵兴时，实有志于奋张皇威，削平僭乱，以为北虏不灭，臣死不瞑，初不敢萌觊觎高爵厚禄之念。既而误蒙陛下使令，付以兵柄责任以来，荏苒积年，腥羶叛逆之族，尚据中土，而臣之官职岁迁[②]月转，岂不有负初心。兼臣见今官职不为不崇，岂容一向叨窃，不自愧耻。伏望圣慈特赐哀矜，察臣愚衷，收还大命，庶令臣得勉力事功，以酬素抱，以报厚恩，不犯盈满[③]颠跻之戒。所有告命，臣未敢祗受，见寄纳平江府军资库[④]。取进止。”

【注释】

①追寝：废除、废止。

②迁：即序迁，依次升官。

③盈满：谓达到极限。

④军资库：军用物资的贮藏之所。

【译文】

起复检校少保，武胜、定国军节度使，湖北、京西路宣抚副使兼营田使臣岳飞札子奏："臣前几日已上奏章，请求废除授臣以太尉的恩命。于本月二十六日，接到右武郎、同知阁门事兼客省四方馆事、干办御前忠佐军头引见司潘永思带来的朝廷赐下的告身一轴。臣以蝼蚁般卑微的赤诚，未曾获得陛下的回复，不免再次竭尽忠诚恳请。诚念臣自天下变乱初起之时，便立下了奋扬皇威、平定叛乱的志向，北虏一日不灭，臣即便是死，也不能瞑目，原不敢萌生觊觎高爵厚禄的念头。后来承蒙陛下重用，授臣兵权重任以来，经年来光阴荏苒，外族还占据着中原故土，而臣的官职却屡屡晋升，岂不是辜负了当初的志向。并且，臣现今的官职不可谓不尊崇，岂能再容得臣一直名不符实地占据高位，臣不胜惭愧羞耻。诚望陛下哀悯于臣，察晓臣的衷怀，收回圣命，希望臣能够竭力从事大业，一酬素日的抱负，以报陛下的厚恩，不蹈盈满则亏的训诫。所有的告身凭证，臣不敢冒昧拜领，现今寄存在平江府的军资库中。当否，请示。"

乞免立新班札子

起复检校少保、武胜、定国军节度使、湖北、京西路宣抚副使、兼营田使臣岳飞札子奏："据干办官于鹏申，准行在阁门[①]关，已降制，岳飞除太尉，依前武胜、定国军节度使、湖北、京西路宣抚副使，二月二十五日奉圣旨，不候正谢[②]，令立新班[③]。臣已辞免外，所有合赴朝殿起居[④]，乞立旧班。取进止。"

【注释】

①阁门：宋代负责官员朝参、宴饮、礼仪等事宜的机关。

②正谢：正式上朝谢恩。

③新班：新的位次。

④起居：朝班的一种。指在京的文武官员一赴内殿朝见皇帝。

【译文】

起复检校少保，武胜、定国军节度使，湖北、京西路宣抚副使，兼营田使臣岳飞札子奏："根据干办官于鹏上报，接到行在的閤门关报，已经降下制书，岳飞拜为太尉，官职依旧是从前的武胜、定国军节度使、湖北、京西路宣抚副使，二月二十五日奉圣旨，无须正式上朝谢恩，令立于新的位次。臣已经辞免，所有赴内殿朝见的礼仪，请求按照旧的位次。当否，请示。"

辞男云转三官札子

起复检校少保、武胜、定国军节度使、湖北、京西路宣抚副使、兼营田使臣岳飞札子奏："臣伏睹圣旨，岳云特转[①]三官。契勘臣男云见充本司书写机宜文字[②]，自有本职功状[③]内合乞推恩[④]等第[⑤]。若更叨冒今来恩数[⑥]，似出无名，非所以示将士大公至正之道也。所有上件恩命[⑦]，实不敢令云祗受。伏望圣慈特降睿旨，速赐收还，不胜幸甚。取进止。"

【注释】

①特转：谓受特恩升迁，宋代赵昇撰《朝野类要》中载："（特转）谓非循常法转，而特有指挥赏转者。"

②书写机宜文字：军职差遣名，为宣抚使司亲近幕僚，许宣抚使辟亲属充任。掌草拟本司机密文书。（据《宋代官制辞典》，第466页。）

③功状：报告立功情况的文书。

④推恩：帝王对臣属推广封赠，以示恩典。

⑤等第：等级次第。

⑥恩数：指朝廷赐予的封号等级。

⑦恩命：谓帝王颁发的升官、赦罪之类的诏命。

【译文】

起复检校少保，武胜、定国军节度使，湖北、京西路宣抚副使，兼营田使臣岳飞札子奏："臣恭睹圣旨，岳云特旨升三个官阶。按查，臣子岳云现今充任本司书写机宜文字，自有依据本职功状而应得的推恩等级。若是再冒然领受如今的恩赐，似乎没有正当的名义接受，亦非向将士们展示大公至正之道。所有上述恩赏诏命，实不敢令岳云拜领。诚望陛下特降圣旨，速赐命令收还赏赐，臣不胜幸甚。当否，请示。"

辞太尉第三札子

起复检校少保、武胜、定国军节度使、湖北、京西路宣抚副使、兼营田使臣岳飞札子奏："臣近两具奏，乞追寝太尉恩命。今月二十九日准尚书省札子，二月二十八日奉圣旨，依已降诏旨，不允，不得再有陈请，令日下祗受。臣一介么微，言语鄙浅，不能上格天听，用敢不避再三，荐控诚悃。臣顷以目疾，废事日久，近者商、虢、颍、蔡之战，皆由仰遵圣训，遂致将士竭力，在臣实无寸功。且太尉掌武之官，授非其人，则不足以为今日右武[①]之劝，臣若谬居不辞，是因臣一己而怠天下。伏望圣慈特回渊鉴[②]，收还误恩，令臣只以见官待罪[③]军旅，庶几天下始知大官之为可重，不累陛下立政惟人之明，天下幸甚。取进止。"

【注释】

①右武：古人以右为尊，右武即为尚武、看重武将之意。

②渊鉴：明鉴。

③待罪：官吏任职的谦称，意谓不胜其职而将获罪。

【译文】

起复检校少保，武胜、定国军节度使，湖北、京西路宣抚副使，兼营田使臣岳飞札子奏："臣近来两次上奏，请求废除授臣太尉的恩命。本月二十九日收到尚书省的札子，里面说二月二十八日奉圣旨，依照已降下的诏旨，不允，且不得再有陈请，令臣即刻拜领。臣一介寒微，言语文辞鄙陋浅薄，不能上感天听，焉敢不再三避让，剖白赤诚。臣前番因为目疾，军务荒废已久，近来商州、虢州、颍州、蔡州之战得胜，皆是由于仰遵陛下训导，才能使士卒竭力作战，在臣实是没有半点功劳。况且太尉是掌管兵事的官员，（若是）所授非人，则不足以彰显如今看重武将之意，臣若是谬居其位、不知辞让，这是因臣一己之身而误天下啊。诚望陛下明鉴，收还对臣的恩赐，命臣只以现今的官职居于军旅，或可能使天下方知高官所担责任的重大，亦不累及陛下知人善任的施政大计，此为天下之幸。当否，请示。"

辞太尉第四札子

起复检校少保、武胜、定国军节度使、湖北、京西路宣抚副使、兼营田使臣岳飞札子奏："臣比三具奏，乞追寝恩命。今月二日准尚书省札子，二月三十日三省同奉圣旨，依累降诏旨，不允，不得再有陈请。臣仰荷圣慈诏谕谆复[①]，然臣实以私情迫切，不容冒进。窃念臣虽无他长，粗知义命，平居服食器用，每安于弊陋，正恐绵薄，不堪禄赐之厚，徒取衅眚[②]。

臣伏自去春丁家忧棘，不复敢有荣官之念，继以目疾，就医至今，其天赋之薄，即此可见。臣若复尚贪宠数，不自退省[③]，将恐灾疢[④]之来，不特今日。伏望圣慈特回天听，收此误恩，全臣知止[⑤]之节，臣实幸甚。臣叠犯天威，不胜惶惧颠越之至。取进止。”

【注释】

①谆复：反复叮咛。

②衅眚：过失。

③退省：退而自省。

④灾疢：灾患、灾恙。

⑤知止：懂得适可而止，知足。

【译文】

起复检校少保，武胜、定国军节度使，湖北、京西路宣抚副使兼营田使臣岳飞札子奏：“臣先前三次上奏，请求废止（授臣太尉的）恩命。本月初二接到尚书省札子，二月三十日三省同奉圣旨，依照累次降下的诏旨，不允，且命臣不得再有陈请。臣敬受陛下降下诏谕反复叮咛，然而臣实在是因为个人的情况的穷迫，不容臣才德不称却在仕途上求进。私以为，臣虽然身无他长，却粗知本分，平时居家的服饰、吃食和用具，每每安于简陋，正是恐怕自己福薄，不能享用高官厚禄，白白招取过失。臣自去年春天在家为母居丧，便不敢再有以高官为荣的念头，继而因为目疾，就医至今日，臣天生福薄，由此可见。臣若是再贪恋恩宠赏赐，而不是退而自省，恐怕将来灾患的到来，不仅仅是今日这般简单了。诚望陛下收回成命，收还误恩，保全臣懂得适可而止的节操，臣实是非常庆幸。臣再次冒犯陛下威严，不胜惶恐，慌乱之至。当否，请示。”

辞男云转三官第二札子

起复检校少保、武胜、定国军节度使、湖北、京西路宣抚副使、兼营田使臣岳飞札子奏："臣近具奏辞免男云特转三官恩数。今月二日准尚书省札子，奉圣旨，不允。伏念臣本以凡材，误蒙陛下付以方面，若臣不能与士卒一律，则亦不能整齐其心。昨者之战，士卒冒犯矢石，有斩将陷阵，立奇功者，臣方列上事状[①]，得需一级，而男云何从超进[②]崇资。臣正恐士卒有无功之谤，陛下致滥予之讥。且陛下方谨惜名器，以磨厉天下，将绍复[③]大业，而乃因臣私恩废公议，臣诚不自安。伏望圣慈特降睿旨，收还上件恩命，臣父子幸甚。取进止。"

【注释】

①事状：犹行状，类似履历。

②超进：破格晋升。

③绍复：继承复兴、继承恢复。

【译文】

起复检校少保，武胜、定国军节度使，湖北、京西路宣抚副使兼营田使臣岳飞札子奏："臣最近曾写奏章辞免赐予臣儿子岳云特旨升三个官阶的恩赐。本月初二接到尚书省札子，奉圣旨，不允。诚念臣本是平庸之才，误蒙陛下任命独当一面的重任，臣对待自己若不能与对士卒一样，便不能使军心整齐。前些日子的战役，士卒们冒着矢石冲杀，有冲锋陷阵斩敌大将、立下奇功的，臣才会记到他的事状上，如此方能够升一级，而犬子岳云何以破格晋升到高出别人的地位。臣正恐怕士卒对臣有无功之谤议，而使陛下有滥赏的讥名。况且陛下正当谨慎爱惜名器的给予，以磨砺天下英才，将要继承恢复故土的大业，若竟因为对臣的私恩而荒废了公议，臣实在不能安心。诚望陛下特特降下旨意，收还以上的恩命，臣父子不胜庆幸。当否，请示。”

辞开府札子

太尉、武胜、定国军节度使、湖北、京西路宣抚使、兼营田大使臣岳飞札子奏：“臣正月二十四日准都进奏院[①]递到白麻一道，除臣开府仪同三司[②]，加食邑五百户、食实封三百户者。臣初捧制文，尚怀疑惑，岂谓非常之典，遽及无功。又于二月十四日，准本司往来干办官[③]王敏求差人赍到前件告一轴，乃知朝廷以逆虏归疆，而将阃之寄例进优秩。不惟臣一己私分愈切惊惶，至于将士三军亦皆有靦面目。伏念臣奋身疏逖，叨国显荣，每怀尸素之忧，未效毫分之报，岂可因此霈泽，遂乃滥预褒升。伏望圣慈特此睿断，毋嫌反汗，亟寝误恩。所有告命，臣不敢祗受，已令本司签厅[④]牒鄂州寄收，以待朝廷追取外，冒犯天威，不任激切俟命之至。取进止。

贴黄：臣待罪二府[⑤]。理有当言，不敢缄默。夫虏情奸诈，臣于面对，已尝奏陈。切惟今日之事，可危而不可安，可忧而不可贺。可以训兵饬士，谨备不虞；而不可以行赏论功，取笑夷狄。事关国政，不容不陈，初非立异于众人，实欲尽忠于王室。欲望速行追寝，示四夷以不可测之意。万一臣冒昧而受，将来虏寇叛盟，则似伤朝廷之体。仍望以此贴黄留中[⑥]不出，保全臣节。臣不胜至情，伏乞睿照。”

【注释】

①都进奏院：负责天下邮递的机构。宋太宗时，并诸进奏院为都进奏院，总领天下邮递，即总领全国诸路、监司及所属州、

府、军、监与中央朝廷上下往来的邮递事宜。

②开府仪同三司：寄禄官名，元丰改制后，为文臣京朝官寄禄官三十阶之首阶，从一品。岳飞当时已经是太尉，正二品，已经是武阶之首。

③干办官：此处是宣抚使司干办公事的简称。差遣名，为宣抚司幕僚，协助办理本司事务。（据《宋代官制辞典》，第467页。）

④签厅：签书判官厅的简称。职掌审定所进呈的文案。

⑤二府：枢密院称为“西府”，掌兵符、武官选拔除授、兵防边备及军师屯戍之政令；中书门下称为“东府”，为宰相治事之所，元丰改制后，政事堂改为三省议事之所，称为“东府”或“政府”。东、西两府合称“二府”。

*注：“贴黄”中有“臣待罪二府”句，岳飞上此札子时为绍兴九年（1139）二月，尚未被授予枢密副使，那么何以在此处自称“待罪二府”呢？据王曾瑜先生在最新出版的《鄂国金佗稡编、续编校注》中论证，宋时口语，太尉往往作为武人的尊称；宋徽宗时另设“武阶之长”的太尉，但人们却习惯另呼为“两府”，岳飞上此奏时已被授为“太尉”，故此自称“待罪二府”也是合理的。

⑥留中：臣僚奏疏、表状进呈于上，皇帝不置可否，不降批示，称为“留中”。（据《宋朝官制辞典》，第655页。）

【译文】

太尉，武胜、定国军节度使，湖北、京西路宣抚使，兼营田大使臣岳飞札子奏：“臣正月二十四接到都进奏院递到的白麻敕旨一道，授予臣为开府仪同三司，加食邑五百户、食实封三百户。臣当初手捧着制文，尚且心怀疑惑，这岂不是不按常规，遽然封赐无功之人吗？臣又在二月十四日，接到本宣抚司往来干办官王敏求差人送来的关于上项事宜的告命一轴，这才知道朝廷因金人归还疆土一事，按照旧例对大将进行加封优厚的官职和俸给。不光臣一人心中愈加惊惶，甚至三军将士亦面有愧色。诚念臣在荒远之地投身于军旅，身受国家显赫荣耀的封赏，每每心怀尸位素餐的忧虑，未曾报效朝廷分毫，岂可因朝廷的恩泽，就受到过度的褒赏和晋升呢。诚望陛下特赐圣断，勿要顾忌收回成命，请速速废除对臣误施的恩泽。所有的告命，臣不敢冒昧拜领，已经让本司签厅送到鄂州府寄存，以待朝廷废除恩命时收回，冒犯天威之处，不胜凄惶，等待命令。当否，请示。

“贴黄：臣待罪二府，理当发言，不敢缄默无声。虏人奸诈多变，臣在当面奏对之时，已然曾经奏陈过了。臣私以为，今日之事，可保持警惕而不可安享太平，可心怀忧虑而不可举朝庆贺。可以训练兵马整饬士卒，谨慎提防意外发生；而不可以论功行赏，被夷狄取笑。事关国政，不容臣不说，本意非为标新立异，实是臣欲尽忠朝廷。诚盼陛下速赐旨意废除对臣的恩赐，以此对四夷表示朝廷之意不可揣测。万一臣冒昧拜领了陛下的恩赐，将来金虏背叛盟约，则似乎有伤朝廷的体面。并且盼望陛下将这贴黄留中不出，以保全人臣事君的节操。臣不胜至怀，望陛下明鉴。”

辞开府第三札子

太尉、武胜、定国军节度使、湖北、京西路宣抚使、兼营田大使臣岳飞札子奏：“臣契勘已具辞免除臣开府仪同三司，加食邑五百户，食实封三百户恩命，今月二十七日，蒙降到诏书不允者。臣近者累犯天威，力辞恩宠，庶几陛下洞烛危恳，终赐矜从；而温诏谆谆，未回睿听，跼地吁天，不知所措。夫爵赏者，人君所以为厉世磨钝之具，人臣得之，所以荣耀乡里，而显贲宗族也，谁不欲贪多而务得哉？然得所当得，固以为荣；受所非受，反足为辱。伏念臣奋迹羁单，被恩优腆，使臣终身只守此官，已踰涯量，岂可分外更冒显荣，遂速颠跻。虽陛下推天地至宽之量，在所兼容；而微臣抱金石图报之心，宁无自愧。所有臣为将不效，献言悖理之实，臣与累奏中固已缕陈，更不敢谆复，紊烦圣听。伏望陛下检会[①]臣累次札子，追寝成命，特降俞音[②]，庶使微臣少安愚分。取进止。”

【注释】

①检会：查考。

②俞音：帝王表示允可的诏令。

【译文】

太尉，武胜、定国军节度使，湖北、京西路宣抚使，兼营田大使臣岳飞札子奏：“按查，臣已然写奏章推辞授臣开府仪同三司，加食邑五百户、食实封三百户的恩命，本月二十七日，承蒙朝廷降到诏书，不准辞免。臣近来屡次冒犯天威，竭力辞避恩宠，希望陛下能够明察臣激切的恳求，最终矜怜允准；然而诏书词情恳切，再三叮咛告诫，还是未允许臣的辞免，臣面对天地，惶恐叹息，不知所措。赏赐爵位，是历代人君用以磨砺世人的工具，臣子若得到，便可以荣耀于乡里和显扬于宗族，谁不想贪多和务必得到呢？然而获得自己该得到的，固然该以之为荣；接受所不该接受的，反而足以为辱。诚念臣出身寒微、投身军旅，获得的恩宠十分优厚，如果让臣终身只守着现在的官职，都已然逾越了本分，岂可再冒昧接受分外的荣耀，加速地招来困顿挫折呢？虽然陛下心胸至宽，犹如天地，可容纳万物；然而微臣抱着金石般坚定的报效之心，难道不会感到羞愧吗？所有臣作为将领却并无报效，和所献之言悖逆常理的事实，臣在前几封的奏折中本已详细陈述，如今不敢再次反复叮咛，烦扰陛下。诚望陛下查考臣屡次上奏的札子，废除授臣开府仪同三司的诏旨，特赐允可，或许能使微臣稍稍安心。当否，请示。”

卷第十五

经进鄂王家集卷之六

奏议中

乞解军务札子

武胜、定国军节度使、开府仪同三司、湖北、京西路宣抚使、兼营田大使臣岳飞札子奏："臣窃谓事君者以能致其身[①]为忠，居官者以知止不殆为义。伏念臣受性愚戆，起家寒微，顾在身官爵之崇，皆陛下识拔之赐，苟非木石，宁不自知，每誓粉骨靡身，以图报称。然臣叨冒已逾十载，而所施设，未效寸长，不惟旷职之可羞，况乃微躯之负病。盖自从事军旅，疲耗精神，旧患目昏，新加脚弱，虽不辞于黾勉，恐有误于使令，愿乞身稍遂于退休，庶养痾渐获于平愈。比者修盟漠北，割地河南，既不复于用兵，且无嫌于避事。伏望陛下俯昭诚悃，曲赐矜从，令臣解罢兵务，退处林泉，以歌咏陛下圣德，为太平之散民，臣不胜幸甚。他日未填沟壑，复效犬马之报，亦未为晚。臣无任激切战惧俟命之至。取进止。"

【注释】

①致其身：即出仕（出任官职）。《论语·学而》："事父母能竭其力，事君能致其身，与朋友交言而有信。"原谓献身。后用作出仕之典。

【译文】

武胜、定国军节度使，开府仪同三司，湖北、京西路宣抚使兼营田大使臣岳飞札子奏："臣窃以为事君者以能出仕效命为忠，为官者以知道适时而止为义。念臣赋性愚笨戆直，出身寒微，一身之高官崇爵，皆为陛下赏识提拔所赐。苟非木石，宁不自知，每每誓愿粉身碎骨，以报陛下知遇之恩。然臣叨冒恩赏已逾十年，却未立尺寸之功，不仅有辱于职使，更何况贱躯还有病痛。盖因从事军旅以来，日日疲耗精神，旧患目疾，两眼昏暗，新近又添了脚弱的症状。臣虽不辞勉力，却恐有误于使命，愿请辞退休，归养旧疴。近来（朝廷）与金国修盟议和，割还我河南之地，国家既不复用兵，臣之所请则无嫌于避事。望陛下洞悉哀怜微臣的一片真心诚意，赐予允准，令臣解罢兵务，退处林泉，以歌咏陛下之圣德，为太平之散民，臣不胜庆幸。他日若还存身于世，能复效犬马之报，亦未为晚。臣不胜激切战惧，等候答复。当否，请示。"

乞解军务第二札子

武胜、定国军节度使、开府仪同三司、湖北、京西路宣抚使、兼营田大使臣岳飞札子奏："臣顷以多病易衰，仰渎宸听，乞退处丘垄，以便养疴。伏蒙陛下未忍弃去，尚閟俞音，不免控沥肺肝，再抒悃愊。今贤能辈出，才智普臻，干城腹心之士可以付以军旅者，类不乏人。则臣之所请，无邀君之嫌。今讲好已定，两宫天眷不日可还，偃武休兵，可期岁月，臣之所请，无避事之谤。臣不揆庸愚，幸免此二事，止以疾病余生，恐悞任使，久享厚禄，坐费太仓，蚤夜以思，身不遑处。所以不避鈇钺，至于再而不自已。伏望陛下垂博照之明，回盖高之听，曲加仁恻，洞照愚衷，使一夫之微，终遂其欲，特许退休，就营医药。臣不胜感戴圣德愿望之至。取进止。”

【译文】

武胜、定国军节度使，开府仪同三司，湖北、京西路宣抚使兼营田大使岳飞札子奏：“臣曾因多病易衰而上奏冒犯圣听，请求退隐田园，以便养疴。承蒙陛下未忍任我离去，还未回复，我不免要竭尽诚意，再抒心声。如今贤能辈出，才智俱臻，军旅之中可以捍卫陛下的腹心之士不乏其人，则臣之所请没有要挟君主之嫌。现今讲和已定，两宫天眷不日可还，偃武休兵可期岁月，则臣之所请，无逃避任责之谤。臣不自量力，又平庸愚钝，幸免于此二事，以此病体残生，恐耽误了陛下的任使。久享厚禄，坐费粮食，臣昼夜思之，无以自处。所以不避刑戮，再次上书，不能自已。诚望陛下垂普照之明，回复天听，曲加爱悯，洞照愚衷，使我微小的愿望得以实现，请特许我退休，就医服药。臣不胜感激圣德愿望之至。当否，请示。”

辞男云特转恩命札子

武胜、定国军节度使、开府仪同三司、湖北、京西路宣抚使、兼营田大使臣岳飞札子奏：“臣今月十五日准尚书省札子，十四日三省同奉圣旨，岳云可落閤职，与转武显大夫、遥郡刺史。臣闻惟名与器①不可以假人，故循守资格，自有常法，必有非常之功，而后有非常之赏。如臣男云始就义方②，尚存乳臭，虽累经于行阵，曾未见于事功。比者仰蒙圣恩，曲垂异眷，超资躐等，骤进官联。不惟使云志气怠惰，而臣益切满盈之愧。况臣既已仰窃国恩，致身显位，固有侥冒之名矣，今併与其子而侥冒，其可乎？伏望陛下揭离照之明，体乾健之断，特赐睿旨，追还告命，庶使云粗知官爵之难，得勉力学业，他日或能备效驱策，受之未晚。取进止。”

【注释】

①名与器：爵号和车服仪制的合称，一般代指权位、官职。语本《左传·成公二年》：“唯器与名，不可以假人，君之所司也。”杜预注：“器，车服；名，爵号。”

②义方：行事应该遵守的规范和道理。《逸周书·官人》：“省其居处，观其义方。”《左传·隐公三年》：“石碏谏曰：‘臣闻爱子教之以义方，弗纳于邪。’”后因多指教子的正道，或曰家教。

【译文】

武胜、定国军节度使，开府仪同三司，湖北、京西路宣抚使兼营田大使臣岳飞札子奏：“臣本月十五日接到尚书省札子，十四日三省同奉圣旨，岳云可除去閤职，予转武显大夫、遥郡刺史。臣听说名号与仪制不可以随便给人，要依照资格，有其必须遵循的法则，必有非常之功，而后有非常之赏。像臣之子岳云，才刚粗知义理，乳臭未干，虽屡经战阵，却未曾立到功勋。以前仰蒙圣恩，对岳云曲垂眷顾，提拔超越了等级，让他过早地获得官职，这不仅使岳云志气怠惰，也让臣益发惭愧。更何况臣已仰窃国恩，官居显位，固然已有贪冒之名，今若又与儿子一同贪图官位，这怎么可以呢？诚望陛下明察，乾纲独断，特赐圣旨，追还诰命，好使岳云粗知官爵之难得，勉力于学业，他日或能效犬马之劳，再受赏也不晚。当否，请示。”

辞男云特转恩命第二札子

武胜、定国军节度使、开府仪同三司、湖北、京西路宣抚使、兼营田大使臣岳飞札子奏："臣今月三日准尚书省札子，奉圣旨，以臣辞免男云武显大夫、遥郡刺史，不允，不得再有陈请者。伏念臣遭遇宸眷，倍于常伦，初无显赫之功，以称褒崇之典。又况臣男云愚蠢无知，涓埃未效，叠蒙优渥，以臣之故，冒滥爵禄，已为过分。今若又宠以异数，使之叨据，不唯使云不知名器之重，或就骄溢，上则负陛下之恩，下则取缙绅之谤，并臣之罪，亦复难逃。伏望圣慈俯回天听，特赐追寝，实为臣父子之幸。臣不胜激切震汗之至。取进止。"

【译文】

武胜、定国军节度使，开府仪同三司，湖北、京西路宣抚使兼营田大使臣岳飞札子奏："臣本月三日接到尚书省札子，奉圣旨，因臣辞免儿子岳云武显大夫、遥郡刺史的官位，未被允可，且不得再有陈请。伏念臣受到皇帝的眷顾和际遇，倍于常类，一开始也没有什么显赫的功绩可以与所领受的褒赏礼遇相称。又何况臣的儿子岳云愚蠢无知，连微小的功劳也还没有，却屡屡领受了优渥的待遇，因为臣的缘故，冒领了爵禄，已是过分了。如今若又让他承受不寻常的恩宠，占据不应该拥有的官位，不仅不能使他明白国家名器之郑重，也有可能让他从此骄傲自满，上则有负陛下的圣恩，下则徒取缙绅的讥诮，都是臣的过失，臣罪责难逃。诚望圣慈给予回复，特赐追还成命，实为臣父子之幸。臣不胜激动，羞惭之至。当否，请示。"

辞男云特转恩命第三札子

武胜、定国军节度使、开府仪同三司、湖北、京西路宣抚使、兼营田大使臣岳飞札子奏："臣近两具辞免臣男云武显大夫、遥郡刺史，准尚书省札子，奉圣旨，依已降指挥，不允，不得再有陈请者。恭读之际，愧汗交流。伏念臣叨荷圣恩，实倍伦等，曲折之辞，前已备述，不敢喋喋，上渎天听。臣以辞免开府恩命，重蒙玉音戒谕丁宁，又不敢固违天意，跼蹐拜命，已切悚惶。今若并臣男云无功进职，是臣辞荣而益荣，避禄而邀禄也，恩虽至厚，公议谓何？伏望特简渊衷，俯回洞照，特赐寝免，庶安愚分。取进止。"

【译文】

武胜、定国军节度使，开府仪同三司，湖北、京西路宣抚使、兼营田大使臣岳飞札子奏："臣最近两次上奏辞免臣之子岳云武显大夫、遥郡刺史的官位，接到尚书省札子，奉圣旨，依已降指挥，不允辞免，不得再有陈请。臣恭读圣旨之际，愧汗交流。念及臣叨荷圣恩，实倍常等，委婉之辞，前奏已述，不敢再喋喋不休，冒犯圣听。臣因辞免开府仪同三司之恩命，两次蒙圣上戒谕叮咛，臣不敢执拗地违逆天意，已小心翼翼地接受了成命，心中十分惶恐。如今若连臣的儿子也无功而晋升，岂不成了臣越是推辞荣宠反倒增加了荣宠，臣越是避开利禄反倒成了要求利禄。恩荣虽然至厚，舆论会怎么说呢？伏望陛下明察我的诚意，特赐追罢，让我可以稍稍安于自己的本分。当否，请示。"

辞男云特转恩命第四札子

武胜、定国军节度、开府仪同三司、湖北、京西路宣抚使、兼营田大使岳飞札子奏："臣先三具札子，辞免臣男云武显大夫、遥郡刺史恩命事。今月二十一日准尚书省札子，三省同奉圣旨，依已降指挥，不允，不得再有陈请。臣闻正己然后可以正物，自治然后可以治人。臣奋身疏逖，冒国宠荣，陛下误恩，擢置重任，以孱陋之资，将军旅之众，顾惟匪称，夙夜惶惧，惟恐检饬修省，有所未至，不足以服众。比者男云未尝立功，遽迁优秩，在臣私分，实不遑处。臣庸懦无能，方将勉竭驽钝，仰图报称，而自使其子受无功之赏，则是臣不能正己而自治，将何以率人哉？伏望陛下怜臣拙直，察臣愚衷，早赐俞音，收还成命。容臣男他日大立战功，然后命之以官，亦未为晚。所有官告一轴，除已令本司签厅牒鄂州，于军资库寄纳外，取进止。"

【译文】

武胜、定国军节度使，开府仪同三司，湖北、京西路宣抚使兼营田大使臣岳飞札子奏："臣先前已三次上奏，辞免臣之子岳云武显大夫、遥郡刺史的恩命。本月二十一日接到尚书省札子，三省同奉圣旨：依照已降指挥，不允辞免，且不得再有陈请。臣听说人正己然后可以正物，自治然后可以治人。臣起家于田野，贪图国家给予的荣宠和陛下误施的恩德，将臣擢升到重要的位置并委以重任。凭我薄弱的资质，却率领庞大的军队，臣自知不能称职，因此夙夜惶恐，唯恐自检自省还有不到之处，不能服众。以前儿子岳云尚未立功时，就很快升迁至较高的职位，臣私底下实在是无颜自处。臣庸懦无能，才刚勉力施展才能，以图回报圣上的恩典，若现在又让自己的儿子受无功之赏，则是臣不能正己而自治，以后将怎样率领众人呢？诚望陛下怜臣憨直，察臣愚衷，早日赐复，收回成命。容许臣的儿子他日大立战功之后，再行命官，亦未为晚。所得官告一轴，已令本司签厅牒鄂州，于鄂州军资库寄纳。当否，请示。”

辞少保第三札子

武胜、定国军节度使、开府仪同三司、湖北、京西路宣抚使、兼营田大使、河南、北诸路招讨使臣岳飞札子奏：“臣伏蒙圣恩，除臣少保[①]，加食邑七百户、食实封三百户，臣已两具辞免，今月初十日，伏奉诏书不允者。臣闻忠臣之事君，计功而受赏，量力而受官，不为苟得，以贪爵禄。况师旅方兴，事功未著，臣方同士卒之甘苦，明将佐以恩威，冀成尺寸之功，仰报君父之德。岂可身被厚宠，而恝然不以当锋刃、冒矢石者为心哉？所有少保恩命，臣实不敢祗受。伏望陛下日月照临，乾坤覆载，察臣肺腑，追寝异恩。臣愿凭陛下雷霆之威，托宗庙山岳之福，罄竭驽钝，期效涓埃。候将来功绩有成，臣将拜手[②]稽首，祗承休命[③]矣。诚恳迫切，至于再三，干冒天威，臣不任战悸恐惧之至。取进止。”

【注释】

①少保：加官、阶官名。少保之名，始见于《尚书周官》：“少师、少傅、少保为三孤。”后一般为大官加衔，以示恩宠而无实职。

②拜手：亦称“拜首”。古代男子跪拜礼的一种。跪后两手相拱，俯头至手。

③休命：美善的命令。多指天子或神明的旨意。

【译文】

武胜、定国军节度使，开府仪同三司，湖北、京西路宣抚使兼营田大使、河南、北诸路招讨使臣岳飞札子奏：“臣蒙圣恩，除授臣为少保，加食邑七百户，食实封三百户，臣已两次上书请求辞免，本月初十日，又奉诏书不允。臣听说忠臣事奉君王，按照功劳多少而受赏，估量自身的能力而受官，不应得所不当，贪图爵禄。何况如今军旅方兴，功业未建，臣正当与士卒同甘共苦，向将佐明示恩威，期望能成就尺寸之功，仰报君父之德。怎可一边承受厚宠，一边却漠不关心，不考虑如何为君王当锋刃、冒矢石呢？所有少保恩命，臣实不敢领受。诚望陛下明鉴，如日月照临，乾坤覆载，体察臣的肺腑之心，追罢此等异常的恩命。臣愿依恃陛下的雷霆之威，托宗庙山岳之福，殚精竭力，效犬马之劳。待将来功绩有成，臣将拜手稽首，祇承天子旨意。臣的心情诚恳迫切，至于再三请辞，甘冒天威，不胜战悸恐惧。当否，请示。”

辞少保第四札子

武胜、定国军节度使、开府仪同三司、湖北、京西路宣抚使、兼营田大使、河南、北诸路招讨使臣岳飞札子奏：“臣昨蒙圣恩，特降告命，除臣少保，加食邑七百户、食实封三百户，臣已三具札子辞免。今月初九日伏奉诏书，不允，不得再有陈请者。臣闻爵以驭其贵，禄以驭其富，爵禄者，人君驭天下英豪，而使之贵富也。人孰不欣受，而愿享之。然名器假人，为《传》所讥，无功受禄，为《诗》所刺，则君不可以轻予，臣不可以妄受。臣性资朴鲁，久叨宠荣。每惧满盈，弗克负荷。况乃孤棘[①]，实为异恩，若更无功，辄有贪冒，臣赋分谫薄，窃恐别招谴责。伏望陛下怜臣懃恳，特降俞音，追还恩命，庶使臣稍安愚分，别效寸长，仰报陛下天地生成之德。干冒斧钺，臣不任战慄俯伏俟命之至。取进止。”

【注释】

①孤棘：古以树棘为位。孤棘即三孤之位。为少师、少傅、少保之总名，在宋朝初为次相之任（《宋会要》）。宣和七年（1125）之后，为阶官：文武臣授节度使之后，可望加“三少”即“三孤”官：“公孤官如加官、贴职之类，不复有师保之任，论道经邦之责矣。……祖宗之法，除三孤、三公者，必须建节。”（《通考职官》）

【译文】

武胜、定国军节度使，开府仪同三司，湖北、京西路宣抚使兼营田大使，河南、北诸路招讨使臣岳飞札子奏：“臣前日蒙圣恩，特降诰命，授臣为少保，加食邑七百户、食实封三百户，臣已三次上书推辞。本月初九日奉诏书：不允，且不得再有陈请。臣听说爵位使人贵，食禄使人富。爵禄是人君用以役使天下英豪，而使之富贵的工具。谁不愿欣然接受而享受之？然而名器随意的授予，曾为《左传》所讥。无功受禄的故事，曾为《诗经》所讽。所以对于爵禄，君不可轻予，臣不可妄受。臣性格朴实鲁钝，已叨领宠荣多年，每每惧怕福气满盈，不堪负荷。况且此乃三孤之高位，实为异常之恩数，若再没有与之相称的功劳，臣就成了贪冒爵禄之辈。臣赋命浅薄，窃恐再招来谴责。诚望陛下怜臣勤恳，特降允命，追还这项恩命，使臣得以稍安愚分，别效犬马，仰报陛下天地生成之德。臣冒死上书，甘冒斧钺，不胜战栗，俯伏待命。当否，请示。”

辞少保第五札子

武胜、定国军节度使、开府仪同三司、湖北、京西路宣抚使、兼营田大使、河南、北诸路招讨使臣岳飞札子奏：“臣伏蒙圣恩，特降告命，除臣少保，加食邑七百户、食实封三百户，臣已四具札子辞免。八月三十日准尚书省札子，三省同奉圣旨，不允，令日下祗受，仍依累降诏旨，不得再有陈请者。臣之事君，义无有己，若夫贪慕爵禄，务荣一身，而不以国家为念，则非臣之所忍为也。比者羯胡败盟，再犯河南之地，肆为残忍，人神共愤。臣方将策驽砺钝，冀效尺寸，以报陛下天地生成之德。今则虏骑寇边，未见殄灭，区区之志，未效一二。臣复以身为谋，惟贪爵禄，则诚恐不足为将士之劝，而报恩无所，万诛何赎！伏望睿慈，追寝成命，特赐俞音，姑诏有司，留以为臣异时涓埃之赏。取进止。”

【译文】

武胜、定国军节度使，开府仪同三司，湖北、京西路宣抚使兼营田大使、河南、北诸路招讨使臣岳飞札子奏：“臣伏蒙圣恩，特降诰命，授臣予少保之衔，加食邑七百户、食实封三百户，臣已四次上书请辞。八月三十日接到尚书省札子，三省同奉圣旨：不允，令即日领受，仍依累降诏旨，不得再有陈请。臣事奉君主，义无有己，若是贪慕爵禄，只求一己之身的荣华，而不以国家为念，则非臣所忍心能为。近来金人背叛盟约，再犯我河南之地，残忍肆虐，人神共愤。臣正当策驽砺钝，期效尺寸之功，以报陛下天地生成之德。如今虏骑寇边，尚未被消灭，臣区区之志，还未酬一二。若臣只为自身谋虑，一味贪图爵禄，则诚恐不足以激劝将士，更无从报陛下之恩，万死何赎！诚盼陛下，追还成命，特赐允可，姑诏有司，将此项恩命留待他日我有些微功绩之时再行颁赏。当否，请示。”

辞册命札子

少保、武胜、定国军节度使、湖北、京西路宣抚使、河南、北诸路招讨使、兼营田大使臣岳飞札子奏："臣比准制命，授臣少保，累具辞免，伏蒙圣慈降诏不允，不得再有陈请。臣不避斧钺之诛，再露丹诚，仰干天听，乞赐追寝。又于今月初一日奉圣旨指挥阁门，岳飞除少保，累具辞免，已降指挥不允，日下祗受，不得再有陈请，可令便再立新班[①]，特放告正谢[②]。臣已于今月初二日望阙谢恩祗受讫，所有册命恩数，伏望睿旨许免，以安愚分。取进止。"

【注释】

①立班：上朝时依品秩站立。宋宋敏求《春明退朝录》卷中："于礼，群臣无一日不朝者，故正衙虽不坐，常参官犹立班，俟放朝乃退。"

②正谢：正式上朝谢恩。

【译文】

少保，武胜、定国军节度使，湖北、京西路宣抚使，河南、北诸路招讨使兼营田大使臣岳飞札子奏："臣先前接到敕命，授臣少保之位，臣多次上书请辞，伏蒙圣慈降诏不允，且不准再有陈请。臣不避斧钺之诛，坦露赤诚，仰渎圣听，请陛下追回成命。又于本月初一日奉圣旨命令阁门：岳飞授少保，多次上奏请辞，已降指挥不允，令其即日祗受，不得再有陈请，可令上朝时以新品秩立班，特放告可正式上朝谢恩。臣已于本月初二日望阙谢恩领受任命，所有册命恩数，伏望睿智允许辞免，以使臣可以安于本分。当否，请示。"

辞男云特转恩命札子

少保、武胜、定国军节度使、湖北、京西路宣抚使、兼营田大使、河南、北诸路招讨使臣岳飞札子奏："臣于今月二十六日准告，授臣男云左武大夫、忠州防御使。臣闻君之驭臣，固不吝于厚赏；父之教子，岂可责以近功。臣昨恭依睿算，与虏贼决战于陈、颍之间，云随行迎敌，虽有薄效，殊未曾立到大功。遽超横列①，仍领郡防，赏典过优，义不遑处。所有告命，臣不敢令云祗受，伏望圣慈俯垂天鉴，追还异恩，庶使云激励懦庸，别图报效。取进止。"

【注释】

①横列：指横行官。从右武大夫（从六品）到通侍大夫（正五品），合称为横行十三阶，仅次于太尉，不能通过正常年资来逐级晋升，必须要有皇帝特旨嘉奖。岳云此时是左武大夫，所以说是"遽超横列"。

"仍领郡防"，指的是岳云的"忠州防御使"。值得注意的是，这个"忠州防御使"因为在"左武大夫"之后，所以我们一般称这种为"遥郡防御使"。

"防御使"本来是从五品的阶官，但宋代规定，"遥领者资品并止本官叙"，也就是说，凡是有××大夫和遥郡刺史（承宣使、防御使、团练使）之类的同时出现，一律以××大夫的阶官为准。也就说，岳云的左武大夫、忠州防御使，只能以从六品的"左武大夫"为准，而不能用正五品"忠州防御使"。

【译文】

少保，武胜、定国军节度使，湖北、京西路宣抚使，河南、北诸路招讨使兼营田大使臣岳飞札子奏："臣依据本月二十六日的告命，授臣儿子岳云为左武大夫、忠州防御使。臣听说国君驾驭群臣，不应吝于厚赏；父亲教育儿子，怎能只求眼前的功利。臣此前恭依圣上明智的决策，与虏人在陈、颍州一带决战，岳云随行迎敌，虽有薄效，却未曾立到大功。如今遽然超越横行官，居遥郡之位，赏典过于优厚，臣义不遑处。所有告命，臣不敢让岳云领受，伏望圣慈伏垂天鉴，追还此等异恩，这样才能激励他摆脱懦庸，另图报效。当否，请示。”

乞叙立王次翁下札子

少保、枢密副使臣岳飞札子奏：“臣近蒙恩除枢密副使，已具恳辞，未沐矜许。伏奉圣旨，令参知政事①王次翁叙位在臣之下。臣契勘参知政事叙位，旧例在枢密副使之上，臣虽谬忝孤卿②，岂得遽紊班列。欲望圣慈令臣只依旧例，叙位在参知政事之下，庶使邦仪不易，愚分可安。取进止。”

【注释】

①参知政事：下宰相一等，为副宰相之职，官品须视本官阶。南宋建炎三年后为正二品。与宰相同升都堂议事，如宰相阙，则轮日执宰相笔，行相事。（据《宋代官制辞典》，第82页。）

②孤卿：少师、少傅、少保的合称。因岳飞此前已授少保。

【译文】

少保、枢密副使臣岳飞札子奏：“臣近来蒙恩被授命为枢密副使，臣已上书恳辞，未获允许。伏奉圣旨，令参知政事王次翁朝堂立班叙位在臣之下。臣查考得旧例参知政事叙位在枢密副使之上，臣虽谬忝孤卿（少保）之位，岂能随意紊乱立班的秩序。

望圣慈令臣只依照旧例，叙位在参知政事之下，以保护国家的礼制不被轻易改变，臣愚心得安。当否，请示。”

乞叙立王次翁下第二札子

少保、枢密副使臣岳飞札子奏：“臣契勘参政与枢副叙位，朝廷自有定例，岂可为臣忝窃孤卿，叙位使在参知政事之上，不免再具诚恳，仰渎圣听。伏望睿慈曲垂昭鉴，许臣只依近例，叙位在参知政事之下，庶使庸愚不致僭越。取进止。”

【译文】

少保、枢密副使臣岳飞札子奏：“臣查考到参知政事与枢密副使叙位，朝廷自有定例，岂可因臣忝居孤卿（少保）之位，就让我叙位在参知政事之上。臣不免再次诚恳上书，仰渎圣听。伏望圣慈，曲垂明鉴，允许臣只依照近例，叙位在参知政事之下，好使庸愚如我，不至于僭越礼制。当否，请示。”

辞衣带札子

少保、枢密副使臣岳飞札子奏：“臣于今月二日正谢，伏蒙圣恩，依例赐臣对衣、金带、鱼袋①、鞍马。窃念臣一介么微，遭遇宸眷之厚，近年累曾蒙恩赐金带等物，今更循例赐予，在臣无能，实为过分。伏望睿慈特赐寝罢，庶使惷愚不致冒滥。干渎天听，臣不胜惶惧之至。取进止。”

【注释】

①鱼袋：身份地位的象征物。四品以上（唐宋可能不同，有

三品说）才能佩金鱼袋。唐代官吏所佩盛放鱼符的袋。宋以后，无鱼符，仍佩鱼袋。《旧唐书·舆服志》："咸亨三年五月，五品以上赐新鱼袋，并饰以银……垂拱二年正月，诸州都督刺史，并准京官带鱼袋。"《宋史·舆服志五》："鱼袋。其制自唐始，盖以为符契也……宋因之，其制以金银饰为鱼形，公服则系于带而垂于后，以明贵贱，非复如唐之符契也。"

【译文】

少保、枢密副使臣岳飞札子奏："臣于本月初二日上朝谢恩，伏蒙圣恩，依例赐臣对衣、金带、鱼袋、鞍马。窃念臣一介微末，遭遇圣上眷顾之厚，近年累次蒙恩赐金带等物，今又循例赐予，以臣的无能，实在是超越了应受的本分。伏望圣慈特赐追罢，好使蠢愚如我不至于冒滥。干扰圣听，臣不胜惶恐。当否，请示。"

辞初除银绢札子

少保、枢密副使臣岳飞札子奏："今月初九日，御药院官卫茂实奉六月十三日圣旨，以臣初除枢密副使，依宰臣例，支赐银、绢各一千匹、两。臣遭遇圣眷至厚至深，既擢任于枢庭，又锡赉以多物，内外情文，靡所不尽。陛下所以待人臣之礼，斯亦至矣。然臣禀生奇蹇，赋分寒薄，夙夜震惊，恐不足以当陛下锡予之厚。伏望圣慈俯垂睿照，收还所赐银、绢，庶使稍安分量，不至盈满。取进止。"

【译文】

少保、枢密副使臣岳飞札子奏："本月初九日，御药院官卫茂实奉六月十三日圣旨，因臣才授枢密副使，依宰臣例，支赐银一千两、绢一千匹。臣遭遇圣眷至厚至深，已被擢任为枢密副使，又赏赐丰厚，精神与物质无不周全。陛下所以待人臣之礼，这也是到了极致。然而臣命运不佳，福分浅薄，因此夙夜惊惶，恐怕不足以承当陛下所赐之厚。伏望圣慈俯垂明鉴，收回所赐银、绢，好使我稍安于所得之分量，不至于满盈（招损）。当否，请示。”

辞男云除御带札子

少保、枢密副使臣岳飞札子奏：“臣于今月初九日准尚书省札子，七月初八日三省同奉圣旨，岳云除带御器械[①]。伏念臣叨冒圣恩，擢寘枢府，静思无补，已剧愧颜。臣男云年少惷愚，未练官业，今辄处以御带之职，实为亲近，在臣寒微，尤不遑处，兼恐于法或有妨碍，不免控沥危悃，仰渎圣听。伏望睿慈曲垂天鉴，追还已降指挥，庶得稍安愚分。取进止。”

【注释】

①带御器械：为军职名、带职名。在京带御器械有宿卫职责，不统兵。若为外任军中差遣所带“职名”，则是“盖假禁近之名，为军旅之重”。官品视本官阶。其后的《辞男云除御带第二札子》中已明了岳云的这个任命是“带御器械差遣”，即前者。（旧名御带，宋初置时，身佩弓箭袋、御剑，为皇帝扈从近卫，以防不测。）

【译文】

少保、枢密副使臣岳飞札子奏：“臣于本月初九日接到尚书省札子：七月初八日三省同奉圣旨，岳云授予带御器械之职。伏念臣已领受圣恩，擢填于枢府。臣退而静思，觉得无补于国家，故而十分汗颜。臣之子岳云年少蠢愚，未历练过公务，如今突然让他承担御带之职，实为圣上亲近臣下之意，然而臣一介寒微，惶惶然不能安处，兼恐此举在法度上有所妨碍，臣不免倾吐赤诚，仰渎圣听。伏望圣慈曲垂明鉴，追还已降指挥，好使我稍安愚分。当否，请示。”

辞男云除御带第二札子

少保、枢密副使臣岳飞札子奏：“臣今月十二日准尚书省札子，奉圣旨，以臣辞免男云除带御器械差遣，不允。臣窃以御带之职，至近冕旒，非有干城[①]之才，可以任腹心之寄者，不足以当其选。臣男云年少惷愚，殊未练达世务，一旦骤迁此职，实非騃幼所能。陛下为官择人，岂当出此，知子者父，诚不皇安，不免披露愚诚，再干天听。伏望睿慈追还云上件差遣，庶免人言，少安愚分。取进止。”

【注释】

①干城：指能御敌而尽保卫责任的人。《诗经·周南·兔罝》：“赳赳武夫，公侯干城。”

【译文】

少保、枢密副使臣岳飞札子奏：“臣本月十二日接到尚书省札子，奉圣旨，因臣请求辞免儿子岳云带御器械的差遣，未被允可。臣窃以为御带之职，十分接近皇帝，非有干城之才、可委任腹心之托者，不足以当选。臣儿子岳云年少蠢愚，尤其未练达世务，一旦骤迁于此职，实非这无知小子可以承当。陛下为公择人，岂能如此，知子莫若父，臣实不能安处，不免倾吐愚诚，再扰天听。伏望圣慈追还岳云上述职务，使臣父子免于人言的讥诮，使臣可以稍安于愚分。当否，请示。”

辞初除银绢第三札子

少保、枢密副使臣岳飞札子奏：“臣近蒙指挥，依宰臣例，支赐银、绢各一千匹、两，臣已两具札子奏，乞赐蠲免。今月十二日准尚书省札子，奉圣旨，不允。窃缘臣聚集口累，不至重大，逐月请俸，赡养有余，若更叨冒锡予，至于无厌，则不知足之患，深可为戒。臣不免再具诚恳，仰渎圣听。伏望睿慈俯垂天鉴，特赐蠲免施行。取进止。”

【译文】

少保、枢密副使臣岳飞札子奏：“臣近来蒙指挥，依照宰臣例，支赐银一千两、绢一千匹，臣已两次上书，乞请蠲免这项赏赐。本月十二日接到尚书省札子：奉圣旨，不允。窃以臣聚集家口于一处，负担不至于重大，每月的薪俸已经足以应付，还有剩余。若再贪图赏赐，至于无厌，则不知足之患，深可为戒。臣不免再次上书恳辞，仰渎圣听。伏望睿慈俯垂明鉴，特赐蠲免施行。当否，请示。”

乞解枢柄第二札子

少保、枢密副使臣岳飞札子奏：“臣已具札子，乞解罢枢密副使职事，至今累日，未蒙俞允。窃念臣性识疏闇，昧于事机，立功无毫发之微，论罪有丘山之积。加以望轻任重，德薄宠殊，荷圣眷之兼容[①]，在孤忠而益畏。烦言沓至，私义奚安，欲免累於明恩，理合图于亟去。伏望睿慈察危情之难处，施天造之曲成，听还印于枢庭，许投身于散地。欲乞检会臣前奏，早降处分施行。取进止。”

【注释】

①兼容：同时容纳各个方面。《汉书·田蚡传》：“籍福贺婴，因吊曰：‘君侯资性喜善疾恶，方今善人誉君侯，故至丞相，然恶人众，亦且毁君侯。君侯能兼容则幸久；不能，今以毁去矣。’”颜师古注：“兼容，谓不嫉恶人令其怨也。”

【译文】

少保、枢密副使臣岳飞札子奏：“臣已上书，请求解除枢密副使的职事，至今已有多日，还未蒙陛下允可。窃念臣性识愚昧，不谙事机，立功无毫发之微，论罪却有丘山之积。加之人微望轻不足以承担重任，德行浅薄承受不了如此荣宠，面对圣眷之宽容，孤忠之心益发畏惧。如今愤懑之言纷至沓来，一己之良心如何能安。臣不欲拖累明君，理当赶紧请辞离去。伏望圣慈体察臣的惶恐与难处，施天造之曲成，允我还印于枢庭，投身于闲散之地。望查考臣以前的奏札，早日降下处置的指导。当否，请示。”

乞解枢柄第三札子

少保、枢密副使臣岳飞札子奏：“臣已累具札子，乞解罢枢密副使职事，伏蒙圣恩降诏不允者。露章待罪，自惊宠数之过优；温诏示恩，犹閟俞音之下逮。再陈愚恳，仰渎渊聪。伏念臣滥厕枢庭，误陪国论，贪荣滋甚，补报蔑然。岂惟旷职之可虞，抑亦妨贤之是惧，冀保全于终始，宜远引于山林。伏望圣慈察其诚心，实非矫饰，速降睿旨，许罢机政。取进止。”

【译文】

少保、枢密副使臣岳飞札子奏："臣已多次上书，请求解除枢密副使的职事，伏蒙圣恩降诏不允。臣上章待罪，自惊所受之恩数过于优厚；陛下诏书示恩，至今未有允可的回音。是以再次上书，陈述愚衷，仰渎天听。念及臣滥充于枢庭指挥军事，误陪于君侧商讨国计，贪图宠荣之心愈发滋长，报答君王之长却是空无一物。可忧者岂止是旷废了职守，更恐怕妨碍了贤能之士。诚望保全臣于终始，允许我退隐山林。伏望圣慈体察臣的诚心，实非矫情夸饰，请陛下速降睿旨，允许我罢去政务。当否，请示。"

辞除两镇在京宫观第二札子

少保臣岳飞札子奏："臣今月十二日伏蒙圣恩，赐臣少保、武胜、定国军节度使、充万寿观使[①]告一轴，仍奉朝请[②]。臣已谢恩外，缘臣见具札子辞免，已将告命寄纳临安府，今月十四日伏奉诏命，不允。窃以两镇节旄，国朝盛典，非有大勋，岂容轻授。臣前此叨据，常惧弗称，自惟智术短浅，坐糜岁月，考其绩用，初无丝毫，安可更尔冒荣。矧内祠之任，得侍清光[③]，朝廷所以贵老尊尊，用昭异数，在臣愚分，非所宜处。顾待遇之愈隆，夙夜以思，虽粉身碎骨，何以图报万一，愧深汗溢，感极涕横，重念臣才疏德薄，人微望轻，若不自列，滥当优宠，必至颠隮，上辜宸眷。欲望圣慈追寝成命，除臣一在外宫观差遣。取进止。"

【注释】

①万寿观使：宫观使、祠禄官名。祠禄官为内祠（在京宫观）、外祠（在外诸州府宫观岳庙）差遣之总名。祠禄官虽居家

中，但未致仕；虽无职事，但优享廪禄。祠禄官有类差之别，如内祠优于外祠。（据《宋代官制辞典》，第609–610页。）

②奉朝请：古代诸侯春季朝见天子叫朝，秋季朝见为请。因称定期参加朝会为奉朝请。

③清光：清美的风彩。多喻帝王的容颜。

【译文】

少保臣岳飞札子奏："臣本月十二日，伏蒙圣恩，赐臣少保，武胜、定国军节度使，充万寿观使告命一轴，命臣仍定期参加朝会。臣已谢恩外，因臣现在正上书辞免，已将告命寄放于临安府，本月十四日伏奉诏命，不允辞免。窃以为两镇节度使为国朝盛典，非有大功勋者，岂容轻易授予。臣此前勉强占据此位，常恐能力不能与之相称，自思智术短浅，坐废岁月，若考核绩效，全无丝毫，怎可更进一步地贪图荣耀。况且内祠之任，常得侍从于陛下身旁，是朝廷用以贵老尊贤的清贵之位，如此特殊的礼遇，以臣愚分，不宜受之。臣见所领受的待遇日益隆重，夙夜思虑，虽粉身碎骨，也不能回报万分之一，愧深汗溢，感极涕横。再念臣才疏德薄，人微望轻，若不自陈，如此滥当优宠，必然导致衰败覆灭，辜负圣上的眷顾。希望圣慈追还成命，授臣一在外宫观差遣。当否，请示。"

卷第十六

经进鄂王家集卷之七

奏议下

广德捷奏

武德大夫、英州刺史、御营使司统制军马臣岳飞状奏："恭依圣旨，将带所部人马，邀击金人，至广德军见阵，共斫到人头一千二百一十六级，生擒到女真、汉儿王权等二十四人。并遣差兵马，收复建康府溧阳县，杀获五百余人，生擒女真、汉儿军，伪同知溧阳县事、渤海太师李撒八等一十二人。金人回犯常州，分遣兵马等截邀击掩杀，四次见阵，拥掩入河，弃头不斫，生擒女真万户少主孛堇、汉儿李渭等一十一人。委是屡获胜捷。谨录奏闻，伏候敕旨。"

【译文】

武德大夫、英州刺史、御营使司统制军马臣岳飞状奏："恭依圣旨，带领所部人马截击金人，在广德军交战，共砍下人头一千二百一十六级，生擒女真人、汉儿王权等二十四人。并派遣兵马收复建康府溧阳县，杀死和擒获五百余人，生擒女真人、汉儿军、伪同知溧阳县事，渤海人太师李撒八等十二人。金人回犯常州，臣分遣兵马截击掩杀，四次交战，将敌军拥掩入河，遂弃头不斫，生擒女真万夫长少主孛堇、汉儿李渭等十一人。确是屡获胜捷。恭谨上奏，伏候敕旨。”

邓州捷奏

镇南军承宣使、神武后军统制、江南西路、舒、蕲州、兼荆南、鄂、岳、黄、复州、汉阳军、德安府制置使臣岳飞状奏：“契勘叛贼李成与金贼刘合孛堇、陕西番、伪贼兵，并聚于邓州西北，扎三十余寨。臣遣发王贵等由光化路，张宪等由横林路，前去掩杀。据统制王贵、张宪等申：‘七月十五日，离邓州三十余里，逢贼兵共数万接战，分遣王万、董先军兵，出奇突击，其贼大溃。降到番官杨德胜等二百余人，夺马二百余疋，衣甲不知其数。内高仲将一项残零人马，走入邓州，闭门坚守。十七日，攻邓州，将士不顾矢石，蚁附而上。破邓州，杀死番、伪贼马，鏖战大获胜捷。’为暑月疲劳，见起发前去德安府歇泊，听候朝廷指挥外，谨录奏闻，伏候敕旨。”

【译文】

镇南军承宣使，神武后军统制，江南西路、舒、蕲州兼荆南、鄂、岳、黄、复州、汉阳军、德安府制置使臣岳飞状奏：“按查，叛贼李成与金贼刘合孛堇及陕西的番、伪贼兵，会合聚集在邓州西北，扎立三十余寨。臣派遣王贵等从光化、张宪等从横林两个方向出兵，前去掩杀。据统制王贵、张宪等申：‘七月十五日，在离邓州三十余里处遭逢贼兵数万接战，分遣了王万、董先军兵出奇突袭，贼兵大溃。收降番官杨德胜等二百余人，夺马二百余匹，衣甲不计其数。敌军中高仲带着一支残零人马逃入邓州城，关闭城门坚守。十七日，我军攻邓州，将士不顾矢石，蚁附强攻，攀缘而上。遂攻破邓州，鏖战并杀死番、伪贼马，大获胜捷。'因为天气暑热，将士疲劳，现出发前去德安府屯驻休整，听候朝廷指挥。恭谨上奏，伏候敕旨。"

复三州奏

镇南军承宣使、神武后军统制、江南西路、舒、蕲州、兼荆南、鄂、岳、黄、复州、汉阳军、德安府制置使臣岳飞状奏："近准指挥，遣飞进发军马，掩杀番、伪贼马，于五月六日收复随州，七月十七日收复邓州，二十三日收复唐州，并已收复信阳军。并已差官葺治，屯兵防守，已班师江上歇泊。谨录奏闻。伏候敕旨。"

【译文】

镇南军承宣使，神武后军统制，江南西路、舒、蕲州兼荆南、鄂、岳、黄、复州、汉阳军、德安府制置使臣岳飞状奏："近依指挥，派臣进军掩杀番、伪贼马，已于五月六日收复随州，七月十七日收复邓州，二十三日收复唐州，信阳军也已被收复。并已差遣官员葺治，屯兵防守。大军现已班师长江上游，屯驻休整。恭谨上奏，伏候敕旨。"

湖寇捷奏

镇宁、崇信军节度使、神武后军都统制、荆湖南、北、襄阳府路制置使臣岳飞状奏："近差统制官任士安部押军马，前去□□□□□□，措置把截黄诚等贼马去后。据任士安申：'五月五□□□□□□□伪太子、渠魁黄诚等节次前来侵犯永安寨，其贼□□□□□□□匹、步军二万余人，摆拽十余里，与官兵相拒斗敌。□□□□□□率亲兵，并武功郎、统领陈照人马，分路会合，至永□□□□□□□阵，前来迎敌。任士安引兵当头冲击，贼徒败走，夺□□□□□□，黏踪追袭，过苟陂山，杀死甚多。夺到衣甲、器械，捉到贼人马，见别具状供申外，委是大获胜捷。'谨录奏闻，伏候敕旨。"

【译文】

镇宁、崇信军节度使，神武后军都统制，荆湖南、北、襄阳府路制置使臣岳飞状奏："近差统制官任士安督率军马前去□□□□□□，把守堵截黄诚等贼马以后，据任士安申：'五月五日□□□□□□伪太子、头领黄诚等逐次前来侵犯永安寨，贼徒有□□□□匹、步军二万余人，排布十余里，与官军抵拒战斗。□□□□□□□率亲兵，及武功郎、统领陈照的人马分进会合，到永□□□□□□□阵，迎敌战斗。任士安引兵当先冲杀敌军，贼徒败走，夺□□□□□□，跟踪追袭过了苟陂山，杀死敌军众多。夺到衣甲、器械，并捉到贼军的人和马，现另外准备状子报告，此战确是大获胜捷。'恭谨上奏，伏候敕旨。"

复西京长水县捷奏

起复检校少保、武胜、定国军节度使、湖北、京西路宣抚副使、兼营田使臣岳飞状奏："据统制官王贵申：'遵依指挥，差武经郎、第四副将杨再兴等统率军马，前去收复西京长水县去后。今据申：八月十三日进兵到长水县界业阳，逢伪齐顺州安抚张宣赞下孙都统，并后军统制满在，拥贼兵数千人拒敌。当时分布军马，掩击贼众，杀死五百余人，生擒后军统制满在并徒众一百余人，及当阵杀获孙都统首级，其余残党尽皆奔溃。再兴遂再进兵，于今月十四日到本县界孙洪涧，再逢张宣赞亲率贼马二千余人，隔河相射，遂鼓率人马斗敌杀散。至次日二更已来，收复长水县了当，夺到诸色粮斛二万余石，给散百姓、官兵食用，即时招抚，并与安业，别无分毫搔扰，申乞照会。’谨录奏闻，伏候敕旨。”

【译文】

起复检校少保，武胜、定国军节度使，湖北、京西路宣抚副使，兼营田使臣岳飞状奏：“据统制官王贵申：‘遵依指挥，差武经郎、第四副将杨再兴等统率军马，前去收复西京长水县以后，今据杨再兴申：八月十三日进兵到长水县界的业阳，遇到伪齐的顺州安抚张姓宣赞下的孙都统及后军统制满在聚集贼兵数千人抵抗。（再兴等）当时排列兵马，掩击贼众，杀死敌军五百余人，生擒后军统制满在及徒众一百余人，并当阵斩获孙都统首级，其余残党尽皆奔溃。再兴继续进兵，于本月十四日到达该县界内孙洪涧，又一次遭逢张宣赞亲率贼马二千余人，隔河相射，我于是鼓率人马战斗，将敌军杀散。到次日二更以后收复长水县停当，夺到各种粮食二万余石，给散百姓、官兵食用，即时招抚散民，使其安于本业，别无分毫骚扰，申乞照会。’恭谨上奏，伏候敕旨。”

复颍昌府奏

武胜、定国军节度使、开府仪同三司、湖北、京西路宣抚使、兼营田大使、河南、北诸路招讨使臣岳飞状奏：“据前军统制、同提举一行事务[①]张宪申：‘统率军马，前去措置贼马，除于闰六月十九日离颍昌府四十里，与番贼见阵获捷外，宪复统率军马，追袭贼帅韩常，其贼大败，于当月二十日收复颍昌府了当。’谨录奏闻，伏候敕旨。”

【注释】

①同提举一行事务：此处特指宣抚司同提举一行事务。军职名。由有战功、有威望的统制官或亲信兼领，为宣抚使掌管军务的重要助手；可代宣抚使掌领宣抚司军马，并负责一方，指挥各军统制联合作战及申报战况等。如宣抚司并置二员提举一行事务，资稍次者带同字。（据《宋代官制辞典》，第467页。）

【译文】

武胜、定国军节度使，开府仪同三司，湖北、京西路宣抚使，兼营田大使，河南、北诸路招讨使臣岳飞状奏："据前军统制、同提举一行事务张宪申：'统率军马前去处置贼马，于闰六月十九日在距离颍昌府四十里处，与番贼交战获捷；此外，我又统率军马追袭贼帅韩常，贼兵大败，于本月二十日收复颍昌府完毕。'恭谨上奏，伏候敕旨。"

陈州颍昌捷奏

武胜、定国军节度使、开府仪同三司、湖北、京西路宣抚使、兼营田大使、河南、北诸路招讨使臣岳飞状奏："今据诸军申到收复下项：

一、据前军统制张宪申：'将带诸统制、将官前去措置陈州。闰六月二十四日午时，离陈州十五里，逢贼马军三千余骑见阵掩杀，其众望城奔走。遂分诸头项并进，离城数里，有番贼翟将军等，并添到东京一带差来贼马，摆布大阵。宪遂鼓率将士，分头入阵掩击，其贼败走，已收复陈州了当。除杀死外，生擒到番贼王太保等，并夺到鞍马等，委获胜捷。'

一、据踏白军统制董先、游奕军统制姚政等申：'统率军马，在颍昌府驻扎。闰六月二十五日辰时，有番贼取长葛县路前来。先即时同姚政等统率军马，出城迎敌。到城北七里店，逢镇国大王并韩将军、邪也孛堇贼马六千余骑，摆布成阵。先与姚政等分头项径入贼阵，战斗及一时辰，其贼败走，追杀三十余里。除杀死外，擒到人并夺到鞍马等，委犹胜捷。'

右谨录奏闻，伏候敕旨。"

【译文】

武胜、定国军节度使、开府仪同三司、湖北、京西路宣抚使、兼营田大使、河南、北诸路招讨使臣岳飞状奏："今据诸军报告，收复情况如下：

一、据前军统制张宪申：'带领诸统制、将官前去收复陈州。闰六月二十四日午时，在距离陈州十五里处遭遇敌人的马军三千余骑，交战掩杀，敌众向陈州城逃走。于是我安排诸军分进合击，在离城数里处，遇番贼翟将军等，及从东京一带差来增援的敌骑，排布大阵。我于是鼓率将士，分头入阵掩击，敌军败走，现已收复陈州完毕。除杀死敌兵外，生擒到番贼王太保等，并夺到鞍马等等，实获胜捷。'

一、据踏白军统制董先、游奕军统制姚政等申：'统率军马在颍昌府驻扎。闰六月二十五日辰时，有番贼取道长葛县前来。我即时与姚政等统率军马出城迎战，到城北的七里店，正遇番贼的镇国大王和韩将军、邪也孛堇的贼马六千余骑，排布阵列。我与姚政等分头带领兵马直入贼阵，战斗了一个时辰，敌军败走，我军追杀了三十余里。除杀死敌兵外，擒到贼兵、夺到鞍马等等，实获胜捷。'

如上，恭谨上奏，伏候敕旨。"

郑州捷奏

武胜、定国军节度使、开府仪同三司、湖北、京西路宣抚使、兼营田大使、河南、北诸路招讨使臣岳飞状奏："据中军统制王贵申：'先次遣将杨成等统率军马，前去措置郑州。今据杨成等申：于闰六月二十五日到郑州南，逢番贼头领漫独化等部领贼马五千余人见阵。成等遂鼓率将士，与贼见阵，掩杀贼马败走，收郑州，抚定了当，委获胜捷。'谨录奏闻，伏候敕旨。"

【译文】

武胜、定国军节度使，开府仪同三司，湖北、京西路宣抚使，兼营田大使，河南、北诸路招讨使臣岳飞状奏："据中军统制王贵申：'首先派遣将官杨成等统率军马前去攻取郑州。今据杨成等申：'于闰六月二十五日到达郑州城南，遇到番贼头领漫独化等带领贼马五千余人交战。杨成等鼓率将士，与贼交战，掩杀得贼马败走，收复了郑州，安抚百姓停当，实获胜捷。'恭谨上奏，伏候敕旨。"

漫独化捷奏

武胜、定国军节度使、开府仪同三司、湖北、京西路宣抚使、兼营田大使、河南、北诸路招讨使臣岳飞状奏："据本司中军统制王贵申：'据准备将刘政等申：将带人兵，于闰六月二十九日夜，劫破中牟县金贼万户漫独化贼寨。杀死贼兵不知数目，夺到马三百五十余匹，驴、骡一百余头，衣物、器甲等不计数目，即未知万户漫独化存亡。委获胜捷，申乞照会。'谨录奏闻，伏候敕旨。"

【译文】

武胜、定国军节度使，开府仪同三司，湖北、京西路宣抚使兼营田大使，河南、北诸路招讨使臣岳飞状奏："据本司中军统制王贵申：'据准备将刘政等申：带领军兵于闰六月二十九日夜，劫营并攻破了驻扎在中牟县的金贼万户长漫独化的营寨。杀死贼兵不计其数，夺到马三百五十余匹，驴、骡一百余头，衣物、器械、铠甲等不计其数，不知万夫长漫独化之存亡状况。实获胜捷，申乞照会。'恭谨上奏，伏候敕旨。"

复西京奏

武胜、定国军节度使、开府仪同三司、湖北、京西路宣抚使、兼营田大使、河南、北诸路招讨使臣岳飞状奏："据本司中军统制、提举一行事务[①]王贵申：'寻差中军副统制郝晸等统押军马，前去措置收复西京去后。今据郝晸等申：进发至离西京六十里下寨。于七月初一日，有金贼马军数千骑前来，即时差将官张应、韩清将带马军，于贼来路把截。其贼前来迎敌官军，张应等即时掩杀，贼马败走。晸进发军马，当日酉时直凑西京城下。其金贼为已败衄，当夜弃城逃遁。于初二日早，收复西京了当，已抚存官吏、居民，各安职业。委获胜捷。'谨录奏闻，伏候敕旨。"

【注释】

①提举一行事务：此处特指宣抚司提举一行事务，军职名。由有战功、有威望的统制官或亲信兼领，为宣抚使掌管军务的重要助手；可代宣抚使掌领宣抚司军马，并负责一方，指挥各军统制联合作战及申报战况等。（据《宋代官制辞典》，第467页。）

【译文】

武胜、定国军节度使，开府仪同三司，湖北、京西路宣抚使，兼营田大使，河南、北诸路招讨使臣岳飞状奏：“据本司中军统制、提举一行事务王贵申：‘此前差中军副统制郝晸等统押军马前去收复西京以后，今据郝晸等申：进发到距离西京六十里处扎营。七月初一日有金贼的马军数千骑前来，我当即差遣将官张应、韩清率领马军在贼兵来路把守堵截。贼兵向前迎战官军，张应等当即掩杀，贼马败走。我又进发兵马，当日酉时（下午5时正至下午7时正）直逼西京城下。金贼见败局已定，当夜弃城逃遁。我等于初二日早收复西京完毕，已安抚当地官吏、居民，使其各安本业。实获胜捷。’恭谨上奏，伏候敕旨。”

龙虎等军捷奏

武胜、定国军节度使、开府仪同三司、湖北、京西路宣抚使、兼营田大使、河南、北诸路招讨使臣岳飞状奏：“今月初八日，探得有番贼酋首四太子、龙虎、盖天大王、韩将军亲领马军一万五千余骑，例各鲜明衣甲，取径路，离郾城县北二十余里。寻遣发背嵬、游奕马军，自申时后，与贼战斗。将士各持麻扎刀、提刀、大斧，与贼手拽厮劈。鏖战数十合，杀死贼兵满野，不计其数。至天色昏黑，方始贼兵退，那夺到马二百余匹，委获大捷。谨录奏闻，伏候敕旨。”

【译文】

武胜、定国军节度使，开府仪同三司，湖北、京西路宣抚使兼营田大使、河南、北诸路招讨使臣岳飞状奏：“本月初八日，探到有番贼首领四太子、龙虎、盖天大王、韩将军亲率马军一万五千余骑，各个衣甲鲜明，抄近路到达郾城县北二十余里。

臣立刻遣发背嵬、游奕马军自申时（下午3时正至下午5时正）以后与敌军战斗。将士各持麻扎刀、提刀、大斧，与敌人手拽厮劈。鏖战数十合，杀死贼兵陈尸遍野，不计其数。直至天色昏黑时，贼兵才开始退却。夺到马二百余匹，实获胜捷。恭谨上奏，伏候敕旨。”

复南城军捷奏

武胜、定国军节度使、开府仪同三司、湖北、京西路宣抚使、兼营田大使、河南、北诸路招讨使臣岳飞状奏：“今月初十日，据本司统制忠义军马孟邦杰申：‘遵依指挥，令措置收复南城军。邦杰寻遣差将官杨遇等将带人马收复。据杨遇等申：七月初四日夜二更以来，南城军北角与金贼交阵，拥掩落水溺死贼众不知其数，并杀死贼兵三千余人。所有夺到鞍马、舟船、器甲、弓、箭、旗、枪等别具状供申外，逼逐贼兵出城，上船渡河。至初七日收复南城军了当，已抚存官吏、居民，各安职业。委获胜捷，申乞照会。’谨录奏闻，伏候敕旨。”

【译文】

武胜、定国军节度使，开府仪同三司，湖北、京西路宣抚使兼营田大使，河南、北诸路招讨使臣岳飞状奏：“本月初十日，据本司统制忠义军马孟邦杰申：‘遵依指挥，令我等设法收复南城军，我于是差遣将官杨遇等带领人马前去收复。据杨遇等申：七月初四日夜二更以后，在南城军北角与金贼交战，被拥掩落水溺死的贼兵不计其数，并杀死贼兵三千余人，所有夺到的鞍马、舟船、器械、铠甲、弓、箭、旗、枪等另具状子供申。受我军逼逐，贼兵出城上船，渡过黄河退去。到初七日收复南城军完毕，已安抚官吏、居民，使他们各安本业。实获胜捷，申乞照会。’恭谨上奏，伏候敕旨。”

郾城县北并垣曲县等捷奏

武胜、定国军节度使、开府仪同三司、湖北、京西路宣抚使、兼营田大使、河南、北诸路招讨使臣岳飞状奏：“今月初十日申时，据巡绰马报覆，有番贼马军一千余骑，径来侵犯郾城县北五里店，在后尘头不绝，不知数目。臣躬亲提领军马，出城迎敌。遣差背嵬将官王刚等，将带背嵬使臣五十余人骑，前去探贼。据王刚等称，于五里店见贼摆一字阵，内见一名甲上着紫袍，认是头领。遂一齐入贼军，併手斫下上件头领，其余贼众一发退走。今于斫下尸首上并马鬃上，取到红漆牌子二个，上题写‘阿李朵孛堇’。追赶贼马二十余里。

当日又据本司统领忠义军马梁兴、董荣申：‘依准指挥，统押军马前来，过大河剿杀金贼，占夺州县。兴等于今月初一日晚，到黄河南岸，措置济河。其黄河北岸有金贼三十余人骑，于岸口摆列阵势，守备人马。兴等于初二日早领兵，与统领董荣等人马渡河，到北岸。贼马就岸交战，其贼败走，追赶入绛州垣曲县，闭门拒敌。兴等遂行张榜说谕，不肯归降。至午时，兴等领兵，与统领董荣等人马措置绞缚云梯，一齐上城接战。杀死番贼不知数目，活捉到千户刘来孙等一十四人，并夺到战马一百余匹、器仗等，见行抚存人户安业，依旧种作外，申乞照会。’谨录奏闻，伏候敕旨。”

【译文】

武胜、定国军节度使，开府仪同三司，湖北、京西路宣抚使兼营田大使，河南、北诸路招讨使臣岳飞状奏：“本月初十日申时，据探骑回报有番贼马军一千余骑径来侵犯郾城县北的五里店，其后尘头不绝，有大量后继部队，不知其数。臣亲自提领军马出城迎战，差遣背嵬军将官王刚等带领背嵬使臣五十余人骑前去探贼。据王刚等称，在五里店发现金兵摆成一字阵，其中有一名将领，铠甲外罩紫袍，认定他是一名头领。于是一起突入贼阵，合力砍下这员将领，其余贼众一齐退走。从砍下的尸首和马鬃上取到红漆牌子两个，上面题写'阿李朵孛堇'。我军追赶贼马二十余里。

当日又据本司统领忠义军马梁兴、董荣申：'依照指挥，统率军马渡过黄河剿杀金贼，占夺州县。兴等于本月初一日晚到达黄河南岸，措置渡河。黄河北岸有金贼三十余人骑，于岸口列阵守备。梁兴等于初二日早领兵，与统领董荣等人马渡河到北岸，与贼马在岸边交战，贼军败走，我军一直追赶到绛州垣曲县，贼军逃入城中，闭门据守。梁兴等人于是张榜说谕，但贼军不肯归降。到午时，梁兴等领兵与统领董荣等人马布置绞缚云梯，一齐登城接战。杀死番贼不知数目，活捉到千夫长刘来孙等十四人，并夺到战马一百余匹及武器等，现正安抚人户安业，让他们依旧耕种劳作。申乞照会。'恭谨上奏，伏候敕旨。"

小商桥捷奏

武胜、定国军节度使、开府仪同三司、湖北、京西路宣抚使、兼营田大使、河南、北诸路招讨使臣岳飞状奏："今月十四日，本司前军统制、同提举一行事务张宪申：'今月十三日，统率背嵬、游奕并诸军人马，起发前来小商桥北一带，至临颍县，措置掩杀金贼。于今月十四日天明，据绰路马报，临颍县南逢金贼，绰路马遂追赶过县三十余里，杀死贼兵不知数目，其贼望颍昌府、尉氏县路前去。委获胜捷。'谨录奏闻，伏候敕旨。”

【译文】

武胜、定国军节度使，开府仪同三司，湖北、京西路宣抚使兼营田大使，河南、北诸路招讨使臣岳飞状奏：“本月十四日，本司前军统制、同提举一行事务张宪申：‘本月十三日，统率背嵬军、游奕军及诸军人马，出发来到小商桥北一带，到了临颍县，部署掩杀金贼。本月十四日天明，据巡哨骑兵报告，在临颍县南遭逢金贼，巡哨骑兵于是追赶过县三十余里，杀死贼兵不知数目，金贼向颍昌府、尉氏县方向退去。实获胜捷。’恭谨上奏，伏候敕旨。”

河北颍昌诸捷奏[①]

武胜、定国军节度使、开府仪同三司、湖北、京西路宣抚使、兼营田大使、河南、北诸路招讨使臣岳飞状奏：“今月十五日，据本司统领忠义军马梁兴、赵云、李进并董荣、牛显、张峪申：‘依准指挥，将带人马过河，占夺州县，掩杀金贼。兴等除已于七月初二日收复绛州垣曲县了当，已行供申外，兴等统押军马，至七月初四日到孟州王屋县界，地名西阳、邵源，驻扎两寨。汉儿军张太保等部押手下汉军人马六十余人，前来投降。至初五日辰时，至王屋县西，地名东阳，有驻扎北军一寨。为兴等统兵前去，其贼弃寨逃走。当日午时，统率军马到王屋县，贼马为兴等人马逼近，并已弃城逃走。兴等人马不曾入城，乘势追赶贼马二十余里，夺到战马八匹，杀死贼兵三十余人，并夺到衣、甲、刀、枪、旗帜无数。兴等差人招诱王屋县百姓首领王璋等五十余人，当面出给旗、榜，招集本县逃走军民着业去讫。

至初六日，统兵到孟州济源县西，地名曲阳二十里以来，逢金贼高太尉贼马五千余人骑前来。兴等躬亲统押人马，分头前去迎敌，与贼血战，自辰时及午时，其贼大败。杀死金贼，一十余里横尸遍野，并夺到器械、枪、刀、旗、鼓等无数，及活捉到金贼八十余人。兴等收兵歇泊下寨间，至未时以来，有高太尉再将到怀、孟、卫等州界发来贼马一万余人骑，分布前来，兴等对面摆阵相拒。兴等即时分布军马，并力与贼迎敌，不顾死生血战。自未至酉时，剿杀金贼步军八分已上，夺到战马、驴、骡二百余头匹，活捉到金贼一百余人。追袭至县西门，其高太尉将带残零贼马退走。兴等为官军尽日见阵，伤中数多，遂统押军马，前去本县北十余里，地名燕川，歇泊下寨。委是大获胜捷。’谨录奏闻，伏候敕旨。”

【注释】

①据捷奏内容，标题之“颍昌”，乃“孟州”之误。

【译文】

武胜、定国军节度使，开府仪同三司，湖北、京西路宣抚使兼营田大使，河南、北诸路招讨使臣岳飞状奏：“本月十五日，据本司统领忠义军马梁兴、赵云、李进和董荣、牛显、张峪申：‘依照指挥，带领人马过黄河占夺州县，掩杀金贼。兴等除于七月初二日收复绛州垣曲县停当，已供申外，又统率军马于七月初四日来到孟州王屋县界内，地名西阳、邵源，分两寨驻扎。金贼的汉儿军张太保等部押手下汉儿军人马六十余人前来投降。至初五日辰时（早上7点到9点），到达王屋县西，地名东阳，那里原驻扎了一寨北军。因得知我等统兵前去，贼人已弃寨逃走。当日午时，我等统率军马抵达王屋县，那里的贼马见我军逼近，也弃城逃走。我等人马不曾入城，乘势追赶贼马二十余里，夺到战马八匹，杀死贼兵三十余人，并夺到衣、甲、刀、枪、旗帜无数。我等差人招诱王屋县百姓首领王璋等五十余人，当面出给旗、榜，召集本县逃走军民从业完毕。

至初六日，统兵到孟州济源县西二十里，地名曲阳，遭遇金贼高太尉等贼马五千余人、骑前来。我等亲自统押人马，分头前去迎战，与贼血战，自辰时（上午7时正至9时正）到午时（上午11时正至下午1时正），贼军大败。杀死了大量贼军，尸横遍野十余里，并夺到器械、枪、刀、旗、鼓无数，活捉金贼八十余人。我等收兵休整下寨，未时（下午1时至3时）以后，高太尉又带领从怀、孟、卫等州发来的贼马一万余骑分布前来，我等于对面摆阵相拒。兴等即时排布军马，合力迎战敌军，不顾生死地血战。自未时到酉时（下午5时正至下午7时正），剿杀金贼步军八分以上，夺到战马、驴、骡二百余匹，活捉到金贼一百余人。追袭至县西门，高太尉带着残零贼马退走。因官军整日交战，负伤者不少，我等于是统押军马前去该县北十余里处，地名燕川，下寨休整。实是大获胜捷。’恭谨上奏，伏候敕旨。”

王贵颍昌捷奏

武胜、定国军节度使、开府仪同三司、湖北、京西路宣抚使、兼营田大使、河南、北诸路招讨使臣岳飞状奏：“今月十五日，据本司中军统制、提举一行事务王贵申：‘依准指挥，统率诸军人马，于颍昌府屯驻。今月十四日辰时以来，有番贼四太子、镇国大王、并昭武大将军韩常及番贼万户四人，亲领番兵马军三万余骑，直抵颍昌府西门外摆列。贵遂令踏白军统制董先、选锋军副统制胡清守城。贵亲统中军、游奕军人马，并机宜[①]岳云将带到背嵬军出城迎战。自辰时至午时，血战数十合，当阵杀死万户一人，千户五人。贼兵横尸满野，约五千余人，重伤番贼不知数目。其夺到战马、金、鼓、旗、枪、器甲等不计其数，见行根刷，续具数目供申次。委是大获胜捷。’谨录奏闻，伏候敕旨。”

【注释】

①机宜：此处是宣抚司书写机宜文字的别称。宣抚司书写机宜文字为军职差遣名。为宣抚司亲近幕僚，允许宣抚使辟亲属充。掌草拟本司机密文书。

【译文】

武胜、定国军节度使，开府仪同三司，湖北、京西路宣抚使兼营田大使，河南、北诸路招讨使臣岳飞状奏：“本月十五日，据本司中军统制、提举一行事务王贵申：‘依照指挥，统率诸军人马于颍昌府屯驻。本月十四日辰时以后有番贼四太子、镇国大王及昭武大将军韩常及番贼万户四人，亲领番兵马军三万余骑，直抵颍昌府西门外列阵。我于是令踏白军统制董先、选锋军统制胡清守城。我亲统中军、游奕军人马，及宣抚司书写机宜文字岳云带到的背嵬军出城迎战。自辰时至午时，血战数十合，当阵杀死金军万夫长一人，千夫长五人。贼兵横尸满野，约五千余人，重伤番贼不知数目。夺到战马、金、鼓、旗、枪、器械、铠甲等不计其数，现正进行详细统计，后续提交数目供申报。实是大获胜捷。’恭谨上奏，伏候敕旨。”

临颍捷奏

武胜、定国军节度使、开府仪同三司、湖北、京西路宣抚使、兼营田大使、河南、北诸路招讨使臣岳飞状奏：“据本司前军统制、同提举一行事务张宪申：‘今月十八日，到临颍县东北，逢金贼马军约五千骑。分遣统制徐庆、李山、寇成、傅选等马军一布向前，入阵与贼战斗，其贼败走，追赶十五余里。杀死贼兵横尸满野，夺到器甲等无数，轻骑牵到马一百余匹，委是大获胜捷。’谨录奏闻，伏候敕旨。”

【译文】

武胜、定国军节度使，开府仪同三司，湖北、京西路宣抚使兼营田大使，河南、北诸路招讨使臣岳飞状奏：“据本司前军统制、同提举一行事务张宪申：‘本月十八日到达临颍县东北，遇到金贼马军约五千骑。我分遣统制徐庆、李山、寇成、傅选等马军一拥向前，入阵与贼战斗，贼军败走，我军追赶十五余里。杀死贼兵横尸遍野，夺到器械铠甲等无数，轻骑牵到马一百余匹，实是大获胜捷。’恭谨上奏，伏候敕旨。”

卷第十七

经进鄂王家集卷之八

公牍上

乞淮东重难任使申省状

武功大夫、昌州防御使、通、泰州镇抚使、兼知泰州岳飞状申："照得飞近准指挥，差飞充通、泰州镇抚使，仰认朝廷使令之意，除已一面起发，前赴新任外。契勘金贼侵寇虔刘，其志未艾。要当速行剿杀，殄灭静尽，收复诸路，不然则岁月滋久，为患益深。若蒙朝廷允飞今来所乞，乞将飞母、妻并二子为质，免充通、泰州镇抚使，止除一淮南东路重难任使。令飞招集兵马，掩杀金贼，收复本路州郡，伺便迤逦收复山东、河北、河东[①]、京畿等路故地。庶使飞平生之志得以少快，且以尽臣子报君之节。谨具申尚书省，伏乞钧慈详察，特赐敷奏，指挥施行，谨状。

小贴子：飞今来所管官兵一面催发前赴新任，如蒙指允飞所乞，即乞速赐指挥，亦不敢仰干朝廷，别求添益军马。伏乞钧照。"

【注释】

①河东：古地区名。黄河流经山西、陕西两省，自北而南的一段之东部，指今山西省。秦汉时置河东郡、唐初置河东道，开

元间又置河东节度使，宋置河东路。

【译文】

武功大夫，昌州防御使，通、泰州镇抚使兼知泰州岳飞状申："接到通知，根据最近的命令，差遣我充任通、泰州镇抚使，我遵从朝廷使令，一面已出发赴任，一面以状子申奏：按查金贼侵犯我国、戕害中原的意向并未消灭，我们应当迅速地将敌军彻底剿灭，收复诸路，不然时间拖得越长，敌寇为患越深。若蒙朝廷允许，愿以我的母亲、妻子及二子留在朝廷为人质，请免去我通、泰州镇抚使一职，只授予我在淮南东路的一个繁重艰难的差事。让我可以招集兵马，掩杀金贼，收复淮南东路诸州郡，再伺机逐步收复山东、河北、河东、京畿等路的故地，或能使我平生的志向得以稍许伸展，并且可以尽到臣子报效人君的节操。恭谨上状，申尚书省，伏乞钧慈详察，允许我向君上报告，下令这样施行。谨状。

"又及：我已将所管官兵全部催发前去赴任，如蒙允可我的所请，即请迅速下令。也不敢冒犯朝廷，另求增添军马。伏乞钧照。"

赴镇画一[①]申省札子

武功大夫、昌州防御使、通、泰州镇抚使、兼知泰州岳飞札子："契勘飞承尚书省札子，三省、枢密院同奉圣旨，除授通、泰州镇抚使、兼知泰州，今具条画到合行事件下项：

一、飞所统人马见在常州宜兴县驻泊，其本县已是阙乏钱粮，无可应副。飞见择日起发，前去之任。窃闻江阴、镇江见今全阙济渡舟船，兼飞所管官兵老小数多，若以见有舟船装载，半月不能渡绝。切虑军兵阙食失所，欲乞于平江府、常州、江阴军等处支拨粮米三、二万硕，应副即目未渡江以前食用。

一、泰州全藉兴化县在水乡，多收稻谷，以赡兵卒，今蒙已降指挥，从薛庆所乞，隶属承州。泰兴县又已割属扬州。兼契勘泰州旧有四县，内倚郭[②]海陵附近州城，累遭贼火蹂践，全无所收，如皋一县临于大路，所收不广。今来泰州一小郡，难以却将两县属别州，显于军民妨阙。伏望详酌，将上件两县依旧隶属本州，所贵军民通便。如蒙许允，乞作特旨行下，恐于人情未便，有妨应援。

一、本军头口，老小、正兵七万余人口，飞差人前去体探得通、泰二州即目并无粮斛，况粮斛猝急难以擘画。飞体国，不敢过有陈乞支给钱粮，欲乞借支两浙、淮南路盐钞[③]一百万贯，逐旋还纳盐事司，准充盐本。

一、飞见带军马万余，自春并不曾支给衣赐。今来合给冬衣之时，今体访得通、泰州即目钱帛阙少，本州人兵尚无可支散，切虑因此失所。伏望详酌体念，特赐于有钱绢官司或别州军去处支给冬衣一次，贵免官兵赤露失所。

右谨具申尚书省并枢密院，伏候指挥。”

【注释】

①画一：逐一，一一条列。

②倚郭：亦作“倚廓”。宋、元时州、路治所所在之县。

③盐钞：是宋代官府发给商人支领和运销食盐的凭证。盐在宋代属于禁榷项目，推行钞盐法后，允许商人纳钱算请盐钞，凭盐钞到指定场所运盐贩卖。盐钞收入归属中央财政。（据汪圣铎《两宋财政史》，1995年，第91页、99页。）

【译文】

武功大夫，昌州防御使，通、泰州镇抚使兼知泰州岳飞札子："按查本人接到尚书省札子通知，三省、枢密院同奉圣旨授予我通、泰州镇抚使、兼知泰州的职务，现呈上我所筹划之应行事项如下：

我所统人马现在常州宜兴县屯驻，宜兴县本已缺乏钱粮，不能供应本军所需。我现已择日出发，前去赴任。听闻江阴、镇江现在非常缺乏可供济渡的船只，又兼我所管的官兵及其家属数量众多，若只以现有的舟船装载济渡，需要半月以上才能运完。确实是因考虑到军兵缺乏粮食和安身之所，想请求朝廷于平江府、常州、江阴军等处支拨粮米二三万石，供应现下未渡江以前大军的食用。

一、泰州全仗兴化县地处水乡，稻谷充实以赡兵卒，今承已降指令，听从薛庆的请求将兴化县隶属承州。而泰兴县又已割属扬州。且按查泰州原有四个县，其中州治所在县海陵及附近的州城屡遭贼火蹂践，完全没有收成。如皋一县临近大路，所收也不多。泰州本就是一小郡，若再将两县划属别州，显然于军民温饱有所妨碍缺失。诚望朝廷审核，将上述两县依旧隶属本州，贵在能使军民都得到便利。如蒙许可，请作为特旨行文下达，恐于人情不便，有妨应援。

一、本军丁口、家属、正兵共七万余人，我差人前去探访得知通、泰二州目前并无粮食，何况仓促之间难以安排筹粮。飞体念国家艰难，不敢过分请求朝廷再支给钱粮，只请预借两浙、淮南路盐钞一百万贯，准许充作贩盐的盐本，今后逐次归还给盐事司。

一、我现带军马一万余人，从今年春季开始就不曾支给过军衣。现在正是应该支给冬衣的时候，今探访得通、泰州目前现钱、布帛都很缺乏，本州人兵尚不能发放，实在是担心人马因此不能安身。诚望审查体念我军的情况，特赐指令从有钱绢的官府或其他州军支给冬衣一次，贵在可以救免官兵于苦寒失所。

恭谨上奏以上，申尚书省及枢密院，伏候指挥。”

申刘光世乞兵马粮食状

武功大夫、昌州防御使、通、泰州镇抚使、兼知泰州岳飞状申：“飞昨奉圣旨指挥，差充前件差遣。于八月十五日还至常州宜兴县，于十八日起发前来，衹赴新任。二十二日至江阴军歇泊。据探报，金人见围楚州，飞遂逐急权差统制王贵管押兵马，等船济渡。切虑迟滞，有失事机，不免躬亲先入泰州，于二十六日夜二更到泰州城外。承准八月十九日指挥，令飞与赵镇抚立掎角，飞遂措置调发兵夫、粮食，并不住差人勾唤王贵等军马。实缘舟船数少，今月初九日，方尽到泰州。

飞已差张宪权行守城，见今大军屯驻三墩，与金人大寨不远。惟是新复建康之后，所有士马疮痍尚新，羸弊方甚，兼自到任未及一旬，刍茭、糗粮一一窘乏。本未能即从王事，重以承、楚之急，甚于倒垂，不可以顷刻安居，理宜前进。欲望钧慈捐一、二千之众，假十余日之粮，令飞得激励士卒，径赴贼垒，解二州之围，扫犬羊[①]之迹。下以裨相公[②]之盛烈，上以宽主上之深忧，不胜幸甚。谨具申安抚相公使司，伏候指挥。”

【注释】

①犬羊：旧时对外敌的蔑称。

②相公：旧时对宰相的敬称；也泛称官吏。

【译文】

武功大夫，昌州防御使，通、泰州镇抚使兼知泰州岳飞状申："岳飞此前奉圣旨指挥，差充为前述职事官，于八月十五日回到常州宜兴县，十八日出发前来赴新任。二十二日到达江阴军暂驻。据探报，金人现正围困楚州，我于是紧急命令统制官王贵代理管束兵马，等待船只济渡；我实在担忧济渡迟滞而有误事机，不免亲自先入泰州，于二十六日夜二更到达泰州城外。收到八月十九日的指令，令我与（楚、泗州、涟水军）镇抚使赵立夹击敌军，我于是安排调发兵民、粮食，并不断派人召唤王贵等军马。确实因为舟船数量太少，本月初九日才全军到达泰州。

"我已差遣张宪权且守城，现今大军屯驻于三墩，与金人大寨相距不远。只是新复建康之后，所有兵士战马疮痍尚新，非常疲困，且我到任不到一旬，干草、干粮样样缺乏。本未能立刻进行陛下差遣的公事，但因承州、楚州告急，甚于倒垂，不能有片刻安居，理应率军前进。希望长官拨一二千的兵士、借十余天的粮草给我，让我得以激励士卒径赴敌人的营垒，解除二州之围，扫除外敌的踪迹。下助相公的大功，上宽主上的深忧，不胜幸甚。恭谨上状，申安抚相公使司，伏候指挥。"

申刘光世乞进兵状

武功大夫、昌州防御使、通、泰州镇抚使、兼知泰州岳飞状申："窃念飞以行伍贱隶，辱知朝廷，蒙被厚恩，殒没难报。每以为国家之难，虽非所命，犹当戮力；矧承、楚之事，危迫如许，累准朝廷指挥催督，此正飞等捐身徇义之秋。切缘王镇抚林、郭镇抚仲威等并不见差拨军马前来，使司王统制虽闻已起发，即目尚未知屯驻去处，使飞孤军委实难以支梧。

今月十二日，准本州递到今月六日指挥。飞除已遵禀外，契勘金贼盘泊日久，连破诸镇，王镇抚、郭镇抚等各敛兵自保，其志已骄，目即承、楚一带民户逃死，别无卤掠，易于攻却。据探报，虏人急攻楚州，切恐万一疏虞，于淮南诸镇利害不细。飞已于今月十五日具申使司去讫。飞一面起发，前往承州以来，措置剿杀外；伏乞钧慈特捐一、二千之众，别差统制官一员前来掎角，庶立大功，不致上误国事。谨具申安抚相公使司，伏候指挥。”

【译文】

武功大夫，昌州防御使，通、泰州镇抚使兼知泰州岳飞状申：“窃念飞出身行伍役隶，得朝廷知遇蒙受厚恩，即使为国捐躯也难以回报。每以为国家有难，即使非所任命，也应当协力退敌；况且承、楚之事如此危急迫切，多次接到朝廷的指挥督促，这正是我等舍身取义的时候。实因并不见（承州、天长军）镇抚使王林、（真、扬州）镇抚使郭仲威等差拨军马前来，安抚使司王统制虽然据说已经出发，目前尚不知屯驻在何处，致使我孤军实在难以支撑。

“本月十二日，依照本州递送到的本月六日指令，我除已遵禀外，按查金贼盘泊日久，连破诸镇，王镇抚、郭镇抚等各个敛兵自保，志向已经骄惰。目前承、楚二州一带的民户都已逃亡，（敌军）无所掳掠，容易被攻退。据探报，虏人正在急攻楚州，我很担忧万一有何疏忽，于淮南诸镇利害不小。我已于本月十五日上状申奏安抚使司，一面出发前往承州，部署剿杀外，请求长官特别分拨一二千兵士，另差统制官一员前来与我军呼应，可立大功，不至于耽误国事。恭谨上状，申安抚相公使司，伏候指挥。”

申审[1]招安申省状

亲卫大夫、建州观察使、神武副军都统制、权知潭州、兼权荆湖东路安抚、都总管岳飞申："契勘湖东路见今盗贼啸聚，动以数万，李宏在岳州，刘忠在湘阴，曹成在道州作过，其余寇盗不少。除见措置剿杀外，其间若有能改行自新之人，未委合与不合招安？如许飞招安，欲望给降金字牌、黄旗十副，仍乞差使臣管押，付飞交割。谨具申尚书省并枢密院，伏候指挥。"

【注释】

①申审：反复审议。

【译文】

亲卫大夫、建州观察使、神武副军都统制、权知潭州、兼权荆湖东路安抚、都总管岳飞申："按查荆湖东路现今盗贼啸聚，动辄就有数万之众，李宏在岳州，刘忠在湘阴，曹成在道州叛乱，其余寇盗也为数不少。除正部署剿灭以外，其中若有愿意痛改前非、重新做人的，不知可不可以招安？如允许我对其招安，愿请给降金字牌、黄旗十副，仍请差使臣管押，与我交割。恭谨上状，申尚书省并枢密院，伏候指挥。"

乞措置进兵入广申省状

亲卫大夫、建州观察使、神武副军都统制、权知潭州、兼权荆湖东路安抚、都总管岳飞申："契勘飞承枢密院札子，奉圣旨指挥，统率军马前来湖东，措置收捕曹成贼马。飞寻依时起发，及沿路不住差信实人到道州以来，体探上件曹成作为次第。至三月三十日，游兵到衡州茶陵县，承诸处探报，曹成已于三月二十七日起离道州，望全、永州路前去。缘茶陵县至道州尚有六百余里，飞未敢信凭，遂领一行军马前来郴州、桂阳监，体度贼马的实动息，于四月初八日到郴州管下永兴界，地名橘水郊，承郴州并桂阳监公文，探知曹成贼马分路逃遁，前去全、永、贺州界去讫，至三月二十七日并已起离道州尽绝。本军亦差人探得，与诸处关报一同。

飞今部领军马，前去道州，如到彼贼兵未远，即便尾袭追赶，若逃遁程途已远，其贼闻飞兵到，必不敢前来拒敌。飞欲深往追赶，又恐二广不曾得朝廷指挥，不肯应办钱粮，必致阙误。兼近据潭州申，刘忠掩杀马友下统制王成大溃。窃恐马友[①]见飞已入湖东，及曹成遁走，又不能捍御刘忠贼马，以此心怀疑惑，别致生事。飞欲径往潭州，安抚马友讫，先次措置剿杀刘忠等贼了当，即乞前去收捕曹成。除已具录奏闻外，伏望特降指挥，付飞遵依施行。谨具申尚书省并枢密院，伏候指挥。

小贴子：飞契勘曹成贼马经由全、永、贺州界逃遁，已不住关报广东、西安抚使，请为统率逐路军马，照应把截，无致侵入二广外，伏望特降指挥，下逐路帅臣[②]，更切火急严紧把截施行。伏候指挥。

又小贴子：契勘湖东事体非轻，飞出自寒微，望轻材薄，今令权一路，切恐不能称任，止乞依旧统制名目，前去追杀曹成。仍乞先次行下二广路，令应副一行钱粮。仍乞一才干官，充随军运使，专一措置钱粮，庶得常不阙误。”

【注释】

①马友：当时湖东路的盗匪最大有四支，其首领为曹成、马友、李宏和刘忠。除刘忠外，曹成等三人都接受宋朝的官封，处于叛服无常的状态。

②帅臣：一路安抚使的别称。《朝野杂记》甲集卷11《安抚使》："安抚使旧号帅臣。"

【译文】

亲卫大夫、建州观察使、神武副军都统制、权知潭州、兼权荆湖东路安抚、都总管岳飞申："按查，已收到枢密院札子，奉圣旨命令，统率兵马前来荆湖东路措置收捕曹成贼马。我即刻按时出发，并沿途不断派诚实可靠之人去道州探访曹成的行动情况。至三月三十日，我军前哨部队已到达衡州茶陵县，收到各处探报，得知曹成已于三月二十七日离开道州，向全州、永州方向去了。因茶陵县至道州还有六百余里，我不敢就此相信，于是率领一行军马来到郴州、桂阳监，察考贼马的确实动息，并于四月初八日到郴州下辖的永兴地界，地名为橘水郊的地方。又收到郴州和桂阳监公文，探知曹成贼马已分路逃遁前去全州、永州、贺州地界，至三月二十七日已全部离开道州。本军差人探得的信息与各处的关报相同。

"我如今率领兵马前去道州，到那里之后，若贼兵走得不远，则乘便追袭；若逃遁已远，贼兵听说我军到达，一定不敢前来抵挡。我欲深入两广追赶，又担心两广未曾得到朝廷的命令，不肯供应我军钱粮，导致军粮缺乏，耽误大事。且近来据潭州申告，刘忠掩杀马友管下的统制王成，致其大溃。我担心马友见我军进入荆湖东路，而曹成又已遁走，他自己又不能捍御刘忠贼马，就此心怀疑惑，别致生事（再度叛乱）。我打算直接前往潭州，先安抚马友完毕，首先安排剿灭刘忠等贼寇停当，然后前去收捕曹成。除已上章奏闻外，诚望特降指令，交付我遵依施行。谨具申尚书省并枢密院，伏候指挥。

"又及：飞按查，曹成贼马经由全、永、贺州地界逃遁，我已不断关报广南东、西路安抚使，请他们统率各路军马照应，把守堵截，不让贼马侵入两广；此外，诚望特降指令下达各路安抚使，更需火急严加把手堵截。伏候指挥。

“又又及：按查湖东路事体非轻，我出身寒微，望轻才薄，今令我权帅一路，非常担忧自己不能胜任，只请求依旧让我带统制的头衔前去追杀曹成。仍请求首先行文下达广南东、西路，令其供应我军一行钱粮，并请求指定一名有才干的官员充任随军转运使，专门安排钱粮事宜，可望大军不缺供给。”

分拣吴锡韩京两军讫申省状

亲卫大夫、建州观察使、神武副军都统制、权知潭州、兼权荆湖东路安抚、都总管岳飞申：“契勘飞近奉圣旨，差权荆湖东路安抚、都总管，及统率马友并本路李宏、吴锡、韩京诸头项军马，前来措置掩杀曹成。飞寻依应起发，已到湖东界。其韩京元屯兵衡州茶陵县，吴锡在郴州，两项所管官兵多是老弱，及湖东土人在内充数，其实堪出战人各不满一千。又缘不经战斗，久在州县屯泊，全无纪律。今来飞已将上件人马，除拣选不堪披带人给据放散外，将实堪披带人数分拨付本军诸将收管使唤讫。谨具申尚书省并枢密院，伏乞照会，谨状。”

【译文】

亲卫大夫、建州观察使、神武副军都统制、权知潭州、兼权荆湖东路安抚、都总管岳飞申：“按查飞近来奉圣旨，差遣我为代理荆湖东路安抚使、都总管，统率马友及本路李宏、吴锡、韩京诸头领的兵马前去部署掩杀曹成。我即刻依令出发，已到达荆湖东路地界。韩京原屯兵于衡州茶陵县，吴锡在郴州，两项所管官兵大多为老弱，且湖东土人在内充数，实际能够出战的人数各不满一千。又因这些人都未经历过战斗，长期在州县屯驻，毫无纪律。我现已从上述人马中挑出不堪披挂甲胄的人并给予公据解散，将可堪披带的人分拨付与本军诸将收管使唤。谨具申尚书省并枢密院，伏乞照会，谨状。”

乞广西战马申省状

亲卫大夫、建州观察使、神武副军都统制、权知潭州、兼权荆湖东路安抚、都总管岳飞状申：“恭奉圣旨指挥，差拨飞军马前来，措置收捕曹成贼马。其曹成近自道州起发，部领贼众，于贺州界深山桂岭扎立巢穴，占据崄峻，备敌官军。飞提兵到北藏岭下寨，其贼严备守隘，飞料曹成骑兵颇多，缘飞所管战马，比之曹成，数目十不及一，遂逐急于广西经略司省马[①]内借到三百匹，乘骑出战。与曹成下王渊贼马见阵，约及数时，杀散王渊了当。其所借省马为自广西远来，料食不足，例皆疲瘦。及见阵，往来驰逐，落崖倒死者一百八十匹。伏望特降指挥，将上件见管未还广西马数特许存留，充神武副军出战，及更乞下广西经略司支拨堪好马五百匹，付飞使用。谨具申尚书省并枢密院，伏候指挥。”

【注释】

①省马：宋时国家收购、支配马匹的一种制度。《宋史·兵志十二》：“边州置场，市蕃汉马团纲，遣殿侍部送赴阙，或就配诸军，曰省马。”

【译文】

亲卫大夫、建州观察使、神武副军都统制、权知潭州、兼权荆湖东路安抚、都总管岳飞状申：“恭奉圣旨命令，差拨飞领军马前去部署收捕曹成贼马。曹成近来自道州出发，率领贼众于贺州界内深山桂岭扎立巢穴，占据险峻之处防备抵抗官军。我提兵到北藏岭下寨，贼军严密防备，把守关隘。我预料到曹成骑兵颇多，因我所管战马数量不及曹成军的十分之一，遂紧急从广西经略司省马内借到三百匹，供我军骑乘出战。与曹成属下的王渊贼马交战，约几个时辰，杀散王渊军停当。所借的省马因从广西远道而来，料食不足，全都疲弱羸瘦。交战时往来驰逐，落下悬崖而死的有一百八十匹。伏望特降指令允许我军保留上述尚未归还的广西马，充入神武副军出战，更请求下令广西经略司支拨可堪作战的好马五百匹，交付给我使用。谨具申尚书省并枢密院，伏候指挥。”

再谕虔州平盗赏申省札子

镇南军承宣使、神武后军统制、充江南西路、舒、蕲州制置使岳飞札子：“契勘今年讨捕虔、吉州界盗贼，山寨计数百余座。其吉盗如彭铁大、李动天两寨，结连肆毒，其徒多至数万，侵犯江西、湖南，及以次首领号为十大王，桀黠为甚。虔盗如陈颙、罗闲十等四百余党，自为头首，各成寨栅。其徒十余万众，结为表里，拒敌官军，尤为猖獗。恃赖山险，侵犯数路，广东则循、梅、潮、惠、英、韶、南雄，以至广州，江西则虔州、南安之雩都，江东则建昌军，福建则汀州、邵武等，皆为所攻劫，纵横往来者数年。飞顷奉圣旨，提兵讨之，虽正当盛夏，炎瘴交侵，而一时将士奋不顾身，争先用命，以获平荡。首领虽众，并就生擒，一无遗类。向非赏罚明均，何以使人尽力如此。伏望朝廷特赐详酌，将今来功赏，依去年韩开府收捉福建范汝为恩例施行，庶使有以激劝兵将，缓急可以倚仗。谨具申尚书省并枢密院，伏候指挥。

小贴子：契勘飞近蒙朝廷褒擢，飞累具辞免，不蒙俞允。即非欲夸大微劳，以谋身计，盖恐朝廷将来别有使唤，庶得将士尽力。区区之愚，毕尽于此，伏乞钧慈特赐详察。”

【译文】

镇南军承宣使，神武后军统制，充江南西路、舒、蕲州制置使岳飞札子：“按查今年讨捕虔、吉州界的盗贼，捣毁山寨计数百余座。吉州盗贼如彭铁大、李动天两寨联手，残杀迫害生灵，其徒众多达数万人，侵犯江西、湖南。其他的贼首号称十大王，非常凶悍狡黠。虔州盗贼如陈颙、罗闲十等四百余党，自为首领，各立寨栅，其徒众十余万人，表里呼应抵抗官军，尤其猖獗。他们倚恃山险，侵犯数路，广东的循、梅、潮、惠、英、韶、南雄等州，以至广州，江西的虔州、南安军的雩都，江东的建昌军，福建的汀州、邵武军等，都为其所攻劫，数年间纵横往来。我不久以前奉圣旨提兵讨伐，虽然正值盛夏，炎瘴交侵，而将士奋不顾身，争先用命，荡平了贼寇。贼首数量虽多，全部被生擒，绝无残留。若不是赏罚严明而公允，怎能使士兵如此尽力。诚望朝廷特别审察斟酌，将这次的功赏依去年韩世忠大人收捉福建范汝为时所赐的恩例施行，可望能够以此激励兵将，危急之时可以倚仗他们。谨具申尚书省并枢密院，伏候指挥。

“又及：按查我近日承蒙朝廷擢升，已多次上章请辞，只是未蒙允可。现在并非想要夸大微劳，为自己打算，乃恐朝廷将来另有使命，可望得将士们尽力厮杀。区区愚衷，毕尽于此，伏乞上方特赐详察。”

襄阳探报申省状

镇南军承宣使、神武后军统制、江南西路、舒、蕲州、兼荆南、鄂、岳、黄、复州、汉阳军、德安府制置使岳飞状申："据探到伪齐添差番贼并签军，见在新野、龙陂、胡阳、枣阳县并唐、邓州一带屯驻，大段数多。见一面竭力措置外，谨具申尚书省并枢密院，伏乞照会，谨状。"

【译文】

镇南军承宣使，神武后军统制，江南西路、舒、蕲州兼荆南、鄂、岳、黄、复州、汉阳军、德安府制置使岳飞状申："据探到伪齐伙同金贼及签发的汉人壮丁，现在屯驻于新野、龙陂、胡阳、枣阳县及唐、邓州一带，数量众多。现正一面竭力部署，谨具申尚书省并枢密院，伏乞照会，谨状。"

卷第十八

经进鄂王家集卷之九

公牍中

措置襄汉乞兵申省状

镇南军承宣使、神武后军统制、江南西路、舒、蕲州、兼荆南、鄂、岳、黄、复州、汉阳军、德安府制置使岳飞状申："恭奉圣旨，恢复襄汉。仰遵庙谟，今已克平五郡，惟信阳未下，已调发军马收复，可以旦夕成功。

累准御前处分，令飞条具利害防守之策来上，飞已具管见奏闻去讫。今月初七日再奉指挥，飞之所陈，皆蒙俞允。然今防守之策，正在平分屯劲兵，控扼要害。飞虽已据数量差军马，于逐处屯驻，然其势力单寡，难以善后。况今已近九月，天气向寒，边面尤当严备，比闻谍探，虏意犹不可测，飞朝夕计虑，不敢少懈。且以初者恢复之时，贼徒固守，倍费攻取。继又金贼刘合孛堇、伪齐李成合陕西、河北番、伪之兵，多至数万，并屯邓州，力拒官军。仰赖君、相之祐，成此薄效。今既得之，实控上流，国势所资，尤宜谨守，不可失也。

飞所乞六万之兵，虽蒙朝廷俞允，然必待杨么贼平，然后抽摘，第恐水势未减，江湖浩涨，杨么未可措手。纵待十二月与正月间，湖水减落，便能平治边面，备御已失机会。飞今见管军马，兼拨到牛皋、董先两项，共一千余人，合飞本军都计二万八千六百一十八人，辎重、火头占破[①]在内。欲望详酌，令湖南留韩京、郝晸两军在潭州弹压外，将任士安、吴锡军马尽数起发，及江西军马内令选择成头项者，勾拨三千人，湖北帅司[②]崔邦弼、颜孝恭并拨付飞，相度分守。计此五项，止是二万人，内有不堪披带辎重、火头之数，不下三、五千人。余乞朝廷摘那，以足六万之数，速赐遣发前来，布列诸郡，以为久安之计。利害至重，恐不宜缓，伏望早降指挥施行。谨具申尚书省并枢密院，伏候指挥。

小贴子：飞被命于鄂州歇泊，别听指挥，谨已遵依外，契勘兵将暴露日久，例皆赤露，天气向寒，衣装未备。欲望速降指挥，令飞本军老小于一处驻扎施行。"

【注释】

①火头：即火头军，军中掌炊事的人员；占破：指在编制而不能尽职者，此处即指不能参与战斗的人员。

②帅司：宋代在诸路置安抚司或经略安抚司，以朝臣充任，掌一路军政之事，称帅司。

【译文】

镇南军承宣使，神武后军统制，江南西路、舒、蕲州兼荆南、鄂、岳、黄、复州、汉阳军、德安府制置使岳飞状申："恭奉圣旨，要恢复襄汉区域。我遵从圣上的谋略，如今已克复五个郡县，唯有信阳还未攻克，已调发军马前去收复，成功指日可待。

"屡次收到圣上命令，要求我条列有关防守利害的策略，飞已将自己的浅见写入奏札呈上。本月初七日再次奉圣旨指挥，说我所陈述的内容，都得到了圣上谕允。然而如今的防守策略，关键在于分兵屯守，控扼要塞。我虽已按数酌量分派兵马，前去各处屯驻，但毕竟势力单薄，难以善后。况且如今已近九月，天气渐渐寒冷，边境尤其应当严加防备，前次得到谍报，探知虏人的意图尚不明确，我朝夕计虑，不敢稍有懈怠。且现在正处在进行恢复战略的初期，贼众坚守不退，攻取的过程愈发费力。而金贼刘合千户、伪齐的李成又会合陕西、河北的番、伪之兵，多达数万人，一同屯驻在邓州，全力抗拒（我）官军。仰赖圣君贤相的护佑，我军才获得如今微薄的成绩。既已取得五郡，实际上控制了长江的上游地带，上游区域关系到国家的形势安危，尤其应该谨慎守卫，绝不能有任何闪失。

“飞所请六万之兵，虽然已蒙朝廷谕允，但却要等到平定杨么之后才可以抽调，但臣担忧江河水势未减，江湖水涨，不好应付杨么（的水军）。但若是等到十二月、正月间，湖水减落时，方能抽调兵马平治边境，则又已失去了防御金人的时机。我现在管理的全部军马，加上拨到的牛皋、董先的两项人马一千余人，统共二万八千六百一十八人，其中还包括了辎重兵、火头军等不能参加战斗的人员。希望陛下考虑，令湖南方面留下韩京、郝晸两军在潭州驻守控制外，将任士安、吴锡的军马尽数起发前来，以及在江西军马内选择能统军的头目，勾抽三千人，以及湖北安抚司崔邦弼、颜孝恭及所统军马也一并调拨给我，我估量事机，分兵防守。累计以上五项，也仅有二万人，其中不堪披挂的辎重兵、火头军，不下三五千人。剩下不足的请求朝廷调拨，以补足六万之数，速赐派发前来，将他们部署于诸郡，以为久安之计。其利害至关重大，恐不宜拖延，诚望早降指挥施行。谨书申尚书省及枢密院，伏候指挥。

“又及：飞受命在鄂州屯驻修整，另待指挥，已遵守。按查，（我军）兵将出征已久，暴露户外，都赤露肢体，天气越来越冷，衣装还未完备。欲望速降指挥，令飞之本军与家属驻扎于一处。”

乞田明添差申都督府状

镇宁、崇信军节度使、神武后军都统制、荆湖南、北、襄阳府路制置使岳飞状申："恭奉圣旨，措置招捕荆湖南、北路盗贼。其王太尉先与水战见阵，少却之后，有首领田明率众前来荆湖南、北路安抚司出首[①]。虽蒙朝廷将田明补武义大夫、荣州刺史、兼閤门宣赞舍人，然至今未沾寸禄。深虑无以劝诱自新之人，伏望特赐指挥，添差[②]田明充衡州兵马钤辖一次，庶几改过之人得以安恤。谨具申都督府，伏候指挥。"

【注释】

①出首：自首。

②添差：宋制，凡授正官，皆作计给禄俸的虚衔，实不任事。内外政务则于正官外另立他官主管，称"差遣"。凡于差遣员额外增添的差遣，叫"添差"。

【译文】

镇宁、崇信军节度使，神武后军都统制，荆湖南、北、襄阳府路制置使岳飞状申："恭奉圣旨，要我部署招捕荆湖南、北路的叛贼。王太尉先去与他们进行了水战，叛贼稍微抵抗之后，其中有一名叫田明的首领率众前来荆湖南、北路安抚司自首。虽蒙朝廷将田明补为武义大夫、荣州刺史、兼閤门宣赞舍人，但他至今没有得到过俸禄。我深虑这样无法（有效地）劝诱自新投诚的人，诚望朝廷特赐指挥，将田明添差为衡州兵马钤辖，可望改过的人得到安抚体恤。谨具申都督府，伏候指挥。"

增补黄佐官申都督府状

镇宁、崇信军节度使、神武后军都统制、荆湖南、北、襄阳府路制置使岳飞状申："奉圣旨，措置招捕荆湖南、北路盗贼。近遣武义大夫、閤门宣赞舍人黄佐将带人船，前去攻劫水贼周伦寨栅去后。今据黄佐申：'今年四月十四日到周伦寨，与贼斗敌，除当下杀死及掩入湖贼徒甚众，并投到统制陈贵等九人，夺到衣甲不算，掩取寨栅、粮、船了当。'契勘黄佐首先掩杀周伦贼徒获捷，委是忠义勇敢，理宜旌赏，已将朝廷降到空名告，依便宜指挥书填武经大夫，依前閤门宣赞舍人，给付黄佐祗领外，谨请申都督府，伏候指挥。"

【译文】

镇宁、崇信军节度使、神武后军都统制、荆湖南、北、襄阳府路制置使岳飞状申："奉圣旨，要我部署招捕荆湖南、北路的叛贼。最近派遣武义大夫、閤门宣赞舍人黄佐带领人员船只，前去攻击水贼周伦的寨子。今据黄佐申：'今年四月十四日到了周伦寨中，与之战斗，当下杀死及推入湖水的贼徒数量众多，对方统制陈贵等九人投诚，（我军）除了夺取叛贼衣甲无数，还夺取了其水寨和运粮船。'按查黄佐身先士卒，首先杀死了贼徒周伦获捷，实在是忠义勇敢，理当获得表彰和奖赏，我已将朝廷降到的空名官告，依照便宜从事的原则书填了他的新官职武经大夫，閤门宣赞舍人照旧，已给付黄佐让他领受，谨申都督府，伏候指挥。"

招安杨钦等申都督行府状

镇宁、崇信军节度使、神武后军都统制、荆湖南、北、襄阳府路制置使岳飞状申："六月二日，据武义大夫、閤门宣赞舍人黄佐招安到水寨首领杨钦，将带到本寨徒众，并到军前。除已优加存恤外，谨具申都督行府，伏乞照会，谨状。"

【译文】

镇宁、崇信军节度使，神武后军都统制，荆湖南、北、襄阳府路制置使岳飞状申："六月二日，据武义大夫、閤门宣赞舍人黄佐申报，招安到叛贼水寨首领杨钦，带领本寨徒众，一起投到军前。我已对他们优加安抚，谨具申都督行府，伏乞照会，谨状。"

梁兴夺河渡申省状

检校少保、镇宁、崇信军节度使、荆湖南、北、襄阳府路招讨使岳飞状申："契勘飞先来结约太行山忠义保社，密为内应。今据头领梁兴等一百余人，夺河径渡，欲自襄阳府至飞军前。除已一面[①]招纳外，谨具申尚书省并枢密院，伏候指挥。"

【注释】

①一面：犹言自行，自主。

【译文】

检校少保，镇宁、崇信军节度使，荆湖南、北、襄阳府路招讨使岳飞状申："按查，飞先前结纳太行山忠义保社，并约定他们（在金人统治的区域内）做内应。现在其头领梁兴等一百余人，夺取了黄河渡口南归，想从襄阳府投奔至飞的军前。我已自行招纳，同时谨具申尚书省及枢密院，伏候指挥。”

乞襄阳府路仍作京西路申都督府札子

检校少保、镇宁、崇信军节度使、荆湖南、北、襄阳府路招讨使岳飞札子：“契勘襄阳、唐、邓、随、郢、金、房、均州、信阳军元系京西南路，今来收复已久，合仍旧贯。欲乞改襄阳府路依旧只作京西南路，庶得路分速归旧制，以称朝廷正名责实，不忘中原之意。伏候钧旨。”

【译文】

检校少保，镇宁、崇信军节度使，荆湖南、北、襄阳府路招讨使岳飞札子：“按查，襄阳、唐、邓、随、郢、金、房、均州、信阳军原本都隶属于京西南路，如今这些地方收复已久，理应延续以前的归属。想请求朝廷将襄阳府路依旧改回原称京西南路（译者按：北宋首都开封之西为西京洛阳，洛阳之南正是襄阳府），好让路分速速还原旧制，以遵循朝廷名实相符的命名规则，是有不忘中原的意思。伏候指令。”

乞置监司申都督府札子

检校少保、镇宁、崇信军节度使、荆湖南、北、襄阳府路招讨使岳飞札子：“契勘襄阳府自收复以来，未曾差置监司[①]。切虑无以按察州县，欲望钧慈祥酌，除监司一员，兼诸司事务，庶得官吏勤于职事，不致苟简，以称朝廷厉精核实之意。伏候钧旨。”

【注释】

①监司：负有监察之责的官吏。

【译文】

检校少保，镇宁、崇信军节度使，荆湖南、北、襄阳府路招讨使岳飞札子："按查，襄阳府自收复以来，还未设置官吏行使监察之责。我深深忧虑这样无以考查各州县的政务，希望上方详酌，任命监察官一员，让他兼领诸司事务，好让襄阳府的官吏们勤于职事，不至于草率简略，以符合朝廷励精核实的精神。伏候指令。"

乞便宜黜脏吏申省札子

检校少保、镇宁、崇信军节度使、充湖北、京西路招讨使、兼本路营田使岳飞札子："飞一介寒微，误蒙朝廷委寄两路，不敢不竭愚钝，以图报称。契勘管下州县例经残破，正赖抚绥，切虑州县官或有蠹政害民、赃污不法之人，当此安集[①]之初，易以搔扰，若不稍加振厉，则民户难以安业。欲望特降指挥，如有似此之人，许本司一面对移[②]，事理重者放罢，仍具情犯职名奏闻。所贵官吏修举职事，不敢苟简。伏候钧旨。"

【注释】

①安集：安定辑睦。

②对移：因不称职或避嫌，而令两处官员对调，称"对移"。（据《宋代官制辞典》，第653页。）

【译文】

检校少保，镇宁、崇信军节度使，充湖北、京西路招讨使兼本路营田使岳飞札子："飞只是一介寒微，误蒙朝廷将掌管两路军政的职责委寄于我，不敢不竭尽愚钝的资质，以图回报朝廷的际遇。按查，我管辖下的州县经历战事后皆残破不堪，居民有待安抚，我深虑现在的州县官员中可能有败坏国政、危害人民、贪赃枉法之人，当此正需安定辑睦一方的时期，最易发生骚扰百姓的事件，若不稍加严厉的督责，则民户难以安居乐业。希望特降指挥，如果有此类人被发现请许可本司自行对其调任，情况严重者予以罢官，本司仍写明犯事人职衔奏闻。贵在能使官吏好好处理职事，不敢草率。伏候指令。"

进兵渡江申省状

起复[①]检校少保、武胜、定国军节度使、湖北、京西路宣抚副使、兼营田使岳飞状申："今据诸处申到，番、伪贼马厚重，欲分路前来侵犯。飞比来目疾虽昏痛愈甚，深惟国事之重，义当忘身，遂不免于十一月十五日躬亲渡江，星夜前去措置贼马外，谨具申尚书省并枢密院，伏乞照会，谨状。"

【注释】

①起复：宋代官员有三年守父母丧（丁忧）之制，在守丧期内，须解官持丧服。丧期满复职称"服阕"，如丧期未满，朝廷特许或特诏复职者，称"起复"。起复任事后，该官员官衔前系"起复"二字。岳母姚氏卒于绍兴六年，此状写于绍兴六年十一月。

【译文】

起复检校少保，武胜、定国军节度使，湖北、京西路宣抚副使兼营田使岳飞状申："今据各处（下级单位）申到：金和伪齐有大量人马，正打算分兵前来侵犯。飞近来因目疾发作，昏痛愈甚，但臣深以国事为重，义当忘身，于十一月十五日亲自渡江，星夜兼程地赶去部署抵御敌军，谨具申尚书省及枢密院，伏乞照会，谨状。"

乞朝辞申省札子

起复检校少保、武胜、定国军节度使、湖北、京西路宣抚副使、兼营田使岳飞札子："契勘飞累准朝廷指挥催促，令前来行在所奏事。飞已到行朝，适值国恤，随班入临，欲候除服日，即乞朝辞[①]。伏候指挥。"

【注释】

①朝辞：朝仪之一种。此处指现任官召赴阙上殿毕，规定于次日行朝辞回任礼，听候指挥。（据《宋代官制词典》，第618页。）

【译文】

起复检校少保，武胜、定国军节度使，湖北、京西路宣抚副使，兼营田使岳飞札子："按查，岳飞累承朝廷指挥催促，令前来行在所奏事。我已到行朝，恰值国丧之时，随班入朝哭吊毕，欲等到守孝期满日，即行朝辞回任礼。伏候指挥。"

申审马军行次申省状

起复检校少保、武胜、定国军节度使、湖北、京西路宣抚副使、兼营田使岳飞状申："契勘近准指挥，令本司马军于扇篚船[1]前行。续准指挥，为扇篚船在后隔远，令次赵密军马后行。缘所管步人在前，马军在后，难以照会。伏乞指挥，将马军、步人同前行。谨具申尚书省并枢密院，伏候指挥。"

【注释】

①扇篚船：篚即华盖，扇篚船指御船。皇帝所乘的船。

【译文】

起复检校少保，武胜、定国军节度使，湖北、京西路宣抚副使兼营田使岳飞状申："按查，近依照指挥，令本司马军在御船前面行军。后又有指挥，因为御船在后隔得太远，令我司马军跟在赵密军马的后面。因我所管步军行军在（赵密军）前，马军在其后，难以相互照会。伏乞指挥，让我司马军、步军一同前行。谨具申尚书省及枢密院，伏候指挥。"

收到胡清等申省状

太尉、武胜、定国军节度使、湖北、京西路宣抚使、兼营田大使岳飞状申："今具节次收到归正伪统制、统领官等下项：

一、统制官：右武大夫、成州团练使、知颍顺军、权知镇汝军、马军统制官胡清。

一、统领官一十员：武翼郎刘遇，修武郎刘德，宗迪，从义郎、閤门宣赞舍人游皋，从义郎韩青，秉义郎杜彦，杨宣，杨珍，成忠郎吕荣，借补武翼大夫、閤门宣赞舍人李忠。

一、使臣一十员：修武郎王宾、保义郎薛密、承节郎王进、承信郎王进、承信郎黄钦、进武校尉郭进、张彦、郑德、进武副尉荆成、周真、借承信郎张立。

右开具在前，谨具申尚书省并枢密院，伏乞照会施行，谨状。”

【译文】

太尉、武胜、定国军节度使、湖北、京西路宣抚使、兼营田大使岳飞状申：“今奏明逐次收编到从伪齐归正的统制、统领官如下：

“一、统制官：右武大夫、成州团练使、知颍顺军、权知镇汝军、马军统制官胡清。

“一、统领官一十员：武翼郎刘遇，修武郎刘德、宗迪，从义郎、閤门宣赞舍人游皋，从义郎韩青，秉义郎杜彦，杨宣，杨珍，成忠郎吕荣，借补武翼大夫、閤门宣赞舍人李忠。

“一、使臣一十员：修武郎王宾、保义郎薛密、承节郎王进、承信郎王进、承信郎黄钦、进武校尉郭进、张彦、郑德、进武副尉荆成、周真、借承信郎张立。

“以上开具的，谨具申尚书省及枢密院，伏乞照会施行，谨状。”

再乞褒赠张所申省札子

武胜、定国军节度使、开府仪同三司、湖北、京西路宣抚使、兼营田大使岳飞札子：‘飞窃闻好生恶死，天下常情，若临大难而不变，视死如归，则非忠义之士，有所不能。伏见左通直郎、直龙图阁[①]张所以忠许国，义不顾身，虽斧钺在前，凛然不易其色，终能以全节自守而不屈。不惟飞知之，士大夫无不知之。今蒙朝廷已叙复[②]元官，恩至渥矣，然区区之心欲望更赐敷奏，特与优加褒异，庶使天下忠义之士，皆知所劝。冒渎钧严，飞不胜皇惧待罪之至。'

【注释】

①直龙图阁：诸直阁皆宋创置，包括直龙图阁、天章、宝文、显谟、徽猷、敷文、焕章、华文、宝谟、宝章、显文阁及直秘阁等。直阁为职事官之非侍从官（庶官）所带职名。南宋后，自直龙图阁至直显文阁共十一等，加上直秘阁，均为庶官任监司（转运使等），藩阃（知州兼安抚使等）者贴职。直龙图阁，职名。正七品，为诸直阁之首。（据《宋代官制辞典》，第139页。）

②叙复：指被罪责免官年限已满、已久，遇恩赦，依格法叙复旧官。（据《宋代官制辞典》，第654页。）

【译文】

武胜、定国军节度使，开府仪同三司，湖北、京西路宣抚使，兼营田大使岳飞札子："我听说好生恶死是人之常情。若临大难而不变节，视死如归的，非忠义之士是做不到的。微臣见左通直郎、直龙图阁张所大人以忠许国，义不顾身，就算有斧钺威逼在前，也凛然不变其色，终能自守全节而不屈。这件事不仅飞知晓，士大夫无不知晓。如今张所已蒙朝廷叙复原官，恩泽十分优渥，然而在臣的区区之心，还希望朝廷更能为之陈奏，请求优加褒恤，则可使天下的忠义之士都知道朝廷的激励。冒犯上方的威严，飞不胜惶恐，待罪之至。"

论刘永寿等弃淮宁府申省状

少保、武胜、定国军节度使、湖北、京西路宣抚使、兼营田大使、河南、北诸路招讨使岳飞状申："契勘权知淮宁府刘永寿并史贵将带人兵，弃城前来，显是退怯。除已依军法行遣[①]外，其淮宁府别行差官措置。伏望特降指挥，将刘永寿、史贵更赐行遣，以为临敌不用命者之戒。谨具申尚书省并枢密院，伏候指挥。"

【注释】

①行遣：处置；发落。

【译文】

少保，武胜、定国军节度使，湖北、京西路宣抚使兼营田大使，河南、北诸路招讨使岳飞状申："按查，权知淮宁府刘永寿和史贵带领人兵，弃城前来，显然是怯敌畏缩。除已依照军法发落外，已另行差官去占守淮宁府。诚望特降指挥，将刘永寿、史贵两人更赐发落，以警告临敌不用命者。谨具申尚书省及枢密院，伏候指挥。"

差赵秉渊知淮宁府申省状

少保、武胜、定国军节度使、湖北、京西路宣抚使、兼营田大使、河南、北诸路招讨使岳飞状申："契勘飞近为权知淮宁府刘永寿、史贵擅弃淮宁府城，已将逐官依军法行遣，及申奏朝廷，乞将逐官更赐行遣外，飞遂差统制官赵秉渊将带军马，前去措置占守去后。今据赵秉渊申，已于七月二十三日军马入淮宁府城，安贴官吏、居民讫，申乞照会。所有淮宁府伏望特降指挥，下淮北宣抚司差官施行。谨具申尚书省并枢密院，伏候指挥。”

【译文】

少保，武胜、定国军节度使，湖北、京西路宣抚使兼营田大使，河南、北诸路招讨使岳飞状申：“按查，飞近因权知淮宁府的刘永寿、史贵擅自弃守淮宁府城之事，已将他们一一按军法发落，并申奏朝廷，请求将各人更赐发落外，我已差遣统制官赵秉渊带领军马，前去部署占守淮宁府城。今据赵秉渊申，已于七月二十三日率军马进入淮宁府城，将官吏、居民安抚妥帖已毕，申乞照会。所有关于淮宁府的后续安排，诚望特降指挥，下淮北宣抚司差遣官员施行。谨具申尚书省及枢密院，伏候指挥。”

乞照应母姚氏封号申省状

镇宁、崇信军节度使、神武后军统制、充湖北路、荆、襄、潭州制置使岳飞状申：“二月一日奉亲笔，赐飞母特封国夫人，寻具辞免，奉圣旨，不允。今月十七日，蒙降封母姚氏福国太夫人告轴。契勘飞母姚氏见系太恭人，其前件告命，却系荣国太夫人上拟封，所有荣国太夫人告，即不曾祗受。今来降到福国太夫人告轴，随状缴纳前去。谨具申尚书省并枢密院，伏候指挥。”①

【注释】

①此状写于绍兴五年二月。《建炎以来系年要录》卷八五记载了宋廷因岳飞上状，而修改福国告，毁抹荣国告的事。（据《鄂国金佗稡编续编校注》，第1059页。）

【译文】

镇宁、崇信军节度使，神武后军统制，充湖北路、荆、襄、潭州制置使岳飞状申："二月一日奉圣上亲笔诏命，赐飞的母亲特封国夫人，我立刻写奏章辞免，奉圣旨不允。本月十七日，蒙降到封母亲姚氏福国太夫人的诰命书轴。按查，我母亲姚氏现在是太恭人，前述诰命却是在荣国太夫人的基础上拟封的。（我这里）从未收到过关于荣国太夫人的诰命。这次降到的福国太夫人的告轴，随本状一同缴纳上去。谨具申尚书省及枢密院，伏候指挥。"

辞男云奇功[①]赏申都督行府状

镇宁、崇信军节度使、神武后军都统制、荆湖南、北、襄阳府路制置使岳飞状申："准都督行府札子：'勘会制置使司近差官兵平荡湖贼了当，内奇功、第一等人并已推恩[②]讫，其武翼郎、閤门宣赞舍人岳云亦系奇功，缘云系岳飞之子，不曾保明[③]。除已具奏，乞优与推恩外，札付飞照会。'契勘今来平荡湖贼，并系将士戮力用命之功；男云虽曾随军前去，即不曾立到显效。所有前项行府照札，飞即不敢令男云祗受，今随状缴纳，乞不施行。谨具申都督行府，伏候指挥。"

【注释】

①奇功：宋代评判、奖励军人军功的一种赏格。《宋会要辑稿》兵一八："（绍兴五年）二月十一日，诏：荆湖南、北、襄阳府路制置使岳飞下统制官徐庆、牛皋人马，庐州以来与番贼斗敌胜捷，奇功各与转五官，第一等各与转三官资，第二等各与转两官资，第三等各与转一官资，并与正名目上收使"，由此可知，"奇功"与"第一等""第二等""第三等"都是赏格。

②推恩：帝王对臣属推广封赠，以示恩典。

③保明：谓负责向上申明。

【译文】

镇宁、崇信军节度使，神武后军都统制，荆湖南、北、襄阳府路制置使岳飞状申："依据都督行府札子：'经审核，制置使司最近曾差官兵扫荡平定（洞庭湖）叛贼已毕，其中获奇功、第一等赏格的官兵都已推恩受赏完毕。制置使司的武翼郎、閤门宣赞舍人岳云也是奇功，因其是岳飞之子，未曾向上申明（报功）。（本府）已写奏章，为他请求推恩封赏外，札付岳飞照会。'按查，这次平定湖贼，都是将士们协力用命的功劳，我儿岳云虽然随军前去，并不曾立到显著的功效。所有前述行府照会札子，飞不敢令岳云领受，今随本状缴纳，请求不予施行。谨具申都督行府，伏候指挥。"

乞免带河东宣抚申都督府状

起复检校少保、武胜、定国军节度使、湖北、京西路宣抚副使、兼本路营田使岳飞状申："准都督行府札子：'勘会行府恭被圣训，应措置军事，一面相度施行。契勘岳少保已除湖北、京西路宣抚副使，所有将来进发至京西路分行下伪界文字，合添入河东二字，以湖北、京西、河东宣抚副使系阶。其行移湖北以里州军，及关申朝廷并行府等文字，自合依旧。已于三月三十日札下岳少保照会施行去讫，须议指挥。右勘会若将来有河北申到本司军前文字，即听行节制，仍于阶内添入节制河北路五字，余依已札下事理施行。'除已遵依指挥施行外，契勘河东、河北两路，近除有梁兴等前来之后外，别无前来之人。所有前项所准指挥，令飞阶内添入河东及节制河北路字，伏乞行府特赐指挥，寝罢施行。伏候指挥。”

【译文】

起复检校少保，武胜、定国军节度使，湖北、京西路宣抚副使兼本路营田使岳飞状申：“依据都督行府札子：‘勘会行府恭承圣训，应一面部署军事，一面估量施行。按查岳少保已授湖北、京西路宣抚副使一职，所有将来进发到京西路分行下伪齐界内的文字，可添入河东二字，以湖北、京西、河东宣抚副使系阶。发往湖北以内州军的文书及关、申奏朝廷和都督行府等的文书则仍用以前的头衔。已于三月三十日札下岳少保照会施行，须议指挥。又，勘会若将来有河北申到本司军前的文字，即听由（宣抚使司）节制，同样于头衔内添入节制河北路五字，其余按照已札下的事项施行。’（本司）已遵依指挥施行，据查河东、河北两路，最近自梁兴等人前来（投诚）之后，别无其他来人。上述指挥令我于头衔内添入河东及节制河北路字样，请求都督行府特赐指挥停止施行。伏候指挥。”

乞致仕养疾申省状

起复检校少保、武胜、定国军节度使、湖北、京西路宣抚副使、兼营田使岳飞状申：“契勘近巡按边面，措置事宜，缘为目疾昏痛，遂勾收军马，于襄阳府等处屯驻，累具申闻，乞令致仕养疾，未蒙施行。九月二十八日还至鄂州，其目疾愈觉昏暗，不能视物，遂时暂在假，令参谋官薛弼、参议官李若虚权行管干宣抚司事务，今来所苦眼疾昏暗，甚于日前。方此贼马侵扰，主上亲临视师，圣虑焦劳，稍能勉强，岂敢托疾，以求身便。所有累申事理，伏望速赐施行，伏候指挥。”

【译文】

起复检校少保，武胜、定国军节度使，湖北、京西路宣抚副使兼营田使岳飞状申："按查，飞近来去边境视察，部署军务。因目疾昏痛，便调拨军马于襄阳府等处驻扎，多次申告，请求让我辞官养病，未蒙允许施行。九月二十八日我回到鄂州，眼疾的状况是愈发觉得昏暗，以致不能视物，遂暂时告假，令参谋官薛弼、参议官李若虚代理管理宣抚司的事务。现在苦于眼疾昏暗的情况更甚于前，又正值贼马侵扰边疆，主上亲临视师之时，圣上如此担忧操劳，臣若有能力稍微支撑，怎敢托病（不出），以图一己方便。所有累次申告事宜，伏望速赐施行，伏候指挥。"

卷第十九

经进鄂王家集卷之十

公牍下

建康捷报申省状

武德大夫、英州刺史、御营使下统制岳飞状申："照对飞自建炎三年十一月二十二日起离建康府，至广德军界，与金贼六次见阵。收复溧阳县，及于常州界以来邀击金贼，袭逐至镇江府。恭依圣旨，亲提重兵，至建康府，与金贼战斗，追杀过江，收复了当。其生擒到伪同知溧阳县事、渤海太师李撒八，千户留哥及女真、汉儿等，今差使臣管押申解前去。谨具申尚书省并枢密院，伏候指挥。"

【译文】

武德大夫、英州刺史、御营使下统制岳飞状申："经核，我自建炎三年十一月二十二日起离建康府到广德军界内，与金贼交战了六次，收复溧阳县，并在常州截击金贼，一直追袭到镇江府。又恭依圣旨，亲提重兵到建康府与金贼战斗，将敌人追撵过江，收复建康府完毕。生擒到伪齐同知溧阳县事、渤海人、太师李撒八，千夫长留哥及女真人、汉儿若干等，现在差使臣武官管押、解送前去。谨具申尚书省并枢密院，伏候指挥。"

承州捷报申省状

武功大夫、昌州防御使、通、泰州镇抚使、兼知泰州岳飞状申："恭依指挥，选精锐分头会合，及率人马直抵承州，掩杀金贼，三次见阵获捷。所有逐次生擒女真、契丹、渤海、汉儿军高太保等，除身死外，见管女真三人：阿主里孛堇、白打里、蒲速里；渤海一名：李用；契丹一名：毛毛可[①]涅；奚人三人：王哥、合主、留哥；汉儿一十二人：李延寿、赵月一、张大、李兴门、侯孝兴、解德、小儿、麻大、曹黑儿、杨四儿、杨章儿、孙公仪。今差使臣某人管押申解前去。谨具申尚书省并枢密院，伏候指挥。"

【注释】

①毛毛可：金军编制中百夫长的别称。

【译文】

武功大夫、昌州防御使、通、泰州镇抚使、兼知泰州岳飞状申："恭依圣旨，挑选精锐人马分头到承州会战，掩杀金兵，三次交战都已获捷。逐次生擒女真、契丹、渤海、汉儿军高太保等人，除已身死的外，现管押女真人三名：阿主里孛堇、白打里、蒲速里；渤海人一名：李用；契丹人一名：是百夫长，名涅；奚人三名：王哥、合主、留哥；汉儿一十二人：李延寿、赵月一、张大、李兴门、侯孝兴、解德、小儿、麻大、曹黑儿、杨四儿、杨章儿、孙公仪。现在差使臣武官一员管押、解送前去。谨具申尚书省并枢密院，伏候指挥。"

贺州捷报申省状

亲卫大夫、建州观察使、神武副军都统制、权知潭州、兼权荆湖东路安抚、都总管岳飞状申："闰四月六日，飞进兵离贺州二十余里，曹成贼兵三万余人占据山险，迎敌官军。即时鼓率士卒掩杀，贼兵败走。飞又率兵追至贺州城东江岸，其贼望桂岭路逃遁前去。飞寻勾本军离贺州二十余里下寨，并不曾放人入城。贺州钱粮系广西经略安抚许中下统制欧阳临、罗选等差丁兵占守。所有飞一行军马只沿路就贼粮斛食用。飞见行进兵，前去桂岭县，破灭曹成大队次。谨具申尚书省并枢密院，伏乞照会，谨状。"

【译文】

亲卫大夫、建州观察使、神武副军都统制、权知潭州、兼权荆湖东路安抚、都总管岳飞状申："闰四月六日，我进兵到离贺州二十余里的地方，遇曹成贼兵三万余人占据山险，迎战我军。我立时擂鼓率领士卒掩杀贼兵，贼兵败走。我又率兵追到贺州城东面的江岸，贼兵于是往桂岭方向逃去。我立即勾集本军人马到贺州城外二十余里处下寨，不曾放士卒进城（以免扰民）。贺州的钱粮为广西经略安抚使许中属下统制官欧阳临、罗选等差兵丁占守。我军一行的所有粮食只是沿路与贼兵作战，从贼兵处劫取。我现在进兵前去桂岭剿灭曹成的大部队。谨具申尚书省并枢密院，伏乞照会，谨状。"

大破曹成捷报申省状

亲卫大夫、建州观察使、神武副军都统制、权知潭州、兼权荆湖东路安抚、都总管岳飞申："准枢密院札子，奉圣旨，收捕曹成。除于今年闰四月五日，自遶岭路下手，掩杀曹成下把隘并游掠贼兵，破荡州界太平场贼寨。当月六日，离贺州二十余里，杀散曹成下贼兵三万人。十二日，杀散北藏岭、上梧关守隘贼兵，占夺关口。十三日，杀散曹成发来照应北藏岭，夹击官军贼兵一万五千余人。除已具杀获次第，捉杀人数，夺到弓、箭、枪、刀等申枢密院外，飞契勘曹成自桂岭县扎立大寨，至北藏岭约六十余里，尽是山险、河涧，唯狭路往来，人马不得并行，兼北藏岭、上梧关、蓬岭三隘所阻。已取夺北藏岭、上梧关两隘了当，至闰四月十五日，进兵蓬岭。其贼严备隘口，把截官军。飞于当日未时以来，分布兵将，一拥上岭，与贼战敌。其贼大败，四向奔溃，杀死及掩拥入河不知其数。十六日，取桂岭县，取夺大寨了当。其曹成带领残零溃贼，望连州路逃窜。夺到枪、刀、金、鼓、旗帜不计数目，及夺到被虏人民数万人，放令归业。飞见遣四向搜逻剿戮，追袭杀捕，并关报广东经略把截，乘势掩杀外，谨具申尚书省并枢密院，伏乞照会，谨状。”

【译文】

亲卫大夫、建州观察使、神武副军都统制、权知潭州兼权荆湖东路安抚、都总管岳飞申：“接到枢密院札子，奉圣旨，命我收捕曹成。我于今年闰四月五日，从绕岭方向下手，掩杀曹成下把守险隘及四处游掠的贼兵，攻破并荡平贺州界内位于太平场的贼寨。当月六日，在距离贺州二十余里处杀散曹成手下贼兵三万人。十二日，杀散把守北藏岭、上梧关险隘的贼兵，夺取了关口。十三日，杀散曹成派来的支援北藏岭、夹击我军的贼兵一万五千余人。我已写札子报告斩获详情、捉杀人数，夺到弓、箭、枪、刀等申告于枢密院；此外，据查曹成从桂岭县扎立大寨，直到北藏岭绵延约六十余里，其间尽是山险河涧，仅有狭路可供往来，人骑都不能并排行走。并且北藏岭、上梧关、蓬岭三隘，阻隔通行。我军先已夺取北藏岭、上梧关两隘完毕，至闰四月十五日进兵蓬岭。贼兵严守隘口，把截官军。我于当日未时以来，在岭下分布兵将，然后一拥上岭与贼兵战斗。贼兵大败，四散奔溃，被杀死及掩拥入河的不知其数。十六日，攻下桂岭县，夺取曹成大寨停当。曹成带着残兵溃将向连州方向逃窜。我军夺到枪、刀、金、鼓、旗帜不计其数。并夺回被掳人民数万人，已放散，令其归业。现正派人四处搜寻剿杀残贼，追袭杀捕，并关报广东经略安抚司堵截逃窜前去广东的残贼，乘势掩杀。谨具申尚书省并枢密院，伏乞照会，谨状。”

追赶曹成捷报申省状

亲卫大夫、建州观察使、神武副军都统制、权知潭州、兼权荆湖东路安抚、都总管岳飞状申：“恭奉圣旨，收捕曹成贼马，于今年闰四月五日遶岭沿路掩杀，破荡巢穴了当。其曹成奔窜广东连州，遂遣本司统制官张宪追赶掩杀，收复连州了当。曹成已入湖南，望江西逃窜，并曹成先发都统领王渊贼马望桂阳监路前去，寻遣本司统制官王贵追赶杀散。其余徒党望江西散走，贼势大段穷蹙。

飞除已躬亲提兵剿杀招收外，飞契勘捉到曹成下将官张全等通说，曹成军中实有河北、河东①、山东、京畿、陕西等七万余人。飞自今年闰四月五日后来，节次杀戮，约及太半，平荡指日。伏恐庙堂过忧，上勤宵旰，谨具申尚书省并枢密院，伏乞敷奏施行。伏候指挥。”

【注释】

①河东：古地区名。黄河流经山西、陕西两省，自北而南的

一段之东部，指今山西省。秦汉时置河东郡、唐初置河东道，开元间又置河东节度使，宋置河东路，明废。

【译文】

亲卫大夫、建州观察使、神武副军都统制、权知潭州兼权荆湖东路安抚、都总管岳飞状申："恭奉圣旨，命我收捕曹成贼军，我于今年闰四月五日由绕岭沿路掩杀，攻破并荡平贼巢完毕。曹成奔窜广东连州，我于是派遣本司统制官张宪追赶掩杀，收复连州停当。曹成逃入湖南，向江西逃窜，他先前派出的都统领王渊则朝桂阳监方向逃去，我继遣本司统制官王贵追赶杀散。曹成余下的徒党向江西逃散，贼军势力已十分窘迫。

"我已亲自提兵剿杀、招收残贼；此外，据我军捉到的曹成下将官张全等的一致供词：曹成军中实有来自河北、山西、山东、京畿、陕西等地的七万余人。我自今年闰四月五日以来，逐次杀戮大约半数以上，平荡贼军指日可待。因恐朝廷过于忧急，主上忧勤以至于宵衣旰食，谨具申尚书省并枢密院，乞请向君上报告施行。伏候指挥。"

虔州[①]捷报申省状

中卫大夫、武安军承宣使、神武副军都统制岳飞状申："契勘恭奉亲札处分，措置虔州等处盗贼。飞准江南宣谕牒，据吉州龙泉县申：'本县被贼人彭友、李动天结集头领凶贼，伪称十大王，已经四年，攻破八县，大段猖獗。其彭友等贼徒见在本县界武陵、烈源、陈田三处扎寨。'飞恭依圣旨，先差使臣赍文字前去招谕，其伪十大王彭友等八头项并不肯听从，又结集永新县界群贼尹花八等二项贼徒三千余人等，迎敌官军。

飞分遣统领官张宪取一路，王贵取一路，飞躬亲统率军马取一路，约期会合迎敌。其贼沿山摆布，飞遂率将士战斗，当日贼众败走下山，夺到隘口数处。飞躬亲督率军马，分头下山，与贼战斗，杀死贼徒遍满山谷，并枪、牌、衣、甲等，及夺救到被虏老小二万余人，已放令逐便。具录奏闻外，飞续遣兵于山村搜杀不尽残党。捉到贼魁伪十大王彭友、李满并以次头领，随军监防外，谨具申尚书省并枢密院，伏候指挥。”

【注释】

①虔州：根据捷报内容，“虔州”应为“吉州”之误。

【译文】

中卫大夫、武安军承宣使、神武副军都统制岳飞状申：“按查，恭奉主上亲札处置，命我部署平定虔州等处的盗贼。我接到江南宣谕牒，据吉州龙泉县申：‘本县被贼人彭友、李动天集结数股凶贼，伪称十大王，已历四年。贼众攻破了八县，气焰十分猖獗。彭友等贼众现在本县界内武陵、烈源、陈田三处扎寨。’我恭依圣旨，先差使臣武官携文书前去招抚晓谕，伪十大王彭友等八头领不仅不肯听从招安，又结纳聚集了永新县界的贼众尹花八等两股贼徒三千余人抵抗官军。

“我分遣统领官张宪取一路、王贵取一路，我亲统军马取一路，约定日期会合迎敌。贼徒沿山势摆布行阵，我率领将士战斗，当日将贼众打败下山，夺到隘口数处。我又亲自督率军马分头下山，与贼众战斗，杀死大量贼徒，贼尸遍及山谷，并缴获枪、牌、衣、甲等，救取被掳百姓二万余人，现已放散，令其复为良民。写札子奏闻之外，我继遣士兵在山村中捕杀残余盗贼，捉到贼首伪十大王彭友、李满及次要首领，现随军监押，谨具申尚书省并枢密院，伏候指挥。”

虔贼捷报申省状

镇南军承宣使、神武副军都统制、江南西路、舒、蕲州制置使岳飞状申："准枢密院札子，奉圣旨，令飞躬亲前去虔州，讨捕盗贼。飞恭依指挥，起离到吉州。有彭大名友等作过，飞先差人招安，不肯听从。分布军马，与贼斗敌，杀死贼徒不知其数，捉到彭铁大并以次首领李动天。

又往虔州，分遣统领官说谕诸寨头首，并不肯听从。遂行进兵，于兴国县衣锦乡一带，节次逢贼见阵，大获胜捷。并攻破山寨数百余座，生擒贼首王彦、钟超、吕添、罗闲十、陈颙、蓝细禾、谢敌、钟大牙、刘八大五、卢高，处置讫，委是尽静，别无未获贼徒。今依指挥，将实有功将士，开具等第。谨具申尚书省并枢密院，伏乞照会施行，谨状。"

【译文】

镇南军承宣使，神武副军都统制，江南西路、舒、蕲州制置使岳飞状申："接到枢密院札子，奉圣旨，令我亲自前去虔州讨捕盗贼。我恭依指挥起离（驻地），到达吉州。有号彭大，名友的一伙人叛乱闹事，我先差人招安，对方不肯听从。于是分布人马，与贼战斗，杀死贼徒不计其数，捉到彭铁大和另一首领李动天。

"然后前往虔州，我先分遣统领官劝谕诸寨贼首，都不肯听从。于是进兵讨伐，在兴国县衣锦乡一带多次与贼交战，大获胜捷。攻破山寨数百余座，生擒贼首王彦、钟超、吕添、罗闲十、陈颙、蓝细禾、谢敌、钟大牙、刘八大五、卢高，处置完毕后确认收捕尽净，再无未获贼徒。现依照指挥，开具有功将士的等级名单。谨具申尚书省并枢密院，伏乞照会施行，谨状。"

庐州捷报申省状

清远军节度使、湖北路、荆、襄、潭州制置使岳飞状申："据统制官徐庆、牛皋申：'部押人马，前来庐州。到本州安泊未定间，有番、伪贼兵逼近州城，遂躬亲率所统人马出城，迎捍斗敌。自申时转战至酉时，其贼败走，大获胜捷，杀戮贼兵三十余里。除杀死并斩首级外，活擒到番、伪贼兵八十余人，夺到马八十余匹，枪、刀、不知其数目，贼马走透前去。'

飞契勘元差徐庆、牛皋等将带官兵二千余人，前去庐、寿、濠州、天长军以来，掩击贼马。今到庐州城下，逢贼战斗。除在城内及在城南下寨官兵更不开具外，今具接战实立功官兵五百四十六人，分为等第，谨具申尚书省并枢密院，伏乞照会施行，谨状。"

【译文】

清远军节度使，湖北路、荆、襄、潭州制置使岳飞状申："据统制官徐庆、牛皋申：'督率人马来到庐州。到达本州，安泊未定之时，有金、伪齐贼兵逼近州城，于是我等亲率所统人马出城迎敌。从申时转战到酉时，贼兵败走，我军大获胜捷。追杀贼兵三十余里。除杀死和斩首的外，活捉到金、伪齐贼兵八十余人，夺到马八十余匹，枪、刀不计其数，贼马逃遁。'

"我原差徐庆、牛皋等带领官兵二千余人前去庐、寿、濠州、天长军，掩击贼马。现已到庐州城下，遭遇贼兵战斗。除在城内及城南下寨的官兵不列，现开具交战中确实立功的官兵名单五百四十六人，各分等级。谨具申尚书省并枢密院，伏乞照会施行，谨状。"

平湖寇申省状

镇宁、崇信军节度使、神武后军都统制、荆湖南、北、襄阳府路制使岳飞状申："飞近招捉到水寨刘衡、夏诚、杨收、杨寿、石颗等及诸路头领小寨二十余座，并黄诚、杨太、周伦下徒众。节次取问得愿归业人，于六月十八日终出给公据，放散二万七千余户，各量支米粮归业外，谨具申尚书省并枢密院，伏乞照会，谨状。"

【译文】

镇宁、崇信军节度使，神武后军都统制，荆湖南、北、襄阳府路制置使岳飞状申："我最近招降到刘衡、夏诚、杨寿、石颗等水寨及诸路贼首小寨二十余座，及黄诚、杨太、周伦下的徒众。逐次询问得愿归正业的人，到六月十八日止都发给公据，共放散二万七千余户，并酌量支给米粮令其归业，谨具申尚书省并枢密院，伏乞照会，谨状。"

何家寨捷报申省状

起复检校少保、武胜、定国军节度使、湖北、京西路宣抚副使、兼营田使岳飞状申："据王贵申：'伪五大王拥贼兵前来，离何家寨四十里，地名大标木，依山势摆布，迎敌官军。于十一月初十日与贼交战，大获胜捷。'谨具申尚书省并枢密院，伏乞照会，谨状。

小贴子：飞契勘伪五大王拥番、伪重兵，侵犯唐、邓州、汉上一带作过，飞遂遣发军马措置。今虽获大捷，缘已至蔡州界，去京城大段比近，势未能便行深讨。飞见星夜前去相度，若蔡州可下，即行收复，差官主管州事毕，班师，别听朝廷指挥。伏乞照会。”

【译文】

起复检校少保，武胜、定国军节度使，湖北、京西路宣抚副使兼营田使岳飞状申：“据王贵申：‘伪齐五大王拥贼兵前来，距离何家寨四十里，地名大标木，依山势摆布列阵，迎拒官军。我军于十一月初十日与贼交战，大获胜捷。’谨具申尚书省并枢密院，伏乞照会，谨状。

“又及：据查，伪齐五大王拥金、伪重兵，侵犯骚扰唐、邓州、汉水上游一带，我于是派遣兵马前去措置。虽已获大捷，因战势已延及蔡州界，与京城比较接近，势必不能就此深入讨伐。我现在连夜前去蔡州考察敌情，如蔡州可攻取，即行收复，然后差官员主管本州事务后，再行班师，别听朝廷指挥。伏乞照会。”

鹘旋郎君捷报申省状

少保、武胜、定国军节度使、湖北、京西路宣抚使、兼营田大使、河南、北诸路招讨使岳飞状申：“据本司统领官李宝、孙彦申：‘探得金贼四太子前军四个千户，将领马军大队四千余骑，前来宛亭县界荆堽下寨。宝等于五月二十四日晚，部领人船前去，一更以来，劫杀金贼大寨。杀死并拥掩入黄河，不知数目，杀死千户三人并鹘旋郎君[①]。夺到白旗一面，上写都元师越国王前军四千户字，夺到马一千匹。

六月二日，有番贼金牌郎君[②]会起东京以北番贼大队前来。宝等统率人兵，向前掩杀，贼兵败走，望南逃遁。追杀二十余里，杀死、拥掩入黄河，不知其数，夺到器甲不少，委是大获胜捷。’谨具申尚书省并枢密院，伏乞照会，谨状。”

【注释】

①郎君：为汉文意译。据《三朝北盟会编》卷三，卷二三一“其宗室皆为之郎君”，皇帝则称“郎主”。

②金牌郎君：金军中佩带金牌的将领级别甚高，史料中有记载的金牌佩带者有都元帅、副元帅、监军、都监、万夫长等。

【译文】

少保，武胜、定国军节度使，湖北、京西路宣抚使兼营田大使，河南、北诸路招讨使岳飞状申：“据本司统领官李宝、孙彦申：‘探得金贼四太子前军四个千夫长率领马军大队四千余骑，前来宛亭县界荆堽下寨。我等于五月二十四日晚带领人、船前去，一更以后劫杀金贼大寨。杀死及被拥掩入黄河的金贼不知数目，杀死千夫长三人和鹘旋郎君。夺到白旗一面，上写都元帅越国王前军四千户的文字，夺到马一千匹。

“六月二日，有番贼金牌郎君会合东京（北宋都城汴梁，今河南开封）以北的番贼大队前来。我等统率军兵向前掩杀，贼兵败走，向南逃遁。我军追杀二十余里，杀死、拥掩落入黄河的贼人很多，不知数目。夺到器械铠甲不少，确是大获胜捷。’谨具申尚书省并枢密院，伏乞照会，谨状。”

檄

奉诏移伪齐檄

契勘伪齐僭号，窃据汴都。旧忝台臣，累蒙任使，是宜执节效死，图报国恩，乃敢背弃君父，无天而行。以祖宗涵养之泽，翻为仇怨；率华夏礼义之俗，甘事腥膻。紫色余分[①]，擬乱正统，想其面目，何以临人？方且妄图襄汉之行，欲窥川蜀之路，专犯不韪，自速诛夷。

我国家厄运已销，中兴在即，天时既顺，人意悉谐，所在皆贾勇之夫，思共快不平之忿。今王师已尽压淮、泗，东过海、沂，驲骑交驰，羽檄迭至。故我得兼收南阳智谋之士，提大河忠孝之人，仗义以行，乘时而动。金、洋之兵出其西，荆湖之师继其后。

虽同心一德，足以吞彼国之枭群；然三令五申，岂忍残吾宋之赤子。尔应陷没州县官吏、兵、民等，元非本意，谅皆协从，屈于贼威，归逃无路。我今奉辞[②]伐罪，拯溺苏枯[③]，惟务安集，秋毫无犯。傥能开门纳款，肉袒迎降，或顾倒戈以前驱，或列壶浆而在道，自应悉仍旧贯，不改职业，尽除戎索，咸用汉条。如或执迷不悟，甘为叛人，嗾桀犬以吠尧[④]，詈猎师而哭虎[⑤]；议当躬行天罚，玉石俱焚，祸业宗亲，辱及父祖，挂今日之逆党，连千载之恶名。顺逆二途，蚤宜择处，兵戈既逼，虽悔何追。谨连黄榜在前，各令知悉。

【注释】

①余分：指地球环绕太阳运行一周的实际时间与纪年时间相比所余的零头数。后常用来比喻非正统。

②奉辞：谓奉君主之正辞。三国魏钟会《檄蜀文》：“今镇西奉辞衔命，摄统戎车。”

③拯溺苏枯：救援溺水的人，使枯萎的草木复活。比喻使困顿、灾难中的人得到拯救。

④桀犬以吠尧：桀相传是夏代的暴君，尧是传说中的远古时代的圣君。“桀犬吠尧”谓桀的狗向着尧乱叫。比喻坏人的爪牙攻击好人。也谓各为其主。嗾，指教唆、指使别人做坏事。

⑤詈猎师而哭虎：责骂打死猛虎的猎手而为猛虎的死痛哭。

喻颠倒是非，责善怜恶。

【译文】

伪齐冒用帝王的称号，窃取占据我汴梁故都。（逆贼刘豫）旧日曾是我朝忠臣，多次蒙受陛下的任使，（围城之日）理应坚守节操，效死报国，他却竟然背弃君父，逆天而行。（逆豫）承蒙祖宗的培育润泽，如今却回报以仇怨；本应遵循华夏的礼节义理，自己却甘愿服侍夷狄。紫色余分，欲乱正统，想象以他这样的面目，如何能够选拔人才？还要妄图侵犯襄汉，窥伺川蜀，专犯天下之不韪，必然招致加速灭亡。

我们国家的厄运已经消除，中兴在即、天时人和，有勇气的人充满国家，决心一同快意恩仇。如今王师已压境淮、泗，向东到了海州、沂州，驿骑交向奔驰，羽檄纷至沓来。故而我军搜罗到了像南阳诸孔明那样的智谋之士，率领大河南北的忠孝之人，正要仗义前行，乘天时而出动。金州、洋州的军队从西面开来，荆湖区域的驻军紧随其后。

我朝上下同心一德，足以吞并彼国强悍的逆贼，但陛下三令五申，不忍伤害原属我宋的人民。尔等陷没于伪齐境内的官吏、士兵、人民等，这原不是你们的本意，谅必因为伪齐的胁迫，屈服于逆贼的淫威，而找不到回归的出路。我如今奉君主之命，吊民伐罪，正要拯救尔等于水深火热之中。务必让你们安定和睦，我军定会秋毫无犯。你等若能够开门接纳王师，或自首出降，又或是自愿倒戈、为我前锋者，或箪食壶浆、慰劳王师者，全都允许回归本籍，不改旧业，可除去蛮夷装束，着回汉家衣裳。如若执迷不悟，甘当叛人，唆使平民攻击官军，或者颠倒是非、同情逆贼者，我军必然义行天讨，玉石俱焚，届时祸事波及尔宗族，辱及汝父祖，今日作为逆党悬挂城头，千载之后恶名将流传于子孙。顺、逆二途，宜尽早选择。兵戈既逼，虽悔何及。谨张黄榜在前，让尔等知悉。

律诗

题翠岩寺

秋风江上驻王师，暂向云中蹑翠微。
忠义必期清塞水，功名直欲镇边圻。
山林啸聚何劳取，沙漠群凶定破机。
行复三关迎二圣，金酋席卷尽擒归。

【注】

以下岳飞所作诗、词、题记属于文学体裁，本书皆不译。

寄浮图慧海

湓浦庐山几度秋，长江万折向东流。
男儿立志扶王室，圣主专师灭虏酋。
功业要刊燕石上，归休终伴赤松游。
丁宁寄语东林老，莲社从此着力修。

词

小重山

昨夜寒蛩不住鸣。惊回千里梦，已三更。起来独自绕阶行。人悄悄，帘外月胧明。

白首为功名。旧山松竹老，阻归程。欲将心事付瑶琴。知音少，弦断有谁听？

题记

五岳祠盟记

自中原板荡，夷狄交侵，余发愤河朔，起自相台。总发从军，历二百余战。虽未能远入夷荒，洗荡巢穴，亦且快国仇之万一。今又提一旅孤军，振起宜兴，建康之城，一鼓败虏，恨未能使匹马不回耳！故且养兵休卒，蓄锐待敌，嗣当激励士卒，功期再战，北逾沙漠，蹀血虏廷，尽屠夷种。迎二圣，归京阙，取故地，上版图，朝廷无虞，主上奠枕，余之愿也。河朔岳飞题。

广德军金沙寺壁题记

余驻大兵宜兴，缘干王事过此，陪僧僚谒金仙，徘徊暂憩，遂拥铁骑千余长驱而往。然俟立奇功，殄丑虏，复三关，迎二圣，使宋朝再振，中国安强，他时过此，得勒金石，不胜快哉！建炎四年四月十二日，河朔岳飞题。

东松寺题记

余自江阴军提兵起发，前赴饶郡，与张招讨会合。崎岖山路，殆及千里，过祁门西约一舍余，当途有庵一所。问其僧，曰“东松”，遂邀后军王团练并幕属随嬉焉。观其基址，乃凿山开地，创立廊庑，三山环耸，势凌碧落，万木森郁，密掩烟甍，胜景潇洒，实为可爱。所恨不能款曲，进程遄速。俟他日殄灭盗贼，凯旋回归，复得至此，即当聊结善缘，以慰庵僧。绍兴改元仲春十有四日，河朔岳飞题。

永州祁阳县大营驿题记

权湖南帅岳飞被旨讨贼曹成，自桂岭平荡巢穴，二广、湖湘悉皆安妥。痛念二圣远狩沙漠，天下靡宁，誓竭忠孝。赖社稷威灵，君相贤圣，他日扫清胡虏，复归故国，迎两宫还朝，宽天子宵旰之忧，此所志也。顾蜂蚁之群，岂足为功。过此，因留于壁。绍兴二年七月初七日。

卷第二十

吁天辨诬通叙

臣闻天下之不可泯没者，惟其理之正也。藏于人心，散于事情，虽或晦而未彰，抑而未扬，暧昧而未白，然是理之在人心，自有隐然而不可厚诬者，是故伸屈有时而不同，荣辱既久而自判。昔日之辱，未必不为今日之荣；而今日之屈，未必不基后日之伸也。

【译文】

臣听闻天下事物中不可泯灭的，唯有义理之正大光明。（它）藏在人心里，分散于世事人情中，即使有时候隐晦不能彰显，被压制而不能显扬，模糊而不能白于天下，然而这义理之所以存于人心，自有隐隐然却不可深加污蔑之处，因此或伸张或压抑，时而不同。荣辱之事，日子久了人们自会判明。昔日之辱，未必不是今日之荣；而今日的冤屈，未必不能寄希望于日后洗雪。

臣先臣飞奋自单平，宣、政[①]之间，已著功于河朔[②]。高宗皇帝受密诏，开霸府，而先臣首被识擢。盖自是而历官孤卿，专制阃外，未尝有蚍蜉蚁子之援，独以孤忠，结知明主，自信不疑。勋名既高，馋惎横出，而先臣之迹始危矣。是时城狐负恃，势可炙手，天下之士莫敢一撄其锋。而先臣之得罪也，何铸、薛仁辅以不愿推鞫[3]而逐，李若朴、何彦猷以辨其非辜而罢，士㒟以百口保任，而幽之闽，韩世忠以"'莫须有'三字，何以服天下"为问，而夺之柄，最后而刘允升以布衣扣阍，而坐极典矣。一时附会之徒，如万俟卨则以愿备锻炼，自谏议而得中丞，王俊则以希旨诬告，自遥防而得廉车，姚政、庞荣、傅选之流，亦以阿附而竝沐累迁之宠矣。夫赏者人之所慕，而刑者人之所甚惧也。豺狼朵颐而当路，顾乃相率而犯之，至于轩冕在傍，睨而不视，是岂人之情哉？其必有大不安于其心，而后不敢为也。盖非特搢绅之流心知义理之所在，平恕之吏目击冤抑之莫伸者之为也。而异时同列之将，不敢以嫌疑而不言；衡茅[4]之士，不忍以非位而不言。夺柄而未至于僇，谓未足以惩，犹之可也。朝上匭函[5]，暮拘天狴，风旨之下，凌虐可知，讫不能逭寸草之命，僇及其身，为世大耻。而先臣既殁之后，复有程宏图者，大书直指，以明先臣之冤。幸而大明当天，谗慝悉殄，而宏图之言适合圣意，宏图盖未敢逆为此望也。然则是理之在人心，盖如何哉？

【注释】

①宣、政之间：宣谓宣和，政谓政和，都为宋徽宗时期的年号，有时亦代指宋徽宗。

②河朔：泛指黄河以北的地区，大体包括今山西、河北和山东部分地区。

③推鞫：亦作"推鞠"，审问的意思。

④衡茅：衡门茅屋，衡木作门，茅草盖屋，意指简陋的居室。

⑤匭函：朝廷接受臣民投书的匣子，亦称上呈朝廷的书信、奏章。

【译文】

臣的先祖父岳飞，自寒微之时便发愤图强，宣和、政和年间，已然显扬功名于河朔。高宗皇帝受先帝密诏，开大元帅府，而先祖父首先被赏识拔擢。自此而始，历任高官，掌管一方兵柄，未曾有像蚍蜉蚂蚁一样微薄的援助，独以忠贞自持，报效明主，相信自己，不疑心君主。功勋名望既已高于时人，谗言陷害便由此横生，先祖父的行迹开始危险了。这时，城狐社鼠之辈凭借着有所倚仗，势头炙手可热，天下之士莫敢一挫他们的锋芒。然而臣的先祖父获罪之时，何铸、薛仁辅因不愿审问而被驱逐，李若朴、何彦猷因争辩他的无辜而被罢黜，齐安郡王士㒟愿以全家百余口担保他无罪，却被幽禁于闽地，韩世忠因以“‘莫须有’三字何以服天下”质问秦桧，而被剥夺兵柄，（先祖父冤案）最后之时，刘允升以布衣之身为先祖父叩阙诉冤，却被处以极刑。一时间附会秦桧的奸佞之徒，如万俟卨则因愿意罗织罪名，拷问折磨，便自右谏议大夫而升至御史中丞；王俊则因迎合上位者的意旨诬告臣的先祖父，自遥郡防御使而升至正任观察使；姚政、庞荣、傅选之流，亦因阿附奸佞而获得累次晋升的荣宠。恩赏，人人羡慕；而刑罚，人人惧怕。豺狼之辈执政当权，奸佞之徒相率冒犯义理，以至于将国君置于一旁视而不见，这岂是人之常情？他们必是心中大为不安，而后才不敢胡作非为。原来并非是缙绅名流心中才存有义理，持平宽仁的小吏目睹冤枉不能洗雪伸张亦知义理之所在。而当时与先祖父地位相仿的将领，不敢为避嫌疑而不进言；贫寒之士，不忍心因不居官位而不进言。若只是剥夺（忠良）的兵权而并未杀戮，认为不至于这样惩罚，亦算尚可。早晨上了奏章，傍晚被拘捕下狱，（奸佞）意图之下，（对先祖父的）凌虐可以想到，最终不能逃得如寸草般的微小性命，身遭杀戮，为当世之大耻。臣的先祖父过世之后，又有叫程宏图的，秉笔直书，剖明先祖父的冤屈。幸而圣明天子当朝，谗言陷害悉数绝灭，并且宏图之言恰好与圣意相合，宏图原先也不敢预料到能有平反之望。然而因为义理存于人心，所以才会这样啊。

绍兴更化[1]，逐谗党，复纯州[2]，还诸孤之在岭峤者。重以念先臣不忘之德意，属之孝宗皇帝，嗣位之初，首加昭雪。既复其官爵，又锡之冢地；疏以宠命，而禄其子孙；予以缗钱，而恤其家族；给以元业，而使之不糊口于四方；旌以庙貌，而俾有以慰部曲三军之心。日月照临，下烛幽隐，雨露沾溉，遍及死生。圣恩洋洋，敻出史谍。盖自汉、魏以来，功臣被诬，诞谩无实，未有如先臣之抑；及其昭雪之际，眷渥有加，亦未有如先臣之荣者也。圣诏之下，朝阙庭而暮四海，老耋童稚不谋同辞，咸曰："此太上之本心，而今皇所以奉承而行之者也。"忠愤之气，固有时而伸，而徇国之臣，亦非奸邪之所能遏也。盖于是而三军北首死敌之志益锐，中原来苏望霓之心益切，天下抵掌抚足者亦遂少纾其郁抑之气。此非臣私其祖之言，天下之公言也。

【注释】

①绍兴更化：秦桧死后，为革除时弊，重构官僚政治体系，宋高宗政权曾展开"绍兴更化"运动，表面看来，只是针对秦桧专政时期制造大量冤狱的拨乱反正，实质上却是重整此前官僚体系的标志，"绍兴更化"不仅巩固了高宗朝后期的政治基础，更为实现高宗政权向孝宗政权的平稳过渡奠定了基础。"更化"意为改革、改制。（据董春林《"绍兴更化"与南宋初期的政治转向》，《求索》2012/1。）

②复纯州："纯州"原名岳州，岳飞含冤而死后，左朝散郎姚岳为了献媚于秦桧、宋高宗，借口岳飞曾驻兵岳州，向宋高宗

诬奏岳州“为叛臣故地，又与其姓同，顾莫之或改”。接着荆南知府孙汝翼立即附和说“纯之为字，有纯臣之义焉，其言纯粹、纯白、纯常，皆静一不杂之义，足以洗叛臣之污”，于是宋高宗、秦桧立即批准了这个奏言，改岳州为纯州，同时改岳阳军为华容军。由此可见宋高宗、秦桧一流的心虚可鄙之处，岳珂为君主讳，矛头直指秦桧，并未指向高宗。

【译文】

绍兴更化，驱逐谗党，恢复纯州旧名（为岳州），召还远在五岭之地的遗孤。高宗皇帝更表示不忘怀先祖父的心意，嘱咐孝宗皇帝在即位之初，最先加以昭雪。既恢复臣一家的官爵，又赐以墓地；以加恩特赐的恩宠告慰先灵，赐官禄给他的子孙；给予钱财，抚恤他的家族；给还原来的家产，使子孙不为了糊口而流散四方；修建庙宇以示表彰，使先祖父以前率领的部伍得到安慰。日月之光降临，照亮幽隐的九泉。天恩有如雨露，遍及死者与生者。圣恩汪洋广阔，流传史册。自从汉、魏以来，功臣被污蔑，诽谤之言荒诞不实，未有如臣的先祖父一样贬抑过分的；等到冤屈昭雪之际，宠眷优渥有加，亦未有如臣的先祖父一样荣宠的。陛下诏书一发，（消息迅速传出），早上还在京城，傍晚便天下皆知，年迈老人与垂髫儿童的话不谋而同，都说：“这原是太上皇的本心，当今圣上是秉承父命而降旨昭雪啊。”忠愤之气，本就有伸张之时，而殉国死义之臣，亦并非是奸邪之辈能遏制的。因此三军向北杀敌的志气更加勇锐，中原遗民盼望王师前来而获得苏息之心，犹如大旱盼云霓一般急切，天下间抵足而谈时击掌相贺的人亦可稍稍抒发他们的郁愤压抑之气。这并非是臣偏爱祖父的美言，而是天下公论。

先臣果何以得此于天下哉？其必有不泯于人心者存，而非可以智力使抑，以其理之正而已。何以明之？汪澈宣谕荆、襄，周行旧垒，见其万灶鳞比，寂无讙哗，三军云屯，动有纪律，乃竦然叹曰："良将之遗烈盖如此！"继而列校造前，捧牍讼先臣之冤，澈遂喻之以当以奏知之意。此语一出，哭声如雷，咸愿各效死力，至有"为岳公争气"之语，澈慰谕久之，而啜泣者犹未止也。故先臣复官之旨，亦略叙其归功之意。先臣御军严整，虽小犯不贳，非直以姑息结之，而使之然也。即此以明先臣之事，盖有人心之所同，而不待臣区区之辨。

【译文】

臣的先祖父究竟因何能得到天下的人心呢？必因一些不泯灭于人心的（品德）存在，而非（仅仅）以计谋或压力就能使其贬抑的，不过是因为他所持的义理端正而已。何以见得？汪澈去荆襄之地宣布圣命、晓谕将士时，绕行先祖父在世时的营垒一周，见其中营灶鳞次栉比，却静寂无喧哗之声，三军屯列如云，行动皆有纪律，于是悚然震动，赞叹道："良将的遗风余烈原来如此！"接着有众多的校尉上前，手捧着牍文诉说臣先祖父的冤屈，汪澈于是回答会向朝廷奏知他们的意愿。此言一出，哭声如雷，众将士都愿以死效命，乃至有人说"为岳公争气"的话，汪澈劝慰解说良久，而啜泣的人犹未停止。故而臣先祖父恢复原官的旨意，也略略叙说了他的功绩。臣的先祖父治军严整，即使是小错也不宽纵，并非只以姑息了结，因而才使军容如此严肃。就此以剖明先祖父受冤一事，原也是天下人心中共同的愿望，也不在臣区区几句话的辩白。

然先臣之得罪，天下皆知其冤，而不知其所以为冤。请叙先臣之所以冤，而后它可言也。

【译文】

然而臣的先祖父当初获罪，天下皆知他的冤屈，却不知他为什么冤屈。臣请叙说先祖父为什么被冤枉，然后其他的都可以言明了。

盖先臣之祸，造端乎张俊，而秦桧者寔成之。俊之怨先臣，不一也，而大者有三焉。淮西，俊之分地，赵鼎命之，怯敌不行，迨先臣一战而捷，俊则耻之，一也。视韩世忠军，俊迎桧意，欲分其背嵬[①]，先臣执义不可。比行楚州城，俊欲兴版筑，先臣又曰："吾曹当戮力图克复，岂可为退保计耶！"俊则怒之，二也。强虏大寇，俊等不能制，而先臣谈笑取之，主上眷宠加厚，逾于诸将。先臣于俊为后辈，不十数年，爵位相埒，俊则嫉之，三也。桧之怨先臣，尤不一也，而大者亦有三焉。全家南还，已莫揜于挞辣[②]纵归之迹，草檄辱国，复汗靦于室撚寄声之问[③]，以至二策之合，不得辄易大臣之盟。桧之私虏如此，则主和之际，岂容有异议，然先臣一则曰"恢复"，二则曰"恢复"，犯其所甚讳，一也。昔先兄臣甫守鄞，会稽文惠王史浩谓之曰："方代邸侍燕间，尝一及时事，桧怒之，辄损一月之俸。"赵鼎以资善之议忤桧，卒以贬死。其谋危国本之意，非一日矣。然先臣誓众出师，乃首进建储之议，犯其所不欲，二也。韩世忠谋劫使者，败和议，得罪于桧。桧命先臣使山阳，以捃摭世忠军事，且戒令备反侧，托以上意，先臣曰："主上幸以世忠升宥府，楚之军，则朝廷军也。公相命飞以自卫，果何为者？若使飞捃摭同列之私，尤非所望于公相者。"及兴耿著狱，将究分军之说，连及世忠，先臣叹曰："飞与世忠同王事，而使之不辜被罪，吾为负世忠！"乃驰书告以桧意。世忠亟奏求见，上惊，谕之曰："安有是！"既而以诘桧，且促具著狱，著得减死。犯其所深恶，三也。

【注释】

①背嵬：即背嵬军，对此的理解颇多，一说是大将帐前的骁勇人；一说嵬本指酒瓶，将帅的酒瓶必亲信拿，故喻为亲信；一说是皮牌。无论哪种解释，都是指主帅的亲军，从实际情况看，背嵬军既是亲军，又是精兵，战斗力极强。《云麓漫钞》记载："韩、岳兵尤精，常时于军中角其勇健者，别置亲随军，谓之背嵬，一入背嵬，诸军统制而下，与之亢礼，犒赏异常，勇健无比，凡有坚敌，遣背嵬军，无有不破者。"

②挞辣：即挞赖，女真大将，亦是女真皇族，汉名完颜昌，与金太祖是为堂兄弟，征宋时，历任六部路都统、元帅左监军、鲁国王等。1129年后，因看到南宋军力快速增强，所率金军屡次被击败，而逐渐成为金国"主和派"大臣之一，亦是此时，纵归已是金国俘虏的秦桧，使其归宋破坏抗金大业。天眷二年（1139）因政争失败，被金熙宗贬往行台，不久下诏诛杀，完颜昌听到消息后欲南逃，在祁州被主战派完颜宗弼派人追上杀死。

③草檄辱国，复汗靦于室撚寄声之问：《宋史·秦桧传》记载了此事："洪皓归自金国，名节独著，以致金酋室捻，直翰苑不一月逐去。室捻者，阁，粘罕之左右也。初，粘罕行军至淮上，桧尝为之草檄，为室捻所见，故因皓归寄声。桧意士大夫莫有知者，闻皓语，深以为憾，遂令李文会论之。"

【译文】

臣先祖父受冤的灾祸，始于张俊，而后秦桧实际上成就了这段冤案。张俊之所以怨恨臣的先祖父，原因很多，大的原因有三个。淮西是张俊分属的辖地，赵鼎命他前进，（张俊）怯敌不敢前行，最终臣的先祖父一战而捷，张俊则以此为耻，此其一也。视察韩世忠的军队时，张俊迎合秦桧的意图，想要分拨韩世忠的背嵬军，先祖父仗义执言，以为不可。等到了楚州城，张俊想要筑土墙等防御工事，臣的先祖父又道：“吾辈应当竭力图取恢复中原，岂可考虑退守苟安之计！”张俊于是大怒，此其二也。强虏大举入寇，张俊等人不能制敌，臣的先祖父却谈笑间克敌制胜，陛下的眷顾恩宠更加优厚，超过了诸位大将。先祖父对于张俊来说是后辈，不过十几年，爵位就与张俊相同，张俊于是嫉妒，此其三也。秦桧怨恨先祖父，尤其不能一一细数，而大的原因也有三个。（秦桧）全家南归，已经不能掩盖是挞辣故意放其逃脱的痕迹，粘罕行军至淮上，秦桧曾为之草拟檄文，有辱国体，知道这事的室捻托洪皓致意，又使秦桧汗颜，还有秦桧提出以河北人还金国，以中原人还刘豫这二策与金人相合，更有金人为保秦桧与我朝约定不得轻易改换宰相的盟约。这些都足见秦桧与金虏私下勾结到了什么地步，那么（当年）主和之时，岂能容许出现异议，臣的先祖父却一是主张“恢复”，二还是主张“恢复”，十分犯其忌讳，此其一也。昔日臣的先兄长岳甫在鄞州为官时，会稽文惠王史浩对他说道：“从前孝宗皇帝在潜邸时，有次侍宴间，曾说话涉及了时政，秦桧大怒，就罚了他一个月的俸禄。”赵鼎因立太子的意见与秦桧不合，最终被贬斥，死于贬地。秦桧筹谋动摇国本之意，不是一日了。然而臣的先祖父誓众出师，（要稳定军心），于是首先进言请立太子，触犯了秦桧不喜之事，此其二也。韩世忠谋划劫杀金国的使者，破坏和议，得罪于秦桧。秦桧命臣的先祖父作为朝廷使节前去山阳（即楚州），搜罗韩世忠军中事务的材料（以便打击韩世忠），并且告诫先祖父，令他戒备韩世忠不安分的举动，假托这是高宗皇帝的旨意，臣的先祖父说：“主上宠幸，将世忠升为枢密使，楚州的军队，就是朝廷的军队了。宰相命岳飞自卫，究竟是为了什么？若是让岳飞搜罗同僚私下里的材料，更加要使相公失望了。”等到耿著的冤狱兴起，将要追究他“二枢密来，必分世忠之军，以为生事”的说法时，牵连到韩世忠，先祖父叹息道：“岳飞与世忠共同宣力王事，却使他无辜获罪，我这是辜负了世忠！”于是派人疾驰送信给韩世忠，将秦桧的意图告诉了他。韩世忠急忙奏请求见高宗皇帝，陛下大惊，劝谕道：“怎么会有这种事！”继而以此事诘问秦桧，并且（亲自）催促了结耿著的狱讼，耿著免于一死。臣的先祖父深深触犯了秦桧所厌恶的事，此其三也。

夫俊以其憾先臣之心，而谄事于桧，桧之憾先臣者，视俊为尤切，唱和一辞，遂启大狱。况当是时辅之以罗汝楫之迎合，王雕儿之告讦，万俟卨挟故怨而助虐，王贵劫于私而强从，则先臣固非以淮西之逗留，而先伯臣云非以通书而致变，张宪亦非以谋复先臣掌军而得罪也。虽然，淮西之事，御札可考也，通书之迹，书已焚矣，惟锻炼之是从矣。复掌军之谋，则又取信于仇人之说，而必成于狴犴之内。甚而陈首之事，自甘军法，以实其言，至行府兴狱，虽张俊极力以文致，而其半亦自云妄矣。明辨皆可覆也。呜呼！冤哉！吁天莫闻。

【译文】

张俊因为怀有怨恨臣先祖父的心思，而谄媚于秦桧，秦桧怨恨臣先祖父的心情，比张俊更加严重，两人唱和一辞，于是启动了这牵连极广又处罚极重的大冤狱。况且当时罗汝楫迎合秦桧、王雕儿诬告臣的先祖父以辅助秦桧，万俟卨又挟旧怨而助纣为虐，王贵因私事被捉住把柄而被协从，臣的先祖父当然并非因援淮西时逗留不进而有罪，臣的先伯父岳云也并非因为与张宪通书信意图导致军中生变而有罪，张宪亦并非因图谋臣的先祖父再次掌军而有罪。但是，淮西之事的真相尚有御札可以查考，通信的证据却说书信已经烧掉，便只有折磨拷打逼问出供词了。再次执掌军队的阴谋，又是取信于臣先祖父的的仇人的说法，而且要求必须在牢狱之中成就这段冤案。（王雕儿）出首状告，甚至（担保，若有虚假）自甘军法从事，以证实他的话，他在张俊的枢密行府兴起冤狱，虽然张俊极力舞文弄法，致人以罪，然而他一半的话都是胡说妄言，（只要）明辨清楚，（这些诬告之言）就皆可被颠覆。呜呼！冤枉！向天呼冤，天却不闻。

洪皓尝奏事，而论及先臣，不觉为恸，以为虏中所大畏服，不敢以名称者惟先臣，至号之为岳爷爷。及先臣之死，虏之诸酋莫不酌酒相贺，以为和议自是可坚。而查籥尝谓人曰，虏自叛河南之盟，先臣深入不已，桧私于金人，劝上班师。兀术遗桧书曰："尔朝夕以和请，而岳飞方为河北图，且杀吾婿，不可以不报。必杀岳飞，而后和成也。"桧于是杀先臣以为信。即皓之所奏，而观之籥之言，其不妄也。

【译文】

洪皓曾经奏事，谈到臣的先祖父，不觉为他悲恸，说到虏人十分敬畏叹服他，不敢以姓名称呼的人唯有先祖父，以至于称呼他为"岳爷爷"。等到臣的先祖父死后，虏人的各位首领莫不酌酒相贺，认为和议自此才算牢固。而查籥曾对人说，虏人自背叛归还河南故地的盟约后，臣的先祖父（便收复失地）深入敌人腹心，秦桧（因）与金人私下勾结，劝高宗皇帝下令班师。兀术送信给秦桧说："你们朝廷朝夕请求议和，岳飞却正谋取河北，并且杀我女婿，（此仇）不可不报。必须杀了岳飞，议和才能成功。"秦桧于是杀掉臣的先祖父以示诚意。以洪皓所奏之事，再来看查籥所言，果然并非妄言。

臣故先述先臣之冤，而后述所以为吁天辨诬之意。盖先臣自结发从戎，凡历数百战，而其内翦外攘之尤彰大著见者，虽三尺之童亦能言其事。破张用，收曹成，敺虔寇而归之农，蹶叛将而降其众，擒杨么以清重湖，战李成以复六郡，秘计成而刘豫废，忠信著而梁兴来，两至淮堧而胡骑遁迹，一至朱仙而虏将愿降，忠义百余万应于河北，颍、陈数十郡复于河南，境土骎骎乎返旧矣。而奸臣误国，亟命班师，使先臣之勋，不克自究，此又虽三尺之童，亦能为先臣扼腕而太息也。此皆不必备论，独以先臣受暧昧不根之谤，于今几七十载，虽忠义之心昭昭乎天下，而山林之史，疑以传疑，或者犹有以议先臣之未尽，臣窃痛焉！

【译文】

臣故此先叙述先祖父的冤屈，然后叙述为什么要写吁天辨诬录。臣的先祖父自从束发之年投身戎事，共历过数百场战争，而他在内翦除盗贼，在外抵御金虏这等尤其彰显名声的功勋，即使是三尺童子，亦能讲他的故事。打败张用，收服曹成，驱逐虔州的贼寇而使他们回归耕作，剿灭叛将而收降他的部下，擒捉杨么以使洞庭湖清平，战胜李成收复襄汉六郡，成就奇计而使刘豫被废，忠信之名显著而梁兴南来，两次出兵淮地而使胡骑远遁匿迹，一到朱仙镇而使虏人将领愿意归降，百余万忠义之士在河北纷纷响应，颍州、陈州数十郡从河南故地收复，疆境故土迅速返还旧貌。然而奸臣误国，急命班师回朝，使臣先祖父功亏一篑。此事即使是三尺童子，亦能为先祖父扼腕长叹。这些都不必细说，独独因臣的先祖父受到不清不白没有根源的诽谤，到如今将近七十载，虽然忠义之心昭于天下，但是山林野史疑上加疑地传下去，或者尚有一直责备议论臣的先祖父（的人），臣十分痛心！

臣自龆龀侍先父臣霖，日闻先臣行事之大略，诚恨不及逮事，以亲其所闻。惟先父臣霖易箦而命臣者，言犹在耳，不敢不卒厥志。自束发以来，朝夕忧惕，广搜旁访而订正之，一言以上，必有据依，而参之以家藏之诏，本月日不谬而后书。盖如是者累年而仅成，诚惧无以终父志，而使先臣之忠无所别白，乃于行实之中摘其未明者，自建储而下，凡五条，条皆有辨，辨必有据，庶几上附信史，下答先命，使先臣之诬，得因是而暴白于天下，臣死且不朽矣！

【译文】

臣自垂髫稚龄时便侍奉在先父岳霖身边，日常听闻先祖父的大概行事，实在遗憾来不及早生数十年，能够亲眼见到听闻的事。只是先父岳霖临终遗命交代于臣，言犹在耳，不敢不完成先父遗志。臣自束发成年以来，朝夕忧虑戒惧，广泛搜罗访察先祖父旧事并且予以订正，每句言语，必要有依据，并且参照家藏的高宗时期的诏书，对照到日期不谬，然后才书写。像这样累年（用功）才成功，实在恐惧不能完成先父的遗志，而使先祖父的忠义之心无以辨白，于是在行实中摘录模糊不明的，自建立储君之事以下，共五条，每条都有辨白，辨白必有实据，希望能上附于朝廷的官史，下报先父遗命，使臣先祖父的冤屈，可因此而剖白于天下，臣便死而不朽了！

臣重惟先臣得罪于绍兴十一年之十二月，而秦桧死于绍兴二十五年之十月，其间相距凡十四载。而桧是时凶焰烜赫，威制上下，盖专元宰[①]之位，而董笔[②]削之柄。当时日历[③]之官言于人曰："自八年冬，桧既监修国史，岳飞每有捷奏，桧辄欲没其实，至形于色。其间如阔略其姓名，隐匿其功状者，殆不可一、二数。"大率欲薄先臣之功，以欺后世，使后世以为不足多恨。天下莫不哀先臣之不幸，且惜千载之后，何以传信。如臣前所陈致祸之六条，后所陈辨诬之五条，虽天下之人户知之，人诵之，野老贱卒得于传，小夫庸俗腾于说，按之诏旨而不谬，验之岁月而有稽，可谓不诬矣。然臣窃意国史未之书也。抑臣闻之，桧之始罢相也，上召当制学士綦崇礼，出桧二策[④]，示以御札，明著其罪，日星焜燿，垂戒万古，岂易磨灭哉。暨桧再相，深掩讳之，公腾函章下台州，于崇礼之婿谢伋家取之以灭迹。煌煌奎画，尚敢举而去之，于先臣之事何恤哉！呜呼！此岂特先臣之不幸，庙谟神算，郁而不彰，桧之罪尤不胜诛矣！金匮石室之书，固匪臣所得而见，然臣所以附其言于此者，亦特见天下之所以哀先臣不幸之意，而痛直笔之无考也。呜呼！此吁天辨之诬之所以不得不作也。

【注释】

①元宰：此处指秦桧位于首席宰相之位，宋制宰相设两名或三名，互相分权牵制，然而秦桧当权后，一直处于独相地位。

②董笔：即董狐笔，指春秋时晋国史官董狐在史策上直书晋卿赵盾弑其君的事。后用以称史官直笔记事、无所忌讳的笔法为“董狐笔”。

③日历：即《高宗日历》的简称，为宋高宗的起居注，今已佚失。

④二策：秦桧第一次拜相时提出的的投降口号，“以河北人还金国，以中原人还刘豫”和“方今天下须南人归南，北人归北”。刘豫是金国扶植的傀儡政权，秦桧此二策一提出，天下耸动，群情汹汹，皆以为不可，后秦桧亦因此罢相。

【译文】

臣再念先祖父获罪于绍兴十一年的十二月，而秦桧死于绍兴二十五年的十月，中间相隔十四载。秦桧当政之时气焰汹汹、权势烜赫，以威力压服上下，独自担任宰相期间十分专制，史官不敢秉笔直书。当时修撰《高宗日历》的官员对人说："自从绍兴八年冬天，秦桧监督修撰国史以来，岳飞每每发来捷报，秦桧就要掩盖他实际的功劳，以至于表现在脸上。其间像省略他姓名、隐匿他功劳的事情，实在是多不胜数。"大致要削弱臣先祖父的功绩，以欺瞒后人，使后人以为不必抱有太多遗憾。天下人没有不痛惜先祖父之不幸的，并且惋惜千年之后没有证据传信世人。像臣前面所陈述的导致灾祸的六条，后面将要陈述的辨白诬陷的五条，虽然天下家家户户都知道，人人皆可传诵，野老走卒口耳相传，平民百姓互相传说，参考高宗皇帝的诏书可知事非虚假，查考年、月都有出处，可以说不是无中生有了。但是臣私下认为正史中还未曾有相关的记载。唉，臣听说，秦桧第一次罢相之时，高宗皇帝召见值班起草制诰的学士綦崇礼，出示秦桧所献的二策，示意綦崇礼草拟御札，明确地披露了秦桧的罪过，如太阳星辰般闪耀，流传戒示千古，这岂能轻易磨灭？到了秦桧再次拜相以后，深深掩饰忌讳这件事，公然发下公文到台州，在崇礼的女婿谢伋家取回御札消灭痕迹。煌煌帝王墨迹，（秦桧）尚且敢搜出来毁去，对于臣先祖父的冤案哪里会有体恤呢！呜呼！这岂止是先祖父一人的不幸，高宗皇帝的神机妙算，被秦桧掩盖不显，秦桧之罪尤不容诛！宗庙中石函和金柜里的藏书，本不是臣能够得以一见的，但是臣之所以将修撰日历官员的话附在此处，也只是见到天下人哀痛臣先祖父的不幸，却痛心正史中无载可考。呜呼！这正是吁天辨诬不得不写的原因。

司马迁之言曰："要之死日而后是非乃定。"是非定于既死，此人心之公论也。而先臣既死之后，秦桧方秉国钧[1]，天下噤不敢议，稔恶而毙，继之者犹一时之党也。中经更化，尝欲复先臣官，而时宰以为虏方顾和，一旦无故而录故将，且召祸，不可。故还岭峤之诸孤，复纯州之旧号，皆出一时之特断，而拳拳圣眷，首发于揖逊面命之顷。故先臣复官录孤之事，皆高宗之所亲见。而先父臣霖钦州召还，赐对便殿，玉音[②]宣谕，谓“卿家冤枉，朕悉知之，天下共知其冤”，则孝宗之所以得先臣诬枉，于问安侍膳之余者，盖详矣。故一时值先臣之事，如李若朴、何彦猷或生拜郎曹之除，或死沐褒赠之典，而睿旨曲颁，且有“秦桧诬岳飞，举世莫敢言”之语，则先臣之事，盖可不辨而自明。呜呼！圣恩亹矣！而时宰之所以进言者，得非以先臣剿虏之功为罪乎？建炎初，伪楚不就北面，一时肉食者献言曰：“张邦昌，虏之所立，宜有以尊显之；李纲，虏所恶，寘散可也。”上敛容曰：“恐朕之立，亦非金人所喜。”[③]即圣谟[④]而论之，则先臣之事可明，时宰之言可辟。独以古人之言，所谓是非至死而后定者，盖已出于不幸。而先臣之死余二十年，然后奸邪辟，正论兴，九泉孤忠，始遂昭雪，此其不幸，尤可哀也！臣尚忍言之哉！

【注释】

①秉国钧：掌管国柄。

②玉音：尊称帝王的言语。

③据《宋史李纲传》记载：“高宗即位，拜尚书右仆射兼中书侍郎，趣赴阙。中丞颜岐奏曰：‘张邦昌为金人所喜，虽已为三公、郡王，宜更加同平章事，增重其礼；李纲为金人所恶，虽已命相，宜及其未至罢之。’章五上，上曰：‘如朕之立，恐亦非金人所喜。’岐语塞而退。”按上述史载，当时伪楚其实还没建立，张邦昌还未称帝。岳珂说的这段，和《李纲传》有所出入，特此说明。

④圣谟：语出《尚书·伊训》：“圣謨洋洋，嘉言孔彰。”

本谓圣人治天下的宏图大略。后亦为称颂帝王谋略之词。

【译文】

司马迁说过："要等到人死以后，平生的功过是非才能盖棺定论。"是非定在人死以后，这是人们心中的公论。然而臣的先祖父死后，秦桧正身为宰相，掌握权柄，天下人噤若寒蝉，不敢议论先祖父的功过是非，（秦桧）罪大恶极，终于毙亡，继任者却还是他的朋党。中间经历绍兴更化，曾想要恢复臣先祖父的官职，但当时的宰相认为要顾忌与金人才订的和议，一旦无故录用旧时对金作战的将领，（恐怕）将要招致祸患，不可以。故此召还远在五岭之外的遗孤，恢复纯州的旧号"岳州"，都是出于一时的特旨，然而圣眷拳拳，首先发端于高宗皇帝将大位禅让给孝宗皇帝时的当面叮咛。因此臣先祖父恢复旧官并且录用他的诸遗孤之事，皆是高宗皇帝亲眼所见的。并且臣的先父岳霖自钦州被召还，赐在宴饮休息的别殿当面奏对，陛下劝慰谕示，说"卿家的冤枉，朕悉数知晓，且天下皆知其冤"，则孝宗之所以知道臣先祖父是被诬陷冤枉的，（是因为）在向高宗皇帝问安侍膳之余，原就是详尽知晓的。因此当时经历先祖父之事（而被罢官贬斥）的，像李若朴、何彦猷，生者被任命为郎曹之官，逝者得沐褒赏追赠的恩典，况且圣旨颁下，还有"秦桧污蔑岳飞，举世不敢异议"的话，那么臣先祖父受冤一事，就可以不辨自明了。呜呼！圣恩优厚啊！然而当时献言的宰相，岂不是将臣先祖父剿灭贼虏的功绩归为罪过了吗？建炎初年，伪楚篡立，当时的当权者献言说："张邦昌，是虏人所拥立的，应该使他尊荣显贵；李纲，是虏人所厌恶的，可以将他投闲置散。"高宗皇帝正色严肃地说："恐怕朕做皇帝，亦不是被金人喜欢的。"就圣训而论，那么臣先祖父的冤狱就可以明了了，当时在相位者的进言可以论罪了。单单以古人之言，所谓功过是非直至死后方可议定，便已是不幸了。然而臣的先祖父死后二十余年，直到后来奸邪获罪，忠正的议论兴起，九泉之下的一片孤忠，方才得以昭雪，此中的不幸，尤其令人哀痛！臣怎还忍心再说呢？

其他如以不附和议为怀奸，以深入奋讨为轻敌，以恢复远略为不量彼己，以不事家产为萌异志，以不结权贵妄自骄傲，此臣又将哀桧之愚，而以为不必辨。谨叙。

【译文】

先祖父其他的（罪名）诸如：不附和议和便是心怀奸志，深入讨伐敌人便是轻敌，有恢复国土的远略就是不审度敌我的形势，不蓄家产便是萌生异心，不结交权贵便是妄自尊大，这些罪名令臣为秦桧的愚蠢感到悲哀，并且以为这些都不必辨白。谨此为序。

卷第二十一

吁天辨诬卷之一

建储辨

绍兴十一年八月九日甲戌，臣寮[①]上言：“伏见枢密副使岳飞不避嫌疑，而妄贪非常之功；不量彼己，而几败国之大事。”

【注释】

①臣寮：同“臣僚”，即臣子僚属。

【译文】

绍兴十一年八月初九甲戌日，有臣僚（联系上下文，此人应该为罗汝楫）上奏进言：“臣伏拜，见枢密副使岳飞不避嫌疑，妄想贪图非同寻常的大功；不能正确审度敌我形势，几乎败坏了国家大事。”

熊克《中兴小历》曰：“绍兴七年夏四月，初，张浚与湖北、京西宣抚使岳飞议不合，飞丧母，乞持服，乃弃其军而去，居江州庐山，以本军提举事务官张宪主管军事。浚因请用兵部侍郎、枢密院都承旨、兼都督府参议张宗元为宣抚判官。宪在告，而宗元除书[①]下，军中籍籍曰：‘张侍郎来，我公不复还矣！’参谋官薛弼请宪强出临军。宪喻群校曰：

‘我公心腹事，参谋官必知，盍往问之。’群校至，弼谓之曰：‘张侍郎来，由宣抚请也。宣抚解政未几，汝辈坏军法如此，宣抚闻之且不乐。今朝廷已遣敕使起复[②]宣抚矣，张非久留者。’众遂安。上诏飞入觐，弼亦移书趣飞行。至是飞偕弼入奏事，飞以手疏言储贰[③]事，冲风吹纸动摇，飞声战，读不能句。飞退，弼进，上视之色动。弼曰：‘臣在道，常怪飞习写细字，乃作此奏，虽其子弟无知者。’（此据朱胜非《秀水闲居录》并《野记》与薛季宣所录参修。胜非又曰：‘时张浚捃摭[④]岳飞之过，以张宗元监其军。盖浚方谋收内外兵柄，天下寒心。’又张戒《默记》曰：‘薛弼以甲子正月[⑤]，道由建昌，谓戒曰：弼之免于祸，天也。往者丁巳岁[⑥]、被旨从鹏入觐，与鹏遇于九江之舟中。鹏说曰：某此行将陈大计。弼请之，鹏云：近谍报，虏酋以丙午元子[⑦]入京阙。为朝廷计，莫若正资宗[⑧]之名，则虏谋沮矣。弼不敢应。抵建康，与弼同日对，鹏第一班，弼次之。鹏下殿，面如死灰。弼造膝[⑨]，上曰：飞适来奏，乞正资宗之名。朕喻以卿虽忠，然握重兵于外，此事非卿所当与也。弼曰：臣虽在其幕中，然初不与闻。昨至九江，但见飞习小楷，凡密奏皆飞自书耳。上曰：飞意似不悦，卿自以意开喻之。弼受旨而退。嗟夫！鹏为大将，而越职及此，取死宜哉！弼又云：不知若个书生教之耳。’岳飞字鹏举，故戒隐其语，但曰‘鹏’云。）”

【注释】

①除书：拜官授职的文书。

②起复：宋代官员有三年守父母丧（丁忧）之制，在守丧期内，须解官持丧服。丧期满复职称“服阕”，如丧期未满，朝廷特许或特诏复职者，称“起复”。“起复”任事之后，该官员官衔前系“起复”二字。（据《宋代官制辞典》，第652页。）

③储贰：亦作“储二”，储副，太子。

④捃摭：指搜罗材料以打击别人。

⑤甲子正月：指绍兴十四年正月，甲子为干支纪年法。

⑥丁巳岁：指绍兴七年，即1137年，丁巳为干支纪年法。

⑦丙午元子：指宋钦宗赵桓的儿子赵谌，曾在靖康元年即丙午年立为皇太子，故岳飞以此称之。元子，最初指天子和诸侯的嫡长子，后泛指长子。

⑧资宗：资善堂宗室的简称，宋高宗赵构因为无子，从宗室中挑选养子赵伯琮，这就是三十年后由赵构禅位给他，并改名为赵昚的孝宗皇帝。资善堂为其读书处。赵伯琮在绍兴五年时被封为建国公，就学于杭州行宫中的书院资善堂。

⑨造膝：促膝。比喻亲近的心腹与上司交谈。

【译文】

熊克所著的《中兴小历》载：“绍兴七年夏四月，起初，张浚与湖北、京西宣抚使岳飞的意见不合，岳飞的母亲新丧，请求守孝，于是离开军队，居于江州庐山守墓，让本军提举事务官张宪主管军中事务。张浚于是请求任用兵部侍郎、枢密院都承旨、兼都督府参议张宗元为湖北、京西宣抚司的宣抚判官。张宪正因病告假，然而张宗元的任命文书下来后，军中纷纷传说：‘张侍郎前来为官，咱们相公不再回来了！’宣抚司参谋官薛弼请张宪勉强扶病出来主持军务。张宪对众校尉说：‘咱们相公的心腹事，参谋官必然知晓，何不前往问他？’众校尉到了（薛弼那里），薛弼对他们说道：‘张侍郎前来，是岳宣抚请求的。宣抚解除军务不久，你们便违反军纪到如此地步，宣抚听说后会不高兴。如今朝廷已经派遣使者起复宣抚了，张侍郎不会久留的。’众校尉于是安心。高宗皇帝下诏命岳飞前去行在觐见，薛弼亦写信催促岳飞前行。到了岳飞偕同薛弼入宫奏事时，岳飞亲手书写奏章进言立太子之事，大风吹得纸张晃动不已，岳飞声音战栗，不能读完整段句子。岳飞退下后，薛弼进去，高宗皇帝看到后神色改变。薛弼说：‘臣在路上时，见岳飞常练习小字，觉得奇怪，竟是在写这封奏折，连他的子侄辈也不知道。’（这是根据朱胜非《秀水闲居录》和《野记》以及薛季宣所抄录的撰写。朱胜非又记载道：‘当时张浚搜罗岳飞的过错，并且让张宗元监视他的军队。原来是张浚正谋划收回朝廷内外的兵权，天下人为之寒心。’张戒的《默记》又记载：‘薛弼在绍兴十四年正月，路过建昌，对戒说：弼之所以能免于冤狱之祸，是天意啊。从前绍兴七年的时候，奉旨跟随岳鹏举入朝觐见，与鹏举在九江的船上相遇。鹏举说：我此行将要奏陈有关国本的大计。弼询问他，鹏举说：近来根据谍报，金人首领要让靖康太子进驻汴京宫阙。为朝廷着想，莫不如把在资善堂读书的建国公正式立为皇太子，这样虏酋就无计可施了。弼不敢回答。抵达建康后，鹏举与弼同一日在君前奏对，鹏举第一班，弼在第二班。鹏举从殿中出来，面如死灰。弼进去奏对，陛下说：岳飞方才奏请，请求确立资善堂宗子的名分。朕告诉他卿虽然忠心，但是手握重兵在外，这件事不是卿应当参预的。弼回答说：臣虽然在他的幕僚中，但起初并不知道此事，前几日到了九江，只见岳飞练习小楷，凡是密奏都由岳飞亲自书写。陛下说：岳飞的神情似乎不高兴，卿自当以好言开解他。薛弼接受旨意后退下。可叹！鹏举身为大将，却逾越职务到如此地步，正是自取死路啊！薛弼又说：不知哪个书生教的！’岳飞字鹏举，故此张戒省略，只称‘鹏’。）”

臣珂辨曰：“臣闻事君有犯而无隐，古今之通论也。自常情观之，堂陛九重，门庭万里，其所谓势与位，固扞格[①]而不相侔[②]。然其所间者，势位耳，而所以一休戚、一利害者，盖未尝不自若也。隆古盛时，明良交会於一堂之上，都俞吁咈[3]，不匿厥指，上以诚孚于下，而下亦以诚应乎上。有猷则必告，非道则不陈，未闻教臣下以避嫌疑也。世变益下，君道日尊，而後全身远害之士始欲言而不敢，乃铢量而寸较之，曰：'是近於嫌，是近於疑，未可言也。'於是嫌疑之名始彰，嫌疑之名彰，而後君臣之分缺，天下之事始壅於上闻矣。虽然，是犹非有以教之，而使然也，身之欲全，害之欲远，臆决而意料，不得不然也。

【注释】

①扞格：抵触，格格不入。

②相侔：亦作"相牟"，相等，同样。

③都俞吁咈：《书·尧典》："帝曰：'吁！咈哉！'"又《益稷》："禹曰：'都！帝，慎乃在位。'帝曰：'俞！'"吁，不同意；咈，反对；都，赞美；俞，同意。本以表示尧、舜、禹等讨论政事时发言的语气，后用以赞美君臣间论政之和洽。

【译文】

臣岳珂辩白说："臣听闻侍奉君王（宁愿）有所冒犯却也要无所隐瞒，（这是）古往今来的公论。从常情来看，宫阙九重，门庭万里，权势地位不同的人，本就是格格不入且不相同的。但这其中的差别，只是权势地位罢了。而他们之间休戚与共、利害相关之处，从古至今都不会改变。在上古盛世之时，贤主良臣聚会一堂，论政和洽，不隐匿他们的意图，君王以诚挚使臣子信服，而臣子亦以诚挚回应君王。有计谋就必会告知君王，若非公正的道理就不会奏陈，未曾听闻教臣子躲避嫌疑。世道变化，风气日下，为君之道日益尊荣，然后保全自身远离祸患的人开始想要进言却不敢，于是极小的事亦反复掂量，自问：'这个近乎于嫌，这个近乎于疑，不可以进言。’由此要避开嫌疑的说法开始传扬开去，避嫌的说法传扬，而后君臣的责任亏缺，天下事开始被堵塞在天子的听闻之外了。即使如此，这却不是有人教导臣僚，使他们这样的，欲保全自身，欲远离祸患，心中有了决断和推测，便不得不如此了。

汝楫独何见哉？当清明极治之朝，而教臣下以嫌疑之避，不以隆古交孚之治望其君，而以衰世全身之计教其臣。如是而任七臣[①]之列，居敢谏之位，固无望其有格君之功也。昔唐太宗尝以人言魏徵朋党，诏温彦博按讯非是，彦博曰：‘徵为人臣，不能著形迹[②]，远嫌疑，而被浮谤，是宜责也。’乃命彦博传诏责之。徵入谢曰：‘臣闻君臣同心，是谓一体，岂有置至公，事形迹。若上下共繇斯路，邦之兴丧，未可知也。’太宗矍然，曰：‘吾悟之矣！’呜呼！徵言尽之矣。汝楫之用心，何其与徵异也。

【注释】

①七臣：《孝经·谏诤》：“昔者天子有争臣七人，虽无道不失其天下。”郑玄注：“七人谓三公及左辅、右弼、前疑、后丞。”唐玄宗注：“争谓諫也。”后以“七臣”泛指谏臣。

②形迹：嫌疑；见外，被怀疑。

【译文】

“罗汝楫有何独特的见解呢？正值政治清明的大治年代，（他）却要教臣子躲避嫌疑，不以上古时互相信任的大治之世期望于君王，却以末世之时保全自身的计策教导臣子。像这样的人却处于谏臣之列，居于敢直言进谏的官职，原就不指望他能有纠正君主过失的功劳。昔日唐太宗曾因为有人进言魏征交结朋党，诏命温彦博审问是否（属实），彦博回答说：‘魏征身为人臣，不能留心自己的形迹，远离猜疑，却被浮言诽谤，这应当责备。’于是命温彦博传达命令责备魏征。魏征入宫辞谢说：‘臣听说君臣同心，是为一体，岂有抛却至公之理，留心己身形迹的。若是满朝上下都效仿这条路，（那么）国家的兴亡，不可预料啊。’太宗惊醒，说：‘我明白了！’呜呼！魏征的话说尽（事君之道）了。罗汝楫的用心，与魏征何其不同。

先臣虽奋自单平，然备位二府，任兼将相，国家之事，休戚是同。维时翠华[①]南巡，国本未定，先臣激发忠义，首建大谋，密疏启闻，深简天意，故玺书赐报，褒谕再三。卒之朱邸肇开，青宫茂建[②]，坚与子之断，遂非心之愿，实先臣一语之感悟，有以基之。

【注释】

①翠华：天子仪仗中以翠羽为饰的旗帜或车盖，为御车或帝王的代称。

②朱邸肇开，青宫茂建：汉诸侯王第宅，以朱红漆门，故称朱邸。太子居东宫，东方属木，于色为青，故称太子所居为青官，借指太子。“青宫茂建”与“朱邸肇开”都代指确立太子这件事。

【译文】

“臣的先祖父虽然出身寒微，却官居二府，职务兼有将相之责，国家大事，（应当）休戚与共。彼时天子车驾南巡，储君未定，臣的先祖父激于忠义之心，首先倡言国本大计，密奏启于圣听，深合君王之意，故此诏书赐下，再三褒奖。最终朱邸始开，青宫得建，坚定了立储的决断，达成立储之愿（译者按，此处原文疑有误），实是先祖父一语而使高宗皇帝有所感悟，奠定了基础。

在昔至和间，昭陵[1]不豫，谏官范镇首抗储议，并州通判司马光闻而继之。故光之论镇，以为发议之勇，过于贲、育。先臣虽未敢以比拟先正，然其用心之忠，爱君之勇，抑亦庶几于镇与光之万一。汝楫于此而以嫌疑罪先臣，尚何辞哉！虽然位有崇卑，则责有轻重。夫视三事[2]之仪，则上公经邦之任也；分专阃之寄，则重臣出使之名也。居高爵，食厚禄，而首鼠畏忌，不以一言报夫君[3]，此先臣之所不敢也，而亦先臣之所不忍也。汝楫独非臣子乎？坐观国本之未立，阴怀媚灶之巧计，嗜进不止，阿容在列，当其劾先臣之时，知有奉秦桧之意而已，曷尝知有君父哉！夫汝楫之位，范镇之所居也，范镇之论若此，而汝楫之论若彼，识者必有别於此矣。论先臣之迹，则若涉冒言；考先臣之心，则本于报国。爵位之已隆，徼福之念无有也；勋业之已盛，要名之念又无有也。犯雷霆之威，陈天下莫敢言之计，先臣虽至愚，岂不知爱其身哉？身且不爱，而谓其有徼福要名之心，可乎？国有大议，一并州通判尚得以抗言而极论之。先臣蚤被不世之遇，几极人臣之贵，以此视彼，职有加焉，顾可谓其越职也哉？使汝楫易地，而居於至和之时，则贪功之罪，不当置司马光於先臣之後。以是观之，则先臣之首议，盖知有国，而不知有家，知有君，而不知有身，忠义激于其中，蹈危机而不之顾，卒之小人乘间，一偾不复。哀哉！先臣之不幸也。当是时，谗臣擅当轴之位，依城社之势，以死生之柄怵天下，以利禄之权诱新进，其讳闻人言，如讳闻父母之名。先臣乃于其所讳之中，择其所尤讳者而言之，亦宜乎汝楫之谓愚也。

【注释】

①昭陵：宋仁宗的陵墓名为“永昭陵”，简称“昭陵”，宋人常以陵墓或谥号称呼已经死去的皇帝。

②三事：指三公。语出《诗·小雅·雨无正》：“三事大夫，莫肯夙夜。”孔颖达疏：“三事大夫为三公耳。”

③夫君：《文选〈九歌·云中君〉》：“思夫君兮太息。”刘良注：“夫君谓灵神，以喻君也。”后遂以“夫君”指君王。

【译文】

“在昔日至和年间，仁宗皇帝身体有疾，谏官范镇首先直言建议立储，并州通判司马光听说后继而上书。当时司马光评价范镇，认为他首先倡议的勇气，超过了战国时的勇士孟贲和夏育。臣的先祖父虽然不敢比拟先贤，但是他所用心思的忠正，爱戴君王的勇气，亦希望能及得上范镇与司马光的万分之一。罗汝楫因此而将不避嫌疑（的过错）定罪于先祖父，尚有什么话可说！虽然地位有尊卑之别，责任就有轻重之别。仪制视同三公，那么便应承担经邦治国的责任；（高宗皇帝将）专管统兵作战的责任托付（给臣的先祖父），那么重臣便有处理对外事务的名义。居高官，食厚禄，却首鼠两端，畏缩避忌，没有一句献言报答君王，这是臣的先祖父所不敢做的事，并且也是先祖父不忍心做的事。罗汝楫难道不是臣子吗？坐观太子未立，暗怀阿附权贵的奸计，热衷于仕途高升而不止，偏袒宽容在朝的权贵，当他弹劾臣先祖父之时，只知道奉承秦桧的心意，（心中）何尝还知道有君父！罗汝楫所居的职位，（正是当年）范镇所居的（官位），范镇的观点是一个样，而罗汝楫的观点却是另一个样，有见识的人必然会分辨出来。论起臣先祖父的行为，好像涉及了倡言国本而不顾君主的忌讳；考察臣先祖父的心思，本是为了报效国家。爵位已经尊崇，求福的念头（自然）就没有了；功名已然盛大，邀名的念头（自然）又没有了。冒犯雷霆之威，陈说天下人不敢说的大计，臣的先祖父即使最是愚钝，难道不知道爱惜自身吗？自身尚且不爱惜，却说他有求福邀名的心思，可能吗？国家有大的决议，一介并州通判尚且能够直言畅论。臣的先祖父早年得沐不世恩遇，有几乎位极人臣的尊贵，以这样的地位比照并州通判，职责只有增加，怎么可以说他是越职呢？假如罗汝楫易地而处，处于至和年间，那么贪图泼天之功的罪名，不应该将司马光置于臣的先祖父之后。由此观之，那么臣先祖父的首先倡议立太子，原是只知有国家，而不知道有小家，知道有君王，而不知道有自身，忠义从心中激发，身赴危机而不顾，最终导致小人钻了空子，一死不能复生。哀哉！这是臣先祖父的不幸啊。当年那个时候，谗臣独揽大权，依仗权势，凭恃生杀大权而使天下人惧怕，利用功名利禄引诱新进的官员，他们忌讳听到人们的议论，犹如忌讳听到父母的名字一样。臣的先祖父竟在他们所忌讳的事当中，选择他们尤其忌讳的进言，亦合乎罗汝楫所谓的愚蠢了。

臣又闻之，仁宗皇帝因采范镇、司马光之议，宰相韩琦力赞睿断，大策中定，授之英祖。诏令既具，将孚于庭，而当时好谀之臣杂进其说，皆曰：‘陛下春秋鼎盛，子孙千亿，何遽作此不祥事。’仁宗皇帝圣虑深远，与天为谋，力却群言，卒安大器。臣间因窃读国朝事迹，至此未尝不掩卷三叹，而继之以泣也。夫受尽言而不怒，固本于人君之盛德；而赞大谋而不惑，尤资於大臣之明断。若时先正韩琦以盛德元勋，光辅王室，维持正论，上开帝聪；故一时谀臣之进说，皆逡巡却立，而范镇、司马光之议，不惟不得罪于当世，而且卒行其言。先臣幸遇明主，而不胜群邪之害正，遂以殒身。即是而论罪，桧与汝楫讵可胜诛哉！呜呼！范镇、司马光之说，不避嫌疑之尤者也；谀臣之论，能避嫌疑之尤者也。然自至和迄今百有余载，天下之公议未尝进谀臣于镇与光之上，然则先臣独何罪乎？是疏也，於先臣本无足辨，然足以误天下後世之为臣子者，臣故不敢不申为之说。

【译文】

“臣又听闻，仁宗皇帝因为采纳范镇、司马光的建议，宰相韩琦大力赞扬仁宗皇帝的英明决断，国本大计由宫中决定，授给英宗皇帝。诏令写好后，将要发出，然而当时喜欢阿谀奉承的臣子却纷纷进言，都说：‘陛下正当盛年，子孙将以千亿计数，为何突然做这样不吉利的决定。’仁宗皇帝思虑深远，与天意为谋，一力拒绝阿谀奉承的进言，最终安定了帝位。臣有时私下读书时看到本朝的事迹，到此不免掩卷再三叹息，而后落泪（不止）。听到直言而不发怒，固然本是为人君者的美好品德；然而人神赞谋，确立国本却不惑于人言，尤其多亏了大臣的正确意见。像当时先贤君子韩琦凭其高尚的品德和元勋的身份，多方面地辅佐王室，维系护持正确的言论，对上开阔了君主听闻的范围；因此一时阿谀臣子的进言，都被排斥不采纳，而范镇、司马光的言论，不仅不在当时获罪，并且最终被采纳。臣的先祖父有幸得遇明主，然而不敌众多奸佞小人迫害正道，于是殒命身亡。因这样的言论而被论罪，秦桧与罗汝楫岂能诛杀得尽吗？呜呼！范镇、司马光的言论，是尤其不避嫌疑的了；阿谀之臣的言论，是尤其能避嫌疑的了。然而从至和年间到如今有一百余年了，天下人的公论未曾将阿谀之臣的地位升至范镇和司马光之上，既然如此，那么臣的先祖父为何独独获罪？这封奏折，于臣的先祖父来说，本不足辩白，但是（这项罪名）足以误导后世为人臣子的天下人，臣因此不敢不申辩并为之解释。

“至于张戒之《默记》，荒谬不根，颠倒错乱，尤为昭昭，臣不敢以臆说与戒辨，请以高宗皇帝宸翰为证。戒之言曰，薛弼以甲子正月，道由建昌，与戒言及先臣建储之议，云是丁巳岁，先臣因召对，寔建此请。又以为谍报，虏酋将有所挟，以入京师。先臣与弼会于九江舟中，议所以沮虏谋者，而及于此。既又托为玉音，谓先臣虽忠，而握重兵于外，此事非所当预。次之以先臣失措之状，又次之以薛弼造膝之语，而断曰：'飞为大将，而越职及此，取死宜哉！'熊克又从而信之，笔之《小历》，上之史院，板而行之天下。

【译文】

"至于张戒的《默记》，荒谬没有根据，颠倒错乱，尤其明显，臣不敢用臆想的观点与张戒辩驳，请求用高宗皇帝的诏书作为证据。张戒的说法是，薛弼于绍兴十四年正月，路过建康，与张戒谈及臣先祖父（请求）立储的建议，说是绍兴七年，臣的先祖父因被陛下召见当面奏对，确实有立储的请求。又说臣的先祖父认为由谍报得知，虏人的首领将有所要挟我朝，入驻故都汴京。臣的先祖父与薛弼相逢在九江的舟中，说起破坏虏人阴谋的计策，故而言及立储。继而又假托是陛下原话，说臣的先祖父虽然忠心，却在外手握重兵，这件事不是应该参预的。其次又以臣先祖父惊慌失措的神态，再次又以薛弼觐见时说的话，断言：'岳飞身为大将，却越职进言到如此地步，正是自取死路！'熊克又采纳（张戒的看法）并且相信，记在《中兴小历》上，进献给史馆，出版并且发行于天下。

臣尝捧书痛哭，重叹先臣之不幸，而窃怪夫弼之果於诞也。夫丁巳岁，绍兴之七年也。先臣奉诏至督府，与张浚议刘光世军不合，遂疑先臣有自营得军意。即日上章，乞解兵柄，玺书召还，复畀以兵。则与弼同对，盖是年之六月也。至冬十一月，而刘豫始废，则先臣召还之时，豫未尝废也。豫方据汴，虏何自而有挟以入京之谋。夫正资宗之名，何预於虏，使先臣谓有益于国本则可，而谓以沮虏谋，固不若是其疏也。

【译文】

“臣曾捧书痛哭，再三哀叹先祖父的不幸，并且私心怨怪薛弼竟如此荒诞。丁巳岁，是绍兴七年。臣的先祖父奉诏前往都督府，与张浚商议刘光世所部兵马的事情意见不合，于是（张浚）怀疑臣的先祖父有营私自己得到淮西军的意思。（臣的先祖父）当日便上奏，请求解除兵权，圣旨召回（先祖父），再次授以军权。那么（臣的先祖父）与薛弼同一天入朝奏对，应是这一年的六月。到了冬季十一月，刘豫才被废除，那么臣的先祖父被召还之时，刘豫还未曾被废除。刘豫当时正占据汴梁，虏人何以有挟（靖康太子）入驻汴京的图谋。确立资善堂宗子的储君之位，与虏人何干，假如先祖父说这是有益于国本尚可，然而说是为了挫败虏人的阴谋，就不像是他的奏折（文风）了。

臣之所辨，亦既详矣，然未有所据，不足以折弼，请言其所据。按《野史》等书载，皆谓先臣当时因召对罢，诣资善堂，见孝宗皇帝英明雄伟，退而叹曰：‘中兴基本，其在是乎！’至绍兴十年，虏再叛盟，先臣洒泣厉众，即日北讨。将行，数请面陈，冀以感动上听。会诏趣进兵，不许，乃密为亲书奏上之，大略以为：‘今欲恢复，必先正国本，以安人心，然後不常厥居，以示不忘复雠之志。’奏至，宸衷感悟，赐御札褒谕，有‘非忱诚忠谠，则言不及此’之语。

【译文】

“臣的辩白，也已经详尽了，然而没有根据，不足以反驳薛弼，请（容臣）说一说根据。按照《野史》等书籍的记载，都说臣的先祖父当年因召对结束后，前去资善堂，见到孝宗皇帝英明雄伟，退出后赞叹说：‘中兴大业的根本，就在这里啊！’到了绍兴十年，虏人再次背叛盟约，先祖父挥泪激励众将士，即日向北讨伐（虏贼）。将要出发的时候，数次请求面见（高宗皇帝）陈说大计，希望能感动天听。恰逢圣旨催促进兵，不被准许，于是亲自书写密奏进献，（其意）大概是‘如今想要恢复故土，必要先确立太子，以安人心，然后陛下不常居于行在，以示天下不忘复仇的大志’。奏章到达朝廷，陛下心中感悟，赐下御札褒奖，有‘若非忠诚正直之士，便不会言及于此’的话。

臣尝窃考《野史》与弼之说，而见其时日之不同，亦窃有疑焉。及伏观臣家之藏诏，究其次第，而后知《野史》之载为可据，而弼之说，盖甚诬也。

【译文】

“臣曾私下考察《野史》与薛弼的说法，却见到（上面）记载的日期不同，也私下怀疑过。等看了臣家中珍藏的（高宗皇帝）诏书，细究它们的顺序，然后知道《野史》所载的内容可以作为证据，而薛弼的说法，是十分诬枉的。

谨按虏人寇河南之初，先臣得警，即乞诣行在所奏事，御札报曰：‘览卿来奏，欲赴行在所奏事，深所嘉叹。’既又曰：‘俟卿出师在近，轻骑一来，庶不废事。’及先臣奏，已遣张宪、姚政军，御札复报曰：‘览卿奏，已差发张宪、姚政军马至顺昌、光、蔡，深中机会。卿乞赴行在所奏事，甚欲与卿相见。’既又曰：‘措置有绪，轻骑前来奏事，副朕虚竚也。’先臣未及觐，上遣李若虚至军，御札报曰：‘金人再犯东京，贼方在境，难以召卿远来面议。今遣李若虚前去，就卿商量。’则是先臣累请面陈而不获也，然后亲书建储之请，密以奏，上御札报曰：‘览卿亲书奏，深用嘉叹，非忱诚忠谠，则言不及此。’即天语而观之，决非区区具文之奏，而其褒谕之语，深切著明，盖直为先臣建储之议设也。御札之连文曰：‘卿识虑精深，为一时智谋之将，非他人比。兹者河南复陷，日夕怆然。’考之时事，则其为绍兴十年之诏也甚明。

【译文】

“谨按，虏人兵犯河南之初，臣的先祖父得到警报，立即请求前往行在所奏事，御札回复说：‘已阅卿写来的奏折，想要前来行在所奏事，朕心中深深嘉许赞叹。’接着又说：‘等卿出兵到行在附近时，轻装简从前来，或许不耽误军务。’臣的先祖父上奏说明，已经派遣张宪、姚政所部的军马（出兵）了。御札又回复说：‘看了卿写来的奏折，（知道）已经派遣张宪、姚政的兵马到顺昌、光州、蔡州，正中时机。卿请求前来行在所奏事，朕甚是想与卿相见。’接着又说：‘安排妥当后，轻骑前来奏请事宜，免朕久候。’臣的先祖父未来得及觐见，陛下便派遣李若虚到军前，御札回复说：‘金人再次兵犯东京，贼人正在边境，难以召卿远道前来当面商议。现下派遣李若虚前去，与卿商量。’可见这是先祖父屡次请求当面陈说而未能成行，然后亲自书写请求建储（的奏折），秘密上奏。陛下御札回复：‘已阅卿亲笔所奏，深深叹赏，若非忠诚正直之士，便不会言及于此。’就陛下的话来看，（先祖父所上的）绝非徒具形式而无实际作用的奏折，而陛下褒奖赞誉的话十分真挚恳切，原就是针对臣先祖父建言立储的奏折而说的。御札上相连的语句是：‘卿见识谋略精微深奥，是当世的智谋之将，并非是旁人可以比拟的。如今河南再次沦陷，朕日夜悲伤。’考察时事，那么这是绍兴十年的诏书也很是明白了。

是先臣尝密疏言于绍兴十年之后，而未尝面对言於七年之前；是先臣因兴师，请觐不获，而后抗疏，未尝因谍报而欲立此，以沮虏谋也。况谍报之事，其为不根，臣之辨尤明，则弼所谓玉音有‘非卿所当与’之说，‘卿自以意开谕’之说，先臣有冲风吹纸之事，怪其习小楷之事，讵有一实哉！年月先后之不同，面奏疏闻之有异，弼真果于诞者！

【译文】

“因此臣的先祖父曾密奏进言在绍兴十年以后，而并未在绍兴七年之前的当面奏对中进言；因此臣的先祖父因出兵，请求觐见不被允准，然后才直言上疏，并未因谍报才想要请求立储，以挫败虏人阴谋。况且谍报一事，是没有根据的，臣的辩驳尤其明了，那么薛弼所谓的陛下有‘并非是卿应当参预’的话，‘卿当以好言开解’的话，臣的先祖父有大风吹动纸张的事，（薛弼）奇怪先祖父练习小楷的事，岂有一句实话吗！日期先后的不同，当面奏请和上书请求的不同，薛弼竟如此荒诞！

按弼之在先臣幕为最久，及先臣得罪，僚佐皆下吏远徙，独弼不与，偃然如故。公议皆谓弼旧居永嘉，秦桧方罢相里居，弼足恭奴事，以徼后福。及在先臣幕，知桧恶先臣，观望风旨，动息辄报，以是获免于戾。天下固知之矣。

【译文】

“按，薛弼在臣的先祖父幕中最久，先祖父获罪之后，僚属皆被免官或是流放，唯独薛弼没有，安然如故。舆论都说是薛弼居住在永嘉时，秦桧正被初次罢相，乡居于此，薛弼极是恭敬，如奴婢般侍奉（秦桧），以此求得后福。等到在臣先祖父的幕中时，知道秦桧厌恶臣的先祖父，观望秦桧的（意图），（臣先祖父的）一举一动都上报，因此获得免于获罪。天下原是知道的。

“臣窃以为小人苟免以全身，见利而忘义，亦何所不用其至，初不足以污笔椟。独忘国而谋家，忘君而谋身，忘所知而谋所芘，既欺一时，以免其祸，又托为游谈聚议之说，矫玉音而实其辞，因它人之笔，以欺天下后世，使人莫窥其奥，其用心之奸，挤崖之崄，盖非它人比也。臣伏读国朝之律，伪制书[①]及增减而足以乱俗者，弃市[②]。圣人立法之意，抑以制书者上之所用，以信天下，奸民敢矫而为之，而其矫为者又足以乱俗，则虽置之极典，诚不为过。夫制书不可矫也，玉音其可矫乎？一时之俗不可乱也，天下後世之公其可乱乎？原情而议法，弼当在《春秋》诛心之典。臣独惜夫高宗以宏略圣度，致炎、兴三十六年之治，继中天二百余载之业，而秦桧擅命，矫称玉音，已不逃沈该等之奏论。弼龂龂小人，亦敢驾说而矫诬，又作为进对折旋之义，使人见之，若亲奉天语者，其罔上诬君之心，讵胜言哉！遂使洋洋圣谟，玉石不辨，天下后世若之何而可以取证也。

【注释】

①制书：以皇帝名义下达的各种形式命令文字的总称。

②弃市：本指受刑罚的人皆在街头示众，民众共同鄙弃之，后以“弃市”专指死刑。

【译文】

“臣私以为小人苟且免于伤害自身，见利忘义，亦无所不用其极，开始还不足以玷污书传。唯独忘却国家而为小家谋利，忘却君主而为自身谋利，忘却所学的大义而谋求庇护，不仅欺瞒于一时，得以免除灾祸，又假托是闲谈相聚时的言论，伪造陛下的话来证实他的话，借由他人之笔，欺瞒天下后世，使人不能窥测到真相，用心之奸恶，落井下石，原不是他人可以相比的。臣拜读了本朝律令，伪造圣命和增减圣命到足以扰乱败坏风俗的，应受弃市之刑。圣贤制定法度的原意，并用诏命确保它的应用以取信于天下，而奸恶之人竟敢伪冒，而伪冒的内容又足以败坏风俗，那么即使处之以极刑，（也）实在不算过分。制书不可伪造，陛下说过的言辞难道可以伪造吗？一时的风俗不可败坏，天下及后世的公道难道可以败坏吗？推究本情并斟酌法度，薛弼当在《春秋》中不问缘由而直接根据其动机论罪的例子中。臣唯独叹惜高宗皇帝以其宏伟的谋略和帝王气度，成就建炎、绍兴三十六年的治世，继承盛世两百余年的基业，然而秦桧擅自发号施令，伪称陛下口谕，已经逃不脱沈该等人的奏论了。薛弼乃是愤嫉小人，竟也敢谎称君命、诬陷无辜，又（将谎言）作为晋谒答对时的周旋之语，使人见了之后，彷佛亲自聆听了陛下口谕一般，他犯上欺君的心思，岂能说尽！于是使美善的帝王谋略，如玉石一般难以辨别，天下人及后世怎样取证呢？

若夫戒谓先臣越职，取死为宜，书之简牍，传之万世，岸然不以为耻，则又臣之所甚未谕。夫先臣为一身谋，则固愚矣；而为社稷谋，顾不谓之忠乎？人臣而一陈社稷之忠谋，谗臣已嫉而陷之，谏官又和而劾之，搢绅士大夫之议又从而交非之，则其不幸，岂特一时而止哉！谗臣崄欺，固不足算，臣之所甚惑，而不能已者，盖以谏官者，公议之所出，搢绅者，公议之所显，大廷伏蒲，露章劾奏，百僚在位，侧耳耸闻，而曰如此者谓之嫌疑，谓之贪功，是当诛。执笔纪遗，公议攸讬，万世而后，汗简所徵，而曰如此者谓之妄言，谓之越职，是宜死。然则天下后世之见此奏此书者，谁不钳口结舌，而自列于括囊[①]之士哉！呜呼！此岂特臣之所甚惑，为人稍知尊君之谊，立朝之节，宜举无不惑者矣！

【注释】

①括囊：结扎口袋，比喻缄口不言。

【译文】

“像张戒说臣的先祖父逾越本职，正是自取死路，并写在简牍之上，流传万世，公然不以为耻，这又是臣十分不明白的了。若先祖父为了一己之身筹谋，固然是愚蠢；然而为了国家社稷筹谋，难道不是忠心吗？为人臣子者一力陈说为社稷考虑的忠义之谋，谗臣因为嫉妒而陷害他，谏官又附和并且弹劾他，缙绅士大夫的议论又跟从谗臣纷纷谴责他，那么他的不幸，岂止是一时能结束的呢！谗臣阴险狡诈，倒也是罢了，臣所极为疑惑，并且不能自已的是，谏官原是主持公道正义的，缙绅士大夫是彰显公道正义的，（应该）在朝廷上犯言直谏，公开奏章纠举内容，让被弹劾的人知道而服罪，百官在位，侧耳恭听，其内容可以耸动听闻，却说像先祖父这样的是（自惹）猜疑，说是贪图（拥立太子的）非常之功，这应当诛杀。执笔记录遗事的人，公道攸关，万世以后，青史所载，却说像先祖父这样的事是妄言，说是逾越本职，这是该死。既然如此，那么天下后世见到这封奏章这样写的，谁敢不三缄其口，而将自己列于缄默之人呢！呜呼！这岂止是臣所十分疑惑的，稍稍知道尊崇君主礼仪、为官气节的人，都应没有不疑惑的了！

按是时，汝楫志于得位，媚灶奉承，无所不至，入奏之际，安恤其为天下后世之误。弼幸于免祸，求以自解，敢肆矫诬，出言之际，亦安恤其为天下后世之欺。戒喜于异闻，窃奸人之绪论，以为至确，笔牍之际，又安恤其为天下后世之议。独以先臣之忠如此，而小人抵巇，一至于是，宁不哀哉！逐鹿者不见泰山，攫金者不见市人，汝楫是也。言伪而辨，行伪而坚①，弼是也。不可与言而与之言，失言②，戒亦近之。”③

【注释】

①言伪而辩，行伪而坚：出自《论语》，意思是言论虚伪却说得有理有据，行为虚伪却顽固不改。

②不可与言而与之言，失言：出自《论语》，意思是不能与他人说的话却对他人说，是口无遮拦的说错话。

③我国著名历史学家、宋史研究专家王曾瑜先生认为《建储辨》为曲意弥缝高宗与岳飞的矛盾而写，其史实存在的错讹，可参王曾瑜著《金佗稡编续编校注》中《金佗稡编》卷第七，第448页；卷第八，第504页。

【译文】

“按，当时罗汝楫志在得到高位，阿附权贵奉承当权者，无所不至，入阙奏对之时，怎会忧虑他对天下后世的误导呢。薛弼幸运地得以免遭祸患，只求自行得脱，敢于肆意歪曲君命诬陷无辜，说话之时，亦怎会忧虑对天下后世的欺骗呢。张戒喜好奇闻异事，采信奸人的言论，以为是最正确的，记载之时，又怎会忧虑被天下后世非议呢。唯独先祖父的忠心如此，却被小人诋毁，到了这样的程度，怎能不哀痛呢？追逐名利富贵的人看不到天下大义，盗劫黄金的人看不到被偷的人就在眼前，（说的）就是罗汝楫。言论虚伪却说得有理有据，行为虚伪却顽固不改，（说的）是薛弼。不能与他人说的话却对他人说，是口无遮拦的说错话，张戒也近乎于此了。”

卷第二十二

吁天辨诬卷之二

淮西辨

绍兴十一年八月九日甲戌，臣寮上言："伏见枢密副使岳飞蚤称敢毅，亟蒙奖拔，不十年间，致位三孤；且复使之握重兵，居上游，其所委付，可谓重矣。而飞爵高禄厚，志满意得，平昔功名之念，日以颓堕。今春虏寇大入，疆场骚然，陛下趣飞出师，以为掎角，玺书络绎，使者相继于道，而乃稽违诏旨，不以时发。久之，一至舒、蕲，怱卒复还。所幸诸帅兵力自能却贼，不然，则其败挠国事，可胜言哉！厥后诸帅凯旋，飞独无功。圣恩宽大，例有枢筦之拜，宠数优渥，义当感激图报，而飞方事矫饰，有识之士已讥其伪。"又言"窃见枢密副使岳飞顷由简拔，委以节制，慨然似有功名之志，人亦以此称之。数年之间，宠数频仍，官兼两镇[①]，秩视二府[②]，乃始安于荣利，不复为国远图矣。故昨来被旨起兵，则固稽严诏，略至龙舒而不进；兹者衔命出使，则坚执偏见，欲弃山阳而不守。以飞平昔不应至是，岂其忠衰于君，诚如古人之谓耶？臣又闻飞自登枢筦，郁郁不乐，日谋引去，以就安闲，每对士大夫但言山林之适。其诚与伪固不得而知，然以陛下眷待之隆，委任之峻，不思报称，遽为是计，亦忧国爱君者所不忍为也。"又言："臣比论列枢密副使岳飞之罪，章已三上。陛下尊宠枢臣，眷眷然惟恐伤之，姑示优容，未加谴斥。臣谬当言责，安可但已。况其间一、二事，大亏忠节。若坚拒明诏，不肯出师，以玩合肥之寇。”又言：“今春虏犯淮西，张俊既全师遇敌，朝廷连降圣旨，趣飞来援；而逗遛不进，辄以道远乏饷为辞。大将之体国，固如是乎？陛下新命枢臣，处飞为副，超逾甚峻。正欲感励其心，使飞改意激昂，尚盖前失，而外为恭逊，情实饰奸。”又言：“顷者淮西之役，俊方力战，而飞乃按兵不动。飞当是时岂以谓虏去国远斗，其锋不可当，而欲避之乎？岂以谓坐观成败，而效卞庄刺虎之说乎？殆皆不然也。其意不过专务保江之计，而嫉淮西之成功耳！”

【注释】

①两镇：同时授予两镇节度使的简称。宋初削藩镇之权，节度使不必赴镇，仅为武官之秩，属正任最高一阶（据《宋代官制辞典》，第577页。）《宋史·职官志》：“中兴，诸州升改节镇，凡十有二。是时，诸将勋名有兼顾两镇、三镇者，实为希阔之典。”岳飞历任清远军节度使，镇宁、崇信军节度使，武胜、定国军节度使，后两者都属于两镇。

②两府：宋代称中书省和枢密院为“两府”。《宋史·职官志二》：“宋初，循唐五代之制，置枢密院，与中书对持文武二柄，号为‘二府’。”

【译文】

绍兴十一年八月九日甲戌日，有大臣上弹劾的奏章说：“枢密副使岳飞从前勇敢坚毅以受人称道，蒙圣上快速提拔，不到十年，就位列三孤的尊崇官位（译者按，三孤为少师、少傅、少保的总名。岳飞最后的加官为少保），且又使他掌握重兵，屯驻长江上游，托付可谓重大。岳飞爵位高贵、俸禄丰厚，却志得意满，往昔建立功勋的志向便日益颓堕。今年春天大股虏寇入侵国境，疆场为之骚动，陛下敦促岳飞出师与（淮西诸军）互为掎角、夹击敌人，传达诏令的快马络绎于邮道，使者相继被派遣到鄂州，岳飞却延误诏旨，并未即时出兵，过了很久才行军至舒、蕲州，很快又返还鄂州。所幸其他诸帅的兵力自能御敌，不然其败坏扰乱国事的过失，言官怎能弹劾得尽！后诸帅凯旋回师，独岳飞一军无功可言。圣恩宽大，照例命其拜职于枢密院，礼数优裕、待遇丰厚。岳飞本当感激图报，他却一味矫饰，有识之士已讥讽了他的虚伪。”弹章又说：“枢密副使岳飞在短时间内为圣上提拔，委任他节制一方之军事。他慨然若有功名之志，人们也因此称道于他。数年之间，恩宠频仍，（岳飞）官居两镇节度使，俸禄则类同中书省、枢密院的长官，于是他开始满足于荣宠利禄，不再为国家深谋远虑。故而前次奉旨出兵（援淮西）时，延误圣上严厉的诏旨，只略略行军到舒州后就不再前行。这一次衔命出使，则坚持己见，想要放弃山阳不予防守。以岳飞往日的作风不至于此，岂不是如同古人（荀子）所说的‘爵禄盈而忠衰于君’吗？臣又听说岳飞自拜枢密副使以来，郁郁寡欢，日日谋求引退，去过安闲的日子。每次与士大夫见面，言谈内容只涉及山间林下的闲适。其内心的真伪固然不得而知，但以陛下对他眷遇之隆重，委任之崇峻，如此不思报国，忽然计划引退，是忧国爱君者所不忍心所为的啊。”弹章又说：“臣上次弹劾枢密副使岳飞的罪状，已三次呈上奏章。陛下尊宠重臣，念之惜之，唯恐伤害到他，暂时给予包容，未加以谴责。臣身为言官，责任所在怎能不复深究。况且这其中的一二件事，实亏忠节，譬如顽固拒诏，不肯出师，以玩合肥之寇。”又说：“今春虏人侵犯淮西，张俊已以全师迎敌，朝廷连连降下圣旨，催促岳飞进援。而他却逗留不进，总是以道路遥远、军饷匮乏为藉口。大将体念国家的忧急，原来就是这样的吗？陛下重新任命枢密院重臣，让岳飞为副使，越级擢升非同一般。正是想要感动他，使他改变心意、志气昂扬，尚且可以弥补先前的过失。而岳飞外秀恭谨谦逊，实为伪饰奸邪。”弹章还说：“已经过去的淮西之役，张俊奋力作战，而岳飞按兵不动。当时岳飞是认为虏人远离自己的国家，远征来战，其锋锐不可挡，所以想要躲避吗？或是认为只要坐观胜负，然后可以坐取渔翁之利吗？其实都不是啊。他的想法仅限于守住长江一线的计划，而且嫉妒淮西之役的成功啊！”

熊克《中兴小历》曰：“初，上诏湖北宣抚使岳飞以兵援淮西。飞念前此每胜，复被诏还，乃以粮乏为辞。至是濠州已破，飞始以兵来援，张俊、秦桧皆恨之。”

【译文】

熊克撰写的《中兴小历》里说：“刚开始，圣上诏命湖北宣抚使岳飞率其所部援淮西。岳飞念及先前每次获胜，总被诏还，遂以军粮缺乏为借口。直到濠州城已被攻破，岳飞才率兵来援，张俊、秦桧都很怨恨。”

《王次翁叙纪》（王伯庠撰）曰：“绍兴辛酉，虏人有饮马大江之谋，大将张俊、韩世忠欲先事深入，惟岳飞驻兵淮西，不肯动。上以亲札趣其行者，凡十有七，飞偃蹇如故，最后又降亲札曰：“社稷存亡，在卿此举！”飞奉诏，移军三十里而止，上始有诛飞意。”

【译文】

《王次翁叙纪》（王伯庠撰）写道：“绍兴辛酉年（译者按：绍兴十一年），虏人有饮马长江（入侵我朝）的图谋，大将张俊、韩世忠打算先行深入战地，唯独岳飞驻兵于淮西，不肯挪动。圣上亲书御札十七次催促他出军，岳飞安卧如旧，最后圣上不得不再降亲札说：‘社稷存亡，在卿此举！’岳飞这才奉诏，却移军三十里而止，圣上从那时开始有了杀岳飞的想法。”

《野史》传曰：“绍兴十一年，兀术重兵攻淮西。飞念前此每胜，复被诏还，壮心已阑，且轧于和议，辞以乏粮。及濠梁已破，方以兵来援，张俊、秦桧皆恨之。”

【译文】

《野史》的传记中写道：“绍兴十一年，兀术重兵攻淮西。岳飞因念及先前每次获胜总被诏还，壮心已阑，且又因议和之事与朝廷别扭，故以缺乏军粮为借口（不肯出兵）。及至濠州已破，方才率兵来援，张俊、秦桧都很怨恨。”

臣珂辨曰：“臣闻天下之难辨而易惑者，惟其迹之似也。小人之谗人也，固诬矣，而非窃取其似，则不足以欺人也。天下之人惟知其诬，而不知其所以诬，汲汲乎惜其人之不得为全人也，则又即其似而求有以盖之。呜呼！谗诬之似，果终足以欺人哉？欺有时而穷，则真者见矣。今乃不忍于一朝之未明，而求以盖其非，使人见之，曰：“是天下之公论。”而亦其迹之似也，久而不明，真者泯矣。可以欺一时之人，而不可以欺万世者，似也；可以盖一时之非，而不可以盖万世者，亦似也。然则变真而谗以似，虽晦之，必彰之；舍真而盖以似，虽爱之，实害之。

【译文】

臣岳珂辩白：“微臣听说天下事之所以难于分辨而易使人疑惑，是因为形迹的相似。小人以谗言陷害他人，固然是诬陷，而若非利用其疑似之处则不足以欺骗世人。天下之人只知那个人是被诬陷了，却不知道他为何遭到诬陷，叹惜这人不能得到节操完满的评价，急切地另求相似点来遮盖。呜呼！用疑似来构陷污蔑，真的足以欺骗世人吗？欺骗只能蒙蔽一时，真相终究会大白。若忍受不了暂时的真相不明，而力求以近似的虚相来遮掩，好使他人见之后说：‘这才是天下的公论！’，这也不过是另一种形迹相似而已，久而久之，反而将真相掩盖了。可以欺骗一时，而不可欺骗万世的，是相似点；可以遮掩一时，而不可遮掩万世的，也是相似点。扭曲真相，以近似的假象来进行谗诬的，虽然会让真相变得晦暗不明，实则必为真相的彰显创造机会；舍弃真相而用近似的虚象来遮掩的，虽然是出于爱护的心情，实则却造成了伤害。

然则轻重缓急之辨，固将何择哉？以此而论，先臣淮西之诬，则逗遛违诏之辨尚可缓，而轧于和议之说，盖所当先也。臣非敢先彼而后此也，逗遛之罪，小人之谗先臣也，固有甚明者证之；轧和之志，公论之盖先臣也，其说易以惑天下，而乱先臣本心之真，此臣所以先辨也。

【译文】

“那么，辩白的轻重缓急将要怎样选择呢？若谈及这个，为先祖父辩白其所遭受的迟援淮西之诬、逗留违诏之说尚还可以稍缓，而因议和之事与朝廷别扭，则应当先辩。臣不敢先彼后此，而是因为逗留之罪是小人对先祖父的谗诬，确有清楚的证据可以证明；因和议之事别扭丧失了斗志，却是公论为先祖父进行遮掩辩护的说法，这种说法很容易迷惑天下人，却混淆了先祖父本心的真相，这是臣要首先辨白此说的原因。

先臣自金虏叛盟以来，尝有誓不与俱生之志。献北讨之书，夺官而不悔；上谢赦之表，忤时而不忌。抗恢复之奏，则自期于浑瑊复唐之大功；辟屈己之议，则深指于秦桧谋国之不臧。岳祠之盟，与将佐言者也，特首言其蹀血虏庭之愿；莲社之诗，与缁流言者也，犹不忘乎力扶王室之忠。甚而抒咏翠岩，勒题东松，书宜兴之寺壁，纪湖东之军次，是皆放怀景物，纾情幽旷，而二圣之还，三关[①]之复，其志无往而不寓。造次必于君，言语必于国，天下至于今诵之，非臣之私言也。故高宗皇帝所赐御札有曰：'览卿近奏，毅然以恢复为请，岂天实启之，将以辅成朕志，行遂中兴耶！'又曰：'比降亲笔，喻朕至意。再览卿奏，以浑瑊自期，正朕所望于卿者。'又曰：'得卿奏，言措置班师，机会诚为可惜。卿忠义许国，言辞激切，朕心不忘。'呜呼！即此以论先臣之心，可以逗遛之说诬之乎？

【注释】

①三关：指宋代的战略要地古淤口、益津、瓦桥三关，在今河北省境内。

【译文】

"自（靖康二年）金虏叛盟入侵以来，先祖父就有誓不与之俱生的志向。他进献北进讨伐的奏书（译者按：指岳飞的《南京上皇帝书》），被夺去官职却并不后悔；上呈《谢讲和赦表》，不以违忤时政的方向为忌。在力主恢复的奏章中，以浑瑊复唐的大功自期；辟驳皇帝屈己以就和议的主张，则深刻地指出秦桧为国家谋划不利。《五岳祠盟记》是对将佐的陈诉，开陈了他蹀血虏庭的志愿；有"莲舍从今着力修"之语的《寄浮屠慧海》一诗是对佛徒的陈诉，犹且不忘力扶王室的忠心；甚而抒咏翠岩寺

（按：指岳飞的《题翠岩寺》、勒题东松寺（译者按，指岳飞的《东松寺题记》）、宜兴金沙寺壁题记（译者按：《鄂国金佗稡编·家集》中收入的《广德军金沙寺壁题记》据考证真实的地点在宜兴，据顾文璧《岳飞"金沙寺壁题记"问题及其研究》，载于《岳飞研究》1987年），以及记题荆湖东路行军居止的《永州祁阳县大营驿题记》，俱是放怀于景物，抒幽旷之思，而其迎二圣、复三关的志向在任何篇章当中都无所不寓。这些篇章中谈论必及于君主，言语必提到国家，天下人至今还在称诵，并非微臣的一家之言。所以高宗皇帝给先祖父的御札中说道：'阅览了卿近日的奏札，卿毅然为恢复国土请战，岂非是上天给予的启示，将以你来辅佐朕达成中兴我大宋的志向！'御札又道：'前日已降亲笔，说明朕的心意。阅览卿的回奏，以浑堿复唐之功业自期，这正是朕寄望于卿的所在啊。'又道：'收到卿的奏章，说到如现在安排班师将痛失取胜的机会，实在可惜。卿忠义许国，言辞激切，朕不会忘记。'呜呼！以这些来证明先祖父的心意与志向，可以用逗留之说来诬蔑他吗？

谗人之进言也，豺狼之威踞乎其前，轩冕之念勃乎其中，势不得不枉它人，而庶几尺蠖之一伸也。诚又念夫威未至于极，则人心之公论不可诬也，则亦盍求其似而言之乎？先臣位三孤，开两镇，运筹枢府，视秩相庭，其爵穹矣，其位隆矣，其禄厚矣，则吾加以'志满意得'，'不复为国远图'之□，人庶几信之。而犹惧其言之不足以欺人也，则先称以'敢毅'，又称以'有功名之志'，终则以为先臣之平昔不应有是。抑使天下之浅心者从而窥之，徒见其爵之诚穹，位之诚隆，禄之诚厚，则亦窃意其远图之怠，非复前日，而我言之或信。剡腾六奏，贯穿一辞，先后皆是言也。

【译文】

“谗诬者向人君弹劾先祖父的奏章，先是描述先祖父威风凛凛如豺狼雄踞，功名之念十分旺盛，做出他是情势不得已才要委屈先祖父的样子，其实是用弯曲求伸展，以退为进的策略。谗诬者又想那人的威风若未达到极端，则人心之公论或不忍看他被诬，那么要寻找出怎样类似的情况来说明呢？先祖父位至三孤，节开两镇，运筹军事于枢密院，级别俸禄同等于宰相，且爵级之高、官位之隆、俸禄之厚（都到了极点），谗诬者相信只要加上‘志得意满’‘不再以为国家深谋远虑为念’（这样的言辞），世人几乎就会相信他的立论了。谗诬者还怕这些话尚不足以欺骗世人，则先称赞先祖父‘勇敢坚毅’，又称赞他‘有建功扬名的大志’，最后又说以先祖父往昔的表现不应该变成这样。使世上那些心机不深的人顺着他的思路看过去，只见到先祖父爵级确实崇高，官位确实隆重，俸禄的确很丰厚，于是也不免暗想这人为国远图的心意恐怕已松懈了，不再是先前的样子了吧，可能就相信了谗诬者的鬼话。这六道弹劾的奏章，贯穿以相同的言辞，前后全是类似的话语。

天下之人惟其不知淮西之事颠末甚明，具在御札，而惑于谗人之似，意其或有是也，则深爱先臣之忠，而惜其不得以全其忠，乃深思而旁求之，则曰：‘朱仙之战也，两河忠义同为响应，虏酋腹心皆受密约，兀术弃京而却走，韩常遣使而请降，功垂成而亟班师，反堕于奸臣通虏之约，或者其壮心已阑而不前乎？’反复而疑之，则又曰：‘河南之复也，彼既先料其叛盟矣，抗疏而言之，因表而见之，漫不我听，故地复失。前辙可观，而又惟屈己之是求，或者轧于和议而不至乎？’呜呼！是二者之说，无一而可也。抑皆窃取先臣之似，而不忍于一朝之未明，且莫知其谗之实不然也。是求以盖先臣之非，而适所以益先臣之非；求以明先臣之忠，而适所以累先臣之忠者也。委质而事君，抑君有命，而谓吾志之阑，且咎其不听已验之说，严诏沓至，跬步不易，是可谓之忠乎？如是则止沸而扬汤，救火而抱薪，尚何非之可盖。

【译文】

“天下之人正因为不知道淮西之事的始末都清晰地体现在御札上，而惑于谗诬者制造的疑似之说，心里揣测着真假，但又深爱先祖父的忠义，怜惜他不能保全忠节，于是深思着从其他思路寻求解释，于是说：‘朱仙镇之役大获全胜，河北河东的忠义之士纷纷响应，金贼首领中的腹心之辈也都与他（指岳飞）秘密约定（要倒戈），兀术放弃东京（开封）逃跑，韩常派使者来请降，大功垂成之际突然班师，反而堕入奸臣通好于虏人的约定，或许他壮心已阑所以不愿勇往直前了吧？’如此这般地反复猜疑，又有一说：‘河南之地被归还时，他既已预料虏人必然背弃盟约，上奏章劝说、借谢表披陈，而朝廷全然不听，后来河南之地果然复失。（靖康之难）前车可鉴，而朝廷又不惜屈己而求和，或许因和议之事别扭而不愿赴援吧！’呜呼！这两种说法，没有一种是对的。这些都是摘取了某些疑似的现象，是因不能忍受暂时的真相不明，且不知道先祖父被诬陷的那些事情其实并非事实（才产生的）。本意是为了掩盖先祖父的过失，却恰好增加了他的过失；本是为了表明先祖父的忠心，反而拖累了他的忠节。委身事奉人君的人，人君有所命令时说我已没了壮志，还责怪人君没有听取自己先前正确的意见，诏命纷至沓来，却不挪动半步，这样的表现能称得上是忠君吗？这就好像是从锅里舀起开水再倒回去，想制止水的沸滚，或是抱着柴薪去扑灭大火，还能掩盖什么过失呢。

抑臣考之，虏之犯淮西也，烽警方腾，羽檄未至，淮西盖非先臣分地也，疑若可以晏然矣。使小丈夫处此，则曰：‘吾惟求保吾境，尽吾职而已，何暇以议其它。’而先臣激发忠愤，首抗奏疏，历数虏酋之不道，愿备戎车之先驱，请会诸将击贼，以必成功。故御札首曰：‘昨得卿奏，欲合诸帅兵破敌，备见忠谊许国之意，嘉叹不已。今虏犯淮西，张俊、杨沂中、刘锜已并力与贼相拒。卿若乘此机会，亟提兵会合，必成大功。’此盖奏至之第一札也。然则东下会合，盖因先臣之请而许之，奎画煌煌，匪臣所得而托言也。况是时先臣未奉出师之诏，既思虏穴必虚，乞捣京、洛，以制其弊，又恐急于退虏，乞出蕲、黄，以议攻却。其拳拳忧国，至于一日而两奏，载在御札，尤为明著，初未尝以非己责而自安也。

【译文】

“以臣所考，虏人进犯淮西时，警报刚刚传出，檄书尚未到达，淮西并不是先祖父分内的防区，先祖父似乎可以等闲视之。假如见识短浅的平庸之人遇到这种情况会说：‘我只求保护自己的辖境，尽到我的职责就行了，何必多管闲事。’而先祖父却激发忠愤，首先上疏历数虏酋的无道，愿意亲自率军为前锋前往征伐，请求会合诸将击杀金贼，以期为必成之功。因此回复他的御札开头就说：‘前日得卿奏，欲与诸帅合兵共同破敌，尽显卿忠义许国之意，令朕嘉许赞叹不已。现在虏人侵犯淮南西路，张俊、杨沂中、刘锜已并力抵御。卿若乘此机会，迅疾提兵与之会合，必成大功。’这是高宗皇帝收到先祖父奏章后回复的第一札。先祖父东下会合诸将，实是因先祖父先有所请而被高宗皇帝准许的，圣上的墨迹还明亮辉耀，（可以证明）这并非是微臣自己想出来的借口。况且这时先祖父尚未收到最初命令他出师的诏书，但既然已考虑到虏人的巢穴必定空虚，因此请命直捣东京（开封）、洛阳以控制敌方的弱点，后来又忧心朝廷希望退敌的紧迫性，于是又请求出师蕲、黄州，视情况再定攻守。其忧国之心诚恳深切，以至于一天之内发出了两道奏章，御札上都有明白的载述。先祖父从一开始就没有因为这不是自己职责分内的事而仅求自安啊。

今有巨室焉，纪纲左右，各司其职，适有外侮，而他仆越职以求御，且复殚智虑，竭谋画，以为应之之策，则必其爱主之心特切，而卫上之志甚勤。使其主从而听之，促之以前，则反傲然而不行，是岂人之情哉？使其谓主不己知，则勿请；所以请者，则其无是心也。是仆也，非病狂丧心，安肯自请而自止，以激其主之怒哉？即小而论大，则先臣之无是二者之心也，则亦无是请也；有是请也，则逗遛之诬也，亦可迎刃而解矣。

【译文】

“假使有世家大族统领随从，各司其职，恰好遭遇外来的侵略，有个仆人越出自己的职权范围进行抵御，而且竭尽智虑和谋划制定出应对的策略，则这个仆人爱护主人的心必然特别热切、护卫主上的志愿必然特别殷勤。而假使这主人听从了他的建议，督促他前行御敌，他却反而傲然停住了脚步，这是人之常情吗？假使仆人认为主人不会理解自己，则他便不会主动请命；如果他主动请命了，就应该没有倨傲慢上之心。这仆人若不是丧心病狂，怎么可能主动请命又自己中止去激怒主人呢？以小论大，则先祖父若没有爱主卫上这两样心情，也不会主动请战了；既然已主动请战了，则对他逗留不进的诬陷也可以迎刃而解了。

况夫臆度之说，孰如亲见之审；疑似之迹，孰如已行之验。十年冬，司农少卿高颖自陈，欲裨赞岳飞十年连结河朔之谋，措置两河、京东忠义军马，为攻取计。盖已在朱仙班师之后也，使壮心果阑，则颖肯为此请耶？十一年秋，先臣行楚州按兵，俊将城楚，而先臣曰：'吾曹当戮力以复中原，何至为城守计耶？'卒以此忤俊。盖已在淮西援濠之后也，使轧于和议，则先臣肯出此言耶？吁！亦明矣！

【译文】

"况且臆度之说，哪里比得上亲眼所见的详细；疑似之迹，哪里敌得过已经验证的事实。绍兴十年冬，司农少卿高颖上书陈请：愿辅佐岳飞用十年时间经营河朔之奇兵，措置河北、山西、京东的忠义军马攻取敌人后方的计划。这事发生在朱仙镇班师之后，假如先祖父真是壮心已阑，则高颖肯做这个请求吗？绍兴十一年秋，先祖父到楚州巡视军马，张俊打算增修楚州内城，而先祖父说：'我辈应当协力进图、恢复中原，何至于做据城而守的打算？'终于因此触怒了张俊。这已是淮西援濠之后的事情了，假如先祖父因和议之事别扭，则先祖父肯说这样的话吗？吁！这也是很明白的了！

虽然，犹不可不申之以辨也。何则？张宪之狱，在行府锻炼极矣，而无一语以及先臣，所诬以通书者，先伯臣云也。张俊一纸之奏方上，而秦桧遽下先臣于狱，初无可证之事也。按坐两月，廷尉不知所问，反而思之，柏台尝有是六奏也。又其中逗遛之说，或可以致其罪也。乃札下制狱，令以此语诘先臣，虽先臣之辨甚明，而莫之省也。王俊所告，非此也；张宪自诬，亦非此也。即初揆终，了不相涉，先臣何罪而至此哉？先臣之就逮，乃十月之十三日，而此札之下，乃十二月之十八日。其间相距两月，秦桧之所以旁求而成其罪者，盖无所不至矣，而仅能得此，又安可以不辨。

【译文】

“虽然如此，还是不能不陈述辩白啊。辩白什么呢？张宪被拘禁，在（张俊的枢密）行府被折磨至极，却没有一句供词涉及先祖父，而被诬与他通信的是先伯父岳云。张俊的一纸之奏才上，秦桧立即将先祖父系捕于狱中，而一开始并没有找到可以定罪的理由。刑讯了两个月，大理寺卿已不知再如何讯问，于是倒过来想，才想到御史台曾经有六封弹劾先祖父的奏章，其中有所谓的逗留之说或许可以拿来定先祖父的罪。然后有公文下达大理寺，令审讯官以逗留之说诘问先祖父，虽然先祖父当场辩驳得明明白白，他们却不去审察。王俊首告的内容，并不是淮西逗留；张宪自诬的内容，也不是。立案的由头与结案的罪名之间毫无关系，先祖父到底犯了什么罪到这个地步呢？先祖父被逮入狱是十月十三日，而这份公文下达大理寺已经是十二月十八日了。其间相距两个月，可见秦桧到处搜求先祖父的罪证真是无所不至啊，却仅能找到迟援淮西之说，又怎么可以不辨析清楚呢。

臣按先臣被罪，尚书省敕牒[①]之全文曰：‘淮西之战，一十五次被受御札，坐观胜负。’呜呼！御札之有十五，固也，抑不观其时乎？前奏未上，而后命沓至，出师之命虽在正月，而至以二月九日。时先臣以寒嗽在告，即以十一日力疾出师，故十九日御札有曰：‘得卿九日奏，已择定十一日起发，往蕲、黄、舒州界。’以此见先臣之出师，实无留滞，奉诏三日而行尔。自鄂而蕲、黄，自蕲、黄而舒、庐，皆以背嵬亲为先驱。虏方在庐，望风退遁，还军于舒。复来窥濠，又次定远，虏复引去，盖三月之中旬也。是时先臣闻命即行，首尾仅月余，往来道里，不止数千，计其时日，亦可见矣，而徒以其诏之多而罪之，哀哉！先臣之不幸也。

【注释】

①尚书省敕牒：尚书省奉中书、门下省所过敕命后，出牒布于外，称“牒奉敕”。（据《宋代官制词典》，第623页。）

【译文】

“臣察考先祖父被定罪后，尚书省敕碟的全文中说：‘淮西之战，十五次接受御札（催促进兵），却坐观胜负。’呜呼！御札的确是有十五道，但不考察御札被发出来的时间吗？先祖父请求出兵的前奏还未上达天听，后下的诏命已接二连三地发出。命先臣出师的诏命虽然是在正月发出的，到达先臣处却是二月九日。当时先祖父正因风寒咳嗽休假在家，收到诏命后，十一日就支撑着病体出师，所以十九日的御札有说：‘得到卿九日的奏札，已择定十一日出发前去蕲、黄、舒州界。’由此可见，先祖父出师的时间并无迟滞，收到诏书三天后就出发了。从鄂州到蕲州、黄州，又从蕲州、黄州到舒州、庐州，都是先祖父亲率背嵬军为前锋。虏人在庐州时，听说先祖父要来望风而逃，先祖父于是回师舒州。虏人又窥攻濠州，先祖父又率军去到（濠州的）定远县，虏人再度引避，是在三月中旬。先祖父闻命即行，首尾一共才一月有余的时间，往来路程不止几千里，计算一下时日，也可以清楚明白了，而仅以其收到的诏命数量来怪罪他，岂不哀哉！这是先祖父的不幸。

桧之所以诬先臣者，以稽违御札，臣不敢以它证，请以桧所诬者证之。先臣淮西之诬，其目有四：一曰逗遛违诏，二曰辞以乏粮，三曰不携重兵，四曰缓于救濠。臣请举而枚辨之。

【译文】

“秦桧用来诬陷先祖父的罪名是延误执行御札的命令。臣不敢用其他的事来辩驳，就请以秦桧所诬陷的话来辩证。先祖父所受的淮西之诬，共有四项罪名：一是逗留违诏，二是借口乏粮，三是不携重兵，四是援濠州迟缓。臣请一一列举辩证。

逗遛军次以违诏，桧之诬也。而十九日御札之连文曰：‘闻卿见苦寒嗽，乃能勉为朕行，国尔忘身，谁如卿者！’然则先臣之所谓逗遛者何在？况请会兵而破敌，先臣实启之，苟惮于行，则何为上剡奏，以自形其怯乎？故奖谕之诏曰：‘淮东之军且出其后，沔鄂之众复来自南，合吾仁义之师，当彼残暴之寇。’则先臣非逗遛矣。

【译文】

“行军迟缓逗留、违抗诏命，这是秦桧的诬陷。十九日那封御札里接下来就说：‘听闻卿正苦于风寒咳嗽，却能为朕勉力出军，为国忘身，谁能如卿！’既然如此，又哪里有所谓的逗留？况且会合诸帅破敌，实由先祖父（上奏的）请求开始。若先祖父畏惧前行，又何必上书请命，（主动）暴露自己的胆怯呢？因此有奖谕之诏说：‘淮东之军绕到敌人后面，沔、鄂之师（按：指岳飞率领的军队）又从南来，会合我仁义之师，抵挡彼残暴之寇。’可见，先祖父并没有逗留。

托乏粮以拒诏，亦桧之诬也。而三月十三日之御札有曰：‘卿闻命，即往庐州。遵陆勤劳，转饷艰阻，卿不复顾问，必遄其行。非一意许国，谁肯如此。’然则先臣之所谓托者何在？况请漕臣而从军，先臣实启之，苟志于托，则何至召它人，以自窥其伪乎？故褒嘉之札又曰：‘中兴基业，在此一举’，‘卿之此行，适中机会’。则先臣又未尝它辞矣。

【译文】

“托词于缺乏军粮以违抗诏命，也是秦桧的诬陷。三月十三日的御札有说：‘卿收到命令后即前往庐州。辗转于路途十分辛劳，运送军粮多艰难险阻，卿不复顾虑询问，必是快速行军。若非一心许国，谁肯如此。’既然如此，那么所谓先祖父的托词又在哪里？况且让管理漕运的官员随军，实由先祖父（上奏的）请求开始。若他有意以乏粮推托，则何必召来他人来窥视自己的虚伪？因此褒嘉之诏上又说：‘中兴基业，在此一举’‘卿之此行，正中机会’。可见，先祖父并没有找什么托词。

先臣奉诏出师，以大军为缓，亲以背嵬骑兵为之先驱。其赴援之急，亦可知也，而俊乃谮先臣以携兵为寡。曾不知南薰门之战，以八百人破王善五十万者，先臣也；朱仙镇之对垒，以五百骑破兀术十万者，亦先臣也。况背嵬之士，先臣之亲军也，颍昌、朱仙，皆以是军取胜，而八千余骑亦不可谓寡矣。是时俊命杨沂中以全军驱濠之余虏，而遇伏大败，殿前之兵几歼焉，亦宜乎其以先臣之兵为寡也。俊既素怀怯敌之心，而反以寡病先臣，不亦哀哉！

【译文】

“先祖父奉诏出师时认为大部队行进不免迟缓，亲自率领背嵬骑兵为前锋。由此可见他赴援时是如何着急，而张俊却以所携兵员数少中伤先祖父。他竟不知南薰门之战，以八百人破王善五十万之众的，是先祖父；朱仙镇与金人对垒，以五百骑破兀术十万之众的，也是先祖父。况且背嵬军的骑士乃是先祖父的亲军，颍昌大捷、朱仙镇大捷都是靠此军取胜，而八千余骑也不能算少了。那时张俊命令杨沂中带全军去驱赶濠州的残敌，反而遇伏大败，殿前司军几乎折损殆尽，他有什么资格评论先祖父援兵的多寡？张俊历来怯敌，却反以不携重兵诟病先祖父，不亦哀哉！

兀术既遁，先臣还军舒州，以俟进止，而兀术用郦琼计，复窥濠州。三月初四日，先臣闻警，不竢诏，麾兵而救之。兀术盖以初八日破濠，而先臣先四日已赴援矣，则警报固未上闻，而诏命亦未至，其时日之序，又可考也。而俊乃谮先臣以救濠为缓，曾不知李成据襄阳，闻军至而遽遁者，先臣也，刘麟寇庐州，见岳帜而亟走者，亦先臣也，况兀术朱仙之屡败，韩常长葛之乞降，皆已望风詟服。且先诏而赴援，盖亦不可谓缓矣。是时张俊以大兵驻黄莲，去濠六十里而不能救，无以借口，亦宜乎其以先臣之兵为缓也。俊既坐收退虏之功，而反以缓谮先臣，其冤抑甚焉！

【译文】

“兀术退遁以后，先祖父退师返回舒州，等候朝廷的指挥，而兀术采用郦琼的计策，又一次窥伺攻取濠州。三月初四日，先祖父得到濠州警讯，不等诏命到达就领军前去救援。兀术是初八日攻破濠州的，而先祖父在此之前的四天已从舒州出发赴援了。此时警报固然未上达朝廷，而诏命也还未到达军前，时日之序又是历历可考。而张俊却中伤先祖父救援濠州迟缓，竟不知李成据守襄阳时，听说先祖父军到来就迅疾退遁；刘麟侵犯庐州时，见到岳字旗帜立刻逃跑，何况兀术在朱仙镇屡败，韩常于长葛乞降，都是对先臣望风而惧服。并且先祖父先于诏命而赴援，也不能说是迟缓。当时张俊以大兵驻扎于黄连埠，距离濠州只有六十里却不能施救，是找不到借口（推卸责任）的，他有什么资格说先祖父救援迟缓呢？张俊坐收退敌之功，反以救援迟缓中伤先祖父，先祖父尤其冤枉！

俊盖初以前途粮乏误先臣，而先臣不听，鼓行而进。及御札有‘不复顾问’之语，俊意先臣漏其书之言于上，而谮害之意成矣。当时先臣得罪，尚书省敕牒之全文，固出于一时酷吏之手；而俊之遗先臣书，称前途乏粮，以误先臣者，亦备载不遗，盖亦自有不能揜也。

【译文】

“张俊最初以前路乏粮的情报误导先祖父，而先祖父不以为然，仍然鼓率大军前行。后来御札有‘不复询问’之语，张俊猜忌先祖父向圣上透露了他书信上的言语，所以就有了谗害先祖父的意图。先臣获罪时，尚书省敕牒的全文虽是出于一时酷吏之手，而张俊给先祖父书信称前路乏粮、误导先祖父的事，也记载得很详细，终究也有不能掩盖的事啊。

万俟卨患狱之不竟，遂命元龟年以行军之时日杂定之。桧乃先收御札于左藏南库，将灭其迹，幸而终未泯于凶焰，故其次第时日，犹有考也。宸翰之首，臣故复以甲子系日，而不敢以重复为嫌，盖欲其昭明而易见。试即而验之，初未尝有暇日也，奈何谓之逗遛。

【译文】

“万俟卨害怕无法结案，便命（大理评事）元龟年将行军时日打乱以给先祖父定罪。秦桧则预先将圣上写给先祖父的御札收回，藏在左藏南库，打算要消灭其痕迹，幸而终于未毁于凶焰，所以我将它按原本的时日顺序编排，还可以备考。（每封）御札之前，臣又以甲子系日，而不敢以重复累赘为嫌，希望使情况显著易见。试就此日期验证大军的行程，根本就没有闲驻的时间，如何能说成是逗留？

至于王次翁之《叙纪》，其为诬罔，尤为昭灼。方兀术之来，张俊以兵拒于柘皋，盖已逼江矣，‘先事深入’之谋果何在？先臣驻兵江夏，未尝在淮西也，亲札十五耳，而增其二，‘社稷存亡，在卿此举’之诏，元未尝有也。‘奉诏，移军三十里而止’，自鄂而庐，自庐而舒，自舒而濠，果三十里乎？身居政地，瞢如不知，而徒以口舌置人于死地，先臣真不幸哉！臣窃惟高宗皇帝留意戎昭，未尝顷刻忘，故一日而拜数诏者有之，一事而降数旨者有之。随、邓、襄阳之战，御札凡四，淮西、宛、叶之捷，御札凡七，虏人叛命，再寇河南，复故疆，援刘锜，首尾两月余，奉御札者又二十有三焉，岂独以拜命之多，而谓之逗遛乎？冤哉！先臣之忠如此，而不得白，此臣所以泣血而辨，千载而下，信史庶乎其有考也。

【译文】

“至于王次翁的《叙纪》，其诬陷诽谤尤其明显。当时兀术来犯，张俊在柘皋抵抗，敌人已逼近长江，张俊真有所谓‘先事深入’的谋略吗？先祖父驻军在鄂州，而不是淮西，御札有十五道，王次翁的说法中却增加了两道，而载有所谓‘社稷存亡，在卿此举’之语的诏书根本就是子虚乌有。还说先祖父‘奉诏，移军三十里而止’。从鄂州到庐州，庐州到舒州，从舒州又到濠州，当真只有三十里吗？王次翁身居朝廷却瞢昧无知，只会翻卷口舌置人于死地，先祖父真是不幸啊！臣思虑高宗皇帝关心戎事，时刻挂怀，故而一日之内而授予数诏，一事之下而降数旨都是有的。随州、邓州、襄阳之役，共授御札四道；淮西、宛、叶之捷，共降御札七道；虏人背叛盟约再犯河南，先祖父复故疆、援刘锜，首尾两月有余，收到的御札共有二十三道，哪里有因授命次数之多就称作是逗留不进的道理呢？冤枉啊！先祖父有这样的忠心，却不得清白，这就是为什么微臣要泣血而剖辩的原因，希望千载之下，信史可以得而考之。

臣重惟先臣得罪之后，秦桧使其亲党王会搜刮囊橐，自尚方所赐之外，无儋石之储，赐书数箧，先已举而束之左藏南库。非惟龙翔凤翥之文，秘而不耀，而一时庙谟所以密授先臣者，殆泯没而无闻于世。先父臣霖猥蒙亲擢，摄贰匠监①，露章陈请，愿复赐还。孝宗皇帝慨念故臣，亟降俞旨，此臣家之所以复得宝藏，而窃窥神算于云章之表。

【注释】

①摄贰匠监：岳霖在将作少监任上时曾上奏请求归还高宗给岳飞的御笔手诏（据《鄂国金佗续编卷第十三》之《给还御札手诏省札》）。将作少监为将作监副贰，佐大监领本监公事（据《文献通考·职官》《将作监》）。

【译文】

“臣又想到先祖父获罪之后，秦桧指使其党羽王会搜刮先祖父家的仓库，发现除御赐器物之外无一担一石之储，仅有的御札几箧先已被（秦桧）没收，置于左藏南库，不仅使如龙翔凤舞般飞扬的文章隐秘不得显耀，那个时期圣上密授先祖父的谋划也全部泯没而不闻于世了。先父臣岳霖承蒙皇帝亲自提拔，在将作少监任上时曾上章陈请归还这些御札。孝宗皇帝感慨怀念故臣，立刻降下谕旨，所以臣家才得以重获宝藏，再次见到文采斐然的文章中高宗皇帝神妙的计谋。

臣按秦桧当时之酝祸也，盖欲屏去先臣所拜之宸翰，如綦崇礼所被之诏，以泯其迹，而使先臣之忠，终于莫辨。何以言之？宸章圣画，固非人间所得而易见，先臣幸以尺寸功，攀附依乘，故得拜此宠渥。诚使得罪，亦当上之秘府，与天球、河图竝宝而无穷。桧乃敢寘之有司之藏，其不臣之心，亦可见矣。一时指为先臣之污，秘卫不恪，迄今蠹鱼、蜗牛之侵，虽重饰而严护，犹有遗迹。臣每捧读，辄哽涕而不自胜。抑犹有大幸者，淮西一十五札竝存而不失尔，故臣得以逐时日，叙次第而刊之石，以传万世，不然，则先臣之诬，尚何以为据依而辨之。呜呼！桧虽欲泯之，而天不泯之，是留以赐臣家，而使先臣之事有所据依而辨明也。哀哉！”

【译文】

“据臣查考，秦桧当时酝酿的奸谋大概是想要屏匿先祖父被授予的皇帝宸翰，就像他也曾着手找回高宗皇帝当初交给綦崇礼（让其据以起草罢免秦桧相位）的那份御笔一样，以消灭其痕迹，而使先祖父的忠心最终也无法辩白。为什么这么说呢？（皇帝的）宸章翰墨本来就不是人间轻易能见到的宝物，先祖父幸运地凭借功劳依托于圣上，才得到了这样的恩宠。即便先祖父真的有罪，宸翰也应当上交给秘阁（译者按，指禁中收藏珍贵图书的机构），与天球、河图并存为永久珍藏的宝藏。而秦桧竟敢废有司之藏，其不臣之心昭然若揭。秦桧为了诬告先祖父，隐匿御札，管理仓库的吏人不敬，又让蠹鱼、蜗牛侵染之，微臣虽重新装饰、严加防护，纸上仍留有遗迹。臣每次捧读，哽咽流泪，哀不自胜。不幸中的大幸是淮西十五札全部保存了下来，没有遗失，故而臣得以按照时间的先后次序编排并铭刻于石碑上，以流传万世，否则先祖父所遭受的诬陷将凭借什么证据来辩白呢。呜呼！秦桧虽欲消灭它，而天不灭之，是要留着赐予臣家，使先祖父的冤屈有所依据辩白清楚啊。哀哉！”

卷第二十三

吁天辨诬卷之三

山阳辨

绍兴十一年八月九日甲戌，臣寮上言：“伏见枢密副使岳飞比与同列，按兵淮上，公对将佐谓山阳为不可守，沮丧士气，动摇民心，远近闻之，无不失望。此邦于边面最为要害，盖捍御所当先者，而其议论乃尔，莫晓所谓。他日见士大夫，则又二三其辞，忠于谋国者，固如是乎？兹者入覲行朝，力辞使命，虽已勉徇所请，而充位庙堂，自若也。夫庙堂，算略所从出，使飞所为，悉如山阳之事，岂不上误注倚。”又言“臣近者尝抗章论列枢密副使岳飞，过咎不一，乞行罢免。陛下眷遇大臣，务全终始，至今寂然，未闻处分。臣待罪言路，有不得而已者。其他不复缕陈，姑以近日一事言之。楚州外扼贼营，内藩王室，实淮上襟要之地，所当悉力捍御，不可忽也。前此大帅是临，为备颇严，虏不得犯，民以安处。迺者帅臣入登庙堂，而城郭、兵革固自若也。陛下轸念边疆，宵旰以之，亟命飞等出使，措置其事，自应仰体渊衷，过为之防，而乃宣言于众，以楚为不可守。夫所谓不可守者，城不坚乎？兵不众乎？地利不足恃乎？城之不坚，葺之可也；兵之不众，益之可也；若以地利为不足恃，则相持累年，了无疏虞，其效明甚。质之以三说，飞之所言妄矣。况吾之所恃以为险者，大江而已。若不守楚，使虏得以冲突，则大江之险，遂与彼共之，朝廷虽欲一日奠枕，其可得乎？飞任隆兵枢，安危所赖，而谋国不令，乃至于此。尚俾参赞庙谟，其不误事者几希。”又言：“飞昨来被旨起兵，则固稽严诏，略至龙舒而不进；兹者衔命出使，则妄执偏见，欲弃山阳而守江。以飞平昔不应至是，岂其忠衰于君，诚如古人之谓耶？”又言：“臣比论列枢密副使岳飞之罪，章已三上。陛下尊宠枢臣，眷眷然惟恐伤之，姑示优容，未加谴斥。臣谬当言责，安可但已。况其间一、二事，大亏忠节。若坚拒明诏，不肯出师，以玩合肥之寇；首为异议，不务保城，以捐山阳之地。”又言：“闻飞近同张俊，往淮东[①]措置军事。飞尝倡言山阳之不可守，军民摇惑，致喧外议，以谓朝廷欲弃山阳。所幸俊止其言，纷纷遂定。不然，使飞言遂行，则几失山阳，后虽斩飞，何益也。岂非飞之意可以误国乎？夫谋国不忠者，其效必至于误国，飞实有焉。若使尚赞枢机，终恐有误委任。物论籍籍，其失人之望如此。”又言：“臣尝论楚州不可不固守，又论岳飞等不和，各植党与，有违陛下更制之初意。臣初止闻时议欲不守两淮，而不知主其议者为何人；止闻岳飞不和，不知所以致不和之由者为何事。于是力採舆论，而后知其原，皆出于岳飞一人而已。何则？飞自去秋入覲，便为保江之说，且欲移屯于九江，置两淮于度外。有识闻之，莫不嗟骇。暨擢登宥密，与张俊同之楚州，措置军事。陛下深思远虑，其付托顾亦重矣。方俊欲缮治楚之城也，而飞辄沮之；欲经营两淮要害之郡也，而飞又以为不可。臣不知飞之意果何如，而至于是耶？”

【注释】

①淮东：泛指淮南东路一带。

【译文】

绍兴十一年八月九日甲戌日，有大臣上弹劾的奏章说："岳飞先前与另一位同级官员到淮上视察军队，公然对将佐说山阳（译者按：楚州别名）不可守，所言败坏士气，动摇民心，远近的人们听说后都很失望。淮上诸郡于边防而言最是要害，是捍御外敌首先应当注重的地方，而岳飞竟然发出这样的言论，真是不知所谓。后来面对文官士大夫（的诘问），其言辞又反复不定，为国谋臣，就是这样表现忠心的吗？现在他入觐行朝，力辞枢密副使之职，虽然圣上勉强同意所请，而他在朝廷混日子，却还神态自若。朝廷是制定庙算战略的地方，按照岳飞的所为，若都像山阳之事那般，岂不有误陛下的依赖器重。"又说："臣近日曾上章弹劾枢密副使岳飞，举出了他的过失错误不止一处，请求罢免他的职务。陛下优待大臣，必要保全其终始，至今没有反馈，也没听说有什么处置。我忝居言官之位，有必须要履行的责任。别的都不再详细陈述，只说最近的一事。楚州对外扼守着金人的来路，向内屏障着王室的安危，实在是淮上的要害之地，应当全力捍御，绝不可以忽视。之前有大帅（译者按：指韩世忠）屯驻于此，守备严密，虏人不能侵犯，人民得以安处。近日这位帅臣莅任于朝堂（译者按：指绍兴十一年四月韩世忠罢京东、淮东宣抚处置使，改任枢密使一事），而楚州的城郭、兵革都如同往昔一样坚固。陛下挂念边境安危，日思夜想，命岳飞等出使淮上，视察军队，部署相关事务，他本应体察圣上的心情，益加完善防务，而他却公然宣称楚州不可守。所谓不可守，是城池不够坚固吗？是兵员不够众多吗？是地理形势不足以依恃吗？城池不坚，加固就是了；兵员不够，增加就行了；若以地理形势不足以依恃为借口，则我朝与金在此相持累年，全无疏虞，效果甚明。以此三点来质问，可见岳飞之言是荒诞的。况且，我朝所以依恃的险要之处就是长江。如果不守楚州，使虏人的骑兵得以在地形平坦的江淮冲杀奔突，则我们与敌人只隔着一条长江天险，到那时朝廷就是想要有一天的安枕无忧，也得不到吧？岳飞任职于枢密院，身负国家的安危，其为国谋划如此不肖，竟到了这样的地步。若继续让他参与策划军政要略，必误国事。”弹章又说：“岳飞前次奉旨出兵（援淮西）时，延误皇帝严厉的诏命，只略略行军到舒州后就不再前进。这次衔命出使，则坚持己见，想要放弃山阳而退守长江。以岳飞往日的作风不至于此，岂不是如同古人（荀子）所说的‘爵禄盈而忠衰于君’吗？”又说：“臣上次弹劾枢密副使岳飞的罪状，三次呈上奏章。陛下尊宠重臣，念之惜之，唯恐给他造成伤害，暂时示以包容，未加谴责。臣身为言官，责任所在怎能不复深究。况且这其中的一二件事，大亏于忠节。譬如顽固地拒绝出师救援合肥，玩合肥之寇；率先提出奇谈怪论，不务保护城防，打算放弃山阳重地。”又说：“听闻最近岳飞与张俊同往淮南东路部署军事。岳飞曾经公开提出山阳不可守，导致军民摇惑，外议籍籍，以为朝廷将要放弃山阳。所幸有张俊制止，军民才纷纷安定下来。否则，如岳飞所言得以实行，那我朝几乎就要失去山阳了，就算今后斩了岳飞又有什么用呢？这岂不是岳飞的想法差点误国吗？为国家谋划利益的重臣如果不忠，结果必然是误国，岳飞确实就是这样啊。若继续让他辅助军国大事，臣始终担心他会辜负陛下的委任。现在舆论已喧哗纷乱，他丧失人望已经到了这样的程度。”弹章又说：“我曾论楚州是不可以不固守的，又论岳飞等大帅不相和谐，各植同党，有违陛下改制的初衷。刚开始我只从时论听说不欲守两淮，却不知道是谁主导了这样的言论；只听说岳飞与其他人不和，但不知道致使不和的缘由是什么。于是努力采集舆论，而后知道了根由，原来都是出自岳飞一人而已。为什么？岳飞自从去年秋天入觐以来，就鼓吹保江之说，而且想要移屯到九江，置两淮于度外。有识之士听闻，无不嗟叹震惊。后来他被擢升为枢密副使，与张俊同去楚州部署军事，陛下深思远虑边疆的安危，让他出使楚州也算是重要的托付了。那时张俊想要修缮楚州城防，而岳飞屡屡阻止；张俊想要规划两淮重要的郡防，岳飞又认为不可。臣不知道岳飞究竟想要干什么，竟到了这样的地步。”

熊克《中兴小历》曰：“绍兴十一年秋七月，右谏议大夫万俟卨言：‘枢密副使岳飞议弃两淮地，守大江以南。且飞提重兵十万，无横草之劳。倡言弃两淮，以动朝廷，此不臣之渐也。’癸丑，宰执奏事，上曰：‘山阳要地，屏蔽淮南，无山阳则通、泰不能固，贼来径趣苏、常，岂不摇动，其事甚明。比遣张俊、岳飞往彼措置战守，二人登城行视，飞于众中倡言：楚不可守，城安用修。盖将士戍山阳厌久，欲弃而它之，飞意在附会以要誉，故其言如此，朕何赖焉！’秦桧曰：‘飞对人之言乃至是，中外或未知也。’八月，时枢密使张俊、副使岳飞皆在镇江府，而右谏议大夫万俟卨等论飞罪，以谓今春虏骑犯淮西，张俊全师遇敌，趣飞来援，而飞固稽严诏，略至舒、蕲而不进。比与俊按兵淮上，又执偏见，欲弃山阳而不守，致喧外议。所幸俊止其言，纷纷遂定。于是飞上章丐罢，甲戌，以为少保、武胜、定国军节度使、充万寿观使。飞即罢，而俊独留镇江为备。”

【译文】

熊克《中兴小历》记载：“绍兴十一年秋的七月，右谏议大夫万俟卨上言：‘枢密副使岳飞主张放弃两淮区域，退守大江以南。且岳飞虽提重兵十万，却无微小的功劳。倡言弃两淮以摇动朝廷，渐渐显露出犯上作乱的野心。’癸丑日，宰执奏事时，圣上说：‘山阳要地，屏蔽淮南，没有山阳则通、泰两州不能固守，贼军来犯则可径直取道苏、常，岂不会摇动朝廷，情况明了。先前遣张俊、岳飞去楚州部署攻防，二人登城巡察，岳飞在大庭广众下倡言：楚州不可守，城何必要修。大概因为将士们久戍山阳生出厌倦之情，想弃山阳改屯他处，岳飞这样说是意在附会众人以博取赞誉，朕还有什么可倚靠？’秦桧说：‘岳飞对人所言竟至于此，朝廷内外或恐都还不知道呢。’八月，枢密使张俊、副使岳飞都在镇江府，右谏议大夫万俟卨等弹劾岳飞，认为今春虏骑侵犯淮西，张俊全师迎敌，朝廷催促岳飞进援，而岳飞坚拒明诏，略到舒州、蕲州就不再前进。前此与张俊在淮上视军，又固执偏见，想要放弃山阳不守，致使外界舆论喧哗。所幸张俊制止，军民才纷纷安定下来。于是岳飞上章请求罢枢密副使，甲戌日，命岳飞为少保，武胜、定国军节度使，充万寿观使。岳飞被罢后，张俊单独留在镇江枢密行府备防。”

《野史》传曰：“绍兴十一年，奉诏按兵楚州。行次镇江时，韩世忠人马入教场，俊欲分其背嵬，飞曰：‘不可，今国家唯自家三、四辈，以图恢复。万一官家复使之典军，吾曹将何颜以见之？’俊大不乐。及至楚州，俊谓飞曰：‘当修城守。’飞不答者久之，俊屡强问，亦勉答曰：‘吾曹蒙国家厚恩，当相与戮力复中原，若今为退保计，何以激励将士？’又不乐，语颇侵飞。遂迁怒于二候兵，以微罪斩之，飞恳救数四，不从。俊归，遂倡言飞议弃山阳，专欲保江。桧风谏臣罗汝楫弹之，会飞亦自请解兵柄，遂为万寿观使。”

【译文】

《野史》的传记中记载：“绍兴十一年岳飞奉诏去楚州视察军队。到达镇江时，韩世忠的人马进入教场接受检阅，张俊想要分拆韩世忠的背嵬军（译者按：韩世忠亲军名背嵬，皆为勇健无比之士），岳飞说：‘不行，如今国家只依赖我们这三四个人以图恢复。万一他日圣上又命他主持军队，我们有什么脸面见他？’张俊听了这话十分不悦。到了楚州，张俊对岳飞说：‘应当修缮城防。’岳飞没有回答，沉默了很久，张俊屡次强问，才勉强回答道：‘我辈蒙国家厚恩，应当相互协力，恢复中原，若如今只作退保的打算，怎能激励将士？’张俊听后又不悦，言语上很是侵凌岳飞。后来又迁怒于两个侍候兵，以小错为由斩杀了，岳飞再三为他们求情，张俊都不肯听从。张俊回朝后，便扬言岳飞主张弃守山阳，唯欲退保长江。秦桧授意谏臣罗汝楫弹劾岳飞，恰好岳飞那时也自己要求解除兵柄，于是退为万寿观使。”

臣珂辨曰：“臣闻自古小人之诬忠良，必先覆护其所短者，反以加之，庶几上以欺当时，下以欺后世。忠良被诬，而其所短则覆护不露矣。袁盎以通吴，受按于晁错，而吴反，则请诛错者，错被诛，而盎之迹可掩也。翟方进以厚淳于长败露，而辄条长所善者，所善被黜，而方进之愧可谢也。先臣山阳之役，何以异此。

【译文】

臣岳珂辨白道：“我听说自古小人诬陷忠良，一定是先庇护自己的短处，更反过来以这个短处加之于被诬者，希望上可以欺骗当时，下可以欺骗后世。忠良一旦被诬，则小人的短处就被遮掩起来，不会暴露了。（西汉时）袁盎私下结交吴国，被（御史大夫）晁错稽查，后来吴国叛乱，就请求诛杀晁错；晁错被诛，则袁盎的不臣之迹就可以被掩盖了。翟方进与淳于长交好，淳于长以大逆罪被杀时，他们的交情也暴露了。翟方进条列了淳于长所亲善的人物，这些人都被一一罢黜了，这样翟方进也就可以逃避过咎了。先祖父被诬于山阳之事，与这些有何不同呢。

且台评之所以为说者，岂非谓先臣欲弃山阳而保江耶？是说也，张俊实倡之，秦桧实主之。俊之倡之也，所以欺当时；桧之主之也，所以欺后世。欺当时者，所以欺国人以及其君也；欺后世者，不惟欺其君，而又托之君以为说也。呜呼！小人之诬忠良乃如是，其可畏哉！

【译文】

“且言官对先祖父的责备，不就是说先祖父主张弃守山阳、退保长江吗？这个主张，事实上是张俊提倡鼓吹的主张，是秦桧主持政局的主张。张俊鼓吹它，用来欺蒙于当时；秦桧主张它，用来欺蒙于后世。欺蒙于当时的，就是欺蒙国人与君主；欺蒙于后世的，不仅欺蒙其君主，而又伪托于君主，让后世以为这是君主的主张。呜呼！小人竟然这样诬陷忠良，真是可畏啊！

且怯敌以退保者谁乎？岂非张俊耶？激于先臣‘当戮力以图克复，岂可为退保计’之两言，自知其中心之素不可掩匿，故倡为欲弃山阳保江之说，以诬先臣。而万俟卨、罗汝楫从而和之，市三传而有虎矣。曾不知以‘併亡无益’，辞赵鼎楚州之援者，此俊也；畏刘麟之锋，而欲弃盱眙之屯者，此俊也；大驾亲征，而以坠马伤臂为辞，赵鼎欲诛之者，亦此俊也。俊平日之勇怯，不可掩人如此，况是时迁怒于二候兵之不辜，俊之憾深，而俊之迹见矣。是其倡为此说，以欺当时，而上及其君者，所以自盖其怯敌欲退保之罪，因不平其轧己，而嫁祸于先臣，以自附于桧也。

【译文】

“因为怯敌想要退保的人是谁？岂不就是张俊吗？被先祖父的‘我辈应当齐心协力恢复中原，怎可做退保的打算’两句话惹怒，自知他内心一向的主张不能隐匿，所以才制造了先祖父想要弃守山阳、退保长江一说，用以诬陷先祖父。而万俟卨、罗汝楫跟从附和张俊，这便是三人成虎，谣言重复多次，就能使人信以为真的道理啊。世人却不知道以‘并亡无益’向赵鼎推却援救楚州的人，就是这个张俊；畏惧（伪齐）刘麟的锋镝，想要放弃盱眙的人，就是这个张俊；御驾亲征之日，以堕马伤臂为托词，让赵鼎想要诛而正法的人，也是这个张俊啊。张俊平时的胆怯本就不能掩人耳目，何况那时还迁怒于两个无辜的侍候兵，他的怨恨之深，及其本心都表露无疑了。张俊正是想要通过鼓吹这一假说，欺蒙当世，拖累人君，掩盖他自己畏怯敌人，想要退保的罪责。因为对先祖父挤兑自己的话愤愤不平，于是就嫁祸于先祖父，并以此附会秦桧。

欲画淮以和戎者谁乎？岂非秦桧邪？桧欲和戎，以践宿昔之盟，而先臣不死，恐坏其议，故谋置先臣于死地。犹虑万世之议己，乃撰为玉音，以实其罪耳。曾不知异时诸将竝入，版图半上职方，亟请班师者，此桧也；淮西虏遁，将议遂北，而召诸将，拜以枢筦者，此桧也；通书虏酋，主画淮之誓者，亦此桧也。使先臣少贬其说，则与桧意合矣，尚何后患之有。况熊克《中兴小历》称宰执奏事，而有此玉音，以此观之，桧自述此玉音于史臣，俾之记之，欲以欺后世，而又托之君者，所以自盖其画淮和戎之罪，因惧其为己祸，而驾说于先臣，以併诬其君也。

【译文】

“想要划淮水为界，与金人议和的人是谁？不就是秦桧吗？秦桧想与金议和，好践行他与金人过去的约定，而先祖父若不死，恐怕会强烈地阻挠，所以他才会图谋置先祖父于死地。他还顾虑遭到万世之后的讥议，竟杜撰圣上的玉音以坐实先祖父的罪名。世人并不知当初诸将并力北伐，故疆的一半已画入职方司绘制的疆域图，那时急着要求诸将班师的人，正是秦桧；淮西之役，虏人逃遁，诸将主张追剿，而召回诸将拜职于枢密院的，正是秦桧；与虏酋通信，主导划淮河为界之约的，也是秦桧啊。假如先祖父稍许敛藏自己（主战）的言论，就可以符合秦桧的心意，哪还会有什么后患呢。何况熊克的《中兴小历》称'宰相奏事'时才有了这番圣语，从这点看，应是秦桧自述给史臣，让他们记录下来的。以此欺蒙后世，且伪托其出自人君之口，用以掩盖他划淮议和的罪责。就因为害怕划淮议和之说为自己带来毁誉，于是托言于先祖父，还同时诬蔑了人君啊。

且建炎四年，张俊尝以虏人扰江东、西为虑，而命先臣守鄱阳矣。而先臣之言曰：'山泽之郡，车不得方轨，骑不得竝行，虏得无断后之虑乎？但能守淮，何虑江东、西哉！使淮境一失，天崄既与虏共之矣，首尾数千里，必寸寸而守之，然后为安耶？'俊心服而从之。及献靖安之俘，陛对首论及此，且测其必不至，但乞益兵守淮，拱护腹心。高宗皇帝玉音嘉纳，载在国史，可考而见。夫先臣知守江之东、西，不可以不先守淮，则弃山阳而守江者，是果先臣之谋乎？

【译文】

"建炎四年，张俊因担心虏人侵扰江东、江西，曾命令先祖父守鄱阳。先祖父却说：'鄱阳地处山林泽国，战车不得并行，骑乘不能并立，虏人进攻这里，岂会不担心被（我军）断绝后路吗？而我方只要能守住淮河，何用担心江东、江西！而淮河及周边一旦失去，长江天险就要与虏人共有了，首尾绵延数千里，必须寸寸分兵守卫，然后才得太平！'张俊心服，听从了先祖父的建议。后来靖安之捷先祖父到行在献俘，奏对时首次与皇帝论及这点，请求增兵守卫淮境，拱卫腹心之地，则虏人一定不能侵入行在。高宗皇帝亲口赞许并采纳，此事记载于国史之上，可以考证得到。先祖父深知要守住江东、江西，不可以不先守淮境；则弃守山阳、退保长江之论，果真会是先祖父的主张吗？

建炎元年，张所招抚河北，尝以河南、北之利害问先臣矣，而先臣之对曰：‘本朝之都汴，非有秦关百二之险也。平川旷野，长河千里，首尾绵亘，不相应援，独恃河北以为固。苟以精甲健马，冯据要冲，深沟高垒，峙列重镇；使敌入吾境，一城之后，复困一城，一城受围，诸城或挠或救，卒不可犯。如此则虏人不敢窥河南，而京师根本之地固矣。大率河南之有河北，犹燕云之有金坡诸关。河北不归，则河南未可守；诸关不获，则燕云未可有。’夫先臣知守河南在于先守河北，知守燕云在于先守金坡诸关，则弃山阳而守江者，是又先臣之谋乎？一先臣也，岂有智于前而愚于后，明于建炎而闇于绍兴者哉？是虽三尺之童，亦知其决不然也。

【译文】

建炎元年，张所任河北招抚使，曾向先祖父询问河南、河北的形势利害，先祖父回答道：‘本朝定都于汴梁（开封），不像秦国拥有险要的关中，以二万人即可抵挡百万之师。汴都以北都是平川旷野，黄河千里，首尾绵延，不相应援，唯独依恃河北以为要塞。如果以精兵健马凭据要冲，以深壕高垒耸立于重镇，就算敌人进入我国境，攻克一城又需困斗于另一城；我方一城受围，他城或扰敌或救援，防线终是不会被攻破。这样虏人就不敢窥伺河南，而京师根本之地也就稳固了。大致河北之于河南，就如同金坡诸关之于燕云之地。河北之地不夺回，则河南之地不能守；金坡诸关不夺取，则燕云之地不能夺回。’先祖父深知要守住河南在于先守河北，深知要守住燕云之地在于先守金坡诸关；则弃守山阳、退保长江之论，又果真会是先祖父的主张的吗？同一个先祖父，岂有先时智慧、后来愚昧，建炎时贤明、绍兴时反而糊涂的？即便是三尺孩童，也知道这绝不可能啊。

原先臣之心，有进击而无退保，有规恢而无控守，其说曰：‘中原者，吾家之堂奥也，皇天之全付，祖武之肇造，不可一日忘也。’先臣立□谬以为保淮之说，是亦无志于中原而已。故因复襄阳，玺书赐问，则自请以精兵二十万直捣中原，为长久之策。因议大举，亲书密奏，则愿期三年，尽复故疆以报。及谢讲和之赦，则陈其‘唾手燕云’之誓；跋屯田之札，则又见其‘尊强中国’之心。至于简在上心，形诸赐札者，有曰：‘其或襄、邓、陈、蔡有机可乘，即依张浚已行事理，从长措置，亦卿平日之志也。’又曰：‘已亲札喻卿，乘此机会，提兵合击，必成大功，副卿素志。’又曰：‘若得卿出自舒州，与韩世忠、张俊等相应，可望如卿素志。’先臣此心，信于渊衷，布于天下，昭如日星，不可揜晦，是岂区区为守江之谋者！

【译文】

“究先祖父之心，有进击而无退保，有规划恢张，而无控扼保守，按照他的说法：‘中原就是我朝的后堂，皇天所托付，先人所开创，不可一日忘却。’（此句因缺字，意义不明，不译）故而收复襄阳六郡时，有诏书往来慰问，先祖父自请以精兵二十万直捣中原，认为这才是长久之计。皇帝与先祖父密议大兴军旅以图恢复时，先祖父又亲自书写密奏，愿约期三年尽复故疆以图报效。至于上《谢讲和赦表》，则陈述了他‘唾手燕云’的誓愿；题跋皇帝所赐的屯田事札，又表达了他‘尊强中国’的志向。至于圣上的知遇之心，形诸于御札的就有：‘如襄阳、邓州、陈州、蔡州有机可乘，即依照张浚已进行的策划，从长部署，这也是卿平日一贯的志向。’又有：‘已亲书札子晓谕于卿，乘此机会，提兵合击，必成大功，实现卿素日的志向。’还有：‘若得卿率兵到舒州，与韩世忠、张俊等相呼应，可望实现卿素日的志向。’先祖父此心，圣上深信，天下共知，昭昭如日星，不可掩晦，岂是那种主张退守长江的人！

然则俊也，桧也，方行其厚诬忠良之计，而又思所以自覆其迹，欲加之罪，岂容无辞。此弃山阳而守江之说，所以断断然加诸先臣，弗恤也。虽然，俊之欺当时，其策已行矣，先臣已死矣，言犹在耳，山林之史有考，则俊虽能欺一时，而不能欺万世也。桧之欺后世，而山林之史信之，安知异时国史之不书乎？臣又可以不辨乎？

【译文】

“张俊、秦桧，一边推行他们厚诬忠良的计谋，一边考虑怎样掩盖自身的形迹，欲加之罪，何患无辞。有此弃守山阳、退保长江之说断然加在先祖父身上，自然就不用忧虑了。张俊欺蒙当世，其阴谋已行，先祖父已死，然而先祖父的话言犹在耳，山林野史还可考证，则张俊可以欺一时，而不能欺万世。秦桧欺蒙于后世，山林野史却可能会采信，怎知他日不被载入国史呢？臣又怎能不辨白清楚呢？

借使如台评之论，以谓先臣是时功名之志已衰，则臣抑有辨焉。方先臣之罢枢筦也，以是六疏也，而制词有曰：‘奋身许国，彯赵士之曼缨；励志图功，抚臧宫之鸣剑。’夫臧宫[①]

者，云台之臣也，抵掌谈兵，驰志伊吾之北，光武才闭关谢虏，以柔道理天下，而宫之志未之伸焉。岂非高宗皇帝念先臣之志，而所以谕词臣者，其指有在乎？使先臣果尝倡弃淮之说而得罪，则与宫之事岂不大相矛盾。繇是推之，上必不以此疑先臣，而亦必无此玉音也。

【注释】

①藏宫：《后汉书·臧宫传论》："臧宫、马武之徒，抚鸣剑而抵掌，志驰于伊吾之北矣。"伊吾，今新疆哈密。

【译文】

"若是如同御史台的弹劾所论，认为先祖父那时功名之志已衰，那么我还是有必要进行辩析的。先祖父罢枢密使，是因为有这六封弹章，他罢枢密使的制词说：'奋身许国，威风有如赵国勇士冠带下飘飘的曼缨；励志图功，气势仿若藏宫抚剑而哀鸣。'藏宫，是光武帝云台二十八将之一，最爱快意谈兵，向往在伊吾之北的边塞建功立业。光武帝闭关谢绝西域诸国入贡，以柔道治理天下，藏宫之志便不能伸展。这岂不是高宗皇帝顾念先祖父的志向，以此晓谕词臣写入制词，这明明是有所指的吧？假如先祖父果真因曾经主张弃淮之说而获罪，则与藏宫的典故岂不是大相矛盾么。由此观之，圣上必然不曾以此怀疑先祖父，也必然没有所谓的玉音。

然克之《小历》信之，臣不以它说与克辨，特以克所载者与克辨。克之书曰：'绍兴二十六年五月，左仆射沈该监修国史。自秦桧专政以来，所书圣语多出己意，有非玉音者。该以为不足以垂大训，乃奏删之，而取国史所书圣语，通三十年，纂为《中兴圣语》。'是桧专政之时，敢于矫为，亦明矣。如桧之说，则中外皆知先臣无‘楚不可守，城安用修’之说矣，而乃谓对人之言，上何由得之？是日宰执奏事，而玉音及此，岂非桧以为己所亲闻，而谕之史臣者乎？曰‘中外或未知’者，以举世知无此语，而欲以玉音欺后世也。该所谓参以己意者，岂不谓是。然克既知之，而又复据之者，岂不曰是不见删于《圣语》之书，则或者其有此也。殊不思该之竝相者谁乎？万俟卨也。卨主锻炼先臣之狱者也，其肯删之乎？

【译文】

“熊克的《中兴小历》却采信这个说法，我不打算以其他话与熊克辩驳，就特地以熊克自己所写的内容来辩驳。熊克的书中写道：‘绍兴二十六年五月，左仆射沈该监修国史。自秦桧独揽政纲以来，国史上记载的圣语多出于其己意，混杂有圣上没有说过的话。沈该认为这样不足以垂训天下，于是上奏要求删减，而取国史所书录的圣语，以三十年为期，编纂出了《中兴圣语》。’由此观之，秦桧独揽大权时胆敢扭曲真相，是显而易见的。假如真如秦桧所说，‘楚州不可守，城何必要修’是先祖父私下对人说的话，朝廷内外皆不知，那么圣上是从哪里得知的呢？当日宰相奏事，而圣上就言及于此，岂非秦桧自称这是他亲耳听闻圣上所言，而告诉史臣的吗？所谓‘中外或恐不知’，是因为举世知无此语，而想要杜撰玉音来欺蒙后世啊。沈该所谓‘以己意参杂者’，岂不就指此类吗。然而熊克既然知道这些事，却又仍然以此为据撰入《小历》，一些人岂不是会理解为熊克并未见这句玉音在《圣语》中被删去，所以推测或许有这句话吧。殊不知当时与沈该并相的人是谁呢？是万俟卨。正是万俟卨主管先祖父的冤狱，罗织罪名陷害忠良，他会肯删去这个吗？

“又如克所载，绍兴十一年十月戊子，秦桧乞追人证张宪事，而玉音有曰：‘刑所以止乱，若妄有追证，摇动人心，非用刑本意。’绍兴二十二年四月癸亥，秦桧奏，以王俊弹压先臣军有功，乞改差总管，而玉音又曰：‘岳飞当时欲具舟入川，有统制官说谕诸军，乃止。’是二人者，或出于迁就以自盖，或出于假托以自证者也。何以明之？《三朝北盟集》之载，谓先臣下吏，上初不许，桧实矫诏，舆致大理。而《野史》之载，戊子玉音乃在戊寅。盖制勘院[1]之请，欲召先臣父子对吏，上疑其不然而弗许，故有此玉音也。臣按先臣之下吏，实十月之十三日，其日则是戊寅也。《野史》、《北盟》之载，若合符契，则桧之矫诏信矣。而桧乃易‘寅’之一字为‘子’，而移之于十日之后，且复以乞追人为辞，而不明言其为何人，是岂非迁就以自盖其罪乎？先臣在淮西，被诏入朝，盖未尝至鄂，而径趋行在所，遂拜枢筦。出按楚州，又未尝至鄂，而径还西府，遂奉内祠。至十月，而后有张宪复主军之谤。然则先臣身在毂下，何繇而有具舟入川之谋乎？况王俊受告讦之赏，先臣被通书之诬，初无弹压、说谕之事也。使苟有此，则当时治狱，吹毛洗垢，岂无一言及者，是岂非假托以自证其欺乎？

【注释】

①制勘院：是宋代审理诏狱的一种形式，制勘院的案件都属于诏狱案件，要由皇帝下诏进行审理。但并非所有的诏狱案件的审理都要设置制勘院，制勘院的审理形式是诏狱案件中程序最为严格的一种。

【译文】

又如熊克所载，绍兴十一年十月戊子，秦桧请求追查人证张宪之事，而圣上说：‘刑法是用来遏止动乱的，如果随意地审讯对证，使人心不稳，这并不是用刑的本意。’绍兴二十二年四月癸亥，秦桧上奏，因王俊弹压先祖父所管军队有功，请将他改差为总管，而圣上又说：‘岳飞当时已经打算准备船只入四川了，因有某统制官劝谕诸军，才制止了。’（秦桧与王俊）此二人，一个牵强附会以自掩其罪，一个用胡编乱造作为自己的证词。如何来辨明呢？《三朝北盟集》里记载，说先祖父之下狱，圣上一开始是不许的，秦桧事实上是假传圣旨将先祖父抬到了大理寺。《野史》则记载说，戊子日（译者按：农历十月二十三日）的玉音（译者按：指帝王的言语）其实应该是在戊寅日（译者按：农历十月十三日）。那是因制勘院所请，想要召先祖父父子与吏人对证，圣上因有疑虑而没有准许，所以才有了这段玉音。据臣考查，先祖父下狱，实是在十月十三日，那天正是戊寅日。《野史》和《三朝北盟集》两者分别的记载完全吻合，可见秦桧假传圣旨的说法是可信的。而秦桧就是将‘寅’字改为‘子’，将玉音发生的时间移到了十日之后，并且又以请追人证为辞，又不明言其为何人，这岂不就是牵强附会以自掩其罪吗？先祖父在淮西时就蒙诏入朝，没有回过鄂州，而是径直赶往行在，然后就被拜授了枢密院的职务。然后出去按察楚州的军队，又不曾回鄂州，而是径直回到枢密府，接着就奉内祠。到了十月，就出现了张宪为使先祖父重新主军、图谋不轨的诽谤。然而，先祖父一直身在行在辇毂之下，如何能有备舟入川的图谋呢？何况王俊因告讦而受赏，诬告的是先祖父与张宪通书，最初并没有（王俊）弹压、劝谕诸军之说。若真有此事，则审案当时吹毛求疵，怎能没有一言提及，这岂不是以假托的言辞自证其欺世吗？

触类而观之，则桧之没先臣之功，而重先臣之罪，托为玉音者，讵可胜述，而该之不删者，亦有以也。

【译文】

“触类旁观，则秦桧埋没先祖父的功劳，加重先祖父的罪名，假托为圣上玉音的事，多得不可胜述，而沈该没有删去的，也一定还有。

至于卨之二疏，克之所据，皆出于孙觌志墓之文。觌以谀墓[①]取足，贸易是非，至以得不偿愿，作启讥骂，笔于王明清之录，天下传以为笑，在臣不必深辨。而其誌韩世忠墓，直谓先臣为‘跋扈’，而俪之范琼，臣故不能无说焉。夫人之贤不肖，天下固有公论，而非一人之私可以臆决也。夫吕颐浩之元勋，而吕惠卿之误国，莫俦之附虏，其为人皆不待言而见。而觌之序惠卿，则谓魁名硕实，为世大儒，而自愿托名于其文。誌莫俦则惜其投闲置散，老死不用，而谓庙堂为非。是其识固可想矣。而于颐浩则直指为山东噉枣栗一氓，是岂复有是非之公哉！觌之取舍如此，则诋先臣以‘跋扈’，固无怪者。

【注释】

①谀墓：王明清《挥麈录·挥麈后录》卷一一，276条：“孙仲益每为人作墓碑，得润笔甚富，所以家益丰。有为晋陵主簿者，父死，欲仲益作志铭，先遣人达意于孙，云：‘文成，缣帛良粟，各当以千濡毫也。’仲益忻然落笔，且溢美之。既刻就，遂寒前盟，以纸笔、龙涎、建茗代其数，且作启以谢之。仲益极不堪，即以骈骊之词报之，略云：‘米五斗而作传，绢千匹以成碑，古或有之，今未见也。立道旁碣，虽无愧词；谀墓中人，遂成虚语。’”

【译文】

“至于熊克所引用为据的两封万俟卨的奏疏，都出自孙觌为万俟卨所撰写的墓志。孙觌以阿谀死人取足财用，搬弄是非，曾经因润笔费得不偿愿竟至于在书信中讥骂对方，被王明清在书中记录下来，天下传为笑柄，臣不再多言。而其为韩世忠撰墓志时，毫不避讳地称先祖父‘跋扈’，将他与范琼相提并论，所以臣就不得不申述了。一个人是贤明还是不肖，世人固然会有公论，并不是一己私意可以主观决断的。吕颐浩为中兴元勋，吕惠卿贻误国事，莫俦亲附虏人，其为人如何都不待多言尽皆展现在世人面前。而孙觌为吕惠卿的《东平集》作序，则称赞他不愧科举魁首之名，为当世大儒，愿意借助他的文章抬高自己；为莫俦作墓志，则又叹息其投闲置散，至老死而不被启用，认为这是朝廷的过失；孙觌他的识见也就可想而知了。而对于吕颐浩，他却直指为山东只会啖枣栗的氓黎，这还有是非公理在吗？孙觌评论他人竟然如此取舍，则用‘跋扈’一词诋毁先祖父就根本不奇怪了。

克盖心惑乎沈该之不删，而目眩乎孙觌之所誌，则《小历》之作，所谓中心疑者，其辞枝矣。

【译文】

“熊克大概是困惑于沈该未删去的‘圣语’，而又迷惑于孙觌所撰的万俟卨墓志，于是在他所撰的《小历》中，对于心中有所疑惑的地方，言辞上就只能模棱两可。

呜呼！先臣山阳之诬，俊以自盖其怯敌而倡之，桧以自覆其和戎而成之，觌以苟揜万俟卨之恶而笔之，克以轻信孙觌之誌而述之。冤哉！先臣之不幸也。使识者熟察乎桧、俊之矫诬，觌、克之载记，则先臣之诬，庶几有辨之者。”

【译文】

“呜呼！先祖父的山阳之诬，因张俊想要掩藏其怯战的心态而兴，因秦桧想要掩盖其和议的本质而成，因孙觌苟且遮掩万俟卨的罪恶而着于笔墨，因熊克轻信孙觌所撰墓志而述于史册。冤枉啊！这是先祖父的不幸。假使有识之士能详察秦桧、张俊假托君命诬陷无辜，能洞察孙觌、熊克所书所载的缘由，则先祖父所受的诬陷就有望辨明了吧。”

卷第二十四

吁天辨诬卷之四

张宪辨

王明清《挥麈录》曰："壬子岁仕宁国，得王俊所首岳飞状于其家云：'左武大夫、果州防御使、差充京东东路兵马钤辖、御前前军副统制王俊。右俊于八月二十二日夜二更以来，张太尉[①]使奴厮儿庆童来，请俊去说话。俊到张太尉衙，令虞候[②]报覆，请俊入宅。在莲花池东面一亭子上，张太尉先与一和尚何泽一秉烛，对面坐地说话。俊到时，何泽一更不与俊相揖，便起向灯影暗处潜去。俊于张太尉面前唱喏，坐间，张太尉不作声，良久，问道：你早睡也，那里睡得着？俊道：太尉有甚事睡不着？张太尉道：你不知自家相公[③]得出也！俊道：相公得出，那里去？张太尉道：得衢、婺州。俊道：既得衢州、婺州，则无事也，有甚烦恼？张太尉道：恐有后命。俊道：有后命如何？张太尉道：你理会不得，我与相公从微相随，朝廷必疑我也。朝廷教更番朝见，我去则不必来也！俊道：向日范将军被罪，朝廷赐死。俊与范将军从微相随，俊元是雄威副都头，转至正使，皆是范将军，兼系右军统制、同提举一行事务。心怀忠义，到今朝廷何曾赐罪？太尉不须别生疑虑。张太尉道：更说与你，我相公处有人来，教我救他。俊道：如何救他？张太尉道：我这人马动，则便是救他也。俊道：动后甚意思？张太尉道：这里将人马、老小尽底移在襄阳府不动，只在那里驻扎。朝廷知后，必使岳相公来弹压抚谕。俊道：太尉不得动人马，若太尉动人马，朝廷必疑，岳相公越被罪也。张太尉道：你理会不得，若朝廷使岳相公来时，便是我救他也。若朝廷不肯教岳相公来时，我将人马分布，自据襄阳府。俊道：诸军人马如何起发得？张太尉道：我虏劫舟船，尽装载步人、老小，令马军便陆路前去。俊道：且看国家患难之际，且更消停。张太尉道：我待做，则须做。你安排着，待我教你下手做时，你便听我言语。俊道：恐军中不伏者多。张太尉道：谁敢不伏？傅选道伏我不伏？俊道：傅统制慷慨之人，丈夫刚气，必不肯伏。张太尉道：待有不伏者，都与劋杀。俊道：这军马作甚名目起发？张太尉道：你问得我是，我假做一件朝廷文字教起发，我须教人不疑。俊道：太尉去襄阳府，后面张相公遣人马来追袭，如何？张太尉道：必不敢来赶我。设他人马来到这里时，我已到襄阳府了也。俊道：且如到襄阳府，张相公必不肯休，继续前来收捕，如何？张太尉道：我又何惧！俊道：若番人探得知，必来夹攻。太尉南面有张相公人马，北面有番人，太尉如何处置？张太尉冷笑：我别有道理，待我这里兵才动时，使人将文字去与番人。万一支吾不前，交番人发人马助我。俊道：诸军人马、老小数十万，襄阳府粮少，如何？张太尉道：这里粮尽数着船装载前去，郢州也有粮，襄阳府也有粮，可吃得一年。俊道：这里数路应副钱粮，尚有不前，那里些小粮，一年已后无粮，如何？张太尉道：我那里一年已外不别做转动？我那里不一年，教番人必退。我迟则迟动，疾则疾动，你安排着。张太尉又道：我如今动后，背嵬、遊奕伏我不伏？俊道：不伏底多。张太尉道：遊奕姚观察、背嵬王刚、张应、李璋伏不伏？俊道：不知如何。张太尉道：明日来，我这里聚厅时，你请姚观察、王刚、张应、李璋去你衙里吃饭，与说我这言语。说道张太尉一夜不曾得睡，知得相公得出，恐有后命。今自家懑都出岳相公门下，若诸军人马有语言，教我怎生制御[4]？我东西随他人，我又不是都统制，朝廷又不曾有文字教我管，他懑有事，都不能管得。至三更后，俊归来本家。

【注释】

①太尉：官名。秦至西汉设置，为全国军政首脑，与丞相、御史大夫并称三公。汉武帝时改称大司马。东汉时太尉与司徒、司空并称三公。历代亦多曾沿置，但渐变为加官，无实权。至宋徽宗时，定为武官官阶的最高一级，但本身并不表示任何职务。一般常用作武官的尊称。元以后废。

②虞候：宋时官僚雇用的侍从。

③相公：宋代对宰相、执政级别高官的尊称，此处的“张相公”是指张俊，他当时担任枢密使。

④制御：处置。

【译文】

王明清的《挥麈录》记载：“（我）壬子年的时候在宁国那个地方做官，在王俊家里获得了他告发岳飞的状子，状子写道：‘左武大夫、果州防御使、差充京东东路兵马钤辖、御前前军副统制王俊（告发）。我在八月二十二日夜里二更以后，张太尉使唤小厮庆童前来，请我前去说话。我到了张太尉的衙里，（张太尉）命虞候禀报，请我入宅。在莲花池东面的一个亭子上，张太尉先是同和尚何泽一秉烛夜谈，相对而坐讲话。我到的时候，何泽一竟不与我相揖作礼，便起身向灯影暗处躲去。我在张太尉面前唱诺行礼。座席之上，张太尉不做声，良久问道：你早睡下了吗，哪里能睡得着？我问道：太尉有什么心事睡不着？张太尉道：你不知道咱们相公被调出行在了吗？我问道：相公被调离行在，到哪里去？张太尉道：调任衢州、婺州。我说道：既然调任衢州，那便没事了，还有什么烦恼？张太尉道：恐怕以后还会有别的命令。我问道：后来另有命令会怎么样？张太尉道：你不明白，我自寒微时便跟随相公，朝廷必会怀疑我。朝廷命轮次朝见，我去了便一定回不来了。我说道：从前范琼将军获罪，朝廷下令赐死。我在寒微时便跟随范将军，原是雄威副都头，后来转到正使，全是范将军栽培提拔，兼任右军统制、同提举一行事务。我心怀忠义，到如今朝廷何曾赐罪于我？太尉不必旁生疑虑。张太尉道：再告诉你，咱们相公派人前来，教我救他。我问道：怎样救他？张太尉说：我这里发动兵马，那便是救他了。我问：发动人马以后怎么办？张太尉说：这里将兵马及随军家属全部移到襄阳府，不再调动，只在那里驻扎。朝廷知道后，必会派遣岳相公前来弹压抚慰。我说道：太尉不能调动兵马，若是太尉调动兵马，朝廷必然生疑，岳相公越发会被赐罪了。张太尉道：你不明白，若是朝廷派遣岳相公来，便是我救他成功了。若是朝廷不肯派岳相公来，我将人马散布，占据襄阳府。我问：各军兵马怎样起发？张太尉道：我掳劫舟船，全载上步兵、家属，命骑兵从陆路前去。我道：且看在国家处于患难之际，暂且停止吧。张太尉道：我要做，便必须做。你先安排着，等我叫你动手时，你便听我命令。我说：恐怕军中不服的多。张太尉道：谁敢不服？傅选服不服我？我说：傅统制是慷慨之人，颇具丈夫刚烈之气，必不肯听从。张太尉道：若有不服的，都给我杀了。我问：这兵马以什么名目起发？张太尉道：你问得是，我假做一份朝廷文书就可以让兵马起发，我必做得旁人不会怀疑。我说：太尉前去襄阳府，张相公派遣兵马在后面追袭，怎么办？张太尉道：（他）必不敢来追赶我。假如他的兵马来到这里，我已经到达襄阳府了。我问：假如到了襄阳府，张相公必不肯干休，继续前来追捕，怎么办？张太尉道：我又有什么可怕（他）的！我说：若是金人探知消息，必来夹攻。太尉的南面有张相公的兵马，北面有金人，太尉怎么对付？张太尉冷笑道：我另有道理，等我这里兵马才出发时，便派人带着文书送给金人。万一踌躇不前，让金人发兵助我。我说：各军的兵马、家属数十万人，襄阳府粮食缺少，怎么办？张太尉道：将这里的粮食全部装船运去，郢州也有粮食，襄阳府也有粮食，可以吃一年。我说:在这里有几个路供应钱粮，尚有不能周济的时候，那里的一点粮食，一年之后便没粮食了，怎么办？张太尉道：我在那边一年中不另做周转？我那边不出一年，管教金人败退。我迟便迟动，快便快动，你先安排着。张太尉又说：如今我起兵后，背嵬军、遊奕军服不服我？我答：不服的多。张太尉道：遊奕军的姚观察使、背嵬军王刚、张应、李璋服不服？我说：不知会怎样。张太尉：明日我这里聚厅的时候，你请姚观察使、王刚、张应、李璋去你衙中吃饭，告诉他们我这些话。就说张太尉一夜不曾睡，知道相公被调出行在，恐怕之后还有其他命令。如今我们这些人都出自岳相公门下，若诸军兵马有怨言，教我怎么处置？我左右是随旁人去，我又不是都统制，朝廷也不曾有文书命令教我管，他们有事，我都管不了。待到三更以后，我才回到自己家。

次日天晓二十三日早，众统制官到张太尉衙前，张太尉未坐衙。俊叫起姚观察，于教场内亭子西边坐地。姚观察道：有甚事，大哥！俊道：张太尉一夜不曾睡，知得相公得出，大段烦恼。道破言语，教俊来问观察如何？姚观察道：既相公不来时，张太尉管军，事节都在张太尉也。俊问观察道：将来诸军乱后，如何？姚观察道：与他弹压，不可教乱，恐坏了这军人马。你做我覆知太尉，缓缓地，且看国家患难面。道罢，各散去，更不曾说张太尉所言事节。

【译文】

“次日天明，二十三日早晨，众统制官道张太尉衙前，张太尉未曾坐衙。我叫出姚观察使，在校场里亭子的西边坐下。姚观察问道：有什么事，大哥？我说：张太尉一夜未曾睡，知道相公被调出行在，十分忧虑。将话挑明，让我来问观察有什么打算。姚观察说：既然相公不在，张太尉掌管兵马，事情都在张太尉决断。我问观察：将来诸军变乱，怎么办？姚观察道：帮他弹压，不可让士兵哗变，别弄坏了这支军队。你帮我回复太尉知道，且缓行事，只看在国家处于患难之中的面子上吧。说完，我们各自散去，没有再说张太尉所讲的事情。

俊去见张太尉，唱喏，张太尉道：夜来所言事如何？俊道：不曾去请王刚等，只与姚观察说话。教来覆太尉道，恐兵乱后，不可不弹压。我遊奕一军钤束得整齐，必不到得生事。张太尉道：既姚观察卖弄，道他人马整齐，我做得尤稳也。你安排着。俊便唱喏出来。自后不曾说话。

【译文】

“我去见张太尉，行礼后，张太尉问道：夜里说的事怎么样了？我答：不曾去请王刚等人，只与姚观察说了。（姚观察）叫我来回复太尉，只恐兵变后，不能不弹压，我遊奕军管束得严整，到时候必不闹事。张太尉道：既然姚观察卖弄，说他的人马严整，我便做得更稳当了。你且安排着。我便行礼后出来。以后没有再说过话了。

九月初一日，张太尉起发赴枢密行府。俊去辞，张太尉道：王统制，你后面粗重物事转换了着，我去后，将来必不共将这濂一处。你收拾，等我来叫你。

【译文】

“九月初一，张太尉动身前往枢密院行府，我前去送行，张太尉说：王统制，你在后面将粗重的辎重转换了，我走后，将来必不会只待在这一处。你收拾一下，等我来叫你。

重念俊元系东平府雄威第八长行，因本府阙粮，诸营军兵呼千等结连俊，欲劫东平府作过。当时俊食禄本营，不敢负于国家，又不忍弃老母，遂经安抚司告首。奉圣旨，补本营副都头。后来继而金人侵犯中原，俊自靖康元年，首从军旅于京城下，与金人相敌，斩首。及俊口内中箭，射落二齿，奉圣旨，特换授成忠郎。后来并系立战功，转至今来官资。俊尽节仰报朝廷，今来张太尉结连俊起事，俊不敢负于国家。欲伺候将来赴枢密行府日，面诣张相公前告首，又恐都统王太尉别有出入，张太尉后面别起事背叛，临时力所不及，使俊陷于不义。俊已于初七日面覆都统王太尉讫，今月初八日纳状告首。如有一事一件分毫不是，乞依军法施行。兼俊自出官以来，立到战功，转至今来官资，即不曾有分毫过犯。所有俊应干告、敕、宣、札①在家收存外，有告首呼千等补副都头宣缴申外，庶晓俊忠义，不曾作过，不敢负于国家。谨具状披告，伏候指挥。’

【注释】

①告、敕、宣、札：告，即告书，亦称“官告”“告命”“告身”，官告院依《官告条制》制造的除授、封爵、赠官、加勋法物（证书、凭证）；敕，自上而下的文书，由中书省取旨、门下省审驳、尚书省执行的的命令，称为“敕”，需宰相押字；宣，文书名，枢密院用于付授大事的命令称为“宣”，枢密院差除无品武官和临时差使用“宣”；札，即札子，中书省、

门下省、尚书省、枢密院行用的文书体。

【译文】

“再次感念，我原是东平府雄威第八长行，因为本府缺粮，诸营军兵聚集了上千人约我，想劫掠东平府作乱。当时我在本营当差，不敢有负于国家，又不忍心抛弃老母，于是向安抚司告发。（安抚司）奉圣旨，将我补为本营副都头。后来金人侵犯中原，我自靖康元年，先是在京城之下从军，抵御金人，曾将敌人斩首。等到我口内中箭，射落了两颗牙齿，奉圣旨，特授成忠郎。后来连立战功，才升到如今的官阶。我为国尽节，报答朝廷，如今张太尉想联合我谋叛，我不敢辜负国家，想等待机会，将来前去枢密行府的时候，当面到张相公跟前告发，又恐怕都统制王贵太尉有所出入，（不知详情），张太尉将来起兵叛变，临时力不能及，使我陷于不义之地。我已经在初七那天当面告知了都统制王太尉，本月初八上状子告发。若有一桩一件有分毫不实，请求依照军法处置施行。并且我自做官以来，立了战功，才升到如今的官阶，并不曾有分毫过错。所有我升官的告命、敕书、宣、札子在家收存，除了告发呼千等人补为副都头的宣上缴之外，希望（朝廷）知道我的忠义之心，不曾作乱，不敢辜负国家。谨具状子陈述，伏候命令。’

次岁，明清入朝，始得诏狱全案观之。岳侯之坐死，乃以尝自言与太祖俱以三十岁为节度使，以为指斥乘舆[①]，情理切害。及握兵之日，受庚牌[②]不即出师者，凡十五次，以为抗拒诏命，初不究‘将在军，君命有所不受’之义。又云岳云与张宪书，通谋为乱。所供虽尝移缄，既不曾达，继复焚之，亦不知其词云何，且与元首状了无干涉。锻炼虽极，而不得实情，的见诬罔，孰所为据，而遽皆处极典，览之拂膺。倘非后来诏书湔洗追褒，则没地衔冤于无穷。所可恨者，使当时推鞫酷吏漏网，不正刑典耳！王俊者，初以小兵徒中告反而转资[③]，晚以裨将而妄讦主帅，遂饕富贵。驵卒铃奴，一时倾险，不足比数。考其终始之间，可谓怪矣。首状虽甚为鄙俚之言，然不可更一字也。”

【注释】

①指斥乘舆：乘舆，古代特指天子和诸侯所乘坐的车子，泛指皇帝用的器物，代指帝王。指斥乘舆即指责辱骂皇帝，为大不敬之罪。《宋刑统·卷十》规定：“诸指斥乘舆，情理切害者斩，非切害者徒二年。”

②庚牌：即庚符，兵符、虎符，是古代调兵遣将的凭证。

③转资：改迁资格级别，指升官。

【译文】

第二年，明清进入朝廷，才能看到诏狱的完整案卷。岳侯之所以获罪赐死，竟因曾经自夸与太祖皇帝一样，都在三十岁升至节度使获罪，（大理寺）认为（这是）指斥乘舆，情理切中要害。以及掌军的时候，接到庚牌不立即出兵的罪名，共十五次，认为这是抗拒诏命，最初不追究是因为‘将在外，君命有所不受’。又说岳云给张宪写信，共同策划叛乱谋反。供状上说书信虽然曾寄出，先是说是不曾收到，继而又说焚掉了，也不知这说的是什么，况且与王俊原来的告发状子毫无关系。拷打折磨即使到了极致，却得不到确实的口供，的确可见属于诬陷；没有凭据，却遽然都被处以极刑，（我）看后极为愤怒。倘若不是后来朝廷下诏洗雪冤屈追褒忠良，（这冤枉）便没于地下，含冤无穷了。可恨的是，让当时审问的酷吏漏网脱逃，没有明正典刑！王俊，最初在小兵之中恐被人告发，因此先行揭发，才升迁了官阶，后来身为裨将又胡乱诬陷主帅，于是遽然得享富贵。一介马夫，一时用心险恶，不足一提。考察他升迁始末，可说是异常的了。告发状子的言语虽然甚是粗俗，却不可以更改一个字。”

《林泉野记》曰：“统制张宪谋乱，冀朝廷还飞军，而己为副，统制王俊发其奸。张俊亦以为言。桧因谮飞令云作书与宪，下飞大理寺。”

【译文】

《林泉野记》记载：“统制张宪阴谋叛乱，希望朝廷还给岳飞兵权，而自己做副职，统制王俊告发了他的奸计。张俊亦为王俊说话。秦桧趁此诬陷岳飞命岳云写信给张宪，将岳飞下了大理寺。”

徐梦莘《三朝北盟会编》曰：“鄂州军统制张宪谋为乱，都统制王贵执之，送于枢密行府。张宪以前军统制为提举一行事务，得岳飞之子云书，遂欲劫诸军为乱，且曰：‘率诸军径赴行在，乞岳少保复统军。’或曰：‘不若渡江往京西，朝廷必遣岳少保来抚谕，得岳少保复统军，则无事矣。’语渐漏露，百姓皆昼夜不安，官司亦无所措置，惟忧惧而已。都统制王贵赴镇江府，诣枢密行府禀议，方回到鄂州，前军副统制王俊以其事告之，贵大惊。诸统制入谒贵，贵遂就执宪，送于枢密行府。是时，张俊以枢密使视师在镇江、建康也。俊令就行府取勘，王应求请枢密院职级严师孟、令史刘兴仁推勘。师孟、兴仁以枢密院吏无推勘法，恐坏乱祖宗之制，力辞。俊从之，遂命应求推勘，狱成，送大理寺。俊小名喜儿，济南府人，范琼领兵在京东，俊为刽子。”

【译文】

徐梦莘《三朝北盟会编》记载："鄂州军统制张宪阴谋叛乱，都统制王贵将他逮捕，送往枢密行府。张宪为前军统制，提举一行事务，得到岳飞之子岳云的书信，于是想裹胁军队作乱，并说：'率领各军径直前往行在，请岳少保再次统军。'有人说：'不如渡过长江前去京西路，朝廷必会派遣岳少保前来抚谕，能使岳少保再次掌军，就没事了。'这些话渐渐泄露出去，百姓都日夜不安，衙门亦无法安定民心，唯有忧虑恐惧不止。都统制王贵前去镇江府，到枢密行府禀奏议事，刚刚回到鄂州，前军副统制王俊将这些事告诉了他，王贵大惊。各统制官来谒见王贵，王贵于是就地将张宪拿下，送往枢密行府。当时，张俊以枢密使的身份在镇江、建康视察军队。张俊命枢密行府就地审理，王应求请求枢密院职级严师孟、令史刘兴仁审问。严师孟、刘兴仁以枢密院没有审问权，恐怕败坏了祖制的理由，竭力推辞。张俊听从了他们，于是命王应求审问，结案后，送往大理寺。王俊小名喜儿，济南府人，范琼在京东路带兵时，王俊是刽子手。"

臣珂辨曰："呜呼！张宪之事，臣尚忍言之哉！夫天下之理，固有迹非相关，而其始终乃相须而后明者，张宪之事是也。即首状而观，狱成了无干涉，王明清之所录，亦既明矣。臣于此而尚容喙焉，不几于费辞者？呜呼！臣之辨岂得已哉！反覆当时之事，痛心疾首，欲读不忍，欲弃不敢，哽涕呼天而毕此辨，而谓臣为费辞乎？

【译文】

臣岳珂辩白："呜呼！张宪蒙冤之事，臣怎么忍心再说呢！天下的道理，有痕迹并非有关联，相互关联的事都澄清而后可以让真相大白的，说的是张宪之事。就告发状来看，结案时却与它毫无关系，王明清所抄录的，亦已然清楚了。还容臣在此辩驳，岂不近乎废话了吗？鸣呼！臣的辩驳岂能停止！臣反复看当时的事，痛心疾首，想读下去不忍心，想弃之不读又不敢，哽咽悲泣，向天呼冤才完成这篇辩词，却说臣是废话吗？

夫先臣之事，著于人心，信于天下，书于国史，传于野录，皎然甚明，而臣区区之四辨，又详明而深究，固不待多言矣。通书之迹，不惟荒谬不根，讬于已焚之无考，而不足以欺天下后世。臣犹有可证而甚不诬者，足以根之。独张宪以列校奋身，忠义自许，为先臣之爱将，而一时被诬，衔恨地下。虽复官恤孤，尝被昭雪之殊典，已足以垂信于万世，而覼缕[①]之迹，尚未能昭明布宣，使无一毫之憾。门阀湮替，卓锥无所，子孙流离糊口，何在搢绅之公议，以其微而不及朝廷之优恩，以其久而遂废九原之下，欲诉莫能。或者因其迹之未明，而窃意其罪之在宪，而先臣莫之知也。故谋还飞掌兵而己副之说，载于《林泉野记》，‘百姓皆昼夜不安’之说，载于《三朝北盟集》，大抵皆明先臣之冤，而不明宪之冤，殆以为宪果有是。鸣呼！臣而不辨，谁实辨之。宪为先臣之爱将，而宪之诬未明，则先臣之迹，亦几于晦矣。此始终相须，而臣之所以不容不辨也。

【注释】

①覼缕：事情的原委。

【译文】

臣先祖父之事，显明于人心，信服于天下，记载于国史上，传播于民间记录中，清晰分明，并且臣所写的四份辩词，又是详细明白且深入探究，原是不必多说的。通书谋叛之事，不仅荒谬没有根据，假托信已经焚掉不可追查，而且不能够欺瞒天下人和后世人。臣还有可以证实的确实可信的（材料），足以作为证据。张宪本是军官子弟，奋身从军，以忠义自许，是先祖父的爱将，却一时之间被诬陷，含冤地下。即使恢复了他的官职、抚恤他的遗孤，曾沐昭雪的殊荣，已经足以使万世之后的人信服，但是事情的原委，尚且不能显扬传布，使他没有丝毫遗憾。门楣没落，无立锥之地，子孙为了糊口流离四方，哪里在于士大夫的公论，因为地位卑微而不能获得朝廷的厚恩，因为年月太久（冤屈）也被遗忘于九泉之下，欲待辩白却不能。或者因为他的生平事迹已经不可考证，便私自将罪名推给张宪，而臣的先祖父不知此事。因此谋划将兵权还给岳飞执掌而自己作为副手的说法，被记在《林泉野记》里，'百姓都日夜不安'的说法，记在《三朝北盟集》里，大多都能使人明白臣先祖父的冤枉，却不能使人明白张宪的冤枉，几乎以为张宪确实有这样的事。呜呼！臣不辩驳，谁（为他）辩白？张宪是先祖父的爱将，对张宪的诬陷却不能昭雪，那么先祖父的形迹，也近于晦暗不明了。这是始终互相依存的，也是不容臣不辩白的原因。

夫天下之情至不相远，趋安而舍危，喜同而恶异，人之情也；亲其亲而疏其疏，公其公而私其私，亦人之情也。张宪享廉车[①]之秩，居至安之位，击钟而鼎食，厚茵而高枕，而谓其释此不为，出狂谋以蹈不测，固已非人情矣。而谓其以谋告王俊，而俊发之，则其为不近人情，尤为昭昭。何则？告人以非常之谋，则其所告者必其所素知而深爱者也，又必其至密而不疑者也。谓俊为宪之所深爱者耶？同军而处，反目如仇，奸贪之迹，屡发其蕴，则固非深爱者矣。谓俊为宪之所不疑者耶？雕儿之号，著称于军，宪为同僚，夫岂不察，则又非不疑者矣。如俊之出身，岂惟军中知之，宜举天下无不知者。始在东平府，告其徒呼千等罪，乃得为都头。自是以告讦为利，不问是否。自出身以来，无非以告讦得者，雕儿之称，实自是始。使宪而愚无所知也，则于异谋乎何有？宪而稍有思焉，则必曰：'彼以告讦而得此也，吾可以此谋告之耶？'疑畏之不暇，而何自以通情哉？呜呼！是虽三尺童子，亦知其必不然也。

【注释】

①廉车：指观察使、廉访使、按察使等赴任时所乘的车子。亦用以代称上述官员。

【译文】

"世人在情理上都是相近的，趋向平安，远离危险，喜欢赞同，厌恶不同，人之常情；亲近他亲近的，疏远他疏远的，公正对待大众而偏爱他所偏爱的，也是人之常情。张宪的官位已至观察使，处在最平安的位子上，钟鸣鼎食，受厚恩且高枕无忧，却说他放弃这些，想不切实际地阴谋去蹈不测之境，原就已经不是人之常情了。又说他将阴谋告知王俊，而王俊告发他，这其中不近人之常情的怪异之处，尤其明白清楚。为何？将非同寻常的阴谋告诉旁人，那么他告诉的必是他平常了解且极是喜爱的人，又必是他极其亲近且不怀疑的人。说王俊是张宪极喜爱的人吗？虽然同军相处，反目如同仇人，王俊的奸恶贪酷之事，屡次（被张宪）揭穿，绝不是张宪深深喜爱的人。说王俊是张宪不怀疑的人吗？雕儿的绰号，著称于全军，张宪作为同僚，岂会不察，这又不是他不怀疑的了。像王俊这样的出身，岂止军中知道，应该是天下没有不知道的。最初在东平府，告发同伴呼千等人犯罪，才得以升为都头。自此以后以告发诬陷取利，不问是非对错。自入仕途以来，无非以告发诬陷升官，雕儿的称号，实是由此得到的。假使张宪是愚蠢一无所知的，那么怎会有阴谋叛乱之事？张宪（但凡）有点智慧，必会说：‘王俊靠着告发诬陷才得到如今的官职，我能将这样的阴谋告诉他吗？’怀疑畏惧他（知道）还来不及，怎会自己告知他情由呢？呜呼！这即使是三尺稚童，也知道张宪必不会如此。

抑犹有所谓大不近人情者，而非特此而已也。观其所首，宪之与俊言，亦既委曲矣。论难十余反，俊未尝少顺其说，宪盍亦少觉矣。方且谆谆不已，尽以心曲之谋告之，漫不省其从违，而加之防虑。呜呼！畔逆之狂谋，果为何等事，俊、宪之相与，果为何等亲，而深信不疑，屡诘不返，有如此哉？今夫人之欲为非者，将欲诱人以从己，则必先求其可与言而不疑者，而诱之，又必先露其端倪，钩致其心腹。发言之初，必察其人之词色，彼苟是我而从之，又将察其诚不诚焉。如其诚也，则亦庶几乎展尽底蕴，而与之定谋矣。苟其人词色之少变，或依违而纵臾，或微拒而逊却，则告之者必逆料其心之所不乐，而未必我从也。又将少隐其辞，而盖其前说，虽有心曲之至隐，亦不与之言矣。何则？以私而告人，非公言也。告人以公言而不从，则亦公其事而已；以私告之，而彼不我从，必有发我之私而背我者。夫人之诱人以为非，而告人以私者，未有不料及此者也。诱之以为非，且不可不虑，况诱之以叛乎？俊之反覆不从，昭昭如彼；而宪之吐露无隐，谆谆如此，则宪不几于病狂丧心者。即是而论，则宪之谋，俊之告，其然耶？其不然耶？识者必能辨于此矣。

【译文】

“还有极不近人之常情之处，并非只有此一处。看王俊的告发状子，张宪对王俊说的话，亦是极其详尽了。两个人辩论诘难十余次，王俊未曾稍稍顺着他说，张宪何故没有觉察？尚且谆谆不已，尽数将心腹谋划告诉他，漫然不思考王俊是会依从还是违背自己，并且加以防范。呜呼！叛逆这样的狂妄阴谋，究竟是什么样的事，王俊、张宪的交情，究竟是何等亲近，而使张宪深信不疑，屡次遭到诘难也不回头，有这样的事吗？如今想为非作歹的人，想要引诱别人跟随自己，那么必然先找可以深谈而不用怀疑的人，而引诱别人，又必然先露出端倪，勾结为心腹。说话之初，必然观察那个人的言辞神色，假如那人赞同我并且跟从，又会观察他诚心不诚心。假如他是诚心，那么或许几乎要将内情和盘托出，然后与他定下计谋。假如这个人的言辞神色稍稍改变，或者是迟疑和怂恿，或者是微有拒绝和退却推辞之意，那么告诉的人必会料到这个人心中的不乐意，而且未必会依从自己。（这样一来）又会隐藏自己要说的话，掩饰前面说过的话，即使有心腹之言，也不会和他说了。为何会如此呢？将隐私告诉别人，并非是可以公开的言论。（假如）将公开的言论告诉别人却不被听从，那么也不过是公开这件事而已；将隐私告诉别人，然而对方却不跟从自己，那么将来必会有告发自己的隐私和背叛自己的事情。一个人引诱别人做坏事，并且告诉他隐私，没有不会料及这些的人。引诱他做坏事，尚且不能不考虑这种情况，何况是引诱别人谋反呢？王俊的反复不肯跟从，那样清楚明了；然而张宪的吐露心迹无所隐瞒，却这样恳切，那么张宪不是近似于丧心病狂的人了吗？就此而论，则张宪的谋反，王俊的告发，真实还是不真实？有见识的人必然能从这里辨明。

况俊之告宪也，其状有曰：‘如有一事一件分毫不是，乞依军法施行。’可谓确矣。而行府锻炼之案有曰：‘是张宪即不曾对王俊言：岳相公得衢、婺州。亦不曾言：我理会得，朝廷教更番朝见，我去则不来也！是张宪亦不曾道：我待做，则须做。你安排着，待我教你下手做时，你便听我言语。并张宪不曾道：待有不伏者，都与剿杀。亦不曾道：迟则迟动，疾则疾动，你安排着。及不曾于九月初一日赴枢密行府时，言向王俊道：你后面粗重物事都转换了着，我去后，将来必不共将这濉一处。你收拾，等我来叫你等语言，宪委不曾对王俊言说。已蒙枢密行府勒宪与王俊对证得，张宪不曾有上项语言，已供状了当。'此盖先臣被罪，尚书省敕牒之全文也。呜呼！以当时之酷，而太甚之妄已不能自揜矣。自甘军法之词，于此乎何施？非桧、俊力肆陷诬，喻之风旨，则王俊之驽贱，敢尔欺天哉！噫！此其不能自揜者也。如其它所云，则臣之所辨，亦既明矣。宪无一毫之罪，而桧、俊诬之以大恶，滥觞之祸，蔓及先臣，臣安得而不伸吁天之一言哉！

【译文】

"况且王俊告发张宪，他在告首状里说过：'假如有一丝一毫的不实之处，请求依照军法处置。'可以说是言之凿凿。然而枢密行府拷问的卷宗中有记载：'张宪既不曾对王俊说过：岳相公被委任到衢州、婺州。又不曾说过：我明白，朝廷叫轮流朝见，我去了后就回不来了！张宪也不曾说过：我要做，就必须做。你先安排着，等我叫你下手做的时候，你就听我的命令。并且张宪不曾说过：若有不服的，都给我杀掉。也不曾说过：迟则迟动，疾则疾动，你先安排着。并且不曾在九月初一去枢密行府时，向王俊说：你在后面将粗重的东西都变卖转换了，我走以后，将来必不会再回此地。你且收拾，等我来叫你。这样的话，张宪委实不曾对王俊言说。已蒙枢密行府勒令张宪与王俊对质得知，张宪不曾有说过以上的话，已交代完毕。'这是臣的先祖父获罪后，尚书省敕牒上的全文。呜呼！以当时刑讯之酷烈，诬枉之过分，尚不能自圆其说。（王俊）自甘军法的说辞，在这种情况下有何用处？若非秦桧、张俊大力肆意陷害诬枉，对王俊进行暗示，王俊这样的驽贱之人，怎敢欺君啊！唉！这就是（他们）不能自圆其说之处啊。像（他们）说的其他罪名，臣的辩驳中亦已明了。张宪没有丝毫罪过，秦桧、张俊却以极大的恶名诬陷他，并以此为源头，罪及臣的先祖父，臣得到实情后怎能不申明辩驳一句！

至于谓先臣令孙革、于鹏致书于宪、贵，令之虚申探报，而谓先伯臣云致书于宪、贵，令之擘画措置，其为不根，尤为著明。臣请不求证于它人，而惟以王俊之首状诘之。尚书省敕牒之备俊词，既与明清所载为无异，而敕牒又载俊之小贴子有曰：'契勘张太尉说岳相公处人来，教救他，俊即不曾见有人来，亦不曾见张太尉使人去相公处。张太尉发此言，故要激怒众人背叛朝廷。'其状末又书云：'初八日随状陈首。'则是通书之无迹，俊之首状既已自言之矣。而行府之狱乃谓先臣因书以诱之，何前后之背驰也。锻炼之极，文致以成其辞，俊既无所不用其至，制勘之命，迁就以合于一桧，尤挤崖之崄者。而尚书省敕牒所备通书之辞，前后不一，难以遍举，而皆不过曰，某日遣某人，而先臣以书与宪、贵，当时焚烧了当。又不过曰，某日遣某人，先伯臣云以书与宪、贵，当时焚烧了当。呜呼！书既焚矣，是果有书乎？此不待臣之辨也。

【译文】

"至于说臣的先祖父命孙革、于鹏写信给张宪、王贵，令他们假造军情探报，并说臣的先伯父岳云写信给张宪、王贵，令他们筹划安排，其中的不实无据之处，尤其清楚明白。臣请求不向其他人求证，而是只以王俊的告首状诘问他。尚书省的敕牒上对王俊的告词进行了备案，并与王明清所记载的没有差别，而敕牒上又记载了王俊的小贴子，上面说：‘按查，张太尉说岳相公派人来，让救他，我既不曾见有人来，也不曾见张太尉派人去相公处。张太尉说这样的话，是故意要激怒众人使他们背叛朝廷。’王俊的状子末尾又写着：‘初八日随状子一起陈告。’那么臣的先伯父岳云写信给张宪这件事根本就是没有的，王俊的告首状上已然自己言明了。然而枢密行府的狱案竟说臣的先祖父写信诱叛，前后何其背道而驰！严刑拷打到极处，舞文弄法，将无罪之人定为有罪，以成就他们的说辞，张俊已经无所不用其极，裁决的命令，又百般迁就以符合秦桧之意，尤其地落井下石。而尚书省敕牒上所备案的通信的说法，前后不一之处，难以一一列举，然而都不过是说，臣的先祖父某日派遣某人，送信给张宪、王贵，当时便已焚烧了事。或不过是说，臣的先伯父岳云某日派遣某人，送信给张宪、王贵，当时便已焚烧了事。呜呼！书信既已烧掉，是果真有这封信吗？这已不必臣再辨白了。

其在当时，桧，力成此狱者也。而韩世忠不平之问，桧仅答以‘莫须有’，世忠艴然曰：‘相公！莫须有三字，何以服天下！’则是桧亦自知其无矣。

【译文】

“想当年，是秦桧一力促成这桩冤案。而当韩世忠不平地诘问时，秦桧仅仅以‘莫须有’回答，世忠怒言：‘相公，莫须有三个字，何以使天下人服气！’这说明秦桧也知道（臣的先祖父）并没有罪。

反复无据，而后以淮西之事诘先臣。先臣下吏两月，而始创为淮西之问，亦可见其无以为罪也。明清之录，谓之别无干涉，可谓晓然矣，而谓其‘初不究将在军，君命有所不受之义'，则是亦疑先臣之逗遛，而强为之说也。臣之辨淮西，既证以御札，又考以传记，臣之刻宸翰，既书以时日，又表以甲子；正惧夫爱先臣者求其似，以盖其非，适足以乱真而丧实，故有不容不然者。使明清读淮西之辨，观宸翰之刻，则自宜知谤书之无实，而不待迁就以全先臣也。

【译文】

"反复讯问，都找不到证据，然后以驰援淮西一事责问臣的先祖父，先祖父下狱两月，才开始编造淮西之问，亦可以想见当时并没有什么事可以拿来当罪名了。王明清所录，说是（先祖父的罪名与王俊的告首状）没有半点关系，可以说是知晓了然了，然而说'最初不追究将在外带兵，君王的命令可有所不受的大义'，那么这就是怀疑臣的先祖父逗留不进，继而勉强为他辩说了。臣的淮西辩，即有御札为证，又有史传为据，臣记录宸翰御札时，既记载了月日，又记载了年份；臣正是恐怕敬爱先祖父的人为了求其相似之处，以掩盖他的错误，恰好足以混淆真实情形并且使其失实，故此不容臣不作此淮西辩。假如王明清读了淮西辩，看到了宸翰中记载的时间，那么自当知道诽谤之词的不实，而不会迁就（那些污蔑的罪名）以保全先祖父的名声了。

呜呼！先臣不幸而婴谗邪之锋，其心必欲置先臣于死而已，汗漫无据，固不暇恤也。夷考一时之事，岂特如前数者而已哉。跎踏[①]两军之诬，以威胁董先而成之；比并建节之诬，以狱逼张宪而成之。环诸将而会议，而昌言曰：'国家了不得也，官家又不修德！'此岂广坐之言哉！既又谓先臣指张宪而曰：'似张家人，张太尉尔将一万人去跎踏了。'指董先而曰：'似韩家人，董太尉不消得一万人去跎踏了。'呜呼！蕴异谋者固如此乎？此狂者、醉者之不为也，而谓先臣为之乎？万俟卨之奏亦自知其无以欺人矣，故曰：‘张宪理会得岳飞所说，只是欺负逐军人马不中用。’又以比并之语为指斥乘舆，跎踏之语为陵轹同列，则是语也，卨固知其不近人情矣。

【注释】

①跎踏：亦作“蹉踏”，踩踏、搓揉。

【译文】

“呜呼！臣的先祖父不幸触犯了谗邪之辈的刀锋，他们心中必定想要置臣的先祖父于死地，其不着边际和没有证据之处，原是无暇顾及的。考察当年之事，岂止只有前面几处而已。蹉踏张、韩两军的污蔑之词，是因为威胁董先才得到的；与太祖皇帝建节时相比肩的污蔑之词，是因为刑狱拷打张宪才得到的。诸将环坐，聚集议事时，臣的先祖父却无所忌惮地说：‘国家处于危亡之际，陛下又不修养德行！’这岂是能在大庭广众之下说的话？继而又说臣的先祖父对张宪道：‘像张家军，张太尉你带领一万人就消灭了！’又指着董先道：‘像韩家军，董太尉不用一万人就能消灭掉！’呜呼！心怀不轨的人会如此吗！这种事非狂者、醉者不能做，却说是臣的先祖父做出来，这可能吗？万俟卨的奏折连他自己都知道不能欺瞒旁人，故而才说：‘张宪明白岳飞说的意思，只不过是欺负各军的兵马不中用罢了。’又将与太祖比肩的话作为指斥乘舆之罪，消灭张、韩两军的话作为欺压同僚之罪，那么这两句话，万俟卨原也是知道它们是不合人之常情的。

张宪之妄供，以锻炼也；董先之妄证，以恐胁也。赵甡之《中兴遗史》之载，谓董先之至也，桧召之至堂，曰：‘止是有一句言语，要尔为证，证了只今日便可出。’仍差大程官二人，送先赴大理，并命证毕，就今日摘出。繇是先下大理，对吏即伏。呜呼！会合以成此诬，桧已谕之矣，故先之至，一证而出，曾不淹刻。则是证也，又岂无所自哉。第甡之以为鄽城，而所载之语，又非当时所诬之说，为直误耳。设使诚如尚书省敕牒之所备，则先臣当时发跎踏之语，董先□□对先臣窃笑不应，而又有后言于宪曰：'相公道恁言语，莫是待胡做。'既谓宪为先臣之心腹，则宪岂不以告先臣；而先臣闻先之语，亦肯贳先哉？呜呼！亦明矣。

【译文】

"张宪的不实供词，是严刑拷打（导致的）；董先的不实证词，是遭到了恐吓胁迫（导致的）。赵甡之的《中兴遗史》中记载，说董先到达后，秦桧召他至都堂，说：'只是有一句话，要你做证，做证之后今日便可出去。'并且派两名大程官，送董先到大理寺，又命他做伪证后，当日便可放出。于是董先被下到大理寺，面对狱吏（的质问）时便屈从了。呜呼！事先有所预谋才成就这样的诬陷之词，秦桧先已喻示了他，故而董先到了（大理寺），一做证完毕就放出来，不曾滞留片刻。那么这样的证词，又岂能不是一开始就受人指使呢？但赵甡之以为是在鄽城，并且所记载的（消灭张、韩两军的）话，又并非是当年的诬陷之词，是真的大错特错了。假如真的像尚书省敕牒上备案的一样，那么臣的先祖父当时说出蹉踏两军的话，董先先是背对臣的先祖父窃笑却不回应，事后又对张宪说：'相公说这样的话，莫不是准备乱来？'既然说张宪是臣先祖父的心腹爱将，那么张宪怎不会把这话告诉臣的先祖父呢；况且臣的先祖父若听说了董先这话，（竟）也肯宽纵董先么？呜呼！（这一桩事）亦十分明白了。

如以建节之年，上方艺祖[①]，则董先之下吏，其供说已谓

‘曾见岳飞说：我三十二岁上建节，自古少有，即不曾见岳飞比并语言’矣，此固不待臣之辨也。

【注释】

①艺祖：亦作“蓺祖”。有文德之祖。《书·舜典》：“归，格于艺祖，用特。”孔传：“巡守四岳，然后归告至文祖之庙。艺，文也。”孔颖达疏：“才艺文德，其义相通，故蓺为文也。”后用以为开国帝王的通称。

【译文】

如果先祖父真的拿自己（三十二岁）建节，与太祖皇帝相比，那么董先去大理寺对质时，他的供词上自己说道：‘曾听见岳飞说：我在三十二岁上建节，自古少有，却不曾听见岳飞与太祖比肩的话。’这原是不必臣再辩白的。

如谓先臣丐祠罢政，泊舟小堰，而得张宪申纲马之状，以乞出而不接。谓先伯臣云谕智浹，以吴玠奏乞赦张浚之例，而使讬统制等告朝廷，以免后责。此皆当时吹毛之已甚，而求衅之无所，故及于此。臣谓使诚有此，亦无足辨，而况于无哉！

【译文】

“那些说臣的先祖父请求奉祠并免除副枢密使的职务，退隐山林，然后收到张宪纲马的申状，却因请求辞职而不接受。说臣的先伯父岳云喻示智浹，根据吴玠奏请赦免张浚的例子，并委托各统制等人申告朝廷，以免除责罚。这都是当时吹毛求疵太甚，并且寻衅无果，故而到此。臣以为假使果真有此事，亦不足一辩，更何况没有呢？

按《野史》，方狱之未成也，秦桧自都堂退入小阁，食柑，以手书柑皮者竟日。俄以小纸付老兵，持至寺，而先臣遂报死。初未有旨也。呜呼！桧其欺君哉！

【译文】

“按照《野史》（的记载），当冤狱未成之时，秦桧从都堂退入小阁中，食柑橘，用手指在柑皮上划了整日。不久把一条小纸交给老兵，拿至大理寺，接着臣先祖父的死讯传出。最初处死臣先祖父是没有圣旨的啊。呜呼！秦桧真是欺君！

何彦猷堂白先臣之非辜，桧方错愕，而堂吏或附耳曰：‘何不告以（以下原阙）’

【译文】

何彦猷在都堂上辩白臣先祖父的无辜，秦桧当时十分错愕，有堂吏附耳道：‘何不告诉（以下原文缺失）’

宗之法废为文具，而不之省，如是则卨等之罪不惟贸易是非，郁抑公议，万诛莫赎，而漫不知刑律之重轻，与夫祖宗之条综，敢尸中司之位，而董大狱之政，又将为申、韩之罪人矣。

【译文】

“祖宗的法度废为一纸空文，却不省察，像这样（的话）那么万俟卨的罪过便不只是变更对错的标准了，阻抑公论，其罪万死难赎，而漫然不知刑律的轻重，与祖宗制定刑法的初衷，却敢尸位素餐占据御史中丞的位子，并掌管刑狱之政，又将成为申不害、韩非一样的罪人了。

先伯臣雷当时以孩童之幼，亦下之狱，至于狱成，而曰，‘今来照证得岳雷别无干涉罪犯’，‘亦乞一就处分降下’。呜呼！天狴[1]何所，而妄逮人乎？既知其无犯，则何为而逮之乎？岂其初瞢然不省，狱成而后始知之乎？酷吏之漏网，宜乎发明清之三叹也。

【注释】

①天狴：狴，传说中的兽名，古代牢狱门上绘其形状，故又用为牢狱的代称。天狴指天子之狱。

【译文】

“臣的先伯父岳雷当时以孩童之年，亦被下狱，等到冤案已成，却说，‘今来验证得知，岳雷与罪犯并无干涉’，‘亦请一并降下处分’。呜呼！大理寺是什么地方，竟随意逮人吗？既然知道他没有犯罪，那么为什么将他下狱？岂有初时懵然不知，冤狱既成后才知道的吗？此等酷吏却漏网不治罪，恰恰合乎王明清的三叹了。

《传》曰：‘一薰一莸，十年尚犹有臭。’忠之不足以胜邪久矣。先臣之不辜，臣有明辨，固非求它人之瑕以自解。然臣之所以别之者，盖以公示来世，而惧忠邪之未分也。秦桧为挞辣行府代草檄书以吠尧，而室撚实在侧，洪皓讬为寄声，而桧变色之不暇。通和之始，私于金人，驿书往来，呢咒如家人妇子语。又设为不得辄易大臣之盟，不几于胁君乎？张扶□□桧乘副车[1]而擢之，王循友乞加桧九锡[2]而赏之，不几于异谋乎？张俊不肯救赵立，而赵鼎不能使。车驾亲征，复不肯行，鼎叱而去之，至平江，而讬堕马伤臂，迁延顾望。鼎抗奏，请诛之，以警不用命。此盖不特临军征讨，而稽期三日也。利秦桧专兵之策，明筑山阳，以示无越淮北向意。使驲之来，皆赞桧画。胁君之举，实预成之，盖不特漏泄朝廷机密事而止也。此其大者尔，其他如桧之靖康议状存赵，而俊之绍兴李成之谋，皆其欺世盗名之大者，臣抑有考焉。按王明清《挥麈录》之载，议状乃马伸之文，桧初不肯签，不得已而后书。后乃自擀以为功，遂饕富贵。乙亥岁，伸之甥何琥持伸之手藁上之，桧怒，窜之岭表。更化之后，首复琥官，赠以员郎，而伸之忠遂显于时。俊以怯敌不进，盛言李成之众，以诳天听。高宗宣谕，有'卿独无功'之语，俊始恐悚承命，而后乞以先臣同讨贼。卒之马进之死，张用之降，与成之逃，皆先臣之功，而俊遂叨之以逭责。二者乃桧、俊之所以藉口，而实乃如此，则其人益可见矣。

【注释】

①张扶□□桧乘副车：《宋史》卷四七三《秦桧传》："张扶请桧乘金根车。"金根车，以黄金为饰的根车。帝王所乘。

②九锡：古代天子赐给诸侯、大臣的九种器物，是一种最高礼遇。

【译文】

"《左传》说：'薰莸混在一起，只闻到臭而闻不到香。'忠义不能战胜邪恶由来已久了。臣先祖父的无辜，臣有明文辩白，原非是寻求他人的瑕疵来辩明自家。然而臣之所以有所区别的，是为了明示后世，并恐怕忠义与邪恶不分。秦桧为挞赖的行府攻打我朝而草拟檄书，当时室捻在旁边，洪皓假托为室捻传语，秦桧（害怕洪皓捅出这桩旧事）脸色变幻不迭。通和之初，（秦桧）与金人私下勾结，书信往来，言语呢喃仿佛家人妇女一般。相约不得随便改换宰相的盟书，不几近于要挟君上吗？张扶因为请秦桧乘金根车而被拔擢，王循友请求加秦桧九锡而被赏赐，不近乎谋反吗？张俊不肯援救赵立，赵鼎却不能使动他。高宗皇帝御驾亲征，张俊尚且不肯前行，赵鼎叱责他前去，到平江府后，（张俊）却推脱堕马伤到手臂，拖延观望。赵鼎直言上奏，请求诛杀他，以警示不效命（的臣子）。这不仅仅是临军征讨却迟延三日的罪名了。为了有利于秦桧把持兵权的策略，公然修筑楚州城，以示我朝没有越过淮河向北之意。金使一路而来，都称赞秦桧的筹划。要挟君上之举，实为预先谋算而成的，这不仅仅是泄漏朝廷机密而已了。这是他们大的罪名，其他的像秦桧在靖康年间签署存留赵氏的议状和张俊在绍兴年间招降李成的计谋，都是他们欺世盗名之大者，臣亦有考证。按照王明清《挥麈录》的记载，议状乃是马伸所写，秦桧起初不肯签名，不得已才签的。后来竟据为自己的功劳，于是得享大富贵。乙亥年，马伸的外甥何琉持马伸的手稿上奏此事，秦桧大怒，将他流放到岭外。绍兴更化以后，（朝廷）首先恢复何琉的官职，赠员外郎，马伸的忠义于是显明于当时。张俊因怯敌不敢进军，极言李成的兵马强大，以欺骗陛下。高宗皇帝宣谕，有‘卿唯独无功’的话，张俊才悚然接受任命，然后请求与臣的先祖父共同讨伐贼人。最终马进的灭亡，张用的投降，以及李成的逃窜，都是臣先祖父的功劳，张俊却据为己有以逃避责罚。这两件都是秦桧、张俊的借以夸耀的事，而事实却是另一个样，那么他们的为人更加可以想见了。

臣既泣血辨先臣之事，而终之以此，使万世而下，知桧、俊之为人，则薰莸之类，断可识矣。”

【译文】

“臣已泣血辨白先祖父之事，并以此终结，使万世以后，知道秦桧、张俊的为人，那么香草、臭草的区分，就断然可以识别了。”

【注】

□□中为原本缺佚字，译文中根据上下文意予以补全。

卷第二十五

吁天辨诬卷之五

承楚辨

建炎四年十月二十七日丙申，两浙西路安抚大使刘光世奏：“准御笔处分：‘承州残虏，攻围山阳，诸镇之师，逗挠不进。以卿任兼将相，勋望特隆，已降指挥，并听节制。比闻王师寨栅皆在高邮之南，去楚州尚远，势不相及。深虑淹久，致失事机，唇亡之忧，于卿为重。宜速前渡大江，以身督战，庶使诸镇用命，戮力尽忠，亟解山阳之围，一扫垂尽之虏。朕亦当议遣行在大军，以为卿援。谅卿体国，必悉朕怀。十五日，付光世。’臣契勘自八月二十四日遣兵渡江，逼近承州，至今与金贼大小十余战，累获胜捷，及措置招纳女真种类。蒙朝廷察见臣所遣军马久住江北，孤军独行，指挥臣会合岳飞、王林、郭仲威等人马。臣自承指挥，日逐移文催促岳飞等，约及二十余次，终是迁延，又巧为辞说，抵拒会合指挥。臣已节次具因依奏闻去讫。若使岳飞等即时恭听朝廷指挥，克期前来，则承州之贼可破，楚州之围可解，乘机投隙，间不容发。飞等迁延五十余日，遂失机会，致贻陛下圣虑忧勤，实不胜愤愤。今臣已将沿江应系贼马来路，严为把守，必不使南渡。兼已密遣人前去承、楚以来，探伺贼情，若有机便可乘，即便措置剿杀次，奏闻事。”

【译文】

建炎四年十月二十七日丙申，两浙西路安抚大使刘光世上奏："接到御笔的吩咐：'承州的残虏围攻山阳，各镇抚使的军队逗挠不进。因卿一身兼任将、相，勋望尤为隆重，已下令让各镇抚使听从你的节制。先前听闻官军的寨栅都在高邮的南面，离楚州尚远，势力有所不及。（朕）深深忧虑长久（拖延）下去，致使失去战机，这样的唇亡齿寒之忧，卿应该重视。卿应尽快前进渡过长江，亲自督战，可望能使诸镇抚使听命，协力战斗为国尽忠，尽快解除山阳之围，扫除将尽的残虏。朕也将提议发遣行在的大军援助你。想来卿体念国家，必然理解朕的忧怀。十五日，付光世'。按查，自臣八月二十四日派兵渡江，逼近承州，至今与金贼交战大小已十余次，屡获胜捷并安排招纳女真族人。承蒙朝廷察知臣所遣的兵马久驻江北，孤军独行，命令臣与岳飞、王林、郭仲威等人的人马会合。自收到指令之日起，臣每日移文催促岳飞等人大约共二十余次，他们始终迁延时日，又巧作托辞，抗拒会合作战的指挥。臣已经逐一写明原委，奏闻陛下。如果岳飞等能即刻听从朝廷指挥在规定期限内前来会合，那么承州之贼可破，楚州之围可解。战机的利用，间不容发。而岳飞等迁延五十余日，使我军失去了胜利的机会，致使陛下现在忧虑勤劳，臣实在不胜愤忿。如今我已将沿江各处金贼兵马可能的来路严加把守，一定不让金人南渡。且已遣人前去承、楚州侦察敌情，如有机可乘，就措置剿灭，然后奏闻。"

奉圣旨："刘光世所奏，备见体国忠勤。今来楚州既失，其通、泰最为要害，万一虏人侵犯，必窥海道。仰[①]光世多有措置，节制诸镇，诫谕协合一心，戮力保守。若无疏虞，即当以功赎过，更与优异推恩。仍密切探伺，如得机便，即乘势击袭渡淮，不得稍失机会。"

【注释】

①仰：旧时公文用语。上行文中用在“请、祈、恳”等字之前，表示恭敬；下行文中表示命令：仰即尊照。

【译文】

奉圣旨：“刘光世所奏，尽见其体念国家的忠心勤劳。现今既然楚州已失，则通、泰两州最为要害，万一虏人侵犯，一定会由此窥伺海路（威胁行在）。命刘光世多方措置，节制各镇抚使，诫谕诸将协和一心，通力合作，保卫防守。若无失误，即可以功赎过，更给予优异的恩赏。仍要密切侦察，如有机会，即乘势袭击敌人，渡过淮水，不得稍失机会。”

臣珂辨曰：“臣常恨先臣不幸受稽违君命，不进师之诬者有二，绍兴十一年淮西之役与是年承、楚之役是也。淮西之役，先臣勋名既高，为时忌嫉，遂挂吏议，以及于祸。承、楚之役，先臣勋名未极，权臣未用，天听无惑，故卒以功闻。然则是役也，似不必辨，而后世或以此役据为淮西明比，则先臣之诬不可洗矣，臣故得而极论之。

【译文】

臣岳珂辨白道：“我常遗憾先祖父遭受延误君命、不进军的诬陷有两次，一次是绍兴十一年的淮西之役，另一次就是这一年发生的承、楚之役了。淮西之役时先祖父勋名已高，当时被人忌嫉，于是遭到弹劾以至于引来杀身之祸。承、楚之役时，先祖父的勋名还不够高，权臣也还未被任用，圣上的视听未被迷惑，所以最后他的功绩为人所知。此一役似乎不需要辨析，但后世若以此役为据，与淮西之役类比，则先祖父所受的污蔑就得不到湔洗，所以臣还是要透彻地论述。

臣闻覈事之同异，必以时日；责师之成败，必于主帅，古今同此一揆也。何则？事纷于冗，必有其证，证之者，时也；师合于众，必有其主，主之者，帅也。使其不证于时，则利口腾说，各谋其身，而事实淆矣；不责于帅，则发言盈庭，无执其咎，而军律乱矣。臣故敢以系事之时日，辨先臣不禀朝命之谤，而以节制之专旨，辨光世诿下罔上之奏，而使信史有考焉。

【译文】

“臣听说核查事情的真伪，一定要依据于时日；责究军队的成败，一定要落实到主帅，古今同此一理。为什么呢？事情再怎样纷乱冗杂，必然有它的证据。可以证明它的，就是时日；军队由众人组成，必然有它的主导者。主导它的，就是主帅。假使核查事情不能用时日去证明，则口齿伶俐者就能从为自身打算的角度宣扬其主张，混淆事实。假使责究军队的成败不落实到主帅，则满庭议论汹汹，没有人承担责任，军队的纪律就会变得混乱。臣因此胆敢用事件发生的具体时日，来辨驳关于先祖父不禀朝命的诽谤；而以节制诸将的专旨，辨析刘光世委过于下、欺罔君上的奏文，好使信史有所考据。

方楚州之危也，赵立告急于宥府，签书赵鼎首命张俊将师以行。而俊方以全躯保妻、子为事，且自度无破敌之能，力辞不肯，至谓救立譬犹搏虎，而以‘併亡无益’为解。诿孤垒于旦夕之危，而以为不必勤王师之行，振缨攘臂，以拒天命。鼎卒不能使，而乞与之偕以激之，俊亦信然不顾也。是时既以命俊矣，乃改命光世，而命先臣腹背掩击。

【译文】

“当楚州陷于危难之时，赵立向枢密府告急，签书枢密院事赵鼎起初是命张俊率军前去（救援）。而张俊正欲以保全身家为重，且自度没有破敌的能耐，力辞使命不肯率兵前去，甚至说：救援赵立犹如与猛虎相博，以“并亡无益”之说为自己解脱，将旦夕之间就可能陷落的孤城推托出去，认为不必为君上发动王师，振作精神，这是抗拒天命。赵鼎因最终未能劝动他，于是请求与他同行以鼓动他，张俊还是不管不顾。这时既已命令不动张俊，才改命刘光世，而命先祖父与他配合，腹背掩击。

是旨之下，盖八月之十九日。而先臣方自行朝还宜兴屯所，将整旅以行，实未至镇，摭诸道里，验以迟速，较然甚明，皆可覆究。自六月二十九日，先臣献金陵之俘，而七月六日，张俊以先臣之兵，平寇于京口。至二十日，而始被镇抚之除。先臣上奏，以为臣所统之兵几万，而营卒之孥计其口亦盈七万，见屯常之宜兴，窃闻江阴、镇江舣楫（以下原阙）

【译文】

“这道圣旨降下的时间是八月十九日。而先祖父当时刚从行朝回到宜兴驻地，正要整军出发，实际上还没有到达镇抚使治所。考查路途远近、验证行程快慢，都很明白清楚，经得起推敲。从六月二十九日先祖父献建康之捷的战俘于行在，到七月六日张俊用先祖父的军队在京口平定寇乱，再到二十日得到镇抚使的任命，先祖父上奏说他所统的士兵将近有一万人，如连同士兵的家属计算在内共七万余人，现在全部屯驻在常州的宜兴县，听闻江阴、镇江（缺乏可供济度的）舟楫（以下文字原缺）

者果谁乎？御前五降金字牌，枢密院一十九次札下，坐阅两月，光世盖未尝一涉江也，其视‘以身督战’之诏为何事？自先臣以下，并权听光世节制，会合救楚。光世仅遣一军，半途而止，盖未尝与诸镇遇也，其视亲统全军会合之旨为何说？孤城受围，虏兵方益，存亡之机，盖在赵立，赵立何在？在山阳也；救援之师，并听节制，号令之出，盖在光世，光世何在？在京口也。玺书络绎而促之，庙堂专书而言之，光世率视为迂缓；逮参谋一语，亟止其行，何其去就之不审也！臣不敢与光世辨，特两书之，以俟信史之考，而取证焉。是非之辨，当可识矣；迁延之罪，当有归矣。臣想光世之上此奏也，当曳笔行墨之时，既以嫁咎为得策矣，而首列御札，不知所委之事机果何在，而吾之身果何在，所委以节制者果何人，而吾之所尤者果何人。苟念及此，不亦汗下而战慄乎？

【译文】

“虽然皇帝五次以金字牌急递诏旨，枢密院札子十九次下令，刘光世仍无故迁延了两个月，从未渡江击敌，这是将命他亲自督战的诏命置于何地？从先祖父以下，官兵都暂听刘光世节制会合援救楚州，刘光世却只派出一支部伍，而且半途而止，并未曾与诸镇抚使碰头，这又是将叫他亲统全军会合的圣旨视为何物？孤城被围，虏兵聚集得越来越多，存亡的机会都寄托在赵立的身上。赵立在何地？在楚州。救援之师，都听一人节制，指挥号令都由刘光世一身所出。刘光世又在何地？在京口。督促出师进援的诏命和朝廷的书信络绎不绝地送过去，刘光世统统都可以视为‘迟缓’；因为参谋的一句话，就突然中止前行，其去就行止是多么不慎重啊！臣不敢与光世辩，特别将两方面的情况都书写清楚以待信史考据和取证。谁是谁非，可以辨别；迁延的罪名，也可以有所归属。臣想象光世上此奏章曳笔行墨之际，将御札的内容铺陈于篇首，已打算好要将过失归咎于先祖父，他有没有想过御札所委之事其关键究竟在哪里，自己的位置又在哪里，御札所委、受他节制的人到底是谁，而自己所归咎的人又是谁。如果他能想到这些，岂不是要汗下而战栗吗？

臣按当时同被掎角之命者，王林也，郭仲威也，赵立也。是时朝廷固知虏势之盛，而孤军不可以决胜也。寡固不可以敌众，弱固不可以敌强，邹、楚之验明矣。王林自降指挥，并不曾分遣一人一骑，朝廷之命固言之矣。郭仲威屯天长，掠路人以自资，尚安有斗志。赵立于重围之中，救死不赡，何有于掎角。如是则先臣一军之外，惟王德尔。王德之在承州也，其下不用命，斩二校，而军益悖詈，不可用，仅能自守其栅，盖不敢望毡裘而弯其弓。

【译文】

“据臣考查，当时受命夹击作战的人，有王林、郭仲威和赵立。那时朝廷已然知道虏人气势盛大，不能以孤军决胜。寡不可以敌众，弱不可以敌强，这是（孟子向齐宣王举）邹楚之战（为例）时就已经验证明白了的。王林自命令下达以来，并不曾分遣一人一骑出战，诏旨中已经指出了。郭仲威屯驻在天长军，掠夺路人的财产据为己有，哪里还会有斗志？赵立陷于重围之中，自救尚且不足，又怎能与其他人掎角呼应。这样一来除先祖父一军之外，就只有王德了。而王德在承州，因下属不肯听命，斩杀了两个小校，其军队愈加混乱不满，不能为用，仅能自守寨栅，是不敢向北虏挑战的。

先臣独以孤军出屯，留州之外，戲下不满数千。建康之战，疮痍未复。徙屯之所，赐在吴兴，转饷艰阻，廪食不继，仅能渡江，而值泰州之匮。视事一日而出屯，八日而军至，不解甲而征。益以泰卒，又皆鸟惊鱼散之余，特激于先臣之义，愿效死力。然则是举也，先臣奋万死之勇，急孤城之危，不幸而陷，力不足尔。虽一时例被诘责，而屡与金贼接战，备见忠勤之旨，盖已不逃于昭融之鉴。故虏既陷楚，旋轶通、泰，高宗皇帝沉机渊识，先料其然。辄于光世诬奏之后，特降睿旨，责光世以后效，委之以多方措置通、泰、必无疏虞。

【译文】

“先祖父以孤军出征，除留守泰州的士卒之外，麾下不过数千人。建康之战以后，士卒的疮痍尚未平复。移屯的场所遥远，赏赐却都在江南，军粮运输艰难险阻，口粮接续不上，只能维持到渡江，却又遇上江北的泰州同样匮乏粮食。先祖父回到宜兴驻地后仅在军中准备了一天就踏上征途，八日就到达泰州城内，真可谓不解甲而征。虽然增加了原泰州的军卒，却都是些鸟惊鱼散之辈，只因激于先祖父的忠义才愿意效死力出战。这次的军事行动，先祖父虽心急火燎，万死不辞，楚州还是不幸陷落了，是因为力量不足的缘故啊。虽然一时按常规遭到了诘责，而圣旨屡有‘与金贼接战，尽显忠勤’之语，最终也没有失去皇帝的明鉴。虏人既已攻破楚州，随即突击通、泰，高宗皇帝机变沉着、识见深远，先有预料，立刻在刘光世诬奏先祖父之后，特别降旨责成光世以观后效，委托他多方措置保卫通、泰，一定不能有任何疏忽。

先臣还师保泰，虏骑二十万披城而阵。先臣独以扶伤饥羸之卒，贾其勇于累战之余，柴墟再捷，河流为丹。先臣率先士卒，身被两枪，犹乘胜逐北。虏既退遁入栅，先臣尽护数十万之生聚保柴墟。是时，光世非特措置之责，漫若不闻，一兵之援亦不及。于泰既为分地，不从朝廷应副，饷道无所从出。先臣乃刲尸继廪，复护生聚渡之阴沙[①]，而己独殿后，虏虽强盛，望之而不敢邀也。呜呼！楚既失矣，通、泰之责，上之冀后效于光世者何如也？王德一军之在承、楚，虽不可用，犹能压境；而先臣之于通、泰，则并与此军亦无之矣。光世之违诏，果如何哉？

【注释】

①阴沙：据王曾瑜《岳飞和南宋前期政治与军事研究》，河南大学出版社，2005年，第62页，《三朝北盟会编》卷一四三，《建炎以来系年要录》卷三九建炎四年十一月丙午、庚申和《宋史》卷二六《高宗纪》载岳飞“弃城”，“率众渡江，屯江阴军沙上”。“阴沙”疑为“江阴沙上”之误”。

【译文】

“先祖父退师保卫泰州，虏骑二十万压城列阵。先祖父的孤军经历多次血战之后已是伤残饥弱，先祖父鼓励他们奋勇杀敌，在柴墟镇又一次打了胜仗，河流都变成了赤色。先祖父身先士卒，身中两枪，还乘胜追击敌人。虏人退遁回自己的营寨后，先祖父护送泰州数十万百姓聚集到柴墟镇自保。此时，刘光世非但将措置保卫通、泰的责任置若罔闻，连一兵一卒的援兵也没有发到。泰州既是先祖父（作为通泰镇抚使）的分地，按例不从中央财政获得后勤供应，而军粮却无所从出。先祖父他们于是割敌尸为食，保护百姓集体渡江到江阴沙上，他自己单独殿后，虏人的气势虽然强大，远望他的威风也不敢邀截其后。呜呼！既已失去楚州，圣上寄予刘光世的后效之责完成得如何呢？救援楚州时，王德一军屯驻在承、楚州，虽不能用，尚有压境的效果；而先祖父这次守卫通、泰，则连这样一支辅军也没有。刘光世的违诏，究竟如何呢？

故承、楚之事，无与于得罪，而臣所以不惮喋喋而力辨之者，诚惧此奏不明，则异时循辙之诬，未免于疑似之迹，是以不敢不详著。”

【译文】

“因此，承、楚的战事，虽然无关罪咎，而我之所以不怕啰唆而力辩其始末，实在是怕刘光世的这一奏若不辩明，他时未免有人循迹而求疑，又生出诬蔑，所以不敢不详细地说明。”

卷第二十六

天定录序

皇上再见圜丘之嗣岁，珂吁天之书始成。浮九江，自春徂夏，以四月哉生明抵行在所，迺斋祓，治晋椟。越四日庚子，再拜北阙[①]下，奉书付登闻[②]甂[③]吏以入。又八日戊申，诏出，下两省，俾给事、黄门、紫微郎、左、右记注杂议。五月辛未，诏中书、门下，以大父褒嘉之典未称，俾相吉壤，裂而王之。佥以大父尝莅军于鄂，实庙食其地，且至今民思遗爱，于封为宜，乃以鄂为请。癸未，制可。六月庚戌，两省议始上，遂以珂奏篇付史馆。八月辛丑，宰掾列珂所辨伯父云、部曲张宪同时之诬，请加旌异，复诏进赠一等。

越明年，珂归自日边，抗尘南徐[④]军庾，乃因朱墨余暇，发故箧，得所上诸书、表，及庙堂施行次第，恩诏先后，凡启谢、公椟之属，厘为三卷，即摭为录，以天定名，复即其意而为之叙曰。

呜呼！事有诎于一时，而伸于万世，暧昧于六、七十年之久，而昭明暴白于不崇朝[⑤]之顷，是非人力之所及也，天实为之。《传》曰："人众胜天，天定亦能胜人。"信斯言也，则天之与人，固迭胜而迭负，而群逞其私，虽天亦不能违之矣。是不然，昔苏文忠公曰："人无所不至，惟天不容伪。智可以欺王公，而不可以欺豚鱼；力可以得天下，而不可以得匹夫匹妇之心。"

方绍兴间，奇谤中起，大臣称制专决，狼戾虎眈，龋牙摇须，搏猎公议之士，如驱狐兔。而位中司[6]者，首能为公议，一立赤帜，大而公族之长，枢筦之臣，与夫微而丞郎，亦有大声疾呼，以助明其冤者，往往窜徙系道。然登闻匭鼓，犹日以冤状闻，以布衣而抗卿相，甘蹈大僇，而公议之喙，卒不得而钳也。不宁惟是，其在当时，城狐负恃，是非曲直，变乱错迕，虽揉五常，反四极，安之而不顾，而“莫须有”三字，吾犹知其胸中有隐然不可诬者存。是人心之天未始不定，顾何竢于六、七十年之久。彼虽能以其私胜乎天，而不能以其私胜乎心，则亦同乎素定而已矣。

而珂顾犹以是名其编者，盖以天理之在，人虽胜也，而未始有负；虽定也，而未始有变。即人心之天，以合天理之天，则名编之意，盖在此而不在彼也。呜呼！千百世而下，有能哀大父之忠，而欲知圣朝追褒之始末，即是录也，不直为覆瓿，而所以名之意，尚庶几其有考云。开禧元年十二月癸丑朔，承奉郎、监镇江府户部大军仓岳珂序。

【注释】

①北阙：古代宫殿北面的门楼。是臣子等候朝见或上书奏事之处。

②登闻：此处指登闻院，又称登闻检院。南宋时登闻检院掌收接朝廷命官各色人有关机密军国重事、军期朝政阙失，论诉在京官员不法，及公私利害之事。（据《宋代官制辞典》，第167页。）

③匭：登闻院设铜匭，或成匭匣。凡议论国家大事、朝政阙失，或申诉冤案，均许士民于匭投书。

④南徐：南徐州为东晋、南朝宋行政区名，治郯县（京口，今江苏镇江市）。此处被借指为镇江府之美称。

⑤崇朝：崇，通“终”。从天亮到早饭时。有时喻时间短

暂，犹言一个早晨。亦指整天。

⑥中司：御史中丞的代称。

【译文】

皇上再次祭天后的次年，珂的《吁天辨诬录》之书才写成。于是取道九江，自春而夏，于四月初三日抵达行在，斋戒沐浴，治办椟匣。过了四天庚子日（初七），在北阙行了再拜的礼节后，便在登闻院投匦上书。又过了八天戊申日（十五日），诏旨出，将我所奉之书下中书、门下两省，让给事中、黄门、紫微郎、左右记注集议。五月辛未日，诏中书、门下，以对（臣的）祖父的褒嘉之典不足，令相勘风水宝地，为祖父封王。众人皆以祖父生前曾驻军于鄂，如今也在那里接受百姓的奉祀，至今民思遗爱，认为封此地十分合宜，于是都请求封先祖父于鄂。癸未，制词允可。六月庚戌，两省议论的结果才上呈，就将我上奏的文章交付史馆。八月辛丑，宰辅列明我所辨伯父岳云、祖父之部曲张宪一起被诬的事，请求加以褒奖，于是又诏命给予进赠一等。

翌年，我从京师归来，奔波忙碌于镇江府的军仓，于公务之余暇发掘旧藏，搜得所上奏的书、表，及朝廷指挥、恩诏等，依照先后顺序，连同信函、公牍等，编为三卷，摘编为录，命名为天定，又依其含义写了这篇序。

呜呼！事情的真相有可能被遮蔽于一时，却能伸张于后代万世。模糊不明六七十年，而最终大白于一夜之间，此非人力之所及，是上天的安排。《传》曰：人多可以胜天，天定也能胜人。”此言是可信的，天与人总是胜负交迭，如果众人都图谋私利，上天也有不能阻止的时候。但也并非一直是这样，昔日苏文忠公（译者按：指苏轼）曾说：“人力无所不至，惟有天不容欺。人的智谋可以欺瞒王公，却瞒不过自然界的生灵；人的势力可以得到天下，却不能凭它获得匹夫匹妇之心。

绍兴年间，出现了对先祖父的诽谤，大臣僭越专制如狼戾虎眈，磨牙摇须，像驱猎狐兔一般陷害持论公正的人士。而当时的御史中丞（何铸），率先发出公正的议论（译者按：何铸在审理岳案初期曾向秦桧质疑，“铸岂区区为一岳飞者，强敌未灭，无故戮一大将，失士卒心，非社稷之长计”，他赤帜一立（立刻得到各界的响应），权贵如公族之长（译者按：指齐安郡王赵士㒟）、枢密使（译者按：指韩世忠），微末如丞郎（译者按：指大理寺丞何彦猷、李若朴），均大声疾呼，为先祖父鸣冤，却接二连三地遭到流放（或排挤）。但登闻院的匦和鼓，还是日日被鸣冤的人击响，有人以布衣之身对抗于权相，不惜遭到杀戮，公议的悠悠之口，却始终未能钳噤。不仅如此，当时那个依恃权势的作恶之人变乱是非、颠倒黑白，肆无忌惮地败坏纲常、违逆天道，却还说出“莫须有”三字，可见他心中还隐隐知道世上有不可诬蔑的存在。人心之“天”未必是不能确定的，但为何要等六七十年过后才得伸冤呢。那些人虽能以其私欲胜过天，却不能以其私欲胜过人心，则又与人心素定是一个道理。

而我之所以特别以“天定”命名这部书，就是因为有天理的存在，人虽一时有胜，天却不曾真正有负；天理恒定，始终不变。也就是说人心之天与天理之天是一致的，以此命名该编，意义更在于人心之天。呜呼！千百世之下，有能为先祖父之忠心哀恸，想了解圣朝追褒始末的，便是此录的读者。覆瓿之作本不值得一提，而以此命名，则希望后世之人有依据可考。开禧元年十二月癸丑朔日，承奉郎、监镇江府户部大军仓岳珂作序。

天定录卷上

进高宗皇帝御札石刻表

臣珂言："臣父先臣霖累准国史实录院牒，取索臣大父先臣飞所被受高宗皇帝御札手诏照用。臣父先臣霖已具申本院，乞候编次成日申缴。臣昨又准江州牒，备准本院牒取索。臣已于嘉泰三年十一月内刻石，缘臣所刻，未经进御，谨诣登闻检院缴进者。

先臣衔枉，既湔雪于公朝；圣主赐书，尚宝藏于私室。辄珝翠珉之勒，仰尘丹扆之观。臣珂诚惶诚惧，顿首顿首。

伏念臣大父先臣飞早以朴忠，夙逢明圣，上奉指踪之略，粗殚御侮之劳。匹马北方，契定谋于谈笑之顷；六龙南渡，倚折冲于纷扰之余。恭仗圣威，克成微绩。雷霆奋击，天驱草窃之群；云汉昭回，日拜芝封之赐。或称其智谋，而谓非他比；或付之号令，而俾如亲行。便宜悉许于外施，进止不从于中御。恢复之请辅朕，委寄尤隆；忠义之气通神，褒嘉备见。以至病目而护医疗治，苦嗽而为国勉行，爰切体肤，视犹手足。爰获珍藏之秘，有踰衮赠之荣。

无何谗起于樊蝇，所恨疑成于市虎。以天宠为滥予，以奎画为污藏，搜自故家，束之左帑。鸾翔凤翥，掩□迹云霄，蜗缘蠹生，韬□光□椟。逮臣父擢登于匠监，辱孝皇轸记于□门。奏双阙之书，亲聆天语；拜十行之诏，复覩宸章[1]。谗诬若有待而明，事实信无□而显。天其或者重矜一念之忠，神实司之俾辨九泉之枉。

恭惟[2]皇帝陛下，安民以惠，率祖攸行。远取成汤□法，具传于三圣；近稽宣帝美，复念于诸臣。思尧有得于见墙[3]，嗟牧几形于拊髀[4]。伟思陵[5]之丽藻，寔昭代之宏规。凡圣□神笔之所存，皆雄断庙谟之攸萃。丁辰有幸，慨昔时授任之难；乙夜进观，或今日广声之助。

臣幼不逮事，长无踰人。念臣父奉命以驱驰，几无宁岁；致帝画藏家之积久，讫未镌崖。敢忘遗志之承，以侈隆恩之赐，摭之辨考，抑可参稽。呵护有严，徒抱乌号之泣[6]；登藏是毖，载光龙负之图[6]。其所刻臣大父赠太师、谥武穆、先臣飞被受高宗、受命中兴、全功至德、圣神武文、昭仁宪孝皇帝御札手诏七十六轴，厘为十卷，谨随表上进以闻。臣珂诚惶诚惧，顿首顿首，谨言。

贴黄：上表为缴进臣大父先臣飞所被受高宗皇帝御札手诏石刻一十卷，伏候敕旨事。”

【注释】

①拜十行之诏，复覩宸章：此事指淳熙五年（1178）孝宗皇帝在便殿诏见岳霖时说：“卿家纪律，用兵之法，张、韩远不及，卿家冤枉，朕悉知之，天下共知之”。岳霖对曰：“仰蒙圣察，抚念故家，臣不胜感激。”岳霖遂上疏请求归还高宗当年所赐岳飞的御札、手诏，孝宗皇帝诏令准左藏南库还之。

②恭惟：对上的谦词。一般用于行文之始。

③思尧句：典出《后汉书·李固传》：“昔尧殂之后，舜仰慕三年，坐则见尧于墙，食则睹尧于羹。”指念念不忘先贤。

④嗟牧句：典出《汉书·冯唐传》：“上既闻廉颇、李牧为人，良説，乃拊髀曰：‘嗟乎！吾独不得廉颇、李牧为将，岂忧

匈奴哉！’”

⑤思陵：指代宋高宗。高宗死后葬会稽（今绍兴）之永思陵，故后人尊称为“思陵”。

⑥乌号之泣、龙负之图：《史记·孝武本纪》中记载，齐人公孙卿向汉武帝讲述黄帝的传说。曰：“黄帝采首山铜，铸鼎荆山之下。鼎既成，有龙垂胡髯，下迎黄帝。黄帝上骑，群臣后宫从上者，七十余人，龙乃上去。小臣不得上，乃悉持龙髯，龙髯拔，堕黄帝之弓。百姓仰望，帝既上，乃抱其弓与龙胡髯号。故后世因名其处曰鼎湖，其弓曰乌号。”

【译文】

臣岳珂言：“臣的父亲先父岳霖数次承准国史实录院牒，要求调取臣的先祖父岳飞所被受的高宗皇帝御札手诏查用。臣父先父岳霖已向实录院申告，请求待他将其编次完成后再行上缴。臣又曾接到江州牒，准备实录院调取。臣已于嘉泰三年十一月内将高宗皇帝御札刻石，因臣所刻未经进呈于君上，谨于登闻检院缴进。

“臣先祖父的冤狱，已在公朝获得平反；圣主的赐书，还秘藏于私家。于是臣勒之于碑石，进呈以御览。臣珂诚惶诚恐，顿首顿首。

“伏念臣的先祖父岳飞早年因为人忠朴，际遇于明达的圣主。秉承圣主指挥的方略，为抵御外侮竭尽辛劳。挥师北上，君臣定谋于谈笑之间；圣驾南渡，贤将克敌于纷扰之际。倚仗圣威，达成勋绩。驱逐草寇，战斗如雷霆奋击；常拜封赐，功绩如星辰闪耀。圣主时而称赞他的智谋非他人可比，时而付予其号令之权，如君上亲行。允许他在外便宜行事，军队的进止不从中御。他请命辅佐圣主恢复旧疆，遂获委寄的大任；其忠义之气上通神灵，圣主褒嘉备至。以至于他患目疾时获圣主降诏让太医为其疗治，他苦于寒嗽之时也勉力为国出征，真可谓爱切体肤，视如手足。因此获得皇帝的手诏珍藏于秘室，超过任何褒赠的荣光。

“不久谗言起于小人，渐渐演变成三人成虎的怀疑。皇帝的眷宠被说成是滥予，圣主的墨迹沦为污藏，被从家中抄走，封存在朝廷的左藏南库。鸾翔凤翥，掩□迹云霄，蜗缘蠹生，韬□光□椟（译者按：此句有缺字，不译）。等到臣父被擢升为将作少监时，有幸被孝宗皇帝召见于便殿。臣父奏请，亲聆孝宗皇帝的安抚；圣主降诏，发还了高宗皇帝的御札。谗诬若有待而明，事实信无□而显。或许上天看重并矜怜忠诚之心，冥冥中以此为九泉之下的冤魂辩白。

“皇帝陛下，安民以惠，率教而行。吸取于成汤古法，继承三圣绝学；效仿周宣王，与诸臣共勉。见墙思尧、拊髀嗟牧，不忘先贤良将。高宗皇帝的宏篇丽藻，正可以作为当今时代的典范。他笔下的章句，俱是其宏图大略、英明决断的精华。臣慨叹高宗皇帝昔时授任于危难，适逢其时；为推广当今之圣音，臣将这些（往日）手诏进呈圣上在深夜观览。

“臣少不更事，长大后才华也不出众。只因念及臣父为公务经年奔忙，几乎没有享受过安宁的岁月，致使高宗皇帝的手迹藏于本家日久，一直未曾镌刻。臣不敢忘记先父的遗志，彰显隆恩之赐，遂将其进行整理考辨，抑或可作为后人的参考。臣家对先帝之手迹严加呵护，如抱黄帝遗弓；谨慎刊刻，记载乘龙之图。所镌刻之臣祖父赠太师、谥武穆、先祖父岳飞接受的高宗受命中兴全功至德圣神武文昭仁宪孝皇帝御札手诏共七十六轴，厘为十卷，谨随表进呈以闻。臣珂诚惶诚惧，顿首顿首，谨言。

“贴黄：所上的表是有关缴进臣祖父先祖父岳飞所接受的高宗皇帝御札手诏石刻十卷，伏候敕旨之事宜。”

进行实编年吁天辨诬表

臣珂言："臣父先臣霖累准国史实录院牒，取索臣大父先臣飞生平行实事迹照用。臣父先臣霖尝具申本院，乞候修纂成日申缴。臣寻于嘉泰三年十一月内编撰成书，缘臣所修未经进御，谨诣登闻检院缴进者。

孤忠许国，有死弗渝，众毁盈庭，传疑未白。抱冤衷而上愬，恃公论之久存，辄因没地之言，敬剡吁天之奏。臣珂诚惶诚惧，顿首顿首。

伏念臣大父先臣飞逢时艰棘，奋迹蒿莱，顷因靖康初，入于元帅府，痛念中原之沦陷，遂许先帝以驱驰。忠愤所激，则沥血以誓师；甘苦必同，则投醪而饷士。东克全城于建邺，西恢六郡于襄阳。封豕长虵，岂特弯弓之不敢；屯蜂聚蚁，俱令释甲以自归。义声雷动以风驱，精骑星流而电扫。腥羶万幙，一无攘臂之撄；忠义两河，并奋揭竿之应。玉帛指东都之会；干戈溃北苑之屯，王化复行，官仪喜见。胡尘半洗，彷徨汴水之黍苗；佳气载新，感慨安陵[①]之枳柏。共徯兵锋之破竹，安知篑土之亏山。近睇故都，反袂读班师之诏；纷来遗老，停车辞遮道之留。自睽间穟之机，旋被登枢之命。属边陲之乏帅，暨（以下原缺）"

【注释】

①安陵：地名。战国时期魏的封地，在今河南鄢陵县西北。《资治通鉴》记载秦王政二十二年"欲与五百里地易安陵"，安陵君不许。

【译文】

臣岳珂上言："臣先父岳霖多次承准国史实录院牒，要求调取臣祖父先臣岳飞的生平事迹参考使用。臣父先臣岳霖曾向国史实录院申告，请求待修撰编成日再行申缴。臣继于嘉泰三年十一月内编撰成书，因尚未曾进呈于朝廷，谨至登闻检院（见前文释义）缴进。

“臣的祖父孤忠许国，死而不渝，众毁盈庭，未还清白。臣抱冤而上诉，寄望于公论之长存。将死者地下之憾言，恭敬地写入吁天辨诬之奏。臣岳珂诚惶诚恐，顿首顿首。

“伏念臣的祖父先臣岳飞逢时艰难，奋起于草野，因靖康初年参军而进入大元帅府。他痛念中原国土的沦陷，遂向先帝许下为国效力的诺言。忠愤所激之时，曾沥血誓师；与下同甘共苦，将御赐的美酒投入河中与士兵共饮。（他曾作战），向东收复建康府，向西恢复襄阳六郡。贪暴之敌，可弯弓劲射；叛乱之徒，俱令释甲归田。义声雷动，精骑电扫。金人的兵力虽众，攘臂可挡；两河有忠义之士，揭竿响应。以战促和，化干戈为玉帛。王化复行，官仪得以重现。外敌的征尘渐渐远去，彷徨在汴都的王治之外；美好云气承载新的气象，让人们为疆土重归安定而感慨。将士们共同期待着兵锋势如破竹地推进，却未料到功亏一篑的结局；距离故都仅仅一步之遥，却迎来班师的诏命，开封遗老纷纷遮道挽留。先祖父正欲归老田园之时，又被授枢密之职的任命。（高宗皇帝）嘱咐说边疆乏帅，又（以下缺文）。

进家集表

贴黄：上表为缴进臣大父先臣飞《家集》十卷，伏候敕旨事。”①

【注释】

①此表原缺，仅剩贴黄。

【译文】

“贴黄：为缴进臣的先祖父先臣岳飞的《家集》十卷而上此表，伏候敕旨。”

缴进奏状

承务郎、新差监镇江府户部大军仓臣岳珂。右臣珂辄沥血诚，仰干天听，退思僭越，甘俟典刑。伏念臣大父先臣飞际遇高宗皇帝，依乘风云，获附勋籍。中更馋诬，虽蒙朝廷昭雪录用，然尚未经褒赠。

臣父先臣霖累准国史实录院牒，取索所被受御札手诏及行迹事实著述文字。重以流离之余，故传散漫，掇拾未备，尝以命臣，俾终其志。臣不量窳陋，涉笔五年，刊集纂修，粗明梗槩。今来所刻被受高宗皇帝御札手诏七十六轴，厘为十卷。所修大父先臣飞《行实编年》六卷、《吁天辨诬》五卷、《通叙》一卷并《家集》十卷，已于嘉泰三年十一月刊修了毕。窃缘臣上件文字未经进御，谨各奉随进表一通，囊封，躬诣天庭上进。伏望圣慈特赐睿览，降付尚书省施行。臣冒犯天威，罪当万死，谨录奏闻，伏候敕旨。

贴黄：奏为臣缴进高宗皇帝御笔手诏石刻十卷，并臣大父先臣飞《家集》十卷、《行实》六卷、《吁天辨诬》五卷、《通叙》一卷并随进表三通，伏候敕旨事。

【译文】

承务郎、新差监镇江府户部大军仓臣岳珂。臣珂竭诚以上，仰干天听，退思僭越，甘受典刑。伏念臣的祖父先臣岳飞际遇于高宗皇帝，依凭风云，成就功勋。中间又经历了谗诬之灾，虽蒙朝廷昭雪、追复元官，但尚未获得褒赠之典。

臣的父亲先臣岳霖累次收到国史实录院牒，取索其所保存之御札手诏及有关先祖父行迹事实的著述文字。臣父经历颠沛流离之后，以前写就的传记散漫无着，搜集未备，曾命我完成他的遗志。臣不自量力，涉笔五年，刊集纂修，粗明梗概。今次所刻先祖父被受之高宗皇帝御札手诏七十六轴，整理为十卷。所修祖父先臣岳飞的《行实编年》六卷、《吁天辨诬》五卷、《通叙》一卷以及《家集》十卷，已于嘉泰三年十一月修正完毕。窃因臣上述文字还未进呈于朝廷，谨各奉随进表一封，囊封，亲至宫门呈进。伏望圣慈特赐御览，将其降付尚书省施行。臣冒犯天威，罪当万死，谨录奏闻，伏候敕旨。

贴黄：为缴进高宗皇帝御笔手诏石刻十卷而上奏，一并缴进的还有臣祖父先臣岳飞的《家集》十卷、《行实编年》六卷、《吁天辨诬》五卷、《通叙》一卷并随进表奏章三通，伏候敕旨事。

上宰执[①]第一书

四月　日，承务郎、新差监镇江府户部大军仓岳珂谨斋沐裁书，再拜献于某官阁下。珂闻之，古之所谓大臣者，其事业足以格天，其利泽足以及人。前乎百年，后乎百世，皆足以蒙其深仁厚泽。盖其大公至正，以天下之心为心，以天下之耳目为耳目，无阿毁誉，无私爱憎。故夫与天子坐朝论道，完泰而进，见否而退，是其职也。如斯而已乎，曰未也，是足（以下原缺）

高庙之知，冒万死一生之地，内平剧盗，外抗强胡，不十年间，位至三孤，躐登枢管，可谓不世之遇矣。惟其大志在于恢复中原，义不少沮，忤时相和戎之计，重以同列异趋，势位相轧，而媒蘖旋生，谗惎横出，不置之死地不止也。夫亦何罪，而至于此极哉！

雨膏于春，而行者疾其泞；月昱于夜，而盗者恶其明。彼时相之心，以为不如是则戎不可和，爵不可保耳。是以蒙被汙垢六、七十年，虽高庙神圣，卒悟其奸，赐之昭雪，又以此意属于孝庙，葬之以礼，复之以官，录用其子若孙，宜若可以无遗憾矣。而山林之史疑以传疑，往往是非无据，而黑白易位，虽决黄流之奔猛，不能以湔涤，是故不无待乎其人。

恭惟某官以孔、孟之学，事尧、舜之君，云龙风虎之遇，亶有光于中兴。十数年来，农扈屡丰，边陲不耸，日月五星安行于上，百川河海顺流于下，将天下之虫鳞羽介，无一不被渗漉之泽。矧惟国家之公卿将相，乃独略之，而有所未暇。故士之立一名一节者，不惟今日之在陶冶，而后世亦将有赖焉；不惟后世之在陶冶，而前代又将有赖焉。仲虺、周公之所以辅其君者，阁下岂亦多逊。

珂是以冒昧撰述先祖《行实》六卷、《吁天辨诬》五卷、《通叙》一卷，裒集高庙所赐御札石刻七十六轴、《家集》十卷，既以陈之乙览，而以其副敬伏光范门下。伏惟论道经邦之暇，赐之采瞩，而哀矜先祖之不辜，从容入侍，清间之燕，一借敷奏之余论，俾九原之枉获伸，则珂虽死不恨矣。伏惟察其区区，而恕其狂且僭焉，不备[②]。

【注释】

①宰执：宰相与执政的合称。

②不备：不详尽。书信结尾套语。语本杨修《答临淄侯笺》："反答造次，不能宣备。"宋魏泰《东轩笔录》卷十五："近世书问自尊与卑，即曰'不具。'自卑上尊，即曰'不备'。朋友交驰，即曰'不宣'。"

【译文】

四月某天，承务郎、新差监镇江府户部大军仓岳珂谨斋戒沐浴，裁纸作书，再拜献于某官阁下。岳珂听说，古之所谓大臣的人，其事业足以感通上天，其利泽足以惠及百姓。向前或往后百世，都足以蒙受其深厚仁慈的恩泽。大概是因为他大公至正，与天下之心感同身受，倾听天下人的言论，不为阿谀而赞美或批评，不因私利而爱戴或憎恶。所以他才能与天子坐而论道，向皇帝推荐对国家有利的人或事，摒却对国家不利的人或事，这是他的职能所在，不是吗（以下缺原文）。

先祖父受知于高宗皇帝，冒九死一生之险，内平剧盗，外抗强胡，不到十年就位至三孤，越级擢升为枢密副使，真可谓不世之遇。但他的志向是恢复中原，此为大义所驱，丝毫不受任何的抑制，不顺从当时宰相与金人讲和的计划，又因与同列志趣不同，势位相轧，最终遭受他人的构陷和诽谤，非置之死地而不止。先祖父有什么罪过，至于要遭此荼毒！

雨水滋润春天的万物，但行路者嫌弃它带来泥泞。月光照亮夜晚的世界，但盗窃者讨厌它带来光亮。当时的宰相内心认为，不这样做就不能与金议和，自己的爵禄地位亦不可保。所以我的先祖父才含冤蒙诬六七十年，虽说高宗皇帝神圣，终于察觉了权相的奸计，赐祖父昭雪，又嘱托孝宗皇帝将先祖父以礼改葬，恢复元官，录用后代子孙，似乎是可以无憾了。但稗官野史的记录以疑传疑，往往没有证据地颠倒是非，就算决黄河之奔流也涤荡不清，因此还是需要有（权威的）的人出来澄清是非。

阁下您师从于孔、孟之道，辅佐尧、舜一样的明君，有云龙风虎的际遇，实能为中兴之举增辉。十数年来，农业屡丰，边陲安定，日月五星安行于上，百川河海顺流于下，天下苍生均受泽被。况且国家之公卿将相都由您领导，也许无暇顾及这件事。士人立名立节，不仅为了陶冶当世的节操，后世也会有所获益；不仅后世因此受益，其前代也会借此（流传美名）。仲虺、周公辅佐其君主就是这样的范例，阁下您岂需多让。

所以，珂冒昧地撰述了先祖父《行实编年》六卷、《吁天辨诬》五卷、《通叙》一卷，辑集高宗皇帝所赐御札石刻七十六轴、《家集》十卷，已呈皇帝阅览，而以其副本敬呈于尊颜门下。阁下若能于论道经邦之暇展阅，而哀怜先祖的无辜，于从容入侍之际、清闲宴饮之时，一借陈奏之余论，使先祖父伸冤于九泉之下，则珂虽死无憾了。唯愿阁下体察我的区区之心，宽恕我的狂妄僭越之举，不备。

上侍从给舍台谏[①]书

四月　日，承务郎、新差监镇江府户部大军仓岳珂谨斋沐裁书，再拜献于某官阁下。珂闻事有抱一时之枉而不获伸者，虽异日公议复明，而事迹未覈，足以贻目睫之论。苟有以伸之，则不必其善之己出也，不必其事之己属也。

今夫人有无名之指，屈而不伸，非疾痛害事也，而见者谕其方，闻者效其药，非必其父兄子弟也，非必其乡党僚友也，虽塗之人亦然。何则？恶枉喜伸，天下之同情，人心之至理，有不能遏者。昔范文正公忤大臣而去国，余襄公救之，尹师鲁救之，欧阳文忠公又救之，不得其言，则亦委而去。此犹未也，齐大夫崔子之不韪，太史书之以死，其弟嗣书之而死者二人，其弟又书之，南史氏复执简以往。夫黜陟死生之际，人之所甚畏慕也，而奋焉为之，而无所顾避。盖抱天下之屈者，必将有以伸之，不必其善之己出，而事之己属，固如此也。

珂尝读史传至是，未尝不有感于先祖武穆之事。盖其奋自单平，以孤忠上结高庙之知，冒万死一生，内平群盗，外抗强胡，不十年位至三孤，躐登枢管，可谓不世之遇矣。惟其大志在于恢复中原，义不少屈，忤大臣和戎之策，重以同列异超，势位相轧、而媒蘖旋生，谗诬横出，不置之死地不止也。彼恶其轧己，而动于附势者朋而翼之，亦既若燎之不可向迩矣。

然而庙堂之同列，棘寺[2]之僚属，上至天族，下至布衣，皆能诵言其冤，而不畏斥逐一时之间，亦可想见其事矣。而蒙被汙垢，于今六、七十年，虽高庙神圣，卒悟其事，赐之昭雪，又以此意属于孝庙，葬之以礼，复之以官，录用其子若孙，宜亦可以无遗憾矣。然而山林之史，其为传疑者未明也；褒赠之典，视其同功者犹歉也。则夫抱天下之屈，而有不获尽伸者。珂是以冒昧一鸣于阁下。

恭惟阁下以直方之德、高明之学、宏远之器、经纶之材，出为时用。一朝之国是、一代之人物、一世之公论，皆司直于门下，则先祖之所未伸者，必将动心焉。珂不揆，谨撰述先祖《行实》六卷、《吁天辨诬》五卷、《通叙》一卷，裒集高庙所赐御札石刻七十六轴、《家集》十卷，既以叩阍，上徹乙览，而以其副敬陈于执事。伏惟论思[3]献纳之暇，赐之采瞩，而哀矜先祖之不辜，俾九原之屈，获伸于明时，则珂虽死不恨矣。伏惟察其区区，而恕其狂且僭焉，不备。

四月初七日诣登闻检院缴进。

十五日降付尚书省。

十六日送中书、门下后省看详。

【注释】

①侍从给舍台谏：侍从、给舍、台谏均是某类官职的概称，均为朝廷中枢机构的重要大臣。宋代称殿阁学士、直学士、待制与翰林学士、给事中、六部尚书、侍郎为侍从。给舍则是给事中

与中书舍人的合称。台谏则是御史台与谏官的合称。（据《中国历史大辞典》，2001年，第933页、1856页、2337页。）

②棘寺：大理寺的别称。古代听讼于棘木之下，大理寺为掌刑狱的官署，故称。

③论思：议论、思考。特指皇帝与学士、臣子讨论学问。汉班固《两都赋》序："朝夕论思，日月献纳。"

【译文】

四月某天，承务郎、新差监镇江府户部大军仓岳珂谨斋戒沐浴、裁纸为书，再拜献于某官阁下。珂听闻有些事抱一时之枉而得不到伸张的，即使他日公议复明，但若事迹没有查实，就会给肤浅的见解流传的机会。而若有伸张事实的机会，则并不必要求这样的好事要由自己发起，也并非非得是自己分内之事才会去做。

有人的无名指弯曲不能伸直，既不痛也不碍事，但见到的人会告诉他药方，听说的人会效验药方，做这些的不一定是这个人的父兄子弟，也不一定是乡党僚友，即便是路人也可能这么做。为什么呢？因为人们都不喜弯屈，乐于见到伸张，这是天下的共情，人心之根本，不可遏止。昔日范仲淹因得罪权臣遭到贬谪离开朝廷，余靖、尹洙、欧阳修都为他鸣不平，他们的意见未被采纳，也随之被贬。这还不算什么，齐国大夫崔杼犯了弑君的大错，太史记载说："崔杼杀了他的国君。"因而被崔杼杀死。太史的弟弟接着这样写，因而死了两人。太史还有一个弟弟又这样写，南史氏（听说太史都死了），就拿着写好了的竹简前去。大凡升降死生之际，都是人所畏慕的时刻，往往有人挺身而出，无所顾避。因为天大的委屈，一定有获伸的那天，所以不必坚持善由己出、事为己属，道理就是这样。

珂每每读史传至此，未尝不有感于先祖武穆之事。因其奋起于寒微，以孤忠知遇于高宗皇帝，冒万死一生之艰难，内平群盗，外抗强胡，不到十年就位至三孤，超擢为枢密副使，真可谓不世之遇啊。但他的志向是恢复中原，是为大义所驱，丝毫不受抑制，故而不顺从当时宰相与金人讲和的计划，又因与同列志趣不同，势位相轧，最终遭受他人的构陷和诽谤，非置之死地而不止。那些害怕他的人与趋炎附势之人结为朋党，互相遮护，其势就像大火蔓延，无法靠近（扑灭）。

然而不论是朝廷的同列，或是大理寺僚属，上至宗室，下至布衣，都曾为先祖父鸣冤，不惧怕立刻就可能遭到斥逐，可想而知先臣的冤屈！而先祖父蒙被污垢至今六七十年，虽说高宗皇帝神圣，终于察觉真相，赐祖父昭雪，又嘱托孝宗皇帝将他以礼改葬，恢复元官，录用后代子孙，似乎是可以无憾了。但稗官野史的记录以疑传疑、事实不清；褒赠的规格相比同功者还有所欠缺，则其抱天下之屈，而有不获尽伸之感！珂是以冒昧申鸣于阁下。

恭惟阁下凭着直方的品德、高明的学问、宏远的气度、治国的才能为当世所重用。一朝之国策、一代之人物、一世之公论，皆出自阁下的斧正，则先祖未伸的冤屈一定能将您打动。岳珂不自量力，谨撰述先祖父《行实编年》六卷、《吁天辨诬》五卷、《通叙》一卷，辑集高宗皇帝所赐御札石刻七十六轴、《家集》十卷，已扣阙（鸣冤），上呈御览，而以其副本敬陈于阁下。伏唯阁下与皇帝陛下讨论学问、献纳忠言之暇赐之一阅，而哀怜先祖之无辜负屈，使先祖父伸冤于九泉之下，则珂虽死无憾了。惟愿体察我的区区之心，宽恕我的狂妄僭越之举，不备。

四月初七日诣登闻检院缴进。

十五日降付尚书省。

十六日送中书、门下后省审阅。

卷第二十七

天定录卷中

经进百韵诗

臣一介孱庸，滥饕世禄，每念沉冤未雪，直笔久污，一意纂修，五年勤瘁。比干宸览，误简渊衷，万死尚宽，九殒莫报。今因追感先臣飞事，辄赋百韵诗一篇，缮写躬诣天庭投进，伏望圣慈特赐睿察，昭白而施行之。干冒天威，臣下情无任皇惧震越屏营之至。

承务郎、新差监镇江府户部大军仓臣岳珂上

永佑当临御，重熙极泰亨。物穷隍土复，地大孽牙萌。
蠢尔戎真裔，违吾海上盟。腥膻盘九土，氛雾塞三精。
于赫中兴主，初专九伯征。赤符观炳炳，嘉兆得庚庚。
四七膺休运，三千协一诚。乾坤恢辟阖，日月洗明清。
天授睢坛策，风兴渭水英。维时臣大父，韬迹圣廛氓。
宝匣鸣长剑，雄冠彯曼缨。衣裘供羿射，灯火近韩檠。
圣世方求骏，明神岂舍骍。始从鱼钥守，小析羽林兵。
当虏无车乘，麾军不鼓钲。熏门摧彦政，汜水从閰勍。
驲召班龙节，犀军下雀桁。王师俱蓄缩，敌骑愈纵横。
马渡朝迎敌，钟山夜驻营。狂澜身砥柱，大厦手支撑。
虏焰犹繁炽，吴都忽震惊。东巡传警跸，右袒半公卿。
愤起宜兴旅，追收建邺城。大江谁饮马，五岳更刑牲。
一荡西江李，重歼固石彭。利兵驱虎豹，杰观筑鲵鲸。

玉帐旋平广，铜符遂帅荆。皇灵期濯濯，王事分傍傍。
沙漠逋封豕，山林息聚蝱。神州宜亟复，六郡乃先争。
桀犬徒冯垒，苗民敢抗衡。锐师掀狡窟，高堞覆坚棚。
鼎澧兵方进，湖湘寇辄平。几年凶祸结，八日骏功成。
叛将因资用，降人岂畏阬。开疆下商虢，结约到磁洺。
谋帅难张俊，还兵虑郦琼。但虞遗后患，初匪厌纷更。
沔鄂重归镇，齐刘尚据京。且羞离楚馔，未用渡河罂。
细柳千屯灶，柔桑万瓦甍。流民俱授亩，战士亦从耕。
大浍萦如带，原田画若枰。连云登美稼，淅玉饭香秔。
刍挽从今省，兵储亦顿赢。吏贪无鼠硕，民佚异鲂赪。
姑定鸿沟约，交驰绝域伻。邻欢新玉帛，宴衎乐簧笙。
未几边摇草，恶知野食苹。礼容方济济，革乘忽軿軿。
睿断昭雄赳，天威震隐訇。六师纷雾集，四校盛雷轰。
戎驾爰方启，神锋莫敢撄。童髫欣再见，父老喜前迎。
义气通诸夏，讴声沸八纮。官兵扬隼鸷，敌穴泣鼯猩。
跬步临京阙，朝衣诣寝楹。晋军传鹤唳，楚幕听乌鸣。
机会乘今日，雌雄决此行。幸成十载绩，归捧万年觥。
何事东来诏，遄追北指旌。抚膺皆壮士，牵袂有啼婴。
橐芨登枢极，雍容俨佩珩。身虽处廊庙，志则在幽并。
岂意中原略，深违时相情。和戎徒效敬，投几不闻罄。
正尔先鞭著，居然谤箧盈。凶威摇吏椟，风旨动台抨。
枭鸱饥吞噬，鹰獒乐使令。众鬈常忌冠，同浴不讥裎。
远虑为微福，先驱谓缓程。一言鸣仗马，千丈下乔鹰。
盍考谢赦表，兼观赐札评。许身无少愧，忧国甚于酲。
彼谮宜投虎，能言不离鹦。鸟翾身蚤舨，兔健足先烹。
有客悲周道，何人归鲁祊。同时惟切齿，来者但惩羹。
长夜何时旦，沉阴几日晴。是非从久定，祸否待终倾。
先帝资神武，深仇怆父兄。每怀得颇牧，胡忍弃韩黥。

哲监何尝惑，孤忠果渐明。岳阳还旧号，岭表返诸惸。
故垒营新祀，畿封辟赐茔。用心传舜子，述事广文声。
甘雨兴余槁，青天豁久盲。先臣死不朽，圣德浩难名。
陛下今汤禹，王臣昔散闳。令图天广大，盛烈日铿鍧。
心术参尧运，规模绍汉宏。遗形高阁绘，良股盛朝赓。
故将幸非远，微臣矧敢轻。传讹稽史谬，败俗订言訏。
日系无虚笔，云章有满籝。竹书皆历历，玉训尚铿铿。
愿辍清朝暇，叨承乙夜呈。作诗哀寺孟，览奏念缇萦。
恩锡茅封宠，光昭衮字荣。誓怀如皦日，忠报毕余生。

【译文】

注：祭文、诗词、赋等体裁皆不译。

封王信札

五月初九日，三省、枢密院同奉圣旨，岳飞忠义徇国，风烈如存，虽已追复元官，未尽褒嘉之典，可特追封王爵。

右札付故追复岳少保本家。

嘉泰四年五月十一日。

【译文】

五月初九日，三省、枢密院同奉圣旨，岳飞忠义殉国，风烈犹存，虽然已追复了元官，尚未完成褒嘉的典礼，可特与追封王爵。

札付故追复岳少保本家。

嘉泰四年五月十一日。

鄂王信札

勘会已降指挥，岳飞忠义徇国，风烈如存，虽已追复元官，未尽褒嘉之典，可特与追封王爵。五月二十一日，三省同奉圣旨，追封鄂王。

右札付故追封鄂王本家。

嘉泰四年五月二十二日。

【译文】

勘会已降下指挥，岳飞忠义殉国，风烈犹存，虽然已追复了元官，尚未完成褒嘉的典礼，可特与追封王爵。五月二十一日，三省同奉圣旨，追封（岳飞）鄂王。

札付故追封鄂王本家。

嘉泰四年五月二十二日。

上宰执第二书

五月　日，承务郎、新差监镇江府户部大军仓岳珂谨斋沐裁书，再拜[①]献于某官阁下。珂闻之，常言有曰："人之是非，其惑常在身前，其定常在身后。"盖谓身之前则系之于人，而私情爱憎之易偏；身之后则笔之于史，而公论是非之自定。嗟乎！史固足以示信也。所书果得其实耶，则一褒一贬，足以发潜德之幽光，诛奸谀于既死，诚万世之衮挞也。苟传闻之或失其当，是非之或轶其真，笔削错施，而褒贬易位，何以示天下之劝惩乎哉？

昔者观班孟坚之史，自武帝以前盖祖太史之旧也。而传陈涉则"至今庙食"一语，辄不敢删，不知所谓今者何代，而孟坚时涉之祀存乎否也。虽然，此犹曰有是事也，则为可据也。近观唐大历间乐平令魏仲兕记饶娥之事，与史大异。及考之柳子厚所传，则史盖全用其文，而不知仲兕为令，于此得之亲见，彼子厚特传闻之讹也。以此知古今之史，邈亲见而信传闻者，其失实多矣。

不特此一、二事也，以此而示荣辱于万世，不亦甚可哀欤？伏念先祖武穆蒙被绍兴权臣之祸，一时山林之史，往往得于风闻，记录二、三，则已失其实矣。重以王俊之徒文传会之辞，张俊、万俟卨之徒主煅炼之狱，日历[②]之官取证于此，则又非其实矣。当是时，权臣实专史馆之柄，一笔一削，皆出其手，史官之能为董狐[③]者几何人哉！则又必有变乱其实者矣。是则荣辱万世之权，倒置如此，不有王公大人慨然以为己任者，则纷纷簧巧，谁与正之？

恭惟阁下以忠厚之心，而权衡一代之是非，以淹贯之学，而董正一代之笔削。自一介之臣以上，其用心、其行事，皆将不逃于融明之鉴。而况如先祖之忠赤报国，昭如皦日，而谗仇相污，明若观火，阁下岂能不动心于一伸其枉哉！

珂谨摭诸所传所记，以为《行实》，而凡向来谗说之所以厚诬者，则又为《辨诬》，亦即上之丹扆，而辄复以其副寘之阁下矣。伏惟宰制之暇，试一取而观之，校之史官之所载，则枉直白黑，有不难辨。而且以此书下之策府，俾之从实删修，则阁下之所以荣辱万世者，其权行于此矣。夫岂非盛德事哉？

孔子曰："吾犹及史之阙文也。有马者借人乘之，今亡矣夫。"夫以马借人，此里巷之浅事也，而《春秋》之史官书之；苟其亡矣，宜无与于兴衰治乱也，而孔子惜之。以先祖报国之忠，而大节未明，其事之存亡，况有大于借马乎？阁下能以孔子之心为心，则先祖之抱冤于地下者，其必有以补其亡矣，珂复何云，不备。

【注释】

①再拜：敬词。旧时用于书信的开头或末尾。

②日历：史官按日记载朝政事务的册子。是史官纂修国史的依据。

③董狐：春秋时晋国的史官。史称其敢于秉笔直书，尊重史实，不阿权贵。《左传·宣公二年》载：赵穿杀晋灵公，身为正卿的赵盾没有管，董狐认为赵盾应负责任，便在史策上记载说“赵盾弑其君”。为赵盾所杀。后孔子称赞说：“董狐，古之良史也，书法不隐。”

【译文】

五月某日，承务郎、新差监镇江府户部大军仓岳珂恭谨斋戒沐浴，裁笺作书，再拜呈递给某官阁下。

珂听说，常言道：“人的是非功过，在其身前常有疑惑，待其身后往往就有定论。”大略是说在其身前，好坏在于人言，人有私情爱憎之心则易生偏见；其身故之后，事迹都记载于史册之上，则公论是非自定。啊！记录在史料上的事固然显得真实可信，但史料中所写的事真的完全取自事实吗？史料的褒贬足以揭示一些人身前不为人知的美德，笔诛死前尚未接受惩罚的奸谀之徒，在万世之后实有抑扬之功！但假如传闻有误或失实，史家因而错误地记录下来，导致褒贬易位，又如何向天下昭示激励和惩戒呢？

（我）以前读班超所撰的历史，武帝以前的记载大略沿用司马迁《史记》的记述。陈涉传中尤有“至今庙食”之语，不敢随便地删掉，今人便不知所谓“今”者所指是何年代，在班超的时代陈涉的奉祀是否还在也不得而知。虽然如此，这毕竟还是曾经有过的事实，有本源可考。最近我读唐朝大历年间乐平县令魏仲兕记述的饶娥之事与史书上记载的差别甚大。待我考据到柳宗元的记载，才知史书全部引用了柳的文章，而不知魏仲兕当时为乐平县令，得以亲见其事，而柳宗元根据传闻所撰的才是错讹啊。由此知道，古今之史，轻亲见、重传闻，导致记载失实的情况太多了。

这样的事并不少见，借此以示荣辱于万世的话，岂不可哀？伏念先祖武穆遭遇绍兴权臣之祸，一时间山林野史往往得自传闻，所记录的二三事，都已失其原貌。又因王俊之辈文饰诬蔑之辞，张俊、万俟卨之徒操纵拷掠之狱，撰写日历的史官取证于此，则又得不到事实了。当时，权臣独掌史馆的权柄，所有的文字都出自他的授意，史官之中能如董狐一般不阿权贵、秉笔直书的人能有几人！必定有变乱事实的人存在啊。如此这般将昭示万世荣辱的职责玩弄鼓掌，颠倒黑白，若没有王公大人慨然以为己任，放任其巧舌如簧掩饰罪责，还有谁能去整治呢？

阁下心地忠厚，可权衡一代的是非；学贯古今，可督正一代的史作。一介微臣之上，其用心、行事都逃不过阁下融通明彻之鉴。况且如先祖忠赤报国，昭如皦日，而遭到谗臣仇家的诬蔑，阁下明若观火，岂能不动心为其申冤呢！

珂谨收采诸人所作的传记，编为《行实》，但凡是向来谗言加意诬蔑的部分，又作《辨诬》，也已上呈给君王，而以其副本呈与阁下。愿您于宰职之闲暇，试取阅览，与史官所载的内容参校，则（先祖之事）的枉直白黑不难分辨。且请将此书交付与为皇帝藏书的册府，令其从实删修，则正是阁下行使昭示荣辱于万世之职责的时机。这岂不是盛美之事？

孔子曾说："我还曾见过史官记史时有不明白之处就存疑不记，等待明白人来补全。而有人将自己的马借给别人骑乘这种事也都给记录下来。现在没有人这样做了吧。"以马借人这是里巷发生的小事，而《春秋》的史官却将它记载下来；这种负责的态度和精神如果消亡，就无益于对兴衰治乱的反思，所以孔子才如此惋惜。先祖忠心报国，在大节的事情上却被弄得不明不白，他的事迹存轶岂不比借马的事来得更大吗？若阁下能取法孔子，则先祖的沉冤，必可补其亡轶，珂复有何云，不备。

乞付史馆堂札

珂洊有忱恂之悃，上干钧严。珂近准尚书省札子，备奉圣旨，先大父追封鄂王。仰见圣朝褒勋念旧之意，伏读恩诏，感泣不知所云。

惟是珂昨来所进高宗皇帝宸翰七十六轴、《行实编年》六卷、《家集》十卷，并为大父辨明诬枉参稽所系，不敢不进。其所修《吁天辨诬》一书，年月事实，必以宸翰为证者，盖恐山林之史混而无考，必得奎画昭回，以示万世，庶几信而有证。旁摭《家集》，兼考《行实》，并无抵牾，委有依据，然后敢书。区区累年之厪，正以孤忠未尽明，遗谤未尽雪，为子若孙之责，不敢爱万死，而使先世之事终于莫明。

兹者幸蒙大恩，裂全鄂之壤，开真王之封，超出常伦，特自英断，衮褒八字，焜耀千载，已足以洗湔无余。今来所进文字，又蒙后省[①]申明，乞行宣付[②]史馆，先志获偿，九殒无憾。第删修之举，事干万世至公之笔，不容不冒昧洊以申陈。重念先大父得罪于绍兴十一年之十二月，而秦桧死于绍兴二十五年之十月，相距凡十四载。桧是时方专上宰，监修国史、日历，则没先大父之功，而重先大父之罪，变乱是非，固有不待言而明者。先兄吏部甫任浙东提举日，熊舍人克知台州，以公事为先兄按发罢黜，积憾不泄。以先兄甫为先伯御带云之嫡子，故于作《中兴小历》之际，专欲归罪。夫史馆所大据依者国史、日历，而旁证者野史、杂记，所进实录，必以是为本。而先大父不幸受秦桧之诬，而又与熊克有子孙一时之憾，暧昧之迹，无以自明，衔冤地下，永无信眉之日。今幸蒙朝廷旌褒之典，虽足以示劝一时，而史笔未明，万世何以取信。所有珂所修《建储》、《淮西》、《山阳》、《张宪》、《承楚》五辨，并有高宗皇帝御笔依证，其御笔并装背见在，并有刊刻石本缴进讫，即不敢妄以臆说强辨。欲望朝廷俯念先大父忠勤之心，及两经秦桧、熊克史笔之诬，特赐敷奏，宣付史馆，参照从实删修。庶几先大父之心，得以暴白于万世。其于国体人心，诚非小补。如蒙朝廷降付史馆后，将来参照得珂所进《辨诬》内有据依不当，及非出高宗皇帝御笔，甘伏罔上之罪。忠邪之分，冤节之辨，在此一举。珂属在子孙，不敢缄默，倘蒙施行，实出至公之赐。干冒威尊，珂下情不胜战汗。

【注释】

①后省：宋神宗元丰八年后对门下、中书外省的别称。

②宣付：宋元以来谓皇帝的诏令交付外廷官署办理。

【译文】

岳珂再次秉持至诚，干冒尊长。珂近来接到尚书省札子，得知有圣旨，先祖父追封为鄂王。仰见圣朝褒励念旧的情意，珂伏读恩诏，感泣得不知该说什么。

只是珂先时所进呈的高宗皇帝宸翰七十六轴、《行实编年》六卷、《家集》十卷，俱是为祖父辨明诬枉、参酌稽考的相关文字，不敢不进呈。我所修《吁天辨诬》一书，日期事实，必以宸翰为证，是恐怕山林野史混而无据，必须要有皇帝亲笔如日月光耀一般示于万世，如此方才可信而有证。又采集了先祖父的文集《家集》，兼考于《行实》中的记载，查考两者并无抵牾，确定有据可依后才敢纳入。累年之间不辍于勤，正因孤忠未尽明，遗谤未尽除，为尽到作为子孙的责任，不惜万死，也不能让先世之事终结于不明不白。

如今幸蒙大恩，先祖父被封为鄂王真王，此举超出常序，特出自圣上英断，褒赞先祖父“忠义徇国，风烈如存”，这八字足可照耀千载，洗雪先祖的冤屈。这次所进呈的文字，又蒙中书、门下申明，请求将其交付史馆办理，先人洗雪冤屈之志得偿，虽九死而无憾。但删修之举，关系万世至公之笔，不容我不冒昧地再次申陈。又念先祖父获罪于绍兴十一年之十二月（译者按：指岳飞冤死之时），而秦桧死于绍兴二十五年之十月，相距十四年。秦桧当时身为宰相，监修国史、日历，在史书中埋没先祖父之功，而着重于先祖父之罪，其变乱是非是不言而明的。先兄长岳甫任吏部浙东提举的时候，熊克知台州，因公事被先兄揭发而罢黜，所以积憾不泄。因先兄岳甫为先伯父带御器械岳云之嫡子，故熊克在写《中兴小历》时，专欲归罪于先祖父等。史馆通常依据的都是国史、日历，而以野史、杂记为旁证。史官所呈进的实录必以这些为本。而先祖父不幸受秦桧的诬告，而又因子孙与熊克有一时的不快，所以关于他的记录便暧昧不明了，他衔冤于地下，永无屈抑得伸之日。今幸蒙朝廷旌表之典，虽足以示劝一时，但史料记载尚自不明不白，万世之后何以取信呢。珂所修之《建储》《淮西》《山阳》《张宪》《承楚》五辨，俱有高宗皇帝御笔为证，其御笔也都装裱俱在，且有刊刻石本已缴进毕，绝不会妄以臆测牵强地辨白。欲望朝廷俯念先祖父忠勤之心，及两经秦桧、熊克史笔之诬，特赐陈奏，将臣所进文字宣付史馆，作为参照，从实删修。如此则先祖父之心可得以曝白于万世。于国体人心，补益不小。若蒙朝廷降付史馆，将来参照时发现珂所进之《辨诬》内有依据不当，及并非出自高宗皇帝御笔的情况，臣甘愿伏受欺君之罪。忠邪之分，冤节之辨，在此一举。珂为人子孙，不敢缄默，倘蒙施行，实出于至公之赐。干冒威尊，使小臣的心情不胜战汗。

后省看详宣付史馆指挥

中书、门下后省状："准付下承务郎、新差监镇江府户部大军仓臣岳珂状：'右臣珂辄沥血诚，仰干天听，退思僭越，甘俟典刑。伏念臣大父先臣飞际遇高宗皇帝，依乘风云，获附勋籍。中更谗诬，虽蒙朝廷昭雪录用，然尚未经褒赠。

臣父先臣霖累准国史实录院牒，取索所被受御札手诏及行迹事实著述文字。重以流离之余，故传散漫，掇拾未备，尝以命臣，俾终其志。臣不量窾陋，涉笔五年，刊集纂修，粗明梗概。今来所刻被受高宗皇帝御札手诏七十六轴，厘为十卷。所修大父先臣飞《行实编年》六卷、《吁天辨诬》五卷、《通叙》一卷并《家集》十卷，已于嘉泰三年十一月刊修了毕。窃缘臣上件文字未经进御，谨各奉随进表一通，囊封，躬诣天庭上进。伏望圣慈特赐睿览，降付尚书省施行。臣冒犯天威，罪当万死，谨录奏闻，伏候敕旨。'

送后省看详申。今看详岳飞忠义之节，攘除之功，载在国史，昭然甚明。伏睹近降指挥，追封王爵，不缘陈乞，特出圣恩，诚足以示劝千载。所有岳珂缴进《编年》六册、《家集》十一册，委是采摭精详，用志可嘉，能摽表其先烈，宜备太史紬绎。兼有御札十卷，已行镌刻，其书多引以为证，又有以见高庙圣算神略、任将治兵之本意。其《辨诬》内併理雪飞之子云与其部曲张宪之冤，亦是明白。照得绍兴三十二年已降指挥，将云等追复官爵讫，今来若更与追赠，合取自朝廷指挥。其岳珂所进御札石刻并文字，乞宣付史馆施行，并十轴、二十三册、表三通申闻事。除理雪岳云、张宪一节见行看详外，六月二十四日，三省同奉圣旨，依看详到事理，宣付史馆。”

【译文】

中书、门下后省状：“交付以下承务郎、新差监镇江府户部大军仓岳珂的状子：‘臣珂斗胆竭诚以上，仰干天听，退思僭越，甘受典刑。伏念臣的祖父先臣岳飞际遇于高宗皇帝，依凭风云，成就功勋。后来不幸遭到谗诬，虽蒙朝廷昭雪、追复元官，但尚未获得褒赠之典。

‘臣的父亲先臣岳霖累次收到国史实录院牒，取索其所保存之御札手诏及有关先祖父行迹事实的著述文字。先父颠沛流离之后，以前写就的传记散漫无着，搜集未备，曾命我完成他的遗志。臣不自量力，涉笔五年，刊集纂修，粗明梗概。今次所刻先祖父被受之高宗皇帝御札手诏七十六轴，整理为十卷。所修祖父先臣岳飞的《行实编年》六卷、《吁天辨诬》五卷、《通叙》一卷以及《家集》十卷，已于嘉泰三年十一月修正完毕。窃因臣上述文字还未进呈于朝廷，谨各奉随进表奏章一通，囊封，亲至宫阙上呈。伏望圣慈特赐御览，将其降付尚书省施行。臣冒犯天威，罪当万死，谨录奏闻，伏候敕旨。’

送后省审阅研究申告。经研究岳飞的忠义之节，攘除之功，载于国史，昭然明白。伏见近降指挥，追封其王爵，非出于本家陈乞，而是特出于圣恩，实足以昭示激劝之意于千载。所有岳珂缴进的《行实编年》六册、《家集》十一册，摘采精当详备，其志可嘉，能彪表其先烈，宜作为国史的补充。兼有御札十卷，已行镌刻，岳珂之书多引以为证，因此又可展现高庙的圣算神略及任将治兵之本意。其《辨诬》内还为岳飞之子岳云和部曲张宪申雪冤屈，亦是明白。查考得绍兴三十二年已降指挥，将岳云等追复官爵毕，如今若要更与追赠，应当取自朝廷指挥。岳珂所进的御札石刻及文字，请求可交付史馆施行。统共十轴、二十三册、表三通，特申闻此事。除申雪岳云、张宪一节现正审阅研究外，六月二十四日，三省同奉圣旨，依审阅结果，宣付史馆。”

追封鄂王告（中书舍人李大异行）

敕：“人主无私，予夺一归万世之公；天下有真，是非不待百年而定。睠言名将，夙号荩臣，虽勋业不究于生前，而誉望益彰于身后，缅怀英概，申畀愍章。故追复少保、武胜、定国军节度使、武昌郡开国公、食邑六千一百户、食实封二千六百户、赠太师、谥武穆岳飞，蕴盖世之才，负冠军之勇。方略如霍嫖姚，志灭匈奴；意气如祖豫州，誓清冀朔。屡执讯而获丑[①]，亦舍爵而策勋[②]。外詟威灵，内殚谟画。属时方讲好，将归马华山之阳；而尔独奋身，欲抚剑伊吾[③]之北。遂致樊蝇之集，浸成市虎之疑。虽怀子仪贯日之忠，曾无其福；卒堕林甫偃月之计[④]，孰拯其冤。逮国论之既明，果邦诬之自辨。中兴之主恩念不忘，重华之君[⑤]追褒特厚。肆眇冲之在御，想风烈以如存。是用颁我恩纶，禭之王爵，裂熊渠之故壤，超敬德之旧封。岂特慰九原之心，盖以作六军之气。于戏！修车备械，适当闲暇之时；显忠遂良，罔间幽冥之际。谅惟泉穸，歆此宠光。可特追封鄂王，余如故。

嘉泰四年六月二十日。”

【注释】

①执讯、获丑：语出《诗·小雅·出车》：“执讯获丑，薄言还归。”郑玄笺：“执其可言问所获之众。”陈奂传疏：“谓所生得敌人，而听断其辞也。”后以为称美战功之典。

②舍爵、策勋：《左传·桓公二年》：“凡公行，告于宗

庙；反行，饮至、舍爵、策勋焉，礼也。”杜预注：“既饮置爵，则书勋劳于策，言速纪有功也。”

③伊吾：《后汉书·臧官传论》：“臧官、马武之徒，抚鸣剑而抵掌，志驰于伊吾之北矣。”伊吾，今新疆哈密。以之表示向往在边塞建功立业。

④林甫偃月之计：《新唐书·奸臣传上·李林甫》：林甫有堂如偃月，号月堂。每欲排构大臣，即居之，思所以中伤者。若喜而出，即其家碎矣。后因以喻称权臣嫉害忠良的地方。

⑤重华之君：指代宋孝宗。孝宗禅让于光宗后，自称太上皇，闲居慈福宫，后改名重华殿。

【译文】

敕：“人主无有私心，给予夺取出于万世之公心；世事自有公正，是非曲直无须百年而定。眷思名将，夙号忠臣，其勋业虽未被褒奖于生前，其声誉则应彰显于身后，缅怀卓绝之概，申予痛悯之章。已故追复少保，武胜、定国军节度使，武昌郡开国公，食邑六千一百户，食实封二千六百户，赠太师，谥武穆岳飞，有盖世之才，负冠军之勇。方略仿如霍去病，志灭匈奴；意气有如祖逖，誓清北境。屡立战功，获敌而审讯，捷战而返，置爵而记勋。威风传播于外，有若神灵，筹划军政于内，竭虑殚精。当时恰值宋金讲和，将要放马南山；而汝独独奋身不顾，欲抚剑于伊吾之北。于是导致樊蝇小人的流言蜚语，逐渐衍变为三人成虎的怀疑。你虽身怀郭子仪那样的贯日之忠，却没有他的幸运；终堕于李林甫那样的奸臣之计，承受构陷中伤，谁可以洗刷你的冤屈？终于等到举国舆论澄明，诬枉不辩自清。中兴之主（译者按，指宋高宗）恩念忠良，不忘你的功勋；重华之君（译者按，指宋孝宗）追封褒赠，特别优厚。朕如今身居大宝，念故将军风烈犹存。故而颁此恩诏，追赠王爵。楚国君熊渠的故疆在楚、唐尉迟敬德的旧封在鄂，今以此封故勋臣。何止为慰地下之英灵，实欲振六军之士气。呜呼!修治武备，应始于平安无警之时；褒忠举贤，无隔于幽冥之际。想汝于黄泉之下，亦能飨此宠荣。可特追封鄂王，余者如故。

“嘉泰四年六月二十日。”

碑阴记（附）

鄂据上流，为重地，宿师十万，进足以虎噬京、洛，退足以雄分吴、蜀，得建瓴之势，江左莫强焉。绍兴初，天子考麒麟玉册[①]之瑞，观黄旂紫盖之运，应天顺动，化龙南翔。长江汤汤，天设之险，金城千里，亶重分牧。先王析符授钺，实膺专征[②]之任，虽往来调戍，靡常厥居，而大抵鄂为根本，隐然有藜藿不采[③]之威。

珂尝考论地势，况观古今，自三国而下，代兴南国者，所据守各不一。然负桐柏之阳，山阳、合肥、广陵、濡须，重镇错立，带之长淮，包以南海，皆足以扼东西之冲。惟襄、沔旧疆，曼羡数千里，上通巴蜀，下接舒濮之郊，川平壄旷，不设限塞，击柝之声相闻，朝驰而夕可至也。顾自元二[④]以降，引弓之士未尝敢南向，而夔、岘首宁；涉巨渎，履重险，而常出乎柘皋、大仪之境，舍所易而图所难，何哉？以两路之介于寇，被边而守者数十城，视独以全师当一面者，力之颛否固不待辨。而孽胡之驰骋长技，反缩恧而不敢施，方屦之士溯其时而观其人，可也。

皇上临御一纪，缅怀麟阁勋名之盛，方将尊中国，以绥四夷。乙夜[⑤]慨然览珂所奏《吁天》之书，思所以大慰乎九京者，相攸乐土，宜莫如鄂，遂荒全国，裂而王之。纶言申褒，温厚灏噩，不惟足以涣万世无穷之宠，其于辨论忠邪之迹，盖尤深切著明。珂一介蚍蜉之言，诚不知所以格天心、悟主听者，妄一男子不得其平而鸣，则谓天盖高，亦有不容恝，珂诚死且不朽矣。

载惟先王受命驻师之地，营墉阵石，至今岿然。而乾道中又尝诏赐沔阳之庙，先王功烈，遂与鄂相终始。珂不幸，身不逮事，生二十有二年，而后得以铅椠片言，追明地下之冤，成先大夫易箦之志。兴念一及，兢惭夙宵，大惧驯媮閟袭，而使圣朝旌忠非常之典，不能以宣昭于方来。乃以制词刻之琬琰，植于庙下，以对敭[6]今天子丕显休命，而复系著其所以然之意。

在汉之初，蛇分泗壄，有臣曰良，从高于留，经营四方，卒定大业。及誓白马，纪丹书，剖符定封，择齐三万户而不愿，迺侈遇乡，以旌天授。然则遡功名之所基，以迄于成，地以人重，人以地著，揆厥所元，夫岂曰偶然而已哉。是用叙次其实，且以先王在鄂之颠末，追附前谊，庶几鄂人知所以开国承家之自，昭示子孙，以无忘上意之所向云。开禧疆圉单阏岁[7]且月[8]哉生明[9]，孙承事郎珂记，朝散郎、行[10]太府寺丞、兼国史院编修官、实录院检讨官章升之书丹并题盖。

【注释】

①麒麟玉册：语出《晋书·元帝纪》："于时有玉册见于临安，白玉麒麟神玺出于江宁，其文曰'长寿万年'，日有重晕，皆以为中兴之象焉。"引申为传说中天子受命的符瑞。这里指宋高宗南迁，建立南宋政权之事。后文中的"黄旂紫盖"都是帝王仪仗，"化龙南翔"都是指代这件事。

②专征：受命自主征伐。汉班固《白虎通·考黜》："好恶无私，执义不倾，赐以弓矢，使得专征。"

③藜藿不采：典故出自《汉书·盖宽饶传》：盖宽饶为人刚

直，曾官至司隶校尉，有一次，他上书奏事，触怒了汉宣帝。郑昌上书为宽饶辩解说：“臣闻山有猛兽，藜藿为之不采；国有忠臣，奸邪为之不起。”意指山上有猛兽，人们不敢去采野菜；国家有忠臣，奸邪便不敢猖狂。

④元二：古代术数语。谓一元之中，有天地二厄，即阳九与百六。后因以指灾年，厄运。

⑤乙夜：二更时候，约为夜间十时。《后汉书·百官志三》“左右丞”刘昭注引蔡质《汉仪》：“凡中宫漏夜尽，鼓鸣则起，鐘鸣则息，卫士甲乙徼相传。甲夜毕，传乙夜，相传尽五更。”

⑥对敭：即“对扬”。古代常语，屡见于金文。凡臣受君赐时多用之，兼有答谢、颂扬之意。

⑦疆圉单阏岁：“疆圉”通“彊圉”，为丁，“单阏”为卯，开禧丁卯年，即开禧三年。

⑧且月：谓“极且月”。清李慈铭《越缦堂读书记·元和郡县补志》：“今《补志》所刊序下，有卢氏自记岁月云：‘乾隆四十年青龙在乙未极且月。’极且月者谓六月，是月建癸未也。以月阳配月名，自《史记》‘月在毕聚’之文始，好古者多用之。”

⑨哉生明：指农历每月初三日或二日。此时月亮开始有光。

⑩行：宋代禄制发展到神宗元丰三年九月十六日，改依本官定禄为依寄禄官定禄（武臣至政和改名），同时新创职事官职钱（在京），与外任官职田并存。这样，就形成了以寄禄官请给为本俸（基本俸料）、职钱为辅的双轨俸给制；职事官职钱分“行”“守”“试”三等，以寄禄官官品高下为准，凡寄禄官比职事官高一品以上，为“行”，同品，不带“行、守、试”，职钱与“行”同等；低一品者为“守”；低二品以下为“试”。如苏辙“朝奉郎、试户部侍郎”，朝奉郎为正七品，户部侍郎为从

三品，寄禄官低于职事官二品以下，故职事官户部侍郎之前加“试”。（据《宋代官制辞典》，第42页。）

【译文】

鄂地据长江上流，为战略重地，常驻大军十万，进足以吞噬开封、洛阳，退足以隔断吴越、巴蜀，地势居高临下，江东一带莫出其强。绍兴初年，天子考究天命，斟酌帝运，应天顺动，化龙南翔。长江浩荡，是天设之险，京城千里，各有所治。先王职掌兵权，实是受命自主征伐。虽调戍往来，不常安居于一处，但大致以鄂为根本，隐约有忠臣所在、奸邪不起之威。

珂曾考察地势，概观古今，自三国而下，南方兴起的政权据守之处各个不一。但只要是依恃桐柏之南，山阳、合肥、广陵、濡须等重镇沿淮河交错而立，包含南海，皆足以控扼东西要冲。只有襄、沔旧疆广布数千里，上通巴蜀，下接舒濮之郊，川平野旷，难设疆防，击柝之声相闻，朝驰而夕可至也。自靖康国难之后，北方虏人不敢南侵，而夔、岘之地先得安宁；虏人涉淮河、履重险，而常常出于柘皋、大仪之境，舍易图难是为什么呢？湖北京西两路横亘于虏寇之前，处于边境而需守卫的有数十座城池，若以全师而当一面，将所有兵力集中于一地（并不现实），实不须辩。虏人擅长在平原旷野驰骋，反而对此畏缩不前，儒士们只需溯其时而观其人就能理解了。

皇上君临一朝之后，缅怀勋臣，正打算要尊奉中国，绥靖四方。深夜慨然观览我所奏《吁天辨诬》，考虑如何可以大慰我地下的先祖，遂察看乐土，莫若鄂地，于是独独选择了此地裂土封疆，将先祖父封为鄂王。公开褒赞先祖父的诏令，温厚而博大，不仅足以散播万世无穷的恩宠，于辨论忠邪之迹的意义，尤其深刻明了。珂人微言轻，固不知何以感通天心，开悟圣听。然而既不妄为一名男子，不平则鸣。天再高也不能不无动于衷，珂可以死而无憾了。

先王受命驻师之地，营垒阵石至今岿然而存。乾道（宋孝宗年号）中又曾诏赐沔阳之庙，先王的功勋遂与鄂地相始终。珂不幸未曾经历往事，二十二岁时得以文章片言，为先祖父辩明冤屈，达成先父的临终遗志。此念一兴，便日夜惶恐惭愧，生怕埋没了先祖父的声名，而使圣朝表彰忠节之典不能显扬于将来。于是将制词刻于碑石，立于庙下，以颂扬当今天子英明的旨意，有依恋其所以然的本意。

汉初刘邦斩灵蛇而立国，是为高祖。有臣名张良，与他在留县相遇，遂跟从于他，经营四方，卒定大业。及至高祖刑白马而盟曰：'非刘氏而王者，天下共击之'。与功臣剖符定封，丹书铁契，金匮石室，藏之宗庙，让张良自择齐三万户，张良不愿，而愿意封于留，以纪念在那里与高祖相遇，显扬天意。不过若是追溯一个人功名的发端到成功，便能发现地以人重，人因地著，揆度其中的道理，岂能说是偶然而已呢。是以依序编录事迹，并且以先王在鄂的始末，追附前谊，这样鄂人可知鄂地何以开国承家，昭示子孙，以不忘上意的初衷。开禧丁卯年（译者按：开禧三年）六月三日，孙承事郎珂记，朝散郎、行太府寺丞、兼国史院编修官、实录院检讨官章升之书写碑志并题盖。

卷第二十八

天定录卷下

谢封鄂王表

臣珂言："今月二十三日准告，大父先臣飞追封鄂王，臣已于当日望阙谢恩讫者。剡奏吁天，辨先世百年之枉；疏恩裂地，启真王一字之封。烨然宠命之颁，贲此勋盟之旧，臣珂诚惶诚惧，顿首顿首。

窃以国家之尊爵，亶为将相之殊褒。以马燧之元功，胙始开于北土；若子仪之硕望，壤纔裂于西汾。顾自古以不轻，至于今而尤重。方位跻三事，间推列郡之恩；及燧锡九泉，或被小邦之命。已为旷阔，咸谓遭逢。敢意子孙数十载之余，属当圣明一再传之盛。忍使子文之无后[①]，深闵介推之不言[②]，濬发德音，诞飏褒制。

伏念大父先臣飞逢辰多难，赋命数奇，曾未究于义心，已横罹于谗口。尧仁天赋，首加追复之荣；舜孝日严，祗述亲传之训。故毡仍复，去璧全归。虽圣德恢宏，莫报两朝之大造；然宠章赫奕，尚惭诸将之同功。深惟余谤之未湔，遂致孤忠之无考。辨必期于早辨，疑或免于传疑。万字翔龙，褒靖孙之藏诏；五年剔蠹，缉泌子之遗编。恪上囊封，仰尘扆听。敢谓帝心之采菲，遽盼王社之苴茅。纶焕九重，衮褒八字。谓其忠可贯日，义不同天。忘家徇国之一心，虽死不变；遗烈余风之大致，迄今如存。壤分楚子之遗，爵列唐臣之上。恩加柏庙，益光难朽之丹青；声到柳营，尚泫追思之涕泪。自非出圣天子之特断，安能使大丈夫之为真。岂意藐孙，讫酬大愿。

兹盖伏遇皇帝陛下厉精求治，锐志中兴。藏匮室以书勋，不限非刘之典[3]；听鼓鼙而思将，爰形咨岳之音[4]。慨思遗爱之区，越在上流之地，乃盼新制，庸侈旧封。岂徒慰地下不泯之魂，抑亦奋海内敢为之士。臣敢不矢心蓬荜，归赐松楸，萃同里以荣观，暨阖宗而泣拜。生虽未壮，已期执童子之戈；死或有知，当亦结老人之草[5]。臣无任感天荷圣、激切屏营之至，谨奉表称谢以闻。臣珂诚惶诚惧，顿首顿首，谨言。

贴黄：上表为大父先臣飞准告追封鄂王称谢事。”

【注释】

①子文之无后：典故出自《左传·宣公四年》。若敖氏是楚国的贵族，权倾朝野。楚庄王继位后一直致力于分解若敖氏手中的权力，时为若敖氏家族领导者的斗越椒起兵造反。子文也出自若敖一族，斗越椒起兵时，子文的孙子“箴尹克黄使于齐，还，及宋，闻乱。其人曰‘不可以入矣。’箴尹曰：‘弃君之命，独谁受之？尹，天也，天可逃乎？’遂归，覆命而自拘于司败。王思子文之治楚国也，曰：‘子文无后，何以劝善？’使复其所，改命曰生。”

②介推之不言：典故出自《左传·僖公二十四年》：“晋侯赏从亡者，介之推不言禄，禄亦弗及。”

③非刘之典：指汉高祖刘邦在位时与群臣杀白马订立盟约“非刘氏而王，天下共击之”（《史记》卷九吕太后本纪），此处指非本姓不封王的典故。

④咨岳之音：咨，表示赞赏，相当于“啧”。“帝曰：“咨!四岳!朕在位七十载，汝能庸命，巽朕位。”出自《尚书·尧典》。

⑤结老人之草：典故见于《左传·宣公十五年》：魏颗败秦

师于辅氏。获杜回，秦之力人（意义为大力士）也。初，魏武子（魏颗的父亲）有嬖妾，无子。武子疾，命颗曰："必嫁是。"疾病，则曰："必以为殉。"及卒，颗嫁之，曰："疾病则乱，吾从其治也。"及辅氏之役，颗见老人结草以亢杜回，杜回踬而颠，故获之。夜梦之曰："余，而所嫁妇人之父也。尔用先人之治命，余是以报。"

【译文】

臣岳珂上书："本月二十三日承告，先祖父臣岳飞追封为鄂王，臣已于当日望阙谢恩毕。臣上《吁天辨诬》为祖父澄清百年的诬枉，皇帝颁布恩赏，为祖父裂地封一字之王。如此隆重鲜明的恩宠，又让旧日勋盟重放光彩。臣珂诚惶诚恐，顿首顿首。

"窃以为国家所颁的爵位之尊贵，诚为给予将相无上的褒奖。（唐朝的）马燧以（平叛的）大功才获北平郡王的封赐；郭子仪以其一贯的威望才被封为汾阳郡王。自古因国家名器之不轻易颁予，所以至今尤被看重。一般位跻三公的，才给予郡王之尊；及至去世，或可被封为小国之王。这样的已是稀有的荣耀，大家都说这是际遇于君王。没想到子孙后代数十载之后，正当圣明再传恩荣之盛时，（君上）不忍见勋臣无后，爱怜其谦不邀赏，于是抒发德音，弘扬褒典。

"伏念祖父先臣岳飞逢时多难，命运多桀，尚未能完成尽忠报国的心愿，就突然死难于诬蔑之口。尧的仁来自天赋，首创追复制度；舜的孝日复一日，尊循亲传之训。如今臣家故毡仍复，去璧全归，圣德恢宏，高、孝两朝的大恩已然无法回报，而所受高官显爵，恩荣显赫，与当日同功的诸将所得却还有差距。臣深恐余谤尚未彻底清除，导致先祖父的孤忠不可考据。要辨明是非就要早辨，有疑惑就要避免传疑。万宇翔龙，褒奖李靖之孙收藏诏书；五年剔蠹，整理李泌之子献出的遗编。（如今）我也恭上密奏，仰承圣听。本以为不会引起皇帝的注意，没想到很快就颁布了封王的旨意，礼遇非常隆重，皇帝亲自褒奖八字，称祖父“忠可贯日，义不同天”。又说忘家徇国之一心，虽死不变；遗烈余风之大略，至今犹存。裂土封王，复官授爵。祠堂的丹青因这些恩荣益加不朽；军营子弟，听闻这个消息垂下追思的眼泪。若非出自圣天子的特断，怎能成全先祖父大丈夫的身后之名，我这样渺小的孙辈又怎能完成家族的大愿。

“此刻正逢皇帝陛下励精图治，锐志中兴之时。褒奖勋臣的词章珍藏于柜室，就算是异姓也给予封王；听闻鼙鼓之声思念将领，于是积极咨询能臣的意见。考虑到先祖父生前驻留的地区，乃在上流之地，于是颁布新制，酬以旧封。这岂止是安慰地下的不泯之魂，抑或也能振奋海内敢为之士的雄心。臣怎敢不一心一意地回家告祷于父母的坟前，召集同乡一起观看，阖宗族一道泣拜。年少的，虽未及壮年，已期待执童子之戈；故去的，或泉下有知，也会结草以报恩。臣不胜感天荷圣、激切惶恐之至，谨奉表称谢以闻。臣珂诚惶诚恐，顿首顿首，谨言。

“贴黄：上表为祖父先臣岳飞依告追封鄂王事致谢。”

谢宰执启

珂启：“今月二十三日准告，先大父飞追封鄂王者。抱书千里，臣章幸彻于枫宸；疏渥九泉，王社宠分于茅壤。百年阙典，以一朝而举；万世正谊，自今日而明。亶繇论道之公，倍激感恩之愫。

窃以国家设非常之爵，为其将相有甚伟之功。其名虽并于三公，厥序实超于五等。非天下报勋之彝制，乃人君作福之大权。盟砺泰山[①]，汉不行于异姓；图新烟阁，唐间锡于诸臣。逮艺祖乘时龙而御天，至高皇渡匹马以开境，皆循此典，式显尔庸。然变之所遭，有险而有夷；故终之所获，或难而或易。西平开祚，正安危身佩之时；汾阳启封，方寿考家居之日。赵中令剖符于韩国，韩太傅裂壤于蕲邦，皆身荷美名，而亲承宠数，兹逢辰而有幸，故锡命以非艰。

乃如大父之忠勤，昔被元奸之谗惎，横加不韪，滥及非辜。功在鼎铭，忍见汙于白简；名存庙藏，遽变置于丹书。假伪乱真，以非易是。士夫箝结，莫抒敢怼之怀；民吏欷歔，徒抱不平之气。邪诬滋逞，公议几亡。郁抑不明者非止一端，弃置弗录者殆将二纪。大明揭日，赖高庙之深知；睿泽回春，有阜陵之善述。已颁紫诰，尽复青氈。然愍章虽渥于累朝，顾褒典尚惭于诸将。惧未湔于余谤，爰久玷于孤忠。

宦绪灰寒，徒怀向日，君门天远，无路排云。诚同蝼蚁之微，采之蚍蜉之细。人谓落落而难合，己独拳拳而未忘。进则犯明主批鳞之诛，退则负先人易箦之训。不量愚分，竟上遗编。累牍吁天，方屏营于私室；大封裂地，遽锡宠于公朝。温纶宠涣于九重，华衮载加于八字。谓其忠卫社稷，义死封疆。忘家徇国之一心，历千万变而不易；遗烈余风之大致，阅七十载而如存。迺即上流，载荒旧壤，慰将士召棠之念，解邦人寇竹之思。栢耸遗祠，夙厉冰霜之操；柳披故垒，新回雨露之光。比肩南渡诸公之间，阔步西京功臣之上。历观时变之高下，载论功名之始终，得之最难，莫此为甚。

岂以妄庸之小子，能感上心；实繄块圠之大钧，特施化力。兹盖恭遇某官，爽邦元哲，经世大儒。主盟国是，而异议不摇；饬修邦经，而百废具举。拯溺救饥之实，念小犹及于匹夫；显忠遂良之盛，心远不遗于前代。采天下仅存之公议，悯王朝未录之勋盟。肆赞决于中宸，俾增荣于南纪。岂特慰君蒿不朽之魄，将以兴草莱愿奋之人。良骏归燕，本由市骨；真龙见叶，始自好形。竚收十翼之贤，式见两全之举。复还文、武全盛之境，以毕高、孝欲为之心。

珂敢不矢心衡门，归赐丘垄，萃阖宗而泣拜，暨同列以荣观。动故勞之悲既深，感皇朝之□□□□□□□□□勉追祖武之勤劳，惟不辱先，是名报施。谨具启事，专人捧诣钧墀，祇候尘谢，伏惟钧慈俯赐鉴念。不备，谨启。”

【注释】

①盟砺泰山：“砺”同“厉”，典出《史记·高祖功臣侯者年表》：“封爵之誓曰：‘使黄河如带，泰山若厉。国以永宁，爰及苗裔。’”裴骃集解引汉应劭曰：“封爵之誓，国家欲使功臣传祚无穷。带，衣带也；厉，砥石也。河当何时如衣带，山当何时如厉石，言如带厉，国乃绝耳。”后因以“带厉”为受皇家恩宠，与国同休之典。

【译文】

珂启：“本月二十三日承告，先祖父岳飞追封为鄂王。怀抱书信千里而来，臣的奏章幸运地到达宫廷；超度亡灵祝告九泉，告知先祖封王裂土的消息。百年憾事，一朝而举；万世公义，自今而明。这实出自于君相论道之公允，令臣下倍增感激之情。

“窃以为国家设立非比寻常的爵位是为了褒奖将相的至伟大功。（先祖父岳飞追封为鄂王）其名誉等同于三公，秩序实则超越了五等之爵，这不是古今酬劳功勋的常制，而是人君造福于臣下的大权。汉高祖曾以泰山盟誓封功臣为侯，却不封异姓王；唐朝皇帝绘功臣图像于凌烟阁，只是间接地表彰诸臣。自太祖乘龙开基至高宗渡河开境，都遵循着旧典，毋庸置疑。但人们遭遇的事变，有险有夷；故而最终所获得的奖励也有难有易。（唐朝的）李晟于身佩安危之时封于西平，郭子仪于年高居家之日封于汾阳。而（我朝的）宰相赵普被封为韩王，太傅韩世忠被封为蕲王，都是身负美名又亲承宠遇，幸运地遇到了好时机，所以能在非艰之时获赐封王的诏命。

“而如先祖父这样忠勤的人，昔日遭受奸邪之徒的构陷，导致横祸加身，滥及无辜。他的功勋可以载入国史，怎能就此受污于不实的弹章；他的名字可以进入太庙，却遽然出现在记录罪状的文书上。（权臣）以假乱真，颠倒黑白，变乱是非。士大夫钳口结舌，不敢吐诉愤懑之怀；民吏唏嘘叹息，徒抱满腔不平之气。邪诬滋蔓逞强，公议几乎消亡。人心郁抑仅是一个方面，真相事实被弃置不录快要过去二纪（译者按，一纪为十二年）。真相的揭示有赖高宗皇帝深知他的无辜，皇恩的回归则因为孝宗皇帝善加传承。（如今）诏命已颁，给予平反。然而，虽累朝都发布了满怀痛悯之意的诏书，先祖父还未得到与昔日同列诸将同等的褒典。臣又恐怕余谤还未彻底清除，孤忠还承受着玷污。

“（臣珂）仕途灰寒，徒怀向日之心，君门天远，无路拨云见日。身份微末如同蝼蚁，但还有蚍蜉撼树的决心。别人都说我孤高难合，自己却抱着拳拳之心。进则直言而犯上，退则有负先人的遗训，臣不自量力，上此遗编。才呈上吁天辨诬之录，正在私室惶恐担忧，就得知先祖父封王之事已在朝廷公布。圣上亲赐诏令，褒嘉八字，称其‘忠卫社稷，义死封疆。忘家殉国之一心，历千万变而不易；遗烈余风之大致，阅七十载而如存’。因祖父先前戍守上流，即因地封王，以慰将士邦人对他昔日政绩的怀念。松柏耸立于祠堂，历风霜而不失节操；绿柳环覆于旧营，重又承接雨露之荣光。比肩南渡诸公之间，阔步西京功臣之上。臣历观时事之变换，载论功名之始终，最难得的莫过于此了。

“臣乃一介平庸妄为的小子，如何能感动上心，实因浩大之自然，特施造化之神功。兹恭遇某官，为安邦之元哲，经世之大儒。主持国政，不为异议摇动；整饬国法，而百废俱举。拯溺救饥之念，惠及于微不足道的草民；显忠遂良之心，不放过前代遗留的问题。采纳天下仅存的公议，恤悯王朝未录之勋盟。尽心参决于皇帝的大略，为南方境土（指岳飞封王的鄂地）增加荣光。岂止是安慰被祭祀的不朽灵魂，亦可激励民间愿意奋起之人心。燕王获得良马，缘于以千金购买马骨；真龙去见叶公，始自叶公喜欢他的形象。收集天下贤才，于国于家两全。恢复文武全盛的境况，完成高、孝两代的心愿。

"珂敢不决心归隐乡里，会集阖宗泣拜于祠堂，聚集同列以观盛况。动故笏之悲且深，感皇朝之□□□□□□□□□勉追先祖勤劳的遗迹，唯有不辱于先人，才是对您最好的报答。谨具启事，由专人奉送到贵所，祇候尘谢。伏惟大人俯赐鉴念。不备。谨启。"

谢台谏给舍侍从两省启

珂启："今月二十三日准告，先大父飞追封鄂王者。哲鉴当天，洞烛九泉之枉；宠章裂地，荣超五等之封。亶归正论之明，倍激危衷之感。

伏念先大父飞奋身疏逖，许国忠勤。北巡之驾未远，死不瞑目；东都之会弗振，夙所尽心。仗义鼓行，推锋深入。襄阳六郡之战，可见规模；朱仙七月之屯，实当机会。万里骇传于风鹤，三军喜听于城乌。以至闭閤潜思，手疏储闱之根本；朝衣祗见，躬安寝庙之威灵。不忘造次爱君之情，初无嫌疑避事之意。胡为一篑之亏土，重令众口之铄金。母实知参，听终疑于三告；人惟哀虎，赎莫致于百身。忠臣烈士，闻者拊心；老夫稚子，语之流涕。幸圣朝之公论不泯，而思陵之睿见本明。发德音于久而自定之余，诒帝训于率乃攸行之始。首颁紫诰，尽复青毡。日穷星回，暖律甫还于枯枿；雾开阴伏，太阳复豁于幽盲。虽饮恨于昔时，粗信眉于后日。

念公师之位虽极，尚愧同功；而稗官之载失真，必乖信史。掇拾靖孙之藏诏，纂修泌子之遗编。书溷乙观，方屏营于私室；事稽甲令，俄出爵于公朝。纶音宠涣于九重，衮笔特增于八字。谓其忠可贯日，义不同天。忘家徇国之一心，虽死不变；遗烈余风之大致，迄今如存。乃分全鄂之区，光启真王之社。柏森遗庙，益凌盤古之风霜；柳拂旧营，重沐当年之雨露。邦人鼓舞，将士欢呼。

循省圣恩，重显褒于幽壤；主盟公议，盖允赖于洪钧。兹盖恭遇某官，学造高明，气钟刚直。伟才硕用，恢恢文武之兼；谠论嘉谋，凛凛正邪之辨。爰悼中兴之烈，载稽上送之书。肆赞决于枫宸，俾增荣于茅土。岂特逞幽光于已往，庶几鼓义气于方来，两适其宜，甚盛斯举。珂敢不铭藏厚德，警策绵躯。竹帛垂功名，固难企前人之烈；干戈卫社稷，尚期效童子之忠。惟不辱先，是名报施。谨具启事，专人捧诣台墀，祗候尘谢，伏惟台慈俯赐鉴念。不备，谨启。”

【译文】

珂启：“本月二十三日承告，先祖父岳飞追封为鄂王。明哲之鉴顺应天命，洞察九泉之枉；封王之诏彰显尊崇，荣超五等之封。诚归正论之明，倍激惶恐之感。

“伏念先祖父岳飞奋身起家于荒野，报效国家既忠且勤。常思北狩的车驾未还，死不瞑目；洛阳之会不振，夙愿未偿。仗义鼓行，用兵深入。襄阳六郡之战，可见其北伐的规划；朱仙镇七月之屯，实当收复的机会。万里传捷，风鹤皆惊；三军鼓舞，城乌俱喜。更至于闭门潜思，手书建储之章；朝衣祇见，告慰宗庙之威灵。片刻不掩爱君之情，并无嫌疑避事之意。何而功亏一篑，便落到众口铄金之田地。曾参的母亲虽然信任儿子，接连有三个人告诉她曾参杀人之后她也产生了怀疑。正所谓三人成虎，百口莫辩。忠臣烈士，听闻后捶胸痛哭，老人孩子，言语中涕泪交加。幸而圣朝的公论不泯，高宗睿见本明。颁诏令于尘埃将定之时，传帝训于率乃攸行之始。首颁紫诰，尽复臣家。日隐星回，荣枯周而复始；云开雾散，太阳重又照亮幽冥。先祖父昔日饮恨而抱憾，如今方得略略扬眉舒气。

“然而，公、师之位虽尊贵至极，尚不及同功同列所得的褒典；而野史之载流于失真，必与信史相违背。我也仿效前朝靖孙藏诏、泌子遗编的旧典，为先祖父进奏。文章虽然拙劣，仍获皇帝阅览。我尚在私室惶恐不安，朝堂已公开颁布为祖父封王的法令。天朝诏令，特赠八字，称赞他忠可贯日，义不同天。忘家殉国之心虽死不变，遗烈余风迄今如存。乃以鄂地封他为王。遗庙松柏森森，益凌盘古之风霜；军营杨柳依依，重沐当年之雨露。鄂地人民欢欣鼓舞，鄂州将士欢呼庆幸。

“（阁下）询察圣恩，重显褒于地下；主持公议，盖依赖于天道。兹盖恭遇某官，学造高明，胸怀正直。伟材大用，兼顾文武；直论嘉谋，明辨是非。追悼中兴烈士，考核上呈书信，参决于庙堂，使先祖增荣于封地。岂止是彰显了逝者的品德，更可鼓舞未来的士气，两适其宜，甚是盛举。珂敢不铭记厚德，警策绵躯。先祖功名垂青史，珂固然难以企及；正劳干戈卫社稷，尚期效童子之忠。唯有不辱于先人，才是对您最好的报答。谨具启事，由专人奉送到贵所，祗候尘谢。伏惟大人俯赐鉴念。不备。谨启。”

都司[①]取索文字

检正都司见行朝廷文字，今要见岳云、张宪追复因依，并真本追复赠官告照用，仰亲事官于投进文字人岳监仓[②]下计会取索，限一日缴申。六月　日。

【注释】

①都司：尚书省左、右司的简称。《资治通鉴长编》卷三三七辛酉："内外文字申都省开拆房受，左右司分定，印日发付。"

②岳监仓：这里是用岳珂的官职名指代岳珂。

【译文】

检正尚书省都司现行朝廷文字，今要看岳云、张宪追复原委，及追复赠官告的真本照用。请亲事官于投进文字人岳监仓处调取，限一日内缴申。六月某日。

申都司状

承务郎、新差监镇江府户部大军仓岳珂。准检正都司告示，取会先伯云、张宪追复事，须至[①]申闻者。

右珂照得绍兴三十二年七月三十日圣旨指挥，岳云特追复元官。续准告，追复左武大夫、忠州防御使，系同先祖太师、鄂王飞一时同降指挥昭雪追复。乾道元年十一月二十六日圣旨指挥，张宪特追复元官。续准告，追复龙、神卫四厢都指挥使、阆州观察使。系孝宗皇帝灼见诬罔，特旨辨明追复。其元本告词并有底本在中书省，并有施行公案在吏、刑部。并系大赏罚，亦自该载日历[②]、会要[③]。所有告词已蒙后省[④]保明，备录申省讫。

今准前项指挥，珂除已遵禀外，照得岳云系珂先伯，其告命自系先伯云直下长男朝请郎、尚书吏部郎中甫收掌。先兄甫已行身故，见系先伯云直下长孙迪功郎、新锜州新昌县主簿岳觐，迪功郎、新处州庆元县尉岳觌收掌。张宪系先祖飞部曲，其告命自系张宪直下男忠训郎、前黄州听候使唤张敌万收掌。

珂即不曾将带随行，所蒙取会，今供具并系着实。或恐省部目即案底不存，只乞下吏部，照应岳觐、岳觌、张敌万三名出身脚色[⑤]三代，便见着实。所有先伯云后因先兄甫任升朝[⑥]，累赠至安远军承宣使。张宪后来别无子孙升朝，即不曾该加赠，併乞照应施行。谨状。

【注释】

①须至：旧时公文及执照结句习惯用语。宋朱熹《减木炭钱晓谕》："窃恐乡村人户未能通知，须至散榜晓示者。"

②日历：史官按日记载朝政事务的册子。是史官纂修国史的依据。

③会要：分立门类，记一代典章制度、文物、故事之书。

④后省：宋神宗元丰八年后对门下、中书外省的别称。

⑤脚色：宋代官员档案材料之一种。凡初入仕，皆须填写"脚色"。其内容写明祖宗三代、籍贯、衔头、家口、年龄、出身等。入仕或改官后，又得写明举主及有无过失、犯罪等事。

⑥升朝：即升朝官。宋初对参与朝谒的常参官的称呼。宋陆游《老学庵笔记》卷八："唐自相辅以下皆谓之京官，言官于京师也。其常参者曰常参官；未常参者曰未常参官。国初以常参官预朝谒，故谓之升朝官；而未预者曰京官。"

【译文】

承务郎、新差监镇江府户部大军仓岳珂。依照检证都司告示，核实先伯父云、张宪追复之事，特此申闻。

珂查得绍兴三十二年七月十三日圣旨指挥，岳云特追复元官。接着又准告，（岳云）追复左武大夫、忠州防御使，系同先祖太师、鄂王（岳）飞同时降指挥追复。乾道元年十一月二十六日圣旨指挥，张宪特追复元官。续准告，（张宪）追复龙、神卫四厢都指挥使、阆州观察使。系孝宗皇帝洞见诬罔的事实，特旨辨明追复的。其原本的告身文词在中书省有底本，在吏、刑部具有施行公案。以上都是大赏罚，自应载入日历、会要。所有告词已蒙中书、门下外省保明，备录申省毕。

今依上述指挥，珂除已尊禀外，岳云系珂的先伯，其告命自系由先伯父岳云直系下传长子朝请郎、尚书吏部郎中岳甫收掌。先兄甫已身故，现系先伯父云直系下传长孙迪功郎、新筠州新昌县主簿岳觐，迪功郎、新处州庆元县尉岳觌收掌。张宪是我先祖父的部曲，其告命自系由张宪直系下传的儿子，忠训郎、前黄州听候使唤张敌万收掌。珂不曾随身携带所蒙调用的文件，今上报以上陈述并系属实。或恐省部现在不存档案，请求行下吏部，对照岳觐、岳觌、张敌万三人档案中的三代记录，便可确认属实。先伯父岳云后因先兄岳甫任升朝官，累赠至安远军承宣使。张宪后来别无子孙任升朝官，不曾获得这样的加赠。并乞配合施行。谨状。

加赠先伯云信札

检会嘉泰四年五月二十一日敕，勘会已降指挥，岳飞忠义徇国，风烈如存，虽已追复元官，未尽褒嘉之典，可特与追封王爵。三省同奉圣旨，追封鄂王。所有岳飞之子云、部曲张宪亦合追赠。八月十七日，三省同奉圣旨，岳云、张宪各与追赠一官。

右札付岳云本家。

嘉泰四年八月　日

【译文】

查考嘉泰四年五月二十一日敕，勘会已降指挥，岳飞忠义殉国，风烈如存，虽已追复元官，然褒嘉之典尚不足够，可特与追封王爵。三省同奉圣旨，追封鄂王。岳飞之子云、部曲张宪亦宜追赠。八月十七日，三省同奉圣旨，岳云、张宪各与追赠一官。

以上札付岳云本家。

嘉泰四年八月某日。

加赠张宪信札

检会嘉泰四年五月二十一日敕，勘会已降指挥，岳飞忠义徇国，风烈如存，虽已追复元官，未尽褒嘉之典，可特与追封王爵。三省同奉圣旨，追封鄂王。所有岳飞之子云、部曲张宪亦合追赠。八月十七日，三省同奉圣旨，岳云、张宪各与追赠一官。

右札付张宪本家。

嘉泰四年八月　日

【译文】

查考嘉泰四年五月二十一日敕，勘会已降指挥，岳飞忠义殉国，风烈如存，虽已追复元官，然褒嘉之典尚不足够，可特与追封王爵。三省同奉圣旨，追封鄂王。岳飞之子云、部曲张宪亦应追赠。八月十七日，三省同奉圣旨，岳云、张宪各与追赠一官。

以上札付张宪本家。

嘉泰四年八月某日。

先伯云赠节度使告（中书舍人俞烈行）

敕："绛侯左袒[①]而为刘氏，岂知书牍背[②]之威；李广结发而战匈奴，不忍对刀笔之吏。既邦诬[③]之昭白，岂功令之愆忘。故追复左武大夫、忠州防御使，赠安远军承宣使岳云，忠本家传，材为世杰，禀名父之算胜，折丑虏之天骄。马革裹尸，忠肝可见；蝇营集棘，奇祸遽兴。早悲战骨之零飞霜，岂料戴盆而见白日。慰忠魂于拱木，新戎钺于帅坛。庶一节之不磨，亦九原[4]之可起。噫！引剑呼痛，世已知杜邮之冤[5]；结草酬恩，尔尚思辅氏之报。勿以重泉之永隔，而忘许国之初心。可特赠武康军节度使，余如故。”

【注释】

①绛侯左袒:汉高祖刘邦死后，吕后擅政，大封吕姓以培植势力。吕后死，太尉周勃（即绛侯）谋诛诸吕，行令军中说：“为吕氏右袒，为刘氏左袒。”军中皆左袒。

②牍背：《史记·绛侯周勃世家》：“人有上书告勃欲反，下廷尉。廷尉下其事长安，逮捕勃治之。勃恐，不知置辞。吏稍侵辱之。勃以千金与狱吏，狱吏乃书牍背示之，曰‘以公主为证’。”言狱吏于书板背面，书写文句，示勃以申辩之方。后用其事为遭受冤狱的典实。

③邦诬：谓诬罔君臣，歪曲事实。

④九原：本为山名，在今山西新绛县北。相传春秋时晋国卿大夫的墓地在此，后世因称墓地为九原。

⑤杜邮之冤：秦昭王赐白起剑，令其自杀于杜邮。

【译文】

敕：“绛侯（周勃）尽忠于刘氏，后来却遭受冤狱，深陷囹圄；李广结发从戎，抗击匈奴，终因不忍面对刀笔之吏而自杀。诬枉之事既已昭白，国家的制典岂可疏漏。故追复左武大夫、忠州防御使，赠安远军承宣使岳云，其忠本家传，材为世杰，禀名父之算胜，折丑虏之天骄。有马革裹尸的豪气，忠肝可见；为蝇营小人陷害，横遭巨祸。早悲战骨之零飞霜，岂料冤屈终可昭雪。此番正可安慰忠魂于地下，砥砺兵戎于帅坛。尔气节不移，可起于九原。噫！引剑呼痛，世人已知白起之冤；结草酬恩，尔尚需思辅氏之报。勿以黄泉之永隔，而忘许国之初心。可特赠武康军节度使，其余如故。”

张宪赠承宣使告（同前人行）

敕：“权邪煽虐，久肆邦诬，忠义不磨，大明国是，既沉冤之昭白，岂功令之愆忘。故追复龙、神卫四厢都指挥使、阆州观察使张宪，有志战多，素推拳勇，首将元戎之虎旅，志犁老上[①]之龙庭。马革裹尸，忠肝可见；蝇营集棘，奇祸遽兴。早悲战骨之零飞霜，岂料戴盆而见白日。洗忠魂于丹笔，新制钺于笛台，庶一节之愈明，亦九原之可起。噫！引剑呼痛，世已知杜邮之冤；结草酬恩，尔尚思辅氏之报。勿以重泉之永隔，而忘许国之初心。可特赠宁远军承宣使，余如故。”

【注释】

①老上：本为汉初匈奴单于名号。后用以泛指北方少数民族首领。

【译文】

敕：“权邪肆虐，诬罔君臣已久；忠义不移，可昭明于国策。沉冤既已昭白，国家的制典岂可疏漏。故追复龙、神卫四厢都指挥使、阆州观察使张宪，念其立志报国、久经沙场，向来被军中推为勇壮之士，可领主帅之劲旅，志犁北戎之龙庭。本有马革裹尸的豪气，忠肝可见；惜为蝇营小人陷害，横遭巨祸。早悲战骨之零飞霜，岂料冤屈终可昭雪。此番洗刷忠魂于青史，砥砺兵戎于帅坛。尔气节不移，可起于九原。噫！引剑呼痛，世人已知白起之冤；结草酬恩，尔尚需思辅氏之报。勿以黄泉之永隔，而忘许国之初心。可特赠宁远军承宣使，其余如故。”

谢表

臣珂言：“今月一日准告，伯父先臣云特赠武康军节度使，大父先臣之部曲张宪特赠宁远军承宣使。臣已于当日望阙谢恩讫者。辨枉九京，素衮幸尘于枫扆；进官一等，洪私併溉于株连。谤自此以益明，恩若何而可称。臣诚惶诚惧，顿首顿首。

窃以国家褒恤之典，兼存忠邪别白之规。荣灵虽止于一时，清议实关于万世。若稽汉代，有严异□□□□□□□朝，亦重沉冤之诏雪。然带砺[①]之盟，鲜传于后，纶□□□□□□□龙光曾极于抚绥，麟笔莫闻于订正。未有濬□□□□□□□沓颁鼎至之恩，旁沾兰砌之藐孤，下逮□□□□□□□戴盆之望，重回拱木之春。兹报功伸枉□□□□□□今之一遇。

如臣伯父，暨昔偏裨，尝先百战之□□□□□□□运。南阳拓境，年十二而立战多，北颍推锋，众五□□□□□□□凛闻于李愬，环堤首馘于龙仙[②]，以至算禀趋庭□□□□□□□金之带，奎章尝美其济功；辞三命之华，诏旨复嘉其有子[③]。属议和之蜂起，纷谤语之蝇营。大功垂成，掣单父善书之肘；奇祸骤起，凛绛侯背椟之威。谁为城下之狐[④]，移及水中之蟹[⑤]。内外闻声而附会，旄倪重趼以皆迁。三年东海之陨霜，莫之敢辨；一节汾阳之贯日，终以弗渝。

惟忠诚炳若以如丹，致冤状皦然而自白。投谗畀虎，已关高庙之深知；御□乘龙，继被孝皇之殊渥。复故氈于一日，渗余泽于重泉。其如稗官坚白[⑥]之辞，犹紊柱下[⑦]汗青之史。

擿谬孰明于《野记》，传讹何止于《北盟》，是正邪虽辨于人心，而黑白尚纷于史笔。不有芝封之昭雪，终衔蒿里之冤诬。敢忘易箦之言，冀动凝旒之听。

九关虎豹，吁天幸遂于升闻；一札龙鸾，裂地竟承于宠渥。进牍肃藏于东观[8]，辨书俾订于西垣[9]。固知素定于圣心，尚欲复稽于众论。合两省至公之议，振百年未雪之冤。少府分旄，指泮川而具礼；留台锡号，新容管之承流[10]。十行并下于温纶，一字更踰于华衮。谓其材为时杰，忠世世以相传；勇在众先，战多多而益办。表犁庭之素志，高折虏之奇勋，并彰身后之名，一洗生前之耻。白日舒光于厚夜，丹书泯迹于遗编。恩出非常，泽推兼被。兴怀畴昔，忽闻垂绝之言；曾是么微，汔遂未醻之责。

兹盖恭遇皇帝陛下，塈谗如舜，清问若尧。涣号诞敷，鼓雷风于万寓；丰中溥照，丽日月于九天。清厢勤乙夜之观，白简窜壬人之蕴。严忠义权邪之辨，播在王言；俾是非曲直之公，著为世诫。虽历时之已久，皆锡命以惟新，义激方来，仁霑既往。

臣猥兹控吁，亲获钦承，举头仰戴于皇明，拜手敬归于君赐。菲葑[11]有采，愧微悃之易通；葵藿[12]徒倾，知大恩之难报。一门自誓，九殒为期。臣无任感天荷圣、激切屏营之至，谨奉表称谢以闻。臣诚惶诚惧，顿首顿首，谨言。

贴黄：上表为先伯臣云、大父部曲臣张宪蒙恩加赠称谢事。”

【注释】

①带砺之盟：“带砺”亦作“带厉”，指衣带和砥石。《史记·高祖功臣侯者年表》：“封爵之誓曰：‘使黄河如带，泰山若厉。国以永宁，爰及苗裔。’”裴骃集解引汉应劭曰：“封爵

之誓，国家欲使功臣传祚无穷。带，衣带也；厉，砥石也。河当何时如衣带，山当何时如厉石，言如带厉，国乃绝耳。”后因以“带厉”为受皇家恩宠，与国同休之典。

②环堤首馘于龙仙：指岳云像唐将白孝德一样勇猛。龙仙谓刘龙仙也，本为史思明帐下骁将，在安史之乱中被唐将白孝德斩首，其事见于《旧唐书》列传第五十九。

③有子：此处用典。唐代名将李晟，德宗时封西平郡王，其子李愿、李宪、李愬、李听都很有名望。宋高宗在绍兴七年回复岳飞的《辞岳云特转三官授武略大夫奏所请宜允诏》中曾有语：“盖不特固执谦逊，耻同汉将之争功，而使其自立勋劳，复见西平之有子。”此处出现李愬、龙仙两个人名皆为用典。譬喻岳云智可比李愬，勇堪比白孝德。

④城下之狐：城墙洞中的狐狸，比喻有所凭依而为非作歹的人。语本《晏子春秋·问上九》：“夫社，束木而涂之，鼠因往讬焉，熏之则恐烧其木，灌之则恐败其涂，此鼠所以不可得杀者，以社故也。”

⑤水中之蟹：语出《晋书·解系传》：“及张华、裴頠之被诛也。（赵王）伦、（孙）秀以宿憾收系兄弟。梁工彤救系等。伦怒曰：‘我于水中见蟹且恶之，况此人兄弟轻我邪！此而可忍，孰不可忍！”’喻报仇心切，或喻愤怒。宋苏轼《故周茂叔先生廉溪》：“怒移水中蟹，爱及屋上乌。”

⑥坚白：离坚白论是战国时名家学说的一个命题，其论点是坚、白不能同时存在于石头中，论证过程近乎诡辩，此处被借用来概括一些史料记载的片面性或诡辩性。

⑦柱下：周、秦置柱下史。《史记·张丞相列传》：“苍，秦时为御史，主柱下方书。”司马贞索隐：“周秦皆有柱下史，谓御史也，所掌及侍立恒在殿柱之下。”后因以为御史的代称，掌管中央的奏章、档案、图书以及地方上报的材料。

⑧东观：称宫中藏书之所。北周庾信《皇夏乐》："南宫学已开，东观书还聚。"

⑨西垣：唐宋时中书省的别称。因设于宫中西掖，故称。

⑩少府分旄，指洋川而具礼；留台锡号，新容管之承流句：此句用典甚多。旄，古代用牦牛尾装饰的旗子，"节旄""旄钺"常用于节度使之诰词。《宋史·志》记载"洋州，望，洋川郡，武康军节度。旧武定军，景佑四年改。"具礼：备礼；安排仪式。《史记·淮阴侯列传》："王必欲拜之，择良日，斋戒，设坛场，具礼，乃可耳。""少府分旄，指洋川而具礼"即指岳云赠武康军节度使一事。留台：古代帝王因故离京，奉命留守京师之官及其机构称为留台。唐、五代藩镇（节度使）离镇时，常以亲信留主后务，称留后，或曰节度留后。宋代政和七年将"节度观察留后"改名为"承宣使"，无职掌、无定员，仅为武臣寄禄官，但"留后""留台"已成为承宣使的美称。（据《中国历史大辞典》，第2500页、2021页；《宋代官制辞典》，第579页、580页。）容管为唐朝政区名，辖容州，宋朝为宁远军节度州。承流：谓接受和继承良好的风尚传统，《汉书·董仲舒传》："今之郡守、县令，民之师帅，所使承流而宣化也。"后来"承流宣化"常用于承宣使诰词。"留台锡号，新容管之承流"即指张宪赠宁远军承宣使之事。

⑪菲葑：菲和葑，两种食用的植物。因其根部有时味苦，常被人丢弃。语本《诗·邶风·谷风》："采葑采菲，无以下体。"郑玄笺："此二菜者，蔓菁与葍之类也。皆上下可食，然而其根有美时有恶时，采之者不可以根恶时并弃其叶。"

⑫葵藿：单指葵。葵性向日。古人多用以比喻下对上赤心趋向。语出《三国志·魏志·陈思王植传》："若葵藿之倾叶，太阳虽不为之回光，然向之者诚也。窃自比于葵藿，若降天地之施，垂三光之明者，实在陛下。"

【译文】

臣珂上言："本月一日准告，伯父先臣云特赠武康军节度使，祖父先臣之部曲张宪特赠宁远军承宣使。臣已于当日望阙谢恩毕。臣上书于圣上，为死者辨冤；洪恩浩荡而下，给予进官一等，并及株连之人。毁谤从此愈被澄清，恩典不知如何报称。臣诚惶诚恐，顿首顿首。

"窃以为国家褒恤之典，兼存分辨忠邪之规。亡灵享受尊荣或止于一时，清议影响人伦却关于万世。若稽汉代，有严异□□□□□□□□朝，亦重沉冤之诏雪。但带砺之盟，鲜传于后，纶□□□□□□□□龙光曾极于抚绥，史笔莫闻于订正。未有濬□□□□□□□□沓颁鼎至之恩，旁沾兰砌之孤儿，下逮□□□□□□□□伸冤之望，重回墓木之春。兹报功伸枉□□□□□□□今之一遇。

"如臣之伯父，曾为先祖父之将佐，曾先百战之□□□□□□□□运。襄邓拓境，年十二而立战多，北颍摧锋，率五□□□□□□□□其智谋可如李愬，勇武堪比白孝德。以至算禀趋庭□□□□□□□□获金带之赐，诏书曾嘉奖其成功。先祖父多次为其辞去升迁之荣誉，诏旨颁下嘉奖称赞'西平之有子'。恰值议和之声蜂起，诽谤之语蝇营。大功垂成之际，用兵却遭掣肘；奇祸骤起，遭受冤狱。朝廷之城狐社鼠为非作歹，迁怒无辜之人。内外闻声附会，以至吾家老幼遭受流放远涉。多年沉冤，莫之敢辨；忠节贯日，终以不渝。

"唯忠诚炳若以如丹，冤状皎然而自白。惩治进谗的小人，出于高宗的信任；御□乘龙，继被孝皇之殊渥。一朝平反，余泽九泉。然而稗官野史中存在的片面记录或诡辩之说，还扰乱着国家官方历史的书写。固然存在着像《野记》这样剔除了诸多谬误的著作，但像《北盟》这样以讹传讹的著作又何止一部，正是正邪虽已明辨于人心，而史笔的记录却仍黑白参差。若非诏令昭雪，终要衔冤九泉。吾岂敢忘记家父临终之遗言，寄望于感动九重圣听。

“臣用心作《吁天辨诬》幸获于上闻，于是诏令为先祖父裂地封王。我进奉之文字肃藏于宫中的藏书之所，亦在中书省等待装订存档。固知圣心素定，尚欲复核于众论。如今合两省至公之议，振百年未雪之冤。（先伯父）云赠武康军节度使，张宪赠宁远军承宣使。诏令与诰词并下，褒扬更逾华衮之赠。谓其才为时杰，忠世世以相传；勇在众先，战多多而益办。表彰及赞扬他们直捣黄龙的志向和打击胡虏的奇勋，显扬身后之名，一洗生前之耻。白日舒光于厚夜，丹书泯迹于遗编。恩出非常，泽推兼被。我怀想往昔，忽闻先父垂绝之时的遗言；叹少时渺微，不想今日竟完成其未酬之志愿。

“兹盖恭遇皇帝陛下，嫔谗如舜，清问若尧。恩旨遍布，如鼓风雷于万户；圣德普照，丽日月于九天。夜读弹章，洞察奸邪。严忠义权邪之辨，经由王言而传播；彰是非曲直之公，更是世间的劝诫。虽历时之已久，皆锡命以唯新，激扬未来之公义，抚慰既往之人事。

“臣鄙陋，为先祖呼吁，亲获钦承，举头仰戴圣明，拜手敬归于君赐。不因背时见忘于君上，诚心终获理解；往后即便赤心以倾，亦知君王的大恩难报。一门自誓，九殒为期。臣不胜感天荷圣、激切惶恐之至，谨奉表称谢以闻。臣诚惶诚恐，顿首顿首，谨言。

“贴黄：上表为先伯臣云、大父部曲臣张宪蒙恩加赠事致谢。”

谢宰执启

珂启：“今月一日准告，先伯云赠武康军节度使，大父部曲张宪赠宁远军承宣使者。遗谤大明，等锡及泉之宠；化工密转，孰知宰物之仁。盖初心谨止于乞浆，不自意复从而被泽。九地各沾于雨露，二天倍费于陶镕。德大若醻，感极无语。

窃以国家举褒恤之典，示不忘功；臣下有幽枉之冤，亦令洗迹。订正再公于麟笔，恩荣洊出于龙光。两者交修，皆前代所罕闻之盛事；列圣以降，在今日为刱见之弥文。湔滌诬言，窜削疑史。一字启真王之爵，千社封异姓之臣。丝纶之命，涣发无穷；旌旄之渥，鼎来有耀。增兰砌藐孤之幸，兼柳营末校之荣。尽回大夜之焜煌，坐使孤忠之皎洁。虽皇朝念旧，知公道之云开；然缛典并行，胡私门之特至。

伏念珂伯父赤心之许国，偏裨戮力以同时。膝上从容，已得黄石公不传之秘；帐前指纵，蚤禀霍嫖姚必胜之谋。年十二而立战多，众五千而婴大敌。远鬬南阳之境，径摧临汝之锋，期济中兴，庶观全节。西平有子，屡勤一札之褒；北伐济功，洊沐万钉之赐。不料蜂起割地奉仇之论，遂成蝇营合党缔交之谋，使赞土之功亏，极簧言而文致。怒贻水蟹，殃及池鱼。尽割杨彪爱子[①]之怀，下逮韩信传餐之士[②]。穹灵在上，忍为指鹿之欺；椟背惨威，俾蹈证羊[③]之直。人皆重足，彼诚何心。是非变乱，久而未分；前后因仍，莫之或辨。

兹幸成易赞之命，乃上副当宁之求。指陈奇诋之辞，折衷厚诬之语。宸章奎画，坦若甚明；义胆忠肝，昭其如在。遂彻蝉蜎之览，复归笔削之公。不惟消众沫之漂山[④]，且交霈穷泉之漏泽[⑤]。上焉建节旄于外镇，下焉雄制钺于留台。荐拜洪恩，双加衮字，毁销谤史，存殁知荣，秩进帅坛，梦寐不到，仰湛恩之毕萃，激长夜之感咸。并彰身后之名，一洗生前之耻。八十年赍志殁地，共衔蒿里之冤；今一朝披雾覩天，顿改松铭之观。士气如洗，臣节争磨。

谁寔□□，我有钧播。兹盖恭遇某官，以忠致主，陈善闭邪。心潜格于君非，力主盟于国是。一堂聚会，极圣君贤相之都俞[⑥]；三馆[⑦]招延，谨君子小人之进退。凡肯建明者，若出游戏然。有功悉许以风闻，无冤不与之雪洗。春之生，夏之长，阳和岂择地而施；甲者坼，枯者荣，鸿造亦何心于此。遂省幽明之所被，寔归块圠之无垠。玔猥以吁闻，亲承锡赉。拔茅连茹[⑧]，仰戴皇明；自叶流根，亶惟愍施。报贻魏颗，谅不忘结草之余；咏感周诗，尚终怜乔木[⑨]之旧。词源已究，谢悃未殚。谨具启，专人捧诣台墀尘谢，伏惟台慈俯赐鉴念。不备，谨言。”

【注释】

①杨彪爱子：指父爱。语出《后汉书·杨彪传》：“子（杨）修为曹操所杀，操见彪问曰：‘公何瘦之甚？’对曰：‘愧无日磾先见之明，犹怀老牛舐犊之爱。”

②传餐之士：指部曲、部下。语出《汉书·韩信传》：“令其裨将传餐，曰：‘今日破赵会食。’”

③证羊：谓告发父亲偷羊。典出《论语·子路》：“吾党有直躬者，其父攘羊，而子证之。”

④众沫漂山：又作“众煦漂山”。煦，吹气；漂，飘动。众人吹气可以使山飘动。比喻谗言多了，能产生很大的影响。《汉书·中山靖王胜传》；“众煦漂山，聚蚊成雷，朋党执虎，十夫桡椎。”

⑤漏泽：漏泽园，为古时官设的丛葬地。凡无主尸骨及家贫无葬地者，由官家丛葬，称其地为“漏泽园”。制始于宋。此处可能影射岳云与张宪一同被斩首弃市，家属未能收回遗骨之事。“弃市”一词语出《礼记·王制》：“刑人于市，与众弃之。”

⑥都俞：《书·益稷》：“禹曰：‘都！帝，慎乃在位。’

帝曰：‘俞！’”又《尧典》：“帝曰：‘吁，咈哉！’”都、俞、吁、咈均为叹词。以为可，则曰都、俞；以为否，则曰吁、咈。后因用“都俞吁咈”形容君臣论政问答，融洽雍睦。

⑦一堂、三馆：一堂指都堂，宰相办公之处；三馆，宋以昭文馆、集贤院、史馆为三馆。

⑧拔茅连茹：拔起茅草，根相牵连。比喻递相推荐引进。

⑨乔木：《孟子·梁惠王章句下》中，孟子见齐宣王曰：“所谓故国者，非谓有乔木之谓也，有世臣之谓也。”赵岐注：“所谓是旧国也者，非但见其有高大树木也，当有累世修德之臣，常能辅其君以道，乃为旧国可法则也。”。

【译文】

珂启：“本月一日承告，先伯父云追赠武康军节度使，先祖父部曲张宪追赠宁远军承宣使。诽谤澄清，逝者获得安慰；天道悠悠，仰赖造物之仁。臣的初心原本仅止于乞浆，未料竟然得到泽被。九地各沾雨露，二圣有再造之恩。大德难酬，感极无语。

“窃以为国家举褒恤之典，以示不忘功臣；臣下有幽枉之冤，亦令冤屈得雪。史笔得以修正，恩荣屡出于圣宠。此二者也，皆前代罕闻之盛事；列圣以降，在今日为创见之礼制。湔洗诬言，删改疑史，封真王之爵，及于异姓之臣。诏命屡发，荣耀迭至。孤幼有幸，荫恤军籍。使长眠之人重见辉煌，令其孤忠皎洁如月。虽皇朝念旧，知公道之云开；然缛典并行，何而特至私门？

“伏念珂的伯父赤心许国，当时为先祖之将佐。父子膝上从容之时，已得黄石公不传之秘；帐前指挥，早禀霍嫖姚必胜之谋。年十二而立战多，众五千而撄大敌。远辟南阳之境，径摧临汝之锋，被寄望于功济中兴、尽忠全节。高宗曾以“西平有子”之典褒赞其谦退；北伐立功，屡获皇帝金带之赐。不料蜂起割地奉仇之论，遂成小人蝇营结党之谋。不仅使北伐功亏一篑，又巧舌如簧文致其罪。迁怒水蟹，殃及池鱼，荼毒先祖父的爱子贤将，可谓尽割杨彪爱子之怀，下逮韩信传餐之士。穹灵在上，忍为指鹿为马之欺；囹圄之惨，使蹈直躬证羊之途。人皆恐惧迭足，彼何心也！是非变乱，久而未分；前后因仍，莫之或辨。

“如今有幸达成先人遗愿，上副君上的要求。指陈诋毁之辞，修正诬枉之语。宸章诏书，坦若甚明；义胆忠肝，昭其如在。彻底反思过往，以还历史公正。不仅可消除积毁销骨的影响，亦能使流落于不知何处公墓的魂灵获得恩泽。上焉建节度使，下则官加承宣。（岳云、张宪）相继承恩加官，毁销谤史，存殁知荣，秩进帅坛，梦寐不到，仰深恩之尽施，激长夜之感应。并彰身后之名，一洗生前之耻。八十年前怀抱志向而逝，父子爱将一同衔冤于地下；而今一朝拨云见日，连墓地都气象一新。士气得到鼓舞，臣节受到激励。

“谁寔□□，恭承教化。兹盖恭遇某官，以忠辅主，陈善闭邪。心潜纠正君非，力主盟于国策。一堂聚会，极圣君贤相之论答。三馆招延，谨君子小人之进退。凡肯为国事主张者，若出游戏然。有功悉许以风闻，无冤不与之洗雪。春生夏长，日照岂择地而施予；草木枯荣，鸿恩又何心于此。觉察人鬼之所被，实归宇宙之无垠。珂不才，以吁天辨诬以闻，亲承赏赐。递相引荐，仰戴皇明。如雨润物，自叶流根，实为悯施。吾不敢忘结草报恩，君终怜世勋旧臣。词源已竭，谢诚未尽。谨具启，专人捧诣贵所感谢，伏惟台慈俯赐鉴念。不备，谨言。”

后序（附）

《天定录》既成书，将锓而传，恻然若予感焉，复从而系之曰：“呜呼！天下之理託于物而后传者，要其终必不可恃，虽势也，而理则存。汤盘[①]、卫鼎、淮碑、岐鼓，铭之所託以传也。吾意古人之所以鑱著其勋明，昭宣其令德，一时视之者若可以不朽矣。而千载之下，或仆，或缺，或湮，或没，博雅之士歆艳其馨烈，欲一揭而不可得。虽培塿剔藓，杳不得传。而若盘、若鼎、若碑、若鼓顾乃託其所託，以自见于世。悲夫！物之不可恃盖如此。且天下之坚久者，莫若金石，曾几何时，而荡为浮埃，收为太虚，凡吾之所恃以传者，悉从而反之。而珂乃欲以区区芜纇之文，以昭明先王遗忠于万世之下，瓿覆未可期，僭曰犹在，安知其不胥为失所恃也。謏学陋闻，童蒙颛鲁，文字不足以传于远，姓名不足以昭于时，则藏之名山，散之通都大邑，传之其人，珂固不得与斯举也，则岂特反所恃而已哉！

呜呼！以先王之忠之节，而圣朝推是非常之典，使得一世立言，君子纪而传之，虽千万世焉，可也。而独以珂之愚不肖，惕然反顾，凛无所恃以传。念至如此，则珂不孝之罪，诚上通于天矣！然珂犹窃有所恃者，以为先臣报国之心，昭如皦日，正理之在人心，隐然有不可泯。珂以七十年谗诬未白之先，凡公议之所予□□□□□□论，或庶几焉。呜呼！此或可恃也。

四方万里之广，名人钜公之众，苟能哀其心而进之，则此书亦或可传也。是故珂之所恃者在彼，而所託者在此。诚使人心有公议，天下有正理，则忠邪是非之辨，固已在于追褒未逮之先，而特昭明于殊恩既霈之后。方其未辨，是理未尝不存；及其既明，是理亦未始增益。则是书不传可也，不作亦可也。

呜呼！群阴煽邪，异论方兴，先王障狂澜于不可支之际，卒从以靡。方是时也，身且不计，而况于名乎！一时之名且不计，而况于后日之名乎！身与名俱所不计，而况于是书之传否乎！呜呼！先王诚得所恃矣，珂何有焉。

若夫金石之必不可恃，而反恃其所託以存，则不可以诸孙之无闻，而遂泯然也。方公道宏开，真儒才卿执椽笔而发幽光者，项背相望，丰碑隧道，奎壁下临。有祖宗之故事在，珂虽无似，尚当嗣请于朝，则所以恃者，其又庶几乎。嗣岁孟陬之月癸丑朔珂后序。”

【注释】

①汤盘：《礼记·大学》："汤之盘铭曰：'苟日新，日日新，又日新。'"孔颖达疏："汤之盘铭者，汤沐浴之盘而刻铭为戒。必于沐浴之者，戒之甚也。"后以"汤盘"为自警之典。

【译文】

《天定录》成书之后，即将刻版发布，吾恻然有感，故再次作文而释之曰："呜呼！天下之理托于物而传者，其最终必不可依赖。虽然如此，而其承载的道理却存留下来。汤盘、卫鼎、淮碑、岐鼓都曾承载箴铭以期流传后世。我想古人也是希望凭借这些铭文来宣扬其勋明与美德，当时看来这些东西仿佛是可以不朽。然而千载之后，这些器物或仆倒，或缺损，或湮没，博雅之士歆羡其能流传久远，欲收入囊中却不可得。即使细心搜访，也杳不可寻。而若盘、鼎、碑、鼓这几样东西反而是因为有了它们曾经承载的至理，而得以为后世所知。悲夫！物之不可依赖者大略如此。天下至坚且久之物，莫若金石，曾几何时，荡为尘埃，收为太虚，凡是我们想依恃而流传的器物，结果都颠倒过来，器物因为铭刻其上的真理才为后人所知。而珂乃欲以区区小文昭明先王遗忠于万世之下，能不能覆瓿还未可知，僭曰犹在，更不知其是否可以流传。珂陋学寡闻，童蒙无知，文字不足以传于远，姓名不足以昭于时，也许只好藏之名山，散布于通都大邑了，然而珂固不能做这样的事，岂能反而对它有所依恃呢！

“呜呼！以先王之忠节，而获圣朝推崇非常之典，使得其一世立身立言之事，得君子记载而流传，虽千万世，未为不可。而以珂之愚昧不肖，警醒回顾，害怕无所恃以传。念及至此，则珂之不孝之罪实在是上通于天矣！然珂窃以为有所依恃者，是先祖父的报国之心，昭如皦日，正气至理之在人心，隐然有不泯之势。珂以七十年谗诬未白之先，凡公议之所予□□□□□□□论，或庶几焉。呜呼！这或许可以依恃吧。

“四方万里之广，名人王公之众，若能哀怜吾心而推荐此天定录，则此书亦或可以流传。珂所以依恃者在于彼，而所托付者在于此。假使人心有公议，天下有正理，则忠邪是非之辨，已体现在追褒未逮之先，而昭明于殊恩既沛之后。是非辨明之前，天下之至理未必不存；及其被辨明，此至理亦未必增益。则此书不流传也可以了，不著作也可以了。

“呜呼！群阴煽邪，异论方兴，先王力挽狂澜于既倒，却以消靡不闻而结局。在当时生死况且不计，而况于声名乎？！一时之声名且不计，而况于后日之声名乎？！生死与声名俱所不计，而况于此书之流传与否乎？！呜呼！先王实已得所恃矣，珂有何（憾）焉。

“若说金石不可依恃，而反要因其上之箴铭而托存，却不能容忍先祖之诸孙默默无闻，而不作为。此时正当公道宏开，真儒才卿执笔振宣其品德，接二连三地立丰碑、铺墓道，犹如文星下临。有祖宗之故事在，珂虽不肖，尚当继承其遗志请求当朝，则所依恃者又有望了。新岁正月癸丑朔日珂后序。”

鄂国金佗续编

鄂国金佗续编序

《易》曰："大君有命，开国承家。"夫辨五等[①]，选群辟[②]，建侯于经纶草昧之初，列爵于崇德报功之后，固古先哲王之所以公天下，而非以为一家之私也。庭坚之迈种[③]，逮于蓼、六，周、召之夹辅，载于燕、鲁，大勋开四履[④]，盛德祀百世，是国也，非所谓世其家者欤？国有春秋，家有谱牒，纪事虽殊，为用不废。夫其著鼎彝，登旂常，胙土畴功，此国之所繇开也。昭明其湮蚀，网罗其放轶，广记备录，思以尽为子若孙之心，又岂非传家克承者之责耶！

先王佩佗绶于鄂，珂不肖，幸因今天子霈泰畤之泽，获以支邑，绍分旧封，亦既颁蒲瑞于朝，执而叹曰："三赵[⑤]命名，此赞皇氏之所以不忘乎先也。"家故有《金佗编》，因先爵以叙遗烈，嘉定戊寅，尝刻之榫李矣。而辛巳之褒忠，乙酉之锡谥，异渥殊荣，焜耀狎至，则未之续也。行有述也，而弗该乎丝纶[⑥]；见闻有取也，而莫并乎百氏。宸奎之藏，扣阍之已进，尝汇之于前矣；而搜访之嗣获，顾阙之于后。《天定》之录，非刘之旷典，概表乎其末矣；而思陵之盛心，反略乎厥初，顾其可已哉！夫析圭[⑦]儋爵，上之恩也；贻德流庆，先王之泽也。知侈《金佗》之宠，而不知乎栉沐以致之之功，知家之承，而不知国之所以开之之自，斯责也，珂将奚辞。即觚椠[⑧]之末伎，以文其肯堂析薪[⑨]之未能，何异乎持洴澼絖[⑩]以自献，犹窃恕曰："《易》之所以'开国承家'者，或在于是斯。又类乎闻钟揣籥[⑪]，以求乎日者也。"凡书四种，合三十卷，命之曰续，盖以合榫李旧刻，同为一编云。呜呼！是续也，焉知其不复续。子孙之心，闻斯传之，其又何时而可以耶！绍定改元岁重九日，珂谨序。

【注释】

①五等：五个等级。《礼记·王制》："王者之制禄爵，公、侯、伯、子、男五等。"

②群辟：谓四方诸侯。亦统指王侯、公卿、大夫、士。

③庭坚、迈种：庭坚，指尧舜时期的狱官皋陶。迈种，语出《书·大禹谟》："皋陶迈种德。"谓勉力树德。

④四履：谓四境的界线。

⑤三赵：《新唐书·李德裕传》记载李德裕曾对武宗说："先臣封于赵，冢孙宽中始生，字曰三赵，意将传嫡，不及支庶。"

⑥丝纶：《礼记·缁衣》："王言如丝，其出如纶。"孔颖达疏："王言初出，微细如丝，及其出行于外，言更渐大，如似纶也。"后因称帝王诏书为"丝纶"。

⑦析圭：亦作"析珪"。古代帝王按爵位高低分颁玉圭，可泛指封王、封官。

⑧觚椠：古代用木削成以备书写的简牍。

⑨肯堂析薪："肯堂"和"析薪"都是比喻子承父业。

⑩洴澼絖：原意是在水上漂洗棉絮。典出《庄子·逍遥游》："宋人有善为不龟手之药者，世世以洴澼絖为事。客闻之，请买其方百金。聚族而谋曰：'我世世为洴澼絖，不过数金；今一朝而鬻技百金，请与之。'"后以"澼絖"为典，借指不足为道的小技艺。

⑪闻钟揣籥：苏轼作《日喻》记载了一个故事："生而眇者不识日，问之有目者。或告之曰：'日之状如铜盘。'扣槃而得

其声，他日闻钟，以为日也。或告之曰：‘日之光如烛。’扪烛而得其形，他日揣籥（笛管类乐器），以为日也。日之与钟、籥亦远矣，而眇者不知其异，以其未尝见而求之人也。”

【译文】

《易》曰：“天子有命，若臣下功大，使之开国为诸侯；若其功小，使之承家为卿大夫。”分立五等爵禄，派遣四方诸侯，于草创之初建立侯国，于报功之后分颁爵位，所以古先哲王以天下为公，而不认为天下是一家之私物。皋陶理讼、勉力树德，成为蓼国和六安国的始祖，周公、召公辅佐周室，分别被封于燕地和鲁地，是那两个国家的始祖。以大勋开拓国家的疆界，因盛德接受百世的祭祀，这样的国不就是所谓的世家吗？国有国史，家有谱牒，记录的事情虽然有差异，但却有各自的作用。铭刻勋烈的鼎彝、升起王侯之旗，分封土地以酬谢其勋劳，这是开国的由来。昭明被湮没或风蚀的痕迹，网罗散失的遗物，广泛收集详尽纪录，想着尽到为人子孙的孝心，这难道不是传家克承者的责任吗？

先王（译者按，指岳飞）被封于鄂，珂不肖，多亏当今天子祭祀天神的沛泽，获得支邑，继承旧封，朝廷颁旨时，我感叹道：“出身赞皇的李德裕家里三赵的命名，就是不忘祖先的意思啊。”家里本来已有《金佗稡编》，记录了先祖父受封鄂王的事以及他的烈节风操，已于嘉定十一年在嘉兴刻版付印。到了嘉定十四年，赐先祖父功德院“褒忠衍福”寺额，宝庆元年赐“忠武”“武穆”谥号等事，俱属殊荣异渥，接连而来，却还没有续述。一个人的行迹若要有所追溯宣扬，莫过于查看帝王的诏书；有关他的见闻传说，若有可取者，则没有比并取百家之言更为可靠的。我收藏的宸翰诏书，已扣阙进呈给朝廷，并且汇编在了《金佗稡编》之中；而后来又搜访到了部分诏书，理应加以补充。《稡编》中的《天定录》已详尽记录了封王的稀世盛典，但只是表述了一个结果；而高宗皇帝对先祖父美好的情意，反而在开始部分被忽略了，这如何能行呢！封王封爵，是圣上给予的恩荣；布德流庆，是先王身后的遗泽。后人不能只知道《金佗稡编》所记录的荣宠，而不了解带来这些荣誉的功劳；也不能仅知道家族继承的王爵，而不清楚开国封王的由来，这样的责任，在珂来说是义不容辞的。所以我只好以耍耍笔杆子的雕虫小技，掩饰不能继承先祖父事业的无能，这何异于卖弄着微末的技艺，犹自原谅自己说："《易经》中所谓'开国承家'者，大概就是这样吧。"又或者类似盲人听到钟声、摸到籥管就误以为那是太阳，（实在是惭愧）。这部书有四种体裁，共三十卷，以《续编》命名，以便与嘉兴旧刻之前编保持一致。呜呼！这个续，焉知不会再有后续呢。子孙的心意，借此流传，何时能够停止！绍定元年岁重九日，珂谨序。

卷第一

高宗皇帝宸翰摭遗卷之一

建炎四年

九月，先臣自泰州奉诏，援承、楚，初引兵屯三墩，遂抵承州。转战踰月，三战皆大捷。杀其大酋高太保，擒女真、渤海、汉儿军等，又俘阿主里孛堇及里真、阿主里、白打里、蒲速里酋长七十余人，送行在。上嘉厥勋，赐金酒器，赐御札。（合在本年第一诏之次。）

敕：岳飞节义忠勇，无愧古人。所至不扰，民不知有兵也；所向必克，寇始畏其威也。朕甚嘉焉。方今国步艰难，非卿等数辈，朕孰与图复中土者耶！奈何江表尚多余寇，卿可竭力措置擒获，必期静尽，无使越境，为吾之忧。姑赐金注盌一副、盏十只，聊以示永怀也。

【译文】

九月，先祖父奉诏从泰州出兵，援救承、楚二州。先引兵屯于三墩，接着抵达承州。转战月余，三战都获得了大捷。杀死金军首领高太保，擒获金军女真、渤海及汉儿兵若干，并且俘获阿主里孛堇及酋首里真、阿主里、白打里、蒲速里等七十余人，押赴行在。圣上嘉奖其勋劳，赐予金酒器和御札。（译者按，应接在本年的第一诏之后。本年第某诏是指《金佗稡编》卷一到卷三中所列高宗历年宸翰，后不再注明。）

敕：岳飞节义忠勇，不逊于古人。统军所至，不扰平民，以至于百姓不知道有军队经过；挥师所向，无往不胜，敌寇畏惧他的神威。朕十分嘉许。而今国步艰难，若没有卿等数人，朕能与谁一道谋划恢复中原呢！奈何江南尚有不少余寇，卿可竭力部署擒获他们，一定要剿灭净尽，勿让他们越入国境，成为朝廷的忧患。先赐卿金注碗一副、盏十只，聊以表示长久的思念。

九月，先臣始入通、泰。刘光世奉诏援承、楚，不肯渡江，遣裨将王德往，以虏遁奏。赐御札，令先臣协力剿扑。（合在绍兴四年第一诏之上。）

近据刘光世差王德等统率军马过江之后，累得战捷，杀获金人甚多。贼久驻江、淮，即渐抽退，其未去者数虽不多，若不乘势剿除，终作腹心之患，正诸将立功报国之秋也。岳飞奋命许国，忠劳甚著，朕常嘉之。今可与光世所遣将领等协力并进，往承州、楚州等处，杀伐金贼，期于剿扑，当议不次推赏。其有能获龙虎太师者，白身[①]与除观察使。

九月十五日，付岳飞。

【注释】

①白身：即普通人。古未仕者着白衣，故称白身。（据《中国历史大辞典》，第807页。）

【译文】

九月，先祖父军才得进入通、泰两州。刘光世奉诏援救承、楚州，却不肯渡江，只派遣裨将王德前往，并上奏说虏人已经逃遁。圣上赐先祖父御札，命令先祖父协力剿除敌军。（应在绍兴四年第一诏之前。）

近据刘光世奏：差遣王德等统兵马过江之后累获胜捷，杀获金人颇多。久驻在江、淮地区的金贼逐渐撤退，还未退走的金贼为数虽然不多，但若不乘势剿除，终究留下腹心之患，这正是诸将立功报国的时候啊。岳飞效命许国，忠劳显著，朕常常嘉许。今你可与刘光世所遣将领等协力并进，去往承州、楚州讨伐金贼，希望能将残寇全部剿除，当有超越常格的迁官奖赏。有能抓获龙虎太师者，可由平民给予正五品观察使的官阶。

九月十五日，付岳飞

绍兴三年

春，大寇陈颙、彭友等连兵数十万，据虔、吉州以叛。上诏江西安抚大使李回，令择本路盗薮最炽，诸将所不能制者，颛以属先臣。于是始移军于洪。夏四月，至虔州。时民挺于乱，馈饷阻艱，上忧先臣军或至乏绝，乃申诏计臣督办，厉以明宪，且赐御札，令趣进兵。（合在前诏之次，仍在绍兴四年第一诏之上。）

朕已亲敕诸路漕臣，应副卿军马钱粮，坐贬岭外之罪。卿当体国，疾速统率精锐人马前去，务要招捕静尽，无使滋蔓，罪有所归。仍具起发日时及沿路所至去处，逐旋以闻。

付岳飞。御押

【译文】

春季，大寇陈颙、彭友等造反，集结了数十万人占据了虔州、吉州。圣上诏命江西安抚大使李回选择本路气焰最盛、诸将都不能制服的盗寇团伙，专门托付给先祖父征讨。于是先祖父移屯洪州。夏四月，先祖父军到达虔州。当时平民动乱，粮运受阻，圣上担忧先祖父的军队可能失去供应，申令告诫转运司督办，以严法鞭策，并且赐先祖父御札，促令先祖父进兵。（应在前一诏之后，仍在绍兴四年第一诏之前。）

朕已亲自告诫诸路转运使，设法为你军提供钱粮，违者将定罪，贬到岭南。卿应体念国家，疾速统率精锐人马前去，务必要将群盗招捕净尽，勿使寇乱蔓延，必使罪人归顺。依旧应写明起发时日及沿路所到之处，逐步报告。

付岳飞。御押

先臣既破固石洞，大败贼兵，擒颙等以入于虔，上疏乞诛首恶，而赦胁从，诏俞其请。秋七月，有旨诣行在。上犹虑群盗遗类，为患异日，赐御札趣觐，仍寓圣训。（合又在前诏之次，仍在绍兴四年第一诏之上。）

具奏省，卿殄灭群寇，安靖一方，应无遗类，为异日之患也。朕甚嘉之。已诏卿赴行在，可即日就道，勿惮暑行。纪律严明，秋毫不犯，卿之所能也。朕不多及。七月十二日。

敕岳飞。御押

【译文】

先祖父攻破固石洞，大败贼兵，擒获陈颙等人押入虔州，上疏请求仅诛首恶，而赦免胁从者。圣上诏命允许了他的请求。秋七月，有圣旨命先祖父去行在。圣上尚在忧虑群盗还有残留为患他日，并赐御札督促先祖父入觐，寄语训诫。（此诏应在前一诏之后，仍在绍兴四年第一诏之前。）

卿所呈奏疏已阅知，卿已消灭群寇，安靖一方。想来应无残留，为他日之患。朕十分嘉许。已诏命卿来行在，你可即日上路，不要惧惮暑日行军。戒敕部队纪律严明，秋毫不犯，是你的长处，不须朕多说。七月十二日。

敕岳飞。御押

绍兴五年

二月，先臣还自庐州，既破虏、伪之师，遂入觐，上眷礼优渥，申以锡赉贴恩之宠，併赐御札。（合在本年第一诏之上。）

赐岳飞银、绢二千疋、两，承信郎恩泽一资，母封国夫人，孺人封号二人，冠帔三道。

付岳飞。御押

【译文】

二月，先祖父从庐州返回。既已打败金、伪齐军，于是入朝觐见。圣上爱重礼遇十分优厚，申以封赏之宠，并赐御札。（应在本年第一诏之前。）

赐岳飞银二千两、绢二千匹，恩荫家族中承信郎一人，岳飞母封国夫人，另赐予其家族孺人封号二人，冠帔三道。

付岳飞。御押

绍兴六年

冬十月，逆豫之子麟与其侄猊分道入寇，或得吠尧[①]之书于境。上赐御札示先臣，且勉以报国戡雠之意。（合在本年第六诏之下。）

古之人见无礼于君者，必思有以杀之。今刘豫、刘麟四出文榜，指朕为孽庶首恶，毁斥诟骂，无所不至。朕固不德，有以招致此言，卿蒙被国恩，尚忍闻之不动心乎？备录全文，密以示卿，主辱臣死，卿其念之。

付岳飞。御押

【注释】

①吠尧：狗对尧吠叫。语出《战国策·齐策六》："跖之狗吠尧，非贵跖而贱尧也，狗固吠非其主也。"比喻不辨好坏，只听主人的指使。

【译文】

冬十月，逆臣刘豫之子刘麟与其侄刘貌分路入寇，有人在边境上发现了攻击人主的文章。圣上赐先祖父御札，出示此文，并且以报国复仇之意勉励先祖父。（此诏应在本年第六诏之后。）

古人见到有人对人君无礼，一定会想自己有理由杀掉对方。现在刘豫、刘麟到处张贴文榜，指责朕为孽子首恶，诽谤诟骂无所不至。朕固然德行不足，才招致这样的辱骂，而卿蒙受国恩，可以忍心听着而不为所动吗？详备地抄录了全文秘示于卿，所谓主辱臣死，卿要常记在心。

付岳飞。御押

绍兴七年

先臣既受诏，兼统刘光世兵，因手疏，造膝陈恢复大计。上意感动，亲批纸尾，赐先臣，仍寓委属褒戒之意。（合在本年第三诏之下。）

臣伏自国家变故以来，起于白屋，实怀捐躯报国、雪复仇耻之心，幸凭社稷威灵，前后粗立薄效。而陛下錄臣微劳，擢自布衣，曾未十年，官至太尉[①]，品秩比三公[②]，恩数视二府[③]，又增重使名[④]，宣抚诸路。臣一介贱微，宠荣超躐，有逾涯分；今者又蒙益臣军马，使济恢图。臣实何人，误辱神圣之知如此，敢不昼度夜思，以图报称。

臣揣敌情，所以立刘豫于河南，而付之齐、秦之地，盖欲荼毒中原生灵，以中国而攻中国。粘罕因得休兵养马，观衅乘隙，包藏不浅。臣不及此时禀陛下睿算妙略，以伐其谋，使刘豫父子隔绝，五路叛将还归，两河故地渐复，则金贼诡计日生，它时浸益难图。

然臣愚欲望陛下假臣日月，勿复拘臣淹速，使敌莫测臣举措。万一得便可入，则提兵直趋京、洛，据河阳、陕府、潼关，以号召五路叛将，则刘豫必舍汴都，而走河北，京畿、陕右可以尽复。至于京东诸郡，陛下付之韩世忠、张俊，亦可便下。臣然后分兵濬、滑，经略两河，刘豫父子断可成擒。如此则大辽有可立之形，金贼有破灭之理，四夷可以平定，为陛下社稷长久无穷之计，实在此举。

假令汝、颍、陈、蔡坚壁清野，商於[⑤]、虢略分屯要害，进或无粮可因，攻或难于餽运，臣须敛兵，还保上流。贼定追袭而南，臣俟其来，当率诸将或剉其锐，或待其疲。贼利速战，不得所欲，势必复还。臣当设伏，邀其归路，小入必小胜，大入则大胜，然后徐谋再举。设若贼见上流进兵，併力来侵淮上，或分兵攻犯四川，臣即长驱，捣其巢穴。贼困于奔命，势穷力殚，纵今年未尽平殄，来岁必得所欲。亦不过三、二年间，可以尽复故地。陛下还归旧京，或进都襄阳、关中，唯陛下所择也。

臣闻兴师十万，日费千金，邦内骚动七十万家，此岂细事。然古者命将出师，民不再役，粮不再籍，盖虑周而用足也。今臣部曲远在上流，去朝廷数千里，平时每有粮食不足之忧。是以去秋臣兵深入陕、洛，而在寨卒伍有饥饿闪走，故臣急还，不遂前功。致使贼地陷伪，忠义之人旋被屠杀，皆臣之罪。今日陛下戒敕有司，广为储备，俾臣得一意静虑，不为兵食乱其方寸，则谋定计审，仰遵陛下成算，必能济此大事也。

异时迎还太上皇帝、宁德皇后梓宫，奉邀天眷归国，使宗庙再安，万姓同欢，陛下高枕无北顾忧，臣之志愿毕矣。然后乞身还田里，此臣夙昔所自许者。伏惟陛下恕臣狂易，臣无任战汗。取进止。

三月十一日，起复太尉、武胜、定国军节度使、湖北、京西路宣抚使、兼营田大使臣岳飞札子。

览奏，事理明甚，有臣如此，顾复何忧。进止之机，朕不中制。惟敕诸将广布宽恩，无或轻杀，拂朕至意。

右珂先大父维师[⑥]忠烈、鄂国忠武王手奏出师疏真迹一卷，高宗武文皇帝御笔批其后。於虖！靖康元二之祸酷矣烈矣，不胜说矣！楚、齐代妖，王纲绝矣！先王发愤古邺，思澡思雪，必欲挽河汉而决之。一念既立，高厚对越，驱驰忽倏，叱诧隆缺。障横溃于既倒，扶不周于将折。此其立志，盖霍去病所谓不立家于匈奴之未灭，诸葛亮所谓鞠躬尽死，以正祁山之伐，裴度所谓贼未授首，臣不还阙。千载相望，异世同辙，勋名未究，卒偾权孽，此吁天之书，所以俯伏天阍，泣尽而继之以血也。

手泽散轶，百年惊阅，宝庆乙酉王春二月，恭获墨宝，仍睹奎札，既以伸霜露之痛，遂可想风云之节。百拜惢袭，庸附前哲，赞曰："于维绍兴，扶危支倾。揠校沧戎，不识一丁。先王奋呼，起自诸生，经通谊明，笔妙墨精。翠微之诗，五岳之盟，祁阳整旅，东松纪行，迹遍九州，气凌三精。粤时出师，首兹抗旌，规模弗愆，忠愤莫撄。上心载嘉，奎章式形，谓朕何忧，惟尔责成。以百万师，观我甲兵，仅四十里，复我旧京。日却阳侯，星陨中营。苌血遂碧，狐史漫青。天不诱衷，曷其底宁。伤哉《离骚》，坐此修能。冰镂玉洁，兰芳芷馨。惟皇鉴忠，惟人与诚。烈并褒鄂，志亏幽幷。有奕龙迹，遹昭骏声。遗墨既刊，大猷是经。对于庙祧，岂惟云仍。”

【注释】

①太尉：武阶名。政和二年九月将原三公官中的太尉废除，改太尉为武阶之首。政和二年十月将太尉定为正二品，在执政官之下、节度使之上。（据《宋代官制辞典》，第593页。）

②三公：政和二年九月，将原称三师的太师、太傅、太保，改称“三公”，废三师之称；而以少师、少傅、少保为“三少”，并将原三公太尉、司徒、司空废除。

③二府：宋代称中书省和枢密院为“两府”。《宋史·职官志二》：“宋初，循唐五代之制，置枢密院，与中书对持文武二柄，号为‘二府’。”

④增重使名：岳飞官拜太尉后，便“理合增重使名”（《宋会要》职官），使虚衔和实职一致，都作为执政级高官的待遇。

⑤商於：地区名。又名“於中”，在今河南省淅川县西南。《史记》裴骃集解：“商於之地在今顺阳郡南乡（今河南淅川县南）、丹水（今淅川县西丹江之阳）二县，有商城在於中，故谓之商於。”（据《中国历史大辞典》，第2753页。）

⑥维师：典出《大雅·大明》中的“维师尚父，时维鹰扬”。师，周职官名，其主要职责是策划国事。

【译文】

先祖父受圣上诏旨，命他兼统刘光世的军队，于是亲书奏章，向圣上密陈恢复大计。圣上感动之余，亲自批复于纸尾并赐予先祖父，依然寄予托付、褒戒等心意。（应在本年第三诏之下。）

臣自从国家遭受变故以来，虽出身于平民，其实却怀着捐躯报国、雪耻复仇的决心。幸亏凭借着社稷的声威，前后（十余年里）粗立薄效。陛下记着臣微少的功劳，将我由布衣擢升，不到十年就官至太尉，俸秩可比三公，品级堪比二府，又增重名衔，命我宣抚诸路。臣本是微贱之人，受到迅速提拔获得的宠荣已经超过了应得的本分；如今又承蒙给我增加人马，以补益于恢复中原的宏图。臣有何德何能，误辱陛下的恩遇到了如此地步，我怎敢不日夜思量，以图报答。

臣揣摩敌情，（金）之所以立刘豫于河南，并将山东、陕西等地也划属给他，是想要荼毒中原百姓，以中国而攻中国。粘罕因而得以休兵息马，窥伺我方的间隙，包藏祸心非浅。臣若不在此时禀受陛下圣明的决策与方略去挫败敌人的图谋，使刘豫父子声势隔绝，陕西五路的叛将回归朝廷，使河北、河东（译者按，指山西）的故疆渐渐恢复，则金贼的诡计日益滋生，他时再要谋取将更加困难。

然而臣愚钝，希望陛下给予我一些时间，不要再以迟速快慢束缚臣的计划，以使敌人不能推测我的举措。一旦有机可乘，臣便提兵直趋汴京（开封）、洛阳，占据河阳、陕府、潼关，以此号召陕西五路的叛将归附，则刘豫必定舍弃汴都，逃往河北，京畿、陕西就可以全部收复了。至于京东路诸郡，陛下托付给韩世忠、张俊，便可以拿下。然后臣分兵浚州、滑州，筹划图谋河北与河东（译者按，指山西）之间的地区，一定可以擒获刘豫父子。这样则有占领昔日辽国领土的可能，金贼有破灭的道理，周边四夷可以平定，陛下谋求社稷长久无穷的战略正赖于此举。

如果汝、颍、陈、蔡等地的敌人坚壁清野，分屯商於、虢略，扼守要害，我军若前进可能无粮可征，强攻又或难于馈运，臣便要收缩兵力，回军防守长江上游。金贼一定会向南追袭，臣待其到来，就率领诸将或挫其锋锐，或消耗他们的耐力。金贼以速战为利，达不到目的势必返回。臣当会设下伏兵，截其归路，敌小入，我必小胜，敌大入，我则大胜，然后徐徐图谋再举。如果金贼见我由上流出兵，并力来侵犯淮河或者分兵攻犯四川，臣则引兵长驱直入，捣其巢穴。敌人就会奔命困乏，势穷力尽，纵使今年不能歼灭殆尽，来年一定能够实现。不需二三年，便可以尽复故地了。陛下还归旧都开封，或北向定都于襄阳、关中，全由陛下您选择。

臣听古人说兴师十万，日费千金，国内将有七十万户人家受到扰动（译者按，语出《孙子兵法·用间篇》），这岂是小事。所以古人命将出师，民夫不两次征役，军粮不二次征集，要考虑周全，使用度充足。现在臣的部队远在上流，距离朝廷数千里，平时常有粮食不足之忧。臣去年秋天出兵深入陕、洛，留在营寨的卒伍就有因饥饿逃跑的，所以我匆忙返回，前功尽弃。已收复的失地重新陷入伪齐政权的管辖之下，当地的忠义之士不久就遭屠杀，这都是为臣的罪过。今日只有依赖陛下告诫相关的使司多多储积粮秣，使臣能够一心一意，心无旁骛，不会因为兵食不足乱了方寸，仔细地推究定夺谋略，遵循陛下的计划，必定能够成就恢复大业。

他时迎还太上皇帝和宁德皇后的棺椁，恭请天眷回归本国，使国家恢复安定，万姓同欢，陛下从此可以高枕无忧，臣的志愿也就完成了。然后我将请求解甲归田，这也是臣过去一直自许的愿望。请陛下宽恕臣的疏狂轻率，臣不胜战汗。当否，请示。

三月十一日，起复太尉，武胜、定国军节度使，湖北、京西路宣抚使，兼营田大使臣岳飞札子。

已阅来奏，事理十分明白，朕有臣如此，夫复何忧。战略的进止节奏，朕不从中干预。只是需要告诫诸将广布宽恕的恩德，勿轻启杀戮，拂逆朕深远的用意。

以上就是我的先祖父，策划国事者、赐庙号忠烈、鄂国忠武王亲手书写的《出师疏》真迹一卷，有高宗武文皇帝御笔批于其后。呜呼！靖康元年、二年的灾祸酷烈至极，不可胜说！张楚、刘齐政权伪立迭代，王纲断绝。先王从古邺地（译者按，今河南安阳一带，是岳飞的故乡）发愤自厉，唯思洗雪国耻，必欲力挽河汉，与敌决战。此志一立，便与圣上的心意交相赞和，从此为国奔走，迅疾如风；叱咤疆场，气势盛隆。障遏就要被推倒的横溃之军，扶立将要折断天柱的不周之山。他所立下的志向，与霍去病之“匈奴未灭，何以家为”，与诸葛亮之“鞠躬尽瘁”北伐祁山，与裴度之“贼未授首，臣不还朝”相类，相望于千载，世代虽异，道途却同。而其功名未能最终成就，为权孽所败坏，所以这吁天辨诬之书，是我俯伏于天门，泪尽而泣血而成的啊。

先人的存迹散佚已久，百年之后惊现于世，宝庆乙酉年（译按，公元1225年）新春二月，恭获墨宝，得见诏书，以此表达对先祖的痛思，更可由此想见他宏大高远的志向。我百拜之后因袭前哲的做法，作赞曰：“高宗皇帝绍祚中兴，扶危定倾。提拔部伍，治理军事，不识一丁。先王岳飞奋力高呼，起自书生（译者按，实误），通经史、明义理，书法妙精。曾作翠微之诗（译者按，指《登池州翠微亭诗》）、五岳盟记（指《五岳祠盟记》），题记祁阳整旅（《永州祁阳县大营驿题记》），东松寺行（《东松寺题记》），足迹遍九州，豪气凌日星。当时出师，首战而告捷。才具无亏，忠愤莫撄。圣上嘉许，御札赞赏他为典范，说朕有何忧，责以功成。以百万之师，显示我宋雄兵。仅隔四十里，便可恢复旧京。（然而）太阳坠落入波涛，将星陨落于中营。苌弘之血化碧，董狐直笔汗青。天不佑我，何得安宁。感痛《离骚》，徒抱才能。节操如冰镂玉洁，品格似兰芷芳馨。上皇鉴其忠，世人赞其诚。忠烈之气，堪比褒、鄂二公（译按，指唐朝的褒国公段志玄、鄂国公尉迟恭），志向不申，未若豪侠于幽并。御笔诏书奕奕，昭示忠臣盛誉。刊刻先皇遗墨，尊为治国之经。后世拜谒祖庙的，岂止是后世子孙。”

上既付先臣以王德等军，复赐御札，谕以先发制人之意。（合在本年第三诏后，仍在出师札批诏之次。）

前议已决，不久令宰臣浚至淮西视师，因召卿议事。进止之机，委卿自专，先发制人，正在今日，不可失也。所宜深悉。

付岳飞。御押。

【译文】

圣上决定将（刘光世下统的）王德等军移付先祖父节制后，又赐予御札，晓谕了采取战略主动的圣意。（应在本年的第三诏之后，紧接在出师疏批答之诏的后面。）

之前议论的事已经做了决定，不久之后宰臣张浚要到淮西按视军队，乘便召你商讨此事。战略的进止节奏，就全权委任于卿。采取战略主动的机会，正在今日，机不可失。望你深知。

付岳飞。御押。

先臣既奉诏，复奏申述前志，以赞上恢复之决，赐御札以报。（合在前诏之次，仍在本年第四诏之上。）

览卿近奏，毅然以恢复为请，岂天实启之，将以辅成朕志，行遂中兴邪！嘉叹不忘，至于数四。自余令相臣浚作书具道。惟卿精忠有素，朕所简知，谋议之间，要须委曲协济，庶定祸乱。卿目疾迩来必好安。故兹亲谕，所宜悉之。

【译文】

先祖父接到诏命，又一次上奏申述了前一奏疏中所表达的意志，支持圣上恢复中原的决心。圣上于是赐御札批复。（应接在前一诏之后，而在本年第四诏之前。）

已阅览了卿最近的奏折，你毅然为恢复之举而请命，这岂不是上天的启示，将以卿辅佐朕达成意志，实现中兴吗！朕嘉许赞叹，久久不忘，再三再四。其余的情况令宰臣张浚作书信详细说明。卿素有精忠报国之心，朕是察知的。与张浚谋议时，务必要调和而周全，同心协力，方能一同平定祸乱。卿的目疾最近必定已安好了吧。亲笔晓谕，望卿体悉。

郦琼之叛，张浚始大悔不用先臣言。上以琼素所信服者惟先臣，欲令谕旨，许以自新，乃赐御札。（合在本年第八诏之下。）

近日郦琼领军北去，止缘除杨沂中为淮西制置使，众情疑虑。虽琼忠义有素，而不能自信，仓卒之间，遂成大变。朕降亲笔，与琼委曲喻之，使知朝廷本意，乃已不及。闻琼与卿同乡里，又素服卿之威望，卿宜为朕选一、二可委人，持书与琼，晓以朕意：若能率众还归，不特已前罪犯一切不问，当优授官爵，更加于前。朕已复诏刘光世，不晚到行在。琼之田产布在淮、湖诸郡，已降指挥，令元佃人看守，以待琼归。卿是国之大将，朕所倚注，凡朕素怀，卿之所悉，可子细喻琼，使其洞然无疑，复为忠义，在卿一言也。

付岳飞。御押

【译文】

郦琼叛逃后，张浚才深深后悔没有采纳先祖父的意见。圣上因郦琼素来所信服的人唯有先祖父，想要令先祖父以诏旨晓谕郦琼，许他自新，于是又赐御札。（应在本年第八诏之后。）

近日郦琼领军北去（译者按，指郦琼裹胁刘光世全军四万余人投降伪齐的事），只因朝廷授杨沂中为淮西制置使，众人疑虑浮动所致。虽然郦琼素有忠义，但对前途缺乏自信，急迫之间才酿成了事变。朕降下亲笔御札，与他委婉地晓谕，欲使他了解朝廷的本意，却已是来不及了。听闻郦琼与卿为同乡，且素来敬服你的威望，你可为朕选一两个可以委托的人送信给郦琼，告知朕的意思：他若能率众回归，不但前罪全免，而且从优授予官爵，更胜从前。朕已召回刘光世，他不久即到行在。郦琼在淮、浙等地的田产，朕已下达命令，由原佃人看守，等待郦琼归来。卿是国家的大将，为朕依赖器重，朕素日的想法你都了解，你可仔细晓喻郦琼，使他明白无疑，重新效忠于国家，全都在你的一句话了。

付岳飞。御押

绍兴九年

先臣自绍兴四年平襄汉，始兴营田[①]之议，六年兼使，七年进大使，至是兵农渐合，耕战交举。上慨然有复古之意，赐御书屯田三事。

曹操尝苦军食不足，羽林监颍川枣祗建置屯田，于是以任峻为典农中郎将，募百姓屯田于许下，得谷百万斛。郡国例置田官，数年之中，所在积粟，仓廪皆满。

诸葛亮与司马宣王对于渭南，每患粮不继，分兵屯田，为久驻之基。耕者杂于渭滨居民之间，而百姓安堵，军无私焉。

羊祜都督荆州诸军事，率营兵出镇南夏，开设庠序，绥怀远近，甚得江、汉之心。吴石城守去襄阳七百余里，每为边害，以诡计令吴罢守。于是戍逻减半，分以垦田八百余顷，大获其利。祜之始至也，军无百日之粮；及至季年，有十年之积。

赐岳飞。御押

臣闻先正司马光有言："德胜才谓之君子，才胜德谓之小人。"论人者能审于才德之分，则无失人矣。

曹操募百姓，屯田许下，所在积粟。诸葛亮分兵屯田，而百姓安堵。羊祜怀远近，得江、汉之心，亦以垦田获利。若三子者，知重本务农，使兵无艰食，其谋猷术略，皆不在人下，才有足称者。然操酷虐变诈，擥申、商之法术，虽号超世之杰，岂正直中和者所为乎？许劭谓清平之奸贼，乱世之英雄，其德有贬云。亮开诚心，布公道，邦域之内，畏而爱之；祜增修德信，以怀柔初附，则德过于操远矣。观亮素志，欲龙骧虎视，包括四海，以兴汉室，天不假以年，遽有渭南之恨。祜辅晋武，慨然有吞并之心，后平吴，身不及见。二子有意于功名，而志弗克伸，惜哉！

臣庸德薄才，诚不敢妄论古人。伏蒙蔽下亲洒宸翰，铺述二三子屯田足食之事，俯以赐臣，臣敢不策驽励钝，仰副圣意万一。夫服田力穑，乃亦有秋，农夫职尔。用屯田以足兵食，诚不为难。臣不揆，愿迟之岁月，敢以奉诏。要使忠信以进德[2]，不为君子之弃，则臣将勉其所不逮焉。若夫鞭挞四夷，扶宗社于再安，辅明天子，以享万世无疆之休[3]，臣窃有区区之志，不知得伸欤否也？绍兴十年正月初一日，武胜、定国军节度使、开府仪同三司、湖北、京西路宣抚使、兼营田大使、武昌郡开国公、食邑四千户、食实封一千七百户臣岳飞谨书。

臣珂窃惟因田寓兵，肇自黄帝。立井之法，册籍维见，乘马兵车，规模有秩，畡于宗周，百王不易。紊以内政，散以阡陌，酾七[4]而后，一无复遗。汉更代来，稍示存古，策臣狃议，募田实边，以屯积粟。此为权舆，渠犁以还，间及内地。愈变愈下，犹存府兵[5]。五闰[6]不纲，定霸[7]创名，判乎二岐，殆不复合。

高宗皇帝英智远览，挺生百代之下，奋然永慨，欲合兵农而一之。环睨在廷，莫当上意。畴咨已试，遹观厥成，乃寓奎章，属意下逮先臣。是时营田已有成画矣，畛错畎绣，沃壄相接，事至不谒，农皆可战，营垒棋布，车闲马饬，闲居弗馈，士亦服耕。蔼然千古之遗规，盖可想见。地不改垦，兵不改籍，因其已行，而措其未备，宜若易然。而先臣下方之书，迺独迟之，何也？夫因变以制宜，而激成于欲速，袭婾就狭，岂所谓以尧事君者。汉事驳矣，已无足议。世更鼎峙，随地置兵，各据偏方，以相抗衡。革旧俗，还王制，以振方来之陋，于时乎何有？此盖先臣之所甚惜，而才德之辨，姑致其意，思有以广上心，尤夙夜之所卷卷反覆。数子之行事，或形于慨慕，或见于叹息，一予一夺，而爱君之心寓焉。不计岁月之近效，而使数百世之下，有能见井田之仿佛，则俯视三国，固先臣之所不屑为。而驯致其道，等而上之，庶几乎其可也。

仿兹以观事，不胜异矇媢参，至卒徇以身。区区兴汉，终不足以胜酷虐变诈者之谋。而凡渭南、岘首之所以不获要其终，此论者必以归之天也。还观余旨，其伸与否，盖皆先臣之所不敢计；而其遗迹之仅存者，且至于今赖之。篑土亏成，万不一究。世之士犹执时异事变之说，而诿之不可复行，盍亦反其本而已，盖至于是。而古人之长计远虑，均为空言，日就湮汩，而先帝大有为之志孤矣！揆今擥古，可胜咤哉！臣因次第藏诏，而得是书。重悲先臣之言，追颂圣意，敷写诞略，系于摭遗之末云。

【注释】

①营田：中国古代，用百姓耕垦官府荒田，谓之营田；用军人耕垦官府荒田，谓之屯田。但在事实上，屯田和营田很难严格区分。岳飞为恢复农业生产，大力兴办营田，招徕归业农民，向他们借贷耕牛和种子，并规定免税三年，未归业前的官、私债负一律免除。

②忠信以进德：语出《易经》："九三曰：'君子终日乾乾，夕惕若，厉，无咎。'何谓也？子曰：'君子进德修业。忠信，所以进德也；修辞立其诚，所以居业也。'"

③无疆之休：出自《书·太甲中》："俾嗣王克终厥德，实万世无疆之休。"意指无限美好，无穷福禄。

④丽七："丽"有分流之义，丽七大致谓战国七雄时期。

⑤府兵：指府兵制。起于西魏、行于北周和隋，兴于唐初的一种兵制。宇文泰掌握西魏政权时所创立，其制为：置六军，合为百府，分属二十四军开府，选拔体力强者充府兵，另立户籍。隋文帝开皇十年（590），朝廷下令改革兵制，实行兵农合一、兵民合一的广泛性军屯制度。从此，广大士兵（军户、府户）一方面仍由军府统率，另一方面要和百姓一样归州县管辖。兵士不再有单独户籍，改变了魏晋以来兵民分治的现象，府兵制进一步与均田制结合起来。"凡是军人，可悉属州县，垦田籍帐，一与民同。军府统领，宜依旧式。"唐初整顿成为兵农合一的军事制度。府兵终身服役，征发时自备兵器资粮，定期宿卫京师，戍守边境。

⑥五闰："闰"指闰统，古代史家称僭位的帝统为"闰统"，相对于正统而言。五闰指代五代时期，即后梁、后唐、后晋、后汉和后周五个闰统。

⑦定霸：指"定霸都"。唐代后期，藩镇割据，战乱频仍。府兵制亡，募兵多地痞、无赖、流氓，为了有效地控制士卒，实

行了士兵文身制度。幽州节度使刘仁恭亦将部内男子悉加黥面，文曰：“定霸都。”

【译文】

先祖父自从绍兴四年平定襄汉地区之后，开始在那里兴办营田，绍兴六年兼任营田使，绍兴七年进为营田大使，于是兵农合一，耕战交替。圣上慨然生出复古之意，后来赐予先祖父御笔书写的“屯田三事”。

曹操曾经苦于军食不足，任命羽林监、颍川人枣祗建置屯田大事，并任命任峻为典农中郎将，招募百姓在许都屯田，收获谷物百万斛。各郡国中例置了屯田官，几年之后这些地方都积累了充足的粮食，仓库堆得满满的。

诸葛亮与司马懿对峙于渭南时，时常忧虑军粮无以为继，所以分兵屯田，作为相持久驻的根基。耕田的士兵杂居在渭水之滨的居民之间，而百姓安居乐业，军队不曾侵扰百姓。

羊祜为都督荆州诸军事时，率营兵出镇南夏，在那里开设学校，安抚边境，怀来远人，很得江、汉一带的人心。吴国的石城驻军距离襄阳七百余里，常常侵扰边境，羊祜使用计谋让吴国撤销了石城的守备。羊祜从原来的戍兵逻卒中分出一半，用于垦田，当年就垦田八百余顷，获利丰厚。羊祜刚来时，军队连一百天的粮食都没有；到了第三年，就有十年的储粮了。

赐岳飞。御押

臣听说前代的贤臣司马光曾说：“德行胜于才华谓之君子，才华胜过德行谓之小人。”评论人的人如果能详察对方的才与德，就不会用错人了。

曹操招募百姓在许都屯田，积累了大量粮谷。诸葛亮分兵屯田，百姓安居乐业。羊祜绥怀远近，得江汉的人心，也因垦田而获利。这三位都明白重本务农的道理，所以使军卒不乏粮食，他们的谋略都不在人下，才干值得称道。但曹操残酷诡诈，取法于申不害和商鞅，虽然号为超世之杰，他的作为岂是正直中和的人应该做的呢？许劭评价他是清平之时的奸贼，乱世之际的英雄，其品德有所欠缺。诸葛亮开诚布公，使国境之内的人民对他又敬又爱；羊祜培养恩德与威信，笼络人心使人归附，其品德远远胜过曹操啊。看诸葛亮一贯的志向，怀抱雄才大略，欲要包纳四海，复兴汉室，（可惜）天不假年，屯田渭南后不久就带着遗憾死去。羊祜辅佐晋武帝，慨然有吞并敌国的决心，后来平定吴国时，羊祜已死，未及见。这二位有心要建立功名，而抱负未能伸展，真是可惜啊！

我德行平庸，才能浅薄，实不敢妄论古人。因蒙陛下亲自书写御札，详细叙述这二三位屯田足食的事迹，并将它赐予我，我怎敢不努力从事以符合圣意之万一。从事农业劳作，总会有丰收，这是农夫的本职。故而以屯田来满足军粮，实不为难事。臣不自量，愿陛下假以时日，便可完成陛下的旨意。而以忠信来提高品德，这样的思想不应为君子所弃，我将勉力克服不足之处来实践之。鞭挞四夷，尊强中国，扶持宗社使其重新得到安定，辅佐天子以享万世无穷之幸福。我这微渺的志向，不知能否获得伸展呢？绍兴十年正月初一日，武胜、定国军节度使，开府仪同三司，湖北、京西路宣抚使，兼营田大使、武昌郡开国公、食邑四千户、食实封一千七百户臣岳飞谨书。

臣子岳珂窃思垦田养兵，始自黄帝。穿井之法，见于书籍，驷马兵车，规模有序，完善于周代，历经百王不改。后来因内政不善而废，散佚于田野，战国七分天下之后，更是一无所遗。汉更代以来，稍稍表露了存古之意，重臣提议以驻兵屯田充实边疆，积累谷粟。以此为开端，从（西域的）渠犁开始，很快推广到内地。然而后来又每况愈下，但尚还保留了府兵。五代政治混乱，以“定霸都”为名（为标识的募兵越来越普遍），兵制从此走向完全不同的道路，再也没有恢复古制。

高宗皇帝英明智慧、目光高远，为百代英杰，奋发长叹，欲要实践兵农合一。而环视朝臣之中，却无人能称上意。高宗皇帝访求于贤，欲观其成。于是寓意于文章，属意由先祖父去完成。那时营田已有确切的谋划，田间阡陌交错，沟渠如绣，沃野相接。若有战事无须告急，耕者皆可参战。营垒棋布，车马整饬，没有战事时无须供应士兵粮食，军士也可以从事耕作。气氛祥和，上古的法度可以想见。土地有人耕垦，士兵不改户籍，只要顺应它已实行的内容，筹划弥补它未完善的方面，似乎并非难事。而先祖父书写在御笔下方的文字却认为不宜太速，这是为什么呢？因为发生了某些变动就调整方式，以达速成，为了方便就宁可仓促地去做，这岂是尊敬人君的做法。汉代的事情驳杂纷纭，已不足以议论。世代更替，群雄鼎立，到处有人集结自己的军队，割据一方，互相抗衡。在先祖父的那个时代，想要革除旧俗，恢复王制，拯救近时国家的困陋局面，这样的人有吗？这大概就是先祖父特别重视的吧，因此以才德之辨表达了他的意愿，希望让圣上宽心。他夙夜不眠地酬答，尽见拳拳赤诚。对于曹操这几位的为人行事，先臣或感叹仰慕，或叹息惋惜，褒贬予夺之中都包含了爱君之心。若只是为了让后世再见井田的风貌而俯视三国，求取速效的做法，为先祖父所不屑的。水到渠成，逐级递升的（踏实）做法才是可行的呀。

以小见大，可知先祖父的拳拳赤诚或会因得不到理解而被忽视，或会因遭到嫉妒而被指摘，终至于最后以身殉道。诸葛亮复兴汉室的诚挚之心，终不足以战胜残酷诡诈者的阴谋。渭南、岘首的措划没有获得预期的成功，后世的评论只能将其归之于天意。反观御书暗含的余旨，其获伸与否，都是先祖父不敢预料的；而其仅存的遗迹，到今天唯有依存于这篇御书之中。先祖父北伐功亏一篑，实出于意外。现在的士人执着于时异事变之说，推托（屯田事业）不复可行，实在是忘本，竟至于此。而古人的长计远虑，化为空言，逐渐湮没，曾经拥有这个志向的先帝也会因此感到孤独吧！顾望古今，不胜怒哉！臣因要收集并编次先帝的诏书，而得到此御笔。再次悲念先祖父的言论，追颂先帝的志向，铺叙描写他们远大的谋略，编排在摭遗之卷的末尾。

御赐舞剑赋

将军以幽燕劲卒，耀武穷发，俘海夷，虏山羯，左执律，右秉钺，振旅阗阗，献功于魏阙。上享之，则钟以捍虡，鼓以灵鼍，千妓度舞，万人高歌，秦云动色，渭水跃波，有肉如山，有酒如河。君臣乐饮而一醉，夷夏薰薰而载和。帝谓将军，拔剑起舞，以张皇师旅，以烜赫戎虏，节八音而行八风，奋两阶之干羽。公於是贝胄朱綅而正色，虎裘锦裼而攘臂，抗稜威，飘锐气，陆离于武备，婆娑乎文事。合桑林之容，以尽其意；照莲花之彩，以宣其利。翕然鹰扬，翼尔龙骧，锋随指顾，锷应徊翔，取诸身而耸跃，上其手而激昂。纵横耀颖，左右交相。观乎此剑之跃也，乍雄飞，俄虎吼，摇辘轳，射牛斗，空中悍慄，不下将久。歘风落而雨来，果惬心而应手。尔其凌厉清淳，绚练敻绝。青天兮可倚，白云兮可决。睹二龙之追飞，见七星之明灭。杂羽干之逸势，应金奏之繁节。至乃天轮宛转，贯索回环，光冲融乎其外，气混合乎其间。若涌云涛，如飞雪山。万夫为之雨汗，八佾为之惭颜。及乎度曲将终，发机左捷，或连翩而七纵，或瞬目而三接。风生兮蒨旆襜襜，雷走兮彤庭晔晔。阴冥变见，灵怪离猎，将鬼神之无所遁逃，岂蛮夷之不足震慑？嗟夫！蔺子之迭跃，其人未雄；仲由之自卫，其武未功。曷若将军为百夫之特，宝剑有千金之饰，奋紫髯之游刃，发帝庭之光色，所以象大君之功，亦以宣忠臣之力。或歌曰：洸洸武臣，耀雄剑兮清边尘，威远夷兮率来宾，焉用轻裾之妓女，长袖之才人。天子穆然，诏伶官，斥郑卫，选色者使觇乎军容，教舞者使觇乎兵势，变激楚结风，为发扬之蹈厉。佥谓将军之剑舞，古未之至。

右高宗武文皇帝御书赐先臣飞唐乔泽《裴将军舞剑赋》，按《文粹》，赋在第四卷中。臣珂家藏天笔盈笈，大概皆兵事节度，臣固尝具之甲子奏篇。惟是书以游戏翰墨，涣锡光宠，故弗及载，有御书玺及己未小玺，以殿于篇。臣既系宝章，复伸蠡测，辄陈芜赞，式著宸心，赞曰："维中兴，灼人文，燀皇灵。即清燕，垂翰墨，光日星。揖蛙怒，市骏骨，期混并。写古作，示休宠，作豪英。臣有剑，淬三河，苞两京。舞绝世，决浮云，开太清。帝有训，誓臣节，式钦承。谁掣肘，起奋哀，愤裂缨。郁干将，在宝匣，长悲鸣。后百年，血郅支，锷尚腥。刻斯石，表帝心，传龙庭。"

【译文】

祭文、诗词、赋等体裁皆不译。

卷第二

丝纶传信录序

记功莫大乎纪实，垂世莫难乎传信。实不徒纪也，必有所托，而后信足以传乎久，信不苟传也，必有以验其所托，而后信其实之为不诬。此二者迭相为用，而不可以偏废也。

且世之立勋能，著名谥，寓诸史谍，繇古而今，凡几何人。隐迹奥行述于状，嘉谟显德表于碑，逸事放闻、诔赞叙纪杂出于志士文人之手，是皆足以为实也。然而家庭之所上，则或疑于夸；托名于人，则或疑其谀墓。至于后世追述仿象，激扬褒揄，上史官而诒辑录，又或以其耳目不接，误于剽闻者而疑之。然则实乌乎托，而信亦岂易传哉。呜呼！是固可疑也。生乎斯时，同乎斯时，目击而传之，斯足以为信矣，曰："存乎其人，未可以轻信。"立言之大儒，笃信之君子，许可之不苟，而又出乎同时，盖确乎其可信也，曰："是恶所据依而言之。"如是则终无可托者耶？曰："事同时，功同志，其矢言之实者，莫切乎君臣之间。"制诏之出于其时者，非一人之为也。鸾坡凤池，公论所正。上焉而视草进孰，必有以当乎上心；下焉而廷扬驿布，必有以合乎人心。如曰眡功进律，则一时之功状，必当覆于有司，奖谕批答，则一时之指意，必尝禀于睿断。其它行诸堂帖，下之故府，又俱有宣底之存、被旨之日，此而不传，则是信也，无复可托者矣。此子孙之责，而是录之所繇作也。

始魏国韩忠献公作家传，凡制诏皆散于编年之中。珂弱冠汇奏篇，盖尝窃以为不然，谓事迹间断，则不便于览读，纪载杂揉，则有乖于联合，因删其文，而摭其意，以为如是亦足以传。既上之兰台[①]矣，已而翻故书刻本，时见事迹与当时王言相表里者，率不一二见，予心虽瞭然，而或者持扣颠末，则弗能以枚告，辄慨然曰："此珂之罪也！事增于前，文损于旧，昔之作史者已难之矣，而予独可以轻变哉！"《编年》既不可续入，则别汇为录，名之曰："丝纶传信"，抑使后之观者，知予之于所传，于所托，可信盖如此。尧言布天下，其在万世，尚庶几于如见云。绍定改元端午，孙朝请大夫、权尚书户部侍郎、总领浙西、江东财赋、淮东军马钱粮、专一报发御前军马文字、兼提领措置屯田、通城县开国男、食邑三百户、赐紫金鱼袋岳珂谨序。

【注释】

①兰台：汉代宫内收藏典籍之处，后泛指宫廷藏书处。

【译文】

记述之要义莫过记录事实，流传后世最难不过传递事实。不偏离事实，有所依据，这样记述才能流传的长久，不能随便乱写，必须验证其真实性，然后才能确信这是不虚的事实。记录事实与验证事实，两者交替进行，不能重视某一方面，忽视另一方面。

能够建立功勋、得名美谥、被写入史册者，由古到今，能有几人。那些写在行状上的隐晦的事迹，刻在碑文上的奇谋美德；杂出于志士文人之手的逸事、诔文。这些都能算是记述的依据。然而家庭成员提供的记述，或者夸赞的成份太重；假托他人之名的言论，则又有溢美逝者之嫌。至于后世的人们追述模仿，宣扬褒奖，呈给史官被记录到史册，则由于不是亲所闻见，不免因转述而存在失实。既然有这些问题，那么如实的记录又岂是容易的事情。呜呼！实在值得怀疑啊。生在当时，一同经历当时，亲眼所见而记录下来，这足够证明是可信的了吧，曰："只是一家之言，不能轻易相信。"创立学说的大儒、重视信誉的君子，许诺不随便乱讲，又曾经身处同一时期，这样的人提供的资料够值得可信了吧，曰："是厌恶说明依据才这样讲的。"难道就不存在所谓的可靠依据了吗？曰："在同一时期、为了共同的目标，可信之言的出处，莫过于君臣之间的交往了。"当时发布的诏书，不是一个人所书写的。翰林院与史馆，是公论的标准。对上为皇帝起草诏书，必定符合皇帝的心意；对下宣扬发布政令，必然合乎人心。如果是论功行赏，那么功状文书，必然会在相关部门存档，批示或奖励，当时的意旨，必定是皇帝的圣断。其他的朝廷文书，以前发到岳家的，朝廷也都存有底档，发布文书之日即封存，这是确实可信的，没有可以怀疑的了。记述这些是子孙的职责，也是我编写这《丝纶传信录》的缘由。

当初魏国公韩琦作家传时，制诏文字都夹杂在编年当中。我二十几岁整理奏篇时，曾认为这样不妥，令事迹间断，不便于阅读，记录和补充杂揉在一起，违背了联合的本意，因而删了认为不必要的文字，精炼其意，以为这样也足以传世了。将《行实编年》上呈国家收藏后，后来翻阅了故书刻本，发现记录事迹与岳王言行相印证者，不止一两处，我心里虽然明了，但迷惑的人不了解始末原由，又不能对他们一一告知，不由感叹："这是我的过错啊，追加事迹、变更旧时记载，这些古时的作史者也难为之，我又怎么能轻易变更呢。"《编年》当中不可续入，则整理别为一录，命名为"丝纶传信"，使后人见到，知道我所记录的，我所依据的，是真正可信的。就像尧的言语布于天下，万世之后，闻言尚如亲见其人。绍定改元年端午日，（岳飞的）孙儿，朝请大夫、权尚书户部侍郎、总领浙西、江东财赋、淮东军马钱粮、专一报发御前军马文字、兼提领措置屯田、通城县开国男、食邑三百户、赐紫金鱼袋岳珂谨序。

丝纶传信录卷之一

绍兴二年

中卫大夫武安军承宣使告（六月十一日）

敕："朕思将帅之臣，为社稷之卫，克戡多难，以靖四方。厥有茂功，宜膺优渥。亲卫大夫、建州观察使、神武副军都统制岳飞为时良将，统我锐师，许国惟以忠诚，驭众亦能训整[①]，同士卒之甘苦，致纪律以严明。宣力久劳，战多实著，功加数路，迹扫群凶，遂行横列[②]之迁，兼付承流[③]之寄。悉平岭峤[④]，既成破贼之功；威著江淮，益竚御戎之略。其承异宠，克励壮猷。可特授中卫大夫。武安军承宣使，依前神武副军都统制。"

【注释】

①训整：训教整饬。

②横列：又名"横行""横班"。在南宋是指通侍大夫至右武郎二十五阶的武阶总名。因不归入武臣磨勘迁转之列而得名，其除授须颁特旨。（据《宋代官制辞典》，第583页。）

③承流：谓接受和继承良好的风尚传统，《汉书·董仲舒传》："今之郡守、县令，民之师帅，所使承流而宣化也。"后来"承流宣化"常用于承宣使诰词。

④岭峤：五岭的别称，泛指两广地区。

【译文】

敕："朕惦念统军将帅，为社稷安危，平定战乱，安定四方。实有大功，应受优赏。亲卫大夫、建州观察使、神武副军都统制岳飞，是当世良将，自统军以来，忠于国家、治军有方，与士卒同甘共苦，约束军纪公正严明。久为国家效力，战功素著，之前转战数路州郡，荡灭众多凶匪，于是擢升横列武阶，任命为承宣使。如今两广平定，完成破敌全功；威加江淮，更陈御敌之方略。应受重赏，以励勋劳。可特授岳飞为中卫大夫、武安军承宣使，并依之前任命仍为神武副军都统制。"

绍兴三年

镇南军承宣使充江南西路沿江制置使告（九月）

敕："全师茂赏，必首正中权[①]之功；谋帅授方，爰控制上流之重。若时名将，为国虎臣，屡列上于战多，式载图于临遣，併颁命渥[②]，增重戎昭。中卫大夫、武安军承宣使、神武副军都统制岳飞秉谊忠纯，赋资沈毅，自奋庸[③]于行阵，久宣力于方维。料敌出奇，洞识韬钤[④]之奥；摧锋决胜，身先矢石之危。荐率偏师，往平巨孽，属江西之窃发，边岭表之绎骚[⑤]。命以专征，迄兹底定，歼灭凶渠之恶，荡平狡窟之奸。千里行师，见秋毫之无犯；百城按堵，闻犬吠之不惊。嘉尔凯还，趣其入觐。念夙殚于忠节，尚辰告[⑥]于壮猷，宜疏进律[⑦]之恩，俾正承流之任。天设之险，择形势于九江；师克在和，隐兵威于万旅。以作藩于屏辅，以式遏于寇攘，益申纪律之严，用谨守攻之备，往服朕命，无怠尔成。可特授镇南军承宣使，依前神武副军都统制，充江南西路沿江制置使。”

【注释】

①中权：中军定制谋略，代指主将。

②命渥：赏赐、任命。

③奋庸：努力建立功业。

④韬钤：《六韬》《玉钤篇》泛指兵军，借指用兵谋略。

⑤绎骚：扰动。

⑥辰告：及时告知。

⑦进律：提高爵位。

【译文】

敕：“犒赏全军，首要是确立主帅之功；谋划战守，关键的是控制上流地利。对于战功素著的大将，在出镇前授予方略，并颁布恩命，以重军威。中卫大夫、武安军承宣使、神武副军都统治岳飞，坚定忠诚、沉着刚毅，自从军以来，久效力于疆场。深谋远略，能料敌出奇，洞察兵法之奥妙；战场上又能亲冒矢石，身先士卒，屡率偏师，平定巨寇，使江西和广西的动乱得到平息。受命专征后，彻底荡灭奸凶，成就大功。千里行师，于途中秋毫无犯；百城安居，所过处鸡犬不惊。凯旋之后，急令其觐见以示嘉奖。顾念其一向恪守忠节，又能及时奏报战略，理当晋升官爵，使其担当承宣使正任。长江沿线，九江为天设之险，（岳飞所部）士气旺盛，上下一心，正可做为屏障、镇守江防，遏制敌人的侵扰。请一定要遵从旨意，严明军纪，做好战备，不可懈怠。特授岳飞为镇南军承宣使，并维持原神武副军都统制，充江南西路沿江制置使的职务。”

绍兴四年

清远军节度使湖北路荆襄潭州制置使特封武昌县开国子食邑五百户食实封贰伯户制（八月二十五日）

门下：师直为壮[1]，正天讨有罪之刑；战功曰多，得仁人无敌之勇。羽奏屡腾于戎捷，舆图亟复于圻封[2]，肆畴进律之庸[3]，亶告治朝之听。镇南军承宣使、神武后军统制、充江南西路、舒、蕲州、兼荆南、鄂、岳、黄、复州、汉阳军、德安府制置使岳飞精忠许国，沈毅冠军，身先百战之锋，气盖万夫之敌。机权果达，谋成而动则有功；威信著明，师行而耕者不变。久宣劳于边圉，实捍难于邦家。有公孙谦退不伐之风，有叔子怀柔初附之略[4]。属凶渠之啸乱，乘襄汉之驰兵，窃据一隅，萃厥逋逃之薮[5]，旁连六郡，鞠为盗贼之区。命以徂征，迄兹戡定。振王旅如飞之怒，月三捷以奏功；率宁人有指之疆[6]，日百里而辟土。慰我后云霓之望[7]，拯斯民涂炭之中。嘉乃成功，楙兹信赏。建旄融水[8]，以彰分阃之专；授钺斋坛，以示元戎之重。全付西南之寄，外当屏翰之雄。开茅社[9]于新封，锡圭腴于真食，併加徽数，式对异恩。于戏！我伐用张，既收无竞，维人之烈[10]；惟辟作福，敢后有功，见知之图！尚肩卫社之忠，益励干方[11]之绩。钦于时训，其永有辞。可特授清远军节度使、湖北路、荆、襄、潭州制置使，依前神武后军统制，特封武昌县开国子，食邑五百户，食实封贰伯户。主者施行。

【注释】

①师直为壮：出兵有正当理由，士气就会旺盛。出自《左

传·僖公二十八年》："师直为壮，曲为老，岂在久乎？"

②圻封：疆界。

③肆畴进律之庸：肆，尽力；畴通酬；进律，提高标志爵位的礼仪的等级；庸，功劳。语出《书·尧典》："畴咨若时登庸。"

④公孙：指冯异，字公孙，东汉开国"云台二十八将"第七位；叔子：西晋名将羊祜，字叔子。

⑤薮：逃亡者的藏身之所。出自《尚书·武成》："为天下逋逃主，萃渊薮。"

⑥率宁人有指之疆：率，循行，遵行；有指，美好，"指"通"旨"，即美。语出《书·大诰》："敢弗于从率宁人有指疆土。"

⑦云霓之望：比喻盼望之切。出自《孟子·梁惠王下》："民望之，若大旱之望云霓也。"

⑧融水：在广西境内，宋时流经清远军，此句指封岳飞为清远军节度使。

⑨茅社：古天子分封诸侯，授之茅土使归国立社，称作茅社。真食：实授食邑。"开茅社于新封，锡圭腴于真食"这两句都是用典的虚文，实指意义是岳飞被授予食邑及食实封之事。西汉封国以户记，诸侯获得境内民户之租税，为后世加封食邑之滥觞。但食邑在宋代已是虚封，是一种仅与进爵有联系的虚衔；而食实封源于隋朝"真食若干户"，每户实际给钱二十五文，至南宋理宗时才废罢。（据《宋代官制辞典》，第605页。）

⑩既收无竞，维人之烈：语出《诗经·周颂·执竞》："执竞武王，无竞维烈。"竞，争；维，是；烈，功绩。

⑪干方：语出《诗·大雅·韩奕》："榦不庭方，以佐戎辟。""榦"，同"干"。后以"干方"谓安定和治理国家。

【译文】

门下省：正义必胜，是彰显上天惩恶扬善之义；连战连捷，是因仁者有无敌之勇。能够捷报频传、克复疆土之人，应当给予晋升官爵。特布告于朝：镇南军承宣使、神武后军统制，充江南西路、舒、蕲州，兼荆南、鄂、岳、黄、复州、汉阳军、德安府制置使岳飞，精忠许国、英勇而沉毅，身先百战之锋，气盖万夫之敌。机智而果决，谋划之事皆能成功；号令严明，行军途中不扰民生。久战疆场，守卫家国。拥有名将冯异谦逊退让之风，又有羊祜怀抚降者之略。前有贼寇于襄汉作乱，扰乱一方，祸连六郡，几成盗贼世界。遂命（岳飞）引兵征讨，如今终于平定祸乱。一月三捷，大涨王师锐气，收复失地，一日百里。深慰朝廷厚望，救民于水火。得成大功，理应厚赏。建旄于融水（指封清远军节度使），以彰封疆之权；授予节钺，以示统帅之重。将西南方的治理托付于你，更肩负拱卫中央的责任。授予你茅土在封地建社、赐予真实的食邑，并举行典礼，以示殊荣。呜呼，我军得胜，战功赫赫，无可匹敌；按功行赏，宜当图报。（此后）更应效忠朝廷，治理好地方。钦命在此，永记莫忘。可特授（岳飞）为清远军节度使、湖北路、荆襄、潭州制置使、依前神武后军统制，特封武昌县开国子，食邑五百户，食实封二百户。由主者施行。

绍兴五年

两镇节度使加食邑制（二月一日）

门下：圣人顺天地之动，师必有名；王者治夷狄之权，兵应者胜[①]。乃睠中坚之略，协平外侮之虞。肆图厥功，诞告[②]尔众。清远军节度使、湖北路、荆、襄、潭州制置使、神武后军统制、武昌县开国子、食邑五百户、食实封贰伯户岳飞才全果毅，资禀沉雄。阅礼乐而厉廉隅[3]，德逊有君子之操；援枹鼓[4]而先士卒，忠蹇匪王臣之躬[5]。自奋武以专征，屡摧坚而深入。于疆于理[6]，威行襄汉之山川；如飞如翰[7]，名动江淮之草木。属逆雏之梃乱，导戎羯以窥边。万骑鼓行，震天声于不测；千里转战，夺勇气于方张。力捍孤城，系俘群丑，逮潜师而犇溃，兹振旅以遄归。载畴却敌之庸，用锡相攸之祉[8]。斋坛授钺，节兼两镇之雄；太社分茅，爵列元侯之贵。倍敦井赋，衍食畲租[9]，爰示宠光，併昭物采。于戏！观万夫之政，尔惟肇敏于戎公；宅九有之师[10]，我其克艰于王业。祗若予训，永肩乃心[11]，往恢式辟之方，勿替对扬之命[12]。可特授镇宁、崇信军节度使、依前神武后军统制，充荆湖南、北、襄阳府路制置使，进封武昌郡开国侯、加食邑五百户，食实封贰伯户。主者施行。

【注释】

①兵应者胜：出自《汉书·魏相传》："敌加于己，不得已而起者，谓之应兵，兵应者胜。"

②诞告：广泛告知。出自《书·汤诰》："王归自克夏，至于亳，诞告万方。"

③厉廉隅：指磨炼节操。

④援枹鼓：援，拿着；枹，鼓槌，也写作"桴"。

⑤忠蹇：忠诚正直；匪躬，忠心耿耿，不顾自身。出自《易·蹇》："王臣蹇蹇，匪躬之故。"

⑥于疆于理：经营边疆，料理国事。出自《诗经·大雅·江汉》："于疆于理，至于南海。"

⑦翰：指鸷鸟，比喻军队如鸷鸟一般飞奔。出自《诗经·大

雅·常武》："王旅啴啴，如飞如翰。"

⑧用锡相攸之祉：锡，通"赐"；相攸，选择善地；祉，福禄。出自《诗经·大雅·江汉》："肇敏戎公，用锡尔祉。"

⑨倍敦，亦作陪敦，指代增封诸侯的土地；衍食，指扩大食邑；畲，指土地。

⑩宅九有之师：出自《尚书·商书·咸有一德》："以有九有之师，爰革夏正；九有，指九州。"

⑪永肩乃心：指一心一意事君。出自《书·盘庚下》："式敷民德，永肩一心。"

⑫往恢式辟之方：出自《诗经·大雅·江汉》："式辟四方，彻我疆土。"恢，发扬，张大；式，发语词；辟，开辟；替，更改，改变；对扬，报答、宣扬。

【译文】

门下省：圣人顺应天地人心，出师必然有名；王者治理边疆的宗旨是：不主动挑起战端。巩固中央、安定边境是人臣之责。现宣布新的任命，望臣子努力建功。清远军节度使、湖北路、荆、襄、潭州制置使、神武后军统制、武昌县开国子、食邑五百户、食实封二百户岳飞，文武兼备，果决坚毅，天资沉雄。谦逊守节，熟知礼乐有君子之操；尽忠国事，执兵上阵能身先士卒。自受命专征以来，屡次破敌深入，统军抚民，威震襄汉；行军迅捷，名动江淮。逆贼作乱，率众犯边。王师出征，威震山海，千里行军，势气高涨。守城御敌、斩获无数，至令贼寇望风而逃，大获全胜而归。朝廷已记录破敌功绩，将赐予福泽以酬勋劳。授予节钺，令你身兼两镇节度使；授予茅土，将你晋封为侯爵。增加食邑和租赋，以示荣宠。呜呼！统御一方，你必须尽心于武备，担任统帅，要体察国事的艰难。你要敬听训令，忠心事君，再图新功，以报国恩。可特授（岳飞）为镇宁军、崇信军两镇节度使、依前神武后军统制，充荆湖南、北、襄阳府路制置使，进封为武昌郡开国侯，加食邑五百户、食实封二百户，主者施行。

四年明堂加食邑五百户食实封贰伯户封如故制（二月二十三日）

门下：朕躬履艰虞，祇膺[①]眷祐。渊冰[②]厉志，靡忘顾諟[③]之诚；珪币[④]荐衷，用格况临之祉。爰推惠衍，式奖忠劳。镇宁、崇信军节度使、神武后军都统制、充荆湖南、北、襄阳府路制置使、武昌郡开国侯、食邑一千户、食实封四百户岳飞策虑靖深，器资沉毅。有冠三军之勇，而计然后战；有长万夫之才，而谦以自持。鏖兵无前，迈票姚[⑤]之方略；袭敌知避，竦飞将[⑥]之威名。治纪律以甚严，嘉师徒之逾整。既宣威于南纪，亟奏凯于淝川[⑦]。载加斋钺[⑧]之崇，增重元戎之寄。方合宫[⑨]之竣事，乃大赉以疏封。增衍爰田，益陪真食，用作尔祉，庸示眷怀。于戏！良将以功名为先，期辅成于丕烈[⑩]；忠臣乃社稷之卫，宜勉卒于令图。朕方谨边场之虞，卿宜厉爪牙之用。体兹训告，务克钦承[⑪]。可特授依前镇宁、崇信军节度使、神武后军都统制、充荆湖南、北、襄阳府路制置使，加食邑五百户、食实封贰伯户，封如故。主者施行。

【注释】

①祇膺：接受、敬受。

②渊冰：喻指处境危险。出自《诗·小雅·小旻》："如临深渊，如履薄冰。"

③顾諟：指敬奉、遵从天命。出自《书·太甲上》："先王顾諟天之明命，以承上下神祇。"

④珪币：祭祀用的玉帛。

⑤票姚：指汉代名将霍去病。

⑥飞将：指飞将军李广。

⑦淝川：水名，在安徽。

⑧斋钺：节钺，指节度使官职。

⑨合宫：指明堂，帝王用于祭祀活动的宫殿。

⑩丕烈：大的功业。

⑪钦承：恭敬地接受。

【译文】

门下省：朕受上天安排，身历战乱，多遭不幸。可是磨难更能坚定人的意志，不能因此而懈怠敬奉上天的诚心。我虔诚祭祀，祈求上天降福，并将福泽惠及众人，用以奖励臣子的忠心和勋劳。镇宁、崇信军节度使，神武后军都统制，充荆湖南、北、襄阳府路制置使，武昌郡开国侯，食邑一千户、食实封四百户岳飞，为人深谋远虑，性格深沉刚毅。虽然勇冠三军，却从不冒进轻敌；有治理一方的才能，却始终谦虚自守。逢阵战无不胜，有超过霍去病的勇略；令敌闻风丧胆，有李广一般的威名。军纪严明、部队整肃。先前威加南国，旋即又大胜于淝川。于是授封节钺，以示对其建功的厚望。现又逢明堂建成，更要大加封赏。扩大封地，增加食邑，以示对你的关怀。呜呼！良将应以功名为先，辅助君王成就伟业，忠臣是社稷的保障，应当尽心为国谋划。朕正要对外用兵，卿要竭力报效。务必恭听圣旨，认真体会深意，可特授（岳飞）依前镇宁、崇信军节度使、神武后军都统制、充荆湖南、北、襄阳府路制置使，加食邑五百户、食实封二百户封如故。主者施行。

检校少保加食邑制（九月十一日）

门下：若昔帝王之经武，本七德[①]以和众安民；惟我祖宗之有邦，逮百年而胜残去杀[②]。眷彼南服，远于朝廷，赤子弄兵，始由失职，一方受病，讫至用师。迺嘉将帅之良，能尽威怀之义，肆扬孚号，庸报楙功。镇宁、崇信军节度使、神武后军都统制、充荆湖南、北、襄阳府路、蕲、黄州制置使、武昌郡开国侯、食邑一千五百户、食实封陆伯户岳飞忠力济时，忱诚徇国。沉勇多算，有马燧[③]制敌之机；廉约小心，得祭遵[④]好礼之实。自出陪于艰运，久专总于戎昭。锋对无前，以征必克，师行有纪，所至孔安，成绩著于邦家，威名震于夷貉。比饬鹰扬之旅，往临鼠盗之区，孚以惠心[⑤]，开其善意，得好生于朕志，新旧染于吾民。支党内携，争掀狡窟；渠魁面缚，自至和门[⑥]。服矢弢弓，尽散潢池之啸聚[⑦]；带牛佩犊，悉归田里之流逋。清湖湘累岁荡汩之菑，增秦蜀千里贯通之势。惟时底绩，可后畴庸。孤棘位朝[⑧]，其视仪于亚保[⑨]；戎骍导节，仍叠组于中权。肇开公社之封，益衍韭腴之赋。于戏！出车之劳还率，所以知臣下之勤；彤弓之锡有功，所以庆人君之赏。往对扬于休命，终克励于壮猷。尚弼一人，永清四海[⑩]。可特授检校少保，依前镇宁、崇信军节度使、神武后军都统制、充荆湖南、北、襄阳府路、蕲、黄州制置使，加食邑五百户、食实封贰伯户，进封开国公，封如故。主者施行。

【注释】

①七德：武力的七种作用。《左传·宣公十二年》“夫武，禁暴、戢兵、保大、定功、安民、和众、丰财者也。

②胜残去杀：感化残暴的人使其不再作恶，便可废除死刑。

③马燧：唐代名将，被世人称有先见之明。

④祭遵：东汉名将，云台二十八将之一。

⑤孚以惠心：指利民之心。出自《易·益》“有孚惠心，勿问元吉。”

⑥和门：指军营门。

⑦潢池之啸聚：出自《汉书·循吏传·龚遂》：“故使陛下赤子盗弄陛下之兵於潢池中耳。”后以“潢池弄兵”谓叛乱，造反。

⑧孤棘位朝：指朝廷重臣。棘，酸枣树，周礼里上说古代群臣外朝之位，树九棘以为标识，大臣按位置就座。以棘为标志，是取其“赤心而外刺”，寓意忠心事主而又能面刺时弊。

⑨亚保：又称少保，古代高官，与少师、少傅合称“三孤”。

⑩尚弼一人，永清四海：出自《周书.泰誓上》“尔尚弼予一人，永清四海，时哉弗可失！”意为用心辅佐我，共同完成四海永清的世业。

【译文】

门下省：古代帝王整治武备，以七德为本来保国安民；我大宋自祖宗建国，百年来一直以教化为先，慎用刑罚。顾念南方边鄙，远于朝廷，失于教化，以致有百姓作乱，是治理不善，致令贻害一方，不得不出兵镇压。幸有良将，能体会朝廷威德并用之意，宣喻圣恩，得成大功。镇宁、崇信军节度使，神武后军都统制，充荆湖南、北、襄阳府路、蕲、黄州制置使，武昌郡开国侯，食邑一千五百户，食实封六百户岳飞，尽忠效力，以身许国。为人沉勇有谋，能如名将马燧一样料敌于先；廉洁谨慎，像汉将祭遵一样好德守礼。自为官以来，长期统军作战，身先士卒，战无不胜，军纪严明，与民无扰，功绩举国皆知，敌人闻风丧胆。近日统率精兵，往平盗寇，能深切体会朕好生恶杀之心，导民向善，惠及百姓。寇盗党羽争相归顺，协助官军攻破贼穴。匪首走头无路，自缚请降。啸聚山林之辈全都自动解散，流亡在外之民得以重新回乡耕种。肃清了湖湘地区连年的动荡之忧，贯通了秦蜀地区与朝廷的联系道路。此等功绩，宜当重赏。进位少保，以充国家重臣；赐予节钺，继续统率大军；进爵为公，再增加田赋数额。呜呼，迎接凯旋之师，是因知道统帅的忠勤；赐给朱漆之弓，是为了彰显皇帝的恩赏。（你）定要继续努力，以报国恩。用心辅佐，完成永清四海的伟业。可特授（岳飞）为检校少保，依前镇宁、崇信军节度使、神武后军都统制、充荆湖南、北、襄阳府路、蕲、黄州制置使，加食邑五百户、食实封二百户，进封武昌郡开国公，封邑如故。主者施行。

绍兴六年

武胜定国军节度使充湖北京西路宣抚副使置司襄阳加食邑制（三月二日）

门下：朕还顾宛、洛之郊，旁连江、汉之纪，人谋误国，致赤子之沦胥[①]；祖武[②]造邦，本皇天之全付。思拯民于水火，用申画[③]于山川，即命元戎，往分忧寄，亶兹有众，咸听朕言。检校少保、镇宁、崇信军节度使、神武后军都统制、充荆湖南、北、襄阳府路、蕲、黄州制置使、武昌郡开国公、食邑二千户、食实封八百户岳飞沉毅而闳中，诚纯而特立。纵横奇正[④]，谋足以应料敌之机；险阻艰难，器足以任扶危之重。志徇国家之急，身居矢石之先。翦乱夷凶，所当者破；陈师鞠旅[⑤]，其众无哗。乃眷西南，久勤经略，将规恢于远驭，宜增重于使权。草木知名，谅威声之震詟；旌旗改色，亦士勇之贾前[6]。矧兹涂炭之余，积有云霓之望。洛都甫迩，王气犹在于伊瀍[7]；陵寝具存，庙貌未移于钟簴。其共乃服[8]，以究尔庸。易两镇之戎旃，就颛节制；衍多田之干食，益侈舆封。断自予衷，叠兹异数，盖示龙光之渥，式昭阃寄之隆。于戏！整六师以修戎，朕既得惟人之競[9]；辟四方而彻土，尔其恢绥远之猷。惟一德以定功，兹万邦而为宪，往钦无斁，其永有辞。可特授武胜、定国军节度使、依前检校少保、充湖北、京西路宣抚副使、兼营田使，襄阳府置司，加食邑五百户、食实封贰伯户，封如故。主者施行。

【注释】

①沦胥：受牵连。《诗·小雅·雨无正》："若此无罪，沦胥以铺。"

②祖武：指先人的遗迹和事业。《诗·大雅·下武》："昭兹来许，绳其祖武。"

③申画：指规划。《书·毕命》："申画郊圻，慎固封守，以康四海。"

④奇正：古代军事用语，正面交锋和埋伏偷袭。

⑤鞠旅：向军队发号命令。《诗·小雅·采芑》："钲人伐鼓，陈师鞠旅。"

⑥亦士勇之贾前：形容还有多余的勇力可以使用，出自《左传·成公二年》："欲勇者贾余余勇。"

⑦伊瀍：伊水与瀍水。位于河南，指中原地区。

⑧其共乃服：指战争之事。语出《诗经·小雅·六月》："有严有翼，共武之服"。

⑨惟人之競：因得到人才而强大。《诗经·大雅·抑》："无兢维人，四方其训之。

【译文】

门下省：朕回顾中原到江、汉流域广大地区，皆因措置失当，以致陷于敌手，祸及子民；祖宗立业之时，这些地区本来是上天全部托付于大宋治理的。朕欲救沦陷区子民于水火之中，规划收复失地，所以任命将帅，为国分忧。全部臣僚，请听朕言。检校少保，镇宁、崇信军节度使，神武后军都统制，充荆湖南、北、襄阳府路、蕲、黄州制置使，武昌郡开国公，食邑二千户、食实封八百户岳飞，沉勇有谋，忠纯而坚定。善于用兵，智谋足矣掌握战场主动，克服艰险，能力足以充任扶危重臣。心系国家之难，立志报效，身先士卒，亲冒矢石。征伐敌人，无往不胜；治理军队，纪律整肃。先前已受命治理西南地区（指岳飞之前受封镇宁、崇信节度使），如今朕有更远大的谋划，对他有更深的寄予，应当先加重其职权。（岳飞）威名赫赫，无人不知；余勇可用，再担重任。国家刚刚遭受涂炭之苦，朕对你寄予无限的厚望。中原地区，是王气所在，祖宗陵寝，都还在那里，想到这些，请你一定用心军事，再图新功。调任你为新的两镇节度使，再增加食邑数额。朕发自衷心，对你寄托厚望，故此才格外赏赐，以示荣宠。呜呼！朕社稷得人，军势强盛，收复疆土，就全靠你的谋略了。请你要一心建功立业，以为万世楷模。这些话要认真遵行，牢记莫忘。可特授（岳飞）武胜、定国军节度使，依前检校少保，充湖北、京西路宣抚副使，兼营田使，襄阳府置司，加食邑五百户、食实封二百户，封如故。主者施行。

内艰起复制（九月）

门下：考礼则丧无二事[①]，心独致杯圈之思[②]；命将而任重三军，义在先国家之急。眷时阃制，属我杰才，方膺易镇之荣[③]，奄及终堂之恤。肆扬出綍[④]，敷告在廷。持服前检校少保、武胜、定国军节度使、充湖北、京西路宣抚副使、兼营田使、襄阳府置司、武昌郡开国公、食邑二千五百户、食实封壹阡户岳飞精深而善谋，沉鸷而孔武。被威名于草木，昭勋绩于旂常。国尔忘家，厉票姚辞第之志；卑以自牧[⑤]，履冯异不伐之谦。本忱恂之确诚，形纯笃之内行[⑥]。出从王事，每切望云之情[⑦]；入慰母心，初无啮臂之誓[⑧]。期永就养，遽遭闵艰，念乃情重罹于至忧，轸予心良增于深恻。属此干方之日，岂曰居庐之时，虽难忘顾复[⑨]之厚恩，可少怠凭凌之宿愤。朕當馈而叹，中夜以兴，思有指之土疆，倚图上之方略。斯拱而俟，趣起勿迟。仍视亚保之威仪，载畀两藩之旄钺，用昭隆眷，伫奏肤公[⑩]。于戏！鲁侯即丧而誓师，平徐夷之作难；晋人始墨[⑪]而变礼，由殽岭以从戎。若功名克显于君亲，则忠孝兼全于家国，勉服成命，益励壮猷。可特起复检校少保、武胜、定国军节度使、充湖北、京西路宣抚副使、兼营田使、武昌郡开国公、食邑二千五百户、食实封壹阡户，依旧襄阳府置司。主者施行。

【注释】

①丧无二事：《礼记》上规定身处居丧之中，不供他事，“父母之丧，三年不从政”。

②杯圈：古代妇女所用的一种木制杯子；杯圈之思，代指思念去世的母亲。

③易镇之荣：指岳飞由镇宁、崇信军节度使变更为武胜、定国军节度使。

④綍：帝王诏书。语出《礼记·缁衣》：“王言如纶，其出如綍。”

⑤卑以自牧：谦卑自守，牧，指养性。出自《易·谦》：“谦谦君子，卑以自牧也。”

⑥内行：居家的操行。

⑦望云之情：指思念父母的心情。

⑧啮臂之誓：出自《史记·孙子吴起列传》："（吴起）与其母诀，啮臂而盟曰：'起不为卿相，不复入卫！'"

⑨顾复：父母的养育之恩，出自《诗·小雅·蓼莪》："父兮生我，母兮鞠我。拊我畜我，长我育我，顾我复我，出入腹我。"

⑩肤公：指大的功劳。出自《诗·小雅·六月》："薄伐玁狁，以奏肤公。"

⑪始墨：开始穿黑色的丧服。出自《左传·肴之战》："遂墨以葬文公，晋于是始墨。"

【译文】

门下省：按照礼制母丧期间不应过问他事，专心悼念亡母；然而身为主将，身系三军之重，依大义应以国事为先。哀叹朝廷英才，方才接受易镇的荣宠，紧接着就遭遇到母亲去世的不幸。特发出旨意，布告于朝。服丧期内的前检校少保，武胜、定国军节度使，充湖北、京西路宣抚副使，兼营田使、襄阳府置司、武昌郡开国公，食邑二千五百户、食实封一千户岳飞，战术精深、多谋善断，深沉而勇猛。威名远播，战功赫赫。国而忘家，有霍去病"匈奴不灭何以家为"的志向；谦虚自守，如冯异一般不事张扬。为人本性纯诚，居家操行朴实。出从王事以来，时刻不忘对母亲的挂念；尊从母命为国效力，并非贪图官位。本欲一直堂前尽教，不幸母亲突然病故。想到你遭遇丧母之伤痛，我心中深深哀悼。但国家多事之秋，岂是你居庐守墓之日；虽难忘父母养育之恩，但国事又岂能懈怠。朕常临餐而叹、深夜不眠，思虑依靠你的谋略来克复故国。我殷切敬待，速归勿迟。令你仍然居少保之位、秉两镇节钺，以示眷顾，望你再建大功。呜呼，鲁侯于国丧间誓师出征，遂平定徐夷的叛乱；晋国于文公大丧期间用兵，于殽岭大破秦军。若能做到以功业报答君恩，则于国于家便是忠孝两全了，请勉力遵命，再立大勋。可特起复（岳飞）为检校少保，武胜、定国军节度使，充湖北、京西路宣抚副使，兼营田使，武昌郡开国公，食邑二千五百户、食实封一千户，依旧襄阳府置司。主者施行。

绍兴七年

起复太尉加食邑制（二月二十五日）

门下：天生五材[①]，莫大乎用兵之利；战有百胜，孰踰于得算之多。粤若信臣，妙持军律。援桴擐甲，屡收既克之功；饮至策勋[②]，更励方来之效。咨尔在位，明听朕言。起复检校少保。武胜、定国军节度使、充湖北、京西路宣抚副使、兼营田使。武昌郡开国公、食邑二千五百户、食实封壹阡户岳飞沉毅而有谋，疏通而善断。威加敌人，而其志方厉；名著甲令，而其心愈刚。有虑而后会之机，有誓不俱生[③]之勇。曩者[④]分遣将士，深入贼巢，荐闻斩馘[⑤]之奇，尽据山川之险。至于牛蹄之役，尤嘉虎斗之强，积获齐山，俘累载道。令行塞外，已观奋击之无前；响震关中，将使覆亡之不暇。是用跻荣掌武[⑥]，加重元戎。玉佩绛裳，备殊勋之典礼；雕戈金节，增上将之威棱。仍衍爰田，倍敦真食，以厚褒扬之宠，以明待遇之隆。于戏！朕不爱爵禄而用才，庶几无负；汝宜竭股肱而报上，思称所蒙。往图竹帛之光，勉徇国家之急，则朕克济[⑦]垂成之业，而汝亦有无穷之闻。可特起复太尉，依前武胜、定国军节度使、湖北、京西路宣抚副使、兼营田使，加食邑五百户、食实封贰伯户。主者施行。

【注释】

①五材：勇、智、仁、信、忠。

②饮至：古代征伐战胜归来，饮于宗庙，称为“饮至”。后代指出征凯旋。策勋，记功勋于策书之上。

③誓不俱生：誓通势，两个强者对抗，不能都活命。《史记·廉颇蔺相如列传》：“两虎共斗，其势不俱生。”

④曩者：过去，之前。

⑤斩馘：斩敌首割下左耳计功。亦泛指战场杀敌。

⑥是用，因此；掌武，太尉的别称。此句意因为（以上功劳）晋封为太慰以为荣宠。

⑦克济：能够成就。

【译文】

为将有五种才能，首重是懂得用兵利害；战场要百战百胜，必得靠事先谋划之妙。现有忠信之臣，治军有法，披甲上阵，屡战屡胜。前勋已录，更待新功。在位诸臣，尽听朕言。起复检校少保，武胜、定国军节度使，充湖北、京西路宣抚副使兼营田使。武昌郡开国公、食邑二千五百户、食实封一千户岳飞，沉毅有谋，通达而善断。威震敌胆，更励其报国之志；声名远播，愈坚其许国之心。既有三思后行之机谨，又有以命相博的勇气。之前（他）分遣将士，深入敌人巢穴，占领险要之地利，频传杀敌之捷报。尤其是牛蹄之战，真堪称猛虎之斗，我军积获如山，俘虏满路。纵横敌境，已展所向无前之勇；威震中原，更令敌无招架之力。因（以上功勋）晋封你为太尉，以加重你武职的权位。（授予）玉佩和绛服，享受殊勋之礼；（授予）雕戈和符节，彰显上将之威。再加赐封田，增加食邑，以示恩宠之隆重。呜呼！朕不惜爵禄酬答功臣，可谓不负勋劳；你应竭力报效，以对得起朝廷恩宠。望你急国之难，辅朕成就千秋伟业，将来你可名书竹帛，得万世美名。可特起复（岳飞）为太尉，依前武胜、定国军节度使，湖北、京西路宣抚使，兼营田大使，加食邑五百户、食实封二百户。主者施行。

明堂加食邑五百户食实封贰伯户制（词阙）

绍兴九年

开府仪同三司加食邑制（正月十一日）

门下：搜[①]卒乘而缮甲兵，尤谨艰难之日；听鼓鼙而思将帅，不忘闲暇之时。迺眷爪牙之臣，夙勤疆埸之卫，爰加褒律，丕告治廷。太尉、武胜、定国军节度使、充湖北、京西路宣抚使、兼营田大使、武昌郡开国公、食邑三千五百户、食实封壹千肆伯户岳飞票卫有闻，沉勇多算。有岑公[②]之信义，足以威三军；有贾复之威名，足以折千里。临敌而意气自若，决策则机智若神。陷阵摧坚，屡致濯征之利；抚剑抵掌[③]，每陈深入之谋。眷彼荆襄，实勤经略，边鄙不耸[④]，几卧鼓而灭烽，流亡还归，皆授田而占籍。奠兹南纪，隐若长城。属邻邦讲好之初，念将阃宣劳之久，肆因庆泽，式表高勋。是用进同三事之仪，仍总两藩之节，衍封多井，增食腴租，以昭名器之崇，以就龙光之渥[⑤]。于戏！丰报显赏，盖以褒善而劝功；远虑深谋，尚思有备而无患。祗若予训，益壮尔猷。可特授开府仪同三司，依前武胜、定国军节度使、湖北、京西路宣抚使、兼营田大使，加食邑五百户、食实封叁伯户，封如故。主者施行。

【注释】

①搜：检阅。

②岑公：指岑彭，东汉名将，与贾复俱为“云台二十八将”之一。

③抚剑抵掌：引自“鸣剑抵掌”，用击剑表示志向。

④不耸：指没有战事。

⑤龙光：皇帝给予的恩宠，荣光。龙，通“宠”。语本《诗·小雅·蓼萧》：“既见君子，为龙为先。”

【译文】

门下省：检阅军队要修缮盔甲兵，谨记国家艰难之日；听到战鼓而想起战争，承平不忘将帅之功。顾念得力战将，久效力于疆场，理应给予封赏，特布告于朝。太尉，武胜、定国军节度使，充湖北、京西路宣抚使，兼营田大使，武昌郡开国公，食邑三千五百户、食实封一千四百户岳飞，威名与票卫（霍去病、卫青）比肩、沉勇多谋。有岑彭之信义，令三军敬畏；有贾复之威名，让敌人胆寒。临敌时意气自若，决策时机智如神。冲锋陷阵，屡获大胜；志向深远，常陈述宏大的抱负。荆襄地区，蒙他多年经营，边境安定，几无战事，流亡者得以归家耕种如初。（他）宛若长城一般，保卫着南方的安定。如今逢邻国休战讲和之开端，这离不开将领们一直以来的功劳。皇恩浩荡，奖励勋劳。晋封你为开府仪同三司，仍掌两镇节钺，再增加封邑，以昭显国家名器的尊贵，以彰显对你恩宠的深厚。呜呼！丰厚奖赏，用以褒扬美德酬劳功勋；不忘武备，以确保国家有备无患。牢记旨意，盼建新功。可特授（岳飞）开府仪同三司，依前武胜、定国军节度使、湖北、京西路宣抚使、兼营田大使，加食邑五百户、食实封三百户，封如故。主者施行。

绍兴十年

少保兼河南府路陕西河东河北路招讨使加食邑制（六月一日）

门下：艾凶翦乱[①]，救民本仁义之兵；料敌出奇，命克[②]必神明之将。眷予阃帅，久抚戎昭，俾宣布于皇灵，用外攘于寇侮，惟日之吉，敷告于廷。武胜、定国军节度使、开府仪同三司、充湖北、京西路宣抚使、兼营田大使、武昌郡开国公、食邑四千户、食实封壹阡柒伯户岳飞智合韬钤，灵钟河岳。气吞强虏，壮哉汉将之威棱；志清中原，奋若晋臣之忠概[③]。师屡临于京洛，名远震于荒夷。念国步之方艰，顾戎心之未革。诡谋行诈，以为盗贼之计；阻兵怙乱，以重涂炭之灾。信义俱忘，羣情共恶；残虐不道，神理靡容。其遂整于我师，用奉行于天讨，默用万全之计，亟收九伐[④]之功。乃宠畀以使名，斯示濯征之义；仍进跻于孤棘，特隆委寄之权。于戏！一驰一张，文武乘时而致用；百战百胜，方略因敌以为师。举素定之成谋，摅久怀之宿愤，往底必禽之利，丕昭不世之勋。勉尔壮猷，钦予时命。可特授少保，依前武胜、定国军节度使、充湖北、京西路宣抚使、兼河南、北诸路招讨使、兼营田大使，加食邑七百户、食实封叁伯户，封如故。

【注释】

①艾凶剪乱：艾，止；此句意是消灭凶顽，平定叛乱。

②命克：完成使命。

③忠概：“概”通“慨”，忠贞愤慨。

④九伐：古代指对九种罪恶的讨伐，泛指征伐。

【译文】

门下省：止凶平乱，救民水火的定是仁义之师；料敌出奇，百战不殆的必是明智之将。顾念军中统帅，久战疆场，内彰先帝威灵，外挫强敌寇扰，特择吉日，宣布于朝。武胜、定国军节度使，开府仪同三司，充湖北、京西路宣抚使，兼营田大使、武昌郡开国公，食邑四千户、食实封一千七百户岳飞，身通兵法之妙，意得山川之灵。怀气吞强虏之志，有汉将雄壮破敌之威；存志清中原之心，有晋臣忧国忘身之慨。屡次军临京洛，威名布于四海。于今国家危机尚在，依重将帅之心未改。敌人诡诈，行事反复无常；战火重燃，陷民涂炭之苦。（敌国）毫无信义，群情共恶；残暴不仁，人神共愤。你尽快整军出征，奉行天讨，谋划周密万全之策，尽快成就破敌之功。授你招讨使之职，以示对敌征讨之义；进位少保的官位，以示委任托付之重。呜呼，行事要张驰有度，把握时机灵活应对；作战请务必谨慎，洞察敌情再做出反应。请依照做好的军事计划，一展神威，尽报旧恨，定要得胜，以成就不世之功。亲授任命，祝你成功。可特授（岳飞）为少保，依前武胜、定国军节度使，充湖北、京西路宣抚使，兼河南、北诸路招讨使，兼营田大使，加食邑七百户、食实封三百户，封如故。

明堂加食邑七百户食实封叁伯户制（词阙）

绍兴十一年

枢密副使加食邑制（四月二十四日）

门下：朕躬履多虞，规恢大业。惟文武并用，式严宥密[①]之司；必智勇兼全，克任本兵之寄。睠时人杰，久总戎昭，肆畴勋望之隆，俾赞[②]枢机之要，诞扬涣号[③]，敷告明朝。少保、武胜、定国军节度使、充湖北、京西路宣抚使、兼河南、北诸路招讨使、兼营田大使、武昌郡开国公、食邑五千四百户、食实封贰阡叁伯户岳飞果毅而明，深沉以武。奇谋秘计，蚤推韬略之高；英概雄姿，凛有威名之盛。自服勤于边圉，实修捍[④]于邦家。作镇上流，屹若金汤之势；宣威遐俗[⑤]，震于羊犬之羣。功屡记于旂常，任实同于柱石。念提兵百战，已深料敌制胜之方；而授任一隅，未究折冲消难之略。郁雄图而弗展，慨平世之何时。是用蔽自朕心，付以国柄，参畀事枢之重，仍班孤棘之荣。近资发纵[⑥]指示之奇，远辑摧陷廓清之绩，庶极用人之効，亟成戡乱之图。于戏！上下交[⑦]而志同，朕方深于注意；将相和则士附，尔益务于协心。其懋壮猷，用服明训。可特授枢密副使，依前少保，加食邑七百户、食实封叁伯户，封如故。主者施行。

【注释】

①宥密：本义为深密，机密。常指代枢密院，其因掌管军事机密，故称为“宥密”。

②俾赞：使参与辅佐。

③涣号：皇帝的恩旨。

④修捍：巩固捍卫。

⑤遐俗：边远之地。

⑥资：提供；发纵：指挥调度。

⑦交：沟通，推心置腹。出自《易·泰》曰：“天地交而万物通也，上下交而其志同也。”

【译文】

门下省：朕身逢国难，志图大业。提拔文武人才，充任枢要机关。唯有智勇兼备之人，方可充任本兵（指枢密使）之职。身为当世英杰，久掌兵权，委以高官显爵，参与国家机要。现宣喻旨意，布告于朝。少保，武胜、定国军节度使，充湖北、京西路宣抚使，兼河南、北诸路招讨使，兼营田大使，武昌郡开国公，食邑五千四百户、食实封二千三百户岳飞，果毅而明达，深沉而勇武。善用奇谋，熟谙韬略；慷慨雄壮，威名赫赫。自统军作战以来，忠心保家卫国。镇守上流，防御固若金汤；征战边关，临阵威震敌胆。屡立大功，堪称国家柱石。想你身经百战，定已深明克敌制胜之法；之前只受任管理一方，不能做全局战略谋划；令雄心不得施展，常慨叹何日可荡平动乱。此事一直深藏朕心，今将大权付与你，任命你为枢密副使、仍居少保之位。充分发挥你的指挥才能，以图澄清四海之功。请竭尽全力，完成使命。呜呼，军臣协力才能同心同德，朕现在对这方面很重视；将相和才能人心归附，你也要注意搞好团结。要服从训令，再建新功。特授（岳飞）枢密副使，依前少保，加食邑七百户、食实封三百户，封如故。主者施行。

武胜定国军节度使万寿观使奉朝请制（八月）

门下：联[①]枢筦[②]而赞庙谟[③]，式重股肱之寄；拥节旄而奉朝请，益隆体貌[④]之恩。乃睠勋臣，方居密席[⑤]，遽沥[⑥]退身之悃，盍推从欲之仁。爰告大廷，用孚尔众。少保、枢密副使、武昌郡开国公、食邑六千一百户、食实封贰阡陆伯户岳飞禀资肃毅，挺质沉雄，方略得古良将之风，忠勇有烈丈夫之操。奋身许国，彯赵士之曼缨；励志图功，抚臧宫之鸣剑[⑦]。自总干方之任，久专制阃之权，惟绩用之殊尤，亦恩褒之备至。戎辂导节，既叠组于大邦；孤棘位朝，遂进班于亚保。兹图茂阀，俾翊洪枢，庶资筹幄之奇，以辑平戎之略。欻[8]烦言之荐至，摘[9]深衅以交攻，有骇予闻，良乖众望。朕方记功掩过，事将抑而不扬；尔乃引咎自言，章既却而复上。谅忱诚之已确，虽敦谕而莫回，是用崇使范于殊庭，畀斋坛于旧服。留以自近，示不遐遗，以全终始之宜，以尽君臣之契。于戏！宠以宽科全禄[10]，光武所以保功臣之终；曾无贰色猜情，邓公[11]所以得君子之致。朕方监此以御下，尔尚念兹而事君。往哉惟钦，服我明训。可特授武胜、定国军节度使，依前少保，充万寿观使，仍奉朝请[12]。主者施行。

【注释】

①联：佐助。

②枢筦：亦作枢管，指中央政务。

③庙谟：庙算，指未战前的战略筹划。

④体貌：礼敬。《汉书·贾谊传》：“所以体貌大臣，而厉其节也。”

⑤密席：座位紧靠，形容亲密。

⑥沥：倾吐。

⑦抚臧宫之鸣剑：出自《后汉书·臧宫传论》：“臧宫、马武之徒，抚鸣剑而抵掌，志驰于伊吾之北矣。”

⑧欻：快速。

⑨摘：凭借。

⑩宽科全禄：宽大的科条，保全俸禄。

⑪邓公：指邓禹，出自《汉书·邓禹传》：“……后世莫窥其间，不亦君子之致为乎！”

⑫奉朝请：古代诸侯春季朝见天子叫朝，秋季朝见为请。因称定期参加朝会为奉朝请。

【译文】

门下省：能参赞机要、规划大政，是说明对股肱之臣看待之重；可持有节旄、参与朝会，是体现对勋贵之臣恩宠之隆。顾念有功之臣，方才调任中央不久，突然恳求辞去职务，对此按理当尊重他的意愿。特布告于廷，众人悉听。少保、枢密副使、武昌郡开国公、食邑六千一百户、食实封二千六百户岳飞，天资严肃刚毅、气质深沉雄健。方略得当，有良将之风骨，忠勇无双，有烈夫之操守。奋身许国，存赵士之忠；励志图功，负臧宫之志。身居枢要之任，久掌统军之权，虽功勋卓著，而朝廷之恩赏亦备至。（让你）身兼两镇节钺、官封少保。位高权重、参赞军机，以期运筹帷幄之谋，待展制敌安邦之略。不想怨愤之言渐生，嫌隙交攻之事日增，这情况有负众望，着实让朕吃惊。朕本着记功掩过原则，将事压下未曾宣扬；你已知错引咎辞职，虽被驳回却再三坚持。想是去心已决，执意难改，故任你为观使，仍领两镇节钺。就近任职，并不远遣，以全君臣相知之情，以尽善始善终之义。呜呼！刘秀宽宏大量，高管厚禄用以保全功臣；邓禹始终如一，不乱猜疑堪称致诚君子。朕要效仿刘秀对待臣子，你也要学习邓禹侍奉君上。以上钦命，你要服从。可特授（岳飞）武胜、定国军节度使，依前少保，充万寿观使，仍奉朝请。主者施行。

卷第三

丝纶传信录卷之二

绍兴二年

蓬岭败曹成获捷抚谕将士诏

敕："岳飞下一行将士等，比缘捕寇未即天逋，既蹂躏于湘南，又窥觎于岭表。顾作民父母，岂朕志之敢宁；而为国爪牙，繄汝曹之可仗。爰整貔貅之旅，往夷蜂蚁之群，一心争先，再战皆克，缅维[①]忠力，深用叹咨，属此暑时，方当穷讨，重念征行之远，能无暴露之勤。勉服颜行[②]，亟平氛祲[③]，更趋后效，毋替前功。併需饮至[④]之期，优议策励之典。宜令岳飞一一记录将士劳绩，候贼平日，参酌功效高下，开具闻奏，当议优与推恩。故兹昭示，想宜知悉。"

【注释】

①缅维：亦作"缅维"，遥想。

②颜行：前行，前列。

③氛祲：指战乱，叛乱。

④饮至：古代征伐战胜归来，饮于宗庙，称为"饮至"。后代指出征凯旋。

【译文】

敕："岳飞属下一行将士，往年逃寇未及诛灭，贼人先是蹂躏湘南，后又窜到岭南伺隙图谋。朕为百姓父母，岂能坐视不管；你等为国爪牙，此时正可依赖。故而命汝组成貔貅劲旅，前往扫平蜂蚁小贼，要个个一心争先，做到连战连捷，遥想你们的尽忠效力，朕深深叹息咨嗟。在这样的暑天出征，路途遥远，暴露辛劳。你等勉力前行，迅速平定了叛乱。要再接再厉，以图后效，不废前功。待你等凯旋，将为你们好好地奖赏功劳。令岳飞一一记录将士劳绩，待盗贼平定后，参酌各人的功绩高下，开具名单奏闻，（朕）当优与推恩封赏。故此昭示，望知悉。"

绍兴三年

辞免镇南军承宣使不允诏

敕："具悉。朕以九江之会，衿带武昌，控引[①]秋浦[②]，上下千里，占江表[③]形势胜地。宿师遣戍，而以属卿，增壮军容，併加使号，盖图乃绩，顾匪朕私。维卿殄寇之功，驭军之略，表见于时，为后来名将。江、湖之间，尤所欣赖[③]，儿童识其姓字，草木闻其威声。则夫进秩授任，就临一道，岂特为卿褒宠，亦以慰彼民之望，其尚何辞。所辞宜不允。"

【注释】

①控引：贯通。

②秋浦：指池州。

③江表：指长江以南地区，从中原看，地在长江之外，故称江表。

【译文】

敕："（你的奏章）已知悉。九江地势襟带武昌，贯通池州，上下千里，是江南（战略）形势的制胜之地。朕派遣军队戍守，归属于卿，为增壮军容，为卿添加（承宣使）的使号，以激励你的勋绩，并非出自朕的私意。卿平定盗贼的功劳，统驭军队的才略，显扬于当代，必为后来之名将。江、湖之间的平安，朕可欣喜地仰赖于你。儿童知道你的名字，百姓敬畏你的威声。因此晋升你的官职，授予你重任，一并进行，哪里是仅仅为褒宠于你，也是为了抚慰彼方居民的愿望，你怎么还能推辞呢。所辞宜不允。"

绍兴四年

辞免神武后军统制不允诏

敕："具悉。朕惟荆楚之郊[①]，自昔用武之地，以卿有忧国济时之志，有驭众却敌之威，故命以专制西南一面之重。比提王旅，深入盗区，折聝[②]执俘，所向必克，舆图所复，幅员千里。朕方图尔之功，以观厥成[③]，遽览需章，亟辞旧职，殆非朕之所期于卿者也。勉服至意[④]，毋复有陈。所辞宜不允。"

【注释】

①郊：上古时代国都外百里以内的地区称"郊"。此处是强调岳飞所驻军之地的重要性。

②聝：同馘，折聝，古代战争中割取敌人的左耳以计数献功。

③厥成：其成就，功劳。

④至意：极深远的用意。

【译文】

敕："（你的奏章）都已知晓。荆楚之地，（拱卫行都），自古都是征战用武之地。因卿家素有忧国济时的志向，驭众却敌的威勇，所以诏命赋予你专制西南一方的重责。过去你曾率领王师，深入盗区，获取敌人的首级，俘获敌人的将士，所向必克，恢复疆土，幅员千里。朕正要仰赖你的功勋，成就中兴之大业。看到你急切请求辞免的奏章，实在不是朕所寄望于卿的行为啊。请勉力顺从朕的深远用意，不要再有陈请。所辞宜不允。"

辞免清远军节度使湖北路荆襄潭州制置使特封武昌县开国子食邑五百户食实封贰伯户不允诏

敕："具悉。朕惟明主不吝赏，所以求社稷之臣；良将不言功，所以恤国家之难。上下相与，古今一途。卿禀雄劲之姿，蕴深湛之虑，识通机变，忠贯神明。鼓勇无前，服劳先于士卒；执谦不伐[①]，行事合于《诗》《书》。比总偏师，克平叛寇，坐复六州之故地，用苏千里之疲氓[②]。嘉尔设施[③]，出于谈笑，既策勋之甚茂，宜班爵之特优。建大将之鼓旗，往临三路；授元戎之鈇钺，增重六师。奚为逊牍之陈[④]，犹避宠章[⑤]之渥。亟膺明命，益励远图，庶见方隅[⑥]绥靖之期，乃称朝廷崇奖之意。所请宜不允。"

【注释】

①执谦不伐：保持谦逊，不自夸耀。

②疲氓：疲困之民。

③设施：安排布置。

④逊牍之陈：写奏章辞让表示谦逊。

⑤宠章：封建时代表示高官显爵的章服。

⑥方隅：四方，四隅，指边疆。

【译文】

敕："（你的奏章）都已知悉。朕认为明主应不吝赏赐，才可以求得社稷之臣；良将不计勋劳，所以可救扶国家之难。上下相与（故能成事），从古到今都是这样。卿身有雄劲之姿，胸怀深沉之虑，知晓随机应变，忠义感动神明。鼓勇向前，一马当先；保持谦逊，礼合《诗》《书》。曾率偏师，克平叛寇，收复了襄阳六郡，使疲困的人民恢复生息。你谋划有功，从容不迫，为此应该记录你的大功，优与颁授封赏。竖起大将的鼓旗，往临三路；授予统帅的斧钺，增重六军。你为何要谦逊地提出辞让，推辞高官显位呢。朕命你立即接受先前的诏命，激励自己，为国家深谋远虑，实现四方和平，以称合朝廷的崇奖之意。所请宜不允。"

再辞免同前不允诏

敕："具悉。卿忠义出于天资，忱恂[①]著于臣节，志徇国家之急，身先行阵之劳，盖尝推功名而不居，岂复私富贵以为意。然赏国之典，轻重视功，师不淹时，役不再籍，连克六城之聚，复还千里之疆，振凯遄归，策勋可后。谦以自牧[②]，卿虽必欲执三命之恭[③]；赏或失劳，朕将何以为万夫之劝。勉服成命，毋复费辞。所辞宜不允。"

【注释】

①忱恂：诚信。

②自牧：自我修养。《易·谦》："谦谦君子，卑以自牧。"孔颖达疏："恒以谦卑自养其德也。"

③三命之恭：此处为用典，《史记·孔子世家》："孔丘，圣人之后，灭于宋。其祖弗父何始有宋而嗣让厉公。及正考父佐戴、武、宣公，三命兹益恭，故鼎铭云：'一命而偻，再命而伛，三命而俯，循墙而走，亦莫余敢侮。'"今译：孔子是圣人的后代，他的先祖在宋国消亡了。他的祖先弗父何，最初拥有了宋国，后来让给了弟弟厉公。到了正考父时，辅佐戴公、武公、宣公三个国君，三次任命，他一次比一次恭敬。因此他家鼎上刻的铭文说："第一次任命，他弯着腰；第二次任命，他弯着身子；第三次任命，他俯下身子。他靠着墙根走，也没有人敢欺侮他。"

【译文】

敕："（你的奏章）已知悉。卿之忠义是天赋的资质，诚信体现在作为臣子的节操。志在解除国家危难，战斗时身先士卒。你还曾推让功绩给他人，岂会以富贵为意。然而封国之赏，轻重以功勋高下来判断，卿出兵不多时，兵员都不需要再次征集，就连克六城，收复了幅员千里的疆域。奏凯歌而还，功勋应当厚赏。卿固然是自谦养德，（效仿孔子的先祖）每次接受任命一次比一次谦恭；但若是应该给予的奖赏没有给出，朕将何以劝勉天下万民呢。卿可勉力服从成命，不要再费辞推却。所辞宜不允。"

绍兴五年

辞免镇宁崇信军节度使进封武昌郡开国侯加食邑五百户食实封贰伯户不允诏（二月）

敕："具悉。属者[①]襄汉之举，旌旜所指，势若破竹，荡平六郡，役不再籍。是用建尔节旄，授之斧钺，以临融水之师[②]，而秉义抗辞，至于再三。今寇戎内侮，蹂践两淮，独提虓旅[③]，径绝[④]大江，鼓行西向，以挫其锋，折馘执俘，厥功茂焉。朕载披舆图，惟镇宁、崇信为时重镇，併是两节[⑤]，肆以命卿。迺复逡巡[⑥]恳避，形于奏牍，德逊之美，功成弗居，雍容可观，士论称叹。虽谦终可以保吉，然信赏所以示公。朕命不移，往其祗服。所请宜不允。"

【注释】

①属者：以往。

②以临融水之师：融水县，今隶属于广西壮族自治区柳州市。宋至道三年（997）为融州融水郡，崇宁初置清远军节度。这里指绍兴四年授任岳飞为清远军节度使一事。

③虓旅：勇猛之师。

④径绝：直接渡过。

⑤两节：即"两镇"，同时除授两处节度使之谓。宋代节度使虽不赴镇治事，仍冠以某节度州军额名。

⑥逡巡：因为有所顾虑而徘徊不前或退却。

【译文】

敕："（你的奏章）已知悉。上次卿在襄汉一带大获全胜，旌旗所指，势如破竹。荡平六城，兵员不需二次征集。朕所以为你建节度使节钺，为清远军节度使，卿却秉持大义，一而再、再而三地推辞。今敌军来犯，侵扰两淮，卿独提虎旅，径渡大江，军势大振，鼓行西向，挫其锋镝，俘其精锐，这样的功劳实在是盛大。朕披阅地图，镇宁军和崇信军（在历史上被置为节度时）都是当时的军事重镇，现在同时授予你两镇节度使。你又一次徘徊再三、诚恳地拒绝。写了奏章，用辞谦逊，功成不居，大度高风，令士人们称叹。虽然保持谦逊可以避免危象，但有功必赏才能显示公正。朕的命令不会改变，卿请接受。所请宜不允。”

再辞免同前不允诏

敕：“具悉。朕不爱爵赏，以劝有功，授受之间，期于无愧。出节少府[①]，叠组[②]巨藩，匪时隽功[③]，夫岂轻畀。卿当坚忠义之素节，念恢复之远图，迄观厥成，以称朕命。思其大者，毋事小廉。所请宜不允。”

【注释】

①出节少府：少府监掌供百官仪物，节度使的旌节要从少府发出。

②组：组绶，用以系印的丝带。借指官爵。此处为名词动词化用法。

③隽功：突出的功勋。

【译文】

敕：“（你的奏章）已知悉。朕不吝惜爵赏，以此来激励（臣民）立功。授予与接受，只求无愧于心。接连授予你节度藩镇的高官，若不是你有突出的功勋，怎会轻易地给予。卿当更加坚定素有的忠义之节，不忘恢复旧疆的宏图。待你成功之日，以称合朕对你的任命。望以大略大节为重，勿计较小廉小义。所请宜不允。”

第三辞免同前不允诏

敕：“具悉。卿恺旋振旅，入觐于廷，舍爵策勋，赏不淹晷[①]。朕非以是宠卿也，谓名器天下之至公，而爵禄人主之利势[②]。有功不赏，朕将何以使能[③]；无言不酬[④]，卿亦思所以报上。苟曰无愧，岂必固辞。所请宜不允，仍不许再有陈请。”

【注释】

①淹晷：久时。

②利势：利益与权势。《韩非子·八奸》：“示之以利势，惧之以患害。”

③使能：任用贤能之人。

④无言不酬：酬，应答。语出《诗·大雅·抑》：“无言不酬，无德不报。”没有什么话得不到应答，没什么德不能得到报答。

【译文】

敕：“（你的奏章）已知悉。卿凯旋，振奋军心。入觐于朝，赏爵记勋，还是不久之前发生的事。朕并非是要宠溺功臣，所谓名器乃天下至公，不可以假人。而爵禄是人主用以激励世人的利益权势。若有功不赏，朕要怎样任用能人贤士；无言不酬，卿也应该思考如何可以报答君上。若认为自己无愧，何必要坚定地推辞。所请宜不允，不许再有陈述请求。”

自池州移军潭州奖谕诏（三月）

敕："卿远提貔虎，往戍潭、湘。连万骑之众，而桴鼓不惊；涉千里之涂[①]，而樵苏无犯[②]。至发行赏之泉货[③]，用酬迎道之壶浆[④]。所至得其欢心，斯以宽予忧顾。嘉治军之有法，虽观古以无惭。乃眷忠忱，益加咨叹。故兹奖谕，想宜知悉。"

【注释】

①涂：通"途"。

②樵苏：打柴砍草的人，泛指平民百姓。

③泉货：钱币。

④壶浆：茶水、酒浆。以壶盛之，故称。

【译文】

敕："卿长途行军，率领勇武之师，前往戍守潭、湘。虽统摄万骑之众，却听不到战鼓的喧闹；跋涉千里之途，没有骚扰到百姓。向百姓分发赏赐的钱币，百姓端茶送酒沿途迎送。所到之处，得到百姓的拥护，解除了我的忧顾。为此嘉奖你治军有法，不输于古代的良将。更看重你的忠诚，越发感叹。故此奖谕，想宜知悉。"

招捕湖湘寇戒谕将士诏（三月）

敕岳飞："眷彼南服[①]，远于朝廷，吏情匄虔，民贫为盗，稍乘虚而肆暴，因恃险以逋诛[②]。爰命烝徒，往平狡窟。言念驱率良善，多出于胁从，诱致流亡，或成于诖误[③]，按罪止诛其首恶，招来余许其自新。而主将非人，师行失律。帅守无一方之任，罔思协力以济功；漕臣[4]分两路之权，乃欲便文[5]而专制。争快一时之忿，险坏首鼠之端，原其本心，实阻军事。坐縻岁月，未撤师屯；环视湖湘，久缠兵革。焚剽之祸，既延及于平民；馈饷之烦，复重劳于编户。旰宵[6]在念，涂炭兴嗟。

比者易将授方，济师底伐，必期平荡，以靖方隅。凡兹牧守郡县之官，爰暨金殁转输之任，并修厥职，惟乃一心。如敢玩寇妨功，徇私怀贰，或应援之有愆机会，或馈运之有乏军兴，大则诛殛[7]，以正典刑，小则窜流，以御魑魅[8]，法兹无赦，朕不敢私。载念遗黎[9]，屡经调度，财力为之凋瘵，耕织至于失时，祗俟贼平，优加恩恤。如有出奇画计，奋战摧锋，共怀敌忾之心，助成破贼之势，高爵重禄，当报尔功。朕言不渝，众听毋忽。故兹戒谕，想宜知悉。”

【注释】

①南服：古代王畿以外地区分为五服，故称南方为“南服”。

②逋诛：逃避诛罚。

③诖误：连累。

④漕臣：管理漕运的官员。

⑤便文：完全依照法令条文而不加更动。

⑥旰宵：即“旰食宵衣”，天已晚才吃饭，天不亮就穿衣起来。形容勤于政务。

⑦诛殛：诛杀。

⑧魑魅：指荒凉边远的地区。

⑨遗黎：指沦陷区人民。

【译文】

敕岳飞："朕顾念南方，远离朝廷，吏人形成了无所敬畏的风气，百姓贫穷沦为盗贼，乘国防空虚之时胡作非为，凭恃地形险恶逃避诛罚。于是朕命令众多士卒，前去平荡敌人巢穴。念及盗首驱率良民，胁迫他们服从，诱惑他们流亡，或因亲朋而被连累，按照罪行应该只诛首恶，招徕其余的人允许他们改过自新。但是（之前的）主将所托非人，军队不受约束。帅守没有实权，无法合众人之力而成功；漕运官员掌管两路却僵化地执行条文，独断专行。为一时的意气之忿，观望战事，进退无定，探究其本心，其实是想对军事行动设置障碍。浪费了时间，让军队进退两难；而湖湘地区，因此久久陷入战事的纷乱。盗贼烧杀抢掠，祸及平民；漕运转饷艰难，加重了百姓的纳税负担。朕日夜思虑，叹息百姓困苦的境遇。

近来朕更换将帅，授予其方略，增援其军队，要彻底征讨，必期平荡，安定四方。凡州县长官，及转运使、转运判官，务必各司其职，相互协作，如同一心。若有敢玩忽职守以致妨碍征伐者，徇私枉法私通盗贼者，或应援迟缓耽误良机者，或转饷不能满足军需者，大则诛杀，以正典刑，小则流放到边远蛮荒之地，依法不赦，朕不敢因私包庇。又顾念到陷入战区的人民，屡经调度钱粮，已是财力困乏，耕织生产也受到严重影响。等到平荡盗贼的那一天，定要优加抚恤。（众将士）有出奇制胜之谋的、奋战摧锋挫敌的、同仇敌忾协助破敌的，必有高爵厚禄，回馈你们的功劳。朕言不渝，众听毋忽。故此戒谕，想宜知悉。"

杀杨么赐诏奖谕（六月）

敕岳飞："湖湘阻深，奸凶啸聚，曩[①]命往伐，用非其人，轻敌寡谋，伤威损重，遂令孽寇，久稽灵诛[②]。卿勇略冠军，忠义绝俗，肃将[3]王命，隃集长沙。威稜[4]所加，已闻声而震叠[5]，恩信既著，宜传檄而屈降。消时内侮之虞，宣予不杀之武。盗区肃静，南服妥安，载念殊勋，不忘嘉叹。故兹奖谕，想宜知悉。”

【注释】

①曩：之前。

②久稽灵诛：长时间逃避天子王师的诛灭。

③肃将：敬奉。

④威稜：亦作“威棱”。威力，威势。

⑤震叠：震惊、恐惧。

【译文】

敕岳飞：“湖湘一带地形险阻幽深，又有奸凶结伙为盗，之前曾命将前往讨伐。只是用非其人，轻敌寡谋，以致损兵折将，挫伤军威，致使贼寇逃逸，未曾接受王师的诛灭。卿家勇略冠军，忠义绝俗，恭奉君王之命，在长沙集结重兵。彰显威力，贼寇闻声而震惊；施予恩信，让他们传布檄文、屈膝投降。消除了内乱的后顾之忧，宣扬了我朝的不杀之武。原先盗贼聚集的地区肃清而安定，南方的大片区域稳定而安宁，想到你非凡的功勋，不免连连赞叹。故此奖谕，想宜知悉。”

乞罢制置使畀以祠禄不允诏（七月十一日）

敕：“具悉。任才者常患不能尽其用，建功者常患不克图厥终，倘匪上下之相符，是为古今之深戒。卿肃持将钺，勤宣王灵[1]，北定荆、襄，南清湖、岭，恩信甚洽，威名益彰。欲资帅阃之雄，增重上游之势，忽览奏牍，祈解使权。属兹艰虞，方深注倚[②]，遽求间逸[③]，殊骇听闻。俾朕贻[④]用才不尽之讥，在卿乖图功攸终[⑤]之义，揆[⑥]之于理，夫岂宜为。卿当厉忠愤之素心，雪国家之积耻，勉副朕志，助成大勋，往体眷怀，勿复有请。所请宜不允。”

【注释】

①王灵：指王朝的威德。

②注倚：倚重。

③逸：休息、悠闲。

④贻：落下、留下。

⑤攸终：攸，通猷，谋求；终，完成。攸终，谋求完成。

⑥揆：度，揣测。

【译文】

敕：“你的奏章已知悉。任用人才常唯恐不能尽其用，建功立业常患未能有始有终，对此上下不能一致认同，是从古至今所需要警醒的。卿家长期掌握军权，勤勉地为王朝宣威布德，向北平定了湖北、襄阳的外侮，往南肃清了湖南、广西的内乱，恩信深入人心，威名彰扬四方。朕正欲增重你的威权，加重上游的威势，却忽然收到你祈请解除制置使任命的奏章。值此王朝艰难之际，朕对你非常倚重，你这样突然要求一时的闲逸，实在闻所未闻。这只会让朕落下不能人尽其才的讥笑，在卿也不能求得功成名就的节义。以义理而言，是不适宜的。卿家应当愈加磨砺忠愤的素心，湔雪国家旧日积累的耻辱，勉力完成朕的期望，辅助我达成中兴。望体念朕的眷顾，不要再有所陈请。所请宜不允。”

辞免检校少保进封开国公加食邑五百户食实封贰伯户不允诏（九月）

敕："具悉。湖湘之役，翫寇老师，累年于兹，一方受弊。卿往摅[①]远略，迄定内虞，捣其巢窟，离其支党，系致元恶，绥靖良臣，厥功楙矣。赏国之典，岂朕敢私，成命既孚[②]，师言[③]维允。毋庸谦执[④]，其亟钦承。所辞宜不允。"

【注释】

①摅：发表、抒发。

②孚：付。

③师言：可以师法之言。《书·毕命》："惟公懋德，克勤小物，弼亮四世，正色率下，罔不祗师言。"

④谦执：执意谦让。

【译文】

敕："你的奏章已知悉。此前湖湘的战事，将帅消极抗敌，师老兵疲，迁延经年，导致一方百姓受弊。卿一去施展谋略，便戡定内乱，捣毁其巢穴，离间其派系，抓捕元恶，安抚良臣，功勋可谓卓著。赏国（进封为国公）的仪典，岂是出自朕的私心，成命既出，众言唯允。卿无需执意谦让，即请恭受。所辞宜不允。"

辞免湖北襄阳府路招讨使不允诏（十二月）

敕："具悉。卿纪绩旂常[①]，视仪孤棘[②]，式严阃制，增重使权。名非苟[③]以假人，位必期于称德，尚兹谦执，殆咈[④]眷怀。难得者时，当毕力功名之会；有劳于国，亦何嫌爵禄之加。亟服楙恩，益思来效。所辞宜不允。”

【注释】

①旂常：旂与常。旂画交龙，常画日月，是王侯的旗帜。借指王侯。

②孤棘：古以树棘为位，孤棘即三孤之位。《玉堂类稿》卷3《曾觌除少保加封制》：“升华孤棘。”（据《宋代官制辞典》，第85页。）此时岳飞已是少保。

③苟：随便。

④咈：违逆。

【译文】

敕：“你的奏章已知悉。卿论功绩位至王侯，视典仪贵为少保，朕欲以典礼增加将帅的威严，赐你招讨使的名号，增重你的事权。名器不会随便地假借于人，任命职位必期其人能够称职，你若继续执意谦让，徒然违逆了朕的眷顾。此时正是你建立功名的大好时机，为国辛劳解忧，何必放弃爵禄的加赐。命你即刻接受大恩，更思如何图报。所辞宜不允。”

绍兴六年

辞免易武胜定国军节度使宣抚副使加食邑五百户食实封贰伯户不允诏

敕：“具悉。汉高帝一日得韩信，斋戒筑坛，拜为大将，授数万之众，虽举军尽惊，而高帝不以为过，与待绛、灌、樊、郦辈计级受赏者，盖有间矣。岂非用人杰之才，固自有体邪？卿智勇兼资，忠义尤笃，计无遗策，动必有成，勋伐[①]之盛，焜耀[②]一时，岂止与淮阴侯初遇高祖为比哉！朕之报功者，褒显已厚，爵位已崇，今复侈大[③]使名，用增重于阃寄[④]，所以示优异之，宠不为越，而卿辞之，何也？往祇茂恩，毋复有请。所辞宜不允。”

【注释】

①勋伐：功绩。

②焜耀：闪耀。

③侈大：扩大。

④阃寄：谓寄以阃外之事，指委以军事重任。

【译文】

敕：“你的奏章已知悉。汉高祖得到韩信时，斋戒筑坛，拜为大将，授予他数万兵众。虽然当时全军皆惊，而高祖不认为这有错，这与对待绛侯、灌婴、樊於期、郦食其等以计算敌人首级而受赏之辈，是有差别的。使用人杰之才，自然适用不同的体制。卿智勇双全，忠义尤笃，计无遗策，动必有成，功绩之盛，为一时辉煌，岂止与淮阴侯初遇高祖媲美！朕为回报你的功劳，也曾厚赠褒奖，推崇爵禄，现在又扩大你的节度使名号，以增重你在军事领域的事权，所以示以优异的待遇，虽宠而不过分，而卿力辞之，何故？命你即刻祇受大恩，勿再有陈请。所辞宜不允。”

辞免起复不允诏

敕：“具悉。委质[①]为臣，义无有己，要绖[②]服事，礼有从权。虽陟屺[③]之思，恩莫隆于母子；而枹鼓[④]之急，身必先于国家。矧[⑤]三军之耳目，待其指纵[⑥]；一时之利害，间不容发，岂可忽安危之大计，谨苫块[⑦]之私哀。尔其择忠孝之宜，审重轻之势，亟视军政，往赴事机。所请宜不允。仍不许再有陈请。依已降指挥，日下主管军马，措置调发，不管少失机会。”

【注释】

①委质：向君主献礼，表示献身。

②要绖：古代丧礼服制之一。

③陟屺：《诗·魏风·陟岵》：“陟彼屺兮，瞻望母兮。”后因以“陟屺”为思念母亲之典。

④枹鼓：指战鼓。

⑤矧：况且。

⑥指纵：发踪指示。比喻指挥谋划。语本《史记·萧相国世家》：“夫猎，追杀兽兔者，狗也；而发踪指示兽处者，人也。”

⑦苫块：苫，草席；块，土块。古礼，居父母之丧，孝子以草荐为席，土块为枕。

【译文】

敕：“你的奏章已知悉。臣子献身于君主，义无有己，关于丧葬礼仪的服从，也有权益变通的做法。为人子者应当思念母亲，恩莫重于母子；而当战鼓响起，军情危急，应当首赴国家之难。何况三军之耳目，等待你的发踪指示；军事时机，间不容发，岂可忽视安危之大计，只顾着为母亲守孝。忠孝怎样平衡，事体孰轻孰重，你必有所选择。命你即刻回来管理军政，处理当下的战机。所辞宜不允。仍不许再有陈请。依照已降指挥，即日开始主管军马，部署调发，不可稍失机会。”

复商虢二州及伪镇汝军抚问诏

敕："叛臣逆命，屡寇边垂，长策[①]待时，始行天讨。卿义不避敌，智能察微，密布锐兵，指纵裨将。陈师鞠旅[②]，进貔虎[③]以凭陵[④]；斩馘执俘，戮鲸鲵[⑤]于顷刻。遂复商於之地，尽收虢略之城。夫暇叔盈[⑥]麾蝥弧[⑦]以登，勇闻旧许，公子偃[⑧]蒙皋比而犯，功止乘丘[⑨]。犹能著在遗编，名垂后世。有如卿者，抑又过之。长驱将入于三川[⑩]，震响傍惊于五路[⑪]。握兵之要，坐图累捷之功；夺人之心，已慑羣凶之气。精忠若此，嘉叹不忘。故兹抚问，想宜知悉。"

【注释】

①长策：效用长久的方策。

②鞠旅：向军队发出出征号令。犹誓师。《诗·小雅·采芑》："钲人伐鼓，陈师鞠旅。"毛传："鞠，告也。"

③貔虎：喻勇敢强猛的军队。

④凭陵：侵犯、攻击。

⑤鲸鲵：喻凶恶的敌人。

⑥暇叔盈：春秋时期郑国猛将，曾帅郑军攻下许国。

⑦蝥弧：郑庄公的帅旗。

⑧公子偃：春秋时鲁国大夫，协助鲁庄公击败宋国军队，迫使宋、齐联军退兵；皋比：虎皮。

⑨乘丘：春秋鲁地，鲁国在此击败宋、齐联军。地点在今山东兖州西北。

⑩三川：三条河流的合称，此处应指泾、渭、洛。

⑪五路：《宋史》卷八七《地理志》："陕西路：庆历元年，分陕西路沿边为秦凤、泾原、环庆、鄜延四路。熙宁五年，以熙、河、洮、岷州、通远军为一路，置马、步军都总管、经略

安抚使。又以熙河等五州军为一路，通旧鄜延等五路，共三十四州军。”

【译文】

敕：“叛臣违逆天命，屡次寇我边陲。酝酿好效用长久的方策，才开始执行天讨。卿义不避敌，智能察微，密布锐兵，指挥良将。陈列大军，发出出征的号令，推进劲旅，发起猛烈的攻击。斩馘执俘，很快就打败了凶恶的敌人。收回商於之地，光复虢略之城。昔日暇叔盈擎起郑庄公的大旗登上城墙，英勇的名声闻名许国，公子偃以虎皮蒙马，在乘丘打败宋、齐联军。这些事都能著于青史，名垂后世。有如卿者，或许更可以超越他们。卿将长驱入于三川，威声震响于五路。掌握用兵的要诀，轻松获取连战连捷的功绩；褫夺敌人的心神，已使他们垂头丧气。精忠如此，令朕连连嘉叹。故此抚问，想宜知悉。”

寇成等擅杀贼兵宣谕戒励诸军诏

敕：“国家以叛逆不道，狂狡[①]乱常，遂至行师，本非得已。并用威怀之略，不专诛伐之图。盖念中原之民，皆吾赤子，迫于暴虐之故，来犯王师，自非交锋，何忍轻戮。庶几广列圣[②]好生之德，开皇天悔祸[③]之衷。卿其明体朕怀，深戒将士，务恢远驭，不必专威，凡有俘擒，悉加存抚。将使戴商[④]之旧，益坚思汉之心，蚤致中兴，是为伟绩。毋或贪杀，失朕训言。故兹宣谕，想宜知悉。”

【注释】

①狂狡：指狂妄狡诈之徒，引申指叛乱者；乱常：扰乱纲常。

②列圣：列代先王。

③皇天悔祸：上天撤去所加的灾祸。

④戴商：拥戴商（朝），指支持正义之师。出自《尚书·商书·仲虺之诰》："民之戴商，厥惟旧哉。"

【译文】

敕："国家因叛乱者狂妄不道，扰乱纲常，才至于出兵讨伐，并非出于己愿。（应当）同时使用威慑和怀柔的策略，而不是专注于诛杀吊伐。顾念中原人民，皆是我国赤子，迫于敌人的暴虐，才加入侵犯王师的队伍。他们并非自愿与我军交锋，怎能忍心随意地杀戮。望推广列代先王的好生之德，开启皇天悔祸的善意。卿应体念朕的心怀，严加管束将士，心怀长策，不必专威，凡有俘虏，全都加以安抚。这样才能使中原人民支持正义之师，更加坚定回归的决心，早日达成中兴大业，才是丰功伟绩。不要再贪图杀戮，错失朕的训言。故此宣谕，想宜知悉。"

行军襄汉正当雪寒抚谕将士诏

敕："岳飞一行将士、军兵等，叛臣不道，窃据中原。赖七庙[1]之威灵，尚存遗泽；致四方之忠义，皆有奋心。惟尔一军，备经百战，遥闻征杀，颇犯雪寒。以予露盖[2]之劳，知尔执戈之苦。眷言[3]体国，良极叹嘉；重念[4]忘身，又兴恻怛[5]。所恨阻修之道路，不能亲抚于师徒。惟深体于眷怀，务亟成于伟绩。故兹抚谕，想宜知悉。"

【注释】

①七庙：帝王的宗庙，供奉太祖及三昭三穆共七代祖先。

②露盖：泛指劳苦狼狈貌。宋陆游《谢晁运使启》："焦头

烂额，本资众力之同；露盖暴衣，至屈使华之重。”

③眷言：回顾，顾念。

④重念：再思，又想到。

⑤恻怛：哀伤。

【译文】

敕：“岳飞一行将士、军兵等：叛臣不道，窃据中原。幸亏有历代宗庙威灵，尚存遗泽保佑；唤起四方忠义之人的决心，都愿意奋战。你这支军队，历经百战，朕听说你们在外征杀，正当大雪严寒。想到你们暴露于严寒之下的劳乏，便知道你们执戈出征的辛苦。顾念你们对国家的体恤，朕十分嘉叹；又念及你们为国忘身，不免哀伤。所恨道路险阻，朕不能亲自前来抚问。望你深深体念朕的心怀，务必尽快取得佳绩。故此抚谕，想宜知悉。”

绍兴七年

辞免起复太尉仍加食邑不允诏（二月）

敕：“具悉。朕以戎狄作难，奸伪乘时，命南征北伐之师，得战胜攻取之将，冀攘羣丑，以底丕平。卿为国爪牙，董[①]兹貔虎，功收江、汉之表，声震河、洛之郊。大破逆徒，进临要地。秋毫亡害，既昭布于上恩；壶浆以迎，遂抚宁于旧俗；伫[②]戡大憝[③]，亟靖中原。属兹振旅而还，式示告廷之宠。惟将军膺制阃[④]之命，能辟国以宣威；而太尉乃掌武之官，用策勋而懋赏[⑤]。斯为甚称，其勿固辞。所请宜不允。”

【注释】

①董：监督、管理。

②伫：企盼，等待。

③憝：怨恨、憎恶，指国仇。

④制阃：谓统领一方军事。

⑤懋赏：奖赏以示勉励；褒美奖赏。

【译文】

敕："你的奏章已知悉。朕因见金虏作难，伪齐乘机进犯，命令南征北伐之师，任用得胜攻取之将，期望其驱逐群丑，底定太平。卿为国之爪牙，率领勇猛的军队，收复长江、汉江流域，声震黄河、洛水之滨。大破叛逆之徒，进军要害之地。军队秋毫无损，将君上的恩德流布于人民；百姓执壶浆欢迎，受到一如既往的抚恤。朕一直等待着你们洗雪国仇，恢复中原。值此振旅而还之际，应当用典礼来表彰告捷的荣宠。望将军接受统领一方军事的任命，今后能开国宣威；而太尉乃执掌武力的官员，理应记录功勋，褒美奖赏。你当得起这样的奖励，请勿执意辞让。所请宜不允。"

再辞免起复太尉仍加食邑不允诏

敕："具悉。凡赏无常，轻重眎功，周之制也。太尉古官，昔在三公[①]之右，今同二府[②]之列。艰难以来，尤重兹任，非有大功，不以命之。卿一时人杰，董我戎旅，百战百胜，厥功茂焉。日者[③]淮、蔡之战，王命将通于洛邑；商、虢之役，威声已振于秦川。我图尔功，宜有重赏，是用建尔久虚之位，崇以辅臣之礼。盖将以劝天下之有功者，而非以为卿私也。何为固辞，殊咈朕意，其祇成命，毋复重陈。所辞宜不允。"

【注释】

①三公：古代中央三种最高官衔的合称。周以太师、太傅、太保为三公。

②二府：宋代称中书省和枢密院。《宋史·职官志二》："宋初，循唐五代之制，置枢密院，与中书对持文武二柄，号为'二府'。"

③日者：近来。

【译文】

敕："你的奏章已知悉。通常赏赐并没有一定，或轻或重依据功劳的大小，这是周的制度。太尉乃是古官，昔日其官位高于三公，如今同中书省、枢密院长官同列。国家自艰难以来，尤其重视这个任职，没有大功，不会给予任命。卿为一时之人杰，替我管理军旅，百战百胜，功勋大焉。近来淮西、蔡州之战以后，王命已可以通达洛邑；商州、虢略之役，军威已振兴于陕西。为了激励功勋，宜有重赏，所以为你确立早就该属于你的位子，以对待辅臣的礼仪加以推崇。这样做正是要激励天下可以立功之人，而并非出自朕的私心。卿何必固辞，违逆朕的心意，请接受成命，勿复陈请。所辞宜不允。"

辞男特转三官授武略大夫所请宜允诏

敕："具悉。朕以卿肃提师律[①]，进辟土疆，功在必酬，既举策勋之典，宠惟无斁[②]，用昭延赏[③]之私。卿乃力抗封章，推先将士，谓名器之虚授，将磨厉以何繇[④]。朕思其言，所见者远，盖不特固执谦逊，耻同汉将之争功，而使其自立勋劳，复见西平之有子[⑤]。载深嘉叹，姑务勉从。所请宜允。"

【注释】

①师律：军队纪律。

②无斁：无尽，无穷。

③延赏：延及他人的赏赐。

④何繇：从什么途径。

⑤西平之有子：此处用典。唐代名将李晟，德宗时封西平郡王，其子李愿、李宪、李愬、李听都很有名望。

【译文】

敕："你的奏章已知悉。朕认为卿治军严厉，开辟边疆，有必酬之功，所以举行典礼记录你的功勋。恩宠无尽，诏命延及（你的长子岳云）。卿于是上章力辞，推先将士，说名器若没有凭据地被虚授，将如何磨砺他呢。朕思考你的言辞，觉得很有远见，并不是故意执着于谦逊，不屑于像汉代大将们那样争功，而是希望他自立勋劳，像唐朝李晟那样培养儿子成为名将。朕深深嘉叹，姑且顺从你的建议。所请宜允。"

上章乞骸有旨不允继赴行在入见待罪降诏慰谕（六月）

敕岳飞："省札子奏：'臣妄有奏陈乞骸[①]之罪，明正典刑，以示天下，臣待罪。'事具悉。朕究观自昔之将帅，罔不归重[②]于朝廷。盖将既尊君，则下知从令，协致爪牙之利，用成社稷之功。此所以名书鼎彝[③]，庆流孙子，而君臣并受其福者也。卿识洞韬钤，天资忠孝，龙骧虎视，声动四方，眷遇之隆，超越今昔，而乃误于闻听，轻有奏陈。及承命而造朝[④]，能抗章而引咎，深达君臣之义，尤知名分之严。维石庆之以谨闻，吴汉之自谴责，质之古道，何以加诸[⑤]。夫有志者事必成，无咎者善补过。本无瑕吝，何以谢为，三复忱辞[⑥]，不忘嘉叹。故兹诏示，想宜知悉。”

【注释】

①乞骸：古代官吏自请退职，意谓使骸骨得归葬故乡。

②归重：犹推重，尊重。

③鼎彝：古代祭器，上面多刻着表彰有功人物的文字。

④造朝：进谒，朝觐。

⑤加诸：诬谤，乱说。

⑥忱辞：至诚之辞。

【译文】

敕岳飞：“省札子奏：‘臣妄有陈请退职之罪，应受明正典刑，以示天下，臣待罪。’此事已知悉。朕仔细观察自古以来的将帅，无不尊重朝廷。大将如果尊重君王，其属下就知道遵从他的命令，协助他发挥武臣的最大能力，达成守卫社稷的大功。这就是所谓功名刻写在鼎彝上，福泽流传于子子孙孙，君臣都一起受益。卿通晓谋略，天赋忠孝，龙骧虎视，声动四方，所受眷遇之隆重，超越了古今，却因听到一些（舆论），竟有了退职的陈请。及至受命入朝觐见，能上章引咎自责，符合君臣之义，清楚名分之严。西汉宰相石庆以谨慎闻名，东汉大将吴汉勇于自责。即便与古人相比，卿也毫不逊色。有志者事必成，无咎者善补过。卿本无过，何必道歉，你再三诚挚地陈辞，让朕不禁感叹。故此诏示，想宜知悉。”

张宗元奏军旅精锐奖谕诏

敕：“朕致[①]天之讨，仗义而行。秉律成师，誓清乎蟊贼[②]；整军经武[③]，必籍于虎臣。眷予南服之区，实捍上流之势。卿肃持斋钺[4]，洞照玉钤[5]。茹苦分甘，与下同欲；裹粮坐甲，唯敌是求。旗甲精明，卒乘辑睦[6]，士闻金鼓而乐奋，人怀忠孝而易从。动焉如飘风[7]，固可以深入；延之如长刃，何畏乎横行。览从臣[8]之奏封，知将帅之能事，卿诚如此，朕复何忧。想钜鹿李齐[9]之贤，未尝忘者；闻细柳亚夫[10]之令，称善久之。故兹奖谕，想宜知悉。"

【注释】

①致：施加；施行。

②蝥贼：食禾稼的两种害虫，比喻危害国家的贼人。

③经武：整理武备。

④斋钺：利斧。

⑤玉钤：古代兵书。

⑥辑睦：合作、和睦。

⑦飘风：这里指旋风，暴风。

⑧从臣：本意为随从之臣下；侍从之臣。这里指张宗元，绍兴七年岳飞因与宰相张浚议事不合，提出辞职，并回庐山为亡母守孝。岳飞离开军队后，宋高宗派兵部侍郎、兼都督府参议军事张宗元任湖北、京西路宣抚判官。能事：谓能任事。

⑨李齐：战国时赵国名将。

⑩亚夫：西汉名将周亚夫。

【译文】

敕："朕对外施行天讨，是仗义而行。秉承规章组成军队，发誓要清除危害国家安全的贼人。整顿军队、整理武备，必然要依赖勇武之臣。（卿）扼守朕的南方土地，又捍卫着极其重要的（长江）上游。掌军严肃，通晓兵法。与士卒同甘共苦，上下一心。携带干粮出征、披着铠甲待敌，唯求击败敌人。旗甲鲜明，军队和睦。士兵听到战鼓就雀跃兴奋，心怀忠孝便易于指挥。行动起来迅捷如暴风，故而可以深入敌穴；队伍展开如同长刃，自然能够横行。朕读了宣抚判官的奏章，知道将帅可以委任重事，卿诚如此，朕复何忧。想起战于巨鹿城下的李齐的贤能，听闻细柳营周亚夫治军的严谨，赞叹良久。故此奖谕，想宜知悉。”

绍兴八年

无

卷第四

丝纶传信录卷之三

绍兴九年

辞免[①]开府仪同三司加食邑五百户食实封三伯户不允诏（正月十一日）

敕："具悉。朕永念艰难之日，未酬于战多；逮兹恢复之时，不忘于武备。爰颁涣[②]宠，用表殊勋，蔽自朕心，非云滥典。卿疏通而能断，果毅而有谋，勋载旂常，令行襄汉。眷惟休渥，允协师言[③]，何未谅于忱诚，尚或形于谦逊，朕命不易，可无复辞。所辞宜不允。"

【注释】

①辞免：请求辞官免职。

②涣：帝王发布号令。如：涣汗（流汗。比喻帝王的圣旨、号令，有如汗出于肤，无法收回）。

③师言：可以师法之言。《书·毕命》："惟公懋德，克勤小物，弼亮四世，正色率下，罔不祗师言。"

【译文】

敕："全部知悉。朕常念国家患难之时，抗战之志多未酬；及此恢复之日，武备之心不可忘。另行颁布帝命，用以表彰殊勋，断自朕心，非是滥典。卿通达而擅长判断，果毅而富于谋略。殊勋载于王旗，威令行于襄汉。朕对你的眷爱优渥，符合圣人的训言。何不相信朕的真诚，谦逊地接受此项恩命。朕命不改，可无须再辞。所辞宜不允。”

再辞免同前不允诏

敕：“具悉。朕嗣承艰难之业，忧勤十年，肆成恢复之图。亦惟二、三将臣宣劳之久，以克有济。是用宠卿仪物，峻陟三台，盖非特以示报功，抑亦赖卿远猷，以永臻于绥靖也。《诗》不云乎，“无德不报”，朕方勉焉。宜趣奉承，无烦训告。所辞宜不允。”

【译文】

敕：“全部知悉。朕于艰难之时继承大业，忧勤十年，尽力完成恢复国朝的宏图。也因二三将臣效力已久，方能成就大业。因此颁赐隆重的恩命，使卿位极三公，并非仅是表示对功勋的回报，也表达对卿长图远略的依赖，以致天下永久的太平。《诗经》云“无德不报”，朕正是以此为勉。卿宜速遵行，无烦训诫。所辞宜不允。”

第三辞免同前不允诏

敕：“具悉。朕惟文武异宜，驰张迭用。招携怀远，虽资文德之修；折冲消萌，亦赖武功之助。古今未尝以偏废，名器岂徒于假人。卿勋烈著于旂常，威名震于夷夏，每怀忠愤之志，欲图恢复之功。军声既张，国势益振，致邻邦之讲好，归故地以效诚。凭力师干，庸固多矣；疏荣赏典，事岂偶然。辞之不足为廉，受之无伤于义。往其祗若，勿复重陈。所辞宜不允。”

【译文】

敕：“全部知悉。朕认为文武相异、各有所宜，故而张弛有度、交替使用。招引离者，怀来远人，固然凭借文治之修德；克敌制胜、消除祸端，也有赖于武力之威助。古今不曾偏废其一，名号与仪制岂能假借于非人。卿的功勋彰显于王旗，威名震烁于中外，常怀忠愤之志，欲图恢复之功。军威既已张扬，国势益发振作，才致邻邦与我讲和，还我故土，表示诚意。朕凭借军队的力量，所用为多；颁赐赏典的荣耀，岂是偶然。卿的辞让不足称廉，接受则无伤于义。只管遵行，勿复再辞。所辞宜不允。”

第四辞免不允诏

敕：“具悉。卿位居上将，绩纪太常[①]。郤谷守学而弥敦，祭遵[②]克己而愈约。甘苦同于士卒，故虽万众而犹一心；号令行于师徒，故虽千里而如在目。久展干方之略，备宣卫社之忠，济此艰难，助予兴复。高秩厚礼，允答于元功；华衮命圭，肆同于三事。而乃过形逊德，荐饰谦词，顾丕号之已飏，岂涣恩之可反。毋烦再四，以咈予怀。所辞宜不允，仍不许再有陈请。”

【注释】

①太常：太常，古代旌旗名。孔传：“王之旌旗画日月曰太常。”《书·君牙》：“厥有成绩，纪於太常。”

②祭遵：东汉祭遵，为“云台二十八将”之一，史书记载他“遵为人廉约小心，克己奉公，赏赐辄尽与士卒，家无私财”。

【译文】

敕："全部知悉。卿位居统帅，功绩载于王旗。犹如郤谷坚持学习而日渐敦厚，祭遵克制自己而愈能约己，卿与士卒同甘苦，故能驱万众如自一心；号令通行于师众，故控制千里之外的军队如在眼前。长久以来展露了安定与治理国家的方略，尽力展现了保卫社稷的忠诚，拯救国家于艰难之时，襄助朕躬力图复兴。朕以高爵厚遇，诚心报答功臣；衮服命珪，眷渥同于三公。而你却过度地谦逊，频繁地辞让，顾念朕令已然颁布，皇命岂能收回，勿烦再四辞免，违逆朕怀。所辞宜不允，且不许再有陈请。"

乞同齐安郡王士㒟等祇谒陵寝因以往观敌衅诏以将阃不可久虚不须亲往诏（四月十四日）

敕："具悉。朕以伊、瀍顷隔于照临，陵寝久稽于汛扫，逮兹恢复之日，亟修谒款之仪。卿慨然陈请，请为朕往，虽王事固先于尽瘁，然将阃[①]不可以久虚。殆难辍于抚绥，徒有怀于忠悫，寤寐于是，嘉叹不忘。已降指挥，止差将官一、两员，部押壕寨人匠、军马，共一千人，随士㒟、张焘前去，卿不须亲往。故兹诏示，想宜知悉。"

【注释】

①将阃：指在京城外担负军事重任的将帅。

【译文】

敕："全部知悉。朕因伊水、瀍河之间的疆土得不到朝廷的照顾，那里的祖宗陵寝长期得不到洒扫，值此恢复之日，急切地想要进行虔诚拜谒的仪式。卿慨然陈请，要求替朕前往，王事为重，固然应该尽心竭力，然而帅臣之位也不可久虚。卿难以稍停抚绥地方的职责，使卿为朕解忧的忠诚之心不能伸展，朕日夜思虑及此，称叹不已。已下达指挥，卿只需差一两员将官，督率建造壕寨的人匠、军马共一千人，随士㒟、张焘前去，卿不须亲自亲往。故此诏示，想宜知悉。”

先以湖北京西路累经残破州县官无人愿就许令自知通以下辟差今来已复河南故地其两路并是腹心所有州县差官乞自朝廷差注①得旨依奏仍赐奖谕诏

敕：“具悉。昔苏建常责大将军卫青至尊重，不能招选贤士，青谢曰：‘人臣奉法遵职而已，何与招士。”其言虽未合理，然其处功名，远权势，要当如是尔。昨者干戈为戢，道路不通，襄汉之间，凋敝尤甚。故州县之吏，上自守宰，下至寮属，权时之宜，委卿辟置。今既臻绥靖，远迩如一，铨择之柄，当在朝廷。卿所抗章，殊合事体，自非思虑之审，谦恭之至，何以及此。古人不远，嘉叹叵忘，所请宜允。故兹奖谕，想宜知悉。”

【注释】

①差注：吏部对地方官吏的选派任命。注，注官，即按资叙授官。

【译文】

敕：“全部知悉。昔日苏建曾劝大将军卫青，其身份十分尊重，应该招贤养士，卫青谢绝道：人臣奉行法令、遵守职分就行了，与招士何干。”他说的虽然未必合理，但其远离功名权势的做法，正应当如此。先前干戈未歇，道路不通，襄汉之间尤其凋敝。因此州县官吏，上自知州，下至属官，因时权宜，委托卿一一征辟。如今天下渐趋和平，远近如一，铨选官员的权力应该归还给朝廷。卿所上奏章，十分符合体统，若非思虑之详，谦恭之至，怎能如此。古人的先例不远，朕嘉叹不忘，所请宜允。故兹奖谕，想宜知悉。”

乞罢军政退休就医不允诏

敕：“具悉。卿竭忠诚而卫社，迪果毅以临戎，元勋既著于鼎彝[①]，余暇尚闲于俎豆[②]。蕃宣所赖，体力方刚，遽欲言归，殊非所望。顾安危注意[③]，朕岂武备之可忘；惟终始一心，汝亦戎功之是念。益敦此义，勿复有云。所请宜不允。”

【注释】

①鼎彝：古代祭器，上面多刻着表彰有功人物的文字。

②俎豆：俎和豆。古代祭祀、宴飨时盛食物用的两种礼器。亦泛指各种礼器。

③注意：重视，关注。《史记·郦生陆贾列传》：“天下安，注意相；天下危，注意将。”

【译文】

敕：“全部知悉。卿竭尽忠诚保卫社稷，果敢坚毅亲临战阵。大功已铭刻于鼎彝，余暇尚能参与祭祀。朝廷还依赖你藩屏护卫，你也尚自体力方刚，突然说隐退，实在不符众望。顾念天下之安危、对将相的关注不可偏废，朕岂能淡忘武备；臣子应该终始一心，你亦应以戎事功业为念。益敦此意，勿复有请。所请宜不允。”

绍兴十年

先于荆襄湖北措置屯田军食省馈过半赐以御书诸葛亮曹操羊祜三事复赐此诏

敕："朕考观古昔，斟酌时宜，欲丰军食之储，必讲屯田之制。故充国经画于金城，而兼得十二便之利；曹操规始于许下，而遂收百万斛之饶。先积粟以为资，乃厉兵而必战。况今寇戎未靖，征戍方兴，赖将帅之同寅，致士卒之乐附。顾尺籍所隶之数，日以增多；而经赋所入之常，岁有定限。既不可剥下以取给，固莫若兴田而杂耕。卿等协志定谋，悉忠体国，率励众士，和协一心，勿惮朝夕之劳，共建久长之策。故兹诏示，想宜知悉。"

【译文】

敕："朕考查古今的政事，斟酌当时的需要，明白若想使军队储备的粮食丰饶，一定要用屯田的制度。赵充国于兰州筹画屯田，让朝廷获得了"十二便"的利益；曹操在许都开创屯田，收获了百万斛的粮食。都是先积聚粮粟为资本，然后再厉兵决战。何况当今战乱尚未平定，征戍才刚兴起，还需仰赖将帅协同一心，士卒乐于归附。现在军籍所录的人数，日益增多；赋税的常额，每年却是有限的。与其刻剥人民来供给军用不足取，不如兴办屯田，大力耕作。卿等协志定谋，尽忠体国，率励将士，同心协力，不惧朝夕操劳，共建长久之策。故此诏示，想宜知悉。"

金人判盟兀术再犯河南令诸路进讨诏

敕："昨者金国许归河南诸路，及还梓宫、母、兄。朕念为人子弟，当申孝弟之义；为民父母，当兴拯救之思。是以不惮屈己，连遣信使，礼意备厚。虽未尽复故疆，已许每岁银、绢五十万。所遣信使，有被拘留，有遭拒却，皆忍耻不问，相继再遣。不谓设为诡计，方接使人，便复兴兵。今河南百姓休息未久，又遭侵扰，朕衋然痛伤，何以为怀。仰诸路大帅各竭忠力，以图国家大计，以慰遐迩不忘本朝之心，以副朕委任之意。故兹诏示，想宜知悉。”

【译文】

敕：“金国先前已允诺归还我河南诸路，并归还先帝棺椁，朕之母、兄。朕体念为人子弟，应当伸张孝悌之义；为民父母，应当兴起拯救之思。所以不惜委屈自己，连连向金国派出（讲和的）信使，礼意完备优厚。虽然未能完全恢复故疆，也许诺给金国每年银、绢各五十万。所派遣前去的信使，有被金国扣留的，有被拒绝的，朕全都忍辱不予计较，继续不断派遣信使。不料中了金国的诡计，不久之前才接纳了我们的信使，现在又突然再次兴兵。我河南百姓获得休养生息的时间不久，又一次遭到了侵扰，朕悲伤痛心，何以为怀。如今正要仰赖诸路大帅尽忠竭力，谋划国家大计，以示片刻不忘本朝之心，不负朕的委托之意。故此诏示，想宜知悉。”

复蔡州因奏贼虏之计大合上意奖谕诏

敕：“具悉。比以虏寇猖獗，我师克捷，惧或狃于屡胜，忽被不虞。乃申饬于戎臣，俾各严于武备，过为待敌之计，用收全胜之功。今览奏陈，大契朕意，有以见卿料事精审，为国深谋，披採以还，良多嘉叹。故兹奖谕，想宜知悉。”

【译文】

敕："全部知悉。此前曾担心我师攻克猖獗的虏寇后，屡胜而骄，遭遇意料之外的袭击，于是告诫武臣，令其各自严饬武备，谨慎小心地对待敌人，以收全胜之功。今天阅读了卿的奏陈，十分契合朕的想法，可见卿考虑事情精细完备。采集情报，为国深谋。朕十分嘉叹。故此奖谕，想宜知悉。"

辞免少保兼河南府路陕西河东北路招讨使加食邑七百户食实封三伯户不允诏（六月）

敕："具悉。朕以恢复大计，望于尔二、三大帅，肆于授任之际，并涣恩徽，所以示注意之渥。而卿抗章陈谊，力欲恳辞，既尝申谕至怀，乃复固守谦抑。虽嘉尔志，良咈朕心，勉立殊勋，是为异报。所辞宜不允。"

【译文】

敕："全部知悉。朕以恢复国家的大计，寄望于尔等二三大帅。授任之际，颁布无上的恩荣，以示关注优待之意。而卿的上奏，陈述道理，力欲恳辞。朕既已表达了至诚的心意，你却仍然固守谦逊，其志向虽然值得嘉叹，却拂逆了朕的一片心意。卿还是努力为国立功，作为回报吧。所辞宜不允。"

再辞免同前不允诏

敕："具悉。卿每拜官，必力恳避，诚知卿怀冲逊之实，非但为礼文之虚也。今复以将士方冒矢石，当锋镝，而不欲先被厚赏为言，陈谊甚高，朕所嘉叹。第惟同时并拜二、三大帅，皆以次受命，卿欲终辞，异乎蘧伯玉之用心[①]矣。尚体兹义，勿复有云。所辞宜不允。”

【注释】

①蘧伯玉之用心：蘧伯玉是春秋卫国人。孔子曾称赞他：“君子哉，蘧伯玉！邦有道，则仕；邦无道，则可卷而怀之。”

【译文】

敕：“全部知悉。卿每次拜官，都十分地恳辞谦避。朕知道卿确实是胸怀谦冲，并不只为了礼仪的虚文。这次又以将士冒矢石、当锋镝，自己不愿先接受厚赏为由辞免，陈述高尚，朕十分嘉叹。但这次是同时拜尔等二三大帅（为招讨使），其他人都已受命，卿若要辞免到底的话，便有违古人邦有道则仕的本心了。卿尚须体会此义，勿要再有陈请。所辞宜不允。”

郾城斩贼将阿李朵孛堇大获胜捷赐诏奖谕仍降关子钱犒赏战士

敕：“自羯胡入寇，今十五年，我师临阵，何啻百战。曾未闻远以孤军，当兹巨孽，抗犬羊并集之众，于平原旷野之中，如今日之用命也。盖卿忠义贯于神明，威惠孚于士卒，暨尔在行之旅，咸怀克敌之心，陷阵摧坚，计不反顾，鏖斗屡合，丑类败衄。念兹锋镝之交，重有伤夷之苦，俾尔至此，时予之辜。惟虏势之已穷，而吾军之方振，尚效功名之志，亟闻殄灭之期。载想忠勤，弥深嘉叹，降关子钱二十万贯，犒赏战士。故兹奖谕，想宜知悉。”

【译文】

敕：“自从胡虏入寇中国，已有十五年。我师临阵，何止百战。未曾听说以孤军远赴敌境抵挡如此的大恶，于平原旷野之中抵抗敌人大军像这次一样奋身效命的。大概因为卿的忠义之志上达于神明，威信恩惠让士卒信服。尔等已踏上征程，胸怀克敌之心，陷阵摧坚，不作后退的打算，鏖战数合，致使丑类败奔。朕念战士当此锋镝之交，又有伤夷之苦，让你们陷入这样的境地是我的过失。虏人的势力已快要穷尽，而我军的士气正在振作，尔等尚须尽力效命，很快就能歼灭敌人。想到你们的忠勤，朕更是深深嘉叹，今降关子钱二十万贯，犒赏战士。故此奖谕，想宜知悉。”

颍昌捷后俄诏班师上章力请解兵柄致仕不允诏

敕：“具悉。卿勇略冠当时，威名服众。分镇一道，使敌人无侵侮之虞；尽节本朝，致将士有忠诚之效。方资长算，助予远图，未有息戈之期，而有告老之请。虽卿所志，固尝在于山林；而臣事君，可遽忘于王室？所请宜不允。”

【译文】

敕：“全部知悉。卿的勇敢和谋略冠于当世，威名为众人所服。镇守一方，使敌人不敢侵犯；尽节本朝，使将士忠诚效命。正要凭借你的长远之计，辅助我实现深远的宏图，息兵的时日还不能预测，你却已有告老还乡的请求。虽然卿有归隐山林之志，而臣子事奉君主，又怎能陡然将王室忘却？所请宜不允。”

绍兴十一年

师至定远兀术等望风退遁解围庐州赐奖谕诏（二月二十三日）

敕："蠢彼狂胡，轻犯淮右。惟尔将士，忠愤一心，执锐争先，刻期并进，誓敌王忾，用忏世雠。既逆遏其奸锋，遂屡摧其丑类。捷书累至，军声大张，盖自兵兴以来，未有今日之盛也。况淮东之军且出其后，沔鄂之众复来自南，合吾仁义之师，当彼残暴之寇。天时人事，理若相符，靖乱息民，其在兹举。尚思困兽之斗，务保全功；罔俾只轮之还，庶殄遗育。念尔履锋之苦，轸予当馈之叹。爰锡玺书，往昭至意。其增激于义概，以并茂于功多，受祴策勋，具有盟誓，高爵重禄，朕不汝忘。故兹诏示，想宜知悉。"

【译文】

敕："那愚蠢狂妄的虏人，轻率地侵犯了我淮西。尔等将士忠愤一心，披甲执锐争先杀敌，克期并进，与天子同仇敌忾，让虏人忏悔犯下的世仇。迎击敌锋，摧毁丑类。捷报频传，军势大张，大概自我朝兴兵以来，从未有过如同今日的盛况。何况淮西之军出于敌后，沔鄂之众又从南来，集合我仁义之师，抵挡那残暴之寇。天时人事，合乎道理，平乱息民，正在此举。失败的敌人尚思困兽之斗，得胜的我军务要保全成功；勿使敌人有只轮之还，应该全部歼灭尽净。念尔抵挡锋镝之苦，朕兴怀馈劳之叹。故赐诏书，昭示挚意。以此激励慷慨的士气，奖励卓越的功勋。受祴记功，已有盟誓，高爵重禄，朕必不忘。故此诏示，想宜知悉。"

辞免枢密副使不允诏

敕："具悉。朕以虏寇未平，中原未复，更定大计，登用枢臣。惟吾制阃之良，宜有筹帷[①]之略，俾参密席，庶协庙谟。当思注意之隆，遂展济时之志。守谦避宠，非予望焉。所辞宜不允。"

【注释】

①筹帷：引申义为在军帐中谋划军机。宋代又用"帷幄"一词引申为枢密院之代称。如《宋宰辅》卷一一："康国知枢密院事制曰：'俾专帷幄之任'。"

【译文】

敕："全部知悉。朕考虑到虏寇未平，中原未复，遂重修大计，进用枢密重臣。朝廷既已有统兵一方的良帅，更需运筹帷幄之谋臣，因此让你任职于枢密院，协助参决国家大计。你应当感念这隆重的关注和眷爱，伸展你济世救时的志向。若是守谦避宠，非朕所期。所辞宜不允。"

再辞免同前不允诏

敕："具悉。朕焦心劳思，宵衣旰食[①]，所愿训武厉兵，一洒雠耻。寤寐贤佐，协济良图。卿忠勇自奋，材智有余，是宜左右赞襄，以辅不逮，蔽自朕意，擢贰枢廷。尚体异知，免抒素蕴，毋稽成命，固执谦辞。所辞宜不允。"

【注释】

①宵衣旰食：天不亮就穿衣起身，天黑了才吃饭。形容非常

勤劳，多用以称颂帝王勤于政事。

【译文】

敕："全部知悉。朕焦心劳思，勤于政事，所愿讲武练兵，一湔仇耻。朕日夜期待贤明的辅臣，能与朕同心协力、共谋良策。卿忠勇自勉，富于才智，适宜辅佐朕于左右，弥补朕的不足。将你擢升为枢密副使，出自朕心。卿应体念这样的知遇，无须再诉谦逊之衷心，不要再坚持谦逊的辞免，迟延遵守已发布的命令。所辞宜不允。"

辞序位在参知政事之上不允诏

敕："具悉。卿蚤建殊勋，显登亚保[①]，虽赞西枢[②]之务，实联左棘[③]之班。肆同列之有陈，请会朝而居下。朕嘉其自抑，盖有能逊之风；俾尔在前，且昭右武之意。情文俱得，礼法无嫌。胡为守谦，未安厥服，免体睠意，勿复有言。所请宜不允。"

【注释】

①亚保：少保的别称。

②西枢：宋代为枢密院的别名。《续资治通鉴长编》卷一二一："国家以西枢内辅，赞翊本兵，为任重矣！"据《宋代官制辞典》，第103页。

③左棘：古以树棘为位。《通典·职官》："树棘以为位者，取其赤心而外刺。"少师、少傅、少保为三孤之官，别称孤棘。

【译文】

敕："全部知悉。卿早年建立殊勋，荣登少保之位。如今虽襄助枢密院之职事，实际上位列三孤之班。今既有同列极力陈请朝会时序位在你之下，朕赞许他的自抑，因其有谦逊之风；让你序位在他之前，更有崇尚武功之意。如此可兼顾人情与礼仪，于礼法无碍。卿无须过于谦逊，不安于此。望你体谅眷宠之意，勿复辞免。所请宜不允。"

带枢密本职前去按阅御前军马措置战守诏

敕："保大定功，武有经邦之略；蚤正素治，戒惟先事之防。将捄溢以求全，必因时而适变。连百万虎貔之旅，自我翕张；择一二股肱之良，为予犇奏[①]。卿勋在社稷，名震华戎，谦退踵征西[②]之风，廉约蹈祭遵之节，比从人望，入赞枢庭。方国步之多艰，念寇雠之尚肆，未反采薇之戍[③]，将亲细柳之军[④]。谅匪忠贤，孰膺寄委。当令行阵之习有素，战守之策无遗，伐彼奸谋，成兹善计。尚体眷注，无惮勤劳。故兹诏示，想宜知悉。"

【注释】

①犇奏：即奔奏，奔走传喻。

②征西：用典。东汉冯异曾任征西大将军。史书记载他"异为人谦退不伐，行与诸将相逢，辄引车避道"。

③采薇之戍：语出《诗·小雅·采薇》。《〈诗〉序》："文王之时，西有昆夷之患，北有玁狁之难，以天子之命将率，遣戍卒，以守卫中国，故歌《采薇》以遣之。"后遂以"采薇"作调遣士卒的典故。

④细柳之军：汉文帝时，周亚夫为将军，屯军细柳。皇帝亲

自去慰劳军队，至细柳营，因无军令而不得入。于是使者持符节诏将军，亚夫才传令打开壁门。既入，壁门士吏谓从属车骑曰："将军约，军中不得驱驰。"于是天子乃按辔徐行。见《史记·绛侯世家》。后遂称军营纪律严明者为细柳营。

【译文】

敕："卿居高位，建立功业，有经邦定国之武略；端己正身，治军有素，不忘事先整饬武备。若要救盈扶衰，求万全之策，就需要因时而适变。（朝廷）拥百万虎貔之旅，治国便可张弛自如。择一二股肱之臣，便可为我奔走晓谕。卿勋在社稷，名震中外。谦让冲逊有（东汉）征西大将冯异的遗风，廉洁俭约不逊于（东汉）祭遵的节操。此前不负人望，入职于枢密院。如今国步多艰，寇仇尚肆，士卒还未能返回家园，军营还需严正纪律。想来若非忠贤之士，谁能承担朕的委寄。卿此去当要令军队的行阵习练有素，战守的计划算无遗策。要破坏敌方的奸谋，完善我方的大计。望你体念朕的眷遇关注，不要忌惮辛勤劳苦。故此诏示，你应当理解。"

乞罢枢密副使仍别选异能同张俊措置战守不允诏

敕："具悉。朕以前日兵力分，不足以御敌，故命合而为一，悉听于卿。朕以二、三大帅各当一隅，不足以展其才，故登命于枢机之府，以极吾委任之意。凡为此者，而岂徒哉。战守之事，固将付之卿也。今卿授任甫及旬浃，乃求去位，行府之命，措置之责，乃辞不能。举措如此，朕所未喻。夫有其时，有其位，有其权，而谓不可以有为，人固弗之信也。毋烦费辞，稽我成命。所请宜不允。"

【译文】

敕："全部知悉。朕因过去朝廷的兵力分散，不足以御敌，故而下令合而为一，全部交付与你（译者按：泛指三大将被解除兵权、任职于枢密院之事）。因过去用二三大帅各当一面，不足以施展其才能，故而任命你们入职枢密府，以彰显朕的委任之意。所以为此者，岂是无谓之举。这是将国家的战守大计，委付于卿啊。如今你上任不久，就要求离去，枢密行府之命，措置战守之责，都以不能之名拒绝了，实在让朕不能理解。已拥有了时机、地位、权力，却说不能有所作为，怎能让人相信呢。勿烦费辞，延迟遵守朕的成命。所请宜不允。"

辞免男除带御器械①宜允诏

敕："具悉。朕睠若勋臣，任以本兵②之寄；宠其嗣子，俾居扈从之联。盖昭信倚之诚，岂拘文法之末。而卿秉心廉慎，执德谦冲，力抗封章，固求逊避。援三尺③而有请，谅一意之莫回。免徇雅怀，不忘嘉叹。所请宜允。"

【注释】

①带御器械：军职名、带职名。职掌：1）在京带御器械有宿卫职责，不统兵（《通考·职官》《周文忠公全集》卷一五〇《奉诏录·奉御笔批依》）；2）为外任军中差遣所带"职名"（《续资治通鉴长编》卷一八〇），"盖假禁近之名，为军旅之重"（《宋史·职官志》）。据《宋代官制辞典》，第421页。此处指前者。

②本兵：执掌兵权之意。

③三尺：指法律。古时把法律条文写在三尺长的竹筒上，故称法律为"三尺法"，简称"三尺"。

【译文】

敕："全部知悉。朕眷遇勋臣，委任其执掌兵权；恩宠其嗣子，让他处于扈从天子之列。用以昭示朕信赖倚重的诚意，岂应拘泥于礼法教条，舍本逐末。而卿秉性廉洁谨慎，固守道德，为人谦逊，上奏极力反对，请求回避这项宠荣。卿竟援引法令来陈请，谅已下定决心不可挽回。朕暂且顺从你高雅的情怀，不忘嘉叹你的品德。所请宜允。"

再乞检会前陈还印枢庭投身散地不允诏

敕："具悉。朕登用元勋，图回密务，方赖同心之助，式恢驭远之规。曾居位之日几何，乃丐闲之章踵至，亦无过矣，为之怃然。其体注怀，尚安厥位。所请宜不允。"

【译文】

敕："全部知悉。朕进用元勋，使其居于枢密之位，图谋运转天下之事。正有赖于尔等同心协助，规划驾驭远藩的大计，而你到任不久就频频上章请求赋闲，虽然不是什么过错，朕却为之怅然。望你体念朕的关注关怀，安心地在位。所请宜不允。"

辞免武胜定国节度使依前少保充万寿观使仍奉朝请[①]乞一在外宫观差遣不允诏

敕："具悉。卿登翊枢筦，曾未淹时，乃以人言，遽求释位。惟去就之义，卿之所敦；顾终始之恩，朕安敢废。兹用宠以节旄之旧，畀之祠禄[②]之优，君臣之间，庶几无愧。令弗惟反，又何辞焉。所请宜不允。"

【注释】

①奉朝请：赴朝立班之谓。古代诸侯春季朝见天子叫朝，秋季朝见为请。因称定期参加朝会为奉朝请。

②祠禄：指祠禄官。为职官范畴之一，分为内祠（在京宫观）、外祠（在外诸州府官观岳庙）差遣之总名。神宗熙宁二年十二月之后，祠禄官或用以安排持不同政见者，即与当轴者不合的官员，此类属贬黜官；但祠禄官之贬黜，又略含优礼，除享受祠禄官待遇之外，仍有起用、至于重用之可能。“挟祠禄以为挤屏之具”“于优厚之中寓闲制之意”，实为祠禄官的主要职能。（据《宋代官制辞典》，第609页。）

【译文】

敕：“全部知悉。卿进辅枢府，才不多时，就因他人弹劾，突然要求去位。坚守去就的道义，是卿所推崇的；顾及终始之恩，朕怎敢废弃。若以祠禄官之优礼代替节度使的荣宠，于君臣之间的恩义倒也无愧。然君命不可收回，卿又何必请辞。所请宜不允。”

卷第五

丝纶传信录卷之四

绍兴元年

除神武右副军统制省札

枢密院奏："勘会神武右副军统制颜孝恭见管军马不多，兼已拨付吕颐浩军前使唤。"

右三省、枢密院同奉圣旨，颜孝恭改差充江南东路安抚大使司统制军马，岳飞罢通、泰州镇抚使，差充神武右副军统制。今札付①神武右副军统制、武功大夫岳防御②，准此。

绍兴元年七月六日。押押押

【注释】

①札付：三省枢密院文书付授百司，例称"札付"（《玉堂杂记》卷下）

②岳防御：建炎四年（1130）至绍兴元年（1131），岳飞的官阶为武功大夫、昌州防御使。

【译文】

枢密院奏："审核议定神武右副军统制颜孝恭现所管的军马为数不多，且已经拨付到吕颐浩军前使用。"

右三省、枢密院同奉圣旨，另外任命颜孝恭为江南东路安抚大使司统制军马，岳飞罢通、泰州镇抚使，任命为神武右副军统制。今以此札付授神武右副军统制、武功大夫岳防御使，请照此办理。

绍兴元年七月六日。押押押

乞科拨钱粮照会从申省札

武功大夫、昌州防御使、充神武右副军统制岳飞申："契勘飞于绍兴元年八月十三日，准枢密院札子，备奉圣旨指挥，令飞一行官兵权留洪州驻扎，弹压盗贼。续奉圣旨指挥，般取本军昨存留徽州官兵老小，前来洪州一处屯泊，合用钱粮令江西转运司[①]应副。寻不住移牒本司，据本军合用钱粮，恭依已降圣旨指挥，应副施行去后，并不见措置科拨催发到来。

况本军方到洪州驻扎一月余日，累承本州公文，止称阙乏，应办不足。其合勘请十月初五日至初九日钱米，除已支请外，少钱五千四百九十六贯七百五十文，米七百四十一石三斗一升五合，支遣不足，所有初九日已后钱米亦无指准。念飞所部军兵唯仰官给钱粮，养赡过日，方免失所。似此洪州并不挂意，着紧措画，移那应副，及江西转运司又不见预行宽剩计置，取拨赴洪州，相续支用，致得阙误。不唯军兵自即已见阙食，兼日后又无指准批请。自今年九月二十三日后来，不住申明朝廷，乞赐行下本路转运司，疾早措置，支移合用钱粮，起发前来洪州，应副支遣去讫。至今未蒙回降指挥。

除已具录奏闻，伏望圣慈特降睿旨，下江西转运司，将本军合用钱粮，着紧催发，相继津般前来，以济急阙支用。及令洪州更切多方计置，移那应副施行，庶免冬月官兵阙食失所外，伏候指挥。"

勘会岳飞前申，已累札下江南西路转运司，详所申事理，疾速那容应副，不管少有阙误。并札下江南西路安抚大使李资政照会，催促应副施行。已再札下江南西路转运司，依已札下事疾速那容应副，不得依前少有违误外，今札付建州观察使、神武右副军统制、亲卫岳大夫照会。

绍兴元年十一月四日。押

【注释】

①转运司：路转运使总一路利权归上，兼纠察官吏以临郡。经度本路租税、军储，供邦国之用、郡县之费；分巡所部，检察储积，审核账册，刺举官吏臧否，荐举贤能，条陈民瘼，兴利除害，劝课农业，并许直达。转运使司为转运使廨宇，路监司之一，统治一路的主要机构。（据《宋代官制辞典》，第481页、482页。）

【译文】

武功大夫、昌州防御使、充神武右副军统制岳飞申："按查，飞于绍兴元年八月十三日，接到枢密院札子，奉圣旨指挥，命令我等一行官兵暂留洪州驻扎，弹压盗贼。之后又奉圣旨指挥，令先前留在徽州的官兵家属搬到洪州一起屯驻，须用钱粮由江西转运司应付。不久又不断移牒本司告知，将恭依已降圣旨指挥应付本军须用钱粮，然而却未见安排科派（租赋）催发前来。

而且，本军刚到洪州驻扎月余，累次承接本州公文，只是称本州缺乏钱粮，不足应办本军所需。本军应支请的钱粮自十月初五日至初九日，除已经支请所得外，尚差钱五千四百九十六贯七百五十文，米七百四十一石三斗一升五合，支遣不足，初九日之后应提供的钱米也没有确定。顾念我所部军兵只仰赖官给钱粮度日存身，据如今的状况看来，洪州并未关注此事抓紧筹划，移挪应付。且江西转运司又未见预先计划将宽余钱米拨赴洪州，以使我军可以接续支用，不至于发生缺误。不仅军兵目前已经缺食，且日后的钱粮支请也未确认。我司自今年九月二十三日以来，不断申告于朝廷，请求行文下达于本路转运司，及早安排支移我军需用钱粮，起发前来洪州应付我军的支遣。至今未蒙朝廷回复指挥。

“除已具录奏闻外，伏望圣慈特降睿旨，行文下发江西转运司，令其将本军须用的钱粮抓紧催发，相继输运前来，以满足急缺的支用。并命令洪州更着意多方筹划措办，移挪应付我军，避免让官兵在冬天缺食失所，伏候指挥。”

经审核岳飞之前的申状，已累次札下江南西路转运司，审察所申事理，疾速挪容应付，不得稍有缺误。并札下江南西路安抚大使资政殿大学士李（回）照会，催促转运司应付施行。已再札下江南西路转运司，依照已札下事疾速挪容应副，不得再如前稍有违反失误，今以此札付授建州观察使、神武右副军统制、亲卫大夫岳（飞）照会。

绍兴元年十一月四日。押

绍兴二年

权知潭州并权荆湖东路安抚都总管省札

绍兴二年正月二十九日，枢密院关，奉圣旨，令岳飞除差出捉杀石陂群贼军兵三千人外，限指挥到，日下将带见统全军兵马，起发前去，权知潭州，并权荆湖东路安抚、都总管。候宣抚司到日，取朝廷指挥[①]。如更合要兵马，即勾收张中彦、吴全两军，带领前去，听岳飞节制使唤。其合用钱粮，令韩球专一应副起发。仍札下江南西路安抚大使司照会。内有合属尚书省事，今关送尚书省指挥。

右札付亲卫大夫、神武右副军统制②、建州岳观察，依枢密院关子内已得圣旨指挥，疾速施行，准此。

绍兴二年正月二十九日。押押

【注释】

①候宣抚司到日，取朝廷指挥：当年二月，宋廷才起用李纲为荆湖、广南路宣抚使，岳飞等将领都归他“节制”。（据《梁溪全集》李纲行状，《要录》卷五一绍兴二年二月庚午。）

②神武右副军统制：岳飞于绍兴元年十二月十四日丁丑已升任神武副军都统制，此处“神武右副军统制”应为刊误。（据《金佗稡编续编校注》，第1316页。）

【译文】

绍兴二年正月二十九日，枢密院关所奉圣旨，令岳飞除了派出前往捉杀石陂寨群贼的军兵三千人以外，限圣旨指挥到达日，立即带领现在所统率的全军兵马起发前去潭州，代理潭州知州，并代理荆湖东路安抚、都总管。至（荆湖、广南路）宣抚司到任日为止，听朝廷指挥。如需更多兵马，可调发张中彦、吴全两军前去听岳飞节制支遣。其需用钱粮，令韩球专门应付调发，依旧札下江南西路安抚大使司照会。内有尚书省管辖事宜，今关送尚书省指挥。

以上内容付授亲卫大夫、神武副军都统制、建州观察使岳飞，依照枢密院札子内已得圣旨指挥，请疾速施行，照此办理。

绍兴二年正月二十九日。押押

绍兴三年

改充江南西路制置使省札

三省、枢密院同奉圣旨，岳飞落“沿江”二字，充江南西路制置使，江州驻扎。其沿江兴国、南康军[①]一带江面，仰多方措置，防托隄备。及本路州军缓急遇有贼马侵犯去处，亦仰随宜分拨军马，前去应援，无致疏虞。余并依已将指挥。

右札送神武副军都统制、充江南西路制置使、岳承宣疾速施行，准此。

绍兴三年九月二十一日。押押

【注释】

①军：宋代路之下的地方一级行政管理单位为州或府、军、监。军与州、府平级，而实际地位次于州、府、高于监。地势冲要，户口少而不成州者，则设军。

【译文】

三省、枢密院同奉圣旨，岳飞原军职“江南西路沿江制置使”中除去“沿江”二字，任江南西路制置使，于江州驻扎。沿江的兴国军、南康军一带江面，希望你多方部署，防御提备。如本路州军遇贼马侵犯需要相助的情况，也仰赖你随宜发派军马前去应援，不至于失误。其余均依照已降指挥施行。

以上内容付授神武副军都统制，充江南西路制置使、承宣使岳飞立即实行，请照此办理。

绍兴三年九月二十一日。押押

除江南西路舒蕲州制置使省札

三省、枢密院同奉圣旨，岳飞除江南西路、舒、蕲州制置使，江州置司。

右除别降敕命外，今札送神武副军都统制、新除江南西路、舒、蕲州制置使岳承宣照会，准此。

绍兴三年九月二十四日。押押

【译文】

三省、枢密院同奉圣旨，授岳飞为江南西路、舒、蕲州制置使，制置使司设于江州。

以上任命除另外降下敕命外，今以此札付授神武副军都统制、新任江南西路、舒、蕲州制置使、承宣使岳飞照会，请照此办理。

绍兴三年九月二十四日。押押

收捕虔吉州盗贼王贵以下推恩省札

岳飞奏："收捕虔、吉州盗贼，逐人屡次见阵，率众当先，掩杀贼徒，各立奇功，乞推恩[①]。今具下项：武显大夫[②]、閤门宣赞舍人[③]、统领官[④]王贵，欲王贵与转[⑤]三官，内一官除遥郡刺史，一官依条回授[⑥]。武功郎、閤门宣赞舍人、统领官张宪，欲张宪与转三官，内一官除遥郡[⑦]刺史。敦武郎、统领官徐庆，欲徐庆与转三官，内一官除閤门宣赞舍人。"九月二十九日，三省、枢密院同奉圣旨依拟定，内王贵、张宪落閤门宣赞舍人。

右札送神武副军都统制、江南西路、舒、蕲州制置使、镇南军岳承宣。

绍兴三年九月二十九日。押押

【注释】

①推恩：帝王对臣属推广封赠，以示恩典。

②武显大夫：正七品，17阶，仅次于武德和武功大夫，属诸司正使，可列入武臣磨勘迁转之列。这里的武显大夫以及后文中的武功郎、敦武郎等都为武阶官序列名称。其中，敦武郎属大使臣，武功郎属诸司副使，武显大夫属诸司正使。宋朝武官升迁的常制一般是自使臣迁诸司副使，又迁诸司正使，又迁遥郡，又迁正任，而最后升节度使。而敦武郎为大使臣中的最高一阶，再升就是诸司副使；武功郎则为诸司副使中的最高一阶，再升进入诸司正使。

③閤门宣赞舍人：《山堂群书考索》续集卷四四载，横行、閤职、遥郡、使臣等，“皆以别秩禄，而无与于掌兵”。宋朝武官升迁状况复杂，閤职事实上也是武臣升迁的一个环节。閤职有閤门宣赞舍人和閤门祗候两等，作为武官的荣誉加衔。在徐庆的升迁安排中，閤门宣赞舍人也算一官，似为特例。宋时閤职时称“右列清选”，虽然有单独任官者，但更多是使臣、诸司副使和正使的兼任。而自横行及遥郡以上有相当比例不再兼閤职。（“右列”指武官，古代武官居于朝班之右。）

④统领官：此为差遣名。

⑤转：谓升迁官职。

⑥依条回授：南宋初年，诸司正使与横行之间，有所谓“止法”，“武臣转至武功大夫（武功大夫为诸司正使最高一阶），若有军功，方许转行右武”。王贵在此次升迁中“转三官”，首先因为转遥郡，不能再兼閤职。武显大夫双转一官，即是武功大夫，正碍着“止法”，故剩余一官“依条回授”亲属。

⑦遥郡：宋朝武官升迁序列的常制一般为武臣自使臣迁诸司副使，又迁诸司正史，又迁遥郡，又迁正任，而最后升节度使。遥郡具体是指诸司正使和横行兼任刺史、团练使、防御使、观察

使、承宣使。以此次张宪的“转三官”升迁为例，武功郎双转两官即为诸司正使中的武略大夫，另加吉州刺史一官，正好三官。（南宋有所谓“双转”，“有军功人自武翼郎以上，每转一官，即双转两官。据《朝野类要》卷三《双转》）

⑧以上注释②③⑥⑦，参考王曾瑜《岳飞和南宋前期政治与军事研究》，河南大学出版社，2002年，第298–313页。

【译文】

岳飞奏“收捕虔、吉州盗贼，我督促人马屡次与敌人交战，现为率众当先、各立奇功者，请求推恩赏赐。今具下项：武显大夫、閤门宣赞舍人、统领官王贵，请求予升三官，其中一官为遥郡刺史，一官（因遇止法）回授（亲属）。武功郎、閤门宣赞舍人、统领官张宪，请求予升三官，其中一官为遥郡刺史。敦武郎、统领官徐庆，请求予升三官，其中一官为閤门宣赞舍人。”九月二十九日，三省、枢密院同奉圣旨拟定（译者按，此处似有缺文），其中王贵、张宪不再兼閤门宣赞舍人。

以上付授神武副军都统制，江南西路、舒、蕲州制置使，镇南军承宣使岳飞。

绍兴三年九月二十九日。押押

改差充神武后军统制省札

奉圣旨，岳飞特改差充神武后军统制，还阙，依前江南西路、舒、蕲州制置使，其见统官兵并改拨充神武后军。

右除别降告命外，今札送新差神武后军统制、江南西路、舒、蕲州制置使岳承宣疾速施行，准此。

绍兴三年九月二十九日。押押

【译文】

奉圣旨，岳飞特改差充为神武后军统制，待回朝，照此前依旧为江南西路、舒、蕲州制置使，其现统官兵全部拨入神武后军。

以上内容除另降诰命外，今付授新差神武后军统制，江南西路、舒、蕲州制置使，承宣使岳飞迅速施行，请照此办理。

绍兴三年九月二十九日。押押

绍兴四年

朝省行下事件省札

三省、枢密院同奉圣旨，依下项：

王璎见驻军鼎州，招捕杨么，累有申奏，乞别差官兵防托大江。今差岳飞兼制置荆南、鄂、岳，其湖北帅司统制官颜孝恭、崔邦弼两军，并荆南镇抚使司军马，并听节制使唤。

一、李横退师，据诸处探报，叛贼李成、孔彦舟等占据襄阳府、唐、邓、随、郢州、信阳军，候麦熟，聚兵南来作过。岳飞累有奏陈，措画收复，备见尽忠体国。今差本官统率所部军马，于麦熟以前措置收复上件州军。

一、今来出兵，止为自通使议和后来，朝廷约束诸路，并不得出兵，伪齐乘隙侵犯，李成等辄敢占据；须着遣兵收襄阳府、唐、邓、随、郢州、信阳军六郡地土，即不得辄出上件州军界分。所至州县，务在宣布德意，存恤百姓。如贼兵抗拒王师，自合攻讨；若逃遁出界，不须远追。应官吏、军、民来归附者，不得杀戮，一面招收存恤。亦不得张皇事势，夸大过当，或称提兵北伐，或言收复汴京之类，却致引惹。务要收复前件州军实利，仍使伪齐无以藉口。

一、岳飞本军每月见支钱一十二万余贯，米一万四千余石，会计出师三月军须，合用钱三十六万余贯，米四万二千余石。今来虑有添兵，及有犒设激赏，理宜宽剩支降。今于行在榷货务支银一十万两，每两二贯五百文，金五千两，每两三十贯文，二项计准钱四十万贯。吉州榷货务于今年贴纳、算请等盐钱内支二十万贯已上。总计支钱六十万贯，内以二十万贯充犒设激赏。米支六万石，于沈昭远催运二十万石内，先次发到江上米内支拨。并令岳飞措置，随军支遣。如人舡不足，令帅司、运司极力应副。

一、收复诸州并委岳飞随宜措置，差官防守。如城壁不堪守御，相度移治山寨，或用土豪，或差旧将牛皐主管。事毕，大军复回江上屯驻。

右札送江南西路、舒、蕲、兼荆南、鄂、岳州制置使岳承宣疾速施行，不得下司。

绍兴四年三月十三日。押

【译文】

三省、枢密院同奉圣旨，依下项：

王𤫉现驻军于鼎州招捕杨么，屡次申奏，请求另差官兵防御长江。今差岳飞兼任荆南、鄂、岳州制置使，荆湖北路安抚司统制官颜孝恭、崔邦弼两军，及荆南镇抚使司军马，全听岳飞节制调用。

一、李横已退师，据诸处探报，叛贼李成、孔彦舟等占据襄阳府、唐、邓、随、郢州、信阳军，就等麦熟之后聚集兵马南来闹事。岳飞多次奏陈，部署收复失地，备见尽忠体国。今差岳飞统率所部军马，于麦熟以前部署收复以上州、军。

一、此次出兵，只因自与金国通使议和以来，朝廷一直约束诸路，不允许出兵，（致使）伪齐乘隙侵犯我境，李成等则擅自占据州县；因此如今必须遣兵收复襄阳府、唐、邓、随、郢州、信阳军六郡的境土，但不得擅自超出以上州军的边界。所到州县，务必宣布朝廷德意，抚慰百姓。如贼兵抗拒王师，自然正宜攻讨；若贼兵逃遁出界，则不须远追。官吏、军、民来归附者，不得杀戮，并需招收抚慰。也不得张皇声势，夸大过当，或称提兵北伐，或声言收复汴京之类，导致激惹（敌人）。务必要收复前述州军的实际收益，并使伪齐无以借口。

一、岳飞本军每月现支钱一十二万余贯，米一万四千余石，核计出师三月的军须应合钱三十六万余贯，米四万二千余石。现虑及可能增添兵员，及犒享激赏之费，理应宽余支降。今于行在榷货务支取银一十万两，每两折合铜钱二贯五百文，金五千两，每两折合铜钱三十贯，两项合计值钱四十万贯。吉州榷货务再于今年收取的请盐盐税及滞纳息钱中支取二十万贯，则总计支钱六十万贯，其中以二十万贯作为犒享激赏钱。米可支六万石，从沈昭远催运的二十万石中首先发到江上的米内支拨。以上全部令岳飞安排，随军支遣。如人舟不足，可令安抚司、转运司全力应付。

一、诸州收复后委托岳飞随宜安排部署，差遣官员防守。如城壁衰颓不堪守御，观察估量后可移治附近山寨，或委任当地土豪，或差遣原守将牛皋等主管。待事毕，大军复回江边（鄂州）屯驻。

以上付授江南西路、舒、蕲州，兼荆南、鄂、岳州制置使、承宣使岳飞尽快施行，不得下有司。

绍兴四年三月十三日。押

刘洪道奏李成结连杨么省札

荆湖北路安抚使刘洪道奏：“臣于三月初八日，据权知岳州刘愿申，收到杨么寨内走出王瓊军统制官吴全下元被捉使臣王忠等，取责到知见伪齐李成结连杨么等，欲南来作过等事。臣契勘近据探报，李成于襄、邓等州添兵聚粮，置造舡筏、攻城器具，欲南来作过。缘本路阙兵隄备，臣已具利害，奏乞添屯重兵防御去讫。今又据前项权知岳州刘愿申报，外寇与湖贼结连，欲水陆侵犯，与其他风传探报不同。兼目今江湖水势已涨，上流防御，系朝廷大计。伏望详酌臣已奏并今奏事理，速降睿智施行，伏候敕旨。”

右奉圣旨，札与岳飞。今札送神武后军统制、江南西路、舒、蕲州制置使岳承宣，准此。

绍兴四年三月二十五日。押

【译文】

荆湖北路安抚使刘洪道奏：“臣于三日初八日，据代理岳州知州刘愿的申报：截获从杨么寨内逃出的原王瓊军中统制官吴全下的使臣王忠，审问出王忠看见及了解到现伪齐（大将）李成联结杨么等打算南来作乱等事。据臣所知，近据探报，李成于襄阳、邓州等州军添兵聚粮，建造舟筏及攻城器具，计欲来南方作乱。因本路缺少兵员防备，臣已写札子陈述利害，奏请添屯重兵防御。今又据前述代理岳州知州刘愿申报外寇与湖贼联络，打算由水陆两路侵犯，这与其他风传探报不同。又兼如今江湖水势已上涨，长江上流防御关系朝廷安危大计。伏望审核臣已奏与今奏事项，速降圣旨施行，伏候敕旨。”

以上内容奉圣旨：札交岳飞。今以此札付授神武后军统制、江南西路、舒、蕲州制置使、承宣使岳飞，请照此办理。

绍兴四年三月二十五日。押

照会伪齐已差人占据州郡省札

枢密院奏："权发遣复州军州事韩遹等申：'州司近差人探得，襄阳府见系伪齐差李成据占，郢州系伪齐差荆全[1]据占，随州系伪齐差王嵩据占，邓州系伪齐差一姓高人据占。逐处人多不过千人，少止有五、六百人；马多不过一、二百疋，少止有五、六十疋。粮食逐旋令人去唐州界何、刘家寨般取，其处号为新唐州。逐州见今团集乡兵，各置铺寨，及不住添修楼橹，置造器具。兼逐州各有李横等种下大、小二麦不少，切虑将来二麦成熟，修葺成就，难以收复。州司除已具状奏闻，乞速赐施行外，申闻事。'"

右奉圣旨，札与岳飞。今札送江南西路、舒、蕲州制置使岳承宣照会施行，准此。

绍兴四年三月十八日。押

【注释】

①荆全：应为"荆超"之误。

【译文】

枢密院奏："代理发遣复州军州事韩遹等申告：'本州最近差人打探到，襄阳府现为伪齐所派李成占据，郢州为伪齐所派荆超占据，随州为伪齐所派王嵩占据，邓州为伪齐差一高姓者占据。各处人多的不过千人，少的仅有五六百人；马多不过一二百匹，少仅有五六十匹。粮食则令人去唐州界的何家寨、刘家寨逐次搬取，其地号为新唐州。现各州已集结乡兵，各置递铺和山寨，并不断添修楼橹，制造攻守器具。且各州有李横当初种下的不少大、小麦，我深虑等到将来麦熟之时，敌军修葺部署已成气候，便难行收复之事。本州除已具状奏告，请求速赐指挥施行外，申告于上官。

以上内容奉圣旨：札子给岳飞。今札送江南西路、舒、蕲州制置使承宣使岳飞照会施行，请照此办理。

绍兴四年三月十八日。押

再据刘愿申杨么贼徒结连作过省札

权知岳州刘愿申："契勘荆湖制置使王四厢[①]复提大军，前去鼎州，措置招捕杨么贼徒。二月二十四日到州，收到被虏军兵王忠等二名，自贼寨脱身出来。寻行取问，责据逐人供，各是水军统制吴全部下人，内王忠是使臣[②]，袁海是效用[③]。去年十一月十一日，随吴全乘海船入湖，讨捕杨贼。到地名青江上口，逢贼大车舡，本军舡小，当被围了，势力不加，遭贼擒杀。吴全一行兵将王忠等各被捉缚回寨，得贼首杨么、黄诚存留在寨使唤。王忠等日逐见杨么、黄诚等评议下项机密事件。

除已将王忠等解赴制置王四厢军前外，契勘本州系据长江上流，西临重湖，北通襄汉，襟带荆、鄂，屏蔽湖南，自古号扼控重地。今又系杨么贼舡出入要途，若本州可以捍御，必不能侵犯下江州郡。昨累经金人、巨寇蹂践，民户所存百分之一，州城烧毁殆尽，商贾不通，税赋无入，在州只有些小彫残贫民，四围并无城壁，钱粮储积，无分文颗粒，捍贼军马，无一卒一骑。从来每遇盗贼水路侵犯，官吏已下必全城逃避，谓州郡守臣带沿江安抚，特有虚名。今据王忠等供说，杨么贼徒已与伪齐李成结连，先取本州，安存老小，以为硬寨，然后顺流而下，侵犯江、浙。幸而预知，岂可坐待，若不预为措画，万一贼至，不惟失一岳州，荆湖南、北便见隔绝，占据上流，下江所系甚重。欲望朝廷矜恤本州并无城壁、钱粮、军兵，外贼、内寇结连，指日首先攻取占据，要作硬寨，然后侵犯江、浙，委是事势迫切，特赐选差前项精锐军马，直拨钱粮，下本州驻扎，仍乞悉听本州节制，庶可为用。

愿已于二月二十四日具此因依，专差成忠郎、乌沙镇监酒税、权本州司户参军李佐赍申尚书省。愿切虑前状在路住滞未到，又于当月二十五日再具状申去讫。今来春水泛涨，杨么贼舡不住出没作过，事势委是危急。伏乞详酌，速赐指挥施行，候指挥。

一、去年十二月三日，见伪齐下李成发使臣，称是康武翼，来下文字，要与贼商议通和。令贼首杨么、黄诚、寿等打造大车舡，准备来年七月间，前来鄂州、汉阳、蕲、黄州已来，迎接李成相公一行人马。已备下甲军二十万，就你门大舡济渡。许留甲军三万，与杨么、黄寿等相添装压车舡。令贼船取水路下江，李成取陆路经由江西，前来两浙会合，要赴行在作过。候了日，许杨么等荆湖两路，与钟相男伪太子建国通和。当时杨么、黄寿等允许，供依应公文，交付康武翼，于当月七日发遣回去。

一、见贼首诬议张宣抚相公招安事。其杨么、黄寿等所说，目即且权诈受招安，图教诸小寨兵夫放心作田，兼要诸处采木人舡稳便，及要疑住诸路人马不动，本寨安然打舡。

一、诸贼寨已有大、小车舡共二十九只。及创行打造大车舡一十五只，每只各长一百步，底阔三丈，高三丈五尺，板厚七寸。各要四月半先造成底，推入水。候五月尽舡。就令人兵六月间火急收刈早稻。七月间起发，先取岳州，作老小硬寨。将旧车舡排泊城下，要抵栏潭、鼎州人马，却将新车舡一十五只，前去攻取鄂州、汉阳、蕲、黄州已来，迎接李大军马到来济渡，分水陆前去浙中会合。

一、贼寨逐时行移文字，只作甲寅年，并不用绍兴年号。

今年七月间，定是会合伪齐攻打沿江州县。”

右勘会近据刘洪道申到前项事理，已奉圣旨，札与岳飞去讫。今再札送江南西路、舒、蕲州制置使岳承宣，准此。

绍兴四年四月四日。

【注释】

①王四厢："四厢"为捧日、天武四厢都指挥使或龙、神卫四厢都指挥使的简称，当时属虚衔。这里指代王𤩽。

②使臣：是宋朝八品和九品的十等武阶官总称，可分为大使臣和小使臣。（据《宋朝军制初探（增订本）》，第198页。）

③效用：原先谓效力用命之意，约在宋仁宗时期，"效用"演变为军中职名。南宋的效用兵一般指上等军士。（据《宋朝军制初探（增订本）》，第148页、153页。）

【译文】

代理岳州知州刘愿申："按查，荆湖制置使王𤩽又提大军前去鼎州，安排招捕杨么叛军。（我）二月二十四日到达本州，收到被掳军兵王忠等二名，刚从贼寨脱身出来。我立刻安排了审问，据他二人各自供说，都是水军统制吴全的部下，王忠是使臣，袁海是效用兵。两人去年十一月十一日跟随吴全乘海船入湖，讨捕杨贼。到了地名为青江上口的地方，遭逢杨么叛军的大车船，本军海船较小被围，势力不敌，尽遭叛军擒杀。吴全一行的兵将如王忠等各被捉缚回寨，被贼首杨么、黄诚等留下在水寨使唤。王忠等每天得见杨么、黄诚等评议下项机密事件。

"除已将王忠等解送制置使王𤩽军前外，按查本州地处长江上游，西临重湖，北通襄汉，襟带荆、鄂，屏蔽湖南，自古号为控扼重地，如今又是杨么贼船的出入要途，若本州可以捍御杨么叛军，他们必不能侵犯长江下游州郡。本州先前累经金人、巨寇蹂践，民户仅存百分之一，州城烧毁殆尽，商贾不通，税赋无入，只有些许贫民留在本州。四围无城壁，也无分文颗粒的钱粮储积，更无可捍御贼军的一卒一骑。历来每遇盗贼水陆侵犯，官吏及下民必定是全城逃离避乱，人们都说州郡守臣虽带‘沿江安抚’职衔，实是徒有虚名。今据王忠等供说，杨么叛军已与伪齐李成联络，打算先攻取本州，将其打造成坚固的营垒安顿家属老小，然后顺流而下，侵犯江、浙。我等幸而预先得知，岂可坐待（贼军来犯），若不预先部署，万一贼军扑来，不仅是失一岳州，荆湖南、北两路从此隔绝，叛军得以占据上流，长江下游的情况就会变得严峻。望朝廷怜悯本州并无城壁、钱粮、军兵，又有外贼内寇结盟打算不日首先攻取占据，在本州扎下硬寨，然后侵犯江、浙，实在是情势迫切，请朝廷特赐恩恤，选差前项所提到的精锐军马，支拨给钱粮，下本州驻扎，仍请求让来军听本州节制，可望为我所用。

“我已于二月二十四日备书此事原委，专门差成忠郎、乌沙镇监酒税、代理本州司户参军李佐送达，向尚书省申告。因深恐前一封申状滞留于路途，又于当月二十五日再次发送了申状。如今春水泛涨，杨么贼船不断出没乡里闹事，情势实在是危急。伏乞审核实情、采择下议，速赐指挥施行，我等谨候指挥。

“一、去年十二月三日，伪齐下李成差一使臣，自称姓康的武翼郎前来下书，要与叛军商议通和之事。令贼首杨么、黄诚、黄寿等打造大车船，准备来年七月间去鄂州、汉阳、蕲、黄州迎接李成相公一行人马。李成已备下了甲军二十万，届时就用杨么他们打造的大船济渡过江。事成后留三万甲军添补给杨么、黄寿，装压车船。令贼船取水路沿江而下，李成则取陆路经由江西，前来两浙会合，要去行在闹事。待事成之后，许给杨么等荆湖两路，并与钟相的儿子伪太子建国通和。当时杨么、黄寿等应允了，提供了表示依允的回函交付康姓的武翼郎，于当月七日发遣回去。

“一、见到贼首诬蔑议论张宣抚相公招安的事。杨么、黄寿说现在权且假装接受招安，好教诸小寨的军兵民夫放心种地，兼欲诸处采伐木料的人船稳妥，并要稳住诸路人马不动，在本寨安然打船。

“一、诸寨已有大、小车船共二十九只。及自创打造的大车船十五只，每只各长一百步，底阔三丈，高三丈五尺，船板厚七寸，准备四月中时先造成船底，全部推入水中，到五月全部完成，然后令军兵六月间火速收割早稻，七月间发兵，先攻取岳州，作为安顿老小的硬寨。将旧车船排列停泊在城下，抵抗潭州、鼎州方向的官军，用新车船十五只前去攻取鄂州、汉阳、蕲州、黄州以后，迎接李成的大军到来，渡过长江，然后分水陆两路前去浙中会合。

“一、贼寨不时签发文书，只写甲寅年，而不用绍兴年号。今年七月间，必定将会合伪齐攻打沿江州县。”

以上为近据刘洪道申到的前项事理，已奉圣旨：札子付与岳飞。今再以此札付授江南西路、舒、蕲州制置使、承宣使岳飞，请照此办理。

绍兴四年四月四日

卷第六

丝纶传信录卷之五

绍兴四年

给降晓谕榜文省札

三省、枢密院同奉圣旨，榜[1]文札与岳飞，依此誊写雕印，散行晓谕，即不得备坐今降圣旨指挥，具知禀闻奏。

右并榜文连粘在前，今札送江南西路、舒、蕲州、兼荆南、鄂、岳州制置使岳承宣照会，准此。

绍兴四年四月四日。

【注释】

①榜：文书名。公开张贴的手写或雕印的文告，系传播政令的媒介，也是推行政令的工具，具有行政约束效力。（据《宋代官制辞典》，第625页。）

【译文】

三省、枢密院同奉圣旨，榜文送岳飞处，照此誊写及雕版刻印，散发晓谕，不得大意滞留今所降之圣旨指挥，（凡事）具章知禀奏闻。

以上及粘贴在前的榜文，一并札送江南西路、舒、蕲州，兼荆南府、鄂、岳州制置使、承宣使岳飞照会，请照此办理。

绍兴四年四月四日。

报仙人关获捷省札

岳飞奏："四年三月十七日，有川、陕宣抚司使臣杨祖云赍捷报旗前赴行在，称于兴州界仙人关杀金平野，与番贼四太子、皇弟郎君见大阵，获捷。乞更量进兵等事。候敕旨。"

右三省、枢密院同奉圣旨，令岳飞遵依已降画一并榜文指挥施行。今札送江南西路、舒、蕲州、兼荆南、鄂、岳州制置使岳承宣疾速施行，准此。

绍兴四年四月六日。押押

【译文】

岳飞奏："（绍兴）四年三月十七日，有川、陕宣抚司使臣杨祖云持捷报旗赴行在，称于兴州界的仙人关杀金坪，与番贼四太子、皇弟郎君大战，获捷。请求考量进兵（配合作战）事宜。等候圣旨指挥。"

三省、枢密院同奉圣旨，令岳飞遵守已降的条列指挥及榜文施行。今以此札付授江南西路、舒、蕲州、兼荆南、鄂、岳州制置使、承宣使岳飞疾速施行，请照此办理。

绍兴四年四月六日。押押

兼差黄州复州汉阳军德安府制置使省札

三省、枢密院同奉圣旨，岳飞差兼黄州、复州、汉阳军、德安府制置使，余依旧。

右札送江南西路、舒、蕲州、兼荆南、鄂、岳、黄、复州、汉阳军、德安府制置使岳承宣照会施行，准此。

绍兴四年五月一日。押

【译文】

三省、枢密院同奉圣旨，岳飞兼任黄州、复州、汉阳军、德安府制置使，其他职衔不变。

以上内容付授江南西路、舒、蕲州、兼荆南、鄂、岳、黄、复州、汉阳军、德安府制置使、承宣使岳飞照会施行，请照此办理。

绍兴四年五月一日。押

措置防守襄阳随郢等州省札

枢密院奏：“勘会昨降画一指挥，出兵收复襄阳、唐、邓、随、郢州、信阳军六郡地土，并委岳飞随宜措置，差官防守。如城壁不堪守御，相度移治山寨，或用土豪，或差旧将牛皋等主管。事毕，大军复回江上屯驻。

近据岳飞申奏：‘已收复随、郢州、襄阳府了当，统率军马，见在襄阳下营。’已降指挥，比遣岳飞收复荆、襄诸郡，方此盛暑，将士暴露，备见勤劳，深所嘉叹。唐、邓事宜，再行问探贼中虚实，必已尽知人数多寡，粮道远近，将帅姓名，相距形势，并须明审敌情，察其奸计。王师既胜，尤当持重。已复三郡如何防守，未得州县亦当措画。仍切激励诸军，竭忠戮力，能协心而徇国，必懋赏以劝功。军食所须，已严催督漕运继往，决无阙事。指挥到日，可条具闻奏。

今续据岳飞申：‘探到伪齐添差[①]番贼并签军，见在新野、龙陂、胡阳、枣阳县并唐、邓州一带屯驻，大段数多。见竭力措置，乞详察所申，特降指挥施行。’”

右三省、枢密院同奉圣旨，令岳飞详度事机，审料敌情，唐、邓、信阳决可攻取，即行进兵；如未可攻，先次措置襄阳、随、郢如何防守，务在持重，终保成功。董先、牛皋、李道等可与不可差委各守一郡？荆南、德安二镇皆与襄阳形势接连，并是江北屏翰冲要去处。荆南见有多少军马，合与不合增添？德安亦合分屯一军，相为援助。逐处分拨屯军、粮道次第详细利害，速行条具。今已夏末，防秋[②]不远，依元降画一，大军复回，屯守江上。较其利害，鄂州为重，江州为次，亦速相度，一状闻奏。今札送江南西路、舒、蕲州、兼荆南、鄂、岳、黄、复州、汉阳军、德安府制置使岳承宣疾速施行，准此。

绍兴四年六月二十三日。

【注释】

①添差：于差遣员额外增添的差遣，叫“添差”。

②防秋：古代西北各游牧部落，往往趁秋高马肥时南侵。届时边军特加警卫，调兵防守，称为“防秋”。

【译文】

枢密院奏：“经审核先前已下发条列指挥，令岳飞出兵收复襄阳、唐、邓、随、郢州、信阳军六郡地土，并委托岳飞随宜安排布置，差官员防守。如城壁破败不堪守御，可酌情移治山寨，或者任用土豪或旧将牛皋等主管防守事宜。待事毕，大军仍回江边屯驻。

“近据岳飞申奏：‘已收复随、郢州、襄阳府完毕，现统率军马在襄阳下营。’已降指挥，先时遣岳飞收复荆、襄诸郡，正值盛暑，将士暴露于外，无所遮蔽，备见忠勤劳苦，朝廷深所嘉叹。唐、邓等州的收复事宜，宜再行探察敌人的虚实，必定要详细了解兵员多寡，粮道远近，将帅姓名，地理形势，明审敌情，察知敌人狡猾的计谋（之后，才可用兵）。王师得胜之后，尤其应当慎重。已收复的三个州郡如何防守，尚未收复的州县如何部署，仍要加以重视，激励诸军，尽忠协力。三军若能为国家同心奉献，国家必用褒赏以勉励。所需军食，已严加催督漕运官接续，绝不会缺误。指挥圣旨到达你处时，可再条陈奏闻。

“今又据岳飞申：‘探到伪齐又增添番贼将领名额及汉儿签军，现在（邓州东南的）新野、龙陂、胡阳、（随州的）枣阳县并唐、邓州一带屯驻，数量众多。我现在正竭力布置，请详察所申，特降指挥施行。’”

三省、枢密院同奉圣旨，令岳飞详细审度事机，分析估量敌情，若攻取唐、邓、信阳把握较大，则可进兵攻取；若把握不大，则首先部署襄阳、随、郢州的防务，务必谨慎，终保成功。董先、牛皋、李道等三人是否可委任各守一州？荆南府、德安府两地都与襄阳形势相接，俱是江北屏蔽长江的冲要。荆南现有多少军马，是否需要增添？德安府也应该分屯一军，与襄阳互为应援。关于各处分拨屯军、粮道等情况利害，请速速条列申奏。如今已是夏末，距防秋不远，按照原先下发的计划，大军当在防秋前返回，屯守江上。以利害轻重论，鄂州为重，江州其次，也请审度之后申状奏闻。今已此札付授江南西路、舒、蕲州兼荆南、鄂、岳、黄、复州、汉阳军、德安府制置使、承宣使岳飞疾速施行，请照此办理。

绍兴四年六月二十三日。

照会措置防守已收复州郡省札

一、岳飞奏：“条具到欲驻大兵于鄂州，则襄阳、随、郢量留军马，又于安、复、汉阳亦量驻兵。兵势相援，漕运相继，荆门、荆南声援亦相接，江、淮、荆湖皆可奠安。六州之屯，宜且以正兵六万，为固守之计。就拨江西、湖南粮斛，朝廷支降券钱[①]，为一周年支遣。候将来措画既成，军储则朝廷易为应副粮食。”

勘会已降指挥，岳飞收复襄阳一带，功绩可嘉。如委的探得番、伪贼马厚重，势未可以进讨，仰将已收复州郡随宜措置，或差旧将董先、牛皋、李道，或用土豪主管。大军回就鄂州歇泊，别听指挥。务在保守前功，不得乘胜轻敌，虑致落贼奸便。七月十八日又奉圣旨，札与岳飞，依已降指挥施行。

一、岳飞奏：“契勘荆南有解潜兵三千余人，若朝廷令重兵驻鄂，其荆南、襄阳、随、郢、德安等州，臣当斟量事势，分兵防守，甚为利便。臣先所乞以精兵六万屯于鄂州，就拨江西、湖南粮斛，及朝廷支降券钱一周年应副，伏望特赐指挥施行。”

勘会岳飞一行钱粮，除米已支三十三万石外，钱已支九十七万五千贯去讫。今来缘不见得本军见今并回军日每月的实比旧增减数目，致约度支降未得。七月二十八日，三省、枢密院同奉圣旨，令岳飞将朝廷已支降钱米，据每月实支数目，约度可以支遣终至，具状申尚书省，接续支降。其所乞军马，今荆湖南、北皆有见屯官兵，止缘湖贼黄诚、杨么未平，摘那未得。已令王瓆进兵攻讨，候贼平日，相度于逐路差拨军马，前去江上屯驻。可札送岳飞照会。

绍兴四年七月十八日。

【注释】

①券钱：又称口券。《宋史》卷一九四《兵志》说：“凡军士边外，率分口券，或折月粮，或从别给。”是一种军士出戍时计口发放，领取钱粮等补助的凭证。

【译文】

一、岳飞奏："我欲驻大兵于鄂州，襄阳、随州、郢州都要酌情留驻一定量的兵马，德安府、复州、汉阳军也要驻留一些兵马，方可使兵势相互应援，粮道能顺利接续，荆门、荆南也可应援前方，则长江、淮河以及荆湖均能安定。这六州的守备，正宜以正兵六万固守，就近支拨江西、湖南所收的粮食，由朝廷发放券钱，供一年的支遣。等到将来筹划已定，朝廷也容易应副军需粮食。"

经审议已降指挥：岳飞收复襄阳一带，功绩可嘉。如果确实侦察到金、伪齐贼马众多，形势不利于我军进军讨伐，则仰赖（岳飞）将已收复的州郡根据实际情况随宜部署（设防），或差遣原守将董先、牛皋、李道，或用当地土豪主管。大军回鄂州驻扎，另听指挥。务必保住已获之前功，不得乘胜轻敌，以至于误中敌军的奸计。七月十八日又奉圣旨，札子送与岳飞，请依照已降指挥施行。

一、岳飞奏："按查，荆南府有解潜率领的军兵三千余人，若朝廷命令我重兵驻于鄂州，则我当在荆南、襄阳、随州、郢州、德安等地斟酌情势，分兵防守，甚是便利。臣先前请求以精兵六万屯驻于鄂州，支拨江西、湖南粮食，及朝廷发放一年之费的券钱，伏望特赐指挥施行。"

经审议岳飞一行的钱粮，除已支领的米三十三万石，钱九十七万五千贯外，如今因未掌握岳飞军现今及回军后每月实需费用相比原先增减的数目，故未能估量计划发放数。七月二十八日，三省、枢密院同奉圣旨，令岳飞将朝廷已发放的钱米，根据每月实际支用的数目，估计出可以消耗到何日，具状申报尚书省，以便接续钱粮的发放。其所请求增添军马一事，现在荆湖南、北都驻扎了官兵，只因湖贼黄诚、杨么未平，暂不能调拨。已令王𤫉进兵攻讨（杨么），待贼军平荡之日，自会从逐路酌量调拨军马前去沿江屯驻。可将此札送与岳飞照会。

绍兴四年七月十八日。

检会前札

江南西路、舒、蕲州、兼荆南、鄂、岳、黄、复州、汉阳军、德安府制置使岳飞奏："臣近措置遣发军马，掩杀番、伪贼众，收复邓州了当外，有唐州、信阳军，臣已调发军马前去收复，及继差官前去葺治。所有唐、邓州、信阳军累经残毁，城壁损坏，久不修治，切虑日后难以保守。臣已相度，如逐州军不堪防守，即令移治稳便山寨。如有贼马侵犯，即更切相度，前来襄阳府保聚。

臣已差拨二千人，付安抚使张旦，在襄阳府屯驻。及令襄阳安抚司量行分遣军马，前去唐、邓等州，以为斥堠，招集官吏、军、民。并差一百五十人往郢州，二百人往随州驻扎。臣只候先所陈乞军马到来，即更行量添，拨付逐州府防守，措置捍御外，臣缘所统军马道路日久，委是疲劳，除已统率起发前去德安府歇泊，听候朝廷指挥。候敕旨。

贴黄称，臣先条具荆、襄等利害，所乞军马等事，伏乞速降指挥施行。"

右三省、枢密院同奉圣旨，检坐已降指挥，札与岳飞照会。并检会今札，送江南西路、舒、蕲州、兼荆南、鄂、岳、黄、复州、汉阳军、德安府制置使岳承宣疾速施行，准此。

绍兴四年八月十四日。

【译文】

江南西路、舒、蕲州兼荆南、鄂、岳、黄、复州、汉阳军、德安府制置使岳飞奏："臣近日部署派遣兵马，掩杀金、伪贼众，收复邓州完毕外，另有唐州、信阳军，臣已调拨军马前去收复，并差官员前去葺治城池。唐、邓州、信阳军三地累经摧残，城壁损坏，又长久没有修治，着实让人担忧日后难以守卫。以我的观察估量，如各州军不堪防守，就让他们移治到更为稳妥的山寨。若有贼马侵犯，视具体情况可前去襄阳府聚集守备。

"我已差拨二千人交付安抚使张旦，命其在襄阳屯驻。并令襄阳安抚司酌情分遣军马，前去唐、邓等州侦查候望，招集失散的官吏军民。又已差一百五十人去往郢州，二百人去往随州驻扎。只等臣先前所请增添的军马到来，即向以上几处增添兵员，拨付各州府防守捍御地方。因臣现所统军马在外奔波日久，确实很是疲劳，已统率他们前去德安府屯驻休整，听候朝廷的指挥。候敕旨。

"附文称，臣先前已上奏陈述守卫荆、襄之计划，及请求增兵事宜，伏乞速降指挥施行。"

三省、枢密院同奉圣旨，查考已降指挥，札送岳飞照会。并查考今札，送江南西路、舒、蕲州，兼荆南、鄂、岳、黄、复州、汉阳军、德安府制置使、承宣使岳飞疾速施行，请照此办理。

绍兴四年八月十四日。

除湖北荆襄潭州制置使省札

枢密院奏："勘会已除岳飞充湖北、荆、襄、潭州制置使，鄂州驻扎。"

右三省、枢密院同奉圣旨，王瓔罢制置使，依前神武前军统制，江州驻扎，兼节制舒、蕲、黄州，措置防秋。今札送湖北路、荆、襄、潭州制置使岳节使照会，准此。

绍兴四年八月二十五日。押押押

【译文】

枢密院奏："经审议已授岳飞湖北路、荆、襄、潭州制置使一职，于鄂州驻扎。"

三省、枢密院同奉圣旨，王璎罢制置使，依旧为神武前军统制，于江州驻扎，并节制舒、蕲、黄州，部署防秋事宜。今以此札付授湖北路、荆、襄、潭州制置使、节度使岳飞照会，请照此办理。

绍兴四年八月二十五日。押押押

除清远军节度使湖北荆襄潭州制置使依前神武后军统制省札

检会枢密院关枢密院奏："勘会昨自李横退师，叛贼李成等占据襄阳府、唐、邓、随、郢州、信阳军，欲聚兵南来作过。岳飞累有奏陈，措画收复。遂降指挥，差岳飞统率所部军马，于麦熟以前措置进兵，复取上件州军。事毕，大军已回江上屯驻。"

节次据岳飞奏，进发军马，掩击番、伪贼马，于五月六日收复郢州，十七日收复襄阳府，十八日收复随州，七月十七日收复邓州，二十三日收复唐州，并已收复信阳军。并已差官葺治，屯兵防守。飞已班师，江上歇泊。

右八月二十二日，三省、枢密院同奉圣旨，岳飞特除清远军节度使、湖北路、荆、襄、潭州制置使，依前神武后军统制。除安抚制置大使司外，其余并听节制。封邑依例施行。

右札送湖北路、荆、襄、潭州制置使、神武后军统制岳节使。

绍兴四年八月二十五日。押押

【译文】

查考枢密院关枢密院所奏："此前李横退军后，叛贼李成等占据了襄阳府、唐州、邓州、郢州、信阳军，打算聚兵来南方作乱。岳飞多次奏陈了收复计划，于是朝廷下达指挥，差遣岳飞统率所部军马于麦熟之前部署进兵，重新夺回上述州、军。完毕之后，大军已回江边屯驻。"

逐次收到岳飞奏陈，已发兵掩击金和伪齐的敌军，于五月六日收复了郢州，十七日收复了襄阳府，十八日收复了随州，七月十七日收复了郢州，二十三日收复了唐州，并已收复了信阳军。且岳飞已派遣官员赴上述州、军葺治城防，屯兵防守。岳飞已班师回江边休整。

八月二十二日，三省、枢密院同奉圣旨，岳飞特授清远军节度使、湖北路、荆、襄、潭州制置使职衔，依旧任神武后军统制。除本路安抚制置大使司外，其余都受岳飞节制。其封邑依例施行。

以上札送湖北路、荆、襄、潭州制置使、神武后军统制、节度使岳飞。

绍兴四年八月二十五日。押押

赐香药诏书等省札

三省、枢密院同奉圣旨，赐岳飞香药一合，本军将士诏书一道，并印本诏书二百道，分给本军将士。

右差使臣李庭干赍送前去。今札送湖北路、荆、襄、潭州制置使岳节使照会收管讫，具状申枢密院，准此。

绍兴四年十一月二十三日。押押押

【译文】

三省、枢密院同奉圣旨，赐岳飞香药一盒，赐本军将士诏书一道，及刻印本诏书二百道分给本军将士。

差遣使臣李庭干赍送前去。今以此札付授湖北路、荆、襄、潭州制置使、节度使岳飞照会收管，并具状申告于枢密院，请照此办理。

绍兴四年十一月二十三日。押押押

绍兴五年

照会添置将分省札

枢密院奏："诸路军事都督行府关荆湖南、北、襄阳府路制置使岳飞札子：'契勘本军昨准朝廷指挥，置立十将[①]。今来人数稍增，欲望☐赐指挥，添置将分，候指挥。'右已札下岳飞，共以三十将为额外，关送枢密院指挥。"

右奉圣旨，依已行事理，今札送荆湖南、北、襄阳府路、蕲、黄州制置使岳节使照会施行，准此。

绍兴五年八月三日。押押

【注释】

①将：为编制名。南宋初年的各屯驻大军普遍有军、将两级编制。军一级的统兵官有统制、同统制、副统制、统领、同统领、副统领等名目。将一级的统兵官有正将、副将和准备将。（据《宋朝军制初探（增订本）》，第185页、186页。）

【译文】

枢密院奏："诸路军事都督行府向我司转发关报了荆湖南、北、襄阳府路制置使岳飞的札子：'本军先前按照朝廷的指挥，设置了十将。如今人数稍增，希望（朝廷）再赐指挥允许我添置将分，候指挥。'（我司）已札下岳飞，令其可设置统共三十将，关报枢密院。"

奉圣旨：允可已施行的事理。今以此札付授荆湖南、北、襄阳府路、蕲、黄州制置使、节度使岳飞照会，请照此办理。

绍兴五年八月三日。押押

除湖北襄阳招讨使省札

枢密院奏："勘会岳飞已除检校少保，理宜增重使名。"

右三省、枢密院同奉圣旨，岳飞除湖北、襄阳府路招讨使[①]。除别降付身[②]外，今札送新除湖北、襄阳府路招讨使、检校岳少保照会。

绍兴五年十二月一日。押押押

【注释】

①招讨使：招讨使是大战区的长官，南宋初年，将招讨使"定位在宣抚使之下，制置使之上，为定制"。岳飞的差遣从制置使升为招讨使，即"增重使名"。

②付身：此处即指告身。为除授官或差遣的凭证。（据《宋代官制辞典》，第628页。）

【译文】

枢密院奏："经审议岳飞已授检校少保，依例应增重使名。"

三省、枢密院同奉圣旨：除授岳飞为湖北、襄阳府路招讨使。除另外下发告身外，今以此札付授新晋湖北、襄阳府路招讨使、检校少保岳飞照会。

绍兴五年十二月一日。押押押

绍兴六年

兼营田使省札

三省同奉圣旨，荆湖北路、襄阳府路招讨使岳飞，川、陕宣抚副使吴玠并兼营田使。

右札送湖北、襄阳府路招讨使、检校岳少保。

绍兴六年二月四日。押押

【译文】

三省同奉圣旨，荆湖北路、襄阳府路招讨使岳飞，川、陕宣抚副使吴玠同兼营田使。

此札付授湖北、襄阳府路招讨使、检校少保岳（飞）。

绍兴六年二月四日。押押

督府照会有阙官去处知通以下许自踏逐令先次供职申奏给降付身札

诸路军事都督府：

行府送到湖北、襄阳府路招讨使岳飞札子："契勘湖北、襄阳府路如有阙官去处，自知、通并州县官，许自踏逐[①]强明清干官，令先次供职外，申奏朝廷，给降付身。仍许荐举改官，及升擢差遣任使。候指挥。”二月十一日奉圣旨，依所乞，其荐举改官，许以见阙[②]监司员数合用举状[③]，荐举一次。

右札送湖北、襄阳府路招讨使、检校岳少保。

绍兴六年二月十一日。押

【注释】

①踏逐：宋选拔官员的一种名目。由大臣访问人才，荐请朝廷辟召。《宋史·选举志六》：“且选才荐能而谓之踏逐。”

②见阙：指现任。（据《宋代官制辞典》，第648页。）

③举状：即举官状。凡须荐举人保任之处，荐举人当呈缴举官状，列出被举人之行能，及对保举人愿承担保证的责任。（据《宋代官制辞典》，第637页。）

【译文】

诸路军事都督府：

行府送到了湖北、襄阳府路招讨使岳飞的札子：“湖北、襄阳府路的官员如有空缺员额，自知州、通判及州县官员，请求允许臣自行辟召强干清廉者任职，让他们先行供职，然后申奏朝廷下发任官凭证。并允许为其荐举改任京官，及升擢其职务任命。候指挥。”二月十一日奉圣旨：依允所请，其荐举改任京官的人员，允许以现任监司员额适用的举官状荐举一次。

今以此札付授湖北、襄阳府路招讨使，检校少保岳（飞）。

绍兴六年二月十一日。押

催赴行在奏事省札

湖北、襄阳府路招讨使岳飞申：“于今月初九日晚到常州，迤逦前去平江府以来，听候指挥外，申闻事。”检会诸路军事都督府关尚书右仆射张浚札子奏：“勘会岳飞议事已毕，令取道衢、信，去行在不远，欲一见天颜，少慰臣子瞻恋之心。欲望圣慈特令内殿引见。取进止。”二月九日，奉圣旨依，候引见奏事毕，免朝辞[①]，疾速还鄂州。本司关送枢密院照会。

右札送湖北、襄阳府路招讨使、检校岳少保，依已降指挥，疾速起发，兼程前来，赴行在奏事，准此。

绍兴六年二月十三日。押押

【注释】

①朝辞：这里指现任官召赴阙上殿毕，规定于次日行朝辞回任礼，听候指挥（《续资治通鉴长编》卷三三四甲子）。（据《宋代官制辞典》，第618页。）

【译文】

湖北、襄阳府路招讨使岳飞申告：“于本月初九日晚到常州，接下来前去平江府，听候指挥，申闻事。”查考到诸路军事都督府关报尚书右仆射张浚的札子奏：“岳飞议事结束后，令其取道衢、信，因为距离行在不远，岳飞想要一见天颜，稍慰臣子仰慕之心。望圣慈特令内殿引见。当否，听取决。”二月九日，奉圣旨：允。待引见奏事完毕，免次日行朝辞礼，迅速回转鄂州。本司关送枢密院照会。

以此札付授湖北、襄阳府路招讨使、检校少保岳飞，依照已下达的指挥，迅速出发，兼程前来，赴行在奏事，请照此办理。

绍兴六年二月十三日。押押

督府令赴行在奏事讫还鄂州本司札

诸路军事都督府：

勘会岳飞已到行在奏事毕，二月十九日奉圣旨，令岳飞于今月二十日就内殿辞讫，日下回归本司。

右札送湖北、京西南路招讨使、检校岳少保。

绍兴六年二月十九日。押

【译文】

诸路军事都督府：

已查岳飞已到行在奏事完毕，二月十九日奉圣旨：令岳飞于本月二十日在内殿行辞礼，即日回归本司。

以此札付授湖北、京西南路招讨使、检校少保岳飞。

绍兴六年二月十九日。押

从申踏逐辟差官属省札

绍兴六年二月十九日，诸路军事都督府关行府送到岳飞札子：“今来本司事务全藉官属协力，欲乞差参谋、参议各一员，主管机宜文字一员，书写机宜文字一员，干办公事六员，准备差使八员，点检医药饭食二员。不以见任、寄居[①]、待阙[②]，许飞踏逐奏差，令先次供职，不得辞避。候指挥。”二月十一日奉圣旨，依所乞。右关送尚书省指挥。

右札送湖北、京西南路招讨使、检校岳少保。

绍兴六年二月十九日。押

【注释】

①寄居：寄居官的省称。指本为朝廷官员，而今返里家居的

人。亦称“寄居官员”。宋赵昇《朝野类要·称谓》：“寄居官，又名私居官。不以客居及本贯土著，皆谓之私居、寄居。其义盖有官者，本朝廷仕宦也。”

②待阙：待阙官的省称。经吏部铨选拟注某官或某差遣后，须等待该阙现填人出阙，方能赴任，在此期间称待阙。待阙官无俸禄，寓居他处等候赴任。（据《宋代官制辞典》，第649页。）

【译文】

绍兴六年二月十九日，诸路军事都督府关行府，送到岳飞的札子：“近来本司的事务全仰赖属官的共同努力，本司想要请求任命参谋官、参议官各一员，主管机宜文字一员，书写机宜文字一员，干办公事六员，准备差使八员，点检医药饭食二员。不论是现任官、寄居官、待阙官，请允许臣自行辟召，申奏差遣。令他们先行赴职，不得辞避。候指挥。”二月十一日奉圣旨，依从所请。以上关送尚书省指挥。

今以此札付授湖北、京西南路招讨使、检校少保岳飞。

绍兴六年二月十九日。押

卷第七

丝纶传信录卷之六

绍兴六年

照会踏逐辟差官先次供职省札

绍兴六年二月十九日，诸路军事都督府关行府送到岳飞札子：“契勘湖北、襄阳府路如有阙官去处，自知、通并州县官，许飞踏逐强明清干官，令先次供职外，申奏朝廷，给降付身。仍许飞荐举改官，及升擢差遣任使。候指挥。”二月十一日奉圣旨，依所乞，其荐举改官，许以见阙监司员数合用举状荐举。右关送尚书省指挥。

右札送湖北、京西南路招讨使、检校岳少保。

绍兴六年二月十九日。押

【译文】

绍兴六年二月十九日，诸路军事都督府关都督行府送到岳飞的札子：“湖北、襄阳府路官员如有空缺员额，自知州、通判以下包括州县官员，请允许臣自行辟召强干清廉者任职，让他们先行供职，然后申奏朝廷下发任官凭证。并允许为其荐举改任京官，及升擢其职务任命。候指挥。”二月十一日奉圣旨：依允所请，其荐举改任京官的人员，允许以现任监司员额适用的举官状荐举。以上关送尚书省指挥。

今以此札付授湖北、京西南路招讨使、检校少保岳（飞）。

绍兴六年二月十九日。押

督府从申书填空告札

诸路军事都督府：

湖北、京西南路招讨使岳飞札子："契勘今来蒙朝廷给降到空名告札，如日后书填，飞欲于告札背后题写阶衔，押字用印，以为照凭。候书填讫，具职位姓名，立功因依，供申朝廷。仍乞札下，付飞照会。伏候指挥。"

右札送湖北、京西南路招讨使、检校岳少保，依所乞施行，准此。

绍兴六年二月二十日。押

【译文】

诸路军事都督府：

湖北、京西南路招讨使岳飞的札子："近来蒙朝廷下发到空名官告，若日后使用填写时，我想要在官告背后题写官阶职衔，签字用印，作为凭证。待填写完毕，另具文书写被授官者的职位姓名，立功原委，供申朝廷。仍请札下臣照会。伏候指挥。"

今以此札付授湖北、京西南路招讨使，检校少保岳（飞），依允所请，请照此办理。

绍兴六年二月二十日。押

从申刺举本路州县官省札

检校少保、镇宁、崇信军节度使、充湖北、京西南路招讨使、兼本路营田使岳飞札子："飞误蒙朝廷委寄两路，不敢不竭愚钝。然州县例经残破，正赖抚绥，切虑州县官有蠹政害民、脏污不法之人。欲乞许本司一面对移[①]，事重者放罢，仍具情犯职位姓名奏闻。所贵官吏修举职事，不敢苟简。候指挥。”奉圣旨依。

右札送湖北、京西南路招讨使、检校岳少保。

绍兴六年二月二十一日。押

【注释】

①对移：因不称职或避嫌，而令两处官员对调，称“对移”。（据《宋代官制辞典》，第653页。）

【译文】

检校少保，镇宁、崇信军节度使，充湖北、京西南路招讨使，兼本路营田使岳飞札子：“我误蒙朝廷委寄，身为两路长官，不敢不用心竭力。然而州县经历侵犯破坏，正需要安抚，我十分担忧州县官员中有蠹国害民、赃污不法之人，请允许本司将其与他处官员对调，犯事严重的则罢免，并写明其犯法罪状及职位姓名奏报于朝廷。官吏们能各司其职，不敢草率行事最为可贵。候指挥。”奉圣旨：允。

今以此札付授湖北、京西南路招讨使、检校少保岳（飞）。

绍兴六年二月二十一日。押

任招讨使申明行移[①]用公牒札

诸路军事都督府：

镇宁、崇信军节度使、湖北、京西南路招讨使岳飞札子：“准诸路军事都督府札子：‘勘会岳飞昨充湖南、北、襄阳府路制置使日，依第二等奉使条例，发运[②]、监司[③]并用申状。兼契勘昨张俊任江南东路招讨使日，除安抚大使司用公牒外，其余帅司[4]并用申状。今来岳飞已改除湖北、京西南路招讨使，理合申明。二月十九日奉圣旨，并依例施行。’飞即未审本司行移本路安抚、监司，用公牒，唯复用札子，伏乞明赐指挥。”取到武节郎、充江南东路宣抚使司干办官高淮状，契勘张开府昨任江、淮路招讨使日，于监司、发运、帅司行移并用公牒，所供是实，申闻事。

右札送湖北、京西南路招讨使、检校岳少保照会，准此。

绍兴六年二月二十一日。押

【注释】

①行移：文书泛称。

②发运：发运使司的省称，为路官。南宋初的发运使司掌管籴买。稍复总诸路漕运、调其盈虚之制。（据《宋代官制辞典》，第479页。）

③监司：为路监司的简称。为宋代路一级地方机构安抚司、转运司、提刑司、提举常平司等的总名。（据《宋代官制辞典》，第478页。）

④帅司：南宋时，大郡（路治）知州带安抚使成为定制，“掌一路兵民之政”，被称为“帅司”。（据《宋代官制辞典》，第478页。）

【译文】

诸路军事都督府：

镇宁、崇信军节度使、湖北、京西南路招讨使岳飞的札子：“依照诸路军事都督府札子：‘经审议，岳飞先前任湖南、北、襄阳府路制置使时，依照第二等奉使条例，对发运使司和监司使用的文书用申状。又按查之前张俊任江南东路招讨使时，除了对安抚大使司用公牒外，对其余帅司使用申状。现在岳飞已改任湖北、京西南路招讨使，理应申明。二月十九日奉圣旨，一律依前例施行。'飞尚不明白本司行移本路安抚使司、监司的文书是否应用公牒，只好仍用札子，请更明确给予指挥。"取到武节郎、江南东路宣抚使司干办官高淮的状子，按查开府仪同三司张（俊）先前任江、淮路招讨使时，对监司、发运司、安抚司的文书都用公牒，经查其所提供的内容属实，现上达此事。

今以此札付授湖北、京西南路招讨使，检校少保岳（飞）照会，请照此办理。

绍兴六年二月二十一日。押

督府令将带精兵前去襄阳札

诸路军事都督府：

勘会岳飞已降制命，除授武胜、定国军节度使，依前检校少保，充湖北、京西路宣抚副使、兼营田使，襄阳府置司。三月十二日奉圣旨，令岳飞依议定事理，将带精兵，疾速起发，前去襄阳，仍具已起发月日闻奏。

右札送湖北、京西路宣抚副使、检校岳少保。

绍兴六年三月十二日。押

【译文】

诸路军事都督府：

经审议，已下达诰命，授予岳飞武胜、定国军节度使，依旧为检校少保，任湖北、京西路宣抚副使，兼营田使，在襄阳府置司。三月十二日奉圣旨，令岳飞依已议定事项，带领精兵，疾速出发前去襄阳，仍要具出发日期奏闻朝廷。

今以此札付授湖北、京西路宣抚副使、检校少保岳（飞）。

绍兴六年三月十二日。押

除湖北京西路宣抚副使省札

枢密院奏："勘会已降指挥，岳飞除湖北、京西路宣抚副使。"右奉圣旨，令岳飞疾速兼程前去鄂州，措置军事。今札送湖北、京西路宣抚副使、检校岳少保疾速施行，准此。

绍兴六年三月十二日。押押

【译文】

枢密院奏："经审议，朝廷已下指挥，授予岳飞为湖北、京西路宣抚副使。"奉圣旨，令岳飞疾速兼程前去鄂州部署军事。今以此札付授湖北、京西路宣抚副使、检校少保岳（飞）疾速施行，请照此办理。

绍兴六年三月十二日。押押

内艰①赐银绢省札

四月八日，三省同奉圣旨，岳飞母身亡，已降指挥起复②，可于格外特赐银、绢各一千疋、两，令户部支给。

右札送起复武胜、定国军节度使、湖北、京西路宣抚副使、检校岳少保。

绍兴六年四月八日。押押

【注释】

①内艰：旧时遭母丧称"内艰"。

②起复：宋代官员有三年守父母丧（丁忧）之制，在守丧期

内，须解官持丧服。丧期满复职称“服阕”，如丧期未满，朝廷特许或特诏复职者，称“起复”。“起复”任事之后，该官员官衔前系“起复”二字。（据《宋代官制辞典》，第652页。）

【译文】

四月八日，三省同奉圣旨，岳飞母身亡，已下达指挥令其起复，格外特赐银一千两、绢一千匹，令户部支给。

今以此札付授起复武胜、定国军节度使，湖北、京西路宣抚副使，检校少保岳（飞）。

绍兴六年四月八日。押押

令鄂州应办葬事省札

勘会岳飞母身亡，所有葬事合行应副。四月八日，三省同奉圣旨，令鄂州协力措置施行。

右札送起复武胜、定国军节度使、湖北、京西路宣抚副使、检校岳少保。

绍兴六年四月八日。押押

【译文】

经审议，岳飞之母身亡，所有殡葬事项（朝廷）理应应副。四月八日，三省同奉圣旨，令鄂州协力安排施行。

今札送起复武胜、定国军节度使，湖北、京西路宣抚副使，检校岳少保。

绍兴六年四月八日。押押

特起复日下主管军马不得辞免省札

枢密院奏："勘会检校少保、武胜、定国军节度使、湖北、京西路宣抚副使岳飞丁母忧，已择日降制起复。缘目今人马无人主管，及见措置进兵渡江，不可等待。"

右奉圣旨，先次行下，岳飞特起复，仍日下主管军马，措置边事，不得辞免。今札送湖北、京西路宣抚副使、检校岳少保疾速施行。

绍兴六年四月七日。押押

【译文】

枢密院奏："经审议，检校少保，武胜、定国军节度使，湖北、京西路宣抚副使岳飞正在为母亲守丧，已择日下达制命，令其起复。因目前军中人马无人主管，且现正部署进兵渡江，不可等待。"

奉圣旨，首先行下公文，令岳飞起复，立即主管军马，措置军事，不得辞免。今以此札付授湖北、京西路宣抚副使、检校少保岳（飞）疾速施行。

绍兴六年四月七日。押押

起复第二省札

枢密院奏："勘会检校少保、武胜、定国军节度使、湖北、京西路宣抚副使岳飞丁母忧，已择日降制起复。缘目今人马无人主管，及见措置进兵渡江，不可等待。"

右奉圣旨，先次行下，岳飞特起复，仍日下主管军马，措置边事，不得辞免。今再札送湖北、京西路宣抚副使、检校岳少保疾速施行，准此。

绍兴六年四月九日。押押

【译文】

枢密院奏："经审议，检校少保，武胜、定国军节度使，湖北、京西路宣抚副使岳飞正在为母亲守丧，已择日下达制命，令其起复。因目前军中人马无人主管，且现正部署进兵渡江，不可等待。"

奉圣旨，首先行下公文，令岳飞起复，立即主管军马，措置军事，不得辞免。今再以此札付授湖北、京西路宣抚副使，检校少保岳（飞）疾速施行，请照此办理。

绍兴六年四月九日。押押

辞免起复不允省札

草土臣[①]岳飞奏："准枢密院札子，勘会岳飞母魏国太夫人姚氏身故，已降指挥起复，仍日下主管军马，措置边事，不得辞免。今来尚未见依旧治事，缘见措置边事，不可稍缓，奉圣旨，令岳飞遵依累降指挥，日下主管军马职事，不得辞免，仍具已供职月日闻奏。臣契勘除已具辞免奏闻外，伏望圣慈特许臣终制，奏闻事。"

右勘会岳飞所请，累降诏旨不允，日下主管军马，措置调发，不得再有陈请。及令本司属官、将佐日下敦请治事，至今尚未祇受起复恩命。显是属官等并不体国敦请，致边事阙官措置。奉圣旨，令本司属官等依已降指挥，日下敦请依旧治事，如依前迁延，致再有辞免，其属官等并当远窜。仍札与岳飞，依累降诏旨，日下治事，不得更有陈请。今札送湖北、京西路宣抚副使，检校岳少保疾速施行，准此。

绍兴六年五月十一日。押押

【注释】

①草土臣：官吏在居丧中对君上具衔时的自称。宋赵昇《朝野类要·忧难》："丁忧者，既发丧居忧，如具衔，只称草土臣。"

【译文】

草土臣岳飞奏："根据枢密院的札子：经审议，岳飞母魏国太夫人姚氏身故，已下达指挥命令岳飞起复，尽快主管军马，部署边事，不得辞免。如今尚未见其回来治事，因岳飞正在部署的边事不可稍有拖延，奉圣旨：令岳飞遵依累次下达的指挥，尽快主管军马职事，不得辞免，仍开具已供职的日期奏知朝廷。臣除已具呈辞免奏札外，伏望圣慈特许臣守丧满期，奏闻事。"

又经审议，岳飞所请求的事项已多次降下诏旨不允，令其尽快复职主管军马，部署军事，调发军队，不得再有陈请。并令本司属官、将佐立即敦请（岳飞）复职治事，但（岳飞）至今尚未接受起复的恩命。这显然是属官们并不体念国家（努力）敦请主帅复职，导致边事缺乏官员主事。奉圣旨：令本司属官等依照已下达的指挥，立刻敦请其主帅复职主事，如果还是像之前那样迁延无效，导致主帅再有辞免，其属官等全部远窜他处。仍札送岳飞，依照多次降下的诏旨，立刻复职治事，不得再有陈请。今以此札付授湖北、京西路宣抚副使，检校少保岳（飞）疾速施行，请照此办理。

绍兴六年五月十一日。押押

进发至京西路添入河东及节制河北路字札

诸路军事都督府：

岳少保申："准都督行府札子：'勘会行府恭被圣训，应措置军事，一面相度施行。契勘岳少保已除湖北、京西路宣抚副使，所有将来进发至京西路分行下伪界文字，合添入河东二字，以湖北、京西、河东宣抚副使系阶。其行移湖北以里州军，及申奏朝廷并行府等文字，自合依旧。已于三月三十日札下岳少保照会施行去讫，须议指挥。右勘会若将来有河北申到本司军前文字，即听行节制，仍于阶内添入节制河北路五字，余依已札下事理施行。’除已遵依指挥施行外，飞契勘河东、河北两路，近除有梁兴等前来之后外，别无前来之人。所有前项所准指挥，令飞阶内添入河东及节制河北路字，伏乞行府特赐指挥，寝罢施行。伏候指挥。”

右勘会逐次札下事理，系将来行军进发至京西路分，遇有逐路合行文字，即于阶内添入。今札送湖北、京西路宣抚副使、检校岳少保照会，准此。

绍兴六年七月二日。押

【译文】

诸路军事都督府：

岳少保申：“依照都督行府札子：‘经审议，行府恭承圣训，应一面部署军事，一面估量施行。按查岳少保已授湖北、京西路宣抚副使，所有将来进发到京西路分行下伪齐界内的文字，可添入河东二字，以湖北、京西、河东宣抚副使系阶。发往湖北以内州军的文书及申奏朝廷和都督行府等的文书则仍用以前的头衔。已于三月三十日札下岳少保照会施行，须议指挥。又经审议，若将来有河北申到宣抚司军前的文字，即听由（宣抚使司）节制，同样于头衔内添入节制河北路五字，其余按照已札下的事项施行。’（本司）已遵依指挥施行，按查，河东、河北两路，最近自梁兴等人前来（投诚）之后，别无其他的来人。上述指挥令我于头衔内添入河东及节制河北路字样，请求都督行府特赐指挥停止施行。伏候指挥。"

勘会每次札下的事项，是有关将来行军进发到京西路分时，遇行下各路文字的情况，即于头衔内添入该路路名。今以此札付授湖北、京西路宣抚副使，检校少保岳（飞）照会，请照此办理。

绍兴六年七月二日。押

免取会立功制领将佐料历省札

枢密院奏："勘会昨降指挥，诸军缘捍御战斗金人大军，立到奇功[①]统制、统领、将佐、使臣等，内有未曾给到料钱[②]文历[③]之人，并令户部免取会[④]，不以拘碍，特行出给。今来伪贼刘麟侵犯淮西作过，朝廷已遣诸头项大兵前去，併力掩杀外。"

右奉圣旨，诸军统制、统领、将佐、使臣等，内有立到奇功，未曾出给料钱文历之人，特依昨降战敌金人立奇功已得指挥，仍令枢密院给降黄榜晓谕。并黄榜一道，今札送湖北、京西路宣抚副使、检校岳少保疾速施行，准此。

绍兴六年十月十四日。押押

【注释】

①奇功：宋时奖励军人作战的一种赏格。《宋会要辑稿》兵一八："（绍兴五年）二月十一日，诏：荆湖南、北、襄阳府路制置使岳飞下统制官徐庆、牛皋人马，庐州以来与番贼斗敌胜捷，奇功各与转五官，第一等各与转三官资，第二等各与转两官资，第三等各与转一官资，并与正名目上收使。"由此可知，"奇功"与"第一等""第二等""第三等"都是赏格，且比"第一等"的赏格来得还要高。

②料钱：俸料之一种。为文武、内外官基本俸禄。

③文历：谓俸禄记录册之类。

④取会：公文用语。犹核实，勘对。

【译文】

枢密院奏："经审议，以前曾下达过指挥，诸军为捍御金人、与金人大军战斗，立到奇功的统制、统领、将佐、使臣等，其中有未曾给到俸料及账录的人员，令户部免勘对，勿阻碍，特行出给。如今伪贼刘麟侵犯淮西作乱，朝廷已派遣诸项大军前去，并力掩杀。"

奉圣旨，诸军统制、统领、将佐、使臣等，其中有立到奇功，但未曾给到俸料及账录的人员，特依过去下达的战敌金人立奇功已得的指令执行，仍然令枢密院发布黄榜，晓谕诸军。附黄榜一道，今以此札付授湖北、京西路宣抚副使，检校少保岳（飞）疾速施行，请照此办理。

绍兴六年十月十四日。押押

目疾令不妨本职治事省札

枢密院奏："湖北、京西路宣抚使司参谋官薛弼等申：'契勘宣抚岳少保于九月二十八日巡边回到鄂州军前，缘为眼疾昏暗，未能治事，准札子，令弼等权行管干宣抚司事务。已累具利害事因取禀，乞不妨本职治事，服药调护目疾。坚谓目痛昏暗，有妨书押。除已逐急行移，及将军马事务，移文守寨同提举一行事务张宪管干施行外，伏望朝廷详酌，速赐指挥施行。伏候指挥。'"

右勘会近缘贼马侵犯淮西，累降指挥，令岳飞总率全军，星夜兼程，起发前来。都督行府今据前项所申，除已降指挥，差眼科皇甫知常日下起发，差使臣伴送，由江、池州路前去岳飞军前医治外，今来边事急切，正赖主帅亲提军马，共济国事。奉圣旨，令岳飞日下不妨本职治事。余依累降指挥施行。先具已治事日时闻奏。今札送湖北、京西路宣抚副使、检校岳少保疾速施行，准此。

绍兴六年十月十六日。押押

【译文】

枢密院奏："湖北、京西路宣抚使司参谋官薛弼等申：'按查，岳少保于本月九月二十八日巡边后回到鄂州，因眼疾视物昏暗，不能治理军事，依照札子，令我等代理管理宣抚司事务。我已数次陈述利害及事由禀告，请求（朝廷）令岳少保依旧本职治事，同时服药调护目疾。（岳少保）坚称目痛昏暗，碍于书写押字。我等已紧急签发公文给驻在鄂州的同提举一行事务张宪，令他管理本军事务，伏望朝廷详酌，速赐指挥施行。伏候指挥。'"

经审议，近来因贼马侵犯淮西，已多次下达指挥令岳飞总领全军，星夜兼程前去御敌。都督行府今据前项所申，已下令差眼科医官皇甫知常即刻出发，并差使臣武官伴送，经由江州、池州前去岳飞军前医治。如今边事急切，正仰赖主帅亲提军马，共济国事。奉圣旨，令岳飞即日起不妨本职治事。其他依照已下发的指挥施行。仍应先呈上（岳飞）已开始治事的日时奏知朝廷。今以此札付授湖北、京西路宣抚副使，检校少保岳（飞）疾速施行，请照此办理。

绍兴六年十月十六日。押押

赐银合茶药省札

奉圣旨，令入内内侍省差内侍一员，前去岳飞军前，传宣抚问，仍赐银合茶、药。

右札送湖北、京西路宣抚副使、检校岳少保照会，准此。

绍兴六年十一月二十六日。押押押

【译文】

奉圣旨，令入内内侍省差派遣内侍一名前去岳飞军前，宣召抚问，仍赐银盒茶、药。

今以此札付授湖北、京西路宣抚副使，检校岳少保照会，准此。

绍兴六年十一月二十六日。押押押

伪五大王至蔡州令审料敌情省札

湖北、京西路宣抚副使岳少保申："据王贵申：'伪五大王拥贼兵前来，离何家寨四十里，地名大标木，依靠山势摆布，迎敌官军。于十一月初十日与贼交战，大获胜捷。'申闻事。

小贴子：飞契勘伪五大王[①]拥番、伪重兵，侵犯唐、邓州、汉上一带作过，飞遂遣发军马措置。今虽获大捷，缘已至蔡州界，去京城大段比近，势未能便行深讨。飞见星夜前去相度，若蔡州可下，即行收复，差官主管州事毕，班师，别听朝廷指挥。伏乞照会。"

检会近据岳少保奏，十一月十二日，统制官寇成等申，虏、叛贼兵侵犯京西一带事宜。十一月二十七日奉圣旨，令岳飞更切审料敌情，择利进止，务取全功。除合遵依前项圣旨指挥施行，及应干军事自合明审事机，便宜措置外。

右行府契勘，今来已破何家寨等处，如彼处及蔡州一带粮料有余，可以札立硬寨，分遣轻骑，追引虏、叛贼兵前来，择利取胜，即合随宜经画，迟以旬月，因立大功。如□问得大河南北别有番贼重兵相继应援，未须与之轻战，即遵依已降圣旨指挥，及行府累札下便宜指挥施行。今札送湖北、京西路宣抚副使、检校岳少保照会，具已施行事状申行府，准此。

绍兴六年十二月一日。

【注释】

①五大王：指刘豫之弟刘复。

【译文】

湖北、京西路宣抚副使岳少保申："据王贵申：'伪齐的五大王（刘复）拥率贼兵前来，距离何家寨四十里，地名为大标木，依靠山势摆布兵马，迎战官军。我军于十一月初十日与贼兵交战，大获胜捷。'特此申闻。

"又及：按查，伪齐五大王刘复拥番、伪重兵，侵犯唐州、邓州及汉水上游一带，我派遣了兵马前去措置。如今虽然已获大捷，由于该处已至蔡州地界，离汴都不远，势必不能深入征讨。我现在星夜兼程前去考察，若蔡州可以攻下，即行收复，差官员主管州事后，我即班师，另听朝廷的指挥。伏乞照会。"

查考到岳少保的奏札，十一月十二日，统制官寇成等申告了虏、伪贼兵侵犯京西一带的事宜。十一月二十七日奉圣旨，令岳飞更仔细地审料敌情，择利取决大军的进止，务保收获全功。（岳飞）应遵依前项圣旨指挥施行，及相关军事事宜应明察事机，合宜措置。

都督行府：按查，如今已攻破何家寨等处，如彼处及蔡州一带粮料有余，你军可扎立硬寨，分遣轻骑，引诱虏、伪贼兵前来，然后择利取胜，随宜经画，不过旬月，可立大功。但如果探问到大河南北别有金贼重兵相继应援，则不须与敌轻易交锋，应遵依已下达的圣旨指挥及行府累下札子的宗旨施行。今以此札付授湖北、京西路宣抚副使，检校岳少保照会，并将已施行的事项向（都督）行府申报，请照此办理。

绍兴六年十二月一日。

卷第八

丝纶传信录卷之七

绍兴六年

番伪分路前来令更切审料贼情省札

湖北、京西路宣抚副使岳飞申："今据诸处申到，番、伪贼马厚重，分路前来侵犯。飞虽目疾昏痛未痊，不免于十一月十五日躬亲渡江，星夜前去措置贼马外，伏候指挥。"

右检会岳飞奏，诸处申贼马分路前来侵犯，已将带军马过江措置。十一月二十七日奉圣旨，令岳飞更切审料贼情，择利进止，务取全功，已札下去讫。今札送湖北、京西路宣抚副使、检校岳少保照会，准此。

绍兴六年十二月三日。

【译文】

湖北、京西路宣抚副使岳飞申："据诸处申告，番、伪兵力厚重，分路前来侵犯。我虽因目疾昏痛尚未痊愈，仍于十一月十五日亲自渡江，星夜兼程前去部署抵抗番伪军，伏候指挥。"

又查考到岳飞奏诸处申告敌兵分路前来侵犯，岳飞已率军马过江措置。十一月二十七日奉圣旨，令岳飞更加密切审料敌情，视军事利害决定进止，务保全功，已札下命令完毕。今以此札付授湖北、京西路宣抚副使，检校少保岳（飞）照会，请照此办理。

绍兴六年十二月三日。

雪寒抚谕将士黄榜

奉圣旨，岳飞行军襄汉，正此雪寒，将士勤劳，良轸顾念。可令学士院降诏奖谕一行将士，仍降黄榜晓谕。

右并诏书、黄榜各乙道，今札送湖北、京西路宣抚副使，检校岳少保照会收管施行，准此。

绍兴六年十二月十二日押。

【译文】

奉圣旨，岳飞行军于襄汉区域，正值雪天寒冷，将士辛勤劳苦，朕甚是体念。可令学士院降诏晓谕一行将士，依旧降黄榜晓谕。

又，连同诏书及黄榜各一道，今以此札付授湖北、京西路宣抚副使，检校少保岳（飞）照会、收存、施行，请照此办理。

绍兴六年十二月十二日押。

令赴行在奏事省札

十二月二十一日，三省、枢密院同奉圣旨，岳飞候指挥到，如别无紧切事宜，量带亲兵，前来行在所奏事。

右札送起复武胜、定国军节度使、充湖北、京西路宣抚副使、检校岳少保。

绍兴六年十二月二十四日。

【译文】

十二月二十一日，三省、枢密院同奉圣旨，岳飞收到朝廷指挥后，如无其他紧切事项，可带少量亲兵，前来行在所奏事。

今以此札付授起复武胜、定国军节度使，充湖北、京西路宣抚副使，检校少保岳（飞）。

绍兴六年十二月二十四日。

绍兴七年

再令疾速赴行在奏事省札

正月三日，三省、枢密院同奉圣旨，令岳飞依已降指挥，如别无紧切事宜，令疾速起发，赴行在所奏事。

右札送起复武胜、定国军节度使，充湖北、京西路宣抚副使，检校岳少保。

绍兴七年正月三日。押押

【译文】

正月三日，三省、枢密院同奉圣旨，令岳飞依照已下达的指挥，如无其他紧切事项则疾速出发，赴行在所奏事。

今以此札付授起复武胜、定国军节度使，充湖北、京西路宣抚副使，检校少保岳（飞）。

绍兴七年正月三日。押押

令扈车驾幸建康省札

起复检校少保、武胜、定国军节度使、湖北、京西路宣抚副使、兼营田使岳飞札子："契勘飞累准朝廷指挥催促，令前来行在所奏事。飞已到行朝，适值国恤，随班入临，欲候除服日，即乞朝辞。候指挥。"勘会车驾巡幸建康，进发在近，二月十八日，三省、枢密院同奉圣旨，令岳飞扈从前去，其见将带马军于禁卫从行。

右札送起复湖北、京西路宣抚副使、检校岳少保。

绍兴七年二月十九日。

【译文】

起复检校少保，武胜、定国军节度使，湖北、京西路宣抚副使兼营田使岳飞札子奏："按查，岳飞累承朝廷指挥催促，令前来行在所奏事。我已到行朝，恰值国丧之时，随班入朝哭吊毕，欲等到除服日，即行朝辞回任礼。候指挥。"经审议，圣上车驾即将巡幸建康，出发在即。二月十八日，三省、枢密院同奉圣旨，令岳飞扈从，同去建康。其现带马军加入禁卫军从行。

今以此札付授湖北、京西路宣抚副使、检校岳少保。

绍兴七年二月十九日。

令入内内侍省引对省札

三月三日，三省同奉圣旨，岳飞令入内内侍省今月四日引对[1]。

右札送湖北、京西路宣抚使岳太尉。

绍兴七年三月四日。押押押

【注释】

①引对：皇帝召见臣子使之对答。

【译文】

三月三日，三省同奉圣旨，令入内内侍省引岳飞于今月四日入对。

今以此札付授湖北、京西路宣抚使岳太尉。

绍兴七年三月四日。押押押

诏谕靖康叛臣能束身以归当复爵秩省札

检会绍兴四年十二月十二日，三省、枢密院同奉手诏："朕惟靖康兵革之难，神器几坠，天命有在，属于眇躬。夙夜兢兢，罔敢自逸，期与尔士大夫共雪大耻，还我两宫，保有黎元，永庇中土。而强敌侵轶，迫朕一隅，叛臣乘时，盗据京邑，使我搢绅沦陷涂炭。繇朕不德，以至于斯，北望伤心，收涕无所。亦惟尔士大夫蒙祖宗休泽，服在周行[①]，其肯失身伪廷，事非其主，顾驱胁使然，有不得已者，朕甚痛之。故若张孝纯、李邺、李俦等内外亲族，不废禄仕，每饬有司，常加存恤。朕之于尔厚矣，尔尚忍忘之耶？其能洗心易虑，束身以归，当复其爵秩，待遇如初。呜呼！逆顺之理，祸福之机，昭然甚明，要知所择。朕方昭大信，以示天下，言不尔欺，有如皦日。咸务自省，体朕至怀。故兹诏示，想宜知悉。"

右札送湖北、京西路宣抚使岳太尉照会施行，准此。

绍兴七年三月十四日。

【注释】

①周行：周官的行列。《诗·周南·卷耳》："嗟我怀人，寘彼周行。"毛传："行，列也。思君子，官贤人，置周之列位。"后用以泛指朝官。

【译文】

查考到绍兴四年十二月十二日，三省、枢密院同奉手诏："朕思靖康兵革之难，国家几乎坠亡。幸天命所在，属意于朕。朕夙夜精勤，不敢放任安逸，期望与尔等士大夫共雪大耻，迎回两宫，保有百姓，永护中原。强敌侵犯，迫朕偏居一隅，叛臣乘时，盗据于京城，使我士大夫沦陷涂炭。因朕不德，以至于此，北望伤心，涕泪横流。尔等士大夫蒙祖宗恩惠，任我朝官，岂肯失身于伪朝廷，事非其主。因缘伪廷驱胁使然，有不得已之处，朕实痛心。故而如张孝纯、李邺、李俦等人之内外亲族，留于我境内者，并不废除他们的居官食禄，每每饬令有司，常常加以存恤。朕对尔等可谓宽厚矣，尔还能忍心忘记所受的恩惠吗？尔等若能洗心革面，束身就缚，重归朝廷，朝廷当恢复汝之爵禄，待遇如初。呜呼！逆顺的道理，祸福的转机显而易见，望鉴察抉择。朕如今昭示宏大的信任以示天下，言不欺尔，有如皎皎月日。望尔等自省，体会朕之衷怀。于此诏示，望汝知悉。"

此札付授湖北、京西路宣抚使岳太尉照会施行，请照此办理。

绍兴七年三月十四日。

许令便宜行事省札

勘会岳飞昨除湖北、京西宣抚副使日，已降指挥，如有合行事件，遇行军申奏，待报不及，许便宜[①]施行。今来已除宣抚使，三月十四日奉圣旨，岳飞如行军入贼境，有军期事务申奏，待报不及，依已降指挥，许便宜施行讫，具事因闻奏及申都督府。

右札送湖北、京西路宣抚使岳太尉。

绍兴七年三月十四日。

【注释】

①便宜：皇帝授予臣下便宜行事的军事或行政权力。凡便宜行事，可不经上奏、或不必依法决断，乃至处死属下或部下。（据《宋代官制辞典》，第659页。）

【译文】

经审议，岳飞上次被授予湖北、京西宣抚副使职衔时，朝廷曾降下指挥：岳飞如有应进行的事务，遇行军时申奏等不及批复的，允许便宜施行。如今岳飞已除授为宣抚使，三月十四日奉圣旨：岳飞如行军进入敌境，有军事相关事务申奏，等不及批复的，按照过去已下达的指挥，允许便宜施行，事后仍应具呈事项因由上奏并申都督府。

此札付授湖北、京西路宣抚使岳太尉。

绍兴七年三月十四日。

督府令收掌刘少保下官兵札

诸路军事都督府：

勘会淮西宣抚刘少保下官兵等，共五万二千三百一十二人，马三千一十九匹，须至指挥。

统制官、通侍大夫、武康军[①]承宣使王德下官兵等五千七百三十一人，马三百八十七匹。

中侍大夫、武泰军承宣使郦琼下官兵等五千五十五人，马三百五十四匹。

左武大夫、和州团练使王师晟下官兵等四千八百九十人，马二百三十一匹。

翊卫大夫、和州防御使靳赛下官兵等五千七百二十一人，马二百八十二匹。

武显大夫、贵州刺史、兼閤门宣赞舍人王照下副统制马钦官兵等三千一百二十八人，马一百三十匹。

武功大夫、通州刺史、兼閤门宣赞舍人王志下官兵等四千一百七十二人，马一百九十六匹。

中侍大夫、荣州防御使乔仲福下官兵等七千三十八人，马三百六十三匹。

左武大夫、恩州刺史、兼閤门宣赞舍人张景下官兵等六千九百四十六人，马八百六十九匹。

左武大夫、忠州刺史、兼閤门宣赞舍人王世忠下官兵等四千四百七十八人，马二百七匹。

武德郎、閤门宣赞舍人李进彦下（系水军）官兵等五千一百五十二人，马阙。

副统制、左朝请大夫赵四臣。

武义大夫、閤门宣赞舍人康渊。

右札送湖北、京西路宣抚使岳太尉照会，密切收掌，仍不得下司，准此。

绍兴七年三月十四日。

【注释】

①军：宋代路之下的地方一级行政管理单位为州或府、军、监。军与州、府平级，而实际地位次于州、府、高于监。地势冲要，户口少而不成州者，则设军。军一级长吏称“军使”或“知军”，如云安军使，知光华军事。副贰为通判某军事，小军则不置。（据《宋代官制辞典》，第24页。）

【译文】

诸路军事都督府：

经审议，淮西宣抚刘少保下官兵等，共五万二千三百一十二人，马三千一十九匹，须听候指挥。

统制官、通侍大夫、武康军承宣使王德下官兵等五千七百三十一人，马三百八十七匹。

中侍大夫、武泰军承宣使郦琼下官兵等五千五十五人，马三百五十四匹。

左武大夫、和州团练使王师晟下官兵等四千八百九十人，马二百三十一匹。

翊卫大夫、和州防御使靳赛下官兵等五千七百二十一人，马二百八十二匹。

武显大夫、贵州刺史、兼閤门宣赞舍人王照下副统制马钦官兵等三千一百二十八人，马一百三十匹。

武功大夫、通州刺史、兼閤门宣赞舍人王志下官兵等四千一百七十二人，马一百九十六匹。

中侍大夫、荣州防御使乔仲福下官兵等七千三十八人，马三百六十三匹。

左武大夫、恩州刺史、兼閤门宣赞舍人张景下官兵等六千九百四十六人，马八百六十九匹。

左武大夫、忠州刺史、兼閤门宣赞舍人王世忠下官兵等四千四百七十八人，马二百七匹。

武德郎、閤门宣赞舍人李进彦下（系水军）官兵等五千一百五十二人，马阙。

副统制、左朝请大夫赵四臣。

武义大夫、閤门宣赞舍人康渊。

以上内容札送湖北、京西路宣抚使岳太尉照会，请密切收掌，仍不得下司，请照此办理。

绍兴七年三月十四日。

督府令相度京西一带事宜札

诸路军事都督府：

勘会统制郦琼驱众渡淮，其逆贼刘麟必聚兵引接，度其事势，须以重兵监防，旬月之间（以下原阙）

【译文】

诸路军事都督府：

经审议，统制郦琼驱使属下渡过淮河，（伪齐）逆贼刘麟势必聚兵接引，察其形势，（我方）须以重兵监防，旬月之间（以下缺文）

从奏进屯淮甸仍降诏奖谕省札

（以上原阙）马，措置襄汉一带。伏惟进止。”①右奉圣旨，岳飞所奏，备见体□□□□□学士院降诏奖谕。今札送湖北、京西路宣抚使岳太尉照会。

绍兴七年九月十四日。

【注释】

①以上残缺之岳飞奏即《金佗稡编》卷十二《乞进淮甸札子》。

【译文】

原文缺漏文字较多，恕不细译。

照会依张俊例批勘请俸省札

户部员外郎霍蠡状："据户部粮料院□□□司帖，据武翼郎、管干宣抚岳飞请□□□□□□状，契勘宣抚太尉转官月日已经□□□□□□□请受[①]文历外，有请给添支[②]□□□□□□□例，伏乞送所属检照条令□□□□□□□□上则例[③]。候指挥。"

帖院仰□□□□□□□□司契勘，昨刘光世、张俊、韩□□□□□□□日，系专□指挥则例支□□□□□□□□□授太尉，即未曾承准指挥□□□□□□□□朝廷行下所属，开具合□□□□□□□□遵执政故□行□□□□□□□□状申，伏候指挥。"

户部供到绍兴元年十二月一日敕："尚书省送到太尉、定江、昭庆军节度使、神武右军都统制张俊状：'检准十月二十四日尚书省札子，奉圣旨指挥阁门，张俊已除太尉，不候辞免，特许趁赴朝参，令立新班。应恩数、张伞等，并依刘光世任太尉日，依先次施行。伏候指挥。奉圣旨，依已得指挥。所有诸般请给，缘俊自出身已来，皆系战功，伏望特降指挥，行下所属。据俊身分，合得□□依刘光世任太尉例，并支真俸[④]施行。伏候指挥。'三省同奉圣旨，特依刘光世□□□支破，内随身傔人[⑤]米，一半折支价钱。"九月二十九日奉圣旨，并依张俊已得指挥则例批勘。

右札送起复湖北、京西路宣抚使岳太尉。

绍兴七年九月二十九日。押押押

【注释】

①请受：俸料名称，包括料钱（官员月俸钱）与衣赐（春、

冬两季）、月粮（禄粟）三项。（据《宋代官制辞典》，第660页。）

②添支：添支钱。北宋前期，差遣有添支钱，带职名人有添支钱。元丰改官制后，差遣之添支，实已由职事官所代替。但，南宋时内外官又有添支料钱、在京厘务官有添支钱、添支米。（据《宋代官制辞典》，第660页。）

③则例：依据法令或成案作为定例。

④真俸：即“全俸”。即按《禄格》如数得钱米等，无折支，致仕官无借减扣除。（据《宋代官制辞典》，第662页。）

⑤傔人：随从佐吏，随身的差役。

【译文】

原文缺漏文字较多，恕不译。

绍兴八年

令于江州统率官兵回鄂州省札

枢密院奏：“勘会昨降指挥，令岳飞将带官兵、水军人船，前来江州驻扎，今来已过防秋[①]。”

右三省、枢密院同奉圣旨，令岳飞审度，如别无紧切事宜，即统率一行官兵、人舡回归鄂州，本司具已起发日时申枢密院。今札送湖北、京西路宣抚使岳太尉。

绍兴八年二月十三日。

【译文】

枢密院奏：“经审议，前日已下达指挥，令岳飞带领官兵、水军及舟船前来江州驻扎，如今已度过了防秋期。”

三省、枢密院同奉圣旨，令岳飞审度形势，若无其他紧切事项，即可统率官兵、舟船回归鄂州，宣抚司具呈起发时日申告枢密院即可。今以此札付授湖北、京西路宣抚使岳太尉。

绍兴八年二月十三日。

服阕[①]除起复二字省札

武功大夫、兼閤门宣赞舍人、特差湖北、京西路宣抚司往来干办军期事务王敏求状：“契勘宣抚岳太尉先为母亡起复，合至今年六月一日从吉[②]，所有‘起复’二字，未敢便行除落，伏候指挥。”吏部供到状：“昨刘少师绍兴三年四月内因丁母忧，降制起复。后来至服阕日，本官一面除落‘起复’二字，即不曾降指挥除落。申闻事。”

右札送湖北、京西路宣抚使照会，准此。

绍兴八年六月二十八日。押押押

【注释】

①服阕：指守丧期满除服。阕，终了。

②从吉：谓居丧毕，脱去丧服，穿上吉服；或丧期内因有嫁娶庆贺或吉祭之礼暂易吉服。

【译文】

武功大夫、兼閤门宣赞舍人、特差湖北、京西路宣抚使往来干办军期事务官王敏求的申状：“按查，宣抚岳太尉先前因母亡故而起复，至今年六月一日除丧服，所有‘起复’字样，未经朝廷同意未敢随便取消，伏候指挥。”吏部供到：“先前刘少师于绍兴三年四月丁母忧，朝廷曾降制令他起复。后来至除服日，自行在官名中取消了‘起复’字样，朝廷不曾下指挥取消。申闻于上官。”

今以此札付授湖北、京西路宣抚司照会，请照此办理。

绍兴八年六月二十八日。押押押

卷第九

丝纶传信录卷之八

绍兴八年

再令除落起复二字省札

检会湖北、京西路宣抚使司往来干办军期事务王敏求状："契勘岳太尉先为母亡起复，合至今年六月一日从吉，所有'起复'二字，未敢便行除落，候指挥。"吏部供到状："昨刘少师绍兴三年四月内因丁母忧，降制起复。后来至服阕日，本官一面除落'起复'二字，即不曾降指挥除落。"尚书省已札下湖北、京西路宣抚司照会去讫。今据岳太尉七月初六日奏状，尚未见除落'起复'字，须议指挥。

右札付湖北、京西路宣抚使司，依已札下事理除落，准此。

绍兴八年七月二十一日。押押押

【译文】

查到湖北、京西路宣抚使司往来干办军期事务王敏求的申状："按查，岳太尉先前因母亡起复任职，到今年六月一日除丧服。所有称谓中的'起复'二字未敢便行去除，等候指挥。"根据吏部提供的报告："此前刘少师绍兴三年四月因为母丁忧，降制起复。后来到了除服日，本官自行去除了'起复'二字，即不曾特别下达相关指令”尚书省已札下湖北、京西路宣抚使司照会完毕。今据岳太尉七月初六日的奏状，尚未见去除‘起复’字样，须议指挥。

今以此札付授湖北、京西路宣抚使司，请依照已下发事项停止使用‘起复’字样，请照此办理。

绍兴八年七月二十一日。押押押

乞致仕不允仍令前来行在奏事省札

湖北、京西路宣抚使岳飞奏：“臣今月初八日，准御前金字牌[①]递到枢密院札子：‘奉圣旨，令韩世忠、张俊、岳飞如无警急事宜，各量带亲兵，暂赴行在奏事。”臣除已恭依处分外，契勘臣累具奏闻，乞归田野，以养残躯，未赐俞允。伏望圣慈检会臣前后所奏，速降睿旨，许臣致仕，庶几不致上误国计。臣已择今月十二日起发，于江、池州以来，听候指挥。臣不胜恳切之至，取进止。”

右奉圣旨，□乞□□仍依已降指挥，疾速起发，前来行在奏事。今札送湖北、京西路宣抚使岳太尉疾速施行，准此。

绍兴八年八月二十二日。押押押

【注释】

①金字牌：《梦溪笔谈》卷一一：“驿传旧有三等，曰步递、马递、急脚递。急脚递最遽，日行四百里，唯军兴则用之。熙宁中，又有金字牌急脚递，如古之羽檄也。以木牌朱漆黄金字，光明眩目，过如飞电，望之者无不避路，日行五百余里。有军机速处分，则自御前发下，三省、枢密院莫得与也。”

【译文】

湖北、京西路宣抚使岳飞奏："臣今月初八日，接到以御前金字牌递送到的枢密院札子：'奉圣旨，令韩世忠、张俊、岳飞如无危急事宜，各自量带亲兵暂赴行在奏事。'臣除已恭依指挥外，按查臣已屡次上奏乞归田里，以养残躯，未蒙允可。伏望圣慈查考臣前后所上奏札，速降圣旨，允臣致仕，如此才不致耽误国家大计。臣已择定本月十二日出发，取道江、池州前来行在，听候指挥。臣不胜恳切之至，当否，请示。"

奉圣旨，命岳飞仍依照已下达的指挥，疾速出发，前来行在奏事。今以此札付授湖北、京西路宣抚使岳太尉疾速施行，请照此办理。

绍兴八年八月二十二日。押押押

辞免赴行在奏事不允省札

湖北、京西宣抚使岳飞奏："臣近在路，于江、池州两具札子，冒渎天听，乞致仕者。退循战惧，莫知所为。臣迤逦将次广德军界，尚未准指挥。顾臣蝼蚁恳迫之诚，上赖天地函容始终之赐，唯祈昭鉴，曲示眷怜。伏望早降睿旨，许臣屏迹山林，以养微躯。区区之词，备在前奏，臣更不叨叨，紊烦圣听。臣除于广德军以来听候指挥外，取进止。"

右三省、枢密院同奉圣旨，依已降诏旨不允，不得再有陈请。仍依已降指挥，疾速兼程前来，赴行在奏事。今札送湖北、京西宣抚使岳太尉疾速施行。

绍兴八年九月二日。押押押

【译文】

湖北、京西路宣抚使岳飞奏："臣最近已上路，于江州、池州两次上呈札子，冒渎天听，陈乞致仕。退而反省，战惧惶恐，莫知所为。臣迤逦而行，将在广德军界居止，尚未获准指挥。请顾念臣子低微恳迫的诚意，上赖天地包容终始之赐，祈请明鉴，勉示垂怜。伏望早降圣旨，允许臣隐迹于山林，修养微贱之躯。区区之词，都在前一封奏札中详述过了。臣便不再多说，烦扰圣听。臣自广德军之后的行程，将听候朝廷指挥。当否，请示。”

三省、枢密院同奉圣旨，按照已降下的诏旨不允辞免，不得再有陈请。（岳飞）仍依照已下达的指挥，疾速兼程，来行在奏事。今已此札付授湖北、京西路宣抚使岳太尉疾速施行。

绍兴八年九月二日。押押押

同前第二札

湖北、京西宣抚使岳飞奏：“臣近在路，于江、池州两具札子，冒渎天听，乞致仕者。退遁战惧，莫知所为。臣迤逦将次广德军界，尚未准指挥。顾臣蝼蚁恳迫之诚，上赖天地函容始终之赐，唯祈昭鉴，曲示眷怜。伏望早降睿旨，许臣屏迹山林，以养微躯。区区之词，备在前奏，臣更不叨叨，紊烦圣听。臣除于广德军以来听候指挥外，取进止。”九月二日奉圣旨，依已将诏旨不允，不得再有陈请。仍依已降指挥，疾速兼程前来，赴行在奏事。除已札下外，至今未到。

右再札送湖北、京西路宣抚使岳太尉，遵依累降指挥，疾速施行，准此。

绍兴八年九月四日。押押押

【译文】

湖北、京西路宣抚使岳飞奏：“臣最近已上路，于江州、池州两次上呈札子，冒渎天听，陈乞致仕。退而反省，战惧惶恐，莫知所为。臣迤逦而行，将在广德军界居止。尚未获准指挥。请顾念臣子低微恳迫的诚意，上赖天地包容终始之赐，祈请明鉴，勉示垂怜。伏望早降圣旨，允许臣隐迹于山林，修养微贱之躯。区区之词，都在前一封奏札中详述了。臣便不再多说，烦扰圣听。臣自广德军之后的行程，将听候朝廷指挥。当否，请示。”九月二日奉圣旨，按照已降下的诏旨不允辞免，不得再有陈请。（岳飞）仍依照已下达的指挥，疾速兼程，来行在奏事。已札下此项指挥，（岳飞）至今未到。

再次札送湖北、京西路宣抚使岳太尉，请遵依累降指挥，疾速施行，请照此办理。

绍兴八年九月四日。押押押

再乞致仕不允省札

湖北、京西路宣抚使岳飞奏：“臣椎钝之资，过蒙眷注，近累乞致仕，又蒙圣慈降诏不允，及催督赴行在奏事。臣不敢固违召命，即遂就道。伏念臣遭遇陛下，实千载一时□□□，岂欲频具奏闻，上渎天听，重贻罪戾，徒自取之。缘臣不唯眼目脚疾时时发动，深恐才不逮人，缓急有误陛下委付。觊就安闲，保养贱躯，迹其狂率，别无他肠。俟臣异日痊可，陛下尚欲使令，愿尽驽蹇，仰受指纵。伏望渊衷俯垂洞照，早赐允臣所请，不胜幸甚。干冒斧钺，退惟战惧，取进止。”

右奉圣旨，依累降诏旨不允，不许再有陈请。今札送湖北、京西路宣抚使岳太尉。

绍兴八年九月六日。押押押

【译文】

湖北、京西路宣抚使岳飞奏：“臣资质愚钝，却得到圣上过分的眷念关注。近来累次陈乞致仕，又蒙圣上降诏不允，并催促臣赴行在奏事。臣不敢违抗圣上的召唤，已即刻启程。伏念臣际遇于陛下，实在是千载一时的幸事，岂能频频上奏，冒渎圣听，重获罪愆，实是咎由自取。然因臣不仅眼目脚疾不时发作，且深恐才能不及他人，危急之时有误陛下的委寄。因此希望退闲在家，保养贱躯，形迹虽然狂妄轻率，但绝无他心。待臣异日痊愈，若陛下还愿使唤，臣愿竭尽庸驽之力，仰受驱纵。伏望圣察，早日赐允臣的所请，不胜幸甚。这冒犯斧钺之罪，让臣退而惶遽。当否，请示。”

奉圣旨，依照累次已降诏旨不允所请，不许再有陈请。今以此札付授湖北、京西路宣抚使岳太尉。

绍兴八年九月六日。押押押

绍兴九年

同判宗士㒟等前去祇谒陵寝省札

湖北、京西路宣抚使岳飞奏：“臣伏睹正月十二日降到赦书，交割河南州县，内西京河南府系臣所管地分。自刘豫盗据以来，祖宗陵寝久废严奉，臣不胜臣子区区之情，欲乞量带官兵，躬诣洒扫。伏候敕旨。”

右勘会已降指挥，差同判大宗正事[①]士㒟、兵部侍郎张焘前去祇谒陵寝。三省、枢密院同奉圣旨，札与岳飞照会，候逐官起发，申取朝廷指挥，量带亲兵，同共前去祇谒。今札送湖北、京西路宣抚使岳开府。

绍兴九年二月三日。押押

【注释】

①同判大宗正事：宋朝自太祖至仁宗朝，宗室繁衍，达数千人，宗正寺难以统管，遂建大宗正司专以统掌皇族的教育、训谕、政令、纠察违失，并裁决宗室中的纠纷、词诉，法例有疑、难以处理者，即同上殿奏闻以取裁。皇族及其子弟，凡奏事，必经宗司而后闻，不得直接上殿。合教法与法治于一，使大宗正司成为统率皇族宗室之权威机构。同判大宗正事为职事官名。如大宗正司置判官二员，位次者带“同”字。“同判”递迁为“判”。（据《宋代官制辞典》，第291页。）

【译文】

湖北、京西路宣抚使岳飞奏：“臣见正月十二日下达的赦书中有交割河南地州县的内容，其中西京河南府正是臣所管辖的地分。自从刘豫伪政权盗据此地以来，祖宗陵寝长期缺乏照料，臣不胜区区臣子之心，想请求量带官兵亲自前去洒扫。伏候敕旨。”

经审议，已下指挥，差派同判大宗正事赵士㒟、兵部侍郎张焘前去祗谒陵寝。三省、枢密院同奉圣旨，札送岳飞照会，待官员们逐一出发后，可申取朝廷指挥，量带亲兵，一同前去祗谒。今以此札付授湖北、京西路宣抚使岳开府。

绍兴九年二月三日。押押

合用修工费用令王良存于大军钱内支省札

勘会祗谒陵寝官、同判大宗正事士㒟已得圣旨，修奉诸陵，合专委官应副。二月二十一日，三省同奉圣旨，札与岳飞照会，与士㒟商议，应副人工修奉，其费用令王良存于大军钱内支。仍札下王良存照会。

右札送武胜、定国军节度使、湖北、京西路宣抚使、兼营田大使岳开府。

绍兴九年二月二十三日。押押押

【译文】

勘会，祇谒陵寝官、同判大宗正事士㒩已得圣旨，要修缮供奉诸陵，理当专门委托官员应副。二月二十一日，三省同奉圣旨，并札送岳飞照会，令与士㒩商议，提供修缮供奉的人工费用，令王良存从大军的钱内支取。仍札下王良存照会。

今以此札付授武胜、定国军节度使，湖北、京西路宣抚使兼营田大使岳开府。

绍兴九年二月二十三日。押押押

免亲往祇谒陵寝省札

枢密院奏："勘会已降指挥，令岳飞量带亲兵，同士㒩、张焘前去祇谒陵寝。缘今来新复故地之初，正要大将抚存军旅。"

右三省、枢密院同奉圣旨，令岳飞更不需亲往。止选差将官一、两员，部押壕寨人匠、军马，共一千人，随逐士㒩、张焘前去祇谒陵寝。其一行合用钱粮，令王良存随逐应办。仍札与士㒩、张焘照会。今札送湖北、京西路宣抚使岳开府疾速施行。

绍兴九年四月十一日。押押

【译文】

枢密院奏："经审议，已下的指挥，令岳飞量带亲兵，同士㒩、张焘前去祇谒陵寝。因近来刚刚收回原有的疆土，正需要大将安抚军旅之故。”

三省、枢密院同奉圣旨，令岳飞这次不须亲往。只需选派一两名将一级统兵官，督率壕寨工匠、军马共一千人，跟从士㒟、张焘前去祗谒陵寝即可。其一行应需钱粮，令王良存跟进应办。仍札与士㒟、张焘照会。今以此札付授湖北、京西路宣抚使岳开府疾速施行。

绍兴九年四月十一日。押押

照会免去祗谒陵寝省札

太尉、武胜、定国军节度使、湖北、京西路宣抚使、兼营田大使岳飞札子奏："今日祗谒陵寝使、同判大宗正事士㒟、兵部侍郎张焘到鄂州。臣见办集行役，只俟得士㒟、张焘关报行期，便同起发。或恐陛下别有使令，愿赐一一训敕。谨具奏知。"

检会绍兴九年四月十一日敕："枢密院札子：'枢密院奏：勘会已降指挥，令岳飞量带亲兵，同士㒟、张焘前去祗谒陵寝。缘今来新复故地之初，正要大将抚存军旅。奉圣旨，令岳飞更不需亲往。止选差将官一、两员，部押壕寨人匠、军马，共一千人，随逐士㒟、张焘前去祗谒陵寝。其一行合用钱粮，令王良存随逐应办。仍札与士㒟、张焘照会。'四月十三日，三省同奉圣旨，检坐已降指挥，札与岳飞照会。仍令学士院降诏奖谕。"

右札送湖北、京西路宣抚使岳开府。

绍兴九年四月十四日。押押押

【译文】

太尉，武胜、定国军节度使，湖北、京西路宣抚使兼营田大使岳飞札子奏："今日祗谒陵寝使、同判大宗正事士㒟、兵部侍郎张焘到达鄂州。臣正在征集备办行旅所需，只候得士㒟、张焘关报行期，便可一同出发。我恐怕陛下还有别的使令，请一一赐训。谨具奏知。"

查考到绍兴九年四月十一日敕："枢密院札子：'枢密院奏到：经审议，已下的指挥，令岳飞量带亲兵，同士㒟、张焘前去祗谒陵寝。因近来刚刚收回原有的疆土，正需要大将安抚军旅之故。奉圣旨，令岳飞这次不须亲往。只需选派一两名将一级统兵官，督率壕寨工匠、军马共一千人，跟从士㒟、张焘前去祗谒陵寝即可。其一行应需钱粮，令王良存跟进应办。仍札与士㒟、张焘照会。'四月十三日，三省同奉圣旨，查考已下的指挥，札与岳飞照会。仍令学士院降诏奖谕。"

今以此札付授湖北、京西路宣抚使岳开府。

绍兴九年四月十四日。押押押

同前第二札

太尉、武胜、定国军节度使、湖北、京西路宣抚使、兼营田大使岳飞札子奏："今日祗谒陵寝使、同判大宗正事士㒟、兵部侍郎张焘到鄂州。臣见办集行役，只俟得士㒟、张焘关报行期，便同起发。或恐陛下别有使令，愿赐一一训敕。谨具奏知。"

检会绍兴九年四月十一日敕："枢密院札子：'枢密院奏：勘会已降指挥，令岳飞量带亲兵，同士㒟、张焘前去祗谒陵寝。缘今来新复故地之初，正要大将抚存军旅。奉圣旨，令岳飞更不需亲往。止选差将官一、两员，部押壕寨官匠、军马，共一千人，随逐士㒟、张焘前去祗谒陵寝。其一行合用钱粮，令王良存随逐应办。仍札与士㒟、张焘照会。'四月十三日，三省同奉圣旨，检坐已降指挥，札与岳飞照会。仍令学士院降诏奖谕。”

右已札送湖北、京西路宣抚使岳开府。切虑在路遗滞，今再札送湖北、京西路宣抚使岳开府，遵依已降指挥施行。

绍兴九年四月十五日。押押押

【译文】

太尉，武胜、定国军节度使，湖北、京西路宣抚使兼营田大使岳飞札子奏："今日祗谒陵寝使、同判大宗正事士㒟、兵部侍郎张焘到达鄂州。臣正在征集备办行旅所需，只候得士㒟、张焘关报行期，便可一同出发。我恐怕陛下还有别的使令，请一一赐训。谨具奏知。"

查考到绍兴九年四月十一日敕："枢密院札子：'枢密院奏到：经审议，已下的指挥，令岳飞量带亲兵，同士㒟、张焘前去祗谒陵寝。因近来刚刚收回原有的疆土，正需要大将安抚军旅之故。奉圣旨，令岳飞这次不需亲往。只需选派一两名将一级统兵官，督率壕寨工匠、军马共一千人，跟从士㒟、张焘前去祗谒陵寝即可。其一行应需钱粮，令王良存跟进应办。仍札与士㒟、张焘照会。'四月十三日，三省同奉圣旨，查考已下行的指挥，札与岳飞照会。仍令学士院降诏奖谕。"

以上已札送湖北、京西路宣抚使岳开府。顾虑可能在路途遗失或滞留，今再次札送湖北、京西路宣抚使岳开府，请遵照已下达的指挥施行。

绍兴九年四月十五日。押押押

令赴行在奏事省札

岳飞札子奏："臣欲乞赴行在奏事，伏望圣慈特降指挥。

取进止。”

右三省、枢密院同奉圣旨依奏。今札送湖北、京西路宣抚使岳开府疾速施行。

绍兴九年八月二十三日。押押

【译文】

岳飞札子奏：“臣想请求到行在奏事，伏望圣慈特降指挥。当否，请示。”

三省、枢密院同奉圣旨允许所奏。今以此札付授湖北、京西路宣抚使岳开府疾速施行。

绍兴九年八月二十三日。押押

照会追复张所左通直郎直龙图阁省札

武胜、定国军节度使、开府仪同三司、湖北、京西路宣抚使岳飞札子奏：“臣窥见故左通直郎张所先任监察御史，除直龙图阁[①]、河北路招抚使。因谪官到潭州界内，为凶贼刘忠驱虏，百端诱胁，终不肯从，遂至被害。累经恩赦，本家无人申陈，未曾牵复[②]。如张所者本疎远，仰蒙朝廷识擢，当艰危之际，奋不顾身，有志未就，能以节死。欲望圣慈矜悯，特赐牵复官职，以激忠义之风。取进止。”

十月九日，三省同奉圣旨，张所特与追复官职。关送中书、门下省指挥，奉敕：“故前通直郎、直龙图阁张所，士无节操，顾虽偷生，奄奄如九泉下人；若乃英风义槩，折而不沮，其人虽亡，凛然常有生气。有臣如此，可无以表厉之哉！尔持论劲正，自喜功名，顷由御史，身任招抚之柄。毁誉交至，用舍不常，卒罹绿林，殒于非命。雄心谊烈，奋挺莫回，亦可以激懦夫之气，而劝人臣之忠矣！兹因将臣以名来上，是用还尔通籍，仍直龙图，魂而有知，毋忘结草。可特追复左通直郎、直龙图阁。”

右札送湖北、京西路宣抚使岳开府。

绍兴九年十月十五日。押押押

【注释】

①直龙图阁：诸直阁皆宋创置，包括直龙图阁、天章、宝文、显谟、徽猷、敷文、焕章、华文、宝谟、宝章、显文阁及直秘阁等。直阁为职事官之非侍从官（庶官）所带职名。南宋后，自直龙图阁至直显文阁共十一等，加上直秘阁，均为庶官任监司（转运使等），藩阃（知州兼安抚使等）者贴职。直龙图阁，职名。正七品，为诸直阁之首。（据《宋代官制辞典》，第139页。）

②牵复：即“叙复”。指被罪责免官年限已满、已久，遇恩赦，依格法叙复旧官。（据《宋代官制辞典》，第654页。）

【译文】

武胜、定国军节度使，开府仪同三司、湖北、京西路宣抚使兼营田大使岳飞札子奏：“臣了解到故左通直郎张所早年曾任监察御史，授直龙图阁、河北路招抚使。因谪官去到潭州界内，被凶贼刘忠驱掳，百端诱胁，终不肯屈服，遂至被害。累经恩赦，其本家无人申述，尚未曾叙复。如张所者为人迂阔，仰蒙朝廷识拔，于艰危之际，奋不顾身，虽有志未伸，却能守节而死。希望圣慈哀怜，特赐予叙复其官职，以激扬忠义之风。当否，请示。”

十月九日，三省同奉圣旨，张所特与追复旧官职。关送中书、门下省指挥，奉敕：“故前通直郎、直龙图阁张所：士人若无节操，虽苟且偷生，晦暗如九泉下人；像你这样英风义慨，折而不沮，其人虽亡，却凛然常有生气。有臣如此，怎可不表彰勉励呢！你持论刚正，胸怀抱负，由御史擢任为招抚使。毁誉交加，任使不常，最后罹难于绿林之贼，殒于非命。其雄心壮志、忠义节烈、奋不顾身之事迹，亦可激励懦夫之气，可规劝人臣之忠啊！兹因将臣为你上奏，故而追复你的官职，仍命为直龙图阁，你魂魄有知，毋忘结草相报。可特追复为左通直郎、直龙图阁。”

以上札送湖北、京西路宣抚使岳开府。

绍兴九年十月十五日。押押押

赐张所一资恩泽仍支银绢省札

武胜、定国军节度使、开府仪同三司、湖北、京西路宣抚使、兼营田大使岳飞札子：“飞闻好生恶死，天下常情，若临大难而不变，视死如归者，非忠义之士，有所不能。窥见左通直郎、直龙图阁张所以忠许国，义不顾身，虽斧钺在前，凛然不易其色，终能以全节自守而不屈。不惟飞知之，士大夫无不知之。今蒙朝廷已叙复原官，恩至渥也，欲望更赐特为敷奏，乞与优加褒异，庶使天下忠义之士，皆知所劝。伏候指挥。”

十一月十二日奉圣旨，张所特与一资恩泽，仍支赐银、绢各一百匹、两，令所居州军应副。

右并札下张所本家。照札[①]一道，送湖北、京西路宣抚使岳开府照会给付，准此。

绍兴九年十一月十三日。押押押

【注释】

①照札：文书名。朝廷行用文书。新任命官，于授官告前降

信札催促其供职；与此同时，又降一札照会新官所赴之司，此种札子谓“照札”，打招呼、关照之意。（据《宋代官制辞典》，第627页。）

【译文】

武胜、定国军节度使，开府仪同三司、湖北、京西路宣抚使兼营田大使岳飞札子：“我听说好生恶死是人之常情。若临大难而不变节，视死如归者，非忠义之士是做不到的。我了解到左通直郎、直龙图阁张所以忠许国，义不顾身，虽面临斧钺的威逼，也凛然不变其色，终能自守全节而不屈。这件事不仅飞知晓，士大夫无不知晓。如今张所已蒙朝廷叙复原官，恩泽十分优渥，我还希望朝廷更能为之向君上报告，请求优加褒恤，则可使天下的忠义之士都知道朝廷的激励。伏候指挥。”

十一月十二日奉圣旨，特赐与张所的家人一资的恩泽，仍支赐银一百两、绢一百匹，令其家人所居住的州军应副。

以上同时札下张所本家。另有照札一道，送湖北、京西路宣抚使岳开府照会并给付本人，请照此办理。

绍兴九年十一月十三日。押押押

卷第十

丝纶传信录卷之九

绍兴十年

到蔡州给赐犒军银绢省札

三省、枢密院同奉圣旨，岳飞调发军马，已到蔡州，可令户部给银、绢五千匹、两，充犒军支用，令赐夏药内侍一就押赐。

右札送湖北、京西路宣抚使、兼河南、北诸路招讨使岳少保。

绍兴十年闰六月二十八日。押押

【译文】

三省、枢密院同奉圣旨，岳飞已调发军马，到达蔡州。可令户部拨银五千两、绢五千匹，作为犒军的支用，令宣赐夏药的内侍一并押赐。

今以此札付授湖北、京西路宣抚使、兼河南、北诸路招讨使岳少保。

绍兴十年闰六月二十八日。押押

收复颍昌令开具立功人等第省札

湖北、京西路宣抚使司奏："据前军统制、同提举一行事务张宪申：'统率军马，前来措置贼马，除于闰六月十九日离颍昌府四十里，与番贼见阵获捷外，宪统率军马，追袭败走贼马，于当月二十日收复颍昌府了当。'奏闻事。"

右三省、枢密院同奉圣旨，令岳飞开具立功人等第，疾速保明闻奏。今札送湖北、京西路宣抚使、兼河南、北诸路招讨使岳少保疾速施行。

绍兴十年七月二日。押押

【译文】

湖北、京西路宣抚使司奏："据前军统制、同提举一行事务张宪申：'已统率军马，前去措置贼马，于闰六月十九日到了距离颍昌府四十里的地方，与番贼接战获捷，宪又统率兵马追袭敌骑，与当月二十日收复颍昌府完毕。'特此奏闻此事。"

三省、枢密院同奉圣旨，令岳飞开具立功人员的等级，尽快申明闻奏。今以此札付授湖北、京西路宣抚使兼河南、北诸路招讨使岳少保疾速施行。

绍兴十年七月二日。押押

赐金带金椀等省札

三省、枢密院同奉圣旨，岳飞提兵已至蔡州，遣发官兵，收复颍昌府。可差内侍黄彦节前去传宣抚问，仍赐金合茶、药，及支降金带、金椀一千两，其已支犒军银并折绢银可供添赐作五万两。令彦节管押赴军前，委岳飞将立功官兵等第给赐。

右札送湖北、京西路宣抚使、兼河南、北诸路招讨使岳少保照会施行。

绍兴十年七月四日。押押

【译文】

三省、枢密院同奉圣旨，岳飞已提兵到达蔡州，并遣发官兵收复了颍昌府。可差遣内侍黄彦节前去传宣，抚问军旅，仍旧赐金合茶、药，并支降金带、金碗一千两，已支用的犒军银两及折算绢的银两可供添赐作五万两。令黄彦节押赴军前，委托岳飞按立功等第对官兵进行赏赐。

此札付授湖北、京西路宣抚使、兼河南、北诸路招讨使岳少保照会施行。

绍兴十年七月四日。押押

改差内侍李世良管押御赐金带金椀等省札

三省、枢密院同奉圣旨，岳飞提兵至蔡州，连捷收复颍昌、淮宁府。可差内侍李世良前去传宣抚问，仍赐金合茶、药，及支降金带、金碗一千两，银伍万两，见钱关子十万贯。令世良一就管押前去，赴军前，委岳飞将立功官兵等第给赐。其先差黄彦节更不遣行。

右札送湖北、京西路宣抚使、兼河南、北诸路招讨使岳少保照会施行。

绍兴十年七月六日押押

【译文】

三省、枢密院同奉圣旨，岳飞已提兵到达蔡州，连连获捷收复了颍昌府、淮宁府。可差内侍李世良前去传宣，抚问军旅。仍旧颁赐金合茶、药，及支降金带、金碗一千两，银五万两，现钱关子十万贯。令世良一并管押前去军前，委岳飞按立功等第对官兵进行赏赐。先前差遣的黄彦节停止遣行。

此札付授湖北、京西路宣抚使、兼河南、北路招讨使岳少保照会施行。

绍兴十年七月六日押押

照会湖广总所桩兑支犒钱省札

勘会已降指挥，令行在榷货务[①]印造见钱关子十万贯，应副岳宣抚军前犒军支使。理合措置桩备钱数支给。须议指挥。

右已札下湖、广、江西、京西路总领司，仰于大军钱内依数桩兑见钱，候赍到上件关子，日下支给施行，不管少有阻节留滞外。今札送湖北、京西路宣抚使、兼河南、北诸路招讨使岳少保照会，准此。

绍兴十年七月六日。押押

【注释】

①榷货务：宋代设立的管理贸易和税收的机构。

【译文】

经审议，已下指挥，令行在榷货务印造现钱关子十万贯，供应岳宣抚军前的犒军支出。理应按储备钱数支给。须议指挥。

又已札下湖、广、江西、京西路总领司，委托总领司从供应给大军的钱内按数兑出现钱，待上述关子发到，当日即行支给，不得稍有阻滞。今以此札付授湖北、京西路宣抚使兼河南、北诸路招讨使岳少保照会，请照此办理。

绍兴十年七月六日。押押

照会支拨收复郑州激赏钱省札

勘会岳飞遣发官兵，收复郑州，并日后所用激赏合行支降。七月八日，三省同奉圣旨，令行在榷货务限三日，更行印造见钱关子二十万贯，付岳飞。内一十万贯激赏收复郑州得功官兵，余一十万贯充宣抚司非时支使。其钱仰鄂州总领司疾速桩垛，候到照验，即时支给。

右札付湖北、京西路宣抚使、兼河南、北诸路招讨使司。

绍兴十年七月八日。押押押

【译文】

经审议，岳飞已遣发官兵收复郑州，以及日后的激赏钱应给予支降。七月八日，三省同奉圣旨，令行在榷货务在三日内再印造现钱关子二十万贯，交付岳飞。其中十万贯用于激赏收复郑州立功的官兵，余下十万贯供宣抚使司不时支用。这部分钱委托鄂州总领司疾速桩积，等钱到查验无误后，即时支给。

此札付授湖北、京西路宣抚使兼河南、北诸路招讨使司。

绍兴十年七月八日。押押押

李供奉押赐收复郑州支犒钱省札

勘会续降指挥，岳宣抚遣发官兵，收复郑州，并日后所用激赏，令榷货务限三日，更行印造见钱关子二十万贯，内一十万贯激赏收复郑州得功官兵，余一十万贯充宣抚司非时支使。今据榷货务供到，今月初九日可以印造了当。须议指挥。

右已札下睿思殿祇候、入内李供奉[①]，一就押赐前去外。今札送湖北、京西路宣抚使、兼河南、北诸路招讨使岳少保照会，准此。

绍兴十年七月九日。押押押

【注释】

①入内李供奉：入内供奉官为宦官名。这里指一位李姓的入内供奉官。

【译文】

经审议，后续将下达指挥，因岳宣抚派遣官兵收复了郑州，令榷货务三日内印造现钱关子二十万贯。其中十万贯用于激赏收复郑州时立功的官兵，另外的十万贯供宣抚司不时支用。今据榷货务报告，本月初九日可以印造完毕。须议指挥。

已札下睿思殿祗候、入内供奉官李，一并押赐前去。今以此札付授湖北、京西路宣抚使兼河南、北诸路招讨使岳少保照会，请照此办理。

绍兴十年七月九日。押押押

收复赵州获捷照会杨沂中除淮北宣抚刘锜除宣抚判官

湖北、京西路宣抚使、兼河南、北诸路招讨使岳飞奏："臣今得卫州忠义统制赵俊差人赍到申状，自闰六月二十七日起离本州，于今月初四日到臣军前报臣，比遣兵过河，会合忠义统制乔握坚等，已收复赵州了当。又遣本司统制梁兴、董荣两头项过河，河北州县往往自乱，民心皆愿归朝廷，乞遣发大兵，前来措置。臣见措置外，臣契勘金贼近累败衄，其虏酋四太子等皆令老小过河。唯是贼众尚徘徊于京城南壁一带，近却发八千人过河北。此正是陛下中兴之时，乃金贼灭亡之日，若不乘势殄灭，恐贻后患。伏望速降指挥，令诸路之兵火急并进，庶几早见成功。取进止。”

右勘会已降指挥，杨沂中除淮北宣抚副使，于今月二十五日起发，刘锜除淮北宣抚判官。三省、枢密院同奉圣旨，札与岳飞照会。今札送湖北、京西路宣抚使、兼河南、北诸路招讨使岳少保。

绍兴十年七月十六日。押押

【译文】

湖北、京西路宣抚使、兼河南、北诸路招讨使岳飞奏：“臣今日得到了卫州忠义（民兵）统制赵俊差人送到的申状，他自闰六月二十七日起发离开本州，于本月初四日到达我处向臣汇报：赵俊先前派遣军兵渡过黄河，会合忠义（民兵）统制乔握坚等，一起收复了赵州。臣又派遣本司统制梁兴、董荣两位过河措置，河北的州县往往不攻自乱，民心都愿意归附朝廷，请求朝廷派遣大兵前来措置。臣正在部署河北攻略，据查，金贼近来屡遭挫败，虏酋四太子等发令让他们的随军老小北渡黄河。只是贼众如今还徘徊在京城（译者按，指开封）南壁一带，近来却遣发了八千人到黄河以北的区域去。这正是陛下中兴之时，金贼灭亡之日，若不乘势剿灭，恐怕留下后患。伏望速下指挥，令诸路大军火速齐头并进，可望早日成功。当否，请示。”

以上内容经审议，已下指挥，杨沂中除授为淮北宣抚副使，于本月二十五日起发，刘锜除授淮北宣抚判官。三省、枢密院同奉圣旨，札与岳飞照会。今以此札付授湖北、京西路宣抚使兼河南、北诸路招讨使岳少保。

绍兴十年七月十六日。押押

奖谕郾城获捷省札

枢密院奏："勘会岳飞一军于郾城县，独与番寇全军接战，大获胜捷。除已支降犒赏外。"

右三省、枢密院同奉圣旨，令学士院降诏奖谕。今札送湖北、京西路宣抚使、兼河南、北诸路招讨使岳少保照会。

绍兴十年七月二十二日。押押

【译文】

枢密院奏："经审议，岳飞一军在郾城县，独自与番寇全军接战，大获胜捷。除已支降犒赏外。"

又，三省、枢密院同奉圣旨，令学士院降诏奖谕官兵。今以此札付授湖北、京西路宣抚使兼河南、北诸路招讨使岳少保照会。

绍兴十年七月二十二日。押押

郾城获捷支犒士卒省札

枢密院奏："勘会岳飞一军于郾城县，独与番寇全军接战，大获胜捷。"

右三省、枢密院同奉圣旨，令户部支降见钱关子二十万贯，付岳飞等第犒赏。今札送湖北、京西路宣抚使、兼河南、北诸路招讨使岳少保照会施行。

绍兴十年七月二十三日。押押

【译文】

枢密院奏："经审议，岳飞一军在郾城县，独自与番寇全军接战，大获胜捷。"

又，三省、枢密院同奉圣旨，令户部支降现钱关子二十万贯，交付岳飞按立功等第进行犒赏。今以此札付授湖北、京西路宣抚使兼河南、北诸路招讨使岳少保照会施行。

绍兴十年七月二十三日。押押

令先次开具立功最高将士省札

三省、枢密院同奉圣旨，岳飞逐次获捷，立功将士已节次降指挥，令等第保明。如日下攒类未圆，仰开具立功最高将士先次申奏。余依累降指挥施行。

右札送湖北、京西路宣抚使、兼河南、北诸路招讨使岳少保疾速施行。

绍兴十年八月二日。押押

【译文】

三省、枢密院同奉圣旨，岳飞军累次获捷，已逐次下发指挥，令按照等第为立功将士进行申报。若按类别暂时不能统计完整，请先开具立功最高的将士资料申奏。其余的依照累降指挥施行。

今以此札付授湖北、京西路宣抚使兼河南、北诸路招讨使岳少保疾速施行。

绍兴十年八月二日。押押

令疾速赴行在奏事省札

岳飞札子奏："臣于七月二十七日取顺昌府，由淮南路，恭依累降御笔处分，前赴行在奏事。"

右三省、枢密院同奉圣旨，令岳飞疾速前来，赴行在奏事。今札送湖北、京西路宣抚使、兼河南、北诸路招讨使岳少保疾速施行。

绍兴十年八月八日。押押

【译文】

岳飞札子奏："臣于七月二十七日取道顺昌府，经由淮南路，恭依累次下达的御笔指令，前赴行在奏事。"

又，三省、枢密院同奉圣旨，令岳飞疾速前来，赴行在奏事。今以此札付授湖北、京西路宣抚使兼河南、北诸路招讨使岳少保疾速施行。

绍兴十年八月八日。押押

给降空名告命[①]省札

尚书省关[②]三省、枢密院赏功房，关岳飞札子："乞给降下项空名告命，如有立功人，即便书填，以为激劝。遇书填某人，于告背纸上题写阶衔，押字用印，照验候指挥。正任[③]承宣使三道（内一道带军职），正任观察使五道（内二道带军职），正任防御使八道（内三道带军职），正任团练使一十道，正任刺史一十五道，已上乞于告内写定官。横行[④]带承宣使一十道，横行带观察使一十五道，横行带防御使二十道，正使[⑤]带团练使二十五道，正使带刺史三十道，正使带閤门宣赞舍人[⑥]四十道，副使[⑦]带閤门宣赞舍人四十道，小使臣带閤门祇候[⑧]五十道，已上乞于告内空官，临时书填。武功大夫至武翼大夫阶各三十道，武功郎至敦武郎阶各四十道，修武郎至承信郎阶各五十道，进武校尉至守阙进义副尉各五十道，已上乞写定官。"九月十一日，三省、枢密院同奉圣旨依，令吏部给降。仍置籍专以旌赏陕西、河外立功人，关送枢密院指挥。

右并空名下班祇应付身五十道，今札送湖北、京西路宣抚使、兼河南、北诸路招讨使岳少保照会收管。

绍兴十年九月十五日。押押

【注释】

①告命：即“告身”“官告”“付身”。省称告。为拟授阶官、职事官及封赠、加勋等所颁给的凭证。（据《宋代官制辞典》，第628页。）

②关：同一长官而分别置局治事的官司，及本司内并列诸案，若有事须相互关照，则用“关”。（据《宋代官制辞典》，第624页。）

③–⑧：这里出现的，都是宋代武臣寄禄官阶，由高到低排列：正任、横行、正使、副使、大使臣、小使臣，诸大夫、诸郎，进武校尉、守阙进勇副尉。

③正任：正任官。包括正任节度使、观察使、节度观察留后（政和后改称承宣使）、防御使、团练使、刺史。正任官不列入常调磨勘，原以待边境立功者，殊不易得，素有“贵品”之称，宗室、大臣、贵官等，特旨得之。（据《宋代官制辞典》，第32页。）

④横行：横行官。从右武大夫（从六品）到通侍大夫（正五品），合称为横行十三阶，仅次于太尉，不能通过正常年资来逐级晋升，必须要有皇帝特旨嘉奖才能晋升。

⑤正使：从武翼大夫至武功大夫这八阶为诸司正使，可列入武臣磨勘迁转之列。

值得注意的是，④里面出现的横行带承宣使/观察使/防御使等，⑤里面出现的正使带团练使/刺史等，这些都是遥郡官的表示方式。遥郡官在官阶上低于正任。如“中卫大夫、武安军承宣使”即为遥郡承宣使，比起正任“武安军承宣使”是要低一个档次。遥郡位虽次于正任官，但不失“美官”之称。

⑦副使：从武翼郎至武功郎这八阶为诸司副使，在大夫之下。

⑥、⑧閤门宣赞舍人、閤门祗候：两者都是閤职，时称“右列清选”。司马光说：“且閤门祗候，祖宗所以蓄养贤才，以待任使之地也。”宋时閤职有单独任官者，更多的是使臣、诸司正使和副使兼任，而自横行与遥郡以上有相当比例不再兼閤职。

閤门宣赞舍人则比閤门祗候要高上一个级别。值得注意的是，閤门宣赞舍人的授予是有编制的，《宋史·职官志》记载“绍兴间定员四十”，而閤门祗候无定额。

【译文】

尚书省关三省、枢密院赏功房，关岳飞札子：“请求颁予我司以下空名官告，有人立功时，便可填写，以为激励。若填写某人的名字，就在官告背面题写官阶，押字用印，待查验后再下达指挥。正任承宣使官告三道（其中一道带军职），正任观察使五道（其中两道带军职），正任防御使八道（其中三道带军职），正任团练使十道，正任刺史十五道，以上请在官告内写定官名。横行带承宣使十道，横行带观察使十五道，横行带防御使二十道，正使带团练使二十五道，正使带刺史三十道，正使带閤门宣赞舍人四十道，副使带閤门宣赞舍人四十道，小使臣带閤门祗候五十道，以上请在官告内空缺官名，临时再填。武功大夫至武翼大夫阶各三十道，武功郎至敦武郎阶各四十道，修武郎至承信郎阶各五十道，进武校尉至守阙进义副尉各五十道，以上请写定官名。”九月十一日，三省、枢密院同奉圣旨：允准，令吏部颁降。仍载列簿籍专门表彰陕西、河南的立功人，关送枢密院指挥。

又，连同空名下班祗应告身五十道，今以此札付授湖北、京西路宣抚使兼河南、北诸路招讨使岳少保照会收管。

绍兴十年九月十五日。押押

令措置河北河东京东三路忠义军马省札

绍兴十年十月十三日，左承议郎、守司农少卿、差充湖北、京西路宣抚使司参议官高颖札子奏："臣尝谓兵之取胜，以谋为主；谋之发用，以时为宜。臣自建炎三年春不幸陷于番域，切观大河之北，士人非不众也。而能专心询访所谓酋长之趣向，兵卒之强弱，屯戍之虚实，以为我国家计者，世鲜其人。间有高志不群之士，往往晦迹隐伏，杜门不出，而时事未尝过而问焉。臣自绍兴九年秋，被命召赴行在，切观大江之南，人非不众也。而能专心询访将帅之才，守御之备，攻取之术，以为我国家计者，亦鲜其人。间有画策献谋之士，往往风声气俗，不历边事，而谋虑有所不周矣。今也，臣合南北之所得长短，以究其利害，臣虽愚蠢，所得者亦多矣。

臣所以敢将河北忠义之士，为攻取计，始终不易其言者，相其今日所宜，是为决取之谋，是为适可之时。曾无漕运之劳，器甲之需，激赏之费，借曰万一败失，亦不伤乎国体。用事于金贼腹心之中，而收功于疆场千里之外，夫何惮而不为。臣误蒙陛下擢置卿列，可谓安佚矣。而臣区区愿预军事，非厌安佚而乐烦剧，盖以谓臣子之心，苟有寸长，当戮力以为国家用。倘能建功立事，以图报称，是为臣之忠；立身扬名，以显父母，是为子之孝。忠孝所系，故一身之安佚烦剧，曾不足较也。臣之言大可以献诸天地，幽可以质诸鬼神。伏望陛下特赐睿察，如臣言可用，即委臣措置河北、河东、京东三路忠义军马。所有文札，乞降付宣抚使岳飞，庶几可以裨赞岳飞十年连接河朔之谋。仍乞降三路赏功圣诏，然后臣当将命请行。取进止。”

右三省、枢密院同奉圣旨，札与岳飞措置，不下司。今札送湖北、京西路宣抚使、兼河南、北诸路招讨使岳少保疾速施行。

绍兴十年十月十三日。

【译文】

绍兴十年十月十三日，左承议郎、守司农少卿、差充湖北、京西路宣抚使参议官高颖札子奏：“臣曾说用兵的取胜之道，以谋略为主；谋略的运用，在于把握时机。臣自从建炎三年春不幸陷于番域，仔细观察黄河以北的区域，人才并非不多，但能专心查访金人酋长之志向、兵卒强弱、屯戍虚实，为国家筹谋的却鲜有其人。偶而有些高志不凡之士，往往隐藏自己的形迹，闭门不出，从不过问时事。臣自绍兴九年秋受命，召赴行在，仔细观察长江之南，人才不可谓不多也，而能专心查访将帅之才、守御之法、攻取之术，为我国筹谋恢复的也是鲜有其人。偶而有些献策画谋之士，其风格往往是不历边事，谋虑欠周。如今臣能融合南北所见的长短，推究其中的关窍利害，臣虽愚蠢，所得也是很多的。

“臣之所以敢将大河以北的忠义之士作为攻取战胜的关键，且始终不改前言的原因，是我认为这正是今日所适宜施行的决取之谋，正当其时。使用黄河以北的忠义之士可省却运输军需的烦劳、也无须提供器甲军械和激赏费用，假使万一失败，也不伤国体。在金贼的腹地进行军事活动，收功于疆埸千里之外，有什么可忌惮的而不去做呢？臣误蒙陛下升擢，列席公卿，可谓安乐舒适。区区臣子愿意参与军事，并不是讨厌安逸而喜欢繁劳，而是作为臣子的立场，若有一技之长当勉力而行，为国家所用。倘能建功立业，回报君恩，是为臣子之忠；倘能立身扬名，光耀门庭，是为人子之孝。忠孝系于一身，自己是安逸还是繁劳就不足计较了。臣的这番话上可以告于天地，下可以质之鬼神。伏望陛下特赐睿察，若臣言可以为国家所用，就委派臣来措置河北、山西、山东三地的忠义军马。所有文札，请降付宣抚使岳飞，可望能够襄助岳飞谋划了十年的联结河朔战略。仍请降下这三路的赏功圣诏，然后臣就可领命请行。当否，请示。”

三省、枢密院同奉圣旨，此札仅付与岳飞知悉及部署，无须下宣抚司。今以此札付授湖北、京西路宣抚使兼河南、北诸路招讨使岳少保疾速施行。

绍兴十年十月十三日。

密诏诸将广设间谍契丹等国诱率来归省札

臣寮札子奏：“臣闻金贼初犯中国，率契丹、渤海、奚人、汉儿诸国之兵，猖然而来，共肆吞噬之毒。然窥原诸国之本心，诚非得已，迫于一时凶力之强而已矣。今则穷兵转战二十余年，思归者益切，厌乱者益多。昨兀术渝盟，自知兵出无名，乃托以大教，悉卷而行，侵我三路[①]。其麾下之众莫不怏怏而南，非欲摅愤雪耻，而乐然愿斗也，故三路之师，连战辄北。何则？兀术之性，狠猛残虐，喜于杀戮，一旦戕其叔挞赖，而国人贰者已过半矣。咸以谓于其叔如此，佗人敢保其终乎？此楚歌发而项籍亡，晟间行而摄图破之秋也。《传》谓夷狄难以力征，易可离间，此言中的，不可复易。欲愿陛下密诏诸将，广设间谍，谕以祸福。其契丹、渤海、奚人、汉儿诸国有来降者，厚而遣之，纵其返国，使之更相诱动，相率来归，高爵厚禄，一无所悋。不一、二年，足以离其腹心，破其党与。此所谓不战而屈人之兵者。取进止。”

右三省、枢密院同奉圣旨，依奏札与诸帅照会。今札送湖北、京西路宣抚使、兼河南、北诸路招讨使岳少保照会，仍不下司。

绍兴十年十月二十二日。

【注释】

①三路：《建炎以来系年要录》卷一二七：“（绍兴九年三月己亥）诏分河南为三路，京畿路治东京，河南府路治西京，应天府路治南京。”上文中河南指黄河以南的区域。南宋时东京开封府在今开封，西京河南府在今洛阳，南京应天府在今河南商丘。

【译文】

臣僚札子奏：“臣听闻金贼初犯中国时，统率契丹、渤海、奚人、汉儿诸国之兵咆哮而来，吞噬我国土，荼毒我百姓。然而窥察诸国的本心，其实诚非得已，只是迫于金贼一时的凶暴而已。如今他们倾一国之兵力转战二十余载，思乡的情绪愈发迫切，厌战的想法越来越多。日前兀术背弃盟约，入侵我国，他自知师出无名，于是假借“大阅兵”的名义，席卷诸国之兵，侵我河南三路。其麾下的广大士卒向南而行都是怏怏不乐，并非想要抒愤雪耻而乐于战斗，所以三路之师屡战屡败，为何？兀术秉性狠猛残虐，喜欢杀戮。自从戕害其叔父挞赖，国人离心者就已过半了。都认为他对待叔父尚且如此，他人如何能保全善终？此情此景正如四面楚歌之于项羽的覆亡，长孙晟的离强合弱之策之于突厥的失败啊。《左传》说夷狄之人难以力征，却易于离间，此言中的，不可复易。愿陛下密诏诸将，广设间谍，向敌军晓谕以祸福利害。契丹、渤海、奚人、汉儿诸国有来归降的，就厚待他们并遣返回国，让他们劝诱打动更多的人来归附，然后赐之以高爵厚禄，决不要吝啬。不出一二年，便足以离间其腹心，破除其党羽。这就是所谓‘不战而屈人之兵’。当否，请示。”

三省、枢密院同奉圣旨，准奏，并札付诸帅照会。今以此札付授湖北、京西路宣抚使、兼河南、北诸路招讨使岳少保照会，仍不下有司。

绍兴十年十月二十二日。

卷第十一

丝纶传信录卷之十

绍兴十年

令差人体探顺昌府番贼聚粮诣实省札

权发遣寿春府孙晖奏："十月十六日，据本府差出干事人丁洪、张立回府供责：'先于今月初七日蒙差离府，前去已北干事。至十一日早，假装近城打柴人，入顺昌府城西门，于市西张客店内安下。至十二日早，探见梓城里女真番人乌也万户将带女真马军一千人骑，出北门，望亳州路上，称前去宿州。其知府刘都辖用酒食送到白沙村。及当时亦有马军二百余人骑出南门，即不知去向。并探得当日却有顺昌府城西北二十余里一寨女真番人二千余人骑，却拽入城内，绕梓城外下寨。及于城内诸寺院亦有汉儿并女真千户四个，共有马军约三百人骑，步军一千七、八百人。兼于城北颍河搭盖土桥一座，阔约一丈七、八尺来。兼越河里见堆垛马杆草四、五十积。并见陈州用船五十余只，般载粮到顺昌府城内下卸了当，其空船见在桥西系泊。并亳州用人夫推般粮五百余辆车子，到城下卸，复回空车前去亳州。洪等至十三日买茶、盐，出城前来，至十六日晚到府，所供是的。'

臣所据干事人丁洪等探到顺昌府番贼聚集粮草事宜，臣除已过作隄备，及不住再差人前去体探番贼动息作为，意向次第，候到，别具奏闻。”

右奉圣旨，令淮西、淮北，湖北、京西宣抚司差人体探，诣实申奏。今札送湖北、京西路宣抚使司疾速施行，准此。

绍兴十年十月二十五日。

【译文】

权发遣寿春府孙晖奏：“十月十六日，根据本府派出的办事人丁洪、张立回府后交代：‘先时于本月初七日蒙受差遣离府，去北边办事。到十一日早，伪装成城外附近的樵夫，由西门进入顺昌府，在市集西面的张氏客店住下。到十二日早上，探见梓城里的女真番人万夫长乌也率领女真马军一千人骑出了北门，往亳州方向去，称前去宿州。知府刘都辖备酒食把他们送到了白沙村。当时也有马军二百余人骑出了南门，不知去向。并探得当日顺昌府城西北二十余里还有一寨女真番人二千余人骑，拉入城内，绕着梓城外面扎寨。城内各寺院里也有汉儿和女真千户四个驻扎，共有马军约三百人骑，步军一千七八百人。并且他们还在城北的颍河上搭盖了一座土桥，阔约一丈七八尺。河对面可见堆垛着马杆草四五十积。并见有五十余只陈州来的船搬载粮食到顺昌府城内卸下，空船现就系泊在土桥之西。亳州那边用人夫推搬粮食五百辆车到城下卸下，空车又回转亳州。丁洪等十三日买完茶、盐后出城，十六日晚回到本府，所供属实。’

“臣根据干事人丁洪等探到番贼在顺昌府聚集粮草的消息，已认真部署防备，并不断再差人前去打探番贼的动息和意向，待得到探报，再另具文申奏。”

以上内容，奉圣旨，令淮西、淮北、湖北、京西宣抚司差人体探，核实后申奏。今以此札付授湖北、京西路宣抚司疾速施行，请照此办理。

绍兴十年十月二十五日。

措置蔡州虏贼孟千户省札

枢密院奏："据探报，蔡州番贼孟千户领人马前去唐州及管下比阳作过。"

右三省、枢密院同奉圣旨，令岳飞严切措置捍御，不管疏虞，仍具已措置事状闻奏。今札送湖北、京西路宣抚使、兼河南、北诸路招讨使岳少保疾速施行。

绍兴十年十一月十七日。

【译文】

枢密院奏："据探报，蔡州番贼孟千户率领人马前去唐州及下辖的比阳作乱。"

三省、枢密院同奉圣旨，令岳飞密切部署防御，不可有任何疏虞，仍将已措置的情况进呈奏闻。今以此札付授湖北、京西路宣抚使兼河南、北诸路招讨使岳少保疾速施行。

绍兴十年十一月十七日。

再令疾速措置孟千户省札

枢密院奏："勘会近据探报，蔡州番贼孟千户领人马前去唐州及管下比阳作过。已降指挥，令岳飞严切措置捍御，不管疏虞，仍具措置事状闻奏。今又据京西南路安抚司申：'唐州责据百姓文九状，十月二十四日到比阳县西，见本县人民走出县来，称有番人来到本县下寨。'切虑贼马不测，侵犯京西一带州县，理宜严备。"

右三省、枢密院同奉圣旨，令岳飞依累降指挥，疾速严切措置捍御，不管少有疏虞，仍具已措置事状闻奏。今札送湖北、京西路宣抚使、兼河南、北诸路招讨使岳少保疾速施行。

绍兴十年十一月十九日。

【译文】

枢密院奏："经审议，最近根据探报得知，蔡州番贼孟千户率领人马前去唐州及其下辖的比阳作乱。已降下指挥，令岳飞密切部署防御，不可有任何疏虞，仍将所措置的情况上呈奏闻。今又据京西路安抚司申告：'唐州根据百姓文九的申状，其十月二十四日到了比阳县西，见该县人民跑出县来，称有番人来到该县下寨。'恐贼马变生不测，侵犯京西一带州县，理宜严备。"

三省、枢密院同奉圣旨，令岳飞依照累次下达的指挥，疾速密切部署防御，不得稍有疏虞，仍将所措置的情况上呈奏闻。今以此札付授湖北、京西路宣抚使、兼河南、北诸路招讨使岳少保疾速施行。

绍兴十年十一月十九日。

令今后招捉女真等不得一面申解省札

枢密院奏："勘会诸路宣抚司招捉女真、契丹、汉儿、渤海，并申解前来朝廷，深虑沿路难以机察。"

右三省、枢密院同奉圣旨，札下逐司，今后不得一面申解，先具姓名闻奏取旨。今札送湖北、京西路宣抚使司照会，准此。

绍兴十年十一月十九日。

【译文】

枢密院奏："经审议，诸路宣抚司招降或捕捉到女真、契丹、汉儿、渤海人后，全都解送前来朝廷，深恐沿路难以防察。"

三省、枢密院同奉圣旨，札下各宣抚司，今后不得自行解送，应先呈报他们的姓名奏闻于朝廷听取旨意。今以此札付授湖北、京西路宣抚使司照会，请照此办理。

绍兴十年十一月十九日。

令宣抚招抚司差人间探省札

枢密院奏："勘会累降指挥，令逐路宣抚、招抚司遣差间探，日近申奏事宜稀少，切虑缓急有误事机。"

右三省、枢密院同奉圣旨，令逐路宣抚司依累降处分，优支激犒，选募信实得力人，分头渡河，前去燕山府、东京以来，子细探赜虏情的实动息次第，实封申奏。仍告谕所遣人，如探得事宜的确信验，当依新立赏格，优异推恩。今札送湖北、京西路宣抚使司疾速施行，准此。

绍兴十年十一月二十三日。

【译文】

枢密院奏："经审议，累次降下的指挥，令诸路宣抚、招抚司差遣间谍探子，最近申奏事宜日益稀少，深恐缓急之间有误事机。"

三省、枢密院同奉圣旨，令各路宣抚司依照累次降下的指挥，支付优厚的犒赏，选募可信的得力之人，分头渡河，前去燕山府、东京（按，指开封）等地，仔细打探虏情确实的动息情况，密封申奏。告谕所遣人，如探得的信息经验证后可信，当依照新立的赏格，优异推恩赏赐。今以此付授湖北、京西路宣抚使司疾速施行，请照此办理。

绍兴十年十一月二十三日。

令严切措置捍御虏贼省札

据探报，兀术十月初八日只将六骑人入东京。初十日，有兵马十五队入宋门。十三日，打球，议事侵掠唐、邓。

右札送湖北、京西路宣抚使、兼河南、北诸路招讨使岳少保，依累降指挥，严切措置捍御，不管疏虞，仍具已措置事状闻奏。

绍兴十年十一月二十六日。

【译文】

据探报，兀术十月初八日只带着六骑人马进入东京（译者按，指开封）。初十日，有十五队兵马从宋门入城。十三日，（金人在城内）打球，讨论侵掠唐州、邓州的事。

今以此札付授湖北、京西路宣抚使、兼河南、北路招讨使岳少保，请按照累次下达的指挥，严密部署防御，不可稍有疏虞，仍呈报已部署之情况上奏。

绍兴十年十一月二十六日。

令相度光州修城增兵省札

臣寮上言："窃以为光州与敌对垒，了无防遏，从来城壁不存。伏闻近差田邦直军马，深恐虏寇稍多，不足以御之，正当随宜增给甲兵，相兼守御。乞下本路宣抚日下措置。取进止。"

右三省、枢密院同奉圣旨，令岳飞相度修城增兵，务在寇至必守，具的确措置事状闻奏。今札送湖北、京西路宣抚使、兼河南、北诸路招讨使岳少保疾速施行。

绍兴十年十二月一日。

【译文】

臣僚上书："私以为光州与敌军对垒，毫无防备，从前的城壁已不复存在。臣下听闻近来差遣了田邦直的兵马，我深恐虏人一旦稍微增多，就不足以防御，正需酌情增添甲兵，帮助守御。请求下本路宣抚司尽快安排。当否，请示。"

三省、枢密院同奉圣旨，令岳飞估察敌情，修城增兵，务必保证寇来必守，将所部署情况详细呈报上奏。今以此札付授湖北、京西路宣抚使兼河南、北诸路招讨使岳少保疾速施行。

绍兴十年十二月一日。

令紧切措置番贼作过省札

光州奏："据探事人张德等回供责，称十一月十九日早到汝河北，住人范六家，见赵小大从顺昌府来，说道顺昌府番人连知府已尽数出城前来，于十七日到黄坵市下寨。及梁三说番人差八骑马军，前去梁安滩踏浅，及问去焦陂路。已作隄备外，奏闻事。"

右三省、枢密院同奉圣旨，札下岳飞紧切措置，无令透漏过淮，侵扰作过。日下具已措置事状闻奏。今札送湖北、京西路宣抚使、兼河南、北诸路招讨使岳少保疾速施行。

绍兴十年十二月二日。

【译文】

光州官员上奏："据打探消息的人张德等回来报告，称十一月十九日一早到了汝河北岸，住在范六家中，见赵小大从顺昌府来，说顺昌府的番人连同知府都已全数从城内出来，于十七日到黄坵市集下寨。以及梁三说番人派了八骑马军去梁安滩踏勘水势，还问了去焦陂方向的路。我处已做防范，特奏闻此事。"

三省、枢密院同奉圣旨，札下岳飞紧切部署，绝不可让敌军越过淮河侵扰作乱。尽快上报所作部署情况奏闻朝廷。今以此札付授湖北、京西路宣抚使兼河南、北诸路招讨使岳少保疾速施行。

绍兴十年十二月二日。

令遣发参议官高颖措置三路忠义军马省札

枢密院奏："勘会近据左承议郎、守[①]司农少卿、差充湖北、京西路宣抚使司参议官高颖札子奏：'乞委臣措置河北、河东、京东三路忠义军马，庶几可以裨赞岳飞十年连结河朔之谋。'已降指挥，札与岳飞措置。"

右三省、枢密院同奉圣旨，令岳飞疾速措置遣发，具已施行闻奏。今札送湖北、京西路宣抚使、兼河南、北诸路招讨使岳少保疾速施行。

绍兴十年十二月六日

【注释】

①守：根据宋代官制，神宗元丰改制后，如寄禄官官阶低于职事官一品者，职事官带"守"字；寄禄官官阶低于职事官二品者，带"试"字；寄禄官官阶高于职事官一品者，带"行"字。（据《宋代官制辞典》，第666–667页。）

【译文】

枢密院奏："经审议，近来根据左承议郎，守司农少卿，差充湖北、京西路宣抚使司参议官高颖札子奏：'乞请让臣去措置河北、山西、山东三路的忠义（民兵）兵马，可望襄助岳飞筹划了十年的联结河朔之谋。'已降下指挥，札送岳飞措置。"

三省、枢密院同奉圣旨，令岳飞疾速部署，遣发人员，并将已施行的措施上奏。今以此札付授湖北、京西路宣抚使兼河南、北诸路招讨使岳少保疾速施行。

绍兴十年十二月六日

令契勘梁兴见今措置事宜开具申闻省札

枢密院奏："据探报下项：

一、光州奏：'归正人陈兴供，本朝梁统制人马取却怀、卫两州，四太子去滑州策应。'

一、前燕山府工曹掾方喜自虏中脱身回，探得大名、开德府界梁小哥人马截了山东路金、帛纲①、河北马纲。

一、泗州申：'干事人王德回，供称十一月九日出徐州东门外，见清河岸贴城立砲座，河内有廠槽船，船上有番人棹船教阅，恐梁小哥从梁山泺内乘船下来。'"

右三省、枢密院同奉圣旨，令岳飞契勘梁兴见今措置，并本司所委事宜，开具申枢密院。如有立到功效，即具闻奏，优与升擢。今札送湖北、京西路宣抚使、兼河南、北诸路招讨使岳少保疾速施行。

绍兴十年十二月六日。

【注释】

①纲：唐、宋时指成批运输的大宗货物，每批以若干车或船

为一组，分若干组，一组称一纲。

【译文】

枢密院奏："据探报，有如下事项：

一、光州奏：'归正人陈兴供述，本朝梁统制的人马攻取了怀、卫两州，四太子（兀术）去了滑州策应。'

一、前燕山府管事人的掾属方喜从虏营中脱身回来，探得梁小哥在大名府和开德府界截下了山东路的金、帛纲和河北马纲。

一、泗州申奏：'干事人王德回来后供称，十一月九日出到徐州东门外，见清河岸边贴着城壁竖立了石砲座，河内有厳槽船，船上有番人划船教阅，是防备梁小哥从梁山水域内乘船下来冲击。'"

三省、枢密院同奉圣旨，令岳飞查考梁兴现今的行动安排，及本司所委托的任务，开具详实申告枢密院。如梁兴已立功，即呈报奏闻，朝廷将优与升擢。今以此札付授湖北、京西路宣抚使兼河南、北诸路招讨使岳少保疾速施行。

绍兴十年十二月六日。

令隄备荆南府一带虏贼省札

川、陕宣抚副使胡世将奏："臣伏见金贼渝盟，复占河南州县，其贼首兀术在东京，撒离喝在长安，互为声势，侵掠未已。赖朝廷威灵，将士用命，虽屡摧大敌，而贼势尚坚。今来诸路大军并各精锐，既习战斗，又据地利，以逸待劳，固可制胜。

臣之所忧，惟恐贼以兵捣荆、襄之虚，断吴、蜀之势。况自东京至荆南，道路平坦，虏人若以精骑驰突，不数日可到。如此则荆、襄摇动，道路不通，其为患有不可胜言者。臣日夜念此，欲具奏陈。近据自庆阳府脱身将仕郎吴名世赴司供析，金贼见议欲先掠取襄汉，以断四川与宣抚相接地分，使东西不得相救，然后以精兵侵犯四川。

臣除已行下知金州、兼陕西诸路节制军马郭浩，知商州邵隆，知洋州王俊、都统制吴璘、杨政等，多差间探，严切措置，过为隄防，及关牒湖北、京西南路安抚司照会外，伏望圣慈详酌，特降睿旨，将荆南府一带严切隄备。仍乞于荆南添屯军马，与襄阳表里相应。庶几缓急不失枝梧，可以伐贼奸计。伏候敕旨。”

右三省、枢密院同奉圣旨，札下岳飞，多遣间探，过作隄备，仍具知委闻奏。今札送湖北、京西路宣抚使、兼河南、北诸路招讨使岳少保疾速施行。

绍兴十年十二月七日。

【译文】

川、陕宣抚副使胡世将奏：“臣见金贼背叛了盟约，又重新占据了河南的州县，贼首兀术现在东京开封，撒离喝在长安，互为声势，不断侵掠。幸亏有赖朝廷威灵远播，将士奋不顾身，屡次挫败大敌，但敌人的气势仍然顽强。如今我诸路大军及各支精锐部队，都已熟练于战斗，且占据地利的优势，以逸待劳，一定可以克敌制胜。

臣所担忧的是，唯恐番人攻打荆、襄的空虚之处，切断与吴、蜀互为声援的兵势。况且从东京至荆南府，道路平坦，虏人若以精骑猛冲，不过数日就可到达。如此则荆、襄局势动摇，道路不通，后患无穷。臣日夜思虑此事，想上书奏陈。近来据从庆阳府脱身的将仕郎吴名世赴本司交待，金贼的计策是先掠取襄汉，以切断四川与湖北、京西路宣抚司相接的地分，使东西不能相救，然后再以精兵侵犯四川。

臣已行下金州知州兼陕西诸路节制军马郭浩、商州知州邵隆、洋州知州王俊、都统制吴璘、杨政等多差间谍，严密部署，认真提防，并以牒通告湖北、京西南路安抚司照会，伏望圣上详酌，特降睿旨，让荆南府一带严密防备。仍请求于荆南府增添屯驻兵马，与襄阳表里相应，才能在紧急时抵挡敌军，击破敌人的奸计。伏候敕旨。”

三省、枢密院同奉圣旨，札下岳飞，多遣谍探，认真防备，仍将详情上书奏闻。今以此札付授湖北、京西路宣抚使兼河南、北诸路招讨使岳少保疾速施行。

绍兴十年十二月七日。

探报兀术领兵过河令宣抚司择利措置省札

枢密院奏：“据诸处探报，兀术与韩常、翟千户、郦琼等各领兵马，过河前去。”

右三省、枢密院同奉圣旨，令逐路宣抚司疾速体探诣实，择利措置，无失机会。今札送湖北、京西路宣抚使司疾速施行。

绍兴十年十二月十四日。

【译文】

枢密院奏：“据诸处探报，兀术与韩常、翟千户、郦琼等各领兵马，已过黄河。”

三省、枢密院同奉圣旨，令各路宣抚司疾速探查属实，择利部署，勿失机会。今以此札付授湖北、京西路宣抚使司疾速施行。

绍兴十年十二月十四日。

绍兴十一年

令措置四太子人马分路作过省札

濠州申："十二月二十九日，据北来人李稳到州供析，系三京招抚司使臣，差往东京，探金人动息。

十二月初六日，到东京，探得四太子十二月初一日自燕京起发到东京，安下处不定。稳于初七日到蔡河上何太尉宅前，见有番人并老小于五岳观至南薰门街上人家内住满，并宣德门正西至大佛寺，及封丘门并百王宫各有番人安下。在京番人并老小共有数十万人，内正军止有五、六万人骑，多有河北签军[1]。

及于十二月初十日，稳见四太子犒设在京番人银、绢，及散干粮并箭凿，不住点检，及每人要附带粮三㪷。及见东京人及番军说，待于正月初五日会合诸路军马，连老小一发起奔，向南前来。及说一路兵取庐州，奔马家渡过江，一路取泗州、濠州，要来扬州屯大寨，取润州过江，一路取海州，一路奔汉上去。及见说四太子指挥，每一个千户要闷葫芦三千个，要过淮南。虏人过淮后，降底人便虏，不降底都杀。

稳为知得番人准备起发，遂于十五日早，出东京宋门前来。沿路见山东、河北人民不绝般运粮斛，往拱州、亳州、顺昌府前去，称积聚准备般向南来，与军喫。及所般粮斛人车，路上千万无数。申闻事。

并小贴子，续据本州差出探事人宁青在寿春府探得，番贼见在寿春府界地名苏村、阚团下寨。并十二月二十七日晚，又问得番贼船数十只，在惠公渡住泊。及番贼四太子人马起离陈州，前来顺昌府。及见今寿春府并雷统制人马，各上城分地分守御。伏乞照会。"

右检会诸处探报，番贼要分路过淮作过。正月九日奉圣旨，札下韩世忠、张俊、刘锜照会，紧切措置隄备，仍行下所隶州县，保聚人民，以防抄掠。及札下岳飞照应措置，如探得贼马来渡淮，即遣发精锐军马，腹背掩杀牵制。各具知禀闻奏。今札送湖北、京西路宣抚使、兼河南、北诸路招讨使岳少保，依已降指挥施行。

绍兴十一年正月十日。

【注释】

①签军：金朝初年伐宋时，征集原辽朝统治区的大批“汉儿”当兵；“签军”则是指被调发的居住在中原的“南人”，汉人签军在金军中地位最低，“冲冒矢石，枉遭杀戮”。（《宋会要》兵一五。）

【译文】

濠州官员申：“十二月二十九日，据北边来人李稳到本州交代，他系三京招抚司使臣，之前被差往东京开封，探听金人的动息。

“（他）十二月初六日到东京，打探到四太子十二月初一日从燕京出发到了东京，落脚处不明。李稳于初七日到了蔡河边的何太尉宅前，见有番人带领家属住满了从五岳观一直到南薰门的街上人家。从宣德门正西到大佛寺，及封丘门、百王宫也各有番人住宿。在东京驻留的番人及其家属共有数十万人，但可战斗兵员只有约五六万人骑，其中多有河北签军。

“十二月初十日，李稳发现四太子在东京用银、绢犒赏番人，发放干粮和箭凿，不断点检数量，要求每人携带三斗粮食。又见东京的住民和番军说，（金人）正月初五日要会合各路兵马，连同家属一道出发，去往南方。并说一路兵将取道庐州，由马家渡过江，一路走泗州、濠州，要去扬州扎下大寨，再由润州（译者按，镇江府的别名）过江，一路人取道海州，还有一路人马要去汉水边。还听说四太子指挥要每个千户准备三千个闷葫芦，要来淮南。虏人渡过淮水后，遇到投降的人便掳去，不降的都杀掉。

“李稳因了解到番人准备出发，遂于十五日一早出东京宋门回来（报告）。沿途见到山东、河北的人民在搬运粮食，络绎不绝地往拱州、亳州、顺昌府前去，说是这些积聚是（金人）打算南侵时供给军队的。路上搬运粮食的人和车成千上万、不可计数。特申闻此事。

“又及：据本周差出的探事人宁青在寿春府探到，番贼现在寿春府界地名为苏村、阚团的地方下寨。十二月二十七日晚，又探问到番贼有船数十只，在惠公渡停泊。番贼四太子的人马已离开陈州，前去顺昌府。如今寿春府的官军及雷统制的人马已上城墙在各自的地分上守御。伏乞照会。”

检查各处的探报，知番贼要分路渡过淮水作乱。正月九日奉圣旨，札下韩世忠、张俊、刘锜照会，要紧密部署防御，仍行下所隶州县，要求保卫当地人民勿使流散，以防金人抄掠。并札下岳飞照应措置，如果探得贼马果真渡淮，即遣发精锐兵马，腹背夹击并牵制番人。以上各司各具所知情况奏闻朝廷。今以此札付授湖北、京西路宣抚使兼河南、北诸路招讨使岳少保，依已降指挥施行。

绍兴十一年正月十日。

令江上诸屯互相策应防虏窥伺省札

三省、枢密院同奉圣旨，江上虽已分定地分，仰上连下接，互相照应。或虏寇少有窥伺，许关报併力掩杀。如不相策应，致误国事，并按罪轻重，必行典宪。

右札送湖北、京西路宣抚使、兼河南、北诸路招讨使岳少保疾速施行。

绍兴十一年二月五日。

【译文】

三省、枢密院同奉圣旨，长江边的防务虽已划定地分，还有赖江边各屯驻部队上连下接，相互照应。假使虏人稍有窥伺之意，允许相互关报并力冲杀。如不相策应，导致延误国事，都要根据罪之轻重，按典论罚。

今以此札付授湖北、京西路宣抚使兼河南、北诸路招讨使岳少保疾速施行。

绍兴十一年二月五日。

照会四太子勾诸处军马攻打楚州省札

枢密院奏："淮北宣抚判官刘锜申：'今月五日，据金贼汉儿军蔡鹘突、李添儿并带到马二匹，前来投拜。据逐人分析，一名蔡鹘突，系监军龙虎大王下千户秦明郎下毛毛可[①]，随秦明郎相合得监军前来，至正月十四日夜，到寿春府。监军下有六万人马，尽是马军。一名李添儿，系韩将军下千户李天保下甲军，随韩将军起发前来。其韩将军有一万马军，于今年正月十四日到寿春府，与龙虎大王合军，将带砲九十座及打城器具，要攻打寿春府。

排日到城下，有本府孙安抚及雷总管军马出城见阵。至十九日夜，知得本府无人马。至二十日，韩将军与龙虎大王领军马过淮河。至二十五日，到庐州，离城三十里相接下寨。次日早，到庐州，留下四万军马外，三路都统、镇国总管二人共带马军三万余人骑，于当日晚到东山口，与刘太尉军见阵。至二十九日，到慎县住坐。差马军前去和州远探，见和州有军马，不曾见阵，却回说慎县住坐。至二月初五日，三路都统与镇国总管带马军二千骑前来尖山，要打山寨，却见刘太尉军过河来，更不曾打山寨，却回慎县。

鹘突等元未过淮河时，闻得头目官员说，国王[②]指挥过淮打虏，如沿江无军马，尽回至楚州，会合并攻楚州，如有军马，却遣人来唤人马。在慎县下寨日，闻得东关有刘太尉军马。三路都统于二月初一日已遣天使前去寿州，赴四太子处勾人马。其四太子次第初五日已离寿州，约初七日到含山县。所有庐州存留下军马，监军与邢王接续押来。其四太子下有马军三万，若诸头项军马并到，共有万户一十三人，实有九万来军马，内马军八万，步军一万来。

锜所据投降汉儿军蔡鹘突等供析事宜，备录在前。伏乞照会。’申闻事。”

右三省、枢密院同奉圣旨，札下岳飞照会。今札送湖北、京西路宣抚使、兼河南、北诸路招讨使岳少保。

绍兴十一年二月九日。

【注释】

①毛毛可：即“谋克”之歧译，即百人长。

②国王：据王曾瑜《金佗稡编续编校注》注，《金史》卷四《熙宗纪》：“（天眷二年七月）丙戌，以右副元帅宗弼为都元帅，进封越国王。”《金佗稡编》卷一九《鹘旋郎君捷报申省状》：“夺到白旗一面，上写‘都元帅越国王前军四千户’字。”，此处将“国王”补译为“越国王”。

【译文】

枢密院奏："淮北宣抚判官刘锜申：'本月五日，金贼汉儿军的蔡鹘突、李添儿带来马二匹，前来投拜。根据他二人的申辩，一名叫作蔡鹘突，是金人监军龙虎大王下千户秦明郎下面的百夫长，随秦明郎与名为相合得的监军会合后一同前来，正月十四日夜到达寿春府。监军麾下有六万人马，全是马军。另一名叫作李添儿，是韩将军下千户李天保下的甲军，随韩将军一同前来。韩将军麾下有一万马军，今年正月十四日到达寿春府，与龙虎大王合军，带到砲九十座及攻城器械，准备攻打寿春府。

"寿春府的孙安抚使及雷总管军马每日到城下出城迎战。至十九日夜，得知本府无人马。至二十日，韩将军与龙虎大王带领兵马过淮河。二十五日到庐州，离城三十里相接下寨。次日早，到庐州，留下四万兵马外，三路都统、镇国总管二人共带着马军三万余人骑，于当日晚到了东山口，与刘太尉军迎战。至二十九日，到慎县驻扎。又差马军前去和州远探，见和州也有番人军马驻守，不曾开战，番人又回到慎县驻扎。至二月初五日，三路都统与镇国总管带马军二千余骑前来尖山，要打山寨，却见刘太尉过河来，就没有攻打山寨，回转慎县。

"鹘突等未过淮河时，听头目官员说，（越）国王指挥过淮打劫，如沿江无军马把截，就全部回到楚州，会合后齐攻楚州，如有军马把截，就派人回去求援。在慎县下寨时，听说东关有刘太尉的军马。三路都统于二月初一日已遣使者前去寿州，到四太子那里调发人马。四太子紧接着在初五日离开寿州，约初七日到达含山县。所有留在庐州的兵马，由监军与邢王陆续部押而来。四太子麾下有马军三万，若诸头领的兵马到齐，共有万户一十三人，实有九万来兵马，其中马军八万，步军一万来人。

"刘锜根据投降汉儿军蔡鹘突等交代的情况，完备地记录于前。请求照会。’特申闻此事。”

三省、枢密院同奉圣旨，札下岳飞照会。今以此札付授湖北、京西路宣抚使兼河南、北诸路招讨使岳少保。

绍兴十一年二月九日。

卷第十二

丝纶传信录卷之十一

绍兴十一年

差官传宣抚问省札

三省、枢密院同奉圣旨，令张去为一就传宣抚问湖北、京西路宣抚司官兵，倍支起发一次。

右札送湖北、京西路宣抚使司照会，准此。

绍兴十一年二月十日。

【译文】

三省、枢密院同奉圣旨，令张去为一并前去传宣、抚问湖北、京西路宣抚司的官兵，倍支上供一次。

此札付授湖北、京西路宣抚使司照会，请照此办理。

绍兴十一年二月十日。

照会虏贼韩常等犯界省札

湖北、京西路宣抚使、兼河南、北诸路招讨使岳飞奏：“据德安府屯驻本司统制官庞荣申：‘探得蔡州除旧有番贼韩常等贼马外，又据探报，李成押千户一十五人，人马约一万五千余骑，正月十八日已到蔡州。’除已隄备外，奏闻事。"

右三省、枢密院同奉圣旨，韩常见在淮西，札与岳飞照会。今札送湖北、京西路宣抚使、兼河南、北诸路招讨使岳少保疾速施行。

绍兴十一年二月十七日。

【译文】

湖北、京西路宣抚使兼河南、北诸路招讨使岳飞奏："据本司屯驻德安府的统制官庞荣申：'探得蔡州除旧有番贼韩常等贼马外，又据探报，李成管押的千户十五人及人马约一万五千余骑，正月十八日已到蔡州。'除已加强防备外，特此奏闻此事。"

三省、枢密院同奉圣旨，韩常现在淮西，札与岳飞照会。今以此札付授湖北、京西路宣抚使兼河南、北诸路招讨使岳少保疾速施行。

绍兴十一年二月十七日。

四太子弟将领贼马作过令共力破贼省札

三京[①]等路招抚处置司申："今月十七日，据本司差□探事使臣[②]王用等，及问得贼寨走□□□□□王二七称说，桐城县泉水北下□□□□□贼一万余人骑，头首阿律出麦大王，系四太子亲弟，将领其贼马不住四散出没作过。除已更切差人体探外，伏乞照会，申闻事。"

右札送湖北、京西路宣抚使、兼河南、北诸路招讨使岳少保照会，依累降指挥，疾速提兵前来，共力破贼，毋失机会。

绍兴十一年二月二十日。

【注释】

①三京：三京是指东京开封府、西京河南府和南京应天府。

②使臣：是宋朝八品和九品的十等武阶官总称，可分为大使臣和小使臣。（据王曾瑜《宋朝军制初探（增订本）》2011年，第198页。）

【译文】

三京等路招抚处置司申："本月十七日，据本司派出的探事使臣王用等，及向从贼寨逃逸的□□□□□王二七问询得知，桐城县泉水北下□□□□□（有）贼一万余人骑，为首的阿律出麦大王，是（金国）四太子亲弟，率领其贼马不断四散出没作乱。本司已差人打探详情，伏乞照会，特申闻此事。"

今以此札付授湖北、京西路宣抚使、兼河南、北诸路招讨使岳少保照会，请依照多次下达的指挥，疾速提兵前来，共同破贼，勿要错失机会。

绍兴十一年二月二十日。

照会张俊会战及驻兵去处省札

湖北、京西路宣抚使、兼河南、北诸路招讨使岳飞奏："臣今月十一日，准御前金字牌[①]递到亲札一通，臣即时拜恩跪领讫。伏读圣训，以金贼侵犯淮西，已在庐州，张俊等併力与贼相拒，令臣提兵合击。或来江州、或出蕲、黄，绕出其后。臣敢不仰体睿眷，殚竭愚陋。今日臣已抵黄州，见前去舒、蕲州界，相度形势利害，看贼意向，别行措置。不知张俊等会战在甚日，庶几臣得以照应。奏闻事。"

右三省、枢密院同奉圣旨，检坐张俊渡江，与贼见阵获捷，并见今驻兵去处，报岳飞照会并检会。今札送湖北、京西路宣抚使、兼河南、北诸路招讨使岳少保。

绍兴十一年二月二十一日。

【注释】

①金字牌：《梦溪笔谈》卷一一："驿传有三等，曰步递、马递、急脚递。急脚递最遽，日行四百里；唯军兴则用之。熙宁中，又有金字牌急脚递，如古之羽檄也。以木牌朱漆黄金字，光明眩目，过如飞电，望之者无不避路，日行五百余里。有军前机速处分，则自御前发下，三省、枢密院莫得与也。"

【译文】

湖北、京西路宣抚使兼河南、北诸路招讨使岳飞奏："臣本月十一日，接到御前金字牌急递到的亲札一封，臣立时拜恩跪领毕。伏读圣训，言说金贼侵犯淮西，已到庐州，张俊等合力与金贼相抗，令臣提兵前去合击，或来江州，或从蕲、黄州绕出敌后。臣敢不体念圣上眷顾，竭忠尽智。臣今日已抵达黄州，现在前去舒、蕲州界，考量形势利害，观察敌军意向，另行部署军事。不知张俊等会战在哪一日，臣得知才好照应。特此奏闻此事。"

三省、枢密院同奉圣旨，查考到张俊渡江后与金贼交战获捷，并查出其现驻兵处，报岳飞照会及查考。今以此札付授湖北、京西路宣抚使兼河南、北诸路招讨使岳少保。

绍兴十一年二月二十一日。

照会韩世忠前去寿春府措置番贼省札

淮南东路宣抚处置使韩世忠申："恭依圣训，将带军马，水路并进，已取三月初三日起发，前去寿春府以来，措置掩杀番贼去讫。伏乞照会。申闻事。"

右札送湖北、京西路宣抚使、兼河南、北诸路招讨使岳少保照会。

绍兴十一年三月五日。

【译文】

淮南东路宣抚处置使韩世忠申："恭依圣训，率领军马水路并进，已于三月初三日出发，前去寿春府部署掩杀番贼。特申闻此事。"

今以此札付授湖北、京西路宣抚使兼河南、北诸路招讨使岳少保照会。

绍兴十一年三月五日。

韩世忠与四太子兵会战令诸帅同共措置省札

淮东宣抚处置使韩太保申："世忠初六日早，已次招信县界。据濠州申，称今月四日晚，番贼马军并战船，水陆已到本州，离城一十五里下寨，乞速赐遣发军马前来救援。伏望详酌，指挥札下诸大帅，火急前来与世忠会合，併力破贼。并小贴子称，世忠见亲提军马、战船，水陆并进，旦夕与四太子等大兵见阵外，伏望速降处分，下张俊、杨沂中、刘锜等，星夜兼程前来，乘虚先占寿春府，与世忠夹击，併力破贼。伏候指挥。并据濠州申，今来番贼札浮桥，见渡人马过淮南岸，乞速赐遣发军马应援施行。"

右检会三月九日已奉圣旨，札下韩世忠、张俊、岳飞、杨沂中、刘锜，依已降指挥，疾速提兵前去，同共措置掩杀，已札下去讫。今据前项所申，今再札送湖北、京西路宣抚使、兼河南、北诸路招讨使岳少保，依已降指挥，疾速施行。

绍兴十一年三月九日。

【译文】

淮东宣抚使处置使韩太保申："世忠初六日一早已到招信县界。据濠州申报，称本月四日晚番贼的马军及战船已分别由水陆两路到达濠州，在离城十五里处下寨，请速赐指挥遣发军马前来救援。伏望详酌，向诸大帅下达指挥，火急前来与世忠会合，并力破敌。并有小贴子称，世忠现亲自提领军马、战船水陆并进，旦夕之间便可能与四太子等大兵交战，伏望速降指令，下张俊、杨沂中、刘锜等，让他们星夜兼程赶来，乘虚先行占领寿春府，与世忠夹击，并力破敌。伏候指挥。另据濠州申报，番贼现正扎浮桥，渡人马过淮河南岸，请速赐遣发军马前来应援。"

查考到三月九日已奉圣旨，札下韩世忠、张俊、岳飞、杨沂中、刘锜，依照已降指挥疾速提兵前去，共同措置掩杀番贼，已札下完毕。今据前项所申之事，再次札送湖北、京西路宣抚使兼河南、北诸路招讨使岳少保，依已降指挥疾速施行。

绍兴十一年三月九日。

报谕北官军如能擒杀兀术者除节度使省札

枢密院奏："勘会兀术见领贼众侵犯濠州，已委逐路宣抚会合措置，共力破贼。今检会已降指挥：'两国罢兵，南北生灵方得休息。兀术不道，戕杀其叔，举兵无名，首为乱阶[①]。将帅、军、民有能擒杀兀术者，见任节使以上，授以枢柄，未至节使者，虽庶官亦除节使，官高者除使相[②]，见统兵者仍除宣抚使，并赐银、绢五万匹、两，田一百顷，第宅一区。'切虑北官、军、民不知今来赏格。"

右三省、枢密院同奉圣旨，令诸路宣抚司报谕北官、军、民，如能杀併或擒获来归，管军民者除拜使相，余并除节度使，仍各赐银、绢五万匹、两，田一百顷，第宅一区。今札送湖北、京西路宣抚使、兼河南、北诸路招讨使岳少保疾速施行。

绍兴十一年三月十一日。

【注释】

①乱阶：祸端、祸根。

②使相：使相之名，从唐玄宗朝起，始与宰相分列。凡带三省长官（尚书令、中书令、纳言或侍中）及同中书门下平章事或同中书门下三品，在外任节度使或他官者都列为使相（《唐会要》卷1）。宋初，凡节度使、枢密使、亲王、留守、检校官兼中书令、侍中、同中书门下平章事，为使相（《长编》卷一七，开宝九年二月庚戌）。元丰改制，易为开府仪同三司带节度使为使相（《通考·职官》卷一八《开府仪同三司》）。使相为加官名，不参与政事。（据《宋代官制辞典》，第81页。）

【译文】

枢密院奏："经审议，兀术现正率领贼众侵犯濠州，已委托诸路宣抚司会合措置，共同破贼。今查到已降指挥：'两国罢兵，南北生灵方能得到休养生息。然兀术不道，戕杀其叔，举兵无名，首为祸端。将帅、军、民有能擒杀兀术者，现任节度使以上的将授予枢密使职位，未至节度使的，即使是一般官员也可授予节度使，官高者授使相，现统兵者仍授宣抚使并赐银五万两、绢五万匹，田一百顷，宅第一区。'考虑到北地的官员、军民不知现在的赏格。"

三省、枢密院同奉圣旨，令诸路宣抚司报谕北地官员、军民，如能杀死或擒获（兀术）来归附的，管军民者除授为使相，其余可除授为节度使，仍各赐银五万两、绢五万匹，田一百顷，宅第一区。今以此札付授湖北、京西路宣抚使兼河南、北诸路招讨使岳少保疾速施行。

绍兴十一年三月十一日。

将帅军民如能擒杀兀术者除官并赐银绢田宅省札

枢密院奏："勘会兀术见领贼众侵犯濠州，已委逐路宣抚会合措置，共力破贼。今检会绍兴十年六月十一日奉圣旨：'将帅、军、民有能擒杀兀术者，见任节使以上，授以枢柄，未至节使者，虽庶官亦除节度使，官高者除使相，见统兵者仍除宣抚使，并赐银、绢五万匹、两，田一百顷，第宅一区。'"

右三省、枢密院同奉圣旨，给降黄榜，付逐路宣抚司，晓谕诸军将士。今札送湖北、京西路宣抚使、兼河南、北诸路招讨使岳少保疾速施行。

绍兴十一年三月十一日。

【译文】

枢密院奏："经审议，兀术现正带领贼众侵犯濠州，已委派各路宣抚会合措置，协力破贼。今查考绍兴十年六月十一日奉圣旨：'将帅、军、民有能擒杀兀术者，现任节度使以上的将授予枢密使职位，未至节度使的，即使是一般官员也可授予节度使，官高者授使相，现统兵者仍授宣抚使，并赐银五万两、绢五万匹，田一百顷，宅第一区。'"

三省、枢密院同奉圣旨，降下黄榜，交付各路宣抚司晓谕诸军将士。今以此札付授湖北、京西路宣抚使兼河南、北诸路招讨使岳少保疾速施行。

绍兴十一年三月十一日。

令提兵与张俊等腹背破贼省札

据探报，贼马见留大军在亳州。今来庐州张宣抚等大军併进，前去濠州。目即津运钱粮，并是经由巢县、柘皋、庐州地分前去。虑恐贼兵窥伺，径直复犯庐州以来，不惟邀截粮道，兼至大信江口并无阻隔。

右检会三月十日奉圣旨，札下岳飞，令星夜提兵前来庐州，审度事势，前去寿春会合，与张俊、韩世忠腹背破贼。已累札下去讫，今再札送湖北、京西路宣抚使、兼河南、北诸路招讨使岳少保，依已降指挥，疾速施行。

绍兴十一年三月十二日。

【译文】

据探报，敌人大军现留在亳州。近来驻庐州的张宣抚等大军齐头并进，前去濠州。现今正在运输钱粮，俱是经由巢县、柘皋、庐州地区前去。恐怕贼兵窥伺，径直再犯庐州，不仅断截我粮道，也可能毫无阻隔地到达大信江口。

查考到三月十日奉圣旨，札下岳飞，令岳飞星夜兼程提兵前去庐州，审度情势，前去寿春府与张俊、韩世忠会合，共同夹击敌军。已累次札下毕，今再次札送湖北、京西路宣抚使兼河南、北诸路招讨使岳少保，依照已下达的指挥疾速施行。

绍兴十一年三月十二日。

令权暂驻扎舒州听候指挥前来奏事省札

三省、枢密院同奉圣旨，令岳飞先次遣发军马回归，量带亲兵，于舒州权暂驻扎，听候指挥，起发前来奏事，具知禀闻奏。

右札送湖北、京西路宣抚使、兼河南、北诸路招讨使岳少保疾速施行。

绍兴十一年三月二十一日。

【译文】

三省、枢密院同奉圣旨，令岳飞先遣发军马回归驻地，本人量带亲兵暂驻舒州，听候指挥，出发前来（行在）奏事，将所知详情向上奏报。

此札付授湖北、京西路宣抚使兼河南、北诸路招讨使岳少保疾速施行。

绍兴十一年三月二十一日。

令多差信实人过淮间探省札

枢密院奏："勘会贼马进退之际，正要详知动息。已降指挥，令诸宣抚司不住多差信实人间探，日具所探的实事宜闻奏。"

右三省、枢密院同奉圣旨，令诸宣抚司依已降指挥，疾速分头差人过淮，深入贼境，子细体探目今的实作为动息，日具探到事宜闻奏。今札送湖北、京西路宣抚使司疾速施行，准此。

绍兴十一年三月二十一日。

【译文】

枢密院奏："经审议，敌军进退之际，正需详细了解其行止情况。已降指挥令诸路宣抚司不断差遣诚实可靠之人侦探，每日呈报所探到的确实信息上奏。"

三省、枢密院同奉圣旨，令诸宣抚司依照已降指挥，疾速分头差人过淮河，深入敌境，仔细探访其确实的行动情况，每日呈报所探事宜上奏。今以此札付授湖北、京西路宣抚使司疾速施行，请照此办理。

绍兴十一年三月二十一日。

令差一项军兵前去郴州讨捕骆科省札

主管荆湖南路安抚司公事梁泽民奏："伏为本路见有郴州元授招安贼首骆科等，约七、八千人，侵犯道州锦田等处，倚恃山险，札立硬寨，接连广南连、贺州界，出没猖獗。本司已发统领官陈元、裴铎各统所部军马，前去收捕，及差全州第九副将向子率将兵前去应援。今来骆科等贼徒既众，又倚恃峻山绝崖，扎立硬寨，陈元、裴铎所统官兵不过一千余人，本司别无官兵可以接续应援。欲望圣慈详酌，特降睿旨，差发军马，暂来本路收捕前项盗贼，庶几早得扑灭，以安一路。伏候敕旨。"

右勘会已降指挥，令岳飞差发一项官兵，前去措置。三省、枢密院同奉圣旨，令岳飞日下选差统制官，将带军马疾速起发，前去措置讨捕，不以路分追袭掩杀，须管日近平殄，其钱粮令所至路分帅、漕应副，不管阙误。今札送湖北、京西路宣抚使、兼河南、北诸路招讨使岳少保疾速施行。

绍兴十一年四月二日。

【译文】

主管荆湖南路安抚司公事梁泽民奏："因见本路现有郴州原受招安贼首骆科等，约七八千人，侵犯道州锦田等处，倚靠山险，扎立坚固的营垒，连接到广南的连州、贺州地区，四处出没，猖獗作乱。本司已派统领官陈元、裴铎各统所部军马，前去收捕，并差遣全州第九副将向子率领兵前去应援。如今骆科等贼徒人数众多，又倚靠峻岭绝壁，扎立坚垒，陈元、裴铎所统官兵不过一千余人，本司别无官兵可以接续应援。希望圣慈详酌，特降睿旨，发遣军马来本路收捕叛贼，可望早日扑灭，使一路军民得到安定。伏候敕旨。”

以上经审议，已降指挥，令岳飞差发一项官兵前去措置。三省、枢密院同奉圣旨，令岳飞尽快选差统制官，率领军马疾速起发，前去措置讨捕，不管路分限制追袭掩杀，务必要于近日内平定。大军所需钱粮令所至路分安抚司、转运司应副，不得缺误。今以此札付授湖北、京西路宣抚使兼河南、北诸路招讨使岳少保疾速施行。

绍兴十一年四月二日。

令体探贼马侵犯光州速差兵应援省札

权发遣寿春府孙晖奏：“四月初三日，据六安县状申，当县于三月二十九日酉时，据被虏乡民赵谷走回到县，赍到霍邱县善香镇监税朱祐状，称于三月二十八日晚，见说固始县东二十里递铺于二十七日到县，请粮归铺，得知本县承光州关报，有兵马侵犯本州，其铺兵及一带人民至柴家驿，往东南闪避。并据本府探报将官刘升状，探得六安军二十八日、二十九日节次承关报，有番贼人马侵犯光州事由[①]。臣除已再差人前去体探的实，别具状申奏外，奏闻事。’

右三省、枢密院同奉圣旨，札下岳飞，令多差人体探，如有贼马侵犯，速差兵应援。今札送湖北、京西路宣抚使、兼河南、北路招讨使岳少保疾速施行。

绍兴十一年四月九日。

【注释】

①事由：公文用语，指内容摘要。也叫由头。

【译文】

代理发遣寿春府孙晖奏：“四月初三日，据六安县状申，该县于三月二十九日酉时，据逃回本县的被俘乡民赵谷，带到霍邱县善香镇监税官朱祐的申状称：于三月二十八日晚陈述说固始县东二十里的递铺二十七日到固始县请粮，然后归铺，得知本县承光州关报，有兵马侵犯本州，铺兵及那一带的人民转移到了柴家驿，往东南方闪避。并据本府的探报将官刘升的申状，探得六安军二十八日、二十九日先后承关报，有番贼人马侵犯光州的内容。臣已再差人前去探访确实，另外呈状申奏外，特奏闻此事。”

三省、枢密院同奉圣旨，札下岳飞，令多差人查探，如有敌军侵犯，速速派兵应援。今以此札付授湖北、京西路宣抚使兼河南、北路招讨使岳少保疾速施行。

绍兴十一年四月九日。

令措置应援光州省札

枢密院奏：“光州申：‘今月初三日，据统领田邦直、定城知县高青、四县巡检刘势状申：今月初一日酉时，探得顺昌府番人会合蔡州番贼，于今月初一日早，出离顺昌府，分两头项来取光州并固始县，约至初三日辰、巳时，来到城下。邦直等逐各即时将带所部官兵，并将官冯祠马军会合，前去沿淮上下贼人来路要便[①]处，把截掩杀。至初二日五更以来，到梁安滩南岸深林内，逐令步军于两壁荻林暗伏，使马军在柳林后摆布，听伺北岸贼马。欲明之间，果见番贼马军约五、六百骑，自淮河北岸踏浅过河前来。邦直等望见，放令番贼入河，涉水上南岸。未整龊间，遂声鼓步军齐出荻林，更不施放，便令径入贼怀，用野猪刀、大斧一发向前剿杀，号令不得斫级争财。其番贼被官兵乘势掩杀入淮，向北奔走。邦直等欲纵兵追袭，实为兵少，不敢深入，遂收兵南岸歇泊。切虑番贼不舍，复来作过，除已再行措置外，申乞照会。州司契勘知州王刺史已再差将官张受部押官兵，前去沿淮上下策应外，伏乞照会。'申闻事。"

右三省、枢密院同奉圣旨，札下岳飞措置应援。今札送湖北、京西路宣抚使、兼河南、北诸路招讨使岳少保疾速施行。

绍兴十一年四月十一日。

【注释】

①要便：谓险要而便于扼守制敌之处。

【译文】

枢密院奏："光州申：'本月初三日，据统领田邦直、定城知县高青、四县巡检刘势状申：本月初一日酉时，探得顺昌府番人会合在蔡州的番贼于本月初一日早离开顺昌府，分两路来攻取光州和固始县，约至初三日辰、巳时来到城下。邦直等各人立刻带领所部官兵，与将官冯祠的马军会合，在沿淮河上下番人可能的来路要害处把截掩杀。至初二日五更后，到了梁安滩南岸的深林内，便令步军于两旁的荻林内埋伏，又将马军布置在柳林之后，等待北岸的番人。天色欲明之间，番贼马军约五六百骑果然自淮河北岸踏溅着河水前来。邦直等见后，命令放番贼入河，待其涉水上到南岸，无暇整饬之际，便击鼓令步军齐出荻林，不施放箭弩，步军径入贼军，用野猪刀、大斧一齐向前剿杀。号令士兵不得砍斫敌军首级、争夺财富。这支番贼被官兵乘势掩击推入淮水，向北逃走。邦直等想要纵兵追袭，因兵少不敢深入，遂收兵回南岸驻扎。我等十分担忧番贼不甘失败，再来作乱，除已再行部署外，申请照会。光州有司查考到知州王刺史已另差将官张受部押官兵前去沿淮水上下策应，伏乞照会。’特申闻此事。”

三省、枢密院同奉圣旨，札下岳飞部署应援事宜。今以此札付授湖北、京西路宣抚使兼河南、北诸路招讨使岳少保疾速施行。

绍兴十一年四月十一日。

改所管制领将副军兵充御前省札

三省、枢密院同奉圣旨，韩世忠、张俊、岳飞已除枢密使、副，其旧领宣抚等司合罢，遇出师，临时取旨。逐司见今所管统制、统领官、将、副已下，并改充御前统制、统领官、将、副等，隶枢密院，仍各带“御前”字入衔，及令有司铸印，逐一给付。且令依旧驻札，将来调发，并三省、枢密院同奉圣旨施行。仍令逐司统制官等各以职次高下，轮替入见。及委赏功司将未了功赏，疾速取旨推恩，以俟给付。

右关送枢密副使岳少保。

绍兴十一年四月二十七日。押押押押

【译文】

三省、枢密院同奉圣旨，韩世忠、张俊、岳飞已授予枢密使、枢密副使，其原领宣抚等有司理应撤去，遇到需要出师时，则临时取旨。各司现今所管统制、统领官、将、副将以下，全部改充为御前统制、统领官、将、副将等，隶属于枢密院，职衔内各带“御前”字样，并令有司铸印，一一给付。且令各军原地驻扎，将来调发之时，以三省、枢密院同奉圣旨施行。仍令各司统制官等各按职位高下轮流入觐。并委托赏功司将未颁发的功赏，疾速取旨推恩，以待将来给付。

以上关送枢密副使岳少保。

绍兴十一年四月二十七日。押押押押

罢逐路宣司省札

三省同奉圣旨，已降指挥，韩世忠、张俊、岳飞除枢密使、副，其逐路宣抚等司合罢，所有司属并优与升擢差遣。统制官等既带“御前”入衔，下及军兵，并隶密院，不得拨属他处。日前或有负犯，一切不问，并不许相告言。令三省疾速行下。

右札送枢密副使岳少保。

绍兴十一年四月二十七日。押押

【译文】

三省同奉圣旨，已降指挥，韩世忠、张俊、岳飞授枢密使、枢密副使，其（原领）各路宣抚等司理应撤去。所有僚属全部优与升擢差遣。统制官等职衔带“御前”字样，连同下属军兵，隶属于枢密院，不得拨属他处。之前有违反法纪者，既往不咎，且不许相互告发。令三省疾速行下。

以上札送枢密副使岳少保。

绍兴十一年四月二十七日。押押

照会发回所带人马归本处防拓把截依奏省札

枢密副使岳飞札子奏：“臣契勘诸路军马已拨属御前，今来臣有将带到亲兵等，除量留当直人从，其余尽数欲乞发遣却归本处。所有鄂州及襄汉等州军有以前发去防托把截人马，及淮东、西军马，伏望睿慈早赐措置。庶使缓急贼马侵犯，有所统摄，不致误事。取进止。”四月二十九日，三省同奉圣旨依奏，将带到亲兵等量留人从外，余并日下发遣归本处。其鄂州及襄汉等州军以前防托把截人马，及淮东、西军马，自合依旧驻扎，听候御前使唤。

右札送枢密副使岳少保。

绍兴十一年四月二十九日。押押

【译文】

枢密副使岳飞札子奏："臣按查诸路军马已拨属御前，现在臣还有带来的一些亲兵，除量留当值随从，其余的请求尽数发遣退归本处。所有以前派遣到鄂州及襄汉等州军防御把截的人马，及部署在淮东、西的军马，伏望圣上早赐措置。贼马侵犯缓急之时，才可有所统摄，不至于误事。当否，请示。"四月二十九日，三省同奉圣旨准奏，（岳飞）带来的亲兵等除量留随从外，其余的尽快发遣回归本处。以前发到鄂州及襄汉州军防御把截的人马，及淮东、西的军马，仍旧原地驻扎，听候御前调遣。

以上札送枢密副使岳少保。

绍兴十一年四月二十九日。押押

依张俊例差破宣借人省札

岳飞札子奏："臣合破[①]宣借亲兵人数，窃虑枢密院差破不足，欲乞依张俊例。"

右三省、枢密院同奉圣旨，依所乞。今关送枢密副使岳少保。

绍兴十一年五月五日。押押押押押

【注释】

①破：花费，消耗。

【译文】

岳飞札子奏：“关于臣合借用的亲兵人数，因恐枢密院差用不足，请求依照张俊的先例施行。”

三省、枢密院同奉圣旨，同意所请。今关送枢密副使岳少保。

绍兴十一年五月五日。押押押押押

令前去按阅专一任责省札

勘会已降指挥，张俊带本职前去按阅御前军马，专一措置战守，岳飞带本职前去同按阅御前军马，专一同措置战守。五月十一日，三省同奉圣旨，俊、飞以枢密职事前去，与宣抚使事体不同，令随宜措置，专一任责，节次具已措置事目闻奏。

右札送枢密副使岳少保。

绍兴十一年五月十一日。押

【译文】

勘会已降指挥，张俊带本职前去巡视御前军马，专门部署战守事宜，岳飞带本职前去一同巡视御前军马，协同部署战守事宜。五月十一日三省同奉圣旨，张俊、岳飞带枢密院职务前去，与宣抚使体统不同，令随宜部署，专门任责，逐次呈报已部署的事项上奏。

以上札送枢密副使岳少保。

绍兴十一年五月十一日。押

令带本职按阅御前军马仍赴内殿奏事省札

五月十三日同奉圣旨，已降指挥，张俊、岳飞各带本职前去按阅御前军马，专一措置战守，许令赴内殿奏事。

右札送枢密副使岳少保。

绍兴十一年五月十三日。押押

【译文】

五月十三日同奉圣旨，已降指挥，张俊、岳飞各带本职前去巡视御前军马，专门部署战守事宜，允许赴内殿奏事。

以上札送枢密副使岳少保。

绍兴十一年五月十三日。押押

乞追回王刚所带人数当直使唤省札

少保、枢密副使岳飞札子："契勘飞依奉圣旨，见随行当直人数少，使用不足。伏乞指挥行下，令飞追回近发去将官王刚所带人数，前来当直使唤。候指挥。"五月十四日，三省同奉圣旨依。

右札送枢密副使岳少保。

绍兴十一年五月十四日。押押

【译文】

少保、枢密副使岳飞札子："按查飞遵奉圣旨，现随行的当值人数少，不够使用。伏乞行下指挥，让我追回最近发去的将官王刚所带的人数，前来当值使用。候指挥。"五月十四日，三省同奉圣旨同意所请。

以上札送枢密副使岳少保。

绍兴十一年五月十四日。押押

添造临安府所居屋宇省札

八月二十四日，三省同奉圣旨，岳飞所居屋宇不足，令临安府应副添造。

右札送万寿观使岳少保。

绍兴十一年八月二十四日。押押押

【译文】

八月二十四日，三省同奉圣旨，岳飞居住的屋宇不足，令临安府应副添造。

以上札送万寿观使岳少保。

绍兴十一年八月二十四日。押押押

卷第十三

天定别录序

《天定别录》者，鄂国岳氏甲子奏篇之后，裒次四朝念忠之次第，拾前录之所未载，及续见者也。

先王之事悉矣，褒典在朝廷，公论在人心，为子孙者毋庸以词费，是录固尝序所由作矣。而于今录则有可证于前者三，可虑于后者二，绍而明之，又史法之所许也。夫人臣之大义止于忠，大节止于廉，大端止于学，此三者非有以证，莫之显也。松楸郁然，遗庙岿然，此二者非有以虑，莫之承也。是则岂容于不述哉！

方先王初谥忠愍，次谥武穆，世固以为当然也。一旦明天子下坦制，兴鼓鼙之思，合二美而公其传。其视夫异时之名臣，渭南之陨星，汾阳之贯日，盛心皦如，遂得以竝驱于千载之上。有此录则加美矣，忠非足证欤？

金鐀[①]之实录，于先王传有曰："死之日，家无余财。"世亦以为固然也。及考隆兴之初，诏还簿录，有司会直，仅共得緡钱万。当宁恻然叹其贫，诏以见緡赐偿之。先兄甫请遗墅于朝，得之传闻曰，家故田四万亩，在庐山之阳，诏有司併给，则实止二千亩。其视夫同时之鄙夫，金钱鉅亿，见于郿坞[②]之积奸；租六十万斛，见于阜陵之圣语。冰炭判如，遂有以自别于万世之下。见此录则加实矣，廉非足证欤？

实录又曰，先王通《左氏春秋》及《孙吴兵法》。世又知其必然也。及赐谥之告曰："威名震于夷狄，智略根乎

《诗》《书》。”视夫曩时之辑录，建储之疏，出师之奏，谢赦之表，斯文炳如，亦将得以自信于一字之褒[③]。有此录则加信矣，学非足证欤？

忠臣烈士之禁樵採，建隆之诏也，而鑿石牟利，近见于行阙之旁。致有烦乎宝庆之盼旨。有此录则上知所以虑乎驰也。

庙于鄂，王于鄂，淳熙、嘉泰之诏也。而饮食必祝，有得于斯人之心，犹未泯乎沔阳之私祀[④]。有此录则下知所以虑乎久也。

证而传，本乎人心；虑而久，亦本乎人心。皆天也，非人之所能为也，尚何假于予言。惟观是录者，以显然者考前闻，则昭前之志为可矜；以隐然者垂后来，则虑后之心为可察。录之复于已定之天，盖未尝增损于一毫也。录有前后，前以纪隆兴之昭雪，后以续嘉定之申褒，合名曰别，盖流别之谓欤。绍定改元端午，孙朝请大夫、权尚书户部侍郎、总领浙西、江东财赋、淮东军马钱粮、专一报发御前军马文字、兼提领措置屯田、通城县开国男、食邑三百户、赐紫金鱼袋岳珂谨序。

【注释】

①金鐀：古同“柜”。又作“金匮”，铜制的柜。古时用以收藏文献或文物。

②郿坞：据《后汉书·董卓传》：董卓曾筑坞于郿，高厚七丈，号曰“万岁坞”。积谷为三十年储。岳珂说“其视夫同时之鄙夫，金钱鉅亿，见于郿坞之积奸”，应是影射秦桧。

③一字之褒：古人认为《春秋》笔法严谨，一字即寓褒贬。晋杜预《春秋经传集解序》：“《春秋》虽以一字为褒贬，然皆须数字以成言。”孔颖达疏：“褒则书字，贬则称名。”晋范宁

《春秋谷梁传序》："一字之褒，宠踰华衮之赠；片言之贬，辱过市朝之挞。"

④沔阳之私祀：此处为用典。诸葛亮死后，到处有人要求给他立庙，因为限于当时的礼制，未获允许，老百姓就在街巷家中为他私祀。直到蜀汉灭亡那年，刘禅才允许给他在沔阳立庙，禁止其他私祀。

【译文】

《天定别录》，乃鄂国岳氏甲子年奏篇之后，搜集编排了四朝以来体念忠臣诸事的记录，收集了前录（译者按，指《天定录》）之所未载的内容，以及后续所见的情况。

先王的事已有详尽的描述，褒典在朝廷，公论在人心，为子孙者毋庸多费口舌，所以这部《天定别录》本应以叙述写作缘由为序。而此录中尤有可证明前事者三，可启发后世者二，绍述明了，又是为修史的法则所允许的。人臣之大义在于忠、大节在于廉、大端在于学，此三者若不加以证明，就得不到彰显。墓前之松楸郁郁葱葱，祭祀之遗庙岿然傲立，此二者若不加以考虑，不能久传于后世。因此，岂容我不阐述明了呢！

当年先王先是被谥为忠愍，后来又谥武穆，世人都认为理当如此。一朝圣明天子下诏，兴起吊伐之思，合两项美名并公布其传记。与其他朝代的名臣一样，譬如逝世于渭南的诸葛孔明（诸葛亮），忠贯日月的郭汾阳（郭子仪），因为皇帝的怀念分分明明，先王的盛名遂得以与异时名臣并驱于千载之上。有此录可谓锦上添花，先王的忠还不能被证明吗？

金鐀所收藏的我朝实录，在先王的传记部分有曰："死之日，家无余财。"世间亦以为固然也。待考察隆兴初年，诏令归还先祖父家当年被查抄的财产，有司计值，仅得钱万文。皇帝恻然叹其贫，下诏以现钱赐偿。先兄岳甫请求归还原有的宅院，从传闻听说家里原有田地四万亩，就在庐山之南，于是皇帝诏令有司一并归还，结果发现实际仅有二千亩。若与同时代之鄙夫相比，有人金钱亿万，犹如董卓积奸于郿坞，有人田产年收租米六十万斛（译者按，指张俊），还曾被孝宗圣语提及，冰炭之别，自明于万世之下。有此录则可明证其真实，先王的廉洁还不能被证明吗？

实录又曰，先王通《左氏春秋》及《孙吴兵法》，世人又知其必然也。及至赐谥告词曰："威名震于夷狄，智略根乎《诗》《书》。"若查看往时之辑录，先王曾写过建储之疏，出师之奏，谢赦之表，其温文尔雅，昭然明了，这方面亦自信可为史家称道。有此录则可增加信实的程度，先王的学识还不被证明吗？

作为忠臣烈士，其墓地周围禁止樵采，见于建隆之诏；宝庆年间有人在坟山周围凿石牟利，消息传到临安的行宫，竟有劳皇帝颁旨禁止。有此录则上位者知道对功臣的祭祀不可懈怠松弛。

先王之祠庙建于鄂地，封王也在鄂地，淳熙、嘉泰年间都曾为此下诏。饮食祭祀，得到当地的民心，如同当年武侯沔阳之私祀。有此录，则后人知道祭祀需要传承久远。

证明之后就要传播，是出于人心；为传承久远而考虑，也是出自人心。这些都是天意，非人力之所能为，何必假以吾言。以此录观之，以显然的事实考证之前的传闻，则昭前之志可被珍惜；以隐而可忧之虑传留后世，则虑后之心可被体察。所记录的事都是重述钦定的事实，未曾增减一分一毫。该录分前后两部分，前半部分记录（孝宗）隆兴时期冤案昭雪的情况，后半部分续述了（理宗）嘉定时期的伸褒之典，合起来命名为别录，乃是分门别类叙述的意思。绍定改元年端午，孙朝请大夫、权尚书户部侍郎、总领浙西、江东财赋、淮东军马钱粮、专一报发御前军马文字兼提领措置屯田、通城县开国男、食邑三百户、赐紫金鱼袋岳珂谨序。

天定别录卷之一（前录）

追复指挥

准尚书省札子，礼部状："准绍兴三十二年七月十三日都省札子：'三省同奉圣旨，故岳飞起自行伍，不踰数年，位至将相，而能事上以忠，御众有法，屡立功效，不自矜夸，余烈遗风，至今不泯。去冬出戍，鄂渚之众师行不扰，动有纪律，道路之人归功于飞。飞虽坐事以殁，而太上皇帝念之不忘。今可仰承圣意，与追复元官，以礼改葬，访求其后，特与录用。'"

【译文】

依准尚书省札子，礼部状："依准绍兴三十二年七月十三日都省札子：'三省同奉圣旨，已故岳飞出身行伍，不过数年，位至将相，而能忠心于上，御众有法，屡立功勋，却不夸耀，余烈遗风，至今不泯。去年冬天出戍，鄂军师行不扰，动有纪律，路途旁观的人都将之归功于岳飞。岳飞虽因事获罪而殁，而太上皇帝对他念念不忘。今可仰承圣意，予追复元官，以应有之礼节改葬，并访求其后人，特与录用为官。'"

追复少保两镇告

敕："仁皇在位，亲明利用之勋①；神祖御邦，首祭狄青之像。盖念旧者不忘于拔拭，而劝功者当急于褒崇。朕祇禀睿谋，眷怀宿将，兹仰承于素志，肆尽洗于丹书[②]。故前少保、武胜、定国军节度使、武昌郡开国公、食邑六千一百户、食实封二千六百户岳飞拔自偏裨，骤当方面，智略不专于古法，沉雄殆得于天资。事上以忠，至无嫌于辰告；行师有律，几不犯于秋毫。外摧孔炽之狂胡，内翦方张之剧盗，名之难揜，众所共闻。会中原方议于櫜弓[③]，而当路力成于投杼[④]，坐急绛侯之系[⑤]，莫然内史之灰[⑥]。逮更化之云初，示褒忠之有渐。思其姓氏，既仍节制于岳阳[⑦]；念尔子孙，又复孤惸于岭表。欲尽还其宠数，乃下属于眇躬。是用峻升孤棘之班，迭畀斋坛之组。近畿礼葬，少酬魏阙[⑧]之心；故邑追封，更慰辕门之望。岂独发幽光于既往，庶几鼓义气于方来。嗟夫！闻李牧之为人，殆将抚髀；缺西平而未录[⑨]，敢缓旌贤。如其有知，可以无憾。可特追复少保、武胜、定国军节度使、武昌郡开国公、食邑六千一百户，食实封二千六百户。”奉敕如右，牒到奉行。”

绍兴三十二年十月十六日。

【注释】

①仁皇在位，亲明利用之勋：《宋史·卷二百九十·列传第四十九》（曹利用传）：后其家请居邓州，帝恻然许之，命其子内殿崇班渊监本州税。明道二年，追复节度兼侍中，后赠太傅，还诸子官，赐谥襄悼，命学士赵概作神道碑，帝为篆其额曰“旌功之碑”，诏归所没旧产。

②丹书：古时以朱笔记载犯人罪状的文书。

③櫜弓：藏弓。意谓战事平息。

④投杼：《战国策·秦策二》：“昔者曾子处费，费人有曾参者，与曾子同名族，杀人。人告曾子之母曰：‘曾参杀人。’

曾子之母曰：‘吾子不杀人也。’织自若。有顷，人又曰：‘曾参杀人。’其母尚织自若。顷之，一人又告之曰：‘曾参杀人。’其母惧，投杼踰墙而走。夫以曾子之贤，与母之信，而三人疑之，虽慈母不能信也。”后以“投杼”比喻谣言众多，动摇了对最亲近者的信心。

⑤绛侯之系：此用西汉绛侯周勃、周亚夫父子冤狱喻指岳飞之死为冤案。事见司马迁《史记·绛侯周勃世家》。

⑥内史之灰：此处用为了平定七王之乱而诛杀晁错（汉景帝即位，以晁错为内史）的故事来隐喻岳飞的冤案。事见司马迁《史记·袁盎晁错列传》。

⑦岳阳：指岳州。岳飞死后，秦桧下令将岳州改名纯州，其节镇名岳阳军改为华容军。

⑧魏阙：古代宫门外两边高耸的楼观，楼观下常为悬布法令之所。亦借指朝廷。

⑨缺西平而未录：此处为用典，说的是唐德宗要求为李晟在凌烟阁画像的事，“订之前烈，夫岂多谢，阙而未录，孰谓旌贤”。事见司马迁《史记·李晟传》。

【译文】

敕：“仁宗皇帝在时，亲自明确了曹利用的功勋；神宗皇帝登基，首先祭奠狄青的亡灵，并将狄青的画像挂在禁中。大略念旧者都不忘湔洗他们遭受的诬蔑，而劝功者应急于对他们进行褒扬和推崇。朕秉承太上皇帝之睿谋，思念宿将，兹仰承太上皇帝一贯之志愿，尽力为死者洗雪冤屈。已故前少保，武胜、定国军节度使，武昌郡开国公，食邑六千一百户、食实封二千六百户岳飞，提拔自偏裨之位，很快就让他领导方面大军。他的才智谋略不单单学习自古法，沉雄的性格出于天资，忠心事上，以至于时时告诫帝王却不避嫌疑；行师有律，秋毫不犯。外催猖獗之狂胡，内剪强大之剧盗，威名难掩，众所共闻。当时中原正因议和而息战，他因不赞成议和招致怀疑，结果像西汉的绛侯周勃、周亚夫那样被捕入狱，衔冤而逝如同西汉时为平定七王之乱而错杀的晁错。如今正值改革之初，渐渐可以褒忠抑奸。（上皇）思其姓氏，命恢复岳阳之旧名；念其子孙，将他们从岭南释回。欲尽还其恩宠，遂嘱咐于朕躬。于是恢复他崇高的少保之位，频频赠予奠祀的斋坛。在京城附近礼葬，稍酬朝廷之心；以他旧时戍守之地封国，更可慰师旅之望。这不仅是表彰他往日的品德，更可望鼓舞未来的义气。嗟夫！听说李牧的事迹后，汉文帝曾感叹：'吾独不得廉颇、李牧时为吾将，吾岂忧匈奴哉！'唐德宗也要求将西平王李晟的图像加入凌烟阁，并说'阙而未录，孰谓旌贤'。你若泉下有知，当可无憾。可特追复少保，武胜、定国军节度使，武昌郡开国公，食邑六千一百户、食实封二千六百户。"奉敕如右，牒到奉行。

绍兴三十二年十月十六日。

先祖妣李氏及先伯云等复官封旨挥

绍兴三十二年壬午十一月三日，三省同奉圣旨，故岳飞妻李氏特与复楚国夫人，男云复左武大夫、忠州防御使，雷复忠训郎、閤门祗候，霖复右承事郎，与合入[①]差遣，震、霭并与补保义郎，云妻巩氏与复恭人，更不给致仕、遗表恩泽。内云令临安府以礼祔岳飞葬[②]。

【注释】

①合入：宋代铨选制的一种规定。官员达到一定官阶、任数、考数，即升改为相应的官职。

②祔岳飞葬：祔葬，合葬。亦谓葬于先茔之旁。

【译文】

绍兴三十二年壬午十一月三日，三省同奉圣旨，故岳飞妻李氏特与追复楚国夫人，子（岳）云追复左武大夫、忠州防御使，雷追复忠训郎、閤门祗候，霖追复右承事郎。因符合升职的条件，震、霭一同升为保义郎，云妻巩氏与复恭人，不再给予致仕、遗表恩泽。岳云，令临安府以相应礼仪与岳飞合葬。

先祖妣李氏复楚国夫人告[①]

敕："荣悴有时而不同，忠邪既久而自判。昔飞以篆车絺冕，备大将之多仪；而李以文驷雕轩，正小君之显号。繄强宗之鼎盛，何奇祸之骤兴。逮兹天定之时，宜尔邦诬之辨。前楚国夫人李氏，柔洁以为质，俭勤而自修，处安荣不闻骄妒之愆，居患难不改幽闲之操。阖门远徙，阅岁屡迁。眷念前朝，既下生还之命；志伸今日，再加甄叙之封。锡以土田，为其汤沐。子孙并仕，顾惟晚岁以何忧；门户再兴，尚识大恩之所自。可特复楚国夫人。"

绍兴三十二年十月十八日。

【注释】

①告：此处指告命、官告。官告院依《官告条制》制造的除授、封爵、赠官、加勋法物（证书、凭证）。据龚延明《宋代官制辞典》1977年，第627页。

【译文】

敕："荣枯因时而不同，忠邪既久而自判。昔年岳飞的仪仗有雕刻着篆字的华车、加以秀饰的礼帽，备见大将的风仪；而李氏的仪仗有漂亮的驷马拉着雕花的帷车，正符合侯爵妻子的名号。一家身系社稷的鼎盛与安危，为何遭遇奇祸之骤兴。值此天定之时，澄清被诬罔的事实。前楚国夫人，品质柔和洁净，俭勤而自修，处安荣之时不闻其有骄妒的恶行，居患难之日不改其娴静的情操。（因祸）阖家远徙，阅岁屡迁，朕眷念前朝臣子，已令（岳家亲人）全部生还；志伸今日，再予其子弟提拔任用。并赐以土田，为其养老。子孙一并任用，晚景尚有何忧？家门再次振兴，尚识大恩之所至。可特复楚国夫人。”

绍兴三十二年十月十八日。

先伯云复左武大夫忠州防御使告

敕：“汉李将军耻对刀笔之吏，宁就死焉，未几子敢亦罹非命。良将数奇，自古固然，朕未尝不抚卷而兴嗟也。故左武大夫、忠州防御使岳云慷慨忠勇，颇有父风，困于馋诬，不究勋绩。兹怀遗烈，尽复故官。朕既白杜邮[①]之冤，尔或知辅氏[②]之报。可特追复左武大夫、忠州防御使。”奉敕如右，牒到奉行。

【注释】

①杜邮：古地名，战国属秦，又名杜邮亭，在今陕西咸阳市东。秦昭王赐白起剑，令其自杀于此。

②辅氏之报：感恩图报的典故。见于《左传·宣公十五年》。

【译文】

敕：“汉朝的李将军（广）因耻对刀笔之吏，宁愿就死，不久之后其子李敢也死于非命。良将的命数不好，自古固然，朕每每抚卷而兴叹。故左武大夫、忠州防御使岳云慷慨忠勇，颇有父亲的大将风度，因受到谗诬，尚没有奖励其立下的勋绩。兹怀遗烈，尽复故官。朕既已声明卿家冤枉，你泉下有知，要感恩图报。可特追复左武大夫、忠州防御使。”奉敕如右，牒到奉行。

先伯母巩氏复恭人告

敕：“昔者大臣逞憾，诬蔑旧勋，微太上皇帝全度矜容，则岳氏一门无噍类矣。尔流离岭海，险阻备尝，上奉君姑，下抚幼稚，以至于今，非天有以相之耶？其诏攸司，还畀温恭之号。生尔者太上，恤尔者朕躬，汝其念两朝之厚恩，勉二子以忠报，庶几他日尚有余荣。可特复恭人。”

【译文】

敕：“过去权臣为解己恨，诬蔑旧勋，若非太上皇帝保全宽容，则岳氏一门就无人可以存活了。你流离岭南，遍历险阻，上奉君姑，下抚稚子，坚持到今日，岂不是有上天相助？其诏有司，归还恭人的称号。让你活下来的人是太上皇帝，抚恤你的人是朕躬，你应体念两朝之厚恩，勉励二子忠心报国，他日还会有其他的荣誉。可特复为恭人。”

先伯雷复忠训郎閤门祇候告

敕：“故前忠训郎、閤门祇候岳雷，前世流人多矣，亦有父子兄弟死则追褒，生则宠秩，如今日者乎？国家雨露之恩，与天通矣！灵如未泯，知享斯荣。可特追复忠训郎、閤门祇候。”

【译文】

敕：“故前忠训郎、閤门祇候岳雷，前世被流放的人虽多，像今日这般父子兄弟已死的给予追褒，活着的享受官秩并不多见。国家的雨露之恩，与天相通！你若魂灵未泯，知享斯荣。可特追复忠训郎、閤门祗候。”

先考霖复右承事郎告

敕：“前右承事郎岳霖，尔父有战胜攻取之勋，而无奇宠福艾之相，故忠足以结圣主之眷，而智不能辨权臣之诬。一郁九泉，浸寻七闰。兹兴怀于鼙鼓，肆加宠于子孙，复以文阶，续其世禄。朕于尔家，可谓注意矣！尔之一门何以报我哉？可特复右承事郎。”

【译文】

敕：“前右承事郎岳霖，尔父有战胜攻取之勋劳，而无享受福宠的命运，故而其忠心可以获得圣王的眷宠，智慧却不能辨别权臣的诬蔑。一旦殒命九泉，不知不觉就过去了十九年。如今朕有意对金兴兵，遂加宠于其子孙，恢复他们文官的官位，并延续其世代的爵禄。朕于尔家，可谓关注矣！尔之一门何以报我哉？可特复右承事郎。”

访问李若朴等旨挥

敕中书、门下省，十月十八日，三省同奉圣旨，昨闻臣僚言，秦桧诬岳飞，举世莫敢言，李若朴为狱官，独白其非罪。吕忱中发王询，所司皆迎合，林待问为勘官，独直其冤狱。章杰捕赵鼎送葬酒，又搜其私家书，欲传致士大夫之罪，翁蒙之为县尉，毅然拒之。沈昭远为王鈇家治盗，欲锻炼富民，多取倍偿，王正己为司理[①]，卒平反之。此皆不畏强御，节概可称。三省详加访问，其人如在，可与甄录。

【注释】

①司理：司理参军事的简称，为宋幕职官名。《宋史·职官志》中《诸曹官》："司理参军张讼狱勘鞫之事。……司理例以狱事为重，不兼他职。"

【译文】

敕中书、门下省，十月十八日，三省同奉圣旨：近闻臣僚上书，言道秦桧诬枉岳飞之日，举世都不敢为他声辩，李若朴时为狱官，独独为他辩白。吕忱中发举王询的事，有司皆迎合，林待问时为勘官，独独直诉其冤状。章杰捕赵鼎送葬酒，又搜其私家书信，欲牵连其他的士大夫，翁蒙之为县尉，毅然拒绝。沈昭远为王鈇家治盗，欲拷打折磨富民，以多取倍偿，王正己时为司理，最后为富民平反。这些人都是不畏强权之人，节概可称。请三省详加访问，其人若还在世，可予以甄别录用。

先兄甫等复官省札

吏部申："准承信案关承绍兴三十二年十月十八日敕，中书、门下省、尚书省送到潭州状，据故枢密岳飞男云妻巩氏状：'伏睹七月十三日同奉圣旨指挥，故岳飞与追复元官，以礼改葬，访求其后，特与录用。氏故夫云见有男二人，甫二十五岁，申二十二岁，女大娘二十四岁，故夫弟雷见有男四人，经二十一岁，纬二十岁，纲十四岁，纪十二岁，女二娘二十三岁，女三娘十七岁，见在潭州同居，并系阿翁枢密亲孙。乞备申朝廷，乞赐指挥施行。"

寻行下兵马司勘会去后，今据兵马司申："寻行勘会得故枢密岳飞男云妻巩氏本家于今年四月初三日到潭州，见在北裹厢，故夫弟雷一房同居。巩氏故夫云有儿女三人，长男甫二十五岁，次男申二十二岁，女大娘二十四岁。巩氏故夫弟雷有儿女六人，长男经二十一岁，次男纬二十岁，纲十四岁，纪十二岁，女二娘二十三岁，女三娘十七岁。已上两房儿女共九人，别无诈冒，州司保明诣实，申闻事。”

十月十八日，三省同奉圣旨，岳云男甫、申，岳雷男经、纬、纲、纪并特与补承信郎，岳云、岳雷女三人，候出嫁日，夫各与补进武校尉。岳云妻并其余子孙令所在州军依已降指挥寻访，申尚书省。

本部所准承信关备承前项指挥，故枢密岳飞孙岳甫等六人，并特与补承信郎，故岳云女大娘、岳雷女二娘、三娘候出嫁日，夫各与补进武校尉。本部除将岳甫等六人各合补承信郎，已申朝廷，命词，给降告命外，所有岳云、岳雷女三人，候出嫁日，夫各与补进武校尉，合给降尚书恩泽照札，伏候指挥。”

右札付故岳枢密本家，候将来收使日缴今来札子，经所属陈乞，准此。

绍兴三十二年十一月十四日。

【译文】

吏部申：“依照承信案关承，绍兴三十二年十月十八日敕，中书、门下省、尚书省送到潭州呈上来的状子，据已故枢密岳飞之子岳云妻巩氏的申状：‘伏睹七月十三日同奉圣旨指挥，故岳飞予追复元官，以礼改葬，并访求其后人，特与录用为官。本人已故丈夫岳云有子二人，岳甫现年二十五岁，申二十二岁，还有女儿大娘二十四岁，故夫的弟弟岳雷有子四人，岳经二十一岁，岳纬二十岁，岳纲十四岁，岳纪十二岁，还有女儿二娘二十三

岁，三娘十七岁，现俱在潭州一处居住，并系我公公枢密大人的亲孙。请求备申于朝廷，请赐指挥施行。’

“很快行文下达之兵马司审核之后，今据兵马司申：‘核查到已故枢密岳飞之子岳云之妻巩氏本家于今年四月初三日到了潭州，现住在北裏厢，与其故夫之弟岳雷一家同住。巩氏故夫岳云有儿女三人，长子岳甫二十五岁，次子岳申二十二岁，女儿大娘二十四岁。故夫之弟岳雷有儿女六人，长子岳经二十一岁，次子二十岁，岳纲十四岁，岳纪十二岁，女儿二娘二十三岁，三娘十七岁。以上两房儿女共九人，并非诈冒，州司申报经核查后属实，特申闻此事。’

“十月十八日，三省同奉圣旨，岳云之子甫、申，岳雷之子经、纬、纲、纪一并特予补承信郎，岳云、岳雷之女三人，到出嫁之日，其丈夫各予补进武校尉。岳云妻及其余子孙令所在州军依照已降指挥去寻访，然后向尚书省申报。

“本部所准承之承信案备承前项指挥，已故枢密岳飞之孙岳甫等六人，一并特予补承信郎，已故岳云之女大娘、岳雷之女二娘、三娘待出嫁日，其夫各予补进武校尉。本部已将岳甫等六人各应补承信郎之事项申报朝廷，命词告命已给降，岳云、岳雷之女三人，待出嫁日，其夫各予补进武校尉，应给降尚书恩泽照札，伏候指挥。”

今以此札付授故岳枢密本家，候将来照规使用之日缴上，经所属陈乞，可照此办理。

绍兴三十二年十一月十四日。

先兄甫等复官告

敕：“某等，善善及其子孙，《春秋》之谊也。乃祖既信眉于地下矣，其可使汝曹尚与编氓齿乎？各命一官，勉图报国，可特授承信郎。”

【译文】

敕：“某等，褒扬美德，惠及子孙，这是《春秋》之义也。乃祖既已伸冤于地下，怎可使汝等仍与编籍的野民相类列？各命与一官，望汝等勉力报国，可特授承信郎。”

先兄甫换授承务郎告

敕：“汉骠骑死，武帝录其孤为奉车都尉，盖幸其壮而将之。尔本将门，乃能攻苦隸业，翘为儒生，兹特授以文阶①，遂进京秩②。亦为尔祖奋由忠烈，没非其罪，肆朕恩恤之厚，于汝无靳也。勉为忠孝，茂封斯宠，可特授承务郎③。”

【注释】

①②文阶、京秩：职官总名。宋代文官官阶，分京朝官阶官与选人阶官两部分。京朝官阶官，以北宋神宗元丰三年九月为界，分北宋前期本官阶（自诸寺监主簿至三师）与《元丰寄禄格》（自承务郎至开府仪同三司）两种。京秩，即京官。宋代特指不能参预朝谒的京师官员。宋陆游《老学庵笔记》卷八：“唐自相辅以下，皆谓之京官，言官于京师也。其常参者曰常参官，未常参者曰未常参官。国初以常参官预朝謁，故谓之升朝官，而未预者曰京官。”

③承务郎：寄禄官名。为文臣京朝官寄禄官三十阶之第三十阶，即末阶。从九品。自承务郎以上至宣德郎（宣教郎）为京官。（据《宋代官制辞典》，第573页。）

【译文】

敕："汉代的骠骑将军霍去病死后，武帝录用其孤（弟）霍光为奉车都尉，宠爱扶助他直至成年。汝等本出身将门，而能刻苦攻读，修习学业，成为儒生，兹特授以文官官阶，进为京官。亦因尔祖奋由忠烈，却无罪而冤死，故以此宣扬朕之恩恤之厚，对待汝等毫不吝啬也。望汝勉为忠孝，以勉励的姿态对待这份荣宠，可特授承务郎。"

先兄琛等补官旨挥

中书、门下省四月二十三日同奉圣旨，岳飞孙琛并女安娘夫并特与补承信郎。奉敕如右，牒到奉行。

隆兴元年四月二十三日。

【译文】

中书、门下省四月二十三日同奉圣旨，岳飞之孙岳琛及女安娘之夫并特予补承信郎。奉敕如上，牒到施行。

隆兴元年四月二十三日。

先兄琛等补官告

中书、门下省：

吏部状：承隆兴元年四月二十三日三省同奉圣旨，岳飞孙琛并女安娘夫特与补承信郎。寻差人取索到本家供状，称安娘夫系高祚，令依前项指挥，并补承信郎，并命词给告，伏候指挥。奉敕，依下项：

故少保、武胜、定国军节度使、武昌郡开国公、食邑六千一百户、食实封二千六百户岳飞孙琛，刑有冤滥，朕所轟[①]伤，雪罪记功，仍卹其族类，併以官尔，厥惟茂恩，可特授承信郎。

【注释】

①轟：悲伤痛苦。

【译文】

中书、门下省：

吏部状：承隆兴元年四月二十三日三省同奉圣旨，岳飞之孙岳琛及女安娘之夫特与补承信郎。遂已差人取索到本家供状，称女安娘之夫是高祚，令依照前项指挥，一并补为承信郎，并发放告词，伏候指挥。奉敕，依下项：

故少保、武胜、定国军节度使、武昌郡开国公、食邑六千一百户、食实封二千六百户岳飞之孙岳琛，刑法有冤滥的情况，令朕悲伤痛苦。遂为蒙冤者雪罪记功，并抚恤其宗族，授予官职，皇恩浩荡，可特授承信郎。

复田宅旨挥

岳霖札子，乞给还父江州田宅。近户部申到岳甫陈乞上件事，已札下户部，催促江州开具见管并已卖过数供申，隆兴元年四月三十日送户部，依已行事理，催促疾速施行。

【译文】

岳霖曾上札子请求给归还其父在江州的田宅。最近户部申到，岳甫亦请求此事。遂已札下户部，催促江州开具现管并已卖的田宅核数后申告，于隆兴元年四月三十日送达户部，依照已施行之法规，督促迅速施行。

吏部复田宅告示

行在尚书司封：

准都省[1]批下本部申："准都省批下追复少保、武胜、定国军节度使岳飞男霖状，乞父女安小娘并孙男琛推恩[2]等事，承后批送吏部勘当[3]，申尚书省。

一、司封勘当到本部，今勘当岳霖所乞，于司封别无合行事理。

一、尚左[4]：今来本家所乞致仕、遗表等恩数，量给一、二、三，送部勘当申省。本部勘当，前执政官乞致仕，依法合得致仕恩泽三人，遗表荫补恩泽四人，并致仕恩例两次，非降黜中身亡恩例两次。照得岳飞系是特追复官职，已降指挥，录用子孙，补官了当，于本部尚书左选条法，别无合得致仕、遗表恩例。

一、侍右[5]：检承隆兴元年四月二十三日敕中书、门下省，四月二十三日，三省同奉圣旨，岳飞孙琛并女安娘夫并特补承信郎。奉敕如右，牒到奉行。前批四月二十四日辰时付吏部施行，仍关合属去处。又本部所承都省批状指挥，送部勘当。本部已承今年四月二十三日指挥，岳飞孙琛并女安娘夫高祚并补承信郎，已申朝廷，命词给告去讫。今勘当欲候今状下部日，从本部备坐前项因依，告示本家知委，仍行下惠州并漳州，遵依已降指挥施行。

一、户部勘当，岳霖乞给还江州田宅等业，近承绍兴三十二年十一月十四日朝旨，已行下江州，一依都省批状指挥，日下开具有无见管未卖房廊、田产，如无，即具已卖过数目并买人姓名供申，仍契勘已卖过价钱，并付是何库分送纳了当，有无朱钞照证，各具诣实保明文状申部。候到，申取朝廷指挥施行。本部见行继祖催促本州知、通，日下开具供申，其本州承行人、住滞人寻行究治断遣去后，近据江州申到，称见行监勒合干人等宿司，连夜供攒上件已未卖田产事帐，续次供申本部。已再牒本州知、通，请疾速行开具供申去讫。今承送到批下岳霖状，乞行给还江州所置田宅一节。今勘当欲再下江州知、通，请一依都省批状指挥，日下开具有无见管未卖房廊、田产，各具诣实保明文状申部。候到，从本部看详，申取朝廷指挥施行。申都省，候指挥。”

承后批，吏部勘当到岳霖状乞父恩例，五月二十八日送吏部，依勘当到事理施行，仍告示，须至指挥。

右差亲事官，仰告示本官知委讫，连申。

隆兴元年六月初五日。

【注释】

①都省：宋代时尚书省的简称。元丰改制后，掌执行经由门下省所付制、诏、敕、令，统管吏部、户部、礼部、兵部、刑部、工部六部及其所属二十八司。

②推恩：帝王对臣属推广封赠，以示恩典。

③勘当：审核议定。

④尚左：吏部尚书左选的简称。北宋元丰五年（1082）五月，改审官东院为吏部尚书左选。文臣寄禄官自朝议大夫（正六品）以下、职事官自大理正（从七品）以下非中书敕授者，由尚书左选选授。（据《宋代官制辞典》，第196页。）

⑤侍右：吏部侍郎右选的简称。元丰五年五月，改三班院为吏部侍郎右选，掌武臣东、西头供奉官以下（政和二年后为从义郎以下至副尉）考校、拟官、换官等。（据《宋代官制辞典》，第199页。）

【译文】

行在尚书省司封：

依照尚书省批下本部所申："依照尚书省批下追复少保、武胜、定国军节度使岳飞之子岳霖的申状，请求关于其父之女安娘，及孙岳琛封赠等事，批送吏部审核议定，再申尚书省。

一、司封审核后提交本部，今审核岳霖所请，司封无应行事项。

一、吏部尚书左选：此次岳飞本家所请之致仕、遗表等恩数，酌量提供，送部审核后申报。本部查到，前执政官请求致仕时，根据法律同应得致仕恩泽三人，遗表荫补恩泽为四人，致仕恩例两次，非降黜中身亡的恩例两次。岳飞系是特予追复元官的，已降指挥录用其子孙，补官已毕，根据本部尚书左选条法，不应再享受致仕、遗表恩例。

一、吏部侍郎右选：检承隆兴元年四月二十三日敕中书、门下省，四月二十三日，三省同奉圣旨，岳飞之孙琛及女儿安娘之夫一并特与补承信郎。奉敕如前，牒到奉行。前批四月二十四日辰时付吏部施行，仍关合属去处。又本部所承之尚书省批状指挥，送部审核。本部已承今年四月二十三日指挥，岳飞孙琛及女儿安娘之夫高祚一并补承信郎，已申告朝廷，告词已发。今勘当欲等到此状下部日，从本部备述前项原委，告知本家，仍行下惠州及漳州，遵依已降指挥施行。

一、户部审核，岳霖请求给还江州的田宅等产业，近承绍兴三十二年十一月十四日朝旨，已行文下达江州，依照尚书省批状指挥：尽快开具有无现管未卖之房廊、田产，如无，即列明已卖过的数目及购入人姓名供申，查考已卖所得价钱，并附是何库分接受交易所得、有无朱钞照证等信息，核实后向户部申明。届时，再申取朝廷指挥施行。本部继续催促江州知州、通判，立即开具供申寻到本州承行人、住滞人追究处理、判决遣发之后，近据江州申到，称已监管相关人员，连夜供诉上述已卖、未卖田产事项及账目，再行供申本部。已再牒江州知州、通判，请尽快完成开具供申。今承接到批下的岳霖状，请求给还江州所置田宅一节，今审核后欲再将其下达江州知州、通判，请完全依照尚书省批状指挥，尽快开具有无现管未卖房廊、田宅产业，逐一核实后具文状向户部申明。届时，依从户部之审阅研究，再申取朝廷指挥施行。申尚书省，候指挥。”

承后批，吏部核查到岳霖状子请求其父的恩例，五月二十八日送吏部，依照审核议定的结果施行，仍告示，请知悉。

又差亲事官，请将该情况告示本官（岳霖）知晓。连申。

隆兴元年六月初五日。

户部复田宅符

行在尚书省户部：

准隆兴元年七月二十九日敕，中书、门下省、尚书省送到户部状：“准都省批下，本部申，追复少保、武胜、定国军节度使，武昌郡开国公岳飞长孙岳甫状，乞将先祖生前置到江州田、宅、房廊，见存给还本家等事。后批送户部勘当，申尚书省。本部目今即不见得本州的实有无见管田、宅、房廊，今勘当欲下江州，日下开具有无见管田产，具诣实保明文状申部。候到，从本部看详，申取朝廷指挥施行后，批送户部，依勘当到事理施行。本部遂行下江州，一依都省批状指挥，开具供申去后。

今据江州申：“准户部符，日下开具岳甫乞给还先祖生前置到江州见存田、宅、房廊，有无见管田产，具诣实文状供申朝廷施行。州司今依准上项指挥，开具下项，并是诣实申部，伏乞照会。”

本部据今来江州申到见在岳飞田产、屋宇等，今开具下项：

一、开具到见在田产，计钱叁千捌百贰拾贰贯八佰陆十叁文省[①]，田柒顷捌拾捌亩壹角壹步，地壹拾壹顷玖拾陆亩叁角，水磨伍所，房廊、草、瓦屋肆百玖拾捌间。

见有人承佃田叁顷壹亩叁角玖步，地玖拾壹亩叁角伍拾玖步，水磨贰所，房廊、草、瓦屋共壹百伍拾壹间。未有人承佃田肆顷捌拾陆亩壹角伍拾贰步，水磨叁所，荒杂地肆顷捌拾陆亩壹角壹拾伍步，荒亲地陆顷壹拾捌亩壹角肆拾步。岳家市[②]见今只存陆拾间，地基、屋宇共贰百玖拾间。

本部今看详江州申到岳飞见在田产、屋宇等，合取自朝廷指挥施行，伏候指挥。”

七月二十九日奉圣旨，令给还。奉敕如右，牒到奉行。前批八月一日辰时付户部施行，仍关合属去处。须至指挥江州，主者一依敕命指挥施行，仍关合属去处，符到奉行。

隆兴元年八月四日。

【注释】

①省：指省钱。古代货币百数充足称足陌，“陌”通“百”。南朝梁以后各代常以不足百数为陌，宋代因袭五代后汉制度，交纳官钱以八十或八十五为陌，然各地私用并不一致，至于或四十八钱为陌。宋太宗太平兴国二年（977），诏令民间缗钱以七十七为百，此后公私出纳承用此制，称为省钱。（据《中国历史大辞典》，第2156页。）

②岳家市：当时的地名。岳家市既是岳母葬地，又是岳氏宗族的聚居地。（据王曾瑜《岳飞新传——尽忠报国》。）

【译文】

行在尚书省户部：

依准隆兴元年七月二十九日敕，中书、门下省、尚书省送到户部状："依照尚书省批下，本部申，追复少保，武胜、定国军节度使，武昌郡开国公岳飞长孙岳甫状乞，将先祖生前置到的江州田、宅、房廊，现存的部分给还本家等事。后批送户部审议，申尚书省。本部当前不清楚江州是否确实有现管田、宅、房廊，经审议，欲行文下达江州，令江州尽快开具有无现管田产，核实后以文状向本部申明。届时，依从本部审阅研究，申取朝廷指挥施行。后批送户部，可依照户部审核议定之结果施行。本部遂行下江州，令全依尚书省批状指挥，开具供申。

今据江州申："依准户部符，令尽快开具岳甫所请给还的其先祖生前置到江州现存田、宅、房廊，有无现管田产，核实后写文状供申朝廷施行。州司今依准上项指挥，开具下项，并核实后申户部，伏乞照会。"

"本部据今来江州申到现有岳飞田产、屋宇等，今开具下项：

"一、开具到现存田产，计钱三千八百二十二贯八百六十三文省，田七顷八十八亩一角一步，地一十一顷九十六亩三角，水磨五所，房廊、草、瓦屋四百九十八间。

"现有人承佃田三顷一亩三角九步，地九十一亩三角五十九步，水磨两所，房廊、草、瓦屋共一百五十一间。未有人承佃田四顷八十六亩一角五十二步，水磨三所，荒杂地四顷八十六亩一角一十五步，荒亲地六顷一十八亩一角四十步。岳家市见今只存六十间，地基、屋宇共二百九十间。

"本部今审阅研究江州申到岳飞现存田产、屋宇等，应向朝廷取指挥施行，伏候指挥。"

七月二十九日奉圣旨，令给还。奉敕如右，牒到奉行。前批八月一日辰时（译者按，早上7点到9点）付户部施行，仍关相关机构。一定指挥江州，令主事者全依敕命指挥施行，仍关相关机构，符到奉行。

隆兴元年八月四日。

给还御札手诏省札

通直郎、试将作少监岳霖札子："霖辄沥诚悃，不避诛夷，仰渎朝听。霖照对本家屡承国史院、日历所取索先父少傅忠烈[①]行状[②]，及前后被受御笔手诏真本，应合干文字照使。霖除已遵禀外，重念霖先父少傅忠烈本以寒微，奋由忠孝，顷荷太上皇帝拔自行阵，名列通籍，一时异恩，群臣莫比。前后被受御笔手诏，无虑数百章。中间不幸为权臣厚诬，悉被拘没，今闻见在左藏南库[③]架阁。比蒙圣恩，昭雪冤抑，怜其幽苦，诏太常议谥，而本家别无文字可以稽考。欲望朝廷特赐详酌，于南库取索上件真本御札手诏等文字，给付本家参考照使。庶令子孙久永珍藏，知两朝眷宠先臣之意，感激思奋，仰答圣恩，不胜幸甚。干冒威严，霖下情[④]无任战灼之至，伏候指挥。"

闰六月二十一日，三省同奉圣旨，令左藏南库搜检给还。

右札付将作岳少监。

淳熙五年闰六月二十二日。

【注释】

①忠烈：宋孝宗于乾道六年七月赐岳飞庙额：忠烈。

②行状：文体名。专指记述死者世系、籍贯、生卒年月和生平概略的文章。也称状、行述。

③左藏南库：王曾瑜先生曾解释道：《建炎以来朝野杂记》甲集卷一七《左藏南库》："左藏南库者，本御前桩管激赏库也，孝宗即位之始年改之。先是，绍兴休兵后，秦桧取户部窠名之可必者，尽入此库，户部告乏，则予之。桧将死，属之御前，由是金币山积，士大夫至指为琼林、大盈之比。"高宗御笔不存放内室秘府，而存放于仓库，表明岳飞遇害之时，宋廷不愿将这批文件珍藏，又不便随意扔弃。因于左藏南库"架阁"存放，使这批文件大部佚失。（据《金佗稡编续编校注》，第1446页。）

④下情：谦词。指自己的心情或情况。

【译文】

通直郎、试将作少监岳霖札子："霖竭尽诚恳，不避诛夷，仰渎圣听。霖查对本家屡承国史院、日历所取索先父少傅忠烈的生平概略，及前后接受的（高宗）御笔手诏真本，以照对合适使用的文字。霖遵禀之外，深念霖先父（岳飞），少傅忠烈，起于寒微，奋由忠孝，很快就由太上皇帝拔自行伍，在朝中有了名籍，一时恩荣，群臣莫比。先父先后接受的御笔手诏大约数百章。后来不幸为权臣厚诬，手诏全被拘没，今闻现在左藏南库架阁。及蒙圣恩，昭雪冤屈，怜其在幽冥之处仍有苦楚，诏太常寺拟议谥号，而本家却别无文字可以稽考。欲望朝廷特赐详酌，于南库取索上述真本御札手诏等文字，给付本家参考照对使用。更可令子孙永久珍藏，知两朝眷宠先祖父之意，感激而思奋发，以仰答圣恩，不胜幸甚。霖甘冒威严，不胜惶恐之至，伏候指挥。"

闰六月二十一日，三省同奉圣旨，令左藏南库搜检给还。

右札付将作岳少监。

淳熙五年闰六月二十二日。

卷第十四

天定别录卷之二（前录）

湖北转运司立庙牒

湖北转运司牒上岳少保宅：

勘会近于去年十二月初八日，准尚书省札子：“朝散郎、荆湖北路转运判官赵彦博札子：‘猥以非才，滥将使指，无补涓埃，日负素餐之责。置司适在大将屯戍之地，苟有可以褒显忠良，激厉将帅者，义当冒闻，不敢缄默。伏睹故少保岳飞顷提十万之众，留屯沔、鄂，纪律严明，秋毫无犯，捐躯徇国，有百战百胜之勋。至今鄂州一军士卒整肃可用者，皆飞之力也。去此已三十年，遗风余烈，邦人不忘，绘其像而祀者，十室而九，可见忠义能感人心如此。虽蒙朝廷复其官爵，录其子孙，而庙貌缺如，何以鼓忠义英豪之气。今鄂州军民见请为飞建立祠宇，欲望朝廷下湖北转运司及鄂州，许从众欲，不惟少慰飞忠烈不泯之魂，亦可为方今将帅建功立事者之劝。在于公朝，实非小补。候指挥’。十一月十四日，三省同奉圣旨依。”札付本司。

当司除已承都统制司摽拨钱肆千贯文，委官建立庙宇外，须至公文，牒请照会。谨牒。

乾道六年二月　日牒。

降授宣义郎、权发遣荆湖北路计度转运副使公事、兼本路劝农使、专一措置提督修城、借紫张珖押。

【译文】

湖北转运司牒上岳少保宅：

经审议，去年十二月初八日，依准尚书省札子：“朝散郎、荆湖北路转运判官赵彦博札子：‘臣无才无德，滥任职位，无补于国，尸位素餐。置司于昔日大将屯戍之地，若有可以用来褒忠显良，激励将帅之处，义当宣扬，不敢缄默。伏睹故少保岳飞提领十万雄师，留屯沔、鄂之地，纪律严明，秋毫无犯，捐躯殉国，立下百战百胜之功勋。至今鄂州一军士卒整肃可用，都是因为岳飞当年所做的努力。距今已三十年，其遗风余烈，邦人不忘，十户人家之中有九户描绘了他的肖像祭祀他，可见忠义能感动人心如此。现在虽蒙朝廷恢复其官爵，录用其子孙，但还未有正式的庙宇可供祭祀，如何能够鼓励忠义英豪之气呢。今鄂州军民请为岳飞建立祠宇，希望朝廷行文下达湖北转运司及鄂州，允许满足众人的愿望，不仅可稍慰忠烈不泯之魂，亦可以此劝勉当今将帅努力建功立业。对朝廷而言，实非小补。候指挥。’十一月十四日，三省同奉圣旨准此执行。”札付本司。

本司已接受都统制司标明调拨钱四千贯文，委官员建立庙宇外，须传达公文，牒请照会。谨牒。

乾道六年二月　日牒。

降授宣义郎、权发遣荆湖北路计度转运副使公事兼本路劝农使、专一措置提督修城、借紫张珖押。

敕建忠烈庙省牒

尚书省牒武昌军忠烈庙：

礼部、太常寺状：“准乾道六年七月六日敕，尚书省送到武昌军[①]奏：‘据本州居民父老张子立等状：伏睹前宣抚岳飞统师严密，保护上游，收复军州，扫平寇盗，军屯所至，秋毫无扰，有功于国。百姓仰之，近远之人，绘图其像。昨已蒙朝廷叙复元官，录用其后，而庙貌未立。子立等遂具状，经湖北转运司披陈，蒙前任运判赵彦博备奏，奉圣旨依。今来建立祠宇，将欲就绪，尚有庙额，未蒙赐敕。乞检会所降指挥敷奏，封赐庙额，庶使岁时享祀，福此一方，用广朝廷旌劝忠臣之意，伏候敕旨。’

三省同奉圣旨依，令礼部、太常寺拟定，申尚书省。礼部、太常寺据奏上件指挥，伏乞朝廷指挥施行，伏候指挥。”

牒奉敕，宜赐忠烈庙为额。牒至，准敕，故牒。

乾道六年七月　日牒

参知政事梁　押

参知政事王　出使

尚书右仆射、同中书、门下平章事　押

乾道六年夏，武昌军言，故少保、武胜、定国军节度使、开府仪同三司、武穆公飞功在一方，军先有请，既获旨立庙矣，吏士又乞加赐庙号，敢昧死以闻。制曰可。于是飞庙得赐号忠烈。迨今踰十年，诏黄未刻也。珖被命使湖右，迺始镌制诏于右，以重祠宇，慰一方吏民无穷之思。窃惟公以奇男子起家山东，为国虎臣，其勋伐书太史，其威名震闻四夷，而节制之师，至今名天下。上临朝，念文武名臣欲尽，有怀英烈，收用其子孙，以表公大忠，四方闻者，无不动色增气。方图新公祠庙，绘公故部曲名将董先、李建等像，俾侑飨于公。仰称陛下尚贤劝忠之指，以感动忠义，而侈公遗休，其可不敬书下方。淳熙六年冬十一月既望，降授宣义郎、权发遣荆湖北路计度转运副使公事、兼本路劝农使、专一措置提督修城、借紫晋张珖谨书。

【注释】

①军：宋代实行路、州府军监、县三级地方行政管理制度。军与州、府平级，而实际地位次于州、府、高于监。地势冲要，户口少而不成州者，则设军。（据《宋代官制辞典》第23–24页。）

【译文】

尚书省牒武昌军忠烈庙：

礼部、太常寺状："依准乾道六年七月六日敕，尚书省送到武昌军奏：'据本州居民父老张子立等状：伏睹前宣抚使岳飞统军严密，保护上游，收复军州，扫平寇盗，军屯所至，秋毫无犯，有功于国。百姓敬仰，远近之人绘其肖像而祀。之前已蒙朝廷叙复元官，录用其后，而庙宇未立。子立等于是撰状，经湖北转运司陈述，蒙前任转运判官赵彦博备奏，奉圣旨依准执行。今庙宇建立将要就绪，尚有庙额未蒙赐敕。请检会所降指挥陈奏，封赐庙额，好使英魂岁时享祀，福泽一方，宣扬朝廷旌劝忠臣之意。伏候敕旨。'

三省同奉圣旨，令礼部、太常寺拟定，申尚书省。礼部、太常寺据奏上述指挥，伏乞朝廷指挥施行，伏候指挥。"

牒奉敕，宜赐忠烈庙为庙额。牒至，准敕，故牒。

乾道六年七月　日牒

参知政事梁　押

参知政事王　出使

尚书右仆射、同中书、门下平章事　押

乾道六年夏，武昌军上奏，故少保，武胜、定国军节度使，开府仪同三司，武穆公飞功在一方，武昌军先前有所请求，已获圣旨为其立庙，吏士又请求加赐庙号，冒死上奏，得到了允可。于是岳飞之庙得赐号忠烈，于今已十年有余，诏书还未铭刻。珖被任命于湖北，乃开始镌刻诏书如上，以增重祠宇的地位，以安慰一方吏民无穷之思。窃思（岳）公以奇男子起家山东，为国家虎臣，其勋伐书于国史，其威名震闻夷狄，其所节制之师旅，至今名闻天下。皇上临朝，念文武名臣将尽，怀念英烈，录用其子孙，以表彰公之大忠。四方听闻，无不感动鼓舞。正欲增扩公之祠庙，绘公之故部曲名将董先、李建等画像，配享于祠庙。仰称陛下尚贤劝忠之指以感动忠义，而享受公之遗泽，岂可不敬书于下方。淳熙六年冬十一月十六日，降授宣义郎、权发遣荆湖北路计度转运副使公事兼本路劝农使、专一措置提督修城、借紫山西张珖谨书。

赐谥指挥

尚书省送到太常寺[①]状："准尚书省札子：'吏、礼部状：准都省批送下权发遣江南东路转运副使颜度札子奏：臣恭睹绍兴三十二年七月十三日圣旨：故岳飞起自行伍，不踰数年，位至将相，而能事上以忠，御众有法，屡立功效，不自矜夸，余烈遗风，至今未泯。去冬出戍，鄂渚之众师行不扰，动有纪律，道路之人归功于飞。飞虽坐事以殁，而太上皇帝念之不忘。今可仰承圣意，与追复元官，以礼改葬。既而追复少保、武胜军节度使、万寿观使，葬以一品之礼。立庙鄂州，赐额忠烈。仰惟圣恩衰恤，足以增贲泉壤，独定谥一节，未曾举行，欲望睿慈特下有司，议谥施行。

后批送吏、礼部勘当，申尚书省。本部据太常寺申到，称检准乾道重修服制令节文：诸光禄大夫、节度使以上，本家不以葬前后，录行状[②]三本，申所属缴奏，其文并录事实。或本家不愿请谥者，取子孙状以闻。本寺勘会，本官官品依前项条令，合该定谥。今勘当欲依本官所乞，候今降指挥，日下依前项条令施行，伏候指挥。

六月五日，三省同奉圣旨，令太常寺拟定，申尚书省。并检准淳熙三年四月十五日敕：三省同奉圣旨，今后王公及职事官三品以上，法应得谥。并勋德节义，声实彰著，不以官品，特命谥者，并先经有司议定，申中书、门下省，具奏取旨，依旧制更不命词，止备坐所议给告，吏部牒本家照会。'

本寺今拟定谥曰'忠愍'，危身奉上曰'忠'，使民悲伤曰'愍'，伏乞朝廷详酌指挥施行。六月十八日，三省同奉圣旨，令太常寺别拟定，申尚书省。本寺今别拟定谥曰'武穆'，折冲御侮曰'武'，布德执义曰'穆'。伏乞朝廷详酌指挥施行，伏候指挥。"

九月八日，三省同奉圣旨依。

【注释】

①太常寺：官司名。宋前期掌社稷及武成王庙、诸坛、斋宫、习乐之事。元丰改制后，统掌礼乐之事，崇宁四年后太常寺专掌礼，礼、乐始分为二。

②行状：文体名。专指记述死者世系、籍贯、生卒年月和生平概略的文章。也称状、行述。

【译文】

尚书省送到太常寺状："依准尚书省札子：'吏、礼部状：准尚书省批送下权发遣江南东路转运副使颜度札子奏：臣恭睹绍兴三十二年七月十三日圣旨：故岳飞起自行伍，不过数年而位至将相，而能事上以忠，御众有法，屡立功效，不自矜夸，余烈遗风，至今未泯。鄂渚之师，去冬出戍，师行不扰，动有纪律，道路之人归功于飞。飞虽因冤狱而殁，而太上皇帝念之不忘。今可仰承圣意，与追复元官，以礼改葬。既而追复少保，武胜、定国军节度使，万寿观使，以一品之礼改葬。立祠庙于鄂州，赐庙额为忠烈。仰唯圣恩衰恤，足以增荣于九泉，唯独定谥一节，未曾举行，欲望睿慈特下有司，议谥施行。

“后批送吏、礼部审议，申尚书省。本部据太常寺申到称检准乾道重修服制令节文：诸光禄大夫、节度使以上，本家不论葬前后，录其行状三本，申所属缴奏，其文必录事实。或本家不愿请谥者，取子孙状备案。经本寺审议，该官员官品依前项条令，属于应该定谥的范畴。今审议欲依本官所乞，候今降指挥，尽快依前项条令施行，伏候指挥。

“六月五日，三省同奉圣旨，令太常寺拟定，申尚书省。并检准淳熙三年四月十五日敕：三省同奉圣旨，今后王公及职事官三品以上，法应得谥。及勋德节义，声实彰著的，无论官品特予命谥者，并先经有司议定，申中书、门下省，具奏取旨，依照旧制不颁告词，仅通告相关奏议，吏部牒岳飞本家照会。’

“本寺今拟定谥曰‘忠愍’，危身奉上曰‘忠’，使民悲伤曰‘愍’，请朝廷详酌指挥施行。六月十八日，三省同奉圣旨，令太常寺重新拟定，再申尚书省。本寺今重拟谥曰‘武穆’，抗敌御侮曰‘武’，布德执义曰‘穆’。请朝廷详酌指挥施行，伏候指挥。”

九月八日，三省同奉圣旨依。

忠愍谥议

议曰：“呜呼！将相大臣勋在王室，德在人心，身没而名垂不朽，与日月争光，而乃褒赠未举，信史未书，万口一词，以为阙典。如是者凡二十余年，而圣天子一日赫然下明诏，悼不辜，崇恤典，下之有司，始请易名，以慰忠魂，以诏万世。于是前日万口一词，觖焉不满者，举欣然相告曰：‘信乎！三十年后，议论自定。’荐绅之伦，介胄之众，方且喜闻而乐道之，而况司议臣者，敢不整冠肃容，特书其事，以著《春秋》之大旨乎！

故少保、武胜、定国军节度使岳飞薨于绍兴十一年。至三十二年，主上龙飞，有诏：‘故岳飞起自行伍，不踰数年，位至将相，而能事上以忠，御众有法，屡立功效，不自矜夸，余烈遗风，至今不泯。去冬出戍，鄂渚之众师行不扰，动有纪律，道路之人归功于飞。飞虽坐事以没，而太上皇帝念之不忘。今可仰承圣意，与追复元官，以礼改葬，访求其后，特与录用。’已而又更十有六载，至淳熙四年，礼官奏以公应定谥，乃下有司议其事。

呜呼！公之大名、大节、大勋烈赫赫在人耳目，青天白日，其谁不知，顾乃阅历三纪，然后被哀荣之典，其尤可悯也与！

盖尝迹公际遇之始，自我太上皇凤翔于河朔，公已先负敢死名，受知大元帅府，此殆天授也。建炎之初，首于京城南薰门外，以王旅数百，破群贼王善等二十万。自是凡征讨，皆以少击众，名震夷夏，所向无前。虽虏骑陆梁，大盗充斥，独公转战逐北，扫荡无遗，用能复金陵、清江、淮，克定湖、广，经理京西，进讨河南。鲸寇如李成、马进之徒，望风奔溃。虏之签军涉其境者，争先降附，拥众来归，不可胜计。绍兴四、五年间，公领王师，乘建瓴之势，剪除群凶，有众百万，皆其平寇所得。盖虔贼山寨三百余所，与汉上九郡之众，湖中杨么、钟子仪辈，各聚兵二十万，闻公军至，相率焚香迎拜。既而被命招讨河北，蔡人来迎，亦如之，惟恐公至之晚。遂进屯颍昌，又进取曹、濮。时太行有魁领梁小哥者，亦乐为先驱，捷书至幕府曰：‘河北忠义四十余万，皆以岳字号旗帜，愿公早渡河。’虏酋虽签军，无一从者，乃自叹曰：‘我起北方以来，未有如今日屡见挫衄！’公至是喜甚，语其下曰：‘今次杀金人，直到黄龙府，当与诸君痛饮！’繇是虏始倡和议，以成吾兼爱之仁，盖以公威灵气焰，日辟故疆，莫之能御也。

中兴[①]之初，感会风云，得隽[②]中率[③]者非无其人，唯公擅勇智，仗忠赤，自视不在诸大将下。初，受节制于张俊，公常语人曰：‘使我得与诸将齿，禀命于天子，何功不立，一死乌足道哉！要当克复神州，迎还二圣，使后世史册知有与关、张齐名。’朝廷命公镇抚通、泰，乃力辞，请以母、妻、二子为质，愿别立一军，招集士马，自两淮进取山东、河北，收还旧疆，使快平生之志，尽臣子之节。故其镇武昌也，诸大帅如武僖刘公、忠烈张公、武恭杨公、忠武韩公、武忠刘公[④]分屯淮甸。兀术封豕长蛇，方张不制，太上运庙谟，授成算，形于圣训，独倚公一军，与诸将犄角为声援，以牵制贼势。人谓中兴论功行封，当居第一。

尝窃恭睹太上宸翰，赐公无虑八十余札，有曰‘卿忠义之心，通于神明，故兵不犯令，民不厌兵，可无愧于古人。’曰：‘览卿近奏，毅然以恢复为请，岂天实启之，将以辅成朕志，行遂中兴耶！’曰：‘比降亲笔，喻朕至意。再览卿奏，以浑瑊自期，正朕所望于卿者，良深嘉叹。’余章丁宁倚重之语，大率类是。

初，忠宣洪公在虏，尝遣蜡书至，太上以赐其家，言虏中所大畏服者，张浚与公而已。他日忠宣还，因奏事，论至公死，不觉为恸。

公之大名、大节，大勋烈，于是乎在。若其奉己至薄，与下士同甘苦；持军至严，所过秋毫无敢犯；礼贤至恭，一时名人皆萃于幕府；持循礼法，动合轨物，恂恂若一书生，兹又古名将所不可望者。

公素志恢复，会和好已定，南北息肩，于是登庙堂，位枢弼。彼忌功嫉能者方相与媒孽厚诬，以媚权臣，乃罢本兵，兴罗织，致坐事以没。

嗟乎！士患不遭时遇主，既遇而复不得其死，命与！李广材气，天下无双，孝文见之曰：‘惜广不逢时，令当高帝世，万户侯岂足道哉！’以公揆广，蚤遇太上，依乘风云，再造王室，非不遇矣。然率毙于权臣之手，天下莫不冤之。班固之赞李广，以为死之日，天下知与不知，皆为流涕，彼其忠诚信于士大夫。盖公之遇主，有李广所不能及，而死之日，天下为之流涕，有甚于广焉。呜呼！命与！兹主上所以仰体太上皇帝圣意，录其后之象贤者，优加宠擢云。意公生气凛然尚存也。

按谥法，危身奉上曰‘忠’，使民悲伤曰‘愍’，公其有焉，请谥以‘忠愍’。谨议。”

有旨，令别拟定。

【注释】

①中兴：中途振兴，转衰而盛。宋王观国《学林·中兴》：“中兴者，在一世间，因王道衰而能复兴者，斯谓之中兴。”特指恢复并非由本人失去的帝位。

②得隽：即“得儁”，指俘获敌方的猛将勇士，谓得胜。

③中率：谓符合军功封赏条例。

④武忠刘公：从文意看，武忠刘公应指刘锜。据《挥麈后录》卷五，《宋史》卷三六六《刘锜传》，刘锜谥武穆，故此处暂存疑。

【译文】

议曰："呜呼！这位将相大臣曾勋在王室，德在人心，身虽没而名垂不朽，与日月争光，然而褒赠之典未行，也未有真实可信的史书记载其事，万口一词都认为这是一大憾事。这样过了二十余年，一日圣天子突下明诏，悼念无辜，抚恤遗孤，着有司办理，有人请为之正名，以慰忠魂，以诏万世。于是前日万口一词、心中愤懑的人们都欣欣然相互转告，说：'信乎！三十年后，议论自定。'文武官吏、行伍之师对于此事都是喜闻乐道的，何况我等对国家议论负有责任的人臣，怎敢不整冠肃容，特书其事，以反映史实，著《春秋》之大旨呢。

"故少保，武胜、定国军节度使岳飞薨于绍兴十一年。至绍兴三十二年，主上登基，诏曰：'故岳飞起自行伍，不过数年便位至将相，而能忠于君上，御众有法，屡立功勋，不自矜夸，余烈遗风，至今不泯。去年冬日，鄂州大军出戍，师行不扰、动有纪律，道路之人归功于飞。飞虽因冤狱而殁，而太上皇帝念之不忘。今可仰承圣意，予追复元官，按礼制改葬，并要求访求其后代，特与录用。'后来又过了十六年，至淳熙四年，礼官上奏说应该为岳公定谥，皇帝乃命有司审议此事。

"呜呼！公之大名、大节、大勋业赫赫然在人耳目，青天白日，有谁不知。而历经六十年，才接受哀荣之典，尤可哀悯啊！

"回顾岳公生平，其际遇之初，始于我太上皇帝凤翔于河北之日，彼时公已有敢死之名，为大元帅府所知，这正是天授也。建炎初年，公于东京（开封）城南薰门外，以东京留守司兵数百名破群贼王善等二十万众。自此之后，凡征伐皆是以少击众，名震中外，所向无敌。虽金人虏骑横行猖獗，江洋大盗充斥南北，唯独岳公转战追剿，扫荡无遗。收复金陵、清江、淮甸，克定湖广，经理京西，进讨河南。大盗如李成、马进之徒，望风奔溃。虏人强征的汉人签军路过他的守境，都争先降附，拥众来归者不可胜计。绍兴四、五年间，岳公率领王师，以破竹之势剪除群凶，拥兵至百万，皆其平寇所得。江西虔州贼山寨三百余所，汉上九郡之众，及至洞庭湖杨么、钟子仪辈，各聚兵二十万，听闻公之军队将至，相率焚香迎拜。之后又受命招讨河北，蔡州人民前来迎接，亦如是，唯恐岳公来得太晚。后又进屯颍昌，又攻取曹州、濮州。当时太行山上有个首领名梁小哥，也甘愿为公之先锋，捷报到达公之幕府，曰：‘黄河之北有忠义军四十余万，皆以岳字为旗号，希望公早日渡黄河，（收复旧疆）。’虏酋在河北签军，无人肯从，虏酋自叹曰：‘我在北方起兵以来，未有如今日屡遭挫败耳！’公甚喜，对下属说：‘这次杀金人，直捣黄龙府，当与诸君痛饮！’由是，虏人开始谋求和议以成吾国兼爱之仁，这是因为公之威武气焰日辟故疆，虏人不能抵御的缘故啊。

“中兴之初，（才杰辈出）感会风云，得胜立功者非无其人，唯独公智勇双全，满怀忠赤，自视不在诸大将之下。刚开始时他受节制于张俊，常对人说：‘若使我得与诸将并列，直接受命于天子，有何功不可立，一死何足道哉！吾欲克复神州，迎还二圣，在后世史册上与关羽、张飞齐名。’朝廷命令岳公去镇抚通、泰时，公竭力推辞，并请以母、妻、及二子为质，愿意别立一军，召集士马，自两淮进取山东、河北，收复旧疆，以快平生志向，尽臣子之节。故他一人镇守武昌，诸大将如谥武僖刘公（光世）、忠烈张公（俊）、武恭杨公（沂中）、忠武韩公（世忠）、武忠刘公（锜）则分屯淮甸。兀术贪暴之辈，扩张之际无人能制，太上皇帝运筹国计，授予成算，笔之于诏，独倚公之一军，与诸将掎角声援，牵制贼势。人谓中兴论功，当居第一。

“窃曾恭睹太上亲笔诏书，赐公大约八十余札，有曰：‘卿忠义之心，通于神明，故兵不犯令，民不厌兵，可无愧于古人。’曰：‘览卿近日奏札，毅然以恢复为请，这是上天的启示，上天将用你帮助朕达成志向，完成中兴啊！’曰：‘前降亲笔，传达朕的诚意。再览卿奏，以唐朝浑瑊自期，正是朕所寄望于卿的，朕深深嘉许赞叹。’其他篇幅中叮咛倚重之语，大率类似。

“昔日，魏忠宣公洪皓被扣留在虏营，曾派人送蜡书回国，后来太上赐给了他家。信中说虏人最畏服之人，张浚与岳公而已。后来忠宣公回国，奏事时谈及公已死，不觉为之恸哭。

“公之大名、大节、大功业，还在于其奉己至薄，与下士同甘苦；持军至严，所过处秋毫不犯；礼贤至恭，一时间名人都聚集在他的幕府；遵守礼法，动合规范，恭谨之貌若一书生，这又是古之名将不能比的了。

“公一贯的志向是恢复故疆，当时议和之大局已定，南北人民休养生息，于是公登入庙堂，任职枢密副使。那等嫉功妒能之人合谋对他进行诬枉构陷，以此献媚于权臣，解除公之兵柄，罗织其罪名，致其坐事以殁。

“嗟乎！士人最怕不能逢时遇主，若得遇明主又怕不得其死，岂非是命运使然！李广才气，天下无双，汉文帝（谥孝文皇帝）说他：‘可惜李广生不逢时，若生在高祖皇帝的时代，封万户侯岂足道哉！’若以公与李广比较，早年际遇太上，依乘风云，再造王室，倒并非是没有际遇。然而不久之后却死于权臣之手，天下莫不为其抱冤。班固赞李广，说他死之日天下不论知与不知者，皆为之流涕，因为他的忠诚得到了士大夫的信任。而岳公际遇于主上，有李广所不能及，而死之日，天下为之流涕，又甚于李广啊。呜呼！命运啊！今主上仰体太上皇帝圣意，录用其后代能效法先人贤德者，优加宠擢。认为公之生气凛然尚存也。

“按谥法，危身奉上曰‘忠’，使民悲伤曰‘愍’，公都符合，请谥以‘忠愍’。谨议。”

有旨，令别拟定。

武穆谥议

议曰："绍兴三十二年，皇上嗣承大统，缅想中兴之盛，将帅之臣，如故岳飞，褒崇未及，藐诸孤犹在远，有蠹上心。乃下诏追复元官，以礼改葬，访求其后，特与录用。呜呼！身可殁而名不可朽，是非感于一时，而议定于来世，自非有大勋力著在人心，何以上为圣天子追念如此，抑可谓盛矣。又十六年，而礼官请定公谥，制可之。其在司议者，所当大书特书，垂诸简策，以诏天下后世。迺上公谥，迹公始末为之议。

盖公自结发从戎，有大志，雄勇绝人，每以关、张自许。太上皇开大元帅府，公以敢死名被知遇。自是授任，摧坚陷敌，至绩用显白，声名彰灼，虽晚出，而人以为元勋宿将，率基于此也。建炎初，群贼王善等众二十万，抄掠汴、宋间，公以王旅数百，破之于南薰门外。繇是师行所向必克。绍兴改元，北虏骄暴未已，而河南诸郡，寇盗充斥，李成、马进尤号魁黠。湘、汉间，杨么、钟子仪等相挺为乱。少者万人，多者十余万。公受命征伐，奋然以削平为己任，曰：'内寇不除，何以攘外；近郊多垒，何以复远疆。'故麾军南指，则李成、马进为之溃北；移师湘、汉，则杨么、钟子仪为之破灭。捷书踵至，勋名日盛。南方底定，公抚定以威信，远近争附，其为民者莫不各安生业，而豪强之徒皆愿立功为用，于是有众数十万，隐然为长城矣。

太上倚公为重，以图恢复，而公亦以眷遇之厚，竭其忠力。驻师武昌，日谋进取，练军实，选骑士，明纪律以驭之，同甘苦以怀之，凡隶公麾下者，人百其勇。故公被命招讨河北，蔡、曹、濮等州望风相率归附，威声大畅。河北忠义闻公至，以岳公姓识旗帜，徯公渡河。咸谓公御军得士，虽古名将无以加也。

公受节制于大将，愿出奇料敌，动无不中，而以拘制不得尽，每语其下曰：‘使我得禀命于天子，何功不立。’故其为通、泰镇抚使，乞别为一军，招集兵马，掩杀金贼，收复山东、河北、河东、京畿等路，以快平生之志，尽臣子之节。公之心，其欲扫清中原，以大功不立为己之耻，可谓通于神明，贯于日月。是以太上尝赐诏曰：‘览卿近奏，毅然以恢复为请，岂天实启之，将以辅成朕志，行遂中兴耶！’公之勇略忠荩与太上之知公，使得究尽其能，北虏虽强，不足平也。故土虽失，不足复也。方以川、陕宣抚，力图进讨，而议者厌兵，欲息南北，用事之臣力主和议。迄讲盟通好，犹恳恳奏列，以为非计，终莫之听。公亦进位枢府，而兵柄释矣。隽功未就，伟志莫伸，身随以殒，有遗憾焉！

呜乎！为将而顾望畏避，保安富贵，养寇以自丰者多矣。公独不然，平居洁廉，不殖货产，虽赐金己俸，散予莫啬，则不知有其家。临战亲冒矢石，为士卒先，摧精击锐，不胜不止，则不知有其身。忠义徇国，史册所载，何以尚兹。

按谥法，折冲御侮曰‘武’，布德执义曰‘穆’。公内平群盗，外捍丑虏，宗社再安，远迩率服，猛虎在山，藜藿不采[①]，可谓折冲御侮矣。治军甚严，抚下有恩，定乱安民，秋毫无犯，危身奉上，确然不移，可谓布德执义矣。合兹二美，以‘武穆’谥公，于是为称。谨议。”

【注释】

①猛虎在山，藜藿不采：《汉书·盖宽饶传》载，盖宽饶刚直高节，志在奉公，曾官至司隶校尉，有一次，他上书奏事，触怒了汉宣帝。谏大夫郑昌为宽饶辩解说：“臣闻山有猛兽，藜藿为之不采；国有忠臣，奸邪为之不起。”意指山上有猛兽，人们

不敢去采野菜；国家有忠臣，奸邪便不敢猖狂。

【译文】

议曰："绍兴三十二年，皇上继承大统，缅怀中兴之时的将帅，如已故的岳飞，还未获褒扬推崇，与诸三孤重臣相比，还远远不及，让皇上悲伤痛心。于是下诏追复其元官，以礼改葬，访求其后代，特与录用为官。呜呼！身可灭而名不朽，褒贬感于一时，而议论定于后世，若非有大功勋著在人心，怎会为圣天子追念如此，这大概也可谓显荣矣。又过了十六年，有礼官请求为（岳）公定谥，得到了允可。负责此事的有司，正应大书特书，载之于史册，以昭告于天下后世。于是有司上奏了为公所拟的谥号，并记述了公的生平事迹作为评议。

"公自从结发从戎，就胸怀大志，雄勇绝人，每每以古名将关、张自许。太上皇开大元帅府时，公就以敢死之名被赏识。从此被授予重任，摧坚陷敌，终于绩用显明，声名卓著，虽然较晚出来，人们都认为他是元勋宿将，就是因为这个缘由。建炎初年，群贼王善等众二十万，在汴、宋一带抄掠，公仅以王师数百人，破之于汴京南薰门外。从此他率领的军队所向必克。绍兴改元，北虏骄暴未平，而黄河以南的诸郡为寇盗所充斥，李成、马进尤为狡猾。湘江、汉水一带，又有杨么、钟子仪等相继为乱。少者几万人，多者聚集十余万众。公受命征伐，奋然以削平内乱为己任，曰：'内寇不除，何以攘外，近郊多壁垒，何以复远疆。'于是挥师南下，李成、马进很快溃逃；继而移师湘汉，杨么、钟子仪迅速被剿灭。捷报频频传回，公之勋名也日渐隆盛。南方的内寇平定之后，公又以威望和信誉抚慰当地，使远近百姓争相来附，黎民无不各安生业，而勇悍之众皆愿立功为公所用，于是公储兵十万，隐然为国之长城矣。

"太上十分倚重他，以图恢复，而公亦因眷遇之隆，竭尽忠力。他驻军于武昌，无日不思进取，练戎事、选骑士，以严明的纪律统驭他们，与之同甘共苦让他们敬服，凡是公麾下之众，勇力胜于常人百倍。所以，公受命招讨黄河以北的地区，蔡、曹、濮州等地的豪杰望风相率而来归附，一时威声大震。黄河以北的忠义民兵听说岳公要来，都以岳公姓氏为旗号，等待他渡河。众人都说公统率军队招募勇士（的能力和风范），虽古名将亦不出其右。

“公曾在某大将管辖之下，每每出奇料敌，动无不中，而因受上司拘制不能尽展抱负，常对部下说：‘若我能直接受命于天子，什么功勋不能建立呢。’故他做通、泰镇抚使时，请求另立一军，召集兵马，掩杀金贼，收复山东、河北、河东、京畿等路，以快平生之志，尽臣子之节。公之胸怀，是要扫清中原，以大功不立为耻，可谓通于神明，贯于日月，太上皇帝曾赐诏说：‘读过卿近来所奏，毅然以恢复疆土为请，这真是上天的启示，以你的辅弼达成朕之志向，完成我朝的复兴！’公之勇略与忠诚，获得太上皇帝之知遇，遂能尽展其才能，北虏虽强，不足平也，故土虽失，不足复也。当时川陕宣抚使，（上奏）力图进讨，而朝议厌兵，欲息南北之战，主政之臣力主和议，两国正在讲盟通好，公仍急切地上奏，以讲和为非计，终不被采纳。公亦进位枢密府职，而兵柄释矣。大功未就，伟志莫伸，继而身殒，有遗憾焉！

“呜呼！为将者中，畏艰避敌，保安富贵，姑息敌寇而自丰的人太多了。公独独不是这样，日常生活廉洁自律，不经营货产，虽有皇帝的赏赐和自己应得的俸禄，都毫不吝惜地散去，是不知有其家；临战时亲冒矢石，为士卒先，摧精击锐，不胜不止，是不知有其身。忠义殉国，史册有载，该如何褒崇呢？

“按照谥法，克敌制胜、抵御外侮者曰‘武’，流布道德、坚守节义者曰‘穆’。公内平群盗，外捍丑虏，使宗庙社稷重获安定，远近百姓都来依附。国有忠臣，奸邪不起，可谓折冲御侮矣。公治军甚严，抚下有恩，定乱安民，秋毫无犯，危身奉上，确然不移，可谓布德执义矣。合此二美，以‘武穆’为公之谥号，十分相称。谨议。”

武穆覆议

议曰：“天下未尝无公论，为国者未尝不念功，为将者未尝不欲立功。功之小大，顾其人如何耳。功立矣，何患国家之不知，既知之，身必享其利，而子孙且蒙福矣。其有身殁既久，而国愈不忘之者，必其功卓然，有以异于人，而公论自不容已也。

太上皇帝中兴，诸大将依乘风云，勒功帝籍，其最为公论所与者，不过数辈。国家所以封爵之，与夫宠禄其后，往往不薄，易名[①]之恩，有请则畀之。故少保、节使岳公独阙焉。其子若孙顷在远外，未及以请。新江东漕臣颜公举太常少卿旧职，以公当得为谥，上恻然俞之。太常博士实司其议，迺按谥法，谓折冲御侮曰‘武’，布德执义曰‘穆’，于公为宜。

朝廷下之铨曹，考功职当覆议，因博询公平生之所以著威望，系安危，与夫立功之实，其非常可喜之大略，虽所习闻，而国史秘内，无所考质。独得之于旧在行阵间者云，绍兴之初，刘豫寇京西，列城失守，襄、邓莽为盗区，公独明赏罚、练士卒，百战百胜，所向易于破竹，六郡赖以复平，而役不再籍。既尽复商於之地，收虢略之城，长驱将入于三川，而威震五路矣。所谓‘威名冠世，忠略济时，先声所临，人自信服’，诚如太上皇御札。

且平生用兵，纪律甚严，每与士卒同甘苦，而得其欢心。虽上赐累鉅万，毫发不以为己私，故士卒用命，而所至无扰。所谓‘连万骑之众，而桴鼓不惊；涉千里之途，而樵苏无犯。至发行赍之泉货，用酬迎道之壶浆’，诚如太上皇诏书。

其后北虏渝盟，空国来寇，公径绝大江，鼓行西向，以挫其锋。独与兀术对垒于郾城，卒毙其将阿里朵孛堇等，而走其师。又尝以孤军置寨于蒋山及宜兴，或杀或降，莫可胜计。虏人闻公之名，为之落胆。所以破郭吉而有其众，斩张威武而併其军，扈成已死，部曲内附，仍尾袭虏人于镇江之东，间道直趍建康，大小数十战，动无遗策，江、浙又赖之以平定。所谓‘筹略颇如人意’，诚如太上皇玉音，兹非折冲御侮而何？虽恢复中原之志，未及大伸，而在公已无愧也。

其他可书之伟绩，与太常之议不异。复有一节，尤所可喜，方襄汉未平，自守、宰而下，悉听公制置。是时甫复河南故地，公即抗疏力辞，乞从朝廷差注，公之处功名，远权势，有明哲之先见焉。尝闻褒诏有曰：‘卿所抗章，殊合事体，自非思虑之审，谦畏之至，何以及此。’子孙必有家藏是诏者。布德执义，兹非其要欤？

谥曰‘武穆’，舍是将奚择？谨议。”

淳熙五年十二月十二日，奉圣旨依。

【注释】

①易名：指古时帝王、公卿、大夫死后朝廷为之立谥号。

【译文】

议曰：“天下未尝没有公论，人君未尝不念将臣之功，为将者未尝不欲立功。功之小大，要看其人是怎样的人。功已立，则不用担忧国家不知道，既已知道，立功者其身必享受利益，子孙也可蒙受福祉。身死已久，而国家愈加不忘之者，必然曾经立下不朽功勋，不同于常人，而公论自不能容忍他被遗忘。

“太上皇帝中兴，诸大将依乘风云，为君主立功，最为公论所推崇者，不过数人。国家宠以爵位，给予其子孙宠幸富贵往往不薄，立谥号的恩典只要后代有所请求则给予之。故少保、节度使岳公却独缺这样的恩荣。其子孙尚在边远之境，未及提出请求。新江南东路漕臣颜公因举太常少卿旧职时，认为应当为岳公追封谥号，圣上恻然俞允。太常博士实际经理此事，于是按照谥法，主张克敌制胜、抵御外侮者曰‘武’，流布道德、坚守节义者曰‘穆’，于岳公事迹正好相称。

“朝廷将此事下主管选拔官员的部门复议，考察其功职，广泛征询岳公平生著威望、系安危的事迹，以及其立功的相关事实。其非常可喜之大略，人们虽然都已听闻，但国史秘内却无所记录以供考据或质疑，只能从那些旧日与他同在军中的人那里得知：绍兴初年，刘豫进攻京西路，各城相继失守，襄阳、邓州沦为草莽盗贼的巢穴，岳公独独明赏罚、练士卒，百战百胜，所向披靡，襄阳六郡赖之以平复，而兵员却不须再次征集。他先后收复了商州、虢州，正要长驱直入（泾、渭、洛）三川，而威震川陕五路（译者按，指宋朝于陕西沿边设秦凤、泾原、环庆、鄜延和熙河五路）！所谓‘威名冠世，忠略济时，先声所临，人自信服’，诚如太上皇御札所说。

“岳公平生用兵，纪律甚严，每每与士卒同甘共苦，所以得到他们的爱戴。虽然圣上赐给他的财富极多，他却丝毫不私藏，全部分给士兵，所以士卒用命，军队所到之处不扰居民。所谓‘连万骑之盛，而桴鼓不惊；涉千里之途，而樵苏无犯。至发行赍之泉货，用酬迎道之壶浆’，诚如太上皇诏书所书。

“后来，北虏败盟，倾巢来袭我国。岳公径渡大江，鼓行西向，以挫其锋锐。一军与兀术对垒于郾城，后毙其大将阿李朵孛堇等，虏人败逃。（之前）又曾以孤军驻扎于蒋山和宜兴，虏人或被杀或投降，不可胜计。虏人闻岳公之名，为之丧胆。岳公破郭吉匪军收编其部属，斩张威武而兼并其军伍，扈成死后留下的部曲也投靠了岳公，他于是在镇江之东尾袭虏人，取捷径直趋建康收复了那里。大小数十战，可谓动无遗策，江、浙也是赖之以平定。所谓‘筹略颇如人意’，诚如太上皇玉音所言，这不叫‘克敌制胜、抵御外侮’又叫什么呢？其恢复中原之志，虽未及大伸，而他的作为，已无愧于世人。

“其他可大书特书之伟绩，与太常之议相同。另有一节，尤其可喜，当年襄汉未平之日，各州的地方官全部听岳公节制。后来收回了河南故地，岳公立刻上章力辞了原有的权力，请求朝廷亲自选派官吏治理地方，岳公之处功名、远权势，很有明哲之先见啊。曾听说有诏书褒赞他：‘卿所抗章，殊合事理，若非思虑之备，谦畏之至，何以及此。’他的子孙家中必然还珍藏着这份诏书。‘流布道德、坚守节义’，不正是如此吗？

“遂建议赐谥号‘武穆’，除此之外还有更合适的吗？！谨议。”

淳熙五年十二月十二日，奉圣旨，同意。

赐谥谢表

臣霖等言：“正月二十一日准告，伏蒙圣恩，赐臣等先父赠少傅、武胜、定国军节度使臣飞谥武穆者。圣朝录旧，特疏优武之恩；先臣罔功，叨被易名之宠。可谓殊常之遇，足为不朽之光，仰戴洪私，俯增感泣。臣等诚惶诚惧，顿首顿首。

伏念臣先父奋迹田亩，效节伍符，首蒙太上皇神圣之知，旋授元帅府偏裨之寄。毅然赴难，奋不顾身。志在立功，半夜蹴鸡鸣之舞；师行有律，居民无犬吠之惊。江淮赖此以全，豪杰闻之皆附。南剪湖湘之寇，北收襄汉之城。鼓行将入于京都，声势殆震乎河朔。誓破虏而后朝食[①]，拟清道以迎乘舆。皇天后土，实鉴此心；白叟黄童，知为义将。

奈城狐[②]之得势，指市虎[③]以肆诬。窃柄弄权，律人从己，挟恐人见破之私意，沮为国规恢之远图。出下策以议和，姑欲效奉春[④]之计；皆左袒[⑤]而奚罪，无何系周勃之身。虽圣君曲赐保全，而奸臣必欲挤陷。谤书交至，罗织惨加，怀壮志之莫明，抱深冤而长往。形骸沟壑，痛固无穷，妻子蛮夷，鬼亦不食，兴言及此，流涕涟如。迨邦诬之既昭，荷宸衷之丕恤。食之庙宇，旌英烈于一字[⑥]之间；葬以孤仪，起枯骨于九泉之下。尽复曩封之爵邑，再收已锢之子孙，犹谓礼意之未崇，必加节惠而后已。此盖伏遇皇帝陛下天地覆焘，日月照临，察臣之父初无他肠，怜臣之父没有遗憾，特诏礼官之议，用为信史之传。有其实，可无其称，美名既立；闻其谥，足知其行，旧玷自明。岂惟抚慰于幽魂，抑可激昂乎忠概。死如未泯，必能为结草[⑦]之功；生亦与荣，敢不励执戈之操。臣等无任瞻天荷圣、激切屏营之至，谨奉表称谢以闻。臣霖等诚惶诚惧，顿首顿首。谨言。”

淳熙六年二月　日

宣教郎、守宗正丞臣岳甫　上表

忠翊郎、监潭州南岳庙臣岳霭

修职郎、前广南东路提举常平司干办公事臣岳震

奉议郎、守尚书驾部员外郎臣岳霖

【注释】

①破虏而后朝食：消灭敌人后再吃早饭，用以形容斗志坚决。语本《左传·成公二年》：“余姑翦灭此而朝食。”

②城狐：城狐社鼠，城墙洞中的狐狸，社坛里的老鼠。比喻有所凭依而为非作歹的人。语本《晏子春秋·问上九》：“夫

社，束木而涂之，鼠因往托焉，熏之则恐烧其木，灌之则恐败其涂，此鼠所以不可得杀者，以社故也。”

③市虎：《韩非子·内储说上》：“庞恭与太子质于邯郸，谓魏王曰：‘今一人言市有虎，王信之乎？’曰：‘不信。’‘二人言市有虎，王信之乎？’曰：‘不信。’‘三人言市有虎，王信之乎？’王曰：‘寡人信之。’庞恭曰：‘夫市之无虎也明矣，然而三人言而成虎。今邯郸之去魏也远于市，议臣者过于三人，愿王察之。’”市本无虎，因以比喻流言蜚语。

④奉春：汉高祖刘邦的谋士娄敬，号“奉春君”，向汉高祖建议了“和亲”之策。

⑤左袒：汉高祖刘邦死后，吕后当权，培植吕姓的势力，吕后死，太尉周勃夺取吕氏的兵权，就在军中对众人说：“拥护吕氏的右袒（露出右臂），拥护刘氏的左袒。”军中都左袒。后来就将偏护一方叫左袒。周勃晚年却被诬谋反。

⑥一字之褒：晋范宁《春秋穀梁传序》：“一字之褒，宠踰华衮之赠；片言之贬，辱过市朝之挞。”

⑦结草：谓受人大恩，死后也要报答。《左传·宣公十五年》：“魏武子有嬖妾，无子。武子疾，命颗（武子之子）曰：‘必嫁是。’疾病，则曰：‘必以为殉。’及卒，颗嫁之，曰：‘疾病则乱，吾从其治也。’及辅氏之役，颗见老人结草以亢杜回，杜回踬而颠，故获之。夜梦之曰：‘余，尔所嫁妇人之父也。尔用先人之治命，余是以报。’”后因以“结草”为受厚恩而虽死犹报之典。

【译文】

臣霖等上书：“正月二十一日准告，伏蒙圣恩，赐臣等先父追赠少傅，武胜、定国军节度使，臣（岳）飞，谥号为‘武穆’。圣朝采录旧事，特赐优待武人之恩；先祖父罔有功劳，叨领立谥之宠。这可谓殊于寻常的际遇，足为不朽之荣光，臣等仰戴洪恩，俯增感泣。诚惶诚恐，顿首顿首。

“伏念臣先父奋力起家于田亩，效命于军伍。最早蒙太上皇神圣的知遇，很快就被授予元帅府裨将的职位。先父于是毅然赴难，奋不顾身。他志在立功，半夜闻鸣而起舞；师行有律，居民无犬吠之惊。江淮赖此得以保全，豪杰争相前来归附。向南剪灭了湖湘区域的大寇，向北收复了襄汉一带的州城。将要鼓行进入汴京，声势震动于河北。誓言消灭虏人，迎回天眷。皇天后土，实鉴此心；白发老人或黄口小儿，都知道他是一名义将。

“奈何城狐社鼠得势，指使（党羽）编造流言蜚语，肆意诬蔑（先父）。（那人）窃取权柄，玩弄权术，要挟他人顺从己意，心怀不可告人的目的，阻挠为国规划恢张的远图。出议和之下策，诬告功臣谋反。虽然圣君尽力保全，而奸臣却不停陷害。诽谤弹劾不断，罗织拷问不停，先父心怀壮志却无人知晓，怀抱深冤，憾然逝世。形骸被弃于沟壑，是为无穷之痛；妻与子女被放逐蛮夷，连鬼怪都不愿就食，臣有感而发，流涕涟涟。终于先父被诬枉的罪名得到昭雪，子孙后代得到皇帝抚恤。先父享血食于庙宇，英烈旌于一字之褒；枯骨起于九泉之下，以三孤之仪入葬。朝廷恢复他过往被授予的爵位封邑，迎回他遭受禁锢的子孙，还觉得礼意不够盛大，必加美谥而后已。此盖伏遇皇帝陛下天地施恩，如日月照临，察知臣之父从一开始就没有异心。怜惜臣之父抱憾而逝，特别诏命礼官议论（立谥）之事，可作为信史的依据而流传。有事实，怎可没有相应的说法。美名被建立之后，世人听到他的谥号，足以了解他的行为，过去的玷污也就不辩自明了。不仅可以抚慰幽冥之魂，也可激扬忠贞节概。（臣父）英灵未泯，即便死后亦会报恩；生者感到光荣，敢不激励执戈卫国的情操。臣等不胜仰天感荷圣恩、激切惶恐之至，谨奉表称谢以闻。臣（岳）霖等诚惶诚恐，顿首顿首。谨言。”

淳熙六年二月　日

宣教郎、守宗正丞臣岳甫　上表

忠翊郎、监潭州南岳庙臣岳霦

修职郎、前广南东路提举常平司干办公事臣岳震

奉议郎、守尚书驾部员外郎臣岳霖

张宪复官指挥

故龙、神卫四厢都指挥使、阆州观察使、京西、湖北路马、步军副总管、鄂州驻扎御前前军统制、提举诸军一行事务张宪男敌万状："伏为先父自建炎、绍兴初随从岳飞，统率军马，累与金人并诸处贼马鏖战，收复州县，屡立奇功。昨因岳飞坐事，连及先父，亦至于死。今岳飞已特与叙复元官，改正礼葬，给还恩数。唯先父未蒙优恤，望依岳飞体例，追复元官，给还身后合得恩泽，庶使存殁举霑恩赐。"

乾道元年十一月二十五日，三省同奉圣旨，张宪特追复元官，四子各补承信郎。

【译文】

已故龙、神卫四厢都指挥使，阆州观察使，京西、湖北路马，步军副总管，鄂州驻扎御前前军统制，提举诸军一行事务张宪之子张敌万状称："先父自建炎、绍兴初年随从岳飞统率军马，多次与金人及各处贼军鏖战，收复州县屡立奇功。前因岳飞获罪，连及先父，亦至于死。今岳飞已特与恢复元官，以礼改葬，给还恩数。只有先父还未蒙抚恤，望依照岳飞的体例，为先父追复元官，给还身后应得的恩泽，以使死者、生者均沾恩露。"

乾道元年十一月二十五日，三省同奉圣旨，张宪特追复元官，四子各补承信郎。

张宪复官告

敕：“朕大明公道，而邪正以之分；博采众言，而是非以之辩。苟衔冤而未雪，则赍志而莫伸。故龙、神卫四厢都指挥使、阆州观察使张宪奋身艰虞，致位通显。统三军之士，久从幕府以出征；收百万之功，每以捷书而受赏。属处嫌疑之地，遽腾诬谤之言。人臣无将[①]，忍加之罪；众恶必察，尽洗厥愆。廉车[②]已正于使名，厢部并提于戎旅，整还故秩，仍录后昆。尚祗服于浓恩，庶宥光于幽穸。可追复龙、神卫四厢都指挥使、阆州观察使。”

【注释】

①无将：此处为用典。将，弑君之辞也。《公羊传·庄公三十二年》：“君亲无将，将而诛焉。”《史记·刘敬叔孙通列传》：“人臣无将，将即反，罪死无赦。”

②廉车：指观察使、廉访使、按察使等赴任时所乘的车子。亦用以代称上述官员。

【译文】

敕：“朕大公至正，正邪因而区分；博采众言，是非可以辩驳。若有人衔冤却未雪，他一定怀抱志愿而未能伸展。已故龙、神卫四厢都指挥使、阆州观察使张宪，奋起于艰难之时，致位于威名高官。统三军之士，久从幕府以出征；收百万之功，常以捷书而受赏。只因恰处嫌疑之地，引发诬谤之言。既然人臣没有谋逆，朕何忍加罪于他；必察奸邪之恶，尽洗其冤诬。兹正其观察使使名，归还其四厢都指挥使之荣衔，追复元官，录用子孙后嗣。望尔敬服此浓恩，见谅于九泉。可追复（张宪）龙、神卫四厢都指挥使，阆州观察使。”

卷第十五

天定别录卷之三（后录）

赐褒忠衍福禅寺额敕

尚书省录：

礼部状："准都省批下承议郎、权发遣江南东路转运判官岳珂状：'照对先大父鄂王飞蒙恩敕葬临安府西湖上，绍兴三十二年十二月，蒙朝廷给赐显明寺充功德寺。续因检校少保、安庆军节度使、同知大宗正事士錢等申请，系太傅、仪王仲湜安殯妨碍。准隆兴二年十月十七日尚书省札子，备奉圣旨，依礼部看详到事理，令本家别行指占。自后一向无力陈乞。窥见北山下智果寺委是毗近，虽全无门堂、僧舍，止有地基、敞屋数间。今来本家愿自行创建，买田供赡，请僧焚修。谨缴连元准省札两道，真本连粘在前，欲望朝廷特赐敷奏给赐。仍乞照曾任执政体例，改赐肆字寺额，存殁均被大造。伏候指挥。'

后批送礼部勘当，申尚书省。检准大观三年三月十六日都省札子：'内外指射有额寺院充坟寺、功德院，自今并行禁止。如违，在外御史台，在内令入内内侍省弹劾施行。合厘为祠部法，内弹劾一节，合厘为御史台、入内内侍省法。'本部照得，今准批下岳珂指占北山下智果寺充功德院，系指射有额寺院，正碍前项指挥。

今据本官缴到绍兴三十二年十二月十八日都省札子，乞踏逐到显明寺，亦是敕额寺院，系奉圣旨，特依所乞，是致施行了当。续准隆兴二年十月十七日都省札子：‘礼部状：准都省批送下检校少保、安庆军节度使、同知大宗正事士錢等札子，叙陈先父太傅、仪王仲湜安殯在临安府北山显明寺忏堂内。近有故少保岳飞孙甫获降旨挥[1]，充功德院，士錢等每遇时序，不得前去祭享。乞行下故少保岳飞府，别行指占寺院，充功德院事。后批送部看详，申尚书省。本部今看详，欲令岳甫别行指占寺院，充功德院，伏乞朝廷详酌指挥施行。申闻事。十月十六日奉圣旨，依礼部看详到事理施行。’

照得缴到省札内，有令岳甫别行指占寺院，充功德院。寻勒僧正司供具去后，据僧正司申到嗣秀王师禹乞长庆山兴化院充功德院体例，以长庆崇福院为额，亦是朝廷特降旨挥放行。本部续据岳珂状，乞以褒忠衍福禅寺为额。缘有逐项指挥，今勘当上件事理，合取自朝廷旨挥施行。谨连元状并省札二道，伏候指挥。”

照得江东运判岳珂缴到昨来省札内已降旨挥，令别行指占寺院，充故少保岳飞功德院。今来岳珂申乞，已踏逐到临安府北山智果寺，兼照岳飞又系昨任少保、枢密副使，后追封鄂王。及礼部勘当，欲以褒忠衍福禅寺为额，须议旨挥，仍连省札二道。

六月二十一日奉圣旨，智果寺特充故少保岳飞功德院，仍以褒忠衍福禅寺为额，令尚书省给敕。

牒奉敕，宜特赐褒忠衍福禅寺为额。牒至，准敕，故牒。

嘉定十四年六月　日牒

签书枢密院事、兼权参知政事任　假

知枢密院事、兼参知政事郑　押

右丞相　押

【注释】

①旨挥：帝王的命令、诏敕。

【译文】

尚书省录：

礼部状："根据尚书省批下的承议郎、权发遣江南东路转运判官岳珂的状申：'核对先祖父鄂王（岳）飞蒙恩诏葬于临安府西湖边，绍兴三十二年十二月，蒙朝廷给赐显明寺充作功德寺。后检校少保、安庆军节度使、同知大宗正事（赵）士𥫗等又申请，说显明寺系太傅、仪王（赵）仲湜的攒所（译注：暂时停棺的地方，宋南渡后，帝、后茔冢均称'攒宫'。表示暂厝，准备收复中原后迁葬河南），所以不便。依照隆兴二年十月十七日尚书省札子，奉圣旨，按照礼部审阅研究的结果，令（岳飞）本家另行指定场所使用。后来就一直无力陈请。（我）见北山下的智果寺，距离很近，虽然全无门堂、僧舍，只有地基和敞屋数间。现在本家愿意自行创建，买田产供赡僧尼，请来净修。谨缴原获省札两道，真本连粘在前，望朝廷特赐我奏章所请。请求照曾任执政者的惯例，改赐四字寺额，死者和生者均受大恩。伏候指挥。'

"后批送礼部审议，申尚书省。检查大观三年三月十六日尚书省札子：'内外指定有额寺院充为坟寺、功德院，自今起全部禁止。如有违规，在外有御史台，在内令入内内侍省弹劾施行。此规定应归入祠部法，有关弹劾的部分，应归入御史台、入内侍省法。'本部查核情况如上，今准许批下岳珂指占北山下智果寺充功德院，系指定有额寺院的行为，与前项指挥不符。

"今据本官（岳珂）上交之绍兴三十二年十二月十八日尚书省札子，寻访到显明寺（作为岳飞功德寺），显明寺也是敕额寺院，系奉圣旨，特依所请，已施行完毕。又依据隆兴二年十月十七日尚书省札子：‘礼部状：根据尚书省批送下检校少保、安庆军节度使、同知大宗正事士錢等札子叙陈先父太傅、仪王仲湜停棺在临安府北山显明寺忏堂内。近有故少保岳飞之孙（岳）甫获降诏敕，将显明寺充岳飞功德院，士錢等每遇祭祀时节，不得前去祭享。请求行下故少保岳飞府，另行指占寺院，充功德院事。后批送礼部审阅研究，再申尚书省。本部经研究后，欲令岳甫另行指占寺院，充功德院，伏乞朝廷详酌并指挥施行。申闻事。十月十六日奉圣旨，可依照礼部研究结果施行。’

“根据（岳珂）上缴的省札内，有令岳甫另行指占寺院，充功德院的指挥。要求僧正司上报，据僧正司申，嗣秀王（赵）师禹请求长庆山兴化院充功德院的旧例，以长庆崇福院为寺额，也是朝廷特降诏敕施行。本部又据岳珂状，请求以褒忠衍福寺为额。因已有以上逐项指挥，今经审议，此事应依据朝廷诏敕施行。谨附原状并省札二道，伏候指挥。”

查到江东运判岳珂上交了前次省札内已降诏敕，令另行指占寺院充故少保岳飞功德院。今因岳珂申请，已寻到临安府北山智果寺，兼查到岳飞曾任少保、枢密副使，后追封鄂王。经礼部审议，欲以褒忠衍福禅寺为额，须议诏敕，附省札二道。

六月二十一日奉圣旨，智果寺特充故少保岳飞功德院，以褒忠衍福禅寺为额，令尚书省给敕。

牒奉敕，宜特赐褒忠衍福禅寺为额。牒至，准敕，故牒。

嘉定十四年六月　日牒

签书枢密院事、兼权参知政事任　假

知枢密院事、兼参知政事郑　押

右丞相　押

赐褒忠衍福寺额省札

故少保岳飞孙岳甫状："见蒙朝廷矜愍，先祖父以礼改葬。甫今踏逐到显明寺一所，见在钱塘门外，照得本寺别无田产，只系律院，唯是近切先祖坟茔，今欲充甫家功德院。伏望特赐将本府显明寺充本家功德院施行。伏候指挥。"十二月十八日，三省同奉圣旨，特依所乞。

右札付故岳少保本家。

绍兴三十二年十二月十八日。押

礼部状："准都省批送下检校少保、安庆军节度使、同知大宗正事士錢等札子，叙陈先父太傅、仪王仲湜安殯在临安府北山显明寺忏堂内。近有故少保岳飞孙甫获降指挥，充功德院，士錢等每遇时序，不得前去祭享。乞行下故少保岳飞府，别行指占寺院，充功德院事。后批送部看详，申尚书省。本部今看详，欲令岳甫别行指占寺院，充功德院，伏乞朝廷详酌指挥施行。申闻事。"十月十六日奉圣旨，依礼部看详到事理施行。

右札付两浙西路安抚司干办公事岳承务。

隆兴二年十月十七日。押押押

礼部状："准都省批下承议郎、权发遣江南东路转运判官岳珂状：'照对先大父鄂王飞蒙恩赦葬临安府西湖上，绍兴三十二年十二月，蒙朝廷给赐显明寺充功德院。续因检校少保、安庆军节度使、同知大宗正事士錢等申请，系太傅、仪王仲湜安殯妨碍。准隆兴二年十月十七日尚书省札子，备奉圣旨，依礼部看详到事理，令本家别行指占。自后一向无力陈乞。今窥见北山下智果寺委是毗近，虽全无门堂、僧舍，止有地基、敞屋数间。今来本家愿自行创建，买田供赡，请僧焚修。谨缴连元准省札两道，真本连粘在前，欲望朝廷特赐敷奏给赐。仍乞照曾任执政体例，改赐肆字寺额，存殁均被大造。伏候指挥。’

后批送礼部勘当，申尚书省。检准大观三年三月十六日都省札子：‘内外指射有额寺院充坟寺、功德院，自今并行禁止。如违，在外御史台，在内令入内内侍省弹劾施行。合厘为祠部法，内弹劾一节，合厘为御史台、入内内侍省法。’本部照得，今准批下岳珂指占北山下智果寺充功德院，系指射有额寺院，正碍前项指挥。

今据本官缴到绍兴三十二年十二月十八日都省札子，乞踏逐到显明寺，亦是敕额寺院，系奉圣旨，特依所乞，是致施行了当。续准隆兴二年十月十七日都省札子：‘礼部状，准都省批送下检校少保、安庆军节度使、同知大宗正事士錢等札子，叙陈先父太傅、仪王仲湜安殯在临安府北山显明寺忏堂内。近有故少保岳飞孙甫获降指挥，充功德院，士錢等每遇时序，不得前去祭享。乞行下故少保岳飞府，别行指占寺院，充功德院事。后批送部看详，申尚书省。本部今看详，欲令岳甫别行指占寺院，充功德院，伏乞朝廷详酌指挥施行。申闻事。十月十六日奉圣旨，依礼部看详到事理施行。’

照得缴到省札内，有令岳甫别行指占寺院，充功德院。寻勒僧正司供具去后，据僧正司申到嗣秀王师禹乞长庆山兴化院充功德院体例，以长庆崇福院为额，亦是朝廷特降指挥放行。本部续据岳珂状，乞以褒忠衍福禅寺为额。缘有逐项指挥，今勘当上件事理，合取自朝廷指挥施行。谨连元状并省札二道，伏候指挥。”

照得江东运判岳珂缴到昨来省札内已降指挥，令别行指占寺院，充故少保岳飞功德院。今来岳珂申乞，已踏逐到临安府北山智果寺，兼照岳飞又系昨任少保、枢密副使，后追封鄂王。及礼部勘当，欲以褒忠衍福禅寺为额，须议指挥，仍连省札二道。

六月二十一日奉圣旨，智果寺特充故少保岳飞功德院，仍以褒忠衍福禅寺为额，令尚书省给敕。

右并元省札二道，札付江东运判岳承议。

嘉定十四年六月二十二日。

嘉定十有二年秋七月甲辰，珂自几廷掾[①]奉诏，将漕江左，既受节少府，使道，拜先垄下，遂乘驲以驰。瞻言松楸，託在畿甸，念妥灵之未有其地，踧踖弗忍去。而王事靡盬，未暇请也。越再岁，夏五月己丑，始援先兄吏部郎甫之已获之旨，丏以西湖下智果寺，奉茔侧之祠。越翼月甲戌，制可，仍赐四字额曰“褒忠衍福”。驿书下漕台，珂既拜章以谢。又四岁，始克以敕牒刻之石，归植寺门，以侈天贶。

珂不肖，窃伏惟念先忠武王以对越穹昊之盛心，际遇高庙，亦既揭之旂常，崇以庙貌，启大邦之履，谨金鐀之书，昭昭大忠，若揭而行。珂廿载叩阍之本心，百年未了之丕责，亦可以自慰矣。顾兹赐冢，所以象去病祁连之烈，动樗里长乐之思[②]，望尧云，依汉日，光灵舄奕，固已百倍往谍，睠怀蔼然，犹以一字之不可苟也。华衮示褒，不于其他，天心所存，万世如见，又与近者易名之诏，寔相表里。四朝旌历之仁，上圣遹追之孝，义舒耀灵，雷霆奋蛰，志信谊白，焜燿穹壤，其荣复如此。然则一门九殒之报，果将何以哉？惟忠孝，臣子之大节，尽是心，而不蕲乎人之知，臣之事也；昭是心，以信乎天下后世，上之明也；述是心，以及乎世世，以无忝其祖，子孙之责也。所谓报者，夫岂能有外乎！是敢表降旨，用期方来。宝庆元年夏五月甲申，孙朝奉大夫、司农少卿、总领浙西、江东财赋、淮东军马钱粮、专一报发御前军马文字、兼提领措置屯田岳珂谨书。

【注释】

①几廷掾：指枢密院属官。王曾瑜先生在《鄂国金佗稡编续编校注》第三版中添加注释如下。

《宝真斋法书赞》卷一六《范忠宣南都帖》："珂嘉定己卯岁，自右府掾持节江东。""右府掾"指枢密院属官。

《攻媿集》卷三七《吏部尚书余端礼同知枢密院事》："朝建几廷，实总事枢之要；任专军政，尤资副贰之贤。"

又同书卷一七《谢签书枢密院事表》："铨部为真，犹未经于满岁；机廷簉式，乃遽辱于颁恩。""几"与"机"通，"几廷"与"机廷"皆为枢密院之简称。

②樗里长乐之思：据《史记·樗里子传》记载樗里子，名疾，秦惠王之异母弟。樗里子滑稽多智，秦人号曰"智囊"。樗里子自择墓地，说"后百岁，是当有天子之宫夹我墓"。至汉兴，长乐宫在其东，未央宫在其西。

【译文】

故少保岳飞之孙岳甫状："现蒙朝廷哀悯，先祖（岳）飞以礼改葬。甫如今寻访到一所显明寺，在钱塘门外，了解到该寺并没有其他田产，只是律院，只是距离先祖坟茔很近，今欲请求用它作为甫家的功德院。伏望特赐将显明寺充本家功德院施行。伏候指挥。"十二月十八日，三省同奉圣旨，特允所乞。

右札付故岳少保本家。

绍兴三十二年十二月十八日。押

（中段译文略，内容与前《赐褒忠衍福禅寺额敕》大致相同）

嘉定十二年秋，七月甲辰日，珂自枢密院属官奉诏，要去江南东路做漕臣（译者按：即江南东路转运判官），接受任命后，催我赴任，于是就先到祖先坟茔前祭拜，再乘驿马赶路。顾念先祖之言、君王之托，又虑及亡灵还未有安息之地，我徘徊不忍离去。可王事繁忙、无有止息，没有闲暇处理这事。过了一年，夏五月己丑日，才援引先兄吏部郎（岳）甫已获之旨，请求将西湖下智果寺，奉为茔侧之祠。六月甲戌日，有圣旨允可，赐四字寺额“褒忠衍福”。驿站送来了文书，珂当即上奏章感谢。又过了四年，才能将诏书刻石，归植于寺门，以彰显上天的恩赐。

珂不肖，窃伏惟念先忠武王以颂扬苍穹之盛心，际遇于高宗皇帝，封为王侯、崇其祠庙，赐封大州之领土，谨录青史之记载，先祖父之忠，昭然若揭。珂廿载叩阙诉冤之本心，百年未了后人之责，亦得到了安慰。先祖父获圣上赐冢而归葬，其荣誉正如同霍去病之墓象形祁连山，樗里子之墓为长乐宫所夹，望尧云，依汉日，这样的宏大恩泽，固然已百倍于往昔的记载，而眷怀隆盛，认为青史之褒贬即使是一个字也不能随意。圣意隆重，不在其他，在于天心所存，万世如见，最近又发布了定谥之诏，实相表里。四朝旌励之仁，圣上遵继之孝，义舒太阳，雷霆奋蛰，志信谊白，光耀天地，其哀荣正是如此。然而一门九殒之报，究竟要如何呢？忠孝，是臣子的大节，恪尽此心，而不祈求他人知道，此乃人臣之事；昭示此心，取信于天下后世，这是圣上的明智；继承此心，代代相传，不辱先祖，此乃子孙的责任。所谓的“报”，岂能出乎以上所述的内容呢！所以斗胆上表感谢，用期方来。宝庆元年夏五月甲申，孙朝奉大夫、司农少卿、总领浙西、江东财赋、淮东军马钱粮、专一报发御前军马文字兼提领措置屯田岳珂谨书。

谢赐褒忠衍福寺额表

臣珂言："今月伍日准敕，先臣功德院特赐褒忠衍福禅寺为额者。听鼙兴将阃之思，未忘枫宸；封玺侈佛庐之赐，永镇松阡。辉暎湖山，泽流泉壤。臣珂（中谢[①]）惟圣朝之忠厚，备勋阀之哀荣。建刹奉茔，虽申严于甲令；因名考实，犹示宠于丁辰。重念先臣，幸陪兴运，自洗鸠浮之枉[②]，亟分佗佩之华。直樗里于宫西，尝纡天顾；辟桑祠于墓左，复下云章。褒先朝徇国之忠，衍奕世承家之福。宠灵至矣，存殁同之。

兹盖恭遇皇帝陛下命启维新，仁存念旧。会同四海，月咸赉于唐鱼[③]；驾驭群英，日又来于燕骏。发幽潜于前烈，昭风厉于后人。臣猥绍弓箕[④]，亲承纶綍[⑤]。魂如未泯，肯渝三生马革之心；孝尚可移，誓竭九死鸿毛之报。臣无任感天荷圣、激切屏营之至，谨奉表称谢以闻。臣珂惶惧惶惧，顿首顿首，谨言。"

【注释】

①中谢：古代臣子上谢表，例有"诚惶诚恐，顿首死罪"一类的套语，表示谦恭。后人编印文集往往从略，而旁注"中谢"二字。宋周密《齐东野语·中谢中贺》："今臣僚上表，所称诚惶诚恐及诚欢诚喜、顿首、稽首者，谓之中谢、中贺。自唐以来，其体如此。盖臣某以下，亦略叙数语，便入此句，然后敷陈其详。"

②鸠浮之枉：语出《南史·檀道济传》："可怜白浮鸠，枉杀檀江州。"比喻岳飞无罪而被杀之冤。

③唐鱼：唐代作为符信用的铜鱼符。

④弓箕：语本《礼记·学记》："良弓之子，必学为箕。"孔颖达疏："善为弓之家，使干角挠屈调和成其弓，故其子弟亦

觇其父兄世业，仍学取柳和软挠之成箕也。”后以“弓箕”比喻父子世代相传的事业。

⑤纶綍：《礼记·缁衣》：“王言如丝，其出如纶；王言如纶，其出如綍。”郑玄注：“言言出弥大也。”孔颖达疏：“‘王言如纶，其出如綍’者，亦言渐大，出如綍也。綍又大于纶。”后因称皇帝的诏令为“纶綍”。

【译文】

臣（岳）珂上书：“本月五日依准敕令，赐先祖父功德院寺额为褒忠衍福。圣上听战鼓之声而兴边帅之思，于是亲赐（先祖）佛寺，为他镇守墓阙，辉映湖山，泽流九泉。臣珂诚惶诚恐，顿首死罪。唯有圣朝之忠厚，成全勋门之哀荣。建寺奉茔，已严申法令；因名考实，示宠适逢其时。重念先祖父，有幸遇到昌隆的时运，可以一洗冤屈的罪名，自证应得的荣华。像樗里子一样植墓于皇宫之西，曾劳圣上顾念；辟祠庙于墓旁，又费谕旨宸章。褒扬先朝大臣的殉国之忠，延续其世世代代的承家之福。恩宠光耀如此，生者与逝者同享。

“兹恭遇皇帝陛下，命中注定要开启维新的时代，仁爱而念旧。会同四海盟友，授予他们符信；驾驭天下群英，日日迎来北方豪杰归附。发掘前朝归隐的人才，昭示劝勉后人。臣不才，继承祖业，亲承诏命。先祖魂如未泯，不渝三生效命之志；子孙之孝可移，誓竭九死鸿毛之报。臣不胜感天荷圣、激切惶恐之至，谨奉表称谢以闻。臣珂惶恐惶恐，顿首顿首，谨言。”

赐褒忠衍福寺额谢宰执启

珂启：“伏准敕牒，特赐先大父飞功德院，以褒忠衍福禅寺为额者。护栢祠之遗迹，固子孙追孝之情；摽兰若之嘉名，实君相念功之宠。捧云函而拜赐，瞻台极以知归。于惟中兴复古之朝，每笃无竞维人之烈[①]。考流风而怀将略，方亟兴拊髀之嗟[②]；崇报地以奉神棲，尤欲示因心之教。定比虽存于同列，疏荣盖出于明时。有如先茔，密介近甸。虽鄂国肇开于圭社，尝假宠于分茅；而阜陵已被之玺书，尚衔哀于宿草[③]。所谓百年之封鬣，迄无一瓦之盖头。人徒知下马之恭，僧岂识鸣鲸之供。诸孙零落，莫记春秋，一念经营，靡忘昕夕。僅知伛躬申控于忱悃，诚不自意遽拜于俞音。曾犴章为日之几何，忽出綍自天而来下。贲抉猊之翰墨，迅传驲之置邮。至于四字之题，荣甚九京之贶。宝章煜爚，褒忘身徇国之忠；金地[④]庄严，衍奕世承家之福。湖山为之改观，泉壤至于回春。既彰风云已往之遭逢，复厚霜露方来之悽怆。

兹盖恭遇某官，腹心宗社，掌握钧枢。陟禹迹[⑤]而张六师，诞启归疆之效；董周官而佐八柄[⑥]，益公驭幸之权。谓将思昔以劝今，要使循名而考实，岂但示封人锡类[⑦]之意，抑以表国士死雠之心。大耸观瞻，式存风厉。珂幸以应门[⑧]之贱，获伸扫域之恭。声光顿发于幽潜，肝胆不知其激烈。申许墓犯松之禁，矧尝沓被于覆存；图秦军结草之酬，所愿愈殚于糜殒。感深挥涕，言不逮心。谨具启事，专人捧诣钧墀，祇候塵谢，伏惟钧慈俯赐鉴念。谨启。”

【注释】

①无竞维人之烈：语出《诗·周颂·执竞》：“执竞武王，无竞维烈。”意为“征服了强大殷商的武王，没有人的武功比他更强”。

②兴拊髀之嗟：拊髀，以手拍大腿，表示激动、赞赏的心情。《汉书·冯唐传》：“上既闻廉、李牧为人，良説，乃拊髀曰：‘嗟乎！吾独不得廉颇、李牧为将，岂忧匈奴哉！’”

③宿草：指墓地上隔年的草，用为悼念亡人之辞。

④金地：佛教谓菩萨所居以黄金铺地，故称。

⑤禹迹：亦作“禹跡”。相传夏禹治水，足迹遍于九州，后因称中国的疆城为禹迹。语出《尚书·立政》：“其克詰尔戎兵，以陟禹之迹。”

⑥八柄：古代帝王统驭臣下的八种手段，即爵、禄、予、置、生、夺、废、诛。《周礼·天官·大宰》：“以八柄诏王驭群臣：一曰爵，以驭其贵；二曰禄，以驭其富；三曰予，以驭其幸；四曰置，以驭其行；五曰生，以驭其福；六曰夺，以驭其贫；七曰废，以驭其罪；八曰诛，以驭其过。”

⑦锡类：语出《诗·大雅·既醉》：“孝子不匮，永锡尔类。”谓以善施及众人。

⑧应门：当家主持门户。

【译文】

珂启：“恭敬地依准敕牒，特赐先祖父（岳）飞功德院，以褒忠衍福禅寺为寺额。（此举）可以佑护那柏树森森的祠堂，稳固子孙重祀尽孝之情；称扬如同兰若一般芬芳的美名，实现君相记念其功勋的褒奖。（臣）手捧圣旨拜谢所赐，瞻仰那最高处的祠宇，心灵于是有所归依。于此中兴复古之朝，更彰显无比强盛的武功。（君上）察考前代的风气、怀念那时用兵的方略，兴起拊髀念将之叹；崇其庙宇以奉其魂灵，欲展示亲善仁爱之教。宠遇虽与同列相同，殊荣盖出于贤明之时。比如先茔，就在都城近郊。虽然是当今圣上（译者按：即宋宁宗）赐封先祖父为鄂王，是为无上的荣宠；然而从孝宗皇帝起就继承了高宗（为先祖父平反）的旨意，如同墓冢上隔年青草一般满含哀悼。所谓百年之封，岂能没有一瓦之盖！人们徒知经过这里时要下马表示恭敬，僧人们却不知他们的供奉有鸣鲸之冤的含义。（先祖父的）子孙飘零四方，忘记了春秋两季的祭祀。如今发愿好好经营，决意朝夕都不忘记。但知躬身真诚地申告，突然间就收到了阁下的回音。奏章才呈上几天，诏书很快就下达。翰墨精妙，驿传迅疾。‘褒忠衍福’的四字之题，这样的哀荣乃是悼亡的极致。珍贵的书法光耀灿烂，褒奖先祖忘身殉国的忠心；佛寺庄严如西方乐土，延续代代相传的承家之福。湖山为之改观，泉壤至于回春。既表彰了先人风云已往的遗际，又勾起那霜露方来的凄怆。

“兹盖恭遇某官，身为社稷股肱之臣，掌握军国大计。巡察九州，扩张军队，大启归疆之效；监督百官，善用八柄，益扬天下之公。正所谓思往昔而劝今朝，要使因名而考实，不仅有封人施善之意，也有表彰国士死难之心。大大鼓励世人的瞻仰，用典礼来劝勉忠节。珂幸以应门之贱，获伸扫域之恭。此刻荣耀的声誉惊醒幽冥之魂灵，世人难知其真心会有多么激越。此前也曾申告禁止毁坏坟山，也曾多次得到关照；求取结草衔环之报，所愿愈加磨灭。如今是感动挥泪，言不逮心。谨具书启，令专人捧至贵所，聊表谢意，伏唯长官俯赐鉴念。谨启。”

禁止坟山凿石省札一

皇叔祖保康军节度使、知大宗正事[①]赵不懮等状：“伏睹嘉定十二年十一月十一日臣僚奏请，临安府北山剑门岭[②]履泰山系神京禁地，乞行禁止石宕打凿石段，奉圣旨依，见今遵守。今有侧近居住不畏公法人朱乙、朱四、朱五二、吴三、祝五二、陈四、陈七、丁五等，忽自去年以来，公然违戾上件指挥，多雇游手，凿石货卖，倍多于前，委是利害。重念不懮有先祖仪王仲湜，昨蒙敕葬显明寺，珂有先祖鄂王飞，昨蒙敕葬褒忠衍福寺，上件坟地与所凿石宕相去并是逼近。今来穿穴不已，子孙之心委为痛切。况其山正系行宫大内储祥发源形胜之地，又系成穆皇后、成恭皇后、慈懿皇后、庄文太子、景献太子攒宫[③]正按，具有法禁，兼有专降指挥分明，岂容不时穿凿，戕坏山脉。今录白臣寮元来奏请在前，伏候指挥，特赐札下临安府，追上朱乙等捌名，根究违犯圣旨指挥，从条施行。仍乞从本府出给板榜，付不儳等各家功德院钉挂约束。併下所属巡、尉，遵从元降指挥，将穿穴去处日下填塞，以后常切禁戢。实荷公朝存恤之恩，伏候指挥。”

又札子：“不儳等辄有忱悃，仰干朝听。窥见先祖仪王昨来蒙恩敕葬临安府显明寺，其主山地名剑门岭履泰山，与坟地禁步相去逼近。比来有不畏公法之人朱乙、朱四、朱五二、吴三、祝五二、陈四、陈七、丁五等，招集游手，公然凿石货卖，山骨几至断绝，戕坏风水，利害不细。不儳等证得嘉定十二年十一月十一日臣寮奏请，北山剑门岭履泰山系是神京禁地，有关国家风水，乞行禁止石宕打凿，奉圣旨依。旨挥之下，未及四、五年，岂应公然违戾。兼以上件山地，正系京城左臂，朝拱大内，又系攒宫按封，皆碍法禁。不儳等近因淮东总领岳珂以其祖鄂王飞敕葬坟茔在下，横被穿凿，已同衔具状申省，乞赐施行外。其先仪王坟墓同在一山，与鄂王事体一同，情理痛切，谨联名具公札申闻。欲望指挥，特赐行下所属，追上朱乙等捌名，根究违戾圣旨指挥，从条施行。仍给版榜，付显明寺钉挂止绝，并乞札下本家遵守。实荷公朝存恤之恩，伏候指挥。”

朝散郎、守军器监、总领浙西、江东财赋、淮东军马钱粮、专一报发御前军马文字、兼提领措置屯田岳珂札子：“珂辄有兢危之悃，上干朝听。珂窃见临安府剑门岭履泰山一带形势宏壮，秀气所钟，乃行都宫阙发源毓祥之区。昨来被游手无赖之徒贪图石利，穿凿山骨。致蒙嘉定十二年十一月十一日臣寮奏请，以为神京禁地，关系休咎，乞行禁止。奉圣旨依，官司方行禁戢。未及数年，近有不畏公法之人朱乙、朱四、朱五二、吴三、祝五二、陈四、陈七、丁五等，不顾上件指挥，依然聚集游手，百十为群，凿石货卖，渐为空洞，委是利害。珂先祖鄂王昨蒙异恩敕葬，正在其侧，日夜被其穿凿，逼近坟穴，震动不宁，子孙之心，痛切肝腑。况其山拱扈广内，正封攒宫，所系匪轻。似此打凿穿穴，岂惟明戾朝廷法禁，亦恐有关国家气脉。珂近因知宗、节使赵不慲以其祖仪王敕葬此山，被其戕害，事体一同，情均迫切，已同衔具状申省，乞检坐指挥，严行禁戢外，谨具公札申闻，欲望指挥，特赐札下所属，从条施行。仍从临安府给榜，付褒忠衍福寺钉挂止绝，併下巡、尉，遵已降指挥，将已穿凿去处日下填塞，以绝后患。实戴公朝推忠念往之恩，伏候指挥。”

除已札下临安府，从所陈事理，追人究治施行，仍各出给版榜钉挂，严切约束，毋容再有穿凿。及行下本地分巡、尉，常切禁戢关防，不得有违。仍具申尚书省外，右札付淮东总领、军器岳大监证会，准此。

嘉定十六年四月日。押押

【注释】

①知大宗正事：自宋太祖至仁宗朝，宗室繁衍，达数千人，宗正寺难以统管，建大宗正司以统掌皇族的教育、训谕、政令，纠察违失，并裁决宗室中的纠纷、词讼，法例有疑、难以处理者，即同上殿奏闻以取裁。皇族及其子弟，凡奏事，必经宗司而后闻，不得直接上殿。合教法与治法于一，使大宗正司成为统率皇族宗室之权威机构。知大宗正事为职事官名，领大宗正司事。诸如训导诸王子孙，纠其违失，及有关皇族宗室之政令，统掌之。（据《宋代官制辞典》，第291页。）

②剑门岭：《梦粱录》卷十一《岭》载：“栖霞岭，又名剑

门岭，亦名剑门关，在钱塘门外显明院之北，旧多栽桃花，开时烂然如霞，故名之。”岭下有岳鄂王墓。

③攒宫：帝、后暂殡之所。宋南渡后，帝、后茔冢均称“攒宫”。表示暂厝，准备收复中原后迁葬河南。

【译文】

皇叔祖保康军节度使、知大宗正事赵不愧等人的状子：“伏睹嘉定十二年十一月十一日臣僚奏请，临安府北山剑门岭屦泰山是京城禁地，请求禁止宕户（译者注：采石矿工人）打凿石段，奉圣旨允可，至今遵守。但近日有附近居住的不畏公法之人朱乙、朱四、朱五二、吴三、祝五二、陈四、陈七、丁五等人，自去年以来公然违背上述指挥，雇佣多名闲荡乡里的不务正业者，凿石货卖，倍多于前，委实关系利害。再思不愧有先祖仪王仲湜，以前蒙恩诏葬于显明寺，（岳）珂有先祖鄂王飞，前日蒙恩诏葬于褒忠衍福寺，这些坟地与凿石的地方距离很近。现在他们打凿穿穴不已，令子孙心痛至极。况且此山正是行宫大内储祥发源的形胜之地，又是成穆皇后、成恭皇后、慈懿皇后、庄文太子、景献太子攒宫所在，皆有禁令，兼有专降指挥明确规定，岂容不时穿凿，损坏山脉。今誊录臣僚原先的奏章在前，伏候指挥，特赐札下临安府，追捕上述朱乙等八名，彻底追究其违犯圣旨的行为，按照条法施行。仍请求从本府临安府出给告示，给付不愧等各家功德院张挂，约束（类似行为）。并下所属巡检、县尉，遵照原降指挥，将凿穿的地方立刻进行填塞，今后日日密切禁绝。感荷公朝存恤之恩，伏候指挥。”

又有札子说：“不愧等胸怀至诚，冒犯朝听。窃见先祖仪王蒙恩诏葬于临安府显明寺，其主山地名剑门岭屦泰山，与坟茔禁地相距甚近。近来有不畏公法之人朱乙、朱四、朱五二、吴三、祝五二、陈四、陈七、丁五等人，召集不务正业者，公然凿石货卖，导致山骨几至断绝，破坏风水，利害不小。不儳等查证到嘉定十二年十一月十一日有臣僚奏请，北山剑门岭履泰山是京城禁地，关乎国家风水，请求禁止宕户打凿石段，奉圣旨允可。诏敕颁下不到四五年，岂能如此公然违犯。而且，上述的山地正是京城左臂，拱卫大内，又是攒宫所在，都有法禁。不儳等近因淮东总领岳珂因其祖鄂王（岳）飞诏葬坟茔就在下方，也被穿凿，已一同具状申省，请赐施行。先祖仪王坟墓同在一山，与鄂王事体一同，理实情切，谨联名具公札申闻上达。望指挥特赐行下所属机构，追捕上述朱乙等八名，彻底追究其违犯圣旨指挥的行为，按照条法施行。仍给出告示，给付显明寺张挂，约束此等行为，并请札下本家遵守。感荷公朝存恤之恩，伏候指挥。”

朝散郎、守军器监、总领浙西、江东财赋、淮东军马钱粮、专一报发御前军马文字兼提领措置屯田岳珂札子：“珂忧惧真诚，上扰朝听。珂窃见临安府北山剑门岭履泰山一带形势宏壮，秀气所钟，乃行都宫阙发源储祥的区域。近日有不务正业的无赖之徒贪图石利，穿凿石骨。嘉定十二年十一月十一日有臣僚奏请，以京都禁地关乎社稷吉凶，请求下令禁止这类行为，奉圣旨允可，官司机构方行禁绝。不过数年，最近又有不畏公法之人朱乙、朱四、朱五二、吴三、祝五二、陈四、陈七、丁五等人，无视上述指挥，依然聚集不务正业者，百十为群，凿石货卖，导致山骨渐渐成为空洞，委实关系利害。珂之先祖鄂王前蒙异恩敕葬在那附近，日夜被其穿凿，逼近坟穴，震动不宁，子孙之心，痛彻肺腑。况且，此山拱卫大内，正对攒宫，所系非轻。如这般打凿穿穴，岂止是公然违犯朝廷法禁，亦恐有损于国家气脉。珂近因知宗（译者按：知宗是对知大宗正事的简称）、节度使赵不儳以其祖仪王敕葬于此山，被其扰害，事体相同，情感都是同样的迫切，已一同具状申省，请查考相关指挥，严行禁绝，谨具公札申闻上达。望指挥特赐札下所属（机构），依法施行。仍从临安府给出告示，给付褒忠衍福寺张挂约束，并下巡检、县尉，遵照已降指挥，将已穿凿的地方立即填塞复原，以绝后患。实蒙公朝推忠念往之恩，伏候指挥。”

除已札下临安府，遵循所陈述事理，追查究治施行，仍各出告示张挂，严加约束，不准再有穿凿类事。及行下本地巡检、县尉，要求日常密切防范，不得有违。仍具申尚书省外，今以此札付授淮东总领、军器岳大监证会，请照此办理。

嘉定十六年四月日。押押

禁止坟山凿石省札二

皇叔祖、保康军节度使、知大宗正事赵不㦎等申："右不㦎等近为不畏公法人朱乙等违戾圣旨指挥，仍前于神京履泰山禁地，打凿石段，戕坏形势风水，兼于各家祖茔逼近，遂沥血诚，控告朝廷。已蒙矜怜，札下临安，追人断治，给榜禁约，不㦎等各家存没感戴隆私。惟是其间杨百九正是宕户，租与逐人打凿，未曾到官断罪，他日必复为害。况上件禁山既被逐人凿成石穴，逼近彰露，今有已取石片、石屑堆积在彼，合监朱乙等人日下就行填塞，出给赏版榜，于凿石坑窟两处钉挂，庶得杜绝。实拜生成存恤之恩，谨具状披投。伏乞指挥，特赐行下所属，追上宕户杨百九断治，併监同朱乙等日下将堆积石屑、石片填塞，出给赏版榜，于凿石两处钉挂施行。伏候指挥。"

除已札下临安府，遵从已札下事理及今来所申，追上杨百九根究，重行断遣，併给榜禁约，仍委官监勒杨百九、朱乙等日下填塞，不得迁延违滞。先具知禀文状□尚书省外，右札付淮东总领、军器岳大监证会，准此。

嘉定十六年五月十三日。押　参政致斋

国家中兴，驻跸吴会，介涛江之雄，横越岭之秀，是钟王气，以隆上都。有崇南山，龙骞凤翔，旗盖效珍，肇植天阙，西汇灵沼[①]，北分巘岫，脉联络附，相为后先。百年于兹，鼎祚尊谧，非特眷维与宅，申集大命，而作邦作对，松伯柞棫，必有得于帝[②]。省其山之始，天人之理，相为因成，此培养封扈，所以不废于官守，良以此也。

承平岁久，万井日滋，有司弛玩，以怠于防。遡剑门而上，奸民穴石，以给甃筑，惟利是视。自昕而稷，工徒系踵，剞劂之声相闻。嘉定己卯岁十有一月，廷臣建言，请厉其禁。上心怒焉，深诏执事，命毋复伐凿窾窦，以全清淑之气，以固庙社之托，有不如诏者，以律令从事。

民狃吏婾，实繁有之，不三年而弊复如故，日以加甚。珂适以使事，驰驱原隰，缅惟松槚妥灵之域，近接旁阜岩谷之震动，攻治之密迩，子孙顾瞻之心，实不能一息安。爰有宗藩，赐陇其左，园祠之奉，厥存彝制，乃相率合辞，以状上尚书。公朝恻然矜之，谓瑶谍[③]之元臣，金鐀[④]之旧勋，展亲[⑤]劝忠，皆有国之先务，矧岗峦映带，实应宅纬，其可以不儆。乃下京兆，捕违诏者，系讯如章，既伏厥辜。复申条科禁之旨，授之宪曹，颁之赤县[⑥]，登之堂札[⑦]，以副于二臣之家。恩波渗漉，下逮泉壤，法令明备，上垂日星，捧读涕零，莫知云称。夫以匹夫而动庙堂之听，一言而系君亲之责，是岂曰区区之私而已。夏懋厥德[⑧]，山川鬼神，罔或不宁。周典建官[⑨]，林麓禁令，亦各有掌。若稽攸行，维见可观也。继自今其比于衡虞，时厥撝呵，祇奉明诏，更万亿载，毋弃毋忽，以永汉室郁葱之符，以幸光依景从之士，以广惟帝念功之训。其自时中乂[⑩]，用丕若于夏、周历年，要必自兹刻，始敢附古谊，著于下方。

宝庆元年夏五月甲申，孙朝奉大夫、司农少卿、总领浙西、江东财赋、淮东军马钱粮、专一报发御前军马文字、兼提领措置屯田岳珂谨书。

【注释】

①灵沼：《诗·大雅·灵台》："王在灵沼，于牣鱼跃。"毛传："灵沼，言灵道行于沼也。"后喻指帝王的恩泽所及之处。

②作邦作对，松伯柞棫，必有得于帝：此为用典。《诗经·大雅·皇矣》："帝省其山，柞棫斯拔，松柏斯兑。帝作邦作对，自大伯王季。"意为：天帝仔细地考察了岐山，柞树棫树已被拔掉去根，松柏林中的道路畅通无禁。天帝为我岐周建国立君，大业始起于太伯王季之身。

③瑶谍：指玉牒，是记载帝王谱系、历数及政令因革之书。

④金鐀："鐀"古同"柜"。又作"金匮"，铜制的柜。古时用以收藏文献或文物。

⑤展亲：谓重视亲族的情分。《书·旅獒》："分宝王于伯叔之国，时庸展亲。"孔颖达疏："言用宝以表诚心，使彼知王亲爱之也。"

⑥赤县：唐、宋、元各代称京都所治的县。

⑦堂札：犹堂帖。宋沈括《梦溪笔谈·故事一》："曾见唐人堂帖，宰相签押，格如今之堂札子也。"后亦以泛称下行公文。

⑧夏懋厥德句：出自《尚书·伊训》："古有夏先后，方懋厥德，罔有天灾。山川鬼神亦莫不宁，暨鸟兽鱼鳖咸若。"

⑨周典建官句：指《周礼·地官·林衡》："林衡掌巡林麓之禁令，而平其守，以时计林麓而赏罚之。"

⑩中乂：居中央而治理天下。

【译文】

皇叔祖、保康军节度使、知大宗正事赵不flex等申："不flex等近来为有不畏公法之人朱乙等违背圣旨指挥，于京城履泰山禁地打凿石段，破坏形势风水，又是在各家祖茔附近，所以（臣）竭尽诚心，申诉于朝廷。已蒙矜怜，札下临安，追捕处置有关人员，张榜禁止约束类似行为，不flex等各家老小感戴隆恩。只是其中还有一名叫杨百九的宕户，租给别人打凿，未曾到案断罪，他日必定再次为害。况且上述禁山已被诸人凿出了石窟，几至暴露，现有已取出的石片、石屑堆积在那，应着已被监管的朱乙等人立刻前去填塞，（临安府）出给告示，于凿石坑窟两处张挂，可望杜绝再次发生此类事件。实拜朝廷再生存恤之恩，谨具状投书。伏乞指挥，特赐行文下达所属机构，追捕到宕户杨百九判决处置，并与朱乙等一同监管，尽快将堆积的石屑、石片填塞回去，给出告示，于凿石两处张挂施行。伏候指挥。"

除已札下临安府，遵从已札下事理及今次所申事宜，追捕杨百九根究判决，并给出告示禁约外，仍委托官员监管杨百九、朱乙等尽快填塞石窟，不得迁延违反。先撰写知会禀告的文状给尚书省外，又札付淮东总领、军器岳大监证会，请照此办理。

嘉定十六年五月十三日。押　参政致斋

国家中兴，暂驻东南，连江涛之雄，横越岭之秀，王气所钟，尊崇上都（译者按：指北宋首都开封）。南有崇山，龙飞凤翔，旌旗漫天，植于宫阙。西汇灵沼，北分崖岫，脉络相连，相为先后。建行都于此（将近）百年，国运尊崇安宁。不仅让此地兴起家宅，赋予天命，而我朝建国立君，清除都城四围的障碍，也必得自天帝的眷顾。从天帝观察岐山的时候开始，天人之间的道理就是互为因果，相辅相成。也正是这样培养了君君臣臣的关系，不废官吏们的职责，可谓良哉。

承平日久，百姓万户的数量岁岁增多。有司松懈玩忽，有怠关防。溯剑门而上，奸民凿石拿去烧砖，唯利是图。从朝至晚，工徒接踵，凿挖之声不绝于耳。嘉定己卯年十一月，朝臣建言，请求加强禁令。圣上动怒，严厉地诏告相关的官员，命不得再有伐凿之事，以保全清和之气，巩固社稷的依托，有不遵守诏令者，以律令处置。

民因袭，吏偷闲，这样的情况不在少数，不到三年弊端恢复如故，日甚一日。珂那时正有公务在身，驱驰于各地，一面惦记那植着松槚的墓地，连接着旁边山崖谷地的震动，且禁中就在迫近。子孙瞻顾之心，实在是一刻不能安定。另有宗室，（诏旨）赐葬于我家祖茔的东面，（其后人）依照常制，日夜奉祀，于是乃与他们一道申诉，上申状于尚书省。朝廷恻然矜怜，认为关乎宗室之重臣，国家之旧勋，鼓励重视亲情、效忠国家都是治理国家首要的事务。况且岗峦映带，风水呼应，怎可不加以警醒。于是下令给临安府，追捕违犯诏令者。命令分明，犯者伏罪。又申明禁令之旨，下达给监察机关和临安府各县，记录在宰相签押的下行公文之上，并同时交付二臣之本家。帝王恩泽，下及黄泉，法令明备，上垂日星，臣下捧读涕零，无以言表。这样因平民（译者按：此处为岳珂自谦）的一句话而惊动朝堂的视听，牵动君王的责成，岂是仅仅为了一家之私而已。古来夏朝的先王，励精图治弘扬大德，（因此无有天灾）。就连山川鬼神，也都无不安宁。《周礼》中规定了专门的官员（林衡），守护山林，各有执掌。若稽考大家的行为规范，社会就会变得更美好。自今开始效仿上古守林之官，时时卫护，祗奉明诏，就算历万亿载，绝不放弃或疏忽，以长久地保护国朝兴盛之瑞，以幸蒙恩葬斯之士，以传播帝王顾念功臣之训。是时居中治理天下，像夏、周那样维持长久的基业。大体就是自己写的这样，才敢依附古代典籍的义理，著于省札的下方。

宝庆元年夏五月甲申，孙朝奉大夫、司农少卿、总领浙西、江东财赋、淮东军马钱粮、专一报发御前军马文字兼提领措置屯田岳珂谨书。

禁止坟山凿石谢宰执启

珂启："今月初七日，恭准省札，以珂同知宗赵不儳申乞禁戢西湖履泰山剑门岭先祖鄂王飞赐茔后石宕，特蒙颁降省札，下临安府，从所申事理施行，仍付珂证会者。援奏章而僭请，方祈申禁于湖山；赐化笔以亟行，已遂妥灵于泉壤。邦家流祉，存殁衔恩，恪修百拜之恭，只控一忱之谢。

窃以表峻山而联汉苑，五丞颛圃尉之司；葬毕墓而启周原，六典设冢人之跸。于以图皇基于亿载，抑将示上睠于诸臣。维此西湖，屹然北岭，实据剑门之胜，倍增鼎邑[①]之雄。地辟天开，山明水秀。左环双阙，蜿蜒蟠伏之苍龙；前拱三陵，翔舞来仪之丹凤。顾形势所关之甚重，宜科条厉守之匪轻。何奸人竞穴于云根，致地脉浸戕于风水。虽廷绅之建白，炳宸綍以如丹。然攫金者不见市人，争欲徇贪夫之利；在望气者知有天子，肯思壮帝者之居。幸玉鱼[②]蒙宠于宗藩，而石马近邻于先垅。岁月久迁于宿草，子孙未替于扫松。夹长乐之宫[③]，左右章台[④]之可识；像祁连之战[⑤]，东西并冢之犹存。念夙托于体遗，况实形于躬睹，苟伈伣坐观其劚凿，将侵寻立见于崩隤。谊兼切君亲之间，理或动朝廷之听，共伸哀吁，祈沐轸怜。仰扣阶符，呵谴正虞于鈇钺；俯颁堂帖，主张大振于维纲。逌司尽逮于群凶，蔽罪聿伸于三尺[⑥]。既示明刑于十目观瞻之所，且还旧观于众手朘剥之余。重廑东閤之尊，再示南山之判[⑦]，尚穷残党，庸戒后来。诒郇公五体[⑧]之书，特纾心画；垂季布百金之诺[⑨]，更赐指麾。靖惟委折之多，悉自施生之造。三熏登受，十袭宝藏。深谷为陵，将永壮黄图之业；漏泉有泽，又能安绛水之阡[⑩]。

兹盖恭遇某官，功盛磨崖，德参炼石。华夏蛮貊，皆率俾复，开天命之膺；山川鬼神，莫不宁益，厚日畿之本。克底奠枕于京之效，犹兴听鼙思将之怀。故真情纔沥于危衷，而大惠遽覃于枯骨。珂身縻筑甬，责在膺门。追惟赐刹之蒸尝，已拜化钧之块圠。迄追再三之渎，皆繇终始之仁。瞻维尹之岩，何止绵余休于百世；结踬回之草，当知殚图报于九原。颊舌靡滕，腑肝是镂。谨具启事，专人捧诣钧墀，祇候尘谢，伏惟钧慈俯赐鉴念。谨启。”

【注释】

①鼎邑：《左传·桓公二年》：“武王克商，迁九鼎于洛邑。”后遂以“鼎邑”指洛阳。此处岳珂以此指南宋行都临安（今杭州）。

②玉鱼：传说吴楚七国反叛时，楚王戊太子适朝京师，未从坐，死于长安，天子敛以玉鱼一双。见唐韦述《两京新记》，后因以“玉鱼”指殉葬品。

③夹长乐之宫：据《史记·樗里子传》记载樗里子，名疾，秦惠王之异母弟。樗里子滑稽多智，秦人号曰“智囊”。樗里子自择墓地，说“后百岁，是当有天子之宫夹我墓”。至汉兴，长乐宫在其东，未央宫在其西。

④章台：汉长安街名。

⑤像祁连之战：霍去病于元狩六年（公元前117）病逝，汉武帝为纪念他的战功，在茂陵东北为其修建大型墓冢，状如祁连山。

⑥三尺：指法律。古时把法律条文写在三尺长的竹筒上，故称法律为“三尺法”，简称“三尺”。

⑦南山之判：语出《旧唐书·李元纮传》：“南山可移，

判不可摇也。”意为终南山可以移动，但已定下的案子绝不能更改。

⑧郇公五体：唐韦陟，袭郇国公，于书札上签书“陟”字若五朵云，时人号为“五云体”。

⑨季布百金之诺：季布：人名，很讲信用，从不食言。季布的承诺比喻极有信用，不食言。西汉·司马迁《史记·季布栾列传》：“曹丘至，即揖季布曰：‘楚人谚曰：“得黄金百，不如得季布一诺。足下何以得此声于梁楚之间哉？”

⑩绛水之阡：语出杜甫《敌武卫将军挽词》之三：“哀挽青门去，新阡绛水遥”。阡，通往坟墓的小道。

【译文】

珂启：“本月初七日，恭承省札，因珂与知宗正事赵不儳一同申告请求严禁在西湖履泰山剑门岭，先祖鄂王（岳）飞赐茔处打凿石料，特蒙颁降省札，下临安府，依从所申事理施行，并付珂本人知会。臣上奏章冒昧乞请，要求在湖山禁绝此类事情，朝廷赐文书督促迅速施行，让亡魂得到安息。国家流布福泽，生者与死者都感激在心。珂在此谨修百拜之恭，倾陈一忱之谢。

“正如汉室为了保护上林苑内的高山，贤臣们特意设立了圃尉一职；周室为了管理周原上的墓葬，在治国的六典中设立了冢人的官职。力图维护亿万载皇基稳固，也显扬圣上对诸臣的眷顾。西湖之北，北岭屹然而立，实为剑门岭之胜状，倍增行都之雄魂。地辟天开，山清水秀。左面环绕对开的宫门，状如蜿蜒蟠伏的苍龙；向前拱卫着三陵，宛若飞舞来仪的丹凤。其地理形势关系重大，正宜加重对法令条文的遵守。奈何竟有奸人竞相挖掘深山云起之处的石头，破坏那里的地脉风水。虽有臣僚建言，朝廷禁令，而攫金者仍然争相逐利；能望气的人知道此山关系天子的命运，应该加强对帝王居处的保护；而此山亦存有宗室及我先祖的坟茔。经年累月，墓上青草绿了又绿；子孙繁衍，从未废弃祭扫先茔。（先祖之茔）被夹在皇家陵寝之间，左右可见行都的通衢；如同霍去病之墓一般，东西并冢犹存。子孙的思念原本就寄托于先人的遗体，更何况目睹了这样的情况（会是何等惊恐的心情）。倘若只是惊恐地看着，什么都不做，坐任其穿凿挖掘，渐渐地就会发展到山体崩溃。于情，此事关系君恩的施布；于理，或可以撼动朝廷的视听。于是（同宗室）一道共伸哀吁，祈请获得朝廷的同情。微臣仰扣玉阶，请求惩罚管理山泽之官；宰执俯颁堂帖，主张大振纲纪法度。有司尽逮群凶，依照法律判罪。在众目之下昭示刑罚，经过盘剥搜括的山体恢复了昔日的旧观。这再次昭示了宰执的威严，以及南山可移、判不可摇的坚定。若还有残党脱漏，何以告诫后人。您赠予了亲笔签名的书札，抒发了心声；给予千金之承诺，更赐下了行动的指挥。其间虽然曲折颇多，今日的结果全出自您的施生之造。在下唯有以十分的虔敬，领受您的恩德，如同将层层包裹的宝藏（珍藏于心）。深谷为陵墓，将永壮京畿之伟业；黄泉有恩泽，能安死者往生之道。

"兹盖恭遇某官，功勋可磨刻于山壁，德行永固如炼石。承担天子赋予的重任，华夏蛮夷无不顺从。稳固京畿之根本，山川鬼神莫不安宁。克底安枕于京城郊外，犹兴听鼙思将之怀。故真情出自端正的内心，大恩延及地下的灵魂。珂徘徊于甬道之上，内心充满感激。追忆朝廷赐庙祭祀的恩典，拜服于造化力量的无穷。珂虽再三冒渎都未被责难，对臣保全了善始善终的仁慈。瞻望那山石，何止绵延荫庇于百世；结草以报恩，泉下之人也知到尽力图报。言语已不能表达（我的感恩之心），唯有深深铭刻于内心。谨具此函，令专人捧至贵所，祗候尘谢，伏唯阁下俯赐鉴念。"

卷第十六

天定别录卷之四（后录）

赐谥忠武省札

勘会故追复少保、武胜、定国军节度使、赠太师、追封鄂王岳飞昨降指挥，定谥武穆。二月三日，三省同奉圣旨，特与赐谥忠武。

右札付故追复少保、武胜、定国军节度使、赠太师、追封岳鄂王本家。

宝庆元年二月　日。押押

【译文】

经审议，已故追复少保，武胜、定国军节度使，赠太师，追封鄂王岳飞，之前曾降指挥，定谥号为武穆。二月三日，三省同奉圣旨，特与赐谥号忠武。

右札付已故追复少保、武胜、定国军节度使、赠太师、追封岳鄂王的本家。

宝庆元年二月　日。押押

赐谥告词（中书舍人王塈行）

敕："主耳忘身，兹谓人臣之大节；谥以表行，必稽天下之公言。申锡赞书，追告幽穸。故太师、追封鄂王、谥武穆岳飞威名震于夷狄，智略根乎《诗》《书》。结发从戎，前无坚敌，枕戈励志，誓清中原，谓恢复之义为必伸，谓忠愤之气为难遏。上心密契，诏札具存。夫何权臣，力主和议，未究凌烟[①]之伟续，先罹偃月[②]之阴谋。李将军口不出辞[③]，闻者流涕；蔺相如身虽已死，凛然犹生。宜高皇眷念之不忘，肆孝庙矜哀之备至，还故官而礼葬，颁祠额以旌褒。逮于先帝之时，襚以真王之爵。既辨诬于累圣，可无憾于九京。然而易名[④]之典虽行，议礼之言未一，始为忠愍之号，旋更武穆之称。朕获睹中兴之旧章，灼知皇祖之本意。爰取危身奉上之实，仍采克定祸乱之文，合此两言，节其壹惠。昔孔明之志兴汉室，若子仪之光复唐都，虽计效以或殊，在秉心而弗异。垂之典册，何嫌今古之同符；赖及子孙，将与山河而并久。英灵如在，茂渥其承。可依前故太师、追封鄂王，特与赐谥忠武。”奉敕如右，牒到奉行。

宝庆元年五月二日。

【注释】

①凌烟：凌烟阁的省称。宋叶适《晋元帝庙记》：“汉陋矣，其殊勋盛烈，亦纪官爵，图形貌，有麒麟、云台、凌烟之目，夸其得意。”这里指代岳飞的功勋。

②偃月：指唐李林甫的偃月堂。宋叶绍翁《四朝闻见录·岳侯追封》：“虽怀子仪贯日之忠，曾无其福；卒堕林甫偃月之计，孰拯其冤！”这里用来指代权臣秦桧。

③李将军口不出辞：出自《史记·李将军列传》：“余睹李将军悛悛如鄙人，口不能道辞。及死之日，天下知与不知，皆为尽哀。彼其忠实心诚信于士大夫也？谚曰：‘桃李不言，下自成蹊。’此言虽小，可以谕大也。”

④易名：指古时帝王、公卿、大夫死后朝廷为之立谥号。

【译文】

敕："（你）一心为主奋不顾身，堪称人臣之大节；谥号用来评价一个人的作为，必定要稽考天下之公论。为此特赐诏书，追告于（你的）墓前。故太师、追封鄂王、谥武穆岳飞，威望和名声震撼夷狄，才智谋略来源于《诗》《书》。束发成年便投身军旅，扫除坚敌。枕戈励志，立誓清除中原的夷狄，必伸恢复之志，难遏忠愤之气。高宗皇帝同心契合，诏札具存。奈何权臣力主和议，还未及究考你的殊勋伟绩，却先堕入权臣的阴谋诡计。李广将军不善言辞，身死之日，天下人都为他十分哀痛。蔺相如身虽已死，其凛然之气，犹如生时。恰高宗皇帝眷念不忘，孝宗皇帝哀悯备至，对你追复元官，以礼敕葬，并颁布祠额'忠烈'以示旌褒。至先帝（宁宗）时，又封为鄂王。既已获累朝皇帝辨明清白，你可以无憾于九泉。然而立谥之典虽已实行，议礼之言却还未统一，一开始谥为忠愍，很快又改谥武穆。朕获睹中兴时代的旧章，明白皇祖之本意。于是取'危身奉上'之实（译者按：按谥法，危身奉上曰忠），沿用'克定祸乱'之文（译者按：按谥法，克定祸乱曰武），将此两言，合二为一。昔日诸葛亮志兴汉室，郭子仪光复唐的首都，虽然结果上有些差距，但秉心却没有不同（译者按：诸葛亮、郭子仪都谥为忠武）。传于典册，何嫌今古使用相同的称号；沿及子孙，将如山川河流一般恒久。英灵如在，恩泽有承。可依前仍为太师、追封鄂王，特与赐谥忠武。"奉敕如上，牒到请实行。

宝庆元年五月二日。

赐谥吏部牒

行在尚书吏部：

今月十二日辰时，承宝庆元年五月二日敕中书、门下省。

吏部状："承宝庆元年二月三日尚书省札子，故追复少保、武胜、定国军节度使、赠太师、追封鄂王岳飞昨准指挥，定谥武穆。三省同奉圣旨，特与赐谥忠武。本部契勘本官系特与赐谥忠武，合行具申朝廷，命词给告，伏候指挥。"

奉敕："主耳忘身，兹谓人臣之大节；谥以表行，必稽天下之公言。申锡赞书，追告幽穸。故太师、追封鄂王、谥武穆岳飞威名震于夷狄，智略根乎《诗》《书》。结发从戎，前无坚敌，枕戈励志，誓清中原，谓恢复之义为必伸，谓忠愤之气为难遏。上心密契，诏札具存。夫何权臣，力主和议，未究凌烟之伟续，先罹偃月之阴谋。李将军口不出辞，闻者流涕；蔺相如身虽已死，凛然犹生。宜高皇眷念之不忘，肆孝庙矜哀之备至，还故官而礼葬，颁祠额以旌褒。逮于先帝之时，襚以真王之爵。既辨诬于累圣，可无憾于九京。然而易名之典虽行，议礼之言未一，始为忠愍之号，旋更武穆之称。朕获睹中兴之旧章，灼知皇祖之本意。爰取危身奉上之实，仍采克定祸乱之文，合此两言，节其壹惠。昔孔明之志兴汉室，若子仪之光复唐都，虽计效以或殊，在秉心而弗异。垂之典册，何嫌今古之同符；赖及子孙，将与山河而并久。英灵如在，茂渥其承。可依前故太师、追封鄂王，特与赐谥忠武。"奉敕如右，牒到奉行。前批五月空日空时，付吏部施行，仍关合属去处，须至[①]公文牒请证会，谨牒。

宝庆元年五月　日牒。

朝奉郎、守将作少监、兼权国子司业、兼庄文府教授、兼权考功郎中周

太中大夫、试尚书、兼给事中盛

【注释】

①须至：旧时公文及执照结句习惯用语。宋朱熹《减木炭钱

晓谕》："窃恐乡村人户未能通知，须至散榜晓示者。"

【译文】

行在尚书省吏部：

本月十二日辰时，承宝庆元年五月二日敕中书、门下省。吏部状："承宝庆元年二月三日尚书省札子，已故追复少保，武胜、定国军节度使，赠太师，追封鄂王岳飞，据以前指挥，定谥为武穆。三省同奉圣旨，特与赐谥忠武。本部按查，这位官员系特与赐谥为忠武的，应该具申朝廷，制定诰词，给予官告，伏候指挥。"

奉敕："（你）一心为主奋不顾身，堪称人臣之大节；谥号用来评价一个人的作为，必定要稽考天下之公论。为此特赐诏书，追告于（你的）墓前。故太师、追封鄂王、谥武穆岳飞，威望和名声震撼夷狄，才智谋略来源于《诗》《书》。束发成年便投身军旅，扫除坚敌，枕戈励志，立誓清除中原的夷狄，必伸恢复之志，难遏忠愤之气。高宗皇帝同心契合，诏札具存。奈何权臣力主和议，还未及究考你的殊勋伟绩，却先堕入权臣的阴谋诡计。李广将军不善言辞，身死之日，天下人都为他十分哀痛。蔺相如身虽已死，凛然之气，犹如生时。恰高宗皇帝眷念不忘，孝宗皇帝哀悯备至，对你追复元官，以礼敕葬，并颁布祠额'忠烈'以示旌褒。至先帝（宁宗）时，又封为鄂王。既已获累朝皇帝辨明清白，可以无憾于九泉。然而立谥之典虽已实行，议礼之言却还未统一，一开始谥为忠愍，很快又改谥武穆。朕获睹中兴时代的旧章，明白皇祖之本意。于是取'危身奉上'之实（译者按：按谥法，危身奉上曰忠），沿用'克定祸乱'之文（译者按：按谥法，克定祸乱曰武），将此两言，合二为一。昔日诸葛亮志兴汉室，郭子仪光复唐的首都，虽然结果上有些差距，但秉心却没有不同（译者按：诸葛亮、郭子仪都谥为忠武）。传于典册，何嫌今古使用相同的称号；沿及子孙，将如山川河流一般恒久。英灵如在，恩泽有承。可依前仍为太师、追封鄂王，特与赐谥忠武。”奉敕如上，牒到时请实行。先前所批五月日时，付吏部施行，仍关相关部门，公文牒请证会，谨牒。

宝庆元年五月　日牒。

朝奉郎、守将作少监、兼权国子司业、兼庄文府教授、兼权考功郎中周

太中大夫、试尚书、兼给事中盛

碑阴记

皇上系隆尧绪，厉精初元[①]，乃宝庆登号之春二月甲午，大明[②]御朝，咨于迩臣，玉音[③]若曰：“朕承中兴大统，既新历数之纪，显忠遂良，允谓先务。惟高皇帝迓续景命[④]，一、二忠勋，协恭缔创，上下交饬，济登于兹。若时枢臣飞以誓清中原之心，怀恢复必伸之义，人臣大节，著于忘身。易名之典，有国旧章，而定谥武穆，未足以宣皇祖之本意，其赐谥忠武。”于是岩廊[⑤]都俞[⑥]，省掖[⑦]宣受，薄海穷发，风驰驿行，震于华戎，闻者兴起。

越三月壬戌，纶书告于第，金泥锦囊，具写德音。珂既归，赐先庙，载瑑乐石。复念隆指盛心，不可不昭述，以示来世。爰罄蠡测，附于碑阴。

尝观古先哲王之所以为治，胥及逸勤，选劳彰善，未始不知其臣也，而知其心为难，知其心非难也，而知天下之心为尤难。有夏大竞，迪惟忱恂，文王克明，乃灼三俊[⑧]。人臣之事君，协济草昧，翊宣谋谟，经营四方，戡定多难。其赫然功烈之盛，天下所共知者，要皆其迹之粗耳。公论定于无我，秋毫著于舆薪，趋乡决于两歧，毫厘谬以千里。心之所存，盖非有

圣知，不足以尽知也。是故方寸至微也，达之而洞金石，抗之而决虹蜺。行以必遂，则山岳为之徙移；守以不慑，则鬼神为之辟易，是庸可致也。质之一时而不惑，建诸万古而不悖，天定于人欲交纷之异，义明于群心固有之同，是岂人力所可致哉！其所以致之，亦必有道也。故曰“知其心难”。信于已可也，而必信于人；获乎上可也，而必获乎下。九重知之，天下同之，曰是其心足以当之。举直错枉，是天下与之也，故曰“知天下之心为尤难”。

汉、唐而降，有得此于其君者矣，曰葛，曰郭。其得之者何也，亦惟曰“正”而已。正者何也？天地有缺裂，而君父大雠不可忘也；陵谷有变迁，而夷夏大分不可堕也；云雾有冥晦，风霆有薄怒；而大义正论不可一日不明也。鞠躬尽力，死而后已者，此心也；忠贯日月，神明扶持者，亦此心也。举斯心也，而加诸彼夏、周，圣人所以知其臣者，固不越乎是矣。窃观制词之及二臣也，是将曰垂之简策，而同符乎古今也，信乎！考行而必稽之公言也。而其著浑噩之训，垂坦明之旨，则不曰计效，而必曰秉心也。珂尝考之史矣，温峤在晋，暴忠本朝，王琳存梁，义动军旅，李唐而下，尉迟敬德之效谋武德，李晟、浑瑊之策勋贞元，皆非无可称也。节惠之隆，尊名之美，又皆可闻也。而圣心渊澄，睿谟浚发，比德挈谊，曾弗是媲，顾独拳拳于二臣者，殆必有谓也。勒钟鼎，纪竹帛者，迹也；合大义，根至诚者，心也。尽体臣之义，以章克类之德，其亦知夫所取者在此，而不在乎彼也。呜呼！先王之心，二臣之心也，而上圣知之；上圣之心，皇祖之心也，而天下知之。知臣之心，以及乎天下，天下亦得以大哉之言，而咸知圣心焉，岂不视古为尤难哉！

昔康王之朝于应门也，寔在于践祚之元，布乘黄朱，侯甸男卫[9]，咸造于廷，它未皇讲，而太保芮伯首以张皇六师，无坏高祖寡命，进言于访落[10]。暨乎报诰修辞，推文、武之昭明，齐信以示天下。又惟以熊罴之士，不二心之臣，保乂王家，为端命上帝[11]之地。夫曰忠曰武，本人臣之职，而居上者岂必以是为得天之权舆哉。抑不思右序有周者，盖先于薄言震叠之功，而三千同心，固牧野之所以俟休命也。惟先王以赤心炳如，上对前烈，既信乎三灵，以格于上圣，以媲于二臣。其时其事，迺适在奉圭兼币之始，追褒百年，简在一意。一旦遂与佐黄钺以集大勋，书太常而纪成续者若合符节。呜呼！此又古先哲王之初政也。三代数千载，珂之一门乃复身亲见之，何其幸欤！《诗》曰："无念尔祖，聿修厥德。"《传》曰："不陨其名。"子孙世世其毋忘所以报上者哉！绍定改元重九日，孙朝请大夫、权尚书户部侍郎、总领浙西、江东财赋、淮东军马钱粮、专一报发御前军马文字、兼提领措置屯田、通城县开国男、食邑三百户、赐紫金鱼袋岳珂记，朝奉大夫、监镇江府榷货务、都茶场章劼书丹，中奉大夫、直宝谟阁、知镇江军府事、兼管内劝农使、节制防江水、步军马、镇江都统司诸军在寨军马、河东县开国男、食邑三百户、借紫冯多福题盖。

【注释】

①初元：皇帝登极改元，元年称"初元"。

②大明：指君主。

③玉音：尊称帝王的言语。

④景命：大命。指授予帝王之位的天命。《诗·大雅·既醉》："君子万年，景命有僕。"郑玄笺："天之大命。"

⑤岩廊：借指朝廷。

⑥都俞《书·益稷》："禹曰：'都！帝，慎乃在位。'帝曰：'俞！'"又《尧典》："帝曰：'吁，咈哉！'"都、

俞、吁、咈均为叹词。以为可，则曰都、俞；以为否，则曰吁、咈。

⑦省掖：即掖署，为中书省、门下省通称，为沿用唐称谓。唐时中书省位在右延明门外，门下省位在左延明门外，则位于太极门左、右两掖，因而得名。（据《宋代官制辞典》，第156页）

⑧三俊：古指具备刚、柔、正直三德的人。《书·立政》："严惟丕式，克用三宅三俊。"孔颖达疏："三俊即是《洪范》所言刚克、柔克、正直三德之俊也。"

⑨侯甸男卫：周制分公、侯、伯、子、男五等爵位。侯、甸、男、卫称外服，封在外服的是正式的国家。采称内服，封在内服的是卿大夫食邑。服：服事天子之意。

⑩访落：《诗·周颂·访落序》："《访落》，嗣王谋于庙也。"毛传："访，谋。落，始。"郑玄笺："成王始即政，自以圣父之业，惧不能遵其道德。故于庙中与群臣谋我始即政之事。"后因以"访落"谓嗣君与群臣谋商国事。

⑪上帝：天帝。《易经·豫卦·象》曰："先王以作乐崇德，殷荐之上帝，以配祖考。"

【译文】

皇上继承正统，励精图治，登极改元。宝庆元年春二月甲午临朝，向近臣询问道："朕继承中兴大统，已改换了（表明继承次序的）年号，接下来显忠遂良就是第一要务了。高宗皇帝迎续天命之日，有一二位忠勋大臣，勤谨协助，与高皇帝缔创了新朝，上下相互勉励，终于达成如此成就。当时有宰辅忠臣岳飞，有誓清中原之心，怀恢复必伸之义，尽人臣大节，奋不顾身。虽然已为他定谥封国，但谥号武穆，不足以宣明皇祖的本意，（所以重新）赐谥为忠武。"一时间举朝称赞，上传下达，遍告海内，风驰驿行，华夏夷狄无不震动，闻者无不感动奋起。

三月壬戌，降诏书于家中，金泥封口，锦囊盛装，书写着皇帝的玉音。珂回去之后，拜谒了先庙，将之刻于碑石。又念圣意诚挚，（认为）不可不隆重地记述，以示后世。于是援管窥之见，附于石碑的背面。

我曾观察古圣贤王是如何治理天下的，不论能人逸士都要顾及，选择勤劳的，表彰为善的，不是他们不了解自己的臣子，了解臣子的内心才是难的；了解臣子之心也不难，而了解天下人心尤为难也。夏朝大竞，蹈行圣明的诚信之道；文王明辨贤能，灼然见三有贤俊之心。人臣事奉君王，协济草创天下，辅佐谋划，治理四方，克定祸乱。他赫然盛烈的功绩，为天下所共知，都只留下粗略的痕迹。公论定于无我，见微可以知著。思想是会有分歧的，差之毫厘，可能谬以千里。臣下之内心，若非获得圣知，不足以让天下人尽知也。心思之微妙，若被人洞察到便可洞穿坚固的金石，像虹霓一样丰富灿烂。行而必果，则山岳可以徙移。守且无惧，鬼神也会退避，这样就可以达致可用。遭到一时的质疑不会产生疑惑，万古之下也无错谬，人欲交纷之际上天会给出结论，群心固有归向是因为义理明白，这岂是人力可以做到的！之所以可以这样，必是因为道的存在。故曰“知其心难”。自己相信了，还需要被别人相信。上位者相信了，还要获得天下的信任。帝王了解了，天下人认同了，是因为此心当得起这样的信任。起用正直者而罢黜奸邪者，是天下人心所向，故曰“知天下之心尤为难”。

汉唐以降，从君主那里获得过这样理解的人，有诸葛亮与郭子仪二人。他们得到的是什么呢，即所谓“正”者也。“正”是什么呢？天地会有缺裂，君父的大仇不可忘记；陵谷的位置会有变迁，而华夷的名分不可废堕；云雾昏暗，风霆薄怒，而大义正论不可一日不明也。让人鞠躬尽瘁，死而后已的，就是这样的心；忠贯日月，得到神明扶持的，也是这样的心。用这样的心，去对照夏、周时代的先圣如何了解自己的臣下，也不过如是了。我观察制词之中恰好提到了诸葛亮与郭子仪这二人，是因为他们都名垂青史，古今一同，确是如此！考察一个人的行为必要从公论着手，而其不论是模糊的教诲，还是明白的旨意，都不是计较的产物，而必先从心出发。珂曾考诸历史，东晋的温峤对本朝十分忠心。萧梁的王琳，义动军旅。唐朝之后，尉迟敬德效忠于高祖，李晟、浑瑊为德宗立下功勋，都是可圈可点的忠臣。他们所受恩宠之隆重、所尊名号之美好，也都是传世可闻的。而圣心明澈，谋略深远，君臣同心同德，都可与这些例子媲美，然而（皇上在诏书中）却独独眷爱诸葛亮与郭子仪两位人臣，一定有他的深意。刻于钟鼎，记之竹帛的，是一个人的行迹；追求大义，根源至诚的，是一个人的内心。尽体谅人臣之义，以彰明克类之德，他也知道可取之处在此，而不在于彼也。呜呼！先（祖父）鄂王之心，即此二臣之心也，为圣上所知；圣上之心，也是皇祖之心，为天下人所知。理解臣子之心，以及乎天下人之心，天下人得到伟大的告诫，从而都了解了圣心，岂不是比古人更难的事吗?

昔日周康王出了太庙，在应门（皇宫的正门）之内，就登基成为君王，天子穿红礼服大臣穿黄礼服，各路诸侯，齐集于朝廷，其他的先不讲，太保和芮伯首先进言，要康王恪尽职守，加强战备，使周代先王的遗志不受玷污。于是康王发表诰书，表明心迹，推崇文王、武王政治昭明，向天下展示了诚信。武将用熊罴之士，文官任不二之臣，保卫周朝江山，按天帝的心意办事。其实，不论是被称为忠还是被称为武，都是身为人臣的职责，而居上者哪里一定是为了创始天下呢。或有人不认为是上天保佑周邦，使天下四方莫不震惊（译者按：此句出自《诗·周颂·时迈》），认为更重要的是周有臣三千，三千同心，胜过纣有臣亿万，却有亿万种心，所以周才取得了牧野之战的胜利，顺承了上天的美意。周代先王赤心昭昭，上对前烈，取信于天地人，感通先圣，就有贤明的两位大臣来辅佐他。那时那事，发生在康王登基，太保和毕公送上玉圭和礼物的时候。追怀历史，古今一意。天子举黄钺而征伐，汇集大勋，将成绩记录在名为太常的旌旗上，是古代军事的常制。呜呼！这又是古代先哲圣王的政见啊。三代（指夏商周）之后的数千载，珂之一门又目睹了这样的盛况，何其幸哉！《诗经》里说："不要再思念你们的祖先，要努力修养你们的品行。"《左传》则说："后世承前世之美，不坠家声。"子孙世世代代都不会忘记报答居上者啊！绍定改元重九日，孙朝请大夫、权尚书户部侍郎、总领浙西、江东财赋、淮东军马钱粮、专一报发御前军马文字兼提领措置屯田、通城县开国男、食邑三百户、赐紫金鱼袋岳珂记，朝奉大夫、监镇江府榷货务、都茶场书写碑志，中奉大夫、直宝谟阁、知镇江军府事兼管内劝农使、节制防江水、步军马、镇江都统司诸军在寨军马、河东县开国男、食邑三百户、借紫冯多福题盖。

附录

昔在高皇，中兴炎祚[①]。如吕丞相，勋寔著于勤王，如岳鄂王，烈尤高于卫国。盖御戎复辟，均为社稷之臣；而秉事握枢，感受腹心之寄。夫既稽功之无间，岂容论德之或殊。顷焉异议之莫齐，今也师言之允穆。同一辞而作谥，垂万世以为公。具官某赋河朔之雄姿，熟《左氏》之兵法，遁兀术于中宵之急，拔刘豫于一鼓之余，西京之地既还，河南之境寖复。惟其张马步蒋山俘馘之势，故能定业于江南；使其合晋绛泽潞豪杰之谋，岂复遗虏于今日。虽以忠而许国，屡形于天语之褒嘉；奈畏敌而急和，深沮于权臣之私意。此身卒至于莫保，天下迨今以为冤。朕获缵丕图，敢忘宿愤，方将壮薄海之义气，可不伸当日之忠魂。爰易嘉称，用彰实美。鄙奸夫之遗臭，不崇朝[②]而肉寒；伟烈士之英风，将千秋而毛栗。果孰得而孰失，抑可劝而可惩。今有名孙，久司兵饟，得非忠义之报，足验天人之符。噫！遗庙峨峨，虽或游神于古鄂；英灵凛凛，岂能忘意于中原。

右札词，翰林学士程公珌所拟撰也。先王初被宝庆乙酉诏书，实先赐谥忠穆。时程公以刑部尚书与今吏部侍郎王公塈对掌纶掖，始聆昕庭之旨，跃然喜曰："此圣上初政大庆赏，足以慰天下公议矣！"退即拟制，以俟录黄[③]之下。继而宸衷未惬，犹曰："穆不如武，当以诸葛亮、郭子仪二谥之美者，以旌异之。"于是复改忠武。画旨至中书，适王公当视草[④]，遂肦今制。继而程公以书来曰："甘甚愿附名英烈，而词头适不相值。念具藁已成，虽不得敬宣德意，而快睹之初心，不可不著见。已寘所集外制[⑤]中，而表其事于其下，闻将嗣《金佗》之编，幸併传以示来世。"因录以寄。呜呼！代言凤池，忠邪之所取正，即更定之次第，以知上睠之宠，因所录之颠末，以见人心之公，天下从可知也。先王于是不亡矣！既刻是编，不敢负程公所以加厚九京之意。辄叙梗概，以为附录云。珂谨识。

【注释】

①炎祚：五行家谓刘汉、赵宋皆以火德王，因以"炎祚"指汉或宋的国统。

②崇朝：终朝。从天亮到早饭时。有时喻时间短暂，犹言一个早晨。

③录黄：文书名。神宗元丰改制后，中书省行用之文书。凡小事，由中书省拟奏状进入，如得旨，书于黄纸上送门下省审

覆。（据《宋代官制辞典》，第622页）

④视草：古代词臣奉旨修正诏谕一类公文，称“视草”。

⑤外制：唐宋时由中书舍人或知制诰所掌的皇帝诰命称外制，由翰林学士所掌之诰命称内制。

【译文】

昔日高宗皇帝，中兴我朝。如吕（颐浩）丞相，勤王的功勋卓著；如岳鄂王（飞），功业尤高于卫国。两者都是抵御外侮、复辟国统的社稷之臣；而受任为官，执掌中枢，都是皇帝腹心之寄的谋臣。其功业的判定，世人认为无可争议，岂容评判其品德高下时，出现乖谬的说法？以前众说纷纭，如今众言一致淳和。对他的评价一致，并奉上谥号，以垂万世之公。具官某生于河北、雄姿英发，熟悉《左传》兵法，驱逐兀术，急天子之所急；一鼓作气，拔除刘豫之伪齐；收复西京洛阳，渐渐恢复河南之地。因其在（南京）蒋山以骑兵驱逐金军渡江而还的胜利形势，我朝才能重立霸业于江南；若使他联合晋、绛、泽、潞等北方豪杰的计划得以实现，今日又怎会还有残留的虏人。他以忠许国，多次在诏书中受到褒奖；奈何权臣私意畏敌，急于与敌讲和，多方阻挠。导致忠臣不能保身，天下至今以为冤。朕继承大业，难忘宿耻，正要鼓励四海之内的义气，怎可不为昔日的忠魂伸冤。于是改换美称（译者按：指谥号），以使其更加符合事实。彼奸人之遗臭，要不了多久，尸骨就寒冷了。伟烈士的英风，千秋之下，凛然如生。到底孰得孰失，这样的结果对世人也是可劝而可惩。今有烈士之名孙，长期司掌兵马钱粮，正是忠义的报果，足以证明天人之符。噫！（忠烈）身后遗庙巍峨，虽然你可能神游于古鄂地；你英灵威严，令人畏惧，岂会将中原（的安危）遗忘？

以上札词，为翰林学士程公珌拟撰。先王的谥号一开始按照宝庆元年诏书传达的，是赐谥为忠穆的。当时程公是刑部尚书，与吏部侍郎王公塈一起执掌中书拟诏之职，刚开始听到这道诏旨时，欣然喜道："这是圣上开始执政的大赏赐，足以抚慰天下的公议了！"于是回去拟写了制词，一旦获得圣旨批复即送门下省审覆。后来圣上还觉得不够满意，说："穆不如武，应当以诸葛亮、郭子仪两人所用之谥来旌褒（岳飞）。"于是改谥忠武。圣旨到达中书省，正是王公轮值视草（修饰诏谕），于是就颁布了我们今天看到的制词。后来程公写信给我，说："我十分愿意把自己的名字署于英烈之名的旁边，不巧所写制词的提要不太符合需要。想着文书已经写就，虽然不能敬宣圣上的心意，但当初最先看到（赐谥忠穆）诏书的感动之心，不可不让世人知晓。已将其编入我所撰的外制文集之中，并在下方说明了事由经过，听说你正要续写《金佗》，希望有幸可以使这篇文书并传于来世。"所以程公将此文誊录后寄给了我。呜呼！程公作为翰林学士，是天子的代言人，目睹了辨别忠邪、树立典范、更定谥号的过程，知晓上眷之荣宠，记录了此事的本末，以体现人心的公道，从而让天下人了解。先王（飞）于是虽死犹生！我于是刊刻下这篇文章，不敢有负程公对先祖的推崇厚意。梗概叙述如上，以为附录。岳珂郑重记叙之。

赐谥谢皇帝表

臣珂言："恭准告命，大父先臣飞赐谥忠武者。龙位履尊，亟举恤功之典；凤纶贲宠，载更节惠之文。洪恩渗漉于九京，清议昭明于千古。臣惶惧惶惧，顿首顿首。

窃以五百岁兴王之主，每先旧德以搜罗，四七际佐命之臣[①]，率至异时而旌显。盖事久遄臻于论定，而名彰尤贵于实宾。属新负扆[②]之朝，庸轸听鼙[③]之念。

伏念臣大父先臣飞躬奋邺下，首陪鄗南[4]。高庙畴勋，著白马苴茅之约[5]；阜陵承志，洗青蝇营棘[6]之冤。先皇深慨于邦诬，胙土肇分于王社。凡始终纯全之无玷，见圣神褒录之相仍。犹余守死之孤忠，未订平生之公谥。惟往昔鼓旗之锡，固尝焕宝翰于天章；而后来庙宇之严，亦许揭珍题之风烈。质以曲台[7]之奏，荡然间箧之疑，洊睹乾秉，重回涣渥。取危身之行，灼知奉上之盛心；参克乱之辞，更为居边而拊髀[8]。合故称而允惬，仰独断之不遗。立言併考于六家，比迹俾振于二代。虽斜谷陨星之变，世所同悲；在汾阳贯日之忱，吾斯能信。

顾拟伦而及此，惭美报之谓何。兹盖恭遇皇帝陛下如汤遂良，继武燮伐。修政复东都之会[9]，方大规恢；图容瞻西阁之仪[10]，爰思表式。因阐当为之义，用垂不朽之传。臣一自扣阍[11]，叠祇赐玺，仅了子孙之丕责，敢忘祖父之胥勤。黄诰归荣，顿改松阡之颜色；赤门自誓，尚期草野之身膏。臣无任感天荷圣、激切屏营之至，谨奉表称谢以闻。臣珂惶惧惶惧，顿首顿首，谨言。”

【注释】

①佐命之臣：是汉光武帝刘秀麾下助其一统天下、重兴汉室江山的二十八员功劳最大，能力最强的大将。东汉明帝永平三年（60），汉明帝刘庄在南宫云台阁命人为他们绘像，称为云台二十八将。范晔《后汉书》为二十八将立传，称“咸能感会风云，奋其智勇，称为佐命，亦各志能之士也”。

②负扆：亦作“负依”。背靠屏风。指皇帝临朝听政。

③听鼙：语出《礼记·乐记》：“君子听鼓鼙之声，则思将帅之臣。”

④鄗南：此处为用典。汉光武帝刘秀于公元25年在河北鄗南

千秋亭登基称帝。

⑤白马苴茅之约：白马之盟是汉高祖刘邦在位时与群臣以杀白马方式定立的盟约，此为古代盟誓的方式之一，杀牲取血，并用手指蘸血涂在嘴上，以示恪守盟约，而此盟约的内容为确保只有刘姓者可为王，即“非刘氏而王，天下共击之”。苴茅是指古代帝王分封诸侯时，用该方颜色的泥土，覆以黄土，包以白茅，授予受封者，作为分封土地的象征。苴，包裹也。

⑥青蝇营棘：比喻谗言纷飞。语出《诗·小雅·青蝇》：“营营青蝇，止于樊。岂弟君子，无信谗言。营营青蝇，止于棘。谗人罔极，交乱四国。”

⑦曲台：汉时作天子射宫，又立为署，置太常博士弟子，为著记校书之处。

⑧拊髀：以手拍股。表示激动、赞赏等心情。《汉书·冯唐传》：“上既闻廉颇、李牧为人，良説，乃拊髀曰：‘嗟乎！吾独不得廉颇、李牧为将，岂忧匈奴哉！’”

⑨东都之会：东都通常指洛阳，渑池与洛阳同属河洛地区，岳珂借“渑池会盟”的故事比喻史弥远把持朝政的理宗前期与金偃戈息武、相对和平的政治选择。史弥远死后理宗开始亲政，亲政之初立志中兴，采取了罢黜史党、亲擢台谏、澄清吏治、整顿财政等改革措施，史称“端平更化”则是后话。

⑩西阁之仪：指凌烟阁二十四功臣的画像。

⑪叩阍：叩击宫门。吏民向朝廷有所陈述申诉。

【译文】

臣珂言：“恭依诰命，祖父先祖父岳飞赐谥忠武。恰值新帝登基，急待举行忧劳民事的仪典；中书省的贤臣，光耀荣宠，奉命撰写改谥的制词。洪恩下施，惠及黄泉。舆论昭明，垂范千古。臣十分惶恐，顿首顿首。

“圣人说‘五百年必有王者兴’，王者初政时每每首先寻访那些德高望重的老臣。帮助汉光武帝一统天下、重兴汉室的云台二十八将，都是身没之后才获得了旌表。大概就是事情过去的时间长了，自然会有定论，而名声的彰显贵在与事功相称。正值新君临朝听政之际，或许会因为听闻（战场）鼙鼓之声，而思念将帅之臣吧。

“伏念臣的祖父先祖父（岳）飞起家于安阳，辅弼高宗皇帝中兴称帝。高宗皇帝为酬答他的勋劳，为他封爵（武昌郡开国公）；孝宗皇帝（因葬永阜陵，后人用“阜陵”指代孝宗）继承高宗遗志，湔洗他的冤屈。先皇（宁宗）感慨于他所承受的巨大冤屈，又追封他为鄂王。自始至终他的品德完全没有污点，才获得了几代帝王相继的褒勋记功。只是（先祖父）虽有守死之孤忠，却还未拥有公平概括其生平的谥号。其生时，皇帝亲书诏命，赐予他旗鼓（军饷）以资奖励；其身后，圣上为他立庙，题庙额为“忠烈”。在朝堂之上依照礼仪，公开地澄清疑云，还他清白。（世人）屡屡恭睹圣意，（先祖）重获帝王恩泽。朝堂有鉴于他危身奉上的行为和忠心（译者按：按谥法危身奉上曰忠），参照谥法“克定祸乱曰武”的说法，认为他的确是可令帝王拍股而叹的边疆大将。将之前谥号“忠愍”“武穆”的意思合二为一才让圣上满意，乾纲独断果然毫无疏漏。于是广泛参考六家之说，比较不同朝代贤将的事迹，（为他重新定谥为忠武）。好比诸葛亮于斜谷五丈原病逝，举世同悲；郭子仪忠贯日月，后世确信不疑。

“回顾圣上将先祖与古代的两位贤人相提并论，（我）惭愧得不知如何回报。兹盖恭遇皇帝陛下，像成汤那样推举贤良之士，像周武一样治戎征伐。修明政治，加强内政外交，规划恢张；效仿唐太宗在凌烟阁绘功臣像，追褒良将，为诸臣表率。

阐述这样做的义理，必为后世不朽的流传。臣一朝申诉，屡受亲诏，让臣完成了子孙应尽的义务，不忘祖父的忠勤。诰书荣归故里，先祖的墓地气象为之一新；家人纷纷誓言，要像苏武那样即使要以身体为草地做肥料也要忠于宋室。臣不胜感天荷圣、激切惶恐之至，谨奉表称谢以闻。臣珂惶惧惶惧，顿首顿首，谨言。”

赐谥谢皇太后表

臣珂言：“恭准告命，大父先臣飞赐谥忠武者。正位东朝[①]，昭恤勋彝之旧；演纶西掖，诞扬谥策之新。即已定之议，合以为称；使既辨之诬，久而逾显。泽深蟠际[②]，感贯幽明。臣惶惧惶惧，顿首顿首。

伏念臣大父先臣飞生逢百罹，死抱一节。思陵[③]追想，灼知黑白之污；孝庙纂承，遄被丹青之典。先帝赦排云之谴，殊恩侈裂土之封。然念易名，未全宾实[④]。赖慈闱保佑，夙闻泰砺之盟[⑤]；故槁壤[⑥]发潜，夜吐丰城[⑦]之气。肆力开于宸断，以洊举于邦常。义表危身，掇曩岁鸿胪之奏；劳旌定乱，见当年骠骑之征。兼兹二惠之华，涣若群疑之泮。遹追先志，仰戴丕谟。

兹盖恭遇皇太后陛下挟日而升，与天同大。坤元应地，物方庆于资生；巽象随风，事何嫌于申命。庸假曲台之诔，以公直笔之传。臣猥玷膺门[⑧]，亲祗赐綍[⑨]，悼前冤之尽著，幸遗责之无余。烈既不瑕，成德益钦于文圣；勋犹未坠，裹尸愿继于璘忠。臣无任感天荷圣、激切屏营之至，谨奉表称谢以闻。臣珂惶惧惶惧，顿首顿首，谨言。”

【注释】

①东朝：古代宫殿的别称。指汉长乐宫，太后所居。因在未央宫之东，故称。也借指太后、太妃。

②蟠际：即“蟠天际地”的省称，谓从天到地无所不在。亦用以形容气势博大。语本《庄子·刻意》：“精神四达并流，无所不极，上际于天，下蟠于地。”

③思陵：因宋高宗葬于会稽永思陵，故后人以“思陵”指代高宗。

④宾实：语本《庄子·逍遥游》：“名者，实之宾也。”后即以“宾实”谓名声与事功相称。

⑤泰砺之盟：参考“带砺山河”：黄河细得像条衣带，泰山小得像块磨刀石。比喻时间久远，任何动荡也绝不变心。出自《史记·高祖功臣侯者年表》：“封爵之誓曰：‘使河如带，泰山若砺，国以永宁，爰及苗裔。’”

⑥槁壤：指粗劣的食品。宋司马光《酬永乐刘秘校庚四洞诗》：“微窍足藏身，槁壤足充饥。”

⑦丰城：此处为用典。《晋书·张华传》谓吴灭晋兴之际，天空斗牛之间常有紫气。张华闻雷焕妙达纬象，乃邀与共观天文。焕曰：“斗牛之间颇有异气。”是“宝剑之精，上彻于天耳”，并谓剑在豫章丰城。华即补焕为丰城令，“焕到县，掘狱屋基，入地四丈余，得一石函，光气非常，中有双剑，并刻题，一曰龙泉，一曰太阿。其夕斗牛间气不复见焉。”。

⑧膺门：候门。亦指候门者。这里是岳珂的自谦之词，谓在朝廷做官，为天子候门。

⑨紼：同绋，古代出殡时拉棺材用的大绳。执紼，送殡。

【译文】

臣珂言：“恭承诰命，祖父先臣（岳）飞赐谥号为忠武。太

后登位东朝，优恤勋臣后代；中书起草诰命，宣扬谥号新策。就着已确定的决议，合为新的称号；令已辩明的诬陷，随时间流逝愈加清楚。这样的恩泽感天动地，贯通人鬼两界。臣惶惧惶惧，顿首顿首。

"伏念臣祖父先臣（岳）飞，生时遭遇百般磨难，死日犹抱一腔忠节。高宗皇帝回想往事，洞见了颠倒黑白的污蔑；孝宗皇帝继承大业，立刻赐予其功臣之典。先帝（宁宗）赦免了他的罪名，赐他裂土封王。但若说到立谥，却还未完全做到名声与事功相称。仰赖太后仁慈的保佑，（她）素知高宗与先祖父之间有带砺山河的盟誓，于卧薪尝胆之时，不忘潜龙奋发之志。于是全力开导皇帝做出睿断，向朝廷举荐忠贤。先祖父之忠义，危身奉上，以前曾得到鸿胪寺操持葬礼，先祖父之勋劳，克定祸乱，有汉朝霍去病的雄姿。（此次改谥）正是兼顾这两方面的认可，消融了众人心中的疑问。遵循先皇的遗志，感戴先圣的大略。

"兹盖恭遇皇太后陛下，挟日而升，与天同大。坤元为大地，有滋生万物之德。巽代表风，其卦象就是君上重申教命。以应有的礼法礼仪为他追悼，让他的事迹被公正地记载流传。臣叨冒为官，亲自接受敕葬先祖父的荣恩，悼亡死者，辩明前冤，庆幸先皇遗训，被完全执行。先祖父之忠烈未受玷污，圣上的盛德愈发宏大；先祖父之勋烈未被湮没，吾等后代马革裹尸也要继承他的忠诚。臣不胜感天何圣、激切惶恐之至，谨奉表称谢以闻。臣珂惶惧惶惧，顿首顿首，谨言。

赐谥谢宰执启

珂启："伏准告命，大父先臣飞赐谥忠武者。五位履尊，丕显授龙之业；一言节惠，大伸诎蠖[①]之冤。渗洪恩于槁壤[②]之间，凛清议于溥天之下。事关风厉[③]，荣浃云来[④]。窃惟委质[⑤]之常经，无若事君之通谊[⑥]，有能持是志于国耳忘家之日，未得见此情于谥以表行之时。盖人众能胜天，固难辨铄金之口；然事久有定论，要当明泣玉[⑦]之心。焕乎念旧之彝章，在此维新之初政，敢沿异渥，概叙谢私。

载惟先祖之孤踪，幸际高宗之兴运，间关百战，夷险一谌。推毂[⑧]以前，方自恃大有为之主；枕戈而卧，必欲除不共戴之雠。痛哉功废于荫桑，倏尔衅生于营棘。偿匪累圣委覆盆[⑨]之监，孰令沈魂吐埋剑[⑩]之光。自歒兹像霍之仪，继襚以非刘之典[⑪]。栢庙纪淳熙之额，先揭标题，松阡赐嘉定之名，复申褒衍。独有鸿胪之谥，未参麟笔[⑫]之公。仰乾御之乘时，广丰中之宜照。谓在昔考功之奏，实本群情；而于今综实之朝，可无三锡[⑬]。爰示听鼙之感，亟颁出綍之恩。掇忠愍之忠，表危不顾身之行；合武穆之武，旌乱能戡祸之劳。考古今二美之兼全，仅葛、郭两人之克称。世虽相去，志寔与同。若区区兴汉之谋，固莫缓陨星于斜谷；而复复昌唐之志，竟难磨贯日于汾阳。使重泉之下，已死而犹生；则百代之后，无疑于传信。义该终始，感洞幽明。

靖循块圠之仁，端识源流之自。兹盖恭遇某官，道本致主，德推宪邦。居二三执政之尊，股肱是寄；佐九五大人[⑭]之造，心腹攸同。无发号施令之不臧，有行赏论功而必当，凡与品题之末者，悉还议论之当然。丹衷益彰，白骨不朽。

珂粤从少日，痛切吁天。泣血辨诬，虽曰有怀而毕吐；以身任责，常忧所愿之莫偿。仅能湔蝇变黑之污，殊未满豹留皮[⑮]之望。兹焉昭雪，有若披云。揭名于世，孝之终，所赖孤中之尽显，鞠躬尽力，死而已，誓九殒以为酬。仰首知归，披肝靡究。谨具启事，专人捧诣钧墀，祇候尘谢，伏惟钧慈俯赐鉴念。不备，谨启。”

【注释】

①诎蠖：诎，屈辱；冤屈。蠖，尺蠖蛾的幼虫，生长在树上，行动时身体一屈一伸地前进。

②槁壤：干土。《孟子·滕文公下》："夫蚓上食槁壤，下饮黄泉。"

③风厉：鼓励，劝勉。

④云来："云孙""来孙"的并称。泛指后代。

⑤委质：向君主献礼，表示献身。

⑥通谊：犹通义。《汉书·董仲舒传》："《春秋》大一统者，天地之常经，古今之通谊也。"

⑦泣玉：《韩非子·和氏》："楚人和氏得玉璞楚山中，奉而献之厉王，厉王使玉人相之。玉人曰：'石也'。王以和为诳而刖其左足。及厉薨，武王即位，和又奉其璞而献之武王。武王使玉人相之，又曰：'石也。'王又以和为诳而刖其右足。武王薨，文王即位，和乃抱其璞而哭于楚山之下，三日三夜，泪尽而继之以血。"后以"泣玉"指因怀才不遇而悲泣。

⑧推毂：推车前进。古代帝王任命将帅时的隆重礼遇。《史记·张释之冯唐列传》："臣闻上古王者之遣将也，跪而推毂，曰阃以内者，寡人制之；阃以外者，将军制之。"后因以称任命将帅之礼。

⑨覆盆：晋葛洪《抱朴子·辨问》："是责三光不照覆盆之内也。"谓阳光照不到覆盆之下。后因以喻无处申诉的沉冤。

⑩埋剑：《晋书·张华传》载，张华时见有紫气映射于斗牛二宿之间，邀雷焕共议，以为系宝剑之光上冲所致，当在豫章丰城，因命雷为丰城令访察其物。焕到县，掘狱屋基，入地四丈余，果得龙泉、太阿二宝剑。后以"埋剑"喻被埋没或不得彰显。

⑪非刘之典：汉高祖刘邦在位时与群臣订立了白马之盟，此

盟约的内容为确保只有刘姓者可为王，即“非刘氏而王，天下共击之”（《史记·吕太后本纪》）。

⑫麟笔：孔子作《春秋》，绝笔于获麟，故称史官之笔为“麟笔”。

⑬三锡：是指封赐三次。语出《礼记·曲礼》：“夫为人子者，三赐不及车马”。在周代，官吏制度是分等级的，从一命到九命，每一命所受的待遇是不同的，都有各自特等的礼服和赏赐的东西。此处引申为再三的封赏。

⑭九五大人：语出《易·乾》：“九五，飞龙在天，利见大人。”此处的“大人”指有道德并居高位者。

⑮豹留皮：豹死留皮，比喻留美名于身后。宋欧阳修《王彦章画像记》：“公本武人，不知书，其语质，平生尝谓人曰：‘豹死留皮，人死留名。’盖其义勇忠信出于天性而然。”

【译文】

珂启：“伏承诰命，祖父先臣（岳）飞赐谥号为忠武。天子九五至尊，承天命而登位；一言而成恩惠，大伸先祖的冤屈。洪恩渗沥到泉下的黄土，公正的议论传遍天下。此举事关劝勉民心，荣誉惠及子孙。我以为为君主献身乃是侍奉君主的常理通义，先祖正是秉持这样的意志为国忘身，却未能体现在谥号（的用辞）上。大致人众可以胜天，众口铄金，则百口莫辩；然而时间长了，事情往往会有定论，必须要让世人明白他怀才不遇的悲哀。幸而朝廷有顾念旧臣的常典，在此维新初政之际，我特来表达谢意。

“回顾先祖的生平事迹，他有幸际遇高宗皇帝中兴之运，身历百战艰辛，危险或安定都始终忠诚。他在前方率领军队冲锋陷阵，是因为自恃背靠将大有作为的雄主；枕戈待旦，不辞劳苦，定要消除与金不共戴天的宿仇。令人痛惜的是他后来被权臣排斥（失去兵权），功亏一篑；忽然之间，谗言四起，君臣之间生出了嫌隙。若不是每任皇帝都对他的沉冤加以关注，他地下的灵魂怎有重吐光华的一天？朝廷为他举行了隆重的葬礼，好像汉武帝为霍去病修建大型墓冢（来纪念他的战功）；又赠予王爵的荣典，使他成为王朝的异姓王。他的祠庙周围柏树森森，有（孝宗）淳熙朝所颁赐的祠额‘忠烈’，功德寺的寺额有（宁宗）嘉定朝赐名‘褒忠衍福’。唯有用于缅怀的谥号，还欠缺足为史官参考的公正评断。仰戴圣上登基之时，圣德如日中天，遍照天下，认为过去关于先祖功劳的奏议，都体现了民意。当今朝廷尊重事实，怎会没有再三封赐的典仪呢？于是圣上表露了听鼙思将的感慨，迅速颁布了改谥的诏令。从以往谥号‘忠愍’中取‘忠’字，表彰其危身奉上的举止；合‘武穆’中的‘武’字，褒扬他勘定祸乱的勋劳。若考据古往今来能担得起‘忠武’这样二美兼全的谥号的人，唯有诸葛亮、郭子仪二人。虽然他们与先祖父生在不同的时代，志向抱负却是相同的。诸葛亮振兴汉室的计划，固然殒落在五丈原的斜谷；而郭子仪恢复盛唐的志向，却因忠可贯日而不泯。先祖就算在九泉之下，也是虽死而犹生；历百代之后，就有确信的事实可以传告他人。从始至终，事物有其演变的过程，这过程真是可以感通人神。

“天下太平，有无限的仁慈，端正的见识源流有自。兹盖恭遇某官，以立身行道、经世致用奉于圣主，以道德奉献于家国。是二三位执政大臣中最为尊贵的一位，是君主的股肱大臣；道德高尚，是天子的心腹助手。阁下若发号施令，没有不遵守的；论功行赏，必须要与事功相当。若发现评论人物有失当的情况，必将还清议以公正。于是赤诚之心益彰，白骨可以不朽。

“珂从年少时起就开始痛心地为祖父申诉。泣血辨诬，有感则必吐而后快；以身任责，唯恐不能得偿所愿。但也仅能湔洗小人对他颠倒黑白的污蔑，却还未能让祖父的美名流传于身后。如今得到昭雪，有如拨云见日。扬名于后世，是孝的终极目标，幸亏孤忠得以尽显；誓鞠躬尽瘁，死而后已，九死而酬报。仰首望天，知道有所归依，从此披肝沥胆，在所不辞。谨具函件，遣专人捧至贵所，祇候尘谢，伏惟阁下俯赐鉴念。不备，谨启。”

卷第十七

百氏昭忠录序

昔太史司马氏之作记也，于贤臣志士之行事备矣。方其袭仍世掌之职，多读先秦之书，金鐀石室，以博其观，名山大川，以考其迹，固若无假于它人之助矣。其言犹曰："罔罗天下放失旧闻。"何耶？夫立功本于吾身，何求于后世之知。司马氏职则史耳，其于三代之贤臣志士，耳目所不接，休戚所不关，亦果何异于涂之人，而拳拳乃如是。若曰风云之逢，霜露之感[①]，事系于国，义关于家，幸而尊贤尚志之君子不遗于纪录，广记备言，各成一家之史。顾其所谓承遗绪[②]，绍先烈[③]者，乃漠然不及于涂人之用心，是岂人道之当然者乎！择焉而孤其美意，删润焉而失其本真，洪焉而没其□□□焉而强附以所不合，是虽传之，而或茀成其为子孙之书，犹不传也。观此则珂之有昭忠之编，而取诸百氏，其颠末盖可睹矣。

方其上吁天之奏，年始及冠，罔罗之用力犹疎矣，闻见固不能广矣。既登于东观[④]，复彻□□乙览[⑤]，自谓不复可以增益。而二十余年来，乃驰麾轺，出入江、浙，士大夫念其悼家祸之惨，而思裒积之不厌乎广也，凡炎、兴而后，退卒故校之传，幕僚儒绅之纪，片言只字，苟及于吾家，莫不汇录，千里以来告。于是签縢[⑥]之藏，日侈一日，其事则多前编之未见，其言则皆审确而可稽。每一拊卷，辄慨然曰："珂之謏闻，欲速乃尔，为先王累耶！"稍久，欲摭取而传，申怀前说，谓择与删润皆所不可，惟各以其名著见，而不复求其强合，使览者自得以参订焉，则珂之过自章，而先王之实自不泯矣。彼牒张、许之节，状太尉之事，观仆射之遗物，自出于一代之公议，子孙何容心焉。

既叙其作，因念清江章公尚书颖囊上四传于朝，是时珂奏篇已御，章公之表有曰："事皆可证，其书虽见于《辨诬》；言出私家，后世或难于取信。"噫戏！章公之心，司马氏之心也，其为贤臣志士虑，则一也。虽然皆涂人也，而能为之虑，为子孙者当何如哉？因以章氏传为首，而系次它闻于后。有嗣得者，又将屡书，以告来世。绍定改元端午，孙朝请大夫、权尚书户部侍郎、总领浙西、江东财赋、淮东军马钱粮、专一报发御前军马文字、兼提领措置屯田、通城县开国男、食邑三百户、赐紫金鱼袋⑦岳珂谨序。

【注释】

①霜露之感：《礼记·祭义》："霜露既降，君子履之，必有悽怆之心，非其寒之谓也。"后因以"霜露之感"指对父母或祖先的怀念。

②遗绪：前人留下来的功业。《书·君牙》："惟予小子，嗣守文武成康遗绪。"

③先烈：祖先的功业。《书·冏命》："绳愆纠谬，格其非心，俾克绍先烈。"孔传："使能继先王之功业。"

④东观：东汉洛阳南宫内观名。明帝诏班固等修撰《汉记》于此，书成名为《东观汉记》。章、和二帝时为皇宫藏书之府。后因以称国史修撰之所。

⑤乙览：语本唐苏鹗《杜阳杂编》卷中："文宗皇帝……谓左右曰：'若不甲夜视事，乙夜观书，何以为人君耶？'"后称皇帝阅览文书为乙览。

⑥签縢：犹"签帙"，标签和书套。泛指书籍。

⑦赐紫金鱼袋：宋前期三品以上阶官的常服服紫、佩金鱼袋。佩鱼是宋代官员的一种章服，佩于腰带而垂于背后。按照宋代规制，阶官未到三品（元丰元年后四品）以上的，特许改服色，换紫、佩金鱼袋，称赐紫金鱼袋。官衔中须带“赐紫金鱼袋”。

【译文】

昔日太史公司马迁作史记，备述贤臣志士的行为事迹。当时他继承父业，任太史令，阅读过很多先秦时期的著作。遍览金柜石室中收藏的图书文献，开阔了他的视野，漫游名山大川，考察传闻遗迹，其撰写的资料就像未借助他人的所见所闻（仿佛自己亲历）一样信实。他还强调说：“要网罗天下散失的旧闻。”为什么呢？立功本是自己个人的事，何必要求后人知道。对司马氏而言撰史是其职责所在，家中又出过三代贤臣志士，耳目所接，休戚相关，心态自然和陌生路人不一样，拳拳诚挚之心当如此。至于风云际会般的君臣遇合，感时念亲的霜露之感，事系于国，义关于家，幸而有尊敬贤者、崇尚志节的君子们不遗余力地记录下来，广泛地搜集，详备地叙述，于是各成一家之史。看某些所谓要继承祖先功业的人，其用心漠漠然连陌生人都不及，这岂是人道所应当的呢！（另有一些人）对事件仅做选择性的记录，罔顾原本的真实，或者删节润色，失掉原有的真相，甚至是埋没真相，牵强附会，这样的传记就算是传到后世，或者即使成为其子孙的读物，倒不如不传罢了。如此看来，则珂所编撰的百氏昭忠录，取诸百家的记录，事件的前后情形都可以详细知道了。

珂年方弱冠，二十余岁时就上呈了吁天辨诬之奏，搜罗旧闻和证据不够细密，一个人的闻见毕竟是有限的。我呈上的资料被朝廷允许史馆审核收录，又亲获圣上御览，本以为已十分完备，不能再有增补。但而后二十余年，四处奔波，出入江、浙，士大夫顾念我哀悼家祸的情状悲苦，搜集材料又不厌其烦其多，所以凡是建炎、绍兴以来，或是退役士卒、往日将校的传记，或是幕僚文人、缙绅官宦的记录，哪怕仅有片言只字，只要有涉及我家的，莫不整理汇编然后辗转千里地送到我手上。于是我收藏的书传一日多过一日，它们所记录的事件又多是《金佗稡编》中从未出现过的，所记内容都有所依据，周密准确。我每每抚摸这些书卷，都十分感慨地说："我孤陋寡闻欲速不达，简直是先王的累赘！"然后就想摘取汇编这些内容再作传记，鉴于上述的想法，觉得无论是摘择还是删润，都不可以，倒不如各个保存作者的姓名将每一篇传记单列，不再强求他们的叙述完全一致相合，让观览者可以自行参阅考证，则我之前的漏失自然可以彰明，而有关先王的事实便不会被埋没了。至于牒张、许之节、状太尉之事，观仆射之遗物，自出于一代公议，子孙又何必那么在意。

我汇集了他人所作的传记并作序以后，又想到祖籍江西清江的章颖章尚书曾经向朝廷上缴过《南渡四将传》（译者按：四将是指岳飞、刘锜、李显忠和魏胜），那时我的奏篇已得到圣上御览，章公的上表里有说："（岳飞）的事迹是都可以得到证实，都在《辨诬》中记述下来；然而其文出自私家，恐怕会难以取信于后世。"噫戏！章公之心，正是司马氏之心啊，他们为贤臣志士（身后的记载）的思虑之心是完全相同的。传主对于他们来说都是陌生人，陌生人尚能这样为其思虑，我们作为传主的后代子孙又当如何呢？所以我将章氏所写的传记置于最开始的篇幅，而将其他的传记放在其后。以后若继续收录到新的，再编入此书，以告于后世。绍定改元元年端午，孙朝请大夫、权尚书户部侍郎、总领浙西、江东财赋、淮东军马钱粮、专一报发御前军马文字兼提领措置屯田、通城县开国男、食邑三百户、赐紫金鱼袋岳珂谨序。

百氏昭忠录卷之一

章尚书颖经进鄂王传之一

岳飞，字鹏举，相州汤阴县人也。世力田，父和有贤德。河北薦饥，和能自节饮食，以济饥者，人皆贤之。

飞之在母怀也，有老父过门，闻其母声，曰："必生男也，当以功名显，致位三孤[①]。"及生，有大禽若鹄，飞鸣于室之上，因名焉。未弥月，河决内黄西，水暴至。母姚氏寘之巨甕中，冲涛乘流而下，及岸，得不死。

【注释】

①三孤：周成王时立少师、少傅、少保，合称三孤，是三公的副职。其地位低于公而高于卿。秦、汉以后废，北周时复置。宋徽宗政和二年（1112）复置，作为次相之任。明清无固定员额，而作为荣衔。

【译文】

岳飞，字鹏举，相州汤阴县人。其家世代以耕田为业，父亲岳和非常贤德。正值河北路屡年歉收，岳和便把自己的食物节省下来，用来周济饥民，人人都称颂他贤良。

岳飞尚在母亲腹中孕育时，有一老者路过家门，听到母亲姚氏的声音，说："日后你将生的定是男孩，他日定当以功名显世，将会位至三孤。”及至岳飞出生时，有一只貌似天鹅的大鸟飞鸣于房屋的上方，因此取名为飞。未满月时，黄河在内黄之西决口，洪水暴涨。母亲姚氏抱着襁褓中的岳飞坐在一只巨瓮中，冲涛而下，漂流至岸上，才幸免遇难。

少负气节，沈厚寡言，性刚直，意所欲言，不避祸福。天资敏悟强记，书传尤好《左氏春秋传》及《孙吴兵法》。家贫，拾薪为烛，达旦不寐。为文初不经意，人取而诵之，则辨是非，析义理，若精思而得之者。

生而有力，未冠，能引弓三百斤，弩八石[①]。学射于周同，同射三矢，皆中的，以示飞。飞引弓一发，破其筈[②]，再发皆中。能左右射，亦以教士卒，由是军中皆善左右射，屡以是胜。同死，朔望必鬻衣，具酒肉，诣同塚，奠而泣。引同所赠弓，发三矢，乃酹。父知而义之，抚其背曰："使汝异日得为时用，其徇国死义之臣乎！"飞应之曰："惟大人许之以身报国家，何事不可为！"

【注释】

①弩八石：一宋斤约合一市斤二两，一宋石约合一百一十市斤。

②筈：箭尾。

【译文】

岳飞年少时就很有气节抱负，沉稳淳厚，少言寡语，但性情刚直，话语直率，不避祸福。他天资聪敏有悟性，记忆力尤强，特别喜好《左氏春秋》及《孙吴兵法》。因家中贫穷，所以常拾枯柴当蜡烛照明，通宵达旦地读书。初做文章时并不引人注意，当人们在拿来诵读时，则发现他能辨别是非，透彻地分析其中的义理，才觉得他是深思熟虑后写成的。

岳飞生来就有神力，不到二十岁，就能拉开三百斤的弓，用腰部开弩八石。他曾拜当地名人周同为师学习射箭，周同连射三箭，全部中的，先生向岳飞展示自己的能力，岳飞引弓一发，射出的箭穿破了前箭的箭尾，再射再中，且能够左右开弓射箭。后来岳飞为将时，也常以此法教习士卒，故军中士卒皆善于左右开弓射箭，屡次以此击败敌人。周同死后，岳飞每逢初一、十五去祭奠时则要典卖衣服一件，以便买酒肉供奉在周同的墓前，凭吊时垂泪哭泣。每次拿出周同赠给他的弓，连发三箭，然后再次祭奠。父亲知道岳飞非常重情义，抚着他的背说："假使你日后得到国家重用时，能做以身报国、恪守大义之臣吗？"岳飞答到："只要您允许我以身报国，我又有何不敢为的呢！"

宣和四年，飞年二十，真定府路安抚使刘韐募敢战士备胡，飞首应募。韐一见，奇之，使为小队长。相州剧贼陶俊、贾进攻剽县镇，官军屡战，不利。飞请以百骑灭之，韐与步、骑二百。飞豫遣三十人易衣为行商，入贼境，贼掠之以归，置部伍间。飞以百人夜伏于山之下，而自领数十骑逼贼垒。贼易其兵少，出战。飞阳北，贼乘胜追逐。伏兵起，先所遣三十人在贼中擒俊、进于马上，遂俘其众。知相州王靖奏其功，补承信郎。会朝廷罢敢战士，前命竟不下。

【译文】

宣和四年，岳飞二十岁，真定府路安抚使刘韐招募敢战士以防备辽军进犯，岳飞第一次应募。刘韐一见大为惊奇，命岳飞为小队长，此时相州有巨贼陶俊、贾进抢掠县镇，官军屡次与之作战，皆失利。岳飞请命带领一百骑人马前去消灭他们，刘韐给岳飞步兵、骑兵共计二百人。岳飞先是派出三十人改换衣装扮成商人模样，混入贼人境内，佯装被贼人俘走，贼人把他们安置在部伍之中。岳飞又命百余人夜间埋伏在山下，亲自领数十骑人马逼近贼营。贼人轻视其兵少，出来应战。岳飞佯装败阵，贼人乘胜追击。此时伏兵四起进行袭击，而之前佯装被俘当内应的三十人擒陶俊和贾进于马上，随后又将其他贼众俘获。相州知州王靖向朝廷奏报了岳飞的功劳，补其为承信郎。此时正值朝廷裁撤敢战士，任命最终也没有下达。

宣和六年，贼张超率众数百，围魏忠献王韩琦故墅。飞适在焉，怒曰："贼敢犯吾堡耶！"超恃勇直前，飞乘垣，引弓一发，贯其吭，而一墅赖以全。是岁，应募平定军，为效用[①]士，稍擢为偏校。

【注释】

①效用：原先谓效力用命之意，大约在宋仁宗时期，"效用"演变为军中职名。南宋的效用兵一般指上等军士。（据《宋朝军制初探（增订本）》，第148页、153页。）

【译文】

宣和六年，贼首张超率领数百人，包围魏王韩琦的旧宅。适逢岳飞在此，大怒说："贼人竟敢进犯我护卫的地方！"张超正恃勇向前，岳飞蹬上围墙，引弓一发，射中张超咽喉倒地而亡，韩府旧宅得以保全。这一年，岳飞投奔平定军，为效用士，不久提升为偏校。

靖康元年，高宗皇帝以天下兵马大元帅开府河朔，至相州，飞因刘浩得见。命招群贼吉倩辈，与以百骑。飞受命，自领四骑入贼营，谕以祸福。解甲受降，凡三百八十人。补承信郎，分铁骑三百，令往李固渡邀虏军。战于侍御林，败之，杀其枭将，转成忠郎。从刘浩解东京围，与虏兵相持滑州南。飞乘浩马，从百骑，习兵河上，河冻冰合，虏兵忽至，飞迎敌，斩其将，虏众大败，斩首数千级，得马数百匹，以功迁秉义郎。大元帅次北京，以飞军隶留守宗泽。

【译文】

靖康元年，高宗皇帝在河北开设大元帅府自任天下兵马大元帅，至相州，岳飞因隶属刘浩所以得到他的召见。刘浩命岳飞招降贼寇吉倩等人，并且给岳飞骑兵一百名。岳飞受命出发，独自带领四名骑兵直入贼营，岳飞叫来吉倩等人告知祸福。吉倩等人解甲接受招降，投降者有三百八十人。授岳飞承信郎，派给他骑兵三百人，命令他前往李固渡阻击虏人。作战于侍御林，大败虏人，杀死敌人悍将，故升迁为成忠郎。跟从刘浩解除东京之围，与虏人在滑州南相持。（一日）岳飞乘刘浩的马，带领百骑人马在河上习兵，河水结冰虏人突然而至，岳飞上前迎敌，斩其将领，虏人大败，斩首敌人数千级，得马数百匹，以此功绩升迁为秉义郎。大元帅到北京，岳飞所属的部队遂隶属于留守宗泽。

靖康二年，是年改元建炎。正月，战于开德，以二矢殪金人执旗者二人，纵骑突击，夺甲、马、弓、刀以献。转修武郎。二月，战于曹州，飞被发，挥四刃铁简，直犯虏阵。士从之。大破之，追奔数十里。转武翼郎。

泽大奇之，谓飞曰："尔勇智才艺，虽古良将不能过。然好野战，非古法，今为偏裨尚可，它日为大将，非万全计也。"因授以阵图。飞曰："古今异宜，夷险异地，岂可按一定之图。兵家之要，在于出奇，不可测识，始能取胜。"泽曰："如尔所言，阵法不足用耶？"飞曰："阵而后战，兵之常法，然势有不可拘，则运用之妙，存于一心。”泽默然，良久，曰：“尔言是也。”

【译文】

靖康二年，这一年改元为建炎元年。正月，在开德作战，用两箭射死两名执旗的金人，骑马突击，夺得金人甲、马、弓、刀进献。转升修武郎。二月，作战于曹州，岳飞披散头发，挥舞四刃铁锏，直贯敌阵。士兵们皆跟着他奋勇向前，大破敌军，直至追击出数十里。岳飞升任武翼郎。

宗泽大为赏识岳飞，对他说：“你的勇气、智慧、才能，技艺，即使是古代良将也比不过你。然而你喜好野战，此并非古法，今天你身为副将尚还可以，他日若为大将，此种方式并非是万全之计。”于是传授阵图给岳飞。岳飞说：“古代的阵图未必适合现在使用，地势的平坦与险要已然有所不同，岂可再按图上的阵法墨守成规。用兵的关键，在于出奇制胜，使对手不能测识你的计划，方能取胜。”宗泽说：“如你所言，阵法就没有可用之处吗？”岳飞说：“先布好阵势再打仗，这是兵家常用之法，然而不可拘于形式，要存于心中，灵活地运用。”宗泽默然，良久之后，说：“你说得有道理。”

五月，大元帅即皇帝位，改元建炎。飞上书数千言，大概以谓：“陛下已登大宝，社稷有主，已足伐虏人之谋；而勤王御营之师日集，兵势渐盛。彼方谓吾素弱，正宜乘其怠而击之。而李纲、黄潜善、汪伯彦辈不能仰承陛下之意，恢复故疆，迎还二圣，奉车驾日益南，又令长安、维扬、襄阳准备巡幸。有苟安之渐，无远大之略，恐不足以系中原之望。为今之计，莫若请车驾还京，罢三州巡幸之诏，乘二圣蒙尘未久，虏穴未固之际，亲帅六军，迤逦北渡。则天威所临，将帅一心，士卒作气，中原之地指期可复。”书奏，大忤用事者，以为小臣越职，非所宜言，夺官归田里。

【译文】

五月，大元帅即皇帝位，改元建炎。岳飞上书数千言，大致内容是：“陛下已登大宝，社稷有主，可以制订讨伐敌人的计划了；而今，投靠陛下的勤王之师越来越多，兵力也日渐强盛。敌方认为我们向来羸弱，此时正应乘对方懈怠之时攻击他们。然而李纲、黄潜善、汪伯彦等人不能仰承陛下的心意，收复失地，迎回二圣，反而侍奉您日益南下，又令长安、维扬、襄阳三地恭迎陛下巡视。有苟且偷生的趋势，而无宏伟远大之略，恐怕不足以寄托收复中原的愿望。为今日之计，不如请陛下回京，改变巡视三地的想法，趁二圣蒙受耻辱之初，敌人未立稳脚跟之际，亲自统率六军，逐渐北渡。这样天子威仪所到之处，必会将帅同心，士卒一鼓作气，收复中原故土指日可待。”奏书呈上之后，得罪了（黄潜善、汪伯彦）等当权大臣，他们以岳飞官职卑微为由，认为不应当越职言事，给予罢官归还故里的处分。

八月，飞诣河北招抚使张所，一见，以国士待之，借补[①]修武郎、閤门祇候，充中军统领。所尝从容问之曰：“闻汝勇冠军，自料能敌几何人？”飞曰：“勇不足恃也，用兵在先定谋。谋者，胜负之机也，故为将之道，不患其无勇，而患其无谋。是以‘上兵伐谋，次兵伐交’，栾枝曳柴以败荆，莫敖采樵以致绞，皆用此也。”所本儒者，闻飞言矍然，起曰：“君殆非行伍中人也！”因命坐，促席与论时事。飞慷慨流涕曰：“今日之事，惟有灭贼虏，迎二圣，复旧疆，以报君父耳！”所曰：“主上以我招抚河北，我惟职是思，而莫得其要，亦尝计之否？”飞曰：“昔人有言：‘河北视天下如珠玑，天下视河北犹四肢。’言人之一身，珠玑可无，而四肢不可暂失也。本朝之都汴，非有秦关百二之险也。平川旷野，长河千里，首尾绵亘，不相应接，独恃河北以为固。苟以精甲健马，凭据要冲，深沟高垒，峙列重镇，使敌入吾境，一城之后，复困一城，一城受围，诸城或挠或救，卒不可犯。如此则虏人不敢窥河南，而京师根本之地固矣。大率河南之有河北，犹燕云之有金坡诸关。河北不归，则河南未可守；诸关不获，则燕云未可有。尝思及童贯取燕云事为失策。国家用兵争境土，有其尺寸之地，则得其尺寸之用。因粮以养其兵，因民以实其地，因其素习之人，以为乡导，然后择其要害而守之。今贯不务以兵胜，而以贿求。虏人既得重贿，阳诺其请，收其粮食，徙其人民与其素习之士，席卷而东，付之以空虚无用之地。国家以为燕云真我有矣，则竭天下之财力以实之。不知要害之地，实彼所据，彼俟吾安养之后，一呼而入。故取燕云而不取诸关，是以虚名受实祸，以中国资夷狄也。河南、河北，正亦类此。今朝廷命河北之使而以招抚名，越河以往，半为胡虏之区，将何以为招抚之地。为招抚职事计，直有尽取河北之地，以为京师援耳。不然，天下之四肢绝，根本危矣。异时虏既得河北，又侵河南，险要既失，莫可保守，幸江幸淮，皆未可知也。招抚诚能许国以忠，禀命天子，提兵压境，使飞以偏师从麾下，所向惟招抚命耳，一死乌足道哉！”所大悦，借补武经郎。

【注释】

①借补：帅府主将自行辟置的官属、未及申禀朝廷者，带“借补”二字，以与真命除授之官相区别。（据《宋代官制辞典》，第638页。）

【译文】

八月，岳飞拜见河北招抚使张所，张所见后，以国士待之，不及申告于朝廷就借补他为修武郎、閤门祗候，充中军统领。张所曾经问过岳飞说：“听说你跟随宗留守的时候勇冠三军，你自料你的勇猛能敌过多少个敌人？”岳飞回答说：“勇猛不足以自恃，用兵应当先制定谋略。谋略，是决定战争胜负的关键，所以为将之道，不怕无勇唯怕无谋。所以说‘用兵的最高境界是使用谋略胜敌，其次是用外交来战胜对方’，所谓‘栾枝曳柴以败荆，莫敖采樵以致绞’，这都是出自事先的谋划。”张所本是儒将，听了岳飞的话语，吃惊地站起来说：“您绝不是行伍中的人呀！”又请岳飞坐下，促膝谈论时事。岳飞慷慨流涕而言：“今日之事，只有剿灭贼虏，迎还二圣，收复河山，来报答君王了！”张所说：“皇上命我招抚河北，我想尽职尽责，却不知怎么做，您能为我谋划吗？”岳飞说：“古人说‘河北视天下犹珠玑，天下视河北犹四肢’，是说人可以失去珠宝，但是不可失去四肢。我们的都城在汴梁，没有秦关之险。平川旷野，长河千里，首尾接连，不相应援，唯独凭借河北固守。如果布置精良兵马，占据要地，挖沟筑垒，重镇互依，假使敌人入侵我境，一城受困，其他城填或阻止或解救，敌人终不能入侵。假使这样，敌人就不敢窥视河南，那京城就能固守根本了。大致河北之于河南的重要性，犹如金坡等关口之于燕云之地。河北不收回，则黄河以南不能守住；诸关不保，则燕云之地失陷。有时想到童贯收取燕云的事觉得甚为失策。国家用兵争夺境土，有尺寸土地，也要让其有尺寸之用。因粮养兵，以民守地，凭借训练有素的人，作为向导，然后选择要害之地而夺回。现在童贯不以用兵取胜，而凭贿赂求胜。敌人得到重金，表面上答应我们的请求，却收走那里的粮食，迁走百姓与那些训练有素的士兵，将空虚无用之地归还我方。国家以为燕云之地真正归属我国了，就竭尽天下财力来填充这里。不知道要害之地还被敌人占据着，他们等我方安定之后，再一呼而入。所以取燕云之地而不取诸关，这是以虚名引灾祸，以中原的财力资助外敌啊！河南、河北也是如此，现在朝廷命您招抚黄河以北的地区，大半为金兵所占，还有什么可招抚的地方？为更好地尽职，应连续不断地收取河北之地，以作为京城之援。不然，天下的四肢断绝，国家的根本就危险了。届时金兵既得河北，又要侵占河南，险要既失，便无法保卫京城。圣上会巡幸长江还是淮河，全然未知。您果真以忠报国，受命于天子，提兵压境，让我追随在您的帐下，唯招抚之命是从，万死不辞！”张所听后大喜，借补他为武经郎。

命飞从都统制王彦渡河，至卫州新乡县。虏势盛，彦军石门山下。飞约彦出战，不进。飞疑彦有它志，抗声谓之曰：“二帝蒙尘，贼据河朔，臣子当开道以迎乘舆。今不速战，而更观望，岂真欲付贼耶！”彦默然，彦幕下有劝彦杀飞者，彦不应。飞怒，起，独引所部鏖战，夺虏纛，舞而示诸军，诸军鼓噪争奋，遂拔新乡，擒千户阿里孛。又与万户王崇战，败之。明日，将战侯兆川，飞预戒士卒曰：“吾已两捷，彼必併力来。吾属虽寡，当为必胜计，不用命者斩！”及战，士卒多重伤，飞亦被十余创，与军中士皆死战，卒破之，获士马不可胜计。夜屯石门山下，或传虏骑复至，一军皆惊，飞坚卧不动，虏卒不来。粮尽累日，杀所乘马以犒士。间走彦壁乞粮，彦不与，乃引所部益北击虏。又战于太行山，获马数十匹，擒拓跋耶乌。居数日，复与虏遇，飞单骑持丈八铁枪，刺杀虏帅所谓黑风而王其号者，走其众三万，虏兵破胆。

【译文】

命岳飞跟从都统制王彦渡黄河，到卫州新乡县。虏人声势浩大，王彦只得将军队驻扎在石门山下。岳飞劝王彦出战，王彦没有采纳他的建议。岳飞怀疑王彦有异志，高声说道："钦、徽二帝蒙尘在外，敌军占据河北，为臣子的当辟开道路迎还圣驾。今不速战，而作壁上观，岂是要投降敌人吗！"王彦默然，王彦帐下有一位募僚劝王彦杀了岳飞，王彦没有答应。岳飞一怒之下，便率所部军士与敌激战，他夺取了金军大旗，在空中挥舞，以激励士气，其他各军受到鼓舞也争先恐后地出击，于是夺取了新乡，擒金军千夫长阿里孛。又击败了金军万夫长王崇的军队。第二天，作战于侯兆川，岳飞预先告诫士兵："我们已经胜了两战，对方必定拼力而来。我军虽然人少，但一定要取胜，不用命作战者斩！"战斗时，许多士卒都身负重伤，岳飞也是身上受伤十余处，与军中士兵一起死战，终于破敌，俘获人马不可计数。夜晚，屯兵石门山下，有人传言虏人骑兵又到，军中大惊，唯岳飞坚卧不动，金兵果然没来。粮尽数日，杀所乘马匹给将士充饥。其间岳飞去王彦处求粮，王彦不给，于是率部北上迎击敌人，转战于太行山，缴获战马数十匹，俘拓跋耶乌。过了数日，又与金兵相遇，岳飞单枪匹马持丈八铁枪，刺杀金军统帅叫作黑风大王的，驱散敌军三万，吓破敌胆。

飞自知不为彦所容，乃自以一军归宗泽，泽以为留守司统制。未几，泽死，杜充代之。

建炎二年，合别将与金人战于胙城县，大败之。又战于黑龙潭、龙女庙侧官桥，皆大捷。擒女真李千户、渤海、汉儿军，送留守司。

【译文】

岳飞自知不被王彦所容，于是自成一军投奔宗泽，宗泽任命他为留守司统制。不久，宗泽死，杜充代替了宗泽的职务。

建炎二年，会同其他将领与金人在胙城县作战，金人大败。后又作战于黑龙潭、龙女庙侧官桥，皆大获全胜，擒女真人李千户，渤海、汉儿军，押送去留守司。

七月，从闾勍保护陵寝。八月三日，与金人大战汜水关。虏骑将驰突，飞跃马左射，杀之。虏众乱，奋击，大破之。留守司檄飞留军竹芦渡，与虏相持。粮尽，飞密选精锐三百，伏前山下，令各以薪交缚两束，四端然火，夜半皆举。虏疑救兵至，惊溃。追袭，大破之，以奇功转武功郎。

三年正月，贼王善、曹成、张用、董彦政、孔彦舟率众五十万，薄南薰门外，鼓声震地。充谓飞曰："京师存亡，在此举也！"飞兵才八百人，众惧不敌，飞曰："贼虽多，不整也，吾为诸君破之！"左挟弓矢，右运铁矛，帅数骑横冲其军，果乱。后骑皆死战，自午及申，贼众大败。转武经大夫。杜叔五、孙海围东明县，飞战，擒之。转武略大夫、借英州刺史。

【译文】

七月，跟随闾勍保护皇陵。八月三日，与金人大战于汜水关。敌人有骑将突然飞驰而来，岳飞跃马左射，射死敌将。虏众大乱，官军奋勇杀敌，大破敌军。岳飞又奉留守司檄驻军竹芦渡，与敌人相持。军队将要粮尽时，岳飞秘密选取三百精锐士兵，埋伏在前山下，又让他们各以柴薪牧草捆成两束，点燃四端，夜半点火举起。虏人怀疑是我方援兵到来，于惊乱中溃散。岳飞率军追击，大败敌军，以奇功转升为武功郎。

建炎三年正月，贼人王善、曹成、张用、董彦政、孔彦舟率众五十万，逼近京师（开封）南薰门外，鼓声震天动地。杜充对岳飞说："京师存亡，在此一举！"当时岳飞所率领部下仅有八百人，众人均惧怕不敌，岳飞对大家说："敌人虽多，但是混乱不整，看我给你们破敌！"于是，左持弓箭，右执铁矛，带领数骑人马横冲敌军，敌军果然大乱。紧随其后的人马都以死拼战，从午时（上午11时正至下午1时正）到申时（下午3时正至下午5时正），贼军大败。岳飞因功转升武经大夫。杜叔五、孙海等围攻东明县，岳飞与之交战，擒获了他们。转升武略大夫，借补英州刺史。

二月，王善围陈州，纵兵出掠。充檄飞，从都统制陈淬合击之。飞遣偏将岳亨，以游骑绝其行剽之路，获其饷卒、牛、驴。善兵不敢复出。二十一日，战于清河，大败之，擒其将孙胜、孙清以归，所降将卒甚众。转武德大夫，授真刺史。四月，又檄从淬合击善众。六月二十日，飞次崔桥镇西，遇善军，败之。飞单骑与岳亨深入，执馘以还。

【译文】

二月，王善围攻陈州，放纵属下士兵四处劫掠。杜充以檄文命岳飞跟随都统制陈淬合兵攻打。岳飞先命偏将岳亨，用游骑断绝王善劫掠的之路，俘获了他们押运粮草的士卒和牛、驴。王善的人马不敢再出来抢掠。二十一日，与王善战于清河，大败贼军，擒贼将孙胜、孙清大获而归，所降士兵众多。岳飞因功转升武德大夫，授真刺史（译者按：真是相对于前文的"借补"而言）。四月，又受命从陈淬合力攻打王善。六月二十日，岳飞到崔桥镇西，又遇到王善军队，大败贼军。岳飞单枪匹马与岳亨追敌，割敌耳乃还。

杜充弃京师，之建康。飞说之曰："中原之地尺寸不可弃，况社稷、宗庙在京师，陵寝在河南，尤非它地比。今一举足，此地皆非我有矣。它日欲复取之，非捐数十万之众，不可得也。”充不听，遂从之建康。

【译文】

杜充放弃京城，撤往建康。岳飞劝说道：“中原之地寸土不能丢弃，况且社稷、宗庙在京城，陵寝在河南，此非他地可比。现在您一走，此地就不再是我们的了。他日再想来取，非丢弃数十万生命不能得到啊。”杜充不听劝说，于是撤往建康。

师次铁路步，与贼首张用战，败之。至六合，檄讨李成，破之盘城，成退保滁州。充命王瓔讨之，瓔提兵瓦梁路，徘徊不进。辎重在长芦，成遣轻骑五百袭夺之，不获。掠民百余人，劫裴凛犒军银、绢。飞方渡宣化镇，闻之，急以兵掩击。贼兵歼焉，得其枭将冯俊，还所掠之人。成奔江西，瓔竟不至滁而返。

【译文】

大军行至铁路步，与贼首张用作战，贼人大败。到六合，命讨伐李成，在盘城打败他，李成又退守滁州。杜充命王瓔带军讨伐，王瓔率兵到瓦梁路，畏缩不前。当时王瓔粮草军械全贮存在长芦，李成派五百轻骑前来偷袭，没有成功。于是掠走百姓百余人，又想劫取提典刑狱裴凛送来犒军的银、绢。岳飞刚刚渡江抵达宣化镇，听说此事，立即率兵出击。贼兵被歼，活捉猛将冯俊，夺回被掠走的百姓。李成逃奔到江西，王瓔竟然没到滁州就返回了。

十一月，金人大举兵，与李成共寇乌江县。充闭门不出，诸将屡请，不答。飞叩寝閤，谏之曰：“勍虏大敌，近在淮南，睥睨长江。卧薪之势，莫甚此时，公乃不省兵事。万一敌人窥吾之怠，而举兵乘之，公既不躬其事，能保诸将之用命乎？诸将既不用命，金陵失守，公能复高枕于此乎？”因流涕被面，固请出视师。充应曰：“来日当至江浒。”竟不出。

【译文】

十一月，金兵大举进犯，与李成共犯乌江县。杜充闭门不战，诸将多次请求出战，杜充均不答应。岳飞到寝室叩请杜充出战，劝谏说：“大敌已逼近淮南，正觊觎长江。圣上有卧薪尝胆之势，没有比此时更严重的情况了，而您却不查军务。万一敌人查知我军的漏洞，举兵乘虚而进，您都不亲自过问，能保证诸将战时拼命御敌吗？诸将若不用力作战，金陵失守，您还能在此高枕无忧吗？”于是流涕满面，恳请杜充出外视察军队。杜充随便答道：“明天我一定到江边看看。”到底没出门。

十八日，虏由马家渡渡江，充遣飞等十七人，领兵二万，从陈淬与虏敌。战方酣，大将王瓔以数万众先遁，诸将皆溃去。独飞力战，会暮，后援不至，辎重悉为溃兵引以还，士卒乏食，乃全军夜屯钟山。迟明，复出战，斩首数千。

【译文】

十八日，金兵由马家渡渡江，杜充派岳飞等十七人，领兵二万，随从都统制陈淬与敌人交战。战至激烈时，大将王瓔带领数万人马先自逃走，其他将领纷纷溃退。唯独岳飞力战，将近傍晚，援军不到，粮草、军械又被退将带走，士卒少粮，故趁夜幕才整军退屯钟山。等到天明，再次出战，杀死敌军数以千计。

诸将皆欲叛去，戚方首亡为盗，麾下亦有从之者。飞洒血厉众曰："我辈荷国厚恩，当以忠义报国，立功名，书竹帛，死且不朽。若降而为虏，溃而为盗，偷生苟活，身死名灭，岂计之得耶！建康，江左形胜之地，使胡虏盗据，何以立国！今日之事，有死无二，辄出此门者斩！"词色慷慨，士皆感泣。又招余将曰："凡不为红头巾者，从我！"于是傅庆、刘经以军从。

【译文】

诸将纷纷逃走，戚方逃后为盗，部下也有随从他去的。岳飞洒血激励众人，高声说："我们都深受国家厚恩，应当以忠义报国，建立功勋，名垂史册，死且不朽。若是投降敌人，溃散为盗，苟且偷生，身死名灭，岂是你们当初的想法呢！建康，江左形胜之地，如若让金兵占据，国家何以立足！今日之事，有死无二，凡出此门者斩！"岳飞慷慨的陈词，激昂的音容，使全体将士为之感动落泪。岳飞又招来其他的将领说："凡是不做红头巾的，随我！"于是傅庆、刘经带领自己的部队跟从了他。

充竟以金陵府库与其家渡江，降虏。余兵皆西北人，素服飞恩信，有密说以俱叛而北者，飞阳许之。有顷，其首领各以行伍之籍来。飞按籍呼之曰："以尔等之众且强，为朝廷立奇功，取中原，身受上赏，乃还故乡，岂非荣耶！必净洗旧念，乃可相附，其或不听，宁先杀我！"众皆惊呼曰："惟统制命！"遂尽纳之。

【译文】

杜充竟然以金陵府库资助其家渡江投降金人。他的兵多是西北人，平日素来敬佩岳飞恩德与威信，有人暗中告诉岳飞要相约叛逃之事，岳飞假意应允。稍顷，他们各部首领均将其兵籍带来。岳飞点阅兵籍对他们大声说："凭借你们的能力，焉能不为朝廷建立奇功，收复中原，身受圣上嘉赏，日后还归乡里，岂不荣耀！尔等一定要清除旧念，相互扶持，如果有人不信我的话，宁可先杀死我！"众人幡然醒悟高呼道："听命于统制！"于是全部归从。

兀朮入临安，飞领所部邀击之，至广德境中，六战皆捷，斩一千二百一十六级，擒女真、汉儿王权等二十四人。俘诸路剃头签军[①]首领四十八人，察其可用者，结以恩信，遣还虏中。令夜斫营，烧毁七梢、九梢砲车，及随军辎重、器械。乘其乱，纵兵交击，大败之，俘杀甚众。

【注释】

①签军：金朝初年伐宋时，已征集原辽朝统治区的大批"汉儿"当兵；"签军"则是指被调发的居住在中原的"南人"，汉人签军在金军中地位最低，"冲冒矢石，枉遭杀戮"（《宋会要》）。

【译文】

兀术大军进入临安府，岳飞率部截击，在广德境内，六战皆捷，斩敌首一千二百一十六颗，擒女真、汉儿王权等二十四人。俘获诸路剃头签军首领四十八人，察明其中可信用者，施以恩信，遣还虏人之中。让他们趁夜偷袭敌人营帐，烧毁七梢、九梢炮车及随军粮草、器械。乘敌军混乱之际，纵兵合击，大败敌军，俘虏杀死众多敌兵。

驻于广德之钟村，时粮尽，飞资粮于敌，且以家赀助之，与士卒最下者同食。将士常有饥色，独畏飞，不敢扰民，市井贩鬻如常时。虏之签军涉其地者，皆相谓曰："岳爷爷军也！"争来降附，前后计万余人。虏侵溧阳县。飞遣刘经将千人，夜半驰至县，击之。杀获五百余人，生擒女真、汉儿军，伪同知溧阳县事、渤海太师李撒八等一十二人，及千户留哥。

【译文】

岳飞驻军在广德钟村，这时军中粮食断缺，岳飞一边在作战中从敌人那里获取补给，一边散发家财给士兵，与士兵最下等者一同进餐。将士们虽然面带饥色，唯独害怕岳飞制定的军纪，不敢扰民，因此市井生意一如往常。金军中的签军有经过此处者，都相互传颂："这是岳爷爷军队啊！"争相前来降附，前后数以万计。金兵入侵溧阳县。岳飞派刘经率千人，夜半疾驰至县城，袭击金兵。杀死俘获敌人五百余人，生擒女真、汉儿军，伪同知溧阳县事、渤海太师李撒八等一十二人，及千户留哥。

建炎四年正月，金人攻常州，守臣周杞遣官迎飞，从之。且欲据城坚守，扼虏人归路，以立奇功。会城陷，未及行。郭吉在宜兴，掠吏民。令、佐闻飞名，奉书邀飞，且谓邑之粮粮，可给万军十岁。飞得书，遂赴宜兴。及境，吉已载百余舟，逃入湖矣。飞遣部将王贵、傅庆将二千人，追而破之，驱其人、船、辎重以还。群盗马皐、林聚精锐数千人，飞遣辩士说之，尽降其众。有张威武不从，飞单骑入其营，手擒斩之，收其军。常之官吏、士民弃其产业趋宜兴者万余家。邑人德之，图其像以祠之，曰："父母之生我也易，将军之保我也难。"

【译文】

建炎四年正月，金人攻打常州，常州守臣周杞派遣属官赵九龄前去请岳飞抵御金人，岳飞欣然同意。并且打算坚守城池，扼制住虏人返回的道路，以便立下奇功。但此时常州城已经被金人攻陷，岳飞还未来的及成行。此时郭吉在宜兴，骚扰并抢掠当地的官吏与百姓，县令和僚佐久闻岳飞的威名，奉上文书相请，且言城中有粮食，可以供给上万军士吃十年。岳飞得到书信后，遂赶赴宜兴。进入宜兴境内，郭吉已率百余艘船只，逃入湖中。岳飞立即派遣部将王贵、傅庆两人率二千名军士进行追击，结果大破敌众，俘获其人、船只，以及辎重物品。此时又有群盗马皋、林聚等精锐部队数千人，岳飞派遣辩士前去游说，招降了他们，只有张威武不服，岳飞单人独骑闯入敌营，亲手擒获斩杀，并收编其军队。在常州的官吏、民众上万人纷纷舍弃自己的产业来到宜兴安家，城内的百姓感念岳飞的恩德，皆绘制其画像生祀，言：“父母之生我也易，公之保我也难。”

四月，金人再犯常州，飞邀击，四战皆捷，拥溺河者不胜计，擒女真万户少主孛堇、汉儿李渭等十一人。复尾袭之于镇江之东，战屡胜。

【译文】

四月，金人再次进犯常州，岳飞出兵截击，四战四捷，掩杀在河中的敌兵不计其数，并且活捉了女真人的万夫长少主孛堇、汉儿李渭等十一人。岳飞又一直尾随追击金人到镇江府的东部，屡战屡胜。

诏就复建康，飞即将兵以往。二十五日，战于清水亭，金人大败，横尸十五里余，馘耳带金、银环者一百七十五级，擒女真、渤海、汉儿军四十三人，获其马甲一百九十三，弓、箭、刀、旗、金、鼓三千五百一十七。

【译文】

岳飞接到诏令收复建康，于是亲自率领将士前往。二十五日，作战于清水亭，金人大败，横尸十五余里，斩得耳戴金、银环的女真人首级一百七十五个，擒获女真人、渤海人、汉儿军四十三人，缴获马甲一百九十三，弓、箭、刀、旗、金、鼓器械计三千五百一十七件。

五月，兀朮复趋建康。飞设伏于牛头山上，待之夜，令百人衣黑衣，混虏中，扰其营。虏惊，自相攻，益逻卒于营外。飞潜令壮士衔枚于其侧，伺而擒之。初十日，兀朮次于龙湾，要索城中金、银、缣帛、骡、马及北方人。飞以骑三百、步卒二千人，自牛头山驰至南门新城为营。遂战，大破兀朮之众，所获负而登舟者，尽以戈殪其人于水，物委于岸者山积。斩首秃发耳垂环者三千余级，僵尸十余里，降其卒千余人，万户、千户二十余人，得马三百匹，铠、仗、旗、鼓以数万计，牛、驴、辎重甚众。兀朮奔淮西。飞入城抚定，虏无一骑留者。

【译文】

五月，兀术又奔到建康。岳飞设计埋伏于牛头山，等待夜幕降临时，命令百余人身着黑色衣服，混迹于虏人之中，扰乱他的大营。虏人大惊失色，相互攻击，于是增加巡逻的士兵在营外窥探张望。岳飞又暗中派遣士卒口中衔枚隐藏起来，伺机擒获他们。初十日，兀术移驻于龙湾，要索取城中的金、银、缣帛、骡、马以及北方人。岳飞亲自率领骑兵三百人，步兵二千人，自牛头山上飞驰而下，在南门的新城设下营寨。与之大战，大败兀术。捕获了那些负着抢来的财物将要登舟的金人，都用戈刺杀于水中，物品纵横委弃聚积在岸上堆积如山。斩首头上无蓄发耳朵上带着耳环者三千余级，浮尸十余里地，收降的士卒千余人，万户、千户二十余人，捕获到的马匹三百匹，铠甲、仗、旗、鼓数以万计，牛、驴、辎重也甚多。兀术只得逃往淮西。岳飞进驻建康城安抚居民，虏人没有一人一骑能存留下来的。

六月，献俘行在所。上询所俘人，得二圣[1]音问，感动久之。飞奏曰："建康为国家形势要害之地，宜选兵固守。比张俊欲使臣守鄱阳，备虏人之扰江东、西者。臣以为贼若渡江，必先二浙，江东、西地僻，亦恐重兵断其归路，非所向也。臣乞益兵守淮，拱护腹心。"上嘉纳，赐铁铠五十、金带、鞍、马、镀金枪、百花袍，褒嘉数四。

初，叛将戚方掠扈成军老稚以归，方诈约成盟，还所掠，伏壮士杀之，屠其家。成死，其部曲相率归于飞。广德守亦以书告急于飞。会有诏飞讨之，飞以三千人行营于苦岭。时方发兵断官桥以自固，飞矢著桥柱，方得之，大惊，遂遁。飞遣傅庆等追之，不获。俄益兵来，飞自领千人出，凡十数合，皆胜，方复遁去。飞穷追不已，方困，知必不免，会张俊来会师，方亟降俊。俊置酒，令方出拜，号泣请罪，俊力为恳免。飞谓俊曰："招讨有命，飞固当禀从。然飞与方同在建康，方遽叛去，固尝遣人以逆顺谕之，不听。屠戮生灵，骚动郡县，又诱杀扈成而屠其家，且拒命不降，比诸凶为甚，安可贳。"俊再三请，飞呼方，谓之曰："招讨既赦尔死，宜思有以报国家。"方再拜谢，立于左。当广德之战也，方以手弩射飞，中鞍。飞收矢于箙，曰："他日擒此贼，必令手折之以就戮。"至是取矢与方，方寸折之惟谨，流汗股慄，不敢仰视。

【注释】

①二圣：即宋徽宗、宋钦宗。

【译文】

六月，岳飞押解掳获的战俘到行在。圣上询问战俘情况，得到二圣的消息，感怀伤恸了许久。岳飞上奏言道："建康为国家形势要冲之地，应当挑选精兵坚守。本来张俊想让臣驻守鄱阳，以防备虏人侵扰江东，江西。臣以为贼人如若渡江，必定先攻打两浙，江东、江西地僻，贼人唯恐重兵截断其归路，所以不会是敌人进攻的方向。臣乞请增加兵力守卫淮地，拱卫中央。"圣上对岳飞的看法表示赞许，并赏赐岳飞铁铠五十副、金带、鞍、马、镀金枪、百花袍，褒赏嘉奖数次。

初，叛将戚方掠夺扈成的军队以及老幼归于己有，戚方欺骗扈成，假意与他约定要归还其所掠夺的人、物。戚方命令壮士设伏，将扈成杀死，并且杀害其家人。扈成死后，他的部下先后投奔岳飞。广德的地方官也写书信向岳飞告急。恰逢此时下有诏书，岳飞率领三千人直下广德，安营扎寨于苦岭。戚方此时命令兵士折断官桥用于阻拦岳飞，且要坚守自固，岳飞一箭射在桥柱子上，戚方看到这支箭后大惊失色，急忙逃遁。岳飞命令部将傅庆等追击，但未能擒获戚方。不久戚方又增兵而来，岳飞亲统一千人与之对决，十余个回合下来，岳飞皆胜，戚方复又逃遁。岳飞穷追不舍，戚方知道自己走投无路，会为岳飞所诛杀，此时正逢张俊的大军来此会师，戚方只能向张俊投降。张俊设宴款待岳飞，命令戚方出来拜见，戚方大声哭泣请求活命，张俊极力为其勉罪。岳飞对张俊言："招讨有命令，飞固然要听从。然而飞与戚方同在建康时，戚方突然叛逃而去，我特遣人告诉他逆顺的道理，他又不听从。且涂炭生灵，骚动扰乱附近的郡县，又诱杀扈成及其家人，且抗拒命令坚不投降，比之其他人更为凶狠，这样的人怎可赦免。”张俊再三劝解，岳飞唤来戚方，对他说“招讨既然赦你一死，你应该思忖以图报效国家”。戚方再次拜谢，立在一旁。在广德之战中，戚方以手弩射杀岳飞，结果弩射在岳飞的马鞍上。岳飞将箭放入箭箙，说：“他日擒到此贼，必定要他亲自折断此箭再受戮。”这次岳飞将箭取出还给戚方，戚方恭谨地将箭寸寸折断，戚方吓得汗流浃背、两腿颤抖，不敢抬头。

时有删定官邵纬上书庙堂，言飞“骁武沈毅，而恂恂如诸生。顷起义河北，尝以数十骑乘险据要，却胡虏万人之军。又尝于京城南薰门外，以八、九百人破王善、张用五十万之众，威震夷夏。而身与士卒之下者同食，民间秋毫无扰。且虑金人留军江南，为东南之患，则奋不顾身，克复建康，为国家取形胜咽喉之地。江、浙平定，其力也。”庙堂以其书奏。

【译文】

此时有删定官邵纬上书朝廷，言到岳飞“骁武沉毅，却举止恭谨如儒生。不久前仗义起兵于河北，曾以数十骑人马乘据要冲，抵御胡虏万人之众。又曾于京城南薰门外，仅以八九百人破王善、张用五十万人之众，威名远震于华夏四夷。平日与最下等士卒吃同样的食物，对百姓更是秋毫无犯，从不骚扰。金人留军驻守江南，为东南之大患，岳飞不顾个人安危，收复建康，为国家夺取地形最为重要的咽喉要冲。江、浙平定了，这是岳飞的功劳”。朝廷看到了邵纬写的奏折。

七月，宰臣范宗尹奏事，因言：“张俊自浙西来，盛称飞可用。”上曰：“飞，杜充爱将。充失臣子之节，而能用飞，有知人之明。”迁飞武功大夫、昌州防御使、通、泰州镇抚使、兼知泰州。飞辞通、泰之命，愿以母、妻并二子为质，乞淮南东路[①]一重难任使。招集兵马，掩杀金贼，收复本路州郡。乘机渐进，使山东、河北、河东[②]、京畿等路次第而复。报闻。

【注释】

①淮南东路：宋代实行路、州府军监、县三级地方行政管理制度。南宋版图缩小，建炎初减为十九路。绍兴后，全国分为十六路。淮南东路首府治扬州。大致包括今天的江苏省中部，安徽省的中东部。

②河东：古地区名。黄河流经陕西、山西两省，自北而南的一段之东部，指今山西省。秦汉时置河东郡、唐初置河东道，开元间又置河东节度使，宋置河东路。

【译文】

秋七月，宰相范宗尹上奏言事，因言："张俊自浙西来，盛赞岳飞是可用之才。"圣上言"岳飞乃是杜充的爱将。杜充在事君方面有失臣子的礼节。但能启用岳飞，则有知人善任的明察"。升迁岳飞为武功大夫、昌州防御使、通、泰州镇抚使、兼知泰州。岳飞力辞通、泰州任命之职，愿意以母亲、妻子以及二子为人质，请求改迁到淮南东路一个重要艰险之地为职。以便招集兵马，掩杀金贼，收复本路的州郡。等待时机，逐步渐进，渐次收复山东、河北、河东、京畿等路的故地。圣上回复说收到了。

八月，金人攻楚州急。签书枢密院赵鼎遣张俊援之，命飞隶俊节制。俊辞曰："虏之兵不可当也。赵立孤垒，危在旦夕。若以兵委之，譬徒手搏虎，并亡无益。"鼎再三辨，俊亦再三辞。鼎奏曰："俊若惮行，臣愿与之偕。"俊复力辞。乃诏飞率兵腹背掩击，令刘光世遣兵，而以飞隶光世节制。上数使人促光世亲率兵渡江，光世行，幕下或止之，遂已。上闻之，乃顾鼎曰："移文不足以尽意，卿可作书与光世，详言之。"鼎移书光世，又不肯行。

【译文】

八月，金人攻打楚州，楚州告急。签书枢密院赵鼎派张俊前去增援，命岳飞隶属张俊节制。张俊推辞说："虏人的兵将锐不可当。赵立孤垒，危在旦夕。就算拼着折损全部兵力，也如同徒手搏虎一样，大家一起送死，无一点益处。"赵鼎再三辩析义理，张俊亦再三推辞。赵鼎最后上奏圣上言："若张俊畏惧此行，我愿意与他同往。"张俊又力辞。圣上只得下诏令岳飞率兵前后夹击，命令刘光世派兵，而命岳飞改为受刘光世节制。圣上数次令人督促刘光世亲自率兵渡江，刘光世正要启行，有幕僚上前阻止他，便又作罢。圣上闻听，又对赵鼎言："之前的公文没有尽意表述，你可再写信与光世，对他详加说明。"赵鼎再次手书公文与刘光世，刘光世仍是没有行动。

时虽已诏飞行，而飞方自行在归宜兴，尽提所部兵赴镇，初未知也。十九日，飞发宜兴。二十三日，军至江阴，俟舟。飞闻警，轻骑而先，二十六日入泰州。未暇事，籍郡敢勇士及部辖使臣[①]、效用，责其愿从军状。尽收其马，寘之教场集射，而取中的多者，得自择一马。毕射，得百人，以赐甲五十副并作院甲五十与之，分为四队，常置左右。

【注释】

①使臣：是宋朝八品和九品的十等武阶官总称，可分为大使臣和小使臣。（据《宋朝军制初探》（增订本），第198页。）

【译文】

那时，虽然朝廷已经下诏给岳飞，而岳飞还在从行在回宜兴的路上，率领所属部队赴镇，并不知道朝廷已下达诏书。十九日，岳飞从宜兴出发。二十三日，大军到达江阴，等候船只过河。岳飞听到紧急情况后，自领轻骑先行渡江，二十六日进入泰州。未及视事，就先点检泰州兵籍中的敢死士、使臣、效用，督责他们填写从军愿否状。然后把他们所有的马匹集中到教场，比赛射技，优胜者可以自择一匹战马。射箭完毕，先祖父精选了一百名优胜者，赐予铠甲五十副并院甲五十副，分为四队，让他们作为自己的亲兵，常置左右，以示对本地军队的信任。

初九日，飞军既济。二十日，抵承州。转战弥月，三战皆大捷。杀其大酋高太保，擒女真、契丹、渤海、汉儿军，又俘阿主孛堇及里真、阿主里、白打里、蒲速里酋长七十余人，送行在。上赐札褒嘉，并赐金注椀一、琖十。

【译文】

初九这日，岳飞军全部济度完毕。二十日，到达承州。转战月余，三战皆大捷。杀其大酋高太保，擒女真、契丹、渤海、汉儿军，又俘获阿主孛堇及里真、阿主里、白打里、蒲速里酋长七十余人，押送到行在。圣上赐札嘉奖，并赏赐金注椀一副、盏十双。

金人既陷承、楚，诏光世措置保守通、泰。时飞在承州，泰州盗起，王昭寇城东，张荣寇城北。诏飞还守通、泰，乃旋师。自北炭村至柴墟，屡战，皆捷。谍报金人併兵二十万，将取通、泰。俄光世复违诏，不遣救兵，飞以闻。

【译文】

金人已然攻陷了承州、楚州，诏刘光世措置保护守卫通州、泰州。此时岳飞在承州，泰州出现盗寇，盗寇王昭的军队出没于城东，盗寇张荣的军队出没于城北。于是岳飞接到了退守通州和泰州的命令，所以指挥军队撤退。军队在回师的途中，自北炭村至柴墟镇，屡次击退金兵的追击，皆是大捷。有刺探报告金人合并兵力二十万，将要攻取通、泰两州。刘光世复又违抗诏令，不派遣增援的军队，岳飞将此事上报朝廷。

十一月，有诏："泰州可战即战，可守即守；如其不可，且于近便沙洲保护百姓，伺便掩击。"飞顾虏势盛，泰无可恃之险，初三日，全军退保柴墟，战于南霸塘。金人大败，拥入河流者不可胜计。相持累日，而泰州为镇抚使分地，不从朝廷命饷，军粮饷乏绝，刲虏尸以食。初五日，乃下令渡百姓于阴砂。飞以精骑二百殿，金人望之，不敢逼，遂屯江阴。

【译文】

十一月，有圣旨："泰州能战则战，能守则守；如果不能，可以于附近便利的江岸沙洲保护百姓，等待时机再掩击敌人。"岳飞考虑到虏人势力强大，泰州没有可依赖的险要作为屏障，初三，率军退保柴墟镇，在南霸塘与金人展开激战。金人大败，落入河中毙命的敌人不计其数。相持数日，而泰州是镇抚使的分地，不在朝廷供给钱粮的范围，岳飞军粮食断绝，只能割敌尸充饥。初五日，下令带领百姓渡江到江阴沙洲上。他自带二百名精骑断后，金人望其项后，却不敢逼近，岳飞于是前往江阴屯兵。

岳珂◎编

熊曦　李兰　宋学佳　尹晓峰　周杰◎译注

鄂国金佗

稡编续编译注

【四】

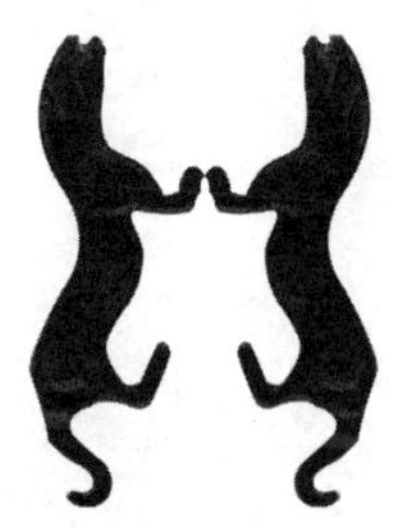

郑州大学出版社

卷第十八

百氏昭忠录卷之二

章尚书颖经进鄂王传之二

时剧贼李成乘乱，据江、淮十余州，兵三十万，有席卷东南之意，遣其将马进犯洪州。十二月，诏张俊为江、淮招讨使。绍兴元年正月，张俊入辞，盛言李成之众，上曰："成兵虽众，不足畏。"因谕俊曰："今日诸将独汝无功。"俊遽曰："臣何为无功？"上笑曰："如韩世忠擒苗傅、刘正彦，卿殆不如也。"俊悚恐，承命而退，乃请以飞军同讨贼，从之。

【译文】

此时有巨贼李成乘机作乱，占据江、淮十余个州县，集结兵力三十万，大有席卷东南之势，且派遣其将官马进侵犯洪州。十二月，圣上任命张俊为江、淮招讨使。绍兴元年正月，张俊入朝向圣上辞行，极力申说李成兵众势盛，圣上说："李成的兵虽然多，但不足以畏惧。"并且告谕张俊，认为"现任的诸大将中唯独你没有功劳"。张俊惶恐地问："臣为何没有功劳呢？"圣上笑答："如韩世忠有擒苗傅、刘正彦之功，卿尚不如他们。"张俊惶恐惊悚，领命而退，于是请岳飞率军共同讨贼，圣上下诏应允。

二月，飞至鄱阳，与俊军合。三月初三日，次洪州。贼连营西山，王师不得渡。俊惧，召飞计之曰："俊与李成前后数战，皆不利，其为我计之。"飞曰："甚易也，贼贪而不虑后，若以骑兵三千，自上流出生米渡，出其不意，破之必矣。飞愿为先锋以行。"俊大喜，从之。

【译文】

二月，岳飞至鄱阳，与张俊合兵一处。三月初三，军队到达洪州。贼人在西山扎下连营，官军不得渡江。张俊十分恐惧，召来岳飞问道："我与李成前后数次作战，皆失败，君可为我出一计谋。"岳飞说："其实很容易，贼人贪功冒进而不考虑后顾之忧，如果以骑兵三千人，自上流生米渡出其不意攻击，必然能打败贼军。我愿意为先锋。"张俊听后大喜，依从岳飞之计而行。

初九日，飞被重铠，先诸军跃马以济，潜出贼军之右。飞首突贼阵，所部从之，贼大败，降其卒五万人。飞追之二十五里，及河，渡土桥，才数十骑而桥坏，后骑莫能进。马进引军五千，回攻飞，飞以一矢殪其将，麾骑攻之，大败。进走筠州，飞屯军城东。十一日，贼复引兵出，布列横亘十五里。飞以红罗为帜，刺"岳"字其上，白之。平明，选马军二百人，建旗鼓而前。贼易其少，薄之，伏发，大败走。飞使人呼曰："不从贼者坐，当不汝杀！"应声坐者八万人，死者不可计。坐者皆解甲，择所获枪刀、衣甲、器仗之坚全者，束之，令降卒负以随军；弊者藏之筠州之帑，分隶降军。三日乃毕。

【译文】

初九，岳飞身披重铠，率先跃马涉水而渡，潜行至贼军的右翼。岳飞第一个向贼阵冲去，所率的军士紧跟其后，贼军大败，投降的士兵有五万人。岳飞追击二十五里，到了河边，从一土桥上渡过，才过了数十骑桥便崩坍了，致使后边的骑兵不能前进。马进率领五千人，返回攻打岳飞，岳飞用一箭射死其将，指挥骑兵突前奋战，贼人又大败。马进只能逃回筠州，岳飞屯兵在城东。十一日，贼人又集结兵力出城排兵布列，绵延十五里。岳飞以红罗作旗帜，上面刺上白色的“岳”字。天明时分，岳飞率领挑选出来的二百名马军前去诱敌，树立旗帜击鼓前行。贼军见岳飞兵少，不以为意，上前搏击，不料遭到岳飞事先部署的伏兵袭击，大败而归。岳飞命人喊话说：“不跟从贼人者，坐到地上，脱卸衣甲，则可不杀你们！”贼众应声而坐者有八万余人，死者不可计数。所缴获枪刀、衣甲、器仗完好无损的，捆扎起来，令投降的士兵随军背负而行；衣甲器械中有破损的就放置到筠州府库，再把降兵分派到各军中，用了三天整理完毕。

进以余卒奔李成所，成时在南康之建昌。飞夜引兵，衔枚至朱家山，偃兵伏帜，于茂林待之。进至，伏兵一鼓出林间，贼众大败，杀获步兵五千人，斩其将赵万。进以十余骑走。成怒，引兵十余万来。飞遇之楼子庄，合战，大破成军，降其卒二万余人，获马二千匹。追之，兵自武宁县至江州，道中杀及降三万人。

【译文】

马进率领残兵败将投奔李成处，李成此时在南康的建昌。岳飞连夜带领兵士，衔枚急行至朱家山，偃旗收帜，埋伏于茂密的林子之中等待。马进残兵一至，伏兵齐发一鼓作气，贼人大败，杀获贼人步兵五千人，斩首敌将赵万。马进仅以十余骑逃走。李成大怒，亲自领兵十余万人前来。与岳飞在楼子庄相遇，岳飞率领军队与之会战，大破李成，招降其士卒二万余人，获得战马二千匹。继续追赶，由武宁追至江州，途中又杀敌及招降者有三万人。

成自独木渡趋蕲州。飞以骑军追之，又发步卒渡张家渡，夹击之，杀其将马进、孙建及他首领甚众。成军昼夜走，饥困死者什四、五。至蕲州，又降其卒万五千人，获马二千余匹，弃器甲、金帛无数。成走降伪齐，江、淮平。

【译文】

李成由独木渡到蕲州。岳飞以马军追击，让步军在张家渡济度，共同夹击李成，杀死马进、孙建及贼首众多人。李成的军队不分昼夜仓皇逃走，饥饿疲惫而死者十之四五。岳飞到蕲州，又招降其卒一万五千人，缴获马二千余匹，贼人所丢弃的器仗、衣甲、金帛不可计数。李成逃走投奔伪齐，江、淮得以平定。

相州人张用有勇力，号张莽荡。其妻尤勇，带甲上马，敌千人，自号一丈青。以兵五万寇江西，俊召飞，语之曰："非公无可遣者。"问用兵几何？飞曰："以飞自行，此贼可徒手擒。"俊固以步兵三千益飞。飞至金牛，顿兵，遣一兵持书谕之曰："吾与尔同里人，忠以告汝，南薰门、铁路步之战，皆汝所悉也。今吾自将在此，汝欲战则出战，不欲战则降。降则朝廷录用，各受宠荣；不降则身殒锋镝，或为俘囚，虽悔何及。"用与妻得书，拜曰："果吾父也，敢不降！"遂俱解甲，飞受其降以归。俊谓僚佐曰："岳观察之勇略，吾与汝曹俱不及也。"又招降马进余党之溃者数万人，飞汰其老弱，得精兵万余人以归俊。俊奏功，飞第一。

【译文】

相州人氏张用骁勇有气力，绰号叫张莽荡。其妻尤其勇锐，披甲上马，可以力敌千人，自号一丈青。他们拥兵五万侵扰江西，张俊召来岳飞，说："除公之外，无可遣他人。"问需要多少人马，岳飞说："我自去即可，此贼可以徒手擒获。"张俊坚持拨给岳飞三千步兵。岳飞率兵至金牛，驻兵，派遣一名士兵持书信劝喻张用："我与你是同乡，所以诚心地告诉你，南薰门之战、铁路步之战，都是你所熟悉的。今天我亲自带兵在此，你若想战则战，若不想战则投降。投降则朝廷录用，皆受恩宠荣耀。如果不降则会陨命于刀锋之下，或成为阶下囚，到那时即使后悔也来不及了。"张用与妻子得到书信，拜谢使者说："真是我（值得敬重）的父辈啊，怎敢不降！"于是各自解甲归附，岳飞接受了他们的归降。张俊对幕僚将佐说："岳观察使的勇锐与谋略，我和你们皆不如他。"继而又招降马进的溃散余党数万人，岳飞淘汰其老弱残兵，挑选精兵万余人归于张俊。张俊向朝廷奏功，岳飞功居第一。

七月，充神武副军统制，命权留洪州，弹压盗贼。十月，授亲卫大夫、建州观察使。建寇范汝为陷邵武军。江西安抚大使李回檄飞，分兵三千保建昌军，二千保抚州。飞以"岳"字帜植城门，贼游骑望见，相戒勿犯，民赖以安。十一月，贼将姚达、饶青以万余人逼建昌。飞遣王万、徐庆将建昌之军讨之，擒青、达于四望山。十二月，升神武副军都统制。

【译文】

七月，岳飞任神武副军统制，朝廷命他暂留洪州，弹压盗贼。十月，授予岳飞亲卫大夫、建州观察使。建州贼寇范汝为攻陷邵武军。江西安抚大使李回以檄书要求岳飞分兵三千保卫建昌军，二千保抚州。岳飞命人以“岳”字旗帜安插在城门上，贼寇的巡逻骑兵望见，皆互相告诫不可冒犯，百姓得以安定。十一月，贼将姚达，饶青以一万余人直逼建昌。岳飞派遣王万、徐庆带领建昌本地的军队去讨伐，擒拿饶青、姚达于四望山。十二月，朝廷升岳飞为神武副军都统制。

绍兴二年正月，诏以飞治军整肃，勇于战斗，赐衣甲一千副。时飞年三十。曹成拥众十余万，由江西历湖湘，执安抚使向子諲，据道州、贺州。二月，命飞以本职权知潭州、兼权荆湖东路安抚、都总管，且以韩京、吴锡及广东、西峒丁、刀弩手、将兵、土军、弓手、民兵，与飞会，以捕成。又付之牌以金书并黄旗十，招降群盗。

【译文】

绍兴二年正月，下诏书说岳飞治军整肃，勇于战斗，赐衣甲一千副。岳飞时年三十岁。曹成拥兵十余万，由江西历经湖湘，俘虏了湖东安抚使向子諲，占据了道州、贺州。二月，命岳飞以本职代理潭州知州，兼荆湖东路安抚使、都总管，并且要求韩京、吴锡军及广东、广西峒丁、刀弩手、将兵、土军、弓手、民兵等，与岳飞合兵捉拿曹成。又付予岳飞金字牌并黄旗十副，用于招降群盗使用。

十七日，飞发洪州。成闻飞来，谓其人曰：“岳家军来矣。”乃预令其军分路逃去。十九日，成引兵趋全、永，犯广西。独留其中军，乘飞未至，纵兵四掠。三十日，飞至茶陵，先遣兵趋郴及桂阳，伺成动息。

【译文】

十七日，岳飞发兵洪州。曹成听说岳飞要来，对自己的属下说："岳家军要来了。"于是预先下令军队分路逃走。十九日，曹成引兵到全州、永州，进犯广西。单独留下中军，趁岳飞尚未到，纵使兵士四处抢掠。三十日，岳飞到了茶陵，先派遣士兵到郴州及桂阳路，伺探曹成的动向。

有诏察其受招与否，为进退。飞数以上意谕之，成不听。飞乃上奏曰："内寇不除，何以攘外；近郊多垒，何以服远。比年群盗竞作，朝廷务广德意，多命招安；故盗益玩威不畏，力强则肆暴，力曲则就招。若不略加剿除，蜂起之寇未可遽殄。"诏许之。

【译文】

圣上又令岳飞详查曹成是否愿意接受招降，再考量是否出兵剿伐。岳飞数次把圣上的旨意告谕曹成，曹成仍然不听劝告。于是岳飞上奏说："内部的贼寇如果不除却，怎能平息外部的骚乱？近处的贼人还在筑垒，凭借什么让远处的敌人顺服？往年群盗猖獗，朝廷往往广施恩德，大多命令招安；故而盗贼们轻视朝廷的威严，不存畏惧之心，他们力量强大时就肆意暴虐，力量削弱时就投降接受招安。若不稍稍加以剿除，等到他们蜂拥而起，仓促间就难以剿灭了。"圣上听后准许了岳飞的上奏。

闰四月，入贺州境。成寨于太平场，飞未至贼屯数十里，按兵立栅。会得成谍者，缚而坐之帐下。有间，飞出帐，召军吏调兵食，吏曰："粮且尽矣，奈何？"飞曰："促之耳，不然，且返茶陵以就饷。"已而顾见成谍者，以手循耳，顿足而入，乃令逸之。谍至成军，言之。成大喜，期明日来追飞军。是夜，飞命士蓐食[1]，夜半悉甲趋绕岭。初五日未明，已破太平场军，尽歼其守隘之兵，而焚其营，成大惊。

【注释】

①蓐食：早晨未起身，在床席上进餐。谓早餐时间很早。《左传·文公七年》："训卒，利兵，秣马，蓐食，潜师夜起。"

【译文】

夏闰四月，岳飞率兵进入贺州境内。曹成军在太平场扎寨，岳飞军队还没有到达贼军就屯兵数十里，设立营栅严阵以待。恰好捉到了曹成的间谍，捆绑着让他跪在岳飞帐下。有一会儿，岳飞出营帐，召来军吏调拨军粮，军吏请示说："军粮目前已经尽竭，怎么办？"岳飞说："催促运粮的人快些，不然的话，就只能返回茶陵补给粮食了。"旋即又回头看了一眼曹成派来的间谍，揪耳顿足地假装十分懊悔自己说漏了嘴，然后故意放走了探子。敌探逃到曹成的军中，把所听到的一切都报告给曹成。曹成听后大喜，盘算着明日岳飞退军时如何追击。当夜，岳飞命令士兵提前吃了早饭，半夜时全军急奔绕岭。初五日天还未亮，岳飞已经大破太平场寨，歼灭了把守关隘的士兵，焚毁了太平场的敌寨，曹成大惊。

明日，进兵，距贺城二十里。成募贼愿战者三万余人，据山险，捍官军。飞麾兵掩击，贼众大溃，追至城东江岸，成奔桂岭路。诏不以远近追捕，又以暑月暴露，降敕书抚谕。

【译文】

第二日，进兵，距贺州城二十里。曹成招募愿意参战的贼兵三万，夜半凭据山势之险要，迎击官军。岳飞率兵掩击，众贼大败，追至城东江岸，曹成逃奔桂岭路。圣上又赐诏书，命令不论远近皆要追捕，此时正值炎热的盛夏在外露营非常辛苦，圣上下敕书安抚晓谕。

飞进兵趋桂岭。其地有北藏岭、上梧关、蓬岭，号为三关隘。成先引兵据北藏岭、上梧关，自以为得地。飞至，成以都统领王渊迎战。飞麾兵疾驰，不阵而鼓之，渊军大溃。歼其守隘者，夺二隘而据之，成亟遁去。十三日，成复选锐将，自北藏岭夹击官军。飞以兵迎之，成败，馘一万五千余级，获其弓、箭、刀、枪无数。成又自桂岭为营至北藏岭，亘六十余里，所据皆山险、溪涧、隘道，人马不可并行。成自守蓬岭。贼众十余万，皆河北、河东、陕西之溃卒，骁勇健斗；飞所部才八千人，而骑最少，不及成军什之一。十五日，飞进兵蓬岭，分布岭下，一鼓登之，成军四溃，所杀及掩入溪水者不知其数。成自投岭下，得骏马而逃。飞举其寨有之，及其枪、刀、金、鼓、旗帜，归其所虏人民于田里，擒其将张全。

【译文】

岳飞进兵奔赴桂岭。那个地方有北藏岭、上梧关、蓬岭，号称为三隘。曹成先引兵占据北藏岭、上梧关两地，自认占据有地利的优势，易守难攻。岳飞到后，曹成派都统领王渊首先迎战。岳飞挥军疾驰，并不列阵，只鼓舞士兵冲杀，王渊所率的贼军大败。岳飞又乘胜歼灭把守关隘的匪兵，夺取了北藏岭和上梧关，曹成仓皇逃跑。十三日，曹成再选勇锐将士，在北藏岭夹击官军。岳飞率军迎击，曹成又败，斩杀其军一万五千余人，剿获敌人留下的弓、箭、刀、枪等战利品不可计数。曹成又在桂岭安营扎寨一直到北藏岭，绵延六十余里，所占据的都是山险、河涧、道路狭窄的要冲，人马不能并行。曹成亲自守住蓬岭，严加整备。此时，贼众有十余万，皆是来自河北、河东、陕西的溃卒，骁勇健壮能征贯战。而岳飞所率只有八千余人，而且骑兵很少，不及曹成军队的十分之一。十五日，岳飞进兵蓬岭，人马分布在岭下，一鼓作气冲上山峰，曹成军队四下溃散，被杀死以及掩拥入河中的人不计其数。曹成滚到岭下，抢到一匹马落荒而逃。岳飞缴获寨中的物资，以及枪、刀、金、鼓、旗帜，释放被曹成掳掠的民众，让他们回归田里，擒获敌将张全。

成窜连州，飞呼张宪、王贵、徐庆，谓之曰："曹成败走，余党尽溃。虑其复聚为盗，今遣汝等三路招降，若复抵拒，诛其酋而抚其众。谨无妄杀，累主上保民之仁。"于是宪自贺、连，庆自邵、道，贵自郴、桂阳，降者二万，与飞会连州。凡降者用其酋领，而给其食。乃益进兵追成，成走宣抚司降。

【译文】

曹成逃窜至连州，岳飞召见张宪、王贵、徐庆，对他们说："曹成败走，其余党羽尽已逃散，我担心他们以后复聚为盗，我今派你等分三路前去招降，他们若还是抗拒，可以诛其首领而安抚其他的从众。谨记不要妄杀无辜，不要连累圣上保护百姓的仁心。"于是张宪自贺州、连州，徐庆自邵阳、道州，王贵自郴州、桂阳前去招降，投降的人数有两万人，最后与岳飞会合于连州。岳飞任用这些降卒的首领，并且分发给他们粮食。岳飞继续进兵追击曹成，曹成非常畏惧，跑到（韩世忠的）宣抚司接受了招安。

其徒有郝政者，率众走沅州，欲为成报仇，为张宪所擒。其将杨再兴走，跃入涧中，宪欲杀之，再兴曰："愿执我见岳公。"遂受缚。飞见再兴，奇其貌，释之，曰："吾不汝杀，汝当以忠义报国家！"后卒为名将，死于战。岭表悉平。时盛夏行师烟瘴之地，贼兵以疾，死者相继，而官军无一人疾疠者，盖拊循之有方也。

【译文】

（曹成残部中）有一个叫郝政的人，率领贼众逃走到沅州，想要为曹成报仇，被张宪擒获。其部将杨再兴逃走，跳入涧中，张宪欲杀他，再兴说："我愿束手就缚拜见岳公。"于是接受束缚。岳飞看见再兴，觉得他相貌与众不同，遂命人解开捆绑的绳子，说："我不杀你，你日后当以忠义之心报效国家！"后来杨再兴果然死于为国宣力的疆场上，成为一代名将。此时岭表俱以平定。当时正值盛夏之季，用兵行师在烟瘴之地，曹成的匪军因患病而死者相继不断，而官军却无一人得病，这是因为岳飞拊循有方啊。

六月十一日，授中卫大夫、武安军承宣使，依前神武副军都统制。初，诏飞平曹成日，赴行在。寻以江州为控扼要地，命飞以所部及韩京、吴锡军屯江州。比入江西境，安抚大使李回檄令招杀马友将郝通之众。飞遂至筠州，降之，选其兵，得精兵一万八千人。因奏所得兵足以防江，韩京、吴锡军更不须发，乃以京、锡拨隶荆湖、广南宣抚司。马友复犯筠州，及闻飞军来，遽逃去。军至江州，刘忠之余党四千余人寇蕲之广济县，又李通已受招安，在司公山，不肯出，令飞掩捕，悉平之。李回奏以舒、蕲、光、黄接连汉阳、武昌盗贼，并委飞招捕。

【译文】

六月十一日，除授岳飞为中卫大夫，武安军承宣使，依旧为神武军都统制。一开始曾下诏，命令岳飞平定曹成之后，即赴行在。不久又重申扼守要冲之地江州的重要性，命令岳飞率领本部人马以及韩京、吴锡的军队驻扎江州。才进入江西境内，安抚大使李回以檄文命令招降剿灭马友手下郝通的匪军。岳飞遂又赶到筠州，敌人投降，淘汰老弱残兵，得到精兵一万八千人。故而上奏朝廷称得到的兵马足以担当长江防务，韩京、吴锡的军队不须起发，仍旧让韩京、吴锡的军队隶属荆湖、广南宣抚司。此时马友再次进犯筠州城西，及至听说岳飞率军而来时，马友仓促逃跑。军队到了江州，刘忠的余党四千余人侵扰蕲州的广济县，李通接受招安，在司公山，不肯出来，令岳飞乘其不备去逮捕他们，结果全部平定了。于是李回上奏，请求以舒、蕲、光、黄四州，以及接连汉阳、武昌一带的盗贼，一并委派岳飞前去招捕。

十二月，亡将李宗亮诱张式，以兵叛。绍兴三年正月，宗亮、式夜至筠州焚剽，飞遣徐庆、傅选捕灭之。二月，上遣郑壮赍金蕉酒器赐飞，如赐韩世忠礼，诏飞赴行在。江西宣谕[①]刘大中奏："飞提兵素有纪律，人情恃以为安。今飞以军赴行在，恐民不安，盗复起。"乃不果行。又以亲札赐李回，令专委飞捕盗。

【注释】

①宣谕使：宋官名。掌考察地方政治，按察官吏，招抚起事者，宣谕朝廷关心。南宋绍兴后常于民众起事被镇压后派高级官员为宣谕使前往抚慰。参阅《宋史·职官志七》。

【译文】

十二月，逃亡的将领李宗亮引诱张式，率所部兵士叛乱。绍兴三年正月，李宗亮、张式趁夜到筠州进行焚剽，岳飞派遣徐庆、傅选前去捕灭。二月，圣上派郑壮带着金蕉酒器赐给岳飞，如同此前赐韩世忠一样的礼数，下诏命岳飞到行在。江西宣谕使刘大中奏："岳飞的部队军律整肃，民心赖此平安。如今若令岳飞带军前赴行在，深恐当地民众不能安居乐业，盗贼复又猖獗而起。"最终圣上没有令岳飞去行在，又赐李回亲札，令他委派岳飞专一镇压盗贼。

时虔、吉盗群起。吉则曰彭友，曰李动天，及以次首领称号尤僭。虔则有陈颙、罗闲十，连兵十数万，寨五百余所。相表里，拒官军，侵寇循、梅、广、惠、英、韶、南雄、南安、建昌、汀、潮、邵武诸郡。李回奏乞专委飞讨捕。广东宣谕明槖亦奏虔贼为二广患，欲飞招捕。知梧州文彦明奏虔州盐寇入广东，乞委飞讨捕。刘大中亦连奏，以飞为请。上始专以虔、吉寇付飞平之。

【译文】

此时在虔、吉二州境内盗贼群起。吉州则是以彭友、李动天为首，及以下的首领都使用了僭越的称号。虔州则以陈颙、罗闲十，连兵十数万，设置营寨五百余所。他们互为表里，抵抗官军，不时地劫掠于循、梅、广、惠、英、韶、南雄、南安、建昌、汀、潮、邵武诸郡。李回上奏朝廷乞请专门委派岳飞前去讨伐。广东宣谕明槖也上奏言虔州贼人为患于二广，想让岳飞前去招捕。知梧州文彦明上奏虔州盐寇进入广东作乱，乞请朝廷派岳飞前去讨捕。刘大中亦再次上奏，请岳飞前去讨伐。圣上于是专门委派岳飞前去虔、吉州平乱。

四月，飞至虔州，闻彭友立栅于固石洞，储蓄甚富。飞至，则已离固石洞，悉其兵至雩都，俟官军。飞遣辩士二人说之，贼曰：“为我语岳承宣，吾宁败不肯降，毋以虚声恐我。”遂与战，友跃马驰突，飞麾兵击之，擒友等于马上。余酋散走，横尸满山谷，获衣甲、器械无数，还其所掠二万余人。

【译文】

四月，岳飞到虔州，闻听彭友等人在固石洞竖立营寨，储备甚足。岳飞到后，彭友已带人马离开固石洞，全部来到雩都，等候官军到来。岳飞派遣两名辩士前去劝说，贼人说：“为我转告岳承宣，我宁败也不肯降，不要虚张声势地恐吓我。”于是岳飞与之开战，彭友跃马猛冲过来，岳飞麾兵相击，在马上就擒拿住彭友等人。其余的小头领四处逃散，贼众被杀得尸积如山、遍布山谷，缴获贼众衣甲、器械无以计数，还把彭友等贼人掳掠的二万多余人释放了。

余酋复退保固石洞。洞之山特高，水环之，止一径可入。飞顿兵瑞金县，自领千骑至固石，复遣说之，不从。飞乃列骑军于山下，皆重铠持满。黎明，遣死士三百，疾驰登山，贼众大乱。山下鸣鼓呼噪，贼皆弃山而下，为列骑所围，疾呼匄命，仓猝投坠而死者众。飞令止杀，悉听下山投降。或请戮之，飞蹙然曰：“愚民杀之何益！且主上既赦其人矣。”命籍其金、帛，入备边、激赏库①，择其勇锐者隶诸军，余悉纵之。授徐庆等方略，捕诸郡贼，以次败降。擒贼大小首领五百余人。

【注释】

①激赏库：宋代官署名。置于绍兴年间，专供边防将士军需物资之用，后兼管供应朝廷和官吏所需用的物资。本隶御营司，建炎四年御营司废，改隶枢密院。

【译文】

其余的小首领又退守固石洞。此洞在高山之巅，四面环水，只有一条小径能登到山上。岳飞驻军于瑞金县，亲自带领千余骑兵前往固石洞，又派遣辩士前去游说，众贼仍是不听劝告，于是岳飞率骑军列队于山下，皆是身穿重铠持弓满箭。黎明时分，派遣三百名死士，疾速登山实施强攻，贼众大乱。山下鼓声隆隆呼声喧嚷，贼人皆是弃山而下，已被骑兵所围困，于是大声求饶，仓促间从山上堕落而亡的贼人甚多。岳飞命令军士一人都不许杀，贼众知道后都下山投降，有的请求杀戮，岳飞皱眉良久说："本来是愚民，杀了有何益处！况且圣上既已赦免其人。"岳飞命人登记所缴获的金、帛并加以收藏，入备边、激赏库，将被俘的身体健壮者分隶各军，其余众人放归田里。授以徐庆等人方略，逮捕其他诸郡的盗贼，贼众依次败降。这次战役擒获的贼人大小首领五百余人。

初，隆祐后至章贡，军民逆命[①]，有密旨，令屠虔城。飞既平诸寇，乃驻军三十里，上疏请诛首恶，而赦胁从，不许。飞请至再，上乃赐曲赦，仍诏飞裁决。六月，飞入城论囚，以诸酋罪之尤者数人诛之，余悉称诏贯之。

【译文】

当初，（建炎四年）隆祐太后（避乱）到了江西章贡，遇到乡兵叛乱，故而朝廷下密旨令岳飞虔州屠城。岳飞此时已平定诸寇，驻军在虔州城外三十里，奏请圣上只诛杀首恶，而赦免胁从者，圣上不许。岳飞又连连上奏，最后圣上才曲意宽容令岳飞自行裁决。六月，岳飞方才入城处置囚犯，只将诸寇首中罪愆最深重的几个人诛杀了，其余的从众则以圣上的名义给予赦免。

时又有刘忠之将高聚犯袁州。飞遣王贵击之，擒聚及其徒二百余人，降其众三千，杀其伪统制方某。又张成亦以三万人犯袁州，陷萍乡，复遣王贵击之。成败走，王贵焚其寨，杀死甚众，俘五百人。明日，复战，遂擒成，而降其众。

【译文】

此时又有刘忠的余部高聚侵犯袁州。岳飞派遣王贵出击，擒获高聚及其兵卒二百余人，降其从众之人三千，并杀其伪统制方某。又有张成率三万人侵犯袁州，攻陷萍乡，岳飞又派遣王贵出击。张成败走，王贵焚其营寨，杀死了很多贼众，俘五百人。明日又战，擒住张成，从众投降。

七月，召飞。赵鼎奏："虔民习于顽，累年为患。飞虽已平荡，恐大军起行之后，复啸聚，请留五千人屯虔州。"又以密院之请，分三千人屯广州，一万人屯江州。

【译文】

七月，朝廷召岳飞赴行在。赵鼎上奏："虔州民风凶悍顽劣，长年为祸作乱。岳飞虽已荡平其巢穴，但恐大军离开之后，群盗们复又啸聚于林，请留下五千人驻守虔州。"后又应枢密院的请求，抽掉岳飞部下三千人戍守广州，一万人在江州驻防。

九月，飞至行在所，上使人谕飞，令系金带上殿。十三日，入见，上抚劳再三，赐衣甲、马镫、弓箭各一副，金线战袍、金带、手刀、银缠枪、战马、海马皮鞍各一。赐御札于旗，曰“精忠岳飞”，令行师必建之。又赐云弓箭，战袍、银缠枪各一。犒其军甚厚。

【译文】

九月，岳飞到行在，圣上事先令人告谕岳飞，令其系上金带上殿。十三日，上朝入见，圣上再三抚慰岳飞，并赐衣甲、马镫、弓箭各一副，捻金线战袍、金带、手刀、银缠枪、战马、海马皮鞍各一。并亲笔书写“精忠岳飞”四字，绣成一面战旗，令岳飞在行军时作为大纛而用。又赐予岳云弓箭，战袍、银缠枪各一。对官兵的犒劳也十分丰厚。

十五日，诏落阶官，授镇南军承宣使，依前神武副军都统制，江南西路沿江制置使。十八日，谕旨三事：令飞于江州、兴国、南康一带驻扎，诸屯军马许遇缓急抽差，一也；江上有军期急速，与制置会议不及，许一面随宜措置，二也；舒、蕲两州增隶飞节制，三也。二十日，赐银二千两，犒所部将士。二十一日，改除江南西路制置使。二十四日，除江南西路、舒、蕲州制置使。二十七日，以李山军马隶飞。二十九日，改差神武后军统制，仍制置使。十一月，令王瓔、折彦质遣吴全、吴锡两军，并听飞节制。十二月，以李横、牛皋隶飞。

【译文】

十五日，特下旨落去原来就任的中卫大夫官阶，升岳飞为镇南军承宣使，依前所授仍为神武副军都统制、江南西路沿江制置使。十八日，谕旨晓谕了三件事：令岳飞于江州、兴国、南康一带驻扎，如遇紧急情况可以抽调差遣江西境内的所有驻军，此为一也；江上如有紧急的军情，来不及与沿江诸制置使商议，允许岳飞自行便宜行事，此为二也；增加舒、蕲两州听岳飞节制，此为三也。二十日，赐银二千两，犒赏所部将士。二十一日，改升岳飞江南西路制置使。二十四日，升为江南西路、舒、蕲州制置使。二十七日，李山的军队隶属岳飞。二十九日，改为神武后军统制，仍是制置使。十一月，令王瓊、折彦质遣吴全、吴锡两军，一并听岳飞节制。十二月，以李横、牛皋两军隶属岳飞。

时伪齐使李成合虏兵五十万，大举南寇，攻陷襄阳府及唐、邓、随、郢州、信阳军，故镇抚、刺史如李横、李道、翟琮、董先、牛皋等俱失守。伪齐于每郡置将。又有湖寇杨么与伪齐交通，欲分车船五十艘，攻岳、鄂、汉阳、蕲、黄，顺流而下。李成以兵三万益杨么舟师，自提兵十七万，由江西陆行趋两浙，与么会。

【译文】

此时伪齐命李成会合北方的虏人五十万，大举南侵，攻陷襄阳府及唐州、邓州、随州、郢州、信阳军，故镇抚、刺史，如李横、李道、翟琮、董先、牛皋等俱都失守。伪齐每占领一处郡县都安置伪将镇守。此时又有湖寇杨么与伪齐勾结，欲从水路派遣五十艘战船与伪齐南北夹击，约定攻打岳州、鄂州、汉阳、蕲州、黄州，然后顺流而下。李成又派兵三万增援杨么的水军，亲自领兵十七万，由江西陆路向两浙进发，与杨么会合。

朝廷患之，始命于江南北岸水陆战守处常为备。又命于兴国、大冶通洪州之路，措置隄防，多遣间探，日具事宜以闻。又命防备鄂、黄等州及汉阳军，又于下流鄂、岳备贼营之潜渡为寇者。飞与幕府僚吏语及二寇，或问将何先？飞曰："先襄汉，襄汉既复，李成丧师而逃，杨么失助矣。第申严下流之兵以备之，然后鼓行。"

【译文】

朝廷担忧这种情况，于是命令驻守在江南北岸的水陆军队处于长期戒备状态。又命令处于兴国、大冶通往洪州的道路上，措置堤防，多派间探，每日报告。又命令防备鄂州、黄州以及汉阳军，又命驻守在下游的的鄂、岳州防备贼人潜渡而来。岳飞与幕僚谈及李成、杨么二寇，幕僚问他是先收复襄汉还是先扫平洞庭湖，他说："先收复襄汉，襄汉要是收复了，李成大败而逃，杨么由此失去了援助。而后严令长江下游的兵士严加防备，然后就可以顺利攻克了。"

绍兴四年三月，除兼荆南、鄂、岳州制置使。飞乃奏，乞复襄阳六郡，以为今欲恢复，不可不争此土，宜及时攻取，以除心膂之病。上以谕辅臣赵鼎，鼎奏曰："知上流利害，无如飞者。"于是以亲札报飞曰："今从卿所请，已降画一[①]，令卿收复襄阳六郡。惟是服者舍之，拒者伐之，追奔之际，无出李横旧界。"画一之目，以湖北帅司[②]统制官颜孝恭、崔邦弼两军，并荆南镇抚使司军马，并听飞节制；诸州既复，并许随宜措置，差官防守，如城壁不堪守御，则移治山寨，或用土豪，或用旧将牛皋等主之。

【注释】

①画一：逐一，一一条列。

②帅司：南宋时，大郡（路治）知州带安抚使成为定制，"掌一路兵民之政"，被称为"帅司"。（据《宋代官制辞

典》，第478页。）

【译文】

绍兴四年三月，任命岳飞为荆南、鄂、岳州制置使。岳飞上奏，请求收复襄阳六郡，认为今后想要收复故土，不可不先收复此地，应该及时攻取，以除心腹之病。圣上告诉了辅臣赵鼎，赵鼎说："对上流利害的了解，谁也不能和岳飞相比。"于是亲自写札回复岳飞说："今日答应卿家所请，已降下条例，令卿收复襄阳六郡。如果是认输投降者即可赦免，遇到抵抗不从命者才能讨伐，追奔敌人的时候，不得超出李横所守的旧界。"条例诸项包括：湖北帅司统制官颜孝恭、崔邦弼两军，并荆南镇抚使司军马，都归岳飞节制；诸州克复后，允许岳飞随宜措置，差官防守，如果城池不堪守御则可移至山寨，或用当地首领，或任用牛皋等旧将。

四月，令神武右军、中军各选胜被甲马百匹，付飞军。二十五日，以金束带三赐飞将佐。

【译文】

四月，命令神武右军、中军各选出堪披带的战马一百匹，交付岳飞。二十五日，把三条金束带赐给岳飞军中将佐。

五月，除黄、复州、汉阳军、德安府制置使。飞提兵至郢州。伪将京超勇悍，号万人敌，以蕃、汉兵万余人来。飞渡江，至中流，顾谓幕属曰："飞不擒贼，复旧境，不涉此江！"初五日，抵城下，飞跃马环城，以策指东北敌楼，顾谓众曰："可贺我也！"超乘城以拒，飞使张宪问之，曰："尔曹受国家厚恩，何得叛从刘豫？"超谋主刘楫出，应曰："今日各事其主，毋多言也！"飞怒甚，会军正告粮乏，飞问："粮余几何？"曰："可再饭。"飞曰："可矣，当以翌日巳时破贼！"黎明，鼓众薄城，一麾并进，众皆登城。超投崖而死，杀虏卒七千人，积尸与天王楼齐高。刘楫就缚，至飞前，责以大谊，南乡斩之。复郢州。

【译文】

五月，升迁岳飞为黄州、复州、汉阳军、德安府制置使。岳飞提兵至郢州。伪将京超勇悍，号称万人敌，带领番、汉兵一万余人过来。岳飞渡江至江心，对军中幕僚慷慨发誓说："飞不擒贼，复旧境，不涉此江！"初五，岳飞率军来到城下跃马环城一周，用马鞭指着东北敌楼，对众人说："可贺我也！"京超登城抵抗，岳飞让张宪问他，说："汝辈受国家厚恩，为何反叛跟从刘豫？"京超的谋士（伪齐长寿知县）刘楫出来，应答说："今日各事其主，不要多言！"岳飞大怒，恰逢这时军中的粮食告乏，岳飞问："余粮还有多少？"回答的人说："还可以再吃一次饭。"岳飞说："可以了，会在翌日巳时（上午9时至11时）破贼！"黎明，击鼓激励众人逼近城墙，一麾并进，众将士都登上了城墙。京超投崖而死，杀虏人七千余人，所积的尸体与天王楼一样高。刘楫被捆到岳飞面前，岳飞对他责以大义，将他面南斩首。郢州得以收复。

遣张宪、徐庆复随州。伪将王嵩闻宪、庆来，不战而遁，退保于随。飞遣牛皋裹三日粮往，未尽三日，城已拔。执嵩，斩之，得士卒五千人，复随州。

飞领军趋襄阳。李成闻飞来，引军出城四十里迎战，左临襄江。王贵、牛皋等即欲攻之，飞笑谓之曰："且止，此贼屡败吾手，予意其更事多，必练习，今其疏暗如故。步卒之利在阻险，骑兵之利在平旷；成乃左列骑兵于江岸，右列步兵于平地，虽有众十万，何能为！”乃举鞭指贵曰：“尔以长枪步卒，由成之右击其骑兵。”指皋曰：“尔以骑兵，由成之左击其步卒。”合战，马皆应枪而毙，后骑不能支，退拥入江，人马俱溺，激水高丈余。步卒死者无数。成军夜遁，复襄阳，驻兵城中。

【译文】

派遣张宪、徐庆收复随州。伪将王嵩听说张宪、徐庆要来，不战而逃，退保于随州。岳飞派遣牛皋带三日军粮前往，三日未到，城已破。王嵩被捉，处斩，得士卒五千人，随州得以收复。

岳飞率军到襄阳。李成听说岳飞来了，引军出城四十里迎战，左临襄江。王贵、牛皋等人即刻就要攻打，岳飞笑着对王贵等人说：“且慢，此贼屡次败在我的手下，我想他历事多了，必会多加练习，今天看来他的措置依然疏暗如故。步卒利于在阻险的地势中作战，骑兵利于在平旷之地作战；李成左列骑兵于江岸，将右列步卒于平原地带，虽言有众十万，能成什么事！”于是举鞭对王贵说：“你以长枪步军，从右面攻击李成的骑兵。”又对牛皋说：“你率骑兵，从左侧攻击李成的步军。”两军于是合战到一起，李成的战马皆中枪而倒毙，后队的骑兵不能支撑而后退，被拥入长江，人马俱淹于水中，激起的水花高有丈余。李成的步兵死了不计其数。李成率军连夜逃走，襄阳府克复，岳飞驻军城中。

伪齐益李成兵，屯襄江北新野市，号三十万，欲求复战。飞先遣王万以兵驻清水河，以饵之，飞继往。六月五日，贼悉其众，以冲官军，万与飞夹击之，败之。六日，复战，又败之，使万追击，横尸二十余里。

【译文】

伪齐给李成增兵，屯驻在襄江北面的新野市，号称三十万大军，又要与岳飞开战。岳飞先派遣王万驻兵在清水河，作为饵兵诱敌深入，岳飞率军随后赶去。六月五日，贼人倾其兵力，冲击官军，王万与岳飞共同夹击，大败李成。六日，李成再次反扑作战，又被打败，后派王万追击，敌人横尸二十余里。

上赐札曰："李成益兵而来，我师大捷，乃卿无轻敌之心，有勇战之气之所致也。因以见贼志之小小耳！尝降亲札，令卿条具守御全尽之策。若少留将兵，恐复为贼有；若师徒众多，则馈饷疲劳，乃自困之道。卿必有以处焉。"

【译文】

圣上赐札说："李成增兵而来，我师大捷，实在是卿家无轻敌之心，有勇战之气所致。可见贼人之志多么短浅！朕曾降下亲札，令卿逐条开列守御完备的方略。如果少留军队，恐怕贼人会再来占有；如果留下过多的军队，则会造成粮饷供给疲劳，乃是自困之道。想卿家必有方法处置。"

飞奏曰："臣窃观金贼、刘豫皆有可取之理。其所爱惟金帛、子女，志已骄惰。刘豫僭臣贼子，虽以俭约结民，而人心终不忘宋。攻讨之谋，正不宜缓。苟岁月迁延，使得修治城壁，添兵聚粮，而后取之，必倍费力。陛下渊谋远略，非臣所知，以臣自料，如及此时，以精兵二十万直捣中原，恢复故疆，民心效顺，诚易为力。此则国家长久之策也，在陛下睿断耳。

"如姑以目前论之，襄阳、随、郢地皆膏腴，民力不支，若行营田[①]之法，其利为厚。今将已七月，未能耕垦，来春即可措画。陛下欲驻大兵于鄂州，则襄阳、随、郢量留军马，又于安、复、汉阳亦量驻兵。兵势相接，漕运相继，荆南声援亦已相接，江、淮、荆湖皆可奠安。六州之屯，且以正兵六万，为固守之计。就拨江西、湖南粮斛，朝廷支降券钱[②]，为一年支遣。候营田就绪，军储既成，则朝廷无餽饷之忧，进攻退守，皆兼利也。惟是葺理之初，未免艰难，必仰[③]朝廷有以资之。基本既立，后之利源无有穷已。又此地秋夏则江水涨隔，外可以御寇，内足以运粮；至冬后春初，江水浅涩，吾资粮已备，可以坐待矣。于今所先，在乎速备粮食，斟量屯守之兵，可善其后。

"臣今亦候粮食稍足，即过江北，虽番、伪贼势众多，臣当竭力剿戮，不敢少负陛下。"时方重深入之举，而王躞以大兵六万讨杨么未平。营田之议自是兴矣。

【注释】

①营田：中国古代，用百姓耕垦官府荒田，谓之营田；用军人耕垦官府荒田，谓之屯田。但在事实上，营田和屯田很难严格区分。岳飞大力兴办营田，为恢复农业生产，招徕归业农民，向他们借贷种子和耕牛，并规定免税三年，未归业前的官、私债负一律免除。

②券钱：又称口券。《宋史》卷一九四《兵志》说："凡军士边外，率分口券，或折月粮，或从别给。"是一种军士出戍时计口发放，领取钱粮之类补助的凭证。

③仰：旧时公文用语。上行文中用在"请、祈、恳"等字之前，表示恭敬；下行文中表示命令：仰即尊照。

【译文】

岳飞上奏说："臣观察金贼、刘豫皆有可以攻取的理由。他们只是喜爱金帛、女人，志气已经骄惰。刘豫僭越臣子之道，虽然表面上以俭约的形象结纳民心，但是百姓的心中终不能忘掉的是我宋朝的恩德。攻讨之谋正在于不得迟缓。若岁月迁延，任他们修葺城壁，添加兵力，屯聚粮食，之后我们再去攻取，必然会加倍费力。陛下渊谋远略，非是臣所能知道的，臣自料，此时如以精兵二十万直捣中原，则可恢复故疆，民心归顺，容易奏效。此正是国家长治久安的策略，凭陛下睿断。

“若以目前情况论处，襄阳、随州、郢州皆有肥沃的土地，但没有足够的民力去耕种，若是实行营田之法，利益甚为丰厚。现在已是七月了，不能耕垦，明年开春即可筹划。陛下若想在鄂州屯驻大军，则襄阳、随州、郢州适量留些军马，也要在安、复、汉阳留些驻兵。这样兵势相接、漕运可以相继，荆南声援也已经相接，江、淮、荆湖一带皆可以安定。屯于六州的兵力应以正兵六万人，为安定稳固之计。就拨江西、湖南的粮食，朝廷再支降券钱，做一年的开支。等到营田的事就绪，军队储备已成，则朝廷再无供给粮食的忧虑了，无论是进攻还是退守，皆可有利。只是在整治之初，未免艰难，须仰仗朝廷略微给予资助。基础打好了，以后的利益就会源源不断而来。另外此地秋夏之季江水涨隔，外可以御寇，内可以运粮；到了冬后春初时节，江水浅涩，我们积蓄的粮食准备充足，便可以坐以待敌。故当务之急，应是赶紧储备粮食，斟酌屯守士兵的数量，可以妥善其后之事。

“臣现在只等粮食稍有足备，即可过去江北，虽然番、伪贼人多势众，臣誓当竭力剿伐，不敢有负陛下的重托。”那时应考虑深入之举，而王躞以重兵六万讨伐杨么但未能平定。关于营田的讨论自那时就兴起了。

七月，进兵邓州。闻李成与金贼刘合孛堇、陕西番、伪兵会于州西北，置寨三十余所，以拒官军。飞遣王贵等由光化路，张宪等由横林路，会师掩击。贵、宪至邓州城外三十里，遇敌兵数万迎战，王万、董先各以兵出奇突击，贼众大溃。降执番官杨德胜等二百余人，得兵仗、甲、马以万计，刘合孛堇谨以身免。贼将高仲以余卒退保邓城，闭门坚守。十七日，飞引兵攻城，将士皆不顾矢石，蚁附而上，一鼓拔之，生擒高仲，复邓州。

【译文】

七月，进兵邓州。听闻李成与金贼刘合孛堇、陕西番、伪兵会兵于州西北，置营寨三十余所，以抗拒官军。岳飞派遣王贵等人由光化路，张宪等由横林路，会合掩击。王贵、张宪至邓州城外三十里，遇敌兵数万人迎战，王万、董先各自率兵出奇突击，贼众大溃。收降捉拿了番官杨德胜等二百余人，得兵器、甲、马数以万计，刘合孛堇只身逃脱。贼将高仲带着剩余的兵卒退保邓州城，闭门坚守。十七日，岳飞率兵攻城，将士皆不顾矢石，蚁附而上，一鼓作气攻下城池，生擒高仲，克复邓州。

上闻之喜，谓胡松年曰："朕素闻飞行军有纪律，未知能破敌如此。"松年曰："惟其有纪律，所以能破贼。"捷奏至后殿，进呈，上曰："岳飞筹略，颇如人意。"令降诏奖谕，仍遣中使[①]传宣抚问，赐银合茶、药，并问劳将佐，犒赏有差。

【注释】

①中使：宫中派出的使者。多指宦官。

【译文】

圣上闻听大喜，对胡松年说："朕素闻岳飞行军极有纪律，未知能破敌如此。”松年说：“唯其有纪律，所以能破贼。”及至捷报传至后殿，进呈，圣上说：“岳飞的谋略，颇如人意。”命令下诏奖谕，派遣中使传宣谕抚问，赐银合茶、药，并慰问将佐，按照功劳各有犒赏。

二十三日，复唐州。又复信阳军。擒伪知、通凡五十人，襄汉悉平。川、陕贡赋、纲[1]马之路始通。

飞辞制置使，乞“委任重臣，经画荆、襄”。诏不许。赵鼎奏：“湖北鄂、岳，最为沿江上流控扼要害之所，乞令飞鄂、岳州屯驻，不唯淮西藉其声势，而湖南、二广、江、浙亦获安妥。”乃以襄阳、随、郢、唐、邓、信阳并为襄阳府路，隶飞，飞移屯鄂州。

【注释】

①纲：唐、宋时指成批运输的大宗货物，每批以若干车或船为一组，分若干组，一组称一纲。

【译文】

二十三日，克复唐州。又收复信阳军。擒住伪唐州知州、通判等五十人，襄汉得以平定。川、陕一带的贡物、赋税、纲马之路自此可以通畅无阻。

岳飞请辞制置使，请求朝廷“委派德高望重之臣，经营筹划荆、襄之地”。圣上赐诏不许。赵鼎上奏：“湖北鄂州、岳州，最是沿江上流控扼的要害之处，乞请圣上命岳飞在鄂州、岳州屯驻，不仅可以在声势上支持淮西，湖南、二广、江、浙也可获得安妥。”圣上于是将襄阳、随州、郢州、唐州、邓州、信阳并为襄阳府路，隶属于岳飞，岳飞遂移屯于鄂州。

二十五日，除清远军节度使、湖北路、荆、襄、潭州制置使，仍神武后军统制，特封武昌县开国子、食邑五百户、食实封二百户，赐金束带一。

九月，兀术、刘豫举兵七十万，聚粮入寇。二十一日，诏备军马、舟船，于冲要控扼之地分布防御，时具虏动息及备御次第以闻。二十五日，诏飞为荆、襄、武昌控扼计，仍措置杨么。二十七日，诏飞察虏情实，严为之备。二十九日，诏令凡控扼处，分兵严备，有警，率将士极力捍御。十月五日，诏令疾速措置，更遣谍探，日一具奏。

【译文】

二十五日，岳飞升迁为清远军节度使，湖北路、荆、襄、潭州制置使，仍为神武后军统制，特封为武昌县开国子、食邑五百户、食实封二百户，赐金束带一条。

九月，兀术、刘豫举兵七十万，屯聚粮食入侵。二十一日，朝廷下召命岳飞准备军马、舟船，于要冲之地分布，防御抵拒，并要时时将虏人的动息和我方防御准备的情况报告给圣上。二十五日，命令岳飞照应荆、襄，控制武昌一带，仍要部署讨捕杨么。二十七日，命令岳飞侦察虏人实情，严加防备。二十九日，命令凡是控扼处，要分遣官兵严密把守堵截。如有危急情况，要鼓励将士极力抵御掩杀。十月五日，下诏令疾速措置，继续派遣谍探，每日都要呈文详奏。

虏兵侵淮，围庐州。上赐札曰："近来淮上探报紧急，朕甚忧之，已降指挥，督卿全军东下。卿夙有忧国爱君之心，可即日引道，兼程前来。朕非卿到，终不安心，卿宜悉之。"飞奉诏，出师池州，先遣牛皋渡江。

十二月，飞自提兵趋庐州，与皋会。上遣李庭幹赐飞香、药，并赐札抚问。时伪齐已驱甲骑五千逼城，皋以所从骑，遥谓虏众曰："牛皋在此，尔辈何为见犯！"虏众愕然相视。及张"岳"字旗与"精忠"旗示之，虏众不战而溃。飞谓皋曰："必追之，去必复来。"皋追击三十余里，虏众相践及杀死者相半，杀其都统之副，及千户长、百户长数十人，擒番、伪八十余人，得马八十余匹，旗鼓、兵仗无数。军声大振，庐州平。

【译文】

虏人侵犯淮南西路，围困了庐州。圣上赐札说："近来得到淮上的探报十分紧急，朕非常担忧，已降指挥，督促卿全军东下。卿夙有忧国爱君之心，可即日开道，兼程前来。朕非卿家到，终不能安心，卿该知道朕的意思。"岳飞奉诏，出师池州，先行派遣牛皋渡江。

十二月，岳飞亲自率兵赶赴庐州，与牛皋会合。圣上派李庭干前去赐香、药，并赐札进行抚问。此时伪齐已驱甲骑五千人压城，牛皋率领从骑，遥对虏人说："牛皋在此，尔辈何为见犯！"虏人皆是愕然相视。等到展开"岳"字旗与"精忠"旗示人，虏众皆不战而溃。岳飞对牛皋说："一定要追击，他们去必复来。"牛皋追击了三十余里，虏众相互践踏以及被杀死者过半，战斗中杀其副都统，及伪千户长、百户长数十人，擒番、伪兵八十余人，得马八十余匹，旗鼓、兵器不计其数。军声大振，庐州平定。

绍兴五年二月，飞入觐。赐银、绢二千匹、两，承信郎告一，母封国夫人，孺人封号二，冠帔三，眷礼甚厚。赐诸将金束带，及牛皋以下二十九人，并立功官兵五百六十四人各转资、受赏有差。授飞镇宁、崇信军节度使，依前神武后军统制，充荆湖北路、荆、襄、潭州制置使，加食邑五百户、食实封二百户，进封武昌郡开国侯。又以明堂恩加食邑五百户。

【译文】

绍兴五年二月，岳飞入朝进觐。圣上赐银、绢二千匹、两，亲属授承信郎的恩命一道，其母封为国夫人，给家中女眷的孺人封号二道，冠帔三道，眷属的礼遇甚为丰厚。赐诸将金束带，包括牛皋以下二十九人，五百六十四名官兵升迁官阶、按功劳受赏。授岳飞镇宁、崇信军节度使，依前神武后军统制，充荆湖北路、荆、襄、潭州制置使，加食邑五百户、食实封二百户，进封武昌郡开国侯。又以明堂恩加食邑五百户。

十二日，除荆湖南、北、襄阳府路制置使、神武后军都统制，招捕杨么，盖鼎州钟相之余党。自建炎末，钟相败死，么率其余众居湖湘间，其徒有杨钦、刘衡、周伦、黄佐、黄诚、夏诚、高虎等。聚兵至数万，立相之子仪，谓之“钟太子”，与么俱僭称王，官属名号、车服仪卫，并拟王者，有三衙大军，所居称“内”，文书行移①，不奉正朔②。躏鼎、澧，窥上流。程昌禹以车船拒之，尽为所获。吴全、崔增战败不返，兵力盛强。根据龙阳、武陵、沅江、湘阴、安乡、华容诸县，水陆千里，操舟出没。东犯岳阳，至临湘县；西犯江陵之石首，至枝江县；北犯江陵，至荆门；南犯潭州，至巴溪。官军陆攻则入湖，水攻则登岸。大将王璲出师两年，无功，贼气愈骄。

【注释】

①行移：文书泛称。

②不奉正朔："正朔"本谓帝王新颁的历法。古代帝王易姓受命，必改正朔。杨么不奉正朔就是不承认赵宋的统治。

【译文】

十二日，岳飞升为荆湖南、北、襄阳府路制置使、神武后军都统制，招捕杨么，乃是鼎州钟相的余党。自建炎年末，钟相败死，杨么率领余部居住在湖湘间，其从众有杨钦、刘衡、周伦、黄佐、黄诚、夏诚、高虎等。聚兵有数万人，立钟相之子钟子仪，称之为"钟太子"，与杨么都是僭越称王，官属名号、车服仪卫，都仿照国君的礼仪自居。设有三衙大军，所居住的地方称"内"，其使用的文书都不承认朝廷的统治。蹂践鼎州、澧州一带，窥视觊觎上流。程昌禹以车船抵御，反尽为杨么俘获。水军将领吴全、崔增战败不返，贼人兵力日渐强盛。盘踞在龙阳、武陵、沅江、湘阴、安乡、华容诸县，水陆千里，操舟出没。向东侵犯岳阳，至临湘县；向西侵犯江陵的石首，至枝江县；向北侵犯江陵，至荆门；向南侵犯潭州，至巴溪。官军从陆路攻击，贼人就入湖躲藏，官军从水路攻击，贼人就登岸避开，大将王瓔出师两年，屡屡作战，皆不成功，贼人的气焰愈来愈骄纵。

一时将帅皆以非岁月可平。宵旰[①]之虑，甚于边境。飞所将皆西北人，不习水战。飞独曰："兵亦何常，顾用之何如耳。今国势如此，而心腹之忧未除，岂臣子辞难时也！"

【注释】

①宵旰：源自"宵衣旰食"，天不亮就穿衣起身，天黑了才吃饭。形容工作非常勤勉，多用以称颂帝王勤于政事。也可以借指帝王。

【译文】

一时间将帅都认为即使成年累月的围剿，成功的希望也相当渺茫。圣上为之忧虑，又甚于边患。当时岳飞的部伍皆是西北人，不习水战。岳飞却说：“用兵哪里有常法，只看如何用之。如今国势如此，国家心腹之忧未除，岂是臣子推辞说难的时候！”

三月，奉诏进兵，自池至潭。遇天大雨，泥潦难涉，飞躬履泥途以率，士卒皆奋跃忘劳。所过民不知兵。上闻之，曰：“岳飞移军长沙，所过无毫发扰，民私遗士卒酒食，皆偿其直，所至欢悦。”赐诏奖谕，有曰：“至发行赍之泉货，用酬迎道之壶浆。”

【译文】

三月，岳飞奉诏进兵，自池州进兵至潭州。遇天降大雨，泥潦难行，岳飞下马在泥泞中步行，士卒们于是都奋跃忘劳。所过之处井然有素，百姓竟不知有军队路过。圣上听闻，言：“岳飞移军长沙，所过之处秋毫无犯，百姓私自送给士卒酒食，士卒当即付钱，所至之处皆欢悦。”故圣上特颁诏奖谕说：“至发行赍之泉货，用酬迎道之壶浆。”

将至潭，先遣使持檄，至贼中招谕。先是，鼎守程昌禹遣刘醇，荆湖南、北路宣抚使孟庾遣朱实，湖、广宣抚使李纲遣朱询，荆南镇抚使解潜遣史安，湖南及诸军遣晁遇十七人，邵守和璟亦累遣人招谕，贼皆杀之。至是所遣使叩头伏地辞，飞叱之起，曰：“吾遣汝，汝决不死。”使受命以行，至贼巢，即厉声呼曰：“岳节使遣我来！”诸寨开门延之，以檄授贼，皆捧檄跪诵，或问：“岳节使安否？”

【译文】

快到潭州时，岳飞派遣使者持檄文，到贼营中招降。此前，鼎州太守程昌禹曾派遣刘醇，荆湖南、北路宣抚使孟庾遣朱实，湖、广宣抚使李纲遣朱询，荆南镇抚使解潜遣史安，湖南及诸军遣晁遇十七人，邵州太守和璟亦多次遣人招谕，都被贼人杀掉了。以至于后来被派遣的使者叩头请辞，岳飞呵斥其起来，说："我派你去，你绝不会死。"使者受命前去，到了贼巢，即厉声高呼说："岳节使遣我来！"贼人打开诸寨门相请，使者将檄文交给贼人，贼人皆捧檄文跪诵，还有人问道："岳节使安否？"

么之部将黄佐谓其人曰："岳节使号令如山，不可玩。若与之敌，万无生全理，不如速往就降。岳节使，诚信人，必善遇我。"遂率所部，诣潭城降。飞释其罪，抚劳之。以闻于朝，擢佐武义大夫、閤门宣赞舍人①，赏与特厚。佐出，复单骑按其部，问劳亦至。

【注释】

①閤门宣赞舍人：《山堂群书考索》续集卷四四说，横行、閤职、遥郡、使臣等，"皆以别秩禄，而无与于掌兵"。宋朝武官升迁状况复杂，閤职事实上也是武臣升迁的一个环节。閤职有閤门祗候和閤门宣赞舍人两等，作为武官荣誉加衔。在徐庆的升迁安排中，閤门宣赞舍人也算一官，似为特例。宋时閤职时称"右列清选"，虽然有单独任官者，但更多是使臣、诸司副使和正使的兼任。而自横行及遥郡以上有相当比例不再兼閤职。

【译文】

于是，杨么的部将黄佐对他的部属说："听说岳节使号令如山，我们不可轻慢。若与他为敌，我们万万没有生还的理由，不如速去投降。岳节使，是诚信之人，必会善待我们。”遂率所部，到潭州城投降。岳飞宽宥其罪，安抚慰劳。报告朝廷后，擢升黄佐为武义大夫，閤门宣赞舍人，奖赏非常丰厚。黄佐出来，又单骑回去安慰其部属，抚问倍至。

明日，召佐，使坐，具酒。饮酣，飞抚佐背，谓曰：“子真大丈夫，知逆顺祸福。况子姿力雄鸷，不在时辈下，果能为朝廷立功名，一封侯岂足道哉！欲遣子复至湖中，视有便利可乘者，擒之；可以言语劝者，招之。子能卒任吾事否？”佐感泣，再拜，愿以死报。乃遣佐归湖中。又有战士三百余人来降，飞皆委曲慰劳，命其首领以官，优给银、绢。纵之，有复入湖中者，亦不问。居数日，又有二千余人来降，飞待之如前。

【译文】

次日，岳飞召黄佐，让他坐下，一起饮酒。饮至尽兴时，岳飞抚摩黄佐的后背，说：“您真是大丈夫，知晓逆顺祸福。况且您姿力雄鸷，不在他人之下，如果能为朝廷建立功名，封侯都不足为道！”我现在想要请您再回到湖寨中，看有可乘之机的，就擒住；可用言语相劝的，就招降。您能为我做这件事吗？”黄佐感动流泣，再三拜谢岳飞，愿意以死相报。于是派黄佐回去。又有战士三百余人前来投降，岳飞皆殷勤慰劳，给其首领授官，并且厚赐银绢。放他们回去，有又回到湖寨中的，亦不相问。过了数日，又有二千余人来降，岳飞依旧待之如前。

时张浚以都督军事至潭。帅参政席益与浚语及之，益疑飞玩寇，欲奏闻。浚笑曰：“岳侯，忠孝人也，足下何独不知？用兵有深机，胡可易言！”益惭而止。

【译文】

此时张浚为都督军事至潭州。参政席益对张浚详细说起岳飞的所为，席益怀疑岳飞玩寇，欲上奏朝廷。张浚笑说："岳侯是忠孝的人，足下难道不知吗？用兵亦有深机，怎能妄作评断！"席益惭愧而止言。

卷第十九

百氏昭忠录卷之三

章尚书颖经进鄂王传之三

四月，黄佐袭周伦寨，击之，伦大败走，杀之及掩入湖死者众。禽其统制陈贵等九人，夺衣甲、器仗无数，焚其寨栅、粮、船无遗者。佐遣人驰报，飞即上佐功，转武功大夫，仍抚劳所遣将士，第功以闻。

统制任士安慢王𤫩令，不战。飞鞭士安百，使饵贼，曰："三日不平贼，斩之！"士安乃宣言："岳太尉兵二十万至矣！"及所见，止士安等军。贼乃併兵攻之。飞遣兵设伏，士安战垂急，伏乃起，四击之，贼败走，获战马、器甲无数。追袭过荀陂山，杀获不可胜计。士安移军，与牛皋屯龙阳旧县之南，逼贼巢。贼出攻之，官军迎击，贼又败走。

【译文】

四月，黄佐袭击周伦的营寨，周伦大败逃走，被杀的以及被淹入湖中而死的人甚多。擒获其统制陈贵等九人，夺得衣甲、器仗无数，焚毁其寨栅、粮、船无一遗留。黄佐遣人飞报，岳飞即向朝廷上报黄佐之功，升黄佐为武功大夫，岳飞抚慰所遣将士，评定他们的功劳等次，上报朝廷。

统制任士安不听王𤫩的军令，没有出战。岳飞对任士安处以一百鞭的责罚，令他前去诱贼，并说："如三日不平定贼人，就将你斩首！”士安对外声言说：“岳太尉兵二十万至矣！”及至看到任士安的军队，贼人才知道只有士安一军。于是贼人合兵攻击任士安军。岳飞事先遣兵设伏，士安等人战到危困之际，伏兵四起，四面合击，贼众败走，缴获战马，器甲无数。又追袭过茵陂山，杀获不可计数。士安又移军，与牛皋屯兵在龙阳旧县之南，逼近贼巢。贼人出来攻打，官军进行迎击，贼人又败走。

上赐札谕之曰：“朕以湖湘之寇，逋诛累年，故特委卿，为且招且捕之计。闻卿措画得宜，朕甚嘉之。”

五月，诏张浚还，浚谓飞曰：“浚将还矣，经营湖寇，已有定画否？”飞袖出小图，以示浚曰：“有定画矣。”浚按图熟视，移时，谓飞曰：“浚视此寇，阻险穷绝，殆未有可投之隙。朝廷方诏浚归，议防秋[①]。盍且罢兵，规画上流，俟来年徐议之。”飞曰：“何待来年，都督第能少留，不八日，可破贼。都督还朝，在旬日后耳。”浚正色曰：“君何言之易耶！”飞曰：“王四厢[②]以王师攻水寇，则难；飞以水寇攻水寇，则易。”浚曰：“何如？”飞曰：“湖寇之巢，艰险莫测，舟师水战，我短彼长，以所短犯所长，此成功所以难也。若因敌人之将，用敌人之兵，夺其手足之助，离其腹心之托，使之孤立，而后以王师乘之。飞请除来往三程，以八日之内，俘诸酋于都督之庭。”浚亦未之信也，乃奏曰：“臣只候六月上旬，若见得水贼未下，即召飞来潭州，分屯潭、鼎人马，规画上流军事讫，赴行在。”飞遂如鼎州。

【注释】

①防秋：古代西北各游牧部落，往往趁秋高马肥时南侵。届时边军特加警卫，调兵防守，称为“防秋”。

②王四厢：“四厢”为捧日、天武四厢都指挥使或龙、神卫

四厢都指挥使的简称，当时属虚衔。这里指代王躞。

【译文】

圣上赐札晓谕："朕因湖湘之寇，逃避诛罚多年，故特委派卿前去，采用且招且捕之计。听闻卿家措划得宜，朕心中甚是嘉许。"

五月，朝廷下诏让张浚回朝，张浚对岳飞说："我将要回朝，怎样讨伐湖寇，你心中可有谋划？"岳飞从袖中拿出小图，展开给张浚看说："已经有计划了。"张浚按图细看，过了一会儿，对岳飞说："我看讨伐此寇，艰险穷绝，一时似无可乘之隙。现在朝廷下诏让我回去，商议防秋之事。何不先且罢兵，规划上游的军事，等到来年再慢慢商议除寇之事。"岳飞说："何用等到来年，请都督但能为岳飞停留几日，不出八日，可破贼。都督还朝，当在旬日之后。"张浚正色说："君为什么说得这么容易！"岳飞说："王四厢以王师攻水寇，则难；岳飞利用水寇攻水寇，则容易。"张浚说："怎么说？"岳飞说："湖寇的巢穴，艰险莫测，如果采用水战，我短彼长，以我之短处犯彼之长处，肯定难以成功。如果用敌人之将，用敌人的兵，夺其手足相助，离间腹心之援，使之孤立，然后王师再乘机剿伐。我请求除去来往三日行程，在八日之内，俘获敌人诸首领于都督庭前。"张浚仍是不敢相信，于是上奏说："臣在这里只等候至六月上旬，若见水贼还没有被消灭，立即招岳飞来潭州，分屯潭州、鼎州人马，规划上游军事毕，即赴行在。"岳飞于是去了鼎州（督战剪除杨么）。

六月二日，杨钦受黄佐之招，率三千余人，乘船四百余艘，诣飞降。飞喜，私谓左右曰："黄佐可任也。杨钦，骁悍之尤者，钦既降，贼之腹心溃矣。"钦自束缚，至庭下。

飞命释其缚，以所赐金束带、战袍与之，即日以闻，授武义大夫。又命具酒，使王贵主之，礼遇甚厚，犒赏其属有差。钦感激，其徒皆喜，恨降之晚。飞乃复遣钦归湖中，诸将皆力谏，飞不答。两日，钦尽说全琮、刘诜等降。未降者尚数万，飞诡骂曰："贼不尽降，何来也！"杖之，复令入湖。是夜，以舟师掩其营，并俘钦等，其余党杀获略尽。

【译文】

六月二日，杨钦受黄佐招降，率三千余人，乘船四百余艘，前来投降岳飞。岳飞大喜，私下对左右说："黄佐可用也。杨钦乃骁勇强悍之人，杨钦既降，贼人的腹心已经溃散了。"杨钦自束缚，来至庭前。岳飞命人给他松绑，还将圣上赏赐的金束带、战袍转赠给他，即日上报，授予他武义大夫的武官阶。又命备酒，让王贵来主持，礼遇甚厚，按功犒赏其属下。杨钦不胜感激，所率部属也都很是喜悦，只恨自己投降太晚。岳飞又派杨钦回到湖中，诸将皆劝谏，岳飞不作答。两日后，杨钦全力说服全琮、刘诜等人来降。但未投降者尚有数万人，岳飞假装发怒道："贼人不尽数投降，何用再来！"以杖罚之，又令他入湖。这夜，以舟师掩击其营，俘获杨钦等人，其余党杀获将尽。

惟么负固不服，方浮游湖间，夸示神速，其舟有望三州、和州载、五楼、九楼、大、小德山、大、小海鳅头，以数百计。舟以轮激水，其行如飞水上，左右前后俱置撞竿，官舟近之，辄破。又官舟浅小，而贼舟高大，贼矢石自上而下，官军仰面攻之，见其舟，不见其人。

【译文】

只有杨么冥顽不灵，坐船在湖上游荡，夸耀自己的战船神速，他的船有所谓望三州、和州载、五楼、九楼、大德山、小德山、大海鳅头、小海鳅头，数以百计。船靠轮子激水前进，行驶速度快如箭羽，船的左右前后皆设有撞竿，官舟一接近，就被撞竿击碎。又因官舟浅而小，而贼舟高而大，贼人用矢石自上而下投掷，官军仰面进攻，只能见其舟而不能见其人。

飞伐君山木，多为巨筏，塞湖中诸港。又以腐木乱草，自上流浮而下。择水浅之地，遣善骂者二千人挑之，且行且詈。贼不胜愤，挥瓦石追而投之。俄而草木拥积，舟轮碍不行。飞亟遣兵攻之，贼奔港中，为筏所拒。官军乘筏，张牛革以蔽矢石，群举巨木，撞贼舟碎。么举钟仪投于水，已继之。牛皋赴水，擒么至，斩首，函送都督行府。伪统制陈瑫等亦劫钟仪之舟，获金交床、金鞍、龙凤簟以献，率所部来降。飞亟领黄佐、杨钦等军入贼营，余酋皆大惊，曰："是何神也！"夏诚、刘衡俱就擒。黄诚窘惧，亦与周伦等首领二百人俱降。

【译文】

岳飞命人砍伐君山上的树木，制成许多巨筏，塞入湖中诸港汊。又用腐木烂草，自上流漂流而下。择水浅之地，遣二千名善于骂阵的士兵前去挑衅，且行且骂。贼人听到骂阵，不胜气愤，挥起瓦石追打。不一会儿就造成草木聚积在舟轮下，舟轮受阻不能前行。岳飞急忙令兵士进攻，贼人奔逃至港中，又为筏子所拦。官军乘筏，张开牛革以挡住贼人的矢石，众人举起巨木，把贼船撞碎。杨么把钟仪投入水中，继而自己也跳入水。牛皋看到后也跳入水中，将杨么擒至岳飞面前，杨么被斩下首级，装在匣子里送往都督行府。伪统制陈瑫等人亦劫获钟仪的大船，缴获金交床、金鞍、龙凤簟等物献给朝廷，并率所部前来投降。岳飞速带黄佐、杨钦的军队进入贼营，其余首领皆大惊，说："是何神也！"夏诚、刘衡俱束手就擒。黄诚大惧，也与周伦等首领二百余人投降。

牛皋请曰："此寇劳民动众累年，不剿杀，何以示威？"飞曰："彼皆田里匹夫耳，始惑于钟相妖巫之术，相聚为奸；后乃沮于程吏部欲尽诛雪耻之意，故惧而不降，苟求全性命而已。今凶渠杨么已诛，钟仪亦死，其余众皆国家赤子，徒杀之，非主上好生之意也。"连声呼官军曰："勿杀！勿杀！"牛皋服其言而退。

【译文】

牛皋请示说："这些贼寇劳民动众，亦已多年。若不剿杀，何以示我军威？"岳飞说："他们都是田野匹夫，开始时是受钟相妖巫之术所蒙蔽，所以相聚为奸；后来又受程吏部要尽诛雪耻之意所恐吓，故而不敢投降，其实只是为了苟且偷生而已。今日主凶杨么已伏诛，钟仪也死，其余众人皆是国家赤子，徒然杀之，违背了圣上好生之意。"连声对官军大呼："不要杀！不要杀！"牛皋敬服岳飞之言而退下。

飞亲行诸寨，慰抚之。以少壮有力者籍以为军，老弱给米粮，令归田亩。愿归为民者二万七千余户，皆给文书遣之。又命悉贼寨之物，尽散之诸军，而焚其寨，凡三十余所。揭榜青草、洞庭，不数日，行旅之往来，居民之耕种，如无事时。湖湘悉平。获贼舟凡千余数，鄂渚水军之盛，遂为沿江之冠。

【译文】

岳飞亲自到诸营寨，慰问安抚。把少壮有力的兵士编入军队，老弱不堪为役者给以米粮，令其归田务农。有自愿归附，复为民者二万七千余户，皆发给文书遣散。又命凡是贼寨之物，尽散给诸军，而后焚其营寨，有三十余所。揭榜于青草、洞庭湖上，不过数日，行旅往来其间，居民耕种稼穑，就像从来没有发生过征战一样。湖湘全部平定。此役共缴获贼舟千余艘，鄂州水军之强盛，从那时起成为沿江之冠。

自飞与浚言，至贼平，果八日。浚叹曰："岳侯殆神算也！"即日上之朝。上遣内侍传宣抚问，仍赐银合茶、药，及抚劳将士。赐诏褒谕，又赐亲札褒其功。初，夏诚、刘衡等尝夸其寨栅之固，城池楼橹之盛，曰："人欲犯我，须是飞来。"至是其言始验。

【译文】

自从岳飞与张浚说八日可以平寇，至平寇，果然是八日。张浚赞叹说："岳侯殆神算也！"即日上报朝廷。圣上遣内侍一名，至岳飞军中传宣抚问，又赐银合茶、药，抚劳将士。并赐诏褒谕，又赐亲札褒奖其功绩。开始时，夏诚、刘衡等人自夸其寨栅牢固，城池楼橹亦强盛，说："人欲犯我，须是飞来。"后来果然应验了。

诏飞兼蕲、黄州制置使，飞以目疾乞解军事，上不许。又诏飞军以三十将为额。八月二十二日，诏飞于襄阳府路、复州、汉阳军乡村民社置山城水寨处，疾速措置备御，条具以闻。九月，加检校少保，加食邑，进封公。还军鄂州，日率将士阅习，军容严整。张浚按视，还以闻。十月，赐诏褒谕。十二月，除荆湖南、北、襄阳府路招讨使[①]。十五日，赐腊药。二十一日，遣使传宣抚问，赐银合茶、药。

【注释】

①招讨使：军职名。职掌招抚、征讨寇盗事。军中急速事，不及上报，特许便宜行事。南宋抗金战争中，或遥领某路招讨使，以壮北伐声威。品位视所带官职。序位在宣抚使之下、制置使之上。（据《宋代官制辞典》，第457页。）岳飞的差遣从制置使升为招讨使，即是“增重使名”。

【译文】

圣上下诏命岳飞兼任蕲、黄州制置使，岳飞以患目疾乞请解除军职，未被允可。又下诏令岳飞军队编制扩充至三十将为限额。八月二十二日，下诏令岳飞在襄阳府路、复州、汉阳军的乡村民社设置山城水寨，疾速部署防备和守御事务，并将已施行之情况上奏朝廷。九月，加岳飞检校少保，加食邑，进封开国公。岳飞回军鄂州，平日率将士操练，军容整肃。张浚前来视察，回朝后向朝廷报告所见所闻。十月，圣上赐诏褒谕岳飞。十二月，升岳飞为荆湖南、北、襄阳府路招讨使。十五日，圣上赐腊药。二十一日，圣上遣特使传宣抚问，赐银合茶、药。

绍兴六年正月，太行山忠义保社梁兴等百余人，夺河径渡，至飞军前，以闻，上曰：“果尔，当优与官，以劝来者。若此等人来归，方见敌情。”遂诏飞接纳。

二月，兼营田[①]使。以诣都督行府议事，至平江府，飞自言，去行在所不远，愿一见天颜。诏入见，面陈襄阳、唐、邓、随、郢、金、房、均州、信阳军旧隶京西路，乞如旧制。又奏襄阳自收复后，未置监司[②]，无以按察州县。上皆纳之，以李若虚为京西南路提举兼转运、提刑司公事。又令湖北、襄阳府路有阙官，自知、通以下，许飞自择强明清干者任之，及得荐举改官，升擢差遣，其蠹政害民、赃污不法者，得自对移[3]放罢。十九日，陛辞，赐酒器金二百两，士卒犒赏有差。

【注释】

①营田：中国古代，用百姓耕垦官府荒田，谓之营田；用军人耕垦官府荒田，谓之屯田。但在事实上，屯田和营田很难严格区分。岳飞为恢复农业生产，大力兴办营田，招徕归业农民，向他们借贷耕牛和种子，并规定免税三年，未归业前的官、私债负一律免除。

②监司：为路监司的简称。为宋代路一级地方机构安抚司、转运司、提刑司、提举常平司等的总名。（据《宋代官制辞典》，第478页。）

③对移：因不称职或避嫌，而令两处官员对调，称“对移”。（据《宋代官制辞典》，第653页。）

【译文】

绍兴六年正月，太行山忠义保社梁兴等百余人，夺取了黄河的渡口，径直渡河投奔岳飞军中，岳飞把这件事上报了朝廷，圣上曰：“若是这样，应当赐予梁兴优厚的官职，以此来规劝、鼓励今后投奔的人。这样的人来归附，方可知道敌人的情形。”于是下诏令岳飞接贤纳士。

二月，朝廷任命岳飞兼任营田使。因要到都督行府议事，至平江府，岳飞自陈平江府距离行在所不远，愿去觐见圣上。圣上下诏让岳飞入见，岳飞面奏说襄阳、唐州、邓州、随州、郢州、金州、房州、均州、信阳军旧时隶属京西南路，请求圣上改如旧制。又奏自从襄阳被收复后，尚未置监司，致使州县无人巡视察看。圣上一一采纳，任命李若虚为京西南路提举兼转运、提刑司公事。又下令湖北、襄阳府路如果有官位空缺，自知州、通判以下的官员，允许岳飞自行裁择任用精明强干又清廉的人员担任，也可以举荐改官，升擢差遣，其中若有祸国害民、贪赃枉法的官员，岳飞可自行对其采取对移或罢官的处置。十九日，岳飞上殿辞别圣上，圣上赐酒器、金二百两，士卒按等级皆有所犒赏。

都督张浚至江上，会诸大帅，于座中独称飞可倚以大事。乃命韩世忠屯承、楚，以图淮阳，刘光世屯庐州，以招北军，张俊屯盱眙，杨沂中为俊后翼。特命飞屯襄阳，以窥中原，谓飞曰："此君之素志也，勉之！"飞遂移屯京西。

【译文】

都督张浚沿江巡视，会见诸路大帅，在聚会中唯独称岳飞可以倚重成大事。乃命韩世忠屯兵承州、楚州，以图取淮阳。刘光世驻守庐州，以便招募北方投奔来的军队。张俊屯兵盱眙，杨沂中作为张俊的后翼。张浚特意命岳飞屯兵驻守襄阳，以便谋划克复中原之策，并对岳飞说："此乃君素来之志愿，君要勉力图之！"岳飞奉命，于是调防屯驻京西。

三月，易武胜、定国两镇[①]之节，除宣抚副使，置司襄阳，加食邑五百户。飞以宣抚重名，自非廊庙近臣及勋伐高世者不可委授，上章力辞，诏不许。

四月，上命至武昌调军。飞丁母周国夫人姚氏忧。上遣使抚问，即日降制起复[②]，敕本司官属、将佐，本路监司、守臣躬请视事，赙赠常典外，加赐银、绢千匹、两，葬事令鄂守主之。飞扶榇至庐山，连表恳辞，且乞终丧。上悉封还其章，亲札慰谕，又累诏趣起，乃奉命复屯襄汉。

【注释】

①易武胜、定国两镇之节：宋承唐制，于重要州府内设置节镇。宋时，节度使已成虚衔，不必赴镇。岳飞已于之前的绍兴四年八月任清远军节度使，绍兴二年五月又移镇为镇宁、崇信军节度使，绍兴六年三月改武胜、定国军节度使。当时，兼任两镇、三镇节度使为“希阔之典”，移镇、改任亦为“恩宠”之典。

②起复：宋代官员有三年守父母丧（丁忧）之制，在守丧期内，须解官持丧服。丧期满复职称“服阙”，如丧期未满，朝廷特许或特诏复职者，称“起复”。“起复”任事之后，该官员官衔前系“起复”二字。（据《宋代官制辞典》，第652页。）

【译文】

三月，岳飞移镇、改任武胜、定国军节度使，授宣抚副使，置司襄阳，加食邑五百户。岳飞认为宣抚之职名位太高，非高居庙堂的近臣或功勋卓绝者不能委任，故而上章力辞不受。圣上下诏不允。

四月，圣上命岳飞至武昌调军。恰逢（岳飞的母亲）周国夫人姚氏去世，故岳飞在家中为母丁忧。圣上特地派遣使者前去安抚慰问，即日降旨允许岳飞起复，又下诏令本司官属、将佐、本路监司、守臣躬请岳飞出来视事，除赐予治丧财物的常典，另加赐银一千两、绢一千匹，命鄂州知州主持丧葬事宜。岳飞亲自扶棺至庐山，连连上表恳切请辞，请求完成守丧的心愿。请辞的奏札圣上全部退回，并亲自写札安慰劝谕，又累次下诏催促起复，岳飞才勉强奉命，复屯兵襄汉。

七月，命飞，凡移文伪境，于宣抚职位中增“河东[①]”二字及“节制河北路”五字。

八月，遣王贵、郝政、董先攻虢州寄治卢氏县，下之，歼其守卒，获粮十五万石，降其众数万。上闻之，以语张浚，浚曰："飞措画甚大，今已至伊、洛，则太行山一带山寨，必有通谋者。自梁兴之来，飞意甚坚。"十三日，遣杨再兴进兵至西京长水县之业阳，伪顺州安抚张宣赞、孙都统，皆失其名，及其后军统制满在，以兵数千拒官军。再兴出战，斩孙都统，擒满在，杀五百余人，俘将吏百余人，余悉奔溃。明日，再战于孙洪涧，破其众二千。复长水县，得粮二万石，以给百姓、官兵。于是，西京险要之地尽复，又得伪齐所留马万匹，刍粟数十万，中原响应。又遣人至蔡州，焚其糗粮。诏褒之。

【注释】

①河东：古地区名。黄河流经陕西、山西两省，自北而南的一段之东部，指今山西省。秦汉时置河东郡、唐初置河东道，开元年间又置河东节度使，宋置河东路。

【译文】

七月，圣上命岳飞凡是向伪境发出的文书，在职名中添入宣抚"河东"二字及"节制河北路"五字。

八月，岳飞派遣王贵、郝政、董先攻打虢州的临时州治卢氏县，攻破，歼灭其守军，获得粮食十五万石，收降其众数万人。圣上听闻，与张浚等人谈论，张浚说："岳飞措置甚大，现在已到了伊、洛一带，则太行山一带山寨，必定有人与他协作。自从梁兴来归后，岳飞（联结河朔义军）的意志更加坚定。"十三日，派遣杨再兴进兵到西京长水县的业阳，伪齐顺州的安抚张宣赞、孙都统（皆不知其名）及其后军统制满在，率兵数千人抵御官兵。杨再兴出战，斩杀孙都统，擒获满在，杀敌兵五百余人，俘获将吏百余人，余党尽皆溃散逃跑。第二日，杨再兴又作战于孙洪涧，破敌众二千余人。收复长水县，缴得粮食二万余石，供给百姓、官兵。于是，据有险要地形的西京尽皆收复，缴获伪齐所留的马上万匹，粮草数十万石，中原义军纷纷响应。岳飞又派人到蔡州，焚烧伪齐的粮仓，圣上下诏褒奖。

九月，刘豫遣子麟、姪猊、许清臣、李邺、冯长宁，以我叛将李成、孔彦舟、关师古合兵七十万，分道犯淮西。刘光世欲舍庐州，张俊欲弃盱眙，同奏乞召飞以兵东下，欲令飞独当其锋，而己得退保。都督张浚闻之，以书戒张俊曰："贼豫之兵，以逆犯顺，若不剿除，何以立国，平日亦安用养兵为？今日之事，有进击，无退保！"遂言于上曰："岳飞一动，则襄汉有警，复何所制。"力沮其议。光世竟舍庐州，退保采石。上忧之，乃以亲札付浚曰："不用命者，以军法从事！"俊、光世始听命，还战。上犹虑其不足任，复召飞。

【译文】

九月，刘豫派遣其子刘麟、侄子刘猊、许清臣、李邺、冯长宁，与叛将李成、孔彦舟、关师古合兵七十万，分路进犯淮西。刘光世欲舍弃庐州、张俊欲舍弃盱眙，同时上奏请岳飞率兵东下抗击伪齐，想要令岳飞独自抵御伪齐军的锋芒，而让自己的军队退却自保。都督张浚知道后，写书信告诫张俊："贼人刘豫之兵，是以逆犯顺，若不剿除，何以立国，平日无事还用得着养兵吗？今日之事，只有前进搏击，不可退却自保！"于是又奏请圣上说："岳飞的军队一动，襄汉就有危险，又可用谁的军队去制敌。"竭力阻止刘光世的提议。刘光世竟然舍弃庐州，退守到采石矶。圣上忧虑，以御笔交付张浚曰："不用命者，按军法从事！"张俊、刘光世方才听命，回去迎战。圣上还是忧虑他们不能胜任，又召岳飞。

初，飞自收曹成至平杨么，凡六年，皆以暑月行师，得目疾，及是疾愈甚。闻诏，即日起行。上亦遣医官相继至军，疗之。会麟败，飞至江州，如初诏。十一月十九日，奏至，上语赵鼎，喜其尊朝廷，诵司马光《资治通鉴》名分之说以称之，赐札曰："闻卿目疾小愈，即提兵东下，委身徇国，竭节事君，于卿见之，良用嘉叹。今淮西贼遁，未有它警，已谕张浚从长措置，卿更不须进发。其或襄、邓、陈、蔡有机可乘，即依张浚已行事理，从长措置，亦卿平日之志也。"飞遂还军。

【译文】

当初，岳飞从剿伐曹成至平定杨么，六年间，皆是在盛夏用兵，落下了眼疾，当此时目疾愈发严重。然而闻听圣上下诏，还是即日启行。圣上也派遣了医官相继到岳飞军中为他治疗眼疾。适逢此时刘麟战败，岳飞也抵达了江州，遵守了圣上原先的诏令。十一月十九日，圣上收到岳飞的奏札，对赵鼎说岳飞以朝廷为尊实为可喜，并诵读马司光《资治通鉴》中的名分之说来称赞他，赐予岳飞御札曰："听说卿目疾略好，就立即提兵东下，从你的身上看到了委身徇国，竭节事君的精神，实在让人赞叹。现在淮西的敌人已经逃跑，没有其他的危险了，已经告谕张浚要从长计议谋划，卿不须继续进兵。若襄阳、邓州、陈州、蔡州有可乘之机，就依张浚已做的安排，从长措置，这也是卿家平日的志愿。"岳飞于是回师鄂州。

时伪齐于唐州北何家寨置镇汝军，屯兵聚粮，为窥唐计。飞遣王贵、董先等攻毁之，有伪五大王刘复[①]拥兵出城迎敌。初十日，贵等遇之于大标木，依山而阵，众几十倍，一战俱北，横尸蔽野。直抵镇汝军，焚其营而有其粮。伪都统薛亨以众十万，掠唐、邓。贵、先严兵待之，既战，阳北，俾冯赛以奇兵绕出其后。亨果来追，先回兵夹击，贼大败，生擒薛亨及伪河南府中军统制郭德等七人，杀获万计，俘献行在。所谓五大王者，以匹马逃。

【注释】

①五大王刘复：指刘豫之弟刘复。

【译文】

此时伪齐在唐州北何家寨置镇汝军，屯兵聚粮，窥伺唐州。岳飞派遣王贵、董先等攻击，有伪齐军的五大王刘复领兵出城迎战。初十，王贵等人与刘复相遇于大标木，依山列阵，敌人的兵力几乎是王贵的几十倍，但却不堪一击，一战下来被杀得尸横遍野。官军直抵镇汝军，焚烧其营，得其粮食。伪齐都统薛亨率兵十万，劫掠了唐州、邓州。王贵、董先严阵以待，打仗时假装败走，命令冯赛出奇兵绕到伪齐军后方进行包抄。薛亨果然来追击，此时董先回兵夹击，使伪齐军大败，生擒薛亨以及伪河南府中军统制郭德等七人，杀获敌人数以万计，献俘行在所。“五大王”骑马逃走。

飞奏已至蔡境，欲遂图蔡，以规取中原。上恐伪齐有兵继至，未可与战，不许。然贵等已至蔡州城，闭拒未下，飞使人谕贵，令还。贵等还至白塔，李成率刘复、李序、商元、孔彦舟、王爪角、王大节、贾关索併兵来，绝贵归路。贵以马军迎击，贼兵尽败，追杀五里余。还至牛蹄，贼复益兵追及之，有数千骑，方渡涧，为董先所击，尽拥入涧中，积尸填谷。得马二千余匹及衣甲、器仗，降骑兵三千余人。贼兵之继至者，望见官军，皆引遁。

上闻捷，大说，赐札奖谕。遣内侍传宣抚问，赐银合茶、药。十二月，大雪苦寒，上以飞按边暴露，手诏抚劳，有曰："非我忠臣，莫雪大耻。"又遣赐马鞍四、铁简二、香、茶、药等，传宣抚问，召飞赴行在。

【译文】

岳飞即刻上奏说，已经进入蔡州境内，想要先攻取蔡州，以此来谋求收复中原。圣上恐伪齐有重兵来增援，官军不能敌，不许与之作战。然而此时王贵等已至蔡州城，蔡州守将坚守不出，岳飞派人告诉王贵退兵。王贵等人撤军至白塔，李成率刘复、李序、商元、孔彦舟、王爪角、王大节、贾关索等合兵前来阻截王贵的退路。王贵以马军迎击，大败贼兵，追杀出五里有余。当军队退还至一个叫牛蹄的地方时，贼人又增兵追来，约有数千骑，刚渡过山涧，就被董先所率的军队迎击，很多贼人掉入山涧，尸体遍布谷底。此战缴获马二千余匹以及衣甲、器仗等物，降服骑兵三千余人。贼兵后来又有追来的，但看见官军皆又逃跑。

圣上听到捷报，十分高兴，赐札子嘉奖。又派遣内侍传宣抚问岳飞，并赐岳飞银合茶、药。十二月，大雪苦寒，圣上知道岳飞在风雪严寒中巡查边界，下手诏抚慰，曰："非我忠臣，莫雪大耻。"又遣人赐马鞍四副、铁简二副、香、茶、药等物品，传宣抚问，召令岳飞去行在。

绍兴七年正月，入见，上从容与谈用兵之要，因问飞曰："卿在军中得良马否？"飞曰："臣有二马，常奇之。日啖刍豆数斗，饮泉至一斛，然刍粟非精洁，则宁饿不食。介而驰，其初若不甚疾，行百余里，始振鬣长鸣，奋迅不已，自午至酉，犹可二百里。褫鞍甲而不息不汗，若无事然，此致远之材也。然值复襄阳，平杨么，相继以死。今所乘者不然，日所食不过数升，而秣不择粟，饮不择泉。揽辔未安，踊跃疾驱，未及百里，力竭汗喘，殆欲毙然，此驽钝之材也。”上称善久之，曰：“卿今议论极进。”

【译文】

绍兴七年正月，岳飞入朝觐见圣上，圣上悠闲地与他谈论用兵的要领，问岳飞说：“卿家在军中可有良马？”岳飞说：“臣有二马，很是奇骥。日啖刍豆达数斗，饮泉一斛，然而刍粟若不精洁，便宁可挨饿也不食。臣披挂甲胄跨马驰骋，最初似不甚疾速，而行至百里外，便振鬣长鸣，奋迅直前。自午时至酉时（上午11时正至下午7时正），犹可飞驰二百里。待卸脱鞍甲时，则不见喘息又无汗渍，若无其事，此乃致远之材也。可惜这两匹马在复襄阳、平杨么之时，不幸相继死亡。如今我所乘之马则不然，每日所吃不过数升，也不挑剔饲料和饮水。没有安上笼头和缰绳便踊跃疾驰，不过行进百里地就出汗喘息，无力前行，似欲倒毙。像这样的马，便是驽钝之材。”圣上听完连连夸赞，说：“卿家如今议论颇有长进。”

二月，除飞起复太尉，加食邑，赏商、虢等功也。继除宣抚使、兼营田大使。三月，扈从至建康。十四日，以刘光世所统王德、郦琼等兵五万二千三百一十二人、马三千一十九匹隶飞。且诏王德等曰：“听飞号令，如朕亲行。”

【译文】

二月，升岳飞为起复太尉，加食邑，赏赐平定商、虢州等立下的战功。继升为宣抚使、兼营田大使。三月，岳飞扈从圣上至建康。十四日，将原隶属刘光世军中的王德、郦琼等军队共计五万二千三百一十二人、马匹三千一十九匹隶属于岳飞。并且诏告王德等人说：“听飞号令，如朕亲行。”

飞乃数见上，论恢复之略，以为刘豫者，金人之屏蔽，必先去之，然后可图。因慷慨手疏言：“臣自国家变故以来，从陛下于戎伍，有致身报国、复仇雪耻之心，幸凭社稷威灵，前后粗立薄效。陛下录臣微劳，擢自布衣，曾未十年，官至太尉，品秩比三公[①]，恩数视二府，又增重使名，宣抚诸路。臣一介贱微，宠荣超躐，有逾涯分；今者又蒙益臣军马，使济恢图。臣实何人，误辱神圣之知如此，敢不昼度夜思，以图报称。

臣窃揣敌情，所以立刘豫于河南，而付之齐、秦之地，盖欲荼毒中原，以中国而攻中国。粘罕因得休兵养马，观衅乘隙，包藏不测。臣谓不以此时禀陛下睿算妙略，以伐其谋，使刘豫父子隔绝，五路叛将还归，两河故地渐复，则金人之诡计日生，浸益难图。

臣愚欲望陛下假臣日月，勿拘其淹速，使敌莫测臣之举措。得便可入，则提兵直趋京、洛，据河阳、陕府、潼关，以号召五路之叛将。叛将既还，王师前进，彼必弃汴京，而走河北，京畿、陕右可以尽复。至于京东诸郡，陛下付之韩世忠、张俊，亦可便下。臣然后分兵浚、滑，经略两河，如此则刘豫父子断必成擒。大辽有可立之形，金人有破灭之理，为陛下社稷长久无穷之计，实在此举。

假令汝、颍、陈、蔡坚壁清野，商於、虢略分屯要害，进或无粮可因，攻或难于馈运，臣须敛兵，退保上流。贼必袭而南，臣俟其来，当率诸将或挫其锐，或待其疲。贼利速战，不得所欲，势必复还。臣当设伏，邀其归路，小入则小胜，大入则大胜，然后徐图再举。设若贼见上流进兵，併力侵轶淮上，或分兵攻犯四川，臣即长驱，捣其巢穴。贼困于奔命，势穷力殚，纵今年未终平殄，来岁必得所欲。陛下还归旧京，或进都襄阳、关中，惟陛下所择也。

臣闻兴师十万，日费千金，内外骚动七十万家，此岂细事。然古者命将出师，民不再役，粮不再籍，盖虑周而用足也。今臣部曲远在上流，去朝廷数千里，平时每有粮食不足之忧。是以去秋臣兵深入陕、洛，而在寨卒伍有饥饿而死者，臣故亟还，前功不遂。遂使忠义之人陷于伪地者，旋被屠杀，皆臣之罪。今日惟陛下戒敕有司，广为储蓄，俾臣得以一意静虑，不以兵食乱其方寸，则谋定计审，必能济此大事。

异时迎还太上皇帝、宁德皇后梓宫，奉邀天眷，以归故国，使宗庙再安，万姓同欢，陛下高枕万年，无北顾之忧，臣之志愿毕矣。”

【注释】

①三公：政和二年九月，将原称三师的太师、太傅、太保，改称“三公”，废三师之称；而以少师、少傅、少保为“三少”，并将原三公太尉、司徒、司空废除。

【译文】

岳飞数次面见圣上，讨论恢复中原的方略，认为刘豫所占据的地区是金国的屏蔽，必然要先剪除刘豫，才能有所进图。岳飞慷慨手疏言：“臣自国家发生变故以来，跟从陛下于戎伍间，一心想以身许国，复仇雪耻，幸凭社稷威灵，前后稍立寸功。陛下记得臣的微劳，将臣擢自布衣，不到十年间，便官至太尉，品秩堪比三公，恩数视同二府，且又增重使名，宣抚诸路。臣本一介卑微，宠荣超越他人，越过了臣所能承受的本分，今日又给臣增添兵马，让我收复中原。臣何其幸运，误蒙圣上这样的知遇，怎敢不日夜思忖，以图报陛下之恩。

“臣揣测敌情，金人之所以立刘豫于河南，并把山东、陕西之地交给他，是想荼毒中原，以中国攻中国。粘罕因而获得休兵养马的时间，窥伺我们的可乘之机，包藏祸心不浅。臣想若不趁这个时候禀受陛下的睿算妙略，破坏他们的阴谋，使刘豫父子隔绝，五路叛将回归，逐步收复两河故地，若等到金人诡计日渐生效，中原便愈发难以收复。

“臣望陛下给臣时间，不要规定时日，让敌人无法预测臣的举动。一旦得到机会就可以乘虚而入，提兵直趋京、洛，占据河阳、陕府、潼关，以号召五路之叛将。这些叛将既投归本朝，王师继续前进，敌人必弃汴都，逃向河北，则京畿、陕右可以尽复。至于京东诸郡，陛下交给韩世忠、张俊，亦可收复。臣然后分兵浚、滑，经略两河，如此则刘豫父子一定被擒。大辽有可立之形，金人有破灭之理，江山社稷长久稳固之计，就在此举。

“假如敌人在汝、颍、陈、蔡坚壁清野，在商於、虢略分屯要害，我方前进可能没有粮食，攻伐又困于漕运之难，臣便须收兵，退保上流的安全。贼人必会向南追击，臣等他们来到，就率领诸将挫其锋锐，或是等他们消耗疲惫。贼人喜欢速战，若无利可图，必然会再回去。臣那时便当设伏，阻其归路，贼人小入则小胜，大入则大胜，其后徐图再举。假设敌人见我从上流进兵，就并力侵犯淮上，或分兵攻犯四川，臣即长驱直入，捣其巢穴。贼困于奔命，势穷力尽，纵使今年不能将贼人平定歼灭殆尽，明年必能达成所想。到那时陛下是还归旧京，还是北进定都于襄阳、关中，都任凭陛下的选择。

“臣闻兴师十万，日费千金，国境之内有七十万户百姓会受到扰动，这岂是小事？然而自古命将出师，百姓不需要劳役两次，粮食也不需要多次征集，考虑周全、军用充足。现在臣的军队远在上流，距离朝廷数千里，平日就常有粮食不足之忧。去年秋天臣率军深入陕、洛，留在后方的士兵却有饿死的，所以臣不得不匆忙回军，导致前功不遂。陷于伪地的忠义之士旋即被杀，此皆臣之罪。今日唯赖陛下戒敕有司，广为储备，使得臣能一心一意谋划进取，不会因军粮不足而乱了方寸，待臣确定正确的方略，必能成就北伐大业。

“他日迎还太上皇帝、宁德皇后梓宫，奉邀天眷，以归故国，使宗庙再安，万姓同欢，陛下高枕万年，无北顾之忧，臣的志愿也算完成了。”

疏奏，上以亲札答之曰：“有臣如此，顾复何忧。进止之机，朕不中制。”复召至寝閤，命之曰：“中兴之事，朕一以委卿。”又赐亲札曰，“前议已决”，“进止之机，委卿自专，先发制人，正在今日，不可失也”。飞复奏，述前志，赐札报曰：“览卿近奏，毅然以恢复为请，岂天实启之，将以辅成朕志，行遂中兴耶！”又令节制光州。

【译文】

岳飞上奏后，圣上以亲笔札子回复言：“有这样的臣子，朕还有什么可忧虑的呢？用兵的进止之机，付与卿判断，朕不从中制约。”复又将岳飞召至寝閤，命令说：“中兴之事，朕一以委卿。”又赐亲笔札子，“前面所议之事已然决策”，“进兵之事，委付卿家自行措置，今日之事宜先发制人，切不可贻误战机”。岳飞复又上奏，申述前志，圣上又赐札回答说：“看卿家近日所奏，请求恢复中原之心更加坚定，难道这是上天的启示，将要以你辅佐朕达成志愿，完成中兴大业！”又令岳飞节制光州。

方率厉将士，将合师大举，进图中原；会秦桧主和议，忌其成功，沮之，其议遂寝，王德、郦琼之兵亦不复畀之矣。

夏，奉诏诣都督府，与张浚议事。时王德与郦琼之兵犹未有所付，浚语飞曰："王德之为将，淮西军之所服也。浚欲以为都统制，而命吕祉以都督府参谋领之，如何？"飞曰："淮西一军多叛亡盗贼，变乱反掌间耳。王德、郦琼等夷，素不相下，一旦握之在上，则必争。吕尚书虽通才，然书生不习军旅，不足以服其众。必择诸大将之可任者付之，然后可定，不然，此曹未可测也。"浚曰："张宣抚如何？"飞曰："张宣抚宿将，飞之旧帅也。然其为人暴而寡谋，且郦琼之所素不服，或未能安反侧。"浚又曰："然则杨沂中耳。"飞曰："沂中之视德等耳，岂能御此军哉。"浚艴然曰："浚固知非太尉不可也！"飞曰："都督以正问，飞不敢不尽其愚，然岂以得兵为念耶！"即日上奏，乞解兵柄。步归庐山，庐于周国夫人墓侧。

【译文】

岳飞方激励完将士，要与诸路大军会合大举出兵，以便进取中原收复失地；恰逢秦桧主张和议，忌其成功，从中阻挠，进兵的计划随之搁置，王德、郦琼的军队也未能付岳飞接收。

夏日，岳飞奉诏到都督府与张浚计议军事。此时还没有把王德、郦琼的军队交付岳飞，张浚问岳飞说："王德为将，淮西军的军士都能服从他。浚欲让王德为都统制，而命都督府参谋军事吕祉督领，如何？"岳飞说："淮西一军多是由以前叛逃的盗贼组成，变乱很可能就发生在反掌之间。王德与郦琼原是平级，一向都互不谦让，一旦擢王德在郦琼之上，势必有所纷争。吕尚书虽是通才，然而书生不熟悉军旅，不足以服其众。我认为必须从诸大将中择取可任之人，将这支军队交付与他，方可安定，否则这些人的动向不可预测。"张浚说："张宣抚如何？"岳飞说："张宣抚乃宿将，是飞之旧帅，然而其人暴而寡谋，郦琼一直不服他，切恐未能安抚其不安之心。”张浚又说：“那交予杨沂中呢。”岳飞说：“杨沂中与王德原是平辈，岂能统此军？”张浚艴然说：“我就知此事非岳太尉你不可！”岳飞说：“都督以正事问飞，飞不敢不尽其愚衷，又岂是为了自己要兵！”岳飞即日上奏章，请求解除兵权，步归庐山，在母亲周国夫人姚氏墓侧筑庐守墓。

浚怒，以兵部侍郎张宗元为湖北、京西宣抚判官，监其军。宗元日阅部伍，心服飞之能。上连诏飞还军，飞力辞。诏军吏造庐，以死请，乃趋朝。既见，犹请待罪，上知其故，优诏答之，俾复其位，而还宗元。宗元归，复于上曰：“将帅辑和，军旅精锐，人怀忠孝，众和而勇，皆飞训养之所致。”上大悦，赐诏褒谕。

飞上疏曰：“逆豫逋诛，尚穴中土，陵寝乏祀，皇图偏安，陛下六飞时巡，越在海际。天下之愚夫愚妇咸愿伸锄奋梃，以致死于敌。而陛下审重[①]此举，累年于兹，虽尝分命将臣，鼎峙江、汉，仅令自守以待敌，不敢远攻而求胜。是以天下忠愤之气，日以沮丧；中原来苏之望，日以衰息。岁月易久，污染渐深，趋向一背，不复可以转移。此其利害，诚为易见。

臣待罪阃外[②]，不能宣国威灵，致神州隔于王化，虏、伪穴于宫阙，死有余罪，敢逃司败[③]之诛！陛下比者寝閤之命，咸谓圣断已坚，何至今日，尚未决策北向。臣愿因此时，上禀陛下睿算，不烦济师，止以本军进讨，庶少塞瘝官[④]之咎，以成陛下寤寐中兴之志。顺天之道，因民之情，以曲直为壮老[⑤]，以逆顺为强弱，万全之效，兹焉可必。惟陛下力断而行之！”

【注释】

①审重：慎重；审慎持重。

②阃外：指京城或朝廷以外，亦指外任将吏驻守管辖的地域，与朝中、朝廷相对。

③司败：泛指司法机关。

④瘝官：旷废官职。

⑤以师直为壮老：语出《左传·僖公二十八年》：“师直为壮，曲为老。”师，军队；直，理由正当；壮，壮盛，有力量。出兵有正当理由，军队就气壮，有战斗力。

【译文】

张浚大怒，命兵部侍郎张宗元为湖北、京西宣抚判官，监督岳飞的军队。张宗元日日检阅岳飞的部伍，折服于岳飞的才能。这时圣上连连下诏敦促岳飞还军，岳飞坚决推辞。圣上于是下诏派遣岳飞的僚属造访他居住的茅庐，以死相请他回军，岳飞不得已乃回朝。见到圣上后，乃请求治罪，圣上知其原委，下诏安慰岳飞，复其职位，召回张宗元。张宗元回去面见圣上，说岳飞军中“将帅辑和，军旅精锐，人怀忠孝之心，士气昂扬，骁勇善战，这都是岳飞平日教导有方所致”。圣上大悦，赐诏褒谕。

岳飞于是上奏：“逆贼刘豫逃避诛罚日久，尚自盘踞于中原，先帝的陵寝不能得到祭祀，疆域仅能偏安一隅，陛下不时出巡，以致漂泊海上。天下的小民百姓对此无不痛心疾首，伸锄奋梃，无不愿竭尽全力与敌人决一死战。但是陛下对于此项举措十分审慎持重，多年以来，虽然曾任命将帅守臣在长江、汉水之间与敌人鼎立对峙，却命令我方将领坚守不出，只待敌人来攻，却不敢主动进攻以求取胜利。因此天下忠义之士的激愤之气日渐衰落；中原人民对从困苦中解脱的希望日益衰息。随着岁月的流逝，逆贼刘豫对中原遗民的坏影响越来越深，民心渐渐背离朝廷，便不能再改变回来了。其间的利害关系，实在是显而易见的。

臣在此边境驻地请罪，不能够宣扬国威，以至于神州大地隔绝在朝廷的教化之外，金虏、伪齐依然占据着故都的宫阙，臣死有余辜，怎敢逃避司法的制裁！陛下从前在寝閤中对臣委以重任时，意志坚决，为何到了今日，犹自不能决定北向进军。臣愿趁此时机，禀承圣上的英明睿断，不劳烦朝廷增援军队，只率领本部兵马前去征讨，如此或许可以稍稍弥补臣旷废官职的罪责，完成陛下日夜盼望中兴国家的志向。此举顺应天道，合乎民心，正义之师必胜，僭逆之徒必亡，万全之效，必然可以达到，唯愿陛下一力决断并且推行！”

疏奏，御札报曰：“览卿来奏，备见忠诚，深用嘉叹。恢复之事，朕未尝一日敢忘于心，正赖卿等乘机料敌，力图大功。如卿一军士马精锐，纪律修明，鼓而用之，可保全胜，卿其勉之，副朕注意。”

飞奉诏将行，乃复奏，以为“钱塘僻在海隅，非用武之地。臣愿陛下建都上游，用汉光武故事，亲帅六军，往来督战。庶将士知圣意之所向，人人用命。臣当仗国威灵，鼓行北向”。未报，而郦琼叛。

【译文】

上奏，御札回答说：“观卿的奏札，备见忠诚，深为嘉许赞叹。恢复中原之事，朕一天都不敢忘怀于心，正是依赖卿等乘机料敌，力图大功之时。如卿一军兵马精锐，军律整肃，一鼓作气，可保全胜，卿应勉力，以回报朕对卿的关怀属望。”

岳飞奉诏将要启程时，又上奏，认为“钱塘处在临海一隅，非是用武之地。臣乞愿陛下建都上游，效仿汉光武帝刘秀，亲帅六军，往来督战。让众多将士知道圣上收复失地的志向，故而可使人人用命。臣自当倚仗国家的威灵，振奋军队一路向北克复中原”。圣上对此奏还没有回复，（却传来）郦琼叛变（的消息）。

初，飞既还军，张浚竟用吕祉为宣抚判官，王德为都统制，护其军。琼果大噪，论德于浚。浚乃以张俊为宣抚使，杨沂中为制置使，吕祉为安抚使，而召德以本军还，为都督府都统制。琼益不服，拥兵诣祉，执祉以北，道杀之，尽其众七万，走伪齐降。虏人惧豫得兵多，颇分散其兵，粮廪亦不厚，去降者皆有悔意。至是浚始悔不用飞言。

【译文】

当初岳飞离军期间，张浚竟然任命吕祉为宣抚判官，王德为都统制，管护一军。郦琼果然喧哗不服，向张浚投诉王德。张浚于是更换张俊为（淮西）宣抚使，杨沂中为（淮西）制置使，吕祉为安抚使，召王德率本军回（建康），为都督府都统制。郦琼更加不服，拥兵到吕祉处，带着他向北，在半途将其杀死，裹挟淮西军的七万余人投奔伪齐。虏人忌惮刘豫的兵力大增，故意分散其兵，给予的粮食也不够，去投降的人皆有悔意。张浚这才后悔没有听岳飞之言。

于是，上诏报以兵叛之后，事既异前，迁都之举，宜俟机会。飞复上奏云：“叛将负国，臣窃愤之，愿进屯淮甸，伺番、伪机便奋击，期于破灭。”降诏奖谕，而不之许。诏飞以舟师驻于江州，为淮、浙声援。时闻虏已废伪齐。

【译文】

于是，圣上下诏回复岳飞，兵变之后，国家的情况与前有所不同，迁都之举，还是要等待适宜的时机再行定夺。岳飞又上奏说："叛将负国，臣感到非常愤慨，愿意率军进屯淮甸，等待合适的时机，给番、伪齐奋力一击，将其消灭。"圣上下诏奖谕，但未允许岳飞的提议。诏告岳飞以水军驻守于江州，为淮、浙的军事声援。得到报告，虏人已废黜伪齐政权。

先是，六年，飞在襄汉，豫兵连衄，其爪牙心腹之将或擒或叛，虽已不振，然依虏人之势，犹可以立。飞知粘罕主豫，而兀术常不足于粘罕，可以间而动。是年十月，谍报兀术欲与豫分兵自清河来，上令飞为备。俄而兀术遣谍者至，为逻卒所获，缚至前，吏请斩之。飞愕视曰："汝非张斌耶？本吾军中人也。"引至私室，飞责之曰："吾向者遣汝以蜡书至齐，约诱致四太子，而共杀之。汝往，不复来。吾继遣人问，齐帝已许我，今年冬以会合寇江为名，致四太子于清河矣。汝所持书竟不至，何背我耶？"谍冀缓死，即诡服。乃作蜡书，言与伪齐同谋诛兀术事，且曰："八月交锋，我穷力相攻，彼已不疑，江上之约其遂矣。事济，宋与齐为兄弟国。"因谓谍者曰："汝罪万死，吾今贷汝，复遣至齐，问举兵期，宜以死报。"刲股纳书，厚币丁宁，戒勿泄其事，谍唯唯，拜谢而出。复召之还，益以币，重谕之，乃遣，至于再三。谍径抵兀术所，出书示之。兀术大惊，驰白其主，于是清河之警不复闻，豫随废夺。

【译文】

之前，在绍兴六年，岳飞驻守襄汉，连连挫败刘豫，刘豫的心腹之将或是被擒或是叛逃，屡屡不能振起，仅仅依靠金人的势力，还可以苟延残喘。岳飞知道粘罕力挺刘豫，而兀术与粘罕素来不和，可以用离间之计伺机成事。这年十月，谍报兀术想要与刘豫分兵自清河而来夹击大宋，圣上命令岳飞激励将士准备作战。不久兀术所派遣的谍探被岳飞手下的巡逻士兵抓获，绑至岳飞面前，胥吏请岳飞将其斩首。岳飞惊愕地看着谍探说："你不是张斌吗？本是我军中之人。"于是把他引至私室，责备他说："我从前派你携蜡书到大齐，与刘豫相约将四太子引诱过来，一起杀掉他。结果你一走就没有了音讯，我又继续遣人去问，齐帝已答应我，今年冬天以合军侵犯长江为名目，约四太子到清河后再杀他。你拿了蜡书一走了之，为何要背叛我呢？"谍探寄希望于岳飞能宽恕他的死罪，立即假装降伏。岳飞又作蜡书，说要与伪齐共同谋划诛杀兀术之事，说："八月交锋时，我竭尽全力出击齐军，使兀术不生疑惑，江上之约方能成功。事成之后，宋与齐就像兄弟国一样相互交往。"又对谍探说："你虽罪该万死，但今天先绕你一命，再遣你入齐，问清楚一同举兵的日期，你定要以死相报。"于是让人在其大腿上划开一条口子，将蜡书缝入其中，赠送给他许多银子并再三叮咛，千万不能泄漏机密，谍探唯命是从拜谢而出。岳飞复又把他叫回来，又多加了赠与他的银两，并再次郑重地告诫后才放走他，如此反复了三次。谍探走后径直来到兀术所在处，把蜡书给兀术看。兀术大惊，派人疾驰回报金主，于是清河的危机就此化解。刘豫随即被金人废黜。

初，豫之未废也，本朝使人张邵留虏中久，尝上其元帅阿卢五书，以景延广之事感动之。时又有谓虏之谋齐也久矣，豫既立，岁遣将数百骑来巡边，豫必出郊迓之，所以习之，使不疑也。豫厚敛，以行赂自固，而失人心，自以为太山之安，而不知身已在其掌股间久矣。及其废也，以一羸马负之以往，而人莫哀之。琼之叛，飞之间，亦速之也。

【译文】

当初，在刘豫被废之前，本朝使者张邵留在金国很久，曾上书致其元帅阿卢五，以景延广之事劝说他。那时又有人说虏人谋齐很长时间，刘豫既立，虏人每年都遣数百骑来巡边，刘豫必然亲自到远郊迎候，所以不曾怀疑过刘豫。刘豫大量敛财，以行贿自固，而失去人心，自以为有太山之安，而不知自身在其股掌之间很久了。及到被废时，只乘着一匹羸弱之马而去，并没有人同情他。郦琼的叛乱，岳飞的离间计，也加速了刘豫被废。

飞上奏，谓宜乘废豫之际，捣其不备，长驱以取中原，不报。豫之废也，虏惧中原有变，乃绐谓人曰："且迎少帝来矣。"谓钦宗皇帝也。百姓日夕延颈以傒，久而不然，而势且定矣。虏假手于豫，以抚定梁、宋、齐、鲁之地。豫竭力结粘罕，兀术恶之。又郦琼之叛，虏惧其有众。因飞之用间，兀术得以籍口，而行其谋。豫之废，盖一机会也。上遣江谘至江州，就赐茶、药、酒、果，及锡宴劳飞，且赐手札嘉奖。

【译文】

岳飞于是上奏，言此时正宜趁着刘豫被废之际，捣其不备，长驱直入克复中原，圣上没有回应。刘豫被废，虏人担心中原有变，所以开始对人说："且迎少帝来矣。"即钦宗皇帝。百姓朝夕延颈以待，久而不然，而形势已定。虏人假手于刘豫，用来安抚梁、宋、齐、鲁之地的百姓。刘豫竭力结交粘罕，遭兀术厌弃。又逢郦琼叛乱，虏人害怕刘豫拥兵自重。因岳飞巧用离间计，兀术得到除掉刘豫的借口，遂行其谋。刘豫的废除，是一个难得的机会。圣上派遣江谘到江州，赐茶、药、酒、果，并赐宴慰劳岳飞，且赐手札予以嘉奖。

绍兴八年，飞还军鄂州。复累请于朝，秦桧难之，令条具曲折，飞历述利害以闻，不报。五月，谍报金人驻兵京师、顺昌、淮阳、陈、蔡、徐、宿等郡，期以秋冬大举南寇。又分三路兵，声言欲与飞战。朝廷第令为备，命飞明远斥候[①]，习水战，阅军实，为待敌计，不发兵深入。飞日夜训阅，更迭调军屯襄汉，备守而已。

【注释】

①斥候：古代的侦察兵，起源于汉代，并因直属王侯手下而得名。分骑兵和步兵，一般由行动敏捷的军士担任，是一个相当重要的兵种。

【译文】

绍兴八年，岳飞回到鄂州军营。又多次上奏请求朝廷（北伐），秦桧故意为难，令他条列详细计划，岳飞历述利害关系，并未得到朝廷的回应。五月，谍报称金人在京师（指北宋故都开封）、顺昌、淮阳、陈州、蔡州、徐州、宿州等郡驻兵，等待秋冬季节大举南侵。且兵分三路，声称要与岳飞开战。朝廷连连下令，要岳飞提前防备，命令岳飞加强侦察，练习水战，检阅军队的训练实力，以做待敌之计，不发兵深入。岳飞得到命令后亦日夜操练、检阅军队，更迭调集军队屯驻襄汉要冲，防守而已。

秋，召飞赴行在。金人遣使议和，将归我河南地。飞入对[①]，上谕之，飞曰："夷狄不可信，和好不可恃，相臣谋国不臧[②]，恐贻后世讥议。"上默然，宰相秦桧闻而恶之。已而金使至，和议决，上复赐亲札，归功于飞。

【注释】

①入对：臣下进入皇宫回答皇帝提出的问题或质问。

②谋国不臧：谋国，为国家利益谋划；不臧：善，好。《诗经·邶风·雄稚》："百尔君子，不知德行？不忮不求，何用不臧！"

【译文】

秋，召岳飞到行在。金人遣使臣前来议和，愿意归还我河南之地。岳飞入对，圣上告诉了岳飞，岳飞答："夷狄不可相信，和好不可凭恃，宰相为国谋划不利，恐怕会贻笑于后世。"圣上默然，宰相秦桧听到后衔恨在心。不久金国使臣到，和议成，圣上又亲自写札子安抚岳飞，归功于他。

绍兴九年正月，复河南，赦天下，飞表谢，亦寓和议未便之意。十一日，授飞开府仪同三司，加食邑。时三大帅皆以和议成，进秩一等。飞独力辞，且谓"虏情变诈，可忧而不可贺，可训兵以备不虞，不可行赏论功，取笑夷狄；万一臣冒昧而受，将来虏寇叛盟，似伤朝廷之体"。上三诏，犹不受，复温言奖激，不得已，乃拜。

【译文】

绍兴九年正月，收复河南，大赦天下。岳飞上谢表，文中暗含了不赞同和议的意思。十一日，授岳飞开府仪同三司，加食邑。当时三大帅皆因和议成功，各进升官职一等。唯独岳飞力辞不受，并说："金人性情狡猾奸诈，此刻可忧而不可贺，应训练兵士以防备不虞，不可论功行赏，让夷狄取笑；万一臣冒昧受功，将来虏人叛盟，有伤朝廷的体面。"圣上又三次下诏，他都不肯接受，圣上又温言褒奖激励，岳飞不得已乃拜谢敬受。

飞益训兵严备，分遣质信材辩者，往伺虏情。上方遣齐安郡王士㒟等谒诸陵，飞请以轻骑从士㒟洒扫，实欲观衅，以伐敌人之谋，且上奏言："虏人以和款我者十余年矣，不悟其奸，受祸至此。今复无事请和，此殆必有肘腋之虞，未能攻犯边境。又豫初废，藩篱空虚，故诡为此耳。名以地归我，然实寄之也。"秦桧知其意，即奏新复故地之初，正赖大将抚存军旅，赐诏褒谕，而止其行。又勑飞：凡新界军、民，毋得接纳，其自北而来者，皆送还之。所遣渡河之士，悉令收隶，毋得往来。

【译文】

岳飞越发训练兵士严加防备，又分派可信善辩之人，来往窥伺虏情。圣上派遣齐安郡王赵士㒟等人拜谒先皇诸陵，岳飞自请亲率轻骑跟随士㒟前去祭扫，其实是为了观察敌情，以便日后破解其谋。并上奏言："虏人借和议之名拖延我朝十余年，没有识破其奸诈，所以会受祸至此。现在金人又无故请求和议，说明他们内部或近旁发生了变乱，因而未能侵犯我方边境。又恰逢刘豫初废，边界空虚，因此故意求和。名义上将土地归还我朝，实际上只是暂时寄存。"秦桧知其主旨，立即上奏说刚刚收复了故地，正应依赖大将安抚军旅，于是圣上赐诏褒谕并阻止岳飞前行。又告诫岳飞的军队：凡是来自新界的军、民，不得接纳，有从北方来归者，悉数遣返。之前派遣渡河联络的人士，全部召回，不得再与北方往来。

绍兴十年夏，金人叛盟，犯拱、亳诸州，上大以飞言为忠。五月下诏，命飞竭忠力，图大计，颁奇功[①]不次之赏，崇战士捐躯之典，开谕两河忠义之人，结约招纳。赐札曰："金人过河，侵犯东京，复来占据已割旧疆。卿素蕴忠义，想深愤激。凡对境事宜，可以乘机取胜，结约招纳等事，可悉从便措置。若事体稍重，合禀议者，即具奏来。”

【注释】

①奇功：宋时奖励军人作战的一种赏格。《宋会要辑稿》兵一八：“（绍兴五年）二月十一日，诏：荆湖南、北、襄阳府路制置使岳飞下统制官徐庆、牛皋人马，庐州以来与番贼斗敌胜捷，奇功各与转五官，第一等各与转三官资，第二等各与转两官资，第三等各与转一官资，并与正名目上收使。”由此可知，“奇功”与“第一等”“第二等”“第三等”都是赏格，且比“第一等”的赏格来得还要高。

【译文】

绍兴十年夏，金人背叛盟约，进犯拱、亳诸州。圣上大感岳飞先前所言为忠。五月下诏，命岳飞竭尽全力，以图大计。颁赐奇功破格之重赏，推崇战士捐躯之典仪，开谕两河忠义之士，结纳邀请他们一起对抗金人。并赐御札曰：“金人过河，侵犯东京，复来占据已割去的旧疆。卿素来忠义，想来定是义愤填膺。凡是关于对方国家的事宜，若可以伺机取胜或结约招纳的，卿都可便宜措置。若事体较为重大，可与参议者一起上奏朝廷定夺。”

卷第二十

百氏昭忠录卷之四

章尚书颖经进鄂王传之四

虏既败盟，飞以得警报，奏乞诣行在所陈机密。会刘锜在顺昌，与虏抗，告急，诏飞助之。飞遣张宪、姚政赴顺昌，复奏请觐。上遣李若虚至飞军，赐札曰："金人再犯东京，贼方在境，难以召卿，今遣李若虚就卿商量。"又曰："施设之方，则委任卿，朕不可以遥度也。"

【译文】

虏人背叛盟约以后，岳飞亦得到警讯，上奏乞请亲往行在所陈述军事机密。恰逢刘锜在顺昌府抵拒虏人，并向朝廷告急，诏命岳飞支援。岳飞派遣张宪、姚政赶赴顺昌，复又上奏请求觐见。圣上派遣李若虚至岳飞军中，赐札子曰："金人再犯东京，贼人正在边境，故难以召卿回来面议，现在特遣李若虚前去，就近与卿商量。"又曰："如何部署措置，全部委任于卿，朕不应遥控指挥。"

飞遣王贵、牛皋、董先、杨再兴、孟邦杰、李宝等提兵，自陕以东，西京、汝、郑、颍昌、陈、曹、光、蔡诸郡分布经略。又遣梁兴渡河，会合忠义社，取河东、北州县。又遣官军东援刘錡，西援郭浩，控金、商之要，应川、陕之师。而自以其军长驱，以闯中原。

【译文】

岳飞命王贵、牛皋、董先、杨再兴、孟邦杰、李宝等人提兵，自陕西以东，西京、汝州、郑州、颍昌、陈州、曹州、光州、蔡州诸郡分别布防疆界。又派遣梁兴渡黄河，会合忠义社（民兵），夺取黄河以东、以北所属的州县。又派遣官军向东支援刘锜，向西支援郭浩，扼守金、商要冲之地，策应川、陕之师。他亲自率军长驱直入，准备克复中原。

将发，斋盥闭閤，手书密奏，言储贰事，其略曰："今欲恢复，必先正国本[①]，以安人心。然后不常厥居，以示无忘复仇之志。"先是，八年秋，飞因召对，议讲和事，得旨资善堂，见孝宗皇帝英明雄伟，退而喜曰："中兴基本，其在是乎！"家人问故，飞曰："获见圣子，社稷得人矣！"其乞入见也，盖欲面陈大计，及李若虚来，乃上疏言之。上得奏，叹其忠，赐札报曰："非忱诚忠谠，言不及此。"

六月，授少保、兼河南府路、陕西、河东、河北路招讨使。飞以无功，辞不受。上诏谕之曰："卿陈义甚高，朕所嘉叹。第惟同时二、三大帅皆以次受命，卿欲终辞，异乎蘧伯玉之用心[②]也。"飞乃不敢辞，寻改河南、北诸路招讨使。

【注释】

①国本：古代特指确定皇位继承人，建立太子为国本。

②蘧伯玉之用心：蘧伯玉是春秋卫国人。孔子曾称赞他："君子哉，蘧伯玉！邦有道，则仕；邦无道，则可卷而怀之。"

【译文】

出发之前，岳飞沐浴熏衣关闭了斋閤，亲手写了密奏，说了立储的事，大略是说："今欲恢复中原，必先确立储君，以安定人心。圣上应常常出巡，在世人面前展示不忘复仇的志向。"当初，于绍兴八年秋，岳飞被圣上召对讨论议和之事，到过资善堂，见到日后的孝宗皇帝，岳飞见其英明雄伟，出来后欣喜地说："中兴的希望，就在他的身上了！"家人问他为什么这么高兴，岳飞说："获准拜见了皇子，社稷中兴有可依靠的人了！"岳飞此次请求到行在，就是要向圣上面陈立储大计，待到李若虚来，便改为上奏章言事。圣上得奏，感叹岳飞忠笃，在御札中回复道："非是忠诚之人，则言不及此。"

六月，朝廷授岳飞少保、兼河南府路、陕西、河东、河北路招讨使。岳飞以无功为辞，力辞不受。圣上下诏告谕他："卿家所陈述之意甚为高远，为朕所嘉叹。但因同时拜授二三位大帅，其他人均接受任命，卿最终还要推辞，难道是要超过卫国的先贤蘧伯玉。"岳飞不敢再请辞了，改迁河南、河北诸路招讨使。

未几，所遣诸将及会合之士皆响应，相继奏功。李宝捷于曹州，又捷于宛亭县荆堽，杀其千户三人及大将鹘旋郎君[1]，又捷于渤海庙。闰六月，张宪败虏于颍昌府，二十日，复颍昌府。飞亲率大军去蔡而北。上以飞身先士卒，赐札奖谕。张宪遂进兵陈州，二十四日，破其三千余骑，翟将军益兵以来，复败之，获其将王太保，复陈州。韩常及镇国大王、邪也孛堇再以六千骑寇颍昌，二十五日，董先、姚政败之。是日，王贵之将杨成破贼帅漫独化五千余人于郑州。二十九日，刘政复劫之于中牟县，获马三百五十余匹，驴、骡百头，漫独化不知存亡。七月一日，张应、韩清复西京，破其众数千。牛皋、傅选捷于京西，又捷于黄河上。孟邦杰复永安军。初二日，其将杨遇复南城军。又与刘政捷于京西，伪守李成、王胜等以兵十余万走，弃洛阳，归怀、孟。

【注释】

①郎君：为汉文意译。（据《三朝北盟会编》卷三，卷二三一。）“其宗室皆为之郎君”，皇帝则称“郎主”。

【译文】

不久，岳飞所派诸将及相约会合之士皆起来响应，相继报奏战功。李宝先在曹州获捷，后又在宛亭县荆堽大捷，杀敌方千户三人及大将鹘旋郎君，又在渤海庙大捷。闰六月，张宪在颍昌府打败虏人，二十日，克复了颍昌府。岳飞亲自率领大军向北去蔡州。圣上赞岳飞身先士卒，赐札子奖谕。张宪又进军到陈州，二十四日，破虏人三千余骑，敌方的翟将军增兵而来，又被打败，抓获其手下将领王太保，克复了陈州。韩常及镇国大王、邪也孛堇再以六千骑犯颍昌，二十五日，被董先、姚政打败。同日，王贵手下的将领杨成在郑州破贼帅漫独化所率的五千余人。二十九日，刘政又在中牟县劫杀漫独化，捕获马匹三百五十余匹，驴、骡百头，漫独化不知存亡。七月一日，张应、韩清克复西京，破敌数千人。牛皋、傅选在京西大捷，又在黄河上获得胜利。孟邦杰收复永安军。初二日，其手下将领杨遇收复南城军。又与刘政胜捷于京西，敌伪守将李成、王胜等人率军十余万人弃城逃走，放弃洛阳，回到怀州、孟州。

时大军在颍昌，诸将分路出战，飞自以轻骑驻郾城县。兀术大惧，会龙虎而王其号者于东京，议以为诸帅皆易与，独飞孤军深入，将勇而兵精，且有河北忠义响应之助，其锋不可当，欲诱致其师，併力一战。朝廷闻之，以飞一军为虑，赐札俾飞审处自固。飞曰："虏之技穷矣，使诚如谍者言，亦不足谓也。"乃日出一军挑虏，且骂之。

【译文】

此时大军在颍昌，诸将分路出战，岳飞自率轻骑驻扎在郾城县。兀术大为惊惧，与龙虎大王会聚东京，计议其他诸帅皆容易对付，唯独岳飞率军孤军深入，将领骁勇兵士精锐，而且有河北忠义军的响应支援，其锋芒锐不可当，欲引诱其出师，合力一战。朝廷知道后，很为岳飞所率一军担忧，赐札子命岳飞审慎处理，确保安固。岳飞说："虏人的伎俩已尽，就算真如谍报所言，也不足以畏惧。"于是每日派出一军挑动虏人，且加以骂阵。

兀术怒其败，初八日，果合龙虎与盖天而王其号者及伪昭武大将军韩常之兵，逼郾城。飞遣岳云领背嵬、游奕马军，直贯虏阵，谓之曰："必胜而后返，如不用命，吾先斩汝矣！"鏖战数十合，贼尸布野，得马数百匹。杨再兴以单骑入其军，擒兀术不获，手杀数百人而还。初，兀术有劲军，皆重铠，贯以韦索，凡三人为联，号"拐子马"，又有号"铁浮屠"，如墙而进，官军不能当，所至屡胜。是役也，以万五千骑来。诸将惧，飞笑曰："易耳！"乃命步人以麻扎刀入阵，勿仰视，第斫马足。拐子马既相联，一马仆，二马不能行，官军奋击，僵尸如丘山。兀术大恸曰："自海上起兵，皆以此胜，今已矣！"拐子马由是遂废。

【译文】

兀术怒其部属屡战屡败，初八这天，果然会合龙虎大王、盖天大王及伪昭武大将军韩常的军队，直逼郾城。岳飞派遣岳云率领背嵬、游奕马军直贯虏人的阵列，对他说：“必胜而后返，如不用命，吾先斩汝矣！”岳云与敌人鏖战数十回合，敌军的尸体遍布四野，缴获战马数百匹。杨再兴单人独骑冲入敌军，欲活捉兀术不果，杀金军将士数百名而还。一开始，兀术派遣劲旅，皆身着重铠，用皮索相连，每三匹马为一联，号“拐子马”，又号“铁浮图”，像一堵墙一样前进，官军抵挡不了，所到之处屡战屡胜。这次战斗，敌人以一万五千骑骑兵来战。诸将皆露出恐惧之色，岳飞笑说：“这容易！”于是命步兵手持麻扎刀入阵，叫他们不要仰视，专劈马足。拐子马既相联合，一马倒地，另外两匹马就无法前进，官军奋击之下，敌人尸横遍野，堆积如丘。兀术大恸说：“自海上起兵，皆以此胜，今已矣！”拐子马由此俱废。

兀术复益兵，至郾城北五里店。初十日，背嵬部将王刚以五十骑出觇虏，遇之，奋身先入阵，斩其将阿李朵孛堇，贼大骇。飞时出睎战地，望见黄尘蔽天，众却，飞曰：“不可，尔等封侯取赏之机，正在此举！”自以四十骑驰出，都训练霍坚者扣马谏曰：“相公[①]为国重臣，安危所系，奈何轻敌！”飞鞭坚手，麾之曰：“非尔所知！”乃突战贼阵前，左右驰射，士气增倍，无不一当百，呼声动地，一鼓败之。

【注释】

①相公：旧时对宰相的敬称，也泛称官吏。

【译文】

兀术又增加兵力，至郾城北五里店。初十这天，背嵬部将王刚率五十骑骑兵前去侦察敌情，与敌人相遇，王刚奋身冲入敌阵，斩杀敌将阿李朵孛堇，贼人大惊。此时岳飞出来勘察战地，望见黄土蔽天沙尘滚滚，众人欲退却，岳飞说："不可，你等封侯领赏之机就在此举！"于是自率领四十骑飞驰而出，都训练霍坚出来拦住岳飞的马谏言说："相公身为国家重臣，所系安危重大，怎能轻敌！"岳飞用马鞭抽了一下霍坚的手，挥着马鞭说："非尔所知！"于是跃马驰突于敌阵之前，左右开弓，士气倍增，无不以一当百。呼声震天动地，一鼓作气将敌人打败。

捷闻，上赐札曰："览卿奏，八日之战，虏以精骑冲坚，自谓奇计。卿遣背嵬、游奕迎破贼锋，戕其酋领，实为隽功。然大敌在近，卿以一军，独与决战，忠义所奋，神明助之，再三嘉叹，不忘于怀。"时上又遣内侍李世良诣飞军，传宣抚问，赐金合茶、药，金千两，银五万两，钱十万缗[①]。寻又赐钱二十万缗，半以赏复郑州兵，半以予宣抚司非时支使。

兀术又率其众併力复来，顿兵十二万于临颍县。十三日，杨再兴以三百骑至小商桥，与贼遇。再兴骤与之战，杀虏二千余人，并万户撒八孛堇、千户、百人长、毛毛可百余人，再兴死之。再兴，贼曹成将也。战败被执，飞释缚用之，戒以尽忠报国，卒能尽力。焚其尸，得箭镞二升，盖坚忍不畏死，不死不止也。张宪继至，破其溃兵八千人，兀术夜遁。

【注释】

①缗：量词。古代通常以一千文为一缗。

【译文】

圣上得到捷报，赐札说："览卿奏报，八日之战，虏人以精锐骑兵冲坚，自认为是奇计。卿家派遣背嵬、游奕军迎敌，破贼锋锐，杀其酋领，实为突出的功勋。然大敌在近，卿仅以一军，独与敌人决战，忠义甚笃，连神明都予相助，朕再三嘉许赞叹，不能忘怀。”当时圣上又遣内侍李世良前往岳飞军中，传宣抚问，并赐金合茶、药，金千两，银五万两，钱十万缗。随即又赐钱二十万缗，一半用以犒赏收复郑州的军士，另一半给宣抚司随时支用。

兀术又率众兵并力再来，在临颍县驻兵十二万。十三日，杨再兴率三百骑来至小商桥与贼人相遇。再兴很快与敌人激战，杀虏人二千余人，并斩杀万户撒八孛堇、千户、百人长、毛毛可百余人，杨再兴阵亡。再兴，原是盗贼曹成手下的大将。战败后被活捉，岳飞亲手为他解绑并任用为大将，告诫他尽忠报国。他最终为国尽力。再兴死后焚其尸得箭镞二升，坚忍不畏死，战至最后一刻也。张宪随后赶到时，打败敌人溃兵八千余人，兀术趁夜逃走。

郾城方再捷，飞谓云曰：“贼犯郾城，屡败，必回锋以攻颍昌，汝宜速以背嵬援王贵。”既而兀术果以兵十万、骑三万来。于是，王贵将游奕，云将背嵬，战于城西。虏军自舞阳桥以南，横亘十余里，金鼓振天，城堞为之摇。云令诸军勿牵马执俘，视梆而发，以骑兵八百，挺前决战，步军张左右翼继进。自辰至午，战方酣，董先、胡清继之。虏大败，死者五千余人，杀其统军、上将夏金吾[①]（失其名），并千户五人，擒渤海、汉儿王松寿，女真、汉儿都提点、千户张来孙，千户阿黎不，左班祗候承制田瓘以下七十八人，小番二千余人，获马三千余匹及雪护兰马一匹，金印七。兀术遁去，副统军粘汗孛堇重伤，舆至汴京死。

【注释】

①夏金吾：夏姓的金吾卫上将军，为金国正三品武官。（据《鄂国金佗稡编续编校注》，第550页。）

【译文】

郾城刚刚大捷，岳飞对岳云说："贼人攻击郾城，屡次失利，必会回锋攻打颍昌，你当速率背嵬军增援王贵。"不久兀术果然率步兵十万，骑兵三万人来袭。于是，王贵率游奕军、岳云率背嵬军，在郾城城西与虏人作战。虏人列阵自舞阳桥以南，横亘延绵十余里，金鼓振天，其声之大震得城墙似乎都为之动摇。岳云令诸军不要先顾着抢敌人的战马和捉捕其俘虏，要按梆声的指令行事，然后自率骑兵八百人冲向前方与敌人决战，步军也展开左右翼随后前进。自辰时至午时，战事十分激烈，董先、胡清也加入了战斗。虏人大败，死者有五千余人，杀其统军、上将军夏金吾（失其名），并千户五人，擒渤海、汉儿王松寿，女真、汉儿都提点、千户张来孙，千户阿黎不，左班祇候承制田瓘以下七十八人，小番二千余人，获马三千余匹及雪护兰马一匹，缴获金印七枚。兀术狼狈逃走，副统军粘汗孛堇身受重创，乘车到汴京就死了。

十八日，张宪之将徐庆、李山等复捷于临颍之东北，破其众六千，获马百匹，追奔十五里。

飞以郾城诸捷闻，上大喜，赐诏称扬其功，曰："自羯胡入寇，今十五年，我师临阵，何啻百战。曾未闻远以孤军，当兹巨孽，抗犬羊[①]并集之众，于平原旷野之中，如今日之用命者也。"复诏赐钱二十万缗犒军。

【注释】

①犬羊：旧时对外敌的蔑称。

【译文】

十八日，张宪手下的将领徐庆、李山等人又一次大捷于临颍的东北，打败敌人六千人，缴获战马百匹，追奔敌人十五里。

岳飞向朝廷奏报了郾城诸路大捷，圣上大喜，赐诏称赞他的功劳，曰：“自羯胡入侵中原，至今已有十五年，我们的军队临阵对敌，何止百战。从未听闻孤军作战到这么远的地方，于平原旷野中，抵挡如此凶顽之众，像今日这般用性命去搏杀的将士们。”复又下诏赐钱二十万缗用以犒赏军士。

是月，梁兴会太行忠义及两河豪杰赵云、李进、董荣、牛显、张峪等，破贼于绛州垣曲县。虏入城，复拔之，擒其千户刘来孙等一十四人，获马百余匹及器甲等。又捷于沁水县，复之，斩贼将阿波那千户、李孛堇，它死者不可计。又追至于孟州王屋县之邵原，汉儿军张太保等以所部六十余人降。又追至东阳，贼弃营而去，追杀三十人，获其所遗马八匹，衣、甲、刀、枪、旗帜无数。又至济源县之曲阳，破高太尉之兵五千余骑，尸布十里，获器械、枪、刀、旗、鼓甚众，擒者八十余人。高太尉引怀、孟、卫等州之兵万余人再战，又破之，贼死者十之八，擒者百余人，得马、驴、骡二百余头。高太尉以余卒逃。又败之于翼城县，复其县。又会乔握坚等复赵州。李兴捷于河南府，又捷于永安军，中原大震动。

【译文】

是月，梁兴会合太行忠义军及两河豪杰赵云、李进、董荣、牛显、张峪等人，在绛州垣曲县打败敌人。虏人已进入城池，又被我军拔除，并擒得其千户刘来孙等十四人，缴获战马百余匹以及器甲等。又在沁水县大捷，收复了沁水县，斩贼将阿波那千户、李孛堇，死者不计其数。又追到孟州王屋县的邵原，汉儿军的张太保等人率部六十余人投诚。又追到东阳，贼人弃营而逃，追杀三十人，获其所遗战马八匹，衣、甲、刀、枪、旗帜无数。又来到济源县的曲阳，攻破高太尉的五千余骑，尸横遍布有十里，缴获器械、枪、刀、旗、鼓甚多，擒获八十余人。高太尉复带领怀、孟、卫等州的兵士万余人反扑，又被打败，贼人伤亡十之有八，擒获百余人，缴得马、驴、骡二百余头。高太尉带领余下的士卒逃走。在翼城县又被打败，翼城县被收复。适逢乔握坚等人收复赵州。李兴在河南府大捷，又捷于永安军，中原为之震动。

飞上奏，以谓"赵俊、乔握坚、梁兴、董荣等过河之后，河北人心往往自乱，愿归朝廷。金贼既累败衄，虏酋兀术等皆令老小渡河，惟是贼众尚徘徊于京城南壁，近却遣八千人过河北。此正是陛下中兴之机，金贼必亡之日，苟不乘时，必贻后患"。桧沮之，第报杨沂中、刘錡新除，而不言所遣。

飞独以其军进至朱仙镇，距京师才四十五里。兀术复聚兵，且悉京师兵十万来，对垒而阵。飞按兵不动，遣骁将以背嵬骑五百奋击，大破之。兀术奔还京师。

【译文】

岳飞上奏，说"赵俊、乔握坚、梁兴、董荣等人渡过黄河之后，河北人心往往自乱，愿意归附于朝廷。金贼多次被我军挫败，虏人的酋领四太子等人皆令老小渡河，只是贼众尚且徘徊在京城的南面，最近却派遣八千人过到河北。此时正是陛下中兴的机会，也是金贼必然灭亡之日，如果不把握好这个时机，必然留有后患”。秦桧进行阻止，只报杨沂中、刘锜新近授官，但不言派遣之事。

岳飞独自率部进军到朱仙镇，距京师汴梁仅四十五里。兀术复又聚兵，让聚集在京师的十万敌兵倾巢而出，与官军对垒而阵。岳飞按兵不动，派遣骁勇的战将率背嵬军五百人奋击，大破敌军。兀术军溃逃返回京师。

飞令李兴檄陵台令朱正甫行视诸陵，葺治永安、永昌、永熙陵神台，枳、橘、柏株之废伐者补之。

【译文】

岳飞下令李兴用公文告知陵台令朱正甫巡视诸皇陵，整治修补永安、永昌、永熙陵的神台，神台周围的枳、橘、柏树多有被伐的，全部补种上了。

先是，飞自绍兴五年遣义士梁兴，败金人于太行，杀其马五太师及万户耿光禄，破平阳府神山县。遣张横败金人于宪州，擒岚、宪两州同知及岢岚军军事判官。遣高岫、魏浩等破怀州万善镇。又密遣梁兴等宣布朝廷德意，招结两河忠义豪杰之人，相与犄角破贼。又遣边俊、李喜等渡河抚谕，申固其约。河东山寨韦诠等皆敛兵固堡，以待王师之至。乌陵思谋，虏之黠酋也，亦不能制其下，但谕百姓曰：“勿轻动，俟岳家军来，当迎降。”

【译文】

先前，岳飞自绍兴五年派遣义士梁兴在太行山打败金人，杀其伪马五太师以及万户耿光禄，破了平阳府神山县。派遣张横在宪州打败金人，擒岚州、宪州两州同知以及岢岚军军事判官。派遣高岫、魏浩等攻破怀州万善镇。又秘密派遣梁兴等人宣布朝廷的德意，结纳两河地区的忠义豪杰之人，约定夹击破贼，又派遣边俊、李喜等渡河进行安抚告谕，重申巩固其约定。河东山寨的韦诠等人皆聚集兵士巩固堡垒，等待王师的到来。乌陵思谋是虏人中一位非常聪明狡猾的酋领，亦不能制止辖下的百姓，只告谕百姓："不可轻举妄动，等到岳家军来时当去迎候投降。"

或率其部伍，举兵来归。李通之众五百余人，胡清之众一千一百八人，李宝之众八千人，李兴之众二千人，怀、卫州张恩等九人，相继而至。白马山寨首领孙淇等，伪统制王镇、统领崔庆、将官李觏、秉义郎李清及崔虎、刘永寿、孟皋、华旺等，皆全所部至麾下。以至虏酋之心腹禁卫，如龙虎下忔查千户高勇之之属及张仔、杨进等，亦密受飞旗、榜，率其众自北方来降。韩常又以颍昌之败，失夏金吾，夏金吾，兀术子婿也，常畏罪不敢还，屯于长葛，密遣使，愿以其众五万降。飞遣贾兴报，许之。

【译文】

有些人率其部伍，全军来降。李通率部五百余人，胡清率一千一百零八人，李宝率众八千人，李兴率所部二千人，怀、卫州张恩等九人也相继而至。白马山寨首领孙淇等人，伪统制王镇、统领崔庆、将官李觏、秉义郎李清及崔虎、刘永寿、孟皋、华旺等人，皆率所部投奔岳飞麾下。乃至连虏酋的心腹禁卫，如龙虎大王之下的忔查千户高勇之的下属及张仔、杨进等人亦是秘密接受岳飞的旗、榜，率其部从北方过来投诚。韩常因在颍昌之战中大败，其部将夏金吾战死，夏金吾是兀术的女婿，所以韩常畏罪不敢回去，屯兵于长葛，秘密派遣使者，愿率五万人来投降。岳飞派贾兴回报，表示允许。

是时，虏酋动息及其山川险要，飞尽得其实。自磁、相、开德、泽、潞、晋、绛、汾、隰，豪杰期日兴兵，众所揭旗，皆以“岳”为号，闻风响应。及是朱仙镇之捷，飞欲乘胜深入。两河忠义百万，闻飞将渡河，奔走惟恐后，各赍兵、粮，以馈义军。戴盆焚香，迎拜而候之者，充满道路。虏所置守、令熟视，莫敢谁何，自燕以南，虏之号令不复行矣。兀术以败，故复签军①以御飞，河北诸郡无一人从之者，乃叹曰：“自我起北方以来，未有如今日之挫衄！”飞亦语其下曰：“此行杀虏人，直到黄龙府，当与诸君痛饮！”

【注释】

①签军：金朝初年伐宋时，已征集原辽朝统治区的大批“汉儿”当兵；“签军”则是指被调发的居住在中原的“南人”，汉人签军在金军中地位最低，“冲冒矢石，枉遭杀戮”（《宋会要》兵一五。）

【译文】

此时，虏酋的动息以及山川险隘的情况，岳飞尽得详实。来自磁、相、开德、泽、潞、晋、绛、汾、隰的众豪杰期盼着兴兵的日子，揭旗而起，约定皆以“岳”字为号，闻风响应。及至朱仙镇大捷，岳飞欲乘胜深入。河北、河东的百万忠义之士，听说岳飞不日将渡过黄河，奔走相告还唯恐不及，各自备齐兵器、粮食，准备支助义军。顶盆焚香，恭迎拜候岳飞的人们充塞了道路。虏人所驻守的地方，皆令义军前去侦察，虏人也不敢怎么样，自燕山以南，金人的号令不能再推行。兀术败后，又欲在北方的汉人中征集兵力以便抵拒岳飞，但河北诸路无一人愿意服从，故兀术自叹说：“我自北方起兵以来，从来没有遇到过像今天这样挫败！”岳飞亦对其部下说：“这回杀了胡虏，直打到黄龙府，再与诸君痛饮！”

方画受降之策，指日渡河。秦桧私于金人，力主和议，欲画淮以北弃之。闻飞将成大功，大惧，力请于上，下诏班师。

初，桧之归也，挞辣郎君实送之至淮，以舟载之，使归。桧之妻，王仲山之女，仲山有别业在济南，为取数千缗，助其行。其后挞辣统兵犯淮甸，命魏良臣、王绘使其军，挞辣数问桧动静，且称其贤。桧自言杀虏人之监己者而南奔，然尽室同载，臧获亦与之俱，非遁明矣。逮其为相，荐良臣为都司，未几，除从官，盖欲弭其言耳。王守道，庸人，亦与桧同在虏中，偕桧南归，无资考荐章，遽与改秩，又以为枢密院计议官。桧之在虏中也，亦与室撚善。洪皓之归，尝言及室撚寄声，桧怒，皓竟贬广南。或言桧尝为虏酋作檄文，有指斥语。亲王楷府卒有自虏中逃归者，时虏方来索逃亡急，二人走蜀，投吴玠，尝言之蜀人，谓兀术尝招桧饮，其家亦与焉。兀术之左右侍酒者，皆中都贵戚王公之姬妾也，知桧夫妇得归，啧啧嗟叹，亦有掩泣者，兀术曰：“汝辈安得比秦中丞家！”

【译文】

此时岳飞刚计划了如何受降，渡河指日可待。秦桧与金人暗中勾结，力主议和，欲把淮河以北划给金人。听到岳飞将要大功告成，心中大为恐惧，遂尽力请示圣上，下诏让岳飞班师。

当初秦桧南归时，挞辣郎君送他至淮河，让他坐船回来。秦桧之妻，是王仲山之女，仲山有别业在济南，便从这份产业中取出数千缗作为秦桧一行的路费。后来挞辣统兵进犯淮甸时，魏良臣、王绘曾受命出使到他军中，挞辣多次问及有关秦桧的事情，并且称赞他贤明。秦桧自言是杀了虏人监管者向南奔逃，然而他所有的家人一起回来了，财物也一起带着，显然不是逃跑。等他当了宰相，举荐魏良臣为都司，不久后又欲升他为皇帝的侍从官，就是为了封他的口。王守道，庸碌之人，曾与秦桧同在虏中，后与秦桧一起南归，他本来没有被推荐为官的资格，但秦桧却为他谋取官职，后又任命他为枢密院计议官。秦桧在北边时，与室撚交好。后来洪皓回来时，曾提到室撚要他传话给秦桧，秦桧恼怒，竟然把洪皓贬到广南。有人说秦桧曾为虏人酋首写檄文，行文中有对皇家不敬的言语。亲王赵楷府中有士卒从虏人处逃归，当时虏人紧急捉拿他们，二人逃奔西蜀，投靠吴玠，他们曾对蜀人说兀术曾招秦桧饮宴，他的家人也一同前去。给兀术侍酒的，都是旧日京城里贵戚王公的姬妾们，得知秦桧夫妇可以南归，都啧啧嗟叹，也有掩面流泣者，兀术说："你们怎能与秦中丞家比！"

范宗尹为相，桧为执政，事有未尽善，未尝与宗尹争，而私言于上。既排宗尹罢去，则曰："若用桧为相，有二事可以耸动天下，一则与南北士大夫通致家问，一则纠率山东、河北诸郡之人还之北方。"既相，拟诏草以进，曰："军兴以来，河北、山东忠义之徒自相结约立功。其后番兵深扰，逐头项人渐次渡江，今各所在屯聚就粮。议者欲兴兵讨伐，朕惟黎元骚动，罪在朕躬，既未能率以还北，岂宜轻肆杀戮。应河北、山东渡江无归之人，并令所在招抚，开具乡土所在，当议遣官纠率起发。其南方士大夫因守官北地，隔绝未能还乡，及北方士大夫因守官南方，以至避难渡江，想其念国保家之心，彼此俱同，虽有一时从权卫身之计，必皆出于不得已，度其深谋远虑，亦岂在人下。应欲书问往来，并令朝廷差人发遣，如得回书，有司即时遣人分付本家，贵得情通，各无疑间。朕蒙祖宗休德，托于士民之上，初无处显之心，亦无贪功之念。傥有生之类，因朕得以保家室，复井里，则朕亦将复侍父兄，省陵寝。上下虽异，此志则同，布告中外，谅此诚悃。”上虽纳之，不曾降出。其曰“岂宜轻肆杀戮”，实威之，使畏也；曰“遣官纠率起发”，实强之行也；曰“一时从权卫身之计”，许之从夷也；至谓“复侍父兄，省陵寝”，此言何为哉？其后虏使李永寿、王诩来，议七事，第一事欲尽取北人，与桧二策合。尚书宇文虚中在虏庭，其家在闽，桧取其家，欲送之北。其子师爰力祈免行，不从，竟驱以北，举室皆灭于虏。元祐臣僚之家郑著及赵彬、杨宪三十家驱之赴虏庭，悲号之声感动道路。

【译文】

范宗尹为右相时，秦桧任参知政事，每遇事情有争议时，秦桧从不与宗尹争论，而是私下对圣上进言。他将宗尹排挤罢相后说：“若用桧为相，有二事可以耸动天下，一则是允许分散在南北两地的我朝士大夫可以互通书信，一则是将山东、河北诸郡之人集合起来遣送回到北方。”秦桧为相后，草拟了诏书进呈给圣上，这样写道：“自兴兵以来，黄河以北和山东的忠义之人自相联系、相约立功。后来金兵深入侵扰，各支忠义军马逐次渡江，各找地方屯驻就粮。朝堂之上有人认为应该对其兴兵讨伐，朕深怕百姓遭到骚扰，罪责在朕，既然不能率领他们打回北方，又怎能轻率地讨伐杀戮呢。从黄河以北及山东渡江回来无有归属的人员，令所在地官员进行招抚，开具乡土证明，理当商议派官带领他们回北方去。有的南方籍士大夫陷于北地，因两国交战隔绝，遂致不能还乡，有的北方籍士大夫由于在南方为官，或因为避难渡江到了南方，想他们的保家为国之心，都是相同的，虽有一时从权卫身的考虑，必都是出于不得已，忖度其深谋远虑，岂在他人之下。应该允许书信往来，并令朝廷派人发送，如有回信，有司即时派人递送至本家，贵在于情通，彼此没有疑问。朕蒙祖宗美德，将社稷和百姓托付于朕，朕最初没有显功之心，也无贪功之念。倘若百姓，因朕可以保全家室，回归故里，则朕也会重新侍奉父兄，参拜陵寝。朕和百姓做的事不一样，但心愿是一样的。应布告中外，请相信朕的诚意。”圣上表面接纳，却不曾将此诏降出。其曰“怎能轻率地讨伐杀戮”，其实是威胁忠义之士，使他们畏惧朝廷；说“派官员带领他们回北方”，其实是强行遣返；说“出于一时从权卫身的考虑”，是允许他们投向敌国，至于说“重新侍奉父兄，参拜陵寝”，到底意欲何为呢？后来虏人的使者李永寿、王诩过来，商议七件事，第一件事是要将所有的北人带走，这与秦桧的策略相合。尚书宇文虚中在虏人那里，其家属在福建，秦桧却要把他的家人送到北方去。其子师爰奋力请求免除此行，秦桧不答应，竟将他们驱赶到北方，后来举家被虏人所灭。元祐时的大臣之家郑著、赵彬、杨宪三十家被驱赶到虏人那里，所过之路都是悲号之声。

其后罢相。上以桧二策谕翰苑綦崇礼行词[①]，及诏綦崇礼出示亲札并桧亲拟诏本，布告在廷。戊午岁，桧复相，前日言官弹桧者，刘棐已死，黄龟年居湖州，差人押归本贯福州，虽没不与遗泽。又奏札乞下綦崇礼家取御札，大概谓“靖康之末，尝上书虏酋，不立异姓，及在虏中为徽宗草书，达虏廷，虏待遇有加礼”。自谓“君臣之契与立朝本末如此”。又谓“自初还朝时，首令刘光世通书请好。其后吕颐浩都督在外，臣又遣北人招讨都监门客通书求好。未几，边报王伦来归，颐浩遂欲攘以归己，力援张邦昌友婿朱胜非来朝。既而围城中人綦崇礼与颐浩、胜非援邦昌时受伪命人谢克家复来经筵。当臣之求去也，陛下抚谕再三，恩意款密，臣独以书生不识事理，以必退为真。是颐浩乃与权邦彦同日留身[②]，乘间建言，以谓宰相之去，乃无一事。于是旋易台谏，拟请御笔，至崇礼草制之日，请以为据。崇礼被逐，尝以御笔公示广众，其不知事君之体，至于如此。若不收拾御笔，复归天府，则万世之后，忠逆不分，微臣得君立朝，无所考信”。诏台州取索，至则付史馆。时秦熺提举秘书省，实收之也。

【注释】

①行词：谓草拟诰命。宋赵彦卫《云麓漫钞》卷五：“翰林学士司麻制、批答等为内制；中书舍人六员，分房行词为外制。”

②留身：古时大臣早朝完毕，欲密奏事宜，而请求留下面圣，称为“留身”。

【译文】

后来秦桧罢相，圣上将秦桧的两个策略告谕翰苑綦崇礼写行词，诏命綦崇礼出示圣上亲札以及秦桧亲拟的诏本，布告于朝廷。戊午岁，秦桧复相，以前弹劾过秦桧的言官中，刘棐已死，黄龟年居住在湖州，秦桧差人将他押他回本贯福州，死后也给予子孙享受遗泽。又上奏请求到綦崇礼家取索当年御札，大概说：“自己再靖康末年，曾上书虏酋，不立异姓皇帝，羁陷于虏中时还为徽宗草拟书信，送达虏廷，虏人对高宗的待遇有加礼。”自谓“君臣之契，与立朝本末如此”。又谓：“自己刚刚还朝时，首先命令刘光世与虏人通书请好。其后吕颐浩在外为都督，臣又遣北人招讨都监门客与虏人通书示好。不久，边报王伦回来，颐浩遂欲窃为已功，支持张邦昌友婿朱胜非来朝。随后围城中人綦崇礼与颐浩、胜非支持张邦昌称帝时，伪命人请谢克家又赴经筵之职。当年臣离职的时候，陛下抚谕再三，恩意款密，臣尚有书生之气不识事理，以为真的要退下来。颐浩与权邦彦同日留下密奏，乘机建言，认为宰相一去，就没有什么事了。于是旋易台谏，拟请御笔，到崇礼草制之日，便可以此为凭据。崇礼被逐之时，曾以御笔公示大众，其不明白事奉君王之体统，竟至于此。若不收回御笔，存之于朝廷的府库，则万世之后，忠逆不分，微臣事君立朝，无据所考。”于是下诏到台州綦崇礼家去索取，然后交付给史馆。至秦熺为提举秘书省时，实际上已经收走了。

既诏班师，飞上疏曰：“虏人巢穴尽聚东京，屡战屡奔，锐气沮丧。间者言，虏欲弃其辎重，疾走渡河。况今豪杰向风，士卒用命，天时人事，强弱已见，时不再来，机难轻失。臣日夜料之熟矣，惟陛下图之。”疏累千百言。上亦锐意恢复，欲观成效，赐札报之曰：“得卿十八日奏，言措置班师，机会诚为可惜。卿忠义许国，言词激切，朕心不忘。卿且少驻近便得地利处，报杨沂中、刘锜同共相度，如有机会可乘，即约期并进。”桧闻之，益惧，乃先诏韩世忠、张俊、杨沂中、刘锜各以本军归，而后言于上，以飞孤军不可留，乞姑令班师。一日而奉金书字牌者十有二，飞嗟惋至泣，东向再拜曰：“臣十年之力，废于一旦！非臣不称职，大臣秦桧实误陛下也。”诸军既先退，飞孤军，惧兀术知之，断其归路，乃声言翼日渡河。兀术疑京城之民为内应，夜弃而出，北遁百里。飞始班师。

【译文】

圣上下诏让岳飞班师，岳飞知道后上奏章言：“虏人巢穴都聚集在东京，且屡战屡败，锐气尽贻。已得到探报，虏人欲放弃辎重，急速渡河。况且现在众豪杰皆愿归依，士卒用命不计生死抵抗敌人，天时人事，强弱已现，时不再来，机不可失。臣日夜忖度收复失地的计策已经非常周密了，望陛下考虑。”上疏奏章千百言。圣上也迫切地想收复故土，期待岳飞能够成功，于是以御札回复曰：“得到卿家十八日的奏报，说到措置班师，机会非常可惜。卿家忠义许国，言辞激切，朕心里不会忘记。卿且暂驻在附近地形有利之处，通知杨沂中、刘锜同共商议，如有可乘之机，即可相约并进剿灭敌人。”秦桧听到后，越发恐惧了，他知道岳飞之志锐不可返，就先下诏令韩世忠、张俊、杨沂中、刘锜各率本部人马回军，而后对圣上说，岳飞孤军不可久留，请先令其班师。岳飞在一日之内竟接到十二道金字牌令其班师，岳飞嗟叹惋惜，以至于流泪，向东再三叩拜言道：“臣十年之力，废于一旦！非是臣不称职，而是权臣秦桧在耽误陛下啊。”其他诸路大军既已先行撤退，岳飞孤军深入敌境，如果兀术知道后，必阻断其归路，于是岳飞虚张声势说第二天将举兵渡河。兀术怀疑京城百姓响应岳飞的号令，夜里弃城而出，向北逃走百余里。岳飞方才班师。

人民大失望，遮飞马首，恸哭而诉曰：“我等戴香盆，运粮草，以迎官军，虏人悉知之。今日相公去此，某等不遗噍类矣！”飞亦立马悲咽，命左右取诏书示之，曰：“朝廷有诏，吾不得擅留！”劳苦再四而遣之，哭声震野。至蔡，有进士数百辈及僧道、父老、百姓集于庭，进士一人相帅叩头曰：“某等沦陷腥羶，将逾一纪。伏闻宣相[①]整军北来，志在恢复，某等跂望车马之音，以日为岁。今先声所至，故疆渐复，丑虏兽奔，民方室家相庆，以谓幸脱左衽[②]。忽闻宣相班师，诚所未谕，宣相纵不以中原赤子为心，其忍弃垂成之功耶？”飞谢之曰：“今日之事，岂予所欲哉！”出诏书寘之几上，进士等相率历阶视之，皆大哭，相顾曰：“然则将奈何？”飞不得已，乃曰：“吾今为汝图矣。”乃以汉上六郡之闲田处之，且留军五日，待其徙从而南者，道路不绝，今襄汉间多是焉。

【注释】

①宣相：宣相是宣抚相公之简称。

②左衽：衣襟向左。指我国古代某些少数民族的服装。《论语·宪问》："微管仲，吾其被发左衽矣。"后因以"左衽"指少数民族。

【译文】

当地的父老人民大失所望，拦住岳飞的马头，恸哭着诉说："我等顶着香盆，运送粮草迎接官军的到来，连虏人都尽数知道。今日相公回去，我等还有活路吗！"岳飞也是立马悲咽，命人取出朝廷的诏书以示众人，说："朝廷有诏书，我不能擅自停留！"岳飞再三安慰百姓方才遣散他们，哭声震动四野。行至蔡州，有进士数百人及僧道、父老、百姓积聚在庭前，有一位进士领头向岳飞叩头说："我们沦陷于金人之下已将近十二年。听说宣相率军北来，志在恢复中原故土，我等翘首企望南来的车马，度日如年。宣相声威所至之处，故疆渐渐收复，虏人像野兽一样四散溃逃，百姓家家户户相互庆贺，以为有幸摆脱虏人的管制。忽然听到宣相要班师，实在是想不通，宣相纵然不考虑中原赤子的心情，难道能忍心功败垂成吗？"岳飞抱歉地说："今日之事，又岂是我希望看到的！"于是命人取出诏书放置于桌上，进士等人都一一来到阶前看视，皆痛哭，相互说："这将如何是好？"岳飞不得已，于是说："我今天为你们出个主意。"就以汉上六郡的闲田安置他们，决定留军五日以掩护当地百姓迁移，道路上愿意跟随岳飞南归的百姓络绎不绝，至今居住在襄汉间的多是当时迁移的百姓。

方兀术夜弃京师，将渡河，有太学生扣马谏曰："愿太子毋走，京城可守也，岳少保[1]兵且退矣。"兀术曰："岳少保以五百骑破吾精兵十万，京师中外日夜望其来，何谓可守？"生曰："不然，自古未有权臣在内，而大将能立功于外者。以愚观之，岳少保且不免，况欲成功乎！"生盖阴知桧与兀术事，故以为言。兀术亦悟其说，乃留居，翼日，果闻班师。虏亦幸其去，不敢追也。当时论者谓使飞得乘此机以往，北虏虽强，不难平也；故土虽失，不难复也。时北方有上书以休兵劝虏酋者，谓南方今日之兵，乃北朝向来初起之兵。兵至是而始精，所向无前，恢复之机，诚在于此，此飞之所以拳拳也。

【注释】

①岳少保：岳飞于绍兴五年（1135）至绍兴七年（1137）为检校少保。

【译文】

兀术趁夜逃走，欲弃京师，正要渡河时，有太学生叩马谏言说："希望太子不要逃跑，京城可以守住，岳少保就要退兵了。"兀术说："岳少保以五百骑就能破我的精兵十万，京师内外的人都日夜盼望着他到来，你怎么认为可以守得住京师呢？"书生说："不然，自古以来有权臣立于朝堂之上，大将在外怎能达成大功呢？以我的愚见，岳少保免不了会有灾祸的，更何况成功呢！"书生暗中知道秦桧与兀术勾结之事，所以有此言语。兀术悟出其中的道理，于是就留下了。翌日，果然传来了岳飞班师的消息。虏人也十分庆幸，不敢追击。当时那些评论时事的人说如果让岳飞乘此机会继续挥军北上，虏人虽然强盛，但不难平定。故土虽失，不难收复。此时正有北方人上书劝虏人酋领罢兵，说南方今日之兵，就像金国兴起时之兵。兵士精锐，所向无前，南朝恢复中原的机会正在于此，这正是岳飞殚精竭力的原因。

飞既还，虏无所畏，稍侵寇已复州县。飞自知为桧所忌，终不得行其志。用兵动众，今日得地，明日弃之，养寇残民，无补国事，乃上章，力请解兵柄，致仕。上赐诏，谓“方资长算，助予远图，未有息戈之期，而有告老之请”，不许。自庐诏入觐，上问之，第再拜。

虏人大扰河南，分兵趋川、陕，上命飞应之，飞以王贵行。八月，以赵秉渊知淮宁府，虏犯淮宁，秉渊败之。又悉其众围秉渊，飞遣李山、史贵解其围。虏再攻颍昌，上命津发人民，于新复州军据险保聚。韩世忠捷于千秋湖，命飞以蔡州军牵制。九月，虏犯宿、亳，命飞控扼九江。又付空名告身，正任承宣使以下凡四百八十一道，以厉战功。十月，川、陕告急，复请益兵，以董先行。又命广设间谍，诱契丹诸国之不附兀术者。十一月，命益光州兵，援田邦直。虏聚粮顺昌，将寇唐、邓，入比阳、舞阳、伊阳诸县，命捍御隄备。是冬，梁兴在河北，不肯还，取怀、卫二州，大破兀术之军，断山东、河北金、帛、马纲[①]之路，金人大扰。

【注释】

①纲：唐、宋时指成批运输的大宗货物，每批以若干车或船为一组，分若干组，一组称一纲。

【译文】

岳飞回朝后，虏人无所忌惮，又逐渐地侵占了岳飞收复的那些州县。岳飞自知为秦桧所忌恨，始终不能伸张其志向，用兵动众，收复故土，结果无非是今日收复一地，明日又放弃一地，养敌残民，无补于国事，于是岳飞上奏章，力请解除兵柄，请求退隐。圣上赐诏，说“要做长远打算，以助我深远之图谋，未到干戈平息之日，卿不能有告老还乡之请”，故不允。岳飞只能奉诏自庐山入觐，圣上向岳飞垂询国事，（岳飞不再做答），只是再三地向圣上叩拜。

虏人大肆侵扰河南，分兵进军川、陕。圣上命岳飞前去应对，岳飞命王贵先行。八月，命赵秉渊知淮宁府，虏人进犯淮宁，被秉渊打败。虏人又倾其所有围攻赵秉渊，岳飞于是又命李山、史贵前去解围。虏人又攻打颍昌，圣上命令用船渡送百姓，安排他们到新收复的州、军凭借险要聚守。韩世忠在千秋湖大捷，圣上命令以驻扎在蔡州的军队牵制敌人。九月，虏人进犯宿州、亳州，圣上又命令岳飞扼守九江。并付与岳飞空名告身若干，自正任承宣使以下的官员共有四百八十一道，以激励将士们杀敌立功。十月，川、陕告急请求增兵，岳飞命董先前去。又命广设间谍，诱使契丹等国不愿附和兀术的人来。十一月，命增兵光州，以援田邦直。虏人聚集粮食于顺昌，准备侵犯唐、邓州，进入比阳、舞阳、汝阳等县，朝廷命令防御提备。这年冬天，梁兴在黄河以北不肯回来，拿下怀、卫二州，大破兀术之军，切断山东、河北运送金、帛、马纲的道路，金人大受其扰。

绍兴十一年正月，谍报虏分路渡淮。飞闻警，即上疏，请合诸帅之兵破敌，未报。十五日，兀术、韩常以重兵陷寿春府。二十日，韩常与龙虎而王号者先驱渡淮。二十五日，驻庐州界。边报至行在，上赐飞札曰：“虏人已在庐州界上，卿可星夜前来江州，乘机照应，出贼后。”诏未至，飞料虏既举国来寇，巢穴必虚，若长驱京、洛，虏必奔命，可以坐制其弊。二月四日，既遣奏，复虑上急于退虏，又上奏：“今虏在淮西，臣若捣虚，势必得利。万一以为寇方在近，未暇远图，欲乞亲至蕲、黄，相度形势利害，以议攻却。且虏知荆、鄂宿师必自九江进援，今若出此，贵得不拘，使敌罔测。”上得会兵奏，大喜。及得捣虚奏，令缓行。是日又得出蕲、黄之奏，益喜，赐札谕以“中兴基业，在此一举”。

初九日，飞奉初诏，方苦寒嗽，力疾戒行，以十一日就道。犹恐大军行缓，亲帅背嵬先驱。十九日，上闻飞力疾出师，赐札曰：“闻卿见苦寒嗽，乃能勉为朕行，国尔忘身，谁如卿者！”师至庐州，兀术闻飞之师将至，与韩常等俱惩颍昌之败，望风远遁。遂还兵于舒，以俟命。上赐札，以飞小心恭谨，不敢专进退为得体。郦琼为兀术谋，复窥濠州。三月四日，飞不俟诏，麾兵救之，次定远县。兀术先以初八日破濠州，张俊以全军八万驻于黄连镇，距濠六十里，不往救。俾杨沂中趋濠州城外，遇伏而败。虏方据濠，闻飞来，即遁，夜逾淮，不能军。

【译文】

绍兴十一年正月，谍报报告虏人分兵渡淮。岳飞得到警报立即上疏朝廷，请求会合诸大帅共同破敌，没有收到回复。十五日，兀术、韩常果然以重兵攻陷寿春府。二十日，韩常与龙虎大王先行渡淮。二十五日，驻兵庐州界。边报到行在，圣上赐岳飞御札曰：“虏人已到庐州界上，卿可星夜赶赴江州，看准时机，攻击敌人后方。”诏书还未到岳飞处，岳飞思忖虏人既是以举国兵力来袭，其后方巢穴必然空虚，此时若是长驱京、洛，虏人必会疲于奔命首尾难顾，这样可以坐制其弊。二月四日，岳飞如此上奏，又恐圣上急于退敌，于是又上了一道奏章言：“今虏人在淮西，臣若趁敌人后方空虚直捣其后，势必可得利。若圣上认为敌寇迫在近前，无暇征讨远方，想请求朝廷允许自己亲自到蕲、黄州一带查看形势利害，以便讨论如何进攻、如何退敌。况且虏人知道荆、鄂驻师必然从九江进援，今若出此，贵在不拘于常形，使敌人难以揣测。”这时候，圣上才收到了岳飞请求会兵破敌的奏章，大喜。后又收到岳飞欲直捣京、洛之奏，果然命令岳飞缓行。是日又收到出兵蕲、黄的奏请，更加欣喜，赐札子回复告谕岳飞：“中兴基业，在此一举。”

初九日，岳飞才收到圣上的第一封诏书，此时岳飞虽苦于受寒咳嗽，仍是撑着病体，于十一日率军出征。岳飞还恐大军行军缓慢，亲自率背嵬军先行。十九日，圣上知道岳飞抱病出师，赐札曰：“闻听卿家正苦于寒嗽，但仍能勉力为朕出行，为国忘身，有谁能像卿这样呢！”岳飞率军到达庐州，兀术听说岳飞的军队即将到达，他与韩常等人皆怕再蹈颍昌之败的旧辙，所以望风而逃。岳飞只能再回兵舒州待命。圣上赐札，赞叹岳飞小心恭谨，不擅自调度军队很为得体。兀术采用郦琼之计，再一次图谋濠州。三月初四这天，岳飞不等下达诏书，就麾兵前去救援，赶到了定远县。兀术先是在初八这一天攻下濠州，张俊率全军八万余人驻扎在黄连镇，距离濠州只有六十里，而不去救。杨沂中在去往濠州的路上遇到金军的埋伏而败。虏人才占据了濠州，听到岳飞来，又赶快逃跑了，趁夜渡淮，溃不成军。

四月，遣兵捕郴寇骆科。又遣兵助光州。自朱仙镇之机一失，虏势寖张，虽却复进，王师备御攻讨，皆无预于恢复之计。柘皋之役，第能挫其锋而已。先是，十年，司农少卿高颖忼慨自言，欲“裨赞飞十年连结河朔之谋”，措置两河、京东忠义军马，为攻取计。飞所遣梁兴复怀、卫二州，绝虏人山东、河北金、帛、马纲之路，不肯还南，竟无成功。

【译文】

夏四月，派兵捉捕郴州的叛乱者骆科。又派兵增援光州。自从在朱仙镇失去进攻的最佳时机后，虏人的气焰愈发乖张，打退了又会再来，王师不论是防守还是攻讨，皆无补于恢复的大计。柘皋之战，也只是能够挫伤敌人兵锋而已。之前，绍兴十年时司农少卿高颖慷慨陈述，欲"辅助岳飞筹划了十年的连结河朔之谋"，措置两河、山东地区的忠义军马，策划攻取中原。岳飞派遣出去的梁兴收复了怀、卫二州，断绝了虏人在山东、河北境内的金、帛、马纲之路，梁兴不愿撤回南方，竟无成功。

而桧力欲议和，患诸将不同己，用蜀士范同计，召三大将论功行赏。飞至，即授枢密副使，加食邑，特诏位在参知政事①之上，赐金带、鱼袋、银、绢，视宰相初除礼。飞亦请还兵，罢宣抚司，诸军皆冠以"御前"字。

五月十一日，诏韩世忠留院供职，张俊与飞并以本职按阅军马，措置战守。同以枢密行府为名，抚定世忠军于楚州。

【注释】

①参知政事：职事官名。品位下宰相一等。为副宰相之职，与宰相同升都堂议政事。（据《宋代官制辞典》，第82页。）

【译文】

秦桧力主和议，但他唯恐诸大将与自己的意见不和，就采用西蜀之士范同的计策，召集三大将论功行赏。岳飞到了行在，即被授予枢密副使，加食邑，特别诏令岳飞序位在参知政事之上，赐金带、鱼袋、银、绢，与宰相初次任命的礼仪相等。岳飞也奏请解除兵柄，解散宣抚司，诸军的名号之前都加上了"御前"两字（意为拨属御前使唤）。

五月十一日，下诏命韩世忠留枢密院供职，张俊与岳飞一起以本职职务巡视军队，措置战斗防守事宜。共同以枢密行府的名义到楚州安抚韩世忠的军队。

初，飞在诸将中年最少，俊长飞十余岁，飞事俊尤谨。绍兴初元，有诏督责张俊平寇李成，俊赖飞成功。俊亦服其忠智，屡称荐于上前。其后飞二、三年间，平荡江西、湖、广剧寇，复襄汉六郡故疆，其功名出诸将上。上亦眷遇飞厚，俊颇不能平。方四年，虏犯淮西，乃俊分地也，俊不肯行。宰相赵鼎以书责之，至平江，又以坠马伤臂辞。鼎怒，遣一卒随之，视其必行，且奏请诛俊，卒无功而还。飞渡江，战大捷，解庐州围。上奇其功，加镇宁、崇信两镇[①]之节，俊益惭。及飞位二府[②]，官爵与己埒，益怀忿疾。飞每屈己下之，数以卑辞致书于俊，俊不为礼。初平杨么，飞又致书，献俊楼船一，兵械毕备。俊受船，不答书，飞待之益恭，俊横逆自若。至七年，恢复之请甚合上意，面命手札，皆以恢复之事任飞。尝赐札曰："非我忠臣，莫雪大耻。"又曰："卿为一时智谋之将，非他人比。"又曰："朕非卿到，终不安心。"又敕诸将："听飞号令，如朕亲行。"一时褒表委注，异于诸将，往往皆疾之。

【注释】

①两镇：同时除授两镇节度使的简称。宋初削藩镇之权，节度使不必赴镇，仅为武官之秩，属正任最高一阶（据《宋代官制辞典》，第577页。）《宋史·职官志》："中兴，诸州升改节镇，凡十有二。是时，诸将勋名有兼顾两镇、三镇者，实为希阔之典。"岳飞历任清远军节度使，镇宁、崇信军节度使，武胜、定国军节度使，后两者都属于两镇。

②二府：宋代称中书省和枢密院为“两府”。《宋史·职官志二》：“宋初，循唐五代之制，置枢密院，与中书对持文武二柄，号为‘二府’。”

【译文】

当初，岳飞在诸大将中年纪最轻，比张俊小十余岁，对待张俊的态度甚是恭敬。绍兴元年，有诏书督责张俊平定李成，多亏得岳飞之力才能够成功。他也很佩服岳飞的忠勇和谋略，屡次向圣上推荐。其后二三年间，岳飞荡平江西、湖、广一带的强寇，收复襄阳六郡故疆，其功名便超越诸将之上。圣上眷遇岳飞也十分丰厚，张俊颇感不平。绍兴四年，虏人进犯淮西，此处乃是张俊的分属管辖之地，他却怯敌不肯前去抵抗。宰相赵鼎以书信责成，他才勉强到了平江府，又以坠马伤臂为由推托。赵鼎大怒，命一卒看着他出关，并且奏请圣上杀张俊（以警示作战不用命之人），张俊最后还是无功而还。岳飞渡江，一战大捷，解除庐州之围。圣上非常惊讶，授他镇宁、崇信两镇之节度使，张俊越发感到羞耻。及至后来岳飞位列二府，官爵与他相等，张俊愈发愤嫉。岳飞对张俊不惜屈己，多次以谦卑的口吻致书于张俊，张俊连礼节性的答复都没有。平定杨么后，岳飞又致书与张俊，献了一艘楼船给他，楼船上兵械等物皆已配备齐全。张俊接受了楼船，又不作书信答复岳飞。岳飞对张俊愈加恭敬，张俊对岳飞依旧横行嚣张。到绍兴七年，岳飞恢复中原的请命大合圣上的心意，圣上或赐札子，或耳提面命，将中兴之事全部委付给岳飞。曾赐札曰：“非我忠臣，莫雪大耻。”又曰：“卿为一时智谋之将，非他人比。”又说：“朕非卿到，终不安心。”还敕令诸将“听飞号令，如朕亲行”。一时间对岳飞的褒奖、委任、器重异于其他诸将，诸将大都有嫉妒之心。

是岁淮西之役，飞闻命即行。途中得俊咨目，甚言前途粮乏，不可行师。飞不复问，鼓行而进，故赐札曰："卿闻命，即往庐州。遵陆勤劳，转饷艰阻，卿不复顾问，必遄其行。非一意许国，谁肯如此。"俊闻之，疑飞漏其书之言于上。归则倡言于朝，谓飞逗留不进，以乏饷为辞。或劝飞与俊廷辨，飞曰："吾所无愧者，此心耳，何必辨。"

【译文】

这一年发生了淮西之战，岳飞接到命令即刻前往。途中得到张俊的咨目，说前方缺粮，不可前进。岳飞不再问，鼓励将士继续前行，故圣上赐札曰："卿一接到命令，立刻前往庐州，沿途道路辛苦，粮饷转运艰难，卿家却丝毫没有顾忌，仍是疾速前行，如不是一心以身许国，谁能做到如此呢？"张俊听说，怀疑岳飞把他在咨目中阻止岳飞前行的内容泄漏给了圣上。回到朝中后就散布流言蜚语，说岳飞逗留不进，以缺乏粮饷为由不肯前行。有人劝岳飞与张俊进行廷辩，岳飞言道："我无愧于心，何必辩解。"

及是视世忠军，俊知世忠尝以谋劫虏使，败和议，忤桧，承桧风旨，欲分其背嵬，谓飞曰："上留世忠，而使吾曹分其军，朝廷意可知也。"飞曰："不然，国家所赖以图恢复者，唯自家三、四辈。万一主上复令韩太保典军，吾侪将何颜以见之？"俊大不乐。比至楚州，乘城行视，俊顾飞曰："当修城以为守备计。"飞曰："吾曹所当戮力，以图克复，岂可为退保计耶！"俊艴然变色，迁怒于二候兵，以微罪斩之。韩世忠军吏耿著与总领胡纺言："二枢密来楚州，必分世忠之军。"且曰："本要无事，却是生事。"纺上之朝，桧捕著下大理，择酷吏治狱，以扇摇诬世忠。飞叹曰："吾与世忠同王事，而使之以不辜被罪，吾为负世忠！”乃驰书告以桧意。世忠大惧，亟奏乞见，投地自明，上惊，谕之曰：“安有是！”明日，宰执奏事，上以诘桧，且促具著狱。于是，著止坐妄言，追官，杖脊，黥流吉阳军，而分军之事不复究矣。

【译文】

这次岳飞与张俊共同视察韩世忠的军队，张俊知道世忠曾谋划劫持虏人使臣，以破坏和议，因此得罪了秦桧。张俊秉承秦桧的意旨，打算拆分韩世忠的背嵬军，于是对岳飞说：“圣上留世忠在行在，而让我和你瓜分他的军队，朝廷的意思是很明确的。”岳飞说：“不可。国家所赖以恢复中原的，唯我辈三四人。万一主上复令韩太保掌管军队，我们将有何颜面见他呢？”张俊听后很不高兴。等到了楚州视军，两人登上城墙巡视，张俊看着岳飞说：“应当修葺城池，以便实施守御的战略。”岳飞说：“我们当勠力杀敌，以图克复中原，岂能以退保为主要战略呢？”张俊艴然不悦，迁怒于两个候兵，以微末的小罪斩了他们。韩世忠军中有一名军吏叫耿著，对总领胡纺说：“两位枢密来楚州视察，必是来瓜分世忠的军队。”还说：“本要无事，却是生事。”胡纺上告到朝廷，耿著被秦桧逮捕到大理寺，择酷吏对其严刑逼供，想要煽动他诬告韩世忠。岳飞叹说：“我与世忠共同辅佐君王，而他却被无辜定罪，我怎能有负世忠。”于是写好书信派人疾驰，告诉韩世忠秦桧的意图。世忠大为惊惧，急忙请求觐见圣上，仆倒在地，为自己辩护。圣上大惊，告谕他：“怎会有这样的事！”第二天，宰执奏事，圣上质问秦桧耿著之事，并催促尽早结案。于是，耿著只坐妄言之罪，追官，杖脊，刺面流配到吉阳军，而瓜分韩世忠军队的事也不再有人追究。

俊于是大憾飞。暨归，倡言于朝，谓飞议弃山阳，专欲保江。飞以书报世忠事，桧亦闻之。飞自是危矣。

【译文】

张俊于是对岳飞心存大恨。及至归来，在朝中散布谣言，说岳飞欲放弃山阳（楚州的别称），而只想保住长江防线。岳飞密报韩世忠之事也被秦桧知晓。岳飞自此危难。

卷第二十一

百氏昭忠录卷之五

章尚书颖经进鄂王传之五

初，飞与张俊承诏视世忠军，往辞桧，桧谓之曰："且备反侧！"世忠军初无反侧意，桧为此语，欲激其军，使为变，因得以罪世忠耳。飞答之曰："世忠归朝，则楚州之军，即朝廷之军也。"桧色变，恶飞语直。独张俊承桧意，欲分其军，赖飞一言而止，而桧益怨飞矣。飞慷慨自任，不复顾忌。

【译文】

开始时，岳飞与张俊奉诏视察韩世忠的军队，走之前向秦桧辞行，秦桧说："要防备韩世忠的军队反叛朝廷！"世忠的军队本来无反叛之意，但秦桧出此言语，目的是要刺激世忠的军队，使其哗变，便可以降罪于世忠。岳飞答言："世忠已然回朝，则楚州的军队，即是朝廷的军队。"秦桧听后为之色变，怨恨岳飞言语直率。唯独张俊奉承秦桧的心意，要瓜分世忠的军队，全赖岳飞的一言而止，从而秦桧更加怨恨岳飞。岳飞慷慨自任，没有什么顾忌的。

赵鼎议崇、建二国公典礼，与桧意殊，桧挤鼎而逐之。飞对客语，必叹惜，桧深恶之。自兀术复取河南地，飞深入不已，日以恢复劝上，而桧主议和。兀术以书谓桧曰："尔朝夕以和请，而岳飞方为河北图，且杀吾婿，不可以不报。必杀岳飞，而后和可成。"飞入觐，论和议，谓"相臣谋国不臧"。虏人渝盟，上以桧奏付飞，飞读之，见"德无常师，主善为师"之语，恶其言饰奸罔上，则曰："君臣大伦，比之天性，大臣秉国政，忍面谩其主耶！"桧益憾之。飞亦自知不为桧所容，力请解兵。

【译文】

赵鼎曾议崇、建二国公典礼，与秦桧之意相悖，故遭到秦桧的排挤并放逐，岳飞与人谈起此事时必会叹惜，秦桧知道后衔恨于心。自兀术又攻取河南之地，岳飞率军深入敌境，并常劝圣上要恢复中原，而秦桧主张议和。兀术给秦桧写信说："你一天到晚地要请和，而岳飞正打算攻取河北，还杀了我的女婿，此仇不可不报。必杀岳飞，而后和议方可成。"岳飞上朝入觐，谈到和议便说"相臣为国谋划不利"。此后虏人违背盟约，圣上将秦桧的奏札给岳飞看，岳飞读后，见有"德无常师，主善为师"之语，厌恶秦桧言语奸诈罔上，于是对圣上说："君臣大伦，比之天性，大臣主持朝政，怎能忍心蒙蔽他的主上呢！"秦桧越发怨恨岳飞。岳飞亦是知道自己不为秦桧所容，力陈请求解除兵柄。

万俟卨论飞，章再上，不报。罗汝楫六章，又不报。飞亦抗章，乞罢，上惜其去，诏不许。八月，飞上章，还两镇节，诏充万寿观使，奉朝请[①]。

张宪、王贵、王俊，皆飞部将也。王俊初为东平府卒，告其徒呼千罪，得为都头。俊以张宪谋还飞兵柄，告于王贵，贵执宪，以归之张俊。俊时以枢密使，视师在建康。密院吏王应求言于俊，密院无推勘法。俊不从，自鞫之，使宪诬服，以为得岳云手书。俊以告桧。

【注释】

①奉朝请：赴朝立班之谓。古代诸侯春季朝见天子叫朝，秋季朝见为请。因称定期参加朝会为奉朝请。

【译文】

万俟卨两次上章弹劾岳飞，圣上没有回复。后来罗汝楫又先后六次上章弹劾岳飞，圣上又不回复。岳飞也上章求去，圣上不愿岳飞离开，所以下诏不允。八月，岳飞上奏章，请求免去武胜、定国军两镇节度使之衔，圣上下诏让岳飞充万寿观使的闲职，奉朝请。

张宪、王贵、王俊等人皆是岳飞的部将。王俊开始时是东平府的小卒，因告发其徒呼千之罪，而得到都头这个职位。（这时）王俊向王贵告讦说张宪为岳飞谋还兵权，王贵便捉捕了张宪，送到张俊处。那时张俊正以枢密使的身份视师于建康。枢密院吏王应求对张俊说，枢密院没有审讯犯人的权力。张俊不答应，亲自审讯张宪，想让张宪自诬服罪，说得到了岳云的手书。张俊将之写入报告送呈秦桧。

十月，械宪至行在，下之棘寺。十三日，桧奏，乞召飞父子证张宪事，上曰：“刑所以止乱，若妄有追证，动摇人心。”不许。桧不复请，十三日矫诏逮捕飞，云亦先逮系。前一夕，有以桧谋语飞，使自辨，飞曰：“使天有目，必不使忠臣陷不义；万一不幸，亦何所逃！”明日，使者至，飞笑曰：“皇天后土，可表飞心！”

【译文】

十月，将张宪戴着枷杻、镣铐带到行在，下大理寺关押。十三日，秦桧上奏，请圣上下诏召岳飞父子证实张宪之事，圣上曰："刑罚是用来制止作乱的，若是妄意审讯对证，会动摇人心的。"不允许。秦桧也不再请示了，十三日假托诏令逮捕了岳飞，此时岳云亦已经被捕而至。前一晚，有人曾将秦桧的阴谋告诉岳飞，希望他能够自辩，岳飞说："苍天有眼，必不会陷忠臣于不义；万一发生不幸，又可向哪里逃呢！"第二天，使者来了，岳飞笑言："皇天后土，可表飞心耳！"

初命何铸治其狱，铸明飞无辜，改命万俟卨。诬飞谕于鹏、孙革致书于宪、贵，令虚申边报，以动朝廷；诬云以书与宪、贵，令措置使飞复还军，而其书则皆谓已焚矣。自十三日赴逮，坐系凡两月，无一事问飞。卨忧惧，不知所为。或有以不助淮西之事，使如台评，则可以为罪矣。十二月十八日，始有省札下棘寺，命以逗遛诘飞，而所收御笔，及往来道途月日，皆可考实，未尝逗遛也。乃命大理评事元龟年杂定之。

【译文】

开始时命令何铸主持狱中审讯，何铸查明岳飞是无辜的，秦桧遂改命万俟卨为主审官。诬陷岳飞曾指使（其幕僚）于鹏、孙革致书信给张宪、王贵，叫他们编造虚假的边报，摇动朝廷；诬陷岳云写信给张宪、王贵，令他们措置（兵变）好使岳飞回到军队，且号称书信已被焚毁。自十三日入狱始，岳飞坐牢两个月，什么罪名也没有从他那里证实到。万俟卨十分忧虑，不知如何是好。有人告诉他岳飞援淮西的事，假如真如台谏官所弹劾的那样，就可以定他的罪了。十二月十八日，才有省札下到大理寺，命大理寺以逗留不进为罪名查办岳飞，但圣上赐给岳飞的手札，以及往来路途中的行军时日记录，都是可以考证的实据，证明岳飞并没有逗留不前。秦桧竟命大理寺评事元龟年将岳飞援淮西的行军日期打乱重编。

会岁暮，狱不成，桧一日自都堂出，径入小阁。良久，手书小纸，令老吏付狱中，即报飞死矣，盖十二月二十九日也。初，宪、云狱辞出于吏手，一、二寺官知其无辜，相继以去。既不得毫发罪，始以逗遛诘之，飞困于搒掠，亦无服辞。飞既死于狱矣，具狱[①]乃以众证蔽罪，飞赐死，宪、云戮于市。张俊、杨存中涖之，稍出兵卫诸门。且俾俊、存中遣卒送两家之孥，徙之远方。行路之人见者，为之陨涕。飞幕属、宾客坐者六人。参谋薛弼与万俟卨厚，桧在永嘉日，弼尝从之遊。弼知桧恶飞，先纳交，或以动息告之，得不坐。初，飞在狱，卨先令簿录飞家赀，取飞所得御札，束之左帑南库。飞家徙岭南，与宪赀产并没入官。王会者，桧之姻党也，搜刮无遗，独得尚方所赐物而已。

【注释】

①具狱：据以定罪的全部案卷。

【译文】

到了岁末，岳飞的罪名还是未能成立，一日秦桧从都堂出来，径直来到小阁。良久，手书一张小纸，然后令老吏将纸条交到狱中，不久就收到岳飞已死的报告。这一天是十二月二十九日。开始时，张宪、岳云的决狱之辞出自狱吏之手，有一两个寺官得知二人无辜，所以相继地退出。既然找不到丝毫的罪证为岳飞定罪，只能以逗留不进为由，岳飞虽被囚问拷打也没有承认这项罪名。岳飞既是死于狱中，最后只能用众证的遮掩来定罪。岳飞赐死，张宪、岳云被当众斩首。张俊、杨存中监斩，还出动了兵士把守住诸个大门。且命张俊、杨存中派兵卒将岳飞与张宪的家眷发配到偏远的地方。路上的行人都为之唏嘘流泪。岳飞的幕僚、宾客六人具各获罪。参谋薛弼与万俟卨有交情，且秦桧在温州永嘉时，薛弼时常陪秦桧游历。薛弼知道秦桧憎恨岳飞，就先与秦桧结纳，或将岳飞的动息报告给秦桧，所以未获罪。开始时，岳飞在狱中，万俟卨令人查抄登记岳飞的家产，搜到圣上赐给岳飞的御札，收藏在左帑南库。岳飞的家属被发配到岭南，与张宪的家产一起没收到官中。王会，是秦桧的姻党，他搜刮时没有一点遗漏的，但也只是搜到了圣上御赐之物而已。

初，万俟卨代何铸治飞狱，擢为御史中丞。大理丞李若朴、何彦猷以飞为无罪，固与卨争。卨弹若朴以党芘飞，与何彦猷俱罢。大理卿薛仁辅亦言飞冤，以罪去。知宗[①]士㒟请以百口保飞，卨劾之，窜死于建州。布衣刘允升上书讼飞冤，下棘寺以死。

王俊以告讦，自左武大夫、果州防御使超转正任观察使。姚政、庞荣、傅选以傅会，迁转有差。王俊后离军，桧犹不忘之，授以副总管。

时董先亦逮至，桧恐其有异辞，引先面谕之，且抚劳之，曰："无恐，第证一句语言，今日便出。"先唯唯。桧使大程官二人，护先至狱中。先对吏，即伏，遂释之。

枢密使韩世忠心不平，狱成，诣桧问其实，桧谓"飞子云与张宪书不明，其事体莫须有"，世忠曰："相公[②]言'莫须有'，何以服天下！"因力争之，桧不纳。

洪皓时在虏中，驰蜡书还奏，以为虏所大畏服，不敢以名呼者唯飞，至号之为父。诸酋闻其死，皆酌酒相贺。它日，皓还，论及飞死，不觉为之恸。上亦素爱飞之忠勇，闻皓奏，益痛之。

【注释】

①知宗：知宗为知大宗正事之简称，赵士㒟任官应简称“判宗”，同判大宗正事，《行实编年》稍误。

②相公：旧时对宰相的敬称；也泛称官吏。

【译文】

一开始，万俟卨代替何铸审理岳飞的案件，因此被擢升为御史中丞。大理丞李若朴、何彦猷认为岳飞无罪，所以与万俟卨据理力争。万俟卨便弹劾李若朴，说其结党庇护岳飞，将他与何彦猷一同罢官。大理卿薛仁辅也认为岳飞是冤屈的，也因此获罪罢去。同判大宗正事（齐安郡王）赵士㒟愿以自家百余口性命为岳飞担保，后来也遭到万俟卨弹劾，被流放到建州死于当地。布衣刘允升因上书为岳飞鸣冤，被关进大理寺，惨遭杀害。

王俊因这次诬告有功，由左武大夫、果州防御使破格提升为正任观察使。姚政、庞荣、傅选等人因附会王俊都获得了不同程度的升官。后来王俊离开军队，秦桧犹对其不忘，授以浙东路马、步副都总管之职。

当时董先亦被逮来，秦桧唯恐他替岳飞说话，便提前对董先进行面谕，而且好言抚慰，说：“不要害怕，只需要提供一句证词，今日便可出去。”董先唯唯应答。秦桧派两名大程官，护送董先到大理寺中。董先对吏即招供，便被释放了。

枢密使韩世忠对岳飞之案忿忿不平，岳飞被定罪后，他去找秦桧询问真实状况，秦桧说：“飞子云与张宪书不明，其事体莫须有。”韩世忠言：“相公言‘莫须有’何以服天下？”韩世忠据理力争，秦桧竟不采纳。

宋使洪皓因出使金国时被扣留在金地，他把上奏的内容制成蜡书让人送回朝廷，言虏人对岳飞大为畏服，不敢直呼岳飞的名讳，而称呼岳爷爷。虏人的首领们听到岳飞已死，皆相互酌酒庆贺。后来，洪皓回朝，谈论岳飞之死，不觉为之痛哭。圣上也是素来喜爱岳飞之忠勇，看到洪皓的上奏，愈加悲痛。

初，飞从戎，留妻养母姚氏，从高宗渡河。既而河北沦陷，音问隔绝。飞遣人访求，数年不获。俄有自母所来者，谓飞曰："而母寄余言：'为我语飞，勉事圣天子，无以老媪为念也。'"飞乃窃遣人迎之，往返十有八，然后归。奉之至孝，母有疾，药饵必亲尝之，居家行步，唯恐有声，遇出师，必戒家人谨侍养。母死，与子云扶榇归葬，将佐有愿代其役者，谢却之。既葬，庐于墓侧，朝夕号恸。连表乞终丧，凡三诏，犹不起，敕监司、守臣请之，又不起。责其官属以严刑，使之以死请，乃起奉诏，终三年不解衰绖。

【译文】

当初，岳飞从军，留下妻子照顾母亲姚氏，自己跟从高宗皇帝渡过黄河。不久河北沦陷，便与家人音讯隔绝。岳飞数次派人寻找家人，却多年没有音讯。后来偶然有人从岳飞母亲那里过来，对岳飞说："你母亲让我转告您：'为我语飞，勉事圣天子，无以老媪为念也。'"岳飞又私下派人寻找母亲下落，往返有十八次，终于找回了母亲。岳飞奉母至孝，母亲有疾病，每逢吃药必定自己先尝再给母亲吃，居家行步，唯恐有声响影响到母亲休息，遇到自己出师在外，必然会告诫家人用心侍奉母亲。母亲故去，与长子岳云跣足徒步抬着母亲的灵柩归葬，手下的将领有愿意代其抬棺的，他都谢绝了。母亲下葬后，他就在墓旁筑庐守墓，朝夕痛哭。连连上表向圣上请求要为母亲守丧，圣上下了三次诏书让他起复，他犹不愿，圣上委派监司、守臣去请，他还是不愿。后来圣上威胁要以严刑处罚这些官员，责成他们以死相请，岳飞才勉强奉诏，但三年间都不忍脱下丧服。

自夷狄乱华，飞立志慷慨，誓不与贼俱生。自建炎初元至绍兴十一年，凡十余年间，屡与虏战。攘却群盗，出入江西、湖、广亦五、六年。其志每以取中原，灭金虏为念。虽平大盗，如李成、曹成、马友、彭友、杨么，皆飞之功，然其经行见于诗咏，则以群盗为蝼蚁之群也，岂足为功，北踰沙漠，蹀血虏庭，复二圣，还故疆，乃吾志耳。

【译文】

自从夷狄侵扰华夏，岳飞就立志报国，发誓不与贼人同在。自建炎元年始至绍兴十一年，十余年间，屡次与虏人作战。抵御群盗，转战于江西、湖、广也有五六年。立志于收复中原，驱除金虏。虽然平定过的大盗如李成、曹成、马友、彭友、杨么，皆是岳飞的功劳，然而从他的诗词题咏中可以看到，他常将这些大盗喻之为蝼蚁，不以为功，而北踰沙漠，蹀血虏庭，迎还二圣，恢复故疆，才是他的平生志向。

初，枢密行府受王俊告言，暨俊与宪对辨，王俊所告无一事实，而棘寺始以淮西之事诘飞。淮西虽非飞地分，飞时在鄂渚，首抗章，欲备先驱击虏寇，得御札褒许。又飞乞乘虚入京、洛，皆未奉诏之先，当时台谏亦不深考其事。淮西之役，飞受御札十有五，诚有之。时边报踵至，飞在鄂渚，去淮西千余里，上恐其后时，故盼趣诏为多。然出师之命虽在正月，而二月九日，诏始至飞军，飞即力疾出师，实奉诏三日而行，御札有曰："得卿九日奏，已择定十一日起发，往蕲、黄、舒州界。"则可见矣。自鄂而蕲、黄，自黄而舒、庐，飞又恐大军行迟，乃亲率背嵬为先驱。其至也，虏方在庐，望风自退，飞还军舒，则复来窥濠，又次定远，虏闻飞来，夜踰淮而去。虽无大功，张俊、杨沂中当任其责。况俊总全师八万，遇敌自可制胜，而驻兵黄连镇，距濠六十里而不能救。俊与沂中不用刘锜之言，堕虏计中，遇伏而败，非无飞之助，以致败也。时有诏札付[1]沂中曰："兀术复窥濠州，已降手诏，与韩世忠、张俊皆于濠州附近，克期同日出战。"则是役也，军事专任世忠、俊、沂中，而飞特助之耳，况又非飞所分地分也。

【注释】

①札付：三省枢密院文书付授百司，例称"札付"（《玉堂杂记》卷下）。

【译文】

开始时，枢密行府接受了王俊的告首状，等到王俊与张宪对质时，发现王俊状告的无一是事实，大理寺才开始以援淮西的事诘问岳飞。淮西虽然不属于岳飞管辖的份地，岳飞那时在鄂渚，但他首先上章，要求先去击杀虏寇，得到圣上御札的嘉许。岳飞还请求过许他乘虚直捣汴京、洛阳，皆是在未收到诏书之前，但当时的台谏官却不深考此事。淮西之战，岳飞收到的御札共有一十五道，确有其事。当时边报接踵而至行在，岳飞远在鄂渚，距离淮西千余里地，圣上担心诏书的传递被延误，故而颁发了许多道督促的诏书。然而出师的命令虽在正月，而直到二月九日诏书才至岳飞的军中，岳飞即刻抱病出师，实际上是奉诏三日之内便出发，后来御札有曰："得卿九日奏，已择定十一日起发，前往蕲、黄、舒州地界。"即是证明。自鄂州到蕲州、黄州，自黄州到舒州、庐州，岳飞还怕大部队行动迟缓，于是亲自率背嵬军为先驱。他到达的时候，虏人还在庐州，听到岳飞率军而来的消息望风而退，岳飞回到舒州，虏人又回来图谋濠州，岳飞又去到定远，虏人听说岳飞到来，趁夜渡淮水而去。此行岳飞虽无大功，（但此地的防御工作份属）张俊和杨沂中，应该首负其责。况且张俊有部队八万，遇到敌人自应可以制胜，而且驻兵在黄连镇，距离濠州仅六十里，却不能救援。张俊与杨沂中不听刘锜的忠告，落入虏人的圈套，遇到虏人的伏兵而败，并不是没有得到岳飞之助，所以才导致大败的。当时有诏札付杨沂中曰：“兀术复窥濠州，已降手诏，你与韩世忠、张俊皆在濠州附近，克期同日出战。”这个战役，从军事上专任韩世忠、张俊、杨沂中，而岳飞是赶来相助的，况且这个区域并非是岳飞所辖之地。

台谏至谓飞以粮乏为辞，则御札有曰：“卿闻命，即往庐州。转饷艰阻，卿不复顾问，必遄其行。非一意许国，谁肯如此。”盖谓粮乏者，乃俊也。俊诒书，以粮乏告飞，而诏旨及是，俊已疑飞漏其言于上，而深憾之。谓“粮乏”，乃俊语，非飞意也，而俊反以此诬之。

方虏寇河南，诏飞助刘錡，凡两月，而飞拜御札二十有三，多于淮西时矣。淮西十五札，飞之子霖尝抗章，丐赐还。孝宗皇帝从之，取之左帑，复以畀霖，至今与他诏札皆藏其家。先是绍兴四年，兀术、刘豫兵七十万寇淮西，亦诏飞自鄂州以兵来会，虏退，飞遣牛皐追击，大破之。又六年，飞屯襄汉，刘豫遣子麟、姪猊合吾叛将李成、孔彦舟、关师古之兵七十万，分道犯淮西。刘光世、张俊同奏乞诏飞以兵东下，飞至江州，麟已败，诏止其行。飞凡三赴淮西之急，虽道里有远近，而未尝踰期。且十一年虏之入寿春也，飞闻警，即上奏，乞出师；继又入奏，乞出京、洛，以制其敝；又恐是时欲急退虏，乞出蕲、黄，议攻却，皆未始奉诏也。

【译文】

台谏官说岳飞以缺粮作为“迟援”的借口，但御札上却言：

"卿闻命，即往庐州。转饷艰阻，卿不复顾问，必遄其行。非一意许国，谁肯如此。"说缺粮的人，其实是张俊。张俊给岳飞书信，告诉岳飞前路缺粮，而圣上诏书中提到这点，张俊便怀疑是岳飞将他书信中的内容透露给了圣上，为此而心怀怨恨。所谓"粮乏"是张俊之语，而非岳飞的意思，而张俊反以此来诬陷岳飞。

虏人曾经侵犯河南，圣上下诏让岳飞襄助刘锜，两个月间岳飞收到的御札有二十三道，比在淮西时还要多。淮西十五道奏札，后来岳飞之子岳霖曾经上章，请求赐还。孝宗皇帝同意了岳霖的请求，下令从左藏南库中取来，赐还岳霖，至今与其他的诏书皆珍藏在岳家。之前在绍兴四年时，兀术、刘豫起兵七十万侵犯淮西，圣上下诏命岳飞从鄂州发兵来会战，虏人败退，岳飞遣牛皋追击敌人，大破敌军。绍兴六年，岳飞屯兵襄汉，刘豫派他的儿子刘麟、侄子刘猊会合我朝叛将李成、孔彦舟、关师古之兵共计七十万，分道进犯淮西。刘光世、张俊同时上奏请圣上诏令岳飞率军东下，岳飞至江州，刘麟已败，故下诏不用岳飞前去。岳飞共三次赴淮西救急，虽然路途遥远，但从未延期。在绍兴十一年虏人攻入寿春时，岳飞听到警报，立即上奏，请求出师；继而又奏，请求率军出京、洛，以牵制敌人，后来又恐朝廷急于让虏人退兵，请求出兵蕲州、黄州，计议进攻之事，都是未等到圣上下诏书就去援助了。

其孙珂尝以所藏御札并陛对月日，及以被罪省札下棘寺之文，著《辨诬》五事。谓建储之议在军前上奏，而参谋薛弼谓在陛对时，且诬上有不乐语，谓此非大将所宜言者，弼之妄也。弼本附桧，所以言此者，欲嫁怨于上，而谓飞之死盖自取，非桧之罪也。王伯庠私记谓绍兴辛酉，虏入寇，张俊、韩世忠欲深入，惟飞驻兵淮西，不肯动。御札促飞行，凡十有七，最后有“社稷存亡，在卿此举”，实未尝有此诏。又谓飞移军三十里而止，上始有诛飞意者，亦弼说之类也。且御札十有五，言十有七，亦非也。十一年八月九日，臣僚言飞谓楚州为不可守，为沮士气。盖飞尝与张俊同登楚州城，俊欲增筑，飞谓当进取中原，不当仅守于此。谓飞为专欲保江者，亦诬也。熊克《中兴小历》载，宰执奏事，闻圣语及飞弃山阳事，以为附下要誉，亦诬也。谏议大夫万俟卨论飞，虏骑犯淮，而飞固稽严诏，至舒、蕲而还，又谓飞执偏见，欲弃山阳，亦诬也。建炎四年十月丙申，两浙安抚大使刘光世奏，准御笔：“承州残虏，攻围山阳，诸镇之师，逗挠不进。”盖光世以兵驻镇江不进，而以会和王林、郭仲威之兵不至为解，谓飞等迁延五十余日，遂失机会。是时楚州赵立告急，而张俊不肯行，乃改命光世，而令飞腹背掩击。时飞屯宜兴，虽有泰州镇抚之命，未赴也。飞有军万人，合军士之孥，计七万以上，须舟以济，须粮以食，州郡皆坐视，必俟禀朝命而后从。九月二日，始入泰州，十二日，飞始得九月六日之诏，且令光世益兵，与飞等会。而飞以状至，光世皆不报。飞乃夜饮士卒以酒，激励而用之，独以一军至承州，转战弥月，凡三大捷，献俘行在所，有诏褒嘉。而光世在镇江，虽承督诏无虑数十，坐阅两月，未尝渡江，其事皆可考也。

【译文】

岳飞之孙岳珂曾用珍藏的陛下所赐御札及岳飞面圣的年月时日，比对岳飞获罪后省札下到大理寺的公文，著有《辨诬》五事。言建储之事是在军前上奏的，而岳飞的参谋官薛弼说是在觐见圣上时，还乱说圣上有不愉快之语，说立储之事本不应该是武将适合参与议论的，其实这是薛弼的妄言。薛弼本来就依附于秦桧，所以这样说话，欲嫁怨于圣上，认为岳飞之死是咎由自取，并非秦桧之罪。王伯庠的私记则说绍兴辛酉，虏人进犯，张俊、韩世忠欲迎击敌人，唯有岳飞驻兵淮西，不肯进军。圣上下御札敦促岳飞前去援助，前后共计十七道，最后诏书中有“社稷存亡，在卿此举”之语，其实根本没有此诏。又说岳飞移军三十里而止，圣上开始有杀岳飞之意，这种说法也是出自薛弼之流。且说御札有十五道，却说有十七道，这也是错的。绍兴十一年八月九日，有大臣弹劾岳飞说楚州不可守，使士气受挫。事实是岳飞与张俊同登楚州城，张俊欲增固楚州城的防御工事，岳飞说应当进取中原，不应仅做防守之备。有说岳飞只要保守长江防线的，也是诬陷。熊克的《中兴小历》中记载，宰执奏事时，听到圣上言及岳飞放弃山阳之事，认为岳飞这样做是“附下以要誉”，亦是诬陷。谏议大夫万俟卨弹劾岳飞时说，虏人进犯淮西，而岳飞延误诏书援兵迟缓，兵至舒州、蕲州就回来了，又言岳飞固执偏见，欲放弃山阳，此亦是诬陷。建炎四年十月丙申，两浙安抚大使刘光世上奏，依据御笔：“承州残虏，攻围山阳，诸镇之师，逗挠不进。”这是因为刘光世驻军在镇江却不前行，而以不能与王林、郭仲威之兵会合为理由不去增援，却说岳飞等迁延五十余日，从而失去战机。此时楚州赵立告急，而张俊不肯救援，乃改命刘光世救援，令岳飞腹背掩击。此时岳飞驻兵在宜兴，虽有泰州镇抚使之名，但还未赴任。岳飞有军士万余人，以及军士的家属，共计七万人以上，须有船舶渡江、须有粮食养兵，所在的州郡皆坐视不理，必要等到朝廷的命令之后才能补给。九月二日，岳飞的军队才进入泰州，十二日，岳飞才得到九月六日朝廷下的诏书，且是令刘光世增兵，与岳飞等人会合。而岳飞写了状子给刘光世，刘光世都不回复。岳飞只好夜里让士兵饮酒，激励他们的士气，独自以一军到承州，转战一月，三次大捷，献俘于行在所，圣上下诏褒奖。而刘光世在镇江，虽然接到的督战诏书多达十数封，却坐视两月，未尝渡江救援，这些事皆是可以考据的。

孝宗之在潜邸也，尝闻赣州兵齐述叛事，以告高宗。桧怒而绝其俸，又风曹泳辈十人露章，请孝宗归秀邸，持余服。如飞之冤，孰敢言之者。桧监修国史，每逮见飞捷奏，必怒形于色，或削之。其后二十六年，左仆射沈该监修国史，秦桧秉政以来，所书圣语多出己意，请删之。桧尝以王俊告讦，欲迁总管，因奏俊事，圣语谓“飞当时欲具舟入川，有统制官谕诸军，乃止”，亦诬上语。该所删果能尽乎？

【译文】

孝宗皇帝做太子时，曾听到赣州的军人齐述叛乱的事，并告诉了高宗皇帝。秦桧知道后大怒，竟断了他的俸禄，又暗示曹泳等十人上章，请孝宗皇帝回秀州宅邸，持余服。像岳飞这样的冤情，谁敢出来说话。秦桧监修国史，每见有岳飞的捷奏，必然怒形于色，有时就将捷奏删除。此后二十六年间，左仆射沈该监修国史，秦桧秉执朝政以来，书中所记录圣上的言语皆是出自他的意思，请求删除。秦桧曾以王俊告发有功，欲升他为总管，因此上奏王俊之事，圣上说“飞当时欲具舟入川，有统制官谕诸军，乃止”，此言亦属污蔑圣上之语，沈该都能删得尽吗？

大兵之后，州县凋敝，飞出师，每以军饷为忧。每调兵食，必蹙额，谓将士曰：“东南民力耗矣！国家恃民以立，而尔曹徒耗之，大功未成，何以报国？”与乐于用兵，志在玩寇者，不同年而语矣。京西、湖北始平，即募民营田，给以牛、种，假以口食，分任官吏，责其成功。又为屯田之法，使戎伍攻战之暇，尽力南亩。行之二、三年，省漕运之半。上尝书曹操、诸葛亮、羊祜三事赐之。宣抚司官属有冗员，乞行裁减。

【译文】

大战过后，州县皆是凋敝，岳飞出师，每次都为军饷忧虑。每次调用军粮，必蹙额，对将士说："东南民力耗矣！国家恃民以立，而尔曹徒耗之，大功未成，何以报国？"与那些乐于用兵，志在玩寇的人相比，不可同日而语。京西、湖北一朝平定，他立即招募百姓营田，给他们耕牛、种子，借以口粮，任命分管的官吏，责成其必须成功。又以屯田之法，使士兵在休战闲暇时，尽力耕作。这样二三年之后，节省了一半的漕运。圣上曾书写曹操、诸葛亮、羊祜三人之事赐给他。如果宣抚司中有冗员，岳飞就请求裁减人员。

飞自奉薄，居家惟用布素。无姬侍之奉，蜀帅吴玠尝以名姝餽之，飞不乐，厚遣使者而归之。或谏之，则曰："国耻未雪，圣上宵旰不宁，岂大将燕乐时耶！"少时饮酒，至数斗不乱，上尝面戒之曰："卿异时到河朔，方可饮酒。"自是绝口不饮。

【译文】

岳飞生活非常简朴，居家只用布素。也无姬妾侍奉，蜀帅吴玠曾送给岳飞名姝一名，岳飞却不愿接受，厚待使者后请他再把名姝送回去。有人向他谏言（劝他接受吴玠的好意），他言道："国耻未雪，圣上宵旰不宁，岂大将燕乐时耶！"年轻时饮酒，喝数斗不醉，圣上面谕让他戒酒曰："卿异时到河朔，方可饮酒。"自此岳飞绝口不饮。

临戎誓众，言及国家之祸，涕流气塞，士卒皆欷歔听命。临敌奋不顾身，必先士卒。或问以"天下何时太平"？曰："文官不爱钱，武官不惜命，则太平矣。"与将校语，必勉之以忠孝，教之以节义。所部兵二万人，守御攻讨，未尝乏事[①]。

【注释】

①王曾瑜先生在《鄂国金佗稡编续编校注》（1989年）1509页注曰：《金佗稡编》卷九《遗事》："一日之间，既命图襄汉，又命图杨么，交至沓集，先臣随事酬集，未尝惮烦。所部兵二万余人，守御者半，攻讨者半，东西调役，略无乏事。"岳珂叙事指绍兴四年时，"所部兵二万余人"，章颖删节此段文字，失于裁剪，统称"所部兵二万人"，而忽略此后岳家军增添兵员之史实。

【译文】

临战誓师，言到国家的灾祸时，他常常涕流气塞，士兵听后皆是唏嘘不已，唯命是从。他每次作战都是奋不顾身，必然是身先士卒。有人问："天下何时太平"？他言："文官不爱钱，武官不惜命，则太平矣。"与将校谈话时，必会勉励他们做人要讲求忠孝，教导他们为人要讲节义。他所率领的二万官兵，不论是守御还是攻讨，均不曾有败迹。

其御军也，重蒐选，谨训习，公赏罚，明号令，严纪律，同甘苦。背嵬之名，始于西番，飞所用，皆一当百。尝诏以韩京、吴锡二军付飞，皆不习战，飞择其可用者千人，遂为精卒。每止兵休舍，辄课其艺。注坡、跳濠之艺，皆被重铠，习之惟精。张宪部卒有功于莫耶关，解金束带及银器赏之。云尝被甲习注坡，马踬而踣，怒，欲斩之，诸将力祈免，犹鞭之百，乃释之。偏将或夸功，或违制，或慢令，必诛必斥之。约束明简，使人易从，违者必罚。行师秋毫不犯，有蹂民稼者，市物不如直者，皆不少贷。卒有取民麻一缕，以束刍者，立斩之。与士卒最下者同食，尊酒脔肉，必均及其下，酒少则投之以水，而人各一啜焉。诏书褒其“绝少分甘，与人同欲”是也。出师，士卒露宿，飞亦露宿。诸将远戍，则令妻至其家，问劳其妻妾，或以金帛餽之。其有死事者，哭之哀，育其孤，或与之为婚姻。士卒疾病，亲造视之，问所欲，或为调药。上所颁犒，多者数十万缗，少者数万缗，付之吏分给，不私一毫。尝命其将犒给带甲人五缗，轻骑人三缗，不带甲人二缗，将裁其数以自私，杖而杀之。恩威兼施，人人畏爱，重犯法。提兵十数万，皆四方亡命、嗜杀、好纵之人，而奉令莫敢违。兵夜宿民户外，民开门纳之，莫敢入。晨起，户外无一草苇。所过民不知有兵，市井鬻贩如平日。民有鬻薪者，损其直以售之，卒曰：“吾可以二钱易吾首耶？”竟不敢。士卒虽甚饥寒，不敢扰民。时诸将所统曰“韩家军”、“岳家军”，独飞军号为“冻杀不拆屋，饿杀不虏掠”。民间见飞军过，则相与聚观，举手加额，有感泣者。招降群盗，训饬教阅，悉为精兵。尝遣骑驰奏，至扬子江，大风禁渡，骑曰：“宁死于水，不敢违将军令！”卒渡江。

【译文】

他统御军队，重视选拔士卒，平日训练严谨，赏罚公平，号令明晰，严肃军纪，同甘共苦。背嵬之名，始于西番，岳飞所用背嵬军，皆是以一当百。圣上下诏将韩京、吴锡两军拨给岳飞，但这两军皆不善战，岳飞挑选可用者千人，将他们培养成精卒。每当休战之时，就教练他们武艺。他的士兵训练注坡、跳濠的技艺时，都要穿上重铠，练习时要精益求精。张宪的部卒在攻打莫耶关时立了大功，岳飞就解下金束带以及银器赏赐与他。其子岳云在披重甲练习注坡时，因马绊倒而摔到地上，岳飞大怒，欲斩之，诸将力劝虽免于死刑，但仍处以鞭一百的处罚，才释放了他。偏将中若有夸功的，或是违制的，或是怠慢军令的，必然会遭到处罚或是斥责。军纪明确简单，使人易懂易从，但违者必罚。行军时秋毫无犯，如有践踏百姓庄稼的，买东西不照价付钱的，都不予宽恕。士卒中有用束刍换取了百姓的一缕麻，（质问出是他一方面的行为后），立即就被处斩了。他与最下等士卒吃同样的食物，有酒有肉时必须把他们均分给每个士兵，酒要是少了就兑以水，让每人都能够喝上一口。圣上下诏书褒奖说“绝少分甘，与人同欲”。每次出兵时，若士卒露宿在外，岳飞亦露宿在外。将领在外戍守，岳飞就令自己的妻子到其家中，慰劳其家属，或是赠送金帛之物。若有战死的将士，必会痛哭，抚育其遗孤，或将自己的儿子与其女儿婚配。士卒生病后，他要亲自看视，问他们有什么需要的，或是为其调药。圣上颁发犒劳的赏赐，多则数十万缗，少则数万缗，都交由专门主管此事的官员下发，一钱都不会私藏。他曾命将领这样支付犒钱，带甲人五缗，轻骑人三缗，不带甲的士兵二缗，这名将领却裁减了数目，私吞为已有，岳飞知道后将其杖毙。恩威兼施，人人对他敬佩爱戴，重视法纪。岳飞率兵十数万，本来都是四方亡命、乐纵、嗜杀之徒，但他们皆不敢有违军令。兵士夜宿在民宅户外，百姓开门请他们进去，却没有人敢进入。早晨离去时，百姓的草苇丝毫不乱。所过之处民不知有兵，市井商贩如平日一样。百姓中有卖柴的，愿意少收钱卖给士卒，士卒说：“吾可以二钱易吾首耶？”竟是不敢。士卒们即便是忍饥挨冻，也不敢骚扰百姓。当时诸大将所统率的军队称之为“韩家军”“岳家军”，唯独岳飞军号为“冻杀不拆屋，饿杀不虏掠”。民间见岳家军路过，都相约观看，举手加额，常有感动流涕者。岳飞率军招降群盗，训练教化检阅他们，把他们训练成精兵。有一回遣一名骑兵飞驰上奏，至扬子江时，因起风禁止渡船过江，骑兵说：“宁可被水淹死，也不敢有违将军之令！”然后义无反顾地渡过江面。

飞善以寡胜众。南薰门之战，以八百人破五十万；桂岭之战，以八千人破十万；又以背嵬骑五百，大破兀术十万之众。兀术虽能兵，亦惮飞也。飞自结发从戎，十余年间，大小数百战，未尝败北。张俊尝问用兵之术，飞曰："仁、信、智、勇、严，五者不可阙一。"问"严"，曰："有功者重赏，无功者重罚，如此而已。"

【译文】

岳飞作战善于以少胜多。南薰门之战，以八百人破敌人五十万之众；桂岭之战，以八千人破敌十万；又以背嵬军骑兵五百人，大破兀术十万之众。兀术虽善用兵，但亦是惧怕岳飞。岳飞自从军以来，十余年间，大小数百战，未尝败北。张俊曾问他用兵之术，岳飞说："仁、信、智、勇、严，五者缺一不可。"问他何谓"严"，岳飞说："有功者重赏，无功者重罚，如此而已。"

飞用兵，虽伐叛，亦以广上德为先，去其首恶，而释其余。裨将寇成尝杀降，飞劾其罪。故信义著于人心，虽虏人、签军[①]，皆有亲附之意。绍兴间，北忔查千户高勇之，乃龙虎之部曲也，千里归飞。

【注释】

①签军：金朝初年伐宋时，已征集原辽朝统治区的大批"汉儿"当兵；"签军"则是指被调发的居住在中原的"南人"，汉人签军在金军中地位最低，"冲冒矢石，枉遭杀戮"（《宋会要》兵一五。）

【译文】

岳飞用兵，虽是讨伐叛乱，亦是以广施圣上之德为先，诛其首恶，而释放其余从众之人。裨将寇成曾经杀投降的人，岳飞判其罪。故此信义著于人心，虽是虏人、签军，皆有愿意投靠岳飞军队之意。绍兴年间，北忔查千户高勇之，乃是龙虎大王的部下，行军千里来归附岳飞。

初，襄汉平，诸郡多阙官，诏许专辟置、黜陟之权。飞择人材，以能安集百姓为先，诸郡守、贰皆以称职称。后稍复旧，即上章丐还辟置之权。上降诏，以卫青不与招贤事称之。复襄汉时，宰相朱胜非使人谕之曰："饮至日当建节旄。"飞愕然，曰："丞相待我何薄也！"乃谢之曰："飞可以义责，不可以利驱。襄阳之役，君事也，使讫事不授节旄，将坐视不为乎？"

襄汉之役，诏刘光世以五千人为牵制之师。六郡既复，光世之军始至。飞奏乞先赏光世功。李宝结山东豪杰数千人，约以曹州之众来归，飞以黄金五百两与之。宝以五千人自楚、泗来，韩世忠奏留之。宝截发恸哭，愿还飞麾下。世忠以书与飞，答曰："是皆为国家，何分彼此。"世忠叹服。每辞官，必曰："皆将士效力，臣何功之有。"或功优而赏之薄，为再开陈。然不当得，则一级不妄予。部将有正任廉车者数人，皆以积功伐而后至。转饷之官，亦为言其功于朝，皆受赏。虽小吏不遗。下至游说之士，如萧清臣、赵涧、陶著，皆言之朝，而命以官。死事之典，如舒继明、扈从举、吴立、张汉之，皆言之不遗。

【译文】

当初，襄汉平定之日，许多州郡多有官职空缺，圣上下诏给予先祖父自行征召、任命、罢免官员的权力。岳飞选择人才，以有能力安抚百姓辑睦的人为先，诸郡守或是副手皆要称其职才可。后来稍有恢复之时，立即上章请求归还其辟置之权。圣上下诏言，以汉代卫青从不招士的典故来褒奖先祖父。在收复襄汉时，宰相朱胜非派人告谕岳飞："凯旋时当为你建节。"岳飞愕然，说："丞相待我何薄也！"然后谢绝说："岳飞可以用大义来责成，不可以用利益驱使。襄阳之战，乃是事国家之事，难道朝廷不给我节度使，我就坐视不管吗？"

襄汉之役，朝廷下诏书令刘光世以五千人牵制敌人。六郡已然收复，光世的军队才赶到，岳飞仍然奏请朝廷先赏赐光世的功劳。李宝结纳了山东豪杰数千人，并约定曹州的豪杰共同归附，岳飞以五百两黄金赠与他。李宝带领五千人自楚州、泗水而来，韩世忠奏请朝廷希望能将李宝留在他的麾下。李宝截发恸哭，说愿意跟从在岳飞的麾下。世忠写书信给岳飞，岳飞回信说："皆是为国宣力，何分彼此。"世忠叹服。朝廷每次给岳飞加官，岳飞必推辞说："皆将士效力，臣何功之有。"若将士有功而赏赐微薄时，则为其再次上奏陈述。然而有不当得的，则一级也不妄加。部将中有正任观察使数人，都是累积战功而至。负责转饷的官员如有功劳，岳飞也会向朝廷报告，让他们一一受赏。即便是小吏也不会被遗漏。下至游说之人，诸如萧清臣、赵涧、陶著，皆为他们向朝廷报功，给予官职。如果有将士战死疆场，诸如舒继明、扈从举、吴立、张汉之，皆会为他们要求相应的仪式和报偿，不会遗漏。

云从军，虽立奇功[①]，匿不以闻。或自朝廷举行，上所特命而迁，亦辞不已。襄汉平，云功第一，不上逾年，铨曹[②]举行，始迁武翼郎。平杨么，云功亦第一，又不上功，张浚闻之，曰："廉则廉矣，然未得为公也。"浚乃奏云功，飞犹力辞。尝有特旨迁三资，飞辞曰："士卒冒矢石，斩将陷阵，立奇功，始得霑一级，男云无故躐崇资，是不能与士卒一律，将何以服众。"又言："非所以示大公至正之道。"累表不受，上嘉其志，从之。诏云带遥刺，则辞，带御器械[③]，则又辞。云年十二，从张宪战，大捷。京西之役，先诸军登城，下邓州，又攻破随州。能以手握两铁椎，重八十斤。颍昌大战，无虑十数入虏阵中，甲裳为之赤，身被百余创。然每胜，飞独不上其功。死之日，年二十三。

上初欲以刘光世之兵隶飞，秦桧知其有大举北征意，沮之，其命竟寝。飞尝乞不假济师，以本军进讨，除腹心患。郦琼叛，又乞进屯淮甸，赐诏奖之。飞兵隶李回日，授神武副军都统制，已而闻乃甥婿高泽民为之请，而得之。飞即自陈，乞正泽民罔上之罪，力辞不受。又数见回，白其事。回乃为言之，上报以"出自朕意"，犹力辞，再三谕之，乃止。幕属刘康年为之请，母封国夫人，次子雷授文资[④]。飞知之，鞭康年五百，系之，上章待罪，乞反汗。

飞初以建炎上书，失官，归招抚使张所，补官。所后以谤，谪至长沙，贼酋刘忠胁以叛，所骂贼不从，遇害。其子宗本幼孤，飞鞠养之。绍兴七年，遇明堂加恩，舍其子，而以宗本奏。且述其死难之由，上俞之，特赐所家银、绢匹、两百，仍与一资恩泽。

飞好礼下士，士多归之，商榷古今，夜分乃寝。出则戎服弁首，治军务；入则褒衣缓带，讲经史。恂恂如书生，口未尝言功伐。其用兵未尝败，似韩淮阴，出师表与诸葛孔明相上下。绍兴间，见国本未立，燕居思之，或至涕泣，人或窃笑之。尝抗章建议，高宗皇帝嘉其忠，诏褒之。其后诣资善堂，见孝宗皇帝，退而喜曰："中兴基本在是矣！"

【注释】

①奇功：宋时奖励军人作战的一种赏格。《宋会要辑稿》兵一八：“（绍兴五年）二月十一日，诏：荆湖南、北、襄阳府路制置使岳飞下统制官徐庆、牛皋人马，庐州以来与番贼斗敌胜捷，奇功各与转五官，第一等各与转三官资，第二等各与转两官资，第三等各与转一官资，并与正名目上收使。”由此可知，“奇功”与“第一等”“第二等”“第三等”都是赏格，且比“第一等”的赏格来得还要高。

②铨曹：主管选拔官员的部门。唐包湑《会昌解颐录·麴思明》：“铨曹往例，各合得一官，或荐他人亦得。”《宋史·岳云传》：“〔岳云〕功在第一，飞不言。逾年，铨曹辩之，始迁武翼郎。”

③带御器械：军职名、带职名。职掌：1）在京带御器械有宿卫职责，不统兵（《通考·职官》《周文忠公全集》卷一五〇《奉诏录·奉御笔批依》）；2）为外任军中差遣所带“职名”（《续资治通鉴长编》卷一八〇），“盖假禁近之名，为军旅之重”（《宋史·职官志》）。据《宋代官制词典》，第421页。此处指前者。

④文资：文职。

【译文】

岳云从军，虽然常立奇功，但岳飞却常常隐匿不报。岳云的迁擢多是经朝廷举察，圣上特命给予升迁，岳飞亦常常辞谢不受。襄汉平复时，岳云功居第一，过了一年其功都没有被上报，负责铨选的官员调查后获得实情，才将他升迁为武翼郎。平杨么时，岳云又是功居第一，又不上报请功，张浚得知后，说：“岳侯廉则廉矣，然而这样做未免不公。”于是张浚上奏朝廷为岳云请功，岳飞仍是力辞不受。朝廷曾下特旨为岳云迁三资，岳飞推辞说："士卒们冒着箭矢滚石，斩将陷阵，立下奇功，才能升迁一级，我的儿子岳云却无故越级提拔，如果不能一视同仁，将来何以服众？"又说："这不是向将士们示范大公至正之道的做法。"他多次上表不受，圣上嘉奖岳飞之志，允许了他的请求。朝廷下诏书岳云被任命为遥郡刺史，被岳飞力辞，任命为带御器械，岳飞则又请辞。岳云年仅十二岁时，随从张宪作战，大获胜捷。京西之战，岳云先诸军士登城，攻下邓州城，后又攻破随州城。岳云能双手握两柄铁椎枪，重八十斤。颍昌大战，在虏阵中冲杀数十回合，甲裳为赤，身负百余创。然而每次获胜，岳飞却独不给他请功。岳云殉难时，年仅二十三岁。

圣上曾欲将刘光世的军队隶属岳飞，秦桧知道岳飞有大举北伐之意，所以从中阻止，圣命遂寝。岳飞便请求不借助其他诸师之力，仅以本军前去讨伐，为朝廷除去腹心之患。郦琼叛乱，岳飞又请求进兵屯驻淮甸，圣上赐诏嘉奖。岳飞隶属李回的时候，被授予神武副军都统制，不久听说这是甥婿高泽民为他奏请而得到的。岳飞立即上书自陈，请求治高泽民罔上之罪，力辞不受朝廷之职。并且面见李回数次，说明其事，李回为他上奏朝廷，圣上批复乃是"出自朕意"，岳飞知道后还是力辞，经过李回的再三开谕，才接受了这项任命。后来又有岳飞的幕属刘康年为他请奏，奏请朝廷封岳飞的母亲为国夫人，次子岳雷授文资。岳飞知道后，罚康年五百鞭后关押起来，上奏章待罪，乞请收回恩赐的成命。

建炎（元年）岳飞因递交《南京上书皇帝书》（遭黄潜善、汪伯彦以"小臣越职，非所宜言"）而失去官职，后投奔招抚使张所，补官。张所后来遭人诽谤，被贬谪至长沙，时有匪首刘忠要挟张所反叛朝廷，张所大骂贼人、坚决不从，遂被刘忠杀害。其子张宗本年幼失孤，岳飞将他抚养成人。绍兴七年，遇到朝廷加恩，岳飞不考虑自己的儿子，只是为张宗本上奏补官。并且说明张所死难的缘由，圣上知道后，特赐张所家人银、绢匹、两百，并给予一资恩泽。

岳飞礼贤下士，所以士人都愿意投奔他，他们在一起谈论古今之事，往往要至深夜才就寝。他出则披挂上武官服饰，治理军务；入内则褒衣缓带，讲述经史。温和有礼如书生，不言作战攻伐之事。但他用兵作战却从未失败过，如同汉朝的淮阴侯韩信，其所奏出师表可与诸葛孔明媲美。绍兴年间，看到皇帝一直没有立储，闲居时经常思考，以至涕泣，让人偷笑。他上章建议，高宗皇帝嘉奖他忠诚，下诏褒奖了他。其后让他到资善堂，见到后来成为皇帝的孝宗，岳飞回来后欣喜地说："中兴基本在是矣！"

高宗自桧薨后，厉精万机，首欲复飞官。万俟卨秉政，盖尝治飞狱者，力奏虏方顾和好，一旦录用故将，疑天下心，不可。虏败盟，太学生程宏图上书言："故相秦桧主和议，沮天下忠臣义士之气。欲感动其心而振起之，当正桧之罪，而籍其家，雪赵鼎与飞之冤，而复其官。"上然其言，诏谕中原及诸国之人，又诏燕北人昨被遣归者，盖为权臣所误，追悔无及。又诏飞之家听自便。凡桧之党，皆罢黜。桧初恶岳州与飞姓同，改为纯州，至是诏仍其旧。御史中丞汪澈宣谕荆、襄，诸将与三军之士合辞言飞冤。澈谕以当奏之，诸军大恸，哭声雷震。都督张浚、参赞陈俊卿闻之，皆为之悲叹。

【译文】

高宗皇帝自秦桧死后，励精图治，最先想到的是为岳飞复官。此时是万俟卨执政，他是当时审岳飞案之人，所以力奏此时与虏人才刚和好，一旦起用岳飞的故将，易让天下人疑心，不可这样做。虏人败盟，太学生程宏图上书说："故相秦桧力主和议，这让天下忠臣义士大失所望。如果想感动他们的心让他们重新再振作起来，当治秦桧之罪，没收其家产，为赵鼎与岳飞昭雪，追复他们当初的官位。”圣上听从他之言，下诏告谕中原及诸国之人，又下诏给燕北地区过去被遣归者，以前都是为权臣所误，圣上对此追悔莫及。又下诏对岳飞的家属解除拘禁让其可以自由活动。凡是秦桧一党，皆予罢黜。当年秦桧厌恶岳州中的“岳”字与岳飞的姓氏发音相同，改为纯州，至此下诏恢复岳州旧名。御史中丞汪澈宣谕荆、襄时，诸将与三军将士联名上状为岳飞鸣冤。汪澈告诉他们会上报朝廷，诸军听后大恸，哭声如雷震天。都督张浚、参赞陈俊卿听说后，亦为之悲叹不已。

国朝著令，劾轻罪，因得重罪，原之，盖不欲求情于事外也。王俊初告张宪，言欲经营复飞管军，两造既至，阅实无是言，则又求之书。飞与宪、贵书，云与宪书既无之矣，则又求之飞平日之言。飞所言建节于三十二岁，实未尝言与艺祖同，董先狱辞已证其无是语，最后乃及于淮西违诏。一时寺官如李若朴、何彦猷固心知其不可，而争之。孝宗皇帝即位初元，首下诏曰：“故岳飞起自行伍，不踰数年，位至将相，而能事上以忠，御众有法，屡立功效，不自矜夸，余烈遗风，至今未泯。去冬出戍，鄂渚之众师行不扰，动有纪律，道路之人归功于飞。飞虽坐事以没，太上皇帝念之不忘。今可仰承圣意，与追复元官，以礼改葬，访求其后，特与录用。”制词有“事上以忠，至无嫌于辰告”，盖以其有建储之议也。云复左武大夫、忠州防御使，以礼附葬。子孙襁褓以上，皆官之，女俟嫁，则官其夫。赐其家钱万缗。庙于鄂州，赐号曰“忠烈”。张宪复龙、神卫四厢都指挥使、阆州观察使，亦官其子孙。又诏三省[1]曰：“秦桧诬飞，举世莫敢言，李若朴为狱官，独白其非罪。”令访问甄录。既而李若朴除郎。何彦猷已死，其家自言，诏特赠两官，与一子恩泽。

【注释】

①三省：三省制度，肇始于隋，完善于唐，宋辽沿用。三省即中书省、门下省和尚书省，分别负责起草诏书、审核诏书和执行政令，一定程度上起到防止个人专断的作用。

【译文】

国朝法律规定，以轻罪被揭发，但最后却以重罪判处的，应回到轻罪，是不想由法官的感情左右案件的走向。王俊最初状告张宪，说张宪要谋划岳飞回来掌管军权，原告与被告对质后，核实出王俊并未听到张宪这样说过，又说有书信。岳飞与张宪、王贵作书，岳云给张宪写信既然没有实据，则又想从岳飞平日所言中找出罪名。岳飞曾言“我三十二岁建节”，但却没有说“与太祖相同”，董先的狱辞中已证实他并未这样说过。最后才控诉岳飞援淮西时违诏。当时的大理寺主审官李若朴、何彦猷都知道岳飞含冤，皆为他争辩。孝宗皇帝即位元年，就先下诏曰：“故岳飞起自行伍，不踰数年，位至将相，而能事上以忠，御众有法，屡立战功，不自骄傲，余烈遗风，至今未泯。去年冬日出兵，鄂渚之军师行不扰，动有纪律，道路之人认为功劳应归功于岳飞。岳飞虽然被诛杀，但太上皇帝仍然念之不忘。今可仰承圣意，追复其元官，以礼改葬，访求他的后人，特与录用。”制词有“事上以忠，至无嫌于辰告”，盖因岳飞曾上疏建议立储。追复岳云为左武大夫、忠州防御使，按礼制附葬于岳飞墓侧。岳飞的子孙中凡是年龄在襁褓以上的，皆赐官，女子中待嫁者，则以后为其夫赐官。又赐予岳飞家属钱万缗。为岳飞在他常年驻守的鄂州建庙以示纪念，赐号为“忠烈”。追复张宪为龙、神卫四厢都指挥使、阆州观察使，也给其子孙封官。又下诏三省曰：“秦桧诬飞，举世莫敢言，李若朴为狱官，独白其非罪。”令人寻访李若朴。找到李若朴后授予郎官。何彦猷已死，其家自言，下诏特追赠两官，与一子恩泽。

飞之子霖将漕湖北，武昌军士、百姓皆炷香，具酒牢，哭而迎。有一妪哭尤哀，曰：“公今不复此来矣！”问之，则曰，其夫不善为人，为公所斩矣。霖帅广州，道出赣，父老率子弟来迎，皆垂涕洟曰：“不图今日复见公之子。”霖于淳熙五年陛对。上谕曰：“卿家纪律、用兵之法，张、韩远不及。卿家冤枉，朕悉知之，天下共知其冤。”圣训昭明，垂信万世。彼孙觌何为者？为他人志墓，至指飞为“跋扈”，其谁欺乎！

【译文】

岳飞之子岳霖赴湖北任漕官，武昌的军士、百姓皆燃香、担酒，恸哭相迎。有一老妪哭得犹为悲伤，说：“公今不复此来矣！”问她是怎么回事，她说，当年她的丈夫不善为人，被岳公所斩（但她并不记恨岳公所为，仍对这位正直严明的故帅深表悼念）。岳霖去广州做安抚使时，经过赣州，父老率子弟前来欢迎，皆垂泪流涕说：“不想今日复见岳公之子。”岳霖于淳熙五年觐见圣上。圣上宽谕他言：“卿家纪律、用兵之法，张、韩远不及。卿家冤枉，朕悉知之，天下共知其冤。”圣训昭明，垂信于万世。那个孙觌为何许人也？为他人写墓志铭，至指岳飞为人“跋扈”，这能欺骗得了谁呢！

论曰：“古之所谓豪杰之士，必非奸雄变诈者比。韩信用兵，天下莫敌也。观其拒蒯通之说，不肯背恩自立，其后期会迁延不至，君臣之间，间隙始开。上眷飞厚，而飞明于君臣之义，进退之机，夷夏信服之者，以其心也。和战之权制于人主，飞讵有不听者。兀术遗桧书，曰‘必杀飞，而后和可成’者，敌人自为计也，猛虎在山，藜藿为之不采[①]，飞虽不掌兵，亦足以强国，致和愈易矣。况是时虏上下相疑，其势已弱，子玉犹在，晋文仄席[②]之时也。桧与飞不两立，飞疾桧之奸，桧忌飞之智。汴京之士上书兀术，其言料之审矣。是时如窝里不，如挞辣，如粘罕，相继皆死，独兀术在耳。而诸将皆不啻足以当之，此一大机会也，而桧败之。呜呼！桧之贪功以自专，忌贤害能，隳中兴之大计，其罪上通于天。而世之倾邪之士，犹立说以附桧，如孙觌者多矣。非使此说扫灭于天地之间，何以佐公论之行哉！”

【注释】

①藜藿不采：《汉书·盖宽饶传》载，盖宽饶为人刚直，曾官至司隶校尉，有一次，他上书奏事，触怒了汉宣帝。郑昌上书为宽饶辩解说：“臣闻山有猛兽，藜藿为之不采；国有忠臣，奸邪为之不起。”

②仄席：不正坐。《汉书·陈汤传》：“汤曰：‘臣闻楚有子玉得臣，文公为之仄席而坐。’”

【译文】

论曰：“古时所谓豪杰之士，并非奸雄变诈之人可比。汉朝韩信带兵有术，天下没有能抵挡过他的人。看他拒绝蒯通的游说，不肯背叛汉高祖自立，后来与刘邦约期平叛却迁延不至，君臣之间的嫌隙由此开始。圣上十分恩遇眷顾岳飞，而岳飞也明白君臣之义和进退之机，华夏四夷皆是信服，明白他的用心。和战之间的权衡取决于君上，岳飞又怎么可能不听。兀术给秦桧写信，说‘必杀飞，而后和可成’，是他的敌人为开脱的奸计。所谓山有猛虎，藜藿为之不采。就算岳飞不掌兵，亦足以使国家稳固强盛，和议谈判就愈加容易。况且当时是虏人之间上下相疑，其势已弱，岳飞若在，兀术便不能安坐。秦桧与岳飞势不两立，岳飞厌恶秦桧奸邪，秦桧怨恨岳飞才智。当年汴京一书生上书兀术，对当时朝政的分析甚是透彻。那时虏人大将中如窝里不、挞辣、粘罕，皆相继死去，只有兀术还在。难道我朝诸位大将还不能抵御吗？那样的大好机会，却被秦桧葬送掉了。呜呼！秦桧贪功且自专，忌贤妒能，毁败了中兴的大计，犯下滔天大罪。而世上那些品行不正之人，还立说以攀附秦桧，诸如孙觌这样的人甚多。非要令此说存于天地之间，公论将何以存在呢！”

又论曰：“时政记[①]书事数年之后，纪载岂无阙遗。绍兴诸将之功，夏官[②]赏功之籍，犹可考也。飞之功，当时史官所书，用桧风旨，削而小之者有矣。是时，典领秘书图籍者，熺也；实录秉史笔，则埙也。史官之属，则郑时中，桧之馆客也；丁娄明，埙之妇翁也；林机，其子婿也；杨迥、董德元、王杨英数十人，皆其党也。上尝以桧朋比，罢政，翰苑之臣綦崇礼当草制，上出桧二策，且以亲札付崇礼，据以草制。其后柄用，丐诏于崇礼家索之。既至，则以付秘书省，实收之也。以至《宰相拜罢录》，令悉上送官，有存稿者，坐以违制之罪。桧之虑亦深矣。人之功则欲揜之，己之功则欲大之；人之过则欲增之，己之过则欲盖之。行之一时，可也，如天下后世何！”

【注释】

①时政记：一作时政纪，是一种史书体裁，武周时的宰相姚璹所创，乃是由宰相记录与皇帝之间的讨论事项，交付史馆，作为编纂日历、实录等史书的依据。

②夏官：官名。《周礼》载周时设置六官，以司马为夏官，掌军政军赋。唐武则天时，曾改兵部尚书为夏官，不久仍复旧名。参阅《文献通考·职官六》。后用为兵部的别称。

【译文】

又论曰："时政记记录事情是在数年之后，记载岂能没有遗漏之处。绍兴诸将之功，有兵部奖赏功劳的记录可以考证。岳飞之功，当时的史官所记录在册的，因秦桧的旨意，有被删除的，有经过弱化的。当时，提举秘书省的人是秦熺；任实录院修撰的人则是秦埙。下属的史官中，郑时中是秦桧的门客；丁娄明，是秦埙的妻父；林机是其子婿；杨迥、董德元、王杨英数十人，皆是秦桧的党羽。圣上曾以秦桧结党，罢去他的相位，命翰林学士綦崇礼草拟罢相的制书，圣上把秦桧当时所陈二策，连同亲札交付崇礼，让他据此草制。其后秦桧二次拜相，又请求圣上下诏到崇礼家将制书的草稿索回。拿到后，说是要收到秘书省，其实是自己掩藏了起来。以至于《宰相拜罢录》，也令全都送上官府，若有人敢于留底，就贯以违制之罪。秦桧的谋虑也颇深，别人的功绩尽量掩盖，自己有功时就要夸大；别人有了过错还要放大，自己有了过错则尽量掩盖。行之一时可以，但是如何能面对天下后人！"

卷第二十二

百氏昭忠录卷之六

阁学刘光祖襄阳石刻事迹之一

王[1]讳飞，字鹏举，相州人也。自父、祖而上，以力田为业。至王，乃昼夜读书，书传无不览，尤好《左氏春秋》及《孙吴兵法》。年二十，去从戎。

【注释】

①王：指岳飞，封鄂王。

【译文】

鄂王岳飞，字鹏举，出生在河南相州。从他的祖父、父亲开始，世代以耕田为生。到了鄂王这一代，他早晚都勤读诗书，各种书籍无所不览，尤其喜欢看《左氏春秋》及《孙吴兵法》。到了二十岁这年，他毅然弃农从军。

战功

王自从戎至专征，平剧贼，破强虏，大小凡一百二十余战，类皆以少击众，未尝一败。其躬履行陈而胜者六十有八，其分遣诸将而胜者五十有八。

相州剧贼陶俊、贾进攻剽县镇，官军屡失利。王以步骑二百与战，擒俊、进于马上。贼惊乱，遂俘获其众。

大元帅分铁骑三百，使王至李固渡，当虏军。战侍御林，败之，杀其枭将。

王与虏相持于滑州南，以百骑战河上，斩一枭将，首级数千。

战于开德，以两矢殪金人执旗者二人，纵骑突击，败之。

战于曹州，直犯虏阵，遂大破之。

从都统王彦渡河，至卫州新乡县。虏势盛，王约彦出战，不进。王怒，独引所部鏖战，遂拔新乡。又与万户王索战，败之。明日，战侯兆川，复破之。

王引所部益北击虏。战太行山，擒拓跋耶乌。数日，复与虏遇，王单骑刺杀虏帅黑风大王，其众遂走。

合巩宣赞军，与金人战胙城县，大败之。又战黑龙潭、龙女庙侧官桥，皆大捷。

从闾勍与金人战汜水关，大破之。王留军竹芦渡，与虏相持，袭击，又破之。

贼首王善、曹成、张用等率众五十万，犯京师，薄南薰门。杜充遣王以所部八百人出战，王领数骑横冲其军，贼军乱。后骑皆死战，贼众大败。

杜叔五、孙海等围东明县，王与战，擒之。

王善围陈州，王从都统陈淬合击之。战于清河，贼众大败。后又从淬击善，王遇善军于崔桥镇西，复败之。

从杜充之建康，师次铁路步，与张用战，败之。至六合，檄讨贼李成，破之于盘城。成退保滁州，遣轻骑剽劫。王急进兵掩击，贼兵尽殪，成奔江西。

【译文】

鄂王自从军伊始到受命专征，其间扫平贼寇，屡破强敌，大大小小的战斗一共有一百二十多场，大都是以少胜多，未尝一败。其中亲自出征取胜的有六十八场，而分遣手下将领出征而胜的有五十八场。

（河北）相州的悍匪陶俊、贾进率领人马攻打抢掠附近的县城和乡镇，官军屡次被他们打败。鄂王带着步骑共二百人和他们交锋，在马背上活捉陶俊、贾进两人。余下的贼寇大惊慌乱，于是宋军大获全胜活捉俘虏了这部分贼寇。

大元帅（宗泽）分派出铁骑三百人，让鄂王统领去李固渡抵挡虏军的进攻。双方在侍御林一带交战，鄂王打败虏人，杀了敌人的猛将。

鄂王和敌虏在滑州南一带相持，率领一百多名骑兵在河上交战，斩敌人骁将一名，得敌人首级数千颗。

鄂王在开德府一带作战，两箭就射杀了两名金兵旗手，（金兵慌乱）鄂王率领骑兵突击，打败敌人。

鄂王在曹州和金兵作战，直接冲击敌方本阵，终于大败金兵。

鄂王跟随都统王彦渡过黄河，到达卫州新乡县。这个时候敌势越来越盛，鄂王请求王彦出战，王彦不肯进兵。鄂王大怒，只带本部人马和金兵激战，竟攻下新乡。又与金国万夫长王索交战，将他打败。第二日，双方又在侯兆川激战，再次将金兵打败。

鄂王率领本部人马继续北上抗击敌虏。在太行山一带作战，活捉金国大将拓跋耶乌。数日后，又和金兵相遇，鄂王单骑刺杀了敌方统帅黑风大王，金兵仓皇逃命。

鄂王和一名姓巩的宣赞会师，在胙城县和金兵作战，大败金人。先后在黑龙潭、龙女庙、侧官桥这三个地方和金兵作战，均大获全胜。

鄂王跟随宋将闾勍于汜水关一带和金兵作战，大败金兵。鄂王留兵于竹芦渡一带，和敌虏对峙。（晚上）袭击金人，再次击垮他们。

流寇的头目王善、曹成、张用等人率领五十万人，侵犯京师（开封），直逼南薰门。杜充派鄂王带本部八百人出战。鄂王率领几名骑兵先行直冲贼军，贼军大乱，后阵骑兵跟进，齐齐拼死作战，杀得贼军大败溃散。

流寇杜叔五、孙海等人围攻东明县，鄂王与他们交锋，一一生擒活捉。

流寇王善带兵包围陈州，鄂王跟随都统陈淬出征，夹击贼军。双方在清河激战，贼军大败。后来鄂王又跟随陈淬追击王善，在崔桥镇西遇上王善的军队，再次打败他们。

鄂王跟随杜充撤往建康，在铁路步打败张用的匪军。到了六合，鄂王奉命讨伐流寇李成，在盘城将他打败。李成退守滁州，并派出轻骑兵四处掠夺。鄂王立即发兵掩杀进击，尽歼敌兵，李成逃跑去了江西。

金人大举兵，与李成共入寇，由马家渡渡江。杜充遣王等出战，诸将皆溃，王独力战。会暮，后援不至，乃全军夜屯钟山。迟明，复战，斩首以数千百计。

兀术趋临安，王领所部邀击之，至广德境中，六战皆捷。俘诸路签军首领，结以恩信，遣还虏中。令夜斫营，烧毁器仗。乘其乱，纵兵夹击，大败之。

虏侵溧阳县，王遣刘经夜半驰击之，生擒渤海太师李撒八等。

贼首郭吉扰掠宜兴，王引兵及境，吉载百余舟逃入湖。王遣部将王贵、傅庆追之，大破其众。群盗马皋、林聚等精锐数千，王尽说降之。有号张威武者不从，王单骑入其营，手擒出，斩之，收其军。

金人犯常州，王邀击，四战皆捷，拥溺河死者不可数计。尾袭于镇江之东，战屡胜。

诏就复建康，王亲将而往。战于清水亭，金人大败，横尸十五余里。

兀术复趋建康，王设伏于牛头山上，待之。兀术次龙湾，王以骑三百、步卒二千，自山驰下，至南门新城设寨，遂战，大破兀术，僵尸十余里。兀术奔淮西。王乃入城，抚定居民，俾各安业，虏无一骑留者。

叛将戚方侵犯广德，诏王讨之，方惊遁。王命傅庆等追之，不获。俄益兵来，王自领千人出，与战，凡十数合，皆胜，复遁。王穷追不已，会张俊来会师，方乃间道降俊。

王初除通、泰镇抚使，会金人攻楚州急，诏王率兵腹背掩击。王即提所部赴镇。遂引兵抵承州，三战皆大捷。

泰州盗起，王被命旋师。自北炭村至柴墟，屡战，皆大捷，死者相枕藉。

金人併兵二十万，将取通、泰。王与战于南霸塘，金人大败，拥入河流者不可胜计。

【译文】

金兵大举进兵，和李成一起入侵进犯，从马家渡渡江。杜充派出鄂王等诸将迎敌，其他将领都纷纷败退，只有鄂王独力奋战。到了傍晚时分，因缺援兵接应，鄂王只好带兵退守钟山。到了明天，再次和金人大战，敌人首级以成千上百计算。

兀术侵犯临安，鄂王率领本部人马截击，在广德县的境内，六战六胜。俘虏了不少签军首领，鄂王用恩德信义去感化这些首领，放他们回金兵那里，和他们约定，半夜斫营攻击金兵营寨，放火烧毁金兵的军用物资。（鄂王）趁金兵大乱时，分兵夹击，大败敌军。

虏人侵犯溧阳县，鄂王派出部将刘经在半夜时分快速突击，生擒敌将渤海太师李撒八等。

流寇郭吉在宜兴一带抢掠，鄂王带兵到了宜兴境内。郭吉立即将人马物资装上船，一共一百多艘，逃入太湖。鄂王派部将王贵、傅庆追击，大破郭吉这批流寇。又有盗贼马皋、林聚等人聚集数千精锐人马，鄂王尽数说服他们，让他们归降。有一个外号叫张威武的贼寇不肯听从归降，鄂王单枪匹马冲入他的大营，亲手将他生擒活捉，当场斩首，尽数收服他的部下。

金兵进犯常州。鄂王亲自迎击，四战全胜，金兵被赶入河里而淹死的不计其数。鄂王又尾随偷袭金兵于镇江的东边，屡战屡胜。

朝廷下诏要鄂王收复建康，鄂王亲自前往，和金兵在清水亭激战，金兵大败，尸横遍野，达十五余里之广。

兀术再次赶往建康，鄂王在牛头山上设伏，等待金兵来临。兀术来到龙湾，鄂王以三百骑兵，两千步兵，从山上急冲而下，至建康南门的新城建立大寨，又和金兵交战，结果大破兀术的军队，金兵横尸十余里，兀术逃往淮西。鄂王趁胜进入建康，安抚当地居民，让他们各自安居乐业，敌虏没有一人敢留下。

叛将戚方侵犯广德县，朝廷命令鄂王讨伐戚方，戚方大惊而逃。鄂王派出部将傅庆追赶，没有抓到他。戚方增添了人马，重新回来厮杀，鄂王亲率一千多名士兵出击，连续十几个回合，都取得了胜利，戚方再次逃亡。鄂王急追不舍，恰好遇上张俊带兵前来夹击，戚方抄小路归降了张俊。

鄂王刚被授予通、泰镇抚使的职务的时候，金兵进攻楚州，非常危急，朝廷命令鄂王出兵，从背后掩击金人。鄂王立即率领本部人马进驻泰州。然后出兵抵达承州，与金兵作战三战皆捷。

泰州有贼兵作乱，鄂王被迫回师救援。从北炭村到柴墟，屡次和贼兵作战，均取得大捷，贼兵死者太多，以致尸首都纵横交错地躺卧在一起。

金兵起兵二十万，将要攻取通州和泰州。鄂王在南霸塘与其激战，金兵大败，被赶入河流的，不计其数。

剧贼李成自号李天王，连兵三十万，有席卷东南之意，遣其将马进犯洪州。上命张俊为江、淮招讨使，俊请与王军同讨贼。王引兵潜出进军之右，首突贼阵，所部从之，贼大败。王追之，及河，桥坏。进引军回攻王，王以一矢殪其先锋之将。进遂走筠州，王以军屯筠城东。贼复引兵出城布列，横亘十五里。王领马军二百而前，贼易其少，搏之，伏发，大败。进以余卒奔李成，成时在南康之建昌。王复夜引兵至朱家山，伏茂林待之。进至，伏兵出，贼众大败，进仅以身免。成怒，自引兵十余万来。王遇之于楼子庄，引军合战，大破成军。追奔渡江，成军昼夜不得息，饥困死者十四、五。成走降伪齐，江、淮以平。

贼姚达、饶青以万余人逼建昌。王使王万、徐庆将三千讨之，擒青、达于四望山。

曹成拥众十余万，由江西历湖湘，据道、贺州。命王权帅荆湖东路，以捕成。王入贺州境。成置寨太平场，王未至贼屯数十里，按兵立栅。夜半趋绕岭，未明，已破太平场寨，焚毁之。成大惊，据山险捍官军，王麾兵掩击，贼众大溃。成奔桂岭路，王进兵趋桂岭。其地有北藏岭、上梧关、蓬岭，号为三隘。成先引兵据北藏岭、上梧关，自喜以为得地利。王至，成以都统领王渊迎战。王麾兵疾驰，不阵而鼓，渊军大溃，乃夺二隘而据之。成复选锐将，自北藏岭夹击官军，王以兵迎之，成败走。又自桂岭置寨至北藏岭，绵亘六十余里，成自守蓬岭，严备特甚。王所部才八千人，而骑兵又最少。进兵蓬岭，分布岭下，一鼓登之，成军四溃，所杀及掩拥入河者不知其数。成逃窜连州，王乃遣诸将分路逐余寇，亲进兵追成。成走宣抚司降，岭表悉平。

有郝政者，率众走沅州，首被白布，称为成报仇，谓之“白头巾”，亦为张宪所擒。

刘忠余党寇蕲之广济县。李通已受招安，在司公山，不肯出。掩捕，悉平之。

亡将李宗亮诱张式以叛，夜至筠州，杀劫甚众。王遣徐庆、傅选军捕灭之。

虔、吉二州盗起。吉州则彭友、李动天为之魁。虔州则陈颙、罗闲十等，各自为首，连兵十数万，置寨五百余所，分路侵寇。上委王专讨捕之。彭友等立栅于固石洞，储蓄甚富，乃悉其兵至雩都，俟官军。王使人谕降之，不听。遂与战，擒友等于马上。余酋散走，复保固石洞。王顿兵瑞金县，领千余骑而前，复遣辩士说降之，又不听。王乃列骑围之，遣死士三百，疾驰登山。贼众大乱，弃山而下，仓卒投坠死者甚众，余乃悉降。王遣徐庆等将兵，授以方略，捕诸郡贼，以次败降。是役也，擒贼大小首领五百余人，一无遗类。

刘忠将高聚犯袁州。王遣王贵击擒之，尽降其众。张成亦陷袁州之萍乡，复遣王贵击之。成败走，明日，复战，遂擒成，而降其众。

【译文】

大贼李成自称为李天王，聚集了三十万大军，有攻占整个东南的意图，他派部将马进攻打洪州。圣上命令张俊为江、淮招讨使，张俊请鄂王带兵和他一起讨伐贼寇。鄂王带兵悄悄出现在马进军队的右边，自己首先突入敌阵，部下跟随杀入，贼兵大败。鄂王紧追贼兵不放，到了河边，由于渡河的桥梁已经坏了，马进回军反攻鄂王。鄂王一箭射死马进的先锋，马进（军大败），只好逃往筠州。鄂王在筠州城东驻扎人马。贼军再次出城摆列人马，队伍长达十五里。鄂王率领二百骑兵当前出击，贼兵见他兵少，认为不足畏惧，便轻率地挥军搏斗，不料中了鄂王设下的埋伏，贼兵大败而逃。马进带着残兵去投靠李成，当时李成在南康的建昌县。鄂王连夜带兵去到朱家山，在茂密的树林设下伏兵。马进兵马杀至，伏兵齐出，敌兵大败，只剩下马进只身逃脱。李成大怒，亲自率领十多万人马前来报仇。鄂王和敌军在楼子庄相遇，他指挥各路人马一起夹击，大破李成的军队。鄂王军一直追赶，渡江紧追。由于李成的士兵日夜没有休息的机会，饥饿疲倦而死者十成当中占了四五成。李成走投无路，只好投降伪齐，江淮终于平定下来。

贼人姚达、饶青带着一万多人逼近建昌。鄂王派出部将王万、徐庆率领三千人讨伐他们，在四望山活捉姚达、饶青。

贼人曹成拥有十余万人马，从江西进入湖南，占据道州和贺州作乱。朝廷命鄂王为荆湖东路的安抚使，准备逮捕曹成。鄂王进入贺州境内。曹成在太平场建立大寨，在鄂王还没有到来前，曹成军已聚集军队连营驻守，有数十里之长。半夜时分，鄂王奔袭绕岭敌营，天还没有放亮，鄂王兵马已攻破太平寨，放火将大寨焚毁。曹成大惊，只好依靠山势险要来抗衡官军，鄂王挥军掩击，贼兵大败。曹成逃往桂岭路，鄂王领兵向桂岭出发。桂岭有北藏岭、上梧关、蓬岭三个险要之处，号称三隘。曹成先行带兵盘踞北藏岭、上梧关两个地方，扬扬得意，以为已经获得地利。鄂王至，曹成以都统领王渊迎战。鄂王指挥人马疾驰向前，不列阵，只擂鼓急攻，王渊军（没有防备）结果被打得措手不及，大溃而逃。鄂王于是夺取了北藏岭、上梧关二隘。曹成重新挑选出猛将（精兵），分兵夹击在北藏岭的官军，鄂王派兵迎击，贼兵又被打败。曹成又从桂岭县布设鹿砦直至北藏岭，战线横亘六十余里，自己则驻守蓬岭，防备非常严密。鄂王所部兵马才八千人，而骑兵数量最为不足。但他还是进兵蓬岭，兵马分布岭下，一鼓作气杀上山岭，曹成军四处溃散，被杀和被赶入河流中者不知其数。曹成逃窜连州，鄂王乃遣诸将分路驱逐余下贼人，自己则亲自带兵追赶曹成。曹成走投无路，只好向湖南宣抚司投降，于是岭南一带（匪乱）都平定下来。

有（曹成余党）叫郝政，带人逃往沅州，他们头戴白布，号称为曹成报仇，被人称为“白头巾”，但他们也被鄂王部将张宪所活捉。

贼人刘忠余党在蕲州的广济县一带作乱。还有贼人李通本来已经受了招安，但守在司公山，不肯出来归降朝廷。鄂王分兵去逮捕他们，统统都平定下来。

逃亡将领李宗亮利诱张式叛变，夜里杀到筠州，烧杀抢掠，破坏非常严重。鄂王派出部将徐庆、傅选率军将他们捕杀。

虔州和吉州这两个地方土寇作乱。吉州以彭友、李动天为头目。虔州则有陈颙、罗闲十等，各自为首，拥兵达十几万人，建立营寨五百多座，分头劫掠。圣上专门委任鄂王去讨伐他们。彭友等人在固石洞建立营寨，储蓄十分丰厚，于是将兵马集中在雩都，等待官军前来。鄂王派人去劝降他们，彭友等人不听。于是鄂王和他们交战，在马上活捉彭友等人。其他首领四散逃跑，退守固石洞。鄂王大军驻扎瑞金县，他亲领一千多名骑兵先行，并再次派遣辩士去劝降，但他们还是不听。于是鄂王派出骑兵，列成阵势，围攻固石洞。鄂王又派出三百死士，迅速登山。贼人大乱，逃下山来，很多人在仓促间坠落山崖身亡，其他人尽数投降。鄂王派遣徐庆等将领，传授作战方略，分头逮捕其他贼人，逐一将他们打败收降。这场战役，一共活捉贼人大小首领五百多人，无一人漏网。

叛贼刘忠的部将高聚带人侵犯袁州一带。鄂王派大将王贵将他击败，生擒了高聚本人，招降了他的全部手下。贼人张成也攻陷袁州的萍乡县，鄂王再次派王贵出击。张成败走，明日，张成再次来交战。王贵生擒张成，收降了他们的部属。

伪齐使李成合北虏兵，攻陷襄阳、唐、邓、随、郢、信阳。王奏乞复六郡，提兵至郢州，伪将京超乘城据守。王鼓众薄城，一麾并进。超迫于乱兵，投崖而死，遂复郢州。

王遣张宪、徐庆复随州。伪将王嵩不战而遁，退保随城，未下。王遣牛皋裹三日粮往，粮未尽而城已拔。执嵩，斩之，遂复随州。

王领军趋襄阳，李成引兵出城四十里迎战。王使王贵、牛皋分击之，成军大败，死者无数。成遂夜遁，复襄阳府。

伪齐益李成兵，屯襄江北新野市。王先遣王万提兵驻清水河，以饵之，王继往。贼悉其众，冲突官军，万与王兵夹击，败之。明日，复战，又败之，使万追击，横尸二十余里。

王进兵邓州。闻李成与金贼刘合孛堇、陕西番、伪贼兵会聚于州西北，以拒官军。王遣王贵等由光化路，张宪等由横林路，会合掩击。贵、宪等离邓州三十余里，逢贼兵数万，遂遣王万、董先出奇突击，贼众大溃。其将高仲率余众走邓州，闭门据守。诸将率士卒攻之，遂破其城，擒仲以献。于是引兵收唐州及信阳。旬日之间，三郡俱复。

兀术、刘豫称兵七十余万，寇淮西，围庐州。上命王出师援之。虏望见帜旗，不战而溃。王命牛皋追击三十余里，虏众相践及杀死者相半。军声大振，庐州遂平。

【译文】

伪齐政权派出贼将李成会合金国的人马，攻下襄阳、唐、邓、随、郢、信阳这六座城池。鄂王上奏朝廷请求收复这六个地方，（朝廷应允下来）于是鄂王带兵去到郢州，伪齐将领京超登上城池坚守。在战鼓声中，鄂王指挥大军逼近城池，高举旗帜齐头并进。京超在乱兵的威迫下，跳崖自杀，郢州终于被收复。

鄂王遣部将张宪、徐庆去收复随州。伪齐将领王嵩不战而逃，退保随州城，随州一时未能攻下。鄂王遣大将牛皋前去协助攻城，牛皋只带了三日口粮，然而口粮未吃完随州已经攻下。活抓了王嵩，并将其斩首。随州也收复了。

鄂王带兵直逼襄阳，李成带兵出城四十里迎敌。鄂王派王贵、牛皋分头夹击，李成军大败，死者无数。李成连夜逃跑。鄂王收复襄阳府。

伪齐政权增加了李成兵力，驻扎襄江北面的新野市。鄂王先遣部将王万带兵驻扎在清水河，作为诱饵，鄂王随后接应。（对方果然中计）伪齐兵马尽出，向官军发动攻击，王万与鄂王合兵夹击，大败敌军。明日，和伪齐军复战，再次打败他们，鄂王派王万追击，杀得敌军横尸二十余里。

鄂王进兵邓州。探知李成与金国将领刘合孛堇，率领陕西的金兵、伪齐贼兵在邓州西北一带，集合准备抵抗官军的进攻。鄂王派出王贵等人由光化方向，张宪等人由横林方向，会合夹击。王贵、张宪等人在距离邓州三十多里的地方遇上敌兵数万人，于是派王万、董先两将出奇突击，敌军大败溃散。伪齐将领高仲率领余下残兵逃入邓州，闭门拒守。王贵张宪等人率士卒攻击，攻破邓州，生擒高仲献给鄂王。于是鄂王乘势派兵攻打收唐州和信阳。仅用了十来天，岳家军就收复了三个城池。

金国兀术、伪齐刘豫起兵号称七十余万，进攻淮西，围住庐州。圣上命鄂王出兵救援。敌人望见鄂王旗帜，不战而溃。鄂王命牛皋追击三十余里，敌兵大败互相践踏和被杀的占了一半多。官军声势大振，庐州于是安定下来。

初，鼎州妖巫钟相作乱，为官军所败，获而诛之。相党杨么率其余部居湖湘间，复聚兵至数万，立相子仪，谓之“钟太子”，与么俱僭称王，窥觎上流，出没为患。上命王招捕之，王将至潭，先遣使持檄招贼，贼党黄佐率所部降。王复遣至湖中，招其他将，不服，乘便利擒之。佐袭击周伦，伦大败走，杀死及掩入湖者甚众，寨栅、粮、舡焚毁无遗。又使统制任士安饵贼，贼併兵永安寨，攻之。王遣兵设伏，士安等战垂困，伏兵起，四合击之，贼众败走。又追袭过苟陂山，所杀获不可胜计。士安复移军，与牛皋逼近贼巢而屯。贼出攻之，官军迎击，贼又败走。杨钦受黄佐之招，率三千余人，诣王降。复遣归湖中，说未降者。王因夜以舟师掩其营，杀获略尽。惟杨么负固不服，王挑与战，大破之。杨么举钟仪投水，继乃自投，牛皋入水，擒么至王前，斩之。伪统制陈瑫等亦劫钟仪之舟以降。王亟领黄佐、杨钦等军入贼营，夏诚、刘衡俱就擒，其余首领二百人俱降。王即纵火焚寨，凡焚三十余所，湖湘遂平。

【译文】

当初，鼎州妖巫钟相作乱，被官军打败，生擒之后将其诛杀。钟相余党杨么率领残余人马退守洞庭湖一带，重新聚兵达数万人，推立钟相之子钟仪，称为“钟太子”，和杨么一起冒用王家名义，擅自称王，伺隙图谋上流土地，成为很大的祸患。圣上命鄂王将他们招捕，鄂王将要去潭州的时候，先派人持檄文招降贼人，贼人黄佐率所部归降。鄂王将他重新派入洞庭湖中，招降其他将领，不肯归顺的，便找机会将其擒获。黄佐袭击贼人周伦，周伦大败逃跑，他的部下被杀死和被赶入湖死的非常多，寨栅、粮草、舟船尽数被焚毁。鄂王派统制任士安带兵引诱贼人，贼人在永安寨前会合人马，向（任士安所部官军）进攻。鄂王遣兵设伏，在任士安战斗非常困难的时候，鄂王派遣的伏兵一起杀出，四围击之，贼人败走。官军一直追击过了苟陂山，杀死和俘虏敌军不计其数。任士安再次出动人马，与牛皋一起在靠近贼人巢穴附近驻扎。贼人出兵进攻，官军迎击，贼又败走。贼人杨钦接受黄佐招降，率三千多人，到鄂王军中归降。鄂王让杨钦重新返回湖中，说降那些还没归顺的贼人。鄂王更连夜派舟师攻击那些的贼人营寨，将他们全部斩杀或俘虏。只有杨么继续顽抗，鄂王向他发出挑战，并将他打败。杨么（眼见走投无路）只好将钟仪投入水中，然后也投水自杀。牛皋跳入水中，生擒杨么至鄂王身前，鄂王将杨么斩首。伪统制陈瑫等以钟仪的座船充当礼品投降官军。鄂王立即领黄佐、杨钦等军进入贼营，夏诚、刘衡等贼人首领都被活捉，其余二百多名首领尽数投降。鄂王马上放火焚烧贼寨，一共焚毁三十多座，于是湖湘平定下来。

王移屯襄汉，遣王贵、郝政、董先攻虢州寄治卢氏县，下之。

遣杨再兴进兵至西京长水县之业阳，伪顺州安抚使张宣赞命孙都统及其后军统制满在拒官军。再兴出战，斩孙都统，擒满在，余党奔溃。明日，再战于孙洪涧，破其众二千，复长水县。

伪齐于唐州北何家寨置镇汝军，屯兵聚粮，为窥唐计。王遣王贵、董先等攻毁之，伪五大王刘复拥兵出城迎敌。贵等遇之于大标木，众几十倍，一战俱北。伪都统薛亨以众十万，掠唐、邓来援。贵、先战，阳北，命冯赛以奇兵绕出其后。亨果来追，先回兵夹击，贼大败，五大王以匹马还。

王贵等引兵至蔡城，闭拒未下，王奉诏，使人返之。贵等至白塔，叛将李成率刘复等併兵来，绝贵归路。贵以马军迎击，贼兵尽败，追杀五里余。还至牛蹄，贼复益兵追之，有数千骑，方渡涧，为董先所击，尽拥入涧中，积尸填谷。贼兵之继来者，望见官军，皆引遁。

金人归我河南，而复叛盟，上命王乘机进取。王乃命王贵等提兵，自陕以东，西京、汝、郑、颍昌、陈、曹、光、蔡诸郡分布经略。于是李宝捷于曹州，又捷于宛亭县荆堽，又捷于渤海庙。张宪败虏于颍昌府，复颍昌府。遂进兵陈州，破其三千余骑，翟将军益兵以来，复败之，复陈州。韩常及镇国大王、邪也孛堇再寇颍昌，董先、姚政败之。王贵之将杨成破贼帅漫独化于郑州，复郑州。刘政复劫之于中牟县，漫独化不知存亡。张应、韩清复西京。牛皋、傅选捷于京西，又捷于黄河上。孟邦杰复永安军，其将杨遇复南城军。又与刘政捷于西京，伪守李成、王胜等以兵十余万走，弃洛阳，归怀、孟。

王又遣梁兴渡河，会合忠义社，取河东、北州县。兴会太行忠义及两河豪杰等，破贼于绛州垣曲县。虏入城，复拔之。又捷于沁水县，复之。又追至孟州王屋县之邵原，汉儿军张太保等降。又追至东阳，贼弃营而去。又至济源县之曲阳，破高太尉之兵，尸布十里。高太尉引怀、孟、卫等州之兵万余人再战，又破之，贼死者十之八，高太尉以余卒逃。又败之于翼城县，复翼城县。又会乔握坚等复赵州。李兴捷于河南府，又捷于永安军。

【译文】

鄂王进驻襄汉一带，派部将王贵、郝政、董先攻打虢州临时州城卢氏县，成功拿下。

派部将杨再兴进兵至西京长水县的业阳，伪齐顺州安抚使张宣赞命令孙都统及其后军统制满在抵抗官军。杨再兴出战，斩孙都统，擒满在，其他党羽逃跑溃散。明日，双方再战于孙洪涧，杨再兴破伪齐兵马二千，收复长水县。

伪齐在唐州北何家寨设置镇汝军，聚集兵马，囤积粮草，为攻打唐州做计划。鄂王遣王贵、董先等攻毁之，伪齐的五大王刘复拥兵出城迎敌。王贵等将领在大标木遇上刘复的兵马，刘复的兵力是王贵军的几十倍，但只打了一场大战就被击败。伪都统薛亨率领十万人，劫掠唐、邓一带前来援助（刘复）。王贵、董先和他作战，装作失利，派冯赛以奇兵绕薛亨军队的后方。薛亨果然来追赶董先等人，董先回兵，（和冯赛一起）夹击，伪齐军大败，刘复只能单骑逃命。

王贵等引兵至蔡州，伪齐军关闭城门未能攻下，鄂王奉朝廷的诏令，派人叫王贵撤退。王贵等退至白塔，伪齐将领李成率刘复等合兵追来，想断绝王贵的归路。王贵以马军迎击，伪齐军尽数被打败。王贵军追杀五里多。然后退至牛蹄，伪齐重新增加兵力再次追赶，其中伪齐军有数千骑兵，刚刚渡过涧水，被董先所攻击，尽数被赶入涧中，尸体填满山谷。后续跟来的伪齐兵一望见官军，都尽数逃命而去。

金国归还我朝河南（陕西）一带，但很快背弃盟约，圣上命鄂王乘机进取。鄂王乃命王贵等出兵，准备攻略自陕西以东，包括西京、汝、郑、颍昌、陈州、曹州、光州、蔡州等诸郡。于是李宝在曹州取得胜利，又在宛亭县的荆堽取胜，在渤海庙再胜敌兵。张宪在颍昌府打败金人，收复颍昌府。张宪再进兵陈州，打败金国三千多名骑兵。金将翟将军增加兵力，前来复战，张宪再次打败他，收复陈州。韩常及镇国大王、邪也孛堇再来攻打颍昌，董先、姚政打败他们。王贵手下将领杨成在郑州打败金国将领漫独化，收复郑州。刘政在中牟县偷袭漫独化的军队，（金兵大败）漫独化不知存亡。张应、韩清收复西京。牛皐、傅选在京西取得胜利，又在黄河边上获胜。孟邦杰收复永安军，手下将领杨遇收复南城军。又和刘政一起在西京取得胜利，敌将李成、王胜等十余万人败走，弃守洛阳，逃亡怀州、孟州一带。

鄂王又派梁兴渡过黄河，会合忠义社，取山西、河北州县。梁兴会同太行忠义社及两河豪杰等，在绛州垣曲县打败金人。金人重新入城，（梁兴）再次将他们打败。（梁兴等人）在沁水县取得胜利，收复该县城。又追金兵至孟州王屋县之邵原，汉儿军张太保等人投降。又追至东阳，金兵弃营而去。又至济源县之曲阳，破高太尉的兵马，尸横十里。敌将高太尉引怀、孟、卫等州之兵万余人再战，梁兴将他们打败，金兵十人当中倒有七八人死亡，高太尉带着残余士兵逃跑。梁兴在翼城县再次将他打败，收复翼城县。梁兴又和（宋将）乔握坚等人收复赵州。（宋将）李兴在河南府取胜，又在永安军获胜。

大军在颍昌，诸将分路出战，王自以轻骑驻郾城，兀术大惧。王日出一军挑虏，且骂之。兀术怒，合龙虎大王、盖天大王及伪昭武大将军韩常之兵，逼郾城。王遣其子云领背嵬、游奕马军直贯虏阵，鏖战数十合，贼尸布野。杨再兴以单骑入其军，擒兀术不获，手杀数百人而还。

兀术复益兵，至郾城北五里店。背嵬将王刚以五十骑出觇虏，遇之，奋身先入，斩其将，贼大骇。王自以四十骑驰出，突战贼阵前，士气增倍，无不一当百，呼声动地，一鼓败之。

兀术又率其众併力复来，顿兵临颍县。杨再兴以三百骑至小商桥，与贼遇。再兴骤与之战，杀万户、千户、百人长百余人，再兴死之。张宪继至，破其溃兵八千，兀术夜遁。

兀术以兵十万、骑三万攻王贵于颍昌。王已遣其子云先为贵援。于是贵将游奕，云将背嵬，战于城西。虏军横亘十余里，云以骑兵八百，挺前决战。自辰至午，战方酣，董先、胡清继之。虏大败，兀术狼狈遁去，副统军粘汗孛堇重创，舆至京师而死。

张宪之将徐庆、李山等复战于临颍东北，大破其众，追奔十五里。

王进军至朱仙镇，距京师才四十五里。兀术复聚兵，且悉京师兵十万来敌。王按兵不动，遣骁将以背嵬骑五百奋击，大破之。兀术奔还京师。

最，所擒杀降附可以名数计者，贼首领一千二百二十二人，虏酋、番官及伪齐将七百四十七人，其不知名氏及士卒等不可胜数。

【译文】

鄂王大军主力在颍昌，众将分路出战，鄂王自以轻骑驻郾城，金国统帅兀术大惧。鄂王每日派一支人马向金人挑战，且不断辱骂金人。兀术怒，合龙虎大王、盖天大王及伪昭武大将军韩常之兵，直逼郾城。鄂王遣其子岳云领背嵬、游奕马军直冲敌阵，激战数十回合，金兵尸横遍野。杨再兴以单骑杀入金兵阵中想要活擒兀术，虽然没有成功，但杨再兴还是亲手杀死数百金兵才安然回来。

兀术再次增加兵力，至郾城北五里店。背嵬军将领王刚率五十名骑兵观察敌阵，双方遇上，王刚奋身先入，立斩金将，金兵大惊。鄂王亲自带领四十骑驰出，冲入敌阵前方，官兵士气增倍，无不以一当百，喊杀声震动大地，一鼓作气打败金兵。

兀术又率兵马全力再来，在临颍县一带驻扎。杨再兴带着三百骑兵至小商桥，与金兵相遇。杨再兴立即和他们激战，杀金人万户、千户、百人长百余人，杨再兴不幸战死。张宪后来赶到，打败金国溃兵八千人，兀术连夜逃跑。

兀术以兵十万、骑三万攻打颍昌的王贵军。鄂王已经派出其子岳云先行援助王贵。于是王贵指挥游奕军，岳云率领背嵬军，在颍昌城西和金兵作战。金兵横亘十余里，岳云以骑兵八百，冲在前方和金兵死战。自早晨激战到中午，双方交战白热化的时候，董先、胡清带兵杀入支援。金兵大败，兀术狼狈逃命，副统军粘汗孛堇受了重伤，被担架抬至京师后身亡。

张宪部将徐庆、李山等和金兵再次在临颍东北交战，大破金兵，追杀十五里。

鄂王进军至朱仙镇，距京师才四十五里。兀术重新聚集人马，尽起京师兵马十万来交战。鄂王按兵不动，派骁勇之将率背嵬骑兵五百奋击，大破金兵。兀术逃回京师。

最后，鄂王军队所擒获斩杀收降知道姓名可以计算的，有贼人首领一千二百二十二人，金人头目、番官及伪齐将七百四十七人，其他不知名的和普通士兵则不可胜数。

材艺

王生而有神力，未冠，能引弓三百斤，腰弩八石。

尝学射于乡豪周同。一日，同集众射，连中的者三矢。王引弓一发，破其筈，再发又中。同大惊，遂以其所爱弓二赠王。

王能左右射，随发辄中。及为将，以教士卒，由是军中皆善左右射。

河上之战，王驰迎敌。有枭将舞刀而前，王以刀承之，刃入寸余，复拔刀击之，斩其首。

曹州之战，王被发，挥四刃铁简，直犯虏阵，遂破之。

太行之战，王单骑持丈八铁枪，刺杀黑风大王。

南薰门之战，王左挟弓矢，右运铁矛，以破王善。

王子云年十二，从战，大捷，军中号曰“嬴官人”。京西之役，手握两铁锥，重八十斤，先诸军登城，攻下随、邓。

【译文】

鄂王天生有神力，未及弱冠之年，就能拉开三百斤的弓，张开八石的腰弩。

他曾向周同学习射箭。一日，周同集合众弟子射箭，有人连续三矢皆中。鄂王引弓一发，箭矢穿破了前一个人的箭尾，再发一箭，又中。周同大为诧异，将自己所爱的两张弓赠予鄂王。

鄂王能左右射箭，随发皆中。后来做了大将，就教练士卒，于是他军中的兵士都善于左右射。

有次在结冰的黄河上作战，鄂王驰马迎敌。有一员骁将挥舞着大刀而来，鄂王举刀抵挡，锋刃嵌入敌刀寸余，再拔出刀来一击，便将敌将斩首。

曹州之战，鄂王披头散发，挥舞四刃铁简直入虏阵，大破之。

太行山之战，鄂王单骑而前，持丈八铁矛，刺杀黑风大王。

南薰门之战，鄂王左挟弓箭，右运铁矛，大破王善叛军。

鄂王之子岳云十二岁就跟随父亲征战，大获胜捷，军中皆称其号“嬴官人”。京西之役，他手握两枚重八十斤的铁锥枪，先于诸军登上城头，攻下随州、邓州。

卷第二十三

百氏昭忠录卷之七

阁学刘光祖襄阳石刻事迹之二

智谋

王尝自言："为将无谋，不足以搏匹夫。"

陶俊、贾进之乱，王请以百骑灭之，安抚使刘韐与步、骑二百。王预遣三十人易衣为商，入贼境，贼掠之以归。王夜伏百人于山下，自领数十骑逼贼垒。贼易其兵少，出战。王阳北，贼乘胜追逐。伏兵发，所遣三十人自贼中擒俊、进于马上，贼遂败。

东京留守宗泽授王以阵图，王曰："此定局耳，兵家之要，在于出奇，始能取胜。若平原旷野，猝与虏遇，何暇整阵哉！"泽曰："如尔所言，阵图不足用耶？"王曰："阵而后战，兵之常法耳，然变而不可拘者，运用之妙，存于心也。"泽大奇之。

河北招抚使张所尝问王曰："闻汝从宗留守，勇冠军，自料能敌几何人？"王曰："勇不足恃也，用兵在先定谋。谋者，胜负之机也，为将之道，不患无勇，而患无谋。是以上兵伐谋也。"所闻其语，矍然敬之。

王与虏相持于竹芦渡，粮垂尽。密选精锐三百，伏前山下，令各以薪属交缚两束，四端爇火，夜半齐举。虏疑援兵至，惊溃。追袭，大破之。

兀术再趋建康。王夜令百人黑衣，混虏中，扰其营。虏人惊，自相攻击，徐觉有异，益逻卒于营外候望。王复潜令壮士衔枚于其侧，伺其往来，尽擒之。遂大破兀术。

【译文】

鄂王曾经对自己说："身为将领而没有谋略，则连对付匹夫的能力都没有。"

陶俊、贾进之乱，鄂王请求带百名骑兵去平定，安抚使刘韐派给了鄂王二百步兵和骑兵。鄂王预先派三十人扮成商人，进入贼境，贼人将他们劫掠回营。鄂王安排一百士兵连夜埋伏在山下，自己领数十骑逼近贼人营寨。贼人欺负鄂王兵少，出战。鄂王装作战败，贼人乘胜追逐。山下伏兵齐出，而之前假扮商人的三十人自贼人当中杀出，活捉陶俊、贾进于马上，贼人终于被打败。

东京留守宗泽传授阵图给鄂王，鄂王说："这些阵图是固定不变的东西，（作用不大），兵家之要，在于出奇不可测识，方可取胜，若于平原旷野，仓促与敌人相遇，怎能来得及按图布阵呢！"宗泽说："如你所言，阵图没有用了？"鄂王说："摆列大阵后才作战，用兵之常法，但是真正的用兵应该是灵活多变，不可拘泥，运用的窍门，在于随机应变。"宗泽大为惊奇。

河北招抚使张所曾经问鄂王："听说你跟从宗留守，勇冠三军，你判断自己一人抵挡多少敌兵？"鄂王说："打仗光凭勇敢是不可靠的，用兵之要在于有好的谋略决策。谋略是胜负的关键。为将之道，不担心他不勇敢，而是担心没有谋略。所以最上等的用兵之道，在于利用谋略取胜。"张所听了他的说法，顿时肃然起敬。

鄂王与金兵相持于竹芦渡，粮食快要用光。鄂王秘密挑选精锐三百，埋伏在前山下面，吩咐各人缚好两束交叉的柴草，首尾均能容易点燃，在半夜时分一齐点火四下走动。金兵以为宋军援兵已至，惊慌溃败。鄂王带兵追袭，大破之。

兀术再趋建康。鄂王派出士兵百人穿黑衣，混入金兵队伍当中，扰乱其营寨。金人大惊，自相攻击，过了很长时间才发觉情况不妥，只好在营外增派巡逻部队。鄂王再命令士兵口衔木头埋伏在旁边，等巡逻兵到来的时候，尽数将其擒获。终于大破兀术一军。

王从招讨使张俊讨马进于洪州。贼连营西山，师不得渡，诸将莫当其锋。王谓俊曰："贼贪而不虑后，若以骑兵三千，自上流生米渡出其不意，破之必矣。"王身披重铠，先诸军跃马以济，众皆惊视，须臾，以次毕渡。乃潜出进军之右，大破之。

讨曹成也，入贺州境。得其谍，缚之帐下。王出帐，调兵食，军吏以粮乏告，王曰："姑返茶陵以就饷。"已而逸其谍，谍尽以告成。成大喜，期明日追王军。是夜，王命士蓐食，夜半悉甲趋之，遂破其太平场寨。

吉州诸寇保固石洞，洞之山特高险。王领千余骑攻之，列马军于山下，皆重铠持满。黎明，遣死士三百，疾驰登山，贼众大乱。山下鸣鼓呼噪，贼莫测多寡，弃山而下，见山下皆为列骑所围，于是疾呼丐命。

伪齐使李成合北虏，南寇襄阳诸郡。湖寇杨么又与之交结，欲顺流而下。李成欲由江西趋两浙，与么会。朝廷患之。王与幕客论及二寇，或问将何先？王曰："先襄汉，襄汉既复，李成丧师而逃，杨么失援矣。第申严下流之兵以备之，然后鼓行也。"

王提兵复郢州。伪将京超号万人敌，杂蕃、汉万余人据守。王抵城下，跃马环城，以策指东北敌楼，顾谓众曰：“可贺我也！”军正告粮乏，王问：“所余几何？”曰：“可再饭。”王曰：“可矣，吾以翌日巳时破贼！”黎明，引众薄城，遂克之。

王趋襄阳，李成引兵迎战，左临襄江。王贵、牛皋等欲即赴贼，王笑曰：“且止，夫步卒之利在险阻，骑兵之利在平旷；成乃左列骑兵于江岸，右列步卒于平地，虽有众十万，何能为！”于是举鞭指贵曰：“尔以长枪步卒，由成之右击骑兵。”指皋曰：“尔以骑兵，由成之左击步卒。”遂合战，马应枪而毙，后骑皆不能支，退拥入江，人马俱坠，激水高丈余。步卒之偾死者无数。成军遂遁。

【译文】

鄂王跟从招讨使张俊讨伐贼人马进于洪州。贼人连营西山，宋兵无法渡河，张俊手下将领都不敢迎战。鄂王对张俊说：“贼人贪战而不考虑后招，若准备骑兵三千，从上流生米渡渡河，出其不意，一定可以击败他们。”鄂王身披重铠，在士兵之前率先跃马渡河，众人看着他都惊叹不已，顷刻工夫，官军就依次渡江完毕。鄂王一军秘密出现在马进军的右侧，夹击之下大破贼军。

鄂王出兵讨伐曹成，大军进入贺州境。士兵抓住了曹成的细作将他捆绑在主帅的帐下。鄂王离开帅帐，假装询问军官粮食情况，军吏告诉他军中粮食不足，鄂王说：“只好返回茶陵就粮了。”然后就故意让那个细作逃走，细作将情况尽数告知曹成。曹成大喜，准备明日追赶鄂王军。当晚，鄂王命士兵饱餐之后，披上铁甲，半夜突袭太平场寨，将贼军击溃。

吉州诸寇坚守固石洞，此洞山势特别高险。鄂王率领千余骑攻之，列马军于山下，皆重铠持弓。黎明时分，鄂王派出敢死士三百，疾驰登山，贼众大乱。山下士兵鸣鼓呼噪，贼人不知道官兵数量，只能弃山而下，只是山下皆为列骑所围，于是贼人疾呼饶命。

伪齐将领李成联合金兵，南下占领襄阳诸郡。湖寇杨么又与他交结，欲顺流而下。李成欲由江西趋两浙，与杨么会合。朝廷非常担心。鄂王与幕僚宾客谈论这两大贼人的情况，幕客问要先对付哪个？鄂王说：“先攻取襄汉，只要收复了襄汉，李成必会丧师而逃，杨么就会失去援助而不敢进兵。接下来严令下流之兵全力戒备，然后可大张声势，起兵将其讨伐。”

鄂王提兵收复郢州。伪将京超外号万人敌，率番、汉万余人据守。鄂王抵城下骑马环城走了一圈指着东北敌楼，回头对众将说：“可祝贺我破城也！”士兵禀告说粮食缺乏，鄂王问：“还剩多少？”士兵答道：“还可以再吃两餐。”鄂王说：“足够了，我明日巳时（上午9时正至上午11时正）可破贼人！”黎明，鄂王引兵攻城，竟一举拿下。

鄂王奔趋襄阳，李成引兵迎战，左边靠着襄江。王贵、牛皋等将打算立即攻击敌军，鄂王笑道：“且慢，本来步卒擅长在险阻之地作战，而骑兵擅长在平旷之地活动；而李成却左列骑兵于江岸险阻之地，右列步卒于平地，虽然有众十万，但违反兵法能有什么作为！”于是举鞭指王贵说：“你率领长枪步卒，从李成军右侧攻其骑兵。”指着牛皋说：“你指挥骑兵，从李成军左侧攻其步卒。”双方开始交战后，李成军的马匹纷纷中枪而毙，后面骑兵皆不能招架，忙乱之中纷纷跌入水中，人马俱坠，激起水花高达丈余。而李成军的步卒则被宋军骑兵践踏，死者无数。李成只好连夜带残部逃走。

王讨湖寇，凡有降者，皆厚赏给而纵之，有复入湖，亦弗问。张公浚以都督军事至潭州。参政席公益谓浚曰：“岳侯得无有他意，故玩此寇。”浚笑曰：“岳侯，忠孝人也，足下何独不知？用兵有深机，胡可易测！”其后竟以此成功。

王之至潭也，贼将黄佐首降。使复入湖，招其他党。杨钦受佐之招，以降，王喜曰：“杨钦，骁悍者，今降，贼腹心溃矣。”遂复遣归湖中，说全琮、刘诜等降。未降者尚众，王诡骂曰：“贼不尽降，何来也！”杖之，复令入湖。是夜，以舟师掩其营，併俘钦等，其余党杀获略尽。

杨么舟有所谓望三州、和州载、五楼、九楼、大德山、小德山、大海鳅头、小海鳅头，以数百计。皆以轮激水，疾驰如羽，浮游湖上，夸逞神速，左右前后又俱置撞竿，官舟犯之，辄破。且官舟浅小，而贼舟高大，贼矢石自上而下，官军仰面攻之，所以屡败。王取君山之木，多为巨筏，塞湖中诸港。又以腐烂草木，自上流浮而下。择视水浅之地，遣口伐者二千人挑之，且行且詈。贼不胜愤，争挥瓦石，追而投之。俄而草木坌积舟轮下，胶滞不行。王亟遣军攻之，贼奔港中，为筏所拒。官军乘筏，张牛革以拒矢石，群举巨木撞贼舟，舟为之碎。杨么乃自投于水。是役也，获贼舟凡千余，鄂渚水军遂为沿江之冠。初，鼎州有唐生者，尝与太守程昌禹论湖寇之险，曰：“杨么寨栅，除是飞，便会入去。”贼党亦尝自诧曰：“吾城池楼橹如此，欲犯我，除是飞来。”至是始验。

初，朝廷遣王𤫉讨湖寇，久无功，乃更命王。张公浚至潭，未几，有旨召还，谓王曰：“浚将还矣，节使经营湖寇，有定画否？”王袖出小图示浚，且曰：“都督能为飞少留，不八日，可破贼。”浚正色曰：“王四厢两年尚不能成功，乃欲以八日破贼，君何言之易耶！”王曰：“王四厢以王师攻水寇，则难；飞以水寇攻水寇，则易。”浚曰：“何谓？”王曰：“湖寇之巢，艰险莫测，舟师水战，我短彼长，入其巢而无向导，以所短而犯所长，此成功所以难也。若因敌人之将，用敌人之兵，夺其手足之助，离其腹心之援，使桀黠孤立，而后以王师乘之，覆亡犹反手耳。”浚亦未信。王果八日平贼，浚叹曰：“岳侯殆神算也！”

王知粘罕主刘豫，而兀术常不快于粘罕，可以间而动。会兀术欲与豫分兵自清河入寇。兀术遣谍至王军，为逻卒所获。王愕视曰：“汝非张斌耶？本吾军中人也。”引至私室，责之曰：“吾乡者遣汝以蜡书至齐，约诱致四太子，而共杀之。汝往不复来。吾继遣人问，齐帝已许我，今年冬以会合寇江为名，致四太子于清河矣。然汝所持书竟不至，何背我耶？”谍冀缓死，即诡服。乃作蜡书，言与伪齐同谋诛兀术事，因谓谍者曰：“汝罪万死，吾今贷汝，复遣至齐，问举兵期，宜以死报。”刲股纳书，厚币丁宁，戒勿泄，谍拜谢而出。复召之还，益以币，重谕之，乃遣。谍径至兀术所，出书示之。兀术大惊，驰白其主，于是清河之警不复闻。豫以故遂见废夺。

王再破兀术于郾城，即谓其子云曰：“贼犯郾城，屡失利，必回锋以攻颍昌，汝宜速援王贵。”既而兀术果以重兵向颍昌。云、贵与战于城西，令诸军勿牵马执俘，视梆而发，以骑兵挺前决战，步军张左右翼继进，遂大破之。

初，兀术有劲军，皆重铠，贯以韦索，凡三人为联，号拐子马，堵墙而进，官军不能当。郾城之战，以万五千骑来。王命步人以麻扎刀入阵，勿仰视，第斫马足。拐子马既相联合，一马偾，二马皆不能行，坐而待毙，官军奋击，僵尸如丘。兀术大恸曰：“自海上起兵，皆以此胜，今已矣！”拐子马由是遂废。

【译文】

鄂王讨伐湖寇，凡是投降的人，均厚加赏赐然后让其自由出入，即使有重新投靠湖寇的，也不过问。张浚以都督军事的身份来到潭州。参政席益对张浚说：“岳侯没有作战的意思，只是在消极抗敌罢了。”张浚笑道：“岳侯是个忠孝之人，足下为何不知？用兵有秘诀，（你）怎么可以胡乱猜测呢！”其后竟凭着此计获得成功。

鄂王到了潭州，贼将黄佐首先投降。鄂王让其重新入湖，招降其他党羽。杨钦接受王佐的招降，归顺朝廷。鄂王喜道：“杨钦，贼人当中最为骁悍之人，连他也归降，贼人军心乱了。”于是再派杨钦回归湖中，说服全琮、刘诜等贼人来归降。但还有众多未降者，鄂王假意骂道：“贼人没有尽数投降，你怎么来了？”杖罚杨钦，让他再次返回湖中。当天晚上，鄂王以水军偷袭贼人营寨，并俘虏杨钦等人，其余党羽全军覆没。

杨么的船有叫作望三州、和州载、五楼、九楼、大德山、小德山、大海鳅头、小海鳅头，数以百计。都是以轮击水，疾驰如飞，浮游湖上，速度奇快，左右前后又设置撞竿，官兵的舟船碰上，一下子就被击破。且官军的船小，而贼人船高大，贼人的矢石自上而下投过来，官军仰面攻之，所以屡败。鄂王下令伐取君山的树木，做成巨筏，把大寨周围的港汊一律填塞上。又从上流积聚了大量的腐木烂草，使其顺流而下，用来填塞了下游的浅水地段。再派出二千名声音大的官兵去挑逗贼人，在船上边行边骂。贼人非常愤怒，追着官兵而来，争着投掷大量的砖瓦石头。不一会儿草木瓦石累积成堆，填塞了舟船的通道，贼人船只变得停滞不前。鄂王立即挥军攻击，贼人奔入湖港之中，为木筏所拦阻。官军乘坐木筏，张开牛革以拒矢石，一起举起巨木撞击贼舟，贼舟纷纷被击碎。杨么只好投水自尽。这场战役，获得贼舟千余艘，于是鄂州水军成为沿江水军实力最强的一支劲旅。当初，鼎州有个姓唐的书生，曾经和太守程昌禹讨论湖寇之险，说：“杨么寨栅非常险要，除非是能飞，才能进去。”贼人亦曾经自夸道：“我的城池楼橹如此雄峻，想来侵犯，除非飞来。”

（鄂王名飞），至此应验他们说的话了。

当初朝廷遣王瓔来讨伐湖寇，长久无功，于是改命鄂王来征讨。张浚至潭州，不久，就有旨召他还朝，张浚对鄂王说：“（我）将回朝了，节使你对付湖寇，有什么计划吗？”鄂王从袖中拿出小图给张浚看，并说：“都督可为岳飞稍微停留，不出八日，必破贼人。”张浚正色道：“王瓔用了两年时间尚不能成功，你竟然打算只用八日破贼，你凭什么认为破敌是如此容易呢！”鄂王说：“王瓔以王师攻水寇，当然很困难；飞以水寇攻水寇，就很容易了。”张浚道：“这怎么说？”鄂王说：“湖寇的巢穴，艰险莫测，在湖中用舟师作战，是官军的短处，贼兵的长处，攻打其巢穴而没有向导，等于用自己之短而攻击敌人之长，这当然难以成功。如果利用杨么身边的大将，借助他们攻打贼兵，让各大贼人无法互相援助，离间其心腹部下，使贼寇变得孤立，再派王师趁机攻之，消灭敌人就易如反掌了。”张浚亦未轻信。鄂王果然八日平贼，张浚赞叹道：“岳侯真是神机妙算啊！”

鄂王知粘罕一向支持刘豫，而兀术常不满粘罕，可以从中离间他们。恰好兀术欲与刘豫分兵从清河入侵江南。兀术遣细作至鄂王军，被逻卒所获。鄂王假装惊讶地看着他说：“你不是张斌吗？原来就是我军中人嘛。”鄂王带着细作走入私人房间，责备说：“我以前派你带着蜡书到齐国，约定引诱四太子前来，一起杀之。你却没有归来。我继续派人前去询问，齐帝刘豫已答应我，今年冬天，以会合入侵江南为名，引诱四太子至清河。可你拿着书信竟没有归来，为什么背叛我呢？”细作盼能活命，立即装作是张斌。于是鄂王作蜡书，说与伪齐同谋诛兀术之事，并对细作说：“你罪该万死，我这次放过你，再派你去齐国，问举兵时间，你应以死报答我。”割开细作大腿，把蜡书塞进去，然后给他重金，细细叮嘱，告诫他不要泄露消息，细作拜谢而出。鄂王却又重新召他回来，再增加财物赏他，重新叮嘱他，才派他离开。细作直接去到兀术住处，把书信献给兀术。兀术大惊，立即驰告金国国主，（金国退兵）于是清河警报不再响起。刘豫也因为这个缘故被废掉齐王之位。

鄂王再破兀术于郾城（时），便对其子岳云说："贼犯郾城，屡次失利，必回军攻打颍昌，你应该立即增援王贵。"既而兀术果以重兵向颍昌。岳云、王贵与他战于颍昌城西，命令士兵在战斗中不要去抓俘虏牵敌马，必须听从梆子行动，以骑兵在前头决战，左右两翼步军跟进，终于大破敌军。

起初，兀术有一支劲军，人人都身披重铠，以皮索相连，凡三人为一组，叫作拐子马，像墙壁一般齐齐前进，官军不能抵抗。郾城之战，金兵以万五千骑杀来。鄂王命步卒持麻扎刀杀入敌阵，不要仰视敌人，只顾砍劈马足。拐子马互相紧连，一马倒下，其他二马都不能行，坐而待毙，官军奋击，金兵尸积如山。兀术痛哭道："我自海上起兵，都凭着这拐子马取胜，如今全没了！"拐子马从此废除了。

勇敢

贼首张超率众数百，围韩魏公故墅。王时年少，适见之。超方恃勇直前，王乘垣，引弓一发，贯吭而踣，贼众奔溃。

平定军路分檄王，以百余骑往榆次县觇虏。猝遇虏众，骑士畏却，王单骑突虏阵，出入数四，杀其骑将数人，虏众披靡。至夜，以虏服潜入其营，遇击刁斗者，谬为胡语答之，遂周行营栅，尽得其要领以归。

大元帅与王百骑，使招群贼吉倩等。王受命出，日薄暮，顿所部宿食，自领四骑径入贼营。群贼骇愕，王呼倩等慰谕之，倩等感悟听命。忽一贼起，搏王。王批其颊，应手仆地，拔剑向之。倩等罗拜请免，相率解甲受降。

与虏相持于滑州。王从百骑，习兵河上，虏忽乘冰渡河。王急麾兵击之，独驰迎敌，斩一枭将，尸仆冰上，骑兵乘之，虏众大败。

曹州之战，王直犯虏阵。士皆贾勇，无不一当百，遂大破之。

新乡之战，王夺虏纛而舞之，诸军鼓噪争奋，遂克之。

将战侯兆川，王预戒士卒曰："吾已两捷，彼必併力来。吾属虽寡，当为必胜计，不用命者斩！"遂与军中皆死战，卒破之。

夜屯石门山下，或传虏骑复至，一军皆惊，王坚卧不动，虏卒不来。

王善等犯京师，众皆惧不敌，王曰："贼虽多，不整也，吾为诸君破之！"遂领数骑横冲其军，贼军果乱。

王善围陈州，恣兵出掠。王使偏将岳亨，以游骑绝其剽掠之路。善兵势沮，不复出，因与战，遂败之。及再战，王单骑与岳亨深入，执馘，乃还。

兀术之至郾城北五里店。王时出踏战地，望见黄尘蔽天，众欲少却，王曰："不可，汝等封侯取赏之机，正在此举！"自以四十骑驰出，都训练霍坚扣马谏曰："相公国重臣，奈何轻敌！"王鞭坚手，麾之曰："非尔所知！"乃突贼阵前，左右驰射，士气增倍，一鼓败之。

【译文】

贼人头目张超率领数百人，围攻韩琦的故居。鄂王当时还年少，恰好遇上这事。张超刚开始时恃着勇力直冲，鄂王登上墙头，引弓一发，箭矢横穿张超的喉咙。张超当场倒下，贼众四散奔溃。

平定军路的（长官）征集鄂王去参军，鄂王带着一百余骑往榆次县刺探金人敌情。突然遇上大批金人。宋军骑兵都有些害怕退缩，鄂王单骑突入金人阵中，连续四次冲杀出入，杀金人骑将数名，其他金人望风披靡。当夜，鄂王穿着金人服装潜入敌营，遇上打更巡逻的金兵，鄂王用金人语言回答瞒过金人，鄂王就趁机走遍敌营，尽得敌营的分布要领才回来。

大元帅给鄂王百名骑兵，让他去招降群贼吉倩等人。鄂王受命而出，太阳稍稍西沉，鄂王让所部士兵停下来吃饭休息，自领四骑突入贼营。群贼都惊恐愕然，鄂王呼叫吉倩的名字，好加安慰教谕，吉倩等人感悟过来，愿意听从命令归顺朝廷。忽有一贼起身扑向鄂王，鄂王迅速痛击他的脸颊，此贼倒地。鄂王拔剑要杀。吉倩等人一起跪拜，请求免死，贼人先后解甲归降。

鄂王与金人相持于滑州。王带着百骑在河上训练。金人忽然乘着河水结冰渡河。鄂王急挥兵迎击，他独自冲向敌人，力劈一名敌将，敌将应声倒扑在冰上，随从骑兵乘势冲杀，金人大败。

曹州之战，鄂王直冲敌阵。士兵见他如此都勇气倍增，无不以一当百，终于大破敌军。

新乡之战，鄂王夺取金人大旗舞动示威，诸军都激动地大叫起来，奋力向前厮杀，终于攻取新乡。

宋军将要在侯兆川作战，鄂王提醒士卒说：“我们已取得两场胜利，敌人必然全力而来。我军人数虽然不多，只要做好准备必然取得胜利，不用命者斩！”鄂王和士兵都全力死战，随即大败金人。

宋军夜里驻扎在石门山下，有人传金人骑兵又再杀来，全军都有所害怕，只有鄂王坚卧不动，金人果然没有杀来。

王善等侵犯京师，众人都害怕不是贼人对手，鄂王说：“贼人虽多，但队伍不整，我为各位打败他们！”于是鄂王就带着数骑横冲贼军，贼军果然大乱。

王善围攻陈州，纵兵四处抢掠。鄂王派偏将岳亨，以游骑切断贼人抢掠道路。王善兵势颓败，不敢出来，鄂王就趁势和贼人交战，击败他们。接着双方再战，鄂王单骑与岳亨深入敌阵，斩杀敌人首级，方才归来。

兀术率军杀至郾城北五里店。鄂王当时巡逻战场，望见黄尘蔽天，众人都想撤退，鄂王说："不可，这是你们封侯取赏的机会，就在这次作战！"鄂王要亲自带着四十骑出击，都训练霍坚抓住鄂王的战马劝说："相公你是国家重臣，不可以轻敌！"鄂王用鞭打了一下霍坚的手，挥开他说："这不是你所能知道的！"于是（鄂王）突入敌阵，左右开弓射箭，宋军士气增倍，一鼓作气，击败金兵。

纪律

王尝与张俊论用兵之术，曰："仁、信、智、勇、严，五者不可阙一。"俊问"严"，曰："有功者重赏，无功者峻罚。"

张宪部卒郭进有功于莫邪关，顿解金束带及所用银器赏之，又补秉义郎。

平湖寇也，统制任士安慢王瓒令，不战。及王至，鞭士安一百，使饵贼，曰："三日不平贼，必斩！"士安卒与牛皋等破贼。

王之子云尝习注坡，马踬而踣，王以其不素习，怒曰："前临大敌，亦如此耶？"命斩之，诸将叩头乞免，犹杖之百。

郾城之战，王遣子云直贯虏阵，谓之曰："必胜而后返，如不用命，吾先斩汝！"遂大破兀术。

王御军重搜选，谨训习，背嵬所向，一皆当百。如注坡、跳壕等艺，皆被重铠，精熟安习，人望之以为神。

王初入泰州，会金人攻楚州急。王籍郡中敢勇士及部押使臣、效用，责其从军愿否状。尽收其马，置之教场，集射于其中，中的多者，得自择一马。凡得百人，以甲予之，分为四队，常置左右。

王自平杨么，还军鄂州，益自奋励，日率将士，阅习师徒，军容甚整。兵部侍郎张宗元以宣抚判官监京西、湖北军，归，复于上曰："将帅辑和，军旅精锐。上则秉承朝廷命令，人怀忠孝；下则训习武伎，众和而勇，此皆岳飞训养所致也。"

王每行师，有践民稼，伤农功，市物售直不如民欲之类，必死不贷。卒有取民麻一缕，以束刍者，立斩之。

居民火，王贵帐下卒盗取民芦筏，以蔽其家，王偶见之，即斩以徇，杖贵一百。

军士夜宿民户外，民开门纳之，晨起去，草苇无乱。湖口人项氏家鬻薪自给，有卒市薪，项爱其不扰，欲自损其直二钱以售之，卒曰："吾可以二钱易吾头耶？"尽偿其直而去。虽甚饥寒，不变节，每相与自诧曰："冻杀不拆屋，饿杀不打虏，是我军中人也。"

王之驻广德，粮食罄匮。将士常有饥色，独畏王纪律，不敢扰民，市井鬻贩如常时。

王自池州进兵于潭，所过肃然，民不知军旅之往来。上闻之，曰："岳飞移军潭州，经过无毫发骚扰，村民私遗士卒酒食，即时还价，所至欢悦。"赐诏奖之。

孝宗皇帝践祚，诏云："去冬出戍，鄂渚之众师行不扰，动有纪律，道路之人归功于飞。"

【译文】

鄂王曾经和张俊论用兵之术，说：“仁、信、智、勇、严，五者不可缺一。”张俊问：“何谓严？”鄂王说：“有功者重赏，无功者重罚。”

张宪部卒郭进有功于莫邪关，鄂王立即解下身上金束带及所用银器赏给他，又给他补授秉义郎这个官职。

平湖寇也，统制任士安慢待王𤫉的将令，不愿意出战。及鄂王来到，鞭打任士安一百，令他引诱贼人，鄂王说：“三日不平贼，必斩！”结果任士安很快就和牛皋等人消灭了贼人。

鄂王之子岳云曾经练习骑马从土坡上急驰而下，结果马匹被绊而跌倒在地，鄂王发怒地说：“前临大敌，也如此吗？”命人将岳云斩首，诸将叩头乞请免掉死罪，但他还是命人打了岳云一百军棍。

郾城之战，鄂王派儿子岳云直冲虏人阵地，对他说：“只能胜利才能归来，如果不尽全力拼命，我先行将你斩首！”于是大破兀术。

鄂王用兵重视挑选人才，勤加练习，背嵬军所参与的战斗，都能以一当百。如练骑马下坡、跳过壕沟等技艺，必披重甲，全副武装下仍练习得非常娴熟，百姓在旁看见都以为是神人才能做的。

鄂王初入泰州，遇上金人攻打楚州甚急。鄂王找来泰州的敢勇士和部押使臣、效用，问他们是否愿意从军。收集马匹，放到教场，让他们在教场射箭，中靶较多者，可以自己挑选一匹马使用。这样总共得到一百多人，授予他们盔甲，分为四队，常安排在鄂王左右。

鄂王平杨么之乱后，还军鄂州，越发发奋自励，每日率领将士，练习军事，军容甚整。兵部侍郎张宗元以宣抚判官监京西、湖北军，归朝，回复圣上说：“将帅和谐，军旅精锐。上则遵从朝廷指令，人怀忠孝之心；下则训练武伎，士兵和睦勇敢，这都是岳飞教导练习的结果。”

鄂王每次行军，士兵凡是有践踏庄稼、损害农民收成、市场买东西强买之类，必然是死罪，从不饶恕。有士兵拿了百姓一缕麻，用来捆绑柴草，鄂王查实后，立刻将他斩首。

居民家起火，王贵帐下士卒盗取起火民家的芦筏，用来遮掩自己的房子，鄂王偶然见到，立即将他斩首，并且杖责王贵一百军棍。

军士夜宿民户外面，民开门招待他住宿，明晨军士离去，居民家连一根草苇都没有乱动。有湖口人项氏以卖柴维持生计，有士卒向他买柴，项氏喜欢他不扰民，打算便宜二钱卖给他，士卒说：“我怎么可以用二钱来换我的人头呢？”全按原价给钱才离开。士兵虽甚饥寒，但不变节，每次相互勉励道：“冻杀不拆屋，饿杀不抢掠，是我军中人本色啊。”

鄂王之军驻扎在广德，粮食吃光。将士常有饥色，但害怕鄂王纪律，不敢扰民，市井买卖亦如常时一般。

鄂王自池州进兵至潭州，所过之处一派肃然，居民不知军旅之往来。圣上得知此事，说：“岳飞移军潭州，所过之处没有丝毫骚扰，村民私自馈赠士卒酒食，士兵立即按市价付钱，所至之处百姓欢悦。”圣上下诏嘉奖鄂王。

孝宗皇帝登基，颁诏说：“去年冬天出兵，鄂州之师行军不扰民，行动有纪律，沿途的百姓都认为这是当年鄂王管治有方的缘故啊。”

威望

贼首郭吉掠宜兴县，令、佐闻王威名，奉书迎之。王甫及境，吉载百余舟，逃入湖。

虏之渡江，诸将戚方首亡为盗。广德守臣以其难来告，诏王讨之。方发兵断官桥以自固，王射矢桥柱，方得矢，大惊，遂遁。俄益兵来，王与战，数胜，复遁。王穷追不已，方知必为王所诛，会张俊来会师，方乃间道降俊。俊为王置酒，令方出拜，方号泣请命，俊力恳而免之。当广德之战，方以手弩射王，中鞍。王纳矢于箙，曰："他日擒此贼，必令折之以就戮。"至是取矢畀方，方寸折惟谨。王与俊皆大笑，方流汗股慄，不敢仰视。

金人犯通、泰，王败之于南霸塘。顾虏势方盛，而粮饷乏绝，乃下令渡百姓于阴砂。以精骑二百殿，金人望之，不敢逼。

贼首张用勇力绝群，号张莽荡。其妻勇在用右，号一丈青。转寇江西，张俊遣王讨之，问用兵几何？王曰："以某自行，此贼可徒手擒也。"王至中途，遣一卒持书谕之曰："南薰门、铁路步之战，皆汝所悉也。今吾自将在此，汝欲战则出战，不欲战则降。"用与其妻得书，拜曰："果吾父也，敢不降！"遂俱解甲，王受之以归。

王以红罗为帜，刺白"岳"字于上。建寇范汝为陷邵武，王分兵保建昌及抚州，以"岳"字帜植城门，且牓于境曰："贼入此者死！"游骑抄掠者望见，皆相戒以勿犯。村氓樵苏犹故，不知有盗。

贼马友复犯筠州，守臣已徒步出境，闻王军来，友遽逃去。

兀术、刘豫寇庐州，王奉诏出师，先遣牛皋渡江，自提其军与皋会。皋以所从骑，遥谓虏曰："牛皋在此！"虏众已愕然相视，及展"岳"字帜与"精忠"旗示之，虏众不战而溃。

其后虏复分路渡淮，驻庐州界。上命王进援，兀术闻之，望风遽遁。既而复窥濠州，王麾兵救之。虏方据濠自雄，闻王至，又遁，夜逾淮，不能军。

虏大畏服，不敢以名呼，号之为岳爷爷。

【译文】

贼首郭吉劫掠宜兴县，当地县令听闻鄂王威名，写信迎请鄂王军队进驻宜兴。鄂王刚刚进入宜兴境内，郭吉就立即把人马、财物装了一百多艘舟船，逃入湖中。

金人渡江后，诸将当中戚方首先逃跑沦为盗贼。广德守臣遭其骚扰特来告知鄂王，请鄂王出兵讨伐戚方。戚方出兵弄断官桥，希望靠此来自保，鄂王射了一箭，正中桥柱，戚方得了此矢，大惊，立即逃走。继而戚方增添军马来战，鄂王与他交锋，屡屡得胜，戚方再次逃跑。鄂王穷追不舍，戚方知道自己必定被鄂王所杀，恰好张俊前来会师，戚方于是从小路逃去向张俊投降。张俊为鄂王摆酒，令戚方出来跪拜，戚方哭着请求鄂王饶命，张俊在旁尽力为他求饶，终于免戚方一死。当初广德之战，戚方以手弩射鄂王，正中鄂王的马鞍。鄂王将箭矢收于箭袋中，说："他日擒此贼，必令他折断此箭，然后受死。"至此鄂王取矢给戚方，戚方小心谨慎地一寸寸地折断此箭。鄂王与张俊一起大笑，戚方大汗淋漓，双腿发颤，不敢仰视。

金人侵犯通、泰两州，鄂王在南霸塘打败金人。考虑到金人气势正是嚣张之际，而本郡粮饷乏绝，乃下令让百姓撤退，在阴砂渡河。鄂王以精骑二百殿后，金人望见，不敢逼近。

贼人首领张用勇力绝群，号张莽荡。其妻比张用更为骁勇，外号一丈青。他们转去滋扰江西，张俊遣鄂王讨伐他们，问鄂王需要多少兵马。鄂王说："在下一个人去，此贼可空手擒来。"鄂王行至中途，派一士卒持亲笔书信至张用处劝谕道："南薰门、铁路步之战，你应该很熟悉（你都被我打败了）。今日我来到这里，你要战则出战，不向战则降。"张用与妻看完此信，跪拜使者道："果然是吾父也，怎么敢不降！"他们就全部解甲归降，鄂王接受他们投降，胜利回师。

鄂王以红色的丝织品为旗帜，上绣了一个白色的"岳"字。建州大贼范汝为攻陷邵武，鄂王分兵保卫建昌及抚州，以"岳"字旗竖城上，两地的边境立木牌写着："贼入此者死！"贼人专门负责抢掠的游骑远远望见，都互相告诫切勿侵犯此处。村里百姓砍柴刈草一如继往，不知有盗前来。

贼人马友再次犯筠州，筠州守臣已步行离开，但马友听说鄂王率军杀来，立即逃去。

兀术、刘豫侵犯庐州，鄂王奉诏出师救援，他先遣牛皋渡江，自领大军随后与牛皋会合。牛皋率领随从的骑兵，离得很远就对金人说："牛皋在此！"金人已愕然相视，及后宋军展开"岳"字帜与"精忠"旗示之，金人看见不战而溃。

其后金人复分路渡淮，驻扎在庐州边界。圣上命鄂王进援，兀术闻之，望风而遁。既而金人重新窥视濠州，鄂王麾兵救之。金人刚刚占据濠州，正要逞威，听闻鄂王到来，又再次遁去，连夜渡过淮河，溃不成军。

虏人对鄂王非常畏惧，不敢直呼他的名字，只敢称他为岳爷爷。

恩信

王邀击虏，驻兵广德，粮食罄匮，王发家赀以助之，与士卒最下者同食。虏之佥军涉其地者，皆相谓曰："岳爷爷军也！"争来降附。

王在宜兴，常之官吏、士民弃其产业趋宜兴者万余家。邑人各图其像，晨夕瞻仰，曰："父母之生我也易，公之保我也难。"

王击马进于筠州，贼大败走，王使人呼曰：“不从贼者坐，卸衣甲，当不汝杀！”贼应声坐者八万人。

王破曹成于蓬岭，成窜连州。王召张宪、王贵、徐庆，谓之曰：“曹成败走，余党尽散，追而杀之，则良民胁从，深可悯痛；纵其所往，则大兵既旋，复聚为盗。吾今遣若等三路招降，若复抵拒，诛其酋而抚其众。切无妄杀，以累主上保民之仁。”于是三将所招降者二万，王用其酋领，而给其食，降民大喜。

王至固石洞，先遣人说降之，贼众不听，遂纵兵围之，乃悉下山投降。王令军中毋杀一人，或曰：“说之不我听，何以贷为！”王蹙然曰：“此辈虽凶顽，然本愚民耳，杀之何益！且主上既赦其人，不然，何以成主上之美。”命籍其金、帛，尽入备边、激赏库，择降民之勇锐者隶诸军，余悉纵之田里，使各安业。

王之讨虔寇也，以隆佑震惊之故，密旨令屠虔城。王既平诸寇，乃诸军三十里外，上疏请诛首恶，而赦胁从，不许。连请不已，上乃为之曲赦。王入城，取其罪之尤者数人置之法，余悉称诏贳之。虔人懽声如雷。至今父老家家绘而事之，遇讳日，则裒金饭僧于梵舍，以为常。

王招捕湖寇，将至潭，先遣使持檄，至贼中招之。先是，诸路帅守及诸军累遣人招安，皆为贼所杀。王所遣使叩头伏地，曰：“节使遣某，犹以肉餵饥虎也。”王叱之起，曰：“吾遣汝，汝决不死。”使者起，受命以行。望见贼巢，即厉声呼曰：“岳节使遣我来！”诸寨开门延之，使者以檄授贼，贼捧檄钦诵，或问：“岳节使安否？”于是，杨么部将黄佐谓其属曰：“吾闻岳节使号令如山，不可玩也。若与之敌，我曹万无生理，不若速往就降。”遂率所部，诣潭城降。王慰劳之，即日闻于朝，擢以武义大夫、閤门宣赞舍人，赏予特厚。复单骑按其部，抚问甚至。明日，召佐，具酒与饮。酒酣，抚佐背，谓曰："子姿力雄鸷，不在时辈下，果能为朝廷立功名，一封侯岂足道哉！吾欲遣子复至湖中，视有便利可乘者，擒之；可以言语劝者，招之。子能任吾事否？"佐感泣，拜谢曰："佐受节使厚恩，虽以死报，佐不辞。"乃遣佐归湖中。又有战士三百余人来降，王皆委曲慰劳，命其首领以官，优给银、绢。纵之，听其所往。居数日，又有二千余人来降，王待之如初。已而黄佐袭破周伦，王即上佐功，转武经大夫，仍抚劳所遣将士，第功以闻。佐又招杨钦降，王喜，谓左右曰："黄佐可任也。"钦自束缚，至庭。王命解其缚，以所赐金束带、战袍予之，即日闻奏，授武义大夫。礼遇甚厚，所部犒赏各有差。钦感激不自胜。所部皆喜跃，恨降晚。王乃复遣钦归湖中，诸将皆力谏，王不答。越两日，钦又说降他贼将。余首领三百人未降，杨么既死，乃降。牛皋请曰："此寇逋诛，罪不容数。"王曰："彼皆田里匹夫耳，先惑于钟相妖巫之术，故相聚以为奸；其后乃沮于程吏部（乃鼎州太守程昌禹）尽诛雪耻之意，故恐惧而不降。日往月来，养成元恶，其实求全性命而已。今杨么已被诛，其余皆国家赤子，苟徒杀之，非主上好生意也。"连声呼，谓官军曰："勿杀！勿杀！"王亲行诸寨，慰抚之。命少壮强有力者籍为军，老弱不堪役者各给米粮，令归田。而悉贼寨之物，尽散诸军。

朝廷每有颁犒，付之有司分给。尝命其将支犒，带甲人五缗，轻骑三缗，不带甲二缗。将裁其数，匿金归己，杖而杀之。

王为秦桧所陷，殁于棘寺。绍兴末，御史中丞汪澈宣谕荆、襄，诸将与合军讼王之冤。澈谕之曰："当以奏知。"诸军哭声如雷，皆呼曰："为我岳公争气，效一死！"

其子霖帅广州日，道出章贡，父老帅其子弟迎之，皆涕洟曰："不图今日复见相公之子。"霖又尝漕湖北，武昌军士、百姓设香案，具酒牢，哭而迎。有一妪哭尤哀，曰："相公今不复此来矣！"霖家人呼而遗之食，问其夫何在。妪舍食，哭曰："不善为人，为相公所斩矣。"问其子与婿皆然。人以是知公之所以感于人者深也。

【译文】

鄂王出兵攻打金兵，驻兵广德，粮食用尽，鄂王拿出自家财物来资助军中，与最底层的士卒一同食饭。金人的签军经过他的地方，都互相转告道："这是岳爷爷军也！"争先恐后前来降附。

鄂王在宜兴的时候，常州的官吏、士人百姓弃了家业奔趋宜兴的有一万多家。当地人各自画上鄂王的肖像，早晚瞻仰，说："父母生我容易，（岳）公保护我们安定是很难的呀。"

鄂王在筠州进击马进，贼人大败逃走，鄂王派人对他们喊道："不愿意跟从贼人逃走的，立即坐下，卸下衣甲，保证不杀你们！"贼人应声坐者有八万多人。

鄂王在蓬岭破曹成，曹成逃窜到连州。鄂王召张宪、王贵、徐庆，对他们讲："曹成败走，余党尽散，如果我们追而杀之，那些被迫胁从为贼的良民，是非常可怜值得同情的；如果纵容他们逃跑，则大兵撤退之后，他们又重新聚在一起为盗。如今我派你们三路招降贼人，若遭遇抵抗，只要诛其头目下属可好加安抚。切勿胡乱杀戮，以至于连累圣上保民之仁。"于是三将招降者二万，鄂王用其首领为官，其余则提供食物，降民大喜。

鄂王至固石洞，先派人劝降，贼众不听，于是带兵围攻，贼人就尽数下山投降。鄂王令军中切勿乱杀一人，有人说："这些贼人之前都不听从我们的劝降，不杀怎么能惩戒他们！"王叹然道："这些人虽然凶顽，然而本来是愚民而已，杀之何益！况且圣上愿意赦免他们，否则如何成全圣上仁德之美呢。"鄂王命将贼人的金、帛充公，尽数注入备边、激赏库，挑选降民中的勇锐者分隶诸军，其他尽数放归田里，让他们各自安居乐业。

鄂王讨伐虔州的贼寇，圣上以隆佑太后曾在当地受贼人所惊吓，密旨要屠虔城。鄂王既平诸寇，乃驻军三十里外，上疏请求圣上只诛杀首恶者，而赦免其他胁从者，圣上不许。鄂王连续不停上疏请求，圣上终于答应让鄂王自行裁决。鄂王入城，只处死那些罪大恶极的首领数人，声称按圣上的旨意而释放了其他人。虔州人欢声如雷。至今当地百姓家家绘上鄂王的画像，以做纪念，遇上鄂王的忌日，百姓们还为他施舍钱、饭给佛寺，请僧人为他超度，多年来习以为常。

鄂王招捕湖寇，将至潭州，先派使者持文书，至贼中招降。此前诸路帅守及诸军屡屡派人招安，皆被贼所杀。鄂王所遣使者跪在地上叩头说："节使遣我去，就是把肉喂给饥饿的老虎。"鄂王喝他起身，道："我派你去，你一定不会死。"使者站起来，奉命启程。使者望见贼巢，即厉声呼道："岳节使遣我来！"诸寨开门让他进来，使者将文书交付给贼人，贼人捧着文书认真朗诵，有人问："岳节使安好吗？"（见状），杨么部将黄佐就对下属说："我听闻岳节使号令如山，不可欺也。如果和他为敌，我们这些人万无生理，不如立即就降。"于是黄佐率领所部，前来潭城归降。鄂王慰劳他们，当日上奏于朝，授予黄佐以武义大夫、閤门宣赞舍人，赏予特别丰厚。鄂王又单骑前来看望黄佐所部，细加安抚。明日，鄂王召见黄佐，摆酒和他畅饮。双方饮酒正酣，鄂王抚着黄佐后背，对他说："阁下身形雄健，不比那些有名的勇士差，如果能为朝廷建立功名，封侯那用得着说吗！我想派你重回湖中，看那些便利可乘的贼人，将他活捉；那些可以言语劝者，招安过来。你能担当起我所托付的这件事情吗？”黄佐感动得哭起来，拜谢道：“黄佐受节使厚恩，愿以死来报答，绝不推辞。”鄂王乃遣黄佐重归湖中。又有战士三百余人来降，鄂王都好言慰劳，让首领为官，对下属厚加赏赐银子、布匹。然后放走他们，任由他们离开。过了几日，又有二千余人来降，鄂王对他们和当初那批人一样。后来黄佐袭破周伦，鄂王即上奏黄佐的功劳，升为武经大夫，鄂王仍安抚慰劳所派的将士，按照他们的功劳一一向朝廷请功。黄佐又招降杨钦，鄂王喜，对左右说：“黄佐可以担此重任。”杨钦自己用绳子绑起来，来至中庭。鄂王命人解开其绳子，以圣上所赐的金束带、战袍给杨钦，当日上奏，授以杨钦武义大夫官职。鄂王对杨钦礼遇非常，杨钦的部下都得到犒赏和官职。杨钦感激地难以抑制。他的部下都欢心喜悦，只恨归降太晚。鄂王乃复派杨钦归湖中，诸将皆力劝阻，鄂王不理会他们。过两日，杨钦又说降其他贼将。还剩首领三百人未降，杨么死后，这些首领才归降。牛皋请求说：“这些贼人应当诛杀，其罪行罄竹难书。”鄂王说：“他们都是山野村夫而已，先是被钟相妖巫之术所误导，所以才相聚为奸；其后因为程吏部（乃鼎州太守程昌禹）要杀尽他们，以雪战败之耻，所以恐惧而不降。日积月累，养成大贼，其实他们只是为了求全性命而已。今杨么已被诛，其余皆国家百姓，胡乱杀戮，并非圣上仁慈之意。”鄂王连声呼喊，对官军说：“不要杀！不要杀！”鄂王亲自巡视诸寨，慰问安抚。命年轻强壮者编入军队，老弱不堪服兵役的，各自给与米粮，令回乡耕田。而所获得贼寨之物，尽数散发给众将士。

朝廷每有赏赐给鄂王，鄂王都会交给有司分给众将士。鄂王曾命手下分发犒赏，带甲士兵有五缗，轻骑兵有三缗，不带甲有二缗。如有哪个将领减少分发的数量，藏起部分赏金归己所有，鄂王发现后立即杖杀。

鄂王为秦桧所害，在大理寺遇难。绍兴末，御史中丞汪澈宣谕荆、襄，诸将与士兵一起上诉鄂王的冤屈。汪澈说："我一定会上奏给圣上知晓。"诸军哭声如雷，都呼喊说："我们为我岳公争气，愿意一死报之！"

鄂王的儿子岳霖出任广州安抚使的时候，路过章贡，父老带着子弟迎接他，皆哭泣流涕说："没有想到今日还能见到相公之子。"岳霖又任湖北的漕运，武昌军士、百姓设香案，具酒席，痛哭迎接。其中有一妇人痛哭特别哀痛，说道："（遗憾）相公（岳飞）不能再来此处了！"岳霖家人叫她过来给予食物，问其丈夫何在。妇人不要食物，哭道："我丈夫不好好做人，被相公斩了。"问她的儿子与女婿皆是如此。大家以此知道鄂王之所以感人至深的道理了。

卷第二十四

百氏昭忠录卷之八

阁学刘光祖襄阳石刻事迹之三

先见

王奉诏诣都督府，与张公浚议军事。时淮西宣抚使刘光世罢，其所统王德、郦琼之兵未有所付，浚意属兵部尚书、兼都督府参谋吕祉，乃谓王曰："王德之为将，淮西军所服也。浚欲以为都统制，而命吕祉以都督府参谋领之，如何？"王曰："淮西一军多叛亡盗贼，变乱反掌耳。王德与郦琼素不相下，一旦握之在上，则必争。吕尚书虽通才，然书生不习军旅。必择诸大将之可任者付之，然后可定，不然，此曹未可测也。"浚曰："张宣抚如何？"王曰："张宣抚暴而寡谋，且郦琼素所不服，或未能安反侧。"浚又曰："然则杨沂中耳。"王曰："沂中之视德等尔，岂能御此军哉。"浚艴然曰："浚固知非太尉不可也！"王曰："都督以正问，飞不敢不尽其愚。"浚竟用吕祉为宣抚判官，王德为都统制，护其军。琼果大噪，讼德与浚。浚惧，乃更以张俊为宣抚使，杨沂中为制置使，吕祉为安抚使，而召德以本军还，为都督府都统制。琼益不服，拥兵诣祉，执而斩之，尽其众七万走伪齐。中外大震，浚始悔不用王之言。

金人遣使议和，将归我河南地。王赴行在，入对曰："夷狄不可信，和好不可恃，相臣谋国不臧，恐贻后世讥议。”上默然。已而金使至，和议决，王谓幕中人曰：“犬羊安得有盟信耶！”俄以复河南，赦天下，王表谢，又曰，“夷虏不情，犬羊无信”，“图暂安而解倒垂，犹云可也；顾长虑而尊中国，岂其然乎”！

三大帅皆以和议成，进秩。王授开府仪同三司，力辞曰：“臣冒昧而受，将来虏寇叛盟，似伤朝廷之体。”三诏犹不受。上温言奖激，不得已，乃拜。王益率士卒，训兵严备，分遣质信材辩者，往伺虏情。上遣齐安郡王士㒟谒诸陵，王请以轻骑从洒扫，其实欲观敌衅，以诛其谋，且上奏言：“虏人以和款我者十余年矣，不悟其奸，受祸至此。今复无事请和，此必有肘腋之虞。又刘豫初废，藩篱空虚，故诡为此耳。名以地归我，实寄之也。”明年，金人果叛盟。

【译文】

鄂王奉诏前往都督府，与张浚讨论军事。当时淮西宣抚使刘光世被罢免，他所管辖的王德、郦琼之兵未有人管理，张浚有意让兵部尚书、兼都督府参谋吕祉来主管，于是对鄂王说：“王德身为将领，淮西军素来服从。我想让他担任都统制之职，而命吕祉以都督府参谋的身份总领他们，如何？”鄂王说：“淮西一军多数是叛亡盗贼，变乱易如反掌。王德与郦琼向来素不分上下，一旦将他拔高放在郦琼之上，就必然有纷争。吕尚书虽是通才，然书生不习军旅。必须挑选诸大将之中可胜任者来管理，然后才可以稳定下来。否则的话，这些人会做出什么事是难以预测的。”张浚说：“张俊如何？”鄂王说：“张俊性格暴躁而少谋，而且郦琼素来不服他，他难以驾驭那些容易犯法的人。”张浚又问：“那么杨沂中呢。”鄂王说：“杨沂中也是王德这类人罢了，岂能统领此军呢。”张浚不高兴地说：“我当然知道非太尉你不可了！”鄂王说：“都督以正经事相问，飞不敢不尽我才智回答。”张浚最后用吕祉为宣抚判官，王德为都统制，管辖其军。郦琼果然大噪，向张浚投诉王德。张浚惧，于是乃让张俊为宣抚使，杨沂中为制置使，吕祉为安抚使，而召王德一军回来，担任都督府都统制。郦琼更加不服，带兵去找吕祉，抓住后将其斩首，尽领其众七万人投奔伪齐。中外大震，张浚开始后悔不听鄂王之言。

金人遣使者议和，要归还我河南之地。鄂王赴行在，对主上说：“金人不可相信，和好不可倚仗，宰相治理国家不善，恐怕会遭到后世讥议。”圣上默然不语。后来金使来，和议已定，鄂王对幕中人说：“犬羊之辈哪里会有结盟的诚信呢！”不久收复河南，赦免天下，鄂王上表辞谢，又说，“金人没有情义，犬羊之辈毫无信义”，“要谋求暂时安定，解决眼下的危险，这样还勉强可以；至于长远打算，让国家行王者之道，岂能这样做呢！”

三大帅皆因为和议达成，加官进爵。鄂王被授予开府仪同三司之位，他极力推辞道：“微臣今日如果冒昧地接受了这个赏赐，将来金人叛盟，就有伤害朝廷体面之嫌了。”朝廷三下诏书，鄂王仍然不接受。圣上温和地用言语安抚激励，鄂王不得已，只好勉强接受。鄂王加紧训练士兵，严密准备，分派聪明善辨的细作，前往北方刺探敌情。圣上遣齐安郡王赵士㒟去参拜诸王陵，鄂王请求带轻骑跟从打扫王陵，实则欲想观察敌情，以覆灭其阴谋，他还上奏言：“金人一直以议和应付我们十多年了，我们尚不能觉察其中阴谋，以致受祸至此。今又无事请求议和，这必然是金人内部有大的叛乱要发生。又因为刘豫初废，边界空虚，所以因此假意议和。名义上将地方归还我们，实则只是暂时寄放也。”第二年，金人果然叛盟。

远略

高宗皇帝即位于南京，王上书言："陛下已登大宝，勤王御营之师日集。虏人谓吾素弱，未必能敌，正宜乘其怠，击之。而黄潜善、汪伯彦辈奉车驾日益南，有苟安之渐，恐不足以系中原之望。请车驾还京，亲帅六军北渡，将士作气，中原之地指期可复。"

王与张所论时事曰："河北在天下犹四肢，本朝之都汴，非有秦关百二之险，犹恃河北以为固。河北不归，则河南未可守。而今越河以往，半为胡虏之区。为招抚计，直有尽取河北，以为京师援。不然，天下之四肢绝，根本危。异时丑虏既得河北，又侵河南，幸淮幸江；皆未可知也。"

杜充弃京师，之建康，王说之曰："中原之地尺寸不可弃，况社稷、宗庙在京师，陵寝在河南。留守一举足，此地皆非我有。他日欲复取之，非捐数十万众，不可得。"充不听。

王既定建康，奏曰："建康为国家形势要害之地，宜选兵固守。比张俊欲使臣守鄱阳，备虏人之扰江东、西者。臣以为贼若渡江，必先二浙，江东、西地僻，亦恐重兵断其归路，非所向也。臣乞益兵守淮，拱护腹心。"上嘉纳之。通、泰之除，王辞焉，乞淮东一重难任使，招集兵马，复收本路州郡。乘机渐进，使山东、河北、河东、京畿等路，次第而复。

王被命讨曹成，且招之，成不听，乃奏云："内寇不除，何以攘外；近郊多垒，何以服远。比年群盗竞作，朝廷多命招安，故盗亦玩威不畏。苟不略加剿除，蜂起之众未可遽殄。"上许之。

伪齐使李成合北虏南寇，攻陷襄汉六郡。王奏，以为今欲规恢，不可不争此土，宜及时攻取，以除心膂之病。六郡既复，诏为襄阳府路，以隶王。王奏："襄阳、唐、邓、随、郢、金、房、均州、信阳军旧隶京西南路，乞改正如旧制。"上从之，遂改襄阳府路为京西南路。上令王条具守御之策，王奏曰："金贼、刘豫皆有可取之理，攻讨之谋，正不宜缓。苟及此时，以精兵二十万直捣中原，恢复故疆，民心效顺，诚易为力，此则国家长久之策也。若姑以目前论之，襄阳、随、郢地皆膏腴，民力不支，若行营田之法，其利为厚。营田就绪，峙储既成，进攻退守，皆兼利也。"营田之议自是而兴。

太行山忠义保社梁兴等夺河径渡，至王军前，上诏王接纳。未几，王遣将攻卢氏，下之。上以语张公浚，浚曰："自梁兴之来，飞意甚坚，措画甚大，今已至伊、洛，则太行山一带山寨，必有通谋者矣。"

杨再兴既得长水，于是西京险要之地尽复，中原响应。王又遣人至蔡州，焚贼糗粮。及王贵等破伪齐于唐州，引兵至蔡境。王即奏，欲图蔡，以规取中原。上恐伪齐有重兵继援，未可与战，不许。

王入朝，数见上，论恢复之略，以为刘豫者，金人之屏蔽，必先去之。因慷慨手疏曰："臣窃揣敌情，所以立刘豫于河南，而付之齐、秦之地，盖欲以中国攻中国，而粘罕因得休兵养马，观衅乘隙。不以此时伐其谋，使刘豫父子隔绝，五路叛将还归，两河故地渐复，则金人之诡计日生，浸益难图。臣望陛下假臣日月，勿拘其淹速，使敌莫测臣之举措。万一得便可入，则提兵直趋京、洛，据河阳、陕府、潼关，以号召五路之叛将。叛将既还，王师前进，彼必弃汴都，而走河北，京畿、陕右可以尽复。至于京东诸郡，陛下付之韩世忠、张俊，亦可便下。臣然后分兵浚、滑，经略两河，如此则刘豫父子断必成擒，金人有破灭之理。设若贼见上流进兵，併力侵淮，或分兵攻犯四川，臣即长驱，捣其巢穴。贼困于奔命，势穷力殚，纵今年未终平殄，来岁必得所欲。”

王又上疏曰：“逆豫逋诛，尚穴中土。天下之愚夫愚妇咸愿致死于敌，而陛下审重此举，累年于兹。是以天下忠愤之气日沮，中原来苏之望日衰，岁月益久，污染渐深，趋向一背，不复可以转移。此其利害，诚为易见。臣愿上禀睿算，不烦济师，只以本军进讨，以成陛下中兴之志。”御札报王，许其进讨，王复奏曰：“钱塘僻在海隅，非用武之地。愿建都上游，用汉光武故事，亲帅六军，往来督战。庶将士知圣意所向，人人用命。臣当仗国威灵，鼓行北向。”

金人废刘豫，王奏，谓宜乘废立之际，捣其不备，长驱以取中原，不报。

金人叛盟，诏王乘机进取。调兵之日，王命将士各语其家人，期以河北平，乃相见。未几，所遣诸将及会合两河忠义皆响应奏功，中原大震。王奏，以谓“梁兴等过河之后，河北人心往往自乱，愿归朝廷。金贼近累败衄，四太子等皆令老小渡河。此正陛下中兴之机，金贼必亡之日，苟不乘时，必贻后患”。秦桧居中沮之。

先是，王遣义士梁兴等招结两河忠义，相与犄角破贼。又遣边俊等渡河抚谕，申固其约。河东山寨皆敛兵固堡，以待王师。或率其部伍，举兵来归。虏酋腹心禁卫之属，亦有密受王旗、榜，率众自北方来降者。于是，虏酋动息，山川险隘，尽得其实。及朱仙镇之捷，王欲乘胜深入。两河忠义百万闻不日渡河，奔命如恐不及，各赍兵仗、粮食，团结以俟。父老百姓争挽车牵牛，载糗粮，以馈义军。顶盆焚香，迎拜而候者，充满道路。虏自燕以南，号令不复行。秦桧私于金人，力主和议，欲画淮以北弃之，力请于上，下诏班师。王上疏曰：

“虏人屡战屡奔，锐气沮丧。今豪杰向风，士卒用命，天时人事，强弱已见，时不再来，机难轻失。”疏累千百言，上乃以御札报，令“少驻近便得地利处，报杨沂中、刘錡同共相度，如有机会可乘，即约期并进”。桧闻之，乃先诏韩世忠、张俊、杨沂中、刘錡各以本军归，而后言于上，以王孤军不可留，乞姑令班师。一日而奉金书字牌者十有二，王不胜愤，嗟惋至泣，东向再拜曰：“臣十年之力，废于一旦！非臣不称职，权臣秦桧实误陛下也。”王班师，郡县之民大失望，遮王马而哭。王亦立马悲咽，取诏书示之，劳苦而去。梁兴在河北，不肯还，复取怀、卫二州，断山东、河北金、帛、马纲之路，金人大扰，然竟亦无所就。自是而后，虏势浸横，恢复之计不可复议矣。

【译文】

高宗皇帝在南京即位，鄂王上书言：“陛下已登皇位，勤王御营之师日渐聚集。金人以为我们素来军弱，未必能敌，正应该乘其松懈，发起攻击。而黄潜善、汪伯彦等人迎着陛下不断南下，逐步苟且偷安，恐怕不足以寄予收复中原之厚望。请陛下返还京师，亲帅大军北渡黄河，将士一鼓作气，收复中原之地指日可待。”

鄂王与张所讨论时事说：“河北对于天下来说犹如人的四肢，本朝建都汴梁，并非有秦关百二之险，尚能依仗河北以为险固。没有河北，则河南就很难防守了。而今黄河以北，一半沦为金人之地。末将为招抚计划，应立即尽取河北，才能支援京师。如果河北沦陷，就如四肢断了，京师会十分危险。到时金人既得河北，又入侵河南，最终会杀至淮河一带还是杀至长江一带，都无法预料啊。”

杜充放弃京师，到建康，鄂王对他说：“中原之地，哪怕一尺一寸都不可以放弃，况且社稷、宗庙都在京师，陵寝在河南。留守（杜充）一离开，这些地方都会不再属于我方，他日欲收复失地，不牺牲数十万众是无法收复的。”杜充不听。

鄂王收复建康，上奏说：“建康为国家形势要害之地，应选兵坚守。目前张俊欲让臣守鄱阳，防备虏人侵扰江南东路和江南西路。臣以为金贼如果要渡江，一定会先攻打二浙，江南东路、江南西路位置偏僻，金人亦怕我方重兵断其归路，所以这里并非其攻略的方向。臣恳求增加兵力，守护淮河一带，拱护心腹要害之地。”圣上高兴地接纳了鄂王建议。对于朝廷授予的通、泰镇抚使的职务，鄂王上表推辞，（淮南东路有沦陷的重要州郡），他恳求去那些州郡，担任繁重而艰难的差事，招集兵马，收复本路州郡。乘着机会，逐步进逼，一个接一个地收复山东、河北、河东、京畿等路。

鄂王奉命讨伐曹成，同时招安他，曹成不听，鄂王上奏云：“内部的贼人不去剿除，凭什么去抵抗外敌；近郊的敌众若不能铲除，凭什么去征服远方。过去群盗大作，朝廷多下命招安，所以盗贼并不害怕朝廷。如果不加以剿除，接下来盗贼会蜂拥而起，（越来越多）到时就难以全部剿灭了。”圣上同意鄂王的上奏。

伪齐将领李成会合北虏南侵，攻陷襄汉六郡。鄂王上奏，认为今后想打算规划收复中原，不可不争此土，应及时攻取，去除心腹之患。六郡既复，下诏为襄阳府路，让鄂王管辖。鄂王上奏：“襄阳、唐、邓、随、郢、金、房、均州、信阳军以前都属于京西南路，（为了表达收复京师的宏愿）请让这六郡依旧归属京西南路。”圣上听从鄂王的上奏，遂改襄阳府路为京西南路。圣上令鄂王提供守御京西南路的计策，鄂王上奏：“金贼、刘豫都有可以攻取的理由，攻讨的计策，只是已刻不容缓。如果这个时候，以精兵二十万直捣中原，恢复故疆，民心自然愿意顺从朝廷，容易成为朝廷的助力，此则国家长久之策也。如果暂且以目前情况论之，襄阳、随、郢土地肥沃，但百姓不足，若行营田之法，其利非常丰厚。营田安排妥当，粮食积蓄丰厚，进攻退守，都可以有所依仗，一并受利。”营田之议从此兴起。

太行山忠义保社梁兴等强行渡过黄河，来至鄂王军前，圣上下诏让鄂王接纳。不久，鄂王遣将攻打卢氏县，拿下。圣上告诉张浚，张浚说：“自梁兴之来，岳飞北伐之意甚坚，他的筹划甚大，今已至伊、洛之间，则太行山一带山寨义军，必有共同策划之人了。”

杨再兴收复长水，于是西京险要之地尽复，中原响应。鄂王又遣人至蔡州，焚毁伪齐的粮食。其后王贵等破伪齐于唐州，引兵至蔡州境。王上奏，打算收复蔡州，作为收复中原前哨。圣上恐伪齐有重兵继续增援，不可与他作战，不许鄂王收复蔡州。

鄂王入朝，数次面见圣上，讨论恢复中原的策略，他认为刘豫是金人之屏蔽，必须先消灭刘豫。鄂王因而感情激昂地手写奏疏说：“臣估量敌情，金人之所以立刘豫于河南，而把山东、陕西之地交给他，是想以中国人攻中国人，而让粘罕可以休兵养马，窥伺我们的间隙，乘机偷袭。不趁这个时候破坏敌方施展的谋略，使刘豫父子隔绝，让陕西五路叛将投归我朝，逐步收复两河故地，那么金人的诡计日渐生效，则更加难以收复中原。望陛下给臣时间，不要规定时日，让敌无法预测臣的举动。一旦得到机会就可以乘虚而入，则提兵直趋京、洛，占据河阳、陕府、潼关，以号召五路之叛将。叛将投归本朝，王师前进，敌人必弃汴都，而走河北，则京畿、陕右可以尽复。至于京东诸郡，陛下交给韩世忠、张俊，亦可收复。臣然后分兵浚、滑，经略两河，如此则刘豫父子一定被擒，金人也理应破灭。假如敌人从上流进兵，并力侵淮，或分兵攻犯四川，臣即长驱，捣其巢穴。贼困于奔命，势穷力尽，纵今年未终平贼，明年必得达成所想。”

鄂王又上疏说："逆贼刘豫逃避诛杀至今，还占据着中土为其巢穴。天下间即使是愚昧的百姓都愿意尽力杀敌不惜牺牲，而陛下却审慎持重，北伐长年讨论而不进行。所以天下忠义悲愤之气日减，中原百姓觉得王师光复故土的希望日渐减少，时间越久，被胡化则越深，人心一变，就不可以再转移了。此中利害得失，很容易知晓。臣愿秉承圣上睿智的谋划，不须劳动大军，只以本军进讨，以达成陛下中兴之志。"圣上以御札回复给鄂王，允许他进讨中原，鄂王再次上奏说："杭州在大海之边，距离中原太远，并非用武之地。愿陛下建都长江上游，仿效当年东汉光武帝故事，亲率六军，往来督战。众多将士知晓圣意所向，自然人人用命。臣当依仗国家显赫的声威，大张声势地北伐。"

金人废掉刘豫皇位，鄂王上奏，认为应该乘金人废立刘豫之际，攻其不备，长驱以取中原，朝廷没有接纳鄂王的上奏。

金人叛盟，圣上下诏让鄂王乘机进取。调兵之日，鄂王命将士各自告诉其家人，约定平定河北之后再相见。不久，鄂王所派诸将及会合两河忠义皆响应奏功，中原大震。鄂王上奏，说："梁兴等过河之后，河北人心往往自乱，愿归附朝廷。金贼近来屡屡战败，四太子等皆令家眷渡河。此正是陛下中兴之机，金贼必亡之日，如果不乘时恢复中原，必遗后患。"秦桧居中破坏。

在此以前，鄂王遣义士梁兴等招结两河忠义，相与犄角共同破贼。鄂王又遣边俊等渡河安抚告知，重申之前的会兵约定。河东山寨都集中兵马，坚守堡寨，以待王师。有人率其部伍，举兵来归。金人心腹禁卫一类的将士，亦有秘密接受王旗、王榜，率众自北方来降。于是，金人的作息安排，山川险隘，全部都了解得一清二楚。在朱仙镇大捷之后，鄂王欲乘胜深入。两河百万忠义军听闻王师即将渡河，唯恐来不及听命，各自集合兵仗、粮食，团结等待。父老百姓争相挽车牵牛，载着粮食，进献送给义军。顶盆焚香，迎候王师的人，塞满道路。金人的命令自燕山以南，已经无人听从。秦桧勾结金人，力主和议，欲放弃淮河以北，他多次上书请求圣上，下诏班师。鄂王上疏道："金人屡战屡奔，锐气尽丧。今豪杰归依，士卒用命，天时人事（都在我方），（宋金）强弱已见，这种时机不会再来，机会难得，不可轻易放弃。"上疏累计千百言，上乃以御札回复，令鄂王"找附近有地利的地方驻扎，和杨沂中、刘锜同共相与，如有机会可乘，立即约期挥师并进"。秦桧闻之，乃先诏韩世忠、张俊、杨沂中、刘锜各以本军班师，然后上奏圣上，说鄂王孤军不可留，请求令他班师。一日之间，持金字牌要鄂王回师的信使有十二人，鄂王不胜悲愤，慨叹惋惜，泪如雨下，他向东再拜道："臣十年的努力，毁于今天！并非臣不称职，权臣秦桧实误陛下也。"鄂王班师，郡县之民大为失望，拦着鄂王的马头痛哭。鄂王也停下马来悲咽，拿出诏书告诉百姓，劳苦地撤退。梁兴在黄河以北，不肯还朝，复取怀、卫二州，切断山东、河北金帛、马纲之路，金人大为烦乱，然而终归没有大的成就。自此之后，金人势力越来越大，恢复中原的计划，不可再来实施了。

忠义

王学射于周同。及同死，王朔望则鬻一衣，设卮酒鼎肉于其冢上，奠之而泣。引所遗弓，发三矢，又泣，然后酹酒瘗肉于冢之侧，徘徊凄怆，移时乃还。王父见而问之，曰："飞学射于周君，念其死，无以报，聊于朔望致礼耳。射三矢者，识是艺之所由精也；酹酒瘗肉者，周君所享，飞不忍食也。"父抚其背曰："使汝异日得为时用，其徇国死义之臣乎！"

张所与王论时事，王慷慨流涕曰："今日之事，惟有灭贼虏，迎二圣，复旧疆，以报君父耳！招抚诚能许国以忠，禀命天子，提兵压境，使飞以偏师从麾下，一死乌足道哉！"

王从王彦至新乡，虏势盛，王约彦出战，不进。王抗声谓之曰："二帝蒙尘，贼据河朔。今不速战，而更观望，岂真欲附贼耶！"彦默然，王遂引所部，独与虏战。

金人寇乌江，杜充闭门不出。王扣寝阁，谏曰（以下原缺）

即日启行，至江州。会麟败，上喜其尊朝廷，赐札褒之。

初，王受知于张所，其后所以骂贼遇害。其子尚幼，王访求教养，遇明堂恩，乞以文资官之。

曹成既平，王命张宪等逐余寇，杨再兴愿受降，以见王。王见再兴而奇之，命解其缚，曰："吾不杀汝，汝当以忠义报国！"小商桥之战，再兴死焉，焚其尸，得矢镞二升。

【译文】

鄂王跟周同学习射箭。当周同死后，鄂王每逢初一、十五则卖掉一件衣裳，在周同坟前摆上酒肉，祭奠痛哭一番。祭奠时，岳飞总是拉开周同所赠的弓，连射三箭，再痛哭一番，然后将祭肉埋在坟边，洒酒，凄楚地在坟前徘徊，久久才回家。鄂王的父亲看见后问他是什么意思，鄂王说："我跟周君学习射箭，他不幸离世，我无以报答恩德，只好在初一、十五以祭奠来寄托我的哀思。至于引弓三发，是表明我不忘师长传艺之恩；埋肉洒酒，是因为这些本来是为周君所享用的，故我不忍心食用。"父亲抚摸他的背说："倘若将来你能获得施展才能的机会，必定会成为不惜为国捐躯的忠臣义士！"

张所与鄂王论时事，鄂王慷慨流涕道："今日之事，只有消灭金贼，迎回二帝，收复旧疆，来报答君父而已！招抚如果能以身许国，请向天子上禀请命，然后带兵逼近边境，让飞带一支部队跟随麾下，协助作战，纵然战死，又何足道哉！"

鄂王从王彦至新乡，金人气势极盛，鄂王约王彦出战，王彦不肯进兵。王大声对他说："二帝被俘虏，金人占据河北。如今若不速战，反而观望，莫非真想投靠贼人吗！"王彦默然不语，鄂王于是就率领本部人马，独自和金人作战。

金人侵犯乌江，杜充闭门不出。鄂王闯进他寝室，劝道（以下原缺）

鄂王即日启行，至江州。此时刘麟战败，（鄂王奉命撤退）圣上为鄂王遵守朝廷旨意而高兴，特意下手札夸奖他。

起初，鄂王受张所的知遇之恩，后来张所因为骂贼遇害。张所的儿子年幼无依，鄂王四处寻访他，找到之后认真教导养育他。后来恰逢朝廷赏赐明堂恩（可以荫补为官），鄂王恳请给张所儿子一个文职的官阶。

曹成既平，鄂王命张宪等追杀剩余贼人，杨再兴愿意归降鄂王。鄂王见杨再兴仪表堂堂，十分赞赏，命人解其身上绳索，说："我不杀你，你必须以忠义报国！"小商桥之战，杨再兴以身徇国，焚烧其尸时，得到射入身体的矢镞达二升之多。

知遇

王初以敢战士应募，安抚刘韐一见，大奇之。

后隶东京留守宗泽，泽谓曰："尔勇智才艺，虽古良将不能过也。"

河北招抚使张所待以国士，曰："公殆非行伍中人也。"

从招讨使张俊平贼，俊常谓诸僚佐曰："岳观察之勇略，吾与汝曹俱不及也。"

江西安抚大使李回奏，乞以舒、蕲、光、黄接连汉阳、武昌一带盗贼，并委王招捕。会有旨，召赴行在，江西宣谕刘大中奏，人情方恃以为安，乃不果行。又赐李回亲札，令择本路盗贼炽盛处，专以委王。于是回奏吉寇为乱，乞专委王。广东宣谕明橐亦奏："虔贼为二广患。若朝廷特遣岳飞来，不惟可除群盗；而既招复叛者，亦可置之队伍，使之为用。"又知梧州文彦明奏虔寇入广东，乞委王讨捕。刘大中复连奏以为请。上专以虔、吉寇付王。

王奏乞复襄阳六郡，宰臣赵公鼎奏曰："知上流利害，无如飞者。"遂从之。

都督张公浚至江上，会诸大帅，于座中独称王可倚以大事，乃特命王屯襄阳，以窥中原。

高宗皇帝初以大元帅至相州，王因刘浩得见，被命招降群贼，由是受知。及复建康，授神武副军都统制[①]，上曰："岳飞勇于战斗，驭众有方，此除出自朕意。"既平虔、吉，召赴行在，上慰抚再三，赐宸翰于旗上，曰"精忠岳飞"，令王每行师建之。后再入朝，诏以刘光世所统郦琼、王德等隶王，诏王德曰："听飞号令，如朕亲行。"王上疏，论恢复之略，上召至寝閤，命之曰："中兴之事，朕一以委卿。"上又尝褒其功曰："用将须择孤寒忠勇，久经艰难，亲冒矢石者。"

王为秦桧所陷而殁，孝宗皇帝践位，尽还宠数，又谕其子霖曰："卿家纪律、用兵之法，张、韩远不及。卿家冤枉，朕悉知之。"

【注释】

①岳飞并非于建炎四年收复建康后授神武副军都统制，而于绍兴元年末授任，此处记事有误。

【译文】

鄂王最初以敢战士的身份应征，安抚使刘韐一见，大为赞赏。

后来鄂王隶属东京留守宗泽，宗泽对鄂王说："你的勇智才艺，即使是古代良将也不会超过你。”

河北招抚使张所以国士的身份对待鄂王，说：“你并非普通的军人呀。”

鄂王跟从招讨使张俊平贼，张俊常对手下僚佐说：“岳观察之勇略，我和你们都比不上。”

江西安抚大使李回奏，希望将舒、蕲、光、黄接连汉阳、武昌一带盗贼，都交给鄂王去招讨收捕。当时有圣旨召鄂王前往杭州，江西宣谕刘大中上奏，说有鄂王在，当地官吏有所依仗人心方稳，于是鄂王无法成行。圣上又给李回下札子，令他选择本路盗贼为患最厉害的地方，交给鄂王负责讨伐。于是李回上奏说吉州一带贼寇为乱，希望专门委任鄂王去征讨。广东宣谕明橐亦奏：“虔州之贼为患两广。若朝廷特遣岳飞来，不但可除群盗；那些接受招安而又重新叛逃的，也会重新归降，安置在军中，可以为国效用。”又有梧州知州文彦明上奏虔寇已杀入广东，请求朝廷委派鄂王讨捕。刘大中又连续上奏请鄂王前往征讨。圣上就让鄂王专门讨伐虔、吉州的贼人。

鄂王上奏请求收复襄阳六郡，宰臣赵鼎上奏道：“知道上流军事重要性的人，没有一个比得上岳飞。”于是圣上就同意让鄂王收复襄阳六郡。

都督张浚至江上，会见诸位大帅，他在座中独称鄂王是可以委托大事的人，特命鄂王屯兵襄阳，找寻北伐中原的机会。

高宗皇帝初以大元帅的身份至相州，鄂王因是刘浩的部下得以见到高宗皇帝，奉命招降群贼，从此高宗知晓鄂王不凡。到了收复建康后，授与鄂王神武副军都统制之职务，圣上言：“岳飞勇于战斗，驭兵有方，这次授官是朕的意思。”既而平定虔、吉州，鄂王奉命前往行在，圣上再三慰劳安抚，在军旗上亲笔书写“精忠岳飞”，吩咐鄂王每行军就展开此旗。后来鄂王再入朝，下旨让刘光世所部郦琼、王德等交由鄂王管辖，诏书对王德曰：

“听飞号令，如朕亲行。”鄂王上书，论恢复之略，圣上召他至寝宫，吩咐他曰：“中兴之事，朕专门委托卿家了。”圣上又曾褒赞他的功劳说：“用将须择困境中仍忠义勇敢，久经艰难，愿意亲冒矢石的人。”

鄂王为秦桧所陷而亡，孝宗皇帝登基，尽归还之前高宗给予的礼数，又对其子霖言：“卿家用兵纪律、驭兵之法，张俊和韩世忠都比不上。卿家的冤枉，朕全知道。”

爵秩

王自从军，凡四补官，最后以河北招抚司借补修武郎，积功八转，至中卫大夫，特旨落阶。自英州刺史，累迁至两镇节度使。

其军职由中军统领升至神武后军都统制。

其镇帅自通、泰镇抚使累迁诸路制置、招讨、营田、宣抚使。

其加官自检校少保至太尉、开府仪同三司、少保。其在朝为枢密副使，万寿观使，奉朝请。

其封爵，自武昌县子进至郡公。

王年三十九，为秦桧所陷而殁。后追复元官，谥武穆，封鄂王。建庙鄂州，赐号忠烈。

【译文】

鄂王自从军，前后四次补官，最后以河北招抚司借补修武郎，因为功劳连升八级，至中卫大夫，圣上特意下旨落阶官。自英州刺史，不断升官至两镇节度使。

他的军职由中军统领升至神武后军都统制。

他的地方职务自通、泰镇抚使不断升官至诸路制置、招讨、营田、宣抚使。

他的加官自检校少保至太尉、开府仪同三司、少保。后来进入朝中为枢密副使，万寿观使，有参加朝会的资格。

他的封爵，自武昌县子爵升至武昌郡公爵。

鄂王年三十九，为秦桧所构陷而殁。后追复元官，谥武穆，封鄂王。建庙鄂州，赐号忠烈。

诏札

王自常州之战，受诏复建康。及承州奏捷，初被赐札之宠。自是而后，曰诏，曰札，曰制，凡可得而见八十有六。

襄阳听治之所，乃昔武穆王之故第也。王收复京西六郡，欲北向中原，而志不克遂。忠愤所积，没为明神，安知其不睠睠于旧所临涖之地哉！而阙无祠堂，理不应尔。余即射圃听事，龛其遗像，敬以高庙宸翰之所表异，题曰精忠堂。诿客普慈冯真父类王事实，刊之板，而列诸四壁，读之使人感奋流涕也。夫功名虽出于智勇，而其本实生于忠，苟忠矣，王之事业可跂而及也。自今六郡之民与夫三军之士瞻像阅碑，可以想千载之英烈，慕前人而兴起。

嘉定四年仲春，襄阳守臣简池刘光祖书。

【译文】

鄂王自常州之战开始，奉命收复建康，一直到承州奏捷，才有被赏赐御札之恩宠。自此之后，各种诏、札、制的文书，可以找到看见的有八十六份。

襄阳断狱治事的地方，乃当日武穆王之故居也。鄂王收复京西六郡，欲北向中原，而志向未成。忠愤所积，已成神灵，谁能说他不会降临当初治军之地呢！而这里却无祠堂，于理不合。

我在他的习射之场和听事之厅，设立鄂王遗像，敬奉高宗皇帝亲笔所书的字句，名为精忠堂。委托普慈冯真父根据鄂王事实，刻版制作，将鄂王事迹刻在四壁，让人读了可以流泪奋发。鄂王功名虽因为智勇而建立，然而其实质是竭诚尽责，普通人若是能做到竭诚尽责，鄂王这般的功业也是可以通过努力达到的。自此之后，六郡百姓与三军将士都可以来瞻仰遗像，阅读碑文，能遥想千载之英烈，思慕鄂王而教人振作也。

嘉定四年仲春，襄阳守臣简池刘光祖书。

卷第二十五

百氏昭忠录卷之九

鼎澧逸民叙述杨么事迹一

常德府旧是鼎州。昨于建炎三年，有北来溃兵孔彦舟贼马侵犯府城。其时府民为外有土人妖巫钟相，久以幻怪鼓惑本土乡村愚民，联络澧、峡州无知之俗，悉来归奉，谓之投拜法下，莫知其数。若受其法，则必田蚕兴旺，生理丰富，应有病患，不药自安，所以人多向之。钟相乃妄称“天大圣”名号，亦曰“钟老爷”，于武陵县管唐封乡水连村，地名天子冈，所居置立寨栅。聚集妖徒，齐送金、帛、钱、物，积累无数，道路填委，昼夜不绝。

【译文】

常德府以前称鼎州。于建炎三年，有从北方来的孔彦舟带领的溃兵侵犯城池。此时城中有外来土人钟相，长久以来以妖幻蛊惑乡村中愚钝的村民，并且联络澧、峡州无知的俗众，都来归奉于他，谓之为投拜法下，人数不可胜计。说是若得到他的法力，则必会田蚕兴旺，生计丰富，即使是患病了，也会不药自安，所以很多人都为之所向。钟相乃妄称“天大圣”名号，亦称“钟老爷”，在武陵县所管的唐封乡水连村，地名叫天子冈，其所居之处设置寨栅。聚集妖徒，送他金、帛、钱、物，累积无数，道路上皆是送他礼物的，昼夜不断。

盖以相之长子钟昂曾于靖康二年，蒙本府以土豪劝谕，招募勤王民兵三百人，依格借补承信郎，祗随统制郑修武，一行民兵共五千人，前去武陵，入卫王室。至邓州南道总管司，时当京师失守，蒙总管司遣发所到民兵，尽往南京，劝进太上皇帝登宝位了当，推恩[①]发遣归元来去处，各着生业。是时钟昂见世事扰攘，依旧将元募人围集在家，结成队伍，多置旗帜、器甲，意要作乱。官司坐视，不能觉察。

【注释】

①推恩：帝王对臣属推广封赠，以示恩典。

【译文】

由于钟相长子钟昂曾于靖康二年，蒙本府以土豪身份进行劝谕，招募勤王民兵三百人，依照条例借补为承信郎，跟随统制郑修武，一行民兵共五千人，前去武陵，护卫王室。行至邓州南道总管司，此时正当京师失守，蒙受总管司遣发所到民兵，尽往南京，劝进太上皇帝登基后，又推恩发遣归还至原来的去处，各着生业。此时钟昂见世事扰攘，依旧将原来招募的人围集在家，结成队伍，多置旗帜、器甲，意要作乱胡为。官府坐视不管，未能看出端倪。

次于建炎二年内，有湖南人王靖之出入钟相之门，备见其父子所为，定生变乱，欲谋不轨，遂具状经鼎、澧路兵马都钤辖唐龙图告首。时有钤干范世雄受钟昂之金，曲为保全，止将钟相以私置军器断罪，编管衡州。相不久放还，聚集妖党如故。当年五月，圣旨指挥罢鼎、澧路，依旧併作湖北路，唐龙图改移充湖北路安抚使，知荆南，尽将带鼎州军马及元召募人钟昂等赴荆南任。当时李孝忠贼马占据荆南府城，尽烧毁府城官私舍宇，起离北去。唐龙图自公安县领兵收复空城，横尸满街，火烟未断。才方经营府治，修葺城壁，招集民户归业，未成次第，俄报有北来范将军背叛将官辛泰、瞿诚人马侵犯府境。赖辛泰乃穷寇，即受招安。定叠未踰月，又报有孔彦舟人马自随、郢州来，猥众数十万，劲犯荆南。唐帅所将鼎州人兵思归，一夕拥唐帅渡公安江，奔走回本州。唐帅告谕本州民户，以彦舟人众凶悍杀戮，定来本州，宜各走避。唐帅不住城中，止将得随行从人，将带家属，径上辰州前去。其元带军马一时溃散，各任所往，并无统摄。于是，钟昂部领所募民兵，复归其家团集，观望事势。

【译文】

后来建炎二年，有湖南人王靖之出入钟相之门，见他们父子所为，料定他们要生变乱，欲谋不轨，便向鼎、澧路兵马都钤辖唐龙图告首。此时有钤干范世雄接受钟昂贿赂之金，为其开脱罪行，只是将钟相以私置军器为由判罪，在衡州编管。钟相不久后被放还，仍旧聚集妖党，行事一如从前。当年五月，朝廷圣旨指挥撤销鼎、澧路，依旧并作湖北路，唐龙图改移出任湖北路安抚使，知荆南府，尽数将鼎州军马及原来招募人钟昂等人带赴荆南上任。当时贼人李孝忠占据荆南府城，烧毁了所有府城内官私舍宇，离开北去。唐龙图自公安县领兵收复空城，横尸满街，火烟未断。只能先经营府治，修葺城壁，招集民众安居归业，还未成规模，就有北方背叛范将军的反叛将官辛泰、瞿诚人马侵犯府境。好在辛泰是穷寇，所以立即就被招安了。还没过一个月，又有来报孔彦舟人马自随州、郢州而来，聚众数十万，直逼荆南。唐龙图所部的鼎州籍人马思归，一日竟拥唐龙图从公安渡江，逃回本州。唐龙图告谕本州的民众，孔彦舟兵马众多且是凶悍之徒，他们必定会来本州，大家应各自逃避。唐龙图也不住在城中，仅带领了随行从人和家属，径自去了辰州。原来所带的兵马一时间溃散，各任所往，亦无统一管理。于是，钟昂部所募集的民兵，复又归至其家聚集，观望事态变化。

无何，于次年二月内，孔彦舟贼马长驱蓦澧州，直犯鼎州。在城居民以知州邢大卿已亡，又无兵马防守，虽有武臣提刑[①]单宣赞，却于出巡，将带宅眷及一司公吏，老小上船，往岳、鄂州点检，令人牵所乘白马，出陆随行。是时，钟昂闻彦舟至，却将手下民兵于白沙渡，拦截单提刑辎重，夺其所乘白马，鼓众乘势作乱。招呼龙阳县妖党，竞起虏劫出城避难人民船只，其势猖獗。

【注释】

①提刑：官名。提点刑狱公事简称，或称提点刑狱。宋置于各路，主管所属各州司法、刑狱、监察地方官吏并劝课农桑。

【译文】

不久，于次年二月内，孔彦舟率贼兵长驱过了澧州，直犯鼎州。城内的知州邢大卿已亡，又无兵马防守，虽然有武臣提刑单宣赞，却又正要出巡，带着宅眷及所属的公吏、老小上船，前往岳、鄂州点检，令人牵着所乘白马，跟随前行。此时，钟昂听说孔彦舟已到，将手下的民兵安排在白沙渡，拦截单提刑的辎重，夺走其所乘的白马，鼓动众人乘机作乱。招呼龙阳县妖党，纷纷打劫出城逃难百姓的船只，其势甚是猖獗。

府民复走入城，为见外有妖寇杀掠，无处逃生，众共商议，莫若设香花鼓乐，出北门迎接彦舟一行军马，入城安泊，多备金帛犒设，恳告彦舟支吾钟昂，保全一城生灵性命。彦舟初亦喜府民之意，欣然入城。不期后军方自澧州起发，至药山平，无备，遂为钟相妖徒横冲掩杀，损折颇多。彦舟忿怒，以谓府民故作好意，反相攻害。安泊三日，乃发人马于州城四外二十里间，把截围闭，将内外人民大纵屠戮，无噍类。次遣兵攻杀钟相徒众，破其巢穴，生擒钟相、钟昂，系累一家妖类，械缚入城，具事因申闻朝廷。得旨，令彦舟押送潭州，将钟相等根勘，以正刑典。彦舟因此移军，起离鼎州前去。城壁一空，但有所屠尸骸，头颅相枕，填街积巷，秽气充盈。其官司库藏上有见钱将带不去，仓敖尚余米粮数千斛，以至富室钱物亦钜万数。

【译文】

民众没有办法只能再次入城，因见外有妖寇杀掠，无处逃生，共同商议，不如设香花鼓乐，出北门迎接孔彦舟一行军马入城安泊，多准备金帛犒劳，恳请彦舟抵挡钟昂，保全一城人民的生灵性命。彦舟初时亦欣喜民众之意，欣然入城。未料其后军方自澧州起兵，至药山平，没有防备，遂为钟相妖徒横冲掩杀，损折颇多。彦舟大怒，以为是府民表面上故作好意，背地里加害于他。安泊三日，于是发兵至州城外四周二十里，把截围闭，将城内外的民众大肆杀戮，无一幸免。后又派兵攻打钟相徒众，攻破其巢穴，生擒钟相、钟昂，及其徒众一党捆绑入城，把具体的过程向朝廷上报。得到旨意，命彦舟将他们押送至潭州，将钟相等人审问后，以正刑典。孔彦舟因此移军，离开鼎州前去。此时城壁一空，唯有所屠杀的尸骸，头颅相枕，填街积巷，秽气充盈。在官司库藏里有钱币带不走，粮仓里尚余米粮数千斛，甚至富户人家的钱物也逾数万。

钟相余党，多是龙阳县市井、村坊无赖之徒，杨华、杨么、杨钦、刘诜、周伦、全琮、杨广、夏诚、刘衡、黄佐、杨二胡、高癞子、田十八十余辈，各为头领，占据龙阳县，分布于所居村分，置立寨栅。又集妖党，群来城中，尽搬官私钱物、仓敖米斛，用船装载，及打驾抽税场板木大小千片，各回巢穴。是时偶无太守，州县官多被彦舟所杀，或逃散已尽，莫适为主，容得水贼恣行讨虏而去。

【译文】

钟相的余党，多数人是龙阳县的市井、村坊间无赖之徒，杨华、杨么、杨钦、刘诜、周伦、全琮、杨广、夏诚、刘衡、黄佐、杨二胡、高癞子、田十八等十余人，各为头领，占据龙阳县，分布于所居住村子，设立寨栅。又聚集妖党，一起来到城中，尽搬官私钱物、仓敖米斛，用船装载，以及打驾抽税场板木大小千片，各自带回其巢穴。此时正逢无太守，州县里的官吏多被彦舟所杀，或是逃散已尽，找不到主事之人，所以水贼任意横行掠夺。

俄有知荆南程吏部改移充鼎、澧路镇抚使，将元自蔡州所带一行军马前来赴任。先自公安县发总管杜湛众兵官、僚属，取陆路来鼎州。次程吏部乘座船并辎重，暨随军官属及人兵、老小、与避难百姓舟船，自公安油河水路迳澧江安乡县石龟羌口，沿鼎口小江出大江，上水取龙阳县，至城下。缘舟船之行无次序，又久在荆南移治处监利县，水乡荒索，无物食用，乍见鼎口江半道脑口市、阳城、丰水村乡有酒坊，村家有猪、羊、鸡、鸭之类，悉去争买，以致纷拏，渐行掠夺，遂成作闹。水寨之人为见舟船之多，别无军兵防护，因争买攘夺食物，各持器刃，乘势拦截舟船，声言官军劫虏为名，遽便众起行凶。河道窄狭，舟人不能措手，痛遭杀害，应随军官员、避难人民老小多被驱掠。又程吏部自蔡州与竭城人民、军兵南来之时，所带官司金银、物帛、及先在京城权开封府大尹[1]日，所得露台弟子[2]小心奴同作一船载着。其小心奴姿色妖丽，其妻钱氏不容，所以顿在别船，尽为贼人虏夺。时水寨小首领谢保义送小心奴献杨么，与钟相之子郎君作夫人。赖程吏部座船少后，方入羌口，知前船已失利，急弃座船，将眷属上小船，仅能脱免，复回公安县。遣人告急于杜总管，却拽一行军马趣公安救护。内程吏部、杜总管、邵统制、刘参议、鲁签判宅眷得脱，其余官员无虑数十家老小，尽已陷没不存。

【注释】

①大尹：对府县行政长官的称呼。

②露台弟子：宋元时称民间剧团的艺人。

【译文】

不久有荆南的程吏部改任鼎、澧路镇抚使，将原来自蔡州所带一行军马前来赴任。先自公安县发遣了总管杜湛的众兵官、僚属，取道陆路来鼎州。然后程吏部自己乘船，携带辎重，以及随军的官属、兵士及家属，随同的还有避难百姓的舟船，自公安油河取水路，经澧江安乡县石龟羌口，沿鼎口小江出大江，逆流而上取道龙阳县，至城下。由于舟船行驶无次序，又因久在荆南移治处监利县，水乡荒芜，没有食物，乍见在鼎口江半道脑口市、阳城、丰水乡村有酒坊，村里的住家有猪、羊、鸡、鸭之类，程吏部这干人等便争相去买，以至于引起哄抢，逐渐演变成掠夺，最后激发成骚乱。水寨之人见船舶众多，又无军士防护，见他们争买哄抢食物，便都各持器刃，乘势拦截舟船，声言不满官军劫掠，遂发动众人行凶。由于河道狭窄，船夫不能应付，痛遭杀害，船上的随军官员、避难的百姓多被驱掠。程吏部自蔡州裹挟人民、军兵南来之时，带着官司的金银、物帛、及先前在京城任开封府大尹时得到的露台弟子小心奴也一同前来。那小心奴姿色妖丽，为程吏部之妻钱氏不容，所以被安置在别的船只上，此时为水寨的贼人所掳。水寨小首领谢保义将小心奴献与杨么，给钟相之子作夫人。程吏部所乘之船行驶在后，进入羌口，得知前船失利，急忙丢弃座船，带着眷属上了小船，侥幸逃脱，又回到了公安县。派人向杜总管告急，并催促一行军马去公安救护。（在这个事件中），只有程吏部、杜总管、邵统制、刘参议、鲁签判的宅眷得以逃脱，其余官员数十家老小，全部罹难。

程吏部遂商议皆取陆路，自公安县由澧州来鼎州赴任。未到城间，杨华等言："既是程吏部来赴任，已遭水寨人杀虏，必定与我们结冤，难以教来本州住坐。"遂发杨广、杨钦徒众入城，放火尽烧官私舍宇，火光亘天，数日不灭，止存乡官张待制宅一区。今府衙安静堂宅，乃是旧屋。程吏部一行人马既到城，即就张待制宅为治所。渐次打併街巷，分立官司舍宇，措置军马营寨，例皆茅草搭盖。次招集民户归业，及随军买卖经纪等人住坐，即纠集武陵、桃源县乡兵保甲，同军兵分头防守。

【译文】

程吏部与僚属商议取道陆路，自公安县由澧州来鼎州赴任。还未到，就有杨华等人说："既是程吏部来赴任，他前次已遭水寨人杀掳，必定与我们结冤，怎好任他来本州居住。"于是就让杨广、杨钦等人入鼎州城，放火烧了官私舍宇，火光冲天，数日不灭，只留下乡官张待制的宅院一座。今日的府衙堂宅，其实是旧屋。程吏部一行人马到了城里，就将就用张待制的宅院为治所。逐渐打扫街巷，设立官司舍宇，措置军马所用的营寨，都是用茅草搭盖而成的。然后再招集民户回来安居归业，以及让随军的买卖经纪人住下，随即纠集武陵、桃源县的乡兵保甲，同官军分头设防。

程吏部募乡道使臣[①]李珪入龙阳县水寨，以朝廷法令祸福招谕杨华等，使之出首，放散徒众，着业耕种，复为税民。以前鼎口江作过之人，一切不问。杨华本是税户，颇晓事体，即随李珪来城中参拜。程吏部厚以犒劳，令杨华亲随人回水寨，遍谕杨么等诸首领，各请出来受犒设。杨么等不听，却极口骂："杨华不是丈夫汉！"遂鼓率贼舡无数，时来城下叫噉，声言要取杨华归寨。程吏部已得杨华，拘留监管，具事理申奏朝廷，承指挥，差人管押杨华赴行在，蒙命之以官，差充抚州钤辖，不厘务。

【注释】

①使臣：是宋朝八品和九品的十等武阶官总称，可分为大使臣和小使臣。（据《宋朝军制初探（增订本）》，第198页。）

【译文】

程吏部招募乡道使臣李珪去龙阳县水寨，向杨华等人晓谕朝廷法令并分析祸福，让他们自首，解散下面的徒众，以耕种为业，再次成为向朝廷纳税的良民。以前在鼎口江有过错的人，一概不予追究。杨华本来就是税户，非常明白事理，立即随李珪来到城中参拜程吏部。程吏部厚以犒劳，令杨华的亲随人等回水寨，告诉杨么及其他诸位首领，请他们出来受犒设。杨么等人不愿听从，还破口大骂说："杨华不是丈夫汉！"然后率贼船无数，时常来城下叫喊，声言要取杨华归寨。程吏部已得杨华，拘留监管，把事理申奏朝廷，得到命令差人将杨华押赴行在，蒙朝廷之命授以官职，充抚州钤辖，但不用参与政务。

其杨么等为见杨华不归，心生疑虑，乃率诸水寨首领、妖徒群众，扬言与钟老爷报仇。于府东德山采斫松、杉万株，及往澧州钦山、药山、夹山倒伐松、杉、樟、楠木万本，又发掘所在坟墓，取板材，打造海鳅、棹橹等船，出没重湖，恣行劫掠作过，势焰愈炽。

【译文】

杨么等人见杨华不归，心生疑虑，于是率诸水寨首领和一众妖徒，扬言要为钟老爷报仇。在府东德山采斫松树、杉树万株，再往澧州的钦山、药山、夹山倒伐松、杉、樟、楠木上万株，又掘出所在地的坟墓，取其板材，打造海鳅、棹橹等船只，出没重湖，任意劫掠作乱，其气焰愈来愈嚣张。

水贼初未有车船。奈以程吏部兵力单弱，又未有水军战船，但坐视杨么等在江湖跳梁，莫之或制，姑且保守城壁，徐图平灭之计。当时因言事者诣阙论列分镇不便事，遂有诏命，罢鼎、澧镇抚使，改为湖西路安抚司。程吏部失镇抚使所得圣旨便宜行事，世袭锡爵之命，颇生怨望，怏怏常不平。又无策可以剿除水贼，惟恐无功罢去，日逐焦燥，不能自安。偶得一随军人，元是都水监白波辇运司黄河埽岸水手、木匠都料高宣者，献车船样，可以制贼。是时，本州有虔州客人赖九郎、自靖州山场所买文溪杉板条片甚多，在桃源县上瓮子洞下綵小水牌筏梢泊，于是差官尽行拘收，打驾下来。打造八车船样一双，数日併工而成。令人夫踏车，于江流上下往来，极为快利。船两边有护车板，不见其车，但见船行如龙，观者以为神矣。乃渐增广车数，至造二十至二十三车大船，能载战士

二、三百人。凡贼之棹橹小舟，皆莫能当。自此杨么等更不敢辄近州城。

【译文】

水贼们起初并未有车船。无奈程吏部兵力单弱，也没有水军战船，只能坐视杨么等人在江湖上恣意胡为，却无法制止，只有坚守城壁，再慢慢图谋消灭他们。当时朝廷有些人上疏力陈镇抚使制度不利于平寇，于是朝廷下诏，解除鼎、澧镇抚使司，改为湖西路安抚司。所以程吏部罢去镇抚史一职，按照圣旨旨意可以便宜行事，世袭锡爵之命，故而心生怨念，常自怏怏不快。然而又无计策可以剿灭水贼，唯恐无功被罢免，日益焦躁不安。偶然得到一支军人，以前是都水监白波辇运司黄河埽岸水手、木匠都料高宣，献上车船样式，可以制住水贼。是时，本州有虔州客人赖九郎、从靖州山场买了文溪的杉板条片较多，在桃源县上瓮子洞下綵小水牌筏梢泊，于是派官吏尽皆拘收，照样式打造。打造出八车船样一只，数日完工建成。令船夫踏车，在江流上下往来，非常快捷便利。在船的两边设有护车板，不见其车，但见其船在江上行走如龙，观者都觉得神奇。于是渐渐地增加车的数量，以至于造了二十至二十三车的大船，能载荷战士二三百人。水贼们的棹橹小船，全都不能抵挡。自此杨么等人更是不敢擅自接近州城。

又闻得鄂州水军统制覃舍人已交所部水军三千人与吴锡统制，归回辰州辰溪县，乃专遣使人持书公牒礼请，委令召募辰、沅、靖州洞丁、刀弩手，来赴本州应援。覃舍人名敌，是沅州人，以鼎州是一路，难以违程吏部之命，遂依应。于一月之间，召募到洞丁、刀弩手一千余，前来听候使唤。时又招安到人寇刘超下一头项背叛彭筠人兵三千余人，内多有驱虏复州玉沙县湖瀛谙会船水人民，悉皆放散，未有所归。覃舍人措置，择强壮者招充水军，旬日之间，得千余人，与洞丁、刀弩手合为一军，专习水战。军分已成伦理，自此水陆皆有准备，程吏部遂稍意解。克日发杜总管部率全队步兵，攻打上沚江水贼夏诚大寨。仍委覃统制发八车船二艘，海鳅船二十艘，装载水军，入上沚江，直凑夏诚寨下，与杜总管步兵併力夹攻，要必破其寨。覃统制力争，以谓沚江窄狭，车船不能回转，又其水长退不定，恐缓急水陷车船，不能得出，适以资贼，反成虎生其翼之势，不若多遣海鳅船，亦足取胜。程吏部不允所请，必欲以车船炫贼，竟发车船以进。无何夏诚有备，大开寨门，受官军之敌。杜总管疑惧其奸计，不敢入攻。寻值连日阴雨，众兵淹浸泥淖中。纵得晴霁，人马已疲，难以成功。程吏部急使班师，奈沚江之水渐落，沚口滩浅，车船不能出。贼遂力争夺，覃统制烧之不迭，其船竟为贼有。当时更带高都料在船，恐船或损，要他修整，不及走脱，贼亦擒虏。止是海鳅船出沚口回州。

【译文】

又听说鄂州水军统制覃舍人已将他所部的水军三千人交与吴锡统制，自己回到辰州辰溪县，于是专遣使者持书信与公牒前去相请，委托他招募辰、沅、靖州一带的洞丁、刀弩手，去本州支援。覃舍人名敌，是沅州人，沅州与鼎州同属一路，覃舍人难违程吏部之命，便答应了。在一个月之间，就招募到洞丁、刀弩手一千余人，前来听候命令。此时又招安到贼寇刘超手下一头目背叛彭筠的兵士三千余人，其中有很多是驱虏复州玉沙县湖瀛熟悉水性的人，当时均已放散，无所归属。覃舍人措置，选择强壮者充入水军，十日之间，得千余人，与洞丁、刀弩手合为一军，专习水战。军队建制已划分清楚，自此水陆皆有所准备，程吏部遂稍放下心来。便定下了日子，发杜总管部率全队步兵，攻打上沚江水贼夏诚的大赛。委派覃统制发八车船二艘，海鳅船二十艘，用于装载水军，入上沚江，直至夏诚水寨前，与杜总管步兵合力夹攻，必要破其寨。覃统制力争，认为沚江窄狭，车船不能回转，又因其水长退不定，唯恐不小心将车船陷入其中，不能出来，反而有助于贼人，使他们成如虎添翼之势，不如多派海鳅船，亦能取胜贼人。程吏部不允覃统制所请，非要炫耀一下车船，竟然发动车船前进。无奈夏诚早有防备，寨门大开，接受官军的进攻。杜总管疑惧其中有奸计，不敢入攻。正值连日阴雨，众兵淹浸在泥淖中。后来纵然天空转晴，人马已疲惫不堪，故难以成功。程吏部急令班师，奈何沚江的水势渐落，沚口滩浅，车船不能出来。贼人奋力抢夺车船，覃统制想要烧船已经来不急了，船竟然为贼人所掠走。当时高都料亦在船上，原本是怕船有损伤，要他来修整的，此时已经来不及逃脱，结果被贼人掳去。只有海鳅船从沚口撤回到本州。

自此水贼得车船之样，又获都料、匠手，于是杨么打造和州载二十四车大楼船，杨钦打大德山二十二车船，夏诚打大药山船，刘衡打大钦山船，周伦打大夹山船，高癞打小德山船，刘诜打小药山船，黄佐打小钦山船，全琮打小夹山船。两月之间，水寨大小车楼船十余，制样愈益雄壮。忽一日，尽至社木滩下，赖滩浅，来州岸不得。程吏部深切悔恨不听覃统制之言，白车船样送，并都料与贼，滋长其势，致杨么等日夜乘船到德山滩下警扰。一城人民忧惶，无由平定。

【译文】

自此水贼得到车船的样式，又抓获了都料、匠手，于是杨么打造和州载二十四车大楼船，杨钦打造大德山二十二车船，夏诚打造大药山船，刘衡打造大钦山船，周伦打造大夹山船，高癞打造小德山船，刘诜打造小药山船，黄佐打造小钦山船，全琮打造小夹山船。两个月之内，水寨大小车楼船十余座，制样越来越雄壮。突然一日，尽至社木滩下，由于滩浅，船只无法靠岸。程吏部深悔不听覃统制之言，把车船样式白送给了贼人，并且把都料都给了贼人，滋长了贼人的势力，导致杨么等人日夜乘船到德山滩下骚扰。全城的百姓都觉得心中忧惶，无法平定。

时有江西布衣方畴上封事，达朝廷："方今之大患有三：曰金虏，曰伪齐，曰杨么。然以金虏、伪齐皆在他境，而杨么正在腹内，不可不深虑之。若久不平灭，必滋蔓难图。"乃于绍兴三年八月，遣发御前大军都统制王四厢[①]瓔，节制本部军马三万人，又差建康府水军正、副统制崔曾、吴全正兵人船一万人，水陆并进，前来讨荡杨么等贼众水寨。王四厢带节制职事到本州，要程吏部并听节制。程乃平欺无能，不伏节制，程云："某是守臣，但保守得州城。太尉是朝廷遣来，责办平贼，请自分布人马，讨荡杨么等巢穴。"缘此程、王赤面，两军不足，各相关防，城市惶惶，忧其不测。赖随军向参议、靳监军者，虽各武人，通变颇识大体，乃和会程、王，言："且当以朝廷为念，况事一家，宜各输忠竭力，评议所以破贼，或招或杀，以图成功，则为上策。若分彼我，适足败事，恐贻朝廷之忧。"于是王四厢勉强隐忍，与程吏部同其节制。而程吏部心怀鼎江之辱，切齿水贼劫其财物、宠姬，官员、军兵老小，必欲尽其贼，独成其功，以快私忿。所以应有紧急头重支吾去处，先调发王四厢军马，以当贼锋。官军不知地利，多落贼人奸便，痛喫手脚。

【译文】

此时有江西布衣方畴上奏章给朝廷说："方今之大患有三：曰金虏，曰伪齐，曰杨么。但是金虏和伪齐皆在他境，而杨么正在腹地，不能不深思。若是长久都不能平定，贼人的势力必然滋长扩大，今后更不好收服他们。"于是在绍兴三年八月，遣发御前大军都统制王四厢王𤫉，带领本部兵马三万人，又派遣建康府水军正、副统制崔曾、吴全的正兵人船一万人，水陆并进，来讨伐杨么等贼众的水寨。王四厢带节制之职到本州，要求程吏部听从其节制。程吏部觉得王四厢无能，不服从其节制，程吏部说："某是守臣，但保守得州城。太尉是朝廷遣来，责办平贼，请自分布人马，讨荡杨么等巢穴。"所以程、王二人由此面红耳赤，两军互相怨怼，相互关防，使得人心惶惶，担忧怕有不测。幸有随军向参议、靳监军两人，他们虽是习武之人，但是颇识大体，分头去说服程、王两人，言："且当以朝廷为念，况事一家，宜各尽忠竭力，商议破贼之事，或招或杀，以图成功，则为上策。若分彼我，适足败事，恐贻朝廷之忧。"于是王四厢勉强隐忍，与程吏部共同节制。然而程吏部心怀鼎江之辱，恼恨水贼劫走其财物、宠姬，官员、军兵老小，必欲杀尽贼众，独自请功，以泄私愤。所以遇到紧急战事找理由不愿前往，先调遣王四厢的军马，以挡住贼人的精锐。官军由于不知当地的地利，多陷入贼人的奸计之中，痛喫手脚。

自八月到来，至十月，已死损数百人。至十一月初，江湖水浅，天气凝寒，程吏部乃称宜发兵进讨。遂王四厢举起王师，水陆俱下。先过德山大溪口，破高癞寨。次至龙阳县界汎州村，破杨钦大寨。次至黄店，破全琮寨。次至县对江北，破杨么大寨。巢穴一空，贼众尽将老小乘船，牵赶牛犋、孳畜，往鼎口下五十里酉港地宽处存泊。

【译文】

自从八月来至十月间，已伤亡数百人。至十一月初，江湖上水位浅，天气寒冷，程吏部称此时适宜发兵讨伐。于是与王四厢举起王师，水陆并进。先过德山大溪口，攻破高癞寨。然后至龙阳县界汎州村，攻破杨钦大寨。又至黄店，攻破全琮寨。再至县对江北，攻破杨么大寨。将贼人巢穴讨荡一空，贼众尽将老小乘船，牵赶牛騩、孳畜，往鼎口下五十里酉港地宽处存泊。

卷第二十六

百氏昭忠录卷之十

鼎澧逸民叙述杨么事迹二

初，发兵时先有戒约，崔曾、吴全一军人船止令在岳州鳊山、湘江口及洞庭湖口、牌口等处梢泊，听候上流逼逐贼船下来，即拦截掩杀，輒不得过石牌一步。其奈崔曾、吴全二统制以梢泊日久，不闻上流消息，乃贪功轻动，使小舟上石牌探逻事体。水贼先亦知有此水军，又知都是撅头船子及海船，湖中使用不得。一面支吾上流大军，遂发八车船数只，不竖旗、枪，亦不见人，交横放流而下。崔军探人见有空船流来，必是上面杀败，急报崔曾、吴全二将。全队舟船乱次争先，撑篙拽牵，悉上石牌，入湖，既历油麻滩，又至大梁岸。将至鄱官树湖面宽处，被放流贼车船擂鼓发喊，踏车回旋，横冲乱撞，将崔军人船大小数百只尽碾没入水。崔曾、吴全二统制皆战亡溺水，其余在沙碛散袒步兵，俱被掩杀。一日之间，万人就死，致水贼杨么等尽得崔军所将御前器甲、旗幡、枪刀之属，其势转加威猛，已无下流之虑，遂一意抗拒上流官员，实是年十一月十三日也。

【译文】

开始时，在出兵之前订了戒约，崔曾、吴全所率的军队船只只在岳州鳊山、湘江口及洞庭湖口、牌口等处停泊，等官军在上游将贼船逼逐下来，立即拦截掩杀，崔曾、吴全军不能擅自越过石牌一步。怎奈何崔曾、吴全二统制觉得梢泊等候时间过长，得不到上流的消息，于是就贪功冒进，派遣小舟上石牌打探消息。水贼事先知道此处有水军，又知道都是撅头船子以及海船，这样的船在湖中无法使用。所以一方面抗拒着上游的官军大军，一方面发八车船数艘，不竖旗、枪、也看不到人，相互间交横着顺流而下。崔曾军中的探子看到有空船流下来，以为是上流的贼人被杀败了，急忙报告给崔曾、吴全。全队的舟船都争先恐后地撑篙拽牵，都上了石牌，进入湖中，过了油麻滩，又至大梁岸。将要到了鄱官树湖面宽处，被放流下来的贼人车船突然擂鼓叫喊，踏车在湖面回旋往来，横冲乱撞，将崔曾带领的大小数百只军船全都碾没于湖水中。崔曾、吴全二个统制皆战亡溺水，其余散落在浅滩上的败兵俱被掩杀。一日之间，万人被杀，以致水贼杨么等人尽获崔曾军队的御前器甲，旗幡、刀枪等物，其势力一下更加威猛，既无下游的后顾之忧，故此一意对抗上流的官军，这事发生在此年的十一月十三日。

时有本州选锋水军驾先于牛鼻渡口夺得杨钦二十二车大德山战船，在鼎口梢泊。前军杜总管、石统制、靳监军乘三楼大车船在风金口，程吏部同王四厢[①]在下沚江口卓帐。初，选锋军未知得崔曾、吴全失利，忽有一队贼人，自北岸来至鼎口东岸，皆着新鲜衣服，红锦青梭战袍，打鼓板，吹羌笛，弄气球，不类水寨村人结束，约百余辈，以一竹竿系缚文字一卷，叫覃舍人教人来取文字，不得乱放箭，遂插竹竿于沙觜上。即令人取之，始谓恐是受招安文字，及至拆开，却是官告两轴，随军钱粮司印一颗，御前小锤子，器甲牌一包，计百余枚，并王四厢令人所画洞庭湖口岸图子一本。贼见覃统制拆开，遂大笑，声言："崔家水军一万来人，前日晚被我们杀了，一个不存，衣、甲、枪、刀、旗号、钱、糧，一齐属我了也。”大笑，吹笛打鼓而去。覃统制方知崔、吴二将水军全没，急差人告急于杜总管、程吏部、王四厢。未得指挥间，不期是日晚，贼自酉港大震鼓声，俄有八车船八只，相衔而来。船箱尽载精锐，全装铁甲，各执雁翎长刀，光彩射目，矴于中流。杨钦大声叫呼覃统制："你但放下大德山船还我，放你一军人回去。你还知崔曾、吴全是天下有名水军，一万来人，只消我三只车船，尽底杀了。你们消得甚底杀也！"贼船炫耀一时，却回酉港。

【译文】

此时本州内的选锋水军率先在牛鼻渡口夺得杨钦二十二车大德山战船，停泊在鼎口。前军的杜总管、石统制、靳监军乘三楼大车船在风金口，程吏部和王四厢位于下沚江口设下大帐。这时，选锋军还不知道崔曾、吴全两人失利，忽然有一队贼人，从北岸来到鼎口东岸，都是穿着鲜艳的衣服，红锦青褑的战袍，手中打着鼓板、口里吹着羌笛，弄着气球，穿着上不像水寨村人的装束，大约有百余人，在一根竹竿上系着一卷文书，叫覃舍人派人来取文书，不可乱放箭，便将一根竹竿插在了突入水中的沙滩嘴上。覃舍人当即令人取来，开始还以为是他们接受招安的文书呢，及至拆开来看，却是两轴官告，还有随军钱量司印一颗，御前颁赐的小锺子，器甲牌一包，计有百余枚，还有王四厢令人所作洞庭湖口岸地图一本。贼人见覃统制打开，大笑声言："崔家水军一万来人，前日晚被我们杀得一个不存，衣、甲、枪、刀、旗号、钱、粮，一齐属我了也。"大笑后吹笛打鼓傲慢而去。此刻覃统制才知崔、吴二将及水军全军覆没，急忙差人告急于杜总管、程吏部、王四厢。尚未得到那边的命令，没想到当日晚间，贼人自酉港鼓声大作，稍后便有八艘八车船，鱼贯而来。船内载着都是精锐军士，全都身着铁甲，各个执着雁翎长刀，光彩夺目，船在湖的中流下碇。杨钦大声对覃统制说：“你但放下大德山船还我，放你一军人回去。你还知崔曾、吴全是天下有名的水军，一万来人，只消我三只车船，全部杀了。你们哪里经得起我杀！”贼人乘船一阵炫耀之后，就回酉港了。

覃统制又具此事理，再申程吏部、王四厢，即传令速即回军。前军、中军、后军一面便回，独遣选锋水军大德山船及十八车船三只、海鳅船三十只却作殿后，当住贼船。初更以来，月上，选锋军车船起缆，踏车起离鼎口，向上以行。将近二更，月高，贼船、大小车船不知其数，追袭至风金口江面最宽阔处，交战厮打。覃统制所乘大德山车船，元是杨钦旧物。杨钦不舍，必欲重夺，乃与周伦两大车船挟定攻打。至中夜，覃军劳困，但得灰炮少解贼势。仍得水军统领邢显见事甚危急，挥小舟向上赶，杜总管三楼船复回策应。百箭齐发，贼船稍却，再发，则贼船已退，覃统制大德山船方脱。其船两边护口板悉已打空，急用布帆遮箭，以护踏车水口。一船战士三百余人，落得头破额裂，满身中箭，无功而还。

【译文】

覃统制又将这个情况再次申告于程吏部、王四厢，然后传令立刻回军。前军、中军、后军一面便回，唯独派遣选锋水军大德山船及十八车船三艘、海鳅船三十艘作为殿后，挡住贼船。初更过后，月亮升起，选锋军车船起开船缆，踏车驶离鼎口，向上流而去。将近二更时分，月亮高挂于空，贼船、大小车船不计其数，追袭到风金口江面的最宽阔处，与官军交战起来。覃统制所乘大德山车船，原来是杨钦的旧物。杨饮不忍心舍弃，非要重新夺回来，于是与周伦的两大车船挟击攻打。仗打到中夜时，覃统制的军队劳困，亏了有炮所以能够稍稍削弱敌军之势。水军统领邢显见战势危急，忙指挥小舟向上追赶，杜总管三楼船复又回来策应。百箭齐发，贼船攻势稍减，再发箭，则贼船已然退下，覃统制的大德山船方才脱离危险。但船的两边护车板都已被打空，急忙用布帆阻挡射过来的箭，用以保护住踏车的水手。一船战士三百余人，落得头破血流，身上中箭，无功而返。

大军既回州歇泊，水贼亦复还巢穴休息。程吏部建议，且分布王四厢甲军于德山对岸立寨，差本州正将杜诚把托，又社木寨差大军孙将把托，又船场寨差大军将官常槊把托，各以五百人为率。数内常槊以程吏部犒设不均，有言语，遂怨王四厢□□□□□□于□十正月初，烧寨反乱。初出□□□□□□州，入荆南。无何中夜迷路，为后□□□□逵掩袭，由曾公隄转来西门，却上□□□路。追逐至辰州界首牛栏坡，被擒，斩□。一行甲军招抚归队。

【译文】

大军回州停泊休养生息，水贼也回巢穴休整。程吏部建议，王四厢的军队在德山对岸扎寨，派本州正将杜诚把守，又在社木寨设大军由孙将官把守，船场寨差将官常槊把守，各自率五百人。其中常槊认为程吏部犒设不均，有怨言，遂怨王四厢□□□□□□于□十正月初，烧寨叛乱。初出□□□□□□州，进入荆南。无奈何中夜迷路，为后□□□□逵掩袭，由曾公堤转到西门，却上□□□路。追逐至辰州界首牛栏坡，被抓到斩首。所率军队招抚归队。

渐至春夏之交，江水泛涨，社木寨地势低平，水将登岸。本寨申乞近城高阜处驻扎，王太尉取谋于程吏部，程意不欲，曰："甲军移，则贼必占据其寨。"既而江流入寨，又向上，堤防冲断，江水横流，打断新陂桥。本寨申乞发船渡载人兵。程吏部指挥覃统制不得擅发船只。于是杨钦乘车船临寨，放火烧屋，又高癞子陆路来攻打。寨栅兵将拒敌力极，并无救援，其一寨兵将五、六百人，一日杀尽不存。缘此王四厢与程吏部不足。王四厢遣人赴朝廷申诉，即降指挥，令王四厢班师而还，止是本州人兵支吾水寇。

【译文】

渐渐地到了春夏之交，江水开始泛涨，社木寨地势较低平，水势会上涨登岸。所以本寨申请到靠近城池地势高的地方去驻扎，王太尉向程吏部问计，程吏部却不想这样，说："我军士兵要是转移，贼人必定会占有寨子。"不久江流入寨，又向上，堤防被冲断，江水横流，打断了新陂桥。本寨申请发船渡载兵士。程吏部却命令覃统制不得擅自发船。于是杨钦乘车船临寨，放火烧屋，又派高癞子从陆路来攻打。寨栅兵将力拒贼兵，但因无救援，一寨的兵士五六百人，一日间尽被杀尽。自此王四厢对程吏部心怀怨憾。王四厢派人向朝廷申诉，很快收到指令，命王四厢班师而还，只留本州的兵士抵抗水寇。

至绍兴四年十一月，水贼周伦寨去岳州稍近，一日，令人賫申状，赴岳州太守程殿撰[①]陈诉。称近有伪齐下襄阳府李成太尉差人，自安、复州取水路，来故县滩水寨，送金帛、物口、文书，言欲水寨诸首领各备人船、战士，克日会合，水陆并进，取复向下沿江州县，得州者做知州，得县者做知县，别命官资，优加犒赏等事。周伦燕设来人，以乾鱼鲊脯回答，报言："周伦等止是鼎州龙阳县税户，为被知州程吏部凌逼，要行尽底杀戮，不得为王民，且在湖中苟逃各家老小性命，不晓得会合事节。”遣来人归回。后月余日，李成又差三十五人来，内有郑武功、胡大夫二官员，又将官告、金束带、锦战袍并羊羓之类，再三相约诸寨首领克日会合。周伦知事势异常，难以依随，又恐日后多有人来相逼，别生患害，一夜将来人以酒醉倒，尽行杀戮，沉尸入江中。有此事因申岳州，乞就便申奏朝廷，早乞别差鼎州知州，替了知州程吏部，使周伦等诸寨□□□□□□路，保全老小，耕田种地，输纳二税，复为良民。

【注释】

①殿撰：宋有集贤殿修撰等官，简称殿撰。

【译文】

到绍兴四年十一月，水贼周伦的寨子离岳州比较近，一天，令人执申状到岳州找太守程殿撰陈诉。称最近有伪齐政权下的襄阳府李成太尉派人自安、复州取水路，来故县滩水寨，送给金帛、物口、文书，称要水寨的诸首领各备人船、战士，定期会合，水陆并进，攻取下游沿江州县，占领州的可做知州，占领县的可做知县，另外授予官资，优加犒赏等事。周伦设宴招待来者，以乾鱼鲊脯作答，报言：“周伦等只是鼎州龙阳县税户，只为被知州程吏部欺凌逼迫，要全部杀戮，不得为良民，只能逃到湖中带领各家老小性命苟活于世，不晓得会合事节。”将来人发遣回去。后月余日，李成又差三十五人来，内有郑武功、胡大夫二位官员，又带来了官告、金束带、锦战袍并大块羊肉干之类物品，再三相约诸寨首领克日会合，周伦知事态有异，难以依随，又恐日后多有人来相逼，另生患害，某日夜里将来人用酒灌醉，将其杀戮，然后沉尸于江中。将此事申告岳州，乞请就便申奏到朝廷，望能早日另差鼎州知州，代替知州程吏部，使得周伦等诸寨（得已回归正途），保全老小，耕田种地，缴纳二税，复为良民。

程殿撰为申朝廷，蒙枢密院备奉圣旨，褒赏周伦忠义。特降黄榜一道，差二使臣赍至岳州，令差人送入水军张挂，安慰人民，候事定日，应首领人并重赐推赏。榜到岳州，则程殿撰已移知鼎州，到任已数月。二使臣却赍榜来程殿撰处投下，时乃绍兴五年五月初一日。本州方发遣水军计议效士杨迪知，往澧州慈利县前江鸡翁栅、前后江五十八栅钟相下都首领雷德进处，投文字招谕。德进下栅，就令将带黄榜安慰山寨徒众。仍令德进差人，送黄榜入水寨晓谕。榜先至夏诚寨，夏诚招诸首领看榜，诸人俱来，独杨么不肯来，余人各有悔过之心。

【译文】

程殿撰向朝廷申告，蒙枢密院奉圣旨，褒赏周伦忠义。特降黄榜一道，差两名使臣送至岳州，令差人送到水军中张挂，用以安慰民心，等到定下日子时，对该首领等人进行赏赐。当黄榜到岳州时，程殿撰已移知到鼎州，到任已有数月了。两个使臣再持榜来到程殿撰处投下，这时是绍兴五年五月初一日。本州才派遣水军计议效士杨迪知，到澧州慈利县前江鸡翁栅，前后江五十八栅钟相手下都首领雷德进处，投以文字招谕。德进下栅，命令用黄榜安慰山寨众人。并令德进派人，送黄榜入水寨晓谕众人。黄榜先送至夏诚寨，夏诚招呼诸首领来看黄榜，诸人都来了，唯独杨么不肯来，其他人都怀有悔过之心。

是时，朝廷为水寨杨么等有北人来结约，恐事体张大，不便，遂除张右相充都督，岳枢使节制军马，本州讨荡水寨杨么等巢穴。仍移罢程吏部，充都督府参议官。

【译文】

此时，朝廷唯恐杨么与北方的金伪齐结盟，恐事情闹大了，不便处理，遂任张右相任都督，岳枢使节制军马，去讨伐水寨杨么等巢穴。罢去程吏部之职，让其充任都督府参议官。

当年六月，岳枢相节制司大军已至鼎州，方议进兵，平荡水寨，即有龙阳县沨州村大寨首领杨钦，首先将合寨徒众老小万人、舟船千只，来投节制司出首，以就招安。岳枢相亲至城东邻善湾观老小、舟船，次到报恩光孝寺基寨，受杨钦降拜。岳枢相喜杨钦率先出降，乃恕其罪，申禀都督行府，特命以官，并一行首领各次第推赏，补授名目。犒设了毕，即拣选强壮人充水军，其余老弱人并给公据，放令归沨州村本业住坐，耕种田土，供了二税，复为良民。众皆欣跃，感戴得全生路。于是，其余大寨首领夏诚、刘衡、全踪、刘诜、黄佐等诸寨，悉来出首招安，不敢抵拒。

【译文】

这一年的六月，岳枢相率节制司大军已至鼎州，刚刚计议进兵，平荡水寨之事，即有龙阳县沨州村大寨首领杨钦，首先将寨中所有老小计万人、舟船千只，来投靠节制司自首，接受招安。岳枢相亲自到城东邻善湾迎接徒众老小、舟船，然后到报恩光孝寺基寨，接受杨钦降拜。岳枢相赞赏杨钦第一个投降接受招安，所以宽恕其罪，申禀到都督行府，授予杨钦官职，以及他下面的各个首领按功依次有赏，补授官职。犒赏完毕，即刻挑选身体强壮的人充入水军，其余老弱之人给出公据，放他们回沨州村就业居住，耕种田地，缴纳二税，又成为国家的良民。众人皆大欢喜，感戴岳枢相给予他们生路。于是，其它大寨的首领如夏诚、刘衡、全踪、刘诜、黄佐等诸寨，都来自首接受招安，不敢抵拒官军。

惟杨么凶狠，乃拥钟相之子，领妖徒紧恋寨栅、车船，不伏出首。致蒙岳枢相亲提帐下精兵虎旅，并覃统制水军车船，前往龙阳县江北岸，直捣杨么巢穴。杨么犹执迷，在车船回惶不决。见岳枢相旌棨已至，尚不肯拜降，却自船头先提钟相之子郎君入水，次提夫人小心奴入水。杨么次跳入水，被水军搭材水手孟安没水挟起，次是牛观察皋用抓子拖上，有余气未死。押到岳枢相前，尤叫数声“老爷”，枭其首级，函送都督行府告捷，奏闻朝廷。

【译文】

唯有杨么依旧凶顽，仍拥立钟相的儿子，带领徒众紧闭寨栅、坚守车船，不出来接受招安。致使岳枢相亲自率麾下精兵虎旅，并覃统制水军车船，前往龙阳县江北岸，直捣杨么的巢穴。杨么依然执迷不悟，在车船里惶恐不决。见到岳枢相的旌旗已至，还不肯投降，却在船头先提着钟相之子扔入水中，然后又将其夫人小心奴扔入水中，最后自己也跳入水中，但被水军搭材水手孟安从水中捞起，又被观察牛皋用抓子拖上来，当时尚有余气未死。杨么被押到岳枢相面前，还叫了数声“老爷”，岳枢相命人枭其首级，送到都督行府告捷，申奏朝廷。

当时牛皋禀覆岳枢相，言：“许大杨么，占据重湖作过，致烦朝廷之忧。虽一王四厢大军数万人，犹自败折了空回。今节使太尉提大兵来，讨荡巢穴，贼众畏伏虎威，尽已出降，独遮杨么抗拒，已行擒戮。若不将其手下徒党少加剿杀，何以示我军威？欲乞略行洗荡，使后人知所怕惧。”岳枢相曰：“杨么之徒，本是村民，先被钟相以妖怪诳惑，次又缘程吏部怀鼎江劫虏之辱，不复存恤，须要杀尽，以雪前耻，致養得贼势张大。其实只是苟全性命，聚众逃生。今既诸寨出降，又渠魁杨么已被显诛，其余徒党并是国家赤子，杀之岂不伤恩，有何利益？况不战屈人之兵，而全军为上，自是兵家所贵；若屠戮斩馘，不是好事。但得大事已了，仰副朝廷好生之意，上宽圣君贤相之忧，则自家门不负重责，于职事亦自无惭也。”连道数声：“不得杀！不得杀！”于是牛皋无辞而退，遂行抚定诸寨，一时了当。

【译文】

当时牛皋回禀岳枢相，说：“杨么这大坏蛋，占据重湖作乱，给朝廷带来忧患。王四厢大军虽有数万人，但还是被打败了退回。今天节使太尉提大兵来，讨荡其巢穴，众贼畏惧虎威，尽皆出降，唯独杨么一人抗拒，已被擒回杀死。若不将他的手下党羽稍加剿杀，何以展示我军的军威呢？乞请略加洗荡，使后人有所惧怕。”岳枢相说：“杨么之徒本来是这里的村民，先是被钟相妖巫之术所蒙蔽，后来又因程吏部要报鼎江被劫之辱，不加体恤要尽诛雪耻的恐吓，致使贼势大张。其实他们不过是苟且性命，聚众偷生而已。何况今日诸寨都已投降，首领杨么已被公开诛杀，其余徒众皆是国家子民，杀了他们岂不是有伤圣上恩德，有什么好处？更何况不战屈人之兵，全军为上，才是兵家所贵之处；若都是杀戮斩首，不是好事。但得大事已了，朝廷有好生之意，但能为圣上和贤相分忧，则我们已不辜负重责，于职务亦自无惭愧了。”连道数声：“不得杀！不得杀！”牛皋于是无言退下，然后安抚诸寨之人，一时了当。

当时识者皆兴嗟曰：“岳枢相可谓贤大将矣！观其答牛皋之言，则正合老氏所谓‘夫佳兵者，不祥之器’，‘不得已而用之，恬淡为上’。其不允牛皋洗荡之请，则其以恬淡之道自处，而臻不战而胜之功，固已雍容于胸中。彼区区甲胄之流，岂足以识其操略哉！”

【译文】

当时知道此事的人都赞叹说：“岳枢相可谓贤大将矣！听他回答牛皋之言，正合老子所谓的‘夫佳兵者，不祥之器’，‘不得已而用之，恬淡为上’。他不允许牛皋洗荡水寨徒众，而以恬淡之道自处，已达到不战而胜之功，胸襟雍容大度。一些区区甲胄之流，又怎么能认识到岳枢相的节操和谋略呢！”

先是，程吏部以兵力不加杨么，乃谋密募人入水寨，图刺杨么，未得其人。于绍兴三年五月内青黄不交之时，水寨人饥困，本州所集沅南渔户甲头[①]苏成，招诱到杨钦小寨下不系出战人唐教书等五户，共老小二十余口，归投就食，内唐教书颇能道贼寨中事。程吏部一日与卢抚斡奎坐于齐武堂，呼唐教书来，问杨么寨去处，可以使人去得也无？唐曰：“如别个寨栅，犹自通人来往。唯是杨么寨大段紧密，水泄不通。日逐离寨二十里，陆路使人巡逻，遇夜伏路，水路日夜使船巡绰，寨门外令群刀手把定，便大虫、豹子也则入去不得。”程吏部曰：“若恁地，却有个甚道理去得？”唐教书曰：“除是飞，便能入去得。”于是程吏部大笑曰：“那个生肉翅人，使之以去耶？”乃顾谓卢抚斡曰：“兹事当且止也。”此说当时邦人皆但知杨么水寨不通线路，难为近傍，初不以除是飞可入之说为先兆也。及至六年，岳枢相提大兵来，平荡杨么巢穴，邦人方省忆唐教书之言。于三年前，上天已自差下神将，专了贼事，只待时节到，贼人合灭。而此一方生灵，有福星临照，始得平定安乐，岂是等闲之事耶！

【注释】

①甲头：宋代盐场管理盐丁的头目。南宋“淮、浙盐一场十灶，一灶之下无虑二十家”（《通考·征榷三》）。这些盐丁都要受甲头的管理。

【译文】

起先，程吏部因兵力不如杨么，于是计划秘密派人进入水寨，企图刺杀杨么，但未找到适合的人选。在绍兴三年五月青黄不接之时，水寨里的人饥困交加，本州沅南的渔户甲头苏成，诱招到杨钦小寨中属于非出战人的唐教书等五户人，共计老小二十余口，投靠官军，唐教书对水寨中的事非常了解。一天程吏部与卢奎抚斡坐于齐武堂，叫唐教书来，问有没有人可以进到杨么水寨的。唐教书说：“要是别的寨子，犹可通人来往。唯独杨么的水寨把守严密，水泄不通。每日在离寨方圆二十里的陆路上派人巡逻，夜里还有人埋伏在路旁，水路也是昼夜安排人船巡逻，寨门以外还令一大群刀手把定，就是老虎、豹子也无法进入。”程吏部问：“若是这样，有什么办法能够进去呢？”唐教书说：“除非是飞，便能进去。”于是程吏部大笑说：“有什么人长着肉翅的，让他前去？”乃对卢抚斡说：“此事先到此为止。”当时的人都知道杨么的水寨不能通行，难以靠近，当初都没有人将“除非是飞，便能进去”之说当作先兆。到了绍兴六年，岳枢相率大军前来，平荡杨么的巢穴，当地人方想起唐教书当年所言。其实于三年前，上天已是差下神将，专门负责讨贼之事，只待时节一到，贼人全部被消灭。而此地的生灵，因有福星临照，才始得平定安乐，这岂是等闲之事呢！

人谓杨么等弄兵重湖，数年狂猖作过，惊扰州县，人民苦于应副军期科敷[①]、差役之苦，不堪其命。今一旦遭遇岳枢相之来，不施一镞，不用一戟，不动声气，谈笑之间，了此大事。息甲停戈，各获休息，复见太平景象，则其恩德布在荆湖，虽千载亦以不朽，人亦孰得而忘爱惠之厚也。

【注释】

①科敷：宋朝的科配，又可称科率、配率等，一部分科配又揉取配卖、科买、借贷等形式，是当时一项重要的赋税名目，有其不同于其他赋税的一些特点。

【译文】

人言杨么在洞庭湖一带养兵为患，数年之间猖狂作乱，惊扰四方州县，人民苦于应对军期科敷、差役之苦，已经让人们不甚重负了。今日一旦遇到岳枢相前来，不施一镞、不用一戟，不动声气，谈笑之间，便了结了这件大事。使得这一带息甲停戈，休养生息，复又呈现往日的太平景象，其恩德遍布于荆湖，虽千载亦不朽，人民又岂会将此爱惠之厚忘怀于心。

爰自建炎三年水贼杨华、杨么等起事，至淳熙九年，已历五十余年，未问府县人民生齿，安居乐业，繁众熙熙，至如龙阳县上、下沚江乡村，民户无虑万家，比屋连檐，桑麻蔽野，稼穑连云，丁黄数十万，皆自岳枢相恩德保全之所由出。古人言：“爱人者必有天报，有德者必有其后。”今常德之人每闻岳枢相之官称者，必有手加额，兹可以卜人心之所感仰也。克昌厥后，岂不宜哉！姑叙大概，庸示将来。

【译文】

自建炎三年，水贼杨华、杨么等人聚众作乱，到淳熙九年，已历五十余年，都未听到府县有人滋事，都是安居乐业，繁衍生息，诸如龙阳县上、下沚江乡村，民户至少有万家，比屋连檐，桑麻蔽野，稼穑连云，人丁数十万，这都是来自岳枢相当年恩德保全的缘故。古人言："爱人者必有天报，有德者必有其后。"今日常德的人民每次听到岳枢相的官称，必用手加额，可以看出人们对他发自内心的感恩与敬仰。后世子孙兴旺发达，岂不是很顺宜吗！姑且叙说个大概，以待来者读之。

卷第二十七

百氏昭忠录卷之十一

文林郎黄元振编

绍兴乙卯，岳武穆公受命讨杨么。初，么盗据三苗、洞庭之险，众十余万，湖南、北大被其害。而又北连刘豫，遥相应和，待虏骑临江，谋欲席卷东下。官军屡衄，朝廷命公讨之。

【译文】

绍兴乙卯年，岳武穆公受命讨伐杨么。初时，杨么凭据三苗、洞庭的险要地势，聚众十余万人，使得湖南、湖北两地的人们大受其害。而他又与北方的刘豫，遥相应和，以待虏骑临江，预谋席卷东下。官军与之作战屡次被打败，故朝廷命岳公前去讨伐。

先是，靖康初，赵九龄为御营机宜[①]，张所为河北宣抚使，辟九龄兼干办公事。公始从河北军，九龄一见，便识公为天下奇才，公亦推九龄之智谋。及公之讨杨么，欲辟九龄为幕客，九龄不果行。初，九龄见先父纵绍兴初所上论兵书，乃与先父定交，至是遂荐先父以自代，公乃辟先父主管机密。军行至潭，潭帅席参政贺公幕中得士，曰："某在后省[②]时，所阅二千余书，无如黄机密者。某荐之，已得旨命官，为有力者所沮。此西汉人才[3]也。”公喜，以告先父，先父亦未尝识席参也。故公军事必与先父谋之，先父亦感公之知己，知无不言，庶乎自竭，以报效于公。

【注释】

①机宜：主管书写机宜文字、主管机宜文字通称。（据《宋代官制辞典》，第466页。）

②后省：宋神宗元丰八年后对中书后省、门下后省的通称。

③西汉人才：汉代为了适应国家统治的需要，建立了一整套选拔官吏的制度，名为“察举制”。察举是自下而上推选人才的制度，汉代察举的标准，大致不出四条，史称“四科取士”：“一曰德行高妙，志节清白。二曰学通行修，经中博士。三曰明达法令，足以决疑，能案章覆问，文史御史。四曰刚毅多略，遭事不惑，明足以决，才任三辅令。皆有孝悌廉公之行。”

【译文】

先是，靖康初年，赵九龄为御营司主管机宜文字，张所为河北宣抚使，招九龄兼宣抚司干办公事。岳公此时刚在河北从军，与九龄一见，九龄便知道岳公为天下奇才，岳公也推崇九龄有智谋。后来岳公在讨伐杨么时，想请九龄为幕客，但九龄未能成行。初时，九龄见先父黄纵在绍兴年初所上的论兵书后，就与先父结为知交，此时便推荐先父代替他，岳公于是招先父做主管机密一职。军队行至潭州，潭州帅守席参政祝贺岳公在幕僚中得一佳士，说：“我在后省时，所阅二千余封文书中，没有一个能比得上黄机密的。我都已经向上举荐他了，本来已经得到旨意授予官职了，却被有权势的人给阻拦了。这位可是西汉人才的水准。”岳公甚喜，告诉先父，先父当时并不认识席参政。所以岳公每有军事上的事情都与先父谋划，先父亦感动于岳公视自己为知己，知无不言，言无不尽，以报效岳公的知遇之恩。

不幸大功未立，公为权臣中祸，天下痛之。先父亦屏居田野，时时谈及军中旧事，尝谓公之英威，古人不能过，至于仁心爱物，虽古之名将有所不逮。若夫盛德懿行，夙夜小心，不以一物累其心，虽今之老师宿儒，勉强而力行者，公则优为之。小子不敏[①]，忧患困苦，今既老，追念旧事，十忘五、六矣，特录其余，以遗后人，且备他日史官之采择云。

【注释】

①不敏：不聪明，不明事理。自谦之词。

【译文】

不幸大功未成，岳公却为权臣所害，天下人都为之痛心疾首。先父也退居于田野，经常谈起军中的旧事，曾言岳公之英威，古人中没有能及的，至于仁爱之心，即便是古代的名将也不能如此。像这样的节操品行、谨慎小心、心无杂念，即便是今日那些年高博学的宿儒也只能勉力为之，而岳公做起来却游刃有余。小子不才，经历忧患困苦，如今老迈，每每追念旧事，已是十忘五六，故要将未忘的事情记录下来，传于后人，也是预备将来为史官所采择。

公讨杨么，官军有以交易诱贼，遂俘数百人以献。公会属官于教场，问："何以处之？"皆曰："彼残害官军多矣，宜尽戮之。"先父独无言，公曰："机密以为何如？"先父曰："诱而执之，不武，此正是兵机。"公曰："会得，会得。"即问贼曰："汝为盗，残害一方久矣，今当死，不足以偿。"众贼皆请死，公曰："主上圣明，以汝曹本皆良民，不幸罹乱，驱胁至此。今命我来，正欲救汝辈耳。”又问：“汝在贼寨中有何可乐？”贼皆言寨中荒索愁苦。公乃厚犒之，俾之买市物，以归遗老小，阴戒市人贱取其直，而自偿之。贼归，相告语，知外之丰乐如此，为之欢动，皆有愿归之心。一日，杨么驱众出战，官军败之，复擒数百人。诸属官皆言：“前日释之，已有愿归之心，今亦宜释之。”先父曰：“前日不杀，为其诱也。今敢出战，必有凶渠在其中。”公颔之，遂亲阅视，戮其凶恶者数人，余皆释之。贼既感恩而畏威，迫于渠魁，而未得出。公乃遣黄佐赍旗、榜，入杨钦水寨，谕之降。钦虽听命，而畏么，未果即出。先是，黄佐乃钦遣来纳降者，既而钦复叛，故拘佐于狱。公既至，乃释其絷，赠之以金，复遣招钦，故多疑其难信。公乃命先父再往抚谕之，且曰：“至前涂，更自看事势如何，以为进退。”先父曰：“彼正危疑，正当速往以定之。”乃以二弊卒从行，径入钦寨。钦出迎，欲庭参[①]，先父执其手，与叙同官之欢，曰：“此见宣抚礼也。”钦犹以虑杨么寨闻之，须遣兵防托，未可即出。先父测其意，尚未决，乃曰：“宣抚命某遍抚谕诸寨。”乃巡历其寨，而察其形势，见其茅竹为舍，密比如栉，一火箭可焚荡，乃谓钦曰：“宣抚与太守、监司待于城上，立表下漏[②]，以俟公来，过期即进兵，董统制已列强弩、火箭以俟命。公今迟回未往，某固一死，公军亦无噍类矣。”钦即时与诸将、一行徒众二万人，随先父同渡来参。先父即渡，即先驰归报。终日无食，疲剧殆不能自支。公喜甚，就城上设榻，令人扶先父少息，即日奏功。杨钦既出降，官军进据其寨。杨么驱众登舟，众莫为用，么乃投水，钩出而斩之，群盗尽平。十余万众不血刃而来归者，以公宣布天子之威德，而以不杀而成仁故也。

【注释】

①庭参：古代下级官员趋步至官厅，按礼谒见长官。

②立表下漏：古代计时方法之一。

【译文】

岳公讨伐杨么时，官军用计诱降贼人，遂献俘数百人。岳公在教场上问属官："怎样处置呢？"大家都说："贼人残害官军甚多，应该全部杀死。"唯独先父没有发言，岳公说："机密认为应该如何？"先父说："诱而捕之，胜之不武，这正是兵机。"岳公说："懂得，懂得。"随即问贼人说："你们为盗，残害一方百姓这么长时间，今天就是处死了，亦不足以抵偿你们的过失。"众贼皆请死，岳公说："主上圣明，念你们本来都是良民，不幸遭遇祸乱，被威胁从命至此。圣上命我前来，正是要救你们这些人。"岳公又问："你们平日在寨中以什么为乐？"贼人们都说寨中物质匮乏，日子过得愁苦。于是岳公厚犒了每个人，让他们到市场上购买物品，带回送给家中的老小，暗中告诫市人便宜卖给他们，所亏欠的部分由自己补偿。贼人们回去后，相互转告，知道外面的世界丰饶安乐如此，都为之欢动，皆怀有归顺之心。一日，杨么派人出战，又被官军打败，擒了数百人。诸属官都说："前日释放了他们，已怀有愿意归顺之心，今天也应释放他们。"先父说："前日不杀，是为了诱惑他们。今天他们还敢出战，必有首领在其中。"岳公点头认可，遂亲自阅视，杀其凶恶者数人，其余的人都予释放。贼人既有感恩之心又畏服岳公的威严，但迫于首领的威胁，不敢出来归降。岳公于是遣黄佐执旗、榜，进入杨钦水寨，晓谕劝降。杨钦虽然愿意听命，但惧怕杨么，没有马上出降。黄佐是先前杨钦遣来纳降的人，后来杨钦反复，故将黄佐拘在狱中。岳公到后，释放了黄佐，还赠送他黄金，再次遣他去招降杨钦，但（杨钦寨内的人）多认为黄佐难以信任。岳公于是命先父再去杨钦寨抚谕，且说：“到了那里，看看势态发展如何，再做进退的打算。”先父说：“对方现在惊疑不定，正应该速速去抚定他们。”于是就带着两个小卒前去，径直进了杨钦的寨子。杨钦出来相迎，在大厅上正要行谒见长官之礼，先父握着他的手，与其叙同朝为官之谊，说：“这是参见宣抚的礼节。”杨钦还担心杨么的寨子听到风声，需派兵防备，不愿即刻出降。先父猜测他的意思，还是尚未决断，便说：“宣抚命令我安抚晓谕诸寨。”于是先父巡视其寨，观察其地势，见他们以茅竹建造房子，排列密集，一支火箭即可将其焚荡，于是就对杨钦说：“宣抚与太守、监司立于城上，立表下漏，等待公的到来，过了时间就会进兵，董统制已将强弩、火箭列阵等待命令。公现在如是迟作答复，我固然一死，公的一军人马也将无一存留。”杨钦即刻与诸将、一行徒众二万人，随先父一同渡水去参拜岳公。先父回到岸上，就先飞驰回去报告。一天未吃饭，疲劳得几乎不能自支。岳公甚喜，就在城上设榻，命人扶先父稍事休息，即日向朝廷奏功。杨钦既已出降，官军就占领了他的寨子。杨么驱胁剩下的徒众登舟，已经没有人响应，于是他跳入水中，后被打捞上来斩首，群盗尽平。十余万人兵不血刃尽来归降，都是因为岳公宣扬天子之威德，不杀降者而成就仁德的缘故。

贼众十余万，择其老弱疲软者给据为民，取其强壮者为军。命属官轮日给据，复轮至先父，认得老弱数人，前已请据者，今乃代人来请，其人不伏而喧。公闻之，谓先父曰：“人众如此，何以辨之审也？”先父曰：“此曹惯于为盗久矣，故每放一人，必再三相视，果不堪为军，乃放之。不然，大军去后，复聚而为盗矣。”公乃亲诘其人，而终不伏，先父请试搜其身，果得已给之据。公大喜，尽以委先父，不复轮日矣。先父縶盗请给者，将斩以徇，其余伪者纷纷遁去。即给毕，阴释盗请者，俾逸去，自后无敢盗请据者。于是，得强壮者数万人以充军，而军益壮矣。

【译文】

贼人有十余万人，岳公命令将那些年老体弱的给以凭据，让他们再为良民，取其中强壮者编入军队。命他的属官轮日发放凭据，又轮到先父给付凭据的日子，先父认得老弱数人，前日曾经给过凭据了，今天乃是代人来请，其人不伏并且大声喧嚷。岳公听说后，对先父说："这么多人，凭借什么来分辨他们呢？"先父说："这些人惯于做盗贼时间很长，所以每放一人，我必再三看视，果真不堪为军士的才放走。不然，大军去后，这些人又会聚在一起复为盗贼。"岳公乃亲自盘问其人，此人始终不伏，先父请求搜查其身，果然找到之前给他的凭据。岳公大喜，把这项工作都委托给先父，不再用其他属官轮日发放了。先父绑了这名盗请给的人，要将其斩首以警示后者，其余假冒盗请的人于是纷纷逃走。凭据给完后，先父暗中释放了那名盗请者，让他悄悄自行离去，自此以后没有人敢盗请了。于是，岳公得到数万壮汉充实军队，而军队声势益加壮大了。

军将还，先父言于公曰："孔明所以七擒孟获者，虑军回而复叛，将以此服南人之心也。故孟获曰：'公，天威也，自是南人不复反矣！'今日不血刃而平大寇，散匿于湖山者亦多矣。贼见德而未见威，甚惧其复反也，宜耀兵振旅而归。"公乃大阅，军律严整，旗帜精明，观者无不咨嗟叹息，知王师之有律也。

【译文】

大军将要撤回，先父对岳公说："当年孔明之所以七擒孟获，是考虑回军后孟获又会反叛，所以七擒七纵以收服南人之心。"所以孟获说："公，天威也，自此之后南人再也不会反叛了！"今日兵不血刃而平寇，还有许多贼人散落藏匿在湖山之间。贼人只看到岳公的恩德而未看见岳公的威严，我唯恐他们会复反，应该耀兵湖上振旅而归。"岳公听取建议后大阅军队，军律严整，旗帜鲜明，观看的人无不心悦诚服，知王师严明有律。

先父始以进士借补从事郎[①]，抚谕杨钦，钦率众出降。公奏功，请正补，已而都督府作诏旨行下，授昌州文学。公以先父功多赏薄，寝之不下，欲复论奏。先父闻之，请于公曰："某士人也，家世以忠义徇国，平居尝谓中原未复，诸将有已极富贵者，何以用命。今日才立微效，岂可与朝廷论功乎！但得宣抚见知，俾某得效其愚计，他日成就，未晚也。且将相和调，则士豫附，固不宜与都督[②]少异也。"公喜曰："吾人岂欲言功，但恐将士之赏薄，不能无觖望者耳"已而都督府指挥但云："当使到来，不烦寸刃，束手来归，所有将士暴露良劳，各与转一官。"果如公所料者。

【注释】

①从事郎：简称从事。选人阶官名。北宋徽宗崇宁二年九月二十五日，由选人第四阶防御、团练、军事推官，军、监判官（属初等职官）改名。从八品。（据《宋代官制辞典》，第576页。）

②都督：军职差遣名。南宋用兵或以宰相兼统前线军事，即临时授以"都督江淮浙诸军事""都督江淮东西、建康、镇江府、江阴军、池州屯驻军马"等官衔，专主用兵。省称"都

督”。《朝野杂记》甲集卷十《都督军马同都督》：“非宰相而为都督，自存中始。”《宋会要·职官》：“诏同都督江淮东西路军马杨存中可特授都督江淮东西路军马。”（据《宋代官制辞典》，第439页。）

【译文】

先父开始是以进士借补从事郎之职，抚谕杨钦，杨钦率众出降。岳公上奏朝廷为先父请功，请给以正补，不久都督府就下发了诏旨，授先父昌州文学之职。岳公认为对先父的赏赐过轻，不能安寝，复欲再次上奏。先父知道后，对岳公说：“我是士人，家中累世以忠义徇国，平日曾言中原未复，诸将之中已经有人是极为富贵的了，作战时何以用命。今日我才稍立寸功，怎能与朝廷论功呢！今得到宣抚的知遇，使我的愚计得以奏效，日后若再有成就，报功也不晚。将相和睦，则士人乐于追随，所以不宜与都督有异议。”岳公听后甚喜说：“我辈岂欲计较功赏，唯恐将士们觉得赏赐过薄而心生怨望。”不久后都督府有指挥言：“节使到来，兵不血刃便使盗贼束手来归，所有将士劳苦功高，故各与转一官。”果然如公所料。

杨么未平时，士人来献书者纷纷，先父请考其优劣，而为礼之厚薄。有屯驻将郝最门客侯邦言利便可采，先父荐之，公命留之帐前听候。最疑邦言已军中阴事，遣人□□□□言已为宣抚围子队，最将邦数□□□□□畏公威名，不敢遽杀，乃以邦为□□□□先父告于公曰：“士大夫多耻从军，惟□□□天下士莫不归心。侯邦，旧太学士□□□□□失身于最。今来献利害，而一家□□□□□伤沮众士之心，以干我之军法。愿□□□□怒曰：“郝最何人，敢杀士人！”即呼帐□□□□治之。先父曰：“侯邦得均旨，在帐前□□□□难拘制其出入，故为最所擒。今□□□□□□某不可自安于军中。”提辖至，公□□□□□□人，而为人所擒，汝不知乎？”提辖□□□□□□先父之言，公即命移文于最，取□□□□□□曰：“侯邦至，而一人一物有伤，则□□□□□□皆行军法！”及邦至，公命送归本□□□□□□领公文申，盖虑最中路邀杀之□□□□□□士类如此。

【译文】

杨么未平时，有许多士人纷纷来献书，先父向岳公请求考察其优劣，再决定回礼之厚薄。有一位屯驻将郝最的门客侯邦的献言可以采纳，先父推荐了他，岳公命将他留在帐前听候命令。郝最怀疑侯邦揭发了自己军中不欲人知的秘事，派人□□□□言已为宣抚围子队，最将邦数□□□□□□畏公威名，不敢就行杀戮，乃以邦为□□□□先父告于公言：“士大夫多以从军为耻，惟□□□天下士莫不归心。侯邦，旧太学士□□□□□□失身于最。现在他来陈述利害得失，而一家□□□□□□伤沮士人们的心，干扰我军之法律。愿□□□□怒言：“郝最何人，敢杀士人！”即呼帐□□□□治之。先父说：“侯邦得到您的旨意，在帐前□□□□难拘制其出入，故为最所擒。今□□□□□□某不可自安于军中。”提辖至，公□□□□□□人，而为人所擒，汝不知乎？”提辖□□□□□□先父之言，公即命移文于最，取□□□□□□言：“侯邦至，而一人一物有伤，则□□□□□□皆行军法！”及侯邦至，公命送归本□□□□□□领公文申，是提防最早中途邀杀之□□□□□□士类如此。

尝军行，遇雨，公下马徒步，属官□□□□□□里，至一庙宇，少憩，公劳勉属官□□□□□□矣，然士欲立功名，亦须习劳其□□□□□□安逸，故雨中徒行，以习劳也。庙□□□□□□

公指山问属官曰："诸公识黄龙□□□□□□其下城如此山之高。某旧能饮□□□□□□尝有酒失，老母戒某不饮，主上□□□□自后不复饮。俟至黄龙城，大张乐□□□□以观打城，城破，每人以两橐駞金□□□□□今日之劳。"有一属官曰："某不要公□□□□□要观公之志，直欲恢复燕地，荡其□□□□中原而已也。"

【译文】

曾在行军时，遇雨，岳公下来徒步行走，属下的官员□□□□□里，到一庙宇，稍作休息，岳公安慰勉励属官□□□□□矣，然士欲立功名，亦须要习劳其□□□□□□安逸，故在雨中徒步行走，以习惯劳苦。"庙□□□□□□公指山问属官说："诸公识黄龙□□□□□□其下城如此山之高。我旧日能饮□□□□□□曾因喝酒犯了过失，老母告诫我不要饮酒，主上□□□□自此以后不再饮酒。等我们打到至黄龙府时，要大张鼓乐□□□□以观看打城，破城之时，每人以两橐駞金□□□□□今日之劳。"有一属官说："某不要公□□□□□要看到岳公之志向，直欲恢复幽燕之地，荡其□□□□中原而已也。"

公自奉甚菲薄，屯驻将郝最饮食□□□□其寨而食素，最以酸馅为供，公食□□□□最曰："此名何物？"曰："酸馅。"公曰："某平□□□□食此。"顾左右，留其余以为晚食，不□□□□甚愧。公性严重，语不轻发，于僚属□□□□但语次间微见其端，而闻者悚然。□□□□属官会食，惟煎猪肉、齑面，未尝兼□□□□人供鸡，公曰："何为多杀物命？"庖人曰："州中所送食也。"公命后勿复供。公与士卒同甘苦，不复以口腹自累，然亦出于仁心爱物者如此。

【译文】

岳公自奉节俭，屯驻将郝最饮食□□□□其寨而食素，郝最拿出酸馅请岳公吃，岳公食□□□□（问）郝最言：“此名何物？”郝最说：“酸馅。”岳公言：“某平□□□□食此。”对左右说，留下其余的作为晚饭，不□□□□甚愧。岳公性格严肃，语不轻发，于僚属□□□□但语次间微见其端，而闻者心下悚然。□□□□属官聚餐，只有煎猪肉、齑面，未尝兼□□□□人供鸡，岳公言：“为何多杀物命？”厨子说：“是州中所送食物的。”岳公命今后不要再提供。岳公与士卒同甘共苦，不以口腹自累，其实也是出于仁心爱物的品格。

提辖官有杖士卒者，公曰：“且教训之，勿轻笞辱也。”然取人一钱者，必斩，故士卒乐于用命，尝谓先父曰：“某之士卒真可用矣！”颍昌之战，人为血人，马为血马，无一人肯回顾者，复中原有日矣。

【译文】

一次看到一个提辖官杖刑士卒，岳公说：“教训他就行了，不要轻易笞辱他们。”但是如果有人私取一钱者，必斩，所以士卒乐于用命，岳公曾对先父说：“我的士卒真可为用矣！”颍昌之战，战斗激烈打到人为血人，马为血马，但没有一人退后，离收复中原之时指日可待。

公命宅库，除宣赐金器存留外，余物尽出货，以付军匠，造弓二千张。先父曰：“此军器，当破官钱。”公曰：“几个札子乞得，某速欲用，故自为之。”

【译文】

岳公命从自家的宅库中，除了宣赐的金器存留外，其余的尽皆卖掉，所得的银钱付给军匠，打造弓二千张。先父说："此乃军器，当用公款。"岳公说："得上奏几个札子才能乞得到，我欲速用，故自出资打造。"

一日，行军至一店，见其屋新盖茅而有少缺处，公呼店主人问之："此必我军士取汝茅乎？"店主曰："宣抚之军未尝一毫扰人，此自偶缺茅耳。"公曰："岂有汝新盖店屋，而缺此一束茅。"立命刷之。须臾，刷到一马军，即欲斩之，军曰："非人取其茅也，下店饮食，系马于檐，忽闻宣抚来，急上马来，不觉误掣下。"店主举家泣告，实不曾扰，犹杖之百而后行。

【译文】

一日，行军至一店旁，岳公见其房屋是用茅草新盖的但有一块缺处，就向店主人问其原因说："必是我的军士取了你的茅草？"店主人说："宣抚的军队对我不曾有一丁点儿的骚扰，这个地方本来就没有茅草。"岳公说："岂有新盖的房屋，就缺一束茅。"立刻命人彻查。不一会儿，查到一名骑兵，立即要将他斩首，军士说："非是我拿他的茅，是到他店里吃饭时，将马系于屋檐下，忽然听到宣抚来了，急于上马，不觉中误牵拽下来的。"店主全家泣告岳公，实在不是军士骚扰所致，即使这样犹且杖军士一百下才离开。

公谓先父曰："战阵既交，手执得枪住，口有唾得咽，则已是勇也。机密儒生，未尝历战阵，到中原，见大战，则心动矣。先随某入小阵以观战，某令机密立马处，必无害也。若欲便溺，切勿离马仄。盖数十万之军，其目尽在某一旗上，机密若往来不定，则军人一暗箭射杀之矣，盖恶我乱其目也。大阵皆动，然后可随众动也。”盖公神勇，每战尝自为旗头，身先士卒，先父力谏曰：“猾虏或识之，聚强弓以射我，奈何？虽公忠义，神明相之，自不能伤，然非大将之事也。”公曰：“昔杜充留守京师，某有兵二千，来受充节制。始至，适城外有大寇数万，充即命某往战。充谓之，杜且斩。某不敢以兵寡不敌为辞，即往说贼约降，来禀充，充曰：“我何尝令汝受降，须为我擒之！”某复往责贼，以约降而缓来，今不复受降矣，顾与汝挑战。贼魁出斗，某驰骑独往，奋大刀劈之，自顶至腰分为两，数万众不战而溃。人力不至于此，真若有神助之者，某平生之战类如此。

【译文】

岳公对先父说：“两军交战，手上执得住枪，口里还咽得下唾沫，已算得上是勇敢。机密是儒生，未曾经历战阵，到中原来，见到大战，难免心里发慌。先随我入小阵观战，我令机密立马之处，必然是安全的。若欲便溺，千万不要离开马的旁边。盖数十万大军，都盯着某一旗帜的旗语行动，机密若是往来不定，会遭军士一暗箭射杀的，因为嫌你扰乱了他们的视线。若大阵皆动，然后才可随众人而动。”岳公神勇，每次作战必是自为旗头（掌旗的人），身先士卒，先父力谏说：“虏人狡猾，若有人认出岳公，聚集强弓射过来，怎么办？公虽然忠义，有神明相助，自然不能伤，然而这毕竟不是大将的职事。”岳公说：“昔日杜充留守京师时，我有兵二千，来受杜充节制。当时，城外正有大敌数万人，杜充即命我去应战。杜充还说若是不出战即斩。我不敢以兵寡为由而不出战，即出城说贼约降，回来告诉杜充，杜充说：“我何曾令你招降他们，须为我把他们擒来！”我复出城斥责贼人，说他们约降却晚来，今不复受降，愿与对方单挑。贼首出斗，我也骑马独往，抡起大刀劈他，将他自头顶到腰分为两截，数万贼人不战而溃。人力不至于此，如果真要是有神相助，我平生之战都如此。”

公一日以沉香分属官，各得一块，而先父所得最小。以为不均，复以一裹分之，而先父所得复小。公怃然，先父曰：“某以一身从军，虽得香，无所用之。”公乃曰：“某旧日亦爱烧香，瓦炉中烧柏香耳，后来亦屏之。大丈夫欲立功业，岂可有所好耶！”众有愧色。

【译文】

一日岳公把沉香分给属官，每人得一块，而先父所得最小。岳公认为分得不均，后又打开一包分发，而先父所得又是最小的。岳公怃然，先父说：“我以一人从军，就算得到香，也无所用处。”岳公乃言：“我昔日也爱焚香，在瓦炉中烧柏香，后来摒弃了这个爱好。大丈夫要建功立业，岂可有所嗜好！”众人听后皆有愧色。

公再谓先父曰：“某被主上拔擢至此，傥有纤毫非是，被儒生写在史书上，万世揩改不得。某苟有过，机密必以见告。”

【译文】

岳公对先父说：“我被圣上拔擢至此，倘若有丝毫的差错，被儒生写在史书上，万世都掩盖不了。我若有过失，机密你一定要告诉我。”

公家素无姬侍，先父被檄差出，远方妄傅公纳士族之女以为妾。先父以告，公曰："四川吴宣抚尝遣属官来议军事，某饭之，彼惊讶某之冷落，归言于吴宣抚。吴乃以二千缗买一士族女，遣两使臣妻送来。某令其立于屏后，告之曰：'某家上下所衣紬布耳，所食齑面耳。女娘子若能如此同甘苦，乃可留，不然，不敢留。'女乃吃然而笑，某曰：'如此则不可留也。'遂遣还之，初未尝曾见其面也。"公之不喜声色，出于性之自然者如此。

【译文】

岳公家素无姬妾侍候，先父被要求外出公干，远方有人妄传岳公纳士族为妾。先父告诉岳公，岳公说："四川吴宣抚曾遣属官来计议军事，我请他吃饭，他惊讶我宴客时如此冷清，回去告诉了吴宣抚。吴宣抚以二千缗买了一士族女子，派两个使臣的妻子送来。我令女子立于屏后，告诉她：'我家上下都只穿紬布做的衣服，所吃齑面而已。女娘子如果能与我同甘共苦，才可留下，不然，我不敢收留。'那女子扑哧笑了，我说：'如此则不可留下。'于是派人将她送还，连她的面都没有见过。"岳公不喜声色，这都是本性使然。

汉上报虏骑大至。公移檄[①]本路，备五万人军资，所遣止二百人耳。虏素慑公之威名，望风而遁。先父言于公曰："宣抚威名已震，虏那敢犯我，特大张其势以动我，实不敢深入。我复以虚声应之，正得其情矣。然我军仰给于江西，虏避强击弱，他日必大入淮西，以轻兵袭江西，而焚荡之。我军乏供，则自坐困。宜置一军于江州，沿江往来，以为回易[②]，可得利以益军资，又可以开拓形势，以绝其窥伺之心。"公于是立江州一军。

【注释】

①移檄：檄，古代公文。移檄指发布公文声讨。

②回易：交易。

【译文】

汉上报虏骑大肆入侵。岳公在本路发檄文声讨之，要求（后勤）准备五万人的军资，所得却只够二百人。虏人素来惧怕岳公之威名，望风而逃。先父对岳公说："宣抚威名远播，虏人岂敢进犯我们，虽然他们大张其势地想要摇动我军的军心，其实不敢深入。我也复以虚张声势应和他，正是此情。然而我军供给在江西，虏人会避强袭弱，他日必然会大举进兵淮西，以轻兵袭击江西，进而焚荡。我军供给匮乏，则会坐而受困。宜在江州部署一支军队，沿江往来，进行贸易，既有益于充实军资，又可以开拓形势，以绝虏人窥伺之心。"于是岳公建立了屯驻江州的一支军队。

先父被檄在远，公尝遣一兵持书来，趣回。盛寒止一单布衫，先父问曰："汝怨乎？"曰："不怨也。他军所得请给[①]，则有减克。又如科作纳袄之类，自身虽暖，老小则冻馁矣。宣抚则不然，所请食钱若干，不减一钱，听士自用之。某自因家累重而费之，非在上者有克于我也，何怨之有。"

【注释】

①请给：薪给；俸禄。

【译文】

先父在外公干，岳公派一兵持书信来，催促先父早回。盛寒之时那士兵只穿一件单布衣衫，先父问："你可有怨言？"士卒说："无怨。其它的军队的俸料，都有克扣。譬如强制做衣袄之类的事情，自己虽然暖和了，但一家老小就要挨冷受冻。宣抚则不然，应发的食钱不减一钱，听凭士卒自用。我因为家里负担重所以穿得不多，并不是上级克扣于我，我怎么会有怨言呢。"

公奏战功必以实，未尝徇私，而寄名虚奏。公之子宣赞云男勇冠三军，攻随州，手持两锥，首先登城，公乃奏其功。与妄将私匿窜名战士之中，以冒官爵者异哉。此士之所以乐于用命，而服其至公也。

【译文】

岳公上奏朝廷的战功都是事实，从未有徇私，或是寄名虚奏的。岳公的长子閤门宣赞舍人岳云勇冠三军，攻随州时，手持两柄铁锥枪首先登城，岳公才上奏其功。跟那些将自己亲近的人混在战士的名字当中，冒领官爵的人不一样。这正是将士愿意用命的原因，敬服岳公的至公无私。

绍兴六年冬，公亲提兵，往取蔡州。二更令下，三更即行。至蔡州，其濠水深阔，城上惟植黑旗，并无守者。每进攻，则黑旗动，然后一队兵上城相御，退则复下。势不可攻，乃归。董先为殿，刘豫伏兵俟我军退，则追而掩之。我之后军逢彼踏白[①]者，为亲戚，且素闻公之德，遂泄其计曰："汝宣抚自来，有兵二万人，七分披带，持十日粮，今粮尽而归。刘豫遣李成等十大将，各将万人，先各赐宅一区、宫女十人，径来掩彼军。约尽擒之，直造鄂州。我军人持一绳，得南军，穿其手心，每十人作一串，鼓行东下，今即至矣。"董先见贼悉得我军之实，驰报公。董先遂择险地，伏其军于林莽中，独据河桥以待之。须臾，李成等至，见董先，举绳以告之，悉如踏白者之言，谓董先曰："汝勿走，我今先擒汝！"先答曰："我定不走，只恐汝走耳！"贼见董先待之闲暇，疑有伏，不敢径进。每遣兵来战，董先则旋出林中兵一、二队以应之；彼退，则又归于林中，贼益疑。相持久之，公领大军复回。李成等望见如银山拥出于众山中，即遽奔溃。公渡河追之，三十里而止，擒其将数十人，俘其军数千人而归。公厚以钱布劳所俘之军，告之曰："汝皆中原百姓，国家赤子也，不幸为刘豫驱而至此。今释汝，见中原之民，悉告以朝廷恩德。俟大军前进恢复，各率豪杰，来应官军。"其俘皆欢呼而反。公乃贻书与蔡之守者，蔡人感公释其俘，遂请降。所擒之将献于行在所。其后讲和，复割蔡州与虏，有通判者不肯臣虏，自缢而死。

【注释】

①踏白：唐宋时期的侦察兵叫"踏白"，担任侦察的部队叫"踏白军"。

【译文】

绍兴六年冬日，岳公亲自提兵，攻取蔡州。二更下令，三更即行。至蔡州，其护城河深且阔，城上唯植黑旗，并不见守城的军士。每次进攻，则黑旗动，然后有一队士兵上城抵御，兵退后则守城士兵又下去。其势不可攻，于是回来。董先率军殿后，刘豫的伏兵等到我军退去，则上前追击。我方的后军遇到对方的侦察军士，其中有两个军士是亲戚，且素闻岳公之德，对方的踏白军士就泄密说："你家宣抚自己率军到来，有兵二万人，战士占七成，携带十日粮草，今粮草已尽所以回去。刘豫派李成等十员大将，每将率万余人，先是给他们各赐宅一座、宫女十人，前来掩袭你军。约好擒住你家宣抚后直捣鄂州。我军士卒人手一绳，若擒到南军之人，用绳穿其手心，每十人为一串，击鼓向东而行，今即至此。”董先见贼人了解我军军情，派人飞驰回报岳公。于是董先择一险要地势，把军队埋伏在林莽之中，独自据守在河桥上等待。不一会儿，李成等人来到，看见董先，举起绳子警告，就像刚才那个侦察兵所言，对董先说：“你不要走，我今天就要擒住你！”董先回答说：“我定不会走的，只恐你逃走！”贼人见董先待在那里并无慌张之色，怀疑有埋伏，不敢轻易进攻。每每遣兵来战，董先则让林中的一二队伏兵前来对应；贼方退出，我方则又回到林中，贼人越发惊疑。相持已久，岳公率大军再次回来。李成等人远望如银流从众山中涌出一般，即刻奔溃。岳公渡河追击，三十里而止，擒其将数十人，俘获其军士数千人而归。岳公以金钱厚赏这些俘获的士兵，告诉他们：“你们皆是中原百姓，国家的赤子，不幸被刘豫驱胁至此。今天释放你们，你们见到中原的民众，要告诉他们朝廷的恩德。等到大军前进来恢复中原之时，各方的豪杰之士可前来响应官军。”这些俘获的士兵听到后皆欢呼而返。岳公写信给蔡州的守城者，蔡州的人民感念岳公释放了俘虏，遂来请降。岳公将所擒的贼将献于行在所。后来与虏人和议，又将蔡州割与虏人，有一通判不肯降虏人，自缢而死。

绍兴七年，车驾亲征，幸建康，公来扈跸，问先父曰：“某将入觐，以何为先？”先父曰：“当以取汝、颍为失计，而改图之。既取之，不可守而复失之，亦徒劳尔。”公曰：“安坐而不进，则中原何时可复？”先父曰：“取中原非奇兵不可。”公曰：“何谓奇兵？”先父曰：“宣抚之兵，众之所可知可见者，皆正兵也。奇兵乃在河北。”公大喜曰：“此正吾之计也。相州之众，尽结之矣。关渡口之舟车与夫宿食之店，皆吾人也，往来无碍，宿食有所。至于彩帛之铺，亦我之人，一朝众起，则为旗帜也。今将大举，河北响应，一战而中原复矣！”

【译文】

绍兴七年，御驾亲征，停驻建康，岳公前来扈跸，岳公问先父说：“某将入觐，以何为先？”先父说：“当以取汝、颍为失计，应该图谋他处。若攻取之后不可守，复失之，亦徒劳尔。”岳公说：“安坐而不进，何日才能恢复中原呢？”先父说：“取中原非用奇兵不可。”岳公问：“何谓奇兵？”先父说：“宣抚的兵众是可知可见的，此为正兵。而奇兵在河北。”岳公大喜说：“此议正合我的计谋。相州之众，都已与我结约。关渡口的舟车与宿食之店皆是我们的人，来往无障碍，食宿有依靠。至于是彩帛之铺，也是我们的人，一朝众起，则可制办旗帜。今要大举进兵，河北之士必会响应，一战之后中原尽可收复也！”

先是，朝廷罢刘光世军，欲以公代之，併军大举。公既扈从至建康，太上[①]知公之可大任也，独召公至寝閤，命之曰：“中兴之事，朕一以委卿，除张俊、韩世忠不受节制外，其余并受卿节制。”已而有忌公者，沮止之。公忽召先父，出示张都督简板，乃却公宫祠之请。公曰：“某所条具交军事件，一日可办。今乃令某先行，留属官以待命，此必事已中变，故令某先行。今功不成矣，某所以丐祠也。”公不乐而行。先父曰：“某家有老母，而以身从军者，欲效尺寸之长，以报公知遇也。使前有立功之地，某死亦不顾，今事既乖，则某亦将归养，以为后图，他日从公未晚也。”公乃许先父谒告省。

【注释】

①太上：这里指高宗皇帝。

【译文】

先前，朝廷罢免了刘光世的军职，想让岳公代而取之，合并军队大举进攻。岳公扈从至建康，高宗皇帝知道岳公可承大任，单独召他到寝閤，命令曰："中兴之事，朕一以委卿，除张俊、韩世忠之军不受你节制外，其余诸军皆受卿节制。"不久有忌惮岳公的当权者阻挠了并军之事。岳公忽召先父，出示张都督的简板，乃是让圣上不要批准岳公申请宫祠职务的奏议。岳公说："我所条具的交军之事，一天即可办好。但现在却令我先行，只说让属官留下以待命，必是此事中途有变故，所以令我先行。现在大功不能成，故我请求允许我申请一宫祠的职事。"岳公一路上怏怏不乐。先父言："我家有老母，现在以身从军，是欲报效国家尽尺寸之长，以报岳公的知遇之恩。若前路有立功之机，我当义无反顾，今日之事既然不成，则我也要归养老母，再慢慢打算，他日再追随岳公不迟。"岳公乃允许先父归省。

已而朝廷乃以吕祉代刘光世，遂致郦琼之叛。盖光世之军，多陕西之盗贼，最为揉杂而难治。西人重世族，光世乃世将，故仅能总统之。郦琼、王德，皆光世之爱将也。二人平日不相下，若得威名之将以代之，则可以驾驭而立功。朝廷始以公代光世，得之矣。已而中变，易以吕祉，故二将无所忌惮而斗，琼惧而谋叛，刘豫又以高官重禄以诱之，所以丧淮西之一军。不然，公成恢复之功矣。今天下庸人孺子皆知公之威名，至于公之大计，与夫功之所以不遂者，士大夫盖未知也。

【译文】

不久后朝廷以吕祉代替刘光世，导致了郦琼叛变。盖因光世之军，多为陕西的盗贼，人员最为混杂而难以治理。那里的人看重世族，刘光世家世代为将，所以才能勉强统驭。郦琼、王德，皆是光世的爱将。二人平日不相上下，若是有一威名卓著的大将取代刘光世，可以驾驭他们从而立功。朝廷开始打算让岳公代替光世，是正确的。但是中途有变，换成了吕祉，故二将无所忌惮而互斗，郦琼恐惧而谋反，刘豫又以高官厚禄诱惑他，所以令朝廷丧失了淮西一军。如不然，岳公可以成就恢复中原之功了。如今天下的普通人都知岳公的威名，至于岳公的战略大计，与功劳之所以不能成就的原因，士大夫们都是不知道的。

元振幼从先父于军中，亲见其本末，平居追念前事，未尝不叹息流涕于此，故志之于遗事之末云。

【译文】

元振幼年跟随先父在军中，目睹事情的本末，平日追念往事，经常叹息流涕，故而记之于遗事的最末部分。

南昌武宁县城隍祠岳忠武王遗像记（新添）

儒林郎前隆兴府武宁县尉建安　章子仁　撰

嘉定癸未秋，初筮豫宁警曹，领事已，告至于群祀[①]。暨扣城隍，环视绘堵间，有魁然容貌，俨然冠裳而隅坐者，骇而问焉，祝曰："是故忠武岳王遗像也。"竦然，不觉板之敛，膝之前，而首之顿，致敬亟退，犹未暇访其故也。

【注释】

①群祀：古代大祀、中祀以下列在祀典的祭祀。"名山名川，群神群祀。"杜预注："群祀，在祀典者。"

【译文】

嘉定癸未年秋日，我初次拜官任豫宁（武宁）警曹，领完职事，向群祀祭告。于是叩拜了城隍，环视四周彩绘的墙壁，有一座容貌魁然的神像，冠带俨然栩栩如生地坐在一隅，我惊骇地询问，管理香火的人说："这是已故忠武岳王的遗像。"我竦然起敬，不觉间整肃起来，以膝前行，顿首而拜，致敬后退出，还未有闲暇访问其典故。

不数日，随牒下里，酷讶邑在万山中，壤地颇狭，而生齿极繁。因召故老讯之，咸举手加额曰："昔在绍兴初，叛将李其姓者，巢穴我疆井，溪壑我盖藏，立将丘墟我室庐，膏血我骨肉，势方危如累卵。造物假手我忠武岳王，忽提师由口鄙来，压境三十里间，水适暴涨，众方需渡，□□□□□谓神兵自天而下，仓皇宵遁，由是不鸣一桴，不施一镞，而解一邑倒垂于指顾之间。丕休[①]哉！溯源生齿之繁，实王续迓我祖之命于天也。昔之所活者一人，今不知几千万人矣；昔之所全者一户，今不知几千百户矣。凡斯世斯人，各有所谓我生之祖，由祢而上，皆是也；惟吾土吾曹，独有所谓生我之祖也，王之谓欤！噫！歔欷！不有我祖，孰有我身；不有我王，孰有我祖。祖固吾身肇开之天地矣，王又吾祖再造之天地也。恩斯勤斯[②]，子孙孙子有心能识，有口能诵，而迄无毫发能报万分之一也。"言既，涕零如雨。时亦感慨之深，不能自禁其悲且泣。

【注释】

①丕休：谓极其美善。宋范仲淹《明堂赋》："颁金玉之宏度，集神人之丕休。"

②恩斯勤斯：恩，通"殷"。斯，语词。殷勤，有爱抚、优

劳、担忧的意思。

【译文】

没过几日，我随文书下乡里，酷讶邑在万山之中，地势狭窄，但人口众多。所以召这里的老人寻问，他们都举手加额说："昔日绍兴初年，有姓李的叛将，将巢穴建在我们的家乡，掠夺我们的所有，要把我们的房子变成废墟，膏血我们这里的百姓，当时的形势危如累卵。上天赐予我岳忠武王，提王师来到我们这里，压境三十里间，恰逢水势暴涨，众人正需要济渡，□□□□□谓神兵自天而降，仓皇逃跑，由是不击一鼓，不放一箭，弹指间而解救我一邑百姓于水深火热之中。善哉！追溯这里人口之所以这么繁盛，实在是因为岳王承天命救护了我们的祖先。当日所活一人，到今天不知衍变成了几千几万人；当日保全一户生命，到今天不知保全了几千几百户的人家。凡是这世上的人，各自有自己的生身祖先，这样追溯而上，皆如是；只是生在这块土地上的我们，独有所谓给我们生命的祖先，是岳忠武王！噫！唏嘘！没有我祖，哪有我身；没有岳王，焉有我祖。祖先固然是为我身开天辟地者，而岳王又为我祖再造新天。岳忠武王的恩德，子子孙孙要心有所知，口有所诵，而我却不能报岳忠武王之恩于万一。"言罢，涕泪如雨。此时我亦感慨颇深，悲从中来而泣。

因思图像千载，血食一方，回视下马仲舒之墓[①]，堕泪叔子之碑[②]，其爱尤深，敬尤至者欤！自是每持瓣香[③]，吊英爽，必顾瞻徊徨，移时而不忍去。复念堂室未正，位貌未尊，疑于揭虔妥灵[④]之道为未称，愿与邦人之特达者，别卜吉土□□□□耸观觇而移崇奉。佥言城隍，吾土之司命，而王，吾人之司命也，朝夕起敬于斯，岁时与享于斯，非但祖之而已，直所以神之也。且其灵与神等矣，谨勿易，区区爱莫助之，祇加葺饰，少寓勤惓，其为敬若严君，事若上帝之意。

【注释】

①下马仲舒之墓：董仲舒病逝后葬于西汉京师长安西郊，有一次汉武帝经过他的墓地，为了表彰他对国家的贡献，特下马致意。因此董仲舒的墓地，又名为“下马陵”。

②堕泪叔子之碑：羊祜。字叔子，西晋著名政治家、军事家。他死后每逢时节，周围的百姓都会祭拜他，睹碑生情，莫不流泪，羊祜的继任者，因此西晋名臣杜预把它称作堕泪碑。

③瓣香：佛教语。犹言一瓣香。

④揭虔妥灵：揭，高举、彰显；虔，恭敬；妥灵，安置亡灵。

【译文】

我感慨岳王的图像可以流传千载，接受这一方百姓的祭祀，回想起董仲舒的下马陵和羊祜的堕泪碑，真是爱之深、敬之至啊！自是每次持瓣香，凭吊英魂，必徘徊枉顾多时而不忍离去。又念他的遗像所居堂室不够正中，位貌未得到尊重，担心于恭敬之心与安置亡灵之道做得尚且不够，愿与乡人中出众者一道，别卜吉土□□□□耸立观瞻之像，挪移崇奉之位。都说城隍是吾土的司命，而岳王，是吾人之司命也，所以我们要朝夕敬奉他，年节也要祭祀于他，不但要像祭祖宗那样祭拜，还要当神一样供奉。岳王的灵验和神仙一样，所以更要郑重恭敬，不可马虎。我们也为他做不了什么，只能加以修葺装点他的神像，稍稍寄托殷勤诚挚之意，就像敬重自己的父亲那样尊敬他，像侍奉天帝那样侍奉他。

三岁则犹，一日满秩受代，复走群祀，款谢东归，犹于爇火，倍切依恋。邦人因谓述厥事，以记诸壁，靡敢以迫行辞，遂取曩之所得于故老者笔之，且臆为之说曰："天未厌宋，王禀忠肝义胆以生；天未亡胡，王抱愤气赤心而死。天乎！天乎！丰其才矣，使不啬其用，大其任矣，使不狭其成，虽九庙之耻，立谈可雪，何但纾一邑之难，虽河北二百州之版图，不崇朝而复，何至悠悠岁月，尚守江南十数道之疆域哉！窃谓王之心，日之丽天也，兹邑所睹者，特容光之照尔；王之泽，水之行地也，兹邑所被者，特始达之泉尔。矧成绩之纪，合登太常[①]，羽言徒以为赘；丰功之报，宜侑清庙，从祠反以为渎。"文成，亟示邦人之耆宿者，咸曰："虽不中，不远矣。愿相与大书深刻之。"丙戌秋[②]。

【注释】

①太常：职官名。掌理宗庙礼仪。秦时置奉常，汉更名为太常，历代沿用之。

②丙戌：丙戌年为理宗宝庆二年。

【译文】

三年之后，我任期满，离去之前又进行了群祀，款谢诸神，准备东归，唯独对于此地的香火，心中倍感依恋。乡人因此建议记述这件事，题于壁上，我不敢以行程的紧迫为推辞的理由，于是取出往时的积蓄，请乡中故老执笔，斗胆拟文说："上天未厌弃大宋，岳王秉持忠肝义胆以生；但上天不亡胡人，岳王怀着一腔忠愤赤心而死。苍天！苍天！你天纵其才，却不让他尽其所用、成其大任、成其大功，虽是宗庙社稷之耻，立谈可雪，为何竟不能解除一邑之难；河北二百州的版图，就算不能光复于朝夕之间，何至于悠悠岁月之后，仍只能守着这江南十数道的疆域！

窃想岳王之心，如晴天丽日，这里的人民所见者，亦如光芒照临；岳王的恩泽，如流水灌溉土地，这里的人民获得的，是如清泉般的润泽。况且以岳王的功绩，是可载入帝王的本纪，亦可登上太常之祭，苍白的语言只会显得累赘；他的丰功伟绩，足可以配享帝王的庙堂，而丛祠反而是对他的亵渎。”文章写成后，匆匆拿去给德高望重的老人们看，咸曰：“虽不中，不远矣。愿与大书深刻记之。”丙戌年秋。

卷第二十八

百氏昭忠录卷之十二

从事郎前永州军事判官孙逌编

岳王飞，字鹏举，相州汤阴县人。母家姚大翁甚喜其为人。宣和四年，令枪手陈广以技击教之，一县无敌。一日，有黄冠者见之，谓曰："子贵人也，在坐诸公极有贵人，宜自爱。"姚问王至何官，曰："他日在政事堂执政。"诸人怃然。黄冠既去，王因干至县，有李廷珪者，本系太史局，以罪编隶相州，偶到汤阴，王以五行示之，许至两府[①]，且叹曰："世乱矣！"其后同县李道官至节度使，王贵承宣使，徐庆防御使，姚政团练使，王万横行[②]，自余随王者皆正任，廷珪亦武翼郎、兴国军都巡检使。王至少保、枢密副使。

【注释】

①两府：宋代称中书省和枢密院为"两府"。《宋史·职官志二》："宋初，循唐五代之制，置枢密院，与中书对持文武二柄，号为'二府'。"

②横行：横行官。不像诸司使、副那样列入武臣磨勘迁转之列而得名，其除授得依特旨。南宋时，横行使副共为二十五阶。

【译文】

岳王名飞，字鹏举，相州汤阴县人。外祖父姚大翁非常喜欢他的为人。宣和四年，请枪手陈广教授他技击，学成之后一县无敌。一日，有一头带黄冠者见到他后，言："此子是贵人，在坐诸公极有贵人，宜自爱。"姚氏问岳王今后可位至何官，回答说："他日在政事堂执政。"诸人皆惊愕。黄冠者走后，岳王因办事到县里，有一位叫李廷珪的，本来供职于太史局，后因获罪被编隶于相州，偶然来到汤阴，岳王给他看自己的五行，李廷珪预言岳王将位至两府，且叹而言："世乱矣！"后来同县的李道官至节度使，王贵官至承宣使，徐庆官至防御使，姚政官至团练使，王万至横行官，其余追随岳王的皆是正任，廷珪官职为武翼郎，兴国军都巡检使。岳王最终位至少保、枢密副使。

钟老爷既破，贼白德者领其子子义，号"太子"，与杨么聚众于鼎州龙阳县、洞庭湖，有众八万，号十万，置三十寨，其船有望三州、大德山之类三千只。朝廷亟命王𤫉讨之，败衄，统制崔增死于兵。知鼎州程昌禹及帅府遣间招诱，皆俱受贼害。自是杨么、子义遂僭乘舆之服，立三衙，殿帅刘行，马帅黄成，步帅夏猫儿，统制张彦通、黄缺子、周伦、白德、杨钦等头领八十余人，猖獗于湖外。朝廷命右仆射张浚都督荆、襄，以岳王为制置使。王乃致杨钦，结以恩信，钦乐为用，献策云："么所恃者舟楫，如望三州、大、小德山之类，非一丈水不可行。洞庭湖水旧不及丈，么置堰闸，十余年间，所以弥漫。钦本任闭塞之责，尽知其详。乞二十人往开堰，水入大江，使舟船不能动。又么船皆用车轮，乞以青草数千百万束散之湖中，其轮必有窒碍。"王从之，两月果破贼。么赴水以死，遂斩子义、白德等，自余附和，愿充刺之外，听其复业，湖襄赖以安靖。浚大喜，露布以闻。时赵忠简为首相，寄诗张德远曰："一扫湖湘氛祲消，生民涂炭得逍遥。更须早挂风樯起，共看钱塘八月潮。"盖绍兴五年六月破么，故有是诗云。

【译文】

钟老爷既被打败，贼人白德带领钟相之子钟子义，号“太子”，与杨么聚众于鼎州龙阳县、洞庭湖，有贼众八万人，却号称十万人，设置三十个营寨，其船有望三州、大德山之类的三千只。朝廷命王𤫉前去讨伐，官军大败，统制崔增战死。知鼎州程昌禹以及帅府曾派间谍前去招诱，结果都被贼人杀害。自此杨么、钟子义僭越使用天子的仪式服饰，设立三衙，设刘行为殿帅，黄成为马帅，夏猫儿为步帅，统制张彦通、黄缺子、周伦、白德、杨钦等头领八十余人，在湖外活动猖獗。朝廷命右仆射张浚都督荆、襄，任命岳王为制置使。岳王致杨钦书信，愿意结以恩信，杨钦也愿为所用，献策言：“杨么所用的舟楫，如望三州、大、小德山之类的船只，非水深一丈不可行。以前洞庭湖水水深不及一丈，杨么设置堰闸，十余年间，所以水面弥漫。杨钦的任务是负责管理水路闭塞之职，所以尽知其详。杨钦乞请以二十人前去开堰，水入大江，使舟船不能动。又因杨么船皆用车轮，乞请用青草数千百万束散在湖中，其船轮必会受到窒碍。”岳王听从了他的计策，两个月的时间果然破贼。杨么投水后（被捞起后）斩首，遂斩子义、白德等人，其余之人都投降了，愿意参军之外的，都让其恢复生业，湖襄一带得以安宁。张浚大喜，向朝廷报捷。此时赵忠简（即赵鼎）为首相，寄诗给张德远（即张浚）说：“一扫湖湘氛秽消，生民涂炭得逍遥。更须早挂风樯起，共看钱塘八月潮。”这是因为在绍兴五年六月打败杨么，故有此诗。

虔州村民李淘者，长大有膂力，乡人畏之。后彭铁大与王彦、廖家姊妹三人唱乱，淘从之。众以为首领，号李洞天，占据固始洞，积粮洞上，金帛、妇女皆在其中。岳王为招讨数月，破江西贼大小百余火，惟固始洞最后。盖洞高而险，王用大木，先缚天桥八座，日使人上。诸贼檑木、礮石以下，官军不能上者累日。王之为天桥也，正欲其尽用檑木、礮石。俟其无备也，方以计激发火队，以前后靥心杷山而上，甲军继之，一战尽获，民复按堵。故湖之南，江之西，比屋绘像，事王如生。

【译文】

有虔州村民李洵，身材高大且有膂力，乡人都怕他。后来彭铁大与王彦、廖家姐妹三人作乱，李洵跟从了他们。众人推他为首领，号称李洞天，占据固始洞，在洞中积蓄粮食，金帛、妇女皆在其中。岳王招讨数月，打败江西贼人大小百余伙，唯有固始洞留在了最后。盖因洞既高且险，岳王用大木先缚出天桥八座，每日派人佯攻。贼人们用檑木、礮石砸下，官军数日不能攻下。岳王之所以造天桥，是为了用尽贼人的檑木、礮石。等到他们没有储备后，方用计激励火队，前胸后背皆佩戴掩心镜爬山而上，甲军跟随其后，一战尽获全胜，民众复又安居。故在湖南、江西一带，家家绘有岳王的画像，事奉岳王如生。

虏人犯汉上，岳王遣董先、牛皋、李建、傅选将数千人迎战，临遣，令听先节制。先深入，逢虏骑万余，先一麾军退。皋辈告先曰："不战便退，不惟虏人相轻，归则宣抚不赦。既如此，不须深入。"先不从，退百余里，始扎寨。其晚虏亦驻军。黎明，先领军又退百里。虏人每袭人，至散方击，及百里，又扎寨。次日复如前。先遂与牛皋等议曰："诸君要与虏战，今日正当效力，须死战可矣。"既击虏，先身插数小旗，用小鼓、小锣与虏骑对垒，使步人皆坐。先出战，走马觇军毕，候虏骑近，出小旗，军起立，再旗，踧定，鸣小鼓，前击。虏众不动，铺枪作走势。虏骑方向前，再鸣鼓向敌，又未动。如此者三，虏骑动，分四头项击。虏骑归至唐州界牛蹄、白石，方饭，伏起，旗帜遍山，虏实惊怖，俘获甚众，得马三千匹，骑兵千余人。王得此马三千匹，军势大壮。先除军职、正任承宣使。

【译文】

虏人进犯汉上，岳王遣董先、牛皋、李建、傅选等将率数千人迎战，临行时，令众人听董先节制。董先深入，遇到虏人万余骑，董先率军一麾而后退。牛皋等人对董先说："不战便退，不只虏人相轻，即便回去也会遭宣抚责罚。既是如此，还是深入吧。"董先不从，退下百余里，开始扎寨。这晚虏人也驻军。黎明，董先领军又退后百里。虏人每次袭击，至对方分散后再出击，及至百里，又开始扎寨。次日复如此。董先便与牛皋等商议说："诸君要与虏战，今日正当效力，须死战可矣。"既而攻击虏人，董先身插数支小旗，用小鼓、小锣与虏骑对垒，让步军坐在地上。董先出战，走马查看敌军后，等到虏人骑兵已近，拿出小旗，军队起立，再出旗，警戒，鸣小鼓，向前进击。虏众不动，将枪持平做出要逃的姿势。但只要虏骑稍向前，则鸣鼓杀向敌人，虏人又不动。如此三次，虏人的骑兵才动了，分成四队进击。虏人骑兵至唐州界牛蹄、白石，正要吃饭，四周伏兵起，我军旗帜遍山，虏人惊惧，俘获虏人甚多，得马三千匹，骑兵千余人。岳王得到这三千匹马，军势壮大。董先因此升迁了军职、为正任承宣使。

赵鼎、张浚同秉政，时荆湖南、北、二广宣抚使岳王就拨诸路钱二百余万，市马川、陕、广西，印号分隶诸军讫，以帐奏朝廷。魏公[1]当日判送检详房磨次，呈忠简公[2]，却之，令聚厅时禀，赵语诸公曰："韩、张辈恃功自伐，颇亏事上之礼。惟岳亲迩儒士，禀命朝廷，为将之职，理固当然。第诸将不能行，而岳独能行，正宜奖异，以成其善意。今反苛究于有司[3]，事必穷实，傥支使冒昧，必寘法断遣，不举则弃法。如韩、张辈用度自便，抑而不问，既无明罚。今岳举而奏之，事方磨究，他日焉肯禀奏。事系国体，在岳合禀，只当判照，使岳知朝廷不以有司相待。"诸公服其断。

【注释】

①魏公：这里指张浚。

②忠简公：这里指赵鼎。

③有司：指官吏。古代设官分职，各有专司，故称有司。

【译文】

赵鼎、张浚共同秉政，此时荆湖南、北、两广宣抚使岳王就地调拨诸路钱二百余万，在川、陕、广西一带买马，印上号分别发放给诸路军士，把账目上奏了朝廷。魏公（指张浚）当日判送检详房（隶枢密院）纠察，送呈到忠简公（指赵鼎）时，赵鼎不同意这样做，令在聚厅时禀告，赵鼎对诸公说："韩、张辈自恃有功，骄矜自傲，在事奉圣上的礼节上有所欠缺。唯岳飞亲近儒士，禀命朝廷，虽身居大将之职，但恪守礼法和规则。这是其他诸将做不到的，而岳飞独能做到，正应该给予嘉奖，鼓励这样的尊君意识。现在反而苛责追究于有司，要查得明明白白，倘若支用时于程序上有所冒昧，必将依法论断，若不继续追究，又与法理相悖。如韩、张平日在自己的辖区内用度自便，朝廷压下不问，也无处罚。今岳飞一上奏，就要查究，他日谁还肯向上禀奏？此事因系国体，在岳飞的立场是应该禀奏的，只应当作照会来判，使岳飞知道朝廷不以有司相待。”其他诸人服从其决断。

岳王在鄂州，为宣抚使，纪律严明，路不拾遗，秋毫无犯，军民皆乐，虽古名将无以加。邵缉公序上《满庭芳》云：“日落旌旗，霜侵甲胄，塞角声唤寒更。论兵慷慨，齿颊带风生。坐拥貔貅十万，衔枚勇，云戟交横。横嚬笑，羌戎授首，千里静搀枪。九州人竞乐，提壶劝酒，布谷催耕。尽芝夫荛子，歌舞威名。好是轻裘缓带，驱营阵，绝漠横行。功谁纪，风神宛转，麟阁画清明（一云‘青明’）。”

【译文】

岳王在鄂州，为宣抚使，所率军队纪律严明，路不拾遗，秋毫无犯，军民皆乐，即使是古代名将都不及他。邵缉（字公序）作词《满庭芳》云：“日落旌旗，霜侵甲胄，塞角声唤寒更。论兵慷慨，齿颊带风生。坐拥貔貅十万，衔枚勇，云戟交横。横嚬笑，羌戎授首，千里静搀枪。九州人竞乐，提壶劝酒，布谷催耕。尽芝夫荛子，歌舞威名。好是轻裘缓带，驱营阵，绝漠横行。功谁纪，风神宛转，麟阁画清明（一云‘青明’）。”

绍兴讲和，湖、广、京西宣抚使岳王谢表有云：“身居将阃，迹无补于纤埃；口诵诏书，面有惭于军旅。”桧怒，便有陷王之意。

【译文】

绍兴八年的议和，湖、广、京西宣抚使岳王谢表有云：“身居将阃，迹无补于纤埃；口诵诏书，面有惭于军旅。”秦桧看后大怒，便生出诬陷岳王之意。

淮东宣抚使韩世忠、淮西宣抚使张俊并除枢密使，荆湖南、北等路宣抚使岳飞除枢密副使。是时，汪藻彦章知徽州，以启贺三枢云："累岁贤劳，虮虱几生于甲胄；一朝酿赏，貂蝉果出于兜鍪。"时论称之。

【译文】

淮东宣抚使韩世忠、淮西宣抚使张俊并列升迁为枢密使，荆湖南、北等路宣抚使岳飞升迁为枢密副使。是时，汪藻（字彦章）任职徽州，以书信祝贺三位枢密云："累岁贤劳，虮虱几生于甲胄；一朝酿赏，貂蝉果出于兜鍪。"时论大赞之。

江东邵缉献书："向者孽虏长驱，江、海横罹其毒，天下之势岌乎殆哉！如人中虚气羸，而风眩痰厥之疾卒然乘之，家人稚子惊号于前，而庸医愚巫颠倒，却走不顾。当是之时，虽九转之药，莫投其咽，卢、扁[①]之医，不过旁立侧睨而已。须其疾势少定，然后医进药用，疾可效而功可求也。今日之事，适然类此。方冬春之交，胡马蚁集海上，天下根本，仅隔波涛之阻，虽伊、吕、管、乐[②]之佐，何以御其暴哉！今戎羯[③]已去，祸患其少息矣，而贤能之佐，又竞立于前。不于此时速发药而力为之，则海内生灵之祸，将何时而已耶！然病方危时，其外证可怖，虽庸医却走百辈，不足忧；而卢、扁之医居旁不去，必其气本犹在，而囊中之术，又有起之之方也。向者小人皆惧，而君子恃以不恐者，以阁下诸公偕在政府也。今正阁下诸公发药而治病之秋，囊中之方，阁下所有，千金之药，又广求而广蓄之。缉远方寒士，孱然无适时之用，敢持庸陋之说，以干执事者之听。其意以谓如人父兄有病，方迎医治药，而僮奴孺子不胜爱亲之心，轻求枯荄小草，篱下之品，而荐之鼎匕之前，其适用与否，惟阁下择之而已。

【注释】

①卢、扁：即古代名医扁鹊。因家于卢国，故又名“卢扁”。

②伊、吕、管、乐：此处指伊尹、吕尚（即姜尚）、管仲、乐毅。

③戎羯：戎和羯。古族名。泛指西北少数民族。南朝梁沈约《齐故安陆昭王碑文》：“戎羯窥窬，伺我边隙。”

【译文】

江东邵缉献书：“先前孽虏长驱而入，江、海横遭其毒害，天下之势岌岌可危！如人之中气虚滑羸弱，故而风眩痰厥之疾有了可乘之机，家人幼子在边上惊号，而庸医愚巫误诊推却，一走而不顾。此时，虽是有起死回生之药，也喂不下去，就算是战国时卢国扁鹊再世，也只能先立在一旁侧目而视。须等到疾病的趋势稍稍稳定，然后再用药，疾病可成功治愈。今日之事，就像此类事情一样。在冬春之交，胡人大量聚集在海上，天下的根本仅仅靠着海上波涛的阻碍，纵然有像伊、吕、管、乐这样的人才辅佐，拿什么抵御虏人的强暴呢！现在戎羯暂时退去，祸患灾难也稍稍平息，又有贤能之士立于朝堂之上辅佐圣上。如果不乘现在的机会用药发力，国家百姓遭受的祸患何时才可以消弭呢。就像病患走到险境时，其表露在外的症状非常可怖，庸医于是在此时纷纷放弃，其实此刻并不足忧；而像扁鹊这样的大夫却还留在病人旁边，必是患者还有气息尚存，而名医知道凭自己的精湛医术还有起死回生的办法。此前小人都恐慌离去，而君子却不恐慌的理由，是因为诸公皆在政府啊。现在正是诸公给陷入困境的国家发药治病的时候，药方，诸公已有，千金之药，又需要广而求之而多多储存。邵缉乃是远离朝堂的一介寒士，卑微弱小而不能为时所用，但却敢持自己的愚见，对朝廷上的执宰们进言。其衷心本意就如同若父兄有病，要寻找良医灵药，而家中的奴仆或稚子因有爱亲之心，找来些枯草树根，篱笆下的植物，而荐之于药匙之前，其适用与否，任您下来选择判断。

缉窃闻中兴之君得中兴之佐，则有功；中兴之佐得中兴之将，则有功。君视其佐，犹人欲捍难，而有左右臂也。人有捍难之心，非左右臂何所用；左右臂奋挥而前，无戈、矛、鋋、戟为之撞击排刺，虽有绝人之勇，无所施其能矣。方今急于中兴，如吾君之明，又二、三执政大臣皆天下之极选，上下相得，诚千载一时矣。终未能立非常之功，雪无穷之耻，大有以慰天下之望者，此何故哉？岂将非其人而然乎？

【译文】

邵缉我听闻中兴的君主若得到中兴之辅臣，才会成功；中兴的辅臣若得到中兴之将，才会成功。辅臣之于君主，犹如人欲抵抗危难而有左右臂可用。人有抵抗危难的决心，若没有左右臂又有何用；左右臂奋挥向前，却无戈、矛、鋋、戟等武器为之撞、击、排、刺，就算他有绝人之勇，也不能发挥其能力。现在朝廷急于中兴，我们君主是这样地圣明，又有二三位执政大臣，都是天下优中选优之人，君臣上下相得，实在是千载难逢的际遇。但却不能成就非常之功，雪洗无穷之耻，不能有慰天下人的期望，这又是什么缘故呢？难道不是中兴之将的人选不适合吗？

然将有二说，不可不察也。有天下之将，有一国之将。天下之将实难其人，一国之将或有之，然未见其奉职胜任，显然立功名者，又何为耶？特有之而不用，用之非其人之过耳。求其大者，既不可得，其次或有焉，而不审择之，欲天下之早正速定，不可得也。以缉田野庸人，而耳目之所熟者，仅得一焉。诚未足为天下将，在今日才难之际，谓之一国之将，斯可矣，敢率然陈之，惟阁下少垂意焉。

【译文】

所谓将者有两种说法，不可不明察。一种是天下之将，还有一种是一国之将。要得到天下之将很不容易，要得到一国之将或许是有的，但却没有见其奉职胜任，功业卓著，又是为什么呢？正是因为有其人而不用，用的却是错的人造成的呀。求其能担大任者，若不可得，或许有相较次之的，而又不能仔细甄别遴选，想要天下早日得到治理和稳固就难了。以我邵缉这样的田野庸人，见闻中常被提及的，仅有一人。即使他不具备成为像天下将那样的才能，但在今日人才不济之际，成为一国之将，还是可以的，所以我敢冒昧陈说，请诸公稍稍留意我的观点吧。

伏见武德大夫，英州刺史、御营使司统制军马岳飞骁武精悍，沉鸷有谋，临财廉，与士信，循循如诸生，动合礼法。顷在河北，尝以数十骑乘险据要，却胡虏万人之军。又尝于京城南薰门外，以八、九百人破王善、张用二十万之众，威震夷夏。去冬江上之战，将士蜂屯，飞独争先奋击。迨官军不胜，它将皆鸟奔鼠窜，飞独置寨蒋山，孤军转战，且行且击，斩首以千百计者，不知其几。诸将溃为群盗，纵兵大略。飞独顿兵广德境中，资粮于官，身与下卒同食；而持军严甚，民间无秋毫之扰。虏人签军经涉其地者，或闻其威名，各相谓曰："岳爷爷军也！"争来降附，前后几万余人。知常州周杞遣属官赵九龄迎，飞欣然从之，且欲据城坚守，扼虏人归路，悉死力以立奇功。飞方启行，而常州之城先以破，遂以一军驻之宜兴。而群盗之在近境者，或杀或降，无不摧灭之者。破郭吉而降其众，斩张威武而併其军，使即日远遁。扈成已死，其部曲遽自来归。飞自到宜兴，密与周杞、赵九龄谋画，调发精锐，尾袭金人于镇江之东，杀获略尽。继遣偏裨，及飞自将，取间道直捣建康，与金人战，大小数十合，皆大获，僵尸十余里，生致酋领若万户、千户者二十余人，及斩胡人秃发垂环者之首无虑三千人，夺镫、仗、旗、鼓以数万计。且虑金人徘徊于建康、京口之间，势必欲留军江南，控扼险阻，牵制官军，大为东南之患。飞能奋不顾身，勇往克复建康及竟内县镇，为国家夺取形胜咽喉之地，使逆虏扫地而去，无一骑留者。江、浙平定，其谁之力也？

【译文】

伏见武德大夫，英州刺史、御营使司统制军马岳飞骁武精悍，沉鸷有谋，廉洁奉公，讲求信义，恭谨的态度有如书生，行动起来符合礼法。当初在河北作战时，曾率数十名骑兵占据险要地形，击退胡虏万人之军。又曾在京城南薰门外，以八九百人破王善、张用二十万之众，威震夷夏。去年冬天在长江下游的战役，将士纷纷屯守，岳飞独自争先奋击。等到官军无法战胜胡虏，其他将领都抱头鼠窜时，唯独岳飞置寨于蒋山，孤军转战，且行且击，斩首千百敌人，不计其数。当时诸将都溃为群盗，纵兵抢掠。唯独岳飞屯兵于广德境中，向当地的官员借到有限的口粮，自己与级别最低下的士卒吃同样的饭食；他持军甚严，对民间百姓无秋毫之扰。虏人签军中的汉人经过他这里，有听说其威名的，相互说道："这是岳爷爷军队！"争先前来降附，前后有几万余人。常州知州周杞派属官赵九龄前去迎他，岳飞欣然前往，且打算据城坚守，扼住虏人的归路，拼死力以立奇功。岳飞刚启行，而常州之城此时已经被攻破了，于是率军驻扎在宜兴。而宜兴附近的群盗，或杀或降，无不被摧灭。岳飞打败了郭吉，收降其众，斩张威武而收其军，剩余的贼人当日就逃得远远的。扈成一死，其部下都来归附岳飞。岳飞自到宜兴，与周杞、赵九龄密谋，调发精锐军士，尾袭金人于镇江之东，杀获殆尽。继而又遣偏裨，及岳飞自将的军队，走小路直捣建康，与金人交战，大小数十合，皆大获全胜，横尸十余里，生擒金人酋领如万户、千户者二十余人，斩胡人秃发垂环者之首大致三千人，夺镫、仗、旗、鼓数以万计。且考虑到金人徘徊于建康、京口之间，势必要留军江南，控扼险阻要地，牵制官军，成为东南一带的大患。岳飞能奋不顾身，勇往直前，克复建康及境内县镇，为国家夺取形胜咽喉之地，使逆虏扫地大败而去，无一人一骑能够留下。此后江、浙平定，这是谁的功绩呢？

缉谓如飞者，朝廷宜优擢之，假以事权，益责后来之效。方今大将皆富贵盈溢，不肯用命，甚者握强兵，以胁制上下，有鹰扬跋扈之态，此可复用也哉？驾驭此曹，譬之养鹰隼，然饥则为用，饱则扬去。今诸大将皆未尝从禽[①]，而先已饱肉，是以用之向敌，则皆掣去不顾。如飞者，虽有数万之众，其官爵甚卑，朝廷未尝宠借之，眇然在偏裨之间，此饥隼侧翅时也。如使之立某功，则赏以某爵，成某事，则宠以某恩；如鹰之得兔，则饲以一鼠，得一狐，则饲以一禽。以术驾御之，使歉然有贪敌之意，必能为国家显立战伐之功。

【注释】

①从禽：追逐禽兽。谓田猎。

【译文】

邵缉我认为像岳飞这样的大将，朝廷应该优加升擢，赋予其事权，以求今后的功效。如今的大将皆富贵盈溢，不肯用命，更有甚者手握强兵却胁制上下，有鹰扬跋扈之态，这样的人岂是能再用的吗？驾驭这些人，就如养鹰隼，饥时则为你所用，饱时则振翅而去。今诸大将皆未曾有功，而先已饱肉，所以用他们抵御敌人，都只管后撤，不顾主人。而像岳飞这样的，麾下虽有数万之众，但官爵低微，朝廷未曾恩宠于他，长期处在偏裨之位，正如同鹰隼还未饱食，还收着翅膀的时候。如使之立下一些功劳，就赏以某官爵，成就某事，就宠以某恩赏；就像鹰抓到了兔子，则要喂以一只鼠作为奖赏，若猎得一狐，则喂他一禽。以这样的方式驾驭他，使他出于不满足的状态然后有贪敌之意，这样必能为国家立下战伐之功。

大抵用将，如医之用药，而有狼毒、鸟喙之属，必求它药，此所畏忌者有以制之，使之力足以治病，而其毒不至于杀人，则适用而有功。不然，只以为害耳！昔唐相杜黄裳荐高崇文，使讨刘辟。崇文素惮刘澭，黄裳使人谓之曰："公不奋命，当以澭代汝！"崇文惧一死，力缚贼以献。武宗之讨泽、潞，令魏、镇各以兵会，魏帅何洪钦[①]逗遛，持两端。宰相李德裕遣王宰以陈、许精甲假道于魏，以伐磁。洪钦闻之，遽勒兵，请自涉漳。今朝廷之于诸将，非挟此以御之，讵能责其用哉！

【注释】

①何洪钦：应为"何弘敬"。何弘敬，唐武宗时袭父位为魏博节度使。宋时避宋太祖父赵敬名讳，改何洪敬为何洪钦。

【译文】

大抵用将之术，如医生用药，像狼毒、鸟喙这类的药，在使用时要配以其他的药解毒，就是说使用需要畏忌的力量时，你要有另一样东西来制约它，让它的力量可以治病，其毒性又不至于杀人，这样才是适宜而有效果的。不然，只能为害了！昔日唐朝宰相杜黄裳举荐高崇文，用他讨伐刘辟。崇文素来忌惮刘澭，黄裳派人对他说："公不奋命，当以澭代汝！"崇文惧怕一死，竭力剿伐贼人获得成功。武宗讨伐泽、潞州，命令魏州和镇州的藩镇率兵会合，魏博节度使何洪敬逗留不前，持观望态度。宰相李德裕派王宰以陈、许两地的精兵借道于魏州，攻伐磁州。何弘敬听说后，便统兵请求自涉漳水。今朝廷对于诸将，若不这样统御他们，岂能责其效用哉！

今飞军中精锐能战之士几二万人，老弱未壮者不在此数，胜甲之马亦及千匹。朝廷诸将特然成军如飞者，不过四、五人耳。飞又品秩最卑，此正易与时也。朝廷不收拾旌宠之，则飞栖栖然持数万之众，将安归乎？飞常与人言："使飞得与诸将齿，不在偏校之外，而进退禀命于朝，何功名不立，一死焉足靳哉！要使后世书策中知有岳飞之名，与关、张辈功烈相髣髴耳！"飞武人，意气如此，岂易得哉！亦古人豹死留皮之意也。伏望朝廷论飞之功，加之爵赏，使与韩、刘辈特然成军者势力相抗，犬牙相错，如杜黄裳之御高崇文，李德裕之御何洪钦。破奸党媮靡之风，折强梗难御之气，使之相制以为用，相激而成功，此诚朝廷无穷之利也。

【译文】

现在岳飞军中有精锐擅战之士差不多有二万人，老弱及身体不强壮的不在此数内，可以披甲作战的马也有千匹。朝廷诸将中能够像岳飞这样单独成军的，不过四五人而已。且岳飞品秩又是最低，此时正是机会。朝廷如果不加以表彰笼络，则岳飞统领着数万之军到处奔波，将要归去哪里呢？岳飞常与人言："若使飞得与诸将同列，不在偏校之外，进退都禀命于朝廷，何愁功名不立，一死足矣！要使后世的书册中留下岳飞之名，要与关羽、张飞之辈功绩相当！"岳飞虽是武人，却有如此志气，岂是容易得到的，亦有古人豹死留皮之意也。伏望朝廷论岳飞之功，加以爵赏，使他与韩世忠、刘光世等辈独立成军者势均力敌，相互节制，就像杜黄裳驾驭高崇文，李德裕驾驭何弘敬一样。破除奸党骄奢之风，挫败跋扈难御之气，使之相互制约而后为己所用，相互竞争而可成功，这样能使朝廷获得最大的利益。

缉岩穴枯槁之士，自放于风烟寂寞之滨，非有求于世者。诚以国步艰难，斯民婴涂炭之祸，苟耳目所闻，有可以排难解纷，仅若毫发者，不得不荐之于朝，庶几用之，而天下有尺寸、锱铢之补。乌呼！嫠不恤纬[①]，而宗周是忧，惧将及焉而已。

【注释】

①嫠不恤纬：《左传·昭公二十四年》：“嫠不恤其纬，而忧宗周之陨，为将及焉。”（嫠：寡妇。恤：顾惜。纬：纬线，织布的横线。宗周：指东周王都洛邑。）意思是寡妇不怕纬纱少，织不成布，只怕亡国，后因以表示忧国忘私。

【译文】

邵缉本是岩穴枯槁之士，自放于风烟寂寞之滨，非是有求于世间者。诚因国步艰难，黎民赤子横遭涂炭之祸，平日耳闻目睹间，有可以为国排忧解难的谋划，哪怕只有起到毫发作用的人，都不会不荐之于朝廷，希望有用，能为天下社稷立下尺寸的功劳、锱铢的补益。呜呼！嫠不恤纬，以国家为忧，忧国忘私而已。

迪功郎前汉川县尉吴拯编

节使岳侯飞，邺人也，初为杜相充爱将。充既失建康，犹数万皆西北健儿，訩訩谋异。独畏侯忠勇，因以主帅密白侯。侯度未有部曲以绳之，阳使自结，以籍上。侯乘其不意，与平生三、五辈，弯弓跃马俦伍中，击数十人。抵弓矢，大骂曰：“朝廷不负尔曹，尔以数万众，不能斩一岳飞，即能死我，乃为贼！”众始戢。

【译文】

节使岳侯名飞，邺县人，初为右相杜充爱将。杜充丢失建康，此时犹有数万西北健儿，纷纷想要叛乱。但唯独敬畏岳侯忠勇，所以让他们的首领秘密地与岳侯商议。岳侯思忖自己没有足够的部下将这些人绳之与法，假装愿与他们结约，献上兵士的册籍。岳侯乘其不备，与平生三五辈，弯弓跃马于队伍中，击败数十人。撑满弓矢，大骂说：“朝廷不负尔曹，尔以数万众不能斩一岳飞，你们若能杀死我，再去做贼不迟！”众人遂放下了兵器。

居洪一年，下士好询，而酬酢辄不苟答。或问侯：“何日为太平？”侯抗声曰：“文官不取钱，武官不打卤，即太平矣。”其简要多此类。

【译文】

岳侯在洪州驻守一年，他下士好询，在酬酢间言语总是非常审慎。有人问岳侯：“何日为太平？”岳侯高声地言道：“文官不取钱，武官不掳掠，即太平矣。”其言语简要多如此类。

侯御士尤严，每屯数万众，而市不见一卒，惟阅试振旅，则人始幸观之。

【译文】

岳侯统御军队犹为严格，每处屯兵数万之众，而市井上不见一兵一卒，只有阅兵振旅之时，人们才能有幸观看。

徙镇荆东，得旨，不示郡僚，夜遣兵行。明日，裁留疲羸数辈导马，言别而去。其平曹成也，湖南官廪无以供给，县令率皆逃去。侯军啖死尸三日，故能灭曹成。迄今江左士庶间写其像以事焉。

【译文】

岳侯移兵去驻守荆湖东路时，得圣旨后，没有告示郡僚，夜里遣兵离开。第二日，留下一些羸弱士兵为马队引路，与郡僚话别而去。平曹成时，湖南的官仓没有粮食供给，县令等也都逃离。岳侯的军队靠吃死尸三日充饥，故能消灭掉曹成。迄今江南士庶都供奉他的画像。

二年，京城留守杜充用侯为统制。三年，充守建康，叛降于虏。诸将溃散，扈成、戚方次第皆反。惟侯一军无所劫掠，屯于宜兴。时官吏、士大夫、军、民避虏走宜兴者，赖侯率免害，以是声誉籍甚。四年，至湖州，归于张俊，俊荐其能于朝。

【译文】

建炎二年，京城留守杜充任命岳侯为统制。建炎三年，杜充镇守建康，却投降虏人。诸将溃散，扈成、戚方也先后造反。唯岳侯一军无所劫掠，屯兵于宜兴。当时官吏、士大夫、军、民为躲避虏人都来到宜兴，赖有岳侯的保护都免于受害，是以岳侯的名声很大。建炎四年，至湖州，岳侯隶属于张俊，张俊认为岳侯有才能，举荐他为朝廷所用。

绍兴初，俊为江、淮招讨使，以拒李成，命侯同王瓆、陈思恭皆以本军隶之。成军二十万，以其将马进军对垒洪州，来挑战。俊宴诸将，问所以，侯密喻其计，且请自为先锋。击进于玉龙观，大破之。追至筠州，又败之，降其兵五万。追至蕲州，又败之，侯功第一。又令逼张用五万众，降之，加神武右军副统制。又平虔州山贼数十万，来朝，加镇南军承宣使、江西制置使、神武后军统制。

【译文】

绍兴初年，张俊为江、淮招讨使，以抵拒李成，他命岳侯同王瓆、陈思恭皆以本军隶属。李成军队有二十万，用其将领马进的军队对垒洪州，来挑战。张俊宴请手下诸将，问计策，岳侯密喻其计，且请自为先锋。击马进于玉龙观，大破敌军。追至筠州，又将其打败，收服降兵五万。追至蕲州，再一次将其打败，岳侯功居第一。张俊又命他逼张用的五万人投降，于是收降了张用，岳侯升为神武右军副统制。此后又平虔州山贼数十万人，入朝觐见，升为镇南军承宣使、江西制置使、神武后军统制。

四年，刘豫使李成寇京西，侯与成战于郢州，败之，又克邓、随、唐三州，加清远军节度使、湖北、京襄制置使。会刘豫入寇庐州，侯遣统制牛皋、徐庆救之，会合张琦，及豫军战于庐州。豫军畏牛皋之勇，不战先走，遂大败之。上加振宁[①]、崇信军节度使。

【注释】

①振宁：此为"镇宁"之误。

【译文】

绍兴四年，刘豫派李成攻打京西，岳侯与李成作战于郢州，大败李成军队。又攻克邓、随、唐三州，朝廷加封岳侯为清远军节度使、湖北、京襄制置使。此时刘豫率军侵犯庐州，岳侯派统制牛皋、徐庆前去救援，会合张琦，与刘豫军作战于庐州。刘豫的军队畏惧牛皋骁勇，不战即逃，遂大败敌人。圣上加封岳侯为镇宁、崇信军节度使。

率兵八万，至鼎州，以讨湖贼杨太。太为其下所杀，杨钦等领其众数十万以拒命。时都督诸军事张浚出征，往湖观之，知其未可攻，乃归潭州。急诏还朝，谋防秋之计，会侯来，浚语之。侯乃出小图，以示其攻讨出入之要处，且语浚曰："此易擒耳。"浚曰："恐阻防秋之期，俟明年再来讨之，如何？"侯请除来往三程，限八日擒之，曲留浚，姑迟其行以待。浚从之，乃遣侯往。先是，湖南统制任士安、王俊、郝晸等领兵二万余，慢王璲，不禀其令，是致于败。侯始至，鞭士安及俊、晸，以折其气，使其饵贼，曰："限三日，不平贼，皆斩汝辈！"初，扬言岳太尉兵二十万至矣，至是不见一人，止见士安等军，故贼併兵攻士安，三日两困之。侯伏大兵四合，一战杀贼略尽。乘其备仗无心，是夜，舟师径掩其营，捣其巢穴，遂俘杨钦等。唯夏成营三面临太湖[①]，背山势口，不降。侯亲往测其水浅处，令善骂者二千人往骂之，又悉众运草木，放上流。贼营中闻骂，怒甚，争挥瓦石击之，而遇所放顺流草木乘之。一旦填满，遂长驱入其营，擒夏成以献。湖南悉平，会其所约，止八日矣。加检校少保，以其军为行营右护军。

【注释】

①太湖：大湖，此处指洞庭湖。

【译文】

岳侯率兵八万至鼎州，讨伐湖贼杨太。杨太被手下人所杀，杨钦等带领其众数十万人抗命不降。当时都督诸军事的张浚出征，前往洞庭湖观察，认为对方强大不能攻下，于是回到潭州。这时朝廷急诏张浚回朝，谋划防秋之事，正好岳侯到来，张浚告诉了他朝廷的旨意。岳侯拿出一张小小的地图，告诉张浚攻讨出入的要害之处，且对他说："此易擒耳。"张浚说："恐阻防秋之期，俟明年再来讨之，如何？"岳侯请除去往来三天的日程，限于八日内擒贼，并挽留张浚，请他推迟几天回朝。张浚同意，于是遣岳侯前往。先前，湖南统制任士安、王俊、郝晸等领兵二万余人，轻慢王𤫉，不听从其命令，以至于大败。岳侯到后，鞭笞士安及王俊、郝晸，以折其气，又让任世安作饵兵引诱敌人，言："限三日，不平贼，皆斩汝辈！"开始时，扬言岳太尉率兵二十万来到，但至此不见一人，只见士安等军队，故湖贼合兵攻打士安，三日内两次困住士安。此时岳侯率伏兵四面合围，一战杀贼略尽。乘贼人无心备仗时，是夜，率舟师掩袭其营，捣其巢穴，遂俘杨钦等人。只有夏成的营寨三面临湖，背倚大山，不肯投降。岳侯亲自前往测到水浅的地方，令善骂者二千人前往骂阵，又命令军士运来草木，从上流放入水中。贼营中听到叫骂，大怒，争着挥瓦石出击，正好遇到从上游顺流漂下的草木。待瓦石草木填满浅窄的湖道，岳侯命官军长驱直入其营，擒住夏成以献。湖南全部平定，正是他与张浚所约定的八日。朝廷加封岳侯为检校少保，以其军为行营右护军。

六年，加检校少傅、武胜、定国军节度使、湖北、京西宣抚使。败刘豫，克虢州，又克西京长水县，慨然有平中原之志，而诸帅养寇不进，侯以孤军独进，自知无援，乃退军虢州。复遣统制王贵及豫军战于商州，败之。又战于京西路，败之。

【译文】

绍兴六年，加封岳侯为检校少傅、武胜、定国军节度使、湖北、京西路宣抚使。岳侯打败刘豫，攻克虢州，又克复西京长水县，慨然有收复中原之志，而其他路诸帅养寇不进，岳侯以孤军独进，自知无援，乃退军至虢州。复遣统制王贵与刘豫军队作战于商州，大败敌军。又作战于京西路，仍是大败敌军。

七年，加太尉。八年，来朝。金人遣使来讲和，侯议以为不可，宰相秦桧憾之。九年，加开府仪同三司。

【译文】

绍兴七年，加封岳侯为太尉。绍兴八年，入朝觐见。金人派使臣来讲和，岳侯上奏认为不可，宰相秦桧衔恨于心。绍兴九年，加封岳侯为开府仪同三司。

十年，金人叛盟，侯遣将李宝、孙彦与金人战于曹州，屡败之。又战于宛亭县，败之。又遣牛皐战于京西，败之。进战于黄河上，又败之。又遣统制张宪战于颍昌府，败之，复颍昌府。宪又战于陈州界，败之，复陈州。又遣统制董先、姚政战颍昌府，败之。又遣将杨成战郑州，败之，复郑州。又遣统制孟邦杰复永安军。至夜，遣其将刘政劫之于中牟县，败之。又遣将张应、韩青战于河南府，败之。遣将杨遇战南城军，败之，复南城军。又遣将梁兴、董成战绛州垣曲县，败之。兴又战孟州王屋县，败之。又战孟州济源县，败之。侯与兀术战郾城县，败之；再战，又败之。王贵、姚政与兀术战于颍昌府，败之。又命张宪、傅选、寇成战临颍县，败之。侯屡获捷，方欲深入，尽复故境，而宰相秦桧劝上累诏班师，愤恨而还，所复州县复失之。

【译文】

绍兴十年，金人背叛盟约，岳侯派大将李宝、孙彦与金人作战于曹州，屡败金人。又于宛亭县作战，打败金人。遣牛皋作战于京西，打败金人。进军作战于黄河上，又打败金人。遣统制张宪作战于颍昌府，打败金人，收复颍昌府。张宪又作战于陈州界，打败金人，收复陈州。岳侯又派董先、姚政作战颍昌府，大败金人。遣将领杨成作战于郑州，大败金人，收复郑州。遣统制孟邦杰收复永安军。夜里，遣其将刘政劫敌营于中牟县，大败金人。遣将领张应、韩青作战于河南府，大败金人。遣将领杨遇作战南城军，大败金人，收复南城军。遣将领梁兴、董成作战于绛州垣曲县，大败金人。梁兴又作战于孟州王屋县，大败敌人。作战孟州济源县，大败敌人。岳侯与兀术对战郾城县，大败金人；再战，还是打败金人。王贵、姚政与兀术作战于颍昌府，打败敌人。命张宪、傅选、寇成作战临颍县，打败敌军。岳侯屡获大捷，正要深入，收复故境，而宰相秦桧劝圣上累次下诏班师，岳侯愤恨而还，收复的州县一朝全失。

鄂武穆王岳公真讚（并序，新添）

世论唐郭子仪、李光弼之优劣者，未尝不自其大节观之。当程元振、鱼朝恩相继用事，诸将之进退伸缩，无不自已。子仪内除外徙，闻命就道。光弼在临淮，凡三年，及除东都留守，辞以粮运，归徐州收麦，光弼亦以是淹郁成疾而卒。此优劣之所分也。虽然，若子仪者，固无以尚之，而光弼之事独不甚可念乎？昔之养勇者，不以一毫挫于物论剑语，微忤则拂衣去，冲冠裂眦，气所激也。愤而登车，目光射牛背矣。大丈夫出万死一生之力，盖世熏天之功，一旦见掣于黄口小儿，死而死耳，安能垂头帖耳，受人牵傍者乎！虽然，使光弼而就召，亦未必死，幸臣特欲困辱之，使出我下。子仪亦复俯仰从就于其间，而竟以自全。若夫召来而必死，知其必死不疑，以就命者，其唯鄂武穆王岳公乎！

【译文】

世人谈论唐朝的郭子仪、李光弼的优劣，未尝不从其大节的方面进行讨论。当时宦官程元振、鱼朝恩相继用事，诸将之进退沉浮，无不出自此二人的私意。面对不论是朝堂的升擢还是在野的贬谪，郭子仪都是接到命令后即刻出发。光弼在临淮，前后三年，及至被任命为东都留守，他以粮运为借口，率军回徐州收麦，以避免权臣的加害，此后光弼亦是郁郁成疾而卒。由此可分优劣之差。虽然，像子仪这样的，固然没有什么好尊崇的，而光弼之事就不可怜吗？昔日培养人的勇气，是教他们绝不可以因舆论而轻易感到受挫，所以稍有忤逆则拂衣而去，冲冠裂眦，是义气行事。愤而登车而去的，是没有雅量。大丈夫出万死一生之力，立盖世熏天之功，一旦掣肘于黄口小儿，死便死耳，安能俯首帖耳，受小人牵制呢！虽然是这样，如果光弼听召回朝，也未必会死，但佞臣会刻意地刁难侮辱，使光弼顺从地接受颐指气使。子仪也只得屈伸于其间，终于可以自保。若是召来则必死，其知其必死不疑，却还危道直行以就命者，唯有鄂武穆王岳公！

国家建炎南渡，御戎剗寇，东扶西支，仅然自立，尚凛凛也。至绍兴之八年，虏以河南、陕西归我，以怠我军。至十年而奄至，而我之诸将受命四出，所在捷奏，而武穆克复州县之功，为诸将冠。盖自建炎用兵以来，而我之诸将始皆精熟，老者如百炼之钢，少者如发硎之刃，纵横捷出，无不如意。此正天人合一之机，千载一时之会也。其如和议之说行，而班师之诏屡下何？

【译文】

国家自建炎年间南渡，外抵强敌内铲群寇，虽东扶西支，仍然自立于世，尚有凛然不可侵犯的姿态。至绍兴八年，虏人将河南、陕西之地归还我们，用以迷惑懈怠我军。至绍兴十年却骤然进犯，而我朝诸将受命从四出抗击，所有的捷奏中，武穆克复州县的功绩为诸将之冠。盖自建炎用兵以来，我朝诸将始皆精熟，老者如百炼后的精钢，少者如刚磨出的利刃，纵横捷出，无不如意。此时正是天人合一的时机，千载难遇的际会。然而为何最后和议之说得到主张，朝廷屡次下诏班师呢？

当诸将皆贺和，而公表独曰："求暂安而解倒垂，犹之可也；欲长虑而尊中国，岂其然乎！"又曰："身居将阃，迹无补于涓埃；口诵诏音，面有惭于军旅。"此公誓不与虏俱存之名言也。夫朝廷欲议和，而有一大帅訚訚然不肯和，言必与之俱毙而后已，是其可置而不问乎？故为当时计，不去公，则和议不成。一日召三大帅，首相置酒迓之，韩、张已至，而公以道远差后，饬堂厨，必待公至而后饮。至则并除枢密使、副，未几、言者至而祠命下矣。

【译文】

当诸将皆祝贺议和成功时，而岳公上表独言："求暂安而解倒垂，犹之可也；欲长虑而尊中国，岂其然乎！"又言："身居将阃，迹无补于涓埃；口诵诏音，面有惭于军旅。"这是岳公誓不与虏人共存亡的名言。所以说，朝廷欲议和，而其中有一大帅訚訚然不肯和议，其所出之言必是与敌俱毙而后已，（朝廷）怎会置之不问？故为当时之计，如不让岳公脱离军权，则和议不可成。一日之间召回三大帅，首相（秦桧）置酒迎接，韩世忠、张俊先至，而岳公因为路途遥远所以后到，整饬堂厨，必待等岳公到了后才开宴。岳公到后，三人都任命为枢密使、副使之职，不久，言官开始弹劾岳公，任命岳公为宫祠闲职的诏命就下达了。

外此何说哉？余尝闻永嘉陈止斋云："往见石天民言：'其父尝赴上江巡检官，夕投宿县驿。忽呵导岳少保来，急急般叠出，而少保已至，问：此何官？是间无旅馆，可只就门房驻。巡检如言。迨夜，堂上张烛，诸将会坐。巡检从壁隙窥之，诸将起禀事，密语，公正色而言曰：只得前迈！诸将退而起禀者三，而公三答之，如初言。'"呜呼！公岂不知此行之必死哉！其鼎鼎数千里而来者，非赴嘉召也，直趋死如归耳！故曰："白刃可蹈，中庸不可能。"其在是欤！

【译文】

外间对此事有什么说法？我曾听永嘉陈止斋言："以前知道石天民言：'其父曾为上游巡检官，某晚投宿到县驿中。忽听有人在路上呼喝导引岳少保来，赶紧搬出去，此时岳少保已至，问：此何官？这里已无旅馆，可让他就在门房住下。巡检依少保所言。深夜，堂上点上火烛，诸将坐在一起。巡检从墙壁的缝隙中偷窥，诸将起来禀事，密语，岳公正色而言道：只得前迈！诸将退下而后又有人站起来禀示，前后三次，而岳公三次的回答都一如初言。'"呜呼！岳公岂不知此行必死无疑！其迢迢数千里而来，赴的并不是嘉召，而是危道直行，视死如归！故言："白刃可蹈，中庸不可能。"不就是如此么！

近有士夫，得杨武恭王之孙伯嵓者言曰："武恭一日蒙首相呼召，至则不出见，但直省官持一堂牒来，云委逮岳飞赴大理。又传旨：'要活底岳飞来。'武恭袖牒往见公，公呵呵大声而出，曰：'十哥，汝来何为？'武恭曰：'无事，叫哥哥。’盖时诸将结为兄弟行，自一至杨，十也。公曰：‘我看汝今日来，意思不好。’即抽身入。武恭亦以牒传进。顷之，有小环出，捧杯酒劝。武恭意公必于内引决，要我同死，遂饮。饮竟，公出，笑而言曰：‘此酒无药，我今日方见汝是真兄弟，我为汝往。’遂肩舆赴对。”呜呼！公不肯为儿女之死久矣，大义明于天地，大忠著于无穷，则公之志也，死生岂足为公道哉！虽然公死而和议定，而复仇之说，至于今犹复绵绵宛宛，未绝而若存者，其公一死之力欤！

【译文】

最近有士大夫，听到杨武恭王（指杨沂中）之孙伯嵒言说：“武恭一日得到首相的召唤，到那里首相却不出来相见，有直省官持一堂牒来，说委派他去逮岳飞赴大理寺。又传旨：‘要活的岳飞来。’武恭将牒放入袖中前往见岳公，岳公呵呵大声而出，说：‘十哥，汝来何为？’武恭说：‘无事，叫哥哥。’那时诸将结为兄弟，排行自一始排至杨时，为第十。岳公说：‘我看汝今日来，意思不好。’立即回身进入后堂。武恭亦以牒传进。稍顷，有一小丫鬟出来，手捧一杯酒劝武恭喝下。武恭怀疑岳公必在内堂自裁，要我同死，遂饮。饮完后，岳公出来，笑而言道：‘此酒无药，我今日方见汝是真兄弟，我为汝往。’遂乘轿赴大理寺对质。”呜呼！岳公不会像常人那样赴死，他大义明于天地，大忠著于无穷，此乃岳公之志，死生之事岂足为岳公所道！虽然岳公赴死而和议才定，而（太祖）复仇之说，至今犹复绵绵宛宛，未绝而若存者，其公一死之力欤！

赞曰：“于戏建炎，实维中天，楚丘始营，周郲尚绵，既菑既畲，既埴既甄。迨绍兴十，凡二七年，我马我车，我将我徒，老炼矫强，百倍厥初。彼凶不知，方复狃忕，来蹈者焦，来触者碎。如熊如彪，如龙如蟉，九天九地，瞬息无留。孰遏其卫，有旋其辀，鸡犬亦愤，草木含羞。严严武穆，义不共天，沥血陈诚，抗表矢言。斯言之出，曾不崇朝，三年为碧，万古怒涛。公死者身，不死者义，于今杞天，赖以不队。日月有行，星辰有纪，云徂雨兴，川流山峙，此义与存，公义之帅。巍巍邺台，唐尧所都，贤哲菆粹，河山掖扶。其在安阳，文武间作，忠献王韩，武穆王岳。”

【译文】

祭文、诗词、赋等体裁皆不译。

庐陵刘过题鄂王庙六州歌头词并跋（新添）

中兴诸将，谁是万人英？身草莽，人虽死，气填膺，尚如生。年少起河朔，弓两石，剑三尺，定襄汉，开虢洛，洗洞庭。北望帝京，狡兔依然在，何事先烹。过旧时营垒，荆鄂有遗民，忆故将军，泪如倾。

当年事，知恨苦，不奉诏，伪邪真？臣有罪，陛下圣，可鉴临，一片心。万古分茅土，终不到，旧奸臣。人世夜，白日照，忽开明。衮佩冕圭百拜，九泉下，万感君恩。看年年二月，满地野花春，卤簿迎神。

右《六州歌头》，顷吾友刘改之为鄂王作也。改之天下奇男子，六十年以义气撼当世，今已矣。简编残阙，隽永人口，丰其才而啬其用，天也。弈自冠，去乡里，问江盟，改之首以国士待我，欲送之青云。弈浸老，数奇，惧辱朋友，每不敢不自勉。来依庸斋先生，先生负大名望，爱士出于天姿，元侯之舍，皆前日改之诸君子游地，弈居之，得无愧乎？刊是词，欲寄武昌故人，立于王庙内，书之以寓感慨云。龙乘壬申菖艾节日，流人张弈。

【译文】

祭文、诗词、赋等体裁皆不译。

《六州歌头》，是我的好友刘改之（刘过，字改之）为鄂王所作的。改之是天下奇男子，六十年间他以义气盖世而著称，今已不在。简编残阙，文字隽永，他才学深厚但却没有展示的机会，乃是天妒英才。弈自弱冠之年，离开家乡，投奔“江盟”，改之以国士之礼待我，欲助我平步青云。弈日渐衰老，又命运不济，惧辱朋友，每每不敢不自勉。来投奔庸斋先生，先生负大名望，爱士出于天姿，忠臣大吏所居之舍，皆前日改之诸君子游地，弈居之，得无愧乎？刊印是词，欲寄武昌故人，立于鄂王庙内，书之以寓感慨云。龙乘壬申（指宁宗嘉定五年）菖艾节日，流人张弈。

建安叶绍翁题西湖岳鄂王庙（新添）

万古知心只老天，英雄堪恨亦堪怜。如公更缓须臾死，此虏安能八十年。漠漠凝尘空偃月，堂堂遗像在凌烟。早知埋骨西湖路，合取鸱夷理钓船。

【译文】

祭文、诗词、赋等体裁皆不译。

卷第二十九

百氏昭忠录卷之十三

赵忠简公鼎奏札一卷

乞于岳鄂屯驻人马

臣勘会神武副军都统制岳飞全军人马，先奉圣旨，起发赴行在，续蒙存留在本路虔、吉州，平荡贼火。臣契勘湖北鄂、岳州系在大江之南，与江州、洪州、兴国军地相连接，最是沿江上流，控扼淮甸、京西，实为荆湖、川、陕喉襟要害之所。今来防秋[①]在近，鄂、岳之间，理合预作措置防备，不可无重兵捍御。其鄂州虽有帅臣[②]，屯兵数少。及本路见管军马计一万余人，头项不一，其间太半是招收乌合之人，以至器甲大段未备，万一有警，深虑难以支吾。臣今相度，欲乞将岳飞军马，候讨捕虔、吉贼火了日，特降旨挥，令往鄂、岳州屯驻。所有合用钱粮，专委湖北及邻路漕臣分认应副。如蒙俞允，不惟江西藉其声援，可保无虞，而湖南、二广、江东、两浙亦获安妥，及江路通快，舟船往来，悉无阻碍。欲望圣慈详酌，特降睿旨施行。

【注释】

①防秋：古代西北各游牧部落，往往趁秋高马肥时南侵。届时边军特加警卫，调兵防守，称为“防秋”。

②帅臣：一路安抚使的别称。《朝野杂记》甲集卷一一《安抚使》："安抚使旧号帅臣。"

【译文】

臣勘会神武副军都统制岳飞全军人马，先奉圣旨，起发赴行在，继而续蒙诏命存留在本路虔、吉州，平荡贼人。臣按查湖北鄂、岳州两州系在大江之南，与江州、洪州、兴国军地界相连接，特别是沿江上流可以控扼淮甸、京西，实为荆湖、川、陕的喉襟要害之地。现在防秋在近，鄂、岳之间，应该事先做好措置防备，不可无重兵捍御敌人。其鄂州虽有帅臣，但屯兵人数较少。本路目前管辖军马计一万余人，将领来路不一，其间大半是招收的乌合之人，以致器甲大多不全，万一有敌人来袭，深感难以应付。臣今思忖，欲请岳飞所率军马，待到讨捕虔、吉州叛乱结束时，特请降下指挥，令岳飞率部前往鄂、岳州屯驻。所用全部钱粮，专委湖北及邻路漕臣分摊支付。如蒙俞允，不但江西借其声援，可保无虞，且湖南、二广、江东、两浙亦获平安，及沿江一路通畅无阻，舟船往来，悉无阻碍。欲望圣慈详酌，特降睿旨施行。

措置防秋事宜

臣契勘即日防秋是时。臣虽夙夜惕励，思所以广为堤备，第念事势相形，利害安危，固有缓急轻重，傥非先事建明，远渎圣听，恐一旦措手无及。恭惟清跸见驻临安，二浙、闽中为近辅，江东、淮甸为要藩，自行朝达镇江、建康，屯宿重兵，无虑十万。距京师约三千里，非不深且远，可恃以安。然江西一路，北际陈、蔡、庐、寿，西连潭、衡、荆、襄，比他路边面最为阔远。伪齐见遣兵将，力守光州，为备数年，颇闻农种渐广。自汴由陈、蔡至光，才三百里，复与蕲、黄接界，亦粗有粮可因。臣策伪齐万一会合金人，再来相侵，当数路并进，而镇江、建康既已有备，必由光州直捣蕲、黄，旬日便到江上。掳船造筏，乘间南渡，声摇江、湖，人心摧于伤弓，当鸟惊鱼散，支吾不暇，将见行朝亦不得奠枕，则建康、镇江虽屯重兵，固已无益于事矣。况已酉冬，胡骑已尝出武昌岸，径趋兴国，缘山疾驰，数日傅洪州城下。前车之戒未远，则江西今日利害安危，岂不重且急乎了！

臣计本司见管军马共一万六千余人，皆是招收乌合之众，除辎重、火头等外，可使出战，仅及万人，才足以屯防近里州县，堤备盗贼，岂堪前当大敌。近奉圣旨，留岳飞全军，先分万兵驻九江，士马精劲，似可倚仗。臣愚见尚有二患：边面阔而伪境近，则师不可不益；师旅增而赡给广，则财不可不聚。

谓如江州、兴国军西抵岳、鄂，皆据大江上游，曲折千里，控扼要害，受敌处多。自湓浦以上，江渐狭隘，至霜降水落，则一箭可及，一苇可航，非若下流深阔多阻，未易侵越也。今计岳飞兵数二万一千有余，除火头、辎重、守寨、疾病人外，实得战士一万五、六千人。忽有警急，迎敌保城，临时应机，犹恐分布不给。兼岳、鄂人马无多，安能使掎角应援。臣欲乞朝廷更摘那数头项堪任出入将兵，时暂付臣相兼使用。

又本路州县屡经兵火残毁，继以连岁讨贼，大兵往来，民力凋弊，官用空虚。今既留岳飞全军，复丐益师，则军储愈窘。若止仰漕计[①]，必致阙误。臣欲乞朝廷广行支降钱物，及就拨本路应干诸司上供钱帛，并榷货务[②]见在及日后收椿之数，并行付臣斡旋，相兼支遣。仍乞选户部官一员前来，与漕臣协议应副。庶几兵势稍强，财用粗足，可以待敌，且免临时扰攘失措之患。

臣材识庸暗，所见止此。伏望圣慈察其势迫计穷，早赐睿旨，详酌施行。

【注释】

①漕计：宋朝“路转运使”的简称。南宋十五路逐路常置正使一员。职掌为总一路利权以归上，兼纠察官吏以临郡。经度本路租税、军储，供邦国之用、郡县之费；分巡所部，检察储积，审核账册，刺举官吏臧否，荐举贤能，条陈民瘼，兴利除害，劝课农业。（据《宋代官制辞典》，第481页、482页。）

②榷货务：榷是官方专卖的意思。榷货务，为三省附属的监当局名。都擅茶叶的专卖权，即由榷货务从园户手中包买茶叶，转手又由榷货务包卖给商人，在一买一卖之间赚取巨额茶息，是政府的重要财政来源。（据《宋代官制辞典》，第189页。）

【译文】

臣按查，现在正是防秋之时。臣虽然夙夜惕励，思虑广为堤备，但念其事势相形，利害安危固有轻重缓急，倘若不能有先见之明，则远渎圣听，恐一旦有事则措手不及。陛下现驻临安，两浙、闽中为畿辅，江东、淮甸为要藩，自行在到镇江、建康，屯驻重兵，至少有十万。距京师约三千里，非不能深入且路途遥远，可恃以安。然而江西一路，北邻陈州、蔡州、庐州、寿春，西连潭州、衡州、荆州、襄阳，比之其他路，边境线更为阔远。伪齐现遣兵将，力守光州，准备了数年，听说农耕渐广。自汴京由陈州、蔡州而至光州，才三百里，又与蕲州、黄州地界相接，大致亦有军粮可供。臣想伪齐军队万一与金人会合，再来相侵，从数路并进，而镇江、建康既已有防备，必由光州直捣蕲州、黄州，旬日之间便可到江上。或抢或造船只，乘间南渡，声势可动摇江、湖两地，此间人心本已如惊弓之鸟，当鸟惊鱼散之际，就会更加应接不暇，可以预见行在亦不得安枕，建康、镇江虽屯有重兵，却无补于事。况且己酉年的冬天，胡骑曾从武昌江岸登陆，径趋兴国军，缘山疾驰，数日可到洪州城下。前车之戒未远，江西今日的利害安危，岂不是危重紧急吗？

臣本司现管军马共一万六千余人，皆是招收的乌合之众，除负责辎重、火头等的军士之外，可供出战的，仅有万人，只是能满足屯防在附近的州县，堤备盗贼，怎能驱使向前抵挡大敌。近期奉圣旨，留岳飞全军，先分一万兵员驻守九江，士马精劲，似是可以倚仗御敌。以臣愚见尚有二个祸患：边界广阔而且临近伪齐，则师旅不可不增益；师旅增员就需要增加供给，在财力上不可不做积蓄。

譬如江州、兴国军西抵岳州、鄂州，皆据大江上游，曲折千里，控扼要害，可能受敌的地点甚多。自湓浦以上，江面逐渐狭隘，到了霜降时节水位回落，则一箭可及，一苇可航，若不像下游江水深阔多阻，不易被侵略和突破。今计岳飞的兵数二万一千有余，除火头、辎重、守寨、有疾病的人员之外，实得战士一万五六千人。若遇到警急情况，除了迎敌保城，还需应援机动，唯恐兵员分布不过来。兼岳州、鄂州两地人马不多，怎能以掎角之势夹攻应援。臣欲乞请朝廷再从他处调拨数支勘当战斗的将领及士兵，暂时交付给臣兼顾着使用。

又因本路州县屡经兵火残毁，继而又连年讨贼，大兵往来，民力凋弊，地方财政储积空虚。今既留岳飞全军，又请求增加兵力，则军需储备愈发的窘迫。若仅靠本路转运司输送钱粮，必致缺误。臣想乞请朝廷直接广为支降钱物，同时就近调拨本路应干诸司上供中央的钱和布帛给臣，以及中央榷货务现在及今后的收桩所得，一起交给臣统筹使用，以便兼顾平衡。仍乞请选派户部一名官员前来，与转运司官员一起协议应付。可望使兵势稍稍增强，财力大至足备，可以应敌，且免去临时扰攘失措之患。

臣的才识庸暗，所见所虑只能至此。伏望圣慈察其形势窘迫，早赐睿旨，详酌施行。

乞支降军马钱粮

臣今月二十六日准枢密院札子，三省、枢密院同奉圣旨，除臣江西安抚制置大使，岳飞除本路沿江制置使，所以防秋合行事件，令同共商议，疾速措置，条具闻奏。臣除已遵奉施行，及候岳飞到日，别行条具外。契勘本路江州、兴国、南康军并系沿江控扼，合屯军马去处。其岳飞一军，月支钱一十二万三千余贯，米一万四千五百余石，数目浩大。近蒙朝廷差拨岳飞军兵一万人，往江州驻扎。岳飞止差五千余人前去，未敢尽数起发。盖缘去年本军在彼屯泊之日，钱粮阙少，转运司应副不继，有悮指准。致本军杀马，剪发，卖鬻妻、子，博易米斛，几致生事。今来措置防秋，尽发军马沿江守把，兵众费广，理合预行桩办，不可少有欠阙。

臣见将岳飞一军逐月所用粮食，催督转运司接运本路米斛起发外，唯是全阙见钱支遣，若不控告朝廷给降应副，将来定致阙绝，有悮军事。欲望圣慈体念本路阙乏，特降睿旨，支赐钱四十万贯，准折金银降下，以充本军三月之用。或将吉州榷货务见今入纳钱物，截日尽数就便支拨，候过防秋日住罢。庶免临时往复奏请，有悮国事。

【译文】

臣今月二十六日承准枢密院札子，三省、枢密院同奉圣旨，任命臣为江西安抚制置大使，岳飞为本路沿江制置使，所有防秋应行事项，令共同商议，疾速措置，条具闻奏。臣除已遵奉施行，等候岳飞到来之日，再另行条陈。按查，本路的江州、兴国军、南康军都是沿江控扼、应宜屯驻军马的去处。岳飞一军，月支钱一十二万三千余贯，米一万四千五百余石，数目浩大。近蒙朝廷差拨岳飞军兵一万人，往江州驻扎。岳飞只差五千余人前去，未敢尽数起发。盖因去年军队在彼处屯泊之日，缺少钱粮，转运司应付不继，故有误指准。以致士兵杀马，剪发，卖鬻妻、子，博易米斛，几致生事。今来措置防秋，尽数派遣人马沿江把守，军费开支浩大，理应预先储备，不可稍有欠缺。

臣现将岳飞一军逐月所用粮食，催督转运司接运本路粮食起发外，唯是完全缺乏见钱支用，若不申告朝廷给降应付，将来定会导致军需匮乏，有误军事。欲望圣慈体念本路阙乏，特降睿旨，支赐钱四十万贯，准折为金银降下，以充本军三月之用。或将吉州榷货务现今上缴的钱物，即日尽数就便支拨，等防秋结束之后就可停止。省去临时往复奏请的不便，避免有误国事。

乞支钱粮赡给李横军兵

臣契勘近据诸处关报，襄阳失守，镇抚使李横等退师到汉阳军界。臣先权宜措置，移牒李横等，将所部军马择地利去处驻兵，掩击贼马。续承岳飞谘目，李横等已至蕲、黄州。一行兵马既经溃散，若在江北驻扎，必不能安，或令过江相兼捍御，却可为用。臣亦已牒岳飞从长措置，令逐项军马过江，安泊老小了当，整龊前去，相兼捍御。及牒李横、李道权听岳飞分拨使唤，并逐急差官水陆干运粮米，起发应副。已累具上项因依申奏朝廷去讫。今月二十八日，承岳飞公文，探闻李横等人马被番、伪贼兵溃散前来，各无斗志，见有作过之人。李道、牛皋两项，共有人兵千余人，已到江北岸张家渡。及李横、翟琮、董先等共约有五千余人，已起发汉阳军。其李道、牛皋再来申告，乞听岳飞节制，内李道单骑已到江州。

臣契勘李横等一行人兵，今相继前来，本司已逐旋起发粮米应副外，所有日后合用钱粮，未有官司主管，今且以六千余人，约（以下原阙）。

【译文】

臣按查，根据最近诸处关报，襄阳失守，镇抚使李横等退师到汉阳军界。臣先权宜措置，移牒李横等，将所部军马选择一个有地形优势的地方驻兵，掩击贼人。续承岳飞谘目，李横等已至蕲、黄州。一行兵马既经溃散，若还在江北驻扎，必不能安妥，或令其过江分担抵御贼人之责，可为之一用。臣亦已牒岳飞从长措置，令各路军马过江，安泊家属完毕后，整军前去，配合我军捍御敌人。又牒李横、李道暂且听岳飞调度使唤，并赶紧派遣官员从水陆干道运送粮米，起发应副。已累次撰写以上缘由申奏于朝廷。今月二十八日，承岳飞公文，探闻到李横等人马自被番、伪贼兵打败后溃散而来，皆无斗志，渐渐地已有犯过之人。李道、牛皋两将，共有人兵千余人，已到江北岸张家渡。及李横、翟琮、董先等共约有五千余人，已起发汉阳军。其间李道、牛皋再来申告朝廷，希望能命令他们听岳飞节制，其中李道单骑已到江州。

臣按查，李横等一行人马，今相继前来，本司已陆续起发粮米前去应副外，所有日后将使用的钱粮，因未有官司主管，今且以六千余人，约（以下原阙）。

乞下湖北帅司[①]堤备贼马

臣昨据本路制置使岳飞申："诸处探报，李成、刘麟会合金寇，有直趋蕲、黄渡江之计。"臣以本路正当冲要，控扼江、浙，实系行朝利害，不敢隐默，节次具奏，庶几中外预得为备，不至仓猝失措。自十一月二十日以后，探报少缓，而臣不即以闻者，以贼情不测，万一所传不审，有失堤防，或致冲突之患。当料其有，不料其无；勿恃其不来，恃吾有以待之也。

今李成尚留汉上，虽未闻追袭之耗，而经营襄、邓，用意不浅。盖轻兵追袭，为患速而小；占据上流，为患缓而大。计朝廷已有措置，非臣愚虑所及。缘上流既失，即自汉阳而下，沿江诸郡皆顺流可至之地，不可一日弛备，非特防秋而已。

臣已奏禀，乞支降钱物，打造战船。不惟本路合行计置，窃恐沿江诸路亦当如此。兼闻光州、顺昌府各储粮十数万，今则未见动息，观其意向，必有所用。臣除不住移文制置使岳飞及本司所遣兵马，远布耳目，益严防守，并召募硬探，直往襄阳已来，伺察贼情外；所有汉阳、沌口，系汉江下流，湖北帅司所隶，更望圣慈特降睿旨，严切戒约，过为堤备，庶免意外不虞之患。

【注释】

①帅司：南宋时，大郡（路治）知州带安抚使成为定制，“掌一路兵民之政”，被称为“帅司”。（据《宋代官制辞典》，第478页。）

【译文】

臣昨日根据本路制置使岳飞申报：“诸处探报，李成、刘麟会合金寇，有直趋蕲州、黄州渡江之计。”臣认为本路正处在要冲之地，控扼江、浙一带，实在是关系到行朝安危的利害之地，不敢隐默不言，依次具奏，好使内外预先做好防备，不至于在仓促间处置失措。自十一月二十日以后，探报渐少，而臣没有立即上报的原因是不能掌握敌情的虚实，万一对所传递的信息没有谨慎判断，有失堤防，或致冲突之患。当应料其有，不可料其无；不能心存侥幸认为敌人不会来，我们应该做好防御的准备。

今李成还留在汉上，虽未闻有追袭之事，而其用心经营襄、邓之地，用意不浅。盖轻兵追袭，为患速而小；占据上流，为患缓而大。朝廷已有措置，非是臣愚虑所及。因为上流既已失去，自汉阳而下，沿江的诸郡皆是顺流可至之地，不可一日松弛戒备，不是只有防秋而已。

臣已奏禀，乞请朝廷支降钱物，用于打造战船。不只是本路应这样措置，窃恐沿江诸路都应当如此。又闻光州、顺昌府那边各储粮十数万，现在虽未见有何动息，观其意向，必有所用。臣除已多次移文给制置使岳飞及本司所遣兵马，要远布耳目，备加严密防守，并召募硬探，直往襄阳而去，伺察贼情外；所有的汉阳、沌口，及汉江下流，属湖北帅司所隶，更望圣慈特降睿旨，严切戒约，仔细堤备，避免发生意外之患。

乞赐御笔

臣今日得岳飞书，已定今月十九日出师。臣窃惟大军一举，所系非轻。臣愿陛下以收复境土，拯救生灵为念，诚心默祷，克享成功。仍乞亲笔赐飞，勉以尽忠体国之义，使之激厉将士，共立功名。臣已累具奏陈，乞在外宫观，然备位大臣，不敢以中外为间，併幸睿察。

【译文】

臣今日收到岳飞的书信，已定本月十九日出师。臣认为大军一旦开拔，所系非轻。臣愿陛下以收复境土，拯救生灵为念，诚心默祷，终享成功。乞请圣上以御笔诏书赐给岳飞，勉励他尽忠体国，使之激励将士，共立功名。臣已多次奏陈，乞请去在外宫观任事，然而目前还充数为大臣，不敢有内外的差别，请圣上明察。

乞遣中使训谕诸帅应援

臣昨日具奏，岳飞已定今月十九日出师。窃惟陛下渡江以来，每遣兵将，止是讨荡盗贼，未尝与敌国交锋。飞之此举，利害甚重，或少有蹉跌，则使伪境益有轻慢朝廷之意。臣愿陛下曲留圣意，凡有可以牵制应援，助其声势，及馈饷、钱粮等事，督责有司，速为应副。频以亲笔敦奖激励，且使诸路帅臣协力共济，庶使万全。

一、乞遣中使，赍亲笔赐刘光世，遣发王德、郦琼，共以万人屯舒、蕲间，各将带一、两月钱粮。或岳飞关报会合，即令兼程前去，併力攻讨。仍行下岳飞照会。

一、乞以亲笔赐岳、鄂刘洪道，江西胡世将，荆南解潜等，各务尽忠体国。应岳飞报到遣发援兵，资助粮食，及应干军须等事，一一应办，不得辄分彼此，致失机会。

一、乞并以金字牌[①]先次发行，仍谕光世已遣中使谕旨，使先知陛下丁宁之意。

臣已请宫祠，既闻圣训，不敢不尽愚见。

贴黄：臣今所陈，如或可采，乞作圣意行出，庶免越职侵官之罪。

【注释】

①金字牌：《梦溪笔谈》卷一一："驿传旧有三等，曰步递、马递、急脚递。急脚递最遽，日行四百里，唯军兴则用之。

熙宁中，又有金字牌急脚递，如古之羽檄也。以木牌朱漆黄金字，光明眩目，过如飞电，望之者无不避路，日行五百余里。有军机速处分，则自御前发下，三省、枢密院莫得与也。”

【译文】

臣昨日上奏，岳飞已定于今月十九日出师。臣窃唯陛下自渡江以来，每次派遣兵将只是用于讨荡国内的叛贼，未曾与敌国交锋。岳飞此次出师，利害关系甚重，如稍有差池，则会使伪境的敌人增加轻慢朝廷之意。臣愿陛下曲留圣意，凡有可以牵制应援，助其声势，及馈饷、钱粮等事，督责相关部门速速应副。多以亲笔诏书敦奖激励，还应使诸路帅臣协力共济，可保万全。

一、乞遣中使，持亲笔诏书赐刘光世，遣发王德、郦琼，共以万人屯驻于舒州、蕲州之间，各带一两个月的钱粮。或与岳飞关报会合，即令兼程前去，合力攻讨。仍行下岳飞照会。

一、乞以亲笔赐岳州、鄂州刘洪道，江西胡世将，荆南解潜等将，各要他们尽忠体国。响应岳飞的通报，遣发援兵，资助粮食，以及相关的军需事宜，应一一应办，不得辄分彼此，致使失去机会。

一、以上这些事乞请以金字牌优先发行，仍告谕刘光世已遣中使谕旨，使他先知道陛下叮咛之意。

臣虽已乞请宫祠，今既闻圣训，故不敢不尽愚见。

贴黄：臣今所陈，如果有可采用之处，请作圣意行出，好使我免去越职侵官之罪。

奏王彦移军事宜

臣等适蒙宣谕王彦移军事。臣中间与张浚议及此事。浚言，彦病甚，其次无可委之人，万一彦死，其众无所统属，所以有併归岳飞之意。傥如早来圣谕，召彦赴阙，则荆南钱粮不足，其次既无可以倚仗之人，切虑别致生事。臣等商量，欲作书与岳飞，候飞移军襄阳，驻扎定，然后行下王彦除命，及一面召彦前来，则其众已在襄阳，部内不能转动矣。更合取自圣裁。

【译文】

臣等刚刚收到了圣上宣谕王彦移军之事。臣中间与张浚商议此事。张浚言，王彦病得很重，没有找到合适的人代替他行使职权，万一王彦病死，其部众无所统属，所以有并归岳飞统率之意。倘如早来圣谕，召王彦赴阙，则荆南钱粮不足，其次也无可以倚仗之人主持军务，担心会滋生事端。臣等商量，欲作书与岳飞，候他移军襄阳，驻扎定后，再下达对王彦的新任命，一面召王彦前来行在，则其部属已在襄阳，部内不能转动了。再请圣裁明断。

乞起复[①]

臣等契勘，今日据岳飞下参谋官李若虚申："岳飞于三月二十六日丁母忧，乞别差官主管人马。"臣等检会大将丁忧，例合起复。缘初八日歇泊假，欲从密院先降旨挥，照会起复，令日下依旧主管人马，措置渡江。于初八日进熟状[②]，锁院[③]，初九日降制。

【注释】

①起复：宋代官员有三年守父母丧（丁忧）之制，在守丧期内，须解官持丧服。丧期满复职称"服阙"，如丧期未满，朝廷特许或特诏复职者，称"起复"。"起复"任事之后，该官员官

衔前系“起复”二字。（据《宋代官制辞典》，第652页。）

②熟状：宋制，非紧要事务，有关官员拟就施行办法，以白纸书写，宰相押字，其他执政具姓名，送请批示，画“可”后执行，称熟状。

③锁院：指宋代翰林院处理如起草诏书等重大事机时，锁闭院门，断绝往来，以防泄密。《宋史·职官志二》：“凡拜宰相及事重者，晚漏上，天子御内东门小殿，宣召面谕，给笔札书所得旨。禀奏归院，内侍锁院门，禁止出入。夜漏尽，具词进入；迟明，白麻出，閤门使引授中书，中书授舍人宣读。其余除授并御札，但用寳封，遣内侍送学士院锁门而已。至于赦书、德音，则中书遣吏持送本院，内侍锁院如除授焉。”

【译文】

臣等按查，今日据岳飞属下参谋官李若虚申奏：“岳飞于三月二十六日丁母忧，乞请另行委派官员主管一军人马。”臣等检询到其他大将丁忧，按例可以起复。缘自初八日歇泊假，欲从枢密院先降下指挥，照会岳飞起复，令他依旧主管人马，措置渡江之事。于初八日进呈熟状，锁院，初九日降制。

乞少宽忧顾

臣于今月初九日，准金字牌降到亲笔手诏，以臣在郡之久，无甚罪戾，曲加奖谕，仍戒饬防秋等事。臣孤远书生，本无荣望，夤缘超躐，皆自陛下亲擢。顾惟恩遇之隆，九死不足塞责，而孤忠寡与，动触怨仇，重蒙全宥之私，久窃宫祠之禄。方杜门屏息，幸保余龄，载被诏除，更帅两路，虽以勤对拙，不敢辞难，而才力单微，讫无可记。惟陛下眷怜旧物，阔略愆尤，併示褒嘉，益难负荷。至如秋冬防托，乃臣之职，敢不仰体圣训，勉效万分。

近岳飞到，已发兵屯驻江上，凡军中事务，一一商量措置。飞久在江西，人情地利，素所习熟。今陛下委付如此，必能感激奋励，向前立功。臣谨当委曲协济，以图报称。伏幸陛下少宽忧顾。所有条画事宜，节次奏禀。

【译文】

臣于本月初九日，承蒙金字牌降到亲笔手诏，以臣在地方日久，无甚罪戾，曲加奖谕，仍戒饬防秋等事。臣乃一介孤远书生，本无荣望，所得提升超过应得，皆来自陛下亲擢。回顾陛下给予的恩遇之隆，臣就算是九死也不足以塞责，而臣孤忠寡合，动触怨仇，重蒙陛下保全宽宥之私，长久享受宫祠之禄。臣闭门谢客，幸保余年，于是被下诏任命为两路之帅臣，虽是以勤补拙，不敢推辞艰难，无奈才力单微，讫今还没有可记下的功劳。唯陛下眷怜旧人，宽待我的过失，还加以褒奖，我实在是难以承受这样的恩德。至于秋冬防备，是臣的职责所在，敢不恭仰体察圣训，勉效万分。

近日岳飞到，已发兵屯驻江上，凡军中事务，一一与我商量措置。岳飞久在江西，对当地的人情地利，都非常熟悉。今陛下如此委付于他，必能使他感激奋励，向前立功。臣谨当尽最大的力量来协助他，以图报称陛下对臣的恩遇。请陛下稍解忧虑。所有措置事宜，将节次奏禀。

日记杂录（附）

绍兴六年丙辰岁九月，时奏车驾在道。初二日，发北郭亭，晚泊临平镇，奏事舟中。方论奏岳飞之捷，上顾谓右揆浚曰："岳捷固可喜，但淮上诸将各据要害，虽为必守之计。然兵家不虑胜，唯虑败耳。万一小有蹉跌，不知后段如何？”复顾某曰：“卿等更熟虑。”某等奉命而退。

初五日，发皂林店，晚泊秀州，奏事河亭，因及岳飞两捷俘获之物。上曰：“兵家不无缘饰，此不足道。卿等因通书飞幕属，叩问子细。非为核实，有吝赏典，但欲知事宜形势、措画之方耳。”浚奏曰：“飞之措置甚大，今既至伊、洛间，如河阳、太行一带山寨，必有通耗者。自梁青之来，常有往来之人，其意甚坚确。青，怀、卫间人，尝聚众依太行，数出扰磁、相间。金人颇患之，今年春，併兵力攻。青以精骑数百突出，渡河，由襄汉来归岳侯。青，两河①人呼为梁小哥。”某奏曰：“河东②山寨如韦诠忠辈，今虽屈力就招，然未尝下山，队伍、器甲如旧，据险自保，耕种自如，唯不出兵耳。金人亦无如之何，但羁縻之而已。一旦王师渡河，此曹必为我用。”上曰：“斯民不忘祖宗恩德如此，吾料之，非金人所能有。”某等同奏曰：“愿陛下进德修业，孜孜经营，此念常如今日，臣等愿竭驽钝，裨佐万一。”

初七日，登平望。是日，岳飞捷奏至，遣偏将收复商州，且乞催已差知商州邵隆速来之任。

十三日，晚得岳飞收复西京长水县捷报，仍云已收兵复回鄂州，以粮不继也。

【注释】

①两河：宋称河北、河东地区为两河。大致包括今河北省、山西省的区域。

②河东：古地区名。黄河流经陕西、山西两省，自北而南的一段之东部，指今山西省。秦汉时置河东郡，唐初置河东道，开元年间又置河东节度使，宋置河东路。

【译文】

绍兴六年丙辰岁九月，上奏时圣上的车驾还在路上。初二日，离开北郭亭，晚上就歇泊于临平镇，就在船中奏事。论奏到岳飞的捷报时，圣上对右相张浚说：“岳飞大捷固然可喜，但淮河区域诸将各据要害，虽为必守之计。然兵家不虑胜，唯恐战败。万一稍有差池，不知后果如何？”又对我说：“卿等更应深思熟虑。”我等奉命而退。

初五日，从皂林店启程，晚上停泊秀州，奏事于河亭，因谈及岳飞两捷俘获之物。圣上曰：“兵家不无缘饰，此不足道。卿等可以给岳飞幕属去信，叩问仔细。不仅是要核实清楚吝于赏典，而且要了解清楚战场的形势、措划的方略。”张浚奏道：“岳飞的措置甚大，今既至伊、洛间，如河阳、太行一带山寨，必有与通消息的人。自梁青归来之后，常有往来之人，其意甚为坚确。青，怀、卫一带的人，尝聚众依靠太行山，多次出击磁州、相州之间。金人颇以此为隐患，今年春天合兵力攻梁青。梁青以精骑数百人冲出突围，渡过黄河，由襄汉取道来归降岳侯。梁青者，两河人民呼他为梁小哥。”我奏言：“河东山寨如韦诠忠等人，今日虽然勉强接受金人的招降，却不曾下山，队伍、器甲依然如旧，占据险要地形以自保，耕种如常，只是不出兵。金人亦是无可奈何，但牵制而已。一旦王师渡河，此辈必为我用。”圣上曰：“斯民不忘祖宗恩德如此，吾料之，这是金人做不到的。”我等同奏言：“愿陛下进德修业，孜孜经营，此念常如今日，臣等愿竭尽全力，辅佐您于万一。”

初七日，登上平望。是日，岳飞捷奏至，遣偏将收复了商州，并催请已派遣为商州知州的邵隆速来赴任。

十三日，晚上得到岳飞收复西京长水县的捷报，说已收兵回鄂州，这是因为粮食供给不上的原因。

卷第三十

百氏昭忠录卷之十四

南剑州布衣上皇帝书范澄之

臣尝谓天下之人，无愚与智皆能指之而为高者，天也；无远与近皆能指而为明者，日也。夫天与日，无愚智远近，皆知其为高且明者，以其临照之广且大也。临照之广大，则苍然者宜无所不该，赫然者宜无所不显。然而天下之物固有所不该，固有所不显者，非天与日之不临而照之也，盖物或自处于幽暗隐蔽之间，势不能以自暴白于天日之前，则虽天与日之高且明，亦不能自该而自显之也。及乎幽暗隐蔽者有所待而昭彻，然后天日高明之功全，而无所或亏矣。

【译文】

臣常言天下之人，无论愚钝还是智慧的，都会认为高的，是天；无论处于远处或近处的人，皆会认为明的，是日。天与日，无论愚智远近之人，都会认为是高远而明亮的，这是因为它们照临的范围既广且大。天日照临之广大，那么青绿色的东西就应该看上去是青绿的，赫红色的东西就应该显示为赫红色。然而天下之物仍是有所不彰、有所不显的，非是天与日没有照临于它们，而是这些事物自己处于幽暗隐蔽之处，势不能自己曝白于光天化日之下，就算是天空与太阳高远且明亮，也不能使它们彰显出来。那些处于幽暗隐蔽的人只有等待时机才能昭然若揭，而后天高日明之功才可圆满，这样就无所亏欠了。

惟人君之治天下，天下之人尊之为天日也，仰之为天日也，又喻之为天日也。夫尊仰而又喻之者，以其势之无所不临，而无所不照也。既无所不临，而无所不照矣，然天下之事果无所不该欤？果无所不显欤？设有自处于幽暗隐蔽之间，势不能自暴白于人君之前，为人君者岂能知之乎？此必有待焉。苟能彻其幽暗，去其隐蔽，昭然伸剖，使之暴白于冕旒之前，使人君高明之功，遂全而无所亏，顾不伟哉！

【译文】

人君治理天下，天下之人尊之为天日，奉之为天日，喻之为天日也。人君被尊奉和比喻为天日，是因为他的威能无处不能到达，无所不能照临。既是能无所不临，无所不照，然而天下之事都能成为其应该呈现的样子吗？真的能没有隐藏吗？设想那些自处于幽暗隐蔽之间的事物，势必不能自曝白于人君之前，人君又怎么能够知道呢？这样的事情必然等待着被揭示出来。如能撤去幽暗，去除隐蔽，明明白白地申诉分辩，使之能真相大白于人君之前，使人君的高明之功完满而无所亏欠，岂不伟哉！

恭惟皇帝陛下干刚施普，离明继照，即位十五余年，中兴之功远过汉、唐。天下之人，愚智远近，指之为天，指之为日，凡尊仰而又喻之者，为未足道也。然天下之事，尚有未该而未显者，臣请彻幽暗，去隐蔽，晓然明白于陛下之前，使陛下高明之功，遂全盛而无所亏。愿陛下试详听之。

【译文】

恭惟皇帝陛下乾刚普照，自即位十五余年来，中兴之功远远超过汉、唐时期。天下之人，无论愚智远近，皆把皇帝陛下指之为天，奉之为日，其尊仰譬喻为日者，已不足为道。然而天下之事，尚且有不公平和不明白的，臣请撤其幽暗、去其隐蔽，使其了然明白于陛下之前，使陛下高明之功，能够达到完满而无所亏欠。愿陛下试详听之。

窃论天下之势有轻重，童子能知之；天下之事有疑似，圣人难知之。惟其难知，此所以不可不辨。方陛下中兴之初，以韩世忠镇淮西，以张俊镇建康，以岳飞镇荆、襄，付之以方面之权，以制虏人。当此之时，将帅为重。及陛下一旦出不世之略，忧尾大之祸，驾御笼络，而宠之以枢密之任，天下之人皆骇瞩，而虏人闻之亦褫魄。当此之时，朝廷为重。此轻重之势，童子能知之矣。既而张俊涖诸军，岳飞奉朝请[①]，而陛下之睿谋神断，愈益高明。

【注释】

①奉朝请：赴朝立班之谓。古代诸侯春季朝见天子叫朝，秋季朝见为请。因称定期参加朝会为奉朝请。在宋代有一类“奉朝请”是退职的文武官员，此处应指岳飞辞去枢密副使任职之后的事。

【译文】

窃以为天下大势有轻有重，小孩都能明白；天下之事有疑似的，连圣人都难以知晓。唯其难知，所以才不可不辩。陛下中兴之初时，以韩世忠镇守淮西，以张俊镇守建康，以岳飞镇守荆、襄，赋予他们独当一面的全权处置大权，以遏制虏人的侵犯。当此之际，以将帅为重。待到陛下一旦出不世之谋略，犹恐有尾大不掉之祸，驾驭笼络（掌握有权力的大帅），而优宠以枢密之任职，天下之人皆感到惊骇瞩目，而虏人知道后也神魂若失。当此之时，以朝廷为重。此轻重之势，童子也是能明白的。既而张俊临视诸军，岳飞奉朝请，而陛下之睿谋神断，愈发高明。

然昨觀榜示，遽以枢密行府见勘张宪，其谋有累于岳飞，遂逮系诏狱，连及妻、子。天下之人不知岳飞之罪，又畏扇摇之诛，莫不顾盼相视，彷徨不能去。如病瘖之人，终日茹苦而不敢吐。何者？事出于疑似之间，而圣人难知者也。昔者汉高帝之治天下，如天日之高明矣。萧何为相国，得罪下廷尉[①]，此何自处于幽暗隐蔽之间，而其势无以暴白于高帝之前也。王卫尉一言，而高祖听之，断然释其疑似之嫌，以全其高明之功。孝文帝之治天下，亦如天日之高明矣。周勃为太尉，得罪下廷尉，此又勃自处于幽暗隐蔽之间，而其势无以自暴白于文帝之前也。薄昭一言，而文帝听之，断然释其疑似之嫌，以全其高明之功。高祖、孝文之于萧何、周勃，既捕之于前，又释之于后，后世之人不以为过者，疑似之嫌既释，圣哲之道愈明也。

【注释】

①廷尉：官名，秦置，为九卿之一。掌刑狱。

【译文】

然而昨日看到榜示，突然以枢密行府审问张宪，说他的图谋牵涉到了岳飞，于是又将岳飞逮捕系于诏狱，连及其妻子、子女。天下之人不知岳飞有何罪，又怕担上煽摇的罪名，莫不顾盼相视，彷徨着不能离开。如病哑之人，就算终日吃苦的东西也说不出来。为何？此事只是出于疑似之间，而圣人难以知道。昔日汉高祖治理天下时，如天日之高明。萧何为相国，获罪后被下狱，固然是萧何自处于幽暗隐蔽之处，不能曝白于高祖之前。王卫尉进一言，高祖听后觉得有理，断然解除了对他的怀疑，以成全其高明之功。孝文帝治理天下，亦如天日之高明。周勃为太尉时，获罪后被下狱，此次又是周勃自处于幽暗隐蔽之处，而他没有机会亲自在文帝面前辩解。薄昭进一言，而文帝采纳，断然放下了对周勃的怀疑，以成全其高明之功。汉高祖、孝文帝对于萧何、周勃，逮捕他们在前，释放他们在后，后世之人不认为他们是有过错的，怀疑之嫌既已放下，圣哲之道愈发显得高明。

今陛下捕系岳飞，是飞有以取之也，是飞自处于幽暗隐蔽之间也，是非陛下不临而照之也。夫以其自处于幽暗隐蔽之间，而其势不能自暴白于陛下之前，而陛下孰得而临照之哉？况方当迅雷震霆之怒，势不及于掩耳，而天下之民踈贱无知，不敢为陛下言；百官有司各有攸职，不肯为陛下言；宰辅之臣媚虏急和，又决不为陛下言。是陛下卒不得而临照之，此臣布衣之士，所以不敢不为陛下言也。

【译文】

如今陛下逮捕岳飞，岳飞固然有其自身的原因，是岳飞自身处在幽暗隐蔽之处，非是陛下的天日之光不降临而照耀他。乃是因他自己处于被人掩盖的昏暗之处，而他不能亲自在陛下面前澄清解释，而陛下又怎得以天日之光临照到他呢？况且当时陛下正当迅雷震霆之怒，其势快得不及掩耳，而天下之民疏贱卑下又无知，不敢为陛下进言；百官各司其职，不肯为陛下进言；宰辅之臣谄媚于虏人急于求和，也绝不肯为陛下进言。而使陛下的天日之光竟不得有所临照，这就是臣即便是一介布衣，也不敢不为陛下进言的原因。

大抵治军者不能举军皆爱，治狱者不能举世皆平。何哉？宽仁者不足以得其死力，而承风者不能无罗织之讯。故得士卒之心者，必得罪于偏裨；有睚眦之隙者，必锻炼以成狱。岳飞之治兵，严肃而尚威，此疑其得罪于偏裨者也；张宪之文连主帅，此疑其锻炼以成狱者也。锻炼之狱虽成，而万一有疑似之迹，则臣不得而知，然亦在陛下广高明之见，而以情察之可也。

【译文】

大抵治军者不能让所有军士都敬爱他，治狱者也不能让举世都感到公平。为什么呢？宽厚的仁者不足以得到军士效其死力，而那些迎合上官意图的人会罗织罪名进行审讯。所以能得到士卒之心的人，必会得罪偏裨；有过怨恨罅隙的，必会以酷刑逼迫而成其狱。岳飞治军，严肃而有威望，怀疑他获罪是因为得罪了偏裨；张宪的供状连累主帅，怀疑是经历了酷刑。严刑之狱虽已成为事实，而万一有存疑的地方，则臣不得而知，然而却在于陛下伸张高明之见，用心体察此事才可。

况武夫悍卒，不知礼法，多不能自避于瓜李之言。夫岳飞未遇陛下，十年之前，一匹夫耳。陛下卵而翼之，以至成功，去宣抚之权，而典副枢之任，陛下何负于飞，而飞乃尔也。议者以韩信之事为说，是大不然。彼韩信者，是汉高不可无之人也，是汉高祖尝许之以真王者也，既定天下，遂夺其齐、楚而侯之，是信之所以怏怏也。今宣抚之尊，孰与枢密之重，而陛下未尝先许之以此也。彼飞以匹夫之心，十年之间，取陛下三公[①]，于其志盖亦足矣。且身居陛下禁城之中，去荆、襄数千里之远，而又无权以制之。彼偏裨者，又岂能奉承其命，如平昔者也。况今楚、泗、建康、荆、襄之军，皆陛下之军也。彼其将帅、士卒，自知身属陛下，固已安之矣。或恐一旦闻有所谓分析离散之事，而惊骇乱常，亦其理也。彼其平生以甲胄干戈为周身之具，当其惊骇乱常之时，而擐甲执兵，又其理也。若于此时，喻而安之，宜无有它。

【注释】

①三公：政和二年九月，将原称三师的太师、太傅、太保，改称“三公”，废三师之称；而以少师、少傅、少保为“三少”，并将原三公太尉、司徒、司空废除。

【译文】

况且武夫悍卒，不懂礼法，很多人都不知道避讳瓜田李下之嫌。岳飞在没有遇到陛下的十年之前，只是一介匹夫。陛下爱护他如翼下之卵，才能使他获得成功，虽然现在解除了他的宣抚之权，又推恩让他任枢密副使之职，陛下何曾有负岳飞，而岳飞要如此这般呢。议论的人拿韩信之事为比喻，是大不然。汉代的韩信，是汉高祖麾下无以取代之人，也是汉高祖曾许之以真王之位的人，平定天下之后，就夺去他齐王、楚王的称号而贬为淮阴侯，故而韩信才怏怏不快。今日宣抚使之尊，哪里比得上枢密大臣之位重，而陛下也未曾事先许诺什么于他。岳飞以匹夫之心，十年之间，获得位列三公的封号，他的志向也算是满足了。况且他身居在陛下的禁城之中，距离荆、襄数千里远，而又没有权柄可以制人。他的偏裨，又岂能像往昔一样奉承他的命令。况且今日楚、泗、建康、荆、襄之军，皆是陛下的军队。那里的将领、士卒，都知道身属陛下，故而已安定稳固。有的人一旦听到所谓分析离散的事情发生，就在惊骇中错乱了正常秩序，亦是一理。他们一生以武力作战保全其自身，在那惊骇乱常之时，披甲执兵，此又是一理。若在此时对他们进行安抚，应该不会发生其他的变故。

尝观郭子仪以副元帅居蒲也，其子晞屯分邠州，军士放纵，段秀实取而杀之，阖营大噪，环起而擐甲，秀实笑而谕之，一军遂宁。当是时，使秀实究狱，而以一章至长安，则子仪又在疑似之间也。唯秀实能谕而安之，不以闻于唐帝，故子仪免疑似之嫌，而关辅之兵不扰。向使秀实生于今日，为陛下措置此事，则飞必不居疑似之嫌。

【译文】

我曾经读到郭子仪以副元帅之职居蒲州，其子郭晞屯驻在邠州，郭晞的军士放纵妄行，段秀实派人捕杀了这些胡作非为的军士，于是全军大乱，兵士们全部披甲而起，段秀实从容不迫地笑着告谕他们，一军又得以安宁。当时是，如果段秀实要制造案情，而以一本奏章奏至长安，则子仪又会出于疑似之间了。唯有秀实能晓谕其理安抚军士，不使坏信息传到唐帝那里，故子仪可以免于嫌疑，而关辅那里的兵未受扰动。若是秀实生在当世，为陛下措置此事，则岳飞必不会承受疑似的嫌疑。

况胡虏未灭，飞之力尚能戡定，陛下方锐意于恢复祖宗之业，是岂可令将帅相屠，自为逆贼报仇哉！春秋之时，子玉得罪于楚也，屡矣，成王杀之，而后晋侯之喜可知也；南北之时，檀道济有功于宋也，亦屡矣，文帝杀之，而后魏人有饮马长江之志也。此皆前代之鉴戒，不可不察。故臣愿陛下自尊其高明之德，而临照之，又思汉高帝、孝文之事，而释飞于疑似之嫌，以全陛下高明之功。此非独臣私心之所言，实天下公心之所言也。

【译文】

况且现在胡虏未灭，岳飞的能力还能胜任平定他们，陛下刚要锐意恢复祖宗基业，怎能让将帅之间相互荼毒呢，这样无疑是替逆贼们报仇了！春秋时，子玉屡次见罪于楚国国君，后被楚成王所杀，这样做后晋文公的喜悦便可想而知了；南北朝之时，檀道济屡次有功于南朝宋，宋文帝却杀掉他，此后北魏便有饮马长江之意。上述都是前车之鉴，不可不察。所以臣唯愿陛下能够尊重自己的高明之德，而临照（岳飞所处的幽暗疑似之间），再想想汉高祖、孝文帝的处事，免除岳飞的疑似之嫌，以成全陛下高明的功德。这些言语非是臣的私心申述，实在是天下公心所趋。

臣之与飞，素无半面之雅，亦未尝漫刺其门，而受一饭之德，独为陛下重惜朝廷之体耳。臣非不知陛下方震怒之初，疑似未辨之际，此言一闻，必罚无赦，大则身污鼎镬[①]，小则窜迹遐荒。而辄敢撄逆鳞[②]，犯忌讳者，诚怀爱君之心，恐亏陛下之高明也。伏望陛下重惜国体，不惮改为，断自宸衷，特垂赦宥，使君臣之义，复全于今日，而飞之余忠，尚得效于后来，天下幸甚！幸甚！干冒天威，臣无任俯伏待罪之至。臣澄之昧死百拜。

【注释】

①鼎镬：（1）鼎和镬。古代两种烹饪器。（2）古代的酷刑。用鼎镬烹人。

②逆鳞：指龙喉下倒生的鳞片。

【译文】

臣与岳飞，素来没有半面之交，也未曾拿着名刺投拜到他的门下，而受过他一饭的恩惠，臣这样做完全是出于为陛下重惜朝廷的体面。臣不是不知道陛下正在震怒之初，事情还在疑似未辨的状态，臣此言一出，必会遭到惩罚难得赦免，大则身遭鼎镬之灾，小则发配到荒蛮之地。而臣竟敢这样撄逆鳞、犯忌讳，诚然是怀抱爱君之心，深恐陛下有负高明之誉。伏望陛下能够重惜国体，不要怕圣断有所更改，决断出自陛下圣心，赦免宽宥岳飞，以使君臣之义复保全于今日，而岳飞的余忠还可报效朝廷于将来，此乃天下人之幸！幸甚！臣冒犯天威，不胜惶恐俯首伏地待罪。臣澄之昧死百拜。

高邮军绍兴三巨公祠记戴㮣

建炎时巡，留跸吴会，故淮左为畿甸藩翰，高邮又为淮左心膂，审伸缩、察虚实者必尽心焉。方张忠献越江督师，凭高寄怀，有鹰扬郓、徐，电扫云、朔之志，今瞻衮堂，则公徙倚之地也。韩忠武馘黠虏之酋，殄伪刘之兵，域土庤粮，今郡城，则公版栽之遗也。岳忠武亲援天矛，虎视一方，去郭数十井[①]，土名三垛，则公结寨之址也。岁迁时改，烝尝[②]乏虔，徒使孤臣愤士，想义慨于冻云凄雨之余；墨客骚流，索遗踪于秋草断烟之外，非旷（垂欠）欤？

【注释】

①井：相传古制八家为井。引申为人口聚居地；乡里；家宅。

②烝尝：秋祭称尝，冬祭称烝。泛指祭祀。《诗经·小雅·天保》："禴祠烝尝，于公先王。"

【译文】

建炎年间高宗皇帝南巡，曾驻跸于吴会，因此淮左（指淮南东路）成为京畿和拱卫朝廷的重要藩篱，高邮又是淮南东路的心腹要地，是研究战守进退、敌我虚实的人必定会重视的疆域。当年张浚（谥忠献）越江督师，凭高寄怀、抒发志向，有振旅郓、徐，电扫云、朔之志，今天的瞻衮堂就是当年张忠献公曾经流连徘徊的地方。韩世忠（谥忠武）斩获虏人首领的头项，殄灭伪齐刘豫的军队，曾巩固城池广积粮食，今日的郡城就是韩公当年修筑并存留下来的。岳飞（谥忠武）亲持天矛，虎视一方，距离城郭数十个宅区，当地人称之为三垛的地方，就是岳公当年安营扎寨的旧址。岁月迁延，四时的祭祀缺乏虔诚，使孤忠之臣、义愤之士在凄风苦雨的形势下徒怀慷慨之气；文人墨客、骚人才子只能在秋草枯黄、炊烟断绝的地方追寻先贤的遗迹，这岂不是很凄寥吗？

楠假守是邦，越明年，宝庆改元，得地于郡廨之西，薙草筑祠，以属民志。未几，与节去郡，于是委其役于郡佥王君渭老。丁亥三月，告成，客或谂楠曰："夫三钜公，皆锐志中原者也，然孜南北兵力之坚脆，酌六朝已事之失得，则离合大势，类非征诛所能奠也。"楠曰："不然，金虏，海陬之小丑尔，崛起而攘中原二帝四王之统，衣章礼典之旧，彼固不敢安于所有也，始畀伪楚，再畀伪齐。当是时，我之国势方植而未固，将材方集而未枭，兵实方讨而未劲也，故难与争锋。二十年间，虏益厌兵，益图安，捷大河之南以还我，我之兵将鸷击争奋，百死不却。合我师鸷击争奋之势，乘虏人厌兵图安之心，中原可折箠而定也。故和者，彼之愿欲；战者，我之事机。黜群策以请和，舍我事机，而中虏之愿欲，是自误而已尔。此陵谷有变迁，日月有亏合，三巨公之盛心，未始一日消歇也。想其忠愤之气，充薄宇内，为飙风，为怒涛欤？为迅雷，为激电欤？或为干将，为巨阙，以揕撑犁[①]之首欤？为枉矢，为搀枪，以射参晋之墟欤？不然，则骑箕上天，决银河以洗甲欤？俎豆于环堵之宫，是殆凤皇去，而泣梧桐之栖欤？然则死而不灭者，公之志于国也；亡而若存者，邦人之志于公也。是世道之纲也，抑人心之天也，不可以不揭也。”

【注释】

①撑犁：匈奴语称天。也写作“撑里”。《汉书·匈奴传上》：“匈奴谓天为撑犁。”

【译文】

戴栴当时是代理地方官，第二年，宝庆改元（1225），在官署的西面得到一块地，除去荒草修筑了一座祠堂，以属民志。不久，我因与节度使一起离开高邮军，剩下的工作委托给高邮军签书判官王渭老继续完成。丁亥三月，祠堂终于修建完成，路人劝告我言：“夫三钜公，皆立志于收复中原，然而考察南北军队实力对比悬殊，总结六朝往事之中的得失，其间的离合大势，不是征伐诛杀就能够底定的。”我说：“并非这样，金虏不过是海隅一角的小丑而已，他们一时崛起扰乱中原，使得伪政权林立，败坏了典章制度，但他们又不敢安心地拥有抢夺来的土地和人民，所以先将其付与伪楚，又送与伪齐。那时，我国的国势尚处于立而未固之时，将才刚刚聚集，但还没有出现骁勇善战之人，军队刚刚能够讨伐却还未形成劲旅，故难与之争锋。此后二十年间，虏人日益厌兵、贪图安逸，还将（难以管理的）河南之地归还与我，而我们的兵将却鸷击奋争，百死不挠。合着我军鸷击奋争的气势，乘虏人厌兵图安的心理，中原本可以一战而定也。故而说，议和是敌人的愿望；作战是我国的机会。罢群策而请求与虏人讲和，是自动放弃胜利的机会，而成全了虏人的愿望，自己误了自己而已。陵谷有变迁，日月有盈亏，而三巨公的拳拳之心，没有一日消歇停止。想来其忠愤之气充搏宇内，如暴风，如怒涛？如迅雷，如激电？或是像名剑干将、巨阙，击刺虏人之首？

或为曲矢，为搀枪，射入三晋的墟垒？若不然，则乘青云而直上，决堤银河以冲击敌军？而如今我们却只能在这四面围墙狭小的殿室内祭祀英魂，不过是凤凰已去，空留梧桐而悲泣。然而，身虽死而不灭的，是三巨公矢志报国的决心；失之不泯的，是邦人之志和对三巨公的怀念。这是世道之纲常，人心之所在，故不可以不彰显。”

后五月望日，朝奉郎、尚书户部员外郎、总领淮西军马钱粮、专一报发御前军马文字、兼提领措置屯田戴桷撰。

【译文】

后五月十五日，朝奉郎、尚书户部员外郎、总领淮西军马钱粮、专一报发御前军马文字，兼提领措置屯田戴桷撰文。

郢州忠烈行祠记王自中

余浮九江，逾大别，循汉水而上，父老往往能道岳公事，至有垂涕者，曰：“微岳公，吾属久为虏矣。”当是时，伪齐方张，安陆已为齐守。公之引而西也，实始破郢。兵薄郢，虏冯垒自豪。公一麾之，众皆累肩而升，杀虏卒七千人，积其尸与天王楼相高。还故民之离散者。余过郢，郢父老又指余，言所破城处。而访公祠，无之，以问太守张侯：“于郢日夜条理之，葺弊营新，不翅如治生业，顾独无岳公祠，何耶？”侯曰：“鸠木矣。”余至酂，未更月，侯以书来，告祠成，且曰以记属予。

【译文】

我浮游九江，越过大别山，溯汉水而上，沿途的父老往往能说出岳公当年之事，有的人甚至垂涕，说：“若没有岳公，我等早就沦为虏人一族了。”当时伪齐正是气焰嚣张之时，安陆已沦为伪齐的州郡。岳公率军西进，攻破郢州。大军逼近郢州，虏人凭垒据傲。岳公一麾之下，将士皆累肩而上，杀虏卒七千人，堆积的尸体像天王楼那样高。流失离散的民众可以有家而归。我过郢州时，郢州父老又指给我看，告诉我破城之处的位置。我去拜访岳公祠，却没有找到，问太守张侯：“你在郢州勤劳地治理，革弊营新，如同再造之德，但却独无岳公祠，为何？”张侯言：“正在收集木材。”我行至鄮城时，不到一月，张侯派人送来书信，告诉我岳祠已经建成，且委托我作文以记之。

岳公事，世所称说者甚多，然其言不雅纯，以余所详知，其目有八。一曰忠：临戎誓众，言及国家之祸，仰天横泗，士皆欷歔而听命。闻大驾所幸，未尝背其方而坐。二曰虚心：食客所至常满，商论古今，相究诘，切直无所违忤。三曰整：兵所经，夜宿民户外，民开门纳之，莫敢先入。晨起去，草苇无乱者。四曰廉：一钱不私藏。五曰公：小善必赏，小过必罚，待数千万人如待一人。六曰定：猝遇敌，不为摇动，敌以为“撼山易，撼岳家军难”。七曰选能：背嵬所向，一皆当百。八曰不贪功：功率推与其下。有是八者，所以名烈峣然。举入郢之师，以临襄沔，定南阳，毋敢膺其锋者。其后一出而平虢略，下商于，再出遂取许昌，以瞰陈留。夷人畏远北遁，中原百姓牛酒日至，谓旦夕天下可定。不幸谋未及展，事忽中变。

【译文】

岳公之事，世人称赞传说的甚多，但传说的文字不雅纯，以我所详知的，主要有八方面。一曰忠：每临出兵誓师，必言及国家所遭之祸，皆仰天洒泪，士兵们皆欷歔而听命。听闻圣上驾临某处，从不背其方向而坐。二曰虚心：府中食客常满，岳公与之一道商论古今，相互究问，直言无妨而无所违忤。三曰整：岳公的军队所经之处，夜宿民户之外，百姓开门请士兵进屋，无人敢入。早晨离开时，百姓家屋顶的草苇都没有被乱动过。四曰廉：一钱都不私藏。五曰公：小善必赏，小过必罚，待数千万人如待一人。六曰定：即便是在猝不及防间遇到敌人，也不会动摇军心，敌人认为“撼山易，撼岳家军难”。七曰选能：背嵬军所向无敌，皆可以一当百。八曰不贪功：功绩都推与其下。有以上八者，所以才有崇高的盛名。岳公举兵进入郢州，临近襄水沔水，平定南阳，无人敢与之争锋。其后率军一出即平定虢略，攻下商于，第三次出兵时攻下许昌，兵锋直指陈留。金虏都畏惧他向北逃走，中原百姓牵着牛担着酒前来犒劳，以为旦夕之间天下就可以平定。不幸的是他的谋略还未来得及全部实展，形势忽然出现了变故。

圣上嗣服，首旌其功，立庙赐谥，录用其后昆之贤，赐庙号曰“忠烈”。而江、湖之民，至今绘其像，家家奉祀之。今张侯又能卒民之志，使其奠食于郢，则忠劳之报，岂不厚哉！余故历叙其所以为将者八条，俾来者有则，是亦侯之心也。

【译文】

当今圣上继承大统后，首先旌褒其功，为岳公立庙并赐谥号，录用其后辈中的贤人，赐庙号曰“忠烈”。而江、湖之地的百姓，家中至今绘有岳公之像，家家奉祀。今日张侯又完成百姓的志愿，在郢州为岳公建庙，则忠劳之报，岂不厚哉！所以我历叙岳公为将的八条原则，使后来的人知晓，这也是张侯的心意。

公讳飞，河朔人，官至少保、武胜、定国军节度使、开府仪同三司，谥曰“武穆”。侯，尚书公仲子。尚书公建炎初使虏，留□□□而归，节比苏属国，宜其子知所好尚。加□□孝曾，字王口。余则东州王自中也。淳熙十五年秋九月望日记。

【译文】

岳公名讳飞，河朔人，官至少保、武胜、定国军节度使、开府仪同三司，谥号“武穆”。侯，尚书公次子。尚书公于建炎初出使虏人，留□□□而归，气节堪比汉朝的苏武，应当让他的孩子知道他所敬慕推崇的。加□□孝曾，字王□。我则是东州的王自中。淳熙十五年秋九月十五日记。

宜兴县鄂王庙记周端朝

中兴三十余年，事论底定，于是岳武穆王以谊尊宗社，志还故疆，为名将第一，妥灵揭敬，被于荆、襄、夏、郢，追胙王茅，庙象震耀矣。

【译文】

中兴三十余年间，事情已有定论，岳武穆王因尊崇国家社稷，志还故疆，世人认为可为名将第一，应当妥善安置他的亡灵以示敬意，追封予王的尊号于荆州、襄阳、夏州、郢州的区域，其祠庙的气象辉煌威武。

始建炎间，虏酋南轶，王柄位未盛，已提劲旅，转战桐汭，连奏六捷，俘执伪置，克复溧阳。时巨盗旁午，闻宜兴殷实，吸众寇犯，官旅雌伏，县郭阽陷。王亟引兵至境，郭吉望风窜偃深汇，王追奔歼殄，尽还所掠辎舟百余。盗相挺未已，率精锐数千计。王多设方略，降马皐，慑林聚，馘张威武，蹴戚方，驻军张渚，群丑全清。旁郡邑弃资储，来保宜兴，逾万室。方蹈躏孔棘，卖城畔走，近镇重郛，不自保固；而宜兴外捍虏，内攘盗，存立无震。王之勋烈，虽降在一县，岂不伟欤！比联守将，能尽为是，则石城汤池，襟带千里，虏已无噍类矣！

【译文】

建炎初年，虏人南侵，那时岳王的官位尚不高，但已提劲旅，转战于桐汭，六战六捷，俘获敌人，克复溧阳。此时江湖巨盗蜂起，听闻宜兴那个地方殷实富饶，吸引了群盗侵犯作乱，官军无所作为，县郭被贼人攻陷。岳王一朝率军至此，贼首郭吉望风逃窜，蛰伏深处，岳王奔袭歼灭，把贼人抢走的辎重百余船全部夺回。盗贼祸乱四方未已，各有精锐数千计。岳王多设方略，降伏马皐，震慑林聚，斩张威武，擒获戚方，驻军于张渚镇，将群盗一一剿灭。附近郡邑的人放弃资储，投奔宜兴寻求保护的人，数逾万户。其他的地方一旦陷入危情，人们便弃城逃走，不论是近镇或是外城，都不能自保；而宜兴外捍强虏，内攘群盗，毫不动摇。岳王的功勋，虽只赐予一县，但能说不是丰功伟烈吗！若是相邻的守将都能这样，让城池固若金汤，襟带千里，虏人早就没有活口了！

余观王抗志不挠，誓灭强虏，既扫空洞庭，通辟江、汉，然后举肱河、洛，决眦燕、赵，汔以其身偕为死生。视留题金沙寺时，气概已见，英爽有知，其当肘夷门[①]，跖居庸也，而岂望报一邑，安其香火之留哉！其摧戕冤郁，以功为讳，而宜兴之人实曰："王之恩我，等父母也。"象设祭尝，卒与国家褒幽节谥之典，相为后先，谓义不根人心，亦岂然也！

【注释】

①夷门：典故名，典出《史记》卷七七《魏公子列传》。夷门是战国魏都城的东门，后泛指城门，亦成为大梁（开封）的别称。

【译文】

岳王的志向百折不挠，誓灭强虏，先是扫清洞庭（杨幺之乱），打通江、汉防线，而后振旅河、洛之地，用战略的眼光投向燕、赵，不顾自己的生死安危。看到他在金沙寺的题记，其气概已现，英爽有知，拒敌于开封，有志于居庸，岂是在乎一郡一县的报答，安于接受香火的供奉呢！他虽然因冤狱而受到摧残，功绩遭到埋没，而宜兴的人民说："岳王对我们的恩德，如同父母也。"在家中安设他的画像四季奉祀，最终国家也追赠了褒扬岳公的谥号并加以典仪，这样的事相继发生，可见大义已根植于人们的心中，否则又岂会如此呢！

顾出闾里，绵蕝未称，嘉定十一年，知县事戴君㮼甫上谒，犹即周孝侯祠下，慨然曰："丰功而薄祀，贵爵而附处，县大夫，以政迪民者也，其敢忘革乎？"度地垲，鸠财馀，将为新宫，张侈祀事。郡守赵侯崇模，王之孙、嘉兴守珂咸佐其费，合凡资用，役不及民。明年六月，会材庀筑，重堂崇植，台庑森耸，备服南面，旗纛俨雅，邑人阗溢讙舞，还念旧事，叹百年之愈不忘也。古者制礼，主教民报天地社稷，品节降杀[①]，先蚕农师，国里竭出，本祖骏业，雝培德性，皆示民防范之至也。忠名勇绩，其大者盖已默扶邦烈，显开世道，非一邑得私以为赐，而为政者教民以不偷[②]，其必自丰报始矣。相攸[3]斯宇，仰揖善卷[4]之高，俯激罨画之清，以咏歌王之德于无穷。义问交畅，善意周匝，抑俾美材辈产，以保乂王家，兹不亦所望于邑之人乎？戴君，永嘉人，端尹岷隐先生之家嗣，端尹尝以盛心名命其子，其为政宜知本末，是宜书。十月既望，从政郎、太学录周端朝记。

【注释】

①降杀：递减。《左传·襄公二十六年》："自上以下，降杀以两，礼也。"《宋史·礼志九》："天子七庙，诸侯五，大夫三，士一，降杀以两。"亦泛指削减。《明史·安惠王楹传》："亲王、郡王礼乐宜有降杀。"

②不偷：不苟且；不懈怠。《周礼·地官·大司徒》："以俗教安，则民不偷。"

③相攸：察看、选择善地。

④善卷：指宜兴的善卷洞。坐落在善卷乡螺岩山中，距今宜兴市区25公里。传说虞舜时，舜要将天下禅让给贤达的善卷先生，因善卷隐避在这洞内而得名。

【译文】

再来看看民间，仪式典章却还不能与之相配，嘉定十一年，知县戴桷前去拜谒，在周处周孝侯祠前，慨然言道："有丰功伟绩，祭祀却很简陋，爵位高贵却只能处于附祀的地位，治理郡县的士大夫应以仁政教化百姓，怎能忘了沿革。"于是度量地势、筹集钱财，建造新的宫祠，进行隆重的祭奠。郡守赵侯崇模及岳王之孙、嘉兴守臣岳珂也一起出资，合力分摊费用，没有给当地的百姓增加赋役。第二年六月，汇集了备办的材料，建厅堂、植树木，廊台高耸，祭祀的人们穿上麻服朝向南面，空中飘舞庄重素雅的旗帜，人们欢心而舞，追忆旧时之事，又感叹虽然过去百年但往事却不能令人忘怀。按照古礼，教化人民祭祀天地和社稷要按等级供奉，且举国遵守，以不忘祖先缔造的恢宏伟业，育成自然至诚的本性，都向人民示范到了极致。说到忠诚的名声和勇敢的功绩，其大者已扶助了国家的功业，彰显弘扬社会的风气，并非是一城一县可以私以为赐的，而为政者应教化子民不可懈怠，自然会得到好的回报。于是查看地形，拣择屋宇，仰首可揖善卷洞之高严，俯身可激荡罨画溪之清流，以歌颂岳王之恩德无穷。正义的问候、善良的意图都汇集于此，而宜兴此地多产美材，足以保护王家，这不正是乡人所期望的吗？戴君，是永嘉人，端尹岷隐先生的嫡长子，端尹曾以深邃美好之意为其子命名，他处理政务时注重知道事情发生的本末，所以一定要作这篇文章。十月十六日，从政郎、太学录周端朝记。

宜兴县生祠叙钱谌

周侯子隐[①]庙食荆溪之滨，几及千载，岂惟忠烈秩于祀典，殆以其斩蛟射虎，除害一时，于是邑人祠之益久，而奉之益勤也。

【注释】

①周侯子隐：周处，字子隐。其事迹见于《晋书·周处传》和《世说新语》。

【译文】

供奉周侯子隐的庙位于荆溪之滨，已有千载，岂是因为忠烈而被祭祀？乃以其斩蛟射虎，为民除害，于是乡人为他建立祠庙，历史誉久，奉祀愈勤。

建炎庚戌仲春，岳公观察总熊罴之师，以捍国保民为志，爰自桐川，次于阳羡。时方夷狄、盗贼交寇四境，举邑生灵几死而复生者屡矣，皆公之造也，其德孰加焉。人莫不谓“父母生我也易，公之保我也难”。无以见其报称不忘之意，乃立生祠，绘英雄卓绝之姿，修况水芬馨之奉。子子孙孙，瞻事无斁，可使血食[①]万古，当无愧于前人。

【注释】

①血食：谓受享祭品。古代杀牲取血以祭，故称。

【译文】

建炎庚戌年仲春，岳公时为观察使率领勇猛威武的军队，以捍卫国家保护人民为志向，自桐川而出，到达阳羡。当时夷狄、盗贼轮流侵犯宜兴四境，举县的黎民百姓几近死而复生，这皆是岳公的再造之恩，恩德之大实在是无以复加。人们莫不感叹：“父母生我也易，公之保我也难。”大家无以为报答，念念不忘岳公的恩泽，于是为他建立了生祠，祠中绘上英雄卓绝之姿，用芬芳的鲜花和清洌的净水供奉于他。子子孙孙瞻仰侍奉毫无懈怠，使他血食万古，当无愧于前人的嘱托与寄望。

谌摄宰是邑，式观盛事，然察人之情，犹以为未至，皆欲图像于家，与其稚老晨昏钦仰，如奉省定而后已。予恐作绘者不能人给，写之或失其真，又闻四方之人莫不愿识荆州，州而有所未得，于是摹刻于石，庶广其传。仲秋朔，通直郎、权知县事、兼兵马都监钱谌谨叙。

【译文】

钱谌我治理此邑，观览盛事，体察民情，百姓犹恐未能表达敬仰岳王之至诚，皆想要将岳王的图像供奉在家中，一家老幼晨昏拜谒，行定省之礼才行。我唯恐绘画之人不能将画传予他人，或是绘像有画得失真之处，又听说四面八方的人没有不知道荆州的，州而有所未得，于是将画像摹刻在石头上，以便广为传播。仲秋月初一日，通直郎、权知县事，兼兵马都监钱谌谨作叙。

祭岳鄂王文（并序、新添）李垕

嘉定甲申八月十一日，重修岳武穆鄂王祠庙告成，宝谟阁待制、沿江制置副使、兼知鄂州事李垕谨用三牲，恪修祀事，礼容克举，乐舞备具，文武寮属暨军旅将士，上下莫不咸在，李垕乃为文以祭。

【译文】

嘉定甲申八月十一日，重修岳武穆鄂王祠庙告成，宝谟阁待制、沿江制置副使、兼知鄂州事李垕谨用三牲，恪修祀事，礼容克举，乐舞齐备，从文武寮属至军旅将士，上下人等莫不出席，李垕乃写文祭祀。

其词曰："呜呼！靖、炎之交，事奚忍言，逆胡冯陵，天噎日昏。王起草莱，奋戈中原，誓夷奸丑，亟解愀惛。英略不世，劲气轩轩，智绝一代，勇兼百贲，实天所授，以拯黎元。张、宗二豪，载掖载援，国士见遇，视犹弟昆。王益感厉，摅心沥肝，志意胳合，忠义永存。南薰大麈，血蹀于门，天声一振，威詟獯狙。翠华渡江，王亦南辕，群盗圜起，啸徒孔繁，分据淮、沔，蚁结蜂屯，义旗所指，兽骇云奔。包举襄、郢，席卷洛、宛，汹涌之势，如击鹏鹍。湖寇负固，错列雄蹲，刻日翦除，歼其蝉鼉，波澄洞庭，尘清湘、沅。三军承风，肃肃啴啴，师行所至，车整马间，严令一布，曾莫敢干，市不改肆，里无逸豚。郾、颍再克，锐气如翰，遗民傒来，踵至壶飧。按行都邑，展礼陵园，功丧垂成，智士嗟愤。存心宗国，用意本根，囊封至论，密扣帝阍，嫌疑岂恤，忠盖毕殚。勋劳始终，光纪旃幡。谗夫鸥张，电惊哗喧，凿空傅致，巧舌谰翻。王亦弗屈，卒抱沉冤，海内扼腕，声随气吞。大明升天，景耀有焞，尽烛险幽，光贲英魂。

呜呼！将勇维常，知义者难；将材众建，尚德者尊。王兼二长，蕴识不烦，用不尽能，时运有关，征伐之利，着谦之坤。王少挺特，志非蓄樊，藐视同辈，有如蝨蠜。丰公一箴，佩服靡谖，居如儒绅，以礼自藩。身殁名垂，泽流后昆，发潜增耀，厥有闻孙。

辠于王美，宿所讨论，诛奸既死，有舌莫扪。来临沙羡，缪纡上恩，考寻旧规，揽涕潺湲。顾眂王祠，败屋颓垣，愓然于衷，义奚敢安。乃命更葺，亢司有官，奂然一新，邦人改观。庸示后劝，且愧前谩，日□□□，□□衣冠。祀事孔虔，余威在颜，乃斸牲牷，乃侑苹蘩，灵其戾止，歆此一樽。”

【译文】

祭文、诗词、赋等体裁皆不译。

拟建储札朱熹

熹等窃闻高宗皇帝驻跸绍兴时，有小官娄寅亮上书，以皇嗣未生，乞选宗室子入侍禁中。是时高宗年未三十一，闻其言，欣然开纳，即以寅亮为监察御史。其后宰相赵鼎、张浚等遂建大议，至尊寿皇圣帝[①]由此入资善堂[②]，封建国公，然犹未正皇嗣之名，仍有配嫡之虑，议者忧之。又后数年，乃有张焘之疏，见于其家所述行状[③]。最后因范如圭进其所集昭陵储议[④]，且请高宗断以公道，毋贰毋疑，其言尤切。一日，高宗遂诏宰相陈康伯定策，以寿皇为皇子，进封建王，遂自储宫正位宸极。其事见于日历，本末详备。

【注释】

①至尊寿皇圣帝：指宋孝宗。

②资善堂：宋代皇帝子孙读书处。大中祥符八年（1105），仁宗为太子时建立。南宋初，宰相赵鼎奉命在宫门内建造书院，绍兴五年（1135）完成，即作为资善堂。（据《中国历史大辞典》，第2546页。）

③行状：叙述死者生平事迹的文章。

④昭陵储议：昭陵，指宋仁宗。是指北宋范镇累次上章建议仁宗立储的故事。

【译文】

朱熹我等听说高宗皇帝驻跸绍兴时，有小官娄寅亮上书，因皇嗣尚未初生，请选宗室子弟入侍宫中。那时高宗年纪尚不到三十一岁，听其言，欣然采纳，即将寅亮提拔为监察御史。其后宰相赵鼎、张浚等便正式提议，于是至尊寿皇圣帝由此入皇子读书的资善堂，封为建国公，然而在未正式立为皇嗣前，配嫡之间仍有不确定性，舆论还是担忧高宗的子嗣问题。又过了数年，张焘又为此上疏，可参见于其家人所述的行状。最后因范如圭进呈了他所收藏的昭陵储议，并请高宗断以公道，毋要摇摆毋要怀疑，其言十分中肯。一日，高宗遂下诏让宰相陈康伯定策，以寿皇为皇子，进封为建王，寿皇自储宫至正位为君的经过。其事记载于《日历》，事情的本末都很详备。

熹等切惟尧父舜子传授之美，远迈前世，冠绝古今。虽由天命，非出人谋，然而一、二忠贤抗言悟主，其功亦不可以不录。又闻故将岳飞亦尝有请，故殿中侍御史张戒私记其事。而它臣僚亦有尝献言者，但无文字可以稽考。欲望朝廷特赐开陈，广行搜访，稍加褒显，以见圣朝崇德报功之意。

【译文】

熹等诚心地认为这是如同尧舜禅让的美事，超越前世，冠绝古今。虽由天命，非出人谋，然而有一二忠贤上疏启发圣上，其功劳也不可以不记录。又听说故将岳飞亦曾有请，故殿中侍御史张戒曾私下记录了这件事。而其他臣僚也曾有献言的，但无文字记录可以稽考。欲请朝廷特赐睿旨允许民间自行陈述，广行搜访，稍加褒赞显扬，以昭示圣朝崇德报功之意。

娄寅亮、张焘、赵鼎文字抄录见到，其范如圭有子念德，见知平江府长洲县，张戒家在建昌军居住，欲乞行下两处取索。其张戒亦系绍兴名臣，有奏议、文集、杂记等书，凡数十卷。并乞指挥建昌军抄录申送，付下实录院参照修纂。

【译文】

娄寅亮、张焘、赵鼎的文字抄录已找到，其范如圭之子念德，现任平江府长洲知县，张戒家在建昌军居住，我想请允许我到这两家去取索。张戒亦是绍兴名臣，有奏议、文集、杂记等书，大略数十卷。并乞请指挥建昌军抄录申送，付下实录院参照修纂。

乞昭雪奏札杜莘老

臣闻燕昭筑台，而群贤愿归，勾践式蛙，而战士思奋，故能破强齐，擒夫差，霸诸侯，威震天下。良由二君有激厉之术，使人乐为用也。恭惟陛下愤虏渝盟，躬行天讨，必欲扫除强敌，再清中原，复二帝之仇，隆万世之业，可无激厉之术，以劝士大夫邪？

【译文】

臣闻昔日春秋时燕昭王筑台招揽有才之士，群贤都愿意投奔他，勾践行军途中对怒蛙行“轼礼”表达敬意，故而战士们都奋勇当先，燕昭王最后能攻破强齐，勾践能擒住吴王夫差，称霸于诸侯，威震天下。皆是由于二君有激励将士的方法，使人乐意为自己所用。陛下愤于虏人败盟的行径，亲自讨伐逆虏，必欲扫除强敌，再清扫中原，为二帝报仇，兴隆我朝万世之基业，若无激励之术，怎能勉励天下的士大夫呢？

臣窃见往者秦桧擅权，力主和议，沮天下忠臣义士之气，使不得伸。是以胡铨，直臣也，以上书激切，桧遂贬之远方，二十余年不用。岳飞，良将也，以决意用兵，桧文致极法，家属尽徙岭表。至今人言其冤，往往为之出涕。臣愿陛下思咸感之义，霈涣号之恩，召还胡铨，亟赐擢用，昭雪岳飞，录其子孙，以激天下忠臣义士之气；则在廷之臣必黾勉而尽忠，沿边之将必踊跃而效命。臣邻尽忠于内，将士效命于外，以此破敌，何敌不摧，以此建功，何功不立，诚帝王鼓动天下之至权也。

【译文】

臣见过去秦桧擅权，力主和议，阻挠了天下忠臣义士的士气，使他们的志向不得伸展。是以像胡铨这样的直言谏诤的臣子，上书言辞激切，便被秦桧贬到远方，二十余年间不被录用。岳飞，乃是良将，因决意用兵抗金，秦桧便陷害他且处以极刑，将其家属尽徙岭南。至今人们说起他的冤屈，往往还会流泪。臣愿陛下考虑君臣际遇的情分，发布帝王的恩旨，召还胡铨，亟赐擢用，给岳飞昭雪，录用其子孙，以激励鼓舞天下忠臣义士的气概；在朝廷的大臣必会竭尽全力报效国家，前线的将士们必会踊跃奋进，为国效命。大臣们于内则尽忠，将士们于外则效命，以此破敌，还有什么敌人不能攻破；以此建功，还有什么功业不能建立。这就是帝王鼓动天下的最大契机。

论已破汝颍商虢伊阳长水乞豫防虏叛会合之计奏札陈公辅

臣窃观《采薇》遣戍役之诗，言“一月三捷”。盖先王之兵，以仁伐不仁，以义伐不义，攻之无前，迎之无敌，故王师所至，罔或不胜，方其遣也，已有三捷之称焉。

【译文】

臣看到《采薇》遣戍役一诗中，言“一月三捷”。那是因为先王之兵，以仁义之师伐其不仁之师，以忠义之师伐其不义之师，所以攻之无所不前，迎之所向无敌，故王师所到之处，没有不能战胜的，才刚派遣，已有三捷之称。

恭惟陛下以九月初吉[①]，銮与顺动，将抚巡江上之师。六军已行，而京西岳飞先已荡平汝、颍，既而连破商、虢，又取伊阳、长水，捷音五至，中外称快。此与《采薇》之诗何以异焉。虽然，胜敌非难，虑敌为难，因其既胜，不得不虑，试为陛下陈之。

【注释】

①初吉：农历每月初一到初七或初八的时段。

【译文】

陛下九月初吉日，銮驾移动，抚巡江上之师。六军已发，而京西岳飞先已荡平汝州、颍州，既而连破商、虢两地，又克复伊阳、长水，捷音五至，中外称快。此与《采薇》之诗中描述的何其相似。虽然，胜敌不难，但虑敌难，既已获胜，不得不有所思虑，故试为陛下陈述。

豫贼不能自立，专倚金人，缓则缓求，急则急请。今汝、颍及商、虢、伊阳、长水既遭破荡，则其势危甚，定须祈哀请命，告于金人，必得援兵而后已。纵使金人畏威远遁，今秋无南向之意，而迫于豫贼之求，恐不得不来。此其可虑一也。岳飞之兵屡胜，恐其将士因胜而骄，数斗而疲，商、虢之地，接连同、华，逼近东都，皆平原旷野，无险阻可凭。若金人出兵，会合豫贼，冲突而前，援兵不能及。此其可虑二也。淮上诸军，分布要害，坚不可犯，使岳飞捣其心腹，而牵制之，此万全计也。深恐诸军以岳飞屡胜，必谓贼兵败乱，不复南来，各弛其备，或不至严整。此其可虑三也。

【译文】

叛贼刘豫不能自立，只能倚仗金人，缓则缓求，急则急请。现在汝、颍以及商、虢、伊阳、长水已遭破荡，则其形势十分危急，他肯定会祈求哀告于金人，必要得到金人的援兵而后已。纵使金人因畏惧我军威而远遁，今年秋天无向南侵略之意，而迫于叛贼刘豫的请求，恐怕不得不来。这是第一件值得考虑的事情。岳飞之兵屡胜，恐他的将士因胜利而骄傲，又恐经过数次战斗而疲劳，商、虢之地，接连同、华两地，逼近东都洛阳，这一带皆是平原旷野，没有险阻可以凭据。若金人出兵，会合刘豫的贼兵，突然出击，我方援兵不能及时赶到。这是第二件需要考虑的事情。淮上的诸军，分布在各个要害，坚不可犯，若让岳飞捣敌人心腹，而令淮上诸军进行牵制，此乃万全之计。但深恐诸军认为岳飞屡胜，贼兵必败乱，不敢南来，放松戒备，或是军律不严整。这是第三件需要考虑的事情。

料此三虑，庙堂议之熟矣。臣愿陛下以臣所言，更与大臣谋之，要当密诏岳飞，防备豫贼乞师，金人会合而来，势不易支，必须豫为之计，亦以深入为戒。或更令诸将明其斥堠①，恐其缓急，多方应援。仍诏淮上诸军各须日日戒严，如对强敌，不应徼幸其不至也。如是则今冬不惟可保无虞，亦可因时乘势，渐图恢复。臣书生也，论兵料敌，皆非所长，然有所闻，不敢默默。伏惟圣慈特赐裁察。

【注释】

①斥堠：古代的侦察兵，起源于汉代，并因直属王侯手下而得名。分骑兵和步兵，一般由行动敏捷的军士担任，是一个相当重要的兵种。

【译文】

想来这三虑，朝堂上的议论已经很多。臣愿陛下将臣所言的，再与大臣们谋划，要当密诏岳飞，让他防备刘豫增兵，与金人会合而来，其兵势不易抵挡，必须要预先准备对策，也要他当心不要深入敌腹。或更令诸将多派斥堠侦察情况，知其缓急，以便多方应援。还要下诏告诫淮上的诸军须日日严加戒备，要如同面对大敌，不能存有敌人不会来的侥幸心理。如果能做到这样今年冬天不仅可保无虞，亦可因时乘势，渐图恢复中原失地。臣乃一介书生，论兵料敌，都不是我所擅长的，然耳有所闻，故不敢缄默不言。伏请陛下圣裁。

右《鄂国金佗》二编，前刻于槜李，续刊于南徐。绍定癸巳冬，珂上东淮饷印归、宗族乡党既相与劳苦如平生，其间愿考先烈，及问排阊之始末者，俱以二编为请。顾珂橐中无储本，逊谢唯答，几不胜酬应。慨然作而曰："此私门书也，岂可千里常致于二郡哉！"因命工刳梓为副墨，藏于庙塾，以遗子孙，且应求者。凡六百二十二版，字差小于旧，而闲居无事，躬自校证，粗为无舛。序仍用初刻，尚庶几存始之意云。端平元年涂月[①]初吉，孙中大夫、通城县开国伯、食邑七百户、赐紫金鱼袋珂拜手敬跋。

【注释】

①涂月：阴历十二月的别称。

【译文】

以上《鄂国金佗》二编，《稡编》在嘉兴刻版发行，《续编》在镇江刊印发行。绍定癸巳年冬日，岳珂我在淮东总领任上辞印而归，宗亲、乡邻和朋友都像平日一样前来慰问，大家都希望我能考据祖先功业，甚至问到上呈于朝堂的始末者，都请求一观这两部书。当时我的行囊中也无储本，只好谦逊地谢绝应答，屡次不胜应酬。慨然而言："此本是私家传记也，岂可常常千里迢迢地去嘉兴、镇江二郡去取呢！”故命工匠雕版印书，收藏于庙塾内，日后可传于子孙，也可以满足那些要求看书的人。共刻了六百二十二版，字差小于旧，因闲居无事，所以亲自校证，粗粗地杜绝了差错。序言仍是采用初刻时的那篇，希望能保存当初的本意。端平元年涂月初吉，孙中大夫、通城县开国伯、食邑七百户、赐紫金鱼袋岳珂拜手敬跋。